本书属国家社会科学基金资助研究项目成果
本书承云南民族大学资助出版

YUNNAN SHAOSHUMINZU GUJIWENXIAN DIAOCHA YU YANJIU

云南民族大学学术文库
YUNNANMINZUDAXUEXUESHUWENKU

云南少数民族古籍文献调查与研究

李国文 著

民族出版社

图书在版编目（CIP）数据

云南少数民族古籍文献调查与研究/李国文著．—
北京：民族出版社，2010.6
（云南民族大学学术文库）
ISBN 978-7-105-10988-3

Ⅰ.①云… Ⅱ.①李… Ⅲ.①少数民族—古籍—调查
研究—云南省 Ⅳ.①G256.1

中国版本图书馆CIP数据核字（2010）第119532号

云南少数民族古籍文献调查与研究

著　　者：李国文
策划编辑：张宏宏
责任编辑：张宏宏
封面设计：晓玉工作室
出版发行：民族出版社
地　　址：北京市东城区和平里北街14号　邮编：100013
电　　话：010-64228001（编辑室）
　　　　　010-64224782（发行部）
网　　址：http：//www.mzcbs.com
印　　刷：北京市迪鑫印刷厂
经　　销：各地新华书店
版　　次：2010年11月第1版　2010年11月北京第1次印刷
开　　本：787毫米×1092毫米　1/16
字　　数：810千字
印　　张：48
定　　价：117.00元
ISBN 978-7-105-10988-3/G·1773（汉826）

该书如有印装质量问题，请与本社发行部联系退换。

总　序

甄朝党　张英杰[①]

云南民族大学是一所培养包括汉族在内的各民族高级专门人才的综合性大学，是云南省省属重点大学，是国家民委和云南省人民政府共建的全国重点民族院校。学校始建于1951年8月，在毛泽东、邓小平、江泽民、胡锦涛几代党和国家领导人的亲切关怀下，得以创立和不断发展，被党和国家特别是云南省委、省政府以及全省各族人民寄予厚望。几代民族大学师生不负重托，励精图治，经过近六十年的建设，尤其是最近几年的创新发展，云南民族大学已经成为我国重要的民族高层次人才培养基地、民族问题研究基地、民族文化传承基地和国家对外开放与交流的重要窗口，在国家高等教育体系中占有重要地位，并享有较高的国际声誉。

云南民族大学是一所学科门类较为齐全、办学层次较为丰富、办学形式多样、师资力量雄厚、学校规模较大、特色鲜明、优势突出的综合性大学。目前，云南民族大学拥有1个联合培养博士点，50多个一级、二级学科硕士学位点和专业硕士学位点，60多个本科专业，涵盖哲学、经济学、法学、教育学、文学、历史学、理学、工学和管理学9大学科门类。学校从1979年开始招收培养研究生，2003年被教育部批准与中国人民大学联合招收培养社会学专业博士研究生，2009年被确定为国家立项建设的新增博士学位授予单位。国家级和省部级特色专业、重点学科、重点实验室、研究基地的数量以及国家级和省部级科研项目立项数、获奖数等衡量高校办学质量和水平的重要指标持续增长。民族学、社会学、经济学、管理学、民族语言文化、民族药资源化学、东南亚南亚语言文化等特

① 甄朝党系云南民族大学党委书记、教授、博士研究生导师；张英杰系云南民族大学校长、教授、博士研究生导师。

色学科实力显著增强，在国内外的影响力不断扩大。学校科学合理的人才培养体系和科学研究体系得以形成和完善，特色得以不断彰显，优势得以不断突出，影响力得以不断扩大，地位与水平得以不断提升，学校的改革、建设、发展不断取得重大突破，学科建设、师资队伍建设、校区建设、党的建设等工作不断取得标志性成就。通过人才培养、科学研究、服务社会、传承文明，为国家特别是西南边境民族地区发挥作用、做出贡献的力度越来越大。

云南民族大学高度重视科学研究，形成了深厚的学术积淀和优良的学术传统。长期以来，学校围绕经济社会发展和学科建设的需要，大力开展科学研究，产出了大量的学术创新成果，提出了一些原创性的理论和观点，得到了党委、政府的肯定和学术界的好评。早在20世纪50年代，以著名民族学家马曜教授为代表的一批学者就从云南边疆民族地区的实际出发，提出了“直接过渡民族”理论，得到了刘少奇、周恩来、李维汉等党和国家领导人的充分肯定并直接转化为指导民族工作的方针、政策，为顺利完成边疆民族地区社会主义改造以及维护边疆民族地区的团结稳定和持续发展发挥了重要作用，做出了突出贡献。汪宁生教授是新中国成立后较早从事民族考古学研究并取得突出成就的专家，其研究成果被国内外学术界广泛引用，为民族考古学中国化做出了重要贡献。最近几年，我校专家主持完成的国家社会科学基金项目数量多，成果质量高，结项成果中有多项由全国哲学社会科学规划办公室刊发《成果要报》，报送党和国家高层领导，发挥了资政作用。主要由我校专家完成的国家民委《民族问题五种丛书》云南部分、《云南民族文化史丛书》等都是民族研究中的基本文献，为解决民族问题和深化学术研究提供了有力的支持。此外，还有不少论著成为我国学术界中具有代表性的成果。

改革开放三十多年来，我国迅速崛起，国际影响力越来越大，这就为高等教育的发展创造了机遇，也对高等教育提出了更高的要求。2009年，胡锦涛总书记考察云南，提出了要把云南建成我国面向西南开放的重要桥头堡的指导思想。云南省委、省政府作出把云南建成绿色经济强省、民族文化强省和我国面向西南开放重要桥头堡的战略部署。作为负有特殊责任和使命的高校，云南民族大学将根据国家和区域的发展战略，进一步强化人才培养、科学研究、社会服务和文化传承的功能，围绕把学校建成“国内一流、国际知名的高水平民族大学”的战略目标，进一步加大学科建设力度，培育和建设一批国内、省内领先的学科；进一步加强人才队伍建设，全面提高教师队伍整体水平；进一步深化教育教学改革，提高教育国际化水平和人才培养质量；进一步抓好科技创新，提高学术水平和学术地位，把云南民族大学建设成为立足云南、面向全国、辐射东南亚、南亚的高水平民族大学，为我国经济社会发展，特别是为云南边疆民族地区经济社会发展做出更大的贡献。

学科建设是高等学校建设工程的核心和基础，科学研究是高等学校的基本职能与重要任务。为更好地促进学校的科学研究工作，加强学科建设，推进学术创新，学校领导班子决定出版《云南民族大学学术文库》，其意义主要体现在以下三个方面：

第一，本套文库的出版体现了科学研究为经济社会发展服务的宗旨。当前，我国处于快速发展的时期，经济社会发展中有许多问题需要研究，解决问题的思路和办法可以为社会发展提供智力支持。我们必须增强科学研究的针对性，加强学术研究与经济社会发展的联系，充分发挥科学研究的社会作用，提高高校对经济社会发展的影响力和贡献度，并在这一过程中实现自己的价值，提升高校的学术地位和社会地位。我们相信，随着本套文库的陆续出版，学校致力于为边疆民族地区经济社会发展服务及促进民族团结与进步、社会和谐与稳定的优良传统将进一步得到发扬，学校作为社会思想库与政府智库的作用将得到进一步的增强。

第二，本套文库与我校学科建设紧密结合，体现了学术积累和文化创造的特点，突出了我校学科的特色和优势。我校2009年被确定为国家立项建设的新增博士学位授予单位，这是对我校办学实力和办学水平的肯定，也为学校的发展提供了重要机遇，同时也对学校的发展提出了更高的要求。博士生教育是高校人才培养的最高层次，它要求有高水平的师资队伍、高水平的科学研究能力和研究成果的支持。学科建设是培养高层次人才的重要基础，我们将按照国家和云南省关于新增博士学位授予单位立项建设的要求，遵循“以学科建设为龙头，以人才队伍建设为关键，以创新打造特色，以特色强化优势，以优势谋求发展”的思路，大力促进民族学、社会学、应用经济学、中国语言文学、公共管理学等重点学科的建设与发展，将这些学科产出的优秀成果体现在这套学术文库中，以更好地带动全校各类学科的建设与发展，努力使全校学科建设体现出战略规划、立体布局、突出重点、统筹兼顾、全面发展、产出成果的态势与格局，用高水平的学科建设促进高水平的大学建设。

第三，本套文库体现了良好的学术品格和学术规范。科学研究的目的是探寻真理、创新知识、完善社会、促进人类进步。这就要求研究者必须有健全的主体精神和科学的研究方法。我们倡导实事求是的研究态度，文库作者要以为国家负责、为社会负责、为公众负责、为学术负责的高度责任感，严谨治学，追求真理，保证科研成果的内在品质。要谨守学术道德，加强学术自律，按照学术界公认的学术规范开展研究、撰写著作，提高学术质量，为学术研究的实质性进步做出不懈努力。只有这样，我们才能产出有思想深度、有学术创见和有社会影响的成果，也才能让科学研究真正发挥作用。

我们相信，在社会各界和专家学者的关心、支持及全校教学科研人员的共同努力下，《云南民族大学学术文库》一定能成为反映我校学科建设成果的重要平台和汇集我校科学研究成果的精品库，一定能成为我校知识创新、文明创造、服务社会的宝贵的精神财富。

我们的文库建设肯定会存在一些问题或不足，恳请各位领导、各位专家和广大读者不吝批评指正，以帮助我们将文库的出版工作做得更好。

2009 年国庆于春城昆明

《云南少数民族古籍文献调查与研究》
编委会

主　　编：李国文

编写人员：李国文　普学旺　玉　康　和力民

昂自明　肖建华　蔡小晃　黄贵权

盘金祥　普开福　胡文明　克原秀

赵岩社　王正华　石高峰　刘镜净

目　录

前　　言

李国文

“中华文化”，“古代文化”，“传统文化”，都是一些总概念。中华民族是一个大家庭，她由56种民族所组成。“中华文化”是各民族在漫长的历史发展中所创造文化的总和，它由条条水流积聚而成，汇成一条长河，源远流长，熔铸在各民族的血液里，传承不息。同样，人们常讲的“少数民族文化”也是一个总概念，几千年来，中华各族用自己的勤劳和智慧，创造了适应自己社会历史发展进程、规律和特点的文化，包括物质文化和精神文化。各民族所创造的文化，对“中华文化”的长河来讲，它是支，但对该民族文化的总和而言，它又构成了自己的流，各民族文化的河流，同样由众多支流汇集而成，这当中，千古传承的各民族古籍文献，便是构成这个流中最重要的一支。

中国各少数民族都有灿烂的古代文化，保存至今的各民族古籍文献，是记录各民族文化的重要载体。少数民族古籍文献，无论它的记录方式如何，其本身就是一种文化现象。而在各种记录方式中，它记载了民族文化的各个领域、各个学科的具体而又庞大的内容，因此，它是保存各民族文化的宝库。各民族用于记录、保存文化的古籍文献，丰富了中华民族文化的宝库，给中华民族留下了巨大的精神财富。

少数民族古籍，以及少数民族古籍的形成、形式、构成、类型等等，在古籍学、文献学中都是至关重要的问题，传统研究中并未对这些问题作出全面、系统的阐释。后来随着科学研究的发展，特别是20世纪80年代以来，学界开始重视并探讨了这些问题。

讨论少数民族古籍文献，自然要涉及语言和文字。首先是语言。人类的思维和语言，都是人脑这种物质和相关器官在漫长的社会实践中发展出来的高级产物，人类在对自然界的实践和斗争过程中，当人的思维和人类社会发展到非有语言不可的时候——即“已经到了彼此间有些什么非说不可的地步……”[①]，作为人与人借以沟通信息、交流思想、表达思维和感情的媒介——语言便开始产生。人类语言一经产生，它便通过其语音、词汇等基本要素，记录、表达、反映社会的存在，储存、传递社会文化信息。其次是文字。文字则是传达和记录语言的特殊符号，是人类交流的辅助工具，也是人类社会历史发展到一定阶段的产物；但它不是和语言同时产生，而是在思维和语言的基础上，当人们用语言表达感情、思维，表述、记录事物，交流思想已经不能满足需要时，而需要以新的形式和手段——即文字作为辅助的情况下逐渐开始创造和产生的。人类自从有了文字，原创语言的存在，以及原先用语言交流和记录、表达事物的方式便发生了根本性变化，即有了书面和与之相关的存在形式。这个变化、发展，又是一次飞跃，既是人类自身发展的飞跃，也是人类文化发展的飞跃，它使人类“由于文字的发明及其应用于文献记录而过渡到文明时代”[②]，使人类社会文化的存在更加丰富多彩，更加完善。

中华各民族都有自己特殊的语言，很多民族则有自己的传统文字。研究少数民族古籍文献，除必须研究少数民族的语言和文字之外，同时要研究语言、文字和古籍文献的关系。这是因为，语言本身就是一种历史文化现象，各民族所创造的语言本身就包含着一个庞大的文化系统；文字也是一种历史文化现象，各民族所创造的文字里又包含着语言以及与语言相关的诸如思维等庞大的文化系统。语言和文字既然是用于记录、表述思想和文化的根本工具和载体，那么，一个民族的文字所包含的文化系统与该民族的语言所包含的文化系统有着内在联系；一个民族的文化特征，与该民族的语言、文字文化系统特征同样存在有机联系。不同民族的古籍文献包含着不同的语言和文字，不同的语言和文字特点建构出了不同的古籍文献，从而熔炼、积淀着各自特殊的文化样式，共同展现出中华民族传统文化的奇光异彩。

在研究少数民族古籍文献和其中所包含的语言、文字时，有众多领域，其中有两个基本内容首先需要作出理解：一是少数民族语言和文字，特别是文字的产生、类型、发展规律与民族古籍文献的样式问题；二是“民族古籍文献”的内涵。在这里，前者更多地涉及各民族古籍文献的产生、特点等，而后者则更多地涉及对民族古籍文献内涵的理解和界定。

20世纪80年代以来，学界对上述问题作了不少有益的探索。如对前者，仅就综合性成果而言，有李晋有等主编的《中国少数民族古籍论》[③]、张公瑾

---

① 《马克思恩格斯选集》，第三卷，511页，北京，人民出版社，1972。

② 《马克思恩格斯选集》，第四卷，21页，北京，人民出版社，1972。

③ 李晋有等主编：《中国少数民族古籍论》，成都，巴蜀书社，1997。

主编的《民族古文献概览》①、乌谷著的《民族古籍学》②，其他还有华宁的《西南少数民族历史档案管理学》③、《西南彝族历史档案》④ 等专门领域的研究。在讨论少数民族语言、文字和古籍文献的关系时，老中青学者、名家辈出，并集中在《民族古文献概览》等书中，各放异彩。展示的核心内容主要集中在对中华民族语言、文字和古籍文献——包括藏缅语族古籍文献，如藏文、彝文、纳西文等古籍文献，壮侗语族古籍文献，如壮文、傣文、水书等古籍文献，以及突厥语族古籍文献和蒙古文古籍文献等等的系统发掘、介述。尤其是《民族古文献概览》、《中国少数民族古籍论》中的《中国各民族的语言、文字和文献》、《民族古文字、古籍在中华文化中的地位》等诸篇大论，系统揭示了中华各族的语言文字历史、特点以及由这些语言、文字特点所决定而构建出的各种文字古籍样式。这些揭示，使"民族古籍文献"展现出五彩缤纷的场面，使民族古籍文献文化的发掘研究呈现出波澜壮阔的景象。

对后者，即对"民族古籍"的理解和界定的研究，也是一个非常重要的问题。其中讨论的核心，主要集中在少数民族古籍文献包括哪些内容以及时间的划界等。所谓"古籍"，按字面作简单理解，"古"即是"古时"、"古代"，"籍"就是"书"、"书册"、"书籍"，"古籍"即是古时候遗留下来的"古书"。那么，古时遗留下来的古书、古文献资料中究竟什么是"民族古籍"或"民族古籍文献"？按照广义理解，凡古时候形成的，无论用汉文、外文、少数民族文字记录，凡涉及少数民族的书面载体资料，都属少数民族古籍。但需要说明的是，本项目研究的主旨不在广义所理解的民族古籍，而在于本学科所指的少数民族在历史上创造、遗留下来的古籍。这个"古籍"，又需要作出广义理解。乌谷先生在《民族古籍学》中作了深刻地探讨，认为"本学科所研究的民族古籍除了包含各少数民族在历史上遗留下来的各种书面载体的古籍外，还有其特殊的内涵"，即"本学科所说的'古籍'已经超出了'古书'的范围"。根据这条思路，乌谷先生明确提出："民族古籍就是指曾经在中华人民共和国疆域范围内生活过的各少数民族，或正在生活着的各少数民族在历史上遗留下来的一切用文字，具有某种文化涵义的符号（文字的雏形）及口头语言记录下来的文化载体。这种文化载体可分为四大类型，即原生载体古籍、金石载体古籍、口碑载体古籍和书面载体古籍。"⑤ 其他还

① 张公瑾主编，黄建明、岭福祥副主编：《民族古文献概览》，北京，民族出版社，1997。
② 乌谷：《民族古籍学》，昆明，云南民族出版社，1994。
③ 华宁：《西南少数民族历史档案管理学》，北京，民族出版社，2001。
④ 华宁：《西南彝族历史档案》，昆明，云南大学出版社，1999。
⑤ 乌谷：《民族古籍学》，6 页，昆明，云南民族出版社，1994。

有较统一的认识。马更志先生提出："民族古籍……范围既涵盖古代民族文字撰写的文献典籍，又包括民族语言流传的口头史料。"① 彭继宽先生以土家族为例，称"土家族有语言而无文字，大量的古籍是通过民间口耳相传……这些古籍以神话、传说、民间故事、史诗、经文、叙事诗、风俗仪式歌、歌谣等多种形式流传于民间"②。司马义·艾买提先生在《中国少数民族古籍论》"序言"中更有一句概括的话，说："……少数民族古籍就是我国各少数民族传统文化的具体体现……其形式有文字材料、口碑资料等……"③《民族古文献概览》一书的编者也有同样的概括："我国各民族都有丰富的文献资料，有的民族虽没有代表自己语言的传统民族文字，但也保留下来大量的口头文献。"④ 这些概括非常精当。只是应该补充一点，即那些有自己的传统文字的民族，在用文字书写记录历史、文化资料、并形成文字古籍文献的同时，同样传承着非文字记录，即用口头语言传承的古籍，亦即人们常说的"口碑资料"、"口传资料"、"口碑载体古籍"，或"口承古籍"、"口碑文献"之类。这种情况在我国的蒙古族、藏族，特别是西南地区的彝族、傣族、纳西族等众多民族基本如此。华宁先生把少数民族古籍文献称为"少数民族历史档案"，并按记录符号划分为"文字档案"等，按载体形式划分为"口碑档案"等。⑤ 由此可以认为，本学科讨论的"民族古籍"，无论在理论上，还是经验事实上，它应包括各民族用于记录自己语言的文字（包括表达语言、交流沟通信息、储存思维的某种特殊符号）所书写的，以及用语言和其他方式所传承的文化载体。与此相关的还有一个重要问题，即"民族古籍"或"民族古籍文献"的时间断限。根据我国少数民族古籍整理出版规划机构的研究和1984年国务院办公厅下发［国办发（1984）30号］文件精神以及学者们研究的意见，"民族古籍"时间下限一般指1949年以前形成的文献载体，其范围涵盖古代民族文字书写记录的文献典籍和民族语言传承的口头（口传）史料。⑥ 当然，民族古籍是一个不断创造和继承的历史过程，在今天看来是现实的东西，将来也是历史的。

---

① 马更志：《试论民族古籍事业的历史性发展——从甘肃省民族古籍谈起》，见李晋有等主编：《中国少数民族古籍论》，17页，成都，巴蜀书社，1997。

② 彭继宽：《土家族口碑古籍综述》，见上书，234页。

③ 司马义·艾买提：《中国少数民族古籍论》，序言，5页，成都，巴蜀书社，1997。

④ 参见张公瑾主编，黄建明、岭福祥副主编：《民族古文献概览》，前言，2页，北京，民族出版社，1997。

⑤ 参见华宁：《西南少数民族历史档案管理学》，前言，1页，北京，民族出版社，2001。

⑥ 参见李冬生主编，莫福山、李晓东副主编：《新中国民族古籍工作》，2页，北京，民族出版社，1999。

民族古籍研究或研究民族古籍，是一门具有特定对象和特点的学科，但它的研究意义远不限于研究民族古籍本身（如书写古籍的文字，古籍的创造，古籍书写与装订，古籍样式、种类、卷册，古籍保存、使用、收集、翻译、整理等等），更重要的还在于去发现和揭示古籍中蕴藏的一切文化内容。在漫长的历史长河中，各民族都创造了自己光辉的历史和灿烂的古代文化，今天已被翻译、整理出来的那些古籍文献已经充分证明，历史遗留的古籍文献，是各民族历史发展进程、各民族认识和改造自然以及在整个社会生产生活实践中所创造文化的历史记录，是见证、解读各民族历史文化的档案。这份历史档案是各民族历史文化的总宝库，各民族所创造的文化都在其中得到储存和展示。正是有了这个宝库，今天的科学研究，尤其人文学科的研究，即随着民族古籍研究的发展不断得到拓展。科学研究借助民族古籍研究的发展而不断得到拓展，一方面说明人们对古籍文献获得了新的认识，一方面实际上也回答了民族古籍这座宫殿里究竟保存着什么。

民族古籍里究竟保存着什么？无论人文科学或自然科学研究都力图在各自领域内挖掘出能证明历史的东西来。研究过民族古籍文献的学者们都有一句共同的话，说它是记录各民族历史文化的“百科全书”，此话一点也不夸张。事实上，现代学术研究已经在各民族传承的古籍文献里，从不同的领域、不同的角度探寻出具有重要历史价值的内容。

第一，语言和文字学领域。这里特别要讲的是民族传统文字古籍文献中的语言和文字。语言是人类最先创造的交流工具，它储存着人的思维，并通过思维反映社会存在和社会文化。世界上任何一种人类语言包括各民族语言，都由语音、词汇和语法三个基本要素构成（有人主张四要素，即语音、语义、词汇、语法）。而文字则是在语言的基础上产生的，它是用来记录和传达语言的符号。文字一经产生，它和语言相共生，两者不可分离。人类未产生文字之前，或用语言表达思维时，可以不用文字，但一定要有语音、词汇和语法等，否则无所谓语言。文字产生之后，人们表达文字乃至用文字表达的东西，可以用语言，也可以不用语言，但其中一定包含着反映人的思维程序的语言。正是在这个意义上说，少数民族文字古籍文献，单从语言讲，它是人们从不同角度研究古代民族语言——包括语音发音、语言词汇、语言的语法结构、语言表达习惯、语言发展变化规律、古今语言、语词演变规律以及各民族历史语言相互影响规律等等的证明材料。再从文字讲，民族文字古籍文献除了具有记录语言的特殊功能外，它本身同时具有文字学所指的特殊价值，诸如文字的发生、文字的构造与结构、文字的发展演变、文字表达语言和思维的规律，直到文字书写格式、样式等等。这些都是人们借以考察文字学的特殊证据和材料。现代民族语言和文字学研究，人们从不同角度作了探究，获得了诸如《中国民族古文字研究》[①]、《中国民族古文字》[②]、《我国民族的文字简况》[③] 等综合性成果。此外，尚有"焉耆—龟兹文"、"于阗文"、"古代突厥文"、"回鹘文"、"西夏文"、"契丹文"、"女真文"、"彝文"、"纳西文"、"水书"以及有关民族语言文字词典、字典等专门性研究的丰富成果。[④] 这些研究，无不与民族文字古籍有关，都得益于民族文字古籍文献。因此，我们可以毫不过分地认为，如果没有各民族古籍文献，特别是古文字古籍文献资料的积累，也就无所谓古文字学的研究，更难有民族语言文字研究学科的产生和发展。

第二，历史学、民族学领域。历史学、民族学研究都是内涵深广的概念，各自有其特殊研究对象和内容。但就其所研究资料背景、素材而言，有一点是共通的，即都可以借助民族古籍文献。这是因为，民族古籍文献往往记录着汉文史籍所缺少的东西，或者记录着可与汉文史籍相互验证的东西。以这些资料为依据去考察民族学上的问题，诸如探究古代民族源流、分布迁徙历史、民族部落繁衍发展，直到社会组织结构、家庭婚姻制度等。今天，只要打开任何一部研究民族历史或民族学的专书，我们便可发现，其中都包含着对民族古籍文献资料的运用。虽然我们很难把那些借用古籍文献考察研究的结果都开列出来，但有这样一些典型例子是人们比较熟悉的。单以我国西南而言，有江应樑先生在普遍运用汉文史籍资料基础上广泛运用傣族民间传承的口传和文字古籍资料，探究傣族历史发展，著成的《傣族史》。[⑤] 冉光荣等

---

① 中国民族古文字研究会编：《中国民族古文字研究》，北京，中国社会科学出版社，1984。

② 中国民族古文字研究会编：《中国民族古文字》，北京，1982 年铅印本。

③ 梁钊韬等编著：《中国民族学概论》，56、57 页，昆明，云南人民出版社，1985。

④ 在《中国民族古文字研究》一书中载有马雍的《古代鄯善、于阗地区佉卢文字资料综考》，李铁的《焉耆——龟兹文的研究》，耿世民的《古代突厥文》、《回鹘文》，安瓦尔·巴依图尔的《察合台文和察合台文献》，史金波的《西夏文概述》，张公瑾的《傣族的文字和文献》，陈士林的《彝文研究的基础和前景》，和志武的《纳西古文字概况》，于宝林的《略论〈契丹文字的解读方法〉》，金启琮的《女真文字研究概况》等，他们的研究具有广泛参考意义。

⑤ 江应樑：《傣族史》，成都，四川民族出版社，1983。江应樑先生在该书中多次提到对傣族古籍文献的运用。如在考察古代傣族分布区域即"百越地"时说："今傣族民间，盛传其祖先早在三千年前就在瑞丽江两岸建立很多部落，3 世纪时出现了强大的部落联盟。尽管西方人士研究傣族历史有不少推论，但有一点可取，就是广泛收集了民间传说资料……"（见此书第 2 页）。在考察司马迁《史记》所载古代民族历史时称："我们把傣族民间传说资料和《史记》所记的'滇越'联系起来分析，两者之间的关系就比较明显了。"（见同书第 93 页）。又称："使我们高兴的是傣族民间流传的和用本族文字记录下来的历史传说都是极为丰富的，我们根据大量的传说，虽然不能比较具体的看出傣族的原始社会的发展面貌，但却让我们明确地知道有关傣族原始社会时期的两个重要的历史实际……"（见此书第 141 页）。

著的《羌族史》[1] 运用汉文古籍文献和传承于羌族和其他民族的古籍文献资料，探究羌族和相关民族的历史和文化源流。方国瑜、胡庆钧等借助西南彝族民间传承《西南彝志》、《帝王世纪》、《勒俄特依》等彝文古籍资料，考察古代彝族从远古先祖“希母遮”到“撮朱渎”以及“兹莫”乃至“六祖分支”繁衍、迁徙、分布和社会发展。[2] 郭大烈、和志武运用古象形文字和东巴经古籍资料，考察纳西族古族称、古族群和历史分布以及古代氏族、部落繁衍发展。[3] 丁文江根据古彝文记录揭示古代彝族繁衍历史，并编研出《彝族远祖及罗甸水西世系表》。[4] 史军超则以口承古籍《哈尼阿培聪坡坡》为据，探究出哈尼族古时分布地域和迁徙历史。[5] 类似研究例子很多。宗教学、民俗学研究在藏彝语族诸族中常遇到一个典型例子，即人死丧葬中，巫师要诵念口承或文字记录的《指路经》或“指路语”，意在为死者亡魂“指路”，把亡魂按照一定的路线“送回”远古祖先居住地。历史学和民族学研究非常重视这个现象，并用现在推至过去的历史反推法，利用这些资料研究古代民族历史分布和迁徙，如李霖灿就根据纳西族古籍文献考究出《麽些族迁徙路线图》。[6] 除此之外，其他尚有诸如少数民族社会历史断代，社会形态，社会政治、法律、军事乃至家庭婚姻制度等等的研究，所形成的成果很多都是在占有大量民族古籍文献资料基础上的理论探究。凡此，说明民族古籍文献无论对历史学、民族学研究都发挥了它的重要作用。当然，民族古籍文献对于历史学、民族学的历史考察，其作用是相对的，而不是绝对的，因为它不能完全证史，这一点已经被学者们所看到。但它对于包括历史学、民族学及其他学科研究具有其他资料不可替代的重要作用和价值，则毫无疑问。

第三，宗教学领域。宗教学研究同样具有它特定的对象和学科特点，诸如研究宗教的起源和发展，研究各种宗教信仰现象、内容和形式，特别是近代宗教学的研究，人们除了研究宗教史学、宗教人类学之外，又开辟了诸如宗教现象学、宗教社会学、宗教心理学等以及与宗教文化相关的学科研究。各学科、领域的研究都在不断发展，但这个发展并不意味着所研究的内容、

---

① 冉光荣、李绍明、周锡银：《羌族史》，成都，四川民族出版社，1985。

② 参见方国瑜：《彝族史稿》，成都，四川民族出版社，1984；胡庆钧：《凉山彝族奴隶制社会形态》，2 页，北京，中国社会科学出版社，1985。

③ 参见郭大烈、和志武：《纳西族史》，成都，四川民族出版社，1984。

④ 参见马学良主编，罗国义审订：《爨文丛刻》上册（增订），152～157 页，成都，四川民族出版社，1986。

⑤ 参见史军超：《哈尼族迁徙史诗在中国文学史上的地位——〈哈尼阿培聪坡坡〉与〈诗经·生民〉、〈公刘〉等比较》，见李晋有等主编：《中国少数民族古籍论》，254～268 页，成都，巴蜀书社，1997。

⑥ 参见李霖灿：《麽些研究论文集》，93 页，台北，台湾故宫博物院，1984。

理论的穷尽和终结，它将继续，并且仍在发展。今天，我国的宗教学无论研究哪种宗教，离开各少数民族的古籍文献几乎是很难进行的。

人类的语言和文字包括少数民族语言和文字，都是一种文化现象。少数民族传统文字，不能说它是为了宗教而产生，但它的产生和运用肯定是和宗教联系在一起的。这一点，我国少数民族中无论诸如回鹘式蒙古文，还是突厥文、粟特文，到以印度婆罗米字母为原形所创造的藏文、傣文，乃至彝族先民创造的古彝文，纳西族先民创造的原始象形文……无论是藏文写成的佛教大藏经，或蒙古文大藏经，南传上座部巴利语系傣文大藏经，还是古象形文字东巴经，古彝文毕摩经，都是直接证据。它不仅证明文字和宗教之间的联系，同时也证明文字以及用文字书写和用口语传承的那些古籍文献，很多就是宗教信仰的内容和直接为宗教服务的。

宗教的核心是信仰问题。世界上各种宗教信仰有它的共同性，但更有各自的特殊性。尤其是少数民族的宗教信仰，由于各种民族所处的社会历史、环境、语言等的不同，因此，反映在宗教上的信仰历史、信仰形态、信仰内容，以及信仰方式、仪式过程等都不同。宗教学研究注重实证材料和文献资料，少数民族古籍文献恰好在这方面给予了极大的补足。当然，少数民族古籍文献虽不能说全都是宗教经典，记录的全都是宗教，但可以说大多数是反映宗教内容的作品或经典。只要打开这些经典，其中记录的宗教信仰内容可令人目不暇接。仅以西南或云南少数民族而论，展开各民族古籍，以典籍名称而言，有景颇族传统的《天神木代斋瓦祭词》、《丧葬祭词》等，傈僳族的《仆帕苦》（唤祖）、《免此》（迎祭司）等，哈尼族的礼仪习俗歌《生与死》、《建寨》等，纳西族东巴经《祭天经》、《祭祖经》、《祭村寨神仪式经》、《祭署仪式经》、《祭风经》、《禳垛鬼仪式经》等，彝族《祭龙经》、《指路经》、《作斋供牲经》、《祭天颂祖经》、《百解经》、《驱鬼经》、《占卜经》、《呗耄叙谱经》等等，其数可以千、万计。再以记录范围而言，从宗教产生、宗教观念、宗教现象、宗教礼仪、宗教教祖、宗教规范、宗教体制、宗教斗争到宗教内容等，几乎无所不包。以具体内容而言，举凡天、地、日、月、山、水、木、石自然万物崇拜，灵魂及图腾、祖先崇拜，动植物崇拜，原始性力或生殖崇拜，原始占卜及巫术等等，无不展现了一幅宗教信仰，特别是原始宗教信仰的历史画卷。

宗教研究，包括宗教历史以及所衍生的相关学科的研究，都要有一定的事实根据。各门学科的比较研究，最初事实上都曾得益于人们对人类最初宗教即原始宗教的研究。少数民族古籍文献记录着宗教信仰的众多形式和内容，特别是原始宗教的信仰，它为我们研究早期人类宗教的产生、发展、演变提供了不少证据。仅此而言，今天学界产生的很多学术研究成果，可以说大都得益于少数民族古籍文献的资料基础。

第四，哲学领域。这里主要指少数民族哲学。以前无论是学和写中国哲学史或中国哲学思想史的人，都不知道或未提到少数民族有哲学思想。[①] 这里面可能有客观条件所限，也可能忽视了对一些问题的认识，首先可能忽视了对少数民族历史语言文字和古籍的认识。我们反复提到少数民族的语言和传统文字，这首先是因为，少数民族语言同人类一切语言一样，包含着人的意识、思维过程，人的“意识和语言”的存在不仅“具有同样长久的历史”[②]，而且其“思想、观念、意识的生产……”，最初就是“与现实生活的语言交织在一起的。”[③] 人的“思维和意识是人脑的产物”[④]，这个“产物”即“意识一开始就是社会的”[⑤]，即是从人类对客观世界的实践中获得的。人类在对客观世界的作用——即实践过程中获得思维、思想，在这个思维过程中，其结果是客观世界反映到人的意识里。所谓“反映”，也就是人对客观世界的认识。人的认识通过两种方式进行：一是感性认识，即借助于感觉和知觉；二是逻辑认识（理性认识），即借助于概念、判断和推理。这种逻辑认识，是借助语言来进行和完成的。正是在这个意义上，马克思主义经典作家们说：语言和思维从它一开始产生起，就存在着天然的、内在的辩证关系，“语言”既“是人类最重要的交际工具”[⑥]，又是反映人的思想的物质外壳，是“思想的直接现实”[⑦]。所以，语言不但是人类特有的交际和思维工具，同时也是人类特有的一种记录思维、传递思想、信息的系统。少数民族古籍文献无论口碑文献或文字文献，本来就包含着语言，自然也就包含和记录着思维认识内容。文字是记录语言的书写符号，是用来记录语言的，它们记录的话语就是人们对世界的认识内容。

同样，过去无论学或写中国哲学、社会思想史的人，除了较少了解少数民族语言、文字之外，不知道少数民族诸如瑶族有口头传承的创世史诗《密洛陀》，蒙古族有先人著作《蒙古秘史》，维吾尔族有《福乐智慧》，中国西

---

① 参见李国文：《纳西族古代哲学思想初探》，载《中国哲学史研究》，1981（2）。在文中，笔者首次提出在中国哲学史研究中“对少数民族的哲学思想”的研究，“几乎还完全是一个空白”，“我们写的中国哲学史也只能是汉族的哲学史，而不能成为名副其实的中国哲学史”。

② 《马克思恩格斯选集》，第一卷，35页，北京，人民出版社，1972。

③ 《马克思恩格斯选集》，第二卷，30页，北京，人民出版社，1972。

④ 《列宁选集》，第二卷，84页，转引自恩格斯：《反杜林论》，北京，人民出版社，1960。

⑤ 《马克思恩格斯选集》，第一卷，35页，北京，人民出版社，1972。

⑥ 《列宁全集》，20卷，396页，北京，人民出版社，1958。

⑦ 《马克思恩格斯全集》，第三卷，525页，北京，人民出版社，1960。

南边地偏僻山区彝族民间保存有古彝文著作《西南彝志》、《宇宙人文论》、《生命的根源》，以及纳西族用古象形文字写成的东巴经《崇般图》、《白蝙蝠取经记——占卜的起源》等等，更不知道这些古籍记录中充满的哲理话语，原因除了当时不具备了解这些古籍的客观条件之外，未认识到少数民族也有思维认识发展史，也有与她们社会历史发展相适应的哲学及社会思想史，恐属认识上的障碍之一。

由上而论，中国传统思维、思想乃至哲学历史的考察，不能忽视对少数民族传统语言、文字和古籍文献记录的话语的考察。

各民族思维认识发生、发展的历史考察，各民族哲学、社会思想发展水平、样式、规律的探索和比较研究，对整个中国哲学思想发展历史的研究，无疑是有重要价值的，也是不可分割的。只是到了20世纪80年代初，以往中国哲学思想研究中少数民族哲学思想研究不被人们所注意的情况才逐渐被改变。这其中，少数民族古籍文献资料的积累和开发利用起了关键性作用。现在打开这些研究成果，如《云南少数民族哲学、社会思想资料选辑》（6集），《贵州少数民族哲学思想史料集》（5集），《羌族思想史料》，直到《云南少数民族哲学思想论文集》（1、2），《南方民族哲学思想论集》（1、2），《北方民族哲学思想史论集》（1、2），《中国少数民族哲学思想史论集》，[①] 这些都是以少数民族古籍为基础汇集的资料集和所探究的成果。其他尚有很多专书专论，如肖万源等主编的《中国少数民族哲学史》，刘尧汉著《中国文明源头新探——道家与彝族虎宇宙观》，王天玺、李国文著《先民的智慧——彝族古代哲学》，王天玺著《宇宙源流——彝族古代哲学》，李国文著《东巴文化与纳西哲学》、《天·地·人——云南少数民族哲学窥秘》，班班多杰著《藏族佛教哲学》，龚友德著《白族哲学思想史》等等。[②] 这些研究成果无一不借助民族古籍文献，甚至大多数直接就是对某种古籍文献所包含哲学、社会思想的理论挖掘和阐释。结论只有一个，民族古籍文献蕴含着各民族思维认识以及哲学、社会思想史，离开少数民族古籍文献，少数民族哲学社会思

---

① 参见中国哲学史学会云南省分会编：《云南少数民族哲学、社会思想资料选辑》（内部印刷资料）；贵州省哲学学会编：《贵州少数民族哲学及社会思想资料选编》，1984年1月内部铅印本；中国北方少数民族哲学及社会思想史学会编：《中国北方少数民族哲学及社会思想史论集》，1987年4月铅印本；中国北方少数民族哲学及社会思想史学会编：《中国少数民族哲学思想史论集》，北京，中国社会科学出版社，1985。

② 参见肖万源等主编：《中国少数民族哲学史》，合肥，安徽人民出版社，1992；刘尧汉：《中国文明源头新探——道家与彝族虎宇宙观》，昆明，云南人民出版社，1985；王天玺、李国文：《先民的智慧——彝族古代哲学》，昆明，云南教育出版社，2000；李国文：《东巴文化与纳西哲学》，昆明，云南人民出版社，1991；李国文：《天·地·人——云南少数民族哲学窥秘》，昆明，云南人民出版社，1992。

想的研究将无从谈起，中国哲学思想的形态及其发展的研究，不可能得到充分发展。

第五，其他领域。我们说少数民族古籍文献是记录文化的“总宝库”，是展示各民族古代文化的“宫殿”，是“百科全书”，其中所蕴含并能提供我们探究的内容显然不只限于语言学、文字学、历史学、民族学、宗教学和哲学。学术探索已经并且正在揭明，其中所包含的内容还有社会学的，比如人们借助古籍考察古代民族的社会结构、社会组织等。民俗学的，比如考察古籍记录经济民俗中的消费民俗，包括服饰民俗，饮食民俗，居住民俗；社会民俗中的家族、宗族民俗，生活礼仪民俗，婚姻民俗；信仰民俗中与原始宗教和其他宗教相衔接的大自然信仰、动植物信仰、祖灵信仰、岁时节日信仰民俗等。文学的，特别是民族民间文学，它取材古籍——包括口碑古籍和文字古籍，人们借助它而写成各民族文学史。艺术的，其中记录着古代音乐、舞蹈、绘画史……科学技术的，比如借助古籍探究古代民族生产生活工具的创造发明，利用古籍写出诸如《彝族天文学史》……医学的，人们利用古籍，考察古代民族的医药、医学，著成的《纳西族东巴医学史》、《彝族医药史》，发掘“蒙医学”、“藏医学”、“傣医学”等等。学术探索的不断发展告诉我们，少数民族古籍文献中的文化几乎涵盖着各民族古代文化的一切领域。正因为如此，中国古代文化乃至现代文化任何领域的探究，没有理由不关心民族传统古籍文献这个庞大资源。换句话说，各学科、领域的研究，缺少少数民族古籍文献资料基础，根本不可能发展。

人类的认识、知识、文化来源于对自然、对社会的实践。探究事物，认识世界，积累经验，传承知识和文化，集中反映出人类的智慧。人类之所以有别于动物，就在于他是主动地去适应自然，从而去把握、改造、利用、支配自然，在改造和利用自然的过程中，改造了自己的感官，发现了自己，创造了人类自身，同时发现、发明、创造了知识。人类对于自己所获得知识的表达，更不同于动物，动物是对自然事物的简单感知和本能，而人对客观世界的认识不只采取感觉的形式，而是采取思维的形式，对于所获得认识的表达，并不满足于感官对概念的简单陈述，更不满足于用一种方式来表达，而是想方设法去创造、发现这样或那样的方法，把所获得的一切观念、认识、知识、文化都再现出来。世界上各古老民族都去寻找过自己的表达方法。人类语言的发生和文字的发明创造，用语言和文字把在实践中所获得的认识记录和表达出来，是最根本的方法。因此，今天用历史唯物主义的方法去分析客观存在着的少数民族古籍，可以概括出这样四条认识：一是各古老民族的各种古籍，就是他们创造的一种表达认识、知识、文化的重要工具；二是民族古籍无论形式如何，本来就是在生产生活实践中形成；三是各民族各种古籍所记录和反映的认识、知识、文化内容，原来就是该民族在当时生产生活的时间和空间内所存在的、发生的、感知的事物，是当时所形成和获得的知识、认识，亦即记录的就是发生在他们生产生活实践中的事，或是当时所见到、经历过、思考过、并且力图去作出理解、解释的事，或者是他们所把握和认识到的事——这种认识，无论是原始歪曲的、幻想的，还是科学、合理的认识。这是古籍文献产生的土壤；四是民族古籍，原本产生于各民族社会民间，它根据人们生产生活需要而产生。它的最初创造便是为我所用，创造之后即使用、流传、保存于民间，植根、存活于产生它的土壤。各民族古籍文献中所蕴含的文化内容，与该民族整个社会存在和其他一切文化结构浑然一体，成为人们认识、知识、文化的积淀和支配人们精神文化生活的规范，并得以世代传承。

民族古籍文献创造于各民族社会，并藏存、服务于社会民间。各民族民间传承的古籍，与产生它的社会条件相适应，其存在有着适应于当时社会需要的自然规律。它一般是掌握在民间负责组织各种信仰生活、主持各种信仰仪式、礼仪者的手里，即过去人们所称的诸如祭司、经师、歌手或某种宗教信仰民众。古籍中如是原始的原生载体古籍，它通过某种口头言语或某种借物喻事等物化方式再现出来；是口碑古籍，则储存于人类记忆，并通过民间那些具有非凡记忆、并靠世代口耳相传的人物得以传诵出来；是文字文献古籍，则藏存于山村民间那些使用古籍的人们的火塘边，或存放于粗制的麻袋、竹篓、木框里，或存放于屋中供桌、经堂、楼阁中。这便是少数民族古籍存在的原始生态。

今天，在考察民族古籍存在历史时，使我们不能不想到对它的存在有过的一些认识，即：一种是褊狭甚至于是负面的认识；一种是积极的认识。对前者，新中国成立后，中国的社会发展进程中曾历经过诸如“大跃进”、“四清”、“文化大革命”等运动。特别是“文化大革命”的十年中，在“左”的思想影响下，民族古籍的文化和社会价值并未得到全面、科学的理解和认识，甚至被当作糟粕。民间那些掌握和使用古籍的人被另眼看待，甚至被简单地视为“巫师”或“牛鬼蛇神”，各种古籍则往往与所谓“宗教”联系在一起，甚至干脆就把它当作“宗教”、“迷信”、“四旧”。在这种思想的笼罩下，各民族古籍，尤其是文字文献古籍，都遭到前所未有的厄运。今天，每当我们去询访那些曾经使用、保存过古籍的乡间老人时，当时的宗教活动场所——寺院以及藏经楼、阁被破坏、废弃，经书散失殆尽；“东巴经书用马驮、人背，一驮一驮、一篮一篮地被运到场子里被烧毁”；或“笃信宗教的老人，为了保存家传的经书古籍，趁人不备，或佯装到野外做活，把经书放在背箩里，背到山中岩洞藏起来”，至今在他们的脑海里仍记忆犹新。

事物总是一分为二的，在对待民族古籍的认识上，亦如此。把民族古籍当作瑰宝，当作文化遗产，当作考察民族社会历史、文化发展的史料和证据，是与那种褊狭认识同时存在的积极认识，由这种认识所支配的实践行为，即是人们不仅早就关注各种民族古籍的形成、存在形态和发展，而且是想尽办法地去收集、保存、翻译、整理、研究、利用它。中国各民族古籍的存在都有过这个经历：如欧洲传教士和探险家从17世纪20年代开始收集藏族的藏文经典古籍；19世纪末、20世纪初外国传教士、探险家、旅行家开始对彝族古彝文古籍和纳西族古象形文字东巴经古籍进行收集；20世纪初德国、俄国、法国、日本、瑞典等国便开始对西夏文古籍进行收集；英、美、德、法、日本等国很早便开始对回鹘文古籍文献的收集……这些，都构成了世界各国博物馆、图书馆收藏中国少数民族古籍文献的历史。外国人尚且如此，何况是中国人。中国人对自己祖宗创造、传承的古籍遗产视如珍宝。比如，对它的发现和研究：元、明、清各代，便有人把古彝文典籍整理编译成汉文，又把汉文古籍翻译成彝文典籍在民间练习；明、清各代便有学者开始汉语标音、翻译回鹘蒙古文重要历史典籍《蒙古秘史》；直至20世纪20－40年代，便有不少学者调查诸如彝文、傣文、东巴文、水书等古籍，并译述诸如傣文古籍《泐史》（囊丝本勐泐）（部分）、《麓川思氏谱牒》，彝文《倮倮作斋经注释》、《指路经》；[①] ……其研究延续至今，在很多民族的古籍研究领域中，都可以找到这些历史。再就是对民族古籍的收集和保存，更是功不可没。人们像爱护自己的生命一样珍视这些古籍。可以这样说，从古到今，无论是古代，还是战乱时期，人们从来未放弃或轻视过对它的珍藏、收集和保护。即使是在“文化大革命”期间，那些乡间老人，或寺院僧人，或有识之士，把古籍秘藏到所居住的村寨、寺院附近山洞里的例子，比比皆是。新中国成立后，在中国共产党的民族政策指引下，少数民族古籍文献这份宝贵的文化遗产，受到党和政府的高度重视。国家在组织大规模的民族社会历史全面调查时期，各民族古籍文献都得到为数不同的收集和保存。这项工作与古籍的研究相并存，相沿至今。今天诸如北京民族文化宫图书馆、北京图书馆、北京故宫、中国第一历史档案馆、北京藏学中心、北京中央民族大学图书馆所收藏藏文典籍、彝文典籍、东巴文典籍……直到全国各地博物馆、图书馆、文化馆、大专院校、科研单位、有关机构、及各宗教寺院楼阁、乡间文化站，都保存

① 参见张公瑾主编，黄建明、岭福祥副主编：《民族古文献概览》，118、293、427、428页，北京，民族出版社，1997。

有不同民族的各种古籍。这是民族古籍流传的积累，也是历史以来人们对它的收集、保存的见证。这里尤其要提到的是，党的十一届三中全会以后，人们对少数民族古籍这份沉甸甸的文化遗产，更赋予了全新的认识。时至1981年，国家专门以“中共中央关于整理我国古籍的指示”［中发（1981）37号］[①] 的文件形式，提出了对少数民族古籍作收集、抢救、翻译、整理、出版，1984年后，全国各地相应建立了各级民族古籍工作机构，从此，少数民族古籍收集、整理被纳入正常轨道，并开辟出广阔前景。

中国少数民族古籍是一个汪洋大海。历史上各民族古籍文献被国内外学者、机构所记录、收存，使之变成人们研究的历史标本。这些古籍，从某种意义上说，已经脱离了它的原始土壤，但并未失去它的固有价值，而是从另一个角度——即被人们发掘研究的角度发挥它的巨大作用。然而，研究古籍本身和研究古籍里蕴藏的历史文化，是一个对象中包含的两个方面的内容。这里主要说的是前者，其中又以古籍收集、保存、整理、编目、翻译、出版等领域来划分。就收集、保存环节而言，我们肯定历史已作出过巨大功绩。但也正是在这个环节上，存在着不容忽视的现实，这个现实，主要的有两个方面：

第一，由各民族各种古籍文献的原生土壤原本就在民间的客观条件所决定，迄今为止，在部分地区、部分民族社会中，各种古籍仍然保持着它的原始存在形态。按照通常的理解，历史已经发展到现在，各民族社会发展都发生了巨大变革，那些过去被视为“古”、“旧”的东西似乎已很难存在。但客观现实并非如此，即使像彝族传承的古彝文“毕摩经典”，纳西族古象形文字“东巴经”，水族古文字与“古水书”……这些或早或迟已被广泛收集、保存的古籍，它在民间的流传和存在形态并未完全消失，而是仍以不同形式流传、藏存在乡村人家的火塘边，并继续被使用、复制、存活着。这个现象，今天只能用历史唯物主义关于意识形态的文化必然跟随社会经济基础的变化而变化，但不是随着某种经济基础的变化或者消亡而立即变化、消失乃至消亡的原理来解释。用这个原理来理解，今天少数民族民间之所以仍大量流传、保存、使用着古籍，那是因为它还有一定的存在条件和土壤。

第二，民族古籍是记录各民族传统文化的聚合物，各种古籍所记录的文化内容是支配该民族传统社会生活的精神力量。中国幅员广大，各民族历史上创造的古籍浩如烟海，遍布民间每个角落，流传使用千古沿袭。今天，我们只要用实践的方法去对各种古籍的存在稍加考察，便可得出很多启示性认

---

① 参见李冬生主编，莫福山、李晓东副主编，国家民族事务委员会、全国少数民族古籍整理研究室编：《新中国民族古籍工作》，3、4页，北京，民族出版社，1999。

识。比如，尽管历史上对各种古籍作了不少收集、藏存，但由于古籍的历史创造、存在、流传本身具有诸多特点；再由于，各种古籍的民间流传，则随着社会的变化而演变出各自的存在规律，因此，人们对它的收集以及对它流传情况的把握并未穷尽，亦很难穷尽。又如，过去我们虽然对某一民族历史形成的古籍（主要是文字古籍）总量作过统计分析，但可以说，这些统计分析很多都是相对数字。原因很简单，因为人们在作统计时，并不完全知道那些已经在历史中流失、消亡以及仍然传流于民间百姓手中的古籍究竟有多少。诸如此类，它需要我们继续作出历史的评估和把握。

以上两点告诉我们，今天要想更全面地认识各民族古籍，包括认识古籍的源头，发现各种古籍形成的历史，分布的地域，传播的总量，延续的规律，以及研究与此相关的领域，就必须继续对各民族古籍的民间传承予以特殊关注。

云南省是保存民族传统文化较为丰富的特殊地区。考古证明，它是人类发祥地之一；分布民族众多，有25种少数民族，各民族内部支系繁多，居住遍布广大山区或半山区；各民族历史古老，社会发展形态各异，大多数民族在其发展的一定阶段跨入文明时代，但迟至20世纪50年代，有的民族仍停留在原始社会或原始公社解体过程；是人类社会历史发展的“活化石”；信仰多样，保留文化形态古老，样式纷繁复杂。……这些都被国内外学术研究所公认。更重要的是，与各民族漫长社会历史发展相适应和相并存的，各民族都保留着自己的古老语言，有的民族在历史发展的某一阶段创造和使用文字，如彝族有古彝文（史称“爨文”、韪书“倮文”等），纳西族有原始象形文字（亦称“图画文字”、“东巴文字”），傣族有“傣泐文”、“傣纳文”、“傣绷文”，瑶族使用改造过的或借汉字读本民族语音的方块瑶文……各民族语言、文字的保存和使用，是创造各种古籍文献的坚强基石。历史向我们展示出，云南是一个“民族文化大省”，各种形式的古籍文献是构成这个文化大省的重要内容之一。过去我们只知道云南是“植物王国”、“动物王国”、“有色金属王国”，实际上也是一个“民族文化——民族古籍王国”。新中国成立后，党和政府高度重视少数民族地区的社会发展和文化建设。云南省的少数民族古籍，在各级政府的重视下，各个历史时期曾以不同方式对不同的古籍作过很多调查收集。尤其是党的十一届三中全会以来，诸如丽江东巴文化研究室（所），楚雄彝族文化研究室（所），各有关科研单位、大学、博物馆，各地民族工作机构中的民族文化研究机构，直到云南省民族古籍整理出版规划办公室等机构的逐渐恢复和建立，对少数民族古籍的调查、收集、翻译、整理、出版等，都作出了显著成就。但对全部少数民族古籍的调查收集而言，由于古籍是漫长的历史积累，存在形式多样，流传遍布在广大山区民族的村村寨寨，再由于各种古籍是为民间所用，存活在民间等特点所决定，人们对它的调查、收集和流传情况的把握，并未穷尽。现实表明，云南各民族社会民间仍传流着无法估量的古籍，它仍在一定范围内保持着固有的文化生态，仍在以不同的方式发挥着它的作用。如果我们要对民族古籍这个神秘的“王国”作出全面研究，那么，对它目前在民间的实际存在必须予以高度重视。

鉴于云南少数民族古籍在现实社会中流传和存在，以及它在学术研究上的重要意义，我们在2006年2月向国家哲学社会科学规划办公室提出了《云南少数民族古籍文献调查与研究》项目申请论证书。这个计划得到国家的重视。2006年6月，国家哲学社会科学规划领导小组经过评审，把这项研究列为国家社会科学基金项目，并委托我为这一课题研究的主持人。课题批准立项后，我们立即组织科研队伍，参加本课题研究的十余名人员，他们都是工作在大学、科研单位第一线的少数民族同志，并且都是年富力强、学有专长、卓有成就、掌握本民族语言文字、熟悉本民族社会的专家、教授和学者。为了有效地完成课题研究，我们组织了有关专家对项目作了开题论证。在很短的时间内，课题研究工作正式进入启动程序。

学术研究必须占有资料，没有资料就无法搞研究，更谈不上研究。现实一再提醒我们，要想全面了解、把握现今仍藏存于云南少数民族社会中的古籍流传状况和存在规律，就必须不断地对它进行调查。为此，对本项目的研究，我们所确定的主旨是：对现今传承于民间的古籍作出田野调查研究。其目的在于：掌握和占有第一手资料，为民族古籍和少数民族文化研究学者以及其他人文学科研究提供最有权威的信息，推动本学科和相关领域的研究和发展。为了达到这个目的，我们制定了项目实施计划，并对计划作了多次培训。培训中，紧密结合云南少数民族分布特点，各民族古籍的调查、收集、研究历史和现状，以及课题组所具备的能力、力量、条件等因素，对项目的研究方法、范围、结果等作了很多讨论，并达成如下重要共识：

第一，少数民族古籍是一个非常宽泛的概念，前述本学科所指“民族古籍”，是各少数民族历史上遗留下来的一切用文字和具有某种文化涵义的符号（文字的雏形）及口头语言记录下来的文化载体，它包括原生载体古籍、金石载体古籍、口碑载体古籍和书面载体古籍。用此概念去衡量云南少数民族古籍，是一个非常庞大的系统。我们如果要对这些内容都作出研究，显然是力所难及的。从客观实际出发，我们把本项目研究的重点主要锁定在少数民族文字古籍文献和口碑古籍两个领域。即使如此，云南少数民族众多，分布地域广大，居住村落成千上万，历史形成的古籍（无论历史形成的原本古籍，或历史传承过程中不断传抄、复制、添加的古籍）不计其数，除去历史上曾从不同角度做过调查、记录、收集的之外（如语言文字工作者对书面古籍的调查收集，民族文学工作者对民间古传创世史诗、历史传说、神话、故事的翻译记录，宗教学者对传统宗教祭祀经语的记录等），就是现在所传流的古籍，也不可能靠几个人甚至几代人把它收集记录穷尽。因此，本项目在地域、民族、古籍类型和数量以及内容的研究上，只能作出重点规划、典型调查、兼顾其他的选择。

第二，少数民族古籍的研究是一个非常宽广的概念，它所包含的各种内容的研究，在各自领域（如古籍收集保存，古籍翻译整理，古籍所蕴含文化内容的发掘研究……）都有它特定的条件和要求。而本项目研究的目标则在于：深入到山区少数民族社会中，进入家庭，实地了解古籍传人和持有者（或古籍保存处、所）家中目前实际保存有多少古籍；查考古籍的原始形态（包括版本、名称、样式、装订、完整或缺损、大概内容……）；观察古籍存在历史、环境和条件（包括保存处所、方法、条件……）；考察古籍流传路径（包括传承方式、传承历史、缺传情况……）和目前使用、添加、制作情景……对在调查过程中所发现的古籍，无论完好、缺损或残余片页，都一一记录。其中着重需要处理几个关系，即：本调查研究实际操作的地点主要在乡村保有古籍的老百姓的火塘边，但对过去已被基层有关单位、机构所收集、保存、登记或藏存于诸如寺院经阁等的古籍调查，也有所兼顾。本调查研究不等于普遍意义上的少数民族古籍文献普查，而是对民间实际存在的古籍的典型实录。大凡“普查”的工作，需要庞大的组织系统和巨大的人力、物力、财力方能完成。对本调查过程中所见到的古籍（主要是书面古籍），只作基本要素的考察记录，而不作收集、收存。收集收存古籍是有关机构的专门性任务。记录传流于民间的古籍版本、名称、存在形态、基本内容等自然情况，本身就是研究，但这个研究不是去对它的具体内容作出完整的翻译记录。翻译记录每本古籍的具体内容，是有关机构、人员的专门性工作。

《云南少数民族古籍文献调查与研究》这项工作，基本上就是在上述原则的指导下所展开的十余名研究工作者的共同协作。

《云南少数民族古籍文献调查与研究》所设定的基本任务是完成实地调查，然后把现场观察所得第一手资料加以分析、研究、整理，编辑成册，以作为历史的真实记录。现在这项工作已达到既定目标。

本书的性质决定我们编辑的这份调查研究资料只限于选定地域和民族民间现在仍流传着的古籍的典型情况，但这些古籍现在仍得以继续流传，这是和其他社会环境、条件等诸多因素联系在一起的。在开展项目研究之前，我们对与这些古籍相关的各种信息提出了全面考察、详细访问记录的要求。调查结果显示出，现在展示在本书中的这些古籍，以书面古籍而言，其民间流传反映着诸多情况。

第一，各种古籍的流传主要为宗教和民间各种信仰服务。云南各民族信仰各种宗教，如彝族、纳西族分别信仰原始宗教毕摩教、东巴教，傣族等民族信仰南传上座部佛教（简称南传佛教），瑶族信仰古传道教，等等。各种宗教的传承自有其内部规律。尤其是原始宗教，由它原始、传统、保守的特性所决定，在同一地域、或同一亲族、家族、家庭中世代传承是其特征之一。因此，历史形成而为宗教服务的各种古籍，一般被视为祖传“财产”，父承子袭，或叔承侄袭……这部分祖传经籍存在三种情况：一种是传承人不仅传承文字和经籍，同时还继承了祖上主持民间各种信仰技艺和功能，目前仍在使用这些经籍，此类古籍可称之为“活着的古籍”。它从另一个角度反映着目前社会仍存在着能使这些古籍存活的土壤。另一种情况则属纯粹的“财产”继承，即传承人并不具备祖上组织、主持宗教文化活动的技艺和功能，这些古籍虽然收藏在家里，但在民间已失去它的社会作用，成为“死书”。这反映出，部分古籍的民间使用以及宗教信仰活动的传承已经逐渐脱节。第三种情况，有的人家祖上属宗教活动的传承人，但经籍传至现在，其传承人（男性）去世后，经籍无人继承，并逐渐散落，有的或被他人借走，或被有关机构收存，改变了传承关系，此现象说明古籍在某一家庭中的传承功能已经逐渐消失。上述情况，在彝族、纳西族等民族中普遍存在。而在信仰南传上座部佛教的傣族等民族中，宗教经典和其他古籍的民间传承，有与前述相似处，也有不同的地方。不同处在于，佛教为系统完善的全民信仰，信仰活动有固定场所——即佛寺，或俗称“奘房”、“缅寺”，因此，民间传承的经典古籍统一供奉、保存在奘房、缅寺是其重要形式。相似点主要在于，信仰者为满足信仰需求，有的自己抄写经典，有的或出钱请寺院僧人抄写，然后把所需经籍供奉于家中神龛，日后或将部分经籍作发心愿、许功德施舍在奘房、缅寺里供奉保存，部分则永远传承于家中，成为家传古籍。后者在信仰小乘佛教的傣族中较为普遍，本书记录的永德县永康镇岩相家，德宏傣族景颇族自治州芒市镇清水巷亮显相家，西双版纳州景哈乡波罕洛家保存的古籍就是例子。

第二，关于民间传承古籍的保存环境和条件。各民族视宗教为神圣，作为宗教和民间各种信仰的重要工具和祖传遗产的经典古籍，被视如珍宝。但在各种古籍的保存上，依各民族宗教信仰类型、方式、特点、信仰水平以及社会发展条件、居住自然环境和条件等的不同而有差异。如彝族多居住在山区，住房多为土木结构，居屋多潮湿，祖传古籍即使珍藏在木柜、竹篓里，但受整个客观环境的影响，加之传承时代久远，使用、翻查频繁，故古籍被烟熏、污染，受潮霉变，脱朽、缺失等情况普遍存在。而傣族和其他信仰小乘佛教民族民间传承的古籍，无论家传或寺传，一般来讲，保存条件相对较好。

第三，所谓“古籍”的“古”是一个历史范畴，本意专指古时遗留（1949年以前形成）下来的文献。云南少数民族社会原始宗教和其他宗教随着社会的发展而演变，但并不随着社会的发展演变而消失。它的许多信仰行为都通过宗教典籍的形成、使用等形式反映出来。因此，今天反映在各民族宗教信仰和古籍文献传承中的实践活动则表现为：既继承先辈所遗留的古籍，同时又根据各自所需，不断进行新的经籍制作，这就是人们常说的民间有书者和无书者的相互借用和“传抄”。围绕宗教和民间各种信仰所使用的古籍，在民间相互传抄承袭，这是一条历史规律。调查结果显示出，这条规律，今天在保存有书面古籍的彝族、纳西族、瑶族、傣族等民族中仍然存在，只是程度不同而已。这条规律揭示出：书面古籍永远处于旧的古籍传承——新的文献不断制作、添加——再传承的过程。最终使古籍世代相沿传。

《云南少数民族古籍文献调查与研究》的田野调查，是一项带有抢救性质的工作。在社会变革和改造不断加剧，改革开放不断推进和深化，世界各种文化彼此交流不断加强，适应社会发展变化的新文化不断孕育产生，古代民族传统、古老、原始的文化正在加速变化、抑或减少、或正在消失、或已经消失的今天，开展这项工作，具有历史和现实意义。我们课题组的全体成员正是本着这样的认识去完成这项研究任务的。研究民族学、宗教、民俗学、少数民族民间文学，需要深入到少数民族地区和山区村寨作实地调查，这是一件艰苦的事情，民族民间传承古籍的调查亦无例外。但唯有如此，才能获得最真实、最可靠的东西。我们课题组成员有的教学、科研任务非常繁重，有的是人到中年而万事难休的女同志，但为了完成这项研究，他们放弃宝贵的节假休息日，奔走于乡间小道，走村串户，坐在火塘边询问记录，忘我地工作。现在翻阅《云南少数民族古籍文献调查与研究》这项成果，当能体味出他们所付出的辛劳和所作的奉献。

云南少数民族古籍文献调查，是一项具体的田野工作。现在总结这项工作，如果没有我们所到达之处的那些政府机构、基层组织、有关领导、热心的同志以及村寨乡老们的热情支持和帮助，要完成这项工作是不可能的。对云南少数民族民间流传古籍文献作出调查研究是一项庞大的工程，它所要探究的内容包括保存古籍的民族、保存古籍民族的地域分布、各民族所保存的古籍、乡间各村各户人家所保存的古籍等。我们所做出的工作只不过是这个庞大冰山的一角。对整个云南少数民族民间古籍文献系统、完善的调查研究，需要很多人，甚至几代人的不懈努力方能完成。对由于各种客观条件的限制所带来的本项目研究收集资料的空缺，都需要同行和有志于此项工作的人们去不断地加以完善和补足。

李国文

2008 年 10 月 20 日

于云南民族大学

第一章

西双版纳州傣族文字古籍

前　言

——西双版纳州傣族古籍情况综述

玉　康

西双版纳傣族自治州（以下简称西双版纳州），位于云南省西南部，地处亚洲大陆向东南亚半岛过渡地带，位于东经99°55′～101°50′，北纬21°10′～22°40′之间。辖区总面积19 124.5平方公里。州境东西横距300多千米，南北纵距200多千米。周边西北连澜沧县，东北连江城县，北面与思茅市相连，西南接缅甸，东南接老挝，南部和老挝、缅甸两国接壤。国境线长966.29千米，其中，中、老段677.8千米，中、缅段288.5千米。自治州首府景洪市距昆明733千米。

西双版纳州的傣族共有102万多人（1990年），主要分布在西双版纳和德宏。这一地区，过去通称为思普沿边区和腾龙沿边区，现为西双版纳傣族自治州、德宏傣族景颇族自治州（以下简称德宏州）、孟连傣族拉祜族佤族自治县、耿马傣族佤族自治县等州县。傣族人口主要分布在上述地区，其中有30余万人居住在西双版纳地区，约30余万人居住在德宏地区。此外，新平、元江、景东、景谷、元阳、金平等10余个县也有分布。

西双版纳州是一个多民族的大家庭，除傣族外，还有汉、哈尼、拉祜、布朗、彝、基诺、瑶、佤、回、苗、景颇、壮等13个世居民族。各民族分布特点为：傣族、汉族聚居城镇和平坝地区，其他民族分布于山区和半山区。从地理环境上看，西双版纳州处于山坝结合的地带，山地面积占土地面积的95%。1953年成立了西双版纳傣族自治州，现在行政区划为一市两县，即景洪市、勐腊县、勐海县。

居住在西双版纳的傣族自称为傣泐。“ᦺᦑ”［tai41］傣的名称，据说在傣族迁徙的时候，是老祖宗留给后代的一句名言，“ᦀᦸᦵᦞᦱᦵᦚᦲᦺᦑᦷᦺᦟᦷᦞᦱᦵᦚᦲᦵᦧᦶᦏ”

［xa：u13 tim55 tai33 lai33 tim55 thun55］。ᦃᦸᧉ［xa：u13］即粮食，ᦎᦲᧄ［tim55］即满，ᦺᦑ［tai33］即袋子或者仓，ᦺᦟ［lai33］即赶，ᦏᦳᧃ［thun55］即楼下或者院子，意思就是“粮食满仓，牲畜满院”。老祖宗告诫人们，要艰苦奋斗，多开田多种地，多打粮食，多养牲口，日子一定会好过。后来，人们日子好过了，无论走到什么地方，都说自己是“ᦅᦳᧃᦺᦑ”［kun41 tai33］傣人的意思。这样，外地人也称他们为“种田种水稻的人”。傣族的族称就是这样得来的。ᦺᦑᦟᦹ［tai41 lɯ11］“ᦟᦹ”［lɯ11］即传颂的意思。因为这个民族勤劳能吃苦，人们赞扬他们，到处都传颂着，所以，称为“ᦺᦑᦟᦹ”［tai41 lɯ11］。西双版纳地区属亚热带气候，气温较高，雨量充沛，土壤肥沃，适宜种植水稻。著名的澜沧江流过这里，它的支流分布在所有的坝子上，所以，凡是傣泐居住的地方都紧靠这条江。由于这里水源充足，傣泐人民祖祖辈辈都以种植水稻为生，这里生产的糯米，是傣泐人民生活中一种不可缺少的主食，可以说，它是傣泐的一个标志。

傣族有自己的语言和文字。语言属于汉藏语系壮侗语族壮傣语支中的一种语言。它和同语系其他语言有着一定的共同点，即：（1）有声调，即每个音节上有固定的声调，声调的高低区别词的意义；（2）大部分的词以单音节的词根为基础；（3）表示语法范畴的主要手段是词的排列次序和助词；（4）有类别词。至于傣语和同语支中的壮语、布依语以及同语族的侗语、仫佬语、水语、毛南语、黎语等则有着更多的共同点。① 由于居住地域和社会历史发展的不同，傣语本身存在着方言差异。根据学者研究，至少可以分为三个方言区，即西双版纳方言区、德宏方言区和金平方言区。方言之间差别较大，一般难于通话，并各有表达自己方言特点的拼音文字。西双版纳方言主要使用在西双版纳傣族自治州境内的傣族地区，此外，澜沧、普洱、墨江、江城等地的傣族也属于这个方言区。西双版纳傣族自称“傣泐”，因而西双版纳傣语又称“傣泐语”，西双版纳傣文又称“傣泐文”（或记作“傣仂文”）。②

相传，傣历639年（公元1277年），有个名叫督英达的人创造了文字，从此，人们便用它来记录语言、文学、天文、地理以及佛经等，给后人留下了丰富多彩的古籍文献，这对于傣民族的古籍传承与发展，具有很重要的意义。

据文献记载，傣族有“ᦔᦹᦙᦸᦰᦈᦲᦔᦸᦣᦃᦱᦓ”（别闷戏版康）的说法，即八万四千部经书。究竟有没有这么多经书呢？不管这个数字是虚是实，谁也无法

① 参见巫凌云、张秋生：《西双版纳傣族语文概况》，昆明，云南民族出版社，1981。
② 参见上书。

去考证，这种说法是人们对丰富多彩的傣族古籍的一种赞赏。因为傣族是一个富有想想力和创造性的民族，是一个善于学习、有进取心的民族。既然他们的祖先能够在恶劣的生活环境中创造出如此辉煌的民族古籍，那么，他们的后代也会在历史发展的长河中，将本民族丰富多彩的古籍传承和挖掘整理出来。

在云南省古籍整理办公室和西双版纳傣族自治州党委、州政府的关心和帮助下，傣族古籍收集整理工作，于2003年2月开始，在4月中旬，西双版纳州民语委先后抽调了8名工作人员，负责收集、整理工作。他们的工作步骤大体分为以下三个阶段：

第一阶段：从2003年4月至2004年6月，主要收集整理书籍类古籍目录，对省古籍办、州档案馆、州文物管理所、景洪市档案馆、勐腊县档案馆、勐海县档案馆等单位的馆藏傣文资料进行清理造册登记，撰写内容提要。

第二阶段：从2004年6月至2004年底，聘请有关人员到景洪市的景纳、大勐龙、勐养、勐罕、嘎洒、小街，勐腊县的勐棒、勐仑、阵满，勐海县的勐海、勐遮、勐阿、勐混、打洛、勐宋等地收集整理民间及佛寺收藏的经书资料。

第三阶段：从2005年开始，集中力量翻译、修改。

三年来，古籍收集、整理人员，对各单位和农村佛寺、个人收藏的大量经书，进行了全面的收集整理，共收集到2400余条词条，经过筛选，共整理出提要1632条（其中书籍类1274条，讲唱类358条）。由于收集、整理人员的文化知识水平所限，整理出来的古籍目录还有很多错漏，归纳起来，主要有以下几方面原因：

（1）收集整理人员少，力量薄弱；

（2）收集整理人员有的只识傣文不识汉文，整理工作难度大；

（3）翻译人员的傣、汉文水平有限；

（4）收集整理工作中，词条的摘要经过了翻译、校审、修改等繁杂工序，拖延了工作进度；

（5）词条虽然经过筛选，但由于经书版本不同，存在重复的现象。

这里可以作出这样的归纳：西双版纳傣族古籍大体上可分为两个大类：一是民间文学；二是佛教经文。这两种文献，分别用贝叶和绵纸抄写，故统称为文字文献古籍。

傣族古籍除了政府组织人员收集整理的以外，其余的大多散落在民间。由于傣族是一个很爱书的民族，如果哪家有什么好佛教经书或唱本，寨子里懂傣文的人都会借来阅读或传抄，并把经书拿去赕佛或留给子女们看。傣族的经书有两种样式，一种是叶质形的，傣语称作“坦兰”，即贝叶经。这种经书是用民间制作的铁笔将文字刻写在经过特制的贝多罗树叶上而成的；一种是转抄在绵纸里的经书，称之为绵纸经书或纸本经。“文化大革命”前，傣族民间家庭存放的经书很多，“文化大革命”期间，很多经书都被烧毁。至今，古籍文献大多散落在民间。

在《云南少数民族古籍文献调查与研究》项目中，对西双版纳傣族古籍文献民间流传、保存情况的调查，属典型个案调查。调查研究中，我们选择了景洪市的勐罕镇曼嘎俭村、景哈村、勐龙曼南罕、勐龙曼勒、勐龙曼海、勐龙瓦龙相勐佛寺、勐龙曼景门、勐龙曼飞龙、勐龙曼栋、勐龙曼允、勐龙曼庄尖、小街曼汤、勐养曼纳庄、嘎洒曼占宰、勐罕曼春满佛寺、嘎栋曼浓罕等；勐腊县的勐满上下景龙村、曼贺村寺庙等；勐海县的城子佛寺、曼阁佛寺、勐遮曼短佛寺、曼磁迈新寨寺庙、勐遮曼闷景喝寺庙、勐混曼扁寺庙、勐遮曼根寺庙、勐遮曼龙带寺庙等，作为田野点。调查中真实地描述和记录了傣文古籍文献在民间流传、保存的实际情况，为本领域及其相关领域的研究提供参考依据。

2008 年 5 月 25 日
于云南民族大学

第一节　景洪市傣族居民和佛寺保存佛教文献情况调查

一、景哈乡景哈村等村傣族居民保存的古籍文献

景洪市有景哈乡等乡镇，景哈乡有景哈村，是乡政府驻地，也是全乡最大的村寨，由曼沙湾、曼岗景、曼纳满寨 3 个小寨组成。“景”是傣语音，意即土司驻地；“哈”是傣语，意即叫喊的声音。古时候，景哈这个地方叫做勐诶嘎拉朗塔，意思是大地方。民间传说，佛祖释迦牟尼巡游来到澜沧江北岸，听到澜沧江南岸称作“景”的土司驻地非常热闹，一片叫喊声传到江对岸，于是，佛祖便把这个地方命名为“景哈”。该村现有农户 236 户，1018 人，主要生产稻谷，特产橡胶、热带水果。村民笃信佛教，和佛教寺庙（院）一

样，民间家庭中有保存佛教书籍的传统。以下分别记述的是波香温等村民目前家中保存的经籍文献情况。

1. 波香温家保存的佛教典籍

波香温，男，傣族，66 岁，12 岁出家，1958 年还俗。居住在景哈村的南边，距乡政府约 300 余米，属景哈村的曼沙湾村民小组。全家有 6 口人，三代同堂。他家居住的房子仍是傣族传统式竹楼。家中目前收藏的佛教经籍文献共有 7 本，即：

（1）သၥၥတဥၥဗ၃ၚၵ6《珊顿洛》（音译，意译为花束情歌）。

（2）ဘဥမ္မဒ၁၃《捧麻咋》。

（3）ဖမ္ဘသတ္ၥ၃သဥၡသၥၥ《坦沙满松叁》（音译，属老人去世时为之吟诵的经书）。

（4）ဝၰဂၜ၃တၯၥၯ《瓦卡吉达邦哈》（音译）。

（5）ဘ၃ဥၯၰဥ၃တဂဠ၃《吾巴呼达厅》（音译，意译为水灯经）。

（6）ဂဖဝဖဥ၃《迭瓦督》（傣族有人去世都要用绵纸抄写此经书放在死者的胸口）。

（7）တမ္ဓၥ၁ၯ《药典》。

上述经典都用绵纸抄写。据波香温介绍，这些书都是“文化大革命”以后抄写的，平日捆扎存放在一个编织袋里，挂存在竹楼正堂上方的房梁上。

［调查地点：景洪市景哈乡景哈村；调查对象：波香温；调查时间：2007 年 4 月；调查整理：玉康龙］

2. 波光宰龙家保存的佛经典籍

波光宰龙，男，傣族，80 岁，11 岁出家，19 岁还俗。其家属景哈村曼沙湾小组，全家 6 口人。据老人介绍，“文化大革命”前，他家保存着好几十本经书，“四清”运动时，因为胆小怕事，很多经书都拿去烧掉了。现存有两本经书，是当时波光宰龙老人用布把它包裹起来，然后再用塑料布包裹装在一个土罐内，晚上偷偷地把它埋在自家的地里而得以保存的。这两本经书，一本叫做：ၥ၁လဖ《那拉达》（音），经书的封面和封底已经无存。另一本称ၯၚဂဂလၚဂဂ၃6《摩良强》（音），是一本占卜八卦的书，属家族中的世代传书，至今已传了四代人。保存该经书的第一代人叫帕雅捧麻，第二代人叫帕雅英翁，第三代人叫咋沙里翁，第四代人就是波光宰龙。现在波光宰龙把这两本经书视为宝物，用自制的白土布包裹，外面一层又用塑料布包裹，存放在一个用竹子编制的柜子里。

［调查地点：景洪市景哈乡景哈村民小组；调查对象：波光宰龙等；调查时间：2007 年 4 月；调查整理：玉康龙］

3. **波柏光家保存的经书**

波柏光，男，傣族，80 岁，退休人员。9 岁当和尚，18 岁还俗。年轻时当过景哈村曼沙湾的会计，后来被招进农村信用社工作直到退休。波柏光家现在住景哈村曼沙湾小组。家中保存着很多经书，平日分装在两个袋子里，存放在主人卧室上方。在所有的经书中，年代久远的手抄绵纸经书有 10 本，分别为：

（1）[illegible]《拉哈那边豁》（做碓窝的条件）。

（2）[illegible]《呀唤毫》（谷魂奶奶）。

（3）[illegible]《巴拉米甘将》（音译）。

（4）[illegible]《宗印勐》（各勐印章）。

（5）[illegible]（天文）。

（6）[illegible]《坦米迭亚》（音译）。

（7）[illegible]（历法）。

（8）[illegible]《法西鸣罕》（音译，即预言经）。

（9）[illegible]《批囡》（小鬼经）。

（10）[illegible]《单哈雅》（药典）。

上述经书中，用现代纸张抄写的有 7 本。其中，有的经书用黄色布料作封面和封底。

［调查地点：景哈村；调查对象：波柏光等；调查时间：2007 年 4 月；调查整理：玉康龙］

4. **波柏康朗家保存的经书**

波柏康朗，男，傣族，66 岁，12 岁时当和尚，当了 7 年和尚，1 年佛爷。

一家三口人，居住在景哈村曼沙湾村民小组。先生家所保存的纸本经书共有6本，分别是：

（1）ᩋᩥᨶ᩠ᨴᩥ《英跌》（音译，印度的意思）。据主人介绍，该书讲述的是佛祖释迦牟尼的身世。

（2）ᨧᩪᩃᨻᩮᩣᨵᩥ《朱腊波提》（朱腊波提断案）。

（3）ᨣᩮᩣᨲᩥᨿᨭᩣᨶᩦ《郭迪亚塔尼》（音译）。

（4）ᨻᩢ᩠ᨶᨾᩮᩬᩥᨦᩈᩥᨷᩈᩬᨦᨻᩢ᩠ᨶᨶᩣ《本勐西双版纳》（西双版纳史志）。

（5）ᨧᩮᩢ᩶ᩣᨼ᩶ᩣᩃᩮᨶᩣᨶᩲᨶᩁᩱᨳᩣ᩠ᨶ《召法列囡莱荒》（音译）。

（6）ᨻᩢ᩠ᨶᨾᩮᩬᩥᨦᩉᩣ᩠ᨾ（勐罕史志）。

［调查地点：景哈村；调查对象：波柏康朗等；调查时间：2007年4月；调查整理：玉康龙］

5. 波香宰囡家保存的经书

波香宰囡，男，傣族，80岁，11岁当和尚，20岁还俗。其家居住在景哈村曼岗景村民小组，是四世同堂家庭。据先生介绍，其父波涛窝在世时是寨子里的故事大王，经常有小孩到他家里听老人讲故事和民间传说。而老人所讲的故事、传说，都是从经书里得来的。波涛窝非常喜欢收藏经书。到了“文化大革命”时，由于波香宰囡怕被批斗，把经书拿去烧掉一部分。其中有七八本经书曾被曼卡寨的波香旺借去传抄，波香旺去世后，这些经书下落不明。现在波香宰囡家所保存年代较久的经书只有一本，称作ᨷᩮ᩠ᨿᨶᩢ᩠ᨿ《批囡》，书面古旧，封面和封底都已无存。新近抄写的有ᨷᩪ᩠ᨾᩈᩢ᩠ᨦᩉᩖᩮᩥᩬᨠ《捧尚洛》（即傣族创世史诗）、《邦扎嘎灵洛》（音译）和《坦麻扎占凌》（音译）。

［调查地点：景哈村；调查对象：波香宰囡等；调查时间：2007年4月；调查整理：玉康龙］

6. 波空腊家保存的经书

波空腊，男，傣族，现年66岁，1952年当和尚，1961年还俗。先生家住景哈村曼纳满小组，现在他和老伴不与子女居住在一起，而是在位于寨子北边自家的荔枝园里建盖竹楼，看守他们的果园。果园里的竹楼和寨子里的竹楼一样，有卧室、客厅、厨房、晒台。先生把主要的几本经书挂在客厅的横梁上，其他的用袋子装着，放在客厅的一个柜子抽屉里。

据老人介绍，他于 1985 年恢复宗教信仰自由政策后开始收集经书，现在收集保存的经书主要有：

（1）ꩡθꩦꩮ《批囡》（音译，即小鬼经）。

（2）ထမ္မဂုလမ္ဘေဂ္ဂθသရုဂθꩦθ《坦麻借岗毖尚吉尼》（音译）。

（3）သတ္တဝ်ဒသဥရသာꩦ《沙麻松叁》（音译）。

（4）ၐဝ္ၛၔ္ၐၛ္လွဝ္ၛ《毫怀呆》（死牛故事）。

（5）တာဒတθe《丹德》（祷告词）。

以上这些经书都是绵纸经。

［调查地点：景哈村；调查对象：波空腊等；调查时间：2007 年 4 月；调查整理：玉康龙］

7. 波涛关家保存的经书

波涛关，男，傣族，88 岁，9 岁当和尚，15 岁还俗。家住景哈村曼纳满小组，属三代同堂家庭。先生虽然已是耄耋之年，但是眼明耳聪，口齿清楚，还能抄写经书。1953 年，波涛关当选为文书，负责景哈片区的事务，他工作很认真，当时景哈片区发生什么事，每年有多少人出生，有多少人去世都有记录。他不仅喜欢阅读经书，还喜欢收藏保存经书，那时，他家里保存有 9 本较古的经书。1957 年初，那时候每天都要开批斗会，由于波涛关是地主出身，又当过景哈片区的文书，害怕被抓去批斗，就躲在田间的工棚里，结果还是被人发现，并报告工作组说波涛关是叛徒、内奸。1957 年 4 月的傣历新年那天，波涛关被抓去劳改，直到 1967 年才被释放。“四清”运动时，由于波涛关阶级成分高，又蹲过牢房，所以，隔三差五地被叫去审问、抄家。他害怕又被抓去关牢房，于是在 1969 年的一天晚上，他把家里保存的 9 本经书全部烧毁了。

20 世纪 80 年代初，开始恢复宗教信仰活动，但家里一本经书都没有了，从小喜爱傣族文学的波涛关开始寻找经书来抄写，他抄写的第一本经书是托缅甸勐勇祜巴带进来的叫做《六方面习俗》的经书，至今已有 20 多年。此外，还抄写了如下经书：

（1）ꩡမ္မꩡ္ဒꩦꩤꩡ္ဂ《甘麻坦龙》（音译，意即命运）。

（2）[illegible]《捧麻扎》（音译）。

（3）[illegible]《丹兰帕召米呆》（音译，帕召米呆典故）。

这些经书都是托人从缅甸借来的原本经书抄写本。

［调查地点：景哈村；调查对象：波涛关等；调查时间：2007 年 4 月；调查整理：玉康龙］

8. 波罕洛家保存的经书

波罕洛，傣族，男，67 岁，13 岁在景哈的纳满佛寺当和尚，21 岁还俗。家住景哈村纳满佛寺旁，住房是一幢很大的傣族传统式竹楼。先生 1964 年 32 岁时开始学习傣族传统演唱形式——章哈（亦记作“赞哈”等），现在是一名著名的傣族章哈，至今曾跟他学艺的徒弟有 49 名。1965 年，先生开始走村串寨演唱章哈，远近的傣族村寨贺新房、婚嫁喜事都来邀请他去演唱，也就是在那时候，他开始收集傣族经书，把所收集来的经书改编成章哈来演唱，受到傣族群众的欢迎。现在他家保存的经书有：

（1）[illegible]《甘达莱》。

（2）[illegible]《巴塔玛嘎捧桑罗》（创世史）。

（3）[illegible]《甘苏》（教语）。

（4）[illegible]《旦那抗》（音译）。

（5）[illegible]《芒莱》（芒莱王）。

（6）[illegible]《松帕雪》（音译）。

（7）[illegible]《东嘎拉西》（音译）。

（8）[illegible]《罗嘎扎扩》（音译）。

（9）[illegible]《洛嘎维都》（音译）。

（10）[illegible]《阿瓦夯》（音译）。

（11）[illegible]《朱腊波提点甘》（朱腊波提断案）。

（12）[illegible]《帕召列罗》（佛祖巡游记）。

（13）[illegible]《窝翰甘酸》（教育的学问）。

（14）[illegible]《秀皮秀滚》（人鬼朋友）。

（15）[illegible]《祝扎宛纳》（音译）。

（16）ဿθၡၮၣတလႊ《醒故答腊》（音译）。据先生介绍，《醒故答腊》所记述的是有关五尊佛陀的故事。

［调查地点：景哈村；调查对象：波罕洛；调查时间：2007 年 4 月；调查整理：玉康龙］

9. 沙湾佛寺保存的佛教经籍情况

被调查者：佛爷都罕亮，30 岁，来自缅甸的景康寨，已在沙湾佛寺主持佛事 6 年。沙湾佛寺位于景哈寨子的南边，寺旁有一棵大榕树，榕树旁边有两座小塔。据说，那棵大榕树下面埋葬着一个已故的大佛爷，旁边的两座小塔里分别埋葬着已故的两个小和尚。现在大榕树下面已经变成村民的娱乐场所。

景哈沙湾佛寺，现有佛爷 1 人，小和尚 4 人，他们都不是本地人，而是从缅甸景康寨子来的。寺院里有一座佛塔，但没有藏经阁。所有经书装在两个大木箱内，存放于和尚的睡房里。据都罕亮佛爷介绍，寺内现保存的完整经书有 150 部，这些经书都是佛寺里的佛爷、和尚们从民间收集来的，其中比较有名的有：

（1）oθeດດဿၵတလ၁ʒ《维先达拉》。

（2）ဘးဝၛeʒθၵດၯၛ《帕召林诺》（粘土佛祖）。

（3）ဿၣoၵၵ၁ၡၣဒ《苏宛那目哈》（音译）。

（4）ဿၣလყeၯၒ၁《苏鲁巴答》（音译）。

这四部经书中有一部是贝叶经，其余的三部是绵纸经。此外，属佛教信徒平日拿来“赕”（供奉）的零星经书约有 300 本，大多属于同一本经书的不同传抄本。

［调查地点：景哈村沙湾佛寺；调查对象：都罕亮佛爷；调查时间：2007 年 4 月；调查整理：玉康龙］

二、勐罕镇傣族居民和佛寺保存的佛教文献典型调查

1. 波罕亮保存的经书

勐罕镇的勐罕，汉族喜欢称之为橄榄坝，因为它像一颗翠绿的橄榄果。

这里风景秀丽，物产丰富，人们又誉为孔雀的尾巴。凡到西双版纳的客人，若不到橄榄坝，犹如未到过西双版纳。走进橄榄坝，放眼望去，山清水秀。那翡翠般的雨林，玉带般的澜沧江，姑娘花蕾般的笑脸，还有萤火点点的露水街，令人目不暇接。椰风蕉影槟榔月，万籁俱寂竹楼夜。一曲曲如水的恋歌，无不拨动你心中的万般柔情。

波罕亮，男，73岁，系勐罕温厅村人，全家有6口人。家里除了老两口外，还有儿子、儿媳妇和两个外孙女。波罕亮家的庭院里果树花木繁盛，绿树成荫，竹影婆娑，曲径通幽。他家的傣楼宽敞明亮，家具新潮，家里的电器应有尽有，从中可以看出主人家的富有。老人乐呵呵地告诉我，现在的生活条件好了，想吃啥，想用啥都有，儿女孝顺，家庭和睦，真想再活上一百年呐。

波罕亮家保存的经书有：

（1）《散叠搡做》（音译）

这本经书主要记录的是人体的121个魂，这些魂可分为正魂和副魂，脑魂、心魂、肝魂、脾魂等属正魂。正魂管语音行为，人丢失正魂就会死去。所以人病了，就要招魂、祭魂、撵魂。各种情绪，如欢喜、愤怒、悲哀、快乐、惊吓、思考、恐惧、忧伤等也都有魂。

（2）[illegible]《玛哈翁与喃颠婉》（音译）

这本经书讲述了勐果西的一个王子叫召玛哈翁，在一次进山打猎中，奇迹般地与喃颠婉相遇并相爱，不久，他们结了婚，一年后，喃颠婉分娩那天，奸臣之妻喃歪嘎娅把喃颠婉的儿子换成了小鳄鱼。因此，父王把儿媳驱逐出宫。她们儿子被帕拉西修行者救去抚养。儿子长大成人后，历尽了千辛万苦，终于找到了母亲。最终他们一起回到了王宫团聚。

（3）[illegible]《巴都玛波罕哈普》（音译）

［调查地点：曼厅村；调查对象：波罕亮；调查时间：2007年5月；调查整理：玉腊］

2. 曼嘎俭村艾诺保存的经书

艾诺，傣族，景洪市勐罕镇曼嘎俭村人，生于傣历1310年2月20日，即1948年12月26日。曾进皖匡佛寺当和尚，后入嘎里小学、允景洪中学读书求知。1969年9月9日至1975年8月4日，在云南人民广播电台第二编辑部当过记者、编辑、傣文翻译、傣语播音员，是第一个用傣、汉两种文字采写新闻稿件同时播发新闻的记者。1975 年 8 月 4 日，从昆明调回西双版纳报社，从事傣、汉文记者，傣文报编辑和培训、发展通讯员工作。30 多年的新闻生涯，客观、真实地记录着家乡所发生的每一个变化。他所采写的新闻报道，深受广大读者喜爱。其中，《生命女神——西丽波香》、《大象也有保护法》分别荣获全国《少数民族报》好新闻二、三等奖；《幸福的回忆》获云南省民族报道好新闻二等奖；《落选以后》获云南省广播电视优秀节目三等奖；《景洪市人大切实改进和加强监督》、《一府两院组成人员参加法律培训》分获云南省人大宣传人民代表大会制度好新闻二、三等奖；《建国五十年章哈歌不断》获云南省报业好新闻三等奖。论文《旅游报道为旅游兴旺鼓与呼》被收入《云南新闻学论文汇编》一书；《深入采访是新闻写作的首要条件》被收入《西双版纳报通讯》刊物；收集出版了《记录勐泐历史点滴》艾诺新闻作品选一书。

艾诺在忙碌、奔波于新闻事业的同时，还挤出时间翻译、整理、出版了《香发姑娘》、《三角螺蛳》、《允翁帕罕》、《召眠罕》等傣族叙事长诗。论文《浅谈傣族章哈》被收入《傣族文学论文集》一书中。在学法、用法的过程中，他为老百姓主持公道。自 1980 年起，为当事人或被告人出庭代理、辩护 200 多起案件，被人们称之为“傣乡的土律师”。在 30 多年的新闻工作中，他结识了很多国内外各界人士，并与他们建立了友好关系，来自日本、美国、泰国、新加坡等国以及台湾、香港地区的不少留学生拜他为师，学习、研究傣族贝叶文化，不仅宣传了西双版纳，而且促进了国内外文化交流，增强了传统友谊。2002 年 7 月，他应邀参加国际傣文化研讨会并发表了演讲。1993 年 7 月，他与州长刀爱民、曼景兰傣味餐厅老板岩光眯争取 1 万余元经费，组成了以州妇联主任玉甩为团长，勐腊县妇联主任玉金为副团长的首次傣族民间文艺团队，到老挝南塔省进行访问演出，受到南塔省、南塔县、勐星县党政领导的欢迎。

傣乡的父老乡亲也非常熟悉他、敬重他，因为他的心与乡亲们一直紧紧地贴在一起。为了曼嘎俭村能解决历史上一直存在的饮水困难这一难题，他积极率领村干部找各级政府有关部门争取引水工程款 29 000 元，并邀请景洪市水电局技师无偿地为工程设计、监督服务，成了村民们没齿不忘的“挖井人”。为了保护、弘扬傣族民间传统文化，在个人经济收入较低的情况下，他创办了西双版纳州第一家农村书库——“艾诺书库”，受到国内外游客的赞誉。在半个世纪的人生中，他曾当过和尚头、少先队大队长、共青团小组长、团支部书记，人民公社时期任过副大队长；当过云南省新闻工作者协会第一次代表大会的代表；州新闻工作者协会第一届副秘书长；州政协七届委员；

州民间文艺家协会第三、第四届理事会副会长；云南省民间文艺家协会第三届理事会常务理事；州计划生育协会第二、第三、第四届理事会副秘书长；州民族理论协会理事等。2004 年 6 月被中国民间文艺家协会吸收为会员。由于他为人正直、工作踏实，且平时喜欢小饮几杯，他的好友、全国著名舞蹈艺术家刀美兰及其爱人王施晔在他从事新闻工作 30 周年时，特为他写下了这样的诗句："醉亦醒来醒也醉，记者生涯三十载。艾草一株无奇香，诺言篇篇真情在。"现在，艾诺家中保存的傣文古籍文献主要有：

（1）[illegible]《甘哈陆摆该搁并货》（儿婿突然变成黄牛），绵纸手抄本，共 18 页。

（2）[illegible]《毫很迈》（新房的故事），牛皮纸抄本，共 8 页。

（3）[illegible]《棒玛加》，绵纸抄本，共 82 页。

（4）[illegible]《闷腊甘达莱》（建房习俗、建寨习俗、法规），绵纸抄本，共 77 页。

（5）[illegible]《诸腊博堤芒莱》（芒莱王的故事），绵纸抄本，共 52 页。

（6）[illegible]《档哈牙》（药典），绵纸抄本，共 32 页。

（7）[illegible]《嘎玛尼尖》（断案），绵纸抄本，共 50 页。

（8）[illegible]《八雅》（药方），绵纸抄本，共 24 页。

（9）[illegible]《山竹》（情歌），绵纸抄本，共 2 页。

（10）[illegible]《嘎塔》（咒语），绵纸抄本，共 14 页。

（11）[illegible]《档哈牙》（药典），绵纸抄本，共 12 页。

（12）[illegible]《甘哈召贺罗林甘》（召贺罗王的故事），绵纸抄本，共 88 页。

（13）[illegible]《沙米嘎苏哈坦玛威纳沙都》，绵纸抄本，共 32 页。

（14）[illegible]《罗贺堤个米》（开天僻地），手抄本，共 22 页。

（15）[illegible]《甘双陆摆》（教导儿媳），信笺纸抄写，共 9 页。

（16）[illegible]《波甘哈都哈地雅》，信笺纸抄写，共 11 页。

（17）[illegible]《召西塔瓦波》（召西塔出家的故事），信笺纸抄写，共 74 页。

（18）[illegible]《召珠腊博堤芒莱》（珠腊博堤芒莱王的故事），信笺纸抄写，共 30 页。

（19）[illegible]《玛哈奔龙哈红》，信笺纸手写，共 4 页，由康朗温囡抄写。

（20）[illegible]《咪晃布咋》（母亲布施），绵纸抄写，共 8 页。

（21）[illegible]《瓦哈几达巴嘎哈》，独有的一本，信笺纸抄写，共 14 页。

（22）[illegible]《坦咪失雅》，绵纸抄写，共 8 页。

（23）[illegible]《坦贺拍》，绵纸抄写，共 10 页。

（24）[illegible]《坦瓦哈几达巴嘎哈》，绵纸抄写，共 7 页。

（25）[illegible]《毫玛包闷贺》（用椰子当枕头的故事），绵纸抄写，共 42 页。

（26）[illegible]《葫腊》（算卦），绵纸抄写，共 54 页。

（27）[illegible]《勒法》（算命），信笺纸抄写，共 106 页。

（28）[illegible]《甘哈傣》（傣歌），绵纸抄写，共 84 页。

（29）[illegible]《波本勐西双版纳》（西双版纳志），手抄复印本，共 86 页。

（30）[illegible]《甘苏好玛魂陆烂玛苏玛》（给来拜访的儿女们祝词），手抄复印本，共 14 页。

（31）[illegible]《傣历 1367 年景闷岩对赠给艾诺书库的书》，手抄复印本，共 46 页。

（32）[illegible]《档哈牙贺迈》（草医药典），信笺抄写本，共 139 页。

（33）[illegible]《波甘永甘呀》（美好的语言），绵纸抄写本，共 32 页。

（34）[illegible]《坦巴拉米山西达》，独有一本，手抄复印件，共 8 页。

（35）[illegible]《魂恩魂罕》（金条），复印件，共 22 页。

（36）[illegible]《波艾诺》（波艾诺自传），共 10 页。

（37）[illegible]《波捧玛加》（生辰八字），手抄复印件，共 45 页。

（38）[illegible]《沙拉苏》，手抄本，共15页。

（39）[illegible]《甘腊模魂摆迈》（新娘祝词），岩康创作，手抄本，共10页。

（40）[illegible]《毫尼雅法罕甲罢嘎然麦哈开纳致憨勒》（关于法罕后半夜出门去做生意的故事），绵纸手抄本，共35页。

（41）[illegible]《夜嘎达动帕沙嘎》，共20页。

（42）[illegible]《坦玛达》，共22页。

（43）[illegible]《坦椰龙》，共10页。

（44）[illegible]《威纳苏玛载》，共72页。

（45）[illegible]《坦分哈姣多刚很》（家里突然下起雨来），共10页。

（46）[illegible]《罗嘎威坦》（关于不吉利之事）。

（47）[illegible]《坦玛道该搁来罕》（葫芦变成了金子），共16页。

（48）[illegible]《纳滚板》，共104页。

（49）[illegible]《阿哈腊坦杯闷细板憨》（经文八万四千部），绵纸手抄本，共10页。

（50）[illegible]《甘苏欢怀》（拴牛魂祝词），手抄复印件，共14页。

（51）[illegible]《坦甘玛贪苏双龙》（教导人世间的格言），手抄本，共16页。

（52）[illegible]《坦迭瓦迭甘玛贪当哈宏》，手抄复印件，共18页。

（53）《景洪市曼厅村康朗叫》，手抄本，共32页（内容不详）。

（54）[illegible]《坦威苏堤雅龙威写》，共16页。

（55）僧人赠送艾诺书库的经文，手抄本，共14页（内容不详）。

（56）[illegible]《坦当罗列子巴塔玛贺堤》（开天僻地），手抄本，共18页。

（57）[illegible]《窝瓦达纳瓦松沙威姣》（天堂），

手抄本，共 15 页。

（58）[illegible]《坦威巴晃》（罪恶），手抄本，共 8 页。

（59）[illegible]《坦雅哈欢》（奶奶的布施），手抄本，共 24 页。

（60）[illegible]《甘黄欢》（招魂词，也称为叫魂），绵纸抄写，共 12 页。

（61）[illegible]《甘报邦飞》（放高升祝词），刀明贤创作，手抄本，共 5 页。

（62）[illegible]《波康板好帕奔姣仂思载达》（延年益寿仪式），手抄本，共 18 页。

（63）[illegible]《傣历年写的书》（内容不祥），牛皮纸书写，共 13 页。

［调查地点：勐罕镇曼嘎俭村；调查对象：艾诺；调查时间：2006 年 9 月；调查整理：玉康］

3. 曼苏罕寺庙保存的经书

曼苏罕寺庙离城镇一公里左右，附近是曼货禾村，寺庙建在寨子中心。庙里有一个佛爷，三个沙弥，他们保存的经书主要有：

（1）[illegible]《巴拉米》。

（2）[illegible]《捂钠沙微哉》。

（3）[illegible]《威散达拉》（本书共有 13 部，一部一个内容，都是关于佛祖与佛经的教义等）。

（4）[illegible]《巴拉米干将》。

（5）[illegible]《瑟提送毫》（富翁祭赕已死去的亲人）。

（6）[illegible]《兰嘎西豁》（兰嘎的十头王），等等。

［调查地点：勐罕镇曼苏罕寺庙；调查对象：帕叫；调查时间：2007 年 9 月；调查整理：玉康］

4. 曼春满村佛寺保存的经书

曼春满佛寺位于曼春满村的北边，佛寺金碧辉煌，寺内殿上层由三段相叠而成，正脊较高，两侧在低于蜀柱顶部加桁条组成下坡面，形成重檐上加多层坡面。正脊中央用造型优美的塔型陶制品帕萨装饰，两边各设有高低递减的莲花，两端又各饰一朵较大的莲花，下戗脊的瓦饰为卷叶状的“咪来”，戗首首部中、中部及尾部饰有栩栩如生的龙、凤、孔雀等造型。佛殿内的北面设有两米高的须弥座佛台，供约四米高的释迦牟尼塑像，佛像前面的两侧挂着五彩缤纷的长幡，每一条长幡是一幅幅精美的傣族织锦。殿壁上绘有释迦牟尼十世成佛的佛经故事的壁画。在佛殿东面三米处，建有中心佛寺标志的经堂，经堂建筑为无柱式重檐三面坡，画高约四米，堂内供有释迦牟尼塑像，佛殿西面为穿针式的僧房和鼓房，寺内有大佛爷 3 名，小和尚 18 名。佛寺的周围都是挺拔的椰子树，还有绿油油的香蕉树，风景甚为优美，是旅游观光的好去处。佛寺收藏的经书有：

（1）[illegible]《达娜康》（音译）。

（2）[illegible]《玛哈吨》（音译）。

（3）[illegible]《纳贯》（音译）。

（4）[illegible]《温龙党莫接普》（音译）。

（5）[illegible]《阿尼沙把坦普留》（意为所有“赕”的内容）。

（6）[illegible]《维罗玛党莫西接普》（音译）。

（7）[illegible]《苏领达准布党莫西普》（音译）。

（8）[illegible]《玛他都兰普留》（音译），等等。

这些佛经主要是关于伦理道德、人身器官及生理现象、宗教哲学等方面的内容。据佛经记载和老百姓口传，佛祖在世时留下的经文多达八万四千部，其中宗教故事有两万册之多，这两万册书傣语称为《苏点打比打嘎》；关于教诲人的佛经也有两万多册，傣语称为[illegible]《维耐》；关于生理病理方面的佛经有四万余册，傣语称为《河批塔玛比打嘎》等。

［调查地点：勐罕镇曼春满佛寺；调查对象：波章；调查时间：2007 年 5 月；调查整理：玉燕］

三、勐龙镇曼南羊、曼飞龙等村傣族和佛寺保存的佛教经籍调查

勐龙镇距景洪市区 60 多公里。逝去的岁月，悠悠漫长，远去的勐龙，到

处长满了密林，坝子中间有一个大湖，湖面非常宽阔。微风卷起的层层浪花撞击着湖岸。这个湖的周围是平坦的坝子，坝子长满了芦苇和树木。树木和芦苇中杂生的各种不知名的植物有一人多高，密布整个坝子。荒芜的坝子一直静静地躺在青山绿水的怀抱中，不知沉睡了多少个世纪。传说：释迦牟尼佛祖站在布朗山上往坝子里看，看到当地的百姓衣衫褴褛，十分难瞧。这些穿着破破烂烂衣服的百姓，正在水里捞鱼摸虾，吵吵嚷嚷的，不知道什么是祸什么是福，不知道烧香拜佛。释迦牟尼心中升起了难以名状的无奈。释迦牟尼叹了一口气说："龙害！龙害！"（意为过分，太过分。）释迦牟尼说："这个地方真是太过分了，今后就叫勐龙吧！""勐龙"意为过分之地。佛祖对这个坝子为什么称为勐龙又作了进一步的阐述，他说："这里的人，傻起来太傻，聪明起来又过分地聪明。"

如今的勐龙镇，有很多傣族村寨，这些村寨被青山绿水环绕着，村边的小河清澈见底，是个风景秀丽的地方。其中曼南罕、曼南羊、曼南、曼勒、曼景门、曼飞龙等村寨，是本项目研究重点调查的村寨。

1. 波金允家保存的经书

波金允，又名康朗康龙，男，傣族，80 岁。9 岁当和尚，19 岁升为佛爷。当佛爷时，一直在泰国清迈某寺庙里。精通傣文和泰国语，在村里很有威望。还俗后，他积极参加革命工作，当过游击队员，在解放战争中曾为解放军带过路。新中国成立后，他一直任生产队里的村干部，参加过省里召开的支援解放军大西南的模范先进个人表彰会。

老人家住在曼南羊村，曼南羊村距勐龙镇政府约 5 公里，村寨被树林、河水环绕，山清水秀，是一个典型的风景优美的傣族村寨。寨边有一望无际的橡胶林，有勐龙最大的铁矿——曼南罕尾铁矿。全村共有 190 多户人家，现已有 2/3 的人家盖上了新式傣楼，非常舒适、漂亮。老人家的新房于 2005 年建盖，2006 年完工，共三层，400 多平方米，是一座非常漂亮的傣式楼房。

老人家每天早晚都要诵读经书，经常帮助村寨里的人抄写经文，对传承傣族传统文化作出了不少努力和贡献。现在他家收藏的经籍主要有：

（1）《间达苏里雅害谷罕普双》（音译，共 6 卷）。

（2）[illegible]《帕亚踪布菩提能》（帕亚踪布第一卷，共有 13 卷）。

（3）[illegible]《毫嘎里坦嘎里烙》（教诲人世间）。

（4）[illegible]《阿尼松东列东侗》。

（5）《坦微巴鲁》。

(6) [illegible]《甘播鲁蓝苏玛》（儿女拜访祝词）。

(7)《东么哈万》。

(8)《当喃伦岛》。

(9)《坦勒法梢节内提细》（共 3 卷）。

(10) [illegible]《乍雷宛宏魂》（论叫魂日），等等。

［调查地点：勐龙镇曼南羊村；调查对象：波金允；调查时间：2007 年 3 月；调查整理：玉腊］

2. 波岩温家保存的经书

波岩温，又名岩香，男，傣族，曼南村人，66 岁。12 岁在瓦治巴龙南罕（音译）当和尚，17 岁还俗。家住曼南村的最南边，家屋附近都是稻田，田边是茂密的竹林，还有一条清澈的小河。波岩温家居住的是新式的傣族楼房，全家有 7 口人，经济来源主要是割橡胶、种田，家里的生活水平在当地属富裕人家。波岩温老人在村里算是一个有知识、有地位的人。目前他家收藏的经籍主要有：

(1) [illegible]《苏鲁巴答》。

(2) [illegible]《帕昭列罗》（佛祖巡游经）。

(3) [illegible]《波甘暴》（咒语）。

(4) [illegible]《烙捂提》（所有的不吉利）。

(5) [illegible]《波甘哈西活勐龙》（关于十六个勐的故事）。

(6) [illegible]《波豪当哈雅》（药物经典）。

(7) [illegible]《本勐新》（勐新地方志）。

(8) [illegible]《甘玛毫魂塞魂化》（拴线祝词）。

(9)《毫系浩莱玛唷》（音译）。

［调查地点：勐龙镇曼南村；调查对象：波岩温；调查时间：2007 年 4 月；调查整理：玉腊］

3. 波玉万家保存的经书

波玉万，又名岩香，男，傣族，曼南罕村人，75 岁。家住曼南罕的东边，全家6口人，家里的经济收入主要是割胶、运输等。他家种植有3000多株橡胶树，现已开始割胶的有1000多株。全家经济收入在当地算得上中上水平，生活富裕，是村里第一家建傣式新楼房的人家。

现在波玉万家收藏的经书典籍主要有如下7本：

（1）[illegible]《波毫召波腊》（召波腊的故事）。

（2）[illegible]《坦玛哈微散达腊》（玛哈微散达腊大教经）。

（3）[illegible]《帕雅甘达莱》（甘达莱王子）。

（4）[illegible]《苏宛娜目哈》（音译）。

（5）[illegible]《维先达拉》（音译）。

（6）[illegible]《东嘎西拉》（音译）。

（7）[illegible]《旦南景亨勐新》（音译）。

以上这些经书都是用贝叶做成的，即“贝叶经”，属稀有的经籍。

［调查地点：勐龙镇曼南罕村；调查对象：波玉万；调查时间：2007年5月；调查整理：玉腊］

4. 波玉为家收藏的经书

波玉为，又名岩亮，男，傣族，曼勒村人，65岁。9岁出家，21岁还俗。波玉为家有5口人，家里的经济收入主要是种甘蔗、茶叶、水稻为主。居住的是传统的傣族竹楼，很宽敞、整洁。老咪涛（老大妈）是个很热情的人，本文笔者到她家调查，不到一小时，老咪涛就摆上了一桌很丰盛的饭菜。由此可以看出，她年轻时一定是一个非常漂亮、能干的傣族姑娘。

现在波玉为家收藏的经书有：

（1）[illegible]《当南帕召沙巴赕罗菩提西别》（关于佛教所有赕的内容）。

（2）[illegible]《坦玛哈微散达腊菩提双》（大微散达腊第二部）。

（3）[illegible]《甘拉牟魂拜迈嘿迈》（新娘新郎祝词）。

（4）《东么纳万》（音译）。

（5）[illegible]《甘哈楠金布》（金螃蟹姑娘）。

(6) [illegible]《波毫莱哲》（综合读本）。

(7) [illegible]《赕兴》（布施）。

［调查地点：勐龙镇曼勒村；调查对象：波玉为；调查时间：2007 年 4 月；调查整理：玉腊］

5. **波罕勐家保存的经书**

波罕勐，又名岩伦，男，傣族，70 岁。11 岁出家，19 岁当佛爷，25 岁还俗，26 岁结婚。全家有 5 口人，即老两口、大儿子、儿媳妇、外孙女。老人家珍爱经书，虽然在“文化大革命”时遭到破坏，但是老人还是想方设法把经书保存了下来，至今保存完好。他视这些经典古籍为珍宝，不轻易示人。当笔者说明来意后，老人才把藏存在木箱里的经书取出来。这些经书都是用贝叶刻写的，虽然有的已被虫子咬破，但是还可以清晰地看到经文。没想到保存得这样完好，这样多。说起这些经书，老人家非常激动，他说，为了保存这些经书，“文化大革命”时他被人批斗过，被当成走资派，很多经书若不被红卫兵抢走，恐怕两箱子都装不完。笔者逐卷翻看着这些典籍，暗暗从心里感激这位老人，他为保存傣族古籍文献作出了可贵的贡献。

现在波罕勐家保存的贝叶经书主要有：

(1) [illegible]《茫莱碟颓碟甘》（茫莱王断案）。

(2) [illegible]《嘿西双光西细巴微尼西哈》（世俗规矩三大类）。

(3) [illegible]《嘎里温苏鲁》（嘎里温教导儿孙）。

(4)《阿坦雅玛嘎提能》（音译）。

(5)《毫奔很》（音译）。

(6)《嘎玛叹巴帝罢》（音译）。

(7) [illegible]《坦雅魂豪歹》（傣族的谷魂奶奶）。

(8) [illegible]《阿皮坦玛桑》（音译）。

(9) [illegible]《捧麻咋》（音译）。

(10) [illegible]《朱腊波提断案》（朱腊波提断案）。

（11）ᨻᩕᨸᩮᩢ᩶ᩣᩃ᩠ᨿᩰᨷᩃᩰᨠᩉᩖ᩠ᩅᨦ《帕召列罗龙》（记佛祖巡游），等等。

［调查地点：勐龙镇曼海村；调查对象：波罕勐；调查时间：2007 年 3 月；调查整理：玉腊］

6. 波罕欢家保存的经书

波罕欢，又名岩温罕，男，傣族，65 岁，是曼景门村的一名波章（即“章哈”）。相传，傣历 745 年（公元 1383 年），释迦牟尼巡游世界来到了勐龙的“东嘎西”（音译）。释迦牟尼盘腿坐在附近的佛山顶上，在一个石头旁边留下了足迹和四根头发。之后，他飞上天空，降落在勐龙笋塔。佛祖拜谒佛塔后，盘腿坐在塔旁边诵经。这时，被一个经过这里的傣族百姓看见了，这个百姓便邀请佛祖到寨子里布道。因此，这个傣族百姓所在的寨子被取名为曼景门。“景门”意为请求佛祖或邀请佛祖的寨子。从这个传说中，可以看出百姓对佛祖的爱戴和崇拜。作为这样一个村寨的波罕欢更是一个信佛的忠实者，他 9 岁出家当和尚，19 岁升佛爷，25 岁还俗。在佛寺里，他是一个聪明好学的小和尚，别的小和尚在玩耍、打闹时，他一个人拿着一本经书，在幽静的寺庙旁诵读，在当和尚的这段时间里，他不知诵念了多少本经书。

现在波罕欢家保存的经书有：

（1）《活韩撒曼普屯能》（音译）（共 10 卷）。

（2）ᩉᩫ᩠ᨦᩈᩦᩉᩫ᩠ᩅ《洪西豁》（四头凤凰）。

（3）ᨻᩪ᩠ᨶᩈᩢ᩠ᨦᨡᩮᩢ᩠ᨶᩃᩰᨠ《捧桑罗》（创始史）。

（4）ᩈᩪ᩠ᨶᨻᩕᨾᩥ᩠ᨶ《松帕敏》（松帕敏的故事）。

（5）ᨣᩤ᩠ᩅᨹᩦᨣᩤ᩠ᩅᨤᩫ᩠ᨶ《秀皮秀滚》（人鬼故事）（共 6 卷）。

（6）ᨲᩮᩢ᩠ᩅᨤᩴᩤ《道罕》（金龟）。

（7）《坦沙满松参》（音译）。

（8）ᨧᩮᩢ᩶ᩣᩈᩣ᩠ᨾᩃᩰ《昭三罗》（三罗的故事）。

以上这些经籍有的是珍贵的贝叶经，有的是纸本经。

［调查地点：勐龙镇曼景门村；调查对象：波罕欢；调查时间：2007 年 5 月；调查整理：玉腊］

7. 波温香家保存的经书

波温香，又名岩罕恩，男，傣族，70 岁，家住勐龙镇曼景门村的村头。老人身体欠佳（长年患哮喘病）。笔者登门拜访时，老人坐在火塘边吃饭。当笔者把来意告诉老人时，他非常高兴地说：“早就应该有人来调查收集、整理这些传统文化，如果没有人来收集、整理这些宝贵的文化遗产，用不了多长时间就会失传。”看得出来，老人很重视傣族文化的传承，他说：“原来家里有 10 多本经书，由于‘文化大革命’期间被抄，现在只剩下三五本了。”说完，老人起身走进卧室，抱出了几本发黄的用绵纸抄写的经书，并一一讲述。

（1）[illegible]《黑和波陆教》

该经书所记内容是教人“怎样入寺当和尚”。书中说，入寺当和尚前，先找一个义父，让义父送到寺庙去，学习念经和了解寺庙规矩一段时间，吃住在寺里，不穿袈裟，时间可长可短，之后再给佛祖备好五朵鲜花和五对蜡条，给佛爷备五对蜡条和五朵鲜花，给和尚备三对蜡条和三朵鲜花（按人头），带着这些物品，到寺庙里拜佛，先敬佛，后敬佛爷，再敬和尚。

（2）[illegible]《嘎里罗嘎里坦》（哲人教诲世间）

经文列举了很多前人做人的成功与失败，教导人如何为人处事，包括做人做官。书中说：“这是人世间的伦理道德经，是神圣的叭雅兴王叙论，其格言：无论是男人、女人和所有家人，都要铭刻在心里，将来才会得到或实现三大幸福宝（佛、法、僧三宝），直到生命结束。”

（3）[illegible]《浩哈帕雅弯》（迎接新年的意思）

傣历新年，也称为“泼水节”。过新年有三个方面活动：即堆沙、泼水和放高升。据说“堆沙”是为了纪念死去的人。人们在河边堆沙塔，让水冲走，死去的人也能顺利到达极乐世界；活着的人可以平安。“泼水”的意义是把每个人身上不吉利的、污秽的东西用水冲走，希望来年更加幸福。“放高升”有两种解释：一是为了纪念上天去求雨的人归来；二是白天放炮，求老天爷降雨，为了来年更加丰收。

（4）[illegible]《列罗内》（巡游）。

（5）[illegible]《波甘哈桑罗》（创世纪）。

［调查地点：勐龙镇曼景门村；调查对象：波温香；调查时间：2007 年 5 月；调查整理：玉腊］

8. 波燕家收藏的经书

波燕，又名岩温，男，傣族，68 岁，家住勐龙镇曼飞龙村。波燕家有 6 口人，家庭经济主要靠种田和割胶，生活属于中等水平。传说曼飞龙这个寨名是佛祖释迦牟尼给取的。传说，释迦牟尼在笋塔旁讲经，山脚下寨子里的百姓都前来听经，佛祖讲完经，尚未离开笋塔，寨子的百姓就飞也似的跑下山，回到了家，因此，山脚下的这个寨子被取名为“曼飞龙”，意为提前飞跑下山的寨子。

现在波燕家保存的经书有：

（1）ᦎᦍᦞᦱᦶᦃᦴᧁᦷᦅᧉ《坦雅魂毫》（谷魂奶奶经）

这是唯一一部描写女性而且存放在佛寺里的经书。为什么专门描写女人的书可以存放在佛寺里？这里有一个传说：谷魂奶奶不是一般的女人，而是谷子的灵魂，作为佛祖，他可以什么都不吃，但不能不吃饭，由于佛祖有深刻的教训，所以，无论走到哪里，他都把经文存放在佛寺里，也允许每年让信徒们给佛寺献“谷魂奶奶经”，目的是希望人们不要糟蹋粮食，要尊重粮食、爱护粮食，也包括所有神灵在内。

（2）ᦂᦳᧁᦎᦱᦏᦲᦗᦲᧁᦉᦱᦟᦲᦵᦂᦱᧁ《滚戴彬桑勒赕》（人死为什么“赕”）

传说，人死之后，如果不想让他的灵魂来骚扰，就要“赕”。傣族信仰南传上座部佛教（简称南传佛教），佛祖说，人死是因为他身上有铁和铜存在，如果做 11 个铁幡和 11 个铜幡去赕，哪怕他的灵魂四处游荡或者悬挂在树枝上都可以解脱。

（3）ᦅᦱᧁᦗᦲᦵᦜᦳᦑᦲ《甘暴悟提》（不吉祥的事）

不吉祥也叫不吉利，在传统习俗里，被视为不吉利的事很多，比如盖房子必须全用新木料，不能用旧木料来掺和，不能修补房梁和柱子，不能移动房门，不能挖平山丘，不能填平水井、湖海和圣地，不能把裙子、内衣内裤、鞋袜晒在房顶上，等等，这些都属于不吉利的事。

（4）ᦗᧁᦎᦱᧁᦵᦘᦳᦉᦱᦰᦉᦳᦙᦱ《斑本都帕松玛》（给拜访僧人祝词）

尊老爱幼是傣族人民的传统美德。除了晚辈要经常去拜访长辈以外，僧人也会常去拜访老人。那么，老人也会赐僧人祝福语，让他们安心在佛寺里生活。本经主要讲述这方面的内容。

（5）ᦎᦱᧁᦵᦈᦗᦱᧁᦙ《当载曼》（建寨心）

经书中讲述一个寨子、一个家庭，都有它的守护神灵。人们在建村寨时，应如何选择地点、方位以及如何建立寨神中心，等等，经书里都有规定。

［调查地点：勐龙镇曼飞龙村；调查对象：波燕；调查时间：2007 年 5 月；调查整理：玉腊］

9. 康朗香家收藏的经书

康朗香，又名岩香，勐龙镇曼飞龙村人，男，傣族，65 岁。全家共有 7 口人，家里经济条件较好，经济来源主要有运输、割胶、种地等。住房是很宽敞的傣族楼房，室内装修非常漂亮，从中可以看出主人的审美观与众不同。

康朗香家保存的经书主要有：

（1）ၯ၅ဘθဤθၵဂမ္θ၅《囊丝本勐》（地方志）

书中记载，战争结束后，勐龙逐步建立了一套管理地方事务的规章制度，形成了一套具有特色的管理模式。这种管理模式被人称为“开创性的管理”模式。布勐兴哈死后成了当地的勐神，被人们一代代地供奉和祭祀。有一个地方叫养巩拉建，布勐兴哈死前特别吩咐，让人们每年在这个地方为他举行祭祀活动。布勐兴哈特别吩咐的地方还有他离开人间的地方“垄景翁”，也要求人们在这里举办祭祀活动。勐龙地方祭祀勐神，沿袭了古代的山地民族和傣族原始信仰的习俗。在傣族与山地民族联欢的那个年代，这种习俗便作为一种规矩被固定下来。在他们那个时代留下的一句话是：田埂护粮田，酒肉增情谊。这句话被勐龙傣族作为千古不变的处世真谛，一代又一代地流传下来。

（2）ဘ¤ဃ၉၉ၔၮ¤တမ္လ်ဘမ္မ္ဥတθ《帕昭果达玛列萨穆帝》（佛陀与萨穆帝）

萨穆帝在这里指俗人，佛陀泛指其为教徒，意思是指 7～10 岁出家的男子。当和尚属于自愿，如果有心人，一般都要送儿子去寺庙当和尚，学念经，做父母的功德也高。佛陀说：人世间有两种人，一种人是在寺庙里念经；另一种人是在家里种田、种地。种田、种地的人称为萨穆帝，他们的责任是建设好美好的家园，目的都是希望死后能够到达美好的极乐世界。

一般佛陀不信仰鬼，他们生病不怪是鬼在作祟，而是认为自己身上有四塔在控制，这四塔指的是水、土、火和风，因为佛陀信仰天神和大地神，他们会求天神和地神来保佑。据说，地有地神，树木有树木神，山有山神，风有风神。佛陀说，神灵在主宰着天和地。到寺庙当和尚的人，必须早早起来先打扫卫生，把寺庙内打扫干净后，就开始念经，中午稍稍休息一会儿，下午接着念经学经。

（3）ပ႑ၔဘၔၵၹၣၵ《布栓兰》（爷爷教导儿孙）

这部经文的内容包括如何为人处事；什么是好的，什么是坏的；什么是苦，什么是甜；如何做男人；如何做女人；为人父母以后又如何做人；什么是功德，什么是罪恶；等等。

［调查地点：勐龙镇曼飞龙村；调查对象：康朗香；调查时间：2007 年 5 月；调查整理：玉腊］

10. **波玉罕家保存的经书**

波玉罕，男，傣族，68 岁，家住曼龙扣村的南边，旁边是一望无际的田野，微风吹过，稻谷清香扑鼻，让人心旷神怡。坐在波玉罕家的竹楼上，品尝着老人家准备的简单的饭菜，一面聆听老人讲述有关经书的故事，真让人流连忘返。

波玉罕家收藏的经书有：

（1）ᨶᩣ᩠ᨦᩈᩩᩅᨱ᩠ᨱᩋᩢ᩠ᨶᩈᩮ《喃苏瓦娜安些》（沉默的公主）

这本经书的主要内容是：从前，有两只团鸟夫妇，飞到林子里产蛋。可是住在附近的人们，烧山种地时，一把火把它们的孩子烧死了。鸟夫妇也因此而双双自尽。据说，团鸟的妻子投胎变成了勐巴拉纳西国王的公主。这位公主自出生以来，从不说一句话。于是父王公告：谁能够使公主开口讲话，就把公主许配给他，并让他继承王位。这时，勐巴拉纳西有个富翁的儿子，又是团鸟丈夫投胎变成的，名叫叽叽嘎，他使公主开口说话，后来不仅娶了公主，而且还继承了王位。

（2）ᨻᩕᨿᩣᩃᩣ《帕雅拉》（帕雅拉的故事）

帕雅拉是作品中的男主人公的名字。经书中讲述，一个勐轰沙王后喃金欢，她刚怀有三个月的身孕，就遇到外来敌人的侵略，国王不得不带兵出征应战。国王手下有个大臣，因国王当时不娶他的女儿为妾而一直耿耿于怀，这时，他趁国王出征打仗之时，就诬陷喃金欢是琵琶鬼，让人把喃金欢赶出宫门。不久，喃金欢在天神莫叭的帮助下，在森林里生下一子，取名叫帕雅拉，帕雅拉年满 7 岁便已精通武艺和天文地理，无所不知。直到 16 岁那年，父王才把他们母子接回王宫。

到了帕雅拉该娶亲的时候，父王召集了全勐所有漂亮的姑娘让儿子挑选，但帕雅拉一个也没看上，他告别了父母，离开王宫，走进了森林，去寻找他心中的恋人。有一天，他发现了被魔王关在山洞里的七位公主，他们都是勐吾都波国王的千金，帕雅拉一心想救七位公主，就把魔王杀死了，然后救出了七位公主，并把他们送回勐吾都波，还帮助他们打败了欲来侵略的敌人。勐吾都波国王为了表达感激之情，就把七位公主许配给了他，后来，帕雅拉回到了勐轰沙继承了王位。

［调查地点：勐龙镇曼龙扣村；调查对象：波玉罕；调查时间：2007 年 5 月；调查整理：玉腊］

11. 康朗应家保存的经书

康朗应，又名岩应，男，傣族，70 岁，勐龙镇曼栋村人。他 10 岁出家当和尚，19 岁升为佛爷，25 岁还俗。康朗应就是还俗后傣语的称谓，意为还俗后的岩应佛爷。

康朗应家保存的经书有：

（1）[illegible]《赕中滚摆报波》（译意为“祭奠亡灵祝词”）

傣族人认为，生老病死是自然规律，应顺其自然，所以，死后既不留坟，也不扫墓。待死者过满一年后，才在寺庙里赕祭一次，把准备送给死者的物品及食物送到庙里，然后滴水念悼词。一般是这样说的：已故的亲人啊（如果知道死者的名字，就直呼其名，不知名则直接念词），无论你们是七代前的父亲家族，还是九代前的母亲家族；无论你们是长辈，还是晚辈，请你们都来笑纳我们所奉献给你们的祭品，请你们取去享用吧！然后再默告祈，请求神灵来保佑家人平安。仪式完成后，所有祭品都要摆在寺庙里，如果寺庙吃不完，也可以施舍给前来乞讨的人，或者把它倒掉或卖掉。一桌祭品大概可卖 5 元至 10 元，钱归寺庙，或者拿去买东西捐给寺庙也可以。最后，还要准备三桌饭菜，一桌用来祭祀庙神，另一桌用来祭祀勐神，还有一桌去给“波占”主管使用。

（2）ᨩᩤ᩠ᨦᩈᩣ᩠ᨾᨦᩣ《章叁纳》（译意为“三牙象”）

大概内容为：距勐波兰不远的地方，有一对夫妇靠打猎为生，他们生有一男一女，儿子叫苏那达，女儿名叫尖烘。尖烘刚满 5 周岁那年，父母先后离开了人世，兄妹沦为孤儿。一天晚上，苏那达为逗妹妹开心，而乱编了一个金牙象的故事讲给妹妹听，妹妹听后非常高兴。可是此故事却被游手好闲的嘎都匹听到，他为了钱财，于是进宫把此故事又讲给国王听，国王信以为真，于是就把尖烘留在宫中寄养，逼迫苏那达在 7 天内去寻找金牙象来献给国王。苏那达无奈，只好告别了妹妹，到深山老林中去寻找金牙象。苏那达历尽千辛万苦，一路打听，在帕拉西的帮助下，终于找到了金牙象。由于他在返回勐波兰的途中带回了许多人马，当要进入勐波兰国界并要把金牙象献给国王时，国王却说他派兵来攻打勐波兰，于是双方交战。苏那达在无奈之下，杀死了国王，救出了妹妹。最后在勐波兰百姓再三推举下，他当了勐波兰的国王，从此百姓得以安居乐业。

（3）[illegible]《甘报痕很迈》（上新房事宜）

经书讲述的大概内容为：房子盖好了还要庆贺，怎么庆贺，谁先上楼，怎么上？之前有老人宣布规定等。

［调查地点：勐龙镇曼栋村；调查对象：康朗应；调查时间：2007 年 4 月；调查整理：玉腊］

12. **波香旺家保存的经书**

波香旺，又名岩旺，男，傣族，17 岁。家住勐龙镇曼栋村北面。

目前波香旺家中收藏的经书有：

（1）[illegible]《芒功道勐遮莱暖》（漂流的勐遮葫芦）

经书讲述的大概内容是：勐遮国王有一位王子，名叫召罕勒，他去赶集时，遇到了景真公主楠波罕，二人互相对歌后产生了爱情。由于勐遮王早已想兼并小小的景真国，只是没有借口吞灭而已。于是他则想到用给王子和公主举行婚礼拴线之机，设计用药把景真王毒死。此密谋被王子召罕勒知道，并告诉了楠波罕。夫妻俩商讨对策后，让楠波罕事先把消息告诉了父王，景真王得知此消息后，便假装肚子痛返回了景真国。勐遮国王并不罢休，同时又悄悄地做好入侵景真国的准备。王子又把密谋告诉了楠波罕。他们为了拯救景真和勐遮百姓，写好了书信装入葫芦里，乘楠波罕到河边洗头发之际，把装有书信的葫芦放到河水中，让它顺着水漂到景真国。景真国王得到了女儿的亲笔书信，做好了防范准备。当勐遮国王派兵攻打景真国时，就遭到了伏击而败战。勐遮王后来得知走漏消息的并不是别人，而是自己的儿子和儿媳，一怒之下，下令把他们两个人分别活埋在勐遮与景真分界线的路两旁，使他们永远不能生活在一起。

（2）[illegible]《阿娈门宋》（酸蚂蚁阿娈）

本书主要讲述了一个名叫拉达玛纳孤儿的传奇故事。拉达玛纳有一颗善良的心，他多次帮助动物脱离危险。为此他与动物结为了朋友，当他遇到困难的时候，动物总是一次又一次地帮助他渡过难关，他也因此学会了动物的语言，成为了动物的亲密伙伴。在动物的帮助下，他救济了很多百姓，还清了债务。百姓为了感谢他，推举他当了首领。

［调查地点：勐龙镇曼栋村；调查对象：波香旺；调查时间：2007 年 4 月；调查整理：玉腊］

13. **康朗养家收藏的经书**

康朗养，男，傣族，72 岁，勐龙镇曼允村人，他 12 岁出家，19 岁升佛爷，27 岁还俗。

目前康朗养家保存的经书有：

（1）ᦀᦱᦟᦰᦷᦃᦕᦳᦃᦓᦴ《阿娈呼号留》（音译，意译为“独角牛”）

本经书主要讲述一个孤儿从小给富翁家放牛。富翁说：“你的工钱，就是等母牛生下很多小牛后再送你一头小牛。”孤儿听了以后非常高兴，于是，他把母牛喂得又肥又壮，希望它们早点生下小牛。不久，母牛都分别产下了很多小牛，可是富翁始终没有给孤儿小牛。三年过去了，这时富翁又说：“除非母牛产下长有三只角或者一只独角的小牛才能送给你。”

第二年，有一头母牛真的生下了一头独角小牛。富翁不得不把这头小牛送给了孤儿。正在这个时候，龙王的独生女得了一种怪病，头发变得又脏又臭，怎么洗也不会干净。巫师说，唯有用独角牛的牛角制成梳子来梳头，才能治好公主的病。龙王不惜代价，派人四处寻找独角牛。最终找到了孤儿那里。后来公主的病治好了，龙王为了报答孤儿的恩情，把公主许配给他，还把王位让给了孤儿。

（2）ᦺᦓᦱᦙᦷᦜᦱᦙ《楠朋》（楠朋公主）

本书主要讲述了勐伦的来历。据说，有一对恋人，男的叫洪罕，女的叫戒西，他们的恋情带有很多色彩，他们的结合也是十分离奇。姑娘被魔王抓去，小伙在林中发现了姑娘，并设法救出了姑娘。在姑娘的逃离中也有着不寻常的事情发生，这些都使得故事充满了神奇的色彩，从中穿插的真挚的爱情与亲情也使得人们回味无穷，使人们从神话的氛围中联想到了现实社会。最后以战争的残酷性来讲述了勐伦的由来。

［调查地点：勐龙镇曼允村；调查对象：康朗养；调查时间：2007 年 4 月；调查整理：玉腊］

14. **康朗罕家保存的经书**

康朗罕，男，傣族，67 岁，10 岁出家，19 岁升佛爷，25 岁还俗。勐龙镇曼龙叫村地处交通要道，是通往缅甸、泰国的必经之路，几国边民来来往往，非常热闹。康朗罕家住在村头，紧靠路边，在傣楼下开了一个小商店，各种各样的商品应有尽有，既有中国的百货，也有泰国食品或缅甸的东西。家里的两辆运货的车，每天都往返于泰国或缅甸。从家中所摆放的家具和其他的物件来看，康朗罕家很富有。

目前康朗罕家收藏的经书有：

（1）《吾莱》（意译为“花蛇”）

本经书主要讲述的是：在一处英麻板森林里，居住着一家猎户，他们有一个 16 岁的孙子名叫罕伦。另一边森林里又有一个山洞，洞中有一条凶狠的花蛇王，抢尽人间美貌的女子。一次，勐里帝哈国的公主被花蛇王抢走，国王命臣民四处寻找，都找不到公主的下落。老猎人的孙子罕伦曾见义勇为，从蛇王洞中救出过另外两名公主。这一次，罕伦又深入蛇洞，救出了勐里帝哈国的公主。可是，陪同前往的勐里帝哈大臣的儿子召棒玛加，却在公主被营救出洞时，急忙带着公主骑马逃走，有意将罕伦留在蛇洞中，罕伦被迫与花蛇王搏杀，奋力将花蛇王杀死，又救出了尚在洞中的龙女，并将龙女送回龙宫。召棒玛加到宫廷后，诡称罕伦已死，是他砍死花蛇王救出公主的，国王高兴之余，决定将公主嫁给召棒玛加，可是公主不从，对罕伦的下落很担忧。最后，国王同意女儿的意愿，为罕伦赕佛七天，并让全勐的青年男子比武，如果谁射落靶心上的花环，就招谁为女婿，结果这一切让罕伦知道了，原来当他告别龙女时，龙王送他一颗可以看见一切的宝石。比武那天，罕伦赶来了。比武场上包括召棒玛加在内，谁也射不中靶上的花环，只有罕伦射中了。罕伦的出现，使公主惊喜万分，国王随即为公主和罕伦举行了盛大的宴会。后来罕伦继承了王位，使国家日益强盛。

（2）《苏婉娜康罕》

经书主要讲述：有一个女人生了一个孩子，孩子一出世便是马面人身，被村里人赶走。马面人身的婴儿被王室收养，长大后，国王把公主嫁给了他。公主觉得非常得委屈，认为自己在众人面前抬不起头来，从此不言不语，不吃不喝，也不收拾打扮，整天躲在家里闷闷不乐，丈夫不忍心妻子这样生活下去，于是就脱胎换骨，变成了一个英俊的小伙子，和妻子恩爱地生活并继承了王位。

（3）《万纳帕与南炳巴双》

经书主要讲述：勐邦佳公主楠炳巴双，爱上了富翁的儿子万纳帕，他们的爱情遭到了国王的反对，两人不顾父母的反对，天天幽会直到公主怀孕。国王知道后，不问青红皂白，派人把万纳帕问斩。万纳帕死里逃生，悄悄带上楠炳巴双离开了家乡，逃到一个很远的地方，一次，万纳帕带妻子到海边去借火，飓风把妻子卷到了一个孤岛上。不久，楠炳巴双生下了一个男婴，却盼不到丈夫来寻找。有一天，她把儿子悬挂在树上以后出去寻找丈夫。但是，无论她怎么找也找不到丈夫，当她返回的时候，儿子却消失得无影无踪。十年过去了，万纳帕一家在一个偶然的时候相遇了，他们一起返回了家乡，父王原谅了他们，最后，万纳帕继承了王位，过上了幸福的生活。

［调查地点：勐龙镇曼龙叫村；调查对象：康朗罕；调查时间：2007 年 5 月；调查整理：玉腊］

15. **波应香家保存的经书**

波应香，男，傣族，58 岁。

目前波应香家中保存的经书有：

（1）ᦂᦱᦠᦱᦙᦱᦠᦱᦀᦳᦰᦷᦎᦸᦈᦲᦔᦲ《嘎哈玛哈翁颠婉》（意译为“玛哈翁与喃颠婉”）

本经书反映的是傣族封建王朝时期的生活，是流传在西双版纳地区的一部长篇。故事讲述的是勐果西的一个王子叫召玛哈翁，在一次进山打猎中，奇迹般的与喃颠婉相遇并产生爱情，不久结婚。一年后，喃颠婉分娩那天，被奸臣之妻喃歪嘎娅所害，她把喃颠婉所生的儿子换成了小鳄鱼。因此，父王把儿媳喃颠婉驱逐出宫。喃颠婉的儿子被帕拉西修行者救去抚养，长大成人后，他历尽千辛万苦终于找到了母亲，最终他们一起回到了王宫团聚。

（2）ᦂᦱᦠᦱᦍᦸᦰᦓᦱᦷᦎᦸᦙᦱ《嘎哈玉楠苗》（意译为“猫姑娘”）

这是一部叙事诗，在西双版纳地区广为流传，特别是诗中的两句话，小伙子常用它作为对姑娘的表白：“如果你是一片叶子，我要把你别在腰间；如果你是一只花猫，我也要嚼饭喂养。”故事主要叙述了勐巴拉纳西国王的小儿子召尖达，不喜欢父母给他安排的婚姻，于是出走，这当中他遇到不少姑娘，但都不中意，最后他来到勐中罕，寄宿在一家正在娶亲的人家。他对这家的主人说：“将来你们生下的孩子，若是女孩，我就娶她为妻，若是男孩，我就和他结为兄弟，哪怕是一片叶子，我也要把它别在腰上，如果她是一只花猫，我也要嚼饭喂养。”主人看他是真心实意就答应了他的要求，一年后，新娘果然生下了一只小花猫。人们都劝召尖达不要小花猫，但他信守诺言，娶了小花猫为妻，还给她取了一个名字叫“玉喃苗”。他们相依为命，恩恩爱爱，玉喃苗帮召尖达克服了一个又一个困难，后来玉喃苗变成了一个美丽的公主，召尖达也继承了王位。

（3）ᨣᩤᩉᩤᨷᩪᩉᩕ᩠ᨶ《嘎哈布罕》（意译为“金螃蟹”）

书的大概内容是：有一个富翁，家财万贯，他怕老来无人继承家业，就娶了两个妻子，两个妻子同时怀孕，同时分娩。但不同的是小老婆生了一个可爱的女孩，叫玉塔烙；大老婆却生了一只金螃蟹。后来大老婆被百般虐待致死，只留下金螃蟹。玉塔烙和金螃蟹长到16岁时，本勐王子选妻，这时，金螃蟹去看热闹，并突然变成一个美丽绝仑的公主，她被王子选中。于是，小老婆把她害死，用自己的姑娘来顶替，金螃蟹被天神救后，后来又与王子团聚。

［调查地点：勐龙镇曼龙叫村；调查对象：波应香；调查时间：2007年4月；调查整理：玉腊］

16. 波岩恩家保存的经书

波岩恩，男，傣族，62岁，勐龙镇曼庄尖村人。

波岩恩家中保存的经书主要有：

（1）ᨧᩣᨾ᩠ᨷᩣᩈᩦᨲᩫ᩠ᨶ《沾巴西顿》（意译为“四棵缅桂”）

大概内容是：勐扎西遭到了毁灭性的灾难，全勐百姓都遇了难，只剩下小公主一人，名叫喃光罕。她被勐巴拉纳西国王救出，后来成为妃子。不久，她身怀四子，由于皇后不孕，她很嫉恨喃光罕，就在喃光罕分娩那天，她吩咐侍女把刚生下来的四条小狗换了四个婴儿，然后禀报国王说：“喃光罕生下来的孩子全是小狗。”后来王妃被驱逐出宫，四个婴儿被园丁夫妇救下抚养，但又被皇后发现，她又用毒药毒死了他们，园丁夫妇把他们埋在花园里，不久，四座坟堆长出了四棵缅桂花树，花香四溢。皇后又叫人砍掉花树扔到江里。后来又被帕拉西救上岸，他用仙水救活了四个男孩，把他们抚养成人，他们不仅通晓天文地理，而且武艺高强，成了天下无敌的英雄。不久，帕拉西允许他们回去寻找失散多年的母亲，最后，大儿子当了国王，小儿子到勐扎西当了国王。皇后因犯下了滔天罪行，也受到了应有的惩罚。

（2）ᨣᩤᩉᩤᩈᩩᨻᩢᨣᩣᨾᩦ᩠ᨶ《嘎哈松帕敏》（意译为“松帕敏的故事”）

经书主要讲述：松帕敏是一位同情百姓疾苦的国王，可是，松帕敏的弟弟召刚发动了叛乱，要争夺王位。松柏敏担心战争会伤害百姓，于是就把王位让位给了弟弟，自己流落他乡，饱尝了妻离子散之苦，最后流落异乡并成为邻国的国王。而勐占巴的百姓则受尽了暴君的统治和欺压，民不聊生，后来松帕敏终于醒悟，于是他为了拯救百姓，终于打回老家，赶走了召刚，又当上了勐占巴国王。

［调查地点：勐龙镇曼庄尖村；调查对象：波岩恩；调查时间：2007 年 5 月；调查整理：玉腊］

17. **波香占家收藏的经书**

波香占，男，傣族，70 岁，9 岁出家，20 岁升佛爷，28 岁还俗。

波香占家保存的经书有：

（1）[illegible]《嘎哈波欢伴嘎》（音译，译意为“千瓣莲花”）

书中讲述，勐巴拉纳西有户穷人家，他们有个儿子叫岩捧勒，10 岁时失去了父亲，从此母子相依为命。有一天，国王做了一个梦，梦见仙女送给他一朵金莲花，这朵金莲花能变幻千种颜色，香飘千里，于是，他下令去寻找，国王也带病去找，当他路过岩捧勒家门口时，只顾玩石头的他，把白石头投出去，不料滚到国王乘坐的象脚上，把象脚砸断，国王下令处死他，但他母亲死死哀求，于是国王罚岩捧勒去找金莲花，只有找到金莲花才能免除死罪。岩捧勒告别母亲，踏上了寻找金莲花的征途。他历尽千辛万苦，渡过了一个个险境难关，终于找到了金莲花。原来金莲花就是天上飞来的七名孔雀公主，尤其是最小的七公主，她每说一句话，嘴里就冒出一瓣莲花，飘香万里。因为岩捧勒的勇敢和真诚，不仅获得了金莲花，也获得了七公主的爱情，后来他们俩飞回勐巴拉纳西上空，人们从四面八方赶来观看这一奇迹。岩捧勒叫国王赶快来接金莲花，但他刚一伸手，只见瓣瓣莲花从天而降，一时金光闪闪，忽然国王一露头就晕倒在象脚下而死去。百姓推荐岩捧勒当了国王，使国泰民安，百姓安居乐业。

（2）[illegible]《娥并列桑洛》（娥并与桑洛）

主要讲述富翁家中有个儿子叫桑洛，爱他的姑娘很多，但他都没中意，为了寻找爱情，他到异乡做生意，一次在赶集场上，他遇到了一个美丽姑娘，名叫娥并，两人产生了爱情，但桑洛的母亲反对这门亲事，不准他们结婚。有一天桑洛去捞鱼，娥并来找他，只有母亲在家，他母亲用刺刺伤了娥并的手脚，娥并在返回家乡途中，由于流血过多而死去。当桑洛回到家听到此消息时，赶去追赶，他见到娥并后悲痛欲绝，自杀身亡，倒在娥并身边，后来他俩变成了天上的星星。

［调查地点：勐龙镇曼纳村；调查对象：波香占；调查时间：2007 年 4 月；调查整理：玉腊］

18. 波罕升家保存的经书

波罕升，男，傣族，69 岁，12 岁出家，18 岁还俗。

波罕升家保存的经书有：

（1）ᨷᨮᨾ᩠ᨾᩮᩃᨿ《巴塔玛莱丫》（玛莱丫的开初）

（2）ᨴᩪᨲᩥᨿᨾ᩠ᨾᩮᩃ《镀低呀玛莱》

这两本经书，都是用贝叶刻写，后一本有两片经页已经残缺，字迹已模糊。两本经书的内容都是讲玛莱的典故。玛莱是个神，他的任务是向人间和地狱报告消息。无论人间每个人所做的好事与坏事，他都有责任报告给地狱与天堂。据说，人死到地狱以后，过得怎么样？受到什么样的惩罚？他就会把这样的消息传到人间，告诫人们活着的时候，要多做善事方能减轻罪孽等。

（3）ᨾᩉᩣᨣᨣᩣᨶᨣᨾ᩠ᨳᨶ《玛哈相勐》（国宝）

内容主要讲述：在一个宽阔的坝子里，有一个好强的勐叫勐贺傣，勐贺傣的王子沙瓦里是个野心勃勃的人，他有个妹妹非常美丽，叫喃总布，他想利用妹妹招亲与强国结盟，以达到他统治勐贺傣的目的，但妹妹不从，妹妹被魔王抢走，藏在一个山洞里，后来被路经此地的相勐搭救，俩人一见钟情，相勐把喃总布带回勐贺傣，但沙瓦里不但不感激，反而诬陷相勐，要处死他，就在危急之时，天神下凡搭救了相勐，把他送回了勐维扎。沙瓦里听说相勐没有死，又准备攻打勐维扎，勐维扎的百姓齐心协力，打败了沙瓦里，相勐当了勐贺傣国王，并娶了喃总布为妻。

波罕升老人刚讲完以上经书的内容，儿媳便插话说：“我父亲也有两本书，一本叫ᨧᩣᨾ᩠ᨣᨣᩮᨶ《沾响》（音译）；另一本叫ᩋᩢᨧᩣᨾ᩠ᨲᩣᩀ《阿呆》（意译为奇怪的故事）。我们经常听父亲讲这两个故事。”

第一个主要讲述勐沾响的国王有一个独生女儿，由于女儿常和天神小伙子约会而有身孕，国王很生气，把女儿赶出王宫，公主在森林里被帕拉西收留，不久，她生下一子，叫苏令达，苏令达长大后，武艺高强，能腾云驾雾，无所不能。一天，苏令达母亲在河边洗澡时被魔王抢走，被四处转卖，苏令达到处寻找母亲，途中与武艺高强的丢娥和捧玛结为盟友，回到帕拉西身边，后来国王知道自己做错了事，把女儿和外孙接回宫中，把王位让给了苏令达。苏令达当国王后，想娶本地姑娘为妻，但看了一百零一勐都未看中，最后看中了勐西丙景达喃西公主，但女方哥哥拒绝这门亲事，苏令达只好用抢亲的方式，双方发生战争，最终苏令达战胜，后来两勐和好，苏令达和喃西公主结了婚。

第二个故事讲：有一户人家，有一个儿子叫岩糯宁达，6 岁那年，父母先后离开了人间，岩糯宁达成了孤儿，后来被一老妇人收养，母子相依为命，岩糯宁达以打猎为生。有一天，他在森林里遇到了一位名叫喃宾叫萝发的美丽姑娘，她是金鹿所生的，被帕拉西收养。他们相遇后产生了爱情，并结为夫妻，国王知道后想占有喃宾叫萝发，叫岩糯宁达和他斗鸡、斗牛和大象，结果岩糯宁达在帕拉西的帮助下，都战胜了国王，国王不服输，又命令岩糯宁达去找一个奇怪的植物献给他，结果岩糯宁达又在帕拉西的帮助下拿到了一个怪箱，等到国王打开箱时，被箱子挟断了脖子，命归西天，后来岩糯宁达当上了国王，把爱妻和养母接到了宫中，过上了幸福的生活。

［调查地点：勐龙镇曼景尖村；调查对象：波罕升；调查时间：2007 年 5 月；调查整理：玉腊］

19. 波罕丙家收藏的经书

勐龙镇有曼汤村，位于景勐公路旁，距东风农场场部 3 公里。波罕丙家住在寨子的中央，居屋为傣家老式竹楼。

波罕丙家收藏的经书有 4 本，其中有 3 本属于贝叶经，另一本是复印本，比较新。

（1）ᨣᩤᩴᨧᩮᩢ᩶ᩣᩈᩩᩅᩣ《嘎哈召苏瓦》（召苏瓦之歌）

主要讲勐巴拉纳西国王有一个儿子叫召苏瓦，有一匹神马和他同生，森林中有一仙湖，湖中有一仙荷花，荷花生出一女孩，叫喃巴都玛，她长到 16 岁时，有一天她作了一个花环，放到湖中，并说谁要捡到花环，谁就是她的夫君。有一天，召苏瓦到湖中洗澡，花环就套在了他的脖子上，那匹神马带着召苏瓦去找喃巴都玛，两人一见钟情。有一天，一个猎人来打猎，看见喃巴都玛很漂亮，于是他射死了召苏瓦，抢走喃巴都玛。帕拉西救活了召苏瓦，召苏瓦去森林里找爱妻，终于找到了妻子，后来俩人回到了勐巴拉纳西，并继承了王位，过上了幸福生活。

（2）ဟ၃ၵၵၯၮၵ《烘乖凤》（金凤凰）

故事讲述勐巴拉王子召烘罕，在他 16 岁那年，父母相继去世，他继位不久，就告别了勐巴拉百姓去寻找梦中情人。在茫茫的森林里，有个美丽的金湖，每隔七天，就有七个孔雀公主飞来洗澡。一次，七位公主在湖中玩得很开心，误了返回的时间，只好在金岩洞歇一晚，可是她们的行踪早被蜘蛛精发现，并用魔网封住洞口后，它就邀请朋友来庆贺，这时召烘罕正好到此，听到洞里的哭喊声，便用宝刀砍断魔网，把她们救了出来，召烘罕无意中找到了梦中情人喃乖凤，她是最小的一个，也是最美丽的一个，她也看上了英俊的召烘罕，于是他们成了亲。在返回勐巴拉路上时，蜘蛛精用毒牙咬死了召烘罕，喃乖凤也被蜘蛛精抓走，后来她设计杀死了蜘蛛精，回到夫君遇难的地方，守了三年零三个月，忠贞的爱情感动了天神，于是天神救活了召烘罕，使他们夫妻团圆。

（3）ၵၒ၃ၵ၁ၵၯ၃ၜၜ၁ၒ၃ၶၵၵၔ《嘿郝苏玛滚涛》（译意为“拜访长辈习俗”）

此书记录的内容在傣族民俗中占有重要地位。

（4）ၷ၄ၯ၄ၒၯ၃ၶၯ၁ၵၒ၄《安含嘿朗婉》（译意为“关于先兆的说法”）

什么是“先兆”？人们的理解是从未发生过而发生的事，从未见过而又见的事，例如，假如马蜂突然飞落到家里，如果停落在东边，就会失去心爱之物；停落在东南边，就会有亲戚来串门；停落在南边，就会失利；停落在西南边，会有灾难；停落在西边，家人要分离等。书中介绍了如何去解除这些不吉征兆的方法等。

［调查地点：勐龙镇小街曼汤村；调查对象：波罕丙；调查时间：2007 年 4 月；调查整理：玉腊］

20. 波香拉家保存的经书

波香拉，男，傣族，67 岁，9 岁出家，18 岁还俗。家住勐龙镇小街曼汤村，家里有 6 口人。

目前家中保存的经书有三本，都挂在客厅右上方，很旧，字迹已模糊。

（1）ၵၜ၃ၜၜၔၯ၃ၒ၃၄《嘎哈召树屯》（音译，意译为“召树屯”）

这是傣族家喻户晓的召树屯的故事。主要讲述勐板加的王子召树屯，从小爱打猎，一次，他在打猎时，突然看见湖中有七个仙女在洗澡，原来这七个仙女就是孔雀国的公主，最美的要数小公主喃诺娜。召树屯一见便爱上了她，在神龙的帮助下，他把小公主的孔雀衣藏了起来，公主上岸找不到孔雀衣，无法同姐姐们飞回王宫。于是俩人便产生了爱情，召树屯把喃诺娜带回勐板加，举行了隆重的婚礼。新婚不久，由于外敌入侵，召树屯不得不带兵出征。这时，有个心存不良的摩古拉对国王说："由于召树屯娶了一个妖女作媳妇，所以，才给勐板加带来了灾难。"国王听信了谗言，准备处死儿媳妇，喃诺娜临死前要求父王给她孔雀衣，父王满足了她的愿望，喃诺娜穿好孔雀衣，依依不舍地飞回了勐董板。召树屯胜利归来，找不到爱妻，极为伤心，于是决意离开王宫去寻找喃诺娜，经过千辛万苦，三年后，终于找到了喃诺娜，又把她带回了勐板加，并继承了王位。

（2）[illegible]《嘎哈喃海发》（音译，意译为"喃海发姑娘"）

大概内容是，勐巴拉纳西国王是个好色之徒，凡是民间美女他都想占为己有，喃海发姑娘也是其中一个。喃海发已是有夫之妇，由于她美丽迷人，国王想占为己有，于是他想尽一切办法陷害喃海发的丈夫，但每一次喃海发的丈夫都逢凶化吉。国王无计可施，并派兵去抢夺，在一次抢夺中，喃海发姑娘施加了法术使国王全军沉入海里。

（3）[illegible]《列罕叁多》（音译，意译为"三只鹦鹉"）

大概内容是，有一个勐巴拉纳西的国王，有三个王子，都很聪明，长大成人后，亚嘎大臣为了篡位，在他们父亲面前挑拨离间，逼迫他们三兄弟比武，但三兄弟都明白这是阴谋，结果没按父王要求去做，结果被迫远离家乡，并在魔国王的帮助下学到了各种法术，把他们三人变成三只鹦鹉，并且他们经过自己的努力都找到自己好的归宿，后来三兄弟返回勐巴拉纳西，但父母已被人害死，他们为父母报了仇，并继承了王位，从此国泰民安，生活幸福。

［调查地点：勐龙镇小街曼汤村；调查对象：波香拉；调查时间：2007年4月；调查整理：玉腊］

21. 波香旺家保存的经书

波香旺，男，75岁，勐龙镇曼纳囡村人，9岁出家，19岁升为佛爷，25岁还俗，26岁结婚。现在家中有6口人，老伴73岁，女儿40多岁，姑爷47岁，外孙女22岁，外孙子19岁。住房是傣家老式楼，看起来比较陈旧。曼纳囡村靠近公路边，距勐龙镇政府大约有5公里，交通方便。波香旺家在村子的北边，旁边有一个大鱼塘，坐在波香旺家的阳台上，一眼可以看到鱼塘里成群的鱼在游来游去。

老人家知道笔者要调查傣族古籍文献的来意后，抬出小木凳让笔者落座，并招呼老伴倒茶水，然后，他不紧不慢地走进室内，不到两分钟，就抱出了一捆贝叶经来，老人小心地拍打上面的灰尘，慢慢地打开经书，然后开始讲述如下三部经书名称及其内容。

（1）ᨷᨠ᩠ᨡᨴᩥᨶ《巴嘎顿》（音译）

这是一本傣族古老历法的书籍。自古以来，傣族推算年月日，都用此书来推算。这本书教人们推算傣历的年月日以及它的推算方式。比如，公历多少年又等于傣历的多少年等等，都记录得清清楚楚。此书对研究傣、汉历法具有很高的历史价值。

（2）ᨣᩉᩈᩥᩉᩈᨴᩥᨦᩉ《嘎哈星哈》（音译）

经书主要叙述：勐巴拉纳西一群孩子，由于生活困难，他们都没有信心再活下去，他们决定一起去死。在出门的路上，他们遇到一个修行者。他们把事情的原委告诉了修行者。修行者开导他们说：“五戒经文里写道‘不杀生、不偷盗、不占有别人的妻子，不说谎、不酗酒’。”五兄弟听后，觉得很有道理。于是，他们便悄悄地回到了各自的家。有一天，天神来试探他们，认为他们都能够遵守戒规，在天神的守护下，他们都有了很好的归宿。

（3）ᨣᩉᩈᩪᨡ᩠ᩅᩢᨶ《嘎苏宽》（音译，“拴魂”的意思）

在西双版纳傣族的生活习俗中，普遍流行“拴魂”，也称为“拴线”。几家人或亲朋好友要离别或亲人要出远门时，都要请长辈来“拴线”祝辞。比如小孩满月要“拴线”祝福，亲朋好友出远门要“拴线”祝福，新婚、盖新房都要给新郎、新娘和新房主人“拴线”祝福，表示美好的祝愿。

[调查地点：勐龙镇曼纳因村；调查对象：波香旺；调查时间：2007 年 6 月；调查整理：玉罕]

22. 波应罕家保存的经书

波应罕，男，傣族，69 岁，勐龙镇曼庄尖村人，全家共有 6 口人。他家住在村子的东边，全村 90 多户人家，距勐龙镇政府有 8 公里左右，寨子周围都是田坝，离寨子不远处是国营东风农场十二分场的场部，附近的山坡都是橡胶树，有国营农场的也有民营的，村中居民的主要经济来源是割胶、种田。

波应罕家保存的经书有：

（1）ᩈᩢᨶᩉᩬ᩠ᨦ《叁烘》（音译，译意为“凤凰情诗”）

“凤凰情诗”是傣族贝叶文化情诗中蕴意深远、动人心魄的一种艺术形式。它具有三个基本特点：一是以物喻人，引古喻今；二是有凤凰图案，31个傣文字母和符号出现在凤凰图案上面，每一个字母代表一个意思，或是代表一行诗，如同电报密码一般，让人去翻译、理解和揣测，撩拨人的情感；三是语音流畅，比喻贴切，具有扣人心弦的魅力。

（2）[illegible]《阿雅兴安龙召片领》（召片领的大法）

这部经书法典大约产生于13世纪，一直沿用到傣族封建领主制社会结束。全文长一万多字，内容全面系统。全书共有183条，共划分为“对犯上行为的处罚规定”、“有关家奴的规定”、“对破坏私人财产及农业的行为和处罚规定”、“婚姻规定”、“财产继承及债务清偿”、“有关经商及交通的规定”、“对污辱妇女行为的处罚规定”、“对偷盗行为的处罚规定”、“对斗殴杀人行为的处罚规定”、“土司断案原则”十个部分。从法律条文来看，通篇贯穿维护领主阶层和高级僧侣特权的宗旨意识、等级思想、民族歧视的特征，“原始味”浓。这部书既是傣族社会封建领主制政治、经济的反映，代表着封建领主的利益，同时也凝结了傣族历史上维护法律和社会稳定的经验。这部书作为西双版纳领主制社会的法律，较其他地区同步社会的法律，是一部非常“文明”的法律，反映了傣族人民的传统文化，这也是贝叶文化在法律上的体现。

［调查地点：勐龙镇曼庄尖村；调查对象：波应罕；调查时间：2007年10月；调查整理：玉罕］

23. 康朗罕家保存的经书

康朗罕，男，傣族，现年73岁，勐龙镇曼尖村人。家住村子的南面，距镇政府不到500米，属城子寨。他家保存的经书有：

（1）[illegible]《哇雷麻约甘哈傣》（说说傣族的诗歌重量）

这部经书写于傣历967年（公元1614年）。经书虽然谈的是诗歌的起源、特点、发展的文艺理论，但却充满了极丰富的古代哲学思想，涉及天地起源、人类起源、语言和思维的产生、人类发展阶段、社会关系及其对艺术的制约等，实质上是一部哲学著作。

（2）[illegible]《麻科沙塔列帕雅召勐》（麻科沙和帕雅召勐）

这部经书的大概内容是：相传很久以前，在勐维帝哈，有一个穷孩子叫麻科沙塔，他父亲是一个佛教信徒，在寨子里当“阿占”，专门给缅寺保管经书和佛教活动经费。麻科沙塔虽家境贫穷，但从小勤奋好学。他利用父亲的职业关系，看了许多经书和其他傣文经典作品，经常跟父亲外出，向有学问的人求教，因此积累了许多知识，懂得了很多道理。他利用自己学到的知识，替百姓办事，如解答疑难问题，调解纠纷，同邪恶抗争等等，因此深得人们的爱戴，乡亲们给他取了个雅号，叫“召麻科沙塔”，意思是麻科沙塔王。长大后，他的思想更加成熟，知识越发丰富，名声越来越大。渐渐地，他的名字一传十、十传百，传遍了傣乡，也传进了帕雅召勐的耳朵里。帕雅召勐很生气，心想自己是一勐的勐王，怎么能有比我高明的人，于是帕雅召勐召集全朝文武百官，商量计谋对付麻科沙塔，于是，出现了一系列麻科沙塔智斗帕雅召勐的故事。

（3）[illegible]《莫亮列南朋》（音译，意译为“红蚂蚁和蜜蜂”）

傣族人民常用“红蚂蚁死于蜂蜜”这句谚语来提醒人们注意不要陷在甜言蜜语里，不能自拔。民间流传的红蚂蚁死于蜂蜜的故事是这样的：有一群红蚂蚁，总是羡慕蜂蜜的香甜，后来把家也搬到蜜蜂窝底下，等着吃滴下来的蜂蜜，有一只蝙蝠飞来，好心劝告红蚂蚁，劝它们离开这里，可是红蚂蚁不听，每天守在洞边等着吃蜂蜜，为了多吃蜂蜜，它们互不相让，拼命往蜜汁上面爬，结果越爬陷得越深，当察觉到蜂蜜把身子粘住时，一个个已经不能自拔了，结果全部被蜂蜜给粘死了。

［调查地点：勐龙镇景尖村；调查对象：康朗罕；调查时间：2008 年 1 月；调查整理：玉香］

24. 勐龙镇城子寺庙保存的经书

勐龙镇城子寺庙共有 16 位僧人，目前在云南佛学院成人教育大专班读书的有 3 人，在景洪佛学院读成人教育中专班的有 3 人。常到本寺庙供佛的有三个寨子的人，他们都是本地傣族。现寺庙里保存有很多经籍，其中最重要的有如下书目：

（1）[illegible]《坦苏》（僧人每天必诵的经书）。

（2）[illegible]《坦板新板泊》（赐福经，主要是给前来赕佛的俗人祝福时念的经）。

（3）[illegible]《坦微先达拉经》（关于赕了坦微先达拉经以后所得

到的福气。本部经书包括十三个方面的内容）。

（4）ᦔᦱᦟᦙᦲ《巴拉米》，等等。

［调查地点：勐龙镇城子寺庙；调查对象：帕罕永；调查时间：2007 年 9 月 3 日；调查整理：玉康］

25. 勐龙镇曼南罕寺庙保存的经书

曼南罕佛寺，傣语称瓦沾巴龙南罕。建于公元 1207 年，至今已有 800 余年的历史。本佛寺现有和尚 23 名，其中佛爷 3 人。这 3 位佛爷中，有两人是到泰国清迈某佛寺进修学习 3 年回来的，现在由他们两人主持佛寺的日常工作。该佛寺建造的时间较长，加之“文化大革命”时遭到破坏，所以比较破旧。近几年来，由于村民的经济收入、生活条件不断提高和改善，许多村民要求重新建造佛寺。经镇政府和佛协批准，于 2003 年重建，2005 年竣工。新建的佛寺非常漂亮，可以说是金碧辉煌。现在佛寺里保存的经籍很多，包括天文、历法、文学、医学等等，都保存在“波苏”（音）即大堂里（佛堂）。经籍名目主要有：

（1）ᦒᦙᦉᦱᦗᦑᦱᧃ《坦撒巴赕》（关于所有“赕佛”的描写以及做法）。

（2）ᦉᦱᦗᦑᦱᧃ《沙巴赕》。

（3）ᦎᦙᦓᦱᧃᦘᦰᦈᦱᧁᦵᦟᦲᦟᦳᦟᦸᧂᦟᦱᦁᦵᦒᦲᧃ《当南帕召列罗龙菩提能》（释迦牟尼巡游记第一卷，共有 22 卷）。

（4）《黑喝波罗娇》。

（5）《西比枯密细母》。

（6）《左阿拉汗达》。

（7）《宛报利和红歌赕》。

（8）《甘八开》。

（9）ᦑᦲᦏᦲᦑᦲᦣᦱ《地梯当哈》。

（10）ᧃᦱᦣᦒᦰᦟᦱᧃᦏᦲᦅᦱᦏᦲᦶᦉᦱᦣᦷᦈᦵᦍᦲᦶᦞᦏᦲᦜᦱᧃ《楠托拉腊尼白桑糯乃威汉》（楠托拉腊尼为何摆在大堂里）。

（11）ᦣᦰᦵᦍᦲᦶᦞᦏᦲᦣᦱᦏᦲᧃᦑᦳᦘᦰ《贺人奔金都帕》（僧人的生活）。

（12）ᦒᦙᦑᦱᧃᦞᦏᦲᦉᦱᧃᦎᦟ《坦玛哈微散达腊菩提火》（共 13 卷）。

（13）《沃韩散曼普屯能》（共 10 卷）。

（14）ဘယာဒ္ဒဥမ္ဘုပ္ဏဥဏ္ဍေဓၮ《帕亚衷布菩提节》（本书共有 10 卷，这是第七卷）。

（15）《拉达纳相泊谱双》（共 14 卷）。

（16）ဏ္ဍဆပ္ဂမ္ဗပ္သာဂ္ဍၔဠလဏ္ဍ《波甘哈尚罗》（关于开天辟地）。

（17）၆ၥင္သာမင《赕兴》（布施）等等，将近 300 余卷。

以上经籍，部分是贝叶经，部分是纸本经，有的用现代纸重抄或复印。都按类别整整齐齐地摆放在“波苏”佛堂里，由专人保管，至今保存完好。

［调查地点：勐龙镇曼南罕佛寺；调查对象：都温罕；调查时间：2007 年 3 月；调查整理：玉腊］

26. 勐龙镇瓦龙相勐佛寺保存的经书

瓦龙相勐佛寺收藏的经书名目：

（1）ဘ္ဒဥသာဏ္ဍဠလဏ္ဍ《乌沙巴罗》（音译）

这部经书是傣族叙事长诗中篇幅最长的一部，被列为傣族叙事长诗“五大诗王”之首，有“王中王”之称。它以故事的形式反映了原始宗教与佛教的斗争。其主要内容是：国王召曼诺沙蒂的王后生下了一个肉球，剖开后走出一个模样像蛤蟆的男孩，取名叫乌沙。乌沙长大成人后，性格像野兽般粗暴，全身漆黑，长满疙瘩，疙瘩里流着毒汁，大象、马鹿都被吓得飞跑，苍蝇、蚊子都不敢叮他，乌沙具有征服一切的本领，但又特别骄横，他逼父亲退位，自己当上了国王。到了成婚年龄，也没有哪个姑娘愿意嫁给他。邻国有一个跛脚歪嘴姑娘想嫁给他，可一见到他，就被他吓昏了。亲王的未婚妻巴罗，被乌沙撞见了，乌沙从没见过这样美丽的姑娘，把她抢回宫中，强迫成了婚，生下一个女儿，女儿长大后嫁给了火神。火神为了篡夺岳父王位，森林战火又起。巴罗用母亲的美德避免了一场灾难。后来，巴罗死后升天变成了仙女，象王及其一百多位象官死后也升了天，只有乌沙死后沉入地狱十万年。

（2）ၿဝမ္ဂဂၚၡ《粘响》（音译）

大概内容为：勐沾响国王苏令达通过鹦鹉传递的书信，向勐西丙的景达楠公主示爱，双方订下姻缘。苏令达派使臣向勐西丙求亲遭到拒绝，引起战争。经过激烈的战争，勐西丙大败。双方议和成为友邦兄弟。整部作品构思严密，人物刻画完整，战争场面描写生动。

(3) ᨿᩣ᩵ᨡ᩠ᩅᩢᨶᨡᩮᩢ᩶ᩣ《雅欢毫》（音译，意译为“谷魂奶奶”）

书中这样记录：传说，有一天，佛祖在殿里诵读经文，天上的神仙，地下的地祇，水下的龙王，人间的达官贵人，一走进宫殿见到佛祖就立刻纷纷合掌下跪，表示对佛祖、教规、经文的崇拜和虔诚。但是，唯有一个老妇人却昂首站着，她没有合掌，也没有下跪。她的举止，引起了所有在场的人十分惊异，佛祖也因此十分愤怒，大声质问道：“站着的是什么人？为何不下跪？”老妇人轻蔑地回答：“我叫雅欢毫，地上的人和一切动物都离不开我，我比一切天神地祇都要伟大。我不能弯腰下跪，要是这样，人类就要饥饿受难。”佛祖愤怒地说：“你从什么地方来？为何你不崇拜我？”雅欢毫答道：“我就住在本地，从天上到地下，只有我不求神仙，我对人和动物有不可忽视的贡献，我不崇拜天神和经文。”佛祖怒吼了：“我是最伟大的，既然你这么傲慢无礼，就远远离开此地吧！”雅欢毫警告说：“世间没有我不行的！”但是佛祖还是把雅欢毫赶走了。雅欢毫被赶走后，人类遭到了巨大的灾难，地上的庄稼一年到头颗粒无收，由于饥饿，人和动物大批大批地死亡。天神们看到这惨景，请求佛祖把雅欢毫请回来，佛祖无奈，只好把雅欢毫请了回来。从此以后，庄稼又长了出来，粮食又丰收了，佛祖和天神不得不承认，雅欢毫是唯一的不求任何神仙、对世间有不可忽视贡献的神。

［调查地点：勐龙镇瓦龙相勐佛寺；调查对象：瓦龙相勐佛寺；调查时间：2008 年 2 月；调查整理：玉罕］

四、勐养镇曼纳庄等村傣族居民和佛寺保存佛教经籍情况调查

勐养，傣语称为ᨾᩮᩬᩥᨦᨿᩣ᩠ᨦ，是一个长方形的坝子。传说佛祖释迦牟尼巡游时，他没有进入坝子。据说是因为迦叶佛陀和阿来雅万高僧已经在很久以前就到了勐养坝，所以释迦牟尼就不进坝子。当年，迦叶佛陀到勐养坝时，用手中的神杖在坝子中央划了两条河，一条叫“南养景”河，河从曼纳庄寨一直流到坝子的正中央。另一条河则从曼磨乃流到坝子里。两条河在养卡汇合。当释迦牟尼巡游到勐养坝边的一座山上时，他站在山顶上往山下瞭望，用一只手指着山下的坝子说：“喏！还剩下一个坝子没有到过哩！”于是，这个坝子的名称被人们取名为养勐。后来，人们又把养勐两个字颠倒过来，称为勐养。勐养这一地域名称是当时的人们根据释迦牟尼佛祖所说的那句话“还剩下一个坝子”演变而来的。“勐养”一词的含义就是还剩下一个

坝子。

曼纳庄是勐养镇的一个寨子，属于城子寨，全村共有 80 多户人家，距镇政府大约七八百米，是一个典型的傣族村寨。这里的村民主要经济来源是做生意、种田、割胶、种甘蔗、蔬菜等等，由于交通方便，距景洪城不远，所以，有许多村民把自已种的蔬菜运到景洪城去卖。这里的村民生活条件较好，生活比较富裕，基本上都住上了宽敞的傣式楼房。年轻人的文化生活较为丰富，除了村里的青年之家开展多种文化活动外，每逢过年、过节或者是青年节、三八节等节日，村里都组织人们踊跃参加各种文化活动。所以，这里的姑娘和小伙子个个能歌善舞，比起城里的年轻人，毫不逊色。

波丙家住在村子的西边，竹楼周围种的都是果树，有芒果、柚子、酸角、香蕉、牛心果等等，阳台边还有一大块菜地，菜地里长满了绿油油的蔬菜，有白菜、青菜、葱、芫荽、小米辣、韭菜、瓜尖等等，应有尽有。波丙家共有 6 口人，除了波丙外，还有他的老伴、女儿、姑爷、两个外孙女。女儿在家里主要种蔬菜、割胶。姑爷除了割胶外还跑运输，家里有一辆大货车、一辆手扶拖拉机、两辆摩托车，家电齐全。从中可以看出波丙家的生活很富裕。他的两个外孙女中，大的在西双版纳傣族自治州民族中学读书，小的在勐养三中读书。听波丙讲，两个外孙女的学习都不错，打算让她们报考高一级的学校继续深造。

波丙，名字叫岩拉，8 岁时出家当小和尚，19 岁升为佛爷，还俗后又名康朗拉，结婚有孩子后又叫波丙。波丙的意思为“姑娘的名字叫玉丙”，所以把他称呼为波丙，意思是玉丙姑娘的爸爸。波丙家的经书都是用贝叶刻写的，由于时间较长，有的贝叶经已经残缺，有的被虫蛀，有的被撕烂只剩下一半。虽然如此，波丙还是把它们当作宝贝一样，用黄土布包了一层又一层。听了笔者的来意后，老人家便停住口中话语，走进卧室，抱出这些贝叶经。这些藏经主要有如下名目：

（1）ᦗᦸᧈᦠᦱᧃᦎᦸᧃᦂᦱᧃᦍᦸᧂᦍᦱᦃᦱᧂᦑᦱᧃᦑᦱᧂᦠᦱᦟᦲᧆᦑᦱᦎᦳᦑᦱᧂᦉᦲ《波罕短干若呀康坦荡哈列塔都荡西》（关于傣医傣药方面的问题）。本书简略介绍了傣族医药发展史，傣医人体生理解剖；解释人体生理现象和病理变化的风、火、水、土；人类生命的起源，体内风、火、水、土间的共栖平衡关系等。

（2）ᦉᦺᦑᦱᦀᦲᦙᦱᦟᦱ《赛达依玛拉》。

（3）ᦵᦀᦜᦱᦑᦱᦂᦱᧃᦉᦹᧃ《俄佤达干酸》（格言）。

（4）ᦑᦱᧄᦺᧃᦟᦸ《坦乃罗》（关于经书）。

（5）ᦔᦟᦙᦱᦒᦑᦱ《巴腊麻他坦》。

（6）ကာယသသရှဒျာ《嘎牙桑哈雅》（人体）。

（7）မနုဿလောကှ《玛怒萨罗》（人世间）。

（8）ဝရုစေဝဝဝဂျာင《召真汉》（勇敢的王）。本经书中记录的“真汉”是勐景董人，穷苦人出身，由于他从小聪明伶俐，人们推举他为首领。他在抵御外敌入侵中，为了保护当地百姓而战死沙场，他的英勇善战永远留在老百姓的心中。

［调查地点：勐养镇曼纳庄；调查对象：波丙；调查时间：2007 年 5 月；调查整理：玉腊］

五、景洪镇曼阁佛寺佛教经籍保存情况

曼阁中心佛寺（傣语称洼拉扎深曼阁，简称洼曼阁），位于景洪市允景洪镇澜沧江岸边的曼阁寨西面，离江仅几十米，是景洪地区有影响的佛寺之一。全寺布局紧凑，建筑简洁、古朴，殿面交错起落，别具一格，是傣族人民智慧的结晶。“文化大革命”期间，曼阁佛寺的经书大部分被烧毁，佛寺内的佛台、佛像、僧房被毁之一旦。粉碎“四人帮”后，特别是在党的十一届三中全会精神指引下，各级政府拨款修复了曼阁佛寺的损坏部分。1984 年 11 月 2 日被西双版纳傣族自治州人民政府列为州重点文物保护单位之一。

目前寺内主要保存的经籍如下：

（1）ပဌမလေလယ《巴塔玛莱雅》（音译）。

（2）ဒသဇာန《达沙斑》（音译）。

（3）ဒနခန《达纳康》（音译）。

（4）သင်္ဂဏီတပိဋကတ《都胆达比达嘎》（音译）。

（5）ဝိနယပိဋကတ《维耐牙比达嘎》（音译）。

（6）အဘိဓမ္မာပိဋကတ《阿批坦玛比达嘎》（音译）。

（7）အင်္ဂုတ္တရပိဋကတ《阿尼松比达嘎》（音译）。

（8）ဝဒလာဘဒြမသာရဟ《娟达拉荡莫西双普》（音译）。

（9）ပဒုမပန္နကာယဗျာကရဏ《波欢班嘎科普》（音译，千瓣莲花，共 6 本）。

（10）[illegible]《干帕波短科普》（音译，孤儿波短的故事，共 6 本）等等。

以上典籍，有的是珍贵的贝叶经，有的是纸本经，大部分保存完好，只有少部分由于保存年限较长，有的残缺不全，有的被撕烂成残片，但字迹可识。

［调查地点：曼阁佛寺；调查对象：曼阁波章；调查时间：2007 年 5 月；调查整理：玉腊］

六、嘎栋乡傣族居民和佛寺保存的古籍情况

1. 曼浓罕村波温叫家保存的古籍

传说中的今嘎栋乡曼浓罕村，过去这里有一个涨水塘，金马鹿常来这里饮水，人们就把它称为曼浓罕。“曼浓罕”是傣语，“曼”为案，“浓”为湖或塘，“罕”为金子，意为金湖案或金塘案，看到曼浓罕的地名使人很容易联想到关于帕雅阿拉武追逐金鹿的传说。据传，傣族祖先的首领帕雅阿拉武一天在森林里打猎，发现了一只美丽的金鹿，他想把金鹿捉回家饲养，有意射伤了它的脚，金鹿带着箭伤一瘸一拐地逃走了，帕雅阿拉武紧追不舍。当他快抓住金鹿时，金鹿却跃进了一潭湖水里，湖面上刹那间开满了美丽的千瓣莲花。他发现金湖的周围土地肥美，草木茂盛，于是他就回去把家眷和全部落的人带到金湖边定居，从此，这个地方就成为今天的西双版纳。

该村村民波温叫，男，傣族，68 岁。家中保存有如下经书：

（1）[illegible]《布桑改列雅桑改》（音译）

书中记录：天地刚刚形成时，地球上只有光秃秃的土地和茫茫的海水，没有人类、动物和植物。天上最大的神帕雅莫就派出布桑改、雅桑改夫妇二神带着仙葫芦来到地球上，他俩来到地球上以后，就把仙葫芦破开，把葫芦籽撒向天空，天空就出现了日、月、星、辰；他们把葫芦籽撒向大地，大地上就有了森林和各种植物。但仍没有人类，于是他俩仿照自己的形象用泥巴捏成人，布桑改捏的是男人，雅桑改捏的是女人。泥人捏好后，他们让泥人成为一对夫妻，赋予他们生命、灵魂与活力，让他们承受日光、风雨的洗礼。经过很长时间，泥人变成了活人，然而，他们没有语言，不会说话，于是又赋予他们语言，教他们说话和动脑筋，并给他们取了个特别的名字，叫做“人”。从此，地球上就有了人，他们在布桑改和雅桑改的指点下，逐渐学会

了劳动、觅食、生活与休养生息。

（2）ဝθᥖဘရဂသဥ3 6《维朋嘎苏》（音译）。

（3）ဂမ္ဒိပၵ္ၵသᥖ၄ငဲဎ《嘎波康算载》（音译，教导人世间的格言）。

［调查地点：嘎栋乡曼浓罕村；调查对象：波温叫；调查时间：2007 年 6 月；调查整理：玉波］

2. **曼令佛寺保存的经籍**

嘎栋乡曼令佛寺坐落在曼令寨子的东边，寺旁有一棵很大的菩提树，佛寺周围都栽满果木。现在寺内有驻寺僧人 10 人，其中大佛爷 1 人，二佛爷 2 人，小和尚 7 人。

目前曼令佛寺收藏的经书，有的是用贝叶刻写，有的用绵纸抄写，有的则用现在的白纸抄写。主要经书有：

（1）မ္ဒ3ထθလθ《曼提丽》（音译）。

（2）ၮဥမ္မၵ္ဂပ《供玛拉巴》（音译）。

（3）သဥတၵတပθᥖတၵ《苏旦达比达嘎》（音译）。

（4）ဂဂၺᥖဂ်မ္ၯၾဥၯ6《别罕哈普》（音译，金羊的故事，共有 5 本）。

（5）ၺဥ3ထဂဥၵသᥖ၄ငလၯဌၾဥၯ6《布塔滚双罗能普》（音译，佛法之义）。

（6）သဥမ္မ္ဂၵၵဂသၵθၯၾဥၯ6《松玛纳西提接普》（音译，松玛能富翁），等等。

［调查地点：嘎栋乡曼令村；调查对象：曼令佛寺；调查时间：2007 年 6 月；调查整理：玉腊］

七、嘎洒镇曼占宰村等村傣族居民保存的佛教经籍情况

1. **波玉香家保存的经书**

嘎洒镇曼占宰村，有 90 多户人家，在景洪大坝子中心，西北离自治州州

府允景洪20华里，村子东边有一条小河，过了河就是嘎洒小学，通过学校走过一片草坪，就到目前西双版纳全镇最大的市场之一——嘎洒街，从该村到嘎洒约半公里，寨子西面与东北面田野连片。据说新中国成立前只有几户人家，后来从勐养、勐龙等地陆续搬来一些人家。关于本寨的历史，有一个美丽的传说。传说1000多年以前，东南方向有个国家的王子带领家仆出来打猎，因追逐一个色彩斑斓的马鹿，来到了这块美丽富饶的地方，马鹿突然消失了，王子也迷失了回去的路，于是便在此地安居下来。人们先给王子建了寨子（即今天的宣慰街），随后家仆们又建了八九个寨子，曼占宰就是其中的一个。曼占宰靠近嘎洒街，居民赶集十分方便。农民从事副业经营者非常普遍。副业经营做米线的最多，杀猪、杀牛的占其次。手工造纸占第三位，手工、木工占第四位。全寨做米干、米线的有40多家，占全寨总户数的90%以上，卖米线的本钱少，盈利较大，一个街子天做五六十斤米线卖，即可赚一笔钱。街子上还有卖腌肉、腌菜、炸牛皮等不下十多种。有的人家同时经营好几种，这些小吃应有尽有。

本寨子有佛寺一座。许多男孩一般到8岁左右喜欢去当和尚，25岁左右还俗，佛寺内有十条戒规，即不玩弄妇女；不吃酒；不欺骗人，不打骂人；不偷盗，不白吃人家的东西；头上不戴花；不乱敲锣鼓；行动规矩，不乱跳，不喧哗；不用有香味的物品（抹在身上）；不拉胡琴，不吹笛子；不杀牲害命。佛寺生活是早晚诵经，学习傣文，使青年一代接受本民族的文化。傣族群众都乐意把自己的儿子送进寺庙当和尚，佛寺有事，大家都非常积极地去做。人们热诚赕佛，以多赕为荣，认为今世赕钱、赕物可供自己来世享用。每年有固定的大赕多次，如关门节、开门节“赕坦”（献经书）等七八次，小赕二十多次。不固定的赕也有很多，如老人去世、小孩当和尚、大和尚升佛爷等都要赕。

曼占宰村的居民波玉香，又名叫岩苏，男，76岁，8岁进寺当和尚，16岁还俗。他家保存的经书有如下名目：

（1）ᩅᩢ᩠ᨶᨶᨷᩣ᩠ᩅᩦ《宛纳巴维》（音译）。

（2）ᨴᩣ᩠ᨶᨵᩢᨾ᩠ᨾᨷᩤᨴᨻ᩠ᨿᨣᩢᨻᩩᨴ᩠ᨵ《当纳坦帕班普留》（音译，关于佛祖足印的有关传说）。

（3）ᨲᩮ᩠ᩅᨴᩪᨠᩱᨾ᩠ᨾ《爹洼都该玛》（音译）。

（4）ᩈᩦᨵᩢᩁᩅᩢᩃᨷᩮᩬᨣᨩᩢ᩠ᨶᨻᩩᨴ᩠ᨵ《西塔旺坡接普》（音译，西塔出家，共5本）。

［调查地点：嘎洒镇曼占宰村；调查对象：波玉香；调查时间：2007年5月；调查整理：玉丙］

2. 波恩永家保存的经书

波恩永，男，傣族，72 岁，8 岁出家，18 岁还俗，22 岁结婚，有一儿二女，老伴 68 岁。他家保存的经书主要有：

（1）ပုေသာန္လာန《布栓兰》（音译，爷爷教导儿孙）

这是西双版纳傣族人民千百年来必读的一本礼仪、伦理道德教科书。全书贯穿的傣族的伦理道德观念，是一种行为准则。书中对老人、小孩、未婚男女青年、已婚男女、佛爷和尚、百姓、官家不同层次、不同类别的人，规定了应该遵守的礼仪，教人如何为人处世。这本经书的思想和内容对傣族社会影响十分深远，渗透到社会生活的各个方面。

（2）ဘယသာမၠဉ္တဵး《帕牙桑目底》（音译）

经书大概内容为：远古的时候，傣家人住在大树上和山洞里。后来有个叫帕牙桑目底的人，学会了建造房子，傣族人才住上了房屋，这是一种高脚楼房，楼下的柱脚有六尺高，楼上的房子比柱脚高五尺。因为这种房子是帕牙桑目底教给大家盖的，所以都称它为“很帕牙桑目底”（傣语），“很”是房子，“帕牙桑目底”是人名，因此人最初建造这种高脚楼房。

［调查地点：嘎洒镇曼庄些村；调查对象：波恩；调查时间：2007 年 5 月；调查整理：玉旺］

第二节　勐腊县勐满镇等乡镇傣族居民和佛寺保存的古籍文献调查

一、勐满镇景龙村等村居民和佛寺保存的古籍

勐满景龙村，分为上景龙村和下景龙村两个村。上景龙村有 123 户，516 人；下景龙村有 96 户，425 人。两个村各敬各的寺庙，各有各的“波占”（最有文化的人，负责管理寺庙）。但是，如果有大的活动，他们都喜欢一起进行，因为，两个村是交叉连在一起，不了解的人都以为他们是一个村。

1. 下景龙村康郎叠保存的经书

康郎叠，又名波糯扁，71 岁，是下景龙村最有名望的人。先生由于精通天文地理和古籍经文，所以，全村人都很敬重他，凡村民有事，诸如生孩子取名、搬新房择吉，乃至嫁娶、出门、到佛寺给僧人“赕”经等等，都要请教他，他总是不厌其烦地接待每个村民的来访，晚年生活过得很充实。

康郎叠，1935 年 6 月 20 日出生，11 岁出家，20 岁升为佛爷，24 岁还俗。1958 年任下景龙村记分员；1959 年至 1973 年任本村村长；1973 年至 1982 年为贫农组组长；1985 年至 2000 年专职负责守护下景龙村的寺庙。现在在家休息，每天他都忙于整理古籍，把难懂的佛经语言，译成现代傣语留给儿孙。

先生出生于富贵人家，从小受到良好的教育。他的父亲精通天文地理，现在他家里所存有的经书都是父亲流传下来的。

本文笔者是本村人，1973 年离开本村的时候，先生还是村长，是他组织全村人把本文的笔者送上了车。所谓少小离家老大回，当年的情景还历历在目。当先生知道笔者要调查傣族民间保存的古籍情况后，他非常高兴，他的夫人更是热情，马上摆出香蕉、菠萝等水果来款待。在先生家，调查工作一直持续了几天。

先生了解了笔者的来意后，很快从卧室里搬出了他保存的古籍。这些古书，有的存放在篾箱里，有的存放在抽屉里，也有的堆放在客厅中，还有两本是用棉线捆扎挂在房屋中柱上。认真考察这些古籍，包含如下书目：

（1）သမ္မုတိလဥရဂကော်၆《萨穆帝龙搁》（傣音，意为萨穆帝的诞生）

绵纸旧抄本复印册，作者和抄写年代不详。先生解说：“萨穆帝”是傣音，意为“人类最初的规矩”，后来人们把“萨穆帝”说成是“人类最初的首领”。书里讲述，人类最初没有房子，住在森林里，过着群居生活，他们不懂规矩，也不会互相称呼，后来，天神看见了，派出了一个即将死去的老神仙下凡投胎人间，起名叫萨穆帝。据说，萨穆帝当了人间的首领以后，给人间立下了很多规矩，让人们用这些规矩来约束自己。

（2）ဘယသသမ္မုတိတရေဂဂပ်ရဂၵ၅《帕雅萨穆帝挡编很》（音译，意译为“帕雅萨穆帝开始建盖房屋”）

绵纸手抄本，作者和抄写年代不详。是一本记录傣族建盖竹楼历史的书。内容大意是：帕雅萨穆帝带领大家建盖房子的时候，遇到了种种困难，天神点化萨穆帝模仿狗的坐姿造房，但不成功，又点化让他模仿蚂蚁造窝、凤凰站立等模样造竹楼，据说如今傣族居住的竹楼样式就是这样来的。

（3）[illegible]《豪编很》（音译，意译为“建房习俗”）

绵纸手抄本，共有 8 页，书陈旧，纸面黄黑，尾页字迹已模糊。抄写年代不详。书中内容主要记录传统的傣族竹楼应该具备柱子数量以及用什么样的木质来做、什么时候砍伐、怎样砍才吉利等等。据说很多规矩至今仍然传承。

（4）[illegible]《泐泊很》（音译，意译为“选择建房地点”）

手抄复印本，原用老傣文抄写在红色的笔记本上。书中记录建房时如何寻找地基（地点），找到地基后又如何举行仪式，包括所做的方法和意义等。

（5）[illegible]《态德很》（音译，意译为“犁地基”）

手抄本复印件，无作者及抄写年月。书里主要告诉人们，盖房子选地基的时候，要按传统规矩来做。地基挖好后，要用水牛来犁一遍，水牛分为黑水牛和白水牛，黑水牛代表萨穆帝王，白水牛代表魔鬼，用黑水牛犁是为了吉利，用白水牛犁是为了驱鬼压邪，等等。另外，还有很多贝叶经以及其他古籍文献。

除上述外，先生家保存着很多珍贵的贝叶经，但因本调查的目的、任务是掌握民间古籍保存情况，故无法，也不可能请先生对每本经书的内容作翻译和解说。以下只能将先生所藏经籍依序列出。

（6）[illegible]《坦比达档山》，1 部，分为四册（贝叶经）。

（7）[illegible]《苏达纳比达嘎》，1 册，29 页（贝叶经）。

（8）[illegible]《威难比达嘎》，1 册，33 页（贝叶经）。

（9）[illegible]《啊比坦码比达嘎》，1 册，28 页（贝叶经）。

（10）[illegible]《阿尼松比达嘎》，1 册，17 页（贝叶经）。

（11）[illegible]《坦布它托沙黑》，1 部，分为 6 册（贝叶经）。

（12）[illegible]《坦布它哈沙黑菩顿》，1 册，22 页（贝叶经）。

（13）[illegible]《坦布它哈沙黑菩双》，1 册，17 页（贝叶经）。

（14）[illegible]《坦布它哈沙黑菩菩山》，1 册，20 页（贝叶经）。

（15）[illegible]《坦布它哈沙黑菩细》，1 册，22 页（贝叶经）。

（16）[illegible]《坦布它哈沙黑菩哈》，1 册，20 页

（贝叶经）。

（17）[illegible]《坦布它哈沙黑菩贺》，1 册，20 页（贝叶经）。

（18）[illegible]《坦阿比坦码加法》，1 部，分为 3 册（贝叶经）。

（19）[illegible]《坦阿比坦码菩顿》，1 册，19 页（贝叶经）。

（20）[illegible]《坦阿比坦码菩双》，1 册，19 页（贝叶经）。

（21）[illegible]《坦阿比坦码菩山》，1 册，19 页（贝叶经）。

（22）[illegible]《坦约单达塔龙》，1 册，10 页（贝叶经）。

（23）[illegible]《坦档南勐勇地方志》，1 册，23 页（贝叶经）。

（24）[illegible]《坦档南塔达滚宏沙志》，1 册，21 页（绵纸抄本）。

（25）[illegible]《坦当南龙志》，1 册，13 页（绵纸抄本）。

（26）[illegible]《当南果眉达雅召志》，1 册，8 页（绵纸抄本）。

（27）[illegible]《坦山松细宏》，1 册，5 页（绵纸抄本）。

（28）[illegible]《坦阿尼松赕给死者经》，1 册，6 页（绵纸抄本）。

（29）[illegible]《坦衣堤桑罕帕雅宛码》，1 册，11 页（绵纸抄本）。

（30）[illegible]《坦几达沙加西拉猎手祭》，1 册，7 页（绵纸抄本）。

（31）[illegible]《坦码哈沙哈龙年历》，1 册，11 页（绵纸抄本）。

（32）[illegible]《坦甘码坍贺列地狱》，1 册，17 页（用信笺纸抄写）。

（33）[illegible]《坦尼办古达苏》，1 本，3 册（用笔记本抄写）。

（34）[illegible]《坦东德东莫》，1 部，分为七章，70 页（用信笺纸抄写）。

（35）[illegible]《苏达松密》，2 册，23 页（用信笺纸抄写）。

（36）[illegible]《坦古塔白》，1 册，25 页（用信笺纸抄写）。

（37）《坦吾巴枯达听》，1 册，24 页（用信笺纸抄写）。

（38）《坦眉达雅苏》，1 册，9 页（用信笺纸抄写）。

（39）《坦玛哈模腊涅槃》，1 部，分为 4 册，25 页（用信笺纸抄写）。

（40）《坦眉达雅苏》，1 册，9 页（用信笺纸抄写）。

（41）《坦古达比解》，1 册，10 页（用信笺纸抄写）。

（42）《坦阿比坦玛商基尼龙》，1 册，5 页（用信笺纸抄写）。

（43）《坦阿尼松普升沙弥》，1 册，5 页（用信笺纸抄写）。

（44）《坦阿尼松前往天园》，1 册，8 页（用信笺纸抄写）。

（45）《坦阿尼松东列东东番旗》，1 册，5 页（用信笺纸抄写）。

（46）《坦嘎拍白乌鸦的故事》，1 册，6 页（用信笺纸抄写）。此书又称《闷腊丁嘎》。

（47）《坦档南伦道》，1 册，6 页。

（48）《坦威巴拉几》，也称为《苦难经》，1 册，6 页（用信笺纸抄写）。

（49）《坦沙达博沙嘎》，1 套，分为 7 册（用信笺纸抄写）。

（50）《坦底巴玛达苏》，1 册，11 页（用信笺纸抄写）。

（51）《坦嘎纳互底》，1 册，11 页（用信笺纸抄写）。

（52）《坦班哈芒嘎拉三十八个道理》，1 册，33 页（用信笺纸抄写）。

（53）《坦古塔罗松沙世道》，1 册，13 页（用信笺纸抄写）。

（54）《坦叠瓦都达嘎玛它的命运》，1 册，7 页（用信笺纸抄写）。

（55）《坦林龙柜》，1 册，5 页（用信笺纸抄写）。

（56）《坦芒嘎拉嘎它革哈皮契层屋咒语》，1 册，5 页（用信笺纸抄写）。

（57）《坦迭比达嘎龙》，1 册，7 页（用信笺纸抄写）。

（58）《坦罗嘎西尼嘎底温双罗教诲人间》，1 册，12 页（用信笺纸抄写）。

（59）《坦沙沙纳推龙》，1 册，13 页。主要记录五千年的宗教预测和论述。

（60）《波西哈宛苏》，1 册，73 页，主要讲述宗教活动过程等（绵纸抄本）。

（61）[illegible]《波布栓兰》（爷爷教导儿孙），1 册，17 页（用信笺纸抄写）。

（62）《波麻拉纳桑嘎哈罗》，1 册，22 页（用信笺纸抄写）。

（63）[illegible]《波甘哈细列图》（关于伦理道德），1 册，15 页（用信笺纸抄写）。

（64）《松科、桑瓦桑塔边威汗》，1 册，62 页。这是一本综合知识典籍，内容有如何驱邪、建佛寺、建佛堂、塑佛像等（绵纸抄本）。

（65）[illegible]《坦阿尼松送沙敢》（丧葬习俗），1 册，15 页（用信笺纸抄写）。

（66）[illegible]《波海母欢沙巴》（拴线祝词），1 册，47 页（或者说是四十七个内容等），主要讲在日常生活中如何拴线祝福等（用笔记本抄写）。

［调查地点：勐腊县勐满镇下景龙村民小组；调查对象：康郎叠；调查时间：2006 年 8 月；调查整理：玉康］

2. 岩腊约家保存的文献资料

岩腊约，又名波为，68 岁，下景龙村人。老先生有 6 个孩子，3 男 3 女，如今都已经成家立业，其中两个女儿在外地工作。据说，过去先生的岳父是一个头人家的秘书，属于有文化的人。在破“四旧”时，把经书烧的烧、埋的埋，有一部分则转送给国外（老挝）的亲戚、朋友保管。先生的岳父去世后，他让儿女们去把外公所留下的经书找回来。后来，他们才从国外亲戚那里找回来一部分。如今，这些经书都存放在先生家中。笔者访问了他的几个儿女，他们都说：“爸爸很爱护书，他把这些书存放在箱子里，我们无人能看懂。”这些书的名目如下：

（1）[illegible]《加论萨特穆帝龙搁》（论萨穆帝的诞生），手抄本。

（2）[illegible]《萨穆帝当编很》（萨穆帝开始建房）。

（3）[illegible]《毫边很》（建房习俗）。

（4）[illegible]《当波曼》（选择房屋地基）。

（5）[illegible]《态德很》（犁地基）。

（6）[illegible]《波绍痕迈码白桑》（立房柱要绑些什么树叶），手抄本，共 8 页，尾页字迹模糊。无作者和抄写时间。据说傣族盖竹楼的柱子有很多，但只有一棵最重要，人们称为“魂柱”。盖的时候，主人要把一些树叶或者水果叶捆绑在柱子上，不同的叶子标志着主人对未来生活的向往。什么叶子好，什么叶了不能用，书中都有讲述。

（7）[illegible]《毫很傣波博》（楼梯和踏板）。

（8）[illegible]《甘报很痕迈》（上新房事宜）。

（9）[illegible]《本宋沙甘》（送葬的来历）

这本书与傣族生死习俗有关。据书中讲述：人死后灵魂不会死，它们仍然存在，所以，如果想让死者的灵魂得到安息，就要做完以下内容方能安葬：第一，要烧好一锅热水，把它放凉再用来洗尸体；第二，洗完后，把尸体晾干，给他穿戴整齐，把金银镯子套在她的手腕上；第三，送葬时不能回头，到了坟地以后，要绕着火堆转三圈，还要用椰子汁给死者洗脸；第四，把死者扶起来坐正，举行告别仪式。傣族社会至今仍传承着这样的古俗。

［调查地点：勐满镇下景龙村；调查对象：岩腊约；调查时间：2007 年 3 月；调查整理：玉康］

3. 岩务家保存的文献资料

岩务，又名波燕，下景龙村人，50 岁。家中保存的典籍如下：

（1）[illegible]《甘巴迈》（处罚条规）。

（2）[illegible]《乍雷拉哈纳滚》（评论人的体征）

这本书很有意思，与汉文化的看相（相命）相似。书中写道：“无论男人还是女人，如果走路先迈右腿，他（她）什么财富也不会有；走路会跺脚的人，不会有财富；脚尖细长的人，老来会受苦；面部发红又凸起的人不好，脚底板平的人更不好，如果是女人她会克丈夫，如果是男人他会克妻子……”

（3）[illegible]《施载达》（续八字）。

（4）[illegible]《毫奔施载达》（益寿延年的来历）。

（5）[illegible]《乍雷憨黑憨朗》（先兆）。

（6）[illegible]《乍雷憨分》（梦的征兆）。

（7）[illegible]《冷丢瓦拉》（祭“丢瓦拉”神）

在傣族日常生活中，人们既信仰南传上座部佛教，又信仰原始宗教。祭“丢瓦拉”神属于原始宗教。“丢瓦拉”神，分为勐神、寨神和家神三种，勐神和寨神，每年祭一次。寨神是傣族的传说神灵，祭仪延续至今，无论你搬迁到什么地方，都要祭到什么地方。祭的时间不固定，有些寨子安排在关门节前的傣历八月或十一月祭。一般家里的神，是立在主人卧室里，每天都要用新鲜的饭团祭，请求神灵保佑家庭平安。如果是勐神，祭的目的是请神灵保佑全勐百姓平安。

（8）[illegible]《毫给多空》（灾日由来）也称为[illegible]《乍雷宛高光》；又叫[illegible]《宛腊佘中佘》。

（9）[illegible]《咩帝囊》（巫婆咩帝囊）。

（10）[illegible]《帕召沙班糯列萨穆帝》（佛陀与萨穆帝王）。

（11）[illegible]《贺分》（求雨）

过去傣族社会，如果天不下雨就求神降雨，有些地方祭“迭瓦拉”神，有些地方用木头做成男人生殖器，挂在男人身上，然后去吓唬很多女子。这时长辈们就会不断地祈祷念经；有些地方要在佛寺里献“巴尊鱼”经，要用纸做四个宫殿模型献给东、南、西、北四方神，再做一个献给天神。还要摆放很多鲜花、蜡条、槟榔、银两、红白布等物品。然后做两条假巴尊鱼放在缸里，上面做一个佛陀洗澡台，让水往下滴，反复吟诵“巴尊鱼”经，一直念到天上降雨为止。

［调查地点：勐满镇下景龙村；调查对象：岩务；调查时间：2007年7月；调查整理：玉康］

4. 康朗罕家保存的经书

康朗罕，男，傣族，42岁，在家务农。6岁当和尚，15岁还俗。当过本村的记分员，后来被调到村公所工作至今。他家中保存有很多经书，有贝叶经，有纸本经，也有用笔记本转抄的经文，都分别装在箱子和袋子里，平日存放在卧室。书目如下：

（1）[illegible]《甘哈西双类》（十二月之歌）。

（2）[illegible]《坦雅欢好》（记谷魂奶奶）。

（3）[illegible]《宋皮飞》（驱火鬼）。

（4）[illegible]《勒纳》（祭田）。

（5）[illegible]《团迈西利》（移植菩提树）。

（6）[illegible]《巴威尼宋沙甘坦码拉苏罗》（丧葬习俗）。

（7）[illegible]《甘雅男庄滚代》（祭奠亡灵祝词）。

（8）[illegible]《宋沙甘滚代洪档莱》（非正常死亡的安葬）

本书记载的内容有：被水淹死、被雷劈死、被刀枪刺死、从树上掉下来摔死、上吊死、被老虎豹子咬死以及死于天花、死于荒山野外、有孕在身而死、不满十岁小孩死等，都属于非正常死亡，所以，它的安葬方式也与正常死亡的人有所区别。另外，女婿或儿媳妇死在对方家、僧人死在家里、仆人死在主人家、家中人相继死亡；相隔不到七天、死在新年这一天、来不及留下遗嘱而死、死在不吉利日、死在节日与初五等，安葬时也有不同的要求。

（9）[illegible]《滚代博桑甲档》（人死为什么要“赕”）。

（10）[illegible]《毫腊哈纳闷拉帕雅乐档白》（八个日子的起源）。

（11）[illegible]《毫几沙罗哈帕雅宛》（傣历新年为什么要堆沙和放高升）。

（12）[illegible]《甘阿男罗姣》（出家时的沐浴祝词）

傣族男孩有信佛出家的习俗，出家的第一件事是要剃头洗澡。习惯上，僧人的头一般不能摸，因为他们信奉十戒，我们俗人信奉五戒。但是，如果他们允许，剃头的时候可以摸，剃完头后赔个礼就可以了，不过，有时他们不让俗人剃，在庙里他们互相剃。洗澡由父母帮着洗。洗时一般要祝念：“从大地漫溢出来的圣洁的水啊，我们顶礼膜拜。现在我们要用金色的银钵，轻轻地把你舀出，灌注在芭蕉秆里，水里放着香水以及金合欢，这些圣物都是天上来的，我们双手合十把它捧起，轻轻地浇在即将入寺的小僧人头上。佛啊，假如我们的水太凉，让你惊吓，请你不要怪罪于我们，请赐福于我们，让你的爸爸妈妈幸福安康吧！”

（13）[illegible]《甘哈纳奔约罗姣》（受沙弥戒祝词）

该书古旧，纸质发黄，头、尾已残缺不全，但主人还是把它当作宝贝保管着。

［调查地点：勐满镇下景龙村；调查对象：康朗罕；调查时间：2008年2月；调查整理：玉康］

5. 下景龙村佛寺保存的佛经文献

下景龙村佛寺目前共有驻寺僧人6人，其中有2个佛爷，4个和尚。寺中保存的经典文献如下：

（1）[illegible]《坦嘎拉沙哈雅》，1部，分为2册。

（2）[illegible]《坦苏达沙南达码保》，1部，分为11册。

（3）[illegible]《坦威里雅巴尼达》，1部，分为14册。

（4）[illegible]《坦马沙巴罗》，1部，分为15册。

（5）[illegible]《坦码贺沙塔苏》，1部，分为8册。

（6）[illegible]《坦波沙弯》，1部，分为8册。

（7）[illegible]《坦码哈瓦》，1部，分为6册。

（8）[illegible]《坦勒法抄借》（看生辰八字），1部，分为7册。

（9）[illegible]《坦西拉沙》，1部，分为8册。

（10）[illegible]《坦单达达囊》，1部，分为8册。

（11）[illegible]《坦波罕》，1部，分为7册。

（12）[illegible]《坦苏宛纳芭拉》，1部，分为10册。

（13）[illegible]《坦苏宛纳翁沙巴那罕》，1部，分为14册。

（14）[illegible]《坦威罗码》，1部，分为15册。

（15）[illegible]《坦波拉》，1部，分为8册。

（16）[illegible]《坦坚达拉》，1部，分为12册。

（17）[illegible]《坦苏宛纳怀桑》，1部，分为10册。

（18）[illegible]《坦苏码纳加》，1部，分为4册。

（19）《坦码哈罗吾提》，1 册。

（20）《坦坚达帕雅迁》，1 部，分为 10 册。

（21）《坦吾莱》（花蛇经），1 部，分为 8 册。

（22）《坦苏宛纳阿龙东罕》，1 部，分为 5 册。

（23）《坦苏帕敏》，1 部，分为 2 册。

（24）《坦嘎雅桑哈雅》，1 部，分为 5 册。

（25）《坦布罕》（金螃蟹经），1 部，分为 5 册。

（26）《坦坚达甲里雅楠京布》，1 部，分为 6 册。

（27）《坦苏宛纳塔苏瓦》，1 部，分为 8 册。

（28）《坦阿皮坦码加法》，1 部，分为 3 册。

（29）《坦苏加宛纳》，1 部，分为 7 册。

（30）《坦帕召领糯》，1 部，分为 6 册。

（31）《坦木领达巴哈》，1 部，分为 12 册。

（32）《坦苏玛纳达窝》，1 部，分为 7 册。

（33）《坦巴纳甲多》，1 部，分为 6 册。

（34）《坦占巴西顿》，1 部，分为 33 册。

（35）《坦西梯当哈》，1 部，分为 5 册。

（36）《坦占香》，1 部，分为 13 册。

（37）《坦达纳塔》，1 部，分为 4 册。

（38）《坦波欢巴嘎》，1 部，分为 8 册。

（39）《坦南达千》，1 部，分为 22 册。

（40）《坦怀三毫》，1 部，分为 8 册。

（41）《坦帕巴列罗》，1 部，分为 5 册。

（42）《坦巴拉码沙莫达塔》，1 部，分为 12 册。

［调查地点：勐满镇下景龙村佛寺；调查对象：佛寺；调查时间：2008 年 6 月；调查整理：玉康］

6. 上景龙村康郎社家保存的经书

康郎社，又名波诺罕，1925 年出生，11 岁入寺当和尚，在寺庙里，他勤奋学习经文和佛教知识，一心向佛，满 20 岁那年，他已经精通各种经文，并有丰富的佛教知识，被荣升为佛爷，主持寺庙里的工作。升为佛爷后，他组织村民们在寺庙里进行大小的佛事活动。每当村里的“晚单”（佛事活动日）时，老佛爷总是把一把金色的扇子遮住了脸盘，盘腿而坐，面对着求佛的信徒们，带领一群小和尚，根据不同的佛事要求，念不同的经文。这样，一直持续了 3 年才还俗。先生还俗那年，正好遇上了“文化大革命”，佛教生活就此告一个段落。1997 年，先生才当上了“ᨻᩬᩁᩮᩋᩣᨶ波章”（佛爷还俗后，经村民推荐方能成为“波章”，在村里算是最有文化的人），寨子里的老百姓的生老病死都要请“波章”拴线消灾，祈求平安。谁家遇到天灾人祸，也要请“波章”到家里念经消灾解难。村子里遇到任何佛事活动，康郎社都要以老百姓的领头人身份参与活动。这样，一年四季循环不断，到现在，康郎社的“波章”生涯已经有 30 余年了。如今，在每年的佛事活动“晚庆、晚单”（傣语）时，他和老伴都要到寺庙里进行“怕晚那”（傣语，到寺庙里去住上一夜）。这样的信仰生活，他们二老已经坚持了 21 年。

康郎社家保存的佛教经籍很多，主要的有如下 42 部（种）：

（1）ᨷᨭᩛᨾᩃᩱ《巴它玛来》（音译）。

（2）ᨲᩩᨲᩥᨿᨾᩃᩱ《都底呀玛来》（音译）。

（3）ᩋᩣᨶᩥᩈᩴᩈᨾᩉᩣᩅᩮᩔᨶ᩠ᨲᩁ《啊尼苏玛哈委先达腊》（“赕”玛哈委先达腊经）。

（4）ᩅᩥᨷᩣᨠᨾᩉᩣᩅᩮᩔᨶ᩠ᨲᩁ《威巴玛哈委先达腊》（玛哈委先达腊的罪孽）。

（5）ᨴᩈᨻᩮᩣᨵ《达沙博》（音译）。

（6）ᩉᩥᨾᩅᨶ᩠ᨲ《嘿玛坌》（雪山林）。

（7）ᨴᩣᨶᨡᨶ᩠ᨵ《达那康》（音译）。

（8）ᩅᨱ᩠ᨱᨷᩢᩅᩥ《湾娜芭微》（音译）。

（9）ᨧᩪᩊᨧᩰᩴ《祖佐》（音译）。

（10）ᨧᩪᩊᨻᩩᨶ《祖拉布》（音译）。

（11）ᨾᩉᩣᨻᩩᨶ《玛哈布》（音译）。

（12）ᨠᩩᨾᩣᩁᨻᩢᨶ《故麻啦班》（音译）。

（13）[illegible]《满提哩》（音译）。

（14）[illegible]《萨嘎班》（音译）。

（15）[illegible]《玛哈啦》（音译）。

（16）[illegible]《撒哈缔》（音译）。

（17）[illegible]《那冠》（音译）。

（18）[illegible]《苏殿大比达嘎》（音译）。

（19）[illegible]《威内呀比大噶》（音译）。

（20）[illegible]《啊毗檀玛比大噶》（音译）。

（21）[illegible]《啊尼松比大嘎》（音译）。

（22）[illegible]《兼达腊》（音译，共 2 册）。

（23）[illegible]《波欢版嘎》（千瓣莲花，共 6 册）。

（24）[illegible]《刚啪波东》（波东孤儿，共有 6 册）。

（25）[illegible]《姚溻莱比达嘎一册》（音译，共 1 册）。

（26）[illegible]《掸楠倘帕巴一册》（佛足印经典）。

（27）[illegible]《播咋芭当界一册》（音译）。

（28）[illegible]《木腊地嘎》（共有 8 册）。

（29）[illegible]《碟蛙镀甘玛贪哈弘一册》。

（30）[illegible]《捂巴葫搭天一册》。

（31）[illegible]《玛哈威芭一册》。

（32）[illegible]《嘎他高般果》（九千万咒语一部）。

（33）[illegible]《门蜡门里》（共 8 本）。

（34）[illegible]《牧很》（石猪，共 10 本）。

（35）[illegible]《既达歇那》（共 6 本）。

（36）[illegible]《别罕》（金羊，共 5 本）。

（37）[illegible]《波腊帕雅宝》（波腊王子故事，共 8

本）。

（38）[illegible]《西塔噢泊》（西塔出嫁，共 5 本）。

（39）[illegible]《芭杜玛波罕》（金荷花，共 7 本）。

（40）[illegible]《苏婉娜咩哈玛虹罕》（共 7 本）。

（41）[illegible]《威苏提呀一部》。

（42）[illegible]《布罕》（金螃蟹，共 5 本）。

［调查地点：勐满镇上景龙村民小组；调查对象：康郎社；调查时间：2006 年 8 月 30 日；调查整理：玉康］

7. 上景龙村佛寺保存的文献资料

上景龙村佛寺共有 16 名僧人，其中 10 个和尚，6 个佛爷。该寺目前保存的文献资料主要有：

（1）[illegible]《甘波兰算宰》（谚语）。

（2）[illegible]《微法嘎素》。

（3）[illegible]《苏弯那翁撒巴乃罕》（金色的金鱼家族，共 4 本）。

（4）[illegible]《倘玛勒法梢节》（天文历法，共 7 本）。

（5）[illegible]《塔米叠汝》（1 本）。

（6）[illegible]《布塔滚算罗》（佛法，1 本）。

（7）[illegible]《苏玛那匝》（4 本）。

（8）[illegible]《谈玛新古达腊》（1 本）。

（9）[illegible]《苏玛腊卸提》（苏玛腊富翁，共 5 本）。

（10）[illegible]《宗布巴地听》（5 本）。

（11）[illegible]《苏达肃》（2 本）。

（12）[illegible]《卸提嘎雍》（乌鸦商）。

（13）[illegible]《玛哈未项达素玛

那卸提旦西》（共 18 本）。

（14）[illegible]《倘咖》（斋日经）。

（15）[illegible]《甘挡哈》（五忌）。

（16）[illegible]《噶玛瓦咋》。

（17）[illegible]《玛那达甘》。

（18）[illegible]《啊尼松赕东列东端》（赕铁铜番）。

（19）[illegible]《玛哈木腊尼磐吨》（赕死者的来源，第一册）。

（20）[illegible]《玛哈木腊尼磐仆双》（赕死者的来源，第二册）。

（21）[illegible]《玛哈木腊尼磐仆三》（赕死者的来源，第三册）。

（22）[illegible]《帕腊达单勐》（帕腊达全集）。

（23）[illegible]《威罗玛》（共 15 本）。

（24）[illegible]《苏林达总布》（共 10 本）。

（25）[illegible]《满塔杜拉》（1 本）。

（26）[illegible]《单南吕形》（狮子山的经典）。

（27）[illegible]《懈提赕宗鲁》（富翁给儿子送葬，1 本）。

（28）[illegible]《温哈洒维节呀》（1 本）。

（29）[illegible]《槐三郝》（三只角的牛，共 4 本）。

（30）[illegible]《尼磐那素》（1 本）。

（31）[illegible]《玛那岛》（金葫芦，共 1 本）。

（32）[illegible]《温龙》（游荡的灵魂，共 5 本）。

（33）[illegible]《啊尼松萨巴赕》（关于“赕”的所有内容，1 本）。

（34）[illegible]《般哈扎做诺报》（鸟语的奥妙，6 本）。

（35）[illegible]《摇丹打塔》（塔尖，1 本）。

（36）[illegible]《威麻洛》（1 本）。

（37）[illegible]《巴拉米》（1 本）。

（38）[illegible]《微巴达记》（死亡，1 本）。

（39）[illegible]《啊皮堂佳法》（1 本）。

（40）[illegible]《威乃崖己咋刚腊哈那桑嘎哈》（丧葬习俗，共 6 本）。

（41）[illegible]《巴它玛本罗》（开天辟地，1 本）。

（42）[illegible]《雅唤郝》（谷魂奶奶，1 本）。

（43）[illegible]《啊尼松哦波》（出家，1 本）。

（44）[illegible]《林龙》（大箱子，1 本）。

（45）[illegible]《布塔辟卸》（神圣的佛教）。

（46）[illegible]《苏扎婉娜》（共 7 本）。

（47）[illegible]《门蜡馁仰柏波》（有 2 本）。

（48）[illegible]《波萨婉》（天堂荷花，共 8 本）。

（49）[illegible]《宗布拉颠寇》（宇宙，共 5 本）。

（50）[illegible]《瓦哈及达巴达》（1 本）。

（51）[illegible]《藏皆豁皆航》（七头七尾象，有 2 本）。

（52）[illegible]《苏旦达比大噶龙》（1 本）。

[调查地点：勐满镇上景龙村民小组；调查对象：波占；调查时间：2006 年 8 月；调查整理：玉康]

二、勐腊镇曼贺村佛寺保存的经书

曼贺村寺庙离勐腊县城大约四五公里，本村居民都是傣族。寺庙建在村头小山坡，坐北朝南，离村 300 米左右，村民们都信奉佛教，每年都有供佛活动，他们请出家师傅诵经、抄写经文，祈求佛祖保佑平安，这些都是傣族信奉佛教的传统。

寺庙传承的经籍主要以大藏经ဂဝသၵတလ《威散达拉》一书为主，其内容包括 13 个方面，即：①ဖသဤႊၵ《达撒拨》（这是早晨 6 点开始念的第一部经）；②မွတာလာဒ《玛哈腊》（伟大君主）；③တဗမ္ဗဤၵ《嘿玛般》（雪山林）；④သကတဗယ《撒嘎地呀》；⑤ဖၵ၃ၵ《达那憨》；⑥ဝၵၵပဂဝ《万那巴微》；⑦ဌဥၔဤ《祖佐》；⑧ၒဥလဤၵ《祖腊奔》；⑨မွတာဤၵ《玛哈奔》；⑩ကဥမ္ဗာလပၵ《古玛拉般》；⑪မွဖလဗ《玛达里》；⑫သကပၵ《萨嘎班》；⑬ၵကလကၵ《那嘎腊甘》等。这些经书代表了南传上座部佛教的存在，是西双版纳每个寺庙都不可缺少的佛教典籍。

［调查地点：云南佛学院；调查对象：都温安；调查时间：2007 年 9 月；调查整理：玉康］

第三节　勐海县佛寺保存的佛教经籍

一、勐海县城子佛寺保存的佛教经籍情况

勐海县城子佛寺坐落在景龙村，是离县城最近的一个村，寨子建在一个小山包上，村里人到城里赶集，只需走十分钟的路程。该村的佛教寺院建造时间不长，位置紧靠路边。现在驻寺僧人有 2 名。目前寺内保存的经典主要有：

（1）ဃမ္ဗပဗဒတက《塘比达嘎》。

（2）ဂဝသၵတလာဒ《微散达拉》。

（3）ဝႊဤၓဒတဗၵ《蜗海很》（石猴）。

（4）သဗဃာတဥ《西塔度》。

（5）ဘပုလဗဒ《铺里搭》。

（6）ဘၒဇဒဗၵဂဒဇ《帕昭林耨》（佛像）。

（7）ဖွာဒဥၵၵမွ《玛昏罕》（金果子）。

（8）ၒဇဥလႊ《召三罗》。

(9) ᦔᦱᦓᦲᦂᦳᦙ《巴乃罕》（金鱼）。

(10) ᦂᦽᦔᦲᧃᦂᦸ《桂版果》（一千棵香蕉树）。

(11) ᦞᦷᦠᦱᧃ《沃函》（文化），等等。

［调查地点：云南佛学院；调查对象：坚达永；调查时间：2007 年 9 月；调查整理：玉康］

二、布朗山乡曼磁迈新寨佛寺保存的佛教经籍

勐海县布朗山乡的曼磁迈新寨是布朗族村寨，距离勐海县城有 91 公里。寺庙周围村寨居住的群众，虽然都是布朗族，但是他们的语言则是布朗语和傣语并用，并保有与傣族一样的南传上座部佛教信仰。目前寺内有常驻僧人 6 人，其中有 3 个佛爷，3 个和尚，主持人是都章应。

都章应，布朗族，28 岁，14 岁时出家，曾在福建省佛学院读书 3 年，专修佛经，2006 年到云南佛学院任教。笔者于 2007 年 4 月 22 日访问他，请他介绍他所修行过的寺庙中的经籍保存情况。为此，他专程回到曼磁迈新寨佛寺，抄录了寺中保存的经目。与此同时，他还向笔者讲述了该佛寺建寺历史及其相关情况。据他介绍，曼磁迈新寨寺庙之所以称此名，是因为它从曼磁羔老寨搬出来重新建盖的。过去这个寺很小，条件也很简陋。后来，佛教慈善会资助了 4.1 万元经费，得于重新修缮。周边的村民都来参与寺庙的修缮工作。本寺庙因为重建时间不长，所以保存经籍不是很多，只占曼磁羔老寨佛寺时的五分之一。过去在曼磁羔老寨，经书非常多，没有地方堆放，又不能随便扔，大家就把这些经书存放在箱子里，或者堆放在大堂中，或者放在菩提树下任其风吹雨打，自然腐烂。因为，信佛的居民年复一年的到寺院来“赕”（供经），所以重复的经书非常多。以下是目前寺内保存的主要经目：

(1) ᦀᦳᦙᧂᦂᦱ《捂芒嘎》（吉祥）。

(2) ᦀᦣᦟᦞᦎᦉᦳ《啊哈拉瓦达肃》。

(3) ᦀᦉᦳᦅᦅᦙᦙᦑᦱᧃ《啊素噶甘玛坛》（命运）。

(4) ᦀᦣᦟᦥᦙᦒᧄᦵᦟᦂᦲᧃ《啊哈腊堂门西般康》（一万四千部经书）。

(5) ᦀᦎᦓᦎᦲᦍᦱ《啊达纳地呀》。

(6) ᦀᦟᦲᧃᦑᦳᧄ《啊林东》。

(7) ᦀᦣᦟᦓᦷᦙ《啊哈腊那莫》（经文）。

(8)《啊苏帕甘玛坛》。

(9)《啊腊憨达三帕翁》(三个阿罗汉)。

(10)《啊嘎腊瓦大塑》。

(11)《啊林度玛哈腊》。

(12)《啊龙默酥》(酸蚂蚁啊龙)。

(13)《啊皮探比达嘎菩三》(三部啊皮探比达嘎经)。

(14)《啊皮倘》。

(15)《噢瓦》(乞求)。

(16)《物那撒》。

(17)《啊尼松桑萨拉》(建亭子)。

(18)《啊尼颂》(奉献)。

(19)《啊尼松送浩货》(祭赕死者)。

(20)《翁甘吞能吞能》。

(21)《温纳萨》。

(22)《啊尼松赕帕毫瓦萨》(雨居节)。

(23)《音达散帕拉苏》。

(24)《啊尼松谣陆教》(剃度)。

(25)《啊尼松威散达拉》。

(26)《翁甘吞双》。

(27)《啊尼松桑布塔豁》(塑佛像)。

(28)《啊尼松啊塔巴里翰》。

(29)《啊尼松多撒浩》。

(30)《嘎里宛酸罗》(格言)。

(31)《嘎里嘎素》。

(32)《噶塌三十都》。

(33)《嘎龙》(迷失的乌鸦)。

(34)《嘎泊》(白乌鸦)。

(35)《嘎永吨》(乌鸦认输)。

（36）[illegible]《嘎永纳》。

（37）[illegible]《芥诺》（小鸡）。

（38）[illegible]《古玛拉般》。

（39）[illegible]《古哈娇香》。

（40）[illegible]《甘纳悟地》。

（41）[illegible]《衮麻拉板》。

（42）[illegible]《坦威先达拉》

这部经书包括以下 13 个方面的内容：①[illegible]达撒拨（这是早晨 6 点开始念的第一部经）；②[illegible]玛哈腊（伟大君主）；③[illegible]嘿玛般（雪山林）；④[illegible]撒嘎地呀；⑤[illegible]达那憨；⑥[illegible]万那巴微；⑦[illegible]祖佐；⑧[illegible]祖腊奔；⑨[illegible]玛哈奔；⑩[illegible]古玛拉般；⑪[illegible]玛达里；⑫[illegible]萨嘎班；⑬[illegible]那嘎腊甘。

（43）[illegible]《翁撒》（家族）。

（44）[illegible]《威巴》（罪孽）。

（45）[illegible]《威罗玛》。

（46）[illegible]《窝翰呀尼》（学问）。

（47）[illegible]《威乃》（纪律）。

（48）[illegible]《翁酸扑八》。

（49）[illegible]《斡韩呀尼》。

（50）[illegible]《围乃呀桑嘎哈东德》（东德花的奥秘）。

（51）[illegible]《婉纳巴》。

（52）[illegible]《翁撒玛哈威散达拉》（威散达拉的家族）。

（53）[illegible]《未塑提冉》。

（54）[illegible]《威巴威散达拉》（威散达拉的罪孽）。

（55）[illegible]《亡搭枯曼》。

（56）[illegible]《灭窑》。

（57）[illegible]《玛哈膜嘎拉龙落》（盲目在人世）。

（58）[illegible]《莫拉》。

（59）[illegible]《满踏杜腊》。

（60）[illegible]《玛哈拉》。

（61）[illegible]《咩阼丫》。

（62）[illegible]《玛哈扪拉尼版纳苏》。

（63）[illegible]《灭戴窑》。

（64）[illegible]《扪拉尼版纳苏》。

（65）[illegible]《玛既玛尼芥》。

（66）[illegible]《马莱泊烙》（马莱拯救世界）。

（67）[illegible]《满塔度腊》。

（68）[illegible]《玛哈威巴威散达拉》（威散达拉的主要罪恶）。

（69）[illegible]《玛哈翁》。

（70）[illegible]《玛崖玛诺》。

（71）[illegible]《玛哈威巴龙》。

（72）[illegible]《卜塔诺轧》。

（73）[illegible]《布塔萨撒那普吨》。

（74）[illegible]《布塔地佐》。

（75）[illegible]《布塔滚酸烙》（布塔滚教导人世间）。

（76）[illegible]《布达歇纳噶普哈》。

（77）[illegible]《玛豁》（狗图）。

（78）[illegible]《玛难到》（葫芦）。

（79）[illegible]《玛豁魄》。

（80）[illegible]《撒腊嘎》。

（81）[illegible]《苏婉那藏果》。

（82）[illegible]《松窝点载》（满意）。

（83）[illegible]《三荪细点》（四面八方）。

（84）[illegible]《撒玛那叠沃》。

（85）[illegible]《撒腊嘎威咋素》。

(86) သၵပၢၼ《撒嘎班》。

(87) သုၸေၼတၢ《苏旦大》。

(88) သုဝၼၼသၢႆမ《苏婉娜卡然》。

(89) သုၸေသၢၼ《苏达萨那》。

(90) သၢၷၢၼပိၸႄ《桑翰比迈》（新年）。

(91) သတၢင်ၵျႁၵ《撒大波桑嘎》。

(92) သုၸဝၼၼ《苏扎婉娜》。

(93) သုဝၼၼၵၢၵၵျင်ၷၼေၵ《苏婉娜刚嘎团西》。

(94) သုလိယၢ《苏里呀》。

(95) သၵယုတၼိၵျင်လမ《桑如达尼该龙》。

(96) သုဝၼၼႁၵႁၵျ《苏婉娜夺哈》（美丽的蝌蚪）。

(97) သၵတိယၢ《撒嘎地轧》。

(98) ၵသၷိ《卸提》（富翁）。

(99) သုမမၼၵၸင်ဝ《肃玛那叠沃》。

(100) သုဝၼၼၶၵင်ၵ《苏婉娜藏郭》。

(101) သိၸဝၢေဝၼ《西哈弯》（十五天）。

(102) သုလိယၸၢၵျၵျိၼႁမ《苏里呀玛彬罕》。

(103) သုဝၼၼဟႆသၵ《苏婉娜怀桑》。（美丽的海螺）。

(104) သတိပၷၢၼင်ၸၵ《撒地巴坛龙》。

(105) သုဝၼၼသၢမ《苏婉娜三》。

(106) သုၸေၼတပိၸတၵ《苏旦达比大嘎》。

(107) သၵၸႆင်လၵျ《桑哈呀罗》。

(108) သုၸေၼတ《苏旦达》。

(109) ဟုၵၽၢႁမ《洪帕罕》（金风凰）。

(110) ဟုၼၸၢၵၼိၵျၢၼ《魂当尼磐》（天堂之路）。

(111) င်ၸတိၵၢၵသၷိ《左地噶塞提》（左地噶富翁）。

(112) ၸၢၵေၵၵၢ《藏三啊》（三牙象）。

(113) ၸယသၵၵ《咋雅桑嘎》。

（114）[illegible]《左地嘎协提》（布塔滚富翁）。

（115）[illegible]《载呀桑嘎哈》。

（116）[illegible]《作朵坛豁拉满》。

（117）[illegible]《作朵坛巴利》。

（118）[illegible]《作朵坛西微载呀云宏》。

（119）[illegible]《作朵坛微罗玛》。

（120）[illegible]《作朵坛苏婉娜叠沃》。

（121）[illegible]《作朵坛巴利既》。

（122）[illegible]《楠鲁莱》（鲁莱公主）。

（123）[illegible]《南那巴微》。

（124）[illegible]《楠玛宝》（椰子公主）。

（125）[illegible]《楠伦罕》。

（126）[illegible]《楠玛岛》（葫芦公主）。

（127）[illegible]《楠玛彬罕》（玛彬罕果公主）。

（128）[illegible]《纳官》（都市）。

（129）[illegible]《诺勇》（孔雀）。

（130）[illegible]《妮该档哈》。

（131）[illegible]《佳噶芭里米撒苏》。

（132）[illegible]《卒拉本》。

（133）[illegible]《召波拉》（召波拉王子）。

（134）[illegible]《祖搭粟嘎里嘎素》。

（135）[illegible]《占巴细吨》（四棵缅桂）。

（136）[illegible]《朱拉本》。

（137）[illegible]《间达嘎佐》。

（138）[illegible]《叠米呀》。

（139）[illegible]《旦囊坦帕巴帕社勐莱》（勐莱佛印经典）。

（140）[illegible]《旦囊勒光》（选鼓经典）。

（141）[illegible]《旦囊帕雅英》（天王经典）。

（142）[illegible]《旦囊塔龙公》（大龙公塔经典）。

（143）[illegible]《旦囊帕雅捧》（天神经典）。

（144）[illegible]《旦囊塔乃公吞细》（空塔经典）。

（145）[illegible]《叠瓦达》。

（146）[illegible]《旦囊玛哈撒甘龙》。

（147）[illegible]《东得东门》。

（148）[illegible]《叠米雅公满》（叠米雅小子）。

（149）[illegible]《帕召列罗》（释迦牟尼巡游）。

（150）[illegible]《帕雅宗布》（大地球）。

（151）[illegible]《谱里旦吞节滕杯》。

（152）[illegible]《帕召林纽》（泥做的佛像）。

（153）[illegible]《捧玛扎》。

（154）[illegible]《旦那塔度》。

（155）[illegible]《堤哈尼班》。

（156）[illegible]《旦大塔杜》。

（157）[illegible]《达地呀玛莱》。

（158）[illegible]《巴底冉》。

（159）[illegible]《巴拉米先果》（万物）。

（160）[illegible]《巴拉米版将》。

（161）[illegible]《巴拉米相瓦》。

（162）[illegible]《巴拉米龙》。

（163）[illegible]《巴塔玛麻莱》。

（164）[illegible]《布桑嘎西雅桑嘎塞》。

（165）[illegible]《巴丽婉》。

（166）[illegible]《巴拉米先果》。

（167）[illegible]《把既倪觅》。

(168)《斑丫巴拉米》。

(169)《巴拉米版间》。

(170)《巴拉米菩柳》。

(171)《巴利亚雅苏》。

(172)《巴拉米》。

(173)《奔拉那嘎扎多》。

(174)《倪般那苏》（涅槃）。

(175)《楠秒》（猫公主）。

(176)《雅魂毫》（谷魂奶奶）。

(177)《野龙》（大仓库）。

(178)《罗嘎悟提》（人世间的不吉利）。

(179)《列烙龙》（大巡游）。

(180)《堂帕召龙恒》（召龙恒佛经）。

(181)《坛玛拉酸罗》（教诲人世间习俗）。

(182)《塔那函》。

(183)《弩拍》（白鼠）。

(184)《叠米呀公满》。

(185)《苏婉那玛豁》。

(186)《苏玛纳蝶沃》。

(187)《苏婉那拉搭纳玛尼》。

(188)《苏扎苏婉》。

(189)《迈戴雅》。

(190)《满塔都腊》。

(191)《豁牌》（白宫）。

(192)《搁郝罕》（金角龙）。

(193)《朵波欢般嘎》（千瓣荷花）。

(194)《秀丕秀滚》（人鬼朋友）。

(195)《博藏嘎》。

（196）ၸ်ဒ္ၵေဂဂတ၅ေ《亥皎》（宝蛋）。

（197）ၵ၁၅ေဧၢင်ဟၢဟၢ၅《藏皆豁皆航》（七头七尾象）。

（198）ဝၒေၸ်ၶဃၯၒၲတက《微乃呀比大噶》。

［调查地点：云南佛学院；调查对象：都章应；调查时间：2007 年 4 月；调查整理：玉康］

三、勐遮镇佛寺保存的经籍情况

1. 曼闷景喝佛寺保存的经书

勐海县勐遮镇曼闷景喝村有村民 67 户，附近还有曼海龙、曼庄村等村。村内所建的寺院即称曼闷景喝寺。

目前寺内保存的经书主要有：

（1）ၒမ္ဝၒသၶတလ《坦威先达拉》

这部经书包括 13 个方面的内容：①၆သၯၔၶ达撒拨（这是早晨 6 点开始念的第一部经）；②မ္ဟၢလၢ3玛哈腊（伟大君主）；③ဟၒမ္မ္ၯ၁ၶ嘿玛般（雪山林）；④သကတၒဃ撒嘎地呀；⑤၆သ3ၶ达那憨；⑥ဝၶၶပ၁ဂဝ万那巴微；⑦ၵၣင်ၿၯ祖佐；⑧ၿၣလၯၣၶ祖腊奔；⑨မ္ဟၢၯၣၶ玛哈奔；⑩လၒေ古玛拉般；⑪ၸ်၆လၒေ玛达里；⑫ʌၯၒၶ၆ၵၯၶ3ၶ萨嘎班；⑬သ၁ၶတၣၶေ3ၔၯ6那嘎腊甘。

（2）ၵ၁ၔၔမ္《嘎永》（瘦乌鸦）。

（3）မ္ၣၶလၵၶတၸ်ၯ《门拉甘达莱》（格言）。

（4）ဘၿ၅ေ3ၒၶဂၯ၅《帕召林耨》（泥塑的佛像）。

（5）ဘ3လၔၵင်မ္3သၣမ္ေ《啊龙莫送》（酸蚂蚁啊龙）。

（6）ဘ3လၔၵၿ၅ေ၃လၔ《啊龙沼三罗》（三罗王子）。

（7）ဂဂ၁ၵဂမ္ၒၵၵၣမ္ၯပ《相勐宗布》（国宝）等。

［调查地点：云南佛学院；调查对象：帕罕因；调查时间：2007 年 9 月；调查整理：玉康］

2. 勐遮镇曼短佛寺保存的经书

富饶美丽的勐遮坝，以前是一个大湖。历史上，勐遮坝子的地名有三种说法，一个叫勐遮，一个叫勐胧，一个叫勐爹扎。对于地名的来历，众说纷纭。一种说法是，勐遮坝所有的名称都是佛祖取的。据说在远古时候，有一个本领高强的王子叫召爹米，他只身一人外出游玩，来到了勐阿腊维附近，因为不熟悉路况，闯进了魔鬼的世界，并与魔鬼发生了战斗。虽然魔鬼的数量很多，但还是打不过召爹米，最后魔王和魔后都被召爹米杀死在大湖里。尸体在大湖里浸泡了一段时间后，便发出了一股股恶臭。这时释迦牟尼佛祖巡游到此，正准备用膳时，忽然一阵风从湖里吹来，臭味随风钻入了佛祖的鼻孔，熏得佛祖直想呕吐。佛祖让随行的高僧用佛扇对着湖里扇了几下，顿时，湖面的空气一下子变得清新起来，佛祖吃完饭，便拿出装水的葫芦打开塞子喝了一口水，漱了漱口，然后吐在地上，这时地上的水点即化作一条清泉，“哗哗”地流到曼硪寨。佛祖察看了一下湖水后说：“这个大湖因为浸泡着两个魔鬼，以后就取名为勐遮吧！”“勐遮”即译为浸泡的地方，意为浸泡魔鬼的地方。

曼短佛寺位于勐海县勐遮乡曼短村，始建于1132年。目前寺内收藏的经书，有的用贝叶刻写的，有的用绵纸抄写，有的用现代的纸张抄写。最主要的经籍有：

（1）ᩅ᩠ᨿ ခ၁၃ရျeဂသာθပ၁၄eဂသာθဂမ္မθ၉《昨雷蛇曼蛇勐》（音译，论勐神寨神的意思）

这部经书共有八章和一个前言，约26 800字。这是一部古代傣族比较重要的哲学著作，它论述了寨神、勐神的产生和作用。介绍了佛教和寨神、勐神的斗争，得出了人们应该信仰寨神、勐神的结论。

（2）ပၵမ္မဏမ္မသာဥမ္မသာ၇eၓလ၅《巴塔玛嘎捧尚罗》（音译，开天辟地）

这部经书主要描述世界的起源主要靠“气流”而形成。据说在很久很久以前，没有宇宙，没有下底和上盖，在这无限的空间里，充满着翻腾的烟雾和气体。经过一亿万年，气体、烟雾和大风在翻腾中紧紧挤拢，凝结成一团，经过千变万化，最后形成三种气体合成的一个无限的圆体，这个圆体是黑色，充满着浑浊和暗淡，它就是今天的地球和宇宙。

（3）သသာ၄၁ၵၾ၄ဝ၃သာ《萨沙纳哈版洼沙》（音译，五千年的佛教文化）。

（4）ဒ၄ဃး၆၇ၚဃတဥ၆၇ၵ《康塔档西塔都档哈》（音译）。

（5）ဝၵ္ၵဃၯ္ဒ၀ဒ၆《宛纳帕丽》（音译）。

（6）သဝၡ၀ကၥၑၯၡၛဃၪၥၯ၆《西提嘎软西普》（音译）。

［调查地点：勐遮镇曼短村；调查对象：佛寺；调查时间：2007 年 6 月；调查整理：玉腊］

3. **曼根寺保存的经书**

曼根村属勐遮镇，曼根寺建在离寨子 5 公里处，坐落在树木茂密的公路边。驻寺僧人有大佛爷 1 人，和尚 6 人。寺内保存的经籍如下：

（1）ဝ၀ေသင္တလး《坦威先达拉》。

（2）ၯၥၯင္ကၯ၆တ၅ေဇ္ၯ《玛过道莱农》（漂流的葫芦）。

（3）ကၥၑၯ《嘎永》（瘦乌鸦）。

（4）ၯၥလတၥ၅《玛羔航》（九尾狗）。

（5）ၚင္ၯယၪ၅ၔၯ《诺永罕》（金孔雀）。

（6）ၔၪၣ၃၅《怀三豪》（三角牛）。

（7）ဝၡၯၘ၆တ၀င္《窝海很》（石猴）。

（8）ၓသသ၀ၦၓၪ《答萨细咋》（十次轮回）。

（9）သၪဝင္ၵတၑသ၅《苏婉娜怀桑》（美丽的海螺）。

（10）ၯၪင္လကင္တၘၯ《门拉甘达莱》（格言）。

（11）ဘလၡ၅င္ၯၪသၪၯေ《啊龙莫送》（酸蚂蚁啊龙）。

（12）ဘၓ၅ေ၃၀င္ၵၯ၅《帕召林耨》（泥塑的佛像）。

（13）ဘၥၯၯၡ၅၅ေ《盘莫涛》（老猎人）。

［调查地点：云南佛学院；调查对象：帕曼根；调查时间：2007 年 9 月；调查整理：玉康］

4. **曼龙带佛寺保存的经书**

本寺庙有一个特别的名称，叫做“လၥၓၥ၅ၥင္ၯ၅ၓၪ၅ၘၯ၆拉扎潭龙东迈”，离城镇 4 公里，离村子 1 公里多。附近有曼养龙、曼秉、曼诺、曼塞、曼养挪、曼捧、曼膜带 7 个寨子，共 300 多户人家。寺庙建在这几个寨子的中心。寺庙以召沙弥为主持，共有 35 个僧人。寺内主要保存的经书如下：

（1）[illegible]《威先达拉》。

（2）[illegible]《召三罗》（三罗王子）。

（3）[illegible]《尖达帕佐》。

（4）[illegible]《斑塔那都拉》。

（5）[illegible]《召布苏龙》（召布苏龙大王）。

（6）[illegible]《比达嘎当八》。

（7）[illegible]《别罕》（金羊）。

（8）[illegible]《窝海很》（石猴）。

（9）[illegible]《兰酸布》（儿孙教导爷爷）。

（10）[illegible]《点婉》（嫩瓜）。

（11）[illegible]《帕召林纽》（粘土佛像）。

（12）[illegible]《雅魂毫》（谷魂奶奶）。

（13）[illegible]《纷哈娇多刚很》（屋里下起金雨）。

（14）[illegible]《西塔大腊咋窝波》（王子出家）。

［调查地点：云南佛学院；调查对象：帕三杯；调查时间：2007 年 9 月；调查整理：玉康］

四、勐混乡曼扁佛寺等寺保存的经籍情况

1. 勐混曼扁佛寺保存的经书

勐混，由于有一条南混河穿过本地区，故得此名。勐混坝子很大，四面环山，是山清水秀的好地方。整个勐混有 30 多个寨子，曼扁属其中之一，全村有 170 户人家，附近还有曼弄罕、曼南嘎、曼沙等村。

曼扁村的佛寺建在村头的山脚下，共有 20 名僧人，其中有 3 名僧人现在

在外读书，一名在云南佛学院，一名在西双版纳某专科学校，另外一名是大佛爷，在浙江。曼扁佛寺寺庙很大，有佛堂和大塔。寺房都用砖瓦砌成，非常壮观。寺庙周围都围着高高的墙壁，墙边有一棵大菩提树，枝叶茂密，是周围老百姓供佛的好地方。

寺里保存的经书主要有：

（1）[illegible]《坦比达嘎龙》（这部经书是从缅甸带回来的）。

（2）[illegible]《坦威先达拉》。

（3）[illegible]《窝海英》（石猴）。

（4）[illegible]《列烙龙》（巡游记）。

（5）[illegible]《召三罗》（三罗王子）。

（6）[illegible]《滇婉》（嫩瓜）。

（7）[illegible]《别罕》（金羊）。

（8）[illegible]《帕召林耨》（泥塑的佛像）。

（9）[illegible]《布栓蓝》（爷爷教导儿孙）。

（10）[illegible]《坚达帕佐颇哈教夺刚很》（坚达帕邀约丈夫找钱财）。

（11）[illegible]《西塔窝波》（西塔出家）。

（12）[illegible]《啊林东》。

（13）[illegible]《玛细航》（四尾狗）。

（14）[illegible]《波欢般嘎》（千瓣莲花）。

（15）[illegible]《玛豁萨塔》（玛豁萨塔的故事）。

（16）[illegible]《苏噢点载》（如意）。

（17）[illegible]《捂哈撒微咋那》。

（18）[illegible]《啊龙莫送》（酸蚂蚁啊龙）。

（19）[illegible]《满塔度拉》。

（20）[illegible]《黑烘晌》（干屎）。

（21）[illegible]《巴乃罕》（金鱼）。

（22）[illegible]《楠帕赕毫豁》（楠帕姑娘祭赕死者）。

（23）[illegible]《秀撒》。

（24）[illegible]《菩利搭》。

（25）[illegible]《秀皮秀滚》（人鬼朋友）。

（26）[illegible]《撒拉哈洪》（五间亭子）。

（27）[illegible]《艾多嘎达》（孤儿）。

（28）[illegible]《嘎咋拉》（跷跷板）。

（29）[illegible]《番巴桑噶》（迷惑的猎人）。

（30）[illegible]《撒图努》（弩弓）。

（31）[illegible]《三松西点龙》（四面八方）。

（32）[illegible]《诺宝》（诺宝鸟）。

（33）[illegible]《楠海发》（海发公主）。

[调查地点：云南佛学院；调查对象：帕罕章；调查时间：2007 年 9 月；调查整理：玉康]

2. 勐混曼光龙佛寺保存的经书

曼光龙佛寺坐落在勐混乡曼光村，驻寺僧人中有 1 名大佛爷，12 名沙弥。寺内存有以下经书：

（1）[illegible]《坦威先达拉》（有 13 个方面的内容）。

（2）[illegible]《召三罗》（三罗王子）。

（3）[illegible]《尖达帕佐》。

（4）[illegible]《啊林东》。

（5）[illegible]《玛羔航》（九尾狗）。

（6）[illegible]《啊龙莫送》（酸蚂蚁啊龙）。

（7）[illegible]《满塔都拉》。

（8）[illegible]《宋帕米》。

（9）[illegible]《东点东门》（东点东门叶）。

（10）[illegible]《怀三毫》（三角牛），等。

[调查地点：云南佛学院；调查对象：帕罕光；调查时间：2007 年 9 月；调查整理：玉康]

第二章
德宏州傣族文字古籍

前　言
——德宏州傣族文字古籍流传、保存综合分析评估报告

蔡小晃

德宏是贝叶经记载的“勐卯古国”，是司马迁笔下的“滇越乘象国”，也是《马可·波罗游记》中的金齿国。古代德宏不仅是“滇西丝绸之路”的出口，也是滇缅交通的出口，至今仍然是通向南亚、东南亚的黄金口岸。

“德宏”，系傣语，“德”意为下方，“宏”为“南宏”的简称，意为怒江。“德宏”，意译为怒江下方。怒江由北向南贯流，德宏傣族称怒江以东地区为“勒宏”，意为怒江上方；怒江以西地区称“德宏”。因此，德宏的含义是怒江以西地区，以地理方位而得名。1953年4月30日，由保山专区联合政府委员会及民族事务委员会联席会议确定，于1953年7月23日成立德宏傣族景颇族自治区，于1956年改为德宏傣族景颇族自治州。德宏州地处云南省西部，位于东经97°31′~98°43′，北纬23°50′~25°20′之间，东及东北面毗邻保山市，西及西北与缅甸接壤。全州东西长122公里，南北宽170公里，总面积11526平方公里。州府距省会昆明陆路785公里，空距427公里。境内山脉纵横，植被茂密，平坝棋布，有大小河流1500余条，其中径流面积大于100平方公里的河流有12条，径流面积达6000余平方公里。全州河流分属伊落瓦底江和撒尔温江两大水系，大盈江、瑞丽江、西北诸河入缅甸后注入伊落瓦底江；怒江流域的万马河、芒杏河等河流入撒尔温江。伊落瓦底江和撒尔温江最终均流入印度洋的安达曼海。气候属南亚热带季风气候，夏无酷暑，冬无严寒，全年平均气温18.4℃~20℃，最高气温38.8℃，最低气温-2.1℃。居住民族主要有傣、景颇、傈僳、阿昌、德昂和汉族等民族。截止2007年年底，全州人口总数为117.72万人，汉族61.48万人，少数民族56.24万人，占全州人口总数的47.8%，其中傣族35.34万人、景颇族13.54

万人、阿昌族 2.99 万人、傈僳族 2.98 万人、德昂族 1.39 万人。

全州现辖两市三县，即潞西市、瑞丽市、陇川县、盈江县、梁河县，共65 个乡镇。州府驻地为潞西市芒市镇。所辖二市三县中，除梁河县外，均有国境线，国境线总长 503.8 公里。这些县市中，潞西市辖芒市、遮放、芒海、勐嘎、风平 5 个镇和轩岗、江东、五岔路、三台山、西山、中山 6 个乡，共80 个村民委员会和居民委员会。瑞丽市辖姐告边境贸易区、畹町经济开发区、瑞丽市边境经济合作区三区以及勐卯、城关、弄岛三镇和芒棒 6 个乡。陇川县辖章凤、城子、陇把、户撒等 4 镇、5 乡。盈江县辖太平、理城等 8 个镇、7 个乡和一个国营农场。梁河县则辖 3 个镇 6 个乡。

传播于德宏州全境的宗教信仰有五大教，即佛教、基督教、天主教、伊斯兰教、道教。佛教，又分为南传上座部佛教和汉传佛教。南传上座部佛教信仰以傣族、德昂族、阿昌族（陇川县户撒乡）为主，属全民信教；汉传佛教信仰以汉族为主；基督教信仰以景颇族和傈僳族为主；部分民族同时保有原始宗教信仰。据德宏州民宗局的近年统计，全州信教人数为 486 656 人，其中信奉佛教的有 439 396 人，信奉基督教的有 42 819 人，信奉天主教的有1981 人，信奉伊斯兰教的有 2095 人，信奉道教的有 365 人。信奉佛教的群众占信教人口总数的 90.3%。信奉佛教的群众中，除部分汉族信仰汉传佛教外，绝大部分佛教徒都是信奉南传上座部佛教的傣族和德昂族群众。其中信奉南传上座部佛教的有 379 734 人，信奉汉传佛教的有 48 874 人。在上述各种宗教信仰中，全州各市、县、乡、镇都有宗教信仰活动场所和教职人员。

傣族是德宏州人口最多的少数民族。“傣”，是傣族本民族的自称，西文通常写作“Tai”或“Thai”。过去，德宏大部分傣族习惯自称“傣勒”，瑞丽一带的傣族自称“傣德”。新中国成立后，根据本民族自称，统称为“傣族”。傣族又是德宏州南传上座部佛教信仰的主要民族，而本项目调查研究的重点，就在于以傣文为工具所记录、使用、流传的古籍文献。

一、傣族语言文字概要

傣族有自己的语言和文字，傣语属汉藏语系壮侗语族壮傣语支。德宏傣语属于傣那语方言区，傣那语主要流行于德宏州、保山市、临沧市及普洱市景谷县、景东县的傣族中。傣语作为傣族人民共同的交际工具，在傣族大小集居地区都普遍使用着，但各地使用情况不同。在边疆的几个聚居中心，傣语使用较广，不但是本民族内部的交际工具，而且还通用于当地各民族中，如西双版纳地区的傣语普遍使用于当地布朗族、拉祜族、哈尼族、瑶族中，德宏地区的傣语则普遍使用于德昂族、阿昌族、景颇族等民族。潞西市遮放曼帮村的德昂族甚至已不说德昂语，而完全改用傣语了。傣语内部也存在着方言土语的差别，这些差别主要存在于语音方面。传统的分法是把傣语划分为两种方言，即西双版纳方言和德宏方言，前者分布地区除西双版纳傣族自治州之外，还包括孟连、金平、澜沧、普洱、元江、墨江、江城等县傣族地区，后者除德宏傣族景颇族自治州之外，还包括耿马、双江、镇康、沧源、景谷、景东等县的傣族地区。这两种方言分别以允景洪话和芒市话为标准点。

傣族有自己的古文字，是一种拼音文字，来源于印度的巴利文。新中国成立前，使用着四种形体不同的文字，这四种文字皆由左向右横书，行序自上而下，为了与新中国成立后改进的新傣文相区别，一般都称为老傣文，也有人考虑到这些文字的历史悠久而称之为古傣文。在西双版纳傣族自治州及孟连县一带使用的叫傣仂文，现称西双版纳傣文，有 56 个字母，5 个声调；在德宏州的大部分地区及景谷、沧源、双江、耿马、镇康等县的部分地区使用的为傣那文，现称德宏傣文，有 19 个字母，9 个单元音字母，字母本身没有声调的区别，辅音和元音音位系统比较简单，有 6 个声调；在德宏的瑞丽市和澜沧、耿马县部分地区使用的叫傣绷文，傣绷文和德宏傣文相近；在红河哈尼族彝族自治州的金平县等地傣族中使用的叫傣端文，也叫金平傣文，有 47 个字母。这四种老傣族虽都是从印度字母脱化而来，但形体却不相同。傣仂文和傣绷文为圆形字母，傣那文为方形字母，金平傣文方圆兼备。由于傣族历史上形成的，男孩都要出家一段时间，要诵读经书和抄经，所以傣族民众中识傣文的人比较多。

文字是记录语言的书写符号，文字的创制是以语言为基础的。但是德宏古傣文的符号体系不够完善。有的一个符号代表几个音，有的几个符号同读一个音，尤其是没有声高符号的问题，导致了一字多音、多义的现象。1954 年，国家有关部门对傣文进行了改革，增加了傣文字母和设置了声调符号，解决了傣文一字多音、多义和读音困难等问题，因此，傣文有老傣文和新傣文之分。德宏傣族除佛教寺院仍使用老傣那文外，学校、民间扫盲、傣文报刊及出版物均使用新傣那文。

二、德宏傣文和古籍文献

1. 文字古籍的形成及发展

德宏傣文大约创建于 14 世纪。1340 年思可法当权，麓川政权日益强大，这是傣文创制的基础。这一时期傣文从分散逐步走向统一，它除了用来翻译佛经以外，还逐步在官方和民间通用。此时期傣文的使用翻译了大量佛教经典。傣文英雄史诗《厘俸》大约产生于这个时期的前期，到后期又产生了《相秀》、《娥并与桑洛》、《叶罕佐与冒弄养》三部悲剧长诗。明永乐五年（公元1407年），明官府设置了四夷馆，编撰《华夷译语》，其中就有《百夷译语》，这是当时德宏傣文的重要资料。

德宏傣文古籍发展的第二个阶段是17世纪中叶到20世纪初。这个时期傣文除继续翻译佛教经典外，还根据《佛本生经》故事演绎出数百部统名为“阿銮”的故事系列，同时傣文大规模地应用于社会生活，有了许多编年史书和其他民俗著作。到这个时期的后期，由于盈江土司刀安仁的大力提倡，傣剧蓬勃发展，从内地移译了大量京剧或滇剧曲本，刀安仁自己写作的《抗英记》和《游历记》，是代表傣族跨入现代生活的重要文献。这个时期有会同四译馆所编的《耿马译语》、《芒市译语》等12种译语，皆属德宏傣文系统的文字资料。

2. 傣文古籍文献的分类

在历史发展过程中，德宏和其他信仰南传上座部佛教民族的先民，创制并传流了浩瀚的历史文献古籍。但由于种种原因，这一珍贵的文化遗产没有得到应有的重视，至今许多古籍已经损毁和遗失。据很多老人回忆，最为严重的是“扫四旧”和“文化大革命”期间，傣文古籍文献遭到了灭顶之灾。大量的古籍文献被收去焚烧，更多的古籍已无法找回。中国傣族佛教所保存的经典极其丰富，傣族号称有八万四千部经书，此说法虽无考证，但傣文古籍文献数量、种类之多则是世所公认。德宏州民语委2002年为编写《中国云南德宏傣文古籍编目》，调查、了解了2000多种（八类）、5000多部老傣文古籍，事实上，这些都只是我们能知道的全部古籍文献的一部分。

傣族古籍文献的分类，目前尚无统一划分标准，这里仅就目前所分“八类”情况作简单说明。

（1）宗教类

傣文古籍以佛教经籍最为丰富，另外还有一部分是祭文和占卜书。如《三藏经》（《维列》、《阿毗坦玛》、《苏西纳罕》），《引路经》，《贺白》，《贡纳巴蒂》，《五座塔》，《五尊佛》，《八位高僧》，《佛本生经》，《空心塔》，《叫魂经》，《狩猎歌》，《捕鱼歌》，《利嘎纳》（占卦），《喊曼丹》（咒语）等。

（2）史书类

这是傣文古籍中最具史料价值的部分，有编年史、土司世系、历史事件等专著。如《勐果占壁史》、《勐卯古代诸王史》、《麓川土司历史编年》、《瑞丽历史》、《遮放简史》、《芒市土司史》、《如武定芒佐》、《干崖简史》、《萨沙纳芒剑》、《户撒简史》、《盈江历史》、《仰光佛塔史》、《远古的莲花》等。

（3）文学类

文学类在傣文古籍中分三种，第一种是由本民族固有的民间故事编写，如《九颗宝石》、《三时香》、《千瓣莲花》、《青蛙王子》、《美人猫》、《金凤凰》、《娥并与桑洛》、《相秀》、《叶罕佐与冒弄养》、《丙吉丙聂》等；第二种是根据《佛本生经》编写的“阿銮”系列作品，如《阿銮巴寸》、《阿銮艾高环》、《阿銮麓配》、《召玛贺》等；第三种是从汉族的文学作品中翻译成傣文的，如《西游记》、《陶禾生》、《目莲救母》、《杨家生解难》、《杨门女将》、《三下南唐》、《美人鱼》、《卖花女记》等。汉语翻译成傣语的文学作品大多是京剧或滇剧曲本，所以其格式多数是戏剧式的，形成了别有特色的“傣剧”。

（4）天文历法类

天文学被傣族认为是一门最高深的学问，傣族对天文历法的研究很早，后来，他们将汉族的干支计时法和中南半岛的小历纪年纪时法结合起来，成为一体，形成独特的傣族天文历法。它将天宫分为十二宫和二十七宿，将一年定为365.25875日，以泼水节为送旧迎新年度交替的日子，并使用纪年积日数（傣历建元以来的累计日数）来计算日月行星的运行位置和安排年、月、日。这种天文历法反映傣族地区的地理位置、农时特点和人民的生活习惯，又与星占学结合在一起，与傣族人民的日常生活和思想信仰都有密切的联系。其主要的如《历法星卜要略》、《果英》、《历书》等。

（5）医药类

傣族居住地区的植物、动物，无论其种类、数量都远远高于内地，千百年来，傣族人民都以这些特定的植物、动物为药，来治疗疾病，保护健康，因此，傣族医药是很重要的医学、药学遗产。在傣族地区民间流传的医药学书籍很多，这类书籍的名称一般都叫做《用药》（药典）、《傣药验方集》、《八种致病原因》、《傣医傣药》、《怎样使用草药》、《治病手册》等。

（6）语言类

语言类的古籍文献，据说过去一般都是保存在佛寺里的，“文化大革命”时期被烧毁了，现在流传下来的非常少。如《词语解释》、《萨珀尚提》、《嘎哈价善》等。

（7）农田水利类

有研究认为，傣族是世界上最早掌握水稻耕作的民族，由于水稻生长的特殊需要，傣族对水利灌溉技术也很精湛。如《谷魂》、《十二个季节》等。

（8）碑（匾）文

傣族的碑文、匾额不多，“文化大革命”期间破坏严重，现在德宏地区留存的数量甚少，仅存的碑文、匾额都有较高的史料价值。如芒市五云寺保存的一块傣、汉文共书的匾额，记载了五云寺建造的历史。

3. **古籍载体材料**

傣文古籍皆为手写本，不注明撰写者姓名及写作年代，流传下来的最多的是手抄本。其质料有以下几种：

（1）绵纸：傣语叫“借楠”。德宏一带及耿马、孟连的部分傣文古籍文献多用绵纸书写。绵纸以竹子为原料，色彩微黄，纸质软薄，但有韧性，不易破损。现在德宏傣族仍然使用绵纸抄写经书。

（2）构皮纸：傣语叫“借夏”。用构树皮制作，色彩稍暗，纸质厚实，有韧性，甚坚实。西双版纳、景谷一带的傣文古籍有相当一部分用构皮纸书写。“文化大革命”以前德宏一部分傣族古籍也使用这种纸张。构皮纸因纸质坚硬，不能卷裹保存，现已极少使用这种纸来书写经书。

（3）贝叶：傣语叫“梅别”，是一种属于棕榈类的植物“贝树”的叶子，西双版纳及孟连、缅甸等地傣族皆用以刻写贝叶经，新中国成立前，德宏一部分傣文佛教经典也用贝叶刻写。德宏地区的贝叶经书本来就不多，加之“扫四旧”和“文化大革命”期间遭到破坏，现在已经非常难寻。

20世纪80年代初，我国开始恢复宗教信仰自由政策，德宏地区敬佛献佛的宗教活动逐渐开始恢复，各村各寨纷纷修复佛寺，有些村寨还新建了佛寺。据统计，至2006年，全州共有南传上座部佛教佛寺603所。随着信佛敬佛活动的恢复，觅集经籍、抄写经书的活动也在恢复。傣族抄写经书需要大量的纸张，人们为了敬佛献佛，不论是什么纸，只要能够抄写经书都行。于是，在刚开始恢复宗教信仰的几年里，经书的纸质不完全是绵纸，有的只是一般的纸，有的虽然也是绵纸，但纸质较差，有的抑或用信笺纸抄写。傣族佛寺的保护和维修，以及僧侣的生活完全由村民负责，为此，在1984年前后，芒市镇奘相（菩提寺）为了使奘相有更多的经费来维修其建筑物，便决定以奘相的名义油印佛经，并设一铺子，专卖佛教用品，其所油印的佛经也拿到铺子里出售，由此而产生了油印佛经。

4. **傣文古籍文献的版式及装帧**

德宏傣文古籍文献由于材料不同，版式也各异，尤其是古籍的纸张裁剪规格不等，所以版式更为多样化，有的高约50厘米、宽约30厘米，有的高

40多厘米、宽20多厘米，还有的高30多厘米、宽10多厘米。德宏地区的古籍文献皆用毛笔书写，都只写单面，装订线皆在页顶上，竖翻阅读。经书装订好之后，再以精致的傣锦、彩色丝绸或花布叠底，制成与经书大小一致的套子，傣语称“经书衣”，套在经书上，包裹成卷，十分美观。

由于纸张的质量问题，有些绵纸会出现破损的地方，抄经书者处理纸张破损的方法是沿破损之处描线，这种处理法很艺术，看上去很像一幅插图；也有的留出破损之处为空黑白点，在抄写的过程中，抄写者会很随意地在封面或留白处画上图案，形成一种很别致的插图，但这些图案与经书内容无关。

三、德宏傣文古籍文献的收藏

20世纪50年代前，傣文尚未有印刷技术，傣文古籍文献皆为手抄本，贝叶则为手刻本，都由佛寺保存和私家收藏。新中国成立后，云南省及有关州、县的博物馆、图书馆、文化馆、文物室、档案馆、政协机构和有关学术机构，皆注意对傣文古籍文献收藏保存。在云南省外，现知北京中国历史博物馆、北京图书馆、民族文化宫、中国社会科学院民族研究所、中央民族大学、天津南开大学等处都有收藏，数量有千卷左右。此外，上海复旦大学、北京法源寺、青海省博物馆、西安药物研究所等处，也保存有少量的贝叶经。

据不完全统计，德宏州民语委搜集了400部，其中德宏州民语委与云南大学、日本东京外国语大学和云南省档案馆合作利用现代先进的缩微拍摄技术，拍摄了300余部具有价值的傣文古籍文献。德宏州群艺馆搜集了140余部，潞西市文化馆有120余部，文物管理所有30余部，德宏州档案馆有60余部，梁河档案馆有312部，盈江县文化馆有100余部，陇川县文化馆有100余部，瑞丽市文化馆有100余部。上述部门所搜集到的傣文古籍文献，共计约千余部。更多的古籍则仍存留在佛寺里和藏存于民间。仅以佛寺而言，潞西市芒市镇奘罕佛寺（五云寺）所收藏的经书就有400多部；大湾寨佛寺收藏的经书有132部。民间仅以芒市镇排茂寨子帕嘎真瑟老人等收藏的傣文古籍而言，他家就有65部；大湾寨子项岩岁老人收藏有23部；三台山德昂族乡允欠德昂寨李玉内家收藏有15部。如果对全州600余座佛寺和几万户信仰南传上座部佛教的人家进行全面调查，其佛寺和民间传流、藏存的傣文古籍文献数量肯定是惊人的。

对于傣文古籍文献得以保存、流传的原因，现在可以概括出这样几条：

1. 频繁的赕佛活动

佛、佛经、僧侣是佛教的“三大法宝”，傣族及其他信仰南传上座部佛教民族的宗教文化几乎都是围绕着这“三大法宝”而展开的。赕佛（敬献佛）是南传上座部佛教信仰者表示虔诚信佛的主要方式，傣族一生中都在为赕佛而忙碌。在赕佛的活动中所用来赕佛的东西不分大小，不论多与少，不限种类，不分男女老少，不固定时间。大的可以大到一座寺院、一座塔，小的可以小到一颗针、一根线；多的可以多到成百上千；少的可以少到一根蜡烛、一炷香，有佛像、经书、袈裟、鲜花、水果、旗幡、香炉、花瓶等等。其中佛寺和佛塔因耗资大，一般都是集体集资而建。赕佛像活动，即“做摆”，经济状况比较好的家庭可以举办。此活动在民间最为隆重，是傣族一生中的理想。赕佛经活动是一种最频繁的活动，可以说在傣族地区没有哪个家庭不赕佛经。因为每个家庭都要为已逝者超度亡灵，每超度一个亡灵，都必须赕佛经，否则那些亡灵将进入不了“佛国”。另外家家户户都设佛龛，有佛龛就有佛经，所以傣族家庭中每家都有佛经，多者十几部，少者三四部。除了专门以赕佛经为主的仪式活动外，在做其他比较大的仪式活动时，供品中都必须有佛经。比如庆祝佛塔或佛寺建立、和尚升级、为死者超度亡灵、周年祭日、上新房、结婚等。另外，有时人们为了消灾解难、防病防灾、祈求平安健康、求功求德、求福求禄、求子求孙等都会选择经书做供品。除此以外，根据传统习惯，凡要赕给已去世的人时，男性必须赕属于《三藏经》中“论藏”类的经书。赕佛经不受其他限制，选择哪部，赕几部，都由自己决定。如此频繁而广泛的赕佛经活动成了产生古籍数量多的主要原因之一。另外，赕佛经不受类别的限制，使傣族古籍文献出现了许多内容相同的经书。相同的经书多了，数量也就增多了。比如仅大湾寨佛寺里供奉的 132 部经书中，《共纳巴蒂》（音译，佛教教义）就有 11 部，《霍北》（音译，佛教教义）就有 37 部，《引路经》（意译，佛教教义）就有 23 部。

2. 抄写经书的传统

傣族赕佛经有一种非常特殊的习俗，即已经赕了的经书可以留在佛寺里供奉，也可以重新请回家里去供奉。如果家里已经有了的，一般就留在佛寺里供奉。但如果已经拿去佛寺里赕了的，又请回家里来供奉的佛经不能再拿去赕。如果再次拿去赕，就会被认为是对佛的不敬。要识别某一部经书是否已经拿去赕过并不难，因为，凡是要拿去赕的经书，都要写明此书是某某人于什么时候赕给什么人的说明，如果某部经书没有这样的说明，那就可以肯定这部书是没有赕过的经书。如果要再赕佛经，就必须重新请人抄写。这样，一部经书不知已经被抄写了多少遍。所以，必须用新抄写的经书的现象不仅使文献数量增多了，而且更重要的是德宏傣族古籍文献的版本始终有新的版本出现。

3. “听经”活动

傣族的传统文化能够流传至今，除了有自己的语言和文字外，主要的是宗教活动的频繁，如“听经”活动。傣族听经除了在佛寺里以外，在家庭里也可以开展听经活动，如结婚、丧葬、上新房、“做摆”等活动的晚上都要进行听经活动，而且都很频繁。每次听经，一般都是两三个晚上。念经的人不是和尚，而是村寨里会念经的村民。在这种场合所拿来念的经书，大多是佛本生故事和阿銮故事，也有历史故事。这些故事都是以佛说法的形式来讲述，所以都被视为“经书”，“听经”实际上是听故事。平日无这些活动时，常来常往的亲朋好友也会利用晚上的时间集中在某家“听经”。这种频繁的“听经”活动对传承傣族文化起了很大的作用。除了听经活动外，傣族地区还存在着一种特殊习俗，即抄写经书。抄写经书是傣族信仰佛教以来就有的传统习俗，和尚以及识得老傣文的信男信女都可以抄写。抄写经书不仅有功德，还可以卖，用绵纸抄写的经书一页可卖到两元。听经活动和抄写经书，都是傣族古籍文献的主要传承方式。

傣文古籍文献的收藏，除有关部门，如档案馆、文化馆收藏之外，更多的是民间信徒个体家庭收藏和佛寺传流收藏。民间懂老傣文的家庭收藏多一些，不懂老傣文的家庭收藏经书的目的主要是为了供奉，一般只有三四部。经济条件好，而且懂得老傣文的家庭都有木柜专门存放经书或作为佛龛，无经书柜子或佛龛的，经书一般都存放在佛像旁边或者供桌上，以示供奉。

佛寺是南传上座部佛教及其文化传播的中心。傣族和信仰南传上座部佛教的其他民族地区的每一座佛寺都有经书柜，藏有数量不等的经书。信徒们所敬献的经书都存放在佛寺经柜里。佛寺同时也是傣族文化活动中心。每年公历 9 月中旬至 12 月中旬三个月的时间，是傣族佛教信徒在佛寺进行拜佛、念经的时间。每逢节日，人们都要到佛寺进行活动，无论谁家举行红白喜事都会到佛寺举办，尤其是场院不宽的家庭，都会利用佛寺的宽敞场地，在那里生火做饭、用餐。佛寺里的一切，包括建盖佛寺所用的材料、大大小小的佛像、经书柜、记载着各种内容的经书、琳琅满目的旗幡、美丽而神秘的佛经故事图画，以及各种各样的供品等等，都是佛教信徒们赕（供）的。佛寺不但是收藏经书的地方，更是储存傣族文化的“宝库”。正因为傣族有了佛寺，其传统文化才得以保留和传承至今。

四、傣文古籍文献的整理、研究及出版

老傣文古籍文献的翻译整理研究工作，在新中国成立以前做得非常少。

1946 年云南大学刊印过张镜秋译注的《僰民唱词集》，1947 年云南大学刊印过李拂一翻译的《泐史》和《车里宣慰世系考订》。新中国成立后，翻译的文献资料陆续发表于云南民族出版社的《傣族社会历史调查》各集中。1935 年春，勐定土司罕中兴之叔罕定国曾为方国瑜先生口译讲解《麓川思氏谱牒》，方国瑜先生当时手录并保存至 1953 年作“笺证”，曾内部刻印，后于 1981 年在《民族学报》正式刊出。20 世纪 60 年代，童维先生（笔名“无忧”）写《谈谈我国的傣文佛典》一文，对傣文佛教文献做了初步评述。1979 年，张公瑾先生在《中央民族学院学报》（1979 年第 3 期）发表了《傣历中的纪元记时法》一文，文章对傣文天文历法文献的系统整理研究，解开了傣族天文学的计算数据和傣历的安排方法。1986 年至 1998 年，张公瑾先生在《民族古籍》杂志上连续发表《傣文古巨基见之录》，主要通过梵文和巴利文的对音，解决了傣文佛教经典的名称翻译问题。但是现在傣文佛教经典的名称翻译仍未完全规范。进入 20 世纪 90 年代，研究工作有了两项重要成果，一是朱德普先生对《泐史》的研究，于 1993 年出版了《泐史研究》，对西双版纳傣文史书中涉及的历史事件和历史人物作了比较、鉴别和深入的分析；另一项是 1995 年岩峰、王松、刀保尧合著《傣族文学史》，其中对傣文文学古籍有甚为详细的介绍和评价。1993 年，云南民族出版社还出版了刘岩先生的《南传佛教与傣族文化》一书，其中对傣族经典追根溯源，以巴利语三藏经典对比参校，推进了傣族文化的研究。

傣文图书出版工作始于 1951 年。当时，云南人民出版社成立，社内设有民族文字读物编辑室，西双版纳傣文和德宏傣文属其中两个文种。当时出版的读物，主要以宣传性、普及性的读物为主。1957 年，云南民族出版社成立，社内设西双版纳傣文编辑室和德宏傣文编辑室。自此之后，傣文图书一改以前单一的政治宣传内容，为满足群众生产、生活的需要，傣文图书出版品种和结构开始变化，其内容除了政治宣传的以外，涉及了科普小学课本以及文学。1976 年、1979 年以后到现在，云南民族出版社和有关出版机构，陆续出版了西双版纳傣文和德宏傣文的不少图书，其中古籍文献的发掘、翻译、整理成果被纳入了出版范围。很多关于傣族文字古籍文献中有关民间历史、文学、医学和佛经资料的出版，将傣族古籍文献的调查和研究工作推到了一个新的层次。

2008 年 7 月 23 日

于云南民族大学

第一节　潞西市傣文古籍文献民间收藏调查

德宏州潞西市辖芒市镇、遮放镇等5个镇和轩岗乡、江东乡、三台山乡等6个乡。辖区内人口近34万人，世居民族主要有汉、傣、景颇、德昂、阿昌、傈僳等民族。本调查主要设定在傣族文字古籍文献；涉及的民族主要是信仰南传上座部佛教的傣族、德昂族；涉及的地点主要有芒市镇、风平镇、轩岗乡等乡镇的部分佛教信仰场所（佛寺）和部分居民。

一、潞西市芒市镇傣族居民和部分佛寺保存的傣文古籍

1. 排茂寨子（西南里）二社帕嘎真瑟家收藏的傣文古籍

芒市镇，傣语称“遮勐焕”，即黎明城，位于潞西市东北部。汉文史籍记载为“茫蛮”、“茫施蛮”等，明正统八年（公元1443年）立为御夷长官司时改为“芒市”。排茂寨子，汉语称西南里社，位于市中部偏北。本调查是在西南里二社进行的。据2008年统计，该社共有188户，715人，其中96%是傣族，通用傣语，98%的村民信仰佛教。

帕嘎真瑟，男，傣族，84岁，原潞西县水利局技师，属官后裔，新中国成立前在官家书房从事文书，1954年参加工作，1984年退休。退休后，1991年任德宏州佛教协会名誉理事，德宏州傣学会顾问。精通德宏老傣文，识汉字。目前他家里收藏的傣文古籍文献共约50余部。由于经书多，客厅柜子里放不完，老人便把经书放在一个很旧的柜子里，置于正房右边一楼房下。柜子宽1米，高1.3米，经书柜子从不上锁。帕嘎真瑟老人说，当他不在家时，有亲朋好友来看经书，只需要跟在家的人说一声，就可以自己打开柜子取出经书。如果需要借走，也只需告知家里人一声就行。老人还说，无论阅读经书、诵经书、抄写经书、赕经书，不仅仅是对佛祖的信仰，也是一种积功积德，是好事，所以要给别人以支持和帮助。认真考察帕嘎真瑟老人收藏的傣文古籍，其名目如下：

（1）傣文书名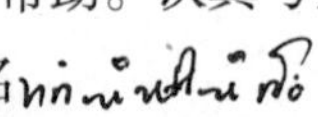《朗三琵三高》（音译），文学作品。

（2）傣文书名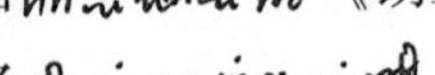《基拉塔布卡散利》（音译），佛教史。

（3）傣文书名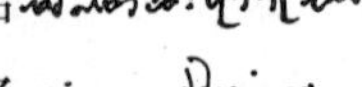《素达里般纳》（音译），3部，佛教经典。

（4）傣文书名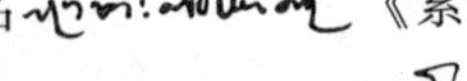《巴塔玛达纳姆萨谢》（音译），佛教

经典。

（5）傣文书名《吾图多阿峦光端》（音译），文学作品。

（6）傣文书名《吾图多阿峦玛利》（音译），文学作品。

（7）傣文书名《巴坛玛静立》（音译），文学作品，1980年，帕嘎真瑟重抄。

（8）傣文书名《利颂玛焕相》（音译），佛教经典。

（9）傣文书名《霍北》（音译），佛教经典。

（10）傣文书名《谷魂》（意译），叙事诗。

（11）傣文书名《白鼠阿峦》（意译），叙事诗。

（12）傣文书名《吾度玛达干》（音译），叙事诗。

（13）傣文书名《阿峦多召阿林丹玛》（音译），文学作品。

（14）傣文书名《波提别喜亚》（音译），佛教教义。

（15）傣文书名《阿峦多召布利丹》（音译），2部，佛本生经。

（16）傣文书名《瑟本玛哈迈目力尚图弄召亚相光姆弄岁达共》（音译），缅甸仰光佛塔史。

（17）傣文书名《阿利杂姆拉萨托》（音译），佛教经典。

（18）傣文书名《阿峦艾结换》（音译），佛本生经。

（19）傣文书名《五座塔》（意译），佛教史。

（20）傣文书名《朗维尚哈》（音译），叙事诗。

（21）傣文书名《萨桑纳东版》（音译），佛教教义。

（22）傣文书名《坛玛姆拉苏》（音译），佛教教义。

（23）傣文书名《瓦利达扎利达西拉物布含》（音译），佛教经典。

（24）傣文书名《阿利乜叠亚》（音译），佛教经典。

（25）傣文书名《沃散坛兑告》（音译），佛教教义。

（26）傣文书名《波提地细亚》（音译），佛教经典。

（27）傣文书名《坛玛姆拉苏》（音译），佛教经典。

（28）傣文书名《共那巴蒂》（音译），佛教教义。

（29）傣文书名《尚哈拉巴散利迪卡达拉含颂帕》（音译），佛教经典。

（30）傣文书名《素达巴拉玛》（音译），佛教经典。

（31）傣文书名《芒市菩提寺史》（意译）。

（32）傣文书名《利货坦》（音译），佛教教义。

（33）傣文书名《训诫》（意译），佛教教义。

（34）傣文书名《布塔坦玛尚哈阶地朵哈端杂》（音译），2部，佛教教义。其中一部1993年重抄，另一部不详。

（35）傣文书名《叙事诗》。

（36）傣文书名《九颗宝石》（意译），文学作品。

（37）傣文书名《素西拉罕兑告》（音译），佛教经典2部，其中一部是排东门寨子茂罕一家为其子小三而赕。

（38）傣文书名《赕首阿峦》（意译），文学作品。排状寨子村民尔应重抄。1985年，排奘相寨子村民为幸福安康而赕。

（39）傣文书名《颂撇蒂卡散朗琵》（音译），文学作品。排德寨子村民应勐相（土司衙门文书），1951年，为已去世的父母而赕。

（40）傣文书名《利霍白》（音译），佛教教义。排茂寨子坦恩瑟重抄，波旺保为已去世的母亲而赕。

（41）傣文书名《吾度玛达干》（音译），佛教经典。1987年，帕嘎恩罕一家赕。

（42）傣文书名《素达沃哈拉》（音译），训诫。坦罗恩为已去世的姐姐与姐夫而赕。

（43）傣文书名《波提比西亚散细呔泽》（音译），佛教经典。帕嘎真瑟重抄。

（44）傣文书名《萨明召阿利绵叠亚》（音译），佛经。1997年，乜晓老及其亲属为已去世的父母而赕。

（45）傣文名书《阿果旺拉苏》（音译），佛教教义。1980年，乜岩恩全家为了解脱困难而赕。

（46）傣文书名《共啦巴蒂》（音译），佛教教义。劳相、罕亮及其所有亲属，为去世的母亲而赕。

（47）傣文书名《坦玛哲仰》（音译），佛教经典。1989年，盈江坦姆相全家为1951年已去世的老人赕。

（48）傣文书名《引路经》（意译）。1989年，坦罗恩全家为已去世的老人乜岩保而赕。

（49）傣文书名《布塔鲁萨蒂》（音译），佛教教义。

（50）傣文书名《供朵放》（音译），佛教教义。排茂软相赫赕。

（51）傣文书名《阿峦朵些啦噶呔勒临罕》（音译），文学。1997年，坦茂相全家为幸福安康而赕，方领准抄写。

（52）傣文书名《阿峦朵召阿令丹玛》（音译），文学。坦罗恩全家为其姐玉秀和罕罗而赕。

（53）傣文书名《萨明召阿利乜蒂亚》（音译），佛教经典。坦莫罕全家为全家平安而赕。

（54）傣文书名《四尊佛》（意译），佛教经典。1990年11月，排茂、排赞冈、排贺奘、排吭奘、排盖等四邻五寨村民，共同为所有的村民而赕。1990年，排茂帕嘎真瑟重抄。

（55）傣文书名《素达素物纳沃岗》（音译），佛本生经。

（56）傣文书名《杨家生解难》（意译）。这是一部由汉语翻译为傣语的文学作品，1987年，芒市镇排茂方老西为自己能解脱困难而赕，方领准1985年重抄。

（57）傣文书名《尚哈间》（音译），佛教教派的形成。

（58）傣文书名《素玛哈纳》（音译），佛教教义。

［调查地点：芒市镇排茂寨；调查对象：帕嘎真瑟；调查时间：2007年8月；调查整理：蔡小晃］

2. 大湾寨子项岩岁收藏的傣文古籍

大湾，又称芒棍弄，傣语意为大湾寨子。位于潞西市东部，距市中心 4 公里。据 2007 统计，全村 181 户，850 人，全寨村民信仰佛教，均使用傣语。寨子中心建有一佛寺。

项岩岁，佛教信徒名帕嘎静绵，傣族，男，74 岁。13 岁时，利用晚上时间跟其父学习傣文。那时学傣文，父亲不教写字只教念经，后来自己通过抄写经书，而学会书写。项岩岁老人是一个非常虔诚的佛教信徒，爱好诵经和抄写经书，是寨子里德高望重的贺露（专门负责和组织佛教活动的人）。他家居屋客厅正面设有佛龛，佛龛前置一张桌子，桌子上陈花瓶、香炉及其他供品。老人收藏的经书放在客厅进门左边一个七成新的木柜子里，木柜宽 1.2 米，高 1.6 米，分两层，上层供奉经书，下层放置供品。柜内所藏傣文古籍共有如下 23 部：

（1）傣文书名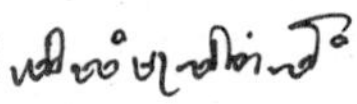《琵坛玛界间》（音译），佛教经典。2000 年帕嘎静绵为自己赕，帕嘎静绵抄写。

（2）傣文书名《狐狸精怪》（意译）。这是一部由汉文翻译成傣文的文学作品。

（3）傣文书名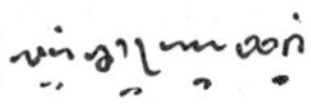《三下南堂》（意译）。这是一部由汉文翻译成傣文的文学作品。1952 年曾经被改编为傣剧，并演出过。1980 年重抄。

（4）傣文书名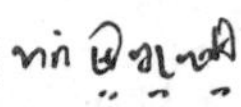《卖花女》（意译）。这是一部由汉文翻译成傣文的文学作品。1982 年重抄。

（5）傣文书名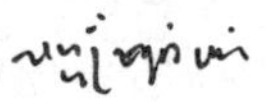《萨沙端般》（音译），佛经教义。此书从缅甸得来。1985 年大湾寨子村民帕嘎恩晃为自己而赕。

（6）傣文书名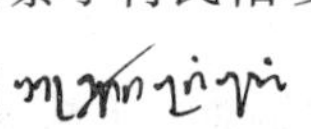《阿鸾弓官》（音译），文学作品。

（7）傣文书名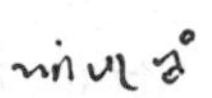《美人鱼》（意译），文学。2001 年，帕嘎也相兄妹七家七户为全家族而赕。

（8）傣文书名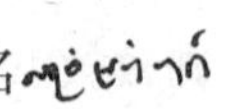《罗玛冈》（音译），佛经故事。此书从芒市城里得来。

（9）傣文书名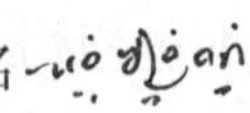《少猴王》（意译）。这是一部由汉文翻译成傣文的文学作品。1994 年重抄。

（10）傣文书名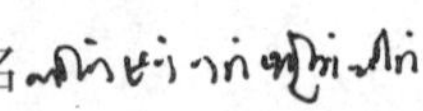《谷魂》（意译），叙事诗。此书从棒晒芒朵相得来。1986 年，大湾寨举办建盖奘房竣工庆祝活动时，泰国召万准赕。

（11）傣文书名《黄牛吞斧》（意译），文学。帕嘎静绵全家1995年为已去世的弄提软而赕。

（12）傣文书名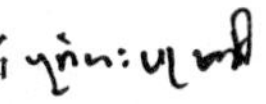《共纳巴蒂》（音译），佛教教义。1997年，坦莫相、帕嘎莫恩等兄妹五家为已去世的母亲莫恩而赕。

（13）傣文书名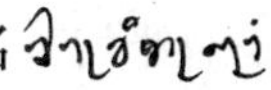《五枚金乌鸦蛋》（意译），佛教历史。1985年，帕嘎静绵全家为已去世的父亲而赕。

（14）傣文书名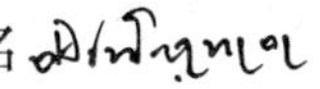《维列珠纳瓦》（音译），佛教经典。2002年，帕嘎静绵为已去世的老人而赕。

（15）傣文书名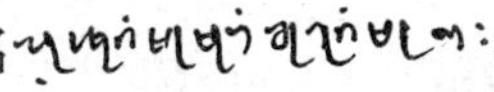《九根尾巴的狗》（意译），佛本生经。

（16）傣文书名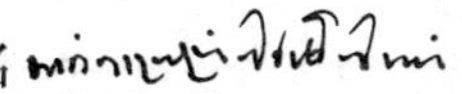《杨佳春解脱苦难》（意译）。这是一部由汉文翻译成傣文的文学作品。1983年，拉塞寨子的亲戚为帕嘎静绵已去世的父亲而赕。

（17）傣文书名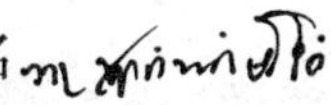《美人猫》（意译），文学。2002年，大湾寨村民帕嘎也相为积功积德而赕。

（18）傣文书名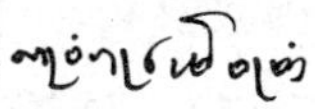《消灾免难》（意译），佛教教义。2003年，帕嘎静绵为自己而赕。

（19）傣文书名《阿鸾巴苏》（音译），文学。2003年，乜小景等兄妹五个赕。

（20）傣文书名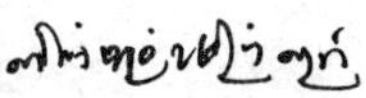《利霍北弄》（音译），佛教教义。1984年，帕嘎静绵抄写，1986年，大湾寨举办建盖奘房竣工庆祝活动时，帕嘎静绵赕。

（21）傣文书名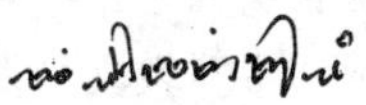《召细塔端三》（音译），佛教经典。此书从那目寨子得来。

（22）傣文书名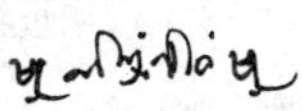《目莲救母》（意译）。这是一部由汉文翻译成傣文的文学作品。1996年，波叶罕全家赕给已去世的老人，1995年重抄。

（23）傣文书名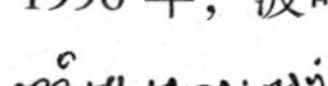《坦玛姆纳素》（音译），佛教经典。1998年，帕嘎雷相恩赕给其伯母。

［调查地点：芒市镇大湾寨；调查对象：项岩岁；调查时间：2007年8月；调查整理：蔡小晃］

3. **大湾寨奘房（佛寺）收藏的傣文古籍**

大湾奘房始建于1982年，位于寨子中心，原用茅草建盖，1985年用砖瓦重建，1986年竣工，同年在此举办了隆重的竣工仪式活动。大湾奘房目前无驻寺和尚，寺房由寨子里的“贺露”轮流值守。如遇到重大佛教仪式活动时，便到其他村寨供养和尚的奘房聘请和尚来念经，平时一般的佛教活动都由“贺露”主持和念经。目前大湾奘房由“贺露”坦莫相（男，傣族，65岁）值守。由于大湾奘房不供养和尚，平日没有活动时，正门不开，只开侧门。笔者在作本调查时，由项岩岁老人作向导，老人向坦莫相介绍了笔者调查傣文古籍文献的本意后，他便热情地带着我们从侧门进入奘房。大湾奘房所收藏的经书在大佛像左边的两个经书柜里，两个柜子五六成新，都不上锁，内藏有132部经书。两位老人不仅帮我把所有的经书拿出来堆放在草席上，还一部一部地一边翻阅一边告诉我，哪部是哪家赕的、赕给谁。这些经书名目如下：

（1）傣文书名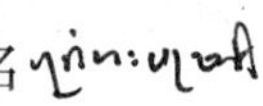《共纳巴蒂》（音译），佛教教义，11部。

（2）傣文书名《霍北》（音译），佛教教义，37部。

（3）傣文书名《阿皮丹玛》（音译），佛教经典，4部。

（4）傣文书名《引路经》（意译），佛教教义，23部。

（5）傣文书名《别达卡批格》（音译），佛教经典，5部。

（6）傣文书名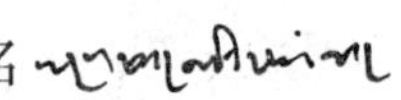《素达细般纳》（音译），佛教经典，35部。

（7）傣文书名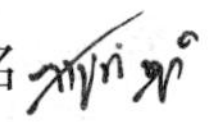《奘焕》（音译），佛教教义，2部。

（8）傣文书名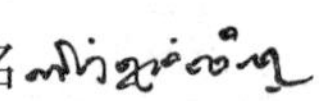《利贺坦主》（音译），佛教教义，7部。

（9）傣文书名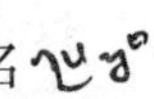《金蛙》（意译），佛本生经，1部。2002年帕嘎恩瑟抄写，大湾全村寨的妇女为积功积德而赕。

（10）傣文书名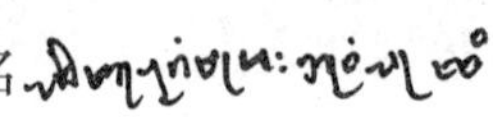《细达共玛纳沃萨》（音译），佛教经典，3部。

（11）傣文书名《八位高僧》（意译），佛教教义，3部。

（12）傣文书名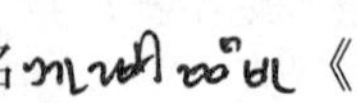《阿琵坦玛》（意译），佛教经典，5部。

（13）傣文书名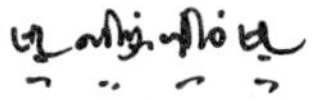《目连救母》（意译），这是一部由汉文翻译成傣文的文学作品。

［调查地点：大湾寨奘房；调查对象：坦莫相、项岩岁；调查时间：2007年10月；调查整理：蔡小晃］

4. 芒市镇团结大街岳三模家的佛教典籍

岳三模，男，傣族，73岁，乳名三模。家住芒市团结大街芒市第一小学校门右侧。这里过去是一片蔬菜地，属芒市蔬菜第三队。三模家原来是这里的菜农，后来菜地被开发为城市街道，他家便在道边建盖起一幢楼房，开设饭店，专门经营销售饵丝、米线、豌豆粉早餐，经过几年的艰辛经营，生活算得上是当地的富裕人家。信仰南传上座部佛教的傣族，按照传统，除平日要虔诚礼佛听经外，家有富余的人家，一定的时候要自己出资，承头邀请信佛者，到佛寺里做赕佛（供佛）、诵经、捐功德、请客等佛事活动，做此活动后，承头者会获得信佛的不同等级，据岳三模先生称，他已经获得这种赕佛礼仪的最高等级——帕戛等级。

在傣族社会，所有人家都非常重视、敬重佛教经书，再平常的人家，都在家里设有佛龛，称“相帕拉”（音），供奉佛像、佛经。岳三模家的佛龛位置设在三楼正屋一侧的屋墙正中，佛龛用铝合金材料制成，上有龛顶，中分三台门柜和供台，均为鎏金色。佛龛外台供有三个花瓶，龛前又设有供桌，桌上设香炉，整个佛龛显得富丽堂皇，明快而又庄重。龛柜内正中供有5尊鎏金佛像，正中一尊属释迦牟尼佛，金佛前供有芭蕉、谷米花、糖果之类，还供佛水三杯，每天更换。佛经即供奉于佛龛柜内。

岳三模先生家的佛教典籍，据说在父亲岳波岩那一代有很多，到“文化大革命”时，因为父亲胆小怕事，只好把所有的经书烧毁。现在，供奉在佛龛柜中的经籍有15本，全部用白绵纸抄写，均属近10年以来的抄本。按照传统，各卷经书都用黄绸布或蓝花等布料包裹。其中有一本用傣文抄写、纸质显旧的书，外层用塑料布包裹，因为不属佛经类经籍，所以平日存放在家中衣橱顶部一角。本文笔者在调查询访时，三模老人突然想起此书。据先生介绍，此书名称《五胡平西》，是一本傣戏剧本。当地傣族社会过去有民间戏班，先生年轻时喜好傣戏，曾参加过傣戏班，大约新中国成立后的属猴年间，戏班解散，于是先生便将此书带回家中，收藏至今。照先生所述，新中国成立后的“属猴年间”，大约为1955年前后，由此推知，此傣文抄写剧本约有

52 年的历史。

［调查地点：芒市镇团结大街；调查对象：岳三模；调查时间：2007 年 2 月；调查向导：李国华；调查整理：李国文］

5. 芒市镇东里清水巷亮晃相家保存的佛教典籍

亮晃相，男，79 岁，2007 年 1 月 29 日去世。先生家住芒市镇东里清水巷 12 号（现改为 1 号）。其父若相（老先生），其母呀若相（老夫人）；其妻名呀晃相，74 岁，健在。先生家过去专门加工银制器物、饰物，是远近有名的银匠世家。20 世纪 80 年代，胡耀帮同志到云南视察工作时，曾到先生家进行家访、座谈，现在家屋进门右侧板壁上挂着的像框里，保存着当年胡耀帮同志与全家合影的珍贵照片。

和其他傣族人家一样，先生家正屋堂中正墙前设有供佛、存经的佛龛，龛柜用木制，内分三台，外设有窗门，整体用金粉漆刷，闪光耀眼。所有佛经文献就供奉在龛柜里。本文笔者赴先生家调查时，正置家中从缅甸来的僧人召南达（法名，俗名尚亮）为亮晃相先生去世的诵经日。傣族人家为去世的长者诵经是一件非常隆重的事情。僧人诵经为亡者超度期间，家中的堂屋、佛龛前要铺设被褥、草席之类，以示整洁、干净、庄重。主人亮晃相的妻子呀晃相老人饱含着傣族人所具有的那种善良、温和以及对客人的敬重、虔诚，当笔者进入家屋并席地落座于佛龛前之后，是她给笔者讲述了家中现在保存佛经的情况。

呀晃相老人非常理解笔者所做的工作，当她得知笔者意在专门了解少数民族古籍文献保存情况之后，她毫无顾忌地从佛龛里取出所有经书，让笔者作了认真观察。这些经书共有 23 本，全部属绵纸抄本，其中有 5 本纸质显黑、显旧，18 本纸质显新。据呀晃相老人介绍，这 5 本显旧的经书是“文化大革命”以前的遗本；18 本显新的经书属约近 20 年来的抄本。老人具体讲述了这 5 本旧抄本的故事。“文化大革命”期间，亮晃相的母亲呀若相为了保存这几本经书，便将经书包上塑料布，捆装在一个油桶里，然后藏放到村寨附近的刺树蓬中。经书虽然藏好了，但心里还是不踏实。有一天，呀若相又取出藏经，带着砍柴工具，佯装到山中砍柴的样子，把经书带到附近芒晃寨母亲家秘藏，后来才从芒晃寨取回家中供奉。据在场的僧人召南达和呀晃相老人介绍，所有藏经情况大约如下：

（1）书名《巴腊麻塔》（音译），经书大意即为教育人的灵魂之类。

（2）书名《邦奓希拉》（音译），经书大意即讲信佛者经过赕佛会得到的功德。

（3）书名《色都布塔》（音译），经书大意是讲四尊菩萨的故事。认真翻查以上经书，据说原为瑞丽（今瑞丽市）勐卯地芒岩村人抄写的，距今约有100多年历史。

（4）书名《苏文那巩帕》（音译），经书大意讲述一个国王做佛事的故事。此经属亮晃相的父亲莱若相抄写遗本，约有70多年历史。

（5）书名《韦涅苏拉哇》（音译），据说相当于教育、训诫之类经书，抄写时间约有100多年。

（6）属对第三本《色都布塔》的重抄，1977年抄本。

除上述外，保存于亮晃相家的其他佛经文献，基本上属于近20多年来对诸如《苏文那巩帕》等经籍的重抄本。

［调查地点：芒市镇东里清水港；调查对象：呀晃相等；调查向导：李国华；调查时间：2007年2月；调查整理：李国文］

6. 芒市镇东门佛光寺藏经

芒市镇东门有佛光寺，当地亦称作佛光寺奘房，始建于1873年，据说新中国成立前属当地土司家的奘房，故又称土司奘，“文化大革命”期间，奘房遭到不同程度的破坏，唯保存有主殿。现奘房内有主殿一座，1947年曾重修，20世纪80年代又作修复。奘房左侧有寺亭，右侧有寺塔、寺房，于1984年以后逐渐修建、修复。目前由东门寨70岁傣族老人董茂兴看护。原居缅甸大勐养的佛教左抵派僧人召南达（法名，僧阶属“塔玛嘎替嘎”，俗名尚亮）即住在此奘房。

奘房的藏经处设在主殿左上角，有木制藏经柜和木架，但较为简陋。整个奘房目前共有绵纸抄写经籍约58本，大部分经书堆放在木架上，这些经书多属20世纪80年代以后傣族居民发愿心、许功德、施舍供奉的抄本。木柜中存有一部最旧、最古的经书，称《塔玛巴达》（音译），据召南达翻查、解释，此书抄写历史约有200余年。护寺老人们介绍，此经书“文化大革命”时被私人收藏，20世纪80年代宗教信仰自由政策以及该奘房恢复以后，收藏者即将此经奉回该奘房内供奉。

［调查地点：芒市镇佛光寺；调查对象：董茂兴；调查向导：李国华；调查时间：2007年2月；调查整理：李国文］

二、潞西市风平镇傣族居民与奘房藏经情况典型调查

风平镇距潞西市驻地约 10 余公里。在该镇，本文笔者选取了一个佛寺奘房、两户傣族居民，对他们的佛经藏书情况作了调查。

1. 刀俊侯家的藏经情况

刀俊侯，男，72 岁，傣族，家住风平镇法帕办事处法破村。先生于 1953 年参加工作，以后在腊掌村任小学教师，1993 年退休在家。按当地傣族农家的一般建筑格局，先生家有正房、左右侧房、院落前畜厩房共 4 间。正房是家庭生活的中心，正房正堂屋的正墙一方设有藏经处，但其设置不像潞西城区居民，它是一种用木板直接镶进墙体，供台、藏柜为一体的有窗、门组合台柜。先生家的佛经抄本就供奉在此柜中。

在傣族社会中，按照传统，每当老人去世时，都要由僧人为之诵经超度，僧人们诵的经典，一般都是老人生前抄好了的。笔者在与刀俊侯老人了解藏经情况时，他的妻子在旁边插叙了这样一句话："我们老人死后要念的经书，现在已经抄好了。要是死时没有念诵的经书，别人会笑的。"此话说明，在傣族社会，每个信佛的家庭，大凡掌握傣文的老人，平日抄写、供奉佛经，是虔诚信佛的标准之一。

现存刀俊侯先生家的佛经典籍，共有 12 本绵纸抄本，纸质显新，均为先生退休后的亲手抄本。经籍名称分别为：

（1）《巩拉巴底》（音译）。据说，家中父母去世时，其男性后人必须用此经祭供父母。

（2）《苏达理巴拉》（音译）。家中父母去世时，其女性后人必须用此经祭供父母。

（3）《汤涅赕》（超度经）。

（4）《理贺盘》（烧冥房经）。

（5）《理贺汤》（相当于取经记故事）。

其他经书分别属上述经书的重抄本，其中重抄《理贺盘》3 本，《苏达理巴拉》2 本，《巩拉巴底》1 本，《汤涅赕》1 本。

［调查地点：风平镇法破村；调查对象：刀俊侯；调查向导：李国华；调查时间：2007 年 2 月；调查整理：李国文］

2. 岩洼家保存的经书

岩洼，男，62 岁，风平镇法帕办事处芒蚌村人。曾任过小学民办教师。该村有芒蚌奘房，平日由村民轮流当值守护，目前正轮流到岩洼守护。先生家就住在奘房前，家屋院落宽敞，正房正堂屋墙前设有供台、藏物为一体的木制三台大橱柜，经书典籍即存放在橱柜的最上台。这些经书共有 26 本。经过认真查看，主要经书有：

（1）《皮埂》（音译）。

（2）《贺盘》。

（3）《哦盘》。

（4）《苏达理巴拉》。

（5）《贺汤列赕》。

（6）《巩拉巴底》。

其他经书多属上述经书的重抄本，且属近年的抄本。其中有一本《巩拉巴底》，纸质显黑、显旧，据先生称，此经书得自岳父张家明家，抄写时间为 1964 年，距今有 43 年历史。

［调查地点：法破村；调查对象：岩洼；调查时间：2007 年 2 月；调查整理：李国文］

3. 芒蚌奘房保存的经书

风平镇芒蚌村有芒蚌奘房，有一间约 400 平方米的主殿，坐落在温泉附近，是当地傣族村民佛教信仰活动场所之一，目前由村民岩洼和 84 岁的石老三老人看守。二人平日既守护奘房，同时在抄写佛经。奘房藏经处设在大殿内左上角，有木柜，柜旁有木架台。奘房内目前供奉纸本经书约 47 本，凡村民抄写供奉的经书，大多包裹、存放于木架上，较珍贵的经书则锁放在木柜里，木柜上锁，一般情况下，柜中的经书不取出。笔者在征得岩洼先生同意后，由先生从柜中取出唯一一本藏书进行观察。此经书傣语汉译名称为《王文姬》，据说为汉语故事傣文译本，书面纸质显黑、显旧，抄写时间为民国三十六年（1947 年），是该奘房保存最珍贵的一本文献。

［调查地点：奘房（佛寺）；调查对象：岩洼、石老三；调查时间：2007 年 2 月；调查整理：李国文］

三、潞西市轩岗乡傣文经书收藏情况

潞西市有轩岗乡，其中有丙帽村委会拉卡村（当地仍习惯称拉卡生产队），属傣族聚居地，距潞西市驻地约 20 多公里，是离城中心稍偏远地区。该村有村民 118 户，500 多人。本调查选取了两个典型人户和一座佛教奘房，对所藏经籍作了观察。

1. 拉卡村李呀和李岩所家的藏经

拉卡村傣族李呀，男，78 岁，是当地有名的木匠，擅长起房盖房，家居四合院，正房门前屋檐下设木栏坐凳，属当地较讲究的居屋。正房堂屋正墙上镶有木制三层带门窗供橱。供橱右上角墙上设有坐佛形凹进墙内的供台，此供台傣语称“贺兴罕”（音），据说为“祭祖台”。按当地傣族传统，凡家中有事，如婚丧嫁娶，即在此台燃香供祖。供橱和燃香台的整个位置，在观念中即是“家堂”，是供物、供祖的神圣地方。

李呀老人既会木匠，也懂傣文，平日除做工外，经常抄写佛经典籍。他家的经书用一个编织塑料袋包捆，祭供在供橱内，共有 12 本（部），每本经书都用布料包裹。各部经书情况如下：

（1）傣语名称《灭底亚》（音译），纸质显旧。据说，其内容专门讲述释迦牟尼成佛前的故事。

（2）《灭底亚》，1983 年重抄本。

（3）傣语名称《匹汤玛赞蚌》（音译），1987 年抄本。据说家遇老人生病念诵此经，即可禳灾驱病。

（4）傣语名称《转变兰》（音译），1990 年抄本。据说此经讲述傣族佛教奘房的来历。

（5）《匹汤玛赞蚌》，2005 年重抄本。

（6）《巩拉巴底》，此经纸质显旧，抄写时间不详。据说此经属老人去世时必须念诵、祭供的经典。

（7）《召尚哦波》（音译），2006 年抄本。

（8）《皮埂》（音译），据说属赎罪、解脱尘世罪孽类经书。此书包装布十分显旧、显朽，估计形成时间较早。

（9）《皮埂》的重抄本。

（10）《大孝祭》，汉语译名。据说专门讲述汉人胡小英孝母的故事。

（11）《巩拉巴底》，纸质显黑、旧，抄写时间落款为 1953 年，距今有 54

年历史。

（12）书名不详，但在李呀老人的所有藏经中，属最古旧的一本。此书属占卜凶吉、占卜起房盖屋、小孩取名、出行之类专书。

李岩所，男，58岁。家屋正墙上的供橱中供经书5本，书名为《巩拉巴底》等，傣族人家老人去世时必须诵念的日常供经，属近年的重抄本。

［调查地点：轩岗乡拉卡村；调查对象：李呀、李岩所等；调查向导：方萍等；调查时间：2007年2月；调查整理：李国文］

2. 拉卡奘房保存的佛教经典

轩岗乡丙帽村委会拉卡自然村有佛教奘房，当地习惯称为"拉卡奘房"，坐落于进村路口左侧，始建于1962年，因该地属潞西市较偏远村寨，故此奘房在"文化大革命"期间未遭到破坏，目前属于潞西市保存较为完好的奘房。平日有专门村民负责守护，目前由李奘相（男，62岁）专门负责看守。奘房内设有两处专门的藏经柜，有一处在大殿左上角，分别设有新木柜和木架；另一处在大殿隔墙后面的保管室，设有一个木柜，此柜很旧，属原藏经柜的遗留。整个奘房目前共存有佛经约30余本，分三处保存，一部分堆放在木架上，这些经书多属近年的新抄本，是村民们来供奉、存放的。另有6部经书，分别锁在新、旧木柜中，其中有4部属该奘房保存时间最长的文献。情况分别如下：

（1）傣语名称《展尚嘎》（音译），属2003年重抄本。

（2）《咧敢垛》（音译），属祝词、祷词之类经书，抄写时间不详，但书面、纸质已显黑、旧。

（3）《萨胜腊芒剑》，抄写时间落款为1984年，书很厚，共300余页，装订为当地傣族佛经习惯的装订样式，成长方形，长约50厘米，宽约40厘米。其内容据说专门讲述缅甸国王以及佛教在缅甸境内和傣族地区（包括中国境内）活动的历史。

（4）《召玛贺罕》，装订样式同于第三本，很厚，共有300余页。据村民们解释，此经书自从该奘房建成之日，便存放在奘房内。细查抄写时间，落款为民国二十八年，即属1939年的抄本。此经由于供奉和翻查时间较长，目前全书显得十分古旧，且约从第一到第十页已经朽脱，所朽脱残留页面差不多成布条状，文字已难辨识。

（5）译名《阿銮的故事》，装订样式同第三本，共200余页，抄写时间不详，但书面古旧，前半部分约有十余页已经破损脱落。据看守奘房者解释，此书在“文化大革命”期间被村中老人秘密收藏，以后才送回奘房保存、供奉。

（6）是一本比较古旧的经书，但具体书名不详，据看守奘房的老人解释，这是一本专门讲述唐僧取经的经书。目前此书被拉卡村附近的拿门寨一位老人借去传抄。

［调查地点：轩岗乡拉卡村；调查对象：李奘相等；调查向导：方萍等；调查时间：2007 年 2 月；调查整理：李国文］

四、三台山德昂族乡允欠德昂族寨收藏的傣文古籍情况调查

1. 概述

德昂族是一个历史悠久的民族，人口近约 2 万余人，散居于云南省的西南部，其中 70% 的人口分布于德宏州的潞西、梁河、盈江、陇川等县、市。此外，保山市、临沧市的镇康、耿马、永德以及思茅市的澜沧等县亦有少量分布。德昂族有自己的语言，属南亚语系孟高棉语族佤昂语支，其中又分为“不列”、“汝竞”、“汝灵”三种方言（有的又记作“纳昂方言”、“汝灵方言”、“布雷方言”），但没有自己的文字。历史上，由于德昂族与傣族、景颇族、汉族等民族毗邻而居，生产、生活交往密切，故而普遍通晓毗邻民族的语言，特别是傣语。德昂族和傣族一样笃信南传上座部佛教，很多德昂族村寨都建有佛寺佛塔，如过去陇川县锅脐山中段“总坎”山建有金佛寺，瑞丽与雷列山建有雷列佛塔等，只是这些建筑直到清朝末期随着德昂族的迁离变动而逐渐衰落。佛教信仰、佛教意识深深地渗透在德昂族社会生产、生活的一切领域，佛教文化已经是德昂族传统文化的重要特征。他们和傣族一样，佛寺是其信仰和传流文化、进行传统文化教育的中心。过去，凡七八岁的男孩，一般都要到佛寺里当一段时间的和尚，在佛寺里学习傣文，学习佛教经典、教义教规，诵经供佛，即便是长大还俗以后，仍然要虔诚礼佛听经、赕佛和进行佛事活动。过去他们有本民族的佛爷、长老，现在如潞西市三台山乡部分佛寺中仍有德昂族的和尚。由于德昂族男孩从小就进佛寺当和尚学习傣文，抄习经典，诵念佛经，因此，有很多德昂族成年男子不仅会说傣族话，而且掌握傣文；德昂族男子不仅在本民族地区佛寺里当和尚，也可以到傣族

地区的佛寺里当和尚。历史上，有的德昂族高僧不但精通傣文经书，而且还会用德昂语书写傣文经书。过去德昂族的民间记事、书信往来多用傣文。因此，在德昂族社会，掌握傣文的民间知识分子，通常都是进过佛寺当僧人或虔诚信佛而好学的人。

在德昂族社会，构成他们古籍文献的内容主要有两部分：一部分是人们常称的“德昂族民间文学”。德昂族人民在漫长的历史发展过程中，以自己的勤劳和集体的智慧，在创造物质财富的同时，也创造了丰富多彩的民间文学，其中大部分是民间流传的口头文学和用傣文记载的“经书”上的文学。这些民间文学，内容广泛，包括政治、经济、历史、文化、劳动生产、人物、动植物等，形式多样，涉及神话、传说、史诗、民歌民谣、故事等多种体裁。如反映自然现象及民族起源的有《宝葫芦》、《洪水的故事》、《龙女的故事》、《达古达楞格莱标》等；反映本民族习俗的有《神女谷》、《达惹木卡》、《祝婚歌》、《哭葬歌》、《不献坟的传说》等；反对统治阶级的有《兔子巧计制土司》、《七姑娘》、《筒叶伙子》等；歌颂人民的忠诚和善良的有《金凤凰》、《看牛娃的故事》、《兔子和老虎》、《松鼠和老虎》等；描写忠贞不渝的爱情的有《杆棺材》（也称《彩礼》）、《守地》（也称《地棚》）、《芦笙哀歌》、《帮工歌》、《串》、《竹楼上的赞歌》、《雷弄》等等。这些故事既是他们的传说、故事，也是他们的古籍，即口承古籍。另一部分是流传于德昂族社会中的傣文经典古籍。本项目研究中，主要对流传在德昂族中的傣文古籍文献作典型调查，涉及的调查地点主要是潞西市的三台山乡。

2. 允欠三社德昂族李玉内家收藏的傣文经籍

三台山德昂族乡位于潞西市中部，辖四个行政村，即邦外村公所、出冬瓜村公所、允欠村公所、勐丹村公所。允欠德昂寨的允欠三社，位于芒市西面，距离芒市 38 公里，离 320 国道 0.5 公里。原位于三台山乡西部，在州政府的帮助下，于 2002 年搬迁到现址。至 2005 年底，全村共有人户 39 户，175 人。本调查是在李玉内家完成的。

李玉内，德昂族，女，98 岁，不识字，因患病，老人说话有困难，但神志很清楚。赖永华，男，51 岁，李玉内老人的长子，退休于德宏州消防支队后勤处。按德昂族的习惯，家藏佛教经书是不允许外人看的，好在有赖永华先生的帮助，所以老人才同意本文笔者去看她家所收藏的傣文经书。李玉内老人收藏的经书放在二楼的“供房”里。此房，平日里不开门，而且还要上锁。习惯规定，结了婚的男人不得开门进入“供房”，只有未婚男青年才能开门进入“供房”。赖永华先生带着笔者和他的侄子上到家屋二楼，由侄子打开房门。“供房”里很干净，正面墙中间设一供台，供台上供着一幅释迦牟尼佛像和一个存放经书的箱子。箱子很旧，上有铁锁，箱长约 50 厘米，宽约 20 厘米。供台下设置香炉、水瓶、花瓶、旗幡等供物。侄子行拜佛礼后，才打开箱子。认真清理箱内珍藏的傣文经书，共有 15 部，书目如下：

（1）傣文书名《阿琵坦玛》（音译），佛教经典。波叶素全家赕。

（2）傣文书名《素达里版拉》（音译），佛教经典，2 部。

（3）傣文书名《共纳巴蒂》（音译），佛教经典。波叶满夫妇赕。邦外寨村民波岩果、咩定夫妇赕，1985 年重印本。

（4）傣文书名《阿利密跌亚》（音译），佛教经典。此书从拉姆寨子买来，2000 年赖永华全家为已去世的父亲而赕。2000 年坦满相重抄本。

（5）傣文书名《达秋基》（音译），佛教教义。2003 年李腊左赕。

（6）傣文书名《吾图玛拉南》（音译），佛教教义。

（7）傣文书名《络嘎尚些》（音译），佛教教义。

（8）傣文书名《贺佩段岗》（音译），佛教教义，3 部。

（9）傣文书名《素达西拉》（音译），佛教经典。

（10）傣文书名《罕达法别召》（音译），佛教教义。

（11）傣文书名《贺坦法单帕朵》（音译），佛教教义。

（12）“邀请书”，“遮放佛塔小组”于 1998 年 9 月 25 日邀请允欠德昂寨全村村民参加 1998 年 10 月 8 日将在遮放镇举行礼佛塔的活动。

（13）“邀请书”，德昂族邦外佛寺大和尚及邦外全寨村民于 5 月 3 日邀请允欠德昂寨全村民参加 5 月 7 日将在邦外举行佛塔开光仪式。

（14）“邀请书”，1999 年 12 月 18 日，邦外寨子“做摆”，邀请允欠寨全村村民参加。

［调查地点：三台山乡允欠三社；调查对象：李玉内、赖永华；调查时间：2007 年 2 月；调查整理：蔡小晃］

第二节　盈江县傣文古籍文献民间收藏调查

盈江县属德宏傣族景颇族自治州管辖的一个县。县境东靠腾冲县，南接陇川县，东南与梁河县毗邻，西北、西南与缅甸接壤。西汉时，盈江地区为益州郡古乘象国“滇越”部分。明永乐元年（公元1403），置于干崖长官司。正统九年（公元1444年），升宣抚司。天顺二年（公元1458）年，刀思忠为干崖副使管盏达地。清顺治十六年（公元1659）年，置盏达副宣抚司，两司以大盈江（nam^{53} mu^{35} $aːn^{33}$）为界，河东是干崖司地，傣语称之为勐腊（$məŋ^{43}$ $laː^{31}$），河西为盏达司地，傣语称为勐盏达（$məŋ^{43}$ $tsaːn^{43}$ $taː^{33}$），自古沿袭至今。民国时期设盈江设治区、莲山设治区。1950年5月15日和平解放，大盈江以东为盈江县，以西为莲山县。1958年10月，两县合并为盈江县，辖地面积4311.74平方公里。

盈江县现有傣族人口86 337人，占全县总人口的36.9%，属于傣语的德宏傣语方言即傣那方言，自称傣那，亦被称为汉傣或旱傣。主要分布于大盈江流域海拔800～1000米的盈江坝、盏西坝、支那坝等山间河谷地带。全县共辖勐弄、苏典、弄障、芒障、平原等乡填。本调查研究项目主要以平原镇及其有关村寨和佛教奘房为田野点。

平原镇莲花山片区（原有莲花山乡，2006年并入平原镇）位于盈江县城平原之北，乡政府驻户勐，距县城5.5公里，总面积272.1平方公里。全镇辖新莲、兴和、高里、拱腊、陇中5个村民委员会，55个自然村，64个村民小组。2006年年底，全乡总户数3046户，总人口15 471人，其中汉族6349人，占全乡总人口的41.0%，傣族6546人，占全乡总人口的42.3%，景颇族2133人，占全乡总人口的13.8%，傈僳族413人，占全乡总人口的2.7%，其他民族30人，占全乡总人口的0.2%。

1. 兴和村公所允哏寨奘房——银泉寺保存的傣文经书

兴和村委会以兴办合作社之意命名。位于平原镇莲花山片区中部偏南坝区，西为莲花山，东为陇中山岭，北为勐弄山和盏达河、南朗河、勐勇河、高里河等河流。村公所驻户勐街，1954年称东风大队，1971年改称兴和大队，1984年称兴和乡，1988年改为兴和村公所至今。辖岗姐、壮丁、项捧、芒弄、南朗、杏板、吨冬、允哏、芒俄、户允、多木、小庙、海燕、拉万共14个自然村，人口2966人（2006年）。在这些村寨中，傣族村寨基本上都有佛寺（当地人称为“奘房”）。此将允哏村奘房（银泉寺）保存的傣文文献调查和相关情况记录于下。

允哏寨子，现有傣族人户94户，420人。按现行的基层行政设置分为一社、二社，其中，一社43户，192人。二社51户，228人。

本文笔者就生长在允哏寨，16岁后到外面就学并工作至今，但几乎年年回家过节、看望父母，感觉不曾离开过家，不曾离开过寨子。幼年在村中和奘房里玩耍的情景历历在目。据村里的老人讲述，村中的奘房建于19世纪中叶，奘房建成后的第三年又建了禅房和佛塔。禅房当地傣语称“lɔŋ^{35} sim^{11}（弄幸）”。“弄”，傣语意译为水池、水塘；“幸”，傣语意译为受戒、静虑。禅房四面由水沟围着，面朝奘房的一面搭一宽约0.3米木板桥供僧人出入。奘房正殿坐西向东系抬梁式木结构，基座为干栏式结构，桩柱高约1.6米，无围墙。正门外二侧立汉式石雕蹲狮一对，殿前上设飞檐翘角的偏厦门亭，下置木板楼梯数级，大殿北端设小门，是木板楼梯，直接面对村口，平时村里的小孩到奘房玩耍或非佛寺活动时到奘房办事的大人就从北门出入。奘房基座即正殿楼下存放村里年长的老人们为百年后准备的棺木。北右侧立一龙竹佛幡，其顶端饰有该年的生肖造形。南右侧距离正殿大约100米处是禅房，依次是佛塔。奘房正殿前方50米处有三棵大青树，奘房四周有缅桃树、柚子树、人参果树、石榴树、芒果树及一些花卉植物等。

20世纪80年代，党的宗教信仰自由政策恢复以后，允哏寨也逐渐恢复了宗教信仰活动。但刚开始，没有僧侣，就由村中精通经文和熟悉佛教仪式的“贺路”带领信众做佛事活动。现在允哏村的奘房——银泉寺，是恢复宗教信仰自由政策后由本寨信众自发捐资8万元于1999年重修的。寺内现有“召长”、“召尚”两位僧侣，一位“牙浩”（沙弥尼）。“召长”和“牙浩”从缅甸请来的，“召尚”是吨冬寨人，1993年出生，小学毕业后于2005年年底到允哏奘房当和尚，跟缅甸来的“召长”学习傣文。从20世纪80年代初恢复宗教活动直至重新建盖好新佛寺，来朝拜、赕佛、敬供的人很多，佛寺内藏存经书也很多，共有393本。经书分两处存放，一处置于佛堂左侧的一个木制的三门柜里，密密麻麻塞得满满的没有一点缝隙；另一处存放于奘房右侧沙弥尼的起居室。笔者在父亲的帮助下，用了三天时间翻阅、记录了这些经书典籍。这些经书皆用绵纸抄写、誊写，有中华人民共和国成立前的抄本，也有“文化大革命”前的抄本，最旧的经书距今约有100余年，部分则属20

世纪 80 年代以后的抄本。其中，旧的经书破损、残缺比较严重。现将主要的经籍名目公布于此。

（1）《ki^{11} li^{11} maŋ^{11} ka^{11} la^{11} · 基利芒噶腊》（新郎的男友给新娘的祝词）

傣族婚宴中，新郎的朋友是特殊的客人，他们要等新郎家里的亲戚吃好后再去吃，吃饭的过程中，新郎朋友中的一位来向新郎朋友行礼的新娘吟唱祝词。首先讲述不忘父母的养育之恩；其次，奉劝新娘要遵规守纪、勤俭持家；再次，祝愿夫妻互敬互爱，各方面兴旺发达。祝词很长，不会也不能一口气念完，念上一段休息片刻，吃吃饭喝喝酒，大家你一句我一句，说说俏皮话或向新娘提问题难为一下新娘，过一会接着吟唱祝词。这个过程就像汉族的闹新房，但傣族是闹新人不闹新房，因为在傣族的理念中卧室（房）是绝对私密的地方，外人是不允许进入的。

（2）《kǎi^{11} kaŋ^{55} xǎm^{55} · 盖岗罕》（意为凤凰）

内容讲述：有一对恩爱夫妻，原本过着平实而温馨的男耕女织生活。不幸的三年干旱，使田地颗粒无收，夫妻俩在逃荒过程中受尽煎熬，最后丈夫跳江自杀，变成了一只鸟；妻子变成一只美丽的凤凰。

（3）《kɔi^{55} lu^{11} xǎu^{31} kak^{11} ləŋ^{33} · 乖路毫噶冷》（只敬供一勺饭）

内容讲述：有一个穷人，虽然生活条件很差，但他天天拜佛。因为他赕佛是真心诚意的，并始终不忘佛经《干玛坦》教义的教导（每天给佛敬献一勺饭）。因此，他死后升入了天堂。

（4）《kǎm^{11} pha^{11} lu^{35} loŋ^{35} · 甘帕鲁龙》（意为巨鼠时代）

内容讲述：果嘎散时代，人类还没有种植水稻，只靠野菜野草充饥。国王命令两个巫师到原始森林中去寻找稻种。稻种被兔子、蛇、羊、马、猴、鸡、狗、象、鼠等动物层层守护着。巫师使出浑身解数求得两粒稻种，今天的稻谷就是那两粒稻种传下来的。

（5）《kǎm^{11} pha^{11} u^{55} · 杠帕伍》（音译）

内容讲述：《杠帕伍》（经书）还未传到人间时，佛祖把它存放在一宝石洞里。一天，夏贡达国王梦见宝石洞里有一头红牙白象，醒来就让大臣和卫兵备马备象出城寻找红牙白象。来到宝石洞前，马和象全部跪在洞口。国王看到此情就朝天拜跪，此时只见洞中闪闪发光，佛祖手捧《杠帕伍》递给国王。国王和大臣们把《杠帕伍》经书接回宫，让《杠帕伍》在人间永放光芒。

（6）《kut^{35} ku^{33} la^{53} ka^{53} ku^{33} liŋ^{55} · 果古那嘎古岭》（意为三姊妹变猴的故事）

内容讲述：因战乱和天灾，百姓流离失所。有三姐妹逃到深山密林中，饿了吃野果。多年后身上长出毛和尾巴，变成猴子。

(7)《xăi^{11} ka^{33} xăm^{55} ha^{31} luk^{53} · 海嘎罕哈鲁》(意为五个神蛋)

内容讲述：在色果拱（地名）的一棵树洞里有五个神蛋。一天，电闪雷鸣、狂风呼啸，五个蛋被吹到不同的地方。五个神蛋在不同的时期孵出人。

(8)《xai^{55} kɔp^{53} săŋ^{35} ăm^{11} mi^{55} xeu^{31} kai^{35} lə^{35} · 海裹尚暗米修扇勒》(意为水牛为什么没有上牙)

内容讲述：从前，野火烧到了老虎身上，老虎向水牛求救，水牛说跳进池塘里去吧。火熄灭后，老虎被烧得泡眉肿眼，看到老虎的身上黄一块黑一片，水牛大笑，磕掉了上牙。

(9)《xai^{55} sik^{53} tsa^{55} · 海西加》(玉皇大帝的水牛)

内容讲述：很久很久以前，人类的饮食规律是三日一餐。有一天，天神（混西迦）派神牛（海西迦）下到人间巡查人类的生活景况。神牛没领会好天神的旨意，下到人间便宣布：按天神的旨意，要人类一日三餐。本来人们三日一餐，神牛说成一日三餐，这让人类比先前辛苦，为此神牛被罚到人间为人们耕耘。

(10)《xam^{55} kɛn^{33} fak^{11} · 喊交法》(交聘礼词)

此书为傣族人结婚时，为新郎一方去迎亲时，将聘礼放在托盘上委托两位老人前去交给女方家族及寨内长老时念的词。

(11)《xam^{55} kan^{55} kɔn^{31} xău^{31} · 喊干贯毫》(供饭词)

此书记录的是：给去世的老人祭供时所吟诵或哭诵的词。如“您现在已闭眼，忘了世间，即将到另一个世界去了，我们子孙磕头给您供饭，您就带走吧，半路有人乞讨您莫给，有人来买您莫卖……”等。

(12)《xam^{55} tsep^{11} luk^{53} ɔn^{11} · 喊接鲁》(接子歌)

此书讲述：妇女生孩子，要请接生婆来接生，孩子落地，便要给新生婴儿洗头、洗澡和拴线。在拴线时，接生婆要念词祝福。

(13)《xam^{55} su^{55} lɔŋ^{55} kon^{55} thău^{31} · 喊素东滚涛》(祝寿词)

此书记录：儿孙来给爷爷（或奶奶）祝寿，表达他们的崇高问候，祝老人身体健康，70 岁不掉牙，80 岁耳不聋，90 岁声音洪亮，百岁高龄福气大。

(14)《xam^{55} su^{55} tɔŋ^{55} luk^{53} laŋ^{55} · 喊素东鲁朗》(给儿女的祝词)

此书记录：父母对离家到外地做事的儿女的嘱咐，希望他们做事勤勤恳恳，靠自己的双手去劳动，靠本事吃饭，靠劳动生活。

(15)《xam^{55} sɔm^{31} ton^{31} măi^{53} · 喊顺顿迈》(栽树歌)

傣族有在路边栽植大青树的传统习俗。这是为人们做好事，供过路人乘凉，祈求神灵保佑。请路神、地神不要惊慌，不要误解。圣洁的树，栽在寨子边，种在水井旁，种树是积德，植树祈平安。吉祥的树，在露水的哺育下快成长，在阳光的爱抚下快粗壮。

(16)《xam^{55} sɛŋ^{35} tsɔŋ^{33} · 喊仙庄》(千种词)

《千种词》是一部傣族诗歌、戏曲范例辑录。傣族社会传承有傣戏，根据傣戏的特点，为舞台上出现的各种人物编写的唱词，并规定某种唱词一定要采用相应的曲调。

(17)《xam^{55} jɔŋ^{55} laŋ^{55} mǎŋ^{11} · 喊阮郎茂》(提亲词)

傣族的社会与文化氛围对男女青年相处是比较宽松的，可以自由恋爱，当男女青年相识相爱到谈婚论嫁时，男方父母就请媒人到女方家去提亲，此书记录着提亲时最常用的《提亲词》。

(18)《xam^{55} tǎm^{55} ho^{35} xeŋ^{11} · 喊当毫贺幸》(祭家神)

《祭家神》是傣族在过大年和节庆敬献家神时念诵的经语。经语向祖先祈祷：在这吉利的日子里，饭菜已经摆在桌子上，请你们各位就座，不管在什么地方，都请你们光临，品尝我们可口的饭菜，请你们保护我们，把恶鬼赶走，让九十六种疾病远离我们。你们吃饱喝足后就要回家，只祈求你们显神灵，保护好人畜平安，请回去吧，你们也有自己的家。

(19)《xam^{55} tǎŋ^{31} ku^{11} · 喊当故》(置床词)

此经是在给新郎新娘置床时念的祝福词。

(20)《xam^{55} le^{11} thən^{11} · 喊列滕》(打猎歌)

农闲时节，寨子里的男子要出猎撵山，围捕野物。为了交上好运，狩猎者先要去寨神庙祭供寨神，请求寨神保佑大家满载而归。

(21)《xam^{55} lu^{11} pu^{11} xɔn^{35} xǎu^{31} · 喊路布唤毫》(祭谷神)

此书讲述人们虔诚地双手举着供品献给人类的依存者——伟大的谷神。谷神创造了幸福的种子，恩情胜过顶天柱。赕供品是我们的本分，积功德是我们的心愿。

(22)《xam^{55} lu^{11} mɔk^{11} ja^{31} · 喊路莫牙》(献花词)

内容讲述：用鲜艳芬芳的花，采一束在水里轻轻洗涤，献给明贤的神。希望在神的帮助下，让红花变作菩提树，让黄花变作金缅桂，让白花变作大佛塔。所有这些将成为献花者的功德，并引领他们走向幸福的生活。

(23)《xam^{55} lai^{35} luk^{35} lan^{35} pai^{31} ho^{35} lən^{33} si^{11} · 喊来鲁郎拜霍冷西》(拜年祝语)

内容讲述：旧年昨天已悄悄过去，新年今日已来临，大地苏醒了，树枝换上绿色的新装。今天是新年初一，来给老人磕头拜年，求福气，求吉祥，人生的道路很漫长，望你们盼什么得什么，想什么有什么，在人生的道路上不愁吃不愁穿，九十六种疾病不沾身，一切吉利平安，家庭美满幸福。

（24）《xam^{55} luk^{53} ɔn^{11} · 喊鲁幻》（傣族儿歌）

傣族儿歌 49 首，流传于德宏傣族地区，可分为三类：一是游戏儿歌；二是教育儿童健康成长；三是儿童顺口溜。念着流畅，让儿童多练语言。

（25）《xam^{55} maŋ^{11} ka^{11} la^{11} xan^{31} hən^{55} mǎɯ^{11} · 喊芒嘎腊亨很茂》（贺新房）

新房落成，亲戚朋友都要来庆贺，并在一起吃饭，席间，德高望重的老人或歌手常常即兴唱贺。

（26）《xam^{55} mɔk^{11} sau^{35} hai^{35} · 喊莫少海》（通知姑娘“丢失”）

此篇为小伙子将小姑娘拐到家后，第二天委托两个媒人去向女方家道歉时所念的词。

（27）《xam^{55} ho^{35} lu^{11} mə^{33} ho^{35} va^{11} · 喊贺路么贺瓦》（开门节初期的献词）

此篇为佛事“进洼”节（开门节）初期，信徒们集中到佛寺拜佛守戒开始时，由“贺路”（领众信徒诵经的人）念的词。先念拜佛词，再表愿静心守戒之决心，最后祈求幸福安康。

（28）《xam^{55} hǎi^{31} sau^{35} pen^{33} hən^{55} · 喊咳少丙很》（哭嫁歌）

此篇为新娘出嫁时的《哭嫁歌》。

（29）《xam^{55} hai^{31} po^{33} me^{33} siŋ^{31} kam^{11} · 喊咳波咩逊干》（父母去世的哭丧词）

此书是子女在父母去世时的哭丧词。

（30）《xam^{55} ham^{31} tsat^{11} pet^{53} kan^{33} · 喊衡扎别敢》（劝说夫妻和好）

遇到本寨的年轻夫妇闹离婚，老人们就要去劝说，以使他们回心转意，言归于好。

（31）《xam^{55} hɔŋ^{53} xɔn^{35} · 喊皇欢》（招女儿魂）

此经记录招魂词。其中记录：女儿魂啊，来来来，来来来，你不要远离家园，你不要呆在野外，那里无处躲避，那里没有温暖，在野外怕雨水浇淋，怕牛马踢踩，无论你现在何处，回来，快回来！

（32）《xam^{55} hap^{53} fak^{11} · 喊哈发》（接聘礼词）

此书为嫁姑娘时女方寨内长老在接纳男方家的聘礼时所念的词。

（33）《xam^{55} ɔk^{33} taŋ^{55} · 喊哦当》（别离歌）

此书讲述丈夫要离开妻子和儿女到遥远的地方谋生，表示依依不舍的离别情。

（34）《tsau^{31} si^{11} that^{53} （tɔi^{55} kaŋ^{33}）·召细塔（中册）》（佛祖修行的故事）

召细塔是嘎毗那瓦国的王子，有妻子和儿子，后入深山修行成佛，即佛祖。

（35）《tsau^{31} si^{11} vi^{53} tse^{11} （1）·召细维借（1）》

《召细维借》塑造了智勇双全的人民英雄形象，成为人民意愿的表达者和劳动人民集体智慧的化身。

（36）《tsau^{31} si^{11} vi^{53} tse^{11} （2）·召细维借（2）》

此经讲述召细维借的聪明、敏捷。

（37）《tsau^{31} ho^{35} ŋəm^{55} sam^{35} pan^{33}·召贺哏掸班》

此经讲述：贫寒的一对夫妇到富翁家当长工。有一天，在妻子给丈夫送饭的路上，遇见一位和尚在化缘，便把饭菜赕给了和尚。从此生活富足，最后当上了国王。

（38）《tsaŋ^{53} sam^{35} ŋa^{55}·章散吖》（三牙象）

此经讲述：暴君普麻大做了四个噩梦，巫师告诉他将有灾难降临，并将有一个福气比他大的人诞生。普麻大为保住王位，下令杀国内孕妇。但吉达贡玛弟兄乃三牙神象托民妇所生，躲过了厄运。当暴君发觉威胁自己王位的人已长到17岁时，便强迫他们去寻找无法找到的避火龙珠和三牙象，否则要将他们斩首。善良勇敢的吉达贡玛弟兄，历尽坎坷曲折，在神的帮助下，终于找到了龙珠和三牙神象。

（39）《sa^{11} san^{11} la^{11} tɔŋ^{55} pan^{11}·沙扇蜡东办》（佛历五千年的由来）

本经讲述：佛祖将涅槃时，僧侣、天神混西迦、国王、龙王、魔王五位前去拜见佛祖，恳请佛祖留下佛教真经、佛历。佛祖划定他们每人分别一千年，于是有了五千年佛历。

（40）《suk^{53} kan^{11} li^{11} pɔŋ^{55}·苏甘利崩》

本经讲述：在很久以前，人们生、老、病时只知道去请巫师算卦。后来佛祖下凡普度众生，人们又接受了佛教。

（41）《suk^{53} la^{53} li^{55} pan^{11} fa^{53}·苏达利办发》

本经讲述：虽然平时施舍功德，求经拜佛，死后也成野鬼。只有将经书赕到佛寺里，才能升天进入勐利办极乐世界。

（42）《suk^{53} ma^{53} ha^{11} va^{53} （tɔi^{55} ŋau^{31}）·苏玛哈哇（首卷）》

本经讲述勐巴那纳细国王公主珍达与穷小伙相爱并私订终身的爱情故事。

（43）《thi^{53} ma^{11} vi^{53} pa^{11} ka^{53} vot^{53}·提玛维巴嘎吾》

本经讲述在勐巴那纳细有老两口晚年得子的故事。

（44）《tham^{11} ma^{11} tsak^{53} tsa^{11} ta^{55} la^{55} u^{55}·坦玛札架达拉吾》

本经讲述了勐巴那纳细有兄弟俩无依无靠，生活非常艰苦的境遇。

(45)《tham11 ma11 sat53 vut53 thu53 · 坦玛沙吾途》

本经讲述国王按相关法理和条例为因某事产生争执的人们进行调解。

(46)《lo55 ka53 phe11 vot53 · 洛岗皮洼》(消除罪孽)

本经讲述：有一对占卜大师夫妇，平时有钱财舍不得施舍功德。男的死后变成守坟的穷鬼，而且他的肚子又肿又胀，让他痛苦不堪。一天，他托梦给妻子，妻子去问佛祖，佛祖才告诉她，让她为丈夫赕（供）《洛嘎撇纹》经书。她妻子赕经书后，他才好起来。

(47)《lo55 ma53 kaŋ11 · 洛玛岗》

本经讲述：一对吝啬的富翁夫妇，平日不愿施舍功德，生下的儿子奇形怪状，无论走到哪里，人们都说是魔鬼来了。儿子长大后独自跑进深山死了。后来托梦给父母，说下世还要投胎转世，如果父母再不施舍功德他就来不了。夫妻俩又去问佛祖，佛祖说，死在野外的人除了施舍功德外，还得赕《洛玛岗》经书到佛寺里才行。于是他俩就照办了。

(48)《lik53 ka11 la55 · 列嘎拉》或《lai55 ka11 la55 · 来嘎那》(占卜病因)

这是一本占卜书。傣族人认为，人的肉眼看不到的地方到处都是精灵和一些不健康的东西，如果人们出门或到野外碰到这些东西就会患疾病。人生了病就去找通晓占卜方法的人帮助占卜，占卜师询问病人最近的活动及外出情况，根据占卜书中每月（任何月份均可）的初一至二十九日或三十日的记录，占出某日生病是什么原因，或是碰到什么鬼魂跟着来要食物。然后又告诉对方化解的方法。病人或病人的家人只要按照占卜师指点的方法去做，病就会好起来。

(49)《lik53 xɯn31 loŋ33 jɔn55 luk53 jɔn55 laŋ55 · 列痕垄阮鲁阮朗》(上坟求儿求女)

本经讲述：勐俄定有一对夫妇，已结婚十五年未生育，才想起给过世的父母祭坟，求儿求女。祭坟回家时夫妇二人每人背着一块石头。不久妻子怀孕了，生下一对双胞，一男一女，夫妻非常高兴，并发誓每年到祭坟时都要宰鸡杀鸭祭供。孩子长到七八岁后，忘记了祭坟，没有遵守自己的诺言，忘记了父母的恩情。后来一阵狂风暴雨吹来，吹得他们妻离子散。

(50)《lik53 tsau31 si11 that53 · 列召细塔》(释迦牟尼的故事)

佛祖出家修行前称召细塔，后来他曾云游修行勐过，终成正果。

(51) 书名不详。

(52)《lik53 pum11 tsau31 voi11 san11 · 列波召卫散》(召卫散的故事)

本经讲述佛祖“果达玛”第十世修行阿銮时的故事。

（53）《lik^{53} mak^{11} la^{11} si^{11} sip^{35} sŋ^{35} · 列麻拉细西双》（歌颂一年十二个月）

此篇以山歌形式描述了一年十二个月每月的气候、景色及生产、生活的情况。

（54）《lik^{53} voi^{11} · 列维》（敬供词）

本经记录吟诵者手端祭品盘碟，面对所崇拜的神敬献食物的供词。

（55）《lik^{53} hɔŋ^{53} fan^{55} xau^{31} · 列皇唤毫》（招谷魂歌）

这是一本招稻种魂书。

（56）《lok^{53} tsɔk^{11} sə^{35} keu^{11} · 鲁爪》（麻雀的故事）

（57）《lok^{53} thi^{53} laŋ^{11} ka^{33} · 鲁提浪嘎》（大鹏鸟）

此经主要讲述：人只要有技术就会有幸福的生活。

（58）《pa^{11} la^{53} mat^{53} suk^{53} tan^{11} · 巴拉玛苏旦》

（59）《pi^{55} tsi^{55} pi^{55} ŋi^{11} · 比举比尼》

此经讲述：勐占巴那过国有两兄弟，哥哥比举是国王，心地善良、爱民如子。比尼是弟弟，有野心，一心想篡夺王位。

（60）《pe^{33} lɛŋ^{33} k^{11} jɔt^{53} · 别亮哦肉若》（房梁上长出嫩枝）

（61）《pu^{11} thən^{11} la^{55} ja^{33} soŋ^{11} xau^{31} · 布腾那牙送毫》（丈夫犁田妻子送饭）

本经讲述：爷爷带着孙子在田里教他犁田，当爷孙二人犁到奘房附近时，爷爷便领着孙子进奘房拜佛。祈祷：犁掉世间不平，犁掉天下邪恶；种出金银财宝，种出人间幸福。太阳当顶二人放牛休息。爷爷看见奶奶送饭来，便假装打瞌睡，奶奶识破便往回走，爷爷急忙起来道歉。一群姑娘在田里捡螺蛳看了这场景感到高兴、风趣、好笑并互相祝福。

（62）《pho^{55} thi^{55} xam^{55} · 菩提罕》（不寻常的菩提树或金菩提）

本经讲述：会出香味的菩提树，当风吹来时，会响起动人的锣鼓声，有时像悦耳的琴声，有时像小动物声齐鸣，令人赏心悦目，流连忘返。

（63）《pit^{53} tse^{55} sau^{55} si^{11} · 毕姐绍细》

本经讲述：有一对穷苦的夫妇，他们生病没钱去抓药，只能祈求仁慈的佛祖保佑。

（64）《pit^{53} si^{53} ma^{11} li^{53} ke^{11} · 必细玛利吉》

本经讲述：佛祖修行成正果后，周身布满了六道彩色的光线和芳香的气味。

（65）《pha^{55} la^{55} sau^{55} pɛt^{11} · 帕腊少别》（二十八位菩萨）

本经讲述：传说教育三界众生的佛祖达令口嘎纳教育众生脱离苦海。

（66）《pha^{55} la^{55} vai^{35} mə^{55} xau^{31} li^{55} pan^{11} · 帕腊外么浩利办》（佛祖回到极

乐世界）

本经讲述：有一只大象叫召布达和沙带领一些信徒到勐弄沙统（直通）抄写《别打嘎桑光》（《三藏经》）。《别打嘎桑光》分为苏、撇、威列，共有八万四千册。

（67）《Phi^{53} tham^{11} ma^{11} saŋ^{11} a^{33} tso^{55} · 皮坦玛尚阿佐》

本经讲述：贺罕国与魔王国做摆，设擂台比武。

（68）《pi^{53} tham^{11} ma^{11} a^{33} tha^{53} saŋ^{11} xa^{11} · 皮坦玛阿塔尚哈》

本经讲述：传说在俄塔坦国有一个为国王割马草度日的穷小伙子。有一天他救了龙女，天神"混西迦"下凡来念《皮坦玛阿塔尚哈》，将小伙子变成一位僧人。

（69）《pho^{55} thi^{55} xam^{55} · 神圣的菩提树》

本经讲述：召细塔在深山修行六年零六个月后成佛，他出山后盘坐在菩提树下的故事。

（70）《pho^{55} thi^{55} xam^{55} · 菩提》（芬芳悦耳的菩提树）

本经讲述：会散发出香味的菩提树，当风吹来时，有时会响起动人的铓锣声和鼓声，有时像悦耳动听的琴弦声，有时像小动物声齐鸣，令人赏心悦目。

（71）《va^{11} sa^{11} la^{53} fa^{53} tsi^{53} · 娃沙纳帕基》

本经讲述：沙铁的儿子叫岩生，沙铁夫妇死后留下许多财宝给他。岩生嗜好赌博，吃喝玩乐，日子没多久便没有了钱。

（72）《vo^{55}xau^{35} leu^{33} · 窝号柳》（独角黄牛）

（73）《voi^{11} a^{33} tso^{55} haɯ^{31} po^{33} me^{33} · 威阿左禾波咩 》（给过世父母积功德）

本经讲述：有一座奘房，由于教徒很穷没有多少供品赕给佛，只好抄写《彼坦玛占邦》佛经供佛。

（74）《van^{35} sɛŋ^{35} pɛŋ^{33} məŋ^{55} · 万相边勐》

（75）《a^{33} lɔŋ^{55} kaŋ^{11}xa^{35}sɛŋ^{35} · 阿銮神弓》

（76）《a^{33} lɔŋ^{55} ŋi^{55}xam^{55} · 阿銮尼罕》（神羚羊）

本经属给生辰八字与虎有关的人赕的经书。其中记录，一只领头公羚羊是阿銮转世，母羚羊则是阿銮世代妻子。

（77）《a^{33} lɔŋ^{55} tsau^{31} vi^{53} la^{11} · 阿銮召维纳》

（78）《a^{33} lɔŋ^{55} tsiŋ^{11} la^{11} ta^{11} la^{53} · 阿銮静那达纳》

本经讲述：在远古的细利嘎王国，王子六岁那年国王去世，宰相乘机篡夺了王位，王子静那达纳以乞讨为生。

（79）《a^{33} lɔŋ^{55} sə^{35} phək^{11} （1） · 阿銮色拍（1）》（神奇白虎1）

（80）《a^{33} lɔŋ^{55} sə^{35} phək^{11} （2） · 阿銮色拍（2）》（神奇白虎2）

（81）《a^{33} lɔŋ^{55} suk^{53} si^{11} la^{53} xan^{55} · 阿銮苏细拉哈》

本经讲述：勐巴那纳细有一个孤儿叫苏细拉哈，从小每天都到奘房里捡供饭吃，听老佛爷诵经文，时间长了他也会背诵经文。

（82）《a^{33} lɔŋ^{55} tuk^{53} ka^{53} ta^{11} （1） · 阿銮朵嘎达1》

本经讲述：传说朵嘎达阿銮七岁时父母双亡，只靠帮人打工养活自己。最后，阿銮也因他勤劳继承了大富翁的产业，使他们的家业更加发展。

（83）《o^{55} sa^{53} tham^{11} · 俄萨坦》

（84）《o^{55} sa^{53} tham^{11} （tɔi^{55} ŋau^{31} · 俄萨探》（上卷）

本经讲述：佛祖成佛在轮回转世中其中的一世。

（85）《o^{55} la^{53} sa^{53} kuŋ^{11} · 俄腊沙贡》

本经讲述：在人们迷惘时，佛祖来普度众生。

（86）《o^{55} la^{53} va^{53} kam^{11} · 俄腊洼甘》

本经书记录佛历3400年（公元2857年）时发生的事情。

（87）《ai^{33} tsaŋ^{33} phɛt^{53} · 艾掌瞥》（善骗者）

（88）《ai^{31} tset^{11} xɔt^{11} · 艾借唤》（衣服扎七个疙瘩的小子）

（89）《ai^{31} saŋ^{11} to^{11} · 岩尚多》

（90）《ka^{33} tha^{11} sam^{35} pa^{55} juk^{53} ta^{53} （suk^{53}） · 嘎踏散把约达（苏）》

本经讲述：佛祖释迦牟尼在世时，僧侣是如何念诵佛经和信众们要坚持做善事。

（91）《ke^{31} taŋ^{55} mai^{31} ja^{33} tsep^{11} lau^{35} · 决当脉牙借劳》（解除苦难治病痛）

本书讲述：药能医治疾病，佛经能教化不健康的心灵。

（92）《Kuŋ^{11} pha^{55} la^{55} lip^{35} ha^{31} pəŋ^{33} · 贡帕腊力哈崩》（如何恪守五戒）

本经讲述：信佛念经起码要牢记的五戒。

（93）《xam^{55} tham^{55} vai^{33} pha^{55} la^{55} · 喊特阿崴帕腊》（拜佛用语）

本经记录虔诚的信徒们及万物生灵应如何拜佛、如何修身养性等。

（94）《xan^{11} tha^{11} la^{53} tek^{53} （suk^{53}） · 汉塔那顶》（经藏之一）

本经讲述五蕴（色、受、想、行、识）是这五者的集中成为三乘，即无常、苦、空。

（95）《$tsau^{33}$ sa^{33} piŋ^{11}ju^{53}pan^{33} sɔn^{35} kon^{55} · 召萨丙如板栓滚》（萨丙如佛祖训导人们）

本经记录：佛祖萨丙如对人间万物说：有生命的万物啊！应以助人为乐、行善为本。

(96)《si^{11} li^{11} ka^{53} a^{33} ta^{11} (tɔi^{55}ho^{35}) ·西利嘎阿大》(上卷)

本经记录：佛祖于佛历1140年（公元597年）大力教育三界众生，为把佛事发扬光大。

(97)《so^{55} ta^{53} (suk^{53}) ·琐大（苏）》（“三藏经”之经藏中的一部）

本经专讲守法持戒，积功积德，善有善报、恶有恶报的因果关系，劝人皈依佛门，可远离烦恼。

(98)《sɛt^{53} tsa^{11} saŋ^{11} xe^{55} ka^{53} ·贤乍尚谢嘎（论藏之一）》

讲述谛有苦谛、集谛、灭谛、道谛四种，在四谛中的集谛里，有贪、瞋、痴三者埋藏在人们心中，使得人不开化。而这部论藏经书专讲持戒守律和修行的方法，使人明白、开化，积德积善，将来获得涅槃。

(99)《suk^{53} ta^{53} ·苏达》（“三藏经”之经藏中的一部）

该书是女儿为过世的父母超度的佛经之一。讲述一个人从娘胎来到人间并长大成人，其中得到父母的爱心呵护、关怀、教育等等。父母恩重如山，情深似海，教育人们不能忘怀。

(100)《suk^{53} ta^{53} ka^{11} la^{53} vam^{11} ·苏达嘎纳问》

本经讲述：每个人平时在念诵各部佛经的同时，还必须牢牢信守五戒、八戒、十戒的教诲。

(101)《suk^{53} ta^{53} sam^{35} pa^{55} ·苏达桑把》

经藏中的一部《suk^{53} ta^{53} ·苏达》另一版本，主要讲洗清罪孽，行善积德，并用经文《苏达桑反》赕佛拜佛，人的一切罪孽才得到了宽恕。

(102)《suk^{53} ta^{53} saŋ^{11} ka^{33} ha^{53} a^{33} tha^{53} ka^{33} tha^{11} ·苏达尚嘎哈阿塔嘎他》

本经讲述：人们应该相信佛祖的预言，遵守佛教戒律，行善积德，爱护众生，死后才能到达极乐世界。

(103)《suk^{53} pa^{33} than^{55} ·苏巴坦》（经藏之一）

(104)《suk^{53} ma^{11} ha^{11} va^{11} ·苏玛哈洼》

(105)《ta^{55} la^{55} jan^{11} sip^{35} hok^{11} pəŋ^{33} ·达腊任西贺崩》（八忍八智）

本经记录：阐明智慧——必须多听、多问、刻苦研究佛经，才会通达智慧的道理。

(106)《tham^{55} le^{35} taŋ^{55} ·坦列党》（引路经）

本经讲述：勐皮勐滚（阳间阴间）生生死死源源不断。人有几次转世，有好死歹死，有死于深山老林的，死于水中坡下的，死于竹林里的，死于虎豹豺狼、毒蛇的，死于刀枪的，所以要听老人、父母的教诲，不要得罪达官贵人，不要违反国家法律、法规、乡规民约，不要做坏事。不符合礼仪、道德的事，也是不符合佛经要求。好好种田地、做生意、安居乐业，尊老爱幼。

死后有坟，到阴间做一个脱离灾祸的好鬼魂。

（107）《laŋ^{11} ka^{11} sam^{35} tɔi^{55} · 浪嘎散堆》（三篇浪嘎）

传说地球上才出现人类时，佛祖撰写了这本经书，其目的就是为了整治人类，让人们心明眼亮，分辨是非，弃恶从善，创造美好的人间。

（108）《lik^{53} mu^{55} tsa^{55} · 列木加》（功德经）

《功德经》是专门为重病人而念诵的书。念诵时准备一些供品，点上香、蜡烛等等。认为这样做病人要么会好起来，要么就会死去，以减轻病人的痛苦和服伺者的负担。

（109）《lik^{53} ho^{35} tham^{55} le^{35} taŋ^{55} · 列贺坦厘党》（基础引路经）

这是一部引路经，教育男女老少如何辨别是非，人生在世，哪种事应该做，哪种事不应该做，教育生人和死人，即使到了勐利办（天堂）也要做好事，不能做坏事。

（110）《pa^{11} la^{53} tsik^{53} ti^{11} ka^{53} （suk^{53}） · 巴那吉干滴嘎》（经藏之一）

本经记录：在言行中遵守法、持戒、布施、坐禅、持比丘戒的规则。

（111）《pa^{11} la^{11} mi^{11} sip^{35} pəŋ^{33} · 巴那迷西奔》

本经讲述：做人要诚心诚意，不说谎话、狂言。

（112）《pi^{53} ta^{33} kat^{53} phe^{11} ke^{31} · 皮大噶撇洁》（意为远离邪魔）

讲述佛祖大弟子阿难达向佛祖询问避免人间灾难的办法，佛祖回答说：“佛徒应守教遵规，弃恶从善，多积功德，洁身自好，问心无愧。”能做到佛主所说的以上五点，就可以避免人间的一切灾难。

（113）《pe^{11} ja^{53} ta^{11} sa^{53} · 别呀大厦》

这本经书主要讲（每个）人生来都有不足之处，作为一个人要能看到自己的优点与不足，并随时反省自己，根除自己不良的习性，让佛规永在心中。只要这样，死后地狱的鬼就不会来到自己身边（因为自己的不足或罪过而被拉到地狱去），自己就能平安地到达天国之境地。

（114）《pe^{11} ta^{11} vut^{53} thu^{53} · 别大洼图》（饿鬼事经）

本经讲述：人在世上都会自觉不自觉地去选择前行道路，如果选择行恶、做坏事之道，人就会来到恶人、坏人常住的地方——四恶道（地狱道、饿鬼道、畜生道、阿修罗道——其貌极丑）；如果选择行善，就会远离四恶道。

（115）《pin^{11} tsa^{53} si^{35} · 并札细》

本经讲述：世间的一切生物都是平等的，所有动物、植物都是有生命的，要互敬互爱，和平共存，不要互相残杀，做坏事的结果就等于将自己丢入苦海中，既毁灭他人（或动物、植物），也就是毁灭自己。

(116)《pin^{55} tsa^{53} si^{35} la^{53} va^{11} suk^{53} · 变札细纳洼苏》

讲述佛祖的说教，要我们持守的戒律，关系到人的一生一世。

(117)《phi^{53} tham^{11} ma^{11} tsam^{55} pɔŋ^{55} · 皮坦玛展蚌》

傣族人认为，尽管人、神、鬼、魔生存的“界”（人在中界，神在上界，鬼在下界）不同，但都要遵守佛法，行善积德，为来世造福。

(118)《ma^{11} la^{53} tsam^{55} xam^{55} · 麻娜尖喊》

主要讲佛经《别大嘎》和《五戒》是人的好的、善的行为标准，这本《ma^{11} la^{53} tsam^{55} xam^{55} · 麻娜尖喊》是指责那些言行有违背《别大嘎》和《五戒》佛经之人。里边列举不好言行的种类是：贪得无厌、蛮横无理、忍让性差、在人后说脏话坏话、不尊敬父母和僧侣、不信佛守戒、纵酒好色、随意剥夺动物性命等。

(119)《me^{31} ɔn^{11} lɔi^{53} fai^{55} sip^{35} et^{11} mop^{53} · 乜哦诺派西诶莫》（人身上的十一团火）

本经主要讲：人身上有欲望、愤怒、苦闷、生、老、死、忧愁、哭啼、老来遭难、心情烦闷、伤心 11 团火及产生这些火的根源；这些火将阻碍人们通往幸福的路；还阐述怎样摆脱这些烦恼等。

(120)《mɛt^{53} te^{11} ja^{53} sɔn^{35} tham^{55} · 咪定亚栓坦》（佛祖咪定亚讲经）

咪定亚是一位佛祖，他告诫人们一定要记住几位佛的教导。

(121)《vi^{55} sa^{53} ti^{53} · 威萨底》（经藏中之一）

大意是：经常留心于佛祖教导，拜佛读经，就会战胜错误的欲望和解疑惑，还会有助于心身健康。

(122)《vi^{11} lat^{53} ti^{53} pa^{33} pa^{33} · 威难滴巴巴》

这本经书主要告诫人们要时刻警惕恶行（恶业），远离恶行。

(123)《vi^{11} ma^{11} la^{53} vut^{53} thu^{53}（suk^{53}）· 威玛那文图》（经藏之一）

本经主要讲佛教中的善恶、因果关系之信条。

(124)《vi^{53} le^{55} · 威列》（“三藏经”中的“律藏”）

这部《vi^{53} le^{55} · 威列》经书专讲上座部佛教戒律，告诫信徒要遵守戒律，所以是教育训导佛门弟子的一部经典著作。书中列举了人们在日常生活中各种人的行为准则（如奘房中的僧侣言语、行动、起居准则等）。书中强调，只要人们遵守戒律、佛法，死后就能到达幸福的乐土。

(125)《vi^{53} le^{55} tsu^{55} la^{53} va^{11} · 威列祖那洼》（律藏之一）

这本律藏是佛祖教导出家人修行的佛规，要信守“信细信别”、“信贺信打”、“信丁”、“信默信遮”。

(126)《vi^{53} le^{55} saŋ^{55} tso^{11} ti^{53} ka^{53} · 威列尚佐滴嘎》（律藏之一）

(127)《a^{33} tso^{55} lai^{31} lu^{11} pe^{11} ta^{53} kat^{5}·阿卓来苏别达嘎》（敬供《别达嘎》佛经获得的功德）

主要讲述：引人入道的三藏经是教育三界众生的大佛经，从今生到来世，它都帮助人们脱离苦海，引导人们走向天国，享受幸福。佛经的威力是无限的，只要能读到、听到它，其意义极为深刻，句句深入人心，谁供了它，功德无量，犹如把金银财宝留下，今生和来世享受不尽。

(128)《a^{33} phi^{53} tham^{11} ma^{11}saŋ^{55} tso^{11}·阿皮探玛赏佐》（论藏之一）

三藏经中的“论藏”，主要讲佛教对人生、宇宙的看法，并进一步详述律藏中提出的持戒守律与修行方法。

(129)《a^{33} pi^{53} tham^{11} ma^{11} lom^{31} （tset^{11} tsam^{55}）·阿皮叹玛囵》（皮叹玛全集）（共七卷）

《皮叹玛》共有七卷，即《pi^{53} tham^{11} ma^{11}皮叹玛尚嘎厘》、《pi^{53} tham^{11} ma^{11}皮叹玛维仿》、《pi^{53} tham^{11} ma^{11}皮叹玛督嘎榻》、《pi^{53} tham^{11} ma^{11}皮叹玛崩嘎腊别呀》、《pi^{53} tham^{11} ma^{11}皮叹玛嘎榻洼图》、《pi^{53} tham^{11} ma^{11}皮叹玛压柏》和《pi^{53} tham^{11} ma^{11}皮叹玛坝坛》。这七部佛经特别有名，佛徒们以拥有一本此经书为荣，有的人把它拿到奘房去敬供后又请回家里拜读，视为至宝。据说，它不仅保佑人，还能保佑鬼神，受益者有的成了佛，有的到天国（还做了官）。

(130)《sɛt^{53} tsa^{11} si^{11} pa^{55}·先架细把》（四谛）

本经用傣语解释佛教教义中的四谛——苦谛、集谛、灭谛、道谛。

(131)《kuŋ^{11} la^{53} pa^{53} ti^{53}·贡纳巴滴》

这是一部宣传尽忠尽孝的伦理道德的孝书。大概内容是：一名叫嘎达洼哈拉的男子所住的村子闹灾荒，百姓无粮充饥，苦不堪言，嘎达洼哈拉要领自己的母亲渡过一条宽阔的大江去谋生。他与本村人同船驶向对岸，船行至江心，不幸船裂开一沉。嘎达洼哈拉背着母亲在江里游了七天七夜仍到不了对岸。此时有一乘筏人从上游漂来，对他说：“你背着母亲怎能游过这宽阔的大江，快将你母亲丢掉，不然，你俩将被淹死。”他说：“我决不弃母，母亲的恩情比大海还深，即使同归于尽，我也无怨，我要成为孝敬父母的人。”后来母子俩得救。

(132)《kuŋ^{11} la^{53} pat^{53} ti^{53}·贡纳拔底》

本书讲述：母亲失明后，贡纳拔底 7 岁开始讨饭来供养母亲。一次，他背着母亲横渡大洋时，天神来考验他，让他放掉母亲，以保住自己的性命。他坚定地说：“海洋再大也没有母亲养育我的乳汁大，我怎能放掉母亲呢！”于是天神被感动后将母子俩救上了岸。一天，由于奸臣的儿子犯了王法，国王下令当众处死。当时贡纳拔底正好讨饭到奸臣家门口，奸臣便将刽子手收买，用贡纳拔底顶替。天神看到后大发雷霆，将奸臣父子、刽子手用雷劈死，让贡纳拔底当宰相。天神还治好了贡纳拔底母亲的眼睛。

(133)《si^{11} la^{53} sat^{53} ti^{53} · 细娜萨地》

本经讲述：父母的恩情是永远报答不尽的。每个人都应当明白，没有父亲的血汗和母亲的奶水自己就不会长大成人，父母的恩情是永远报答不尽的，但又不得不报，哪怕从细微的小事做起也算是一种报答了。比如，每天早起时要轻手轻脚，不要惊醒父母，从父母身前身后走过，脚步要轻放。对父母说话要轻言温和。这些行为虽然微小，但它像一朵鲜花，让父母闻到它的芳香，看到它的艳丽。

(134)《$tsam^{55}$ toi^{55} $mə^{33}$ van^{55} · 占兑么宛》(测算吉凶日)

傣族受汉文化的影响，也使用六十甲子和十二生肖。这本书根据六十甲子、十二生肖和星期来推算请客、出门、经商、提亲、理发、出征等吉日。

(135)《lat^{53} lai^{31} kon^{55} $kət^{11}$ han^{35} la^{31} · 那来滚格含那》(关于出生日)

这是记录关于人的出生年、月、日、时辰与人的性格特征相关的书。傣族人相信万物皆有灵，认为不同的日期和时辰会决定人的性格，如辛日出生的人聪明、多智慧，喜欢打扮；壬日出生的人能吃能睡；癸日出生的人性急、勇敢、勤快过人；甲日出生的人性情暴躁；丙日出生的人脚勤手快，但话多；丁日出生的人比较乐观；戊日出生的人性格内向；庚日出生的人胆小怕事等。

(136)《pap^{53} lu^{33} van^{55} · 帕鲁宛》(根据时间占卜病因)

本经讲述月、日、夜与人们生病有对应关系。讲述月、日、夜与人们生病后会轻或重，会病几天，痊愈或会死去的具体时间。还有六十花甲与月份日期的对应关系。有的月份用傣、汉对照来记录。

(137)《ta^{11} la^{53} vot^{53} thu^{53} · 达腊威图》

大意是：佛教信徒们在不同的时节或因不同的期待到奘房去敬供，供的经书或物品是不同的，而这样的不同与相应的规矩，都是依照佛祖果达玛在世时传下来的，直至今天没有什么改变。

(138)《lik^{53} $hɔŋ^{53}$ $xɔŋ^{35}$ (1) · 列轰欢》(叫魂歌1)

在傣族的观念里，认为人的灵魂有122个，其中32个附在人身上，90个在家里。如果附在身上的离开人体，在家里的离开家，人就会生病。所以一个人常年身体不适或久病不愈，家里人会认为是病人的魂离开人体或家所致，就要为病人进行招魂仪式。届时准备一些食物、香或一碗米，米上置一枚生鸡蛋并以笊篱作为招魂的工具，由病人的父母或专门请的人（年长者，男女不限）到河边、沟箐去叫魂，口中不停地念招魂词，手上的笊篱合着招魂词往家的方向舀，叫病人的魂快快回家，回到主人的身上和家里，使得病人早日康复。

(139)《lik^{53} hɔŋ^{53} xɔn^{35} (2) ·列恍欢》(叫魂歌2)

大意是：当某人久病不愈时，便认为其魂随主人到野外而失散，没有跟随主人回到家，就请人来吟诵叫魂词。招魂词中与上一条不同的是，它求过世祖先帮助去把失散的病人的魂叫回来，如“祖宗啊，您子孙后代的魂失散了，请您去叫回来；如果他们云游在旷野上，请您把他们抱回来，如果鬼怪捉去了，请您带上长矛与他们拼搏后抢回来……”，“……附在头部的32种魂啊，回来吧，不然人家的象、马会踏破你们的头，人家的水牛、黄牛会踩烂你们的脸……”

(140)《pha^{55} la^{55} pen^{33} tsau^{31} po^{33} mɛt^{53} ta^{11} ·帕腊并召博民架》(佛祖爱护众生)

佛经教育三界众生，只要从善、行善方能升入极乐世界。

(141)《me^{33} tok^{11} jak^{53} kɔp^{53} luk^{53} ·咩多呀果鲁》(母亲为子女受难)

本经讲述：妇女的一生是有功德的。她们为生儿育女付出了心血，做父亲的付出十分的努力也无法比拟。所以傣语里有一句话：母亲的恩情，用三轮船的鲜花来表示谢意，都谢不完（谢不了）；而父亲的恩情用三托盘的鲜花就可表达谢意。

(142)《vot^{53} le^{55} to^{33} sip^{35} sɔŋ^{35} ·威列多西双》

讲述佛祖在一次传经布道中，有一位老妇人当着佛祖的面说谎，而且这个谎还是有辱佛祖声誉的。这种行为极其可恶，是有罪的，死后要下地狱的。

(143)《ho^{35} xam^{55} tsa^{53} tu^{53} maŋ^{55} ·贺罕迦都莽》(迦都莽国王)

大意是说：迦都莽国的贺罕（国王）是虔诚的佛教徒，在他的国土范围内的奘房里，不允许内心有一丝杂念的僧人到奘房里来修行。因为国王认为，人们（包括僧人）是否遵守戒律与国家的兴旺、发达息息相关。

(144)《o^{55} sa^{11} tham^{11} ·哦萨探》

《哦萨探》有46页至92页不同的五种版本，讲的是佛祖的种种纪念日。如诞生日、出游日、巡游讲经日、登佛台日、升入天国日等。

(145)《kɔŋ^{55} mu^{55} koŋ^{33} ·广姆宫》(空心塔的传说)

本经大意：从前，有一对富有的沙铁（富翁）夫妻无嗣，夫妻俩天天拜佛祈求佛祖赐给一个儿子。不久，两人便有了一个儿子，长至3岁时，沙铁夫妇为感谢佛祖恩德，要建一座佛塔纪念佛祖功德。建塔过程中，神灵在沙铁梦中指点：只有贡献出他最心爱的孩子，塔才能建成。醒来，沙铁就按梦中神的指引献出自己的儿子——用陀螺引儿子走进塔洞，关死塔门，任凭儿子哭喊。7天后沙铁才告诉妻子实情。

（146）《kɔ^{42} mu^{42} me^{33} mai^{31} · 广目咩迈》（意为寡妇塔）

（147）《sam^{35} kɔŋ^{33} məŋ^{42} van^{11} · 三光勐万》

（148）《koŋ^{11} la^{53} pat^{53} ti^{53} · 贡那巴地》

（149）《kɔŋ^{42} mu^{42} ka^{31} su^{11} · 广目哈素》（五座塔）

（150）《tsi^{53} ta^{33} li^{35} taŋ^{42} · 吉达里当》（指路经）

（151）《tsau^{31} ho^{35} ŋən^{42} · 召贺哏》

此本经书是父母或长辈为子女或晚辈求聪慧、求发达而到佛寺里敬神献佛的常用经书。

（152）《tsau^{31} ho^{35} ən^{42} loŋ^{35} · 召贺哏弄》

（153）《tsau^{31} ho^{35} ən^{42} pu^{11} sa^{11} tha^{11} · 召贺哏布沙塔》

（154）《sa^{11} san^{11} na^{11} tɔŋ^{55} pan^{11} · 撒撒那东办》

本经主要讲述了佛历五千年的由来。

（155）《sa^{11} san^{11} na^{11} maŋ^{55} tɛn^{11} · 撒撒那莽建》

（156）《si^{11} t‘at^{33} len^{31} pɔi^{55} kanŋ^{11} · 细塔领摆刚》

（157）《hɔm^{35} sam^{35} jam^{55} · 晃三雅》（三时香）

（158）《naŋ^{55} t‘ui^{55} xam^{55} · 南况罕》

（159）《naŋ^{55} tsǔm^{55} pu^{55} · 南占布》

（160）《naŋ^{55} kin^{33} pu^{33} · 朗京布》（吃螃蟹的姑娘）

（161）《naŋ^{55} p‘om^{35} hɔm^{35} · 朗泼晃》（香发姑娘）

（162）《mak^{11} ta^{33} sip^{35} sɔŋ^{35} naŋ^{55} · 麻瘩西双朗》（十二个娘娘的眼睛）

（163）《hɔi^{35} sɛŋ^{35} · 淮相》（宝螺）

（164）《ʔa^{33} lɔŋ^{55} kop^{11} xam^{55} · 阿銮郭罕》（青蛙阿暖）

（165）《nok^{33} jnŋ^{55} xam^{55} · 鲁养罕》（金鹭鸶）

（166）《ma^{35} kau^{31} haŋ^{35} · 麻告夯》（九尾狗）

（167）《sə^{35} p‘ək^{11} · 色珀》（白虎）

（168）《Po^{33} mi^{35} me^{33} sə^{35} · 波密咩色》（熊父虎母）

（169）《kai^{55} len^{55} · 海勒》（花水牛）

（170）《tsaŋ^{53} sam^{35} ŋa^{55} · 掌三牙》（三牙象）

（171）《tsaŋ^{53} tset^{11} ho^{35} tset^{11} haŋ^{35} · 掌介贺介夯》（七头七尾象）

（172）《ma^{53} ho^{35} xeu^{35} · 马贺秀》（绿头马）

（173）《mo^{33} heŋ^{35} kap^{11} · 莫杏噶》（千瓣莲花）

（174）《mo^{33} ha^{31} sam^{11} · 莫哈厦》（五色莲花）

（175）《van^{35} sɛŋ^{35} pɛŋ^{33} məŋ^{55} · 万相边勐》

（176）《koi^{31} pan^{55} kɔ^{33} · 桂绊锅》（千蓬芭蕉树）

(177)《xeu^{35} ko^{33} saŋ^{55} · 秀固偿》

(178)《sɛŋ^{35} kau^{31} luk^{53} · 相告贯》（九颗珍珠）

(179)《ʔa^{33} lɔŋ^{55} xai^{35} vai^{35} · 阿暖亥歪》（卖藤条的阿暖）

(180)《ʔa^{33} lɔŋ^{55} pa^{33} som^{31} · 阿暖巴隼》（酸鱼阿暖）

(181)《ʔai^{31} tset^{11} xɔt^{11} · 艾结化》

(182)《pe^{33} lɛŋ^{53} ʔɔk^{11} jɔt^{33} · 别梁哦哟》（房梁发芽）

(183)《suk^{53} si^{35} la^{53} xan^{55} · 苏西拉罕》

(184)《ʔa^{33} p‘i^{53} t‘ăm^{11} ma^{11} tsam^{55} pɔŋ^{55} · 阿批坦玛将崩》

(185)《tsău^{35} met^{53} tɔi^{11} ja^{53} · 召密达亚》

(186)《ho^{35} ŋən^{55} · 贺恩》

(187)《su^{55} văn^{11} na^{31} sa^{11} jăm^{35} · 苏宛纳萨样》

(188)《vet^{53} t‘u^{53} la^{53} · 维吐拉》

(189)《vet^{53} sɔn^{35} ta^{35} la^{53} · 维先达腊》

(190)《xun^{35} hɔŋ^{35} · 混虹》（西游记）

(191)《t‘aŋ^{53} vaŋ^{53} · 唐王》（汉族故事傣译本）

(192)《lai^{55} mak^{35} ve^{31} · 莱马维》（签八字占卜）

(193)《kam^{55}lai^{31} p‘i^{35} sə^{31} məŋ^{55} · 哈莱皮色勐》（祭祀地方神辞）

(194)《ta^{11} sɛu^{11} tsi^{11} · 大孝记》（汉语孝书译本）

(195)《kam^{35} soŋ^{11} p‘i^{35} kə^{31} p‘i^{35} · 哈送皮革皮》（送鬼口禅）

(196)《ʔan^{55} ni^{53} soŋ^{35} fa^{31} kăp^{35} văt^{53} xa^{35} · 赕袈裟》

(197)《fa^{55} la^{55} sau^{55} pɛt^{11} · 啪腊少别》（二十八尊佛）

(198)《suk^{53} ta^{53} · 苏达》（藏经）

(199)《lo^{55} ka^{53} p‘e^{11} vot^{53} · 洛嘎片窝》

(200)《suk^{53} pa^{11} la^{53} mat^{53} · 苏把拉玛》

(201)《t‘ăm^{55} ma^{33} vat^{33} · 坦玛洼》

(202)《述西拉罕》，5 本，有 43 页、87 页、97 页、132 页不等。

(203)《述达里办腊》，5 本，1980 年抄本，有 38 页的，有 58 页的；3 本属 1993 年至 1996 年抄本。

(204)《sam^{35} kɔŋ^{33}三光》（三藏），2 本。

(205)《tsau^{31} ho^{35} ŋən^{42} · 召贺哏》

［调查地点：允哏寨；调查对象：奘房；调查时间：2007 年 2 月；调查整理：克原秀］

2. **兴和村委会壮丁社（村）奘房傣文经书保存情况**

壮丁寨有傣族 52 户，218 人。过去村中建有干栏式奘房，“文化大革命”期间遭毁坏。20 世纪 90 年代初欲重建，但有困难：一是原址已被用作宅基地盖民房，二是没有足够的资金。后经多方努力，于 2004 年在村东北角建盖了新奘房。目前奘房内没有主持、佛爷、和尚。管理人员是社长思治平。思治平，1978 年初中毕业，当了 3 年的兵，以后复原回家务农。他通晓傣文，热爱本民族文化，参加寨子里的戏班，节假日和农闲时组织演出。本文笔者去访问了解奘房里的藏经情况时，是社长的爱人给开的门。笔者进入奘房，但见满屋灰尘，在进门右边窗台下有一袋用旧化肥袋子装的经书，经书用黄绸布和碎花棉布作封面，多属近年的抄本。其经书目录如下：

（1）《pa^{11} tik^{53} ta^{53} · 巴滴达》

（2）《pa^{11} la^{53} tsik^{53} kăm^{11} ti^{11} ka^{53} （suk^{53}） · 巴那吉干滴嘎》（经藏之一）

（3）《sam^{35} kɔŋ^{33} tsam^{42} xăm^{42} · 三光占罕》

（4）《la^{33} li^{33} kɔŋ^{33} xăm^{42} · 拉厘光罕》

（5）《tɔŋ^{33} məi^{42} sɛŋ^{35} · 东美相》

（6）《mau^{11} tset^{11} xɔt^{11} · 冒者画》

（7）《pe^{11} ja^{53} ta^{11} sa^{53} · 别呀大夏》

（8）《pe^{11} ta^{11} vut^{53} thu^{53} · 批达洼图 》（饿鬼事经）

（9）《pe^{11} tik^{53} sik^{53} xa^{11} sɛn^{35} pəŋ^{33} · 别迭谢哈贤奔》

（10）《let^{53} saŋ^{11} phi^{35} ma^{53} · 厘尚皮玛》

（11）《hɔm^{35} sam^{35} jam^{42} · 轰三雅》（三时香）

（12）《xun^{35} ka^{33} laŋ^{11} xa^{42} · 昏嘎朗哈罕》

（13）《mɛt^{53} ka^{33} pa^{11} li^{33} · 明达巴厘》

（14）《vi55 lit^{53} tsăm^{11} ki^{55} le^{11}sa^{11} pu^{53} le^{55} ma^{53} si^{53} tăt^{53} so^{55} · 威凌沾沾已列夏布列麻奇旦索》

（15） 《vi^{55} pa^{53} sa^{11} la^{53} mu^{55} la^{53} pa^{11} tik^{53} tsa^{53} săm^{11} muk^{53} păt^{53} ti^{53} pa^{11} tsam^{55} · 威巴刹那特内八滴架散木巴的巴利展》

（16）《sam^{35} kɔŋ^{33} vi^{53} la^{33} su^{11} tam^{11} · 三光书拉素坦》

（17）《tsăm^{11} pu^{11} pat^{53} ti^{11} · 占布巴地》

（18）《kɔŋ^{42} mu^{42} me^{33} mai^{31} · 广目咩迈》

（19）《sam^{35} kɔŋ^{33} məŋ^{42} văn^{11} · 三光勐万》

（20）《koŋ^{11} la^{53} păt^{53} ti^{53} · 贡那巴地》

（21）《kɔŋ^{42} mu^{42} ka^{31} su^{11} · 光目哈素》

（22）《tsi^{53} ta^{33} li^{35} taŋ^{42} · 吉达里当》

（23）《tsau^{31} ho^{35}ŋən^{42} · 召贺哏》

（24）《tsǎu^{31} ho^{35} ŋən^{42} loŋ^{35} · 召贺哏弄》

（25）《tsǎu^{31} ho^{35} ŋən^{42} pu^{11} sa^{11} tha^{11} · 召贺哏布沙塔》

（26）《tsau^{31} sanŋ^{11} uk^{53} puk^{53} · 召尚俄博》

（27）《tsǎu^{31} kui^{11} sǎu^{11} · 召灰散》

（28）《sam^{35} kɔŋ^{33} kup^{53} · 三光贺》（三藏经总经）

（29）《suk^{53} ta^{53} tsi^{11} ta^{53} la^{11} pɔn^{33} · 索达吉达拉崩》

（30）《sa^{31} xu^{31} jǎn^{11} · 萨户央》

（31）《jaŋ^{31} tsa^{33} tshun^{33} · 杨家春》（汉语故事的傣文译本）

（32）《ta^{42} la^{42} vǎt^{53} thu^{31} · 达拉宛图》

（33）《tip^{53} pa^{53} vut^{53} thu^{31} · 低巴沃图》

（34）《ta^{11} sɛu^{11} tsi^{11} · 大孝记》（汉语故事的傣文译本）

（35）《vi^{53} la^{53} jo^{55} tsa^{53} su^{53} sik^{53} xa^{53} to^{55} · 威纳哟札舒西哈朵》

（36）《vi^{53} le^{55}威列》（三藏经中的律藏之一）

[调查地点：兴和村公所壮丁寨；调查对象：奘房；调查时间：2007 年 2 月；调查整理：克原秀]

3. 兴和村委会岗姐村奘房傣文经书保存情况

岗姐村过去在寨子东边邻近盏达河建有很气派、人气较旺的佛教奘房，有多位佛爷、沙弥和和尚，“文化大革命”期间遭毁坏，2004 年，在原址上重新修建，规模不如从前，但亦是标准的传统的干栏式奘房。笔者到本奘房调查傣文经籍保存情况时，恰见“牙浩”（沙弥尼）在奘房底层誊抄经书。紧挨着奘房的南面是一幢三面土坯围墙内为竹木结构的两层房屋，一层存放桌椅板凳和奘房用的一些杂物，二层分里、外两间，分别是“牙浩”的卧室和起居室，起居室有两箱（陈旧无盖纸箱）经书和杂物以及旧衣物混杂放在一起。本奘房还有一位“召闷”，因当天别村有佛事活动请去帮忙而不在寺内。奘房二楼佛殿内部由佛座、僧座、经书台、拜佛厅组成，佛座右下边靠木板有两箱洗衣机箱盒装的经书。笔者问“牙浩”经书有多少卷（本），回答说不太清楚，其目录也只能说个大概，约 200 本，是本村和其他村寨送来赕的。因主持的“召闷”外出做佛事，“牙浩”没有得到“召闷”的允许是不能动佛殿内的东西的，所以，笔者对殿内收藏的经书未能一一过目。“牙浩”起居室里的两箱经书，一部分是

“牙浩”收集或誊写的，一部分是“牙浩”从佛堂里借出来拜读和吟诵的，有新有旧，多数因保存不当已破损。具体目录如下：

（1）《lik^{53} mu^{55} tsa^{55} · 列母假》（功德经）

（2）《lik^{53} ho^{35} thǎm^{55} ko^{55} kai^{11} · 列贺坦郭盖》（基础供奉）

（3）《lik^{53} ho^{35} thǎm^{55} tsam^{55} pɔŋ^{55} · 列贺坦伽博》（佛法与戒律）

（4）《lik^{53} ho^{35} thǎm^{55} le^{35} taŋ^{55} · 列贺坦猎党》（基础引路经）

（5）《pa^{11} tik^{53} ta^{53} · 巴滴达》

（6）《pa^{11} la^{11} mi^{11} sip^{35} pəŋ^{33} · 巴那迷西奔》

（7）《pi^{53} ta^{33} tat^{53} phe^{11} ke^{31}》（远离邪魔）

（8）《po^{55} thi^{55} pɛk^{53} xi^{55} ja^{11} · 菩提扁细呀》

（9）《pin^{55} tsa^{53} si^{35} la^{53} va^{11} suk^{53} · 变札细纳洼苏》

（10）《pɛn^{11} tsa^{53} ho^{55} · 变札伙》

（11）《puk^{53} tha^{53} vaŋ^{11} · 布塔旺》

（12）《pha^{55} la^{55} vai^{53} ta^{55} la^{55} pɛ^{11} tik^{53} · 帕拉崴达拉别滴》（佛祖留下的佛经）

（13）《pha^{55} la^{55} vin^{11} la^{31} pɛn^{11} sɔn^{35} kon^{55} · 帕拉崴变栓郭》（佛祖的预言）

（14）《phi^{53} thǎm^{11} ma^{11} tsam^{55} pɔŋ^{55} · 皮坦玛展蚌》

（15）《ma^{11} la^{53} tsam^{55} xǎm^{55} · 麻娜尖喊》

（16）《me^{31} ɔn^{11} lɔi^{53} fai^{55} sip^{35} et^{11} mop^{53} · 咩哦诺绯西诶墨》（人身上的十一团火）

（17）《mu^{11} la^{53} pǎn^{11} la^{53} suk^{53} · 木纳半纳苏》

（18）《mo^{33} tak^{11} kan^{31} ha^{31} jəŋ^{33} · 摸达杆哈扔》

（19）《mɔn^{55} sɛŋ^{33} jaŋ^{33} taŋ^{55} kin^{33} pen^{33} jə^{31} · 满相扔挡京兵日》

（20）《met^{53} tsu^{53} sa^{11} la^{53} · 明足啥那》（论藏之一）

（21）《va^{11} li^{53} tsi^{53} ta^{11} · 洼利举大》

（22）《vi^{55} tsi^{11} lǎt^{35} ta^{11} la^{53} · 威挤兰达纳》

（23）《vi^{55} sa^{53} ti^{53} · 威萨底》（经藏之一）

（24）《vi^{11} lat^{53} ti^{53} pa^{33} pa^{33} · 威难滴巴巴》

（25）《vi^{11} ma^{11} la^{53} vut^{53} thu^{53} （suk^{53}） · 威玛那文图》（经藏中故事之一）

（26）《kai^{11} kaŋ^{55} xam^{55} · 盖杠罕》（凤凰）

（27）《kɔi^{55} lu^{11} xau^{31} kak^{11} ləŋ^{33}》（只敬供一勺饭）

（28）《kam^{11} pha^{11} u^{55} · 杠帕伍》

［调查地点：岗姐寨；调查对象：奘房；调查时间：2007 年 2 月；调查整理：克原秀］

4. 兴和村委会户允寨奘房傣文佛经文献保存情况

户允寨位于兴和村委会西北边，离村公所驻地 3 公里，全村 42 户，181 人。寨中过去建有干栏式的奘房（佛寺），在“文化大革命”期间被毁。2004 年，寨中居民集资在原址上修建了新奘房。目前奘房内无驻寺僧人，平时的照看与管理由社长龚小干负责。笔者到该奘房进行古籍文献调查时，因有在村公所工作的旧友陪同，进行得比较顺利，社长龚小干帮忙从佛座旁落满灰尘的麻袋中翻、数经书，笔者做了一一记录。这些经书抄本，由于没有专人保管和爱护，被虫蛀、鼠咬现象非常严重，几乎无一本是完好的。存书目录如下：

（1）《杨家春》（求健康长寿而赕）

（2）《贡拉巴底》，2 本

（3）《宋高宗（赵构）皇帝登基 》

（4）《召贺恩》，4 本

（5）《哦沙坦》，4 本

（6）《大孝经》，3 本

（7）《 罗麻岗》，1987 年抄本

（8）《别达杠》，2 本

（9）《混嘎朗罕》

（10）《述西拉罕》

（11）《述达里办腊》，2 本

（12）《列皮坦吗来贺》

（13）《罗吗杠来贺》

（14）《恍散亚》（三时香）求子

（15）《东美相》

（16）《kut^{35} ku^{33} la^{53} ka^{53} ku^{33} liŋ^{55} · 果古蜡嘎古岭》（三姊妹变猴的故事）

（17）《xai^{11} ka^{33} xam^{55} ha^{31} luk^{53} · 盖嘎罕哈鲁》（五个神蛋的故事）

（18）《xai^{55} sik^{53} tsa^{55} · 海西嘉》（玉皇大帝的水牛）

（19）《sam^{35} kɔŋ^{33} tsam^{42} xǎm^{42} · 三光占罕》

（20）《la^{33} li^{33} kɔŋ^{33} xǎm^{42} · 拉厘光罕》

（21）《mau^{11} tset^{11} xɔt^{11} · 冒者画》

（22）《let^{53} saŋ^{11} phi^{35} ma^{53} · 厘尚皮玛》

（23）《hɔm^{35} sam^{35} jam^{42} · 轰三牙》

（24）《xun^{35} ka^{33} laŋ^{11} xam^{42} · 昏嘎朗哈罕》

(25)《mɛt^{53} ka^{33} pa^{11} li^{33} · 明达巴厘》
(26)《kam^{11} pha^{11} lu^{35} loŋ^{35} · 赶帕鲁龙 》(巨鼠时代)

[调查地点：户允寨；调查对象：奘房；调查时间：2007 年 2 月；调查整理：克原秀]

5. 兴和村委会允哏二社思洪秀家保存的佛经典籍

思洪秀，女，傣族，73 岁，有 5 个子女，现和二儿子一起生活。家藏傣文经典共有 20 余本（册）。目录如下：

(1)《thaŋ^{53} vaŋ^{53} jiu^{31} ti^{11} xu^{42} · 唐王游地府》
(2)《thăm^{11} ma^{11} văt^{53} · 坦玛哇（瓦）》
(3)《o^{42} sa^{11} tham^{11} tɔi^{42} au^{31} · 俄沙理堆敖》
(4)《lit^{53} tsa^{53} tuk^{53} xa^{53} · 猎加朵哈》
(5)《sa^{33} the^{42} tso^{42} ti^{11} ka^{53} · 沙提左抵嘎》
(6)《lit^{53} han^{42} ta^{11} său^{42} pɛt^{11} tsau^{31} · 列罕达少别召》(28 尊天神的故事)
(7)《laŋ^{42} thui^{42} xau^{42} · 朗推罕》
(8)《pit^{53} ta^{11} kat^{53} xau^{31} tɔŋ^{53} xai^{42} · 毕达嘎浩东海》
(9)《phi^{53} thăm^{11} ma^{11} puk^{53} ka^{11} la^{11} peŋ^{33} jap^{53} · 皮坦玛》
(10)《phi^{53} thăm^{11} ma^{11} vat^{53} thu^{53} · 皮坦玛哇图》
(11)《phi^{53} ke^{31} ju^{42} pak^{53} · 皮戈儒叭》
(12)《mu^{31} lɛn^{53} tsiu^{11} mu^{42} · 目莲救母》
这是从汉文故事翻译过来的孝书。一般是赕给过世的父母。
(13)《tsaŋ^{53} sam^{35} ŋa^{55} · 三牙象》
(14)《kɔŋ^{55} $\text{mu}^{55}\text{ha}^{55}$ su^{11} · 广母哈素》
(15)《$\text{ŋi}^{53}\text{xam}^{53}$ · 依罕》(金羚羊)
(16)《ma^{11} kaŋ^{11} kə^{42} xam^{42} · 玛岗尔罕》
(17)《mak^{11} xam^{35} xam^{42} · 玛哈罕》
(18)《o^{42} sai^{11} thăm^{11} laŋ^{33} pi^{33} · 俄沙坦朗毕》
(19)《a^{33} lɔŋ^{42} vit^{53} ti^{11} ja^{53} · 阿銮韦的牙》
(20)《a^{33} lɔŋ^{42} tsau^{31} saŋ^{11} tsn^{33} tsa^{42} · 阿銮召尚坚佳》
(21)《a^{33} phi^{53} tham^{11} tsam^{42} pɔ^{42} · 阿皮坦占崩》
(22)《o^{42} sa^{11} thăm^{11} tɔi^{42} au^{31} · 俄沙坦堆沃》
(23)《a^{33} lɔ^{42} la^{31} tu^{33} sɛ^{35} · 阿銮纳都相》

（24）《a^{33} lɔ^{42} kuŋ^{11} la^{11} pat^{53} ti^{33} · 阿銮贡那毕帝》

（25）《a^{33} lɔ^{42} le^{11} ta^{11} ma^{11} · 阿銮力达玛》

（26）《a^{33} lɔŋ^{42} xai^{35} tɔŋ^{33} · 阿銮海董》（买树叶的阿銮）

［调查地点：允哏寨二社；调查对象：思洪秀；调查时间：2007 年 2 月；调查整理：克原秀］

6. 兴和村委会允哏社一社思贵莲家保存的经书

思贵莲，女，傣族，61 岁。家中正房堂屋正墙一方设有供佛、存经书的佛龛，龛柜内的经书共有 25 本，其中有 5 本比较古旧，封面发黄、卷边，据说是思贵莲同本寨的老人到缅甸拜佛取经时在缅甸买来的。经书目录如下：

（1）《thăm^{11} ma^{11} văt^{53} · 坦玛哇（瓦）》

（2）《o^{42} sa^{11} tham^{11} tɔi^{42} au^{31} · 俄沙理堆敖》

（3）《lit^{53} tsa^{53} tuk^{53} xa^{53} · 猎加朵哈》

（4）《sa^{33} the^{42} tso^{42} ti^{11} ka^{53} · 沙提左抵嘎》

（5）《lit^{53} han^{42} ta^{11} său^{42} pɛt^{11} tsau^{31} · 猎罕达 28 尊》

（6）《laŋ^{42} thui^{42} xau^{42} · 朗推罕》

（7）《pit^{53} ta^{11} kat^{53} xau^{31} tɔŋ^{53} xai^{42} · 毕达嘎浩东海》

（8）《phi^{53} thăm^{11} ma^{11} puk^{53} ka^{11} la^{11} peŋ^{33} jap^{53} · 皮坦玛布嘎拉丙牙》

（9）《phi^{53} thăm^{11} ma^{11} · 皮坦玛》

（10）《phi^{53} thăm^{11} ma^{11} vat^{53} thu^{53} · 皮坦玛哇图》

（11）《phi^{53} thăm^{11} ma^{11} sɔn^{35} tsɔm^{33} · 皮坦玛算转》

（12）《phi^{53} thăm^{11} ma^{11} laŋ^{42} lăm^{11} · 皮坦玛朗南》

（13）《phi^{53} ke^{31} ju^{42} pak^{53} · 皮戈儒叭》

（14）《mu^{31} lɛn^{53} tsiu^{11} mu^{42} · 目莲救母》

（15）《ma^{11} kaŋ^{11} kə^{42} xam^{42} · 玛岗尔罕》

（16）《mak^{11} xam^{35} xam^{42} · 玛哈罕》

（17）《o^{42} sai^{11} thăm^{11} laŋ^{33} pi^{33} · 俄沙坦朗毕》

（18）《a^{33} lɔŋ^{42} vit^{53} ti^{11} ja^{53} · 阿銮韦的牙》

（19）《a^{33} lɔŋ^{42} tsau^{31} saŋ^{11} tsn^{33} tsa^{42} · 阿銮召尚坚佳》

（20）《a^{33} phi^{53} tham^{11} tsam^{42} pɔŋ^{42} · 阿皮坦占崩》

（21）《o^{42} sa^{11} thăm^{11} tɔi^{42} ŋau^{31} · 俄沙坦堆沃》

（22）《a^{33} lɔŋ^{42} la^{31} tu^{33} sɛŋ^{35} · 阿銮纳都相》

(23)《a^{33} lɔŋ^{42} kuŋ^{11} la^{11} pat^{53} ti^{33} · 阿銮贡那毕帝》

(24)《a^{33} lɔŋ^{42} le^{11} ta^{11} ma^{11} · 阿銮力达玛》

(25)《a^{33} lɔŋ^{42}hai^{35} tɔŋ^{33} · 阿銮海东》(卖树叶的阿銮)

[调查地点：允哏寨一社；调查对象：思贵莲；调查时间：2007年2月；调查整理：克原秀]

7. 兴和村委会允哏社二社刀保忠家保存的经书

刀保忠，男，傣族，69岁，因在马厩里出生而取小名马保。他自幼聪慧，到该上学的年龄，母亲给他请了一位腾冲汉族师塾先生到家里教汉语汉文，同时学习傣文，因他勤学、好问，成绩很好，以后一直是本村里汉、傣文化水平最高的人。新中国成立后，村里办傣文扫盲班，由他任教师，以后还在村里的小学当代课教师，授汉语三年。由于他好学、肯钻研，知识面广，很多人都来跟他学习傣文和傣族历史文化知识。周围的傣族群众凡生病问卜，结婚、盖房择日，出门看时辰都来请他查看经书。村寨奘房佛事，赕佛、做摆等活动都少不了他。目前他家收藏的经书，存放在其妻随嫁带来的一个木制箱子里，平日存放在卧室一角的柜子上，不轻易示人。认真查看后，这些经书名目主要有：

(1)《pɛm^{11} ma^{11} tso^{33} ta^{55} la^{55} si^{11} pa^{55} · 四无量》

(2)《pin^{11} tsa^{53} si^{35} · 并札细》

(3)《mɛt^{53} te^{11} ja^{53} sɔn^{35} thǎm^{55} · 佛粗咪定亚》(讲经)

(4)《va^{11} la^{53} tsik^{53} ka^{53} · 洼纳吉嘎》(论藏之一)

(5)《va^{11} la^{53} a^{53} tiŋ^{11} la^{53} · 洼纳阿定纳》

(6)《kɔŋ^{55} mu^{55} · 广母咩麦》(寡妇塔)

此塔在今缅甸掸邦勐贺弄地方。

(7)《kɔŋ^{55} mu^{55} · 广母哈素》

(8)《tau^{55} ho^{31} sən^{33} · 陶禾生》

此书为盈江傣族土司刀安仁根据聊斋故事改编成傣文故事，又名《朗麻林》(狐狸精的故事)。

(9)《pǎt^{53} to^{11} voŋ^{53} suk^{53} tan^{55} sam^{35} kɔŋ^{33} · 巴多翁苏赕散光》

(10)《pəŋ^{33} ho^{35} sǎm^{11} ma^{11} thi^{53} · 木贺散玛提》

(11)《pǎp^{53} sɔn^{35} ta^{55} la^{55} lai^{35} pəŋ^{33} · 拔栓达拉莱碰》(部分佛经读本)

(12)《tsam^{55} toi^{55} mə^{33} vǎn^{55} · 占兑没宛》(测算吉凶日)

(13)《lik^{53} ka^{11} la^{55}·列嘎拉》(占卦病因)

(14)《lat^{53} lǎi^{31} kon^{55} kət^{11} han^{35} la^{31}·腊来滚戈含腊》

(15)《pǎp^{53} ka^{11} la^{55}·破噶拉》(占卦凶吉祸福)

书中叙述84种占卜法，有占卜表25个。内容多种多样，占卜种类也较多。

(16)《pǎp^{53} ka^{11} la^{55} phɔi^{55}·包噶拉诶》(几种占卜方法)

此书记录和讲解有关占卜的种类和方法。

(17)《pɛŋ^{11} ja^{11} he^{53} pən^{33}·别呀赫奔》(防他人秘法)

书中记录和详释如何预防凶恶、防疾病、防别人使坏、除恶除邪、寻找失物等民间秘法。

(18)《tsa^{11} uk^{53} pe^{11} taŋ^{11}·甲哦憋当》(占卜及咒语)

(19)《ke^{55} tsu^{55} po^{33} me^{33} xɯn^{31} məŋ^{55} li^{55} pan^{11}·革柱波咩痕勐里班》(父母的恩情升入天堂)

傣族人讲的“孝”不只是针对父母和长辈，拜佛也是孝的一方面，拜佛的这个“孝”也是为自己积德做好事，于人于己都有好处的德行是做得越多越好。只要有孝心，敬供什么物品、敬供多少都可以。此经记录说，有一对老夫妇生有一儿一女，他俩在世时，从没有到奘房敬供食物，因此死后就成了饿鬼。他们的儿女已给他俩做了七天大摆，敬供了不少食物，但他俩在阴间却未见到。后来就给儿女们托了梦，让他们去问问佛祖。佛祖说，他们在世时从不念佛经，因此你们敬供的食物，他俩就看不到。并说两个儿女要替他们父母敬供经文《别的嘎嗲》，这样他们的父母才能见到敬供给他们的东西(在阴间用的财物和食品)。

(20)《ta^{11} la^{53} vot^{53} thu^{53}·达腊威图》

书中记录，到奘房去供奉(或尽孝)，虽说只要有诚心，供什么、供多少都可以，但实际上还是有讲究和规矩的，不同的时间，不同的节日，不同的期望，供物的种类和数量是不一样的，而这些规矩即现在人们的各种供奉(包括善恶两种)据说都是依照佛祖果达玛在世时传下来的，没有改变。

(21)《ta^{11} la^{53} vat^{53} puk^{53}·达纳瓦泊》

这本经书主要是给罪恶深重和对僧人或信众有不敬行为的人赎罪用的。此类人生前必须经常念诵和誊抄《达纳瓦泊》经书，以解脱自己的罪过。不然，死后就会进地狱或进油锅。

(22)《va^{11} la^{53} suk^{53} tǎm^{11}·洼纳索坦》(佛祖到三界讲经)

“三界”是指天国、人间、阴间，傣语称为“轰法、轰岗、轰德”。常言道：人上百形形色色，不管在哪一界里都会有心术不正的人，佛祖就被请到三界讲经，训导那些言行让人感到畏惧的人，引导他们改邪归正，积德行善，远离罪恶，死后才能升入天国之境地。

（23）《va^{11} la^{53} sak^{53} se^{11} · 洼纳萨谢》

“洼纳萨谢”经书，是讲三界的生灵（主指人）为什么要听经、吟诵经书，因为佛祖的经典就像是三界生灵生存的阳光和空气，所有信守佛经的人、动物及鬼类就好像沐浴在温和的阳光下，好像随时闻到了荷花的芳香，使得三界充满和谐与美丽。

（24）《hop^{53} thop^{11} pha^{55} la^{55} saŋ^{31} te^{11} · 火脱帕拉尚特》（恰逢佛的时代）

此经书主要讲自古以来人们相信鬼神，认为人的一切是鬼神主宰。而佛祖认为这种认识不完全正确，为了使人们改变这种看法，就创造了佛教，并用佛教思想来教导人们弃恶从善，为公积德，到达涅槃天国。

（25）《pǎk^{35} ka^{33} tən^{55} · 帕噶特》（傣历计算年历）

傣族计算年的方法有自己的一套计算方式，一般人不容易掌握，要进行专门的学习才能掌握此方法。

（26）《nu^{35} loŋ^{35} · 鲁弄》（硕鼠—谷种的由来）

谷种，原本在茫茫原始森林中，有数万只本领高强的硕鼠守护着，为首的一只有五十排（庹）长，它们守护着的谷种颗粒大如西瓜，必须向硕鼠讨要谷种，人们才有吃的。在批勐（勐神）的帮助下，混门拉和混撒目底派两个人来到森林，拜见鼠王，鼠王愿意给人类谷种，并经过层层关卡最后由象（猪）护送到了人间。人们以隆重的仪式将谷种迎入城，人群欢呼“毫、毫”。后来老鼠不愿再回森林，就在人间留了下来。

（27）《lek^{33} xɔn^{35} xǎu^{31} · 列欢浩》（谷魂的故事）

此书讲述佛祖释迦牟尼与谷魂斗法的故事。佛祖感慨：即是佛也不能一日不吃饭，谷魂才是至高无上的。

（28）《kɔŋ^{55} mu^{55} koŋ^{33} · 广母宫》（空心塔的传说）

（29）《P‘u^{55} la^{55} ma^{55} məŋ^{55} · 帕拉吗勐》（佛祖巡游）

（30）《P‘a^{55} la^{55} si^{11} su^{11} · 帕拉西召》（四尊佛像）

（31）《P‘um^{11} ma^{11} tsak^{33} sip^{35} ho^{35} · 捧玛迦西贺》

（32）《sɛŋ^{35} məŋ^{55} · 相勐》（佛祖转世中的一个故事）

（33）《nu^{35} xǎm^{55} · 鲁罕》（金鼠）

（34）《tsaŋ^{53} p‘ək^{11} ŋa^{55} nɛŋ^{33} · 掌裴牙亮》（红牙白象）

（35）《ho^{35} ŋən^{55} · 贺恩》

（36）《lai^{55} toi^{55} vǎn^{55} · 莱堆宛》（看日占卜）

全书内容繁杂，其主要内容是测定人的过去、现在和未来的吉凶福祸。

（37）《lai^{55} kǎm^{33} lət^{33} · 莱甘冷》（生辰占卜）

本书主要根据人的生辰占卜凶吉祸福，诸如男女婚配、人体生病起因、事业成败、一生的福与祸、一生寿命长短、因缘关系等。

（38）《hɯk^{33} fa^{53} hə^{55} sa^{33} pǎu^{55}》（星宿占卜）

（39）《thaŋ^{53} vaŋ^{53} jiu^{31} ti^{11} xu^{42} · 唐王游地户》

（40）《thǎm^{11} ma^{11} vǎt^{53} · 坦玛哇（瓦）》

（41）《o^{42} sa^{11} tham^{11} tɔi^{42} au^{31} · 俄沙理堆敖》

（42）《lit^{53} tsa^{53} tuk^{53} xa^{53} · 猎加朵哈》

（43）《sa^{33} the^{42} tso^{42} ti^{11} ka^{53} · 沙提左抵嘎》

（44）《lit^{53} han^{42} ta^{11} sǎu^{42} pɛt^{11} tsau^{31} · 猎罕达 28 尊》

（45）《laŋ^{42} thui^{42} xau^{42} · 朗推罕》

（46）《pit^{53} ta^{11} kat^{53} xau^{31} tɔŋ^{53} xai^{42} · 毕达嘎浩东海》

（47）《phi^{53} thǎm^{11} ma^{11} puk^{53} ka^{11} la^{11} peŋ^{33} jap^{53} · 皮坦玛布嘎拉丙牙》

（48）《phi^{53} thǎm^{11} ma^{11} · 皮坦玛》

（49）《phi^{53} thǎm^{11} ma^{11} vat^{53} thu^{53} · 皮坦玛哇图》

（50）《phi^{53} thǎm^{11} ma^{11} sɔn^{35} tsɔm^{33} · 皮坦玛算转》

（51）《phi^{53} ke^{31} ju^{42} pak^{53} · 皮戈儒叭》

（52）《mu^{31} lɛn^{53} tsiu^{11} mu^{42} · 目莲救母》

（53）《mak^{11} xam^{35} xam^{42} · 玛哈罕》

（54）《vi^{53} le^{53} · 韦厘》又名《vi^{53} le^{53} pa^{11} la^{11} tsik^{53} kam^{11} · 韦厘巴拉吉干》

（55）《o^{42} sai^{11} thǎm^{11} laŋ^{33} pi^{33} · 俄沙坦》

（56）《a^{33} lɔŋ^{42} vit^{53} ti^{11} ja^{53} · 阿銮韦的牙》

（57）《a^{33} lɔŋ^{42} tsau^{31} saŋ^{11} tsn^{33} tsa^{42} · 阿銮召尚坚佳》

（58）《a^{33} phi^{53} tham^{11} tsam^{42} pɔŋ^{42} · 阿皮坦占崩》

（59）《o^{42} sa^{11} thǎm^{11} tɔi^{42} ŋau^{31} · 俄沙坦堆沃》

（60）《a^{33} lɔŋ^{42} kuŋ^{11} la^{11} pat^{53} ti^{33} · 阿銮贡那毕帝》

（61）《a^{33} lɔŋ^{42} le^{11} ta^{11} ma^{11} · 阿銮力达玛》

（62）书名不详

（63）《列松玛》（思想教育），31 页，1961 年 1 月 2 日刀保忠誊抄。

［调查地点：允哏寨二社；调查对象：刀保忠；调查时间：2007 年 2 月；调查整理：克原秀］

8. 兴和村委会芒弄寨思跃章家保存的经书

芒弄寨有31户，152人。思跃章，68岁，识汉文，精通傣文。他家收藏的傣文文献装在很旧的纸盒（箱）里，共有20余本，其中半数是汉语故事译本。内容有汉译傣故事，如《杨文光征南》、《孙齐高征西》、《三下河东》、《红灯记》、《红莲宝》、《汉光武帝》、《刘子英》、《承德承东》（《狸猫换太子》）、《大孝记》等，还有傣族故事，如《贡美相》、《三光朱诺》、《改结改案》、《腊希西双》、《冒洁唤》、《阿伦相勐》、《索西拉喊》、《贡拉巴底》、《召货恩龙》等。

［调查地点：芒弄寨；调查对象：思跃章；调查时间：2007年2月；调查整理：克原秀］

第三章

临沧市傣族文字古籍

前言

——临沧市傣族、佤族佛教信仰和文字古籍情况综述

李国文

临沧地区位于云南省西南部，现设为地级市——临沧市，地理位置介于东经98°40′~100°34′和北纬23°05′~25°02′之间，东部与思茅地区相连，西部与保山市相邻，北部与大理白族自治州相接，南部与缅甸接壤，总面积24 469平方公里。境内辖临翔、云县、凤庆、永德、双江、镇康、耿马、沧源8县（区）。全市有总人口约218.45万人（1998年），其中少数民族81.06万人，占总人口的38.3%。分布民族主要有汉族、彝族、佤族、傣族、拉祜族、布朗族、傈僳族、德昂族等民族。少数民族中人口较多的为彝族，约有32.28万人；其次是佤族，有21.65万人，傣族有10.43万人，拉祜族7.65万人，布朗族3.11万人。这些民族都是临沧地区古老的世居民族。其中，佤族主要分布在沧源、双江、耿马和镇康、永德县；布朗族主要聚居在双江县，永德、云县也有部分分布；傣族主要分布在双江县和临翔区，耿马、永德等县也有分布；德昂族主要分布在镇康县和耿马县。境内各民族都保有自己古老的语言。傣族则传有傣文。傣语属于汉藏语系壮侗语族壮傣语支，临沧地区的傣语属于德宏方言。傣文分傣仂文、傣那文、傣绷文、傣端文4种文字，临沧地区耿马、双江等地的傣族主要使用傣那文、傣仂文，耿马的傣族使用傣绷文。历史上由于整个临沧地区周围各民族与傣族同属一个分布地域，各民族相互交流频繁，因此，诸如佤族、布朗族、德昂族很多人不仅通晓傣语，而且兼通傣文，并用于宗教信仰生活中。

临沧市各民族都保有宗教信仰，境内除传有道教、伊斯兰教、基督教外，传统的宗教信仰中，傣族信仰南传上座部佛教；佤族、拉祜族除保有本民族的原始宗教外，部分信仰汉传佛教，多数信仰南传上座部佛教，有的信仰基

督教。傈僳族主要信仰基督教。彝族主要保有本民族传统的自然宗教——毕摩教。……各民族无论使用哪种语言和文字，无论信仰哪种宗教，在漫长的社会历史发展过程中，都创造、积淀有与自己民族社会历史发展相适应的精神文化，其中古籍文化是其重要内容之一。以各民族创造、传承的古籍文献而言，类型很多，单就民族文字古籍文献而言，由于很多民族信仰佛教，用傣文记录的佛教典籍，在傣族、佤族、布朗族等民族村寨的佛寺和信众手中世代都有保存和流传，比如过去所发现的诸如详细记录有双江历代土司历史世系的《勐勐十八代土司历史》，详细记录有封建土司制度的《耿马宣抚司礼仪课赋底簿》，详细记录有孟定罕世家族演变史的《孟定土司源流》，以及《耿马地方史》、《鸡卦》等傣文抄本，可谓弥足珍贵。再以无文字古籍中的口承古籍而言，佤族、布朗族、拉祜族等民族却创造、流传过反映本民族迁徙、繁衍和与之相关的神话、传说、故事、民歌、民谣、格言、谚语，这些都记录着他们的社会、历史和精神生活。比如彝族信仰原始毕摩教，但临沧地区很多彝族民间都没有毕摩文字传承，而是用记忆传承、讲述宗教祭祀经文，这就是他们的口承古籍。

总之，临沧地区各民族传承的各种类型的古籍文献，应是我们发现、挖掘临沧民族文化的一个重要领域。鉴于各方面条件的局限性，这里选择了沧源和永德县部分傣族、佤族村寨的佛寺和居民，对他们所保存的文字古籍文献作了部分调查；对于其他民族所保存的口承古籍，本项目研究也选择了“佤族口承古籍”和“临沧市彝族俐侎人口承古籍”作了调查，这两项内容都在“云南少数民族古籍文献调查与研究”这个总项目中加以分章公布。

2008 年 6 月

于云南民族大学

第一节　沧源县部分佛寺和傣族居民保存的佛教古籍调查

沧源佤族自治县属临沧市管辖的 8 县之一，位于临沧市辖区西南部，县境东北接双江县，东南与澜沧县相连，北邻耿马县，西面和西南面与缅甸接壤。境内主要居住有佤族、汉族、傣族等民族，总人口约 20 余万人，其中佤族人口占 80% 以上，其他依次为汉族、傣族、拉祜族、彝族。这里保有多种宗教信仰，其中，佤族、拉祜族除笃信本民族古传原始宗教外，部分则与当地傣族等民族一样，信仰南传上座部佛教和基督教。佛教信仰在整个沧源县的傣族和傣、佤、彝族聚居的村寨，几乎都建有佛寺，当地习惯称为缅寺，佤族聚居地诸如班洪、南腊、班老、勐来等山区村寨也都建有佛寺。这些宗教信仰活动场所，同其他地区一样，在“文化大革命”期间都遭到不同程度的破坏。20世纪80年代，党的宗教信仰自由政策逐渐恢复，这些佛寺逐渐得到恢复或重建。和宗教信仰活动及其场所相并存的佛教经典古籍，在“文化大革命”期间同样遭到厄运，宗教信仰自由政策恢复后，佛教经典古籍作为宗教信仰的重要载体，它们或以寺院收藏供奉，或以民间藏存的方式记录着自己的历史。本调查以“现实社会条件下，需要对少数民族传统古籍文献的流传、保存情况作调查研究”的思想为指导，抽取了该县广允佛寺、芒勐佛寺、金龙寺三个佛寺和一户傣族人家——汗牙家所藏存的佛教古籍情况作了调查，现将情况分述于下。

一、勐董镇广允寺等佛寺和傣族居民保存的佛教古籍

1. 广允佛寺保存的经籍及其他情况

广允寺，当地习惯称广允缅寺，坐落在沧源县政府驻地的勐董镇，建于1828年，属沧源县遗留的古建筑之一，历经被破坏、废弃的历史，1984年全面修复。全寺现占地面积约2000余平方米，有主殿一间，院落侧房两间，沧源县文物管理所和佛教协会即设在寺内侧房办公。寺内有常驻僧人3名，其中2名长老，1名和尚，都是当地傣族。

作为沧源县佛教信仰重要场所的广允寺，目前遗留、保存的最珍贵的文化遗迹，主要是进入佛殿大殿门庭左右两侧和顶部镶板上的佛教绘画和板刻画，在大殿左右两侧和佛座背后的正墙上，都绘满壁画，这些壁画，历尽沧桑，显示着它的古老和文化沉积。在寺院文物管理所的一间保管室里，堆放着七八块厚重的木框架水泥制板，这是当地文物部门抢救、拓制、保存下来的部分佛教绘画古迹。至于傣文佛教文字经典古籍，据驻寺僧人李明（长老，傣名田旺那）讲述，该寺过去有专门的藏经阁，但“文化大革命”中被烧毁，全部藏经被付之一炬。现在主殿左侧遗有一古旧藏经柜，柜上堆满经书，共有350余本，但全部经书几乎都是佛教信徒作为人超度、赕佛而新近抄写、供奉的近抄本。其中较显旧、抄写历史较长的经书共有三本，分别为：第一本，傣名《莫哈慕》（音），据说属供奉大佛、安佛心时诵念的经籍，抄写历史距今有27年；第二本，傣名称《汤姆逊》（音），据说属信众起房盖屋、驱

魔压邪时需要诵念的经书，抄写时间有26年；第三本，傣名称《莫哈饱汤》（音），属人死超度经籍，抄写时间有36年。其他新近抄本尚有诸如《吾弄》（音）、《莫罕莫腊尼帮》（2册）、《阿匹塔玛》（5册）等，多属讲述佛经故事，或人死时超度诵念的经籍。

［调查地点：勐董镇广允佛寺；调查对象；李明长老等；调查时间：2008年4月；调查整理：李国文］

2. 芒勐佛寺的佛教古籍

沧源县政府驻地的勐董镇及其附近很多傣族、佤族村寨，每个村寨都建有佛寺，芒勐佛寺即坐落在芒勐寨，离县城约2公里。芒勐寨过去建有老寺，以后被烧毁，现在的新寺于2005年重建，占地约3亩。寺内现有驻寺僧人4名，其中佤族3名，傣族1名；长老1名，名刀帅，法名汤细，佤族，班洪地人；佛爷2名，佤族，和尚1名，傣族。

该寺保存佛经古籍的地点分三处，一处在寺院主殿左上角，设有雕刻镀金藏经柜，一处在僧人住房外间，设有木制台柜，大部分经书分别保存在这两个柜中，部分则堆放于僧人卧室。全寺目前所保存经书共约500余本，按经书新旧程度分，其中除8本属较古旧或抄写时间稍长外，其余均属新近抄本藏书。8本旧籍的情况分别如下：

（1）傣语书名称《莱》（音译）

绵纸抄本，折页双面抄文，共400页，麻线装订，书长33厘米，宽约37厘米。全书显古旧，前、后部分共约有40页纸面卷缩、破损。经查，此书抄写于傣历1210年，经寺内长老推算，距今已有160年的历史。属占卜类常用经书，举凡老人生病、失物（失猪、鸡、牛、羊），婚丧嫁娶，起房盖屋，地震，异物异事，都用此书占卜吉凶。此书来历，据说“文化大革命”以前，临沧地区耿马县有一佛爷与沧源县勐董地方的一位佛爷要好，耿马佛爷便抄此经送与勐董佛爷作礼物。到“文化大革命”时，此书传到勐董地方的芒弄村某老人手中，幸好老人当时将此书秘藏起来，才得以流传下来。此书以后放在芒弄佛寺，1998年，刀帅长老到芒弄佛寺，见此书被随便弃置，便将它带到芒勐佛寺保存。

（2）傣语名称《莱》（音译）

属占卜类书的另一种抄本。自制厚绵纸抄本，折页双面抄文，封底、封面用黑漆硬纸板作护封。全书折拢长约37厘米，宽10厘米，折页铺开后长约 300 余厘米。书面和内页古旧，据寺内长老推算，抄写时间约有 100 余年。

（3）傣语名称《汤姆逊》（音译）

绵纸抄本，折页双面抄文，封底封面用黑漆硬纸板作护封，全书长 53 厘米，宽约 13 厘米。无抄写时间。据寺内长老根据经书抄写、装订样式和有关信息推算，此书抄写时间至少在百年以上。

（4）傣语名称《姆色肯信》（音译）

绵纸抄本，折页双面抄文，共 120 页，长 50 厘米，宽 33 厘米。麻线订装，花绸布护封包装，但布已破损。据寺内刀帅长老讲述，此书原由勐董地方的芒发寨人于傣历 1319 年抄写，距今有 51 年，原供奉在芒发寨的佛寺中。"文化大革命"时，有佛教信徒将此书悄悄带到缅甸某地收藏，约 20 世纪 80 年代中期，又由芒勐寨傣族贺井东将此书从缅甸带回，保存于芒勐缅寺。全书现保存基本完好。

（5）傣语名称《汤姆逊》（音译）

属该寺保存此类经籍的第二本。亦属新近抄本，抄写时间距今约有 22 年。

（6）傣语名称《考搞弄》（音译）

绵纸抄本，折页双面抄文，封底封面用黑漆硬纸板作夹封，长 30 厘米，宽约 10 厘米，全书铺开长约 250 厘米。全书记录为祝祷语之类。书显古旧，但难推测抄写时间。

（7）傣语名称《达莱务》（音译）

16 开合页笔记本缅文印经，1 本，内容属讲述因果报应之类。

（8）傣语名称《未》（音译）

这是一把绵纸裱糊木柄纸扇，上画有彩色花纹图案，属芒勐佛寺的古旧之物。僧人诵经时，即手握此扇。

［调查地点：勐董镇芒勐佛寺；调查对象：刀帅长老等；调查时间：2008 年 4 月；调查整理：李国文］

3. 芒那村傣族汗牙家的藏书

沧源县勐董镇芒那村，离县城约 1 公里，是一个傣族村，共有 100 余户。村中建有佛寺，称芒那佛寺。汗牙家就在县城通往芒那村的公路旁。汗牙是他的傣名，现年 66 岁，问其学名，自述学名、傣名都称汗牙。先生 7 岁时进芒那佛寺当和尚，当了 8 年，15 岁时升为佛爷，还俗后，到"文化大革命"

时，曾当过本村的会计员，识简单的汉字，凡记录账目多用傣文，有时傣、汉文并用。

汗牙是该村目前在他这个年龄段中傣文水平较高的人。现在，他每天的事情，就是在家里为村民抄写老人们去世时需要诵念、供奉的经书。不仅如此，他更是一个留心收藏佛教书籍的人。他家收藏书籍的地方有很多处，举凡卧室木柜头上，客厅木柜里都有藏书。按傣族佛教信仰习惯，这些书分为“列”和“汤”或“汤姆”两大类，前类属记录故事、占卜之类，视为“书”，平日可在家里诵念，但不到佛寺里诵念；后类属“经”，平时家里有事（诸如祭奠等）可在家里诵念，也可到佛寺里诵念。在汗牙家所保存的佛教经籍中，最显古旧、历史较长的有如下 6 本：

（1）傣语称《色帕》（音译）

绵纸抄本，麻线订装，长约 50 厘米，宽约 30 厘米，封底用麻布护封包装，但麻布已漆黑缺损。全书前半部分有 6 页缺损。此书属汗牙家保存的最古旧书之一，据说属爷爷辈的遗书，距今约有 200 年以上历史。

（2）傣语名称《南玛宝》（音译）

属讲述佛教故事类书。汗牙于 1960 年的抄本，绵纸双面抄文，共 156 页，麻线订装，有封面页，封底用黄、白两层布作护封包装。全书长约 52 厘米，宽约 34 厘米。此书的保存有一段小故事，“文化大革命”时，有“造反派”宣传，要“破四旧，立四新”，并进入各家各户翻箱倒柜，搜查古书古物，要求各家各户把家中藏存的佛教书籍带到村中某场地统一烧毁。汗牙把家中部分书籍带到烧书的场地，心里实在舍不得自己亲手抄写的这本厚书，他把此书仍在火堆旁，用木棍拨弄着火塘，佯装参加烧书，趁人不备，将书挑到路边的草丛中，第二天天未亮，又到草丛中拾回此书，才使此书得以存留至今。

（3）傣语名称《嘎玛汤》（音译）

绵纸折页装，双面抄文，长约 18.5 厘米，宽 8.5 厘米。全书显黑、旧、古老，虫蛀现象严重，书末有页面脱落，部分页面缺损。据汗牙老人讲，此书属祖辈遗传的经籍，迄今约有 200 年以上历史。

（4）傣语名称《莱》（音译）

占卜类书。绵纸双面抄文，折页装，长 26.5 厘米，宽 7 厘米，折叠厚 4 厘米。1960 年抄本，保存完好。

（5）傣语名称《嘎玛汤》（音译）

1960 年重抄本。折页装，双面抄文，长 25 厘米，宽 8 厘米，保存完好。

（6）长 13 厘米、宽 8 厘米的陈旧破损合页笔记本一本，书中录有佛经故事段落，有佛教绘画之类。全书虫蛀、脱损严重。

除上述的佛教经籍外，汗牙家目前保存的佛教“列”和“汤姆”类书（经），新近抄本非常丰富，其中经类抄本共有16本，书类抄本共约10余本。这些书籍，有的保存在木柜里，大多数则用麻布袋、塑料编织袋包装保存。

［调查地点：勐董镇芒那村；调查对象：汗牙；调查时间：2008年4月；调查整理：李国文］

二、勐角乡佛寺保存的佛教经籍

1. 金龙寺的佛教古籍

金龙寺坐落于沧源县境内属傣族、佤族、彝族三种民族聚居的勐角乡的金弄傣族村，始建于傣历742年（公元1380年，明洪武十三年），“文化大革命”时期曾被毁坏，于1980年恢复，1982年重建，现有寺房三间，其中大殿一座，僧房二间。寺内现有常驻僧人帕涮米厅2人，帕希提厅1人，沙玛念（和尚）8人。是沧源县的中心佛寺之一，也是临沧市8县（区）佛教信众文化交流的重要地方。

该寺设有两处藏经处，一处在佛殿殿堂左侧，设有木雕镀金藏经柜，一处设在僧房，设有两台红漆木柜。全寺目前保存的佛教经籍，除去10余本（部、件）属旧籍外，其余约300余本属20世纪80年代以后逐渐抄写、积累的经籍。旧籍情况如下：

贝叶经：

（1）傣语名称《贵板歌》（音译）

据说书中内容属讲述一千棵芭蕉的故事。用贝叶刻（抄）文，双面抄文，共4册，每册有贝叶14、15、16页（片）不等，并用白棉布条于经页两端捆扎成册。据说此书由西双版纳傣族地区传入，传入时间不详。

（2）傣语名称《嘎塔帮》（音译）

贝叶经1册，双面抄文，共14页。属戒律类用书。从西双版纳传入，但传入时间不详。

（3）贝叶经，属该寺保存的一部最完整的经典，全书上下用两块夹板护装，用丝织宽带捆扎保存。此经由本寺住持提卡达希于1998年从缅甸仰光带回。抄写年代不详。

纸本经：

（4）傣语名称《哦波汗养》（音译）

绵纸抄本，长约56厘米，宽约33厘米，左侧线订装，封面页已破损。据说此书传承时间已有100余年。

（5）傣语名称《钵布莱》（音译，亦统称《莱》）

属占卜类经书。绵纸抄本，双面抄文，折页装，长约33厘米，宽约10厘米。黑漆硬纸板作护封（夹），但封面板已脱落，硬纸板封底残缺，书边破损。此书原传承于金弄村龙丙长老家，长老去世后，传与他人。据说传承时间距今约在200年以上。“文化大革命”期间，据说老人（姓名不详）将此书包在棠尚树叶和棕匹叶里，藏在村寨附近的山洞里，才得以保存至今（另据当地老人讲述，当时他们藏存珍贵经书的办法，有的是把书包在棕叶里，藏到家屋墙的土坯夹缝里）。

（6）傣语名称《灵混汗》（音译）

属喊魂类经书。绵纸抄本，折页装，双面抄文，长约26厘米，宽约10厘米，黑漆硬纸板封底封面，漆面已脱损。此书原传流于金弄寨的还俗长老布奈弄家，布奈弄老人90多岁时去世后，又传给该村还俗长老龙丙，龙丙长老去世后，书由现任金龙寺大长老提卡达希收藏于本寺。据推测，此书在民间辗转传承约在150年以上。

（7）傣语名称《宝莱嘎塔》（音译）

属咒语咒术类经书。绵纸抄本，折页装，双面抄文，长约26厘米，宽约10厘米。封底封面用黑漆硬纸板作护封，因传承年代久远，故护封纸板已脱损，以后又用细麻线缝缀。据说此书历经四五代长老的传承。据此推测，其传承时间至少在150年以上。此书因属记录咒语法术之类，故由本寺提卡达希大长老亲自保存，不轻易示人。

（8）傣语名称《波莱散汗》（音译）

属傣族万年历类书。勐角乡的尚召岗允大长老于傣历1308年的抄本，迄今有62年。绵纸折页装，双面抄文，封底封面用黑漆硬纸板作护封。

（9）傣语名称《那莫嘎波》（音译）

属丧葬超度类经典。前述尚召岗允大长老抄经，折页装，双面抄文。书长约50厘米，宽约13厘米，封底封面用黑漆硬纸板作护封，保存基本完好。

（10）傣语名称《哈纳忘》（音译）

据说为佛教信仰的“大经”，每年傣历10月15日供佛诵念此经，以求风调雨顺，人畜平安。绵纸抄文，折页装，双面抄文，封底封面用黑漆硬纸板作护封，保存基本完好。

(11) 傣语称《巴利伟桑达腊》(音译)

讲述佛祖释迦牟尼的故事。傣族佛教信仰做“大赕”(供佛)时必诵此经。前述尚召岗允大长老于60多年前的抄本，折页装，双面抄文，封底封面用黑漆硬纸板作护封，长约50厘米，宽约13厘米，保存基本完好。

(12) 傣语称《汤姆逊佛顿》(音译)

属祈吉纳祥、喊魂之类经书。尚召岗允大长老60多年前的抄本。保存基本完好。

(13) 傣语称《嗄莫哇咱》(音译)

书长50厘米，宽20厘米，厚16厘米，折页装，保存完好。

[调查地点：勐角乡金弄村；调查对象：提卡达希，男，傣族，42岁，佛寺长老；调查时间：2008年4月；调查整理：李国文]

第二节 永德县部分佛寺和傣族居民保存的佛教经籍

永德县位于临沧市西部，地近缅甸，为澜沧、怒江之间的峡谷走廊，是古代汉藏与南亚语系民族先民南北迁徙的重要通道，现代则为滇缅公路交通近边的一个站口，全县范围分布有汉、彝、傣、佤、拉祜、布朗、傈僳、德昂等人口多寡不一的20余种民族。其中佤族、布朗族等民族都是当地古老的世居民族。据有关史籍记载，傣族是在宋代大理国时期逐渐迁入的，傣族中的“傣德”支系是元末陆续由今德宏瑞丽迁入的。她们在明清时代人口繁衍较多，在当地文化中占据主导地位。现今居住范围主要集中在该县永康镇的送吐、端楞、弄空、新城、茶铺、忙石、南畔、勐底、大寨、考腊；勐板乡的红岩脚、新田、小街田、勐板寨、新寨、大旧寨、回冷、胡拐山；大雪山乡的忙蚌、勐旨、新寨；班卡乡的登腮；小勐统镇的南界田；德党及其他乡镇亦有零星分布。

在永德全县范围内，傣族、佤族、布朗族、德昂族笃信南传上座部佛教。对傣族信仰南传上座部佛教情况，民国《县志稿》有描述：“境内崇奉佛教，首推摆夷[1]，皆信仰非常。故有村落建一寺者，数村落建一寺者，也有一村落

① 摆夷，傣族的旧称。

分建数寺者。佛殿所供之神即释迦牟尼如来也，若家有子弟，欲读书，必先送往寺内为和尚，身入寺即受长老、佛爷之戒，服黄色佛衣……住宿衣食皆在寺内。”此录“寺”即当地习惯称的“佛寺”，又多称“缅寺”。所述“若家有子弟，欲读书”之“书”，即指佛教僧人在缅寺修习的佛教经典。据有关统计显示，在上述民族地区村寨，1955年，共分布有缅寺25座，以后有所增加，但作为佛教活动的场所，1958年到“文化大革命”期间，几乎全部被取缔，1978年后逐渐恢复。党的宗教信仰自由政策在基层落实后，至1988年以后，各村寨恢复缅寺共约22座。缅寺作为佛教信仰活动的重要场所，包括信教者的宗教生活，都随着社会的变化而变化，作为信教者——教徒们信教修习的重要工具——佛教经籍的流传、保存、传承、使用、制作、添加等等，也在发生着剧烈变化。据调查，特别是“文化大革命”期间，伴随着缅寺的取缔，僧人离寺，经典散失，寺院或个别僧人、信徒为了保存经籍，把部分经书或所供奉佛像、供品、供物藏于当地某处山中隐秘岩洞的情况，偶有存在，但大部分经书则被毁；即便是当时被藏在某个山洞的经籍，因年代长久，经土石风水侵蚀，实际上被自然销毁。另有部分经书则秘藏于民间佛教信徒家中，“文化大革命”期间有的得以幸免于难。宗教信仰自由政策恢复和大部分缅寺恢复后，很多缅寺逐渐进入修复过程，各寺宗教信仰活动开始转入正常。此种情况下，作为佛教修习的经籍，也是逐渐恢复的关键内容之一。但这项工作与各村寨的经济发展水平，信教者信教感情的恢复，缅寺历史规模的大小，缅寺的重修，驻寺僧人的多少、水平高低，信教生活正常与否，等等，有着直接关系。据不完全调查分析，目前全县各村寨缅寺收藏、使用的经籍数量，保存环境、条件等等都不一。针对目前情况，我们选择傣族、佤族村寨三个较具规模的缅寺作了现场调查，现将调查情况公布于此。

一、德党镇佤族村寨佛寺保存的佛教经书

1. 勐汞缅寺佛经藏书

勐汞原属永德县的一个乡，现属德党镇管辖。这里属佤族聚居区，同时杂居有部分汉族。佤族笃信南传上座部佛教。在勐汞村右边建有一座缅寺，此寺主房在“文化大革命”期间被毁，20世纪80年代恢复重建。现设有主寺房一间，僧人住房和厨房合用一大间。目前有驻寺僧人6人，其中长老1人，名刘金良，36岁，青树寨人；佛爷4人，和尚1人；还有一名属寺中常客（在），名刘正良，黄果树寨人，67岁，18岁时当过和尚，以后在政府有

关单位工作，退休后常来往于缅寺，帮助寺中待客、议事、管理。

该寺目前收藏有佛经典籍共约100多本，保管条件较差，部分散乱安放于主寺房一角的柜台上，部分则放置于僧人住房的一简陋木柜中。全部经书中，据说常用的有6本，从书面上观察，这部分经书纸质黑且旧。其他经书多属新抄本，经书名称傣语译名分别为：《塔玛萨弄》（音），共2本，各长约57厘米，宽约11厘米，厚约6厘米，据说是勐汞乡鱼塘社已故李春明僧人于80年代抄写的。此经多用于避邪、除秽等法仪时诵念，是该寺的常用经典。其他经书译名有：《底巴曼》、《玛哈姆嘎兰》、《批勐》、《阿嘎然网》、《者乐细蒂》、《阿姆诵》（共3本，其中2本长经，长约65厘米，宽约11厘米；1本短经，长约31厘米，宽约11厘米）、《吾细探》（此经书由孟定地方传入）。

［调查地点：德党镇勐汞村；调查对象：刘金良等；调查时间：2006年8月；调查整理：李国文］

2. 青树寨缅寺佛经藏书

青树寨属德党镇，坐落于距永德县政府驻地德党松山丫口约5公里处的对面山上，属佤族村寨。2006年1月31日上午，笔者步行前往该村作了考察。该村的佛教活动中心，过去在村口对面一平地上建有一座缅寺，旧寺于“文化大革命”期间被拆除，现在的寺房于1985年在旧址上新建，寺房分主殿和偏房，主殿建筑为土木结构，较之傣族地区的缅寺显得简单。驻寺僧人中无长老。有两名佛爷，但都不是本村人，其中一名是附近阿面寨人，名蒋国军，一名是落水坝人，姓钱，另有和尚3人。寺中藏经共有50余本，其中较旧的有五六本，大部头的经书约六七部，各卷经书均用黄布或花布包藏，并视为珍宝。其余经书多为近年的抄本，最近抄写的经书落款为“1997年抄”。有8本是该寺常用的经书，抄本纸质显得黑、旧，其中一本抄写落款为“辛羊年丁酉日”。在主寺房左侧一幢平房内，设有藏经专房，房中设有四周用水泥砌制，门、顶用木构架的藏经专柜，全部经书平日即存放于柜中。

［调查地点：德党镇青树寨村；调查对象：蒋国军等；调查时间：2006年8月；调查整理：李国文］

二、永康镇送吐缅寺和村民收藏的佛经典籍询访

1. 送吐缅寺和岩相家收藏的经籍

永康镇位于永德县境北部的永康河谷，历史至现今，属于傣族分布的重点区域，现设有永康、端德、送归、海转、热水塘、朝阳、弯腰、送吐、忙腊、忙捞、勐底、忙度、底卡、中山、忙南糯、忙笼、忙况等行政村，其中送吐、送归、勐底等村寨傣族居住较为集中。就永德全县范围的傣族而言，他们使用着自己的语言，属汉藏语系壮侗语族傣语支傣楞方言，内部因地域不同而分永康、勐板、勐旨三种土语。有文字，属傣那文，通常分为经文和书文两种，多限于缅寺僧人和民间信徒抄写经书。识字者多为寺中长老、佛爷、和尚。其他如佤族、布朗族、德昂族等民族，信仰南传上座部佛教抄写经书时亦用傣文。

送吐寨属永康镇傣族居住最集中的一个村寨，坐落在离镇政府驻地约1公里处对面山脚下的平坝处。现在村寨前面建有永康白糖厂，村中建有佛寺即“送吐缅寺”。本文笔者的老家属该镇热水塘村，与送吐寨相比，属山头上的人。但由于某种历史原因或缘分，新中国建立前，我家从爷爷那一辈开始，曾与送吐傣族结下了深缘。爷爷名李老卫，20世纪40年代即在送吐缅寺帮工，帮助寺内僧人担水、扫地、做饭、侍候来客等杂务。到40年代至50年代初直到“文化大革命”前，父亲李太祖带着我的叔叔李兆兰接承祖事，到送吐缅寺帮工服务，常住在该村傣族万金才（小名高三）、万金宝（小名高七）兄弟家，这兄弟两人当时是该村地位较高的人家，但父亲比他们年长，于是他们对父亲便以大哥相称，而我则按他们的小名称他们为三爷、七爷（即三叔、七叔）。以后，叔叔兆兰尚未成年即病逝于送吐寨。父亲由于长期住在送吐，后来能讲一口流利的傣语，也信佛。儿时的我，常与父亲来往于送吐，可以说，我家与送吐寨傣族和缅寺结下了三代人的亲情。

1997至2006年，我先后三次重返送吐寨。第一次回到送吐寨，我见到了阔别近30年的高七爷，这时他已经是70多岁的老人，而三爷已经过世。按照傣族传统，七爷是该村的“寨老”。叔侄见面，格外亲切，三代人的亲情顿时涌上心头。按照习惯，在七爷家，他老人家做的第一件事是为我备了一桌茶饭，领着我到缅寺佛坛作祭供，表示供佛忆祖。因为我的祖辈两代人在过这所缅寺，进入缅寺，我的激动之情油然而生。祭供完毕，听七爷讲，这座缅寺在“文化大革命”期间同样遭到破坏。20世纪80年代后期，在有关部

门的关心下，该村村民自发捐资，约于90年代末重新建盖了具有一定规模的新寺，但在原址上，过去遗留下来用木柱穿栏的旧寺门和旧寺房仍然保留着。

借重返缅寺的机会，我对缅寺的遗物一一作了调查。佛寺中住着一位年轻的佛爷，据说他是该村傣族到别地请来当佛爷的，同时还有两个该村驻寺的小和尚。当佛爷得知我家与该寺有缘时，他显得非常激动。对我的调查要求，他一概满足。在寺内巡访观察中，“文化大革命”前，被村民保存下来的一尊小佛像给我留下了深刻印象，其他木制佛像、供品，大都是以后的制作品。除此之外，我特别留意对佛经典籍的询问、观察。该寺的经书存放在专门的一间土木结构旧房的铁柜内。全寺目前共藏经书约近300本，全部为纸本经书。就封面页、末页和使用的整体情况观察，其中有三本面页陈旧。一本长约32厘米，宽约30厘米，纸张两面有抄文，共约30张60页，经书抄写时间为公元1919年，这是该寺年代最久的一本经书。第二本长约60厘米，宽约34厘米，厚10厘米，为长形装订，封页封底涂以黑色，据说是一本常用的经书，但没有抄写时间。第三本亦为长形订本，长约60厘米，宽约10厘米，据说村中凡有人死，僧人要为死者诵念此经以超度。此书抄写时间为1985年，但书面显得陈旧，原因是它属僧人常修习、使用的经书。至于其他经书，据说大多数是在1981年、1982年以后抄写的。傣族佛教信仰传统，大凡入寺当和尚的孩子，进寺之后，第一项任务是必须识字、抄经、读经。在该寺藏经房的一角，安放有木架之类，这是僧人们压制、装订已抄好经典的基本工具。每个信徒进寺抄经，或在家中抄经捐赠寺院，一直是傣族佛教信仰的传统。

我第二次从昆明重返送吐寨是2006年8月，只可惜，这次回到七爷家，他老人家已于两年前过世。七爷的儿子叫万成荣（傣名岩相），他喊我为二哥。哥弟见面，自然亲热。在追忆老人时，我们提到两件事：一件是抄写佛经用的纸；一件就是佛经经典文献。这种纸，当地习惯称“缅纸”、“老缅纸”，也叫“大白纸”或“大白缅纸”。傣族佛教经典有的用贝叶抄写，叫“贝叶经”，有的用纸抄写，叫纸本经。而永德县一带的佛教信仰，很少有用贝叶抄写的经典，基本上都是纸本经。送吐等地缅寺和民间抄写经书都是用这种老缅纸，这种纸是傣族自己土法制造的，纸质很厚，韧性很强，每张长、宽约二尺，其造法传承至今。七爷生前也保留着不少这种用纸。在当地傣族社会，凡在缅寺里的僧人，除了诵经念佛之外，学习傣文抄写佛经，是他们必备的功能和功德，但会抄写佛经的人不只是驻寺僧人，其实，那些识傣文，不驻寺，但属虔诚信教的男性佛徒，平日都要在家里抄写经书，七爷就是这样一个信徒。因此，提到抄写佛经这件事，岩相显得格外激动，因为他家里就遗留着很多祖辈抄写的经典。这些经典存放在正屋的楼上，岩相不把我当外人，欣然答应让我对这些经书作了观察。楼上存放经书的地方同时存粮、存物，它虽然不是专屋，但看得出来，主人对存放经书的位置视为神圣，设计格外精心。屋中设有类似佛坛，墙上挂有释迦牟尼神像，坛四周围有用纱布围护的帐幔，幔内设木桌一张，桌上铺设塑料布，所藏佛经典籍就供奉在桌子上。所有经书都分别用红、黄绸布精心包裹着，所有经书上又用塑料布铺盖。这些经书，大小共有 9 捆（包），所有都用大白绵纸抄写，实际上每捆就是一部经书。其中有三大本纸质显得最旧最黑，一本宽约 34 厘米，长 58 厘米，共 142 页，用黄绸布包裹；一本宽 33 厘米，长 57 厘米，共 244 页，经书封面显得古旧；另一大本也是旧本。其他经书，从纸面上判断，大约是 20 世纪 50 年代左右抄写的。这些佛经古籍，经过“文化大革命”那场浩劫，能安全地保存下来，实属万幸。

我第三次返回送吐寨是在 2006 年春节，在此之前的一个月，岩相已经因病去世，年仅 46 岁，英年早逝，令人悲痛。岩相去世后，家人对家中祖传经书，更视如珍宝，倍加保护。

［调查地点：永康镇送吐寨；调查对象：万金宝、岩相、孟文良长老；调查时间：1997 年 1 月，2006 年 8 月；调查整理：李国文］

第四章
昆明市彝文古籍

前　言
——昆明地区彝族彝文古籍文献流传、保存情况综合报告

昂自明

按照《云南少数民族古籍文献调查与研究》总项目的规划，把昆明市辐射周围地区的彝族民间保存、流传的彝文古籍文献当作一个重要区域加以调查。本项目研究重点选择了昆明市周围的石林县和禄劝县作了调查。此将二县情况分述于下。

一、石林县彝族及彝文古籍等情况

1. 彝族撒尼人

石林彝族自治县隶属昆明市。位于云南省东部，约东经103°10′～103°41′，北纬24°30′～25°03′之间。东西长51.3公里，南北宽58.5公里，总面积1725平方公里。东北与曲靖市陆良县接壤，西部和北部与宜良县相连，东与红河哈尼族彝族自治州泸西县为邻，南与红河哈尼族彝族自治州弥勒县毗邻。自治县人民政府驻县境西部巴江河畔鹿阜镇距昆明市78公里。

石林县辖7镇1乡，88个村委会和4个社区居委会，459个村民小组和50个居民小组，387个自然村。总人口238 865人，其中少数民族人口83 149人，占总人口的34.81%；彝族80 993人，占少数民族人口的97.41%。

彝族是石林县最早的土著居民。早在旧石器时代，其先民就在巴江两岸生息繁衍，至隋唐时期曾建立了实力强大的落蒙部，其首领世代充任朝廷命官。随着明代土司制度的崩溃和外来移民的增多，彝族与外来民族的同化和融合日益加强，其内部的分化也比较突出，以至清代形成了撒尼、黑彝、白

彝、彝亲、阿细、阿彝子等彝族支系，以及彝族人口大部分移居山区，少数分散在坝区与汉族杂居的分布格局。

石林县境内的彝族以撒尼支系的人口最多，也是唯一保留和使用着古彝文的支系。撒尼人主要分布在长湖、月湖、圭山、西街口、石林等山区半山区乡镇，少数在路美邑、鹿阜、板桥、大可等乡镇与汉族杂居。

撒尼人自称“尼”，他称“撒尼”、“撒尼泼”。他们多数是落蒙部平民的后裔，但在历史发展过程中融入了大量的外来移民，如部分昂姓、曾姓从贵州迁入；部分毕姓、李姓、何姓、灶姓、金姓、王姓、苏姓从昆明迁入；部分虎姓、罗姓、足姓、潘姓、高姓、汤姓、黄姓、洪姓、海姓、资姓、张姓从陆良迁入；部分赵姓、方姓、姜姓、孔姓、万姓从南京柳树湾迁入；部分梦姓从宜良迁入；部分金姓从建水迁入。从迁徙路线、姓氏、口碑资料考察，融合到撒尼支系中的民族较多，既有彝族其他支系也有汉族和其他民族。

撒尼人大多居住在山区。民国时期，撒尼人多数住土木结构的草房，还有部分石板房、条子房、土掌房。一户三间，阴暗无窗，左间为厨房兼住宿，中间为客房，右间为牛厩，楼上堆粮食兼住人，人畜同居。中华人民共和国成立后逐步有所改善，20 世纪 80 年代，大部分农户住上了砖木结构的瓦房，部分农户已住进了钢筋混凝土的新式房子。

撒尼人的节庆中，也过春节，每年农历正月初一，家家户户大人小孩不下地做活，穿新衣，荡秋千、打磨秋等，尽情娱乐。每年农历三月清明节，家家户户上坟垒石、立碑，祭奠祖先，同族人杀鸡宰羊聚餐，表示对祖宗的敬重、怀念和哀悼。农历五月初五日过端午节，家家户户门上插香，男女老少手上带“百索”（保福线），认为可以避邪。农历六月二十四日是撒尼人的传统节日——火把节。节日前的海邑街、蓑衣山街、陆良新村街是撒尼人的火把节“花街”，男女老少身着节日的盛装赶花街。男女青年趁机寻找情投意合的人，一旦找到，就相约在林阴草坪上谈情说爱或对歌。火把节的头一天，各家各户凑钱共买一头黄牛宰杀，每户分一份，以户会餐。据说只要吃到牛肉、喝到牛肉汤可以治愈百病，可以延年益寿。白天有些村寨举行摔跤、斗牛。男女青年集中到土瓜黑村边的“山诗坡”择偶。晚饭后煮鸡蛋吃，父母点燃火把，剪下“端午节”戴的“百索”，给孩子们“喊魂”烧毁“百索”。小伙子和姑娘们点火把逛街耍火把，再到塘子里洗澡戏水，洗去身上的病毒污秽，使身体健康。1980 年以后，每年到“火把节”，除村寨以村为单位举行摔跤会、斗牛活动外，由县人民政府主持在石林、长湖举行大规模的纪念“火把节”大会，邀请省、市、各自治县、附近各县领导参加，开展摔跤运动会、斗牛大会、大型文艺表演、科技交流、科普活动、商贸洽谈等。

密枝节是撒尼人的又一传统节日，是撒尼人祭祀神灵、祈祷人畜兴旺、五谷丰登的祭祀日，一般都在每年农历腊月头一个鼠日到马日举行。每年的农历七月十五日，以占卜方式选出主持密枝节的神职人员。当选的人必须是德高望重、办事公道的成年男子，祭密枝很讲究清洁，当年死了人、畜、狗、猫的人家和行为不轨的人绝不能当选。祭密枝的神职人员有密枝翁（总管）、密枝皂（副总管）、毕摩（祭司）、毕皂（助理祭司）、浩洛（主管杀牲）、七司（牵羊）、支刮（管酒斟酒）、阿巴（水夫）、相司（领队）、布纳（伙夫）和布杂（助理伙夫）。密枝节的前一天，全体神职人员把密枝林祭祀地点打扫干净，在高大的神树下布置神坛，神坛插一束松枝或一束栗叶或系彩绸的一个鹅卵石或一个小石虎，象征着祖神、地神、林神。供上狩猎工具、腊肉。后排布置粗糙简陋的木盅及五道神门，表示祖先的狩猎生活。密枝林是神圣不可侵犯的圣地。不许在林中伐木折枝、捕猎物，不许把死人葬在林内，不准女性入林。祭密枝这天，鸡刚刚叫三遍，全体神职人员集中在总管家，待晨曦初升，且司（即硬玛灶）扛着一棵竹竿在前开路，其他携带各自的东西，毕摩摇着神铃，全体神职人员在“哈够！哈够！”的喧闹声中开进密枝林。入林后，各尽其责忙于烧火、挑水、煮饭、杀牲。饭前举行祭神仪式，全体神职人员跪在神坛前，由毕摩祈祷求愿。主要内容是祈密枝神、林神、地神保佑全寨人身平安，六畜健壮，全年五谷丰登，山林繁茂。午后全体参祭人员在密枝内摔跤、嬉戏、娱乐。晚餐后全体神职人员跪于神坛前，由毕摩祈祷与密枝神告别，在“哈够！哈够！”声中争先恐后地离开密枝林。当晚和第二天早晨，在硬玛灶的带领下，顺着村寨街道高呼“哈够！哈够！”，不提名地谴责那些不守村规，违法乱纪，道德败坏者的行为。

撒尼人很尊重老人，老人死后，丧礼很隆重，并有办丧事互助相帮的优良传统。撒尼不论谁家有人患病，速告舅姑来看望，邻居亲友也无偿地送糖、送蛋、送肉、送米给病人吃，安慰病人。一旦病情严重，就日夜来护守。病人治病无效死亡，丧家速请毕摩择安葬吉日，但不能择在丧家活人生辰日。日期择定后，请邻居数人分头讣告亲友，死者亲友随即前往吊唁奠丧。入棺由毕摩主持装棺。随葬物品主要是死者生前用的被褥、衣物、鞋袜及亲戚送来的布匹。还要给死者口含钱，以作死者灵魂的用钱。棺内撒进五谷，以作死者灵魂之粮。用棉絮垫盖，以作死者灵魂之被盖。用麻布、棉布剪成有眼、鼻、嘴的洞盖在脸上，愿死者安息；盖棺后，只有舅姑有权开棺查看，装棺后置于堂屋内或孝房内。

丧事办得隆重，丧家要杀猪、牛、羊，筹购各类小菜招待客人，搭天棚，扎棺罩。请毕摩诵《指路经》，把死者灵魂引送到祖先发祥地。被请的亲友又约亲朋好友，请上鼓号队、长号队、狮舞队、叉舞队、细乐队，牵羊带粮在出殡前夜到丧家上祭，孝子、孝女向来吊丧的亲友跪拜。上祭后，上祭亲友扶起孝子、孝女，以酒劝慰。当晚丧家给舅姑戴孝布，舅姑又给孝子、孝女戴孝帽。

第二天出殡前，被请者又一次拖羊带祭品向死者吊祭，待舅舅钉棺后才起棺出殡。棺木入土前，毕摩要诵经、撒五谷在坟坑，抱一只公鸡放在坑内，若鸡食谷后拍翅膀“喔喔”啼，认为坟地好，后人要升官致富。第三天，到坟地复山，毕摩给丧家活人叫魂，孝男、孝女在坟地周围找蜘蛛带回去放生，认为蜘蛛能护人。三年后，丧家杀牛宰羊，请回舅姑、亲戚来祭奠，孝子、孝女跪在坟前，让舅舅脱下孝帽，换上新帽，丧家给舅舅“挂红”，丧事结束。

撒尼老人死后，要剪一绺头发与栗叶、松毛枝用红丝线扎成一束装入野竹筒里供祭，撒尼语叫“脑斯”（祖神），三年后送入祖宗岩洞存放，每年春分到清明前以祭品祭献。

撒尼人信仰自然万物有灵。每年在正月初二、初三，父母领着孩子抱公鸡到神石下杀鸡祭献，跪拜求神石保佑。有些妇女久婚不孕，以酒肉祭献神石，求神石保孕。认为日食、月食是天狗吃月亮、天虎吃太阳，预示灾祸将降临，于是鸣锣击鼓，高呼“天狗吃月亮了！天虎吃太阳了！来赶走天狗、天虎！”每当飓风毁屋、刮倒庄稼、拔倒树木，人遇旋风则认为是怪事，是凶事，是风神在作乱，速请毕摩诵经，杀鸡祭献，讨好风神，到人遇旋风处叫魂。她们还相信“火神”，每逢村寨起火毁屋，认为是火神作乱，须组织人员送“火神”以求平安。撒尼人对龙尤为崇拜，认为龙能呼风唤雨。每年农历正月，各村寨杀猪宰羊祭龙求雨，以保丰年。撒尼人认为诸神之中最有力的是山神。风、雨、雷、电、年景好坏、升官发财都与山神有关。每年正月初二、初三，请毕摩与全家人到山神庙供酒肉、杀鸡祭献。毕摩诵经，请远近诸神降临，保佑全家，使孙子、孙女日后交好运。

2. 撒尼彝语和文字、古籍

撒尼彝语属于汉藏语系藏缅语族彝语支彝语东南部方言撒尼土语。撒尼彝语的音节结构一般由辅音、元音和声调组成。辅音有40个，分为唇齿音、舌尖音、舌尖中音、舌面后音和小舌音。元音有24个，分为单元音和复元音。声调有5个，即高平调、次高平调、中平调、低平调和降调。

撒尼彝语语法上有三个明显特点。一是语序为主语、宾语、谓语。如“他吃饭”，撒尼语“开早皂”，说成“他饭吃”；二是动名词连用时，名词在前动词置后。如“喝水”，撒尼语“日支”，说成“水喝”；三是动词和形容词能重叠，重叠后成为疑问句。如动词“唱”，撒尼语为“宗”，重叠后的“宗宗”就成为“唱不唱”。形容词“好”，撒尼语“扎”，重叠后的“扎扎”，就成为“好不好”。

随着社会的不断发展，撒尼语书面语和口头语、古语和新词的差别也越来越大。如“鸡”古语叫“袜”，现在叫“野”；“绵羊”古语叫“补”，现在叫“若”；“人”古语叫“主”，现在叫“搓”；“猪”古语叫“努”，现在叫“维”。不少古语古词现在只能通过毕摩才能解释。

撒尼支系内部有“散么”和“滇么”之别。“散么”大部分居住在西街口乡、月湖镇、路美邑镇、石林镇；“滇么”大部分居住在长湖镇、圭山镇，语言也有所差异。如“吃饭”，“散么”语叫“早则”，而“滇么”语为“早皂”；“我”，“散么”语叫“矮”，而“滇么”语为“嗷”。“散么”语和“滇么”语之间的语言尽管有差异，但不影响交际。

撒尼语在长期的社会交往中，吸收了其他民族及汉族的借词，不断丰富了本民族的语言词汇，具有形象优美、明快流畅、好记易学的特点。为此路南彝族的各支系以及与撒尼杂居的部分汉族都会操此语。随着彝族地区文化教育的不断发展和改革开放的深化，撒尼支系除部分老年人外，95% 以上的人都会讲汉语，形成在家讲本语，出门讲汉语的习惯。特别是随着旅游事业的发展，居住在石林风景区的部分撒尼人，通过自学或参加培训，掌握了一些常用英语、日语，有的可直接与外国游客做生意。

彝族撒尼人有自己的文字，其初为图画文字，后发展为象形文字，继又形成音缀文字。它有笔画部首，还保留了弧、圆、三角等笔画字形，保持着独立的文字体系的特征。行款由左向右直行书写。撒尼彝文虽有一部分由独体字组合的合体字，但多数字形都是由一个主体结构及符号组成。就造字方法可分为象形、会意、假借等。象形文多是单音单义构成撒尼彝文的基础。会意字多数是由象形字变化产生出来的。假借字也很普遍。通过收集，石林撒尼彝文共存 2000 个字左右，它虽然是表意的音节文字，但因字数少，笔画少而便于学习和书写。世代以来，经毕摩代代相传，撒尼彝文典籍流传至今。

新中国成立后，各级党委和政府都重视这方面的工作。新中国成立初期，有些社队干部用撒尼文记事、记账。1956 年成立路南彝族自治县，自治机关的信封、门牌、印鉴、革命烈士纪念塔，都用撒尼文和汉文对照。许多毕摩（撒尼文先生）、毕搓（撒尼艺人）、左搓（撒尼歌手），也都用撒尼文创作了一批文艺作品，对加强民族团结，发展民族地区的文化和经济建设都起到了很大的作用。1979 年，县政府成立了民族文史研究室，一方面，在县一中和民族中学开办半年制和一年制的撒尼文学习班，积极培养撒尼语文人才；另一方面，组织人员编写《彝汉简明词典》、《路南撒尼文课本》，为撒尼群众提供学习本民族文字的工具。民族文史研究室还收集了撒尼彝文典籍数百部（册），经过收集、翻译、整理，大部分已打印或抄写成册。撒尼文与汉文对照的《阿诗玛》、《尼迷诗》、《普帕迷》、《尼布姆司》、《美丽的彩虹》、《路南彝族密枝节仪式歌译疏》、《彝族撒尼祭祀词译疏》、《石林彝族地名歌译疏》等，已先后由出版社公开出版发行。

3. 彝文和彝文古籍传人的培养

由于历史的原因，石林彝文古籍的主要传承者毕摩出现了严重的断层，老一代毕摩在世者只有 4 位。为了让中青年接上班，不至于使彝文古籍失传或成为“天书”，县民委从 2006 年以来举办了 5 期毕摩文化培训班，近 200 人次参加了培训。预计，再通过 5 年左右的培训，一批成绩优秀的学员，将成为彝文古籍传承的骨干。另外，为了提高毕摩的知名度，结合非物质文化遗产抢救与保护工程的实施，县文化部门积极组织推荐优秀毕摩为各级非物质文化遗产传承人。如毕华玉为国家级非物质文化遗产传承人，金玉明、毕凤明为省级非物质文化遗产传承人，张凤兴为市级非物质文化遗产传承人，李玉光为县级非物质文化遗产传承人。

与此同时，《阿诗玛》、《尼布姆斯》已列入国家级非物质文化遗产保护名录；长诗《阿诗玛》、《尼迷诗》、《牧羊人史郎若》、《圭山彩虹》，传说《蜘蛛图腾》、《石林的传说》、《摔跤的来历》、《斗牛的来历》、《火把节的来历》列入省级非物质文化遗产保护名录；《阿诗玛》、《尼布姆斯》、《尼迷诗》、《牧羊人史郎若》、《圭山彩虹》、《蜘蛛图腾》、《石林的传说》、《摔跤的来历》、《斗牛的来历》、《火把节的来历》、《密枝节的来历》、《逃到甜蜜的地方》、《撒尼妇女包头的来历》、《阿着底的传说》、《石头、树木会走路》、《谷子为什么这么小》等列入县级非物质文化遗产保护名录。

二、禄劝县彝族及彝文古籍等情况

从唐宋时起，在北起今云南昭通市与四川凉山彝族自治州交界地带，南达云南红河哈尼族彝族自治州、文山壮族苗族自治州，昆明以东至云贵交界一带大片范围内，分布着“滇东三十七蛮部”，亦称“东方黑爨三十七部”。公元 902 年，南诏政权崩溃，在其后的 36 年里，今云南及其附近地带在政治上处于分离状态，封建领主们相互倾轧，争权夺利。此后“三十七蛮部”虽有离合、迁徙等变化，但这些地区仍是其后裔的居住地。罗婺即罗武，亦作罗午、罗胡、鲁屋、罗羽、劳羽等，为“滇东三十七蛮部”之一，居住在今云南武定、禄劝一带。南宋淳熙年间（1174—1189 年），阿而为大理国罗婺部酋长，并筑易龙城（今禄劝县云龙乡政府驻地），为境内兴建最早的城池。阿而死后，其子矣袜承袭。矣袜为酋长时，罗婺部势力强大，兼并了禄劝境内的其他两部（洪农碌券、掌鸠发块 2 部），并“雄冠三十七部落”。“罗婺故地彝族”，正是指生活在今昆明市禄劝彝族苗族自治县和楚雄彝族自治州武定县境内的彝族。禄劝、武定从历史角度而言，元、明时期，武定为府，禄劝为州，禄劝归其所辖，而当时活跃于云南政治舞台上的强大的凤氏土司，其府又修建在今禄劝县屏山镇克梯村委会。所以两县关系非常密切，可谓你中有我，我中有你。且在 1983 年 4 月以前，禄劝隶属于楚雄彝族自治州。现如今，两县山水相连，县城相距仅 8 公里，联系更加频繁，无论在社会、经济、文化等方面都相互影响，互为促进。因此，居住在两县境内的彝族同胞在生产生活、习俗、信仰、语言、心理素质等方面都趋于一致。

禄劝彝族苗族自治县今属昆明市辖郊区县，距昆明 72 公里。境内居住着彝、苗、汉、傈僳、回等 24 个民族。至 2004 年，全县共有 44.3 万人，其中，少数民族人口占全县总人口的 29.3%。禄劝是彝族最早繁衍生息的地区之一，据汉文史籍和彝文典籍记载，彝族先民早在殷商时代就活动于流经境内的金沙江一带。彝族为禄劝的世居民族，呈大分散小聚居的特点，分布于全县 16 个乡（镇）。1990 年第四次人口普查统计约有 91 215 人，占全县总人口的 22.03%。境内彝族统称为“嫩苏颇”。由于受历史、地理等各方面因素的影响，形成了很多自称和他称，但其实都是一个意思，仅方言不同而已，其中以自称“纳苏”的黑彝人口最多。

彝语属汉藏语系藏缅语族彝语支，共有 6 种方言。禄劝境内彝族大多操东部方言，仅少数于民国中期从四川凉山地区迁来的操北部方言。从服饰来看，20 世纪 60 年代以前，彝族男子着对襟短衣，老年人着大襟长衫，裤子均为大裤腰、大裤脚长裤，头戴圆形毡帽或以黑布缠头。妇女则穿大襟衣和长裤，在领口、肩围、袖口、下摆及脚边缀有花边，花边图案构图严谨，色调鲜艳美丽。花围腰是妇女人人必有的，上缀银质装饰物。农村男女都穿羊皮褂，既可御寒，又是装饰物。现在，彝族人民的服饰与汉族的相同，只有在喜庆、节日时着民族服饰。20 世纪 80 年代以前，彝族主食以玉米、小麦、洋芋、豆类为主，现在主要以大米为主。副食以猪肉为主，食肉以膘肥、块大为体面。爱吃“肝生”，“肝生”以猪肝或羊肝制成，剁碎后佐以盐、醋、花椒等调料，搅拌均匀生吃。近几年有所改变，一般炒熟再食。当地彝族人喜好饮酒，酒主要以玉米、大麦、荞子等为原料。农村有在火塘边同喝一碗酒的习惯，称喝“转转酒”。住房大都以土木结构的瓦房为主。过去，境内彝族实行一夫一妻制的族内婚、支系内婚、姨表不婚、姑舅表优先婚，少数地区尚存等级内婚。青年男女有恋爱自由，但婚嫁须由父母、舅舅做主，曾有转房的习俗。现在与其他民族无明显差异。明朝中叶以前，境内彝族盛行火葬。凤英（1488—1511 年）任土知府时期，其母死后，凤英葬母，改行汉礼，开境内彝族土葬的先例，从此，逐渐改行棺木土葬。有“死人不吃饭，家当分一半”的丧葬习俗，表明丧葬祭祀的隆重和花费是很大的。同时，彝族是个注重礼仪、自尊自重的民族。长幼尊卑、接人待物等方面都有一定的规矩，不守规矩者，则受鄙视。节庆与汉族差异不大，过年和火把节最为隆重。境内彝族主要信仰原始宗教。其内容为万物有灵的自然崇拜、鬼神崇拜以及祖先崇拜，其中以祖先崇拜最为盛行，一方面是寄托儿孙对祖先的哀思，但主要的是祈祷祖先保佑子孙昌盛、五谷丰登。此外，还有部分相信预兆，有看鸡头和占卜的习俗。20 世纪初，基督教传入境内后，彝族群众信仰基督教的逐渐增多。

对禄劝县彝族彝文古籍文献流传、保存情况的研究，本项目主要选择了县民宗局和部分村寨作了典型调查。此外，由于该县原属于云南省楚雄彝族自治州管辖，作为整个楚雄彝族自治州彝族的文字古籍文献，在全州过去的调查研究中，实际已包括了禄劝县的情况。再就是，历史以来，学术界早就对整个彝文古籍文献引起了关注，早期人们对它的收集已经涉及不同地域。对此情况，本项目研究在后面将把楚雄彝族自治州有关机构过去对彝文古籍的收集保存当作重要附录加以列出。

2008 年 9 月 18 日
于云南民族大学

第一节　石林县有关单位和民间保存、流传的彝文古籍调查

一、石林县民委文史研究室等单位收集保存的彝文古籍

据调查，目前石林县收集保存有彝文古籍文献的单位主要有县民委文史研究室、县图书馆、县档案馆三个单位。以下将三个单位所保存的古籍，先按彝文原件名称，后对原书名称进行释读的格式予以登录。

1. 石林县民委文史研究室收集保存的彝文古籍

彝文古籍原件名称：

(1)
(2)
(3)
(4)
(5)
(6)
(7)
(8)
(9)
(10)
(11)
(12)
(13)
(14)
(15)
(16)
(17)
(18)
(19)
(20)
(21)
(22)
(23)
(24)
(25)
(26)
(27)
(28)
(29)
(30)
(31)

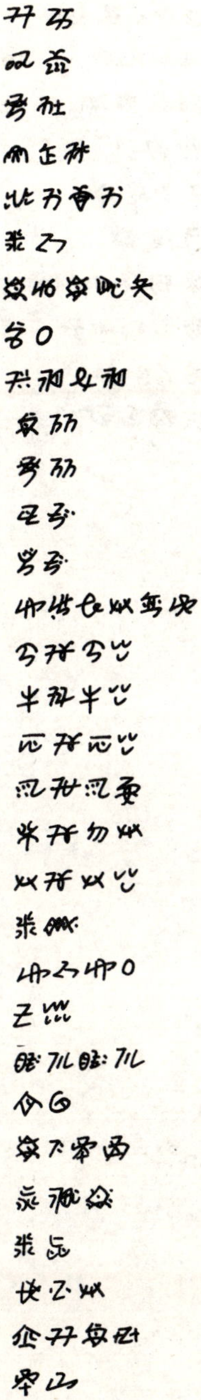

(32)
(33)
(34)
(35)
(36)
(37)
(38)
(39)
(40)
(41)
(42)
(43)
(44)
(45)
(46)
(47)
(48)
(49)
(50)
(51)
(52)
(53)
(54)
(55)
(56)
(57)
(58)
(59)
(60)
(61)
(62)

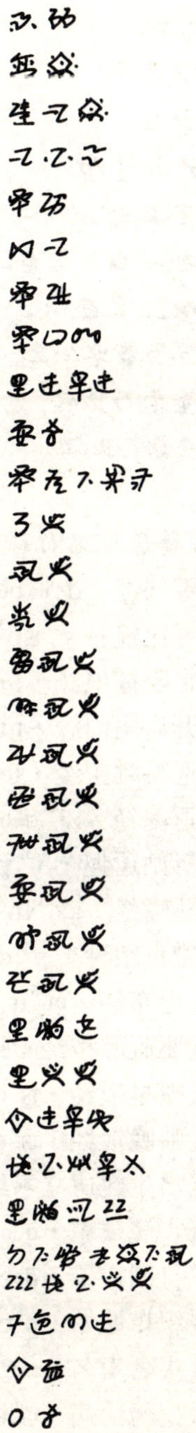

(63) 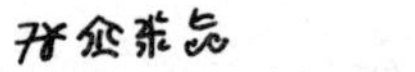
(64) 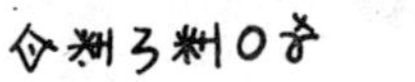
(65) 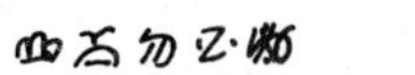
(66) 
(67) 
(68) 
(69) 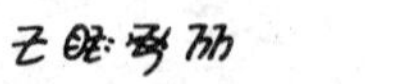
(70) 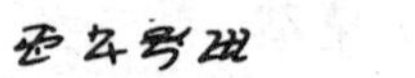
(71) 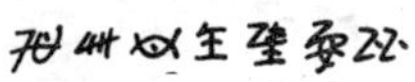
(72) 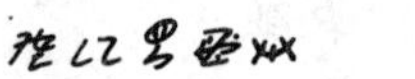
(73) 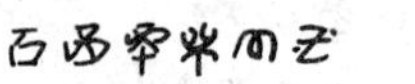
(74) 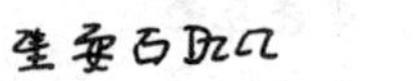
(75) 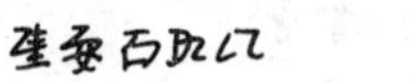
(76) 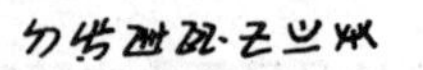
(77) 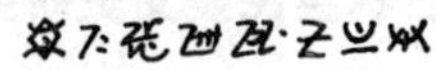
(78) 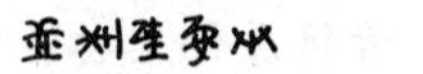
(79) 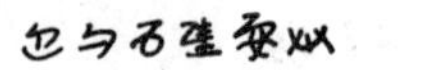
(80) 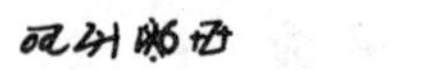
(81) 
(82) 
(83) 
(84) 
(85) 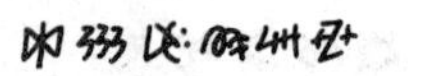
(86) 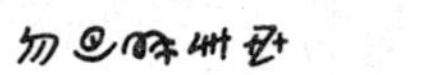
(87) 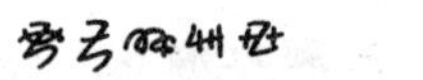
(88) 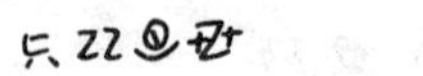

彝文古籍原件名称释读：

(1)《奉钱经 · dʐi^{21}pu^{33}》
(2)《寻氏经 · ʂi^{21} tʂɒ^{33}》
(3)《拦阻挥甩经 · ɬo^{33} dʐɑ^{31}》
(4)《开启阴门经 · ŋɒ^{55} qɒ^{33} pʰu^{33}》
(5)《巡游眺望经 · ɬo^{21} do^{44} ŋɯ^{55} do^{44}》
(6)《返魂经 · ʐi^{44} qʰo^{31}》
(7)《舅姑逗趣 · A^{33} ɣɯ^{44} A^{33} dʑe^{31} çe^{55}》
(8)《斗嘴经 · gɤ^{31} ɬɒ^{33}》
(9)《撒点粮种 · ʂi^{55} do^{31} ʐɤ^{44} do^{31}》
(10)《甩布经 · m^{33} dʐɑ^{31}》
(11)《驱赶邪秽经 · ɬo^{33} qe^{31}》
(12)《喂早饭经 · tʂʰi^{21} tʂɒ^{55}》
(13)《喂晚饭经 · tʂʰɯ^{33} tʂɒ^{55}》
(14)《出生建房立家经 · tɬu^{33} ʐo^{44} hɛ^{33} ku^{33} kɒ^{33} dɒ^{55}》
(15)《亡魂戴帽 · qʰo^{44} du^{33} qʰo^{44} dʑi^{33}》
(16)《打制梭镖 · dʑɛ^{21} dɛ^{33} dʑɛ^{21} dʑI^{33}》
(17)《织布原始 · pʰɒ^{33} du^{33} pʰɒ^{33} dʑi^{33}》
(18)《买名卖名 · mɛ^{33} vu^{21} mɛ^{33} vɛ^{33}》
(19)《挖药治病 · tsʰi^{21} du^{21} nɒ^{33} ku^{33}》

（20）《棺木原始 · qu^{21} du^{33} qu^{21} ʥi^{33}》
（21）《亡魂接物 · ʑi^{44} ʦe^{55}》
（22）《寻大年大月 · ʑɛ^{21} q^{h}o^{31} ʑɛ^{21} ɬɒ^{33}》
（23）《使亡魂入睡 · ʂ̩^{33} ɕi^{55}》
（24）《离别阳间家庭 · ɣɤ^{31} qI^{21} kɒ^{33} qI^{21}》
（25）《挽留鲁神 · lu^{21} fɛ^{33}》
（26）《女儿献祭牲 · ɛ^{21} mɛ^{21} mo^{21} ʂɯ^{33}》
（27）《除尽钵邪 · bɯ^{44} ʥI^{21} χo^{33}》
（28）《赎迎生魂 · ʑi^{44} ʑɛ^{55}》
（29）《制作灵牌 · nɒ^{55} si^{33} ku^{33}》
（30）《密枝木斯 · mi^{33} dʐ̩i^{21} mu^{33} si^{55}》
（31）《给祭牲作标记 · mo^{21} sɒ^{21}》
（32）《启程除秽祈福经 · tʂ^{h}i^{33} dɒ^{33}》
（33）《驱除道路邪秽 · gɒ^{33} χo^{33}》
（34）《净化祭枝 · nI^{55} gɯ^{33} χo^{33}》
（35）《立祭场司务 · gɯ^{21} si^{33} tʂ^{h}o^{21}》
（36）《祭牲叫唤 · mo^{21} pu^{33}》
（37）《肩胛骨入袋 · p^{h}ɛ^{33} gɯ^{21}》
（38）《点“莫”神谱 · mo^{21} tɯ^{33}》
（39）《为“莫”神除邪 · mo^{21} tu^{33} dʐ̩i^{33}》
（40）《延请“普”神“奴”神 · p^{h}u^{21} ʦi^{33} nɛ^{33} ʦi^{33}》
（41）《邀客 · vɛ^{33} ɯ^{44}》
（42）《祭“莫”神除凶邪 · mo^{21} ɕI^{33} si^{44} qe^{44} tʂo^{33}》
（43）《祭猎神 · ʂ̩^{33} ɕI^{33}》
（44）《献酒 · tʂi^{33} ɕI^{33}》
（45）《献粮 · q^{h}ɒ^{33} ɕI^{33}》
（46）《祭增殖神 · me^{44} tʂi^{33} ɕI^{33}》
（47）《祭祥顺神 · ʐ̩I^{33} tʂi^{33} ɕI^{33}》
（48）《祭家神 · tɬu^{44} tʂi^{33} ɕI^{33}》
（49）《祭乡邻亲和神 · qo^{33} tʂ̩^{33} ɕI^{33}》
（50）《祭售货神 · vu^{33} tʂi^{33} ɕI^{33}》
（51）《祭购物神 · vɛ^{33} tʂ̩^{33} ɕI^{33}》
（52）《祭摔跤神 · bɛ^{21} tʂi^{33} ɕI^{33}》
（53）《祭口才神 · be^{44} tʂi^{33} ɕI^{33}》

(54)《送“普”神·p^{h}u^{21}χɒ^{33}qo^{31}》
(55)《祭祖经·p^{h}u^{21}tsɒ^{33}ɕI^{33}》
(56)《迎请安置“鲁”神“楠”神经·lu^{21}tsi^{33}nɛ^{33}dɒ^{55}》
(57)《制作祖灵牌祈福经·nɒ^{55}si^{33}ku^{33}me^{44}tsi^{55}》
(58)《送祖灵牌进祖灵洞经·p^{h}u^{21}χɒ^{33}fe^{55}dlɯ^{33}》
(59)《婚礼祈福经·zɒ^{21}mɛ^{21}ɬe^{55}gɯ^{33}A^{21}mɛ^{21}tʂi^{33}tʂi^{55}nɒ^{55}si^{33}tsɒ^{33}ɕI^{33}》
(60)《祈雨经·mu^{21}ho^{33}ʐi^{33}tsi^{33}》
(61)《祭龙经·lu^{21}ɬu^{33}》
(62)《招魂词·ɬɒ^{33}ɯ^{44}》
(63)《招留阳间各种生魂经·du^{21}mI^{33}ʑi^{44}ʑɛ^{33}》
(64)《招坟茔处之魂经·lu^{21}bɯ^{33}ʂi^{33}bɯ^{33}ɬɒ^{33}ɯ^{44}》
(65)《遣送村寨瘟疫神经·p^{h}u^{33}tɕ^{h}e^{44}nɒ^{33}si^{33}χɒ^{33}》
(66)《祭“召”神经·dʐɒ^{33}ku^{33}》
(67)《祭“米赛”经·mi^{33}se^{31}dɛ^{33}》
(68)《挽福禄神守家经·lu^{21}fɛ^{33}》
(69)《丧家驱赶邪秽经·ʂi^{33}ɣɤ^{31}ɬo^{33}dʐa^{31}》
(70)《亲戚驱赶邪秽经·qo^{33}qe^{55}ɬo^{33}qe^{31}》
(71)《巫卜找寻因由分辨邪祟经·ʑI^{21}ni^{44}dɒ^{33}ʂɒ^{33}nI^{55}vɛ^{33}hI^{21}》
(72)《祭柱神经·zi^{33}mɒ^{33}o^{55}qo^{21}ku^{33}》
(73)《为“撮舍”仪式找讨净牲水经·ts^{h}o^{31}ʂɯ^{33}mo^{21}ts^{h}i^{21}ʐi^{33}》
(74)《驱“撮尼”邪秽经·ni^{55}vɛ^{33}ts^{h}o^{31}nI^{21}mɒ^{33}》
(75)《驱“撮葛”邪秽经·ni^{55}vɛ^{33}ts^{h}o^{31}qo^{55}mɒ^{33}》
(76)《发男性死者冷丧经·zɒ^{21}ʐo^{44}ʂi^{55}to^{55}ʂi^{33}tɕɛ^{33}ku^{33}》
(77)《发女性死者冷丧经·A^{21}mɛ^{21}nɯ^{33}ʂi^{55}to^{55}ʂi^{33}tɕɛ^{33}ku^{33}》
(78)《降圭山神经·go^{21}pɯ^{33}nI^{55}vɛ^{33}ku^{33}》
(79)《降陆良神经·lɒ^{21}nI^{21}dI^{33}nI^{55}vɛ^{33}ku^{33}》
(80)《遣送冷巫神·ʂi^{21}dʑe^{44}χɒ^{33}》
(81)《驱野外所遇精怪邪秽经·nɤ^{55}χɒ^{33}nɤ^{55}qI^{21}》
(82)《驱打横拦运道的邪魔精怪经·tɬo^{55}dɛ^{21}》
(83)《除净死者生前体内之物经·ʂi^{33}si^{33}bɯ^{44}χo^{33}》
(84)《除秽换体经·bɯ^{44}dʑI^{21}χo^{33}》
(85)《丢失物品查寻书·no^{55}ŋI^{21}nɛ^{55}ʑI^{21}ni^{44}si^{55}》
(86)《病况预测书·nɒ^{33}ne^{44}ʑI^{21}ni^{44}si^{55}》
(87)《征兆解释书·ɬo^{33}do^{33}ʑI^{21}ni^{44}si^{55}》

（88）《择吉日书 · ni^{33}he^{21}ne^{44}si^{55}》

［调查地点：石林县民委；调查对象：文史研究室；调查时间：2007 年 8 月；调查整理：昂自明］

2. 石林县档案馆收藏的彝文古籍

彝文古籍原件名称：

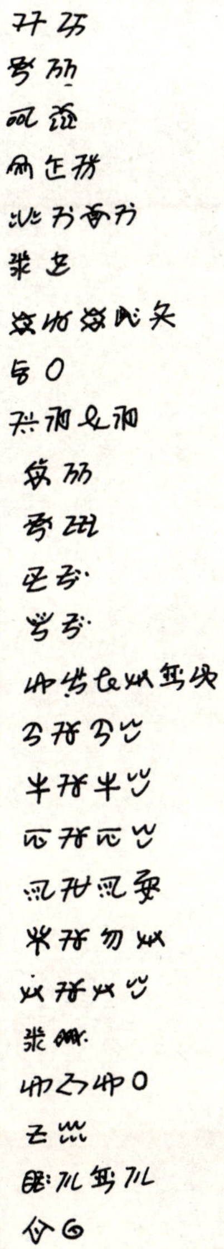

(1)
(2)
(3)
(4)
(5)
(6)
(7)
(8)
(9)
(10)
(11)
(12)
(13)
(14)
(15)
(16)
(17)
(18)
(19)
(20)
(21)
(22)
(23)
(24)
(25)

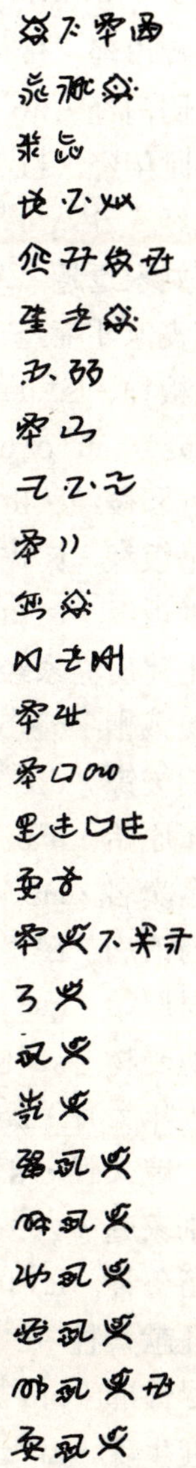

(26)
(27)
(28)
(29)
(30)
(31)
(32)
(33)
(34)
(35)
(36)
(37)
(38)
(39)
(40)
(41)
(42)
(43)
(44)
(45)
(46)
(47)
(48)
(49)
(50)
(51)

(52) 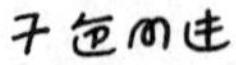

(53) 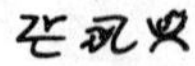

(54) 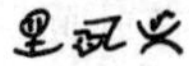

(55) 

(56) 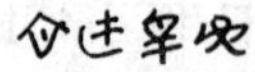

(57) 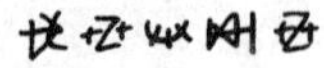

(58) 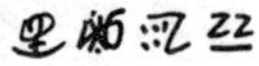

彝文古籍原件名称释读：

(1)《奉钱经 · dʐi^{21}pu^{33}》
(2)《寻氏经 · ʂ̩^{21}tʂɒ^{33}》
(3)《拦阻挥甩经 · ɬo^{33}dʐɑ^{31}》
(4)《开启阴门经 · ŋɒ^{55}qɒ^{33}pʰu^{33}》
(5)《巡游眺望经 · ɬo^{21}do^{44}ŋɯ^{55}do^{44}》
(6)《返魂经 · ʑi^{44}qʰo^{31}》
(7)《舅家姑家逗趣 · A^{33}ɣɯ^{44}A^{33}dʑe^{31}çe^{55}》
(8)《舅家丧家斗嘴经 · gɤ^{31}ɬɒ^{33}》
(9)《撒点粮种 · ʂ̩^{55}do^{31}ʐɤ^{44}do^{31}》
(10)《甩布经 · m^{33}dʐɑ^{31}》
(11)《驱赶邪秽经 · ɬo^{33}qe^{31}》
(12)《喂早饭经 · tʂʰi^{21}tʂɒ^{55}》
(13)《喂晚饭经 · tʂʰɯ^{33}tʂɒ^{55}》
(14)《出生建房立家经 · tɬu^{33}ʐo^{44}hɛ^{33}ku^{33}kɒ^{33}dɒ^{55}》
(15)《亡魂戴帽 · qʰo^{44}du^{33}qʰo^{44}dʑI^{33}》
(16)《打制梭镖 · dʑɛ^{21}dɛ^{33}dʑɛ^{21}dʑI^{33}》
(17)《织布原始 · pʰɒ^{33}du^{33}pʰo^{33}dʑI^{33}》
(18)《买名卖名 · mɛ^{33}vu^{21}mɛ^{33}vɛ^{33}》
(19)《挖药治病 · tsʰi^{21}du^{21}nɒ^{33}ku^{33}》
(20)《棺材原始 · qu^{21}du^{33}qu^{21}dʑI^{33}》
(21)《亡魂受物 · ʑi^{44}tse^{55}》
(22)《寻大年大月 · ʑɛ^{21}qʰo^{31}ʑɛ^{21}ɬɒ^{33}》
(23)《使亡魂入眠 · ʂ̩^{33}çi^{55}》
(24)《离别家庭 · ɣɤ^{31}qI^{21}kɒ^{33}qI^{21}》
(25)《挽留鲁神 · lu^{21}fɛ^{33}》
(26)《女儿献祭牲 · ɛ^{21}mɛ^{21}mo^{21}ʂɯ^{33}》
(27)《除尽钵邪 · bɯ^{44}dʑI^{21}χo^{33}》
(28)《赎迎生魂 · ʑi^{44}ʑɛ^{55}》

（29）《制作灵牌 · nɒ^{55}si^{33}ku^{33}》

（30）《密枝木斯 · mi^{33}ʥi^{21}mu^{33}si^{55}》

（31）《净化祭枝 · nI^{55}gɯ^{33}χo^{33}》

（32）《启程除秽祈福经 · ʈʂ^{h}i^{33}dɒ^{33}》

（33）《驱除道路邪秽 · gɒ^{33}χo^{33}》

（34）《标记祭牲 · mo^{21}sɒ^{21}》

（35）《立祭场司务 · gɯ^{21}si^{33}ʈʂ^{h}o^{21}》

（36）《祭牲叫唤兆 · mo^{21}pu^{33}》

（37）《祭牲肩胛骨入袋 · p^{h}ɛ^{33}gɯ^{21}》

（38）《点“莫”神谱 · mo^{21}tɯ^{33}》

（39）《为“莫”神除邪 · mo^{21}tu^{33}ʥi^{33}》

（40）《迎本村“普”神“奴”神 · p^{h}u^{21}ʦi^{33}nɛ^{33}ʦi^{33}》

（41）《邀客 · vɛ^{33}ɯ^{44}》

（42）《祭“莫”神除凶邪 · mo^{21}ɕI^{33}si^{44}qe^{44}ʈʂo^{33}》

（43）《祭猎神 · ʂi^{33}ɕI^{33}》

（44）《献酒 · ʈʂi^{33}ɕI^{33}》

（45）《献粮 · q^{h}ɒ^{33}ɕI^{33}》

（46）《祭增殖神 · me^{44}ʈʂi^{33}ɕI^{33}》

（47）《祭祥顺神 · ʐI^{33}ʈʂi^{33}ɕI^{33}》

（48）《祭家神 · tɬu^{44}ʈʂi^{33}ɕI^{33}》

（49）《祭乡邻亲和神 · qo^{33}ʈʂ^{33}ɕI^{33}》

（50）《祭摔跤神 · bɛ^{21}ʈʂi^{33}ɕI^{33}》

（51）《祭购物神 · vɛ^{33}ʈʂ^{33}ɕI^{33}》

（52）《祈雨经 · mu^{21}hɒ^{33}ʐi^{33}ʦi^{33}》

（53）《祭口才神 · be^{44}ʈʂi^{33}ɕI^{33}》

（54）《送“普”神 · p^{h}u^{21}χɒ^{33}qo^{31}》

（55）《祭祖经 · p^{h}u^{21}ʦɒ^{33}ɕI^{33}》

（56）《迎请安置“鲁”神“楠”神经 · lu^{21}ʦi^{33}nɛ^{33}dɒ^{55}》

（57）《制作祖灵牌祈福经 · nɒ^{55}si^{33}ku^{33}me^{44}ʦi^{55}》

（58）《送祖灵牌进祖灵洞经 · p^{h}u^{21}χɒ^{33}fe^{55}dlɯ^{33}》

［调查地点：石林县档案馆；调查时间：2007 年 8 月；调查整理：昂自明］

3. 石林县图书馆收藏的彝文古籍

彝文古籍原件名称：

彝文古籍原件名称释读：

(1)《除尽钵邪 · bɯ^{44} ʥI^{21} χo^{33}》

(2)《离别阳间家庭 · ɣɤ^{31} qI^{21} kɒ^{33} qI^{21}》

(3)《赎迎生魂 · ʑi^{44} ʑɛ^{55}》

(4)《密枝木斯 · mi^{33} dʐi^{21} mu^{33} si^{55}》

(5)《净化祭枝 · nI^{55} gɯ^{33} χo^{33}》

(6)《驱除道路邪秽 · gɒ^{33} χo^{33}》

(7)《立祭场司务 · gɯ^{21} si^{33} tʂ^{h}o^{21}》

(8)《点“莫”神谱 · mo^{21} tɯ^{33}》

(9)《为“莫”神除邪 · mo^{21} tu^{33} dʐi^{33}》

(10)《邀客 · vɛ^{33} ɯ^{44}》

(11)《祭“莫”神除凶邪 · mo^{21} ɕI^{33} si^{44} qe^{44} tʂo^{33}》

(12)《延请“普”神“奴”神 · p^{h}u^{21} ʦi^{33} nɛ^{33} ʦi^{33}》

(13)《祭猎神 · ʂi^{33} ɕI^{33}》

(14)《献粮 · q^{h}ɒ^{33} ɕI^{33}》

(15)《祭增殖神 · me^{44} tʂi^{33} ɕI^{33}》

(16)《献酒 · tʂi^{33} ɕI^{33}》

(17)《祭祥顺神 · ʐI^{33} tʂi^{33} ɕI^{33}》

(18)《祭家神 · tɬu^{44} tʂi^{33} ɕI^{33}》

(19)《祭售货神 · vu^{33} tʂi^{33} ɕI^{33}》

(20)《祭购物神 · vɛ^{33} tʂ^{33} ɕI^{33}》

(21)《祭乡邻亲和神 · qo^{33} tʂ^{33} ɕI^{33}》

(22)《迎请安置“鲁”神“楠”神经 · lu^{21} ʦi^{33} nɛ^{33} dɒ^{55}》

(23)《祭摔跤神 · bɛ^{21} tʂi^{33} ɕI^{33}》

(24)《祭口才神 · be^{44} tʂi^{33} ɕI^{33}》

(25)《送“普”神 · p^{h}u^{21} χɒ^{33} qo^{31}》

(26)《祭祖经 · p^{h}u^{21} ʦɒ^{33} ɕI^{33}》

(27)《婚礼祈福经 · zɒ^{21} mɛ^{21} ɬe^{55} gɯ^{33} A^{21} mɛ^{21} tʂi^{33} tʂi^{55} nɒ^{55} si^{33} ʦɒ^{33} ɕI^{33}》

(28)《祭柱神经 · zi^{33} mɒ^{33} o^{55} qo^{21} ku^{33}》

(29)《驱“撮葛”邪秽经 · ni^{55} vɛ^{33} ʦ^{h}o^{31} qo^{55} mɒ^{33}》

(30)《发女性死者冷丧经 · A^{21} mɛ^{21} nɯ^{33} ʂi^{55} to^{55} ʂi^{33} tɕɛ^{33} ku^{33}》

(31)《降圭山神经 · go^{21} pɯ^{33} nI^{55} vɛ^{33} ku^{33}》

(32)《驱野外所遇精怪邪秽经 · nɤ^{55} χo^{33} nɤ^{55} qI^{21}》

(33)《驱打横拦运道的邪魔精怪经 · tɬo^{55} dɛ^{21}》

(34)《遣送冷巫神 · ʂ̩^{21} dʑe^{44} χo^{33}》
(35)《除净死者生前体内之物经 · ʂ̩^{33} si^{33} bɯ^{44} χo^{33}》
(36)《除秽换体经 · bɯ^{44} dʑI^{21} χo^{33}》
(37)《制作祖灵牌祈福经 · nɒ^{55} si^{33} du^{33} me^{44} tsi^{55}》
(38)《送祖灵牌进祖灵洞经 · p^{h}u^{21} χo^{33} fe^{55} dlɯ^{33}》
(39)《祈雨经 · mu^{21} hɒ^{33} ʐi^{33} tsi^{33}》
(40)《招魂词 · ɬɒ^{33} ɯ^{44}》
(41)《祭龙经 · lu^{21} ɬu^{33}》
(42)《祭“米赛”经 · mi^{33} se^{31} dɛ^{33}》
(43)《招留阳间各种生魂经 · du^{21} mI^{33} ʑi^{44} ʑɛ^{33}》
(44)《招坟茔处之魂经 · lu^{21} bɯ^{33} ʂ̩^{33} bɯ^{33} ɬɒ^{33} ɯ^{44}》
(45)《遣送村寨瘟疫神经 · p^{h}u^{33} tɕ^{h}e^{44} nɒ^{33} si^{33} χɒ^{33}》
(46)《祭“召”神经 · dʐɒ^{33} ku^{33}》
(47)《挽福禄神守家经 · lu^{21} fɛ^{33}》
(48)《亲戚驱赶邪秽经 · qo^{33} qe^{55} ɬo^{33} qe^{31}》
(49)《丧家驱赶邪秽经 · ʂ̩^{33} ɣɤ^{31} ɬo^{33} dʐa^{31}》
(50)《发男性死者冷丧经 · zɒ^{21} ʐo^{44} ʂ̩^{55} to^{55} ʂ̩^{33} tɕɛ^{33} ku^{33}》
(51)《巫卜找寻因由分辨邪祟经 · ʑI^{21} ni^{44} dɒ^{21} ʂɒ^{33} nI^{55} vɛ^{33} hI^{21}》
(52)《为“撮舍”仪式找讨净牲水经 · ts^{h}o^{31} ʂɯ^{33} mo^{21} ts^{h}i^{21} ʐi^{33}》
(53)《驱“撮尼”邪秽经 · ni^{55} vɛ^{33} ts^{h}o^{31} nI^{21} mɒ^{33}》
(54)《美丽的彩虹 · si^{44} mu^{21} si^{44} mu^{55} tɒ^{33} mɒ^{33}》
(55)《牧羊人史朗若(彝族民间叙事长诗) · dʑI^{21} lo^{55} zɒ》
(56)《阿诗玛 · A^{33} ʂ̩^{33} mɒ^{33}》
(57)《乍龙彝文摩崖(图片) · A^{33} tɬe^{55} lu^{33} lo^{44} dlɒ^{33} si^{55}》
(58)《昂氏迁徙彝文碑(图片) · A^{21} bo^{21} lo^{44} bɛ^{33}》
(59)《彝文指路碑(图片) · kɒ^{33} dʑi^{21} si^{55}》

[调查地点:石林县图书馆;调查时间:2007 年 8 月;调查整理:昂自明]

二、石林县彝族民间彝文古籍流传、保存情况个案调查

1. 海宜村毕摩金玉明家保存的彝文古籍

石林县长湖镇有海宜村,地处石林县东南部,是一个较古老的村落,旧

地方志称“西能”村，现共有360余户，1800人，除22户110人为汉族外，其余为彝族撒尼人。

“海宜”为彝名，“海”意为水塘，“宜”意为居住地。“海宜”意为建在水塘边的村子。海宜村始建于明朝中晚期，昂氏最早居住。海宜村经过几百年的发展，现已发展成老海宜村、新海宜村、三台山、坝下、瓦窑5个自然村。海宜村民族文化较为发达，对附近村寨的影响较大，可作为南部撒尼文化的代表。2005年，经石林彝族自治县人民政府批准为阿诗玛民族文化旅游生态村，县级民族民间传统文化保护区。海宜民族文化旅游生态村建设项目主要集中在老海宜村。

村内保留着海宜彝汉文宗谱碑、昂英墓地遗址以及古城墙、何氏家谱碑等文物古迹，其中，海宜彝汉文宗谱碑于2002年4月公布为县级重点文物保护单位。彝汉文宗谱碑对研究彝族撒尼人、阿细人的迁徙史具有重要的史料价值。每到清明节，成百上千的弥勒、石林等地的昂氏子孙都要前来扫墓、瞻仰。

海宜村原来毕摩较多，著名毕摩金国库、黄志发、金肖等就是该村人。近十余年来，年高的毕摩已相继去世，中年毕摩金玉明成为主要的毕摩文化传承者。

金玉明，彝族撒尼人，1944年12月生于石林县圭山乡海宜老寨一个毕摩世家，自幼受家庭及亲属的影响，15岁小学毕业后，就跟随父亲、舅舅在圭山一带参与民俗礼仪祭祀和节日庆典活动，耳濡目染，学习了各种本地举行的民俗礼仪等活动。1988年以来，成为当地的毕摩，已能独立组织主持当地的各种民俗礼仪祭祀等活动。他能用彝汉两种语言演说，并且能书写彝文和汉文的经书，同时也能创作一些民间传说故事，抄写了《滇鹰撒尼经书》一书等。他父亲金肖，是著名的毕摩，享有很高的声誉。目前他家里保存的彝文经籍，主要传承于父亲。这些经书目录如下：

彝文经书原件名称：

(1) 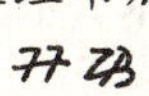
(2) 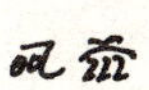
(3) 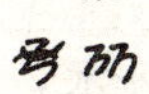
(4) 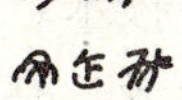
(5) 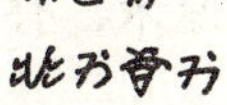
(6) 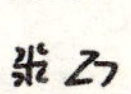
(7) 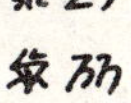
(8) 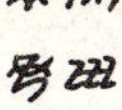
(9) 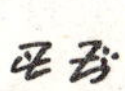
(10) 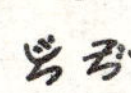
(11) 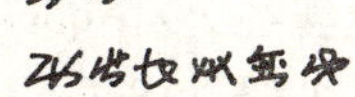
(12) 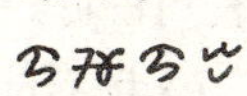
(13) 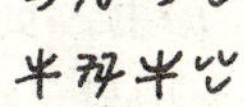
(14) 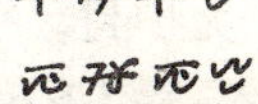
(15) 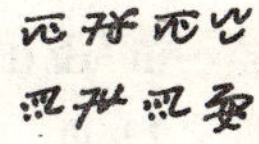
(16) 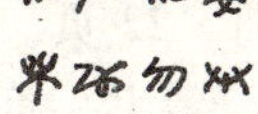

(17) 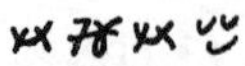

(18) 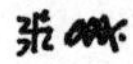

(19) 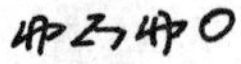

(20) 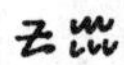

(21) 

(22) 

(23) 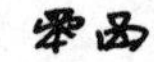

(24) 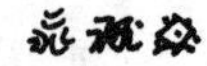

(25) 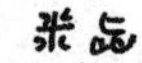

(26) 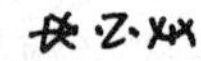

原经书名称释读：

(1)《奉钱经·dʐi^{21}pu^{33}》

不分卷，1 册，8 页。佚名撰。彝族丧葬仪式经书。旧抄本。绵纸，线订册页装，行体，墨书。页面 26×20 厘米，墨框 22×18 厘米，无边栏，18 行 18 字。白口，有土棉布护封，保存完好。

(2)《寻氏经·ʂ^{21}tʂɒ^{33}》

不分卷，1 册，13 页。佚名撰。彝族丧葬仪式经书。旧抄本。绵纸，线订册页装，行体，墨书。页面 20×17 厘米，墨框 18×15 厘米，无边栏，17 行 18 字。白口，保存完好。

(3)《拦阻挥甩经·ɬo^{33}dʐɑ^{31}》

不分卷，1 册，8 页。佚名撰。彝族丧葬仪式经书。旧抄本。绵纸，线订册页装，行体，墨书。页面 24×20 厘米，墨框 21×18 厘米，无边栏，16 行 18 字。白口，有土棉白布护封，有少许残缺。

(4)《开启阴门经·ŋɒ^{55}qɒ^{33}qhu^{33}》

不分卷，1 册，34 页。佚名撰。彝族丧葬仪式经书。旧抄本。土纸，线订册页装，行体，墨书。页面 21×17 厘米，墨框 19×14 厘米，有竖格，18 行 20 字。白口，无护封，字面完好。

(5)《巡游眺望经·ɬo^{21}do^{44}ŋɯ^{55}do^{44}》

不分卷，1 册，36 页。佚名撰。彝族丧葬仪式经书。旧抄本。土纸，线订册页装，行体，墨书。页面 21×17 厘米，墨框 19×14 厘米，有竖格，18 行 20 字。白口，无护封，字面完好。

(6)《返魂经·ʐi^{44}qho^{31}》

不分卷，1 册，18 页。佚名撰。彝族丧葬仪式经书。旧抄本。土纸，线订册页装，行体，墨书。页面 21×17 厘米，墨框 19×14 厘米，有竖格，18 行 20 字。白口，无护封，字面完好。

(7)《甩布经·m^{33}dʐɑ^{31}》

不分卷，1 册，22 页。佚名撰。彝族丧葬仪式经书。旧抄本。绵纸，线订册页装，行体，墨书。页面 26×24 厘米，墨框 24×21 厘米，有竖格，21

行25字。白口，无护封，1页残破。

(8)《驱赶邪秽经 · ɬo^{33}qe^{31}》

不分卷，1册，22页。佚名撰。彝族丧葬仪式经书。旧抄本。绵纸，线订册页装，行体，墨书。页面26×24厘米，墨框24×21厘米，有竖格，21行25字。白口，无护封，1页残破。

(9)《喂早饭经 · tʂ^{h}i^{21}tʂɒ^{55}》

不分卷，1册，19页。佚名撰。彝族丧葬仪式经书。旧抄本。绵纸，线订册页装，行体，墨书。页面26×24厘米，墨框24×21厘米，有竖格，21行25字。白口，无护封，4页残破。

(10)《喂晚饭经 · tʂ^{h}ɯ^{33}tʂɒ^{55}》

不分卷，1册，17页。佚名撰。彝族丧葬仪式经书。旧抄本。绵纸，线订册页装，行体，墨书。页面26×24厘米，墨框24×21厘米，有竖格，21行25字。白口，无护封，字面完好。

(11)《出生建房立家经 · tɬu^{33}ʐo^{44}hɛ^{33}ku^{33}kɒ^{33}dɒ^{55}》

不分卷，1册，33页。佚名撰。彝族丧葬仪式经书。旧抄本。绵纸，线订册页装，行体，墨书。页面25×22厘米，墨框23×19厘米，无边框，20行26字。白口，无护封，字面完好。

(12)《亡魂戴帽 · q^{h}o^{44}du^{33}q^{h}o^{44}ʥɪ^{33}》

不分卷，1册，18页。佚名撰。彝族丧葬仪式经书。旧抄本。宣纸，线订册页装，行体，墨书。页面24×22厘米，墨框21×19厘米，无边框，20行24字。白口，有白土布护封，字面完好。

(13)《打制梭镖 · ʥɛ^{21}dɛ^{33}ʥɛ^{21}ʥɪ^{33}》

不分卷，1册，18页。佚名撰。彝族丧葬仪式经书。旧抄本。宣纸，线订册页装，行体，墨书。页面24×22厘米，墨框21×19厘米，无边框，20行24字。白口，有白土布护封，字面完好。

(14)《织布原始 · p^{h}ɒ^{33}du^{33}p^{h}ɒ^{33}ʥɪ^{33}》

不分卷，1册，29页。佚名撰。彝族丧葬仪式经书。旧抄本。宣纸，线订册页装，行体，墨书。页面24×22厘米，墨框21×19厘米，无边框，20行24字。白口，有白土布护封，字面完好。

(15)《买名卖名 · mɛ^{33}vu^{21}mɛ^{33}vɛ^{33}》

不分卷，1册，20页。佚名撰。彝族丧葬仪式经书。旧抄本。宣纸，线订册页装，行体，墨书。页面24×22厘米，墨框21×19厘米，无边框，20行24字。白口，有白土布护封，字面完好。

（16）《挖药治病 · tsʰi^{21}du^{21}nɒ^{33}ku^{33}》

不分卷，1 册，31 页。佚名撰。彝族丧葬仪式经书。旧抄本。宣纸，线订册页装，行体，墨书。页面 26 × 22 厘米，墨框 23 × 19 厘米，无边框，22 行 26 字。白口，有黑土布护封，3 页有轻度漫漶。

（17）《棺木原始 · qu^{21}du^{33}qu^{21}dʑI^{33}》

不分卷，1 册，27 页。佚名撰。彝族丧葬仪式经书。旧抄本。宣纸，线订册页装，行体，墨书。页面 26 × 22 厘米，墨框 23 × 19 厘米，无边框，22 行 26 字。白口，有土黑布护封，字面有轻度漫漶。

（18）《亡魂接物 · ʑi^{44}tse^{55}》

不分卷，1 册，28 页。佚名撰。彝族丧葬仪式经书。旧抄本。绵纸，线订册页装，行体，墨书。页面 25 × 22 厘米，墨框 22 × 19 厘米，无边框，21 行 23 字。白口，有麻布护封，字面有残缺。

（19）《寻大年大月 · ʑɛ^{21}qʰo^{31}ʑɛ^{21}ɬɒ^{33}》

不分卷，1 册，24 页。佚名撰。彝族丧葬仪式经书。旧抄本。绵纸，线订册页装，行体，墨书。页面 25 × 22 厘米，墨框 22 × 19 厘米，无边框，21 行 23 字。白口，有麻布护封，字面有残缺。

（20）《使亡魂入睡 · ʂ̩i^{33}ɕi^{55}》

不分卷，1 册，20 页。佚名撰。彝族丧葬仪式经书。旧抄本。绵纸，线订册页装，行体，墨书。页面 25 × 22 厘米，墨框 22 × 19 厘米，无边框，21 行 23 字。白口，有麻布护封，字面有残缺。

（21）《离别阳间家庭 · ɣɤ^{31}qI^{21}kɒ^{33}qI^{21}》

不分卷，1 册，34 页。佚名撰。彝族丧葬仪式经书。旧抄本。绵纸，线订册页装，行体，墨书。页面 25 × 22 厘米，墨框 22 × 19 厘米，无边框，21 行 24 字。白口，有麻布护封，字面基本完好。

（22）《挽留鲁神 · lu^{21}fɛ^{33}》

不分卷，1 册，14 页。佚名撰。彝族丧葬仪式经书。旧抄本。土纸，线订册页装，行体，墨书。页面 26 × 20 厘米，墨框 22 × 17 厘米，有边框，20 行 26 字。白口，无护封，字面基本完好。

（23）《女儿献祭牲 · ɛ^{21}mɛ^{21}mo^{21}ʂ̩ɯ^{33}》

不分卷，1 册，19 页。佚名撰。彝族丧葬仪式经书。旧抄本。草纸，线订册页装，行体，墨书。页面 16 × 12 厘米，墨框 14 × 10 厘米，无边框，11 行 20 字。白口，无护封，字面有少许漫漶。

（24）《除尽钵邪 · bɯ^{44}dʑI^{21}χo^{33}》

不分卷，1 册，25 页。佚名撰。彝族丧葬仪式经书。旧抄本。土纸，线订册页装，行体，墨书。页面 26 × 22 厘米，墨框 23 × 19 厘米，无边框，20 行 24 字。白口，无护封，边角有破损，字面有少许漫漶。

（25）《赎迎生魂 · ʑi^{44}ʑɛ^{55}》

不分卷，1 册，22 页。佚名撰。彝族丧葬仪式经书。旧抄本。土纸，线订册页装，行体，墨书。页面 20 × 16 厘米，墨框 18 × 13 厘米，无边框，16 行 20 字。白口，有麻布护封，字面基本保存完好。

（26）《制作灵牌 · nɒ^{55}si^{33}ku^{33}》

不分卷，1 册，30 页。佚名撰。彝族丧葬仪式经书。旧抄本。土纸，线订册页装，行体，墨书。页面 11 × 8 厘米，墨框 9 × 6 厘米，无边框，9 行 9 字。白口，无护封，边角有破损，字面基本保存完好。

金玉明本身还是一位木匠，所以自制了一个木匣子，将彝文古籍装在里面，得到了较好的保管。他表示，要新抄一份，用着时就用新的，这样就能保护好老书。

［调查地点：石林县长湖镇海宜老寨；调查对象：金玉明、金显等；调查时间：2007 年 8 月 12 日；调查整理：昂自明］

2. 寨黑村毕摩毕华玉家保存的彝文古籍

寨黑村位于石林县西街口乡西南部，距乡政府驻地西街口村 6.5 公里，距石林县城 36 公里。全村有 150 户，700 余人，均为彝族。寨黑村村名系彝语，意为“鹰池”。历史上彝族曾盛行以鹰为图腾，相传父系英雄祖先支格阿龙（又称支刮阿龙、翅骨阿龙、阿鲁、支呷阿鲁等）便是鹰的后代。“寨黑”一词在彝文典籍中出现频率极高，如《送魂经》、《招魂经》、《祭祖经》、《密枝祭词》中都出现过，为古彝人故地。是故地地名新译，或是立村之初有许多鹰聚翔于池塘周围而以此为村名，不可考。

寨黑村毕姓居多，昂姓次之，另有李、王等姓。一部分昂姓的人家不参与过密枝节。寨黑村与周围的跃宝山、老挖等村构成撒尼人北部文化的中心区域。这里原始宗教较盛行，古礼古俗多有承传。该村的老一代毕摩已全部去世，毕华玉成为该村主要的毕摩文化传承人。

毕华玉，男，彝族撒尼人，初中文化，复员军人，1953 年 3 月生于西街口乡寨黑村的一个毕摩世家。其父毕朝庭、爷爷、祖父、曾祖父均为该地域有影响力的毕摩，毕华玉为第五代毕摩传承人。

毕华玉由于受家庭的熏陶，从小热爱民族民间礼仪活动，34 岁时正式跟父亲和堂哥学习彝文和民俗礼仪的各种套路，并主持本村的一户丧葬仪式，后成为本地区有威望的毕摩传人。他热爱民族民间文化，加之学习刻苦，对彝族撒尼的民俗传统内涵研究得比较透彻，办理各类民俗礼仪活动仔细、认真，深受本地域民众的赞誉。

毕华玉在不断的学习中，民俗礼仪的主持水平不断提高，目前他能主持“尼姆”、“叫魂”等60多种民俗礼仪。他能写、能说、能唱，先后参与整理出版了《指路经，自家书，舅家书》、《姑娘出嫁》、《美丽的阿诗玛传说》等著作。参与翻译的《彝族撒尼祭祀词译疏》、《路南彝族密枝节仪式歌译疏》荣获昆明市人民政府社会科学优秀成果2等奖和3等奖。中央电视台4、8、12频道，高原艺术中心等媒体曾对其作过宣传报道，先后接受了昆明、法国、德国、日本、美国、韩国等学者们的采访。

毕华玉是石林县乃至周围县区著名的毕摩传承人，有较广泛的影响力。他精通古彝文，懂毕摩调唱法。2005年被石林县命名为非物质文化遗产传承人；2007年4月30日被命名为“云南非物质文化遗产传承人”；2008年被命名为国家非物质文化遗产保护名录《阿诗玛》传承人。

毕华玉家祖传彝文古籍原抄本目录：

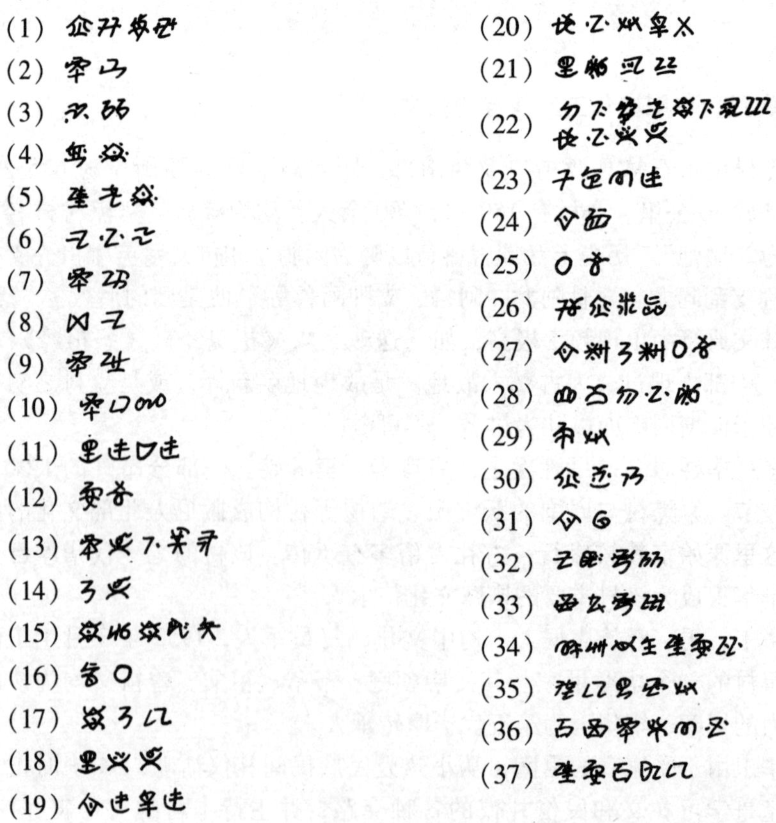

毕华玉家祖传彝文古籍名称释读：

(1)《密枝木斯 · mi^{33} dʐi^{21} mu^{33} si^{55}》

不分卷，1 册，88 页。佚名撰。彝族祭“密枝”仪式经书。旧抄本。绵纸，线订册页装，行体，墨书。页面 26 × 20 厘米，墨框 22 × 18 厘米，无边栏，15 行 15 字。白口，有土棉布护封，保存完好。

(2)《给祭牲作标记 · mo^{21} sɒ^{21}》

不分卷，1 册，3 页。佚名撰。彝族祭“密枝”仪式经书。旧抄本。绵纸，线订册页装，行体，墨书。页面 12 × 8 厘米，墨框 10 × 6 厘米，无边框，8 行 8 字。白口。有硬草纸封面，边角有破损，字面保存完好。

(3)《启程除秽祈福经 · tʂ^{h}i^{33} dɒ^{33}》

不分卷，1 册，11 页。佚名撰。彝族祭“密枝”仪式经书。旧抄本。宣纸，线订册页装，行体，墨书。页面 24 × 20 厘米，墨框 22 × 17 厘米，无边框，14 行 14 字。白口，有土棉布护封，字面保存完好。

(4)《驱除道路邪秽 · gɒ^{33} χo^{33}》

不分卷，1 册，4 页。佚名撰。彝族祭“密枝”仪式经书。旧抄本。绵纸，线订册页装，行体，墨书。页面 11 × 8 厘米，墨框 9 × 6 厘米，无边框，9 行 9 字。白口，无护封，边角有破损，字面基本保存完好。

(5)《净化祭枝 · nl^{55} gɯ^{133} χo^{33}》

不分卷，1 册，4 页。佚名撰。彝族祭“密枝”仪式经书。旧抄本。绵纸，线订册页装，行体，墨书。页面 12 × 8 厘米，墨框 10 × 6 厘米，无边框，8 行 8 字。白口，有绸布护封，字面保存完好。

(6)《立祭场司务 · gɯ^{21} si^{33} tʂ^{h}o^{21}》

不分卷，1 册，10 页。佚名撰。彝族祭“密枝”仪式经书。旧抄本。绵纸，线订册页装，行体，墨书。页面 18 × 10 厘米，墨框 15 × 8 厘米，无边框，13 行 13 字。白口，有麻布护封，字面保存完好。

(7)《祭牲叫唤 · mo^{21} pu^{33}》

不分卷，1 册，5 页。佚名撰。彝族祭“密枝”仪式经书。旧抄本。绵纸，线订册页装，行体，墨书。页面 16 × 14 厘米，墨框 14 × 12 厘米，无边框，11 行 11 字。白口，有土棉布护封，字面保存完好。

(8)《肩胛骨入袋 · p^{h}ɛ^{33} gɯ^{21}》

不分卷，1 册，2 页。佚名撰。彝族祭“密枝”仪式经书。旧抄本。宣纸，线订册页装，行体，墨书。页面 12 × 10 厘米，墨框 10 × 7 厘米，无边框，8 行 8 字。白口，字面保存完好。

(9)《点“莫”神谱 · mo^{21}tɯ^{33}》

不分卷，1 册，4 页。佚名撰。彝族祭“密枝”仪式经书。旧抄本。宣纸，线订册页装，行体，墨书。页面 14×12 厘米，墨框 12×10 厘米，无边框，10 行 10 字。白口，有硬质草纸封面，字面保存完好。

(10)《为“莫”神除邪 · mo^{21}tu^{33}dʐ̩i^{33}》

不分卷，1 册，4 页。佚名撰。彝族祭“密枝”仪式经书。旧抄本。绵纸，线订册页装，行体，墨书。页面 14×12 厘米，墨框 12×10 厘米，无边框，10 行 10 字。白口，有硬质草纸封面，字面保存完好。

(11)《延请“普”神“奴”神 · pʰu^{21}tsi^{33}nɛ^{33}tsi^{33}》

不分卷，1 册，21 页。佚名撰。彝族祭“密枝”仪式经书。旧抄本。绵纸，线订册页装，行体，墨书。页面 14×12 厘米，墨框 12×10 厘米，无边框，10 行 10 字。白口，有硬质草纸封面，字面保存完好。

(12)《邀客 · vɛ^{33}ɯ^{44}》

不分卷，1 册，9 页。佚名撰。彝族祭“密枝”仪式经书。旧抄本。绵纸，线订册页装，行体，墨书。页面 18×12 厘米，墨框 16×10 厘米，无边框，14 行 14 字。白口，有麻布护封，字面保存完好。

(13)《祭“莫”神除凶邪 · mo^{21}çI^{33}si^{44}qe^{44}tʂo^{33}》

不分卷，1 册，14 页。佚名撰。彝族祭“密枝”仪式经书。旧抄本。绵纸，线订册页装，行体，墨书。页面 18×12 厘米，墨框 16×10 厘米，无边框，14 行 14 字。白口，有麻布护封，字面保存完好。

(14)《祭猎神 · ʂ̩^{33}çI^{33}》

不分卷，1 册，6 页。佚名撰。彝族祭“密枝”仪式经书。旧抄本。绵纸，线订册页装，行体，墨书。页面 18×12 厘米，墨框 16×10 厘米，无边框，14 行 14 字。白口，有麻布护封，字面保存完好。

(15)《舅姑逗趣 · A^{33}ɣɯ^{44}A^{33}dʑe^{31}çe^{55}》

不分卷，1 册，22 页。佚名撰。彝族丧葬仪式经书。旧抄本。绵纸，线订册页装，行体，墨书。页面 25×19 厘米，墨框 22×16 厘米，有竖格，20 行 24 字。白口，有黑土布护封，字面完好。

(16)《斗嘴经 · gɤ^{31}ɬɒ^{33}》

不分卷，1 册，16 页。佚名撰。彝族丧葬仪式经书。旧抄本。绵纸，线订册页装，行体，墨书。页面 26×24 厘米，墨框 24×21 厘米，无边框，21 行 25 字。白口，无护封。

(17)《阿诗玛 · A^{33}ʂ̩^{33}mɒ^{33}》

不分卷，1 册，20 页。佚名撰。彝族民间叙事长诗。旧抄本。绵纸，线订册页装，行体，墨书。页面 8×18 厘米，墨框 6×16 厘米，无边框。白口，边角有破损，字面保存完好。

（18）《祭祖经·p^{h}u^{21}ʦɒ^{33}ɕI^{33}》

不分卷，1 册，10 页。佚名撰。过年祭祖仪式上念的经书。旧抄本。绵纸，线订册页装，行体，墨书。页面 20×16 厘米，墨框 18×14 厘米，无边框，16 行 16 字。白口，无护封，边角有破损，字面基本保存完好。

（19）《迎请安置“鲁”神“楠”神经·lu^{21}ʦi^{33}nɛ^{33}dɒ^{55}》

不分卷，1 册，32 页。佚名撰。祭祀“鲁”神“楠神”经书。旧抄本。绵纸，线订册页装，行体，墨书。页面 20×16 厘米，墨框 18×14 厘米，无边框，16 行 16 字。白口，无护封，边角有破损，字面基本保存完好。

（20）《制作祖灵牌祈福经·nɒ^{55}si^{33}ku^{33}me^{44}ʦi^{55}》

不分卷，1 册，18 页。佚名撰。已有儿孙的人死后，要制作灵牌，插在供桌上方。此书即为制作灵牌仪式上念诵的经文。旧抄本。绵纸，线订册页装，行体，墨书。页面 20×16 厘米，墨框 18×14 厘米，无边框，16 行 16 字。白口，有土棉布护封，边角有破损，字面基本保存完好。

（21）《送祖灵牌进祖灵洞经·p^{h}u^{21}χɒ^{33}fe^{55}dlɯ^{33}》

不分卷，1 册，16 页。佚名撰。彝族撒尼人的祖灵牌一旦到三代共插时，要将辈分高的送进祖灵洞，该书便是送祖灵牌仪式上念的经文。旧抄本。绵纸，线订册页装，行体，墨书。页面 20×16 厘米，墨框 18×14 厘米，无边框，16 行 16 字。白口，有土棉布护封，边角有破损，字面基本保存完好。

（22）《婚礼祈福经·zɒ^{21}me^{21}ɬe^{55}gɯ^{33}A^{21}mɛ^{21}ʈʂi^{33}ʈʂi^{55}nɒ^{55}si^{33}ʦɒ^{33}ɕI^{33}》

不分卷，1 册，8 页。佚名撰。彝族撒尼人举行婚礼时，在祭祖拜亲仪式上念诵的经书。旧抄本。绵纸，线订册页装，行体，墨书。页面 20×16 厘米，墨框 18×14 厘米，无边框，16 行 16 字。白口，有土棉布护封，边角有破损，字面基本保存完好。

（23）《祈雨经·mu^{21}hɒ^{33}ʐi^{33}ʦi^{33}》

不分卷，1 册，18 页。佚名撰。祈雨仪式经文。旧抄本。绵纸，线订册页装，行体，墨书。页面 20×16 厘米，墨框 18×14 厘米，无边框，16 行 16 字。白口，有土棉布护封，边角有破损，字面基本保存完好。

（24）《祭龙经·lu^{21}ɬu^{33}》

不分卷，1 册，10 页。佚名撰。祭龙是定时定点举行的全村性祭祀活动，时间为三月第一个属龙日，地点多选龙潭旁或大树下。旧抄本。绵纸，线订册页装，行体，墨书。页面 20×16 厘米，墨框 18×14 厘米，无边框，15 行 15 字。白口，有麻布护封，字面保存完好。

（25）《招魂词 · ɬɒ^{33}ɯ^{44}》

不分卷，1 册，8 页。佚名撰。根据被惊吓的不同情况，可分为门口招魂、叫魂山招魂、新坟处招魂、水边招魂、巨石旁招魂、山神庙招魂等数类。旧抄本。绵纸，线订册页装，行体，墨书。页面 20 × 16 厘米，墨框 18 × 14 厘米，无边框，15 行 15 字。白口，有麻布护封，字面保存完好。

（26）《招留阳间各种生魂经 · du^{21}mI^{33}ʑɛ^{33}》

不分卷，1 册，22 页。佚名撰。新坟垒好后，要专门为死者子女举行招魂留魂仪式，念此经。旧抄本。绵纸，线订册页装，行体，墨书。页面 24 × 16 厘米，墨框 21 × 14 厘米，无边框，16 行 16 字。白口，有麻布护封，字面保存完好。

（27）《招坟茔处之魂经 · lu^{21}bɯ^{33} ʂi^{33}bɯ^{33}ɬɒ^{33}ɯ^{44}》

不分卷，1 册，14 页。佚名撰。埋葬了死者，做完祭奠，须念此经，招所有参加送葬人员之魂。旧抄本。绵纸，线订册页装，行体，墨书。页面 20 × 14 厘米，墨框 18 × 12 厘米，无边框，14 行 14 字。白口，有麻布护封，字面保存完好。

（28）《遣送村寨瘟疫神经 · pʰu^{33}tɕʰe^{44}nɒ^{33}si^{33}χɒ^{33}》

不分卷，1 册，9 页。佚名撰。大年初一至初三，选 1 天举行遣送村寨瘟疫神仪式，为每户驱邪。旧抄本。绵纸，线订册页装，行体，墨书。页面 20 × 16 厘米，墨框 18 × 14 厘米，无边框，16 行 16 字。白口，有土棉布护封，边角有破损。

（29）《祭"召"神经 · dʐɒ^{33}ku^{33}》

不分卷，1 册，10 页。佚名撰。"召"神有 12 种，以祭牲的不同，可分为牛"召"、绵羊"召"、鸡"召"3 大类。其中，农历六月二十四日火把节的祭牛"召"，规模最大。各类祭"召"神仪式的经文基本相同。旧抄本。绵纸，线订册页装，行体，墨书。页面 18 × 16 厘米，墨框 16 × 14 厘米，无边框，14 行 14 字。白口，有麻布护封，边角有破损，字面基本保存完好。

（30）《祭"米赛"经 · mi^{33}se^{31}dɛ^{33}》

不分卷，1 册，10 页。佚名撰。"米赛"神有 12 种，分不同的因由作祭，但祭坛布设一样，经文也一样，只要替换不同的神名便可。旧抄本。绵纸，线订册页装，行体，墨书。页面 20 × 14 厘米，墨框 18 × 12 厘米，无边框，14 行 14 字。白口，有麻布护封，字面保存完好。

（31）《挽福禄神守家经 · lu^{21}fɛ^{33}》

不分卷，1 册，6 页。佚名撰。出殡前，举行挽福禄神守家仪式，念此经。旧抄本。绵纸，线订册页装，行体，墨书。页面 20 × 16 厘米，墨框 18 × 14 厘米，无边框，16 行 16 字。白口，有土棉布护封，边角有破损，字面基本保存完好。

（32）《丧家驱赶邪秽经 · ʂi^{33}ɣɤ^{31}ɬo^{33}ʥa^{31}》

不分卷，1 册，22 页。佚名撰。人们认为，出殡前夜，各种邪秽齐聚亡魂周围，须驱赶。旧抄本。绵纸，线订册页装，行体，墨书。页面 20 × 16 厘米，墨框 18 × 14 厘米，无边框，16 行 16 字。白口，有土棉布护封，边角有破损，字面基本保存完好。

（33）《亲戚驱赶邪秽经 · qo^{33}qe^{55}ɬo^{33}qe^{31}》

不分卷，1 册，12 页。佚名撰。人们认为，丧家的邪秽会跟随报丧人来到亲戚家，故报丧人返回时须挥甩麻布驱赶，念此经。旧抄本。绵纸，线订册页装，行体，墨书。页面 20 × 16 厘米，墨框 18 × 14 厘米，无边框，16 行 16 字。白口，有土棉布护封，边角有破损，字面基本保存完好。

（34）《巫卜找寻因由分辨邪祟经 · ʑI^{21}ni^{44}dɒ^{21} ʂɒ^{33}nI^{55}vɛ^{33}hI^{21}》

不分卷，1 册，7 页。佚名撰。驱邪除秽仪式经书。每种驱邪除秽仪式活动，都要先念此经。旧抄本。绵纸，线订册页装，行体，墨书。页面 20 × 16 厘米，墨框 18 × 14 厘米，无边框，16 行 16 字。白口，有土棉布护封，边角有破损，字面基本保存完好。

（35）《祭柱神经 · zi^{33}mɒ^{33}o^{55}qo^{21}ku^{33}》

不分卷，1 册，21 页。佚名撰。祭柱神仪式在两种情况下举行，一是刚迁进新房，二是家人连连生病或畜禽连连死亡。旧抄本。绵纸，线订册页装，行体，墨书。页面 20 × 16 厘米，墨框 18 × 14 厘米，无边框，16 行 16 字。白口，有土棉布护封，边角有破损，字面基本保存完好。

（36）《为“撮舍”仪式找讨净牲水经 · ʦ^{h}o^{31} ʂɯ^{33}mo^{21}ʦ^{h}i^{21}ʐi^{33}ʨI^{55}》

不分卷，1 册，4 页。佚名撰。“撮舍”为邪秽名，分“撮葛”和“撮尼”两种。两种仪式均须先念此经。旧抄本。绵纸，线订册页装，行体，墨书。页面 20 × 14 厘米，墨框 18 × 12 厘米，无边框，14 行 14 字。白口，有麻布护封，字面保存完好。

（37）《驱“撮尼”邪秽经 · ni^{55}vɛ^{33}ʦ^{h}o^{31}nI^{21}mɒ^{33}》

不分卷，1 册，14 页。佚名撰。“撮尼”仪式可在平常举行，有时也在人生病时举行。有的家庭每年举行一次，贫困人家则数年举行一次。忌讳外人参与。旧抄本。绵纸，线订册页装，行体，墨书。页面 20 × 14 厘米，墨框 18 ×12厘米，无边框，14 行 14 字。白口，有麻布护封，字面保存完好。

［调查地点：石林县西街口乡寨黑村；调查对象：毕华玉、毕耀文等；调查时间：2007 年 8 月 14 日；调查整理：昂自明］

3. 老挖村毕摩毕凤林家保存的彝文古籍

老挖村位于石林县月湖镇东南部，距镇政府驻地北大村 14 公里。居民 380 户，2100 人，其中汉族 280 人，其余为彝族。村分大村、小村，相隔一公里，依山临湖呈直线形线状聚落。

该村毕凤林是石林县境内年龄最长的毕摩，生于 1921 年 4 月，现年 87 岁，精通彝文，懂汉语，略识汉字。2007 年被批准为省级非物质文化遗产传承人。

他自幼受家庭的影响，跟随父辈参加当地的祭事等活动，耳濡目染了不少彝族的世俗文化和礼仪祭祀活动。平时以农业生产为主，农闲时参加举行各种礼议活动。他热心于彝族传统文化的收集整理，精心保存祖辈流传下来的彝文古籍，同时还收集整理了大量的其他资料。

毕凤林家藏彝文古籍原抄件名称：

(1) 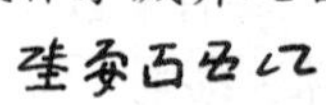

(2) 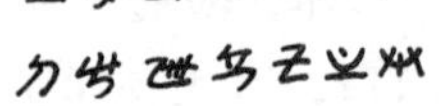

(3) 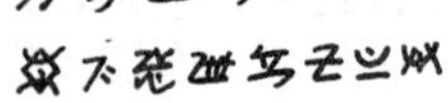

(4) 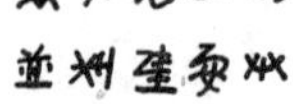

(5) 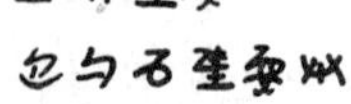

(6) 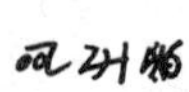

(7) 

(8) 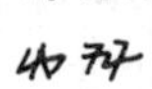

(9) 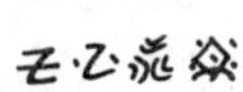

(10) 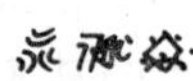

(11) 

(12) 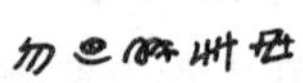

(13) 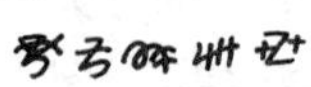

(14) 

(15) 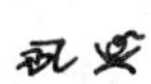

(16) 

(17) 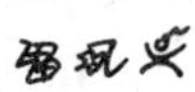

(18) 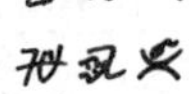

毕凤林家藏彝文古籍书名释读：

(1)《驱“撮葛”邪秽经 · ni^{55} vɛ^{33} tsʰo^{31} qo^{55} mɒ^{33}》

不分卷，1 册，10 页。佚名撰。驱“撮葛”邪秽仪式，在家人遇到嘴角歪斜、跌伤手脚、在外突然发病等状况时举行。旧抄本。绵纸，线订册页装，行体，墨书。页面 20 × 14 厘米，墨框 18 × 12 厘米，无边框，14 行 14 字。白口，有麻布护封，字面保存完好。

(2)《发男性死者冷丧经 · zɒ^{21} ʐo^{44} ʂɿ^{55} to^{55} ʂɿ^{33} tɕɛ^{33} ku^{33}》

不分卷，1 册，12 页。佚名撰。因当兵打仗、出行等死在外面，未能举行葬仪，或灾荒年无力为亡人办丧事，或老人落气时子女未在身旁的，均需补办。旧抄本。绵纸，线订册页装，行体，墨书。页面 20 × 14 厘米，墨框 18 × 12厘米，无边框，14 行 14 字。白口，有麻布护封，字面保存完好。

（3）《发女性死者冷丧经 · A^{21}mɛ^{21}nɯ^{33} ʂɿ^{55}to^{55} ʂɿ^{33}tɕɛ^{33}ku^{33}》

不分卷，1 册，7 页。佚名撰。仪式与发男性死者冷丧相同，但经文内容不同。旧抄本。绵纸，线订册页装，行体，墨书。页面 20 × 14 厘米，墨框 18 × 12 厘米，无边框，14 行 14 字。白口，有麻布护封，字面保存完好。现藏石林彝族自治县文史研究室。

（4）《降圭山神经 · go^{21}pɯ^{33}nI^{55}vɛ^{33}ku^{33}》

不分卷，1 册，16 页。佚名撰。圭山为石林县境内最高峰。这里以山名代人名，人名叫秦晋，明代土司，居圭山。当有人出现时常空嚼嘴巴，尽讲下流话症状时，行降圭山神仪式解之。旧抄本。绵纸，线订册页装，行体，墨书。页面 20 × 14 厘米，墨框 18 × 12 厘米，无边框，14 行 14 字。白口，有麻布护封，字面保存完好。

（5）《降陆良神经 · lɒ^{21}nI^{21}dI^{33}nI^{55}vɛ^{33}ku^{33}》

不分卷，1 册，5 页。佚名撰。明代，陆良境内有个彝族土司叫普阿资，故以地名代人名。旧抄本。绵纸，线订册页装，行体，墨书。页面 20 × 14 厘米，墨框 18 × 12 厘米，无边框，14 行 14 字。白口，有麻布护封，字面保存完好。

（6）《遣送冷巫神 · ʂɿ^{21}dʑe^{44}χɒ^{33}》

不分卷，1 册，5 页。佚名撰。彝族人认为，巫师在上下辈人之间传承。传承方式是，亡故先辈的巫神降临附体。而有的巫神精神旺盛，有的巫神则萎靡不振。如被萎靡不振的巫神附体，不仅成不了巫师，其病还难以治愈，须将冷巫神遣送走。旧抄本。绵纸，线订册页装，行体，墨书。页面 20 × 14 厘米，墨框 18 × 12 厘米，无边框，14 行 14 字。白口，有麻布护封，字面保存完好。

（7）《驱野外所遇精怪邪秽经 · nɤ^{55}χo^{33}nɤ^{55}qI^{21}》

不分卷，1 册，12 页。佚名撰。在野外见到死人，或无伤痕而死亡的牛、马、猪、羊、野兽、飞禽，不几日即患眼疾；曾到淹死过人的池塘边、吊死过人或被雷劈过的树下，不几日即患眼疾的，要举行驱野外所遇精怪邪秽仪式。旧抄本。绵纸，线订册页装，行体，墨书。页面 24 × 16 厘米，墨框21 × 14 厘米，无边框，16 行 16 字。白口，有麻布护封。

（8）《驱打横拦运道的邪魔精怪经 · tɬo^{55}dɛ^{21}》

不分卷，1 册，14 页。佚名撰。见到母鸡下软壳蛋、狗站在屋顶狂吠、小鸡粘在母鸡身上、母猪噬咬小猪、瓜藤扁平、鸟兽站在人面前久不离去等，被认为是遇到了邪魔精怪，需举行驱打横拦运道的邪魔精怪仪式，念此经。旧抄本。绵纸，线订册页装，行体，墨书。页面 24 × 16 厘米，墨框 21 × 14

厘米，无边框，16 行 16 字。白口，有麻布护封，字面保存完好。

（9）《除净死者生前体内之物经·ʂi^{33} si^{33} bɯ^{44} χo^{33}》

不分卷，1 册，16 页。佚名撰。丧葬仪式经书。人们认为，人生前身上的一切，在阴界亡灵看来都是污秽的，只有除净了，祖魂才肯接纳他（她）。旧抄本。绵纸，线订册页装，行体，墨书。页面 26×18 厘米，墨框 23×16 厘米，无边框，17 行 17 字。白口，有土棉布护封，边角有破损，字面保存完好。

（10）《除秽换体经·bɯ^{44} dʑI^{21} χo^{33}》

不分卷，1 册，12 页。佚名撰。丧葬仪式经书。人们认为，因上吊、吃鸦片、水溺、雷击、猛兽咬、战场搏杀、匪徒劫杀等凶死者，是因为吃了天神的邪秽果所致，需举行除秽换体法事仪式除秽，否则祖灵不予接纳。旧抄本。绵纸，线订册页装，行体，墨书。页面 26×18 厘米，墨框 23×16 厘米，无边框，17 行 17 字。白口，有土棉布护封，边角有破损，字面保存完好。

（11）《丢失物品查寻书·no^{55} ŋI^{21} nɛ^{55} ʑI^{21} ni^{44} si^{55}》

不分卷，1 册，10 页。佚名撰。人们丢失物品时可依此书查询。书中可查丢失物品的方向、被那类人捡到等。旧抄本。绵纸，线订册页装，行体，墨书。页面 26×18 厘米，墨框 23×16 厘米，无边框，19 行 21 字。白口，有土棉布护封，边角有破损，字面保存基本完好。

（12）《病况预测书·nɒ^{33} ne^{44} ʑI^{21} si^{55}》

不分卷，1 册，16 页。佚名撰。人们久病不愈时可依此书查询。书中可查病人是否能愈，病程有多长等。旧抄本。绵纸，线订册页装，行体，墨书。页面 20×16 厘米，墨框 23×16 厘米，无边框，21 行 18 字。白口，有麻布护封，边角有破损，字面保存基本完好。

（13）《征兆解释书·ɬo^{33} do^{33} ʑI^{21} ni^{44} si^{55}》

不分卷，1 册，36 页。佚名撰。人们遇到认为不祥的预兆时可依此书查询。书中对物象、梦境等认为奇异的征兆有种种解释。旧抄本。绵纸，线订册页装，行体，墨书。页面 22×18 厘米，墨框 19×15 厘米，无边框，20 行 16 字。白口，有黑色土布护封，边角有破损，字面保存基本完好。

（14）《择吉日书·ni^{33} he^{21} ne^{44} si^{55}》

不分卷，1 册，32 页。佚名撰。供人们婚、丧、建盖房屋时选择吉日用。旧抄本。绵纸，线订册页装，行体，墨书。页面 19×15 厘米，墨框 17×13 厘米，无边框，15 行 14 字。白口。

（15）《献酒·tʂi^{33} çI^{33}》

不分卷，1 册，12 页。佚名撰。彝族祭“密枝”仪式经书。旧抄本。绵纸，线订册页装，行体，墨书。页面 14×12 厘米，墨框 12×10 厘米，无边框，10 行 10 字。白口，有硬质草纸封面，字面保存完好。

(16)《献粮 · q^{h}ɒ^{33}ɕɪ^{33}》

不分卷，1 册，14 页。佚名撰。彝族祭“密枝”仪式经书。旧抄本。绵纸，线订册页装，行体，墨书。页面 14×12 厘米，墨框 12×10 厘米，无边框，10 行 10 字。白口，有硬质草纸封面，字面保存完好。

(17)《祭增殖神 · me^{44}ʈʂi^{33}ɕɪ^{33}》

不分卷，1 册，6 页。佚名撰。彝族祭“密枝”仪式经书。旧抄本。宣纸，线订册页装，行体，墨书。页面 18×14 厘米，墨框 16×11 厘米，无边框，12 行 12 字。白口，字面保存完好。

(18)《祭祥顺神 · ʐɪ^{33}ʈʂi^{33}ɕɪ^{33}》

不分卷，1 册，3 页。佚名撰。彝族祭“密枝”仪式经书旧抄本。宣纸，线订册页装，行体，墨书。页面 18×14 厘米，墨框 16×11 厘米，无边框，12 行 12 字。白口，字面保存完好。

毕凤林的彝文古籍用一块旧布包裹捆扎起来，不轻易给外人翻看。其中，有两本书年代较为久远，纸质已脆化，有残毁的危险。

[调查地点：石林县月湖镇大老挖村；调查对象：毕凤林、黄玉峰等；调查时间：2007 年 8 月 18 日；调查整理：昂自明]

4. 月湖村毕摩张凤兴家保存的彝文古籍

月湖村位于国家级风景名胜区石林县东北角，隶属石林县月湖镇，距县城鹿阜镇 23 公里，距月湖镇政府所在地北大村 9 公里。因村东北角有一个水面为 4460 亩的月牙状湖泊而得名。月湖村共有 6 个村民小组，全村总人口有 1971 人，彝族人口占 81.2%，汉族人口占 18.8%。经县人民政府确定为 7 个县级民族文化旅游生态试点村之一。

月湖村现有毕摩 6 人，其中年纪最大的 83 岁（张凤兴），年龄最小的 47 岁，平均年龄 68 岁。保存彝文古籍最多的是老毕摩张凤兴。

张凤兴，男，1928 年生于石林县北大村乡月湖村一个毕摩世家，兄弟姐妹 6 人，5 岁时丧母，由继母养育成人。能说汉语，不懂汉文，但精通彝文。其父张广亮、爷爷、祖父、曾祖父均为毕摩。

张凤兴由于受家庭的熏陶，15 岁时跟父亲学习彝文和民俗礼仪的各种套路。但由于自己觉得还年轻，需要好好学习彝族传统文化和各种民俗礼仪，打好基础，直到50岁时才在本村主持第一次丧葬仪式。由于学习时间较长，第一次主持民俗礼仪活动时，他的技能就已经到了炉火纯青的地步，获得了乡亲们的高度赞赏。他在周边邻村有较高的声望，请他做法事、祀典活动、学习彝文的人络绎不绝。到目前，他的学徒有得荣（彝名）、张云安、容夸（彝名）、普树德、张凤飞、姜桌圆等7人。学徒中有他的儿子、女婿。

张凤兴能主持“尼姆”、“尼塞”、“密塞单”、“促升”、“送火神”、“占卜”、“叫魂”、“祭龙”、“迎雨”等80余种仪式活动，能用毕摩调演唱彝族撒尼叙事长诗《阿诗玛》。

张凤兴家保存的彝文经书原抄件目录：

(1) (2) (3) (4) (5) (6) (7) (8) (9) (10) (11) (12) (13)

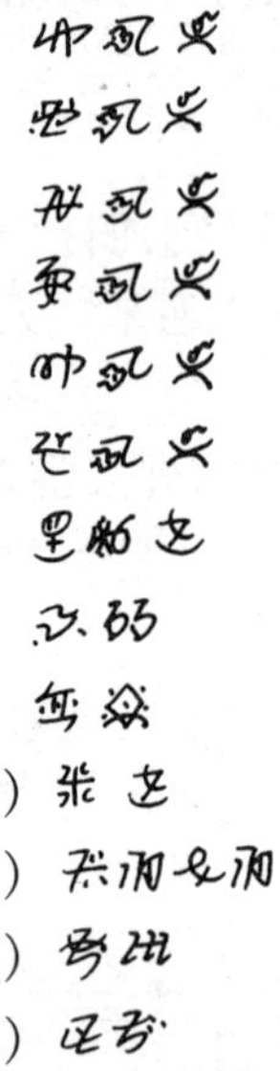

(14) (15) (16) (17) (18) (19) (20) (21) (22) (23) (24) (25)

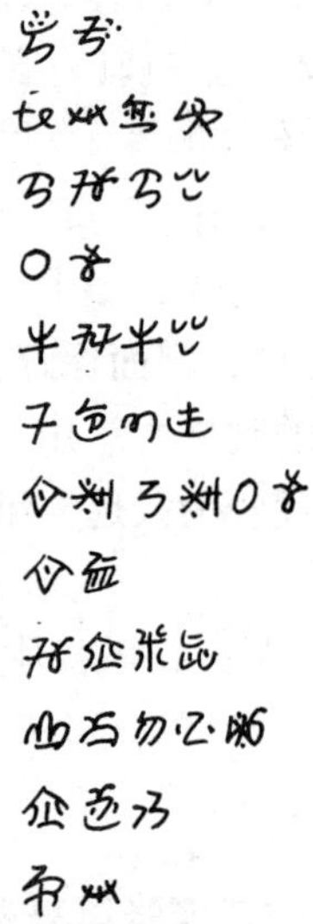

张凤兴家保存的彝文古籍书名释读：

(1)《祭家神 · tɬu^{44}tʂi^{33}ɕI^{33}》

不分卷，1册，4页。佚名撰。彝族祭“密枝”仪式经书。旧抄本。绵纸，线订册页装，行体，墨书。页面18×12厘米，墨框16×10厘米，无边框，14行14字。白口，有麻布护封，字面保存完好。

(2)《祭乡邻亲和神 · qo^{33}tʂ^{33}ɕI^{33}》

不分卷，1册，4页。佚名撰。彝族祭“密枝”仪式经书。旧抄本。宣纸，线订册页装，行体，墨书。页面18×14厘米，墨框16×11厘米，无边框，12行12字。白口，字面保存完好。

(3)《祭售货神 · vu^{33}tʂi^{33}ɕI^{33}》

不分卷，1册，4页。佚名撰。彝族祭“密枝”仪式经书。旧抄本。宣纸，线订册页装，行体，墨书。页面 18 × 14 厘米，墨框 16 × 11 厘米，无边框，12 行 12 字。白口，字面保存完好。

（4）《祭购物神 · vɛ^{33} tʂ^{33} ɕI^{33}》

不分卷，1 册，4 页。佚名撰。彝族祭“密枝”仪式经书。旧抄本。宣纸，线订册页装，行体，墨书。页面 18 × 14 厘米，墨框 16 × 11 厘米，无边框，12 行 12 字。白口，字面保存完好。

（5）《祭摔跤神 · bɛ^{21} tʂi^{33} ɕI^{33}》

不分卷，1 册，3 页。佚名撰。彝族祭“密枝”仪式经书。旧抄本。宣纸，线订册页装，行体，墨书。页面 18 × 14 厘米，墨框 16 × 11 厘米，无边框，12 行 12 字。白口，字面保存完好。

（6）《祭口才神 · be^{44} tʂi^{33} ɕI^{33}》

不分卷，1 册，3 页。佚名撰。彝族祭“密枝”仪式经书。旧抄本。宣纸，线订册页装，行体，墨书。页面 18 × 14 厘米，墨框 16 × 11 厘米，无边框，12 行 12 字。白口，字面保存完好。

（7）《送“普”神 · p^{h}u^{21} χɒ^{33} qo^{31}》

不分卷，1 册，4 页。佚名撰。彝族祭“密枝”仪式上念的最后一部经文。旧抄本。绵纸，线订册页装，行体，墨书。页面 11 × 8 厘米，墨框 9 × 6 厘米，无边框，9 行 9 字。白口，无护封，边角有破损，字面基本保存完好。

（8）《亡魂起身 · ʂi^{33} dɒ^{33}》

不分卷，1 册，34 页。佚名撰。彝族丧葬仪式经书。旧抄本。土纸，线订册页装，行体，墨书。页面 21 × 17 厘米，墨框 19 × 14 厘米，有竖格，18 行 20 字。白口，无护封，字面完好。

（9）《指路经 · gɒ^{33} mo^{55}》

不分卷，1 册，36 页。佚名撰。彝族丧葬仪式经书。旧抄本。土纸，线订册页装，行体，墨书。页面 21 × 17 厘米，墨框 19 × 14 厘米，有竖格，18 行 20 字。白口，无护封，字面完好。

（10）《生魂返回经 · ʑi^{44} q^{h}o^{31}》

不分卷，1 册，18 页。佚名撰。彝族丧葬仪式经书。旧抄本。土纸，线订册页装，行体，墨书。页面 21 × 17 厘米，墨框 19 × 14 厘米，有竖格，18 行 20 字。白口，无护封，字面完好。

（11）《给新坟撒点粮种 · ʂi^{55} do^{31} ʐɤ^{44} do^{31}》

不分卷，1 册，22 页。佚名撰。彝族丧葬仪式经书。旧抄本。绵纸，线订册页装，行体，墨书。页面 26 × 24 厘米，墨框 24 × 21 厘米，有竖格，21 行 25 字。白口，无护封，1 页残破。

(12)《驱赶邪秽经 · ɬo^{33}qe^{31}》

不分卷，1 册，19 页。佚名撰。彝族丧葬仪式经书。旧抄本。绵纸，线订册页装，行体，墨书。页面 26×24 厘米，墨框 24×21 厘米，有竖格，21 行 25 字。白口，无护封，4 页残破。

(13)《给亡魂喂早饭 · tʂ^{h}i^{21}tʂɒ^{55}》

不分卷，1 册，22 页。佚名撰。彝族丧葬仪式经书。旧抄本。绵纸，线订册页装，行体，墨书。页面 26×24 厘米，墨框 24×21 厘米，有竖格，21 行 25 字。白口，无护封，1 页残破。

(14)《给亡魂喂晚饭经 · tʂ^{h}ɯ^{33}tʂɒ^{55}》

不分卷，1 册，17 页。佚名撰。彝族丧葬仪式经书。旧抄本。绵纸，线订册页装，行体，墨书。页面 25×22 厘米，墨框 23×19 厘米，无边框，20 行 26 字。白口，无护封，字面完好。

(15)《建房立家经 · hɛ^{33}ku^{33}kɒ^{33}dɒ^{55}》

不分卷，1 册，33 页。佚名撰。彝族丧葬仪式经书。旧抄本。绵纸，线订册页装，行体，墨书。页面 26×24 厘米，墨框 24×21 厘米，有竖格，21 行 25 字。白口，无护封，字面完好。

(16)《戴帽原始 · q^{h}o^{44}du^{33}q^{h}o^{44}ʥI^{33}》

不分卷，1 册，18 页。佚名撰。彝族丧葬仪式经书。旧抄本。宣纸，线订册页装，行体，墨书。页面 24×22 厘米，墨框 21×19 厘米，无边框，20 行 24 字。白口，有白土布护封，字面完好。

(17)《招魂词 · ɬɒ^{33}ɯ^{44}》

不分卷，1 册，8 页。佚名撰。根据被惊吓的不同情况，可分为门口招魂、叫魂山招魂、新坟处招魂、水边招魂、巨石旁招魂、山神庙招魂等数类。旧抄本。绵纸，线订册页装，行体，墨书。页面 20×16 厘米，墨框 18×14 厘米，无边框，15 行 15 字。白口，有麻布护封，字面保存完好。

(18)《打制梭镖 · ʥɛ^{21}dɛ^{33}ʥɛ^{21}ʥI^{33}》

不分卷，1 册，18 页。佚名撰。彝族丧葬仪式经书。旧抄本。宣纸，线订册页装，行体，墨书。页面 24×22 厘米，墨框 21×19 厘米，无边框，20 行 24 字。白口，有白土布护封，字面完好。

(19)《求雨经 · mu^{21}hɒ^{33}ʐi^{33}ʦi^{33}》

不分卷，1 册，18 页。佚名撰。祈雨仪式经文。旧抄本。绵纸，线订册页装，行体，墨书。页面 20×16 厘米，墨框 18×14 厘米，无边框，16 行 16 字。白口，有土棉布护封，边角有破损，字面基本保存完好。

（20）《新坟招魂经 · lu^{21}bɯ^{33} ʂi^{33}bɯ^{33}ɬɒ^{33}ɯ^{44}》

不分卷，1 册，14 页。佚名撰。埋葬了死者，做完祭奠，须念此经，招所有参加送葬人员之魂。旧抄本。绵纸，线订册页装，行体，墨书。页面 20 × 14 厘米，墨框 18 × 12 厘米，无边框，14 行 14 字。白口，有麻布护封，字面保存完好。

（21）《祭龙经 · lu^{21}ɬu^{33}》

不分卷，1 册，10 页。佚名撰。祭龙是定时、定点举行的全村性祭祀活动，时间为三月的第一个属龙日，地点多选龙潭旁或大树下。旧抄本。绵纸，线订册页装，行体，墨书。页面 24 × 16 厘米，墨框 21 × 14 厘米，无边框，16 行 16 字。白口，有麻布护封，字面保存完好。

（22）《招留阳间生魂经 · du^{21}mI^{33}ʑi^{44}ʑɛ^{33}》

不分卷，1 册，22 页。佚名撰。新坟垒好后，要专门为死者子女举行招魂留魂仪式，念此经。旧抄本。绵纸，线订册页装，行体，墨书。页面 20 × 16 厘米，墨框 18 × 14 厘米，无边框，15 行 15 字。白口，有麻布护封，字面保存完好。

（23）《遣送村寨瘟疫神经 · p^{h}u^{33}tɕ^{h}e^{44}nɒ^{33}si^{33}χɒ^{33}》

不分卷，1 册，9 页。佚名撰。大年初一至初三，选一天举行遣送村寨瘟疫神仪式，为每户驱邪。旧抄本。绵纸，线订册页装，行体，墨书。页面 20 × 14 厘米，墨框 18 × 12 厘米，无边框，14 行 14 字。白口，有麻布护封，字面保存完好。

（24）《祭“米赛”经 · mi^{33}se^{31}dɛ^{33}》

不分卷，1 册，10 页。佚名撰。“米赛”神有 12 种，分不同的因由作祭，但祭坛布设一样，经文也一样，只要替换不同的神名便可。旧抄本。绵纸，线订册页装，行体，墨书。页面 20 × 16 厘米，墨框 18 × 14 厘米，无边框，16 行 16 字。白口，有土棉布护封，边角有破损。

（25）《祭“召”神经 · dʐɒ^{33}ku^{33}》

不分卷，1 册，10 页。佚名撰。“召”神有 12 种，以祭牲的不同，可分为牛“召”、绵羊“召”、鸡“召” 3 大类。其中，农历六月二十四日火把节的祭牛“召”，规模最大。各类祭“召”神仪式的经文基本相同。旧抄本。绵纸，线订册页装，行体，墨书。页面 18 × 16 厘米，墨框 16 × 14 厘米，无边框，14 行 14 字。白口，有麻布护封，边角有破损，字面基本保存完好。

张凤兴毕摩说，现在国家重视彝文古籍的传承与保护，但自己已经老了，抄不动了，不然很想新抄一套经书，将老书保护下来。在笔者的启发和动议下，他的几个徒弟表示愿意代为师傅抄写，以了师傅的心愿。

张凤兴毕摩又说，彝族撒尼人一直有人死了要把心爱之物随葬或烧给他的习俗，很多珍贵的彝文古籍往往就是一把火烧了。今后，可以用烧新书的办法处理。这是一条很好的建议。

张凤兴毕摩还说，过去，撒尼人的各种日常礼俗仪式、法事活动、祭祀活动，多达一百多种，都有念经、诵词相伴，但现在有将近三分之一项目不做了，用不了多少年就肯定要失传。现在很有必要培养新人、找到相关的老书、记下老毕摩还能背诵的内容。

[调查地点：月湖镇月湖村；调查对象：张凤兴、普树德、张凤飞、姜桌圆；调查时间：2007 年 8 月 24 日；调查整理：昂自明]

第二节 禄劝县有关单位和民间保存、流传的彝文古籍调查

一、禄劝县民族宗教事务局收集保存的彝文古籍情况

1. 禄劝县民族宗教事务局保存的彝文古籍目录

为抢救、保护民族文化遗产，禄劝彝族苗族自治县民族宗教事务局曾于 1984 年 11 月组建民族古籍整理办公室，专职从事民族古籍的发掘、整理、翻译工作。截至 2007 年，该局共收存彝文书籍 400 余册，征集价值 2500 余元的毕摩法具和民族服饰，收集彝族纳苏支系家支谱系 100 余个（种）、彝族谚语格言 800 余条、民歌 100 余首。抄、拓彝文碑 34 块（件），裱糊补缺彝文残书 300 余册，并对所收存的彝文古籍作了详细编目。本文笔者在作本项目调查时，访问了张健智先生。据先生介绍，目前禄劝全县彝族民间所流传、保存的彝文古籍大约还有 40 多部，但目前要到农村收集这些经籍，难度很大，甚至已不太可能。目前保存在县古籍整理办公室的书，主要是对其进行翻译和整理。据统计，现完整的古籍有 368 部，均有实物。这些古籍实物，统一放置于档案柜内。

禄劝县民族宗教事务局收集保存的彝文古籍原抄件目录（只列不同书名）：

(1) 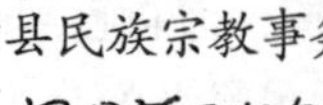　(2) 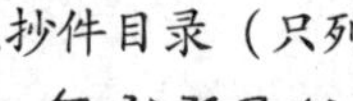

(3)
(4)
(5)
(6)
(7)
(8)
(9)
(10)
(11)
(12)
(13)
(14)
(15)
(16)
(17)
(18)
(19)
(20)
(21)
(22)
(23)
(24)
(25)
(26)
(27)
(28)
(29)
(30)
(31)
(32)
(33)
(34)
(35)
(36)

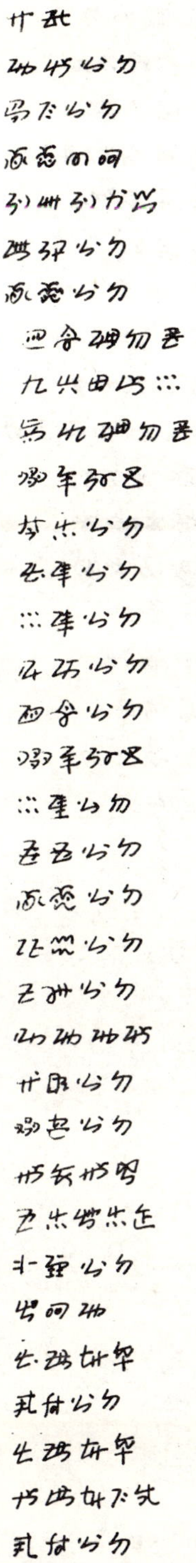

(37)
(38)
(39)
(40)
(41)
(42)
(43)
(44)
(45)
(46)
(47)
(48)
(49)
(50)
(51)
(52)
(53)
(54)
(55)
(56)
(57)
(58)
(59)
(60)
(61)
(62)
(63)
(64)
(65)
(66)
(67)
(68)
(69)
(70)

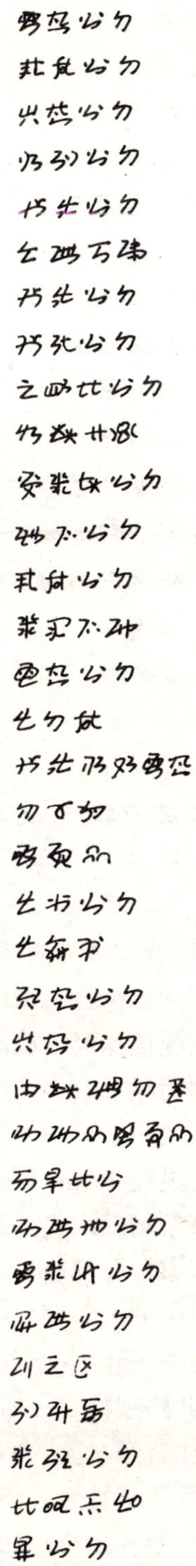

(71) 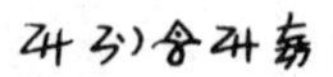
(72) 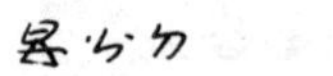
(73) 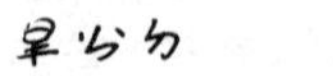
(74) 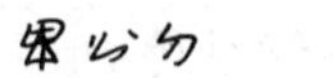
(75) 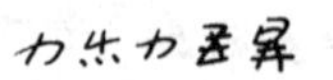
(76) 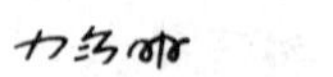
(77) 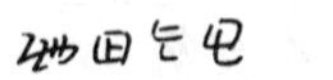
(78) 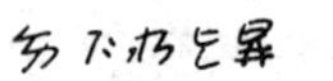
(79) 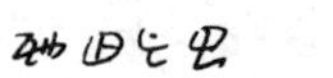
(80) 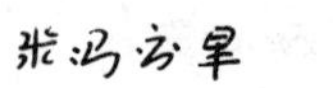
(81) 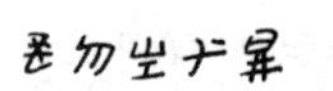
(82) 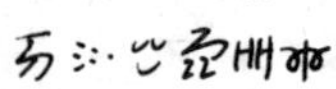
(83) 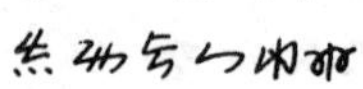
(84) 
(85) 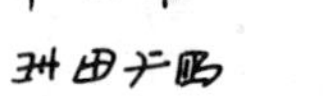
(86) 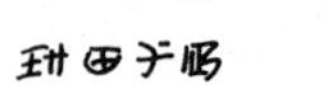
(87) 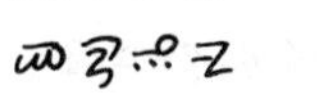
(88) 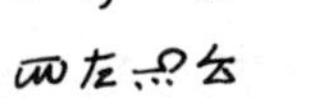
(89) 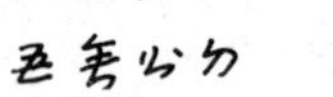
(90) 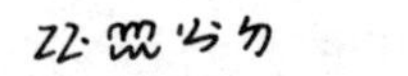
(91) 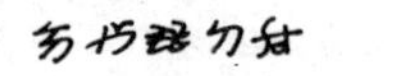
(92) 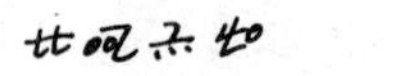
(93) 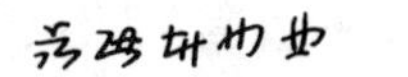
(94) 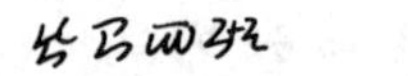
(95) 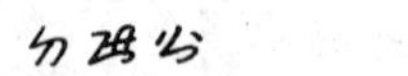
(96) 
(97) 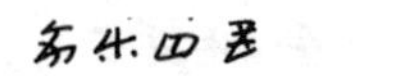
(98) 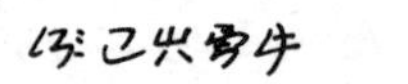
(99) 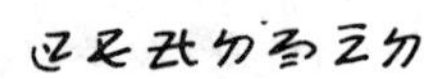
(100) 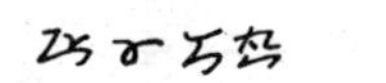
(101) 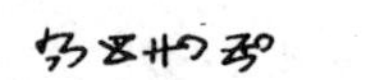
(102) 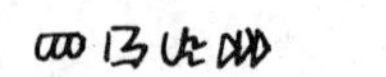
(103) 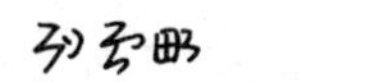
(104) 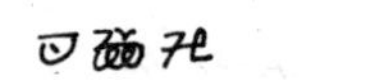
(105) 
(106) 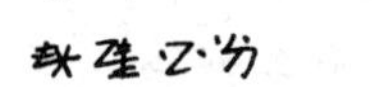
(107) 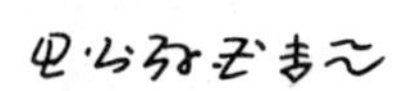

禄劝县民族宗教事务局保存的彝文古籍名称释读：

(1)《招问福禄经 · dʑi^{11}lu^{11}vɑ^{55}po^{11}so^{33}ȵe^{33}》
(2)《招魂福禄经 · dʑi^{11}lu^{11}vɑip^{h}ɑ^{11}su^{33}》
(3)《解污经 · ku^{33}tʂ^{h}u^{11}》
(4)《祭太白金星神台经 · ɳɔ^{11}dzɔ^{11}so^{33}ȵe^{33}》
(5)《哭灵经 · ŋɯ^{11}k^{h}ə^{33}so^{33}ȵe^{33}》
(6)《绕祭场献水经 · dʑo^{11}ɯu^{55}ʑi^{55}ɕe^{33}》
(7)《迎家神驱邪魔经 · lu^{33}ȵi^{33}lu^{33}tɕdʒɔ^{33}ni^{33}》
(8)《引灵枢入祭棚 · tɕe^{55}ɕi^{11}so^{33}ȵe^{33}》
(9)《绕祭场经 · dʑo^{11}mu^{55}so^{33}ȵ^{33}》
(10)《开路献牲经 · tʂi^{55}mb^{h}ɯ^{11}lɔ^{33} ʂɯ^{55}》
(11)《作祭经 · ʂe^{11} ʂɔ^{11}ɳo^{55}zo^{33}dzi^{55}》
(12)《献药献牲经 · tʂi^{33}tɔ^{11}mɔ^{33}no^{33} ʂɯ^{55}》
(13)《解逝者困难经和猪肩胛 · si^{55} ʂ̩^{33}tɔ^{11}mɔ^{33}no^{33} ʂɯ^{55}》

（14）《播福禄经 · ʐe^{11} ʂɯ^{55}so^{33}ȵe^{33}》
（15）《隔鬼经 · nʥ^{h55}t^{h}ɯ^{55}so^{33}ȵe^{33}》
（16）《作斋经 · ʥi^{55}tɯ^{55}so^{33}ȵe^{33}》
（17）《压土邪气 · ȵe^{55}me^{33}so^{33}ȵe^{33}》
（18）《开路经 · ʦi^{55}mb^{h}so^{33}ȵe^{33}》
（19）《解逝者贫困经 · si^{55} ʂo^{33}vɑ^{55}pu^{11}》
（20）《解因孕遇死经 · ʐe^{33}lo^{33}nd^{h}ɣ^{33}》
（21）《解神台前竹圈经 · ʥo^{11}mu^{55}so^{33}ȵe^{33}》
（22）《绕祭场经 · ʥo^{11}mu^{55}so^{33}ȵe^{33}》
（23）《给逝者接魂经 · ʈʂo^{55}ʦɑ^{33}so^{33}ȵe^{33}》
（24）《投生经 · ɕi^{33}t^{h}ə^{55}so^{33}ȵe^{33}》
（25）《祭太白金星神台经 · ȵe^{55}me^{33}ɳɔ^{11}ʣɔ^{11}》
（26）《断魔绳经 · ȵi^{11}ŋgdso^{33}ȵe^{33}》
（27）《射魔经 · si^{55}mb^{h}ə^{11}so^{33}ȵe^{33}》
（28）《祈五谷丰登，六畜兴旺经 · ɣo^{11}ko^{55}ɣ^{11}ɬo^{55}》
（29）《看凶神病魔所在曰书 · ç^{33} ʂɯ^{55}ɳ^{11} ʂɯ^{55}no^{11} ʂɯ^{55}ŋgo^{11}》
（30）《抓生替死经 · kɔ^{33}ɬo^{55}so^{33}ʑe^{33}》
（31）《献酒算数经 · ɑo^{33}ɕi^{33}ɣɯ^{55}》
（32）《百解书 · to^{55}ʦi^{33}so^{33}ʐe^{33}》
（33）《压土邪气送回声鬼经 · ʑe^{55}so^{33}ʥi^{11}ʦɔ^{33}pɑ^{33}ʥp^{11}》
（34）《作百解选神位方向经 · pe^{33}mu^{33}ɚg^{11}mɔ^{33}ʈʂɔ^{33}》
（35）《作百解插神座经 · pe^{33}mu^{33}ɚgu^{33}te^{33}》
（36）《清净经 · ʦe^{11}xɔ^{11}so^{33}ʐe^{33}》
（37）《解咒经 · ndɕɑ^{11}iɯ^{55}so^{33}ʑe^{33}》
（38）《解咒怨经 · dʐo^{33}po^{11}so^{33}ʐe^{33}》
（39）《解脱灾祸经 · ʂo^{33}lɯ^{55}so^{33}ʑe^{33}》
（40）《解咒怨经 · ɑʐo^{33}po^{11}so^{33}ʑe^{33}》
（41）《解除诸不祥经 · nde^{33}ʈʂɔ^{33}so^{33}ʐe^{33}》
（42）《百解经 · pe^{33}mu^{33}ve^{55}tɯ^{55}》
（43）《百解献牲经 · to^{55}ʦi^{33}mɔ^{33}no^{33} ʂɯ^{55}》
（44）《百解和解诸不祥 · pe^{33}mul nde^{33}ʈʂɔ^{33}so^{33}ʑe^{33}》
（45）《驱家鬼经 · bu^{55}nʣo^{33}nʤɯ^{11}so^{33}ʐe^{33}》
（46）《去邪招福禄经 · ʨe^{11}ʦi^{11}ku^{55}ɬɯ^{55}》
（47）《庆祝丰收经 · ʨc^{33}ʑi^{11}xɯ^{33}so^{33}ʑe^{33}》

（48）《献牲结束语 · 48. mɔ^{33}vi^{33}so^{33}ʑe^{33}》
（49）《清静经 · ʦe^{11}xɔ^{11}so^{33}ʑe^{33}》
（50）《彝族六祖分布史 · ʑi^{11}bo^{11}tʑo^{55}pu^{33}》
（51）《解哭冤经 · naʑa^{11}lɯ^{55}so^{33}ʑe^{33}》
（52）《呗耄的历史 · pe^{33}ʑe^{11}xɔ^{55}》
（53）《解诸不祥反咒解咒怨经 · nae^{11}ʈʂɔ^{33}dʐo^{33}po^{11}nʥo^{33}lɯ^{55}》
（54）《古代说唱书 · no^{33}ʑi^{33}nʥi^{33}》
（55）《送回声鬼经 · ʦɔ^{11}pa^{33}ʥe^{11}》
（56）《百解经 · pe^{33}mu^{33}so^{33}ʑe^{33}》
（57）《扎草人经 · pe^{33}ʥi^{33}ʑu^{11}》
（58）《解脱诸罪经 · ʂɔ^{11}lui so^{33}ʑe^{33}》
（59）《百解献牲经 · to^{55}ʦi^{33}mɔ^{33}no^{33}ʂɯ^{55}》
（60）《泼土送回声经 · ʑe^{55}sa^{33}ʥe^{11}ʦɔ^{11}po^{33}ʥe^{11}》
（61）《祭祖献酒经 · a^{55}pu^{33}nʥi^{11}bi^{55}》
（62）《泼土经 · ʐe^{55}sa^{55}ʥe^{11}》
（63）《招逝者灵魂经 · ʦɔ^{11}ʑi^{11}xə^{33}so^{33}ʐe^{33}》
（64）《解夜梦不祥经 · ʑi^{55}ma^{33}so^{33}ʐe^{33}》
（65）《卜鸡卦经 · xa^{33}bu^{33}ʦɯ^{55}》
（66）《换福禄神经 · lu^{33}ɣa^{11}ɬo^{55}》
（67）《留福禄神经 · ʑi^{11}tə^{11}so^{33}ʐe^{33}》
（68）《献酒献茶经 · ndʐɨ^{11}ʑe^{33}lo^{55}do^{11}》
（69）《择日子书 · ʑi^{33}su^{33}ʐe^{33}》
（70）《雌鸡啼凶书 · ɣa^{11}mo^{11}mbu^{11}ʐi^{11}ʐi^{11}》
（71）《择日子书 · ʑi^{33}su^{33}ʐe^{33}》
（72）《择作百解日书 · pe^{33}mu^{33}ʑi^{11}ha^{55}ʨa^{11}》
（73）《择日子书 · ʑi^{33}su^{33}ʐe^{33}》
（74）《算命方位书 · zo^{11}mi^{33}ʈʂa^{11}》
（75）《推算寿命书 · ʑi^{33}su^{33}ʐe^{33}》
（76）《推算作祟鬼书 · no^{11}zɔ^{11}lɔi^{11}na^{11}》
（77）《择出嫁日书 · a^{11}mɔ^{33}tzi^{55}ni^{11}ʐe^{33}》
（78）《算病神出门日书 · no^{11}sə^{11}do^{11}ʐi^{11}ʐi^{33}》
（79）《六祖史书 · ʑi^{11}bo^{11}ʨo^{55}pu^{33}》
（80）《夜光星座书 · ʨi^{55}no^{33}ʨo^{33}do^{11}ʐi^{33}》
（81）《北方糯家的历史 · mu^{33}ko^{33}ʑi^{55}ɻu^{33}be^{11}ɚu^{33}》

(82)《几天算一轮的书 · kɔ^{11} ŋ̥o^{11} ʑi^{11} ta^{11} gu^{11} tʂa^{11}》

(83)《彝族历史 · de^{11} tɕo^{55} pu^{33}》

(84)《彝族史诗 · de^{33} le^{33} do^{11} dʐɔ^{11}》

(85)《凤家的历史 · pu^{11} to^{55} χo^{55} gɯ^{33}》

(86)《歌颂书 · pu^{11} to^{55} χo^{55} kɯ^{11}》

(87)《取神座前竹圈经 · ku^{33} tɕi^{11} so^{33} ʐe^{33}》

(88)《接还逝者灵魂经 · tʂo^{55} tsa^{33} su^{33} ʐe^{33}》

(89)《阿教颇家的系谱 · a^{11} tʑɔ^{55} po^{55} ʐe^{11} xɔ^{55}》

(90)《献酒献茶经 · ndʐi^{11} ɕe^{33} o^{55} do^{11}》

(91)《歌母神座名称 · go^{55} mu^{11} ɘgu^{11} mə^{33} te^{11}》

(92)《呗毫答辩经 · ʑi^{55} mu^{33} pu^{11} ndʑɔ^{11}》

(93)《劝善经 · ʐe^{11} ʐo^{11} ʐe^{11} mu^{11} su^{33}》

(94)《祭冰雹神经 · ʑi^{11} lə^{33} ʑu^{11}》

(95)《祈年利月利经 · ko^{33} ʂɯ^{55} ɘo^{11} ʂi^{11}》

(96)《张家田赋册 · de^{33} le^{33} ʂo^{33} la^{55} dzə^{11}》

(97)《凤家姻亲关系史 · lo^{33} ho^{33} tʂu^{11} ʐe^{11} dɚ^{11} bu^{33} ʐe^{33}》

(98)《彝汉天地 · ne^{55} sa^{11} mu^{33} mi^{33}》

(99)《看猪膀鸡卦经 · vɑ^{55} po^{11} ɣɑ^{33} ndʐɔ^{11}》

(100)《继承土地 · pu^{11} ʐo^{33} tʂə^{55} tʂɑ^{33}》

(101)《杂记 · lo^{11} bo^{11} ŋ̥ɤ^{33}》

(102)《是提木叶 · se^{33} tu^{33} xɯ^{11} ɚɤ^{33}》

(103)《驱怪经 · vi^{33} dzɤ^{11} ɚɯ^{33}》

(104)《除患经 · vi^{33} to^{33} su^{33}》

(105)《驱精怪 · tʑi^{33} tʑiɤ^{11} ndɤ^{33}》

(106)《灵母荐经 · ʐo^{33} mu^{11} tʑe^{11} su^{33}》

(107)《猓猓文稿本 · nɤ^{33} tu^{55} tə^{11} ʑi^{33} ɚɤ^{33}》

[调查地点：禄劝县民族宗教事务局；调查对象和资料提供：张健智等；调查时间：2008 年 2 月；调查整理：昂自明]

二、禄劝县民间彝文古籍流传、保存情况个案调查

禄劝彝族苗族自治县现辖有 15 个乡镇，基本上每个乡镇都有彝族同胞散

居。本项目调查所涉及的范围主要分三块：一块是从全县现辖的乡镇中进行调查。但笔者在调查中发现，像云龙乡，由于修建饮水工程（云龙水库）以来，大部分彝民已迁至昆明所属的其他各市、县、区，所以现在居住在禄劝境内的彝族当中已无毕摩。一块是撒营盘镇和则黑乡等其他几个彝族聚居地的乡镇，由于近年来信仰基督教的群众越来越多，村寨中也鲜有毕摩。据村民介绍，只要信仰基督教就不再进行祭祀、占卜等活动，也就不需要毕摩，对彝文古籍的保护意识也就变得淡漠，因为基督教有自己一整套用于婚、丧、嫁、娶的礼仪。因此，使过去本来就稀少的彝文古籍遭到破坏，加之受“左”的思潮的影响极大，一直将彝文古籍打入迷信、鬼符、糟粕行列里，历史政治运动中遭受的仍然是无情的焚烧，民间的毕摩也遭受迫害，将书籍焚烧和销毁以避祸害。还有一块是团结乡一带。但团街乡治郎村有一个毕摩，已于几年前去世。所以，这个调查只能采用典型调查的方式。经排查，主要选取茂山乡、翠华乡的几个自然村的毕摩作调查对象。

1. 茂山乡养德村李加禄毕摩保存的彝文典籍

李加禄，男，彝族，67 岁，家住茂山乡斗乌村委会养德村。该村距离县城约 30 公里，全村 70 多户，人口约 300 人，均为彝族。村寨坐落在四面环山的半山坡上，田坝的最低处有一条南北流向的小河。李加禄毕摩看上去非常慈祥，谈起话来十分和蔼可亲。知道笔者的来意后，他介绍：平时自己跟村里的乡亲一样，主要进行农业生产，当有人邀请他主持丧葬祭祀活动的时候，他才会离开家乡赶往死者的家中进行 2 ~3 天的法事。他不认识汉字，但是从记事起就接触过彝文，所以可以用彝语诵读彝文经书。祖上家族为毕摩出身，可以说世代均为毕摩。然而据他说，现在不仅村里没有人学习彝文古籍，就连自己的孩子也不再子承父业，跑到城里打工了，只有自己一人在从事毕摩，自己的家人有时对自己的职业也有不理解之处。村民对彝文的认识程度不高，而且态度冷漠，所以基本上没有年轻人学习彝文，更无人从事毕摩活动。

李加禄毕摩家里主要保存有 3 本彝文古籍和一个毕摩法铃，保存较为完好，在每本古籍的封面上都用塑料纸装裱，经书为手抄体，墨书，无句读。据说祖上有很多经书，在“文化大革命”时，因为父辈迫于当时的环境，只好把大部分经书烧毁，仅偷偷留下 3 本。这三本书名称分别为：第一本名叫《养儿育女经》，不分卷，1 册，共 4 页。绵纸，线订册装，手抄体，具有上百年的历史，角边略有破损。这本伦理书主要讲述如何养育子女以及在彝族日常生活中应遵守之条律及待人接物之礼俗。为彝族传统家庭教育书，对彝族社会的伦理道德、价值观念有一定的指导意义。第二本名叫《择吉日经》，不分卷，1 册，共 10 页。绵纸，线订册装，手抄体，墨书，具有上百年的历史。在彝族日常生活中，凡举行重大的活动都要选择吉日，避开凶日，以期事情顺利进行。该书为彝族毕摩为人们挑选吉日的用书。它根据彝族传统二十八宿的不同位置来推算诸如嫁娶、出行、安葬、起房建屋、买卖大牲畜等活动的吉凶日子。第三本名叫《医药经》，不分卷，1 册，共 20 页。绵纸，线订册装，手抄体，墨书，具有上百年的历史。保存完好，此书主要记载各种治病药物验方及各种草药名，主要用于治病救人。这 3 本书，平日保存于专用的毕摩包内，包已被烟熏黑且有些破损。平日有事需要使用经书时，先要举行酒祭，进行法事请愿，方可取用。

［调查地点：禄劝县茂山乡斗乌村委会养德村；调查对象：李加禄；调查时间：2007 年 8 月 25 日；调查整理：昂自明、李贵平］

2. 茂山乡至租村王学光毕摩家保存的彝文典籍

王学光，男，彝族，已于2006 年5 月去世，享年67 岁。据其子王建文介绍，父亲曾是远近闻名的毕摩，彝文水平在全县都较为出名。父亲在世时，邀请他的人络绎不绝，还曾被禄劝县民委聘为彝文翻译专家。全村 60 户，360 多人，彝汉杂居的村寨里只有父亲王学光一人是毕摩，为世代祖传，而且还师从于张兴大毕摩。但自从父亲这一辈以后，家里没有人学习彝文或从事毕摩这一行业，对经书的认识、保存重视程度不够，先后烧毁和丢弃了数本，现家中仅存有 7 部经籍，各部经书分别为：

（1）《指路经》

所谓“指路”，即让亡者灵魂带上祭奠时所有祭献的祭品，由毕摩指引从祭场启程，一站一站地往前走，直到祖先发祥地。《指路经》虽用于丧葬仪式，但内容却记录着彝族历史上六祖分支后各氏族迁徙的路线。

（2）《作祭献药供牲经》

彝族丧葬仪式经书，是彝族祭奠亡者时，在献药祭牲祭仪中诵念的经书。

（3）《毕摩叙谱经》

彝族毕摩谱牒。此书为彝族丧葬、祭祀仪式中使用的经书之一，内容为讲述毕摩传承的历史。

（4）《请山神经》

彝族祭山仪式经书。

(5)《作祭奠献牲经》

主要用于祭祖大典时给祖先供奉牺牲时所诵念的经文。

(6)《择吉通书》

主要用于彝族举行重要活动时，为人们挑选吉日、避开凶日的用书。

(7)《罗经透解》

此经籍是记录地理知识方面的书，用于看风水择地向等。

[调查地点：禄劝县至租村；调查对象：王建文，彝族；调查时间：2007年8月；调查整理：昂自明、李贵平]

3. 茂山乡撒布子念村毕摩张文荣家保存的彝文古籍

茂山乡归门村委会撒布子念村张文荣毕摩，彝族，已于2001年5月去世，享年82岁。据亲属说，张文荣毕摩在世时，藏有好几本彝文经书，去世后，由于家中无人继承此业，因此，张文荣毕摩的经籍有的被转送给其他人，有的被烧毁或遗失。据亲属透露，现家中还存有3本彝文经书，但秘不示人。

[调查地点：禄劝县茂山乡撒布子念村；调查对象：李学；调查时间：2007年8月；调查整理：昂自明、李贵平]

4. 翠华乡兴隆村委会3队杨绍科保存的毕摩用书

杨绍科，男，彝族，55岁，家住翠华乡兴隆村委会3队，全队共有75户，290多人，是一个彝汉杂居、以彝族为主的村寨。世代祖传毕摩。其父杨国泰（已逝）就为老一代毕摩，懂得彝文，在世时，常常外出给别人做法事，是附近较有名望的毕摩。杨绍科主要从事丧葬主持仪式，家中存有一部手抄彝文经书《开路经》，不分卷，1册，约70页，线订册，重抄本，墨书，损坏较为严重，为残书。据先生介绍，已保存有30年左右的历史。主要记述彝族老人去世，经过祭奠，须让亡者的三个灵魂之一回归祖先发祥地。为了使亡灵顺利回归，要在指路祭祀中为其一一指明路线，如何避开险情等以及对亡者一生的总结和评述。

[调查地点：禄劝县茂山乡兴隆村委会3队；调查对象：杨绍科；调查时间：2007年8月17日；调查整理：昂自明、李贵平]

5. 小结

禄劝、武定是罗婺故地，后又有凤氏土司的长期经营，形成了长期的、较为稳定的滇东彝族文化圈。历史上，该地区彝族文化发达，历代毕摩和其他彝族知识分子写下了数百种彝文书籍。随着时间的推移、时代的更替，许多彝文古籍遭到自然毁失或人为损毁，流传至近现代的又多已被国内外的机构和个人收藏，民间只剩数十部古旧彝书。从文物的角度看，它们的确得到了保护，但从古籍的角度看，又不能不令人忧心忡忡：由于能读懂它们的老毕摩已寥寥无几，再加上经费的缺乏而得不到抢救性的翻译，它们可能永远变成天书。

由于时代的变化，彝文古籍的原生态生存场已发生了质的变化，在民间继续传承存在许多问题。

过去许多仪式性习俗已不再沿袭，与之相配套的彝文古籍在农村失去了作用，这些书籍的传承与保存也就成了大问题。

所有以上这些问题，值得各级政府和有关部门加以研究和解决。

第三节　重要附录

根据《云南少数民族古籍文献调查与研究》总项目设定的关于“注重对保存、流传在山村民间的古籍进行调查，兼顾其他”的原则，《昆明市彝文古籍》项目在选择乡村居民保存彝文古籍调查的基础上，同时兼顾了对目前有关机构收集保存彝文古籍情况的把握。与此同时，考虑到本项目选点调查的禄劝县过去就属于楚雄彝族自治州管辖，过去楚雄彝族自治州对彝文古籍文献的调查、发掘、研究做了历史性的工作，这当中自然也包括对禄劝县民间彝文古籍的调查研究在内。因此，本项目特将楚雄彝族文化研究所收集保存的彝文古籍附录于此，以便对这一地区彝文古籍流传情况作系统参考。至于目前国内收集、保存彝文古籍的机构和单位，还有很多，比如北京图书馆等单位都有大量收藏。不过，对这些收藏情况的系统掌握，则又属于另外一种研究课题了。

楚雄彝族文化研究所收藏的彝文古籍目录：

（1）《作斋迎祖进棚献牲经和神座名称 · $gu^{55}mu^{33}mɔ^{33}no^{33}ʂɯ^{55}tɕ^{h}e^{33}ŋgu^{11}mə^{33}su^{33}$》

（2）《作斋家里取灵献牲经 · $o^{33}p^{h}u^{33}dʐe^{55}bi^{55}su^{33}ʐe^{33}$》

(3)《作斋焚化祭祖灵经·çi^{55}mu^{33}pu^{11}dʑɔ^{11}》

(4)《请格怒神经·gɯ^{33}no^{33}tʰe^{11}so^{33}ȵe^{33}》

(5)《解火神作祟经·tsʰo^{55}ndo^{33}su^{33}ȵe^{33}》

(6)《魂去接回经·tʂo^{55}tsɑ^{33}su^{33}》

(7)《祭祖筒献牲经·ne^{55}ʑi^{33}mɔ^{33}no^{33} ʂɯ^{55}so^{33}ʑe^{33}》

(8)《作斋献牲经·ne^{55}mu^{11}mɔ^{33}no^{33} ʂɯ^{55}so^{33}ʑe^{33}》

(9)《作斋播福禄牲经·ne^{55}ʑe^{11}sʤɯ^{55}so^{33}ʑe^{33}》

(10)《解用地时的罪·pʰu^{11}nɔ^{55}ve^{55}ndə^{33}》

(11)《请格怒神经·gɯ^{33}no^{33}ku^{33}tʰu^{33}tʰɯ^{55}so^{33}ȵe^{33}》

(12)《关祠堂迎祖筒，祭格怒神经·fɑ^{55}pi^{55}veʰ^{33}xɯ^{33}ŋgʰɯ^{55}no^{55}tɯ^{55}》

(13)《请绿林神经·tsi^{33}ȵi^{33}tʰe^{11}so^{33}ȵe^{33}》

(14)《开祠堂经·fɑ^{55}ŋgʰo^{11}pʰu^{11}so^{33}ȵe^{33}》

(15)《解咒冤经·nʑɑ^{11}ɯ^{55}so^{33}ȵe^{33}》

(16)《请享献物经·ne^{55}ɯ^{55}ne^{55}ndʑ^{33}》

(17)《嫁女叫魂经，留福禄经·ȵi^{11}ʑi^{11}tə^{33}ȵi^{11}tse^{11}xɔ^{55}su^{33}》

(18)《析鸡卦经·ɣɑ^{33}ndʐɔ^{11}su^{33}ȵe^{33}》

(19)《呗历史·pe^{33}ȵe^{11}xɔ^{55}so^{33}ȵe^{33}》

(20)《找祖筒树经·pu^{33}ku^{33}so^{33}ȵe^{33}》

(21)《看猪膀书·vɑ^{55}pʰo^{11}so^{33}ȵe^{33}》

(22)《作斋祈福经·ne^{55}tʂl^{55}so^{33}ȵe^{33}》

(23)《请享献物经·lɯ^{55}ne^{55}ndçi^{33}so^{33}ȵe^{33}》

(24)《呗进棚斋献·pe^{33}tʂeʰ^{33} ʂɔ^{55}so^{33}ȵe^{33}》

(25)《作斋招福禄经·tçʰe^{11}ts^{33}so^{33}ȵe^{33}》

(26)《迎接旧祖筒经·veiɬɯ^{33}xɔ^{33}so^{33}ȵe^{33}》

(27)《作斋播福禄经，请诸神经·ne^{55}ʑe^{11} ʂʐ^{55}ŋgu^{11}mə^{33}tʰe^{11}》

(28)《给祖妣接魂经·pʰu^{33}pʰi^{11}tʂu^{55}tsɑ^{33}so^{33}ȵe^{33}》

(29)《请诸神经·ŋgʰu^{11}mə^{33}tʰe^{11}so^{33}ȵe^{33}》

(30)《择作斋日期书·ne^{55}ko^{33} ʂl^{55}ŋo^{11} ʂi^{11}so^{33}ȵe^{33}》

(31)《作斋解虐待牲畜经·ne^{55}ȵi^{33}ȵo^{11}ndʰɯ^{33}so^{33}ȵe^{33}》

(32)《接魂经·tʂs^{55}tsɑ^{55}so^{33}ȵe^{33}》

(33)《接魂场颂经·tʂeikɯ^{33}tʰɯ^{55}so^{33}ȵe^{33}》

(34)《隔鬼经·ɣɑ^{11}ndʑe^{55}so^{33}ȵe^{33}》

(35)《解亡妇污邪经·ku^{33}tʂu^{55}su^{33}ȵe^{33}》

(36)《解罪经·ne^{55}ndə^{33}so^{33}ȵe^{33}》

（37）《祭祖贡酒经 · ɑ^{55}pu^{33}ndʑ^{11}bi^{55}so^{33}ȵe^{33}》

（38）《排鸡封书 · ɣɑ^{33}bu^{33}ʦi^{55}so^{33}ȵe^{33}》

（39）《作斋请诸神经 · ne^{55}ŋgʰu^{11}mə^{33}tʰe^{11}so^{33}ȵe^{33}》

（40）《作斋家祭献牲经 · ne^{55}mu^{11}ʥe^{33}ʥe^{55}so^{33}ȵe^{33}》

（41）《焚祖灵经 · ɕi^{55}mu^{33}pʰu^{11}tʰə^{55}ȵe^{33}》

（42）《解挑拨罪经 · ʦi^{55}ʨe^{11}ndəʰ^{33}su^{33}》

（43）《白经 · ʨɑ^{55}tu^{33}tʰ^{11}so^{33}ȵe^{33}》

（44）《取净水经 · ke^{55}ʑi^{11}kʰɯ^{55}so^{33}ȵe^{11}》

（45）《安置福禄经 · ne^{55}zi^{11}tə^{11}so^{33}ȵe^{33}》

（46）《找祖筒树经 · pu^{33}ku^{33}so^{33}ȵe^{33}》

（47）《呗莫史 · pe^{33}mɔ^{55}ʈʂi^{33}》

（48）《祭祀祖灵经 · ɑ^{55}pʰu^{33}ɕe^{33}tɯ^{33}so^{33}ȵe^{33}》

（49）《留福禄神经 · ko^{55}fe^{33}ko^{55}so^{33}ȵe^{33}》

（50）《继承祖先经 · pʰu^{55}pi^{33}ʈʂo^{55}ʈʂɑ^{33}》

（51）《叙家谱迎祖灵 · ȵe^{11}tʰɯ^{55}ȵe^{11}xɔ^{55}》

（52）《解顶嘴罪经 · ʣ^{33}ʣo^{11}ɬɯ^{55}so^{33}ȵe^{33}》

（53）《接魂场神留名称 · ʦʰu^{55}ɬo^{33}ɣo^{55}ŋgʰu^{11}mə^{33}tʰe^{11}》

（54）《祈后代兴旺经 · nei^{55}ʈʂ^{55}tʰɯ^{55}so^{33}ȵe^{11}》

（55）《关祖祠门保祖筒 · fɑ^{55}pi^{55}fɑ^{55}ʂi^{11}so^{33}ȵe^{33}》

（56）《献酒经 · nʥʅi^{55}bi^{55}so^{33}》

（57）《叙家谱 · mi^{33}fə^{33}tʰe^{11}》

（58）《接魂经 · ʈʂo^{33}ʦɑ^{33}》

（59）《接座食罪经 · ni^{11}ve^{33}ndə^{33}》

（60）《取净水经 · ko^{55}ʑi^{11}kʰə^{55}》

（61）《神座名称 · ŋgʰu^{11}mə^{33}tʰe^{11}》

（62）《献牲经 · mɔ^{33}no^{33}zə^{33}》

（63）《驱鬼经》

（64）《作斋解罪接魂经 · ne^{55}kuʈʂu^{11}ne^{55}ʈʂo^{55}tʰɑ^{33}》

（65）《家中献牲经 · ʥʅe^{33}ʥʅe^{55}mɔ^{33}no^{33}ʂɯ^{55}》

（66）《播福禄经 · ʐe^{11}ʂɯ^{55}so^{33}ȵe^{33}》

（67）《作祭孝女留祖经 · vɑ^{55}pu^{11}so^{33}ȵe^{33}》

（68）《防鼠入祖筒经 · bɑ^{11}vu^{33}nae^{33}》

（69）《祈后代繁荣经 · ɑ^{55}pʰu^{33}ʈʂi^{55}so^{33}ȵe^{33}》

（70）《祈福献牲经 · ɑ^{55}pʰ^{33}ʈʂi^{55}no^{33}ʂɯ^{55}》

（71）《安置宗支排位 · tɕe^{35}te^{11}so^{33}ȵe^{33}》
（72）《神堂插枝神图 · ŋg^{h}u^{11}dʑe^{11}lɑ^{55}li^{11}》
（73）《指路经 · dʑo^{11}mo^{55}so^{33}ȵe^{33}》
（74）《挖落星经 · dzi^{55}tɕo^{33}kə^{55}》
（75）《献水经 · ʑi^{11}çe^{33}so^{33}ȵe^{33}》
（76）《作祭播福禄，作祭解罪经 · dzi^{55}ʑe^{11}dzi^{55}si^{55}ʂo^{33}vi^{55}ndə^{33}》
（77）《驱魔经 · si^{55} ʂo^{33}ndə^{33}》
（78）《请享贡物经 · lɯ^{33}ne^{55}ndʑi^{33}》
（79）《驱魔经 · si^{55} ʂo^{33}ndə^{33}》
（80）《开路经 · tʂi^{55}mb^{h}ə^{11}t^{h}ɯ^{55}》
（81）《作祭经 · dzi^{55}t^{h}ɯ^{55}so^{33}ȵe^{33}》
（82）《看猪肩胛 · vɑ^{55}po^{11}t^{h}ɯ^{55}》
（83）《献药经 · tsi^{33}bi^{55}t^{h}ɯ^{55}》
（84）《联祖灵牌 · ɑ^{55}pu^{33}pə^{55}》
（85）《请享用祭祀品经 · ve^{33}du^{33}ndʑe^{11}so^{33}》
（86）《忌曰书 · çi^{11} ʂi^{55}zɑ^{55}》
（87）《指路经 · dʑo^{11}mo^{55}so^{33}ȵe^{33}》
（88）《绕祭场经 · dʑo^{11}mo^{55}so^{33}ȵe^{33}》
（89）《招问福禄经 · dʑi^{11}lu^{11}vɑ^{55}po^{11}so^{33}ȵe^{33}》
（90）《招魂福禄经 · dʑi^{11}lu^{11}vɑip^{h}ɑ^{11}su^{33}》
（91）《解污经 · ku^{33}tʂ^{h}u^{11}》
（92）《祭太白金星神台经 · ȵɔ^{11}dzɔ^{11}so^{33}ȵe^{33}》
（93）《哭灵经 · ŋɯ^{11}k^{h}ə^{33}so^{33}ȵe^{33}》
（94）《绕祭场献水经 · dʑo^{11}ɯu^{55}ʑi^{55}çe^{33}》
（95）《迎家神驱邪魔经 · lu^{33}ȵi^{33}lu^{33}tɕdʒɔ^{33}ni^{33}》
（96）《引灵柩入祭棚 · tɕe^{56}çi^{11}so^{33}ȵe^{33}》
（97）《绕祭场经 · dʑo^{11}mu^{55}so^{33}ȵ^{33}》
（98）《开路献牲经 · tʂi^{55}mb^{h}ɯ^{11}lɔ^{33} ʂɯ^{55}》
（99）《作祭经 · ʂe^{11} ʂo^{11}ȵo^{55}zo^{33}dzi^{55}》
（100）《献药献牲经 · tsi^{33}tɔ^{11}mɔ^{33}no^{33} ʂɯ^{55}》
（101）《解逝者困难经和猪肩胛 · si^{55} ʂi^{33}tɔ^{11}mɔ^{33}no^{33} ʂɯ^{55}》
（102）《播福禄经 · ʐe^{11} ʂɯ^{55}so^{33}ȵe^{33}》
（103）《隔鬼经 · ndʑ^{h55}t^{h}ɯ^{55}so^{33}ȵe^{33}》
（104）《作斋经 · dzi^{55}tɯ^{55}so^{33}ȵe^{33}》

（105）《压土邪气 · ȵe^{55}me^{33}so^{33}ȵe^{33}》

（106）《开路经 · ʦi^{55}mb^{h}so^{33}ȵe^{33}》

（107）《解逝者贫困经 · si^{55} ʂo^{33}vɑ^{55}pu^{11}》

（108）《解因孕遇死经 · ʐe^{33}lo^{33}nd^{h}ɤ^{33}》

（109）《解神台前竹圈经 · ʥo^{11}mu^{55}so^{33}ȵe^{33}》

（110）《绕祭场经 · ʥo^{11}mu^{55}so^{33}ȵe^{33}》

（111）《给逝者接魂经 · ʈʂo^{55}ʦɑ^{33}so^{33}ȵe^{33}》

（112）《投生经 · ɕi^{33}t^{h}ə^{55}so^{33}ȵe^{33}》

（113）《祭太白金星神台经 · ȵe^{55}me^{33}ɳɔ^{11}ʣɔ^{11}》

（114）《断魔绳经 · ȵi^{11}ŋgdso^{33}ȵe^{33}》

（115）《射魔经 · si^{55}mb^{h}ə^{11}so^{33}ȵe^{33}》

（116）《祈五谷丰登六畜兴旺经 · ɣo^{11}ko^{55}ɣ^{11}ɬo^{55}》

（117）《看凶神病魔所在日书 · ç^{33} ʂɯ^{55}ɳ^{11} ʂɯ^{55}no^{11} ʂɯ^{55}ŋgo^{11}》

（118）《抓生替死经 · kɔ^{33}ɬo^{55}so^{33}ʑe^{33}》

（119）《献酒算数经 · ɑo^{33}ɕi^{33}ɣɯ^{55}》

（120）《百解书 · to^{55}ʦi^{33}so^{33}ʐe^{33}》

（121）《压土邪气送回声鬼经 · ʑe^{55}so^{33}ʥi^{11}ʦɔ^{33}pɑ^{33}ʥp^{11}》

（122）《作百解选神位方向经 · pe^{33}mu^{33}ɚg^{11}mɔ^{33}ʈʂɔ^{33}》

（123）《作百解插神座经 · pe^{33}mu^{33}ɚgu^{33}te^{33}》

（124）《清净经 · ʦe^{11}xɔ^{11}so^{33}ʐe^{33}》

（125）《解咒经 · ndɕɑ^{11}iɯ^{55}so^{33}ʑe^{33}》

［注：楚雄彝族文化研究所共收藏有禄劝县、武定县的彝文古籍 400 余册，同名书未再列出］

［调查地点：楚雄彝族自治州民族文化研究所；调查对象：朱琚元；调查时间：2007 年 1 月 25 日；调查整理：昂自明、李贵平］

第五章
玉溪市彝文古籍

前　言
——玉溪市彝族彝文古籍流传、保存、研究情况综合报告

普开福

一、玉溪市及其民族概述

玉溪市位于滇中腹地，处于东经101°16′～103°09′，北纬23°19′～24°53′之间。北倚昆明市，南邻红河哈尼族彝族自治州，西南接普洱市，西北接楚雄彝族自治州。东西横距172公里，南北纵距163.5公里，国土面积15 285平方公里，下辖红塔区、江川县、澄江县、通海县、华宁县、易门县和峨山彝族自治县、新平彝族傣族自治县、元江哈尼族彝族傣族自治县。2007年年末，全市总人口212万人，其中少数民族人口69万人，占全市总人口数的32.55%。境内除汉族外，人口在5000人以上的少数民族有彝族、哈尼族、傣族、回族、白族、蒙古族、苗族、拉祜族8个民族。其中，彝族人口有42.06万人，占全市总人口的19.84%；哈尼族11.48万人，占全市总人数的5.41%；傣族7.28万人，占全市总人口的3.43%；回族4.09万人，占全市总人口的1.93%；白族1.09万人，占全市总人口的0.51%；蒙古族0.71万人，占全市总人口的0.33%；苗族0.67万人，占全市总人口的0.32%；拉祜族0.64万人，占全市总人口的0.30%。全市自治单位除3个民族自治县外，还有10个民族乡，分布于通海、华宁、易门、江川等5个县及红塔区。10个民族乡少数民族人口73万人。此外，少数民族占总人口数30%以上的村民委员会有389个，分布于全市9县、区的大多数乡镇，2007年末，389个村民委员会共有少数民族人口56.45万人，占389个村总人口数的72.88%。少数民族自然村更是星罗棋布，几乎遍于每个村民委员会。少数民族居住地域占全市总面积的75%。历史形成的居住格局，

少数民族大都居住在山区、半山区或河谷地带。

玉溪市不但民族种类多，民族人口多，民族支系也繁多。彝族有聂苏、纳苏、山苏等几十个支系；哈尼族有哈尼、豪尼、卡多等十数个支系；傣族又分傣雅、傣洒、傣卡等不同支系；苗族有花苗、青苗、白苗等支系；拉祜族分拉祜纳、拉祜西和“苦聪”等支系。……这些民族支系由于地域上的差异，不但带来语言上的差异，更带来经济社会发展上的较大差异。如彝族的聂苏等支系新中国成立前与汉族一样处于地主经济形态，傣族、哈尼族的一部分处于封建领主经济形态，而彝族的山苏、拉祜族的“苦聪”支系等则处于原始社会末期。新中国成立50多年来，特别是改革开放以来，这些发展滞后的民族支系虽然党和政府给予了特殊扶持、帮助，经济社会有了翻天覆地的发展变化，但同先进民族支系、先进民族相比，仍有很大落差，这给玉溪市的民族工作带来了较大的难题。玉溪市还居住有一个独特的民族——蒙古族，主要聚居于通海县兴蒙蒙古族乡。说“独特”是因为她在玉溪市乃至全省人口都比较少，且全省只有唯一一个蒙古族聚居乡级行政建制，玉溪市在进行分类指导时，将它与拉祜族等民族一起划为“人口较少民族”加以帮助。

除回族外，玉溪市的少数民族多数都有自己的语言，彝族、哈尼族、拉祜族等族的语言，都属汉藏语系藏缅语族彝语支；傣语属汉藏语系壮侗语族壮傣语支；苗语属汉藏语系苗瑶语族苗语支；蒙古族语原属阿尔泰语系蒙古语族，自从13世纪落籍云南玉溪地区后，因受邻近他族语言的长期影响，逐渐形成一种兼有北方蒙古语与云南彝语、汉语特点的混合语，风俗、生活等文化方面也形成了一定的独特性。

在宗教信仰上，回族全民信仰伊斯兰教；彝族、哈尼族、拉祜族、苗族等多信仰原始宗教，部分人信仰基督教。

玉溪这个地域，远古时期就有人类居住，人文历史厚重。公元前286年庄蹻入滇就对玉溪进行了开发；汉武帝开发“西南夷”置犍为、牂牁、越嶲、益州等四郡，将玉溪辖为牂牁、益州郡属。公元226年，诸葛亮率军南征，当时愈元（今玉溪市澄江县）豪强大姓李恢在平定南中起了十分重要的作用，南中平定后，诸葛亮采取了发展生产及民族和睦的政策，促进了玉溪少数民族地区的开发和发展。唐南诏国时，玉溪地区分属拓东节度、通海都督、银生节度管辖。元朝设云南行省，玉溪地区设有澄江路、元江路等，并在玉溪地区屯军、屯田、屯商，有大量汉、回和蒙古军进入，这不仅增加了新的民族成分，而且带来了先进的生产技术和文化，促进了民族的交流、发展进步。明清时期实行“改土归流”，朝廷直接派“流官”统治，玉溪地区除少数边远民族地区仍保留土官制外，多数地区行“流官”制，促使玉溪加强了同内地的联系，推动了地主经济在玉溪包括民族地区的发展。民国初期，废州设道，玉溪先后属滇中道、蒙自道和普洱道。尤其值得一提的是，当今人们在玉溪悠远的历史长河中发掘了许多独特的文化元素。如1984年7月1日古生物研究人员在澄江县帽天山发现了“罗纳虫”化石，向世人揭示沉睡了5.3亿年的寒武纪早期世界；1987年在易门县十街乡脚家店山发掘了大批恐龙化石，是云南省仅次于禄丰的第二个恐龙化石分布区；1989年、1993年考古工作者分别在江川县路居乡甘棠箐和峨山县塔甸乡老龙洞发掘出代表旧石器时代文化的石核、石片、刮削器、砍哑器和牛、羊、猪等动物化石；1984年以来考古人员在江川、通海、华宁、易门、元江5县先后发掘出代表新石器时代文化的土陶器、石器、骨器无数件。考古工作者还在元江县青龙厂镇它克村扎营峰发现长19.5米、高3米的巨幅崖画，图画中有人、动物、蛙人及舞蹈狩猎图像，距今有三四千年的历史；玉溪各地发掘的青铜文化更是璀璨夺目，发掘的青铜器遍及于江川、澄江、华宁、红塔、通海、新平、峨山、元江等县区多个点，青铜器有戈、矛、斧、剑、盔甲等兵器和锄、鱼钩等生产工具以及壶、尊、勺、釜、斗、碗、镜等生活用具；在这些青铜器中最稀有的是“滇国文化”发祥地的江川县李家山出土的著名牛虎铜案，构思独特，造型奇异，工艺精湛，堪称世之珍品。

玉溪民族文化底蕴深厚。多元的自然地理状况、多元的生物物种，多元的民族杂居、混居，酿成了五彩缤纷的民族文化元素。这里是歌舞的海洋，各民族都有自己特质的歌和舞，如彝族的“跳乐”、“花鼓舞”、“烟盒舞”、“阿乖乐”；哈尼族的情歌调、苦情调、出嫁调、哭丧调、祭祀调、招魂调、儿歌调、山歌调、酒歌调；傣族的生产歌、情歌、习俗歌、祭祀歌、狮子舞、猫猫舞；回族的情歌；白族的民歌音乐和洞经音乐；蒙古族的跳乐歌、渔歌、古歌、生产歌；苗族的古歌、酒歌、飞歌、情歌；拉祜族的放羊调、寻妹调、送郎调、苦情调、酒歌调、三弦调、欢乐调等等。这里的民族节日纷繁各异，如彝族的火把节，哈尼族的苦扎扎节（即六月节），傣族的花街节，回族的开斋节、古尔邦节、圣经节，白族的三月三节，蒙古族的鲁班节、那达慕节，苗族的花山节，拉祜族的卡腊节。这里的民族戏剧、叙事长诗有独特的韵味，如新兴的彝剧，彝族、哈尼族的《创世纪》古歌，彝文历史典籍《吾查》、《们查》等。这里的民族服饰，如百花绽放，不但每个民族都有自己的服装，而且不同的民族支系服饰也各异，传承着古老的工艺，传承着古老的文化。这里的民族乐器多达数十种，如唢呐、口弦、月琴、木叶、过山号（长号）等；这些乐器都有浓郁的地方特色。这里还有神奇丰富的民族医药，精美的民族剪纸、雕刻、建筑艺术，独特的民族饮食文化、宗教文化等等。

二、玉溪市彝族社会基本情况

玉溪市境内的彝族，分布在全市 8 个县 1 个区中，依次为：新平彝族傣族自治县 13.3 万人，峨山彝族自治县有 8.53 万人，易门县有 4.75 万人，元江哈尼族彝族傣族自治县有 4.43 万人，华宁县有 4.53 万人，通海县有 1.7 万人，江川县有 1.54 万人，澄江县有 3.14 万人，红塔区有 3.96 万人。

玉溪的彝族有多种支系，自称、他称繁杂，主要的支系按自称分为聂苏、纳苏、勒苏（山苏）、仆拉、罗罗、腊鲁、阿哲、拉乌、咪哩等。这里的彝族多居于海拔 1500～2300 米的温暖半山区和山区，也有部分居于 2300 米以上的高寒山区和居于 1400 米以下的热带亚热带地区。彝族聚居地区土地广阔，资源丰富，气候温和，水源充沛，土质肥沃，适宜开发种植、养殖业和多种经营。主产水稻、玉米、麦子、荞麦、豆、薯等粮食作物，又盛产油菜、烤烟、林果、甘蔗等经济作物。

玉溪彝族除保有传统的服饰、节日等丰富的文化外，还保有着丰富多彩的民间文学。许多彝文古籍记载了不少远古的神话、传说；民间口头流传的神话、传说、故事也很多。改革开放后，市县民族工作、文化工作部门、彝族民间文学爱好者、学者积极搜集整理彝族的神话、传说、故事。新平县彝族学者聂鲁、地区民委副主任方开荣（彝族）主编的《哀牢山彝族神话传说》（云南民族出版社，1990 年）中，收录有市内 16 位彝族民间文学作者的 59 篇彝族神话传说及故事。这些神话传说，想像丰富，以神奇、曲折和扑朔迷离的故事情节，或述开天辟地，或惩恶扬善，或褒美贬丑，或歌颂纯真的爱情，具有一定的可读性、趣味性、娱乐性和教育性，可以让人领略彝族神话传说及故事独具的风采。叙事诗在彝族民间文学中占有重要地位，许多著名的叙事诗在彝文古籍中均有诸多记载。彝族神话、传说、故事及叙事诗除已搜集整理出版外，尚有待于搜集整理的还很多，现有关部门及人士还在进行搜集整理工作。彝族谚语在民间广为流传，反映彝族人民的智慧、生产生活的艺术语句，言简意赅，且颇有哲理性和时代性，对人们的伦理道德和修养起着良好的作用。

彝族普遍信仰原始宗教，认为天上的日月星辰，地上的山河树石、水火土木，以至灶、房屋、家具、庄稼和人类自身，均有灵魂，故杀牲祭祀，祈福禳灾；其主要内容有祖先崇拜、神灵崇拜等。祖先崇拜：彝族家中均供奉宗祖牌位，普遍崇拜祖先神灵，逢年过节，婚丧嫁娶，以酒肉祭祀，祈求祖先神灵赐福。神灵崇拜：彝族日常生活中信奉的神灵主要有泽格兹（天神）、黑夺方（地神）、本塞（山神）、倮塔兹（水神）、灵都塞（火神）等。家中有病有灾，都要杀鸡、猪献祭有关神灵，以求平安。

三、玉溪彝族语言文字

玉溪彝族语言属汉藏语系藏缅语族彝语支。彝语分6个方言群，玉溪以南部方言为主，兼容中部方言和东南部方言；在3个方言群中，又形成若干土语和次土语。在南部方言群中，有少数人使用东部土语和西南部土语中的墨江次土语，而以西北部土语峨（山）新（平）土语使用范围最广，人数最众。山苏、仆拉、腊鲁等支系的语言均有各自不同的变音区别，但在语音要素基本一致的南部方言群体内，仍可相互语言交往。唯属东南部方言群的华宁阿哲土语与属中部方言群的易门罗罗土语与之颇有差异而难于通话。

目前，聚居山区的彝族如山苏、仆拉等支系，多以本支系的语言为主要交际工具，妇女和未入学的儿童，多数不懂汉语和彝族其他支系的语言。散居在山区和河谷地带的彝族，大多数兼通本民族各支系语言和汉语。在玉溪地区中心地带及东部的彝族散居、杂居区，各彝族支系多能操流利的汉语，只有少数老年人会说本民族语言。有的聚居村落如江川县安化彝族乡，彝族占全乡总人口98.5%，现已全习汉话。玉溪地区西部哀牢山主脉峰东麓的腊鲁支系，亦多操流利汉语。

玉溪地区彝族中流行最广的南部方言有28个主要辅音：p、p′、b、m、f、t、t′、d、n、l、q、k、k′、g、ŋ、w、x、y、v、ts、z、ζ、ξ、dz、dζ、þ、S、ɤ；13个主要元音：a、o、ə、ε、a、ι、γ、w、I、y、i、u、e；3个基本音调，即平调33、中高调44、低降调21，另外还有高调55、高降调41，并广泛运用松音、紧音“—”；鼻音“～”和擦音。在元音中，舌尖自然元音“ʃ”不构成独立音位，而并入/i/、/Î/；卷舌元音ð运用广泛；复元音读音多不稳定。在单念某些汉语借词时，除使用峨山土语原有的大部分元音外，还使用30多个单元音，鼻化元音和复元音。当汉语借词掺进彝语一起说时，鼻化元音改为相当的口元音，复元音改变为本民族原有的单元音。以峨山为代表的方言点，全部元音都分松紧两套，以新平为代表的方言点，I、æ、a 、ə这4个元音不分松紧，其余分松紧的元音只在平调33构成对立。在辅音中，普遍存在着卷舌音，舌面塞擦音和擦音，而无喉擦音h。彝族中的辅音þ，在世界大多数民族语言中都没有，仅出现于非洲某些土著民族。

彝族语言以词与词的彼此对立和相互联系，形成一个完整的词汇体系，在此体系中可按不同标准分列若干词群。从来源看，可分固有词与借词。固有词是彝族人民从远古继承下来或后世按彝语词汇发展的内部规律构造成的词，其源远流长，有的可从彝语支系属语言甚至藏缅语族若干亲属语言如藏语、缅语、傈僳语、哈尼语、拉祜语、纳西语等中追溯到共同来源。彝语固有词数量多，它们决定着彝语词汇的本质和发展趋势，反映着彝语词汇的民族特征。借词是适应多民族言语交际需要，通过广泛的社会口语自然借入彝语中的流语，及其他民族语言词汇，对彝语的丰富发展产生了积极的作用。从使用范围看，可分为全民词与方言词，流行玉溪地区广大彝族中的南部方言，方言词的使用较为突出，同其他5个方言群比较，南部方言中同源词所占比例较少，仅约40%，单音词与词根占优势，汉语借词多于其他方言区。彝语语法以词序和助词为主要手段并辅之以词法曲折，句子的基本词序是主语—宾语—谓语。此词序是固定的。在名词、代词充当主语和宾语时，两者都可以既是施动者，又是受动者。在南部方言群的峨（山）新（平）土语中，广泛使用辅音清浊交替和声调变化的曲折手段表示自动态与使动态的对立。一般是以浊辅音表示自动，以清辅音表示使动。同时兼用加以施动助词的分析手段表示自动与使动。在构成疑问句时，除使用表示疑问的语气助词外，最突出的便是以动词或形容词的重叠表示疑问。

彝族文字在汉文文献中曾被称为“爨文”、“韪书”等，玉溪彝族称它为“聂苏书所”。彝文的创造和使用有悠久的历史，从传说中的伊阿伍、恒本阿鲁、吉禄、希主、毕阿西拉则、密阿叠到唐代彝裔阿田可，都先后进行过彝文的创制和收集整理工作。他们使彝文在居住分散、支系繁多、语言特异的彝族中造就出一种超方言的、具有象形会意诸义的音缀文字；一般为一字一音节，其文字总数约有万余个，常用字约2000左右；其基本特点是缀字成文。随着历史的演变，古彝文字的笔画简化，结构也比较规范化，但还以表意为主，在使用时转音或引申其意，有时也用于表音。玉溪地区通行的古彝文，形在篆、隶之间，多呈长方横卧形，同一字形与凉山规范彝文约呈90度方位差。书写行款一般是直列右行。近世以来，玉溪地区彝文发展严重停滞，古存彝文典籍大多流散于聂苏和纳苏等支系中，而且绝大部分古彝文典籍毁于“文化大革命”期间，所以，知晓彝文者限少数毕摩。

1987年以后，新平、元江、通海、华宁等地有部分彝族开始使用云南规范彝文。1987年，云南省政府批准“云南规范彝文”方案试行后，原玉溪地区教委、民委在云南省少数民族语文指导委员会支持下，在玉溪地区民族中学举办了有25位小学教师参加、为期一个月的首届彝文师资培训班。这些教师回去后，在新平、元江、通海、华宁等县的一部分彝族山区小学开办了共12个彝汉双语教学试点，取得了良好效果。1992年2月，地区教委、民委举办了全区双语文工作经验交流会，会后还联合制发了《关于进一步开展彝汉双语文教学试点工作的意见》。同年，玉溪地区民委、教委与省民语委一起，在玉溪又举办了80多人的全省彝文师资培训班，玉溪有27人培训，为巩固和扩大试教点打下了基础。之后，玉溪彝汉双语文试教点扩大到29个，学生700多人。1993和1995年，玉溪又两次召开双语文教学总结培训会，并配合省里编写翻译了一批少数民族语文教材，进一步解决了双语文教学中的困难和问题。为此，双语文教学在全市（区）普遍开展起来。元江青龙厂镇还自己组织了彝文培训班，教学点由一个扩大到十多个。在一些不通汉语的民族地区小学低年级学生中，先学彝文彝语，然后民汉对照，过渡学汉文，取得了很大成效。新平彝族傣族自治县从1987年秋季起在平甸乡河头，老厂乡竹园、罗柴冲、孟丙，新化乡鲁一尼等村的小学开办6个彝汉双语文教学试点，使入学率、升学率都明显提高。比如新平彝族傣族自治县平甸乡河头村是彝族山苏支系，小孩听不懂汉语，不愿读书，教师几乎天天要去动员学生进教室，但开办了彝汉文对照教学之后，学生入学积极性大大提高，教学成效明显提高。此外，懂民文的老师还在夜间举办彝汉文扫盲也有很大效果，吸引了很多成年人来学文化科学知识。

民族语口语教育则仍然在各地开展着。据1998年初步调查，包括彝族和其他民族在内，全市普通小学校，不同程度地采用双语（口语）教学的学校达1200多个，低年级接受双语教学的学生6.8万名，2700个班级。当时在全市3200多名少数民族小学专任教师中，约2000多人采用口语进行民汉双语教学。双语教学的开展，促使不通晓汉语的一大批少数民族学生较快地学会汉语，较快地融入到普通教育的行列。

到目前，据不完全统计，全市认识新旧彝文的人近5000人。改革开放以来，从国家正规大专院校彝语文专业毕业的学生就有20多人，其中有些在省城担任教授、成为博士，如毕业于中央民族大学彝文专业的普学旺、周德才、李永祥等；还有很多人在地方政府民族事务部门发挥着业务特长，成为没有享受职称工资的专家，如现供职于玉溪市民宗局的普开福、新平县民宗局的李美兰是中央民族大学彝文专业毕业的，峨山县民宗局的李增华、普建云分别是西南民族大学和云南民族大学彝文专业毕业的。他们既是彝文的传授者，又是彝文典籍抢救、翻译、整理、研究者。

四、玉溪市彝文古籍综合情况

（一）彝文古籍流传、保存基本情况

彝族虽有本民族的语言文字，但知晓者仅限于毕摩及少数人士，其彝族文

化教育多是毕摩或认识彝文的人士传授给自家的后代人，结果使认识彝文的人越来越少。这种家庭式的彝族文化教育虽十分有限，但为彝族培养了为数不多的通晓本民族历史文化、语言文字的继承人，而接受毕摩文化教育的成绩佼佼者，又承师衣钵，成为新的一代毕摩，使古老的彝族传统文化世代相传。

据彝文古籍记载和各地毕摩讲述，在明末清初，从建水、石屏、新平到元江，曾经形成一个繁盛的南部方言区彝族文化圈。那时，玉溪新平、峨山、通海等地的行政建置隶属于临安（建水）府。临安府在推进“改土归流”政策的同时，对鲁魁山、磨盘山、迤阻山等边远山区，采取了较为缓冲的政策，尊重当地土司及民族头人，尊重民族文化和民族习俗。由此，南部方言区的彝族文化得以发展。从南部方言区彝文古籍普查情况来看，卷帙浩繁的彝文古籍正是在那个时期形成的。当时彝文在这个文化圈内是统一通行的文字，它不仅是毕摩在祭祀场上的经典用文，而且渗透到社会生活的各方面，也是彝民互相通信、记事载物、写礼单、写契约的日常应用文字，乃至水规碑、村规碑、迁徙定居碑、墓碑等很多都是用彝文凿造成。许多毕摩还用彝文写下了大量脍炙人口的民间文学作品，至今还在民间广为流传。新平磨盘山、鲁奎山过去曾经办过彝文学校，元江、峨山、新平、双柏、石屏、红河、通海等县很多人曾到那里学习彝文，后来的很多毕摩和彝文书籍就是从这里传播开的。所以新平作为过去的彝族文字的一个“大本营”，直到现在，彝文书较多，毕摩也较多。

玉溪的彝文古籍多是手抄本，流传面广，储藏量大，类别丰富，主要分布在新平、元江、峨山、通海、华宁、红塔区等县区；类别包括历史、地理、医药、宗教、文学、传记等；古籍总存量近 1 万余册，当中，内容有区别或有所不同的约有 3 千多种（本）。不少地方至今仍在传承着用彝文典籍举行各种祭祀活动。很多具有历史和文学价值的篇章深藏民间，由于保护条件差，面临消失。有些地方，毕摩或者掌握使用彝文书的前辈去世以后，虽然也有人收藏彝文，但已不使用了；有些地方自古认为彝文书是神书、天书，除非由毕摩念经、宰牲、用酒洗净手后翻读，一般人不得翻看。“家谱书”是玉溪地区各地彝族长期以来使用较为广泛的彝文书，新平、元江、峨山等县不少彝族民间还保留着彝文家谱，但只有很少部分宗姓家族在使用，因为没有毕摩，多数家谱都没有在使用了。

玉溪市彝族古籍自然的和人为的流失现象以及毕摩的迅速减少、后继无人等情况相当严重。无论是口承经典，还是有文字的古籍文献传承，都面临着两个问题：一是由于受现代文化的冲击，精通民族文化，能够传唱、翻译本民族历史文化经典的毕摩、民间艺人越来越少；二是很多古籍日益受到自然流失和人为的损毁。随着时间的推移，民族古籍的保护和抢救工作更加困难。20 世纪 80 年代末调查，玉溪各县区使用彝文的毕摩超过 100 人，而到现在能主持民间祭祀、从事彝文经典讲唱的毕摩不到 50 人。新平县平甸乡的他拉磨、罗戈斗和扒之里村子的张氏、邱氏、普氏毕摩前几年去世时，因没有懂彝文的后代传承，按古老习俗，其彝文经典被家人焚烧随葬。而很多地方藏在农家的古籍，因无人问津，又缺乏保藏技术，往往受潮发霉或被蛀虫所毁害。李自强的父亲是彝族毕摩，曾经存有上百册彝文古籍，数年前毕摩去世时，这些彝文古籍被搬出门外，堆放在屋檐下，不久便散失殆尽。张朝顺的父亲也是当地有影响的毕摩，存有 60 部彝文古籍，去世后，其家人将古籍当作随葬品全部焚毁在坟旁。这种事情的发生，实在令人扼腕长叹。

现在有些地方（如峨山宝泉村）的毕摩没有书，只好用心记口传；有的毕摩不懂彝文，但用汉文记录和抄写彝族典籍篇章进行承唱，如红塔区孔塘箐村的普李施就是这样。自古毕摩是男性，女毕摩的出现，在玉溪好像也是一件新鲜事。红塔区龙水洞村的毕摩施常胜（64 岁）和妻子姬美珍（60 岁）都担任毕摩，姬美珍用心记住彝文书的内容，用口头吟诵，现在音色还像年轻人一样尖锐，非常动听。新平县老厂乡、新化乡、平甸乡等地也有女毕摩，而且懂彝文。马场村的李家荣毕摩为培养接班人的事很头疼，只有一个儿子，还不愿学彝文；有三个女儿，经过李家荣动员，只有大女儿愿意学，他就教大女儿；可是大女儿刚学会了一点彝文，会一点祭祀礼仪时，就出嫁到了较远的所克村，学习毕摩文化只能半途而废。看来，女毕摩的出现，完全是社会所迫。

彝文和毕摩正在逐步消失的原因很多，其中有干部、群众思想认识上的问题，也有传统习俗的规约问题，一个突出的原因就是毕摩无报酬或者报酬低的问题。通海县、华宁县、元江县、红塔区等地如今很难找到称职的毕摩了，今后恐怕收存彝文的人也没有了。

从 20 世纪 80 年代四街乡镇寨村公所不磨村施姓、河西镇清水河办事处普乃冲村杨姓用生白土布书写的现存彝文家谱看，通海大多数彝族过去是有自己的文字的，只是以后逐渐失传。里山彝族乡芭蕉村公所葫芦田、芭蕉村发现有几册彝文书籍，内容涉及天文、地理、宗教、历法、医药等，如《祭天经》、《指路经》、《历法》、《药书》等。新中国成立后，葫芦田村的老毕摩李文昌（66 岁病故）、大黑冲村公所下打马坎村的李永德等识彝文，现在已经去世。其他能诵经文的毕摩，已不能指出某字读某音，仅凭口念而已。芭蕉自然村、葫芦田自然村都位于通海县南端，也在里山彝族乡的南部，属于彝族聚居村落，目前尚有李成保、李发元、普发起、王林友等一批较为年轻的彝族毕摩文字继承人。这里的毕摩除了到外村祭祀收一点钱或礼品外，在本村帮人办丧事或者做别的祭祀活动都是不收费的，这是自古传下来的习惯。现在由于受市场经济的冲击，年轻人都不愿学彝文。华宁县的彝文古籍主要在华溪彝族乡、盘溪彝族乡（现在并入盘溪镇）彝族村寨流传使用，有部分毕摩后代收藏着一些彝文书，但能直接读懂彝文者很少，如盘溪三江寨等地还有毕摩，学习使用着彝文。玉溪城郊即玉溪市红塔区，彝族毕摩和古籍主要流传在东边山黄草坝（行政村）一带。元江县的毕摩主要居住在洼垤乡、龙潭乡和县城附近，民间还保存的彝文古籍也在这些地方，多数毕摩是年轻人，不精通彝文，边学边担任毕摩做祭祀活动，有的主要靠用心记住唱调，做祭祀时用口念唱。龙潭乡邓耳村原来有老毕摩传下彝文经书数 10 本，现在由一些年轻人收藏和学习使用；期吉上寨老毕摩白石甲传下经书 10 余本，目前由其子白军昆收藏，其中有《吾查》、《们查》等。县城附近（澧江镇）元江大河东边黄学智毕摩（2004 年，80 多岁病逝），留下用大笔记本抄写的 30 多本彝文书，现由其妻保管，用两个木箱装着。澧江镇那塘村白鸿宝家、昆哈村有毕摩留下的经书几十本，目前有使用彝文的毕摩。洼垤乡尼白村黄文宝家、坡垤村张顺德家、勺落垤村白洋七家等毕摩家庭各保存有彝文书数十本；洼垤乡邑慈碑、都堵等村也有一些年轻人学习使用前辈传下的经典，学做毕摩。目前发现经书最多的是澧江镇弯街的白佑三毕摩家，有 90 多本，多数是用现代塑封笔记本抄录保存下来的。这些彝文书很难传承使用下去，关键是难学，使用又辛苦，收入又低。

峨山县自古至今为滇中地区彝族聚居县，毕摩文化一度繁荣，毕摩们承认，历史上鲁奎山曾举办过彝文和毕摩培训班；从碑刻上可考证清朝初期临安曾举行过彝族毕摩的开科考试；相传峨山县在新中国建立前有过毕摩协会。而现在毕摩文化的背影已渐行渐远。据峨山县民宗局调查，改革开放初期，峨山县的彝族毕摩人数不少于 50 人，而现在只有 17 人，对占全县人口总数一半以上的 8 万多彝族来讲，毕摩成了“稀世珍品”。毕摩在逐年减少，年轻人又不愿意当毕摩，现在学习毕摩的人大都是五六十岁的老人。该县县城附近的毕摩唐保昌的儿子、孙女甚至不会说彝话，唐保昌的儿子说：“我们白天到地里干活，晚上要看电视，没时间学。”唐保昌感叹：“过去师傅拉着我的手说，娃娃你来跟我学学，我就去了。现在的年轻人和我们不一样了，你说了他不会听。”唐保昌现在仍无徒弟，他说：“我心里非常想把彝族文化传下去，只要有人愿意学我都教。但是彝族文化只靠下层很难有大的发展，就好比毕摩是种粮食的人，但是米饭是供全彝族人吃的，那么多人只靠这几个人种粮肯定不够吃，上级部门应考虑如何种下更多的粮食和把粮食变成米饭的问题。”岔河乡河外村委会进宝组村有一位现年80的毕摩施正朝，他的徒弟也已经有60多岁，是经过师傅多次动员后才来学习的。施正朝说儿子不当毕摩是因为“怕熬夜怕羞”。毕摩为村民主持丧葬祭祀活动是要守夜的，工作辛苦而获得的报酬又很低，在峨山一般按出工的价钱算，为数十元至一百多元不等，有的外加一份水礼，报酬很微薄。

总而言之，民族文化的保护问题，与其他各行工作一样，关键是保护者（主体）的地位问题，地位问题的关键是经济地位，毕摩传承的是祖国悠久的历史文化，只有经济回报的不断提高，才能使民族文化一代代的传承下去。

除了上述各地彝文流传情况，市内还发现有不少彝文碑刻、木刻。如新平彝族傣族自治县老厂乡哈科底、平甸乡弥勒、他拉等一些村寨发现了彝文墓碑、指路碑，新化乡伊勺有一块彝文水规碑，峨山彝族自治县岔河乡、易门县浦贝乡等地也有彝文墓碑。1989年，在元江县洼垤乡邑慈悲村发现的25块木刻彝文水墨印刷版，所刻之书是名为《色尾处莫》的伦理思想教科书，该书由当地彝族知识分子何四八甲、李宝忠组织16人捐银16两，于清同治四年（公元1865年）刊刻而成。目前该书的木版印刷本、抄本都没有发现，该彝文刻版尚珍藏在邑慈悲村物主家中。此外市民宗局保留有20世纪90年代用铅字印刷的彝文翻译书和彝文铅字（手工刻成）、铜字模材料，都是原玉溪地区民委印刷出版彝文古籍翻译书籍时制作的。

从全市来看，新平、元江、峨山、通海、华宁等县以及红塔区目前都有毕摩和准毕摩（边自学自用彝族文字，实习祭祀礼仪的人）。毕摩最多的是新平县，有30多人；峨山县有10多人。这些毕摩的基本情况为：

白佑三，87岁，原为元江县洼底乡都督村人，后搬迁到县城弯街定居，2007年过世，由其子继承毕摩。

普法启，52岁，通海县里山乡芭蕉村毕摩。

李成保，48岁，通海县里山乡芭蕉村毕摩。

李家荣，55岁，新平县平甸乡马厂村人，收藏彝文典籍较多、较完整；主持各种祭祀活动，还能治疗精神病，活动范围从新平扩大到元江、峨山、玉溪红塔区等县；培养弟子2人。

普明，70岁，新平县老厂乡竹园村底巴都小组人，培养弟子1人。

施常胜，62岁，玉溪市红塔区龙水洞村毕摩，培养弟子1人。

姬美珍，女，60岁，玉溪市红塔区龙水洞村毕摩，会唱毕摩调、师娘调及其他民歌。

普美兰，女，43岁，新平县老厂乡保和村毕摩。

龙家贵，72岁，新平县罗施叠莫村毕摩。

龙家云，62岁，新平县平甸乡施叠莫村毕摩。

施家明，46 岁，新平县老厂乡太桥村山尖山下寨毕摩。

汤万顺，38 岁，新平县老厂乡太桥村阿玉糯组毕摩。

普立，58 岁，新平县老厂乡苛左村九登可组毕摩，培养弟子 3 人。

普文才，43 岁 ，新平县老厂乡苛左村九登可组毕摩。

杨德昌，48 岁，新平县老厂乡苛左村九登可组毕摩。

普泽，38 岁，新平县老厂乡保和村上可达组毕摩。

卜有华，48 岁，新平老厂乡苛左村石老虎组毕摩。

普永旺，48 岁，新平县新化乡六笼村老冲甸村毕摩。

普家富，48 岁，新平县新化乡六笼村老冲甸村毕摩。

郑从义，48 岁，新平县新化乡六笼村老冲甸村毕摩。

马文华，48 岁，新平县新化乡六笼村七多克村毕摩，培养弟子 1 人。

龙志仁，40 岁，新平县新化乡六笼村七多克村毕摩。

龙文荣，53 岁，新平县新化乡六笼村七多克村毕摩。

施正朝，78 岁，岔河乡河外村委会进宝组毕摩，懂彝文，通晓彝文古籍、彝族祭祀活动全过程礼仪和经文。目前收藏有彝文经书两卷，带学徒 1 人。

赵有，36 岁，塔甸镇嘿腻村委会亚六得组人，常在白事场合扎孝堂，听毕摩诵经做祭祀，略懂彝族祭祀经文段落，偶尔也到白事场合诵经做祭，不懂彝文，无彝文经书。

李春栋，76 岁，富良棚乡富良棚村民小组人，懂彝文、彝族祭祀礼和基本经文。

普茂，72 岁，甸中镇西就村民小组毕摩，懂彝族礼仪、彝族白事祭祀活动过程和经文，能诵经作祭，无彝文经书。

龙祥旺，42 岁，小街镇棚租村村委棚租村毕摩，懂彝文、彝族白事活动礼仪，能颂经做祭祀，有自己抄录的经书 1 册。

普春联，66 岁，双江镇厂上村委会双河村毕摩，懂彝文、彝族白事祭祀活动礼仪，能诵经作祭，有彝文经书 2 卷。

普文学，34 岁，双江镇厂上村委会双河村人，跟父亲习彝文、彝族祭祀礼仪，初识彝文。

唐宝昌，64 岁，化念镇凤凰村委会高城村毕摩，不懂彝文，无彝文经书，会彝族白事活动礼仪。

普玉发，76 岁，双江镇总果村委会丁皎组毕摩，懂彝文、彝族白事祭祀活动礼仪，能诵经作祭。无彝文经书。

李玉发，71 岁，富良棚乡塔冲村委会小假佐村毕摩，懂彝文，有彝文古籍 5 卷。

（二）有关部门开展彝文古籍保护工作的情况

1. 对彝文文献进行普查登目

玉溪民族工作部门从 20 世纪 80 年代起组织开展民族古籍的普查、征集和翻译整理出版工作。峨山、新平、元江和市级（原地区）都成立了彝文古籍翻译工作队伍；市级和有关县组织召开了若干次有民族民间古籍传承人参加的古籍工作会议和座谈会；先后普查、登记了数千种（部）彝文古籍。其中对峨山、元江、新平、通海县选点调查并填表登记了 2100 多本彝文书目。这些书目按主要内容分为历史、占卜、宗教、哲学、文学、社会、天文、医药、地理等书籍。仅新平县 1989 年对 4 个乡 13 个点 20 名毕摩进行普查，就登录了 745 部彝文典籍。对普查登目的民族古籍，分别登注了篇名、读音、汉意名称和内容提要，还注明了收藏者、演唱者。

2. 收集彝文古籍

多年来，玉溪市县民族工作部门、文化部门、档案部门等在深入调查了解、登目的同时，将部分散存民间的彝文古籍征集过来，进行保护。根据全省档案工作会议精神，中共玉溪地委办公室曾提出了“必须认真地担起民族地区档案工作的重要任务”，根据少数民族地区的特点开展收集工作。但由于档案机构不健全，人员少，任务多等原因，少数民族文字档案的收集工作一直未正常开展起来。峨山县是一个多民族聚居的地区，但过去一直没有重视民族档案资料的收集整理工作。1983 年后，开始了彝文古籍的搜集，整理出彝文资料 45 部（册），合计 60 余万字，这些彝文古籍大部分是清代、民国年间传抄和保存下来的。1983 年 12 月，峨山县民委在县城召开彝文座谈会议，会上提出开展彝文古籍的收集、整理工作，保存尚存于民间的民族彝文文献典籍。1984 年，地委办公室在档案工作意见中要求峨山、元江、新平三个民族自治县，要对少数民族文字，民族历史档案（包括土司衙门、民族头人及其家庭、宗教寺院、民族民间文学等）进行统一调查，收（征）集进馆，其他县亦应注意收（征）集民族历史资料。1984 年，峨山县通过健在的毕摩协助进行了全县第一次彝文古籍普查工作，收集彝文古籍资料共 26 册，到 1989 年先后在锦屏乡、甸中乡等乡搜集到清代、民国年间传抄和保存下来的彝文古籍 72 部（册），约一百万字。此外，县民委还收集、征集了民族图书资料 165 册。反映民族特色的照片 13 套 387 张，底片 258 张。征集到纳苏、聂苏、花腰等彝族服饰各一套。1986 年，在玉溪地区档案事业“七五”规划中，要求峨山、新平、元江三个民族自治县，要对少数民族文字，民族历史档案（包括土司衙门、民族头人及其家族、宗教寺院、民族民间文艺等），进行调查了解，采取积极稳妥办法，收（征）集进馆。其他县亦应注意民族历史档案、资料的收（征）集工作。1988 年，地区档案处要求全区各档案馆接收征集档案要在丰富馆藏结构上下工夫，积极扩大接收范围，逐步改变馆藏档案单一的现状。各级档案馆要注意对少数民族档案的调查，收集、征集工作，特别是三个民族自治县，要当作一项主要工作来完成。已收集保存的民族历史档案，在条件许可下，应积极组织翻译，以便利用。1989 年地区档案馆从行署办接收彝文档案 13 卷，1990 年又接收 1 卷。江川县档案馆接收了彝文档案（滇南彝文古籍）1 卷，并于 1990 年 5 月送请云南民族学院民语系的老师翻译。该书是清同治十三年（公元 1874 年）抄写的，内容是民间婚、丧时卜卦测日子的记录。1990 年 7 月，玉溪地区民委在新平召开了第二次彝文古籍工作会议，明确了抢救民族文献和古籍的紧迫性。1990 年，新平县档案馆共接收、征集、清理少数民族档案 51 卷。1993 年，新平县档案馆在征集工作中，选派专人深入乡村征集民族历史档案、资料，并印发了征集通告，落实征集经费。征集到老五斗清代彝文历书、圆梦彝文 2 卷。1994 年，易门县档案馆收集了彝文古籍 6 部、12 册，沐氏家谱 1 本、2 册。1996 年，元江县档案馆收集保存少数民族文字档案资料（彝文）9 册，其中，光绪二十五年（公元 1899 年）的 1 本，书名《北彝歌》。此外还有毕摩使用的丧词文书，教会书 1 册，内容写的是教会规章守则，历书 1 册，《普大王》1 册，记写皇帝下的诏书。新平县档案馆有少数民族文字档案资料 53 卷（册），主要内容是清道光、民国时期用彝文、傣文、回文撰述的家谱和有关少数民族药典、药方、医药、经文及民族风情、民俗、民族历史资料。时间较早的是清道光二十六年（公元 1846 年）彝族丧葬丧词、毕摩使用的彝文和光绪十六年（公元 1890 年）的方氏家谱。华宁县档案馆收藏少数民族文字档案资料 10 册，其主要内容是彝族毕摩祭文 2 册，彝族青少年参加彝文班学习的课本 5 册；回族通用的阿拉伯经文，即《古兰经》1 部，盘溪回民举办穆斯林学习班读本 3 册。到 1999 年底，玉溪市市县（区）民族工作部门将部分散存于民间并且无人管理面临毁坏失传的古籍征集过来，进行保护、翻译整理。市级民族工作部门征集到彝文古籍 12 本妥善保存，并将 3 本送交到市档案馆收藏；峨山县民委收集了彝文古籍 75 部，通海县民委从里山民间毕摩手中征集到彝文古籍 6 部，新平县民委征集收存彝书 15 本、县文化局收存 25 本。这些收集到的彝文古籍仅为其中一部分，而大量的古籍散存于民间，主要流传于毕摩家中。

根据云南省少数民族古籍整理出版规划办公室召开的云南省彝族古籍工

作会议精神，1989年4月下旬，由玉溪地区民委和新平县民委组织，有彝族古籍研究者及其有关人员参加，组成彝文古籍普查组，对新平县的彝文古籍作了第一批普查。普查组本着“救人、救书、救科学”的精神，重点普查了磨盘山梭克村公所的黑泥村，昌沅村公所的鱼都莫村和采竹得拉可村，迤阻山海外村公所的矣说村，以及鲁魁山丕且莫办事处的期都得村。在这次普查中，普查人员拜访了李家荣、李兴、何汝文、方文顺、杨德光、杨德林、张定7位彝族毕摩，登记了他们现存的彝文古籍书目共219部。其中，历史（祭祖史）古籍49部、占卜古籍39部、宗教古籍19部、哲学古籍18部、文学古籍27部、礼俗古籍52部、天文古籍8部、医学古籍5部、经目类古籍2部。同时，还普查登记了清代彝文地契7张、婚喜迎送礼单9张、彝文水规和村规碑石各1块，访明了彝文墓碑22块、彝文迁徙定居1块，拍照和登记了嘉庆年间铸的毕摩铜铃（法器）1个，咸丰年间铸的毕摩铜铃（法器）1个、毕摩号（法器）1只、毕摩刀（法器）1把。以上古籍、契单、碑石、法器共编目造册登记了230部（件）。

关于玉溪城镇有关单位彝文古籍的目前收藏情况：市级民族工作部门保存15本，市档案馆收藏14本（市民宗局普开福在管存档案中作了初步提要登记）；峨山县民委收集了75部，新平民委征集收存彝书15本，通海县征集6部（现不知在何处），华宁县档案馆收有8本（市民宗局普开福在馆存档案中作了初步提要登记），元江县文化馆等单位收集有彝文书本。也有部分书籍由机关事业单位干部收藏，据目前所知，新平县彝族作家聂鲁先生收藏最多，共有50多部；还有县民宗局干部普家学收藏了一部分；元江县地方志办公室退休的宋自华等人收藏有数本彝文书。

3. 有组织地培养毕摩

目前由于种种原因，彝族古籍整理工作裹足不前，毕摩后继乏人。在2007年的峨山火把节上，参加点火仪式的几位老毕摩开玩笑地对县民宗局的工作人员说：“再过几年峨山60年县庆时，你们还能请到几位毕摩？”相关人士感叹，莫让古彝文变“天书”！从峨山县对散存的彝文古籍和彝族毕摩的调查情况看，峨山境内能在真正意义上称得上毕摩的不足10人，古老彝文的传承令人担忧。长此以往，再过一二十年，峨山还会有几人懂得古彝文、通晓彝族风俗礼仪？如果在新中国第一个彝族自治县，彝文古籍变成了无人能识的“天书”，那传承和发展民族文化又该从何谈起？

为传承和发展彝族传统文化，峨山作了很多努力。1983年，峨山召开首次彝文古籍和毕摩座谈会，消除长期以来对彝文古籍及毕摩的误解和偏见，确认毕摩是通晓彝族语言文字的知识分子。2003 年，成立峨山彝学学会，加强彝文古籍的普查收集和翻译整理工作，举办彝文培训班。2004 年，县民宗局对现有的彝族毕摩、彝文古籍等情况进行全面调查。早在 1988 年，峨山甚至尝试过双语文教学。县民宗局相关人士说，当年教材不配套，只有 1 至 3 年级的教材，培训过的老师因为要跟班走，教到四年级后双语文教学自然终结。实行下来感到要在目前的教育体制下加入一套新的教育内容很难，首先要培养师资，其次要编写教材，最后还要通过省教育厅的批准审订等。这做起来工程浩大，不如定期开设毕摩培训班，鼓励培养彝族文化传承人；培养一批彝文专家，面向社会定期举办彝族文化培训班，满足民间彝文爱好者的学习需求，以此推动彝族文化的传承和发展。现在，峨山开始大力做好彝族文化的保护、开发和发展工作，着力打造新中国第一个彝族自治县文化品牌，取得了重大进展。一是率先在玉溪市 8 县 1 区成立了峨山彝族自治县彝学学会，吸收会员近 300 人，出版了《峨山彝学研究》刊物，为更好地挖掘和整理峨山民族传统文化，继承、弘扬和发展民族优秀文化奠定了基础。二是做好搜集、翻译和整理彝文古籍工作，继承、保护毕摩文化和发展彝族传统文化，对境内散存的民间彝文古籍和现有彝族毕摩状况进行了调查，形成《峨山县开展彝文古籍搜集、翻译和整理工作总结》，目前，全县收集、保管的彝文古籍达 70 余卷。三是根据彝文古籍记载和民间传说，编写了《峨山彝文识字教材》和《峨山古彝文小词典》，形成了长达 13 页，印有彝文、汉字双语的峨山彝族《火种起源》经。四是传承彝族文化。2005 年举办了“峨山县彝文识字培训班”，对 52 名学员进行了为期 12 天的培训，并邀请省语委、古籍办的领导进行指导，通过考试，对成绩合格的 40 名学员颁发了结业证。五是建立了彝族传统服饰、生产生活用具陈列室和彝族文化展示厅。收集了部分彝族传统服饰、生产生活用具、民间乐器和彝族历史文化、风俗礼仪、生产生活照片，为对外宣传和展示彝族传统文化提供了一个平台。六是自 2006 年起，在峨山广播电视台开播了彝语新闻。

4. 翻译出版民族古籍书

除了有关部门积极协同配合从各族民间口头流传中收集整理编印出版大量的《民间文学集成》、《民间音乐舞蹈集成》《民间歌谣》等以外，一系列的彝文典籍也得以翻译出版。新平县于 20 世纪 80 年代末组织翻译出版了一部来自平甸乡磨皮村的彝族医药书《聂苏诺期》，原彝文书为“皮此苏维”，为明朝末年的传抄本。该书已于 1988 年由云南民族出版社以彝汉对照的形式出版。其间，峨山县民委还翻译出版了《指路经》、《洪水泛滥》等古籍；元江县翻译出版了叙事诗五部，即《母吾奕支叟》、《阿非叟》、《喜作叟》、《莫合》、《彝吉喜花妮》；由玉溪地区民委主持组织翻译的彝文古籍《尼租谱系》（译丛第一辑），包括宗谱《尼租谱系》、丧葬祭经营情篇《阿松黑》、地理书《白夺书》和丧葬挽歌《吉纳》等几部彝文典籍，四行体对译，首次用彝文手工雕刻铅字制作排版印刷，云南民族出版社1988年出版。由地区民委组织地县有关部门人员编译的《哀牢山彝族医药》（彝文古籍译丛第二辑）1993年正式出版，也是彝汉文对照，彝文手刻铅字印刷。包括新平县老五斗村彝文医书一部和元江洼垤乡彝文医书两部。书中记述了几十种病症上百种彝药配方，包括动物药、植物药和矿物药，还记有若干手术疗法等。以原地区药检所专家王正坤（所长）、周明康等编著的《哀牢本草》一书，都从新平、峨山、元江等县彝文医书中发掘整理，挑出752种植物药编辑而成，山西科技出版社1992年出版。同时，由地区药检所牵头申报的《彝族医药文献发掘研究》课题1993年获国家中医药管理局颁发的科技进步三等奖，从而使国家确认了彝族医药的存在地位。到1998年，以开展民族特色医药实践和研究为主的“彝族医药研究所”在玉溪成立。地区民委于1993年组织新平、元江彝文古籍工作者从彝文文献及民间口头中收集整理了故事集《哀牢山彝族神话传说》，正式出版。1996年机构改革后，玉溪市民宗局面对人少、财力紧张、工作头绪多的情况，仍然重视民族古籍工作。在积极配合省里组织编写、彝族、哈尼族“大辞典”条目等任务的同时，拨出资金，安排人员，由普开福等负责对五言长诗丧葬经典《吾查》、《们查》进行翻译整理，1999年四行体本出版，完成了云南省民族古籍“八五计划”中的一个重要项目。除玉溪市内组织有关力量开展民族古籍抢救工作外，在外地的有关专家也积极为抢救整理玉溪的民族古籍作出了贡献。比如省民委的民族古籍专家普学旺、梁红等先后翻译出版滇南大部头彝族典籍《查诗拉书》、《彝族爱情长诗》、《万物的起源》等。彝族神奇人物故事彝文古籍《普大王》、《张四姐》已经由普开福、宋自华翻译整理成书，纳入楚雄彝族自治州编辑的《彝族毕摩全集》系列，已经出版。

本市有较高翻译出版价值的重要彝文古籍篇章有200件以上，其中宗教类100多部，文学类80多部，历史类90部，天文历算类10部，医药类4部，伦理学类6部，哲学类1部，语言文字类3部，综合类1部，这些古籍主要散存于新平、元江、峨山和通海县毕摩家中。通海县早些年发现的较独特的彝文古籍《古地名》、《历算书》、《祭龙书》等现在还深藏民间；元江县价值高的彝文古籍突出在人物传记、文学著作和伦理教育书，如仙女下凡故事《刘秀英》、《张彻张纳》；爱情故事《天皇开恋门》、《哭情人》、《松妹柏哥除妖》、《羊姑娘》；伦理书除前述木刻书《色尾处莫》外，还有《古训歌》、《感恩调》、《白鹦哥故事》等。峨山县收集的彝族书中有一批反映历史地理的重要书目，如《祭祀山神经》、《祭祀白虎神经》、《祭祀地神书》、《天地起源书》、《龙氏宗谱书》、《鲁氏宗谱书》、《柏氏宗谱书》等。宗教活动类应该抢救的重要典籍几个县区都有，新平县最丰富：《吾查》和《们查》即丧葬配套“公书”、“母书”，是滇南彝族很独特的文化经典，其中又按人的等级分为“黑书”、“绿书”、“黄书”、“红书”及“白书”，总体约有7万行之多（五言诗），已经翻译出版的仅仅是一部分（“黑书”），马厂村李家荣毕摩至今保存完整；总称为《祭调十二节》的系列经典是用于诸种祭祀中和毕摩赛花（比赛）中穿插唱颂的反映远古部落历史的书，分为“地理十二节”、“青红十二节”、“生死十二节”、“龙搭十二节”、“节罗十二节”等，有非常高的学术价值，保存也比较系统完整；《叫谷魂之书》、《祭祀日神书》、《猎魂书》、《虫神书》等众多宗教祭祀典籍都有待于整理出版和发掘。

5. 彝文古籍保护、抢救面临的困难和问题

玉溪市彝族古籍工作任重道远、步履艰辛，存在的问题比较多。

第一，很多干部群众对保护和抢救民族文化资料的重要性认识不足，社会氛围不浓。

第二，民族古籍的民间自然传承条件差、缺乏资金支持、状况令人担忧。传统文化的保护主要靠民间文化艺人，而在汉文化和其他当代文化冲击下，几乎只尽义务没有回报的民族古籍自然传承日益困难。古籍保存者，除偶尔被有关单位去采访外，没有资金补助奖励，也很少召集去开会学习，几乎被人遗忘。有的毕摩主持丧葬等祭祀活动，唱诵祭词，适当收一点辛苦费，而有的地方还保持古老做法，为村民服务不收一分钱。

第三，组织机构不完善，工作队伍力量薄弱。就玉溪市来讲，各级都没有成立古籍办公室，而且由于多年来不断进行行政机构改革，民族工作部门的人员（都是公务员行政编制）不增反减，市级和峨山、新平县有一两个人负责古籍业务，其他县区民族部门基本没有这方面的专业干部。本市毕业于民族语文专业的大学生有20多人，但多数都到了其他企事业单位和机关工作。因此玉溪民族古籍抢救工作困难较大。

第四，缺乏专款。一部重要的古籍，往往年代久，语意古奥难懂，组织人力翻译整理需要上万元，出版需要数万元。玉溪市民族古籍工作经费来源主要从民族工作部门业务费中挤出，根据政府每年财政状况和民族工作经费情况，在保证做好中心工作的前提下争取适当安排古籍费，尽力做一点工作。最近基层财政很困难很难拨出古籍工作费。如果每年有一定经费保证，那么，

专业的、业余的人员都可召集来参与民族古籍工作。就现在看来，民族古籍工作还得有部门有人来抓，所以国家民委、云南省民委要争取一定专项资金支持帮助基层开展工作，上级补给专款，地方政府再拿一部分，民族古籍事业就会开展得更好、更顺利。比如，对于民间长期进行民族古籍保护工作，成绩显著的民间艺人，应给予一定的奖励或补助金。

2008 年 9 月 27 日
于玉溪市民族宗教局

第一节　元江县彝族彝文古籍

元江哈尼族彝族傣族自治县位于云南省中南部，地处红河流域元江中上游。县城坐落在元江两岸的国道 213 线（高速）和 323 线与红河经济干线交叉处，是云南省通往南亚、东南亚的陆路必经之地。距昆明 210 公里，是距省城最近的热区。县境辖 6 乡 4 镇 3 农场（不含省属元江农场），总面积 2858 平方公里。民族众多，是以哈尼族、彝族、傣族三个少数民族为主体多民族和睦共处的“三族”自治县，居住着汉、哈尼、彝、傣、白、回、拉祜、苗等民族。

现全县共有人口 20 万，其中少数民族 16 万，占总人口的 80%。彝族有 4.4 万人，主要居住在洼垤乡、龙潭乡、青龙厂镇、澧江镇、东峨镇；少部分彝族散居在羊街乡（仲伯村），那诺乡（二掌村、扒地拢村），羊岔街乡（密期河村）等地。

元江彝族称古彝文为“聂苏书所”。境内彝族民间流传的彝文古籍卷帙浩繁，内容博大精深，涉及彝族历史、原始宗教、民风民俗、文学艺术、天文地理、哲学、伦理道德、医学、谱牒、历法等等。在已收集到的彝文古籍中，反映彝族悠久历史的代表作有《洪水泛滥》、《笃慕查》、《人的起源》、《吾查》、《们查》、《指路经》、《图纳》、《吉纳》、《色尾处莫》等；反映原始宗教的祭祀经有《颂恩经》、《感恩经》、《古训》、《祭龙的来历》、《色渣》、《萨布》、《祭祖先经》、《祈祷经》、《祭祀经》、《献酒经》、《婚宴经》；伦理道德方面的有《白鹦哥》；古诗歌作品有《喜作叟》、《阿非叟》、《母吾奕支叟》、《彝吉喜花妮》、《何歌讷额若》、《莫合》、《夺布若阿依》、《董永》、《张宠》、《刘秀英》、《张春方》、《元英贵元》、《吴振福》、《张四姐》、《张托张纳和张彻》、《普大王》等等。元江彝文古籍与其他地方不同的最大的特点就是文学作品书籍较多，宗教祭祀类古籍相对较少。

元江县现已发现和收集的彝文古籍，成书多在明清时期，有的无稽可考。古籍以五言韵文体为主，但也有七言韵文和散文格式的。书写的纸张大多数为古老的绵帛纸，也有部分是用宣纸或其他纸张书写的。

目前元江县的毕摩主要存在于沣垤乡、龙潭乡和县城附近，民间还保存的彝文古籍也在这些地方。

以下几本彝文古籍，是流传于元江县彝族民间的重点古籍：

(1)《吾查》、《们查》

又称《公书》、《母书》或《阳书》、《阴书》，还称《男书》、《女书》，解说不一。属于滇中南一带运用最广（南部方言区）、篇幅最大、彝族运用人口最多（约200万彝族人口区域）的丧葬配套经典。《吾查》之书名，是由“吾克”一词演变而来。按元江毕摩们的解释，在古彝文中，“吾”表示男性，“们”表示女性，“克”则是人名，“吾克”在古代是一个男人的名字，“们克”是一个女人的名字；此二人是古代彝族丧事活动中最早使用经书的人；吾克所代表的表示阳性的经书叫《吾查》或《公书》，们克所代表的表示阴性的经书称为《们查》或《母书》，一阴一阳，一公一母，彼此依赖，不可分割。《吾查》、《们查》的用途也逐渐合二为一，虽然《吾查》是由吾克所代表着的表示阳性的经书，但它不再为男性所专有；《们查》也不再为女性所专有，两部经书用途上高度统一、交叉使用。正因为如此，每当有重要彝族人死去时，就得同时念此二部经书，无论死者是男是女，是老是幼，都不能只念《吾查》而不念《们查》，这是毫不含糊的；一般情况，两位毕摩你唱一句《吾查》、我唱一句《们查》。《吾查》从主体内容只有一种，各地在次要章节数量上有所不同。配套的《们查》系列则有5种，它们是：们捏（黑衣书）、们努（绿衣书）、们舍（黄衣书）、们讷（红衣书）、们图（白衣书）。“们捏”是其中的一种，等级最高，用于寨主、君王等丧葬，它仍由“公书吾查”和“母书们捏”两本组成使用。“们努”书用于在村子里有一定知名度的人；“们舍”书用于外出做生意的人；“们纳”书用于社会地位较低的普通人；“们图”书用于非正常死亡的人（如小孩夭折、在外凶杀、自死等）。5套经书共有10册（实为6册），内容风格各异，自成体系。一套《吾查》、《们查》的长短，一般在8000～14 000行之间，5套合起来成一大套，可谓是最为壮观、宏伟的大型系列文献了。无论是哪一个等级的《吾查》、《们查》，其仪式都基本相同，都在屋内的堂屋念，念时须用彩色纸做两个纸人，分别写上“吾克”、“们克”的名字，放在堂上；然后在堂下也做一个纸人，写上死者的名字，表示为这个人念经。而毕摩选书时当然要特别注意，《吾查》、《们查》必须是选与死者地位相一致的版本，否则对死者和毕摩都不利。假如是一般百姓非正常死亡，毕摩就选用“们图”那一套的《吾查》、《们查》来念，念此经时，毕摩人数毋须多，也不必跪下。若为国王和当地的官僚、寨主、大地主以及有权有势的死者念经时，得选用“们捏”那一套公书母书，12 个毕摩一起跪下念唱。元江白佑三收藏的一本《吾查》和新平李家荣收藏的一部黑《们查》（即“们捏”）已由玉溪市民族宗教事务局主编、普开福等翻译整理，于 1999 年 12 月由云南民族出版社公开出版发行。

（2）彝文木刻印刷版文献《色尾处莫》

刊刻于公元 1865 年的木刻彝族文献《色尾处莫》的刊刻组织人是元江哈尼族彝族傣族自治县洼垤乡邑慈悲村的何四八甲和李忠宝两位先辈。目前发现收藏的板块合并，全书共 160 页，24 000 个彝文字，属五言句，约 4800 行。尚存 40 块木刻雕版中的 25 块，现被邑慈悲村村民何四八甲的后人何长安家所珍藏。书中刊刻的内容是教育后代做人做事的伦理教育课本，当时可能是作为印制学校教材制作的。通过调查，至今未发现过去用此板印刷出来的书本。现在这些木刻板成了稀世珍宝，由村民何长安兄弟几人分拆保管。

（3）《元江三马头彝医书》和《元江洼垤彝医书》

《元江三马头彝医书》是 1986 年在云南省元江县洼垤乡三马头李四甲家发现的，此书没有记载具体年代。据考证，此书属于晚清彝族医学著作，全书均用彝文书写。书中记载疾病 69 种，其中内科疾病 41 种，妇科 6 种，儿科 1 种，外科 16 种，喉科 1 种，伤科 1 种，中毒性疾病 3 种。记载药物 263 种。《元江洼垤彝医书》是 1986 年在云南省元江县洼垤李春荣家发现的。据考证属于晚清著作。书中记载疾病 48 种，其中内科 28 种，妇科 3 种，儿科 2 种，外科 2 种，伤科 8 种，误吞异物 2 种，虫兽伤 5 种，中毒性疾病 3 种。记载动物药 75 种。

元江的彝文古籍分布广，散藏在山村普通民家。本研究选择了洼垤乡坡垤村张顺德家、洼垤乡勺落垤村白洋七家、澧江镇弯街村的白佑三家作典型调查。

1. 洼垤乡坡垤村张顺德家保存的彝文书

洼垤乡位于县境东南部，乡政府驻地洼垤村，距县城 58 公里，全乡辖洼垤、它吉克、老茶己、邑慈碑、罗垤、它才吉、尼白 7 个村民委员会，64 个自然村。总面积 329 平方千米。总人口 12 万，彝族 10 万。洼垤乡彝族传统文化比较发达，过去毕摩众多，彝文典籍丰富，包括有很多丧葬经书、文学故事书、伦理书、彝药书，还保存有木刻印刷版。但是，由于精通彝文和精通祭祀礼仪的老毕摩多数于20世纪末相继去世，现在只是有一些彝文爱好者和毕摩后代、亲属收藏着彝文书，少数人学习、使用着彝文书。

坡垤村，位于元江县东南面、洼垤乡乡政府驻地洼垤村西部，是一个山清水秀的彝族大村子，有彝族800多人，房屋都是传统土掌房。过去这里有毕摩，彝文书较多，但是目前精通彝文的比较称职的毕摩很少了。

张顺德是坡垤村彝族，是从别村来李家上门的。他不是毕摩世家，但是爱好彝文，从中年时期经常外出访师学彝文、抄彝文，偶尔帮别人做一些祭祀仪式，20世纪90年代71岁时病逝。目前彝文书籍由其侄子李和宝保管。李和宝，68岁，经常做祭祀，稍懂彝文，家藏彝文经书20余本，用一竹篮子装着挂在墙上。所藏经书目录如下：

李和宝传承张顺德彝文经书原名：

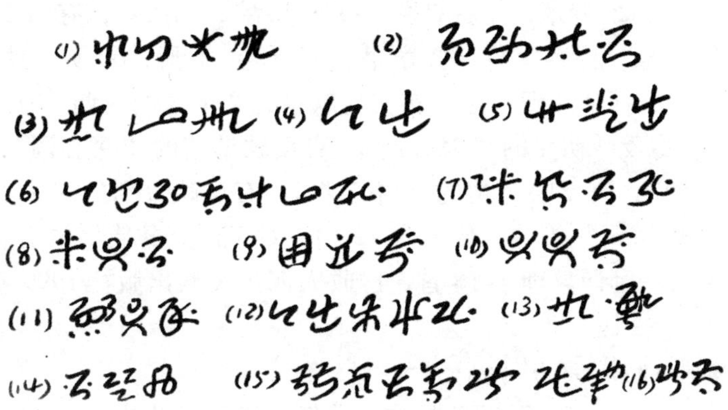

李和宝传承张顺德彝文经书名称释读：

（1）《咪捏色祀 · mi^{55} ne^{21} dʐe^{33} ʂɿ^{33}》（即献地神书）

旧抄本，绵纸，线订册叶装，行体，墨书。横本，页面21×26厘米，左右双栏，15行15字，有句读符号，有布壳护封，保存完好。不分卷，1册，28页，撰写者不详。彝族祭祀书。村里家里修房动土后，出现不明原因灾害时，如出现大地震或大旱，认为是大地神离开了大地，所以恶鬼恶神才出来作怪，必须举行献地神祭祀活动，念此经。

（2）《依博尼祀 · ʑe^{33} bo^{22} ȵi^{44} ʂɿ^{33}》（即看鸡卦书）

绵纸，线订册叶装，行体，墨书。横本，页面19×23厘米，左右双栏，

12 行 10 字，有句读符号，保存完好。不分卷，1 册，26 页，佚名撰。民间祭祀经典。人们要举行重大活动或决定重要事项或出远门办事前，要杀鸡聚餐看鸡卦卜吉凶使用本书。书中记录了日常生活中，在做事或出行前，可通过看鸡卦来预测好坏或吉凶等。

（3）《特摆祀 · t‘e^{33} bɛ^{33} ʂʅ^{33}》（即婚宴书）

绵纸，旧抄本，线订册叶装，行体，墨书。横本，页面 21 × 26 厘米，左右双栏，12 行 15 字，有句读符号，保存完好。不分卷，1 册，23 页，佚名撰。婚礼仪式上使用的书，也是祭祀书。记录了婚礼习俗及婚宴上毕摩、长者或三亲六戚祝贺新郎、新娘而吟诵的经文。其内容多为祝福新郎、新娘生活像蜜一样甜，家庭和睦多欢乐，种养年年硕果累，多子多孙人长寿等；还祝福新郎、新娘家迎好事进来，金银进家来，财宝进家来，五谷进家来，六畜进家来，儿子进家来，姑娘进家来，好的样样来，坏的快滚开等。

（4）《阿哩 · ʔa^{44} li^{44}》

民国二十八年（1939 年）张顺德抄本，白绵纸，线订册叶装，行体，墨书。横本，页面 23 × 29 厘米，左右双栏，15 行 15 字，白版口，有句读符号，有每个调子终结符号，保存完好。文学书。不分卷，1 册，60 页，佚名撰。此书多为即兴而歌的抒情阿哩，是识彝文的歌手记录下来的情调。有反映约会的“约伙子”；有反映初交的“表心调”；有反映试情的“探心调”；有反映初恋的“相好调”；有反映定情的“合心调”；有反映分别的“失恋调”；有反映思念的“思情调”等等，传说有 72 调。对于研究彝族情歌有参考价值。白佑三、宋自华翻译整理了 16 首，已收入四川民族出版社 1999 年出版的《彝族阿哩》一书中。

（5）《勒尾哩 · lɤ^{44} vi^{33} li^{44}》

民国三十年（1941 年）张顺德抄本，绵纸，线订册叶装，行体，墨书。横本，页面 20 × 27 厘米，左右双栏，14 行 15 字，白版口，有句读符号，有调子终结符号，保存完好。不分卷，1 册，56 页，佚名撰。此书彝家又称其为“阿哩调”，在青年男女恋爱中诵唱。它是彝族独树一帜的正统情歌，唱词内容是基本固定的，有简单的故事情节及人物的称为“大调”或“古调”，传说有 36 调。此书记录的均为“大调”，都是谈情说爱的调子，共 4 调。由白佑三、宋自华翻译整理的《心焦调》、《思念调》、《离别调》、《拒情调》等 4 调，已收入四川民族出版社 1999 年出版的《彝族阿哩》一书中。

（6）《找情人的阿哩 · ʔa^{44} li^{44} xə^{22} ne^{44} de^{31} bər^{33} ʐa^{22}》

民国三十年（1941 年）张顺德抄本，绵纸，线订册叶装，行体，墨书。横本，页面 23 × 29 厘米，左右双栏，15 行 20 字，有句读符号，保存完好。不分卷，1 册，26 页，佚名撰。文学书。旧时，男女在一起谈情时吟唱。记录了凡女与仙郎一见钟情，情意绵绵的浪漫爱情。四个凡人姑娘去到出太阳、月亮的地方去玩，看见天上的四仙男，一见钟情，他们到天池里洗澡，到银河旁观景，四对恋人相依相偎，依依不舍，情意绵绵。此事被玉皇大帝知道了，立即下旨要召回四仙男，情到此止，不免要相互倾吐真心相爱的肺腑之言。调子既充满相亲相爱的甜蜜，也充满要分离的苦涩与心酸。

（7）《传调子 · mo^{21} bi^{22} su^{33} so^{33}》

民国三十年（1941 年）张顺德复抄本，绵纸，线订册叶装，行体，墨书。横本，页面 20×27 厘米，左右双栏，12 行 15 字，有句读符号，保存完好。本书不分卷，共 1 册，24 页，佚名撰。文学书，五言韵文。多在娱乐活动时由姑娘吟唱。记录了天神派七个仙女到彝家山寨传调子。七个仙姑娘，就像七支笛，唱起调子来，动听把人迷。大家都跑来学调子，优美动听的调子学会了。彝家有了调子，唱着调子去做活，什么活计都做得很好；唱着调子去谈情，情人很快就找到。彝家的调子之所以动听，因为是七仙女传下的仙歌。由白佑三、宋自华翻译整理的《传调子》，已收入四川民族出版社 1999 年出版的《彝族阿哩》一书中。

（8）《迎花调 · ʐi^{33} xə^{22} ʂu^{33}》

民国三十年（1941 年）张顺德复抄本，绵纸，线订册叶装，行体，墨书。横本，页面 20×27 厘米，左右双栏，12 行 15 字，有句读符号，保存完好。不分卷，1 册，26 页，佚名撰。五言韵文。青年男女初恋时唱的歌。记录了嘲讽官家、财主，歌颂真挚爱情的调子。一朵美丽的“马樱花”，醉迷了官家、财主，他们去献媚、去攀亲，“花儿”不点头，他们只能望着流口水。老实、英俊的猎人去对歌，“花儿”甜甜笑，与猎人结为夫妻。这是阿哩中比较高雅的情调，比兴、拟人、物化、夸张等各种手法都有所运用。语言通俗、质朴，并富有浓厚的民族气息。由白佑三、宋自华翻译整理的《迎花调》，已收入四川民族出版社 1999 年出版的《彝族阿哩》一书中。

（9）《真情调 · tʂ^{33} tɕ‘i^{33} ʔɤ^{44}》

民国二十八年（1939 年）张顺德复抄本，绵纸，线订册叶装，行体，墨书。横本，页面 20×27 厘米，左右双栏，14 行 15 字，白版口，有句读符号，保存完好。书不分卷，1 册，20 页，佚名撰。五言韵文。青年男女恋爱活动中演唱。内容是表达同心同肝，永远相爱的真情。所以，唱词多为倾吐肺腑之言一类的美言甜语。今日开始唱，唱它几千回，唱成美夫妻，恩爱到白头；今日开始唱，唱它几千秋，千秋情不断，世代永相恋。是流传最广、影响最深、人人喜爱的调子。对于研究彝族阿哩有参考价值。由白佑三、宋自华翻译整理的《真情调》，已收入四川民族出版社 1999 年出版的《彝族阿哩》一书中。

(10)《夸夸调 · xo^{33} xo^{33} ʔə^{44}》

民国三十年（1941 年）张顺德复抄本，绵纸，线订册叶装，行体，墨书。横本，页面 20×27 厘米，左右双栏，14 行 15 字，有句读符号，保存完好。本书不分卷，1 册，21 页，佚名撰。五言韵文。男女娱乐相互交朋友时对唱。内容是倾慕情人，美言相赞的调子。夸赞情人的美、勤劳能干、聪明才智、真情实意。山中的好花，俏生生开着，俏得像彩虹，俏得像孔雀，俏得像仙女，世上难见着，望着会发呆，人被花迷着。阿妹的夸赞更有情趣：多情的阿哥，英俊没话说，俊得像金鸡，俊得像壮骡，阿妹爱阿哥，爱到心上啰，跟你一起玩，心里暖和和，跟你一起跳，甜到心窝窝。调子娓娓动听，醉人情怀。由白佑三、宋自华翻译整理的《夸夸调》，已收入四川民族出版社 1999 年出版的《彝族阿哩》一书中。

(11)《绣花姐 · ɕe^{22} xo^{44} tɕe^{22}》

民国二十八年（1939 年）张顺德复抄本，绵纸，线订册叶装，行体，墨书。横本，页面 22×28 厘米，左右双栏，14 行 15 字，有句读符号，保存完好。不分卷，1 册，42 页，佚名撰。五言韵文。在各种场合都可唱诵。记录了绣花姐不畏强暴，敢于抗争的精神。书中讲：有个彝家姑娘，不仅容貌美丽，而且心灵手巧，擅长绣花，人们称她叫“绣花姐”。土司要她绣鸡鸡会啼，绣凤凤会飞，绣龙龙会腾空，绣花姐都做到了。那腾空的龙吐出三团火烧死了土司，绣花姐又回到心爱的情人身边，过着甜蜜的好生活。由黄学智、宋自华翻译整理的《绣花姐》，已收入四川民族出版社 1999 年出版的《彝族阿哩》一书中。

(12)《夺堵黑 · ʔa^{44} li^{44} do^{22} du^{33} za^{22}》(即出门阿哩)

民国二十八年（1939 年）张顺德复抄本，绵纸，线订册叶装，行体，墨书。横本，页面 22×28 厘米，左右双栏，14 行 15 字，有句读符号，保存完好。不分卷，1 册，18 页，佚名撰。文学书，五言韵文。是年轻小伙子独自思情时唱的调子。记录着：出门阿哥思念家乡的阿妹思念得发狂，但两地相隔，只有苦相思、自悲叹。阿哥家穷，只好到个旧厂当砂丁。出门帮工人，孤单又可怜，想想在家乡，与妹多好玩，邀阿妹去玩，阿妹赔笑脸，邀阿妹去跳，阿妹跳得欢，一觉醒过来，独自睡在床，心里冷冰冰，心中好凄凉。由黄学智、宋自华翻译整理成《出门调》，已收入四川民族出版社 1999 年出版的《彝族阿哩》一书中。

（13）《图纳 · t‘e^{33} na^{22}》

民国二十八年（1939 年）张顺德复抄本，绵纸，线订册叶装，行体，墨书。横本，页面 23×28 厘米，左右双栏，15 行 20 字，白版口，有句读符号，有布壳护封，保存完好。不分卷，1 册，66 页，佚名撰。文学作品，五言韵文。毕摩或老者在讲古经时吟唱。记录了图纳是彝族毕摩的始祖，他历尽千难万险去寻觅文字和经书，此精神感动了诸神。在诸神的帮助下，终于到天宫找到了管文字和经书的天神六毕圣，天神赐给图纳五部经书，宴待图纳五碗仙饭和五碗仙水。从此，文字和经书不教他会看，伦理和道德不讲他已懂，美丑和善恶一见就能分，天地间的事他无所不知。图纳返回人间后，到处传文授经，培养弟子。从此，不少弟子承传着毕摩经书，并把图纳敬称为“大圣人”。宋自华根据五言韵文整理的《彝族毕摩始祖图纳》，已收入云南民族出版社 1990 年出版的《哀牢山彝族神话传说》一书中。

（14）《人的起源 · ʂu^{33} k‘a^{22} lu^{33}》

旧抄本，绵纸，线订册叶装，行体，墨书。横本，页面 23×29 厘米，左右双栏，13 行 15 字，有句读符号，有布壳护封，保存完好。不分卷，1 册，36 页，佚名撰。神话故事。记录了人的来历及换人种的经过。书中说：天神和地神决定派猴子去变人，猴子变成的人是竖眼人，凶残恶毒，互相残害。天神和地神看了十分愤怒，发了一场大洪水，将竖眼人淹死，只留下一对心肠好的兄妹来传人种。兄妹俩结为夫妻后不久，妻子生了一个大肉团，被风吹散后成了很多很多的横眼人，兄妹俩也变成了横眼人。从此，人种变了，人心变了，人爱人了。由黄文宝、宋自华翻译整理的《人的来历》，已收入云南民族出版社 1990 年出版的《哀牢山彝族神话传说》一书中。

（15）《人鹰鼠狗羊除妖 · ts‘a^{22} te^{21} xe^{33} tɕ‘i^{33} bo^{33} du^{33} me^{31}》

旧抄本，绵纸，线订册叶装，行体，墨书。横本。横本，页面 21×27 厘米，左右双栏，12 行 15 字。有句读符号，有布壳护封，保存完好。不分卷，1 册，32 页，佚名撰。文学类，传说。记录了两个神猎手带领猫头鹰、小松鼠、狗和岩羊战胜凶残妖魔的传说。书中讲，撕人体、毁房屋的妖魔十分凶残，两个神猎手带领鹰鼠、羊、狗与妖魔交战，各施绝技；鹰啄食了妖魔身上的肉，松鼠在妖魔头顶啃开了一个大洞，狗咬断了妖魔的四肢，岩羊挑出妖魔的五脏，神猎手双箭齐发，射得妖魔落进了万丈深渊；鹰、鼠、羊、狗立了大功，彝族人民崇拜它们，见它们就喂食；两个神猎手被彝家人崇拜为猎神。

（16）《羊姑娘 · bo^{22} ne^{44}》

旧抄本，绵纸，线订册叶装，行体，墨书。横本，页面 21×27 厘米，左右双栏，13 行 15 字，有句读符号，有布壳护封，保存完好。全书不分卷，1 册，31 页，佚名撰。文学类，传说。记录了善良、美丽的羊姑娘，为解除双目失明人的痛苦，她历尽艰辛找到药，治好了所有失明人眼睛的故事。书中讲，羊姑娘喜爱羊，她养着一只心爱的小羊羔，村里人都叫她羊姑娘。她有一双像葡萄一样乌黑透亮的眼睛，财主婆十分嫉妒她那双水灵灵的眼睛，用灰将她的眼弄瞎；小羊羔领着她到处求医问药，经仙家指点，用野葡萄治好羊姑娘及很多失明人的眼睛。人们感谢她，但她总是笑着说，失明人有了光明，心里也亮了，但愿所有人的心都明亮，就不会有邪念了。

［调查地点：洼垤乡坡垤村；调查对象：李和宝；调查时间：2008 年 9 月；调查整理：普开福］

2. 洼垤乡勺落垤村白洋七家保存的彝文书

勺落垤村是洼垤乡 100 多人的一个彝族小村子，位于乡政府驻地洼垤村东南不远处，过去毕摩文化发达，现在已经没有正式的毕摩。白洋七是勺落垤村的一名民间男歌手，祖上属毕摩世家，但父亲不懂彝文，他小时候跟伯父学习彝文，后来到尼白村与毕摩黄文宝学彝文、抄彝文。他于 1998 年病逝后，家里收藏的 20 多部书籍现由侄女杨八年（46 岁）保管。

杨八年保管白洋七毕摩的遗书原文名录：

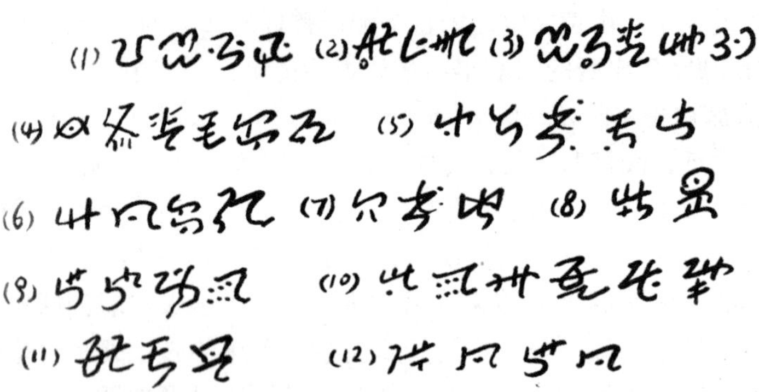

白洋七彝文遗书名称释读：

(1)《古训歌 · p‘a^{21} gu^{21} ʂɿ^{33} ʂo^{22}》

民国三十年（1941 年）白洋七复抄本，绵纸，线订册叶装，行体，墨书。横本，页面 23×27 厘米，左右双栏，12 行 10 字，有句读符号，有几处更正的涂改，保存大体完好。书不分卷，共1册，35页，佚名撰。文学类。这种歌是毕摩或长者在火塘边对青少年伦理教育时演唱，讲为人处世的哲理，劝人为善。书中讲，做人要遵循的道德，多做好事善事，不做坏事恶事；要有孝心尊敬老人，要有爱心爱护子女；要有诚心对待乡邻，要有信心对待事业等。全书充满了恶有恶报、善有善报的因果报应论，告诉人们做了好事要谦逊向上，做了错事要知悔改。

（2）《颂恩经·ɤə^{31} pu^{44} ʂɿ^{33}》

旧抄本，绵纸，线订册叶装，行体，墨书。横本，页面21×26厘米，左右双栏，15行10字，有句读符号，有布壳护封，保存完好。不分卷，1册，25页，佚名撰。丧葬经典。这种经书，多在儿女为亡故父或母守灵时毕摩在灵柩前向儿女吟诵。记录了父母对儿女无微不至的关怀和疼爱及儿女孝敬父母的虔诚心愿，父母生儿女，何一不是恩等。同时还列举了很多孝子有善报的例子：白鹦哥行孝得进皇宫门，董永卖身葬父考上了状元。

（3）《谷俄尾尼罗·ku^{21} ɤo^{33} vi^{44} ni^{44} lo^{33}》（即“昆明绿花城”）

民国三十三年（1944年）白洋七复抄本，绵纸，线订册叶装，行体，墨书。横本，页面23×28厘米，左右双栏，12行15字，有句读符号，有布壳护封，保存完好。不分卷，1册，28页，佚名撰。文学类，五言韵文，属毕摩或男女之间唱玩的歌。记录了省城是个大城市，虽然美丽漂亮，但不是穷人住的地方，不是无钱人玩的地方；街上有花花绿绿的铺子，摆满百样千样货，但无钱人一样买不起；姑娘又俏又白嫩，打招呼人家理也不理；城里人走路高昂着头，他们对山里人瞧不起，看不惯；这种地方住着倒霉，这种地方住着受气，还是山寨好，金窝银窝不如茅草窝等。全书充满旧社会城乡的差异及不健康的世俗观念。

（4）《朵搞尾吉查莫·do^{33} ga^{33} vi^{44} dʑe^{21} ts‘a^{33} mo^{21}》（即蜜蜂采花调）

民国三十三年（1944年）白洋七复抄本，绵纸，线订册叶装，行体，墨书。横本，页面23×28厘米，左右双栏，12行15字，有句读符号，有布壳护封，保存完好。不分卷，1册，26页，佚名撰。文学类，五言韵文。多为小伙子失恋或悲伤时唱。记录了蜜蜂采花（喻伙子恋姑娘）的种种困难和阻力，但蜜蜂壮心不灭，最终采到了花蜜。花长悬崖上，蜜蜂很难采；花长风口处，风大蜂难飞；花长刺丛中，蜜蜂不敢挨；花长河中间，蜜蜂采不着。花俏醉蜜蜂，蜜蜂飞不停，日日去采花，终采到花蜜。

（5）《咪尾色讷卓·mi^{44} və^{21} de^{31} ne^{44} dzo^{22}》（汉语称“远处小伙子想姑娘”）

民国三十一年（1942年）白洋七复抄本，绵纸，线订册叶装，行体，墨书。横本，页面 23×28 厘米，左右双栏，12 行 15 字，有句读符号，有布壳护封，保存完好。不分卷，1 册，28 页，佚名撰。文学类，五言韵文诗歌。男女恋爱中唱诵。书中讲，伙子想姑娘想得甜甜蜜蜜，想得入痴入醉，想得撕心裂肺，盼望着能与姑娘配成一双，祈祷着能与姑娘配成一对。回想起相约唱阿哩的天真时刻；回想起吃火草烟的谈心日子；回想起一起跳烟盒舞的热恋情景；回想起相依相偎在一起的甜蜜，小伙子的心跳得不停，不能入睡。这是一个痴心痴情者的自我表白，这是独自思情的自我陶醉。

（6）《勒吉查莫·$lə^{44}$ $tɕe^{31}$ $tsʻa^{21}$ mo^{21}》

民国三十一年（1942 年）白洋七复抄本，绵纸，线订册叶装，行体，墨书。横本，页面 23×28 厘米，左右双栏，12 行 15 字，有句读符号，有布壳护封，保存完好。不分卷，1 册，32 页，佚名撰。文学类，五言韵文。多为男女青年在一起娱乐、谈心时唱。记录了青年男女到十五六岁时，就跟着阿哥、阿姐们学唱调子的本领，今后才能进入情场寻觅心爱的情人等。书中讲，唱跳既要会尊重对方，又要会试探对方；既要会绕山绕水作比喻，又要会直表心意；既要会腼腆含羞，又要会大方热烈；既要会“情花”开放，又要会情意深藏；既要会撒娇逗趣，又要会稳重自洁。总之，要学会看透对方的心，知晓对方的情，这样才能与他相交，才能与他谈情。

（7）《哭情人·$kʻu^{31}$ de^{31} $tsʻa^{21}$》

旧抄本，绵纸，线订册叶装，行体，墨书。横本，页面 15×19 厘米，左右双栏，10 行 10 字，有句读符号，保存完好。不分卷，1 册，21 页，佚名撰。文学类，五言韵文。用于清明节时，妻子在丈夫的坟前哭唱。书中讲，妻子怀念亡故的丈夫，每到清明节，便到宗族的坟山上祭献亡夫，哭诉旧情；倾诉相亲相爱、相依相偎的甜蜜日子，倾诉互相关心、互相照顾、和睦相处的恩爱情意；倾诉有苦有累共承担，欢欢乐乐面无愁，万难不把头低下，同情同心硬骨头的精神。表达“但愿来生再有缘，我做妻来你做郎，亲亲热热相恩爱，来世重把幸福享”的心愿等。由黄学智、宋自华翻译整理的《哭情人》，已收入四川民族出版社 1999 年出版的《彝族阿哩》一书中。

（8）《张宠·$ʈʂa^{33}$ $ʈʂʻo^{33}$》

旧抄本，绵纸，线订册叶装，行体，墨书。横本，页面 23×28 厘米，左右双栏，15 行 15 字，有句读符号，有布壳护封，保存完好。不分卷，1 册，50 页，佚名撰。文学类，爱情故事。记录了张宠与叶女的爱情悲剧。张宠虽然贫穷，但他待人忠厚老实，又有务农的好本领，村里美貌的叶女姑娘嫁给了他，夫妻俩恩恩爱爱，生了一子叫天儿。当地有个坏良心的色鬼，想夺张宠美妻，施了种种毒计。张宠上当受骗，不分青红皂白，大骂叶女，逼着她走，妻子好说歹说都不行，没法，带着天儿远走他乡，美好的姻缘就这样被张宠断送了。后来，他知道自己上了色鬼的圈套，悔恨自己不该将叶女赶走。他到处去打听叶女的下落，遭到乡邻们的痛骂。他在痛苦中挣扎，他在悲伤中哭泣。

（9）《贝萨与宝妹 · be^{33} da^{44} $m\varepsilon^{44}$》

旧抄本，绵纸，线订册叶装，行体，墨书。横本，页面 21×26 厘米，左右双栏，12 行 15 字，有句读符号，保存完好。不分卷，1 册，38 页，佚名撰。文学类，爱情传说。书中讲，贝萨与宝妹的真心、痴情感动天上的太阳和月亮，将这对情人带到了天上；贝萨爱上了美丽的宝妹，想得到宝妹的恶人方疾怀恨在心，他害死了贝萨和宝妹；爹妈将他们同葬一坟里，后来坟头上经常飞着一对由贝萨变成的花蝴蝶和由宝妹变成的白蝴蝶。方疾恼怒，又用刺枝烧坟，太阳公公和月亮婆婆见了十分愤怒，用金针、银针处死了方疾家的人。太阳公公领走了花蝴蝶，它放出异彩，从此太阳五光十色；月亮婆婆领走了白蝴蝶，它放出白光，从此月亮更加皎洁。

（10）《松妹柏哥除妖 · $t^{‘}a^{33}$ $m\varepsilon^{33}$ $ʂu^{31}$ mo^{44} du^{33} me^{31}》

旧抄本，绵纸，线订册叶装，行体，墨书。横本，页面 23×29 厘米，左右双栏，13 行 15 字，有句读符号，有布壳护封，保存完好。不分卷，1 册，36 页，佚名撰。文学类，爱情故事。记录了松妹和柏哥不畏凶险，为民除妖的故事。书中说，松妹能用飞石，柏哥能用弓箭砸、射飞的鸟、跑的兽。松寨和柏寨的村民们深受妖魔的残害，男女妖魔专吃人的眼珠和心肝；松妹和柏哥不畏凶险，大胆与妖魔激战，他们用飞石、神箭射瞎了妖魔的双眼，在妖魔张开血盆大口，想将他们吸进肚里的紧急时刻，乡亲们的数十支箭及松妹和柏哥的石、箭将妖魔射死了，乡亲们为这对英雄情人举办了隆重的婚礼。

（11）《笃慕查 · du^{22} mu^{33} $ʈʂ^{‘}a^{22}$》

旧抄本，绵纸，线订册叶装，行体，墨书。横本，页面 22×27 厘米，左右双栏，12 行 15 字，有句读符号，有布壳护封，保存完好。不分卷，1 册，32 页，佚名撰。文学类，远古民族起源神话。记录了彝族九祖分支的故事。书中讲，天是鼠日生的，地是牛日生的，人是虎日生的，但大地上发了一场大洪水，把所有的人都淹死了，只有好心的笃慕，天神教他砍树做成一条船，笃慕在洪水中幸存下来了；天神派三个仙女下凡做笃慕妻，妻生了九个儿女后，笃慕把儿女们分到四方，因此有了彝族历史上的“九祖分支”。有玉溪市民族宗教局普开福“四行体”翻译稿，编入新近整理的《吾查》一书，交由楚雄彝族自治州作为大型系列“彝族毕摩经典译注”之一出版。

(12)《伙间贝间 · xo^{44} $tɕe^{44}$ be^{33} $tɕe^{44}$》（即婚配起源）

旧抄本，绵纸，线订册叶装，行体，墨书。横本，页面 23×28 厘米，左右双栏，15 行 15 字，有句读符号，有布壳护封，保存完好。不分卷，1 册，28 页，佚名撰。文学类，传说。书中讲，彝族的婚配是四个仙女赐教的，她们寻到新平的磨盘山、元江的龙马山，教会了彝家男女进行婚配。还讲诸葛亮南征后，新平、元江的彝族按原始部落的图腾来划分宗族，开始推行一夫一妻的“外婚制”，同姓宗族一般不通婚等。记录了行婚配的礼仪及分宗开亲后人丁的迅猛发展等。

［调查地点：洼垤乡勺落垤村；调查对象：杨八年；调查时间：2008 年 9 月；调查整理：普开福］

3. 澧江镇弯街村白佑三家的彝文藏书

位于元江县城内（东南面）澧江镇弯街一带的村落居住着彝族 700 多人，他们大多是新中国成立后经地方政府动员，从山区搬迁来城坝定居的。

白佑三，彝族，2007 年病逝，终年 82 岁，遗留的彝文书 90 多本，由其子白文瑞（43 岁）继承保管。

白文瑞保管的白佑三彝文遗书原文名录：

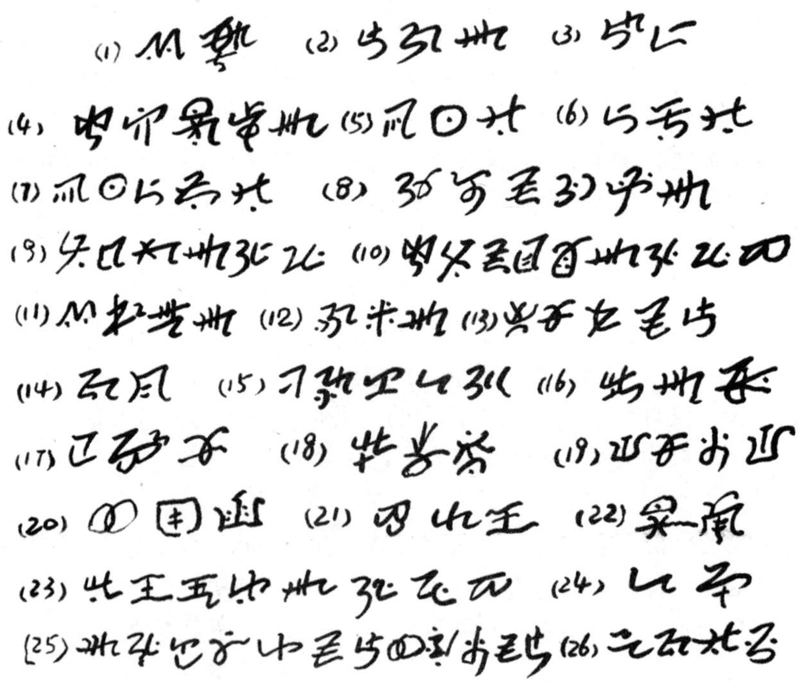

白佑三家的彝文遗书名称释读：

（1）《吉纳・dʑi21 na21》

旧抄本，绵纸，线订册叶装，行体，墨书。横本，页面 26×29 厘米，墨框 24×27 厘米，四周单栏，15 行 20 字，白版口，有布壳护封，有句读符号，保存完好。不分卷，1 册，52 页，佚名撰。该书属于丧葬时的祭祀经，记录了生者应该怎样祭献死者；死者一生的经历出生、成长、结婚、抚养儿女、治家理财的经过；人死的道理，凡有血有肉会动的都会死，皇帝会死，做官、大富的人会死，什么人都会死；如果一生善良，美名会留在世上等。书中讲，去阴间的路及生者祭献的物品，让死者心满意足地离开人间，去阴间找他的归宿——祖先居住的地方。由白佑三、宋自华翻译记录的四行体《吉纳》篇，已收入云南民族出版社 1989 年出版的《尼祖谱系》一书中。

（2）《卓蒙祀・dʐo21 mo31 ʂɿ33》（元江洼垤指路经）

旧抄本，绵纸，线订册叶装，行体，墨书。页面 26×29 厘米，墨框 24×27 厘米，四周单栏，15 行 20 字，白版口，有布壳护封，有句读符号，保存完好。不分卷，1 册，48 页，佚名撰。丧葬诵经。记录了歌颂、宽慰死者的赞美语言，指出了三种人去阴间的路。书中讲，上边是皇帝和做官人走的路，中间是毕摩走的路，下面是一般人走的路。还记录了黄泉路上险恶无数，关卡重重，怎样越过险境，怎样通过关卡，怎样对付阴间的恶鬼；见河怎样渡，见山路、森林怎样走，见悬崖怎样攀越；见了祖先后怎样听从祖先的教诲等。

（3）《萨布・da44 pu44》（哭丧调）

旧抄本，绵纸，线订册叶装，行体，墨书。横本，页面 23×29 厘米，左右双栏，15 行 15 字，有句读符号，保存完好。不分卷，1 册，38 页，佚名撰。丧葬仪式上的诵经。记录了儿子祭祀阿爹时，缅怀阿爹在世历尽千辛万苦，节衣缩食，不吃让儿吃，不穿让儿穿，时时把儿抱怀里，时时把儿挂心间，无微不至地将儿女抚养成人的善绩等。书中讲，阿爹平时肯帮助他人，为众人做好事善事，他死了，乡邻们都来祭献、磕头、哭丧，表达撕心裂肺、生死离别的痛苦，依依难舍的怀念；他上山照亮一半山，谁有困难他相帮；他进寨照亮一寨子，乡邻一求他相助；乡邻们带着猪、牛、羊来献给他，让他带去，让他享受，让他高兴，不再怀念人间等。

（4）《人病看卦书・ts‘a21 no21 ni44 gu21 ʂɿ33》

旧抄本，绵纸，线订册叶装，行体，墨书。横本，页面 24×28 厘米，左右双栏，12 行 15 字，有句读符号，保存完好。不分卷，1 册，26 页，佚名撰。民间祭祀书，人得病时请毕摩看病，看此书。书中记录了何日得病，就可以从卦书上查出是什么鬼害的，主人家应该怎样驱赶恶鬼，怎样祭献或怎样叫魂；鬼害的病，看什么方位染上的病；有的方位染上的病，会忽而发冷，忽而发热，坐不住，睡不宁，吃不下，喝不下；有的方位染上的病，会使患者脚手不能动、说胡话；卦书能让你知晓病因、病情、病状，也让你知晓排除病的种种方法等等。

（5）《娶媳看的属相 · mɛ^{21} t‘o^{21} ȵi^{44}》

1983 年白佑三复抄，白色洋纸，行体，墨书。横本，页面 16 × 19 厘米，10 行 12 字。共 1 页，佚名撰。内容讲男方在本属相年能不能娶，需请毕摩看日测日。书中讲，属鼠的男人，属羊年不能娶妻；属虎的男人，属鸡年不能娶妻；属龙的男人，属猪年不能娶妻；属马的男人，属牛年不能娶妻；属猴的男人，属兔年不能娶妻；属牛的男人，属羊年不能娶妻；属虎的男人，属龙年不能娶妻；属猪的男人，属马年不能娶妻。

（6）《嫁女看的属相 · ȵi^{21} ne^{44} ȵi^{44}》

1983 年白佑三复抄，白色洋纸，行体，墨书。横本，页面 16 × 19 厘米，12 行 11 字。1 页，佚名撰。婚嫁习俗书。女方在属相本年能不能嫁，需请毕摩看此书测日子。书中讲，属鼠的姑娘，属兔年不能嫁；属虎的姑娘，属牛年不能嫁；属龙的姑娘，属猪牛不能嫁；属马的姑娘，属鸡年不能嫁；属猴的姑娘，属羊年不能嫁；属狗的姑娘，属蛇年不能嫁；属牛的姑娘，属虎年不能嫁；属兔的姑娘，属鼠年不能嫁；属蛇的姑娘，属狗年不能嫁；属羊的姑娘，属猴年不能嫁；属鸡的姑娘，属马年不能嫁；属猪的姑娘，属蛇年不能嫁等。

（7）《讨媳嫁女看的属相 · mɛ^{21} t‘o^{21} ȵi^{21} ne^{44} ni^{44}》

1983 年白佑三复抄本，白色洋纸，行体，墨书。横本，页面 16 × 19 厘米，6 行 14 字，全书只有 1 页。民间婚配习俗书。内容讲，讨媳妇嫁女时，究竟哪天日子不好，需请毕摩看本书测算。记录了一至十二月讨媳嫁女不好的日子，如正月属鼠日不好；二月属鸡日不好；三月属马日不好；四月属兔日不好；五月属鼠日不好；六月属鸡日不好；七月属马日不好；十月属鸡日不好；十一月属马日不好；十二月属兔日不好等。

（8）《家财不顺叫财神 · xe^{21} k‘u^{44} dʑe^{21} lo^{21} ʔə^{44} ʂʅ^{33}》

1983 年白佑三复抄本，白色洋纸，行体，墨书。横本，页面 16 × 19 厘米，10 行 10 字，有句读符号。不分卷，1 册，14 页，佚名撰。民俗祭祀书。书中讲，生产生活不顺，收支不平衡，支出多收入少；家庭的财物被外人借而不还或常被人盗，认为是财神离家所致，必须念此经叫回财神；家里的财产如果常外流，视为“不顺”，所以要举行“叫财神”仪式，将财神叫回家中保护家财，并希望金银财宝进家来，畜厩关满猪、牛、羊，粮食堆满仓；人生有千年，千年叫财神；人生有万年，万年叫财神；只有财神护家，家庭才会兴旺。

(9)《赶家中的鬼魂 · ʂʅ^{21} na^{21} dʑe^{21} ʂʅ^{33} ʂo^{21} ʐa^{21}》

1983 年白佑三复抄本，白色洋纸，行体，墨书。横本，页面 16 × 19 厘米，10 行 14 字，有句读符号。不分卷，1 册，16 页，佚名撰。祭祀经书。村里或家里灾害增加，找不着原因时，请毕摩念此经，并举行驱鬼仪式。书中说，死鬼的魂，他不愿离开家，便躲在门背后、灶房里、谷仓里、床底下及他认为找不到的地方；让阴间来的鬼找不着，捉不去；但鬼魂在家会祸害家人，即使是家中最受尊敬的长辈或最贤孝的晚辈，一旦死了，他们已成为鬼魂，若留在家中，照样会祸害家人；因此，必须用桃树叶、尖刀草捆成扫帚打扫整个家，这样可将鬼魂赶出家，家庭就平安了；若不打扫，鬼魂会给家人带来种种意想不到的灾难。

(10)《为快死的人叫财神 · ts‘a^{21} ʂʅ^{21} dʑe^{22} lo^{22} tsə^{21} ʂʅ^{33} so^{22} ʐo^{22} ŋə^{21}》

1983 年白佑三复抄本，白色洋纸，行体，墨书。横本，页面 16 × 19 厘米，8 行 10 字，有句读符号。不分卷，1 册，10 页，佚名撰。丧葬经。人快死时，家人请毕摩念此经招财神。书中说，财神不仅管家财，还管着人的生命；通过“打”，把害人的恶鬼打回去；“迎”，把一切好的迎回家，长寿迎回家，好运、福气迎回家，财粮迎回家；“叫”，把财神叫回家，带着快死人的魂回家；在天上的大财神把儿女带回来，在地上的二财神把孙男孙女带回来；神命像天高，神命像水长，财神在家永远幸福安康。

(11)《祭献祖先经 · mi^{44} ne^{31} dʐe^{33} ʂʅ^{33}》

旧抄本，绵纸，线订册叶装，行体，墨书。横本，页面 21 × 27 厘米，左右双栏，13 行 15 字，有句读符号，有布壳护封，保存完好。不分卷，1 册，22 页，佚名撰。丧葬经书，过年过节时，要祭献祖先念此经书。家中的祭献，由男性或女性长者在祭献时吟诵祈祷词，请祖先回家过节，求其保佑家人平安、兴旺。宗祠里的祭献，由毕摩吟诵“祭祖先经”。其内容讲到：为请祖先保佑村里的老年人，让他们像松柏长青；保佑村里的中年人，让他们多吉利、多福禄；保佑村里的年少人，让他们快快成长大，长成聪明人等。

(12)《招魂经 · bu^{44} ʑi^{33} ʂʅ^{33}》

旧抄本，绵纸，线订册叶装，行体，墨书。横本，页面 21 × 25 厘米，左右双栏，13 行 15 字，有句读符号，保存完好不分卷，1 册，16 页，佚名撰。祭祀书。正常人突然精神萎靡不振，怀疑丢了魂魄可念此经。书中讲，人受惊吓后，若身体消瘦，心神不安，不思饮食，人们认为这人已经魂不附体，游魂到处去躲藏。家中长者或毕摩要到受惊吓处或在门口、房顶上招魂，吟诵“招魂经”，希望将其魂招回家中附上人体，使其病愈，使其健康。

（13）《白鹦哥故事 · be^{33} ʑi^{33} ko^{44} dʑe^{22} dʐo^{21}》

1983年白佑三复抄本，绵纸，线订册叶装，行体，墨书，页面21×27厘米，左右双栏，12行15字，有句读符号，保存完好。不分卷，1册，38页，佚名撰。伦理教育文学书。此书是毕摩或长者在火塘边对青少年进行伦理教育时的教材。记录了白鹦哥孝敬阿妈的故事。书中讲，孝子为了给患病的阿妈去采梨，遭到梨主人和府衙的诬陷，说它是妖怪，把它送到皇帝那里去，皇帝叫白鹦哥说话，白鹦哥不肯。皇帝一怒，杀了府官及梨主人。白鹦哥看到诬陷自己的人被杀，高兴得向皇帝说话，皇帝放它去孝敬阿妈。它把阿妈埋葬后，又回到皇宫里去陪伴皇帝，并为皇帝出谋划策做事情。

（14）《莫合 · mo^{22} ho^{22}》

旧抄本，绵纸，线订册叶装，行体，墨书。横本，页面20×25厘米，左右双栏，12行15字，有句读符号，保存完好不分卷，1册，68页，佚名撰。五言韵文，叙事诗。毕摩和歌手在讲古经时吟唱，男女青年谈情时也吟唱。记录了莫合与张尾叶的坚贞爱情。书中讲，莫合与张尾叶虽是指腹为婚，但他们十分恩爱；莫家破败后，张家想另选高门大富的女婿，但莫合与张尾叶誓死不从；他们不畏封建礼教的迫害，奋力抗争，进行不屈不挠的斗争；张家逼着尾叶另嫁他人，尾叶誓死不从，在花轿里用剪刀自尽取义，莫合悲痛地为尾叶举行葬礼；他们的恩爱，是彝家真心真情的典范。由白佑三、宋自华、白玉龙翻译整理的《莫合》，已收入德宏民族出版社1987年出版的《彝族叙事诗集》一书中。

（15）《夺布若阿依 · do^{21} bu^{33} ʐo^{33} zo^{44} ʑe^{44}》

旧抄本，绵纸，线订册叶装，行体，墨书。横本，页面20×26厘米，左右双栏，12行15字，有句读符号，保存完好。不分卷，1册，38页，佚名撰。五言韵文，叙事诗。毕摩和歌手在讲古经时吟唱，男女青年谈情时也吟唱。记录了彝家的一个贵族公子与仙女金花倾心相爱的经历。书中讲，他们相互表示要“爱到蒿枝长，成木能打凳，爱到茅草长，成木能做梁”，“百世永相爱，千载永相恋”；虽天规严厉，但难将“情火”扑灭，他们“誓死不分离，生死在一起，代代永相爱，万代做夫妻”。由白佑三、宋自华翻译整理的《夺布若阿依》，选载于《元江民族民间文学资料》第5辑。

（16）《张四姐 · tʂa^{33} ʂɿ^{55} tɕe^{21}》

旧抄本，绵纸，线订册叶装，行体，墨书。横本，页面23×28厘米，左右双栏，12行15字，有句读符号，保存完好。不分卷，1册，56页，佚名撰。文学类，五言韵文，叙事诗，毕摩和歌手在讲古经时吟唱。书中讲，天上王母看到凡间奸臣掌权，百姓遭殃，为了将百姓救出苦海，王母派四姑娘下凡，取姓为张，众人称她“张四姐”。她与穷困到住山洞的书生崔维相成婚后，把山洞变成了金碧辉煌的房屋，金银堆满箱，夫妻俩过着幸福、美满的好日子。唐太宗的大臣看到后，诬陷崔维相盗了富家金银钱财，抓到死牢里关押。张四姐怒烧府衙，唐太宗知道张四姐是个了不起的女将才，封她为统军大元帅，崔维相当上了丞相。从此，奸臣被惩处，天下太平，国家安定。由普开福、宋自华翻译整理的四行体合编本《普大王、张四姐》已出版。

（17）《刘秀英·le^{22} ɕe^{55} ʑe^{33}》

旧抄本，绵纸，线订册叶装，行体，墨书。横本，页面 22×27 厘米，左右双栏，12 行 15 字，有句读符号，保存完好。不分卷，1 册，56 页，佚名撰。文学类，五言韵文，叙事诗。毕摩和歌手在讲古经时吟唱。书中记录了刘秀英的贞节和孝敬公婆的美德。书中讲，王文祯娶了个美貌如花的刘秀英为妻。王有个很要好的朋友叫张弓生，自从见到王妻刘秀英后，友情慢慢淡薄，恶念慢慢抬头，他害死了王文祯，想霸占刘秀英为妻。刘秀英将张弓生告到县衙，新来的县官是个清明廉政的好官，立即将张弓生打入死牢。因张家势力大，没有皇上的圣旨是治不了张家的，新县官奏明皇上，皇帝下旨斩了罪大恶极的张弓生一家。刘秀英不愿再嫁，表示要一辈子侍奉公婆。

（18）《张春方》

旧抄本，绵纸，线订册叶装，行体，墨书。横本，页面 23×28 厘米，左右双栏，12 行 15 字，有句读符号，保存完好。不分卷，1 册，52 页，佚名撰。文学类，五言韵文，叙事诗。毕摩和歌手在讲古经时吟唱。书中记录了张春方好心救助遭难、穷苦人的故事。书中讲，张春方领着弟弟去做生意，有一天，他们在途中出了一百两银子买下了一条快被宰杀的大蛇，放回河里，原来那蛇是龙王三太子。一伙强盗见张春方有钱，想敲诈他，张春方没有办法，只好跳进河里，被龙王三太子接进龙宫。张春元见哥哥被淹死，到处卖苦力来养活哥哥的两个儿子。后来兄弟团圆，用龙三公子给的金银做生意，把赚来的钱拿去救济世间的穷苦人及遭难人。

（19）《元英贵元·ʑe^{22} ʑe^{33} ko^{55} ʑe^{33}》

旧抄本，绵纸，线订册叶装，行体，墨书。横本，页面 21×26 厘米，左右双栏，12 行 15 字，有句读符号，保存完好。不分卷，1 册，44 页，佚名撰。文学类，五言韵文，叙事诗。毕摩和歌手在讲古经时吟唱，反映了心善者必有后福，心恶者必有后难的故事。书中讲，杭州府有个叫周厚台的医生，讨个吴氏为妻，生了个姑娘叫元英，生了个儿子叫贵元。吴氏死后，周厚台又娶了个刘氏做妻，刘氏狠毒地对待元英、贵元，并将他们赶出家，并叫家中长工去暗杀他们，长工不肯，帮元英、贵元逃离后，被一个好心老人收养，供他们读书，贵元考上了状元，元英嫁了好人家。姐弟相约回老家寻找亲生父亲，一家人又过上了和睦相亲的美好生活，狠毒的刘氏气得暴病而死。

（20）《吴振福 · vu^{31} tʂə^{33} fu^{21}》

旧抄本，绵纸，线订册叶装，行体，墨书。横本，页面 23 × 28 厘米，左右双栏，12 行 15 字，有句读符号，保存完好。不分卷，1 册，50 页，佚名撰。文学类，五言韵文，叙事诗。毕摩和歌手在讲古经时吟唱。书中讲，一个家庭应该相亲相爱，和睦相处，才能幸福美好，若良心狠毒，必有恶报。吴振福娶了个聪明贤惠的妻子刘氏，夫妻俩十分恩爱，孝敬父母。后吴振福到汉口经商时，为救一个可怜妓女苏竹，他用银子为她赎了身，带回家里做他的小老婆，刘氏待小老婆苏竹亲如姐妹。后刘氏去世，吴振福又娶了一个小老婆，此人狠毒，逼死了苏竹，苏竹复生后，吴振福将狠毒的小老婆赶出家，后抛尸荒野。从此，吴振福与苏竹过着恩恩爱爱的夫妻生活。

（21）《普大王 · p‘u^{33} ta^{55} ɣa^{31}》

旧抄本，绵纸，线订册叶装，行体，墨书。横本，页面 23 × 28 厘米，左右双栏，12 行 15 字，白版口，有句读符号、章节符号，保存完好。不分卷，1 册，100 页，佚名撰。文学类，神奇人物预言故事。书中讲，普大王是个足智多谋、神通广大的神奇人物。他能知晓前后 6900 年的事，上知天文，下知地理，通晓前人历史，预知后人世事。传说他是唐朝时从巍山到新平来躲难的，在这期间，他为彝族人民做了很多好事，彝族人民十分崇拜他。他写下了很多前人世事和后人世事的种种社会变革和历史人物的兴衰成败。后普大王神秘地消失了，人们将他的文稿汇集成《普大王》，后人将此书传抄，至今还有很多口头传说和抄本散遗民间。又传说“普大王”是个智者塑造的人物，因种种原因，著者没有署名。现有新平抄本和元江抄本。对于研究彝族的天文、地理、历史、政治、经济、文化等有参考价值。由普开福、宋自华翻译整理的四行体合编本《普大王、张四姐》已列入楚雄彝族自治州“毕摩经典”系列出版。

（22）《董永 · do^{33} ʐo^{33}》

旧抄本，绵纸，线订册叶装，行体，墨书。横本，页面 23 × 28 厘米，左右双栏，15 行 20 字，白版口，有句读符号，保存完好不分卷，1 册，122 页，佚名撰。文学类，传说。书中讲，董永卖身葬父的孝心及对爱情的真心，他有了好报，考上了状元。七仙女回天宫后，董永去找他的老师，苦读了一个春秋，终于考上了状元。皇帝要招他为驸马，董永不肯，向皇帝禀明他已有了爱妻，虽是一仙一凡，但毕竟是恩爱夫妻。董永对七仙女的痴爱，感动了皇帝和天上的皇后，皇帝不再逼他当驸马，天上的皇后也恩准每年七月七，七仙女与董永既可在银河边相会，也可到凡间相会。七仙女与董永之子，长大后也做了京城的大官。

（23）《唐朝皇帝游地府·t‘a^{31} ɣa^{31} ŋo^{33} mi^{44} ʂɿ^{33} so^{22} ʐa^{31} ŋ^{21}》

旧抄本，绵纸，线订册叶装，行体，墨书。横本，页面26×29厘米，左右双栏，15行20字，白版口，有句读符号，有布壳护封，保存完好。不分卷，1册，98页，佚名撰。文学类，传说。讲述为帝为官者要公正执法，为民做主，才能使天下太平。大地干旱要龙王下雨，龙王下错了雨，将城里的多数人淹死了。唐帝知道是龙王好心办了错事，向他保证不杀他。但丞相却偷偷把龙王杀了。龙王不服，到阴曹地府去告状，为了澄清事实，阎王将唐朝皇帝请到地府对质，唐帝唇枪舌剑，终于说服了阎王，将龙王放了。还放了很多冤死的鬼魂。由于唐帝为民做主，天下太平，人民安居乐业。

（24）《判官·ʔa^{22} dʐo^{22}》

旧抄本，绵纸，线订册叶装，行体，墨书。横本，页面18×26厘米，左右双栏，12行15字，白版口，有句读符号，保存完好。不分卷，1册，35页，佚名撰。文学类，传说。书中讲，兄、嫂、弟之间的情感，嫂嫂心里的邪念，兄弟的憨厚和老实。阿支和弟弟阿若分家，阿支本想分点好东西给弟弟。阿若什么也不要，自己到了阴间，但阎王不收阿若，又把他赶回人间。嫂嫂想再逼阿若去阴间，阿若把阎王不收的实情告诉嫂嫂，但嫂嫂仍再次威逼，阎王怒了，派阴间小鬼将嫂嫂的魂捉到阴间，阿支和阿若兄弟俩又合家团圆了。

（25）《李自成、吴三桂的故事·ʂɿ^{33} so^{22} li^{44} bə^{22} ts‘ə^{21} dʑe^{33} dʐo^{22} vu^{22} sa^{33} ko^{44} dʑe^{21} dʐo^{22}》

旧抄本，绵纸，线订册叶装，行体，墨书。横本，页面26×29厘米，左右双栏，15行20字，白版口，有句读符号，有布壳护封，保存完好。不分卷，1册，92页，佚名撰。文学类，人物故事。书中讲述的是李自成率义军占领了北京，吴三桂引清兵入关，清兵打到北京，清廷建立的故事。书中讲，李自成借干旱、水灾之机，率领起义军为民众抗租、抗税，并联络明军将领里应外合进攻北京。崇祯皇帝吊死，李自成占领北京。后吴三桂引清兵入关，清兵打到北京，杀了李自成，清廷成立。清皇帝派吴三桂镇守云南，吴三桂心怀不满，清廷派将士去云南向吴三桂传旨，被吴三桂杀了。后康熙皇帝派大队兵马征服云南，杀了吴三桂。

（26）《真莫尼祀·tʂə^{44} mo^{22} ȵi^{44} ʂɿ^{33}》（即看星星的书）

旧抄本，绵纸，线订册叶装，行体，墨书。横本，页面18×23厘米，左右双栏，10行15字，有句读符号，保存完好。不分卷，1册，26页，佚名撰。天文地理书。书中记录，男的有一个星盘，有九星座，即罗侯星、土星、水星、吉斗星、白鹤星、火星、吉堵星、月亮星、还愿星。女的也有一个星盘，有九星座，即唐黑星、过水星、岩寿星、铜爬星、吉者星、平斗星、大箐星、铁擦星、梯者星。根据男或女的岁数所对星座是什么星，再去对看此星的运程记述，便知道这一年岁的男或女什么时候吉，什么时候凶。对于研究彝族天文地理很有价值。

［调查地点：澧江镇弯街村；调查对象：白文瑞，男，43岁；调查时间：2008年9月；调查整理：普开福、宋自华］

第二节　通海县彝族彝文古籍

通海县位于省境中部偏南，杞麓湖畔的湖积平原上，石灰岩山地围绕四周，面积721平方公里。辖6镇3乡，69村（办），509个合作社，360个自然村，总人口27.2万人。全县居住的民族主要有汉、彝、回、蒙古、傣、哈尼等民族。少数民族人口3.96万人，占全县总人口的14.56%，其中彝族1.61万人。

彝族是通海县少数民族人口最多、住地较广、历史悠久的一个世居民族。主要居住在里山彝族乡的里山、大黑冲、象平、芭蕉行政村，高大傣族彝族乡的路南，九街乡的水塘，四街乡的四寨行政村，河西镇的清水河、改水沟办事处等，共44个自然村，少部分与汉、傣、哈尼族杂居。彝族聚居区位于通海县城的东、南、西、北部的边缘地带，东与华宁县华溪乡，东南与建水县曲江镇、石屏县龙朋镇接壤，西南与峨山县小街镇、玉溪市研和乡连接，北与江川县九溪毗邻。彝族所居村寨，都在海拔2000米左右的山区，多属与邻县接壤的偏僻地方，以大分散、小聚居的状况与其他民族交错而居。一寨一般有十几户、数十户人家。住宅多为土木建筑，与汉族地区大致相同。

通海彝族有自己的语言、文字。据语言工作者的研究划定，通海彝族语言属南部方言，自称“聂苏妙”，具有语言简明、音韵优美、词汇丰富等特点。尤中先生在《中国西南民族史》所述，今通海的彝族多数是“聂苏支系”。彝族因长期与汉族杂居交往，现在除里山的平坝、上庄科、下庄科、石坎、象平、芭蕉，四寨的白新寨、大寨、小新庄，高大的老熊箐、大塆上、柿花树、龙树脚、大营盘等村男女老幼通用彝语外，其他的村、社，只有年老者或少数 50 岁以上的人能讲、能听彝语。

历史上，通海县境彝族民间都有彝文经书传流。据里山彝族乡芭蕉村公所葫芦田村、芭蕉村发现的 69 册彝文书籍，内容涉及天文、地理、宗教、历法、医药等，如《祭天经》、《指路经》、《历法》、《药书》等。当地群众都知道，毕摩是彝族的民间知识分子，是彝文的掌握者、传授者和民族传统祭祀文化活动的主持者。长期以来，彝文逐渐脱离了群众，为少数彝族知识分子（毕摩）所掌握。新中国成立后，芭蕉村公所葫芦田村的老毕摩李文昌（66 岁病故）、大黑冲村公所下打马坎村的李永德等识彝文（后来也病逝），其后代及当地其他的毕摩能诵经文的人，已不能指出某字读某音，仅凭口念，彝文书也慢慢消失。从四街乡镇寨村公所不磨村施姓、河西镇清水河办事处普乃冲村杨姓用生白土布书写的现存彝文家谱看，通海彝族过去是普遍有自己的文字的，只是后来逐渐流失。

目前，通海彝族地区的彝文，主要收存和使用于里山彝族乡芭蕉箐村、葫芦田村一带，彝文书还收存有几十本，毕摩和实习毕摩（不能通读彝文经典的祭祀主持人员）还有四五人。其他地方基本没有称职的毕摩，也找不到彝文典籍。

1. 芭蕉箐村普发启、李发元家收藏的彝文典籍

芭蕉箐村是通海里山彝族乡一个 400 多人的彝族大村子。普发启（55 岁）就是该村的一位毕摩。他与同村的李发元（53 岁）从父辈毕摩那里继承收藏彝文书，自学彝文，在当地担任毕摩。两人共同保存和轮流使用同一套彝文书，共有 40 多本。他们住的是土掌房，这些经书保存条件较差，有的彝文书装在竹箩里挂着，有的装在木柜里，部分书籍已被雨水侵蚀，部分被虫蛀。其书有以下抄本。

普发启、李发元保存的彝文经籍名称：

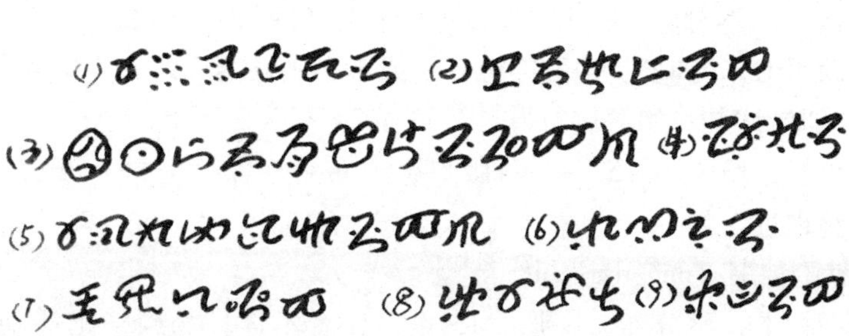

普发启、李发元保存的彝文典籍名称释读：

（1）《水贝黑衣书 · ʐi^{21} dʑi^{31} mə^{44} ne^{33} mo^{21} ŋu^{33}》

白绵纸，册叶线装，黑墨迹行楷体。横本，页面24.5×30.5厘米，墨框24×30厘米，左右竖单栏，15行×15字，白版口，土布封，保存完好。书页边框上边有小标题。此书是本村人杨林昌于民国时期（虎年）从毕摩张贵仙哪儿抄的。不分卷，一册，76页，作者不详，彝族丧葬经典著作，当地毕摩又称丧事“公书”（别处称“母书”），是用于最上等人丧葬活动的“黑们查”。五言诗体，未翻译整理过。

（2）《子女献活物书 · zo^{33} ne^{44} da^{44} pu^{44} ʂu^{33} ŋə^{21}》

绵纸旧抄本，册叶线装，黑墨迹行楷体。横本，页面24×25厘米，墨框23×24厘米，左右竖单栏，14行×21字，白版口，土布护封，保存完好。不分卷，一册，26页，佚名撰。彝族丧葬经典著作，当地俗称“祭生书”或者“献活物书”。五言诗体，未翻译整理过。

（3）《侄儿献夜饭书 · çe^{21} t‘o^{21} ȵi^{22} ne^{44} çe^{21} dza^{33} dzo^{33} ʂu^{33} xo^{22} ŋə^{21} dʐə^{33}》

绵纸旧抄本，不分卷，一册，48页，佚名撰。彝族丧葬经典著作，当地俗称“祭生书”或者“献活物书”。横本，册叶线装，黑墨迹行楷体。页面24×25.5厘米，墨框23×24厘米，左右竖单栏，14行×15字，白版口，土布护封，保存完好。五言诗体为主，未翻译整理过。

（4）《测月吉凶书 · xo^{22} ȵi^{44} ʂu^{33}》

绵纸旧抄本，不分卷，一册，30页，佚名撰。彝族祭祀活动用书，看月、日测吉凶。横排本，册叶线装，黑墨迹行楷体。页面24×25厘米宽，墨框23×24厘米，左右竖单栏，15行×15字，白版口，土布封，保存完好。标题独特，似小鸟飞上云层状，每页有插图，有三字彝文红印章，读音“呗苏哈”。散文体，未翻译整理过。

（5）《献土地祭龙书 · ʐi^{21} bo^{33} çe^{44} tɤ^{33} lo^{33} da^{44} ʂu^{33} ŋə^{21} dʐə^{33}》

绵纸旧抄本，不分卷，一册，28页，作者（或许抄写者）是“罗能”。彝族祭祀活动用书，当地还称“祭龙书”或者“咪嘎哈书”、“祭英雄啊倮书”。横本，册叶线装，黑墨迹行楷体。页面24×25.5厘米，墨框23×25厘米，左右竖单栏，13行×15字，白版口，土布封，保存完好。五言诗体为主，未翻译整理过。

（6）《献土神书 · mi^{44} dʑi^{31} bi^{22} ʂu^{33}》

白绵纸旧抄本，不分卷，一册，13页，作者不详。彝族祭祀活动用书，当地称“咪嘎哈书”、“祭英雄啊倮书”。横排本，册叶线装，黑墨迹行楷体。

页面 22×25 厘米，墨框 20×24 厘米，左右竖单栏，10 行×14 字，白版口，土布封，保存完好。五言诗体为主。

（7）《献早饭唱词·dzo^{22} nə^{33} tə^{44} ʂɿ^{33} ŋə^{21} dʐə^{33}》

民国时期绵纸旧抄本，不分卷，一册，20 页，佚名撰。彝族丧葬祭祀活动用书，用于发丧前，天快亮时对死者献早饭过程中唱诵。横本，册叶线装，黑墨迹行楷体。页面 24×25 厘米，墨框 22×23 厘米，左右竖单栏，14 行×16 字，白版口，布封，保存完好。五言诗体，未翻译整理过。

（8）《诉祭纸柱彩旗书·t‘a^{22} ʑi^{33} p‘ə^{22} pə^{44}》

绵纸旧抄本，不分卷，一册，13 页，佚名撰。彝族丧葬祭祀活动用书。人死办丧事，要在家里灵堂置办纸、竹棚架、彩门，毕摩在当时念经。竖本，册叶线装，黑墨迹行楷体。页面 28×25 厘米，墨框 26×23.5 厘米，左右竖单栏，15 行×15 字，白版口，土布封，保存较完好。五言诗体，未翻译整理过。

（9）《戴孝布书·tɕe^{44} tə^{33} ʂɿ^{33} ŋə^{21}》

绵纸旧抄本，不分卷，一册，26 页，佚名撰。彝族丧葬祭祀活动用书，用于对丧葬活动中，主人家对来客发孝衣、孝布时念诵。竖本，册叶线装，黑墨迹行楷体。页面 28×25 厘米，墨框 25×22 厘米，左右竖单栏，20 行×15 字，白版口，麻布封底，保存完好。五言诗体，未翻译整理过。

［调查地点：里山乡芭蕉箐村；调查对象：普发启、李发元；调查时间：2008 年 9 月；调查整理：普开福］

2. 葫芦田村李成保家保存的彝文古籍

李成保，50 岁，里山乡芭蕉村葫芦田小组毕摩，父辈就是当地的知名毕摩，其父亲李文昌毕摩（66 岁病故）去世后，李成保继承了父亲的彝文事业，保存和使用祖辈留下的 30 多本彝文典籍，时常为当地群众做一些民俗礼仪。

李成保家藏彝文经书原名：

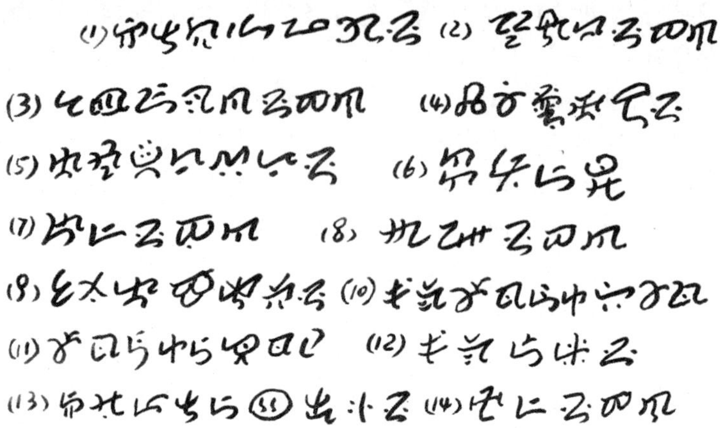

李成保家藏彝文经书名称释读：

（1）《禳解鬼箭害神之书·the^{31} bæ^{33} ɕe^{44} ʂu^{33}》

本书为彝文汉文夹杂排列，书尾注有写书人、写书年代及藏书者：清朝光绪二十五年岁己亥年冬月二十五日冬至甲子日，是张工才、普增学编写（或抄写）的。不分卷，1 册，26 页，佚名撰。彝族消灾祭祀活动用书，用于对发生重大无名灾害时的消减祭祀活动念诵。绵纸，横本，册叶线装，黑墨迹行楷体。页面 13.5 ×23 厘米，左右竖单栏，20 行 ×15 字，麻布封底，残损字较多。

（2）《献早财之书·dʑe^{33} nə^{33} tə^{44} ʂu^{33} ŋə^{21} dʐə^{33}》

民国初年绵纸抄本，五言诗体。不分卷，1 册，28 页，佚名撰。彝族丧葬活动用书，用于对丧葬活动中亲友献穿用物品、钱财给死者时念诵。横本，册叶线装，黑墨楷体。页面 24.5 ×31 厘米，墨框 21.5 ×27.5 厘米，左右竖单栏，15 行 ×15 字，白版口，上下边口有花草图案，保存完好。

（3）《学唱阿色歌调书·ʔa^{44} sə^{21} sa^{44} lə^{21} dʐə^{33} ʂu^{33} ŋə^{22} dʐə^{33}》

绵纸旧抄本，不分卷，1 册，21 页，佚名撰。彝族民间文学山歌唱词，包括阿色长调、山歌调、哭嫁调。竖本，册叶线装，黑墨迹行楷体。页面 25 ×27厘米，墨框 20 ×24 厘米，左右竖单栏，20 行 ×18 字，书页上边有花草鸟虫图案。五言诗体，未翻译整理过。

（4）《招墓地神灵书·lu^{33} bə^{22} tʂo^{55} ʐi^{44} və^{22} ʂu^{33}》

民国二十七年十一月绵纸抄本，保存完好。不分卷，1 册，23 页，佚名撰。彝族祭祀活动用书，用于对祖先坟墓进行祭祀，买回墓地兴旺神灵。竖本，册叶线装，黑墨迹行楷体。页面 27 ×20 厘米，墨框 23 ×18 厘米，左右竖单栏，20 行 ×15 字，白版口，麻布封底，书尾画有两个人及花草小鸟图案，注写彝文汉文“小冬妹”、“小冬生”。

（5）《建房献地神书 · mi^{44} ɕe^{31} dʐo^{22} tə^{44} dʑi^{22} tʑ^{44} ʂu^{33}》

民国二十一年任申年八月张国兴、杨林昌绵纸抄本，不分卷，1 册，40 页，佚名撰。彝族普通祭祀活动用书，用于起房盖屋、挖新地时献酒念诵。竖本，册叶线装，黑墨迹行楷体。页面 28 ×25 厘米，墨框 23 ×20 厘米，左右竖单栏，20 行 ×15 字，白版口，麻布封底，保存完好。五言和长短句相结合文体。

（6）《葬人测日书 · ts‘I^{33} ʂl^{21} ɲi^{21} ɲi^{44}》

清末杨志清绵纸抄本，不分卷，1 册，18 页，佚名撰。彝族丧葬活动用书，根据死者的死的时间、年龄生日，测出最佳最近的埋葬日。主人家对来客发孝时念诵。竖本，册叶线装，黑迹楷体。页面 30 ×26 厘米，墨框 28 ×23 厘米，左右竖单栏排列，15 行 ×16 字，白版口，麻布封底，保存完好。散文体。

（7）《重新祭丧之书 · da^{44} pu^{33} ʂu^{33} ŋə^{21} dʐə^{33}》

清末杨志清绵纸抄本，不分卷，1 册，20 页，佚名撰。彝族丧葬祭祀活动用书，用于对已经死去，埋葬一段时期后的死者，重新组织丧葬活动、重新立碑等，程序复杂。横本，册叶线装，黑墨迹行楷体。页面 26 ×30 厘米，墨框 25 ×29 厘米，左右竖单栏，14 行 ×15 字，白版口，土布封面，保存完好。五言诗体，未翻译整理过。

（8）《穿衣赞衣之书 · mə^{44} vi^{31} ʂu^{33} ŋə^{22} dʐə^{33}》

绵纸旧抄本，五言诗体。不分卷，1 册，6 页，佚名撰。竖本，册叶线装，黑墨楷体。页面 23 ×21 厘米，墨框 22 ×19 厘米，左右竖单栏，16 行 ×12 字，白版口，布封，保存完好。彝族丧葬活动用书，用于丧葬活动中给死者穿衣时念诵。

（9）《里山祭祖书 · ʂə^{44} du^{33} mi^{44} p‘u^{33} du^{31} dʐo^{22} te^{33} ʂu^{33}》

不分卷，1 册，11 页，佚名撰。彝族重大祭祀活动经典，用于彝族一定区域同姓家族每隔几年相约举办大型祭拜祖先活动时念诵。绵纸，横本，册叶线装，黑墨迹行楷体。页面 24. 5 ×30. 5 厘米，墨框 23 ×29 厘米，左右竖单栏，15 行 ×15 字，白版口，麻布封底，保存完好。书末注明，清朝云南通海舍度米（里山）额则祖写本，五言和出长短句相结合韵文体。

（10）《通海三十六签算卦书 · ni^{33} la^{44} bə^{22} ɤo^{44} sa^{33} tshə^{21} tʂhu^{31} fo^{55} ɤo^{33}》

民国初年芭蕉村张国兴绵纸抄本，文字为长短句散文体。不分卷，1 册，

78 页，佚名撰。彝族普通民俗活动用书，由毕摩平时给人们抽签占卜，消灾念诵。竖本，册叶线装，黑墨迹行楷体。页面 31 ×24 厘米，墨框 28 ×21 厘米，左右竖单栏，12 行 ×27 字，白版口，麻布封底，保存完好。书中共有描绘精彩的彩图 21 幅，黑白图 19 幅。

（11）《通海三十二签算命书 · ni^{33} la^{44} bə^{22} ɤo^{31} sa^{33} tshə^{21} ni^{22} kho^{22} ɤo^{31} le^{21}》

民国年间通海县芭蕉村张国兴绵纸抄本，散文体。不分卷，1 册，76 页，佚名撰。彝族民间习俗活动用书，用于平时给人们抽签占卜、预测人生命运。横本，册叶线装，黑墨迹行楷体。页面 28 ×39 厘米，墨框 22 ×37 厘米，左右竖单栏，16 行 ×18 字，白版口，麻布封底，后面 4 页残缺半截。

（12）《通海指路书 · ni^{33} la^{33} dʐo^{22} mo^{31} ʂu^{33}》

通海县芭蕉村张国兴绵纸抄本，五言诗体。不分卷，1 册，16 页，佚名撰。彝族丧葬活动用书，毕摩在丧葬活动中给死者指路，引导魂灵回远祖所在之地时念诵。横本，册叶线装，黑墨楷体。页面 26 ×27 厘米，无墨框，左右竖单栏，13 行 ×15 字，白版口，布封，保存完好。

（13）《测日消灾八卦书 · no^{22} ȵi^{44} ne^{31} pə^{44} ni^{21} xe^{31} pa^{44} ka^{44} ʂu^{33}》

绵纸旧抄本，散文体，不分卷，1 册，30 页，佚名撰。彝族民间普通习俗活动用书，用于平时给人们测日、抽签占卜、预测人生命运。横本，册叶线装，黑墨迹行楷体。页面 25 ×29 厘米，墨框 22 ×25 厘米，左右竖单栏，15 行 ×24 字，白版口，麻布封底，后面 4 页残缺半截。书中彝文汉文相交叉，有彩色插图数十幅，绘工精美。

（14）《重做之书 · gu^{22} pu^{33} ŋu^{33} ŋə^{22} dʐə^{33}》

清末杨志清抄本，绵纸，横本，册叶线装，黑墨迹行楷体。不分卷，1 册，20 页，佚名撰。页面 26 ×30 厘米，墨框 25 ×29 厘米，左右竖单栏，14 行 ×15 字，白版口，土布封面，保存完好。五言诗体，彝族特殊祭祀活动用书，用于对已经埋葬一段时期后的死者，重新做坟立碑，重新组织丧葬活动。未翻译整理过。

［调查地点：里山彝族乡芭蕉箐村、葫芦田村；调查对象：李成保，彝族，50 岁，毕摩，普发启，男，彝族，55 岁，毕摩；调查时间：2008 年 8 月；调查整理：普开福］

第三节　新平县彝族彝文古籍

一、新平县彝族民间流传、保存彝文古籍综合信息

新平彝族傣族自治县位于云南省中部偏西南，位于东经107°17′～102°36′，北纬23°39′～24°27′之间，地处哀牢山脉中段东麓，有戛洒江等江河流入其间。县人民政府驻地坐落于桂山镇，离昆明约有170公里。县境东、东南部分别与峨山彝族自治县、石屏县、元江哈尼族彝族自治县相邻；西和西南分别与镇沅县、墨江哈尼族自治县接壤；北与楚雄彝族自治州的双柏县隔绿汗江相望。全县共辖12个乡镇，分别为桂山镇、扬武镇、漠沙镇、腰街镇、戛洒镇、水塘镇、者竜乡、平掌乡、建兴乡、老厂乡、新化乡、平甸乡，共有120个村民委员会。

新平彝族自治县共有27万多人。世居民族有彝族、傣族、汉族、哈尼族、拉祜族、回族、苗族等民族。其中彝族人口最多，约占全县总人口的47%强，其他依次为汉、傣、哈尼、拉祜、回、白、苗等族。各民族的分布有一定的规律，如傣族主要聚居于戛洒、漠沙等镇；哈尼族、拉祜族主要分布于平掌、建兴乡；汉族、回族主要居住于县城、扬武镇和新化乡等地。在上述乡镇以及村民委员会中，有不少村寨为多民族交错杂居，由此构成全县范围内各民族“大聚居、小分散、多杂居”的格局。

和其他民族一样，居住在新平县的彝族，世代传承着祖先的源流以及和周围民族共同开辟这片土地的悠久历史。和其他地区的彝族一样，居住在新平的彝族也有很多支系，如按当地习惯则称有“聂苏泼”、“纳苏泼”、“勒苏泼”、“阿鲁泼”、“腊鲁”、“咪俚”、“罗武”、“拉乌”、“密叉”、“蒙化”等。这些称谓，大多以历史的不同居地或历史的首领名字，各自方言、服饰的不同等因素而得，但这些因素都不影响彝族的整体。

新平彝族各支系，在全县范围内都有相应居住地域。总体而言，大约以戛洒江为界，江东的鲁魁山、磨盘山多分布有“聂苏泼”支系；属“纳苏泼”支系的多分布于老厂、新化和平甸乡的桃孔、白鹤等地；属“勒苏泼”支系的主要居于平甸乡、扬武镇、新化乡的深山老林地带以及漠沙镇的仁和、腰街镇的峨德、老厂乡的哈科底等地；“阿鲁泼”多居于老厂乡的转马都；而属“腊鲁”、“咪俚”、“罗武”、“拉乌”、“密叉”、“蒙化”等支系的，多居住于戛洒江以西的平掌、建兴、者竜以及漠沙、戛洒、水塘、腰街等乡镇的

山头地带。此外，县属各机关、企业均有彝族人口。

新平彝族和其他地区彝族一样，信仰万物有灵的原始自然宗教，民间组织、主持信仰祭祀生活的人为“毕摩”，当地民间也多习惯称“贝马”。毕摩通晓古彝文和用古彝文书写记录的各类经书，过去凡当毕摩者，都有自古家藏世传的彝文古书。近60年来，中国大地上发生了若干次的变革，尤其是在“文化大革命”期间，彝族的毕摩经书虽然在这些运动中都遭到过不同的厄运，甚至是毁灭性地打击，但它却以民族固有的传统文化、顽强的生命力而继续存在着。本调查的任务之一，就是要摸清目前全县彝文经书在民间的流传、保存情况。根据新平县有关机构和人员的了解，目前流传、保存于该县的彝文古籍主要有两种情况：一是藏存于民间毕摩经师或毕摩后人家中，他们保存的经书有旧抄本和新抄本，但绝大多数为旧抄本；二是由国家有关机构、单位到当地民间收集并保存，这是彝文经书流向、保存的特殊情况。本调查主要是对全县彝族村寨村民家中所藏古彝文经书信息的记录。

新平县12个乡镇中，大部分乡镇分布有彝族，聚居村寨大约有600个以上。过去每个村寨约有毕摩经师一至三名不等，现在不一定每个村都有毕摩，但有毕摩经师的村寨也不在少数。有的人家则是祖辈、父辈以上的祖传毕摩，到现在虽不是毕摩的传人，但属毕摩的后裔。据调查统计，目前全县约有毕摩100多人，而且家中普遍收藏有古彝文经书，只是多少不一，最多的约20余本，少的也有一两本或七八本不等；有少数人家属毕摩后人，虽然自己不是毕摩，但祖上遗有部分经书。

综合以上情况，保守的估计，目前藏存于民间毕摩和毕摩后人家中的古彝文旧籍，其数不下1000册（件）以上。据目前掌握的情况，有如下保存线索。

老厂乡：离县城90多公里，其中有县城主干道约70多公里，有20多公里属由主干道分支通往乡政府的搪石路。乡内辖有保和、竹园、马家坝、马房、腊高底、罗柴冲等村委会，分布有山尖山、决打可、底巴都、黑努黑等约100多个自然村，居民全部是彝族。目前全乡共有毕摩10余人，其中有山尖山村的施家明，丫黑村有普开亮，石老虎村有朱有，底巴都村有普明、周××、周××、周××，马鹿塘李××，可打左村普成，坝塘边村朱正亮，黑察莫村马××，鲁租莫村普学林、龙开兴，蚂蚱黑村方顺祥等，这些毕摩有的已过世。

目前，老厂乡较有名气的毕摩有普明（约70多岁）、施家明（约40多岁）等人。普明毕摩家藏有彝文旧抄本约20余本（件），目前仍在使用。普开成已过世，共有40余本（件）彝书传给其子普成，子承父业，这些经书目前仍在使用。山尖山村曾有施开相，是一名水平较高的大毕摩，他去世后，约有40余本经书传给其子施家明，这些经书目前仍在使用中。坝塘边村朱正亮（约 60 多岁）家里有藏书约 10 余本，其中有一本珍贵的彝族民间医药书，记录着 100 多个医药处方，据说有人与他商量，用 1000 元购买此书，然后把它翻译出来，但他坚持不卖。鲁租莫村普学林（约 60 余岁）藏书约 10 余本，其中有一本大 16 开本、图文并茂的占卜书，当地习惯称作签书或抽签图书。蚂蚱黑村方顺祥去世时，其家人按照当地传统，将 70 余本藏书烧弃作为陪葬。石老虎村朱有（约 60 岁）藏书约有 10 余本。哈底村委会出春莫自然村李 × ×（约 60 余岁），藏书约 10 余本，其中有一本签书。老厂乡的毕摩中有一个特殊情况，在离黑察莫村委会约五六公里的地方有一个营盘寨，这里属离新平县城较偏远的山区，村里有一位名叫马 × × 的毕摩，属附近村寨唯一的女毕摩，其祖上是世传毕摩，故马 × × 通晓古彝文，能诵读经书和为人作开丧祭祀仪式，其父去世后，所有经书都传与她，目前家有藏书大约数 10 本（件）。

新化乡：该乡有者渣、鲁一尼、鲁龙、罗武斗等村民委员会，其中七多肯自然村有毕摩马 × ×、龙 × ×，家中各藏有经书约 10 余本。罗武斗村委会罗武自然村李文正（70 多岁）有藏书 10 余本。代味村委会的阿努底自然村李开成毕摩（约 80 多岁）有藏书约 10 余本。该乡鲁龙村委会老春底自然村有毕摩名普家福（约 60 多岁），据说曾于 20 世纪 80 年代帮助有关单位收集彝文古籍，他在当地附近村寨以每本 5 元或 10 元的价格购书，共购得经书约 800 余本，然后卖与楚雄，现在保存于楚雄彝族自治州彝族文化研究所和博物馆的大部分彝文古籍，就是从新平县新化乡有关村寨收集的。

扬武乡：离新平县城约 30 多公里，乡内有泄莫、皮切莫、赵米可、丁苴等村民委员会，这些村委会很多自然村里都有毕摩。皮切莫村有毕摩张 × ×（约 70 多岁），家藏彝文经书约 10 多本。泄莫自然村有方 × ×（约 80 余岁），藏书 10 余本。赵米可自然村有普 × ×，藏书 10 余本。丁苴村普 × × 家藏书 10 余本。

腰街镇：有峨德、平安等村民委员会，其中峨德乡阿扎哩自然村有毕摩李 × ×（约 70 多岁），家有常用的彝文经书 10 余本。平安村委会的鲁支片自然村有毕摩普家明（50 多岁）、普 × ×，家中各有常用的经书 10 余本。阿思莫自然村有毕摩普 × ×、普 × ×、李 × ×，家中各藏有常用祭祀经书 10 余本。

除上述外，在新平县档案馆保存有 2 本彝文古籍。新平县文化局原局长、县政协副主席方锦明先生，其岳父在世时是有名的大毕摩，去世后，有 60 余本彝文旧抄本遗留给锦明先生。

［调查地点：新平县桂山镇；调查对象：普家学，44 岁，彝族；调查时间：2007 年 7 月 19 日；调查整理：李国文］

二、新平县平甸乡等地彝族民间收藏彝文古籍典型户调查

平甸乡政府驻地设在新平县城，下设有梭克、磨皮等村民委员会。梭克村委会有李家荣，磨皮村委会有方正荣，属当地保存彝文古籍较多人家，本调查以他们为典型对象，再兼顾其他。

1. 李家荣家藏彝文古籍

李家荣，男，彝族，1948 年生，59 岁，毕摩经师，家住平甸乡马厂自然村（又称老杨寨），离县城约 20 余公里，其中约有 10 余里属县城主干道，10 余里属乡间土石路。马厂村坐落在一个山凹处，邻近有波罗村、阿者村等自然村，李家荣家住在主村寨对面。在李家荣的家庭传说中，他家祖上有很多代人都是毕摩经师，据说较远时代的毕摩老高祖是李金宝，大约 1801 年左右去世，以后传给爷爷，再传给父亲李德升。李德升毕摩于 1957 年去世，去世时 76 岁，膝下有 4 女 2 男，长子于 30 多岁病逝，李家荣是幼子。李德升在世时，曾收授过很多毕摩徒弟，其中有他的弟弟李开祥，84 岁时去世；还有老普村的普××、老杨寨的张有发，这些人都已去世。李家荣的毕摩技艺即传自父亲。李家荣小时在梭克村读过小学，稍习汉文，约 7 岁开始与父亲学习古彝文。父亲去世后，又到附近丫杈冲自然村与李成发的父亲学习，边学彝文边参加一些祭祀道场，以后逐渐出师。现在李家荣有三个主要徒弟，一个是附近波罗村的杨学争，70 多岁，差不多学了三年彝文；一个是昌源村公所的何自云，60 多岁时去世；第三个是磨皮村委会阿者自然村的李荣才，60 多岁，他不仅已成毕摩，并且在传授儿子。其他徒弟尚有本村的普双强，59 岁，张顺银，50 多岁，但此二人学习彝文是三天打鱼两天晒网。作为毕摩，李家荣所掌握的技艺，除通晓古彝文，为人作开丧、祭祀、诵经外，还擅长推布阴阳，占择阴阳宅地，为人搬迁、落户、殡葬占择吉日良辰、主持祭仪等等。现在他是当地有名的毕摩经师，加之目前民间信仰有一定土壤，他整天很忙，诸如文山地区的丘北以及开远、个旧、石屏等地彝族村寨有事，都要请他去帮忙。2007 年 6 月 9 日，他被云南省文化厅、云南省民族事务委员会命名为“云南省非物质文化遗产传承人”。

李家荣毕摩家，据说祖上遗留的彝文经书非常多，传到父亲一代，在弟兄分家时，经书作为遗产，部分分给了父亲，部分分给了叔叔李开祥。李开祥过去在当地生产大队当党支部书记，“文化大革命”期间，为“破四旧，立四新”，这部分祖传经书即被当作“四旧”烧毁。但这部分经书被烧毁之前，好在李家荣事先作了抄写。因此，目前传承于李家荣手中的彝文古籍属两大部分，一部分属父亲的遗传，部分属分与叔叔的旧籍重抄本。

李家荣家目前藏存的彝文经书，由上述两项相加，共 66 本（件），其中，旧抄本 41 本（件），属“文化大革命”前重抄的约 25 本（件）。此外，家中保存古旧的毕摩法帽 1 顶，保存铜制法铃 1 个，法铃用粗麻绳穿挂，穿绳处系挂“咸丰通宝当十五”大铜钱 1 枚。保存铜制水平仪和罗盘各 1 个。先生家的住屋为当地常见的土木结构小天井四合房（院），有楼，正屋楼下、楼上正墙一侧各设有供桌，这些文物、古籍盛装于一木制塑皮木箱和三个用塑料绳（皮）编制的小竹篮中，平日存放于楼上供桌旁，秘不示人。

彝族古彝文经书的制作、抄写、用料、装帧、保存等，有一系列学问，需要专门研究。一般用绵纸抄写，折页双面抄文，左侧直行装订，装订线用棉纸线或麻线。书装订好后，封底至书脊缝缀比书稍长麻布或麂子皮一块，做包装（裹）护封布（皮），布尾处折口，将一根粗若筷子大小的竹签缝包于折口，折口竹签正中缝缀一根麻线，以便将经书卷成筒状保存时作固定包扎的棍、绳。所有经书形状一般成横长状，但尺寸大小依经书使用场合、类别不同而有别，如签书属页面较大的书籍，长宽大约为 40×25 厘米，页面小的书籍一般在 13.5×23 厘米、17.5×29 厘米、24.5×36 厘米不等。书籍一律卷筒裹装、保存。

李家荣家的经书，经过细致观察、辨认、释读，包含有如下名目。但这里要说明一点，如下登录的书名，均属祖传的旧抄本，对于 20 世纪 60 年代的重抄本，未作一一登录。为保存资料的原始性，所登录的经书名目，先依序抄录原件彝文书名，再依序释读、标注书名读音音标和音译，同时把与本书相关的一些要素记录其中。

李家荣家藏彝文旧抄本原名：

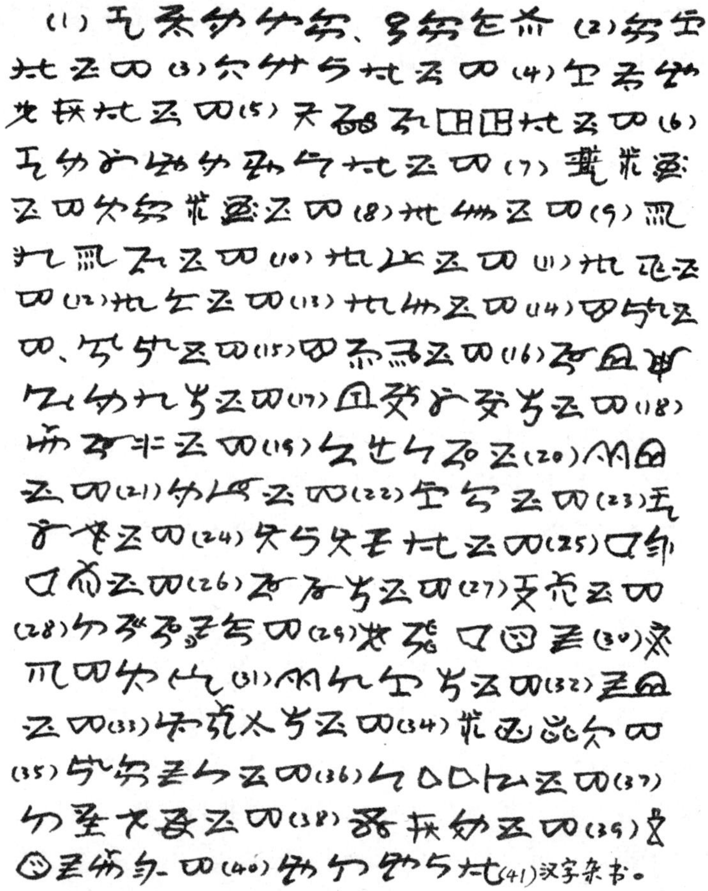

李家荣家藏彝文旧抄本书名对照读音：

(1)《姆古命古查·mu^{33}gu^{21}mi^{55}gu^{21}tsha》

绵纸抄件，横本，共约40页，全书纸质黑、旧，书面用汉字注有“马厂李家荣的书”，书背面缝缀麻布作护封，但已破损。书中内容主要讲述开天辟地、人类及其万物来源。

(2)《查努尼书·tsha^{21}nu^{21}ȵi^{55} ʂɿ^{33}》

绵纸，横长本，约50余页，页面边角卷缩破损，书前书后各有若干页残缺，无麻布护封。是有关查看生病原因的经书，或占病书。

(3)《肯艾火艾尼艾尼书·khɯ^{21} ɤe^{21} ho^{21} ɤe^{33} ȵi^{21} ɤe^{33} ȵi^{55} ŋu^{33}》

绵纸，50页，麻布护封，但布已破损、残缺。是有关占择年月时日的经书。

（4）《若尼儒忍琪尼书额 · zo^{55} ȵi^{55} ʐu^{33}zə^{21} tɕhi^{21} ȵi^{55} ʂu^{33} ŋə^{21}》

绵纸，35 页，无麻布护封。书中记录的内容，主要根据孩子出生的年月日时，占卜一生的吉凶。

（5）《时歇嫫打尼书额 · ʂʅ^{21} ɕie^{33} mo^{21} da^{21} ȵi^{55} ʂu^{33} ŋə^{21}》

绵纸，约 60 余页。书前半部分约有 3、4 页缺损，无麻布护封。本书主要记述一年四季的农时栽种。

（6）《美命白儒命儒你尼 · mɯ^{33} mi^{55} bə^{21} ʐu^{33} mi^{55} ʐu^{33} ȵi^{21} ȵi^{55}》

绵纸，横长本，约 50 余页，全书纸质黑、旧，麻布护封，但已破损。书前半部分约有 6 页残损。全书内容主要讲述天、地、万物演化之类。

（7）《注衣贰、查衣贰书额 · ʂu^{55} ʔi^{33} ʔə^{55}、tsha^{21} ʔi^{33} ʔə^{55} ʂu^{33} ŋə^{21}》。

绵纸，约 30 余页，无麻布护封，页面有 6 页残损。全书记录祈求五谷丰登、招人魂之类语词。

（8）《麦努书额 · mæ^{55} nu^{55} ʂu^{33} ŋə^{21}》

绵纸，约 60 页，麻布护封，书头 1、2、3 页、尾 1、2、3 页残断。毕摩经师于正常人死亡举行开丧祭仪时所诵念的经书。此书有两部（本），在毕摩的观念中，把它分作一公一母，即公书、母书。此书即为“公书”。毕摩诵经时，二人同时对称念诵，即一人念诵公书经语，一人念诵母书经语。

（9）《麦克麦嫫 · mæ^{55} khə^{33} mæ^{55} mo^{21}》

绵纸，横长本，约 84 页，麻布护封完好，保存完整。此书是毕摩为人作开丧祭仪时诵念的“母书”，与“公书”相对。

（10）《麦突书额 · mæ^{55} thv^{55} ʂu^{33} ŋə^{21}》

绵纸，约 50 页，封面残缺，其中隐约可见“马厂李家荣”落款墨迹。此书用于已婚 40 岁以内死亡者的开丧祭祀。

（11）《麦能书额 · mæ^{55} ne^{33} ʂu^{33} ŋə^{21}》

绵纸，线订册叶装，64 页，麻布护封。此书用于做官之人死亡开丧祭祀，其中 56 页属祭祀经语，8 页记录有其他杂文。

（12）《麦社书额 · mæ^{55} ʂə^{55} ʂu^{33} ŋə^{21}》

绵纸，约 100 页，麻布护封，横长本。用纸大小不一，前半部分用纸大，后半部分用纸稍小。此书用于年轻人死亡者的开丧祭祀。前半部分属开丧祭祀经语，后半部分附有《指路经》。

（13）《麦能书额 · mæ^{55} ne^{55} ʂu^{33} ŋə^{21}》

绵纸，小横长本，40 余页，前半部分约有五六页缺损。全书页面右侧卷缺破朽。属丧葬祭祀类书，但专用于非正常死亡、诸如服毒、兽咬、枪打、水淹、跌死等死亡者开丧祭仪。

（14）《铺飒本飒书额·phu^{55} ɖa^{55} pɯ^{21}ɖa^{55} ʂu^{33} ŋə^{21}》

绵纸，方形本，46页。属祭祀祖先经。彝族民间家中举行祭祖仪式时，先念诵此经，然后念诵家谱。

（15）《叶齐书额·iə^{24} tshi^{33} ʂu^{33} ŋə^{21}》

绵纸，方形本，40页，全书显黑、旧，麻布护封完好。属除秽类经书。

（16）《四波夫的提四笨书额·sI^{55} po^{33} fu^{33} tər^{33} thi^{21} sI^{55} pɯ^{55} ʂu^{33} ŋə^{21}》。

绵纸，横长本，40余页，麻布护封破损。属祭神谢土之类经书，其中记录有祭祀杀鸡、杀鸡看卦、并画有鸡骨卦象等内容。毕摩遇有起房盖屋、动土之类祭仪，即诵此经。

（17）《布色本色笨书额·pu^{33}sə^{21} pɯ^{21} sə^{21} pɯ^{55} ʂu^{33} ŋə^{21}》

绵纸，小横长本，40页。属祭祀山神之类经书。

（18）《鲁世则书额·lu^{21} ʂɿ^{55} dzə^{21} ʂu^{33} ŋə^{21}》

绵纸，小正方形本，24页。彝族人死出丧时，毕摩经师要举行踩尖刀草仪式，此书即用于该仪式。书中记录有为死者开路之类经语。

（19）《阿哩书额·ʔa^{55} li^{55} ʂu^{33} ŋə^{21}》

绵纸，横长形本，60余页，前半部分有5页缺损，缺损部位用现代信笺纸抄文补缺，6、7、8页已朽脱。此书属毕摩唱调之类，习惯也称“阿哩调”。

（20）《勣波书额·dzi^{33}po^{33} ʂu^{33} ŋə^{21}》

绵纸，横长本，54页，部分页面残缺。人死祭祀用书，其中记录有人死时分隔阴间、阳间之类经语。

（21）《咪书书额·mi^{33} ʂu^{33} ʂu^{33} ŋə^{21}》

绵纸，横长形本，48页，其中第8、9、10、22、23、24页纸质稍显新，属原书缺损后的补抄页。属人死开丧祭祀类经书。书中记录为死者在阴间购买墓地之类经语。

（22）《挪登·no^{21} tɯ^{33}》

绵纸，74页，全书显古旧，页面右上角被火烧缺。属占病之书。彝族民间人生疾病，毕摩即用此书占择是何鬼灵作祟，然后给鬼灵许愿、献祭，并驱除鬼邪。

（23）《珠本布书额·d ʂu^{33} pɯ^{21}pu^{33} ʂu^{33} ŋə^{21}》

绵纸，横长形本，28页。彝族民间人患疾病，认为闯着山神、岩神、石神，毕摩即诵念此经作祭祀。

（24）《时你时解尼·ʂɿ^{21} ȵi^{21} ʂɿ^{21} tʐə^{21} ȵi^{55}》

绵纸，横长形本，56页，麻布护封残缺破损。书末用汉文抄写五行十天干，落款书有“龙飞光绪贰拾玖年八月初一日定置，大清光绪二十九年八月初二日”字样。属占择时日类经书。

（25）《那册那爹书额 · na^{55} tshə^{33} na^{55} te^{33} ʂɯ^{33} ŋə^{21}》

绵纸，40 页，麻布护封完好。属毕摩祭祀请神书。

（26）《提掰 · thi^{21} bəe^{33}》

绵纸，50 余页，全书有 20 余页空页，无麻布护封。书头书尾页面残损，全书右侧残缺。属看天狗白虎书。彝族民间凡遇日食、月食，或遇婴孩夭亡之类，毕摩即作祭仪诵读此经。

（27）《杵爹 · tʂhu^{21} te^{33}》

绵纸，小长形本，20 余页，页面完整。属祭献天神地神类经书。

（28）《能叶恒齐登 · ne^{21} iə^{21} hɯ^{21} tshi^{55} tɯ^{21}》

绵纸，20 页，无麻布护封。据说“能叶恒齐”为一大神名。此经书专门讲述该大神故事。

（29）《布忍那鲁支 · pu^{33} ze^{21} na^{55} lu^{33} dʐl^{24}》

绵纸，小横长本，26 页，字迹墨印浓黑，抄写不是很严整，无麻布护封，属咒鬼类经书。

（30）《玛遮 · ma^{21} dʐə^{33}》

绵纸，36 页，书脊用塑料线加订，书末有 2 页残缺，无麻布护封。属看二十八星宿类书。

（31）《日能儒笨 · zi^{33} ne^{21} ʐu^{33} pɯ^{55}》

绵纸，40 页，末页缺损。麻布护封朽缺。属占梦之类经书。

（32）《支格 · d ʂɭ^{33} gə^{33}》

绵纸，横长本，84 页，麻布护封完好。属献牲经。毕摩经师作杀牲祭献仪式时即诵此经。

（33）《古底登笨 · gu^{21} ti^{21} dɯ^{33} Pɯ^{55}》

绵纸，长宽形本，18 页，无麻布护封。属咒语、法术——即回咒、拨咒之类经书。

（34）《依哦贰 · ʔi^{33} ŋo^{21} ʔə^{55}》

绵纸，横长形本，约 30 余页，页面大小不一，前 1 至 24 页显小，后 9 页显大，无麻布护封。属招魂（叫魂）经书。

（35）《飒杈几提书额 · ɠa^{55} tʂha^{55} dʑi^{21} thi^{21} ʂɯ^{33} ŋə^{21}》

绵纸，横长形本，100 页，前半部分页面有缺损，全书页面右侧卷缩破损严重，麻布护封破朽。属人死开丧祭祀类书。彝族民间人死停灵期间，毕摩诵念此经，追悼亡人，讲述人类及其生死规律，实属唱挽歌之类。

(36)《阿珠的书额 · ʔa^{55} dʐu^{33} tə^{33} ʂu^{33} ŋə^{21}》

绵纸，横长本，100 余页，字迹工整规范，麻布护封破损，书头 1、2 页朽缺，书末有 7 页缺损，全书右侧页面卷缩严重。属人死出殡前为死者诵念的开路经。

(37)《能梅过齐 · ne^{21} me^{21} ko^{55} tshi^{21}》

绵纸，横长本，约 120 页，书末有四五页缺损，全书右侧页面卷缩、缺损，麻布护封完好。属人死开丧类的开场经，也叫开孝经或成佛经。

(38)《社期乍 · ʂə^{55} tɕhi^{33} tʂa^{55}》

绵纸，约 60 页，书末附有 10 页现代信笺纸抄文，但末页破损。封面页书有“李家荣的书”字样。属人死开丧祭祀经书，记录祭奠死者、祈求死者将福泽遗留给后人之类经语。

(39)《尺鲁几鲁 · tʂhI^{33} lu^{21} dʑi^{21} lu^{21}》

绵纸，16 页。彝族民间人死埋葬三年期满，其孝子、孝女要到坟地祭献，表示脱孝，毕摩为之脱孝时即诵念此经。

(40)《日肯儒你尼 · ʐI^{33} khɯ^{21} ʐu^{33} ȵi^{21} ȵi^{55}》

抄写于一旧大楷字课本。属择算生辰八字类经书。

(41) 汉文杂书，轶名。绵纸，直行本，前、后页破损。直行书有汉语文、算术、算法之类。彝族民间毕摩经师，过去有的人曾学习汉文，此书似属旧时私塾老师的手写教习课本。

以上为李家荣收藏的彝文古籍旧抄本。据先生介绍，这些经书，其抄写纸料、纸张大小、字体字样、用笔用墨、护封布料，都各有特点，它反映的是不同时代、不同祖辈的遗书。认真观察、对比分析上述特点后，可以发现，这些古籍属李家荣以上六代祖先的遗书。其中，第一代遗书约 8 本，均无布料护封，据说原用羊皮统一包裹保管，以后羊皮散失；第二代遗书有 4 本，用粗麻布护封，纸质乌黑古旧，页面和护封布破损、残缺；第三代遗书约 8 本，粗麻布护封，页面黑旧破损；第四代遗书 8 本，有麻布护封；第五代遗书 7 本，全部麻布护封；第六代遗书 6 本，麻布护封。其他经书属第七代即李家荣毕摩的抄本。

李家荣家的毕摩传到他这一代，新制作彝文经书 25 本（件），分别属 1967、1968 年左右对前述分与叔叔李开祥家的旧籍的重抄本。这 25 本经书，有 21 本抄于绵纸上，用现代白麻布作护封，保存完好；有 3 本抄于现代合页笔记本；1 本抄于练习簿。本调查对这些书名未作释读登记。

另据李家荣讲述，他家的祖传彝文经书，过去曾有竹片抄件，大约毁于 1958 年。

又据李家荣讲述，当地彝族李氏家族原有用彝文抄写的祖谱，此祖谱原流传保存于阿者村李××家，约1966年，先生从阿者村抄得此祖谱，并翻译成汉文。以后，用彝文书写的原祖谱不知下落。现保存于李家荣手中的祖谱为道令纸、直行、汉字铅印件，名为《吕家流源祖宗谱系》，共约1750字，是考察当地彝族源流的重要古籍。

2. 方正荣家藏彝文经书

平甸乡磨皮村民委员会有取打左自然村，属彝族村寨，途径新平县城主干公路约20公里后，往左过桥再行约5公里山村公路即可到达该村。方正荣家即住在该村。方正荣，男，彝族，38岁，毕摩经师，其兄方正和（52岁），其父方荣昌，74岁，健在。其祖上属世传毕摩，传到爷爷这一代有方学明，弟兄三人，学明是长子，是远近有名的大毕摩。爷爷膝下有三男二女，方荣昌属老三。爷爷去世后，其祖上遗留的彝文经书传到方荣昌手里，但他不学彝文，不懂这些彝文经书，更不会毕摩事。方正荣因其父不懂彝文也不当毕摩，在本村读完小学后，约14岁开始便与本村毕摩李家福（2003年去世）学习彝文，同师学习的还有普文祥（59岁）等人。正荣学成毕摩后，目前在前后村寨算是小有名气。现在有很多人都来跟他学习彝文，学做毕摩祭祀法事，本村有徒弟李开明（53岁）、李云贵（46岁），附近果求莫祖村则有普荣昌（41岁）、方开学（45岁）等人。

和其他毕摩世家一样，方正荣家的祖传经书盛装在一个古传精制竹篓里，此盛经竹篓平日存放在家中堂屋木柜中，视为神圣，一般人不得随意翻动，就是有事需要翻看这些经书，必须先在存放竹篓一侧的供桌上举行祭祀仪式，方能翻动。笔者在作此次调查时，照行此规矩。其祭仪先在供桌上设米一碗，米上插点香火一炷，并用清酒洗手，然后在米碗上放人民币100元作祭。作完此仪式后，主人方从木柜中搬出藏书竹篓，带着笔者上家屋二楼，把竹篓置于正墙左角祭祖台前磕头再祭。作完祭仪，方得在一楼堂屋查看经书。这些经书共有15本（件），以下分别列出。

方正荣家藏彝文旧抄本名录：

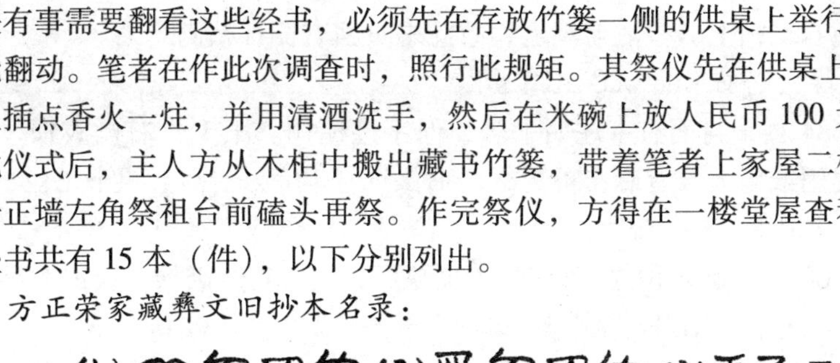

方正荣家藏彝文旧抄本名称释读：

(1)《吾查额地·ʔu^{21} tʂha^{21} ŋə^{21} ti^{55}》

绵纸，横长本，52 页，有封面封底，封面书有 24 个彝文字，注明书中内容标题，麻布护封，保存完好。彝族民间人死时毕摩祭祀用书，分“公书”和“母书”，此书属“公书。”

(2)《门查额地·mæ^{21} tʂha^{21} ŋə^{21}ti^{55}》

绵纸，92 页，有封面、封底。封面页写有 60 余个彝文，标明此书内容篇章，但因页面右下角缺损，有的文字已缺失。书的第 1、2、3 页下端常翻阅处页面破损，便用白纸补缺。有麻布护封。全书保存基本完好。毕摩为死者举行开丧祭仪时诵念之书，与前书相对，此书属“母书”。

(3)《卓嫫书·tʂo^{21}mo^{21} ʂu^{33}》

绵纸，方形本，36 页，有封面、封底，封面书有彝文，但因书本年代久远，字迹模糊。书背用麻布作护封，但麻布破损，以后用生白麻布补修。全书保存基本完好。属毕摩经师为死者举行祭祀仪式时诵念的《开路经》。

(4)《尼笨书·ȵi^{21}pɯ^{55} ʂu^{33}》

绵纸，76 页，有封面封底，封面页书有 30 余字，标明书中内容，但部分文字缺失、模糊。书右上端缺损，后半部分有 5 页缺损。内容属驱邪送鬼经。彝族民间信仰，人生疾病或遇不吉，要请毕摩占卜，占卜时要翻查此书，同时根据占卜所得念诵经书中的驱鬼、驱邪经文，凡被念诵过的经文，要在被念诵的页面右端粘上一根沾血鸡毛，故此书页面右侧都粘满鸡毛。

(5)《垛大尼书·do^{55} ta^{55} ȵi^{55} ʂu^{33}》

绵纸，84 页，封面有字注明书名，但字迹模糊。第 1 页右侧破损，末页用纸比正文用纸稍大，有麻布护封，全书保存基本完好。属异事卜书。

(6)《挪尼书·no^{21} ȵi^{55} ʂu^{33}》

绵纸，60 页，麻布护封，第 2、3 页缺失，全书右侧破损。属占卜类书。

(7)《社火书·ʂə^{55}ho^{21} ʂu^{33}》

绵纸，56 页，封面有 16 字，标明经书名称和内容。彝族民间有一种女巫叫 dzɿ^{55}mo^{21}（音：字嫫），观念认为，这种女子生病，常处于神志不清状态，病好后会变成女巫“字嫫”，具有神巫功能；但又久病不愈，不见变成“字嫫”，此种情况，毕摩要为之诵经驱邪，拯救病者。此经书即属驱邪除秽经。

(8)《白磨着尼嫫布书额·bər^{21} mo^{55} dʐo^{33} ȵi^{33} mo^{21} pu^{55} ʂu^{33} ŋə^{21}》

绵纸，48 页，封面注有 16 字，属经书名。麻布护封。保存基本完好。属祭山神经。

（9）《尺分几洛苦书额地 · tʂhI^{33} fə^{33} ʥi^{21} lo^{21} khu^{21} ʂɿ^{33} ŋə^{21} ti^{55}》

绵纸，40 页，麻布护封。书前书末有页面脱损。彝族民间老人（父或母）去世三年期满，其后人要到坟地祭祀，毕摩祭祀诵念此经，表示脱孝，祈求父母将福泽遗给后人。

（10）《垛岔梅额尼 · do^{55}tʂha^{55}me^{21} ŋə^{21} ɲi^{24}》

绵纸，38 页，有麻布护封。书头书末页面断裂、缺损严重。彝族民间有老人去世，其出嫁女儿要回家祭奠，祭时要杀猪、鸡、羊、牛，毕摩祭祀时诵念此经，意为《供牲经》或《祭牲经》。

（11）《戳沙笨书 · tʂho^{21} ʂa^{33}pə^{55} ʂɿ^{33}》。

绵纸，46 页，有封面封底，麻布护封。属“除秽经”。

（12）《喜扎笨书 · ɕi^{21} dʐa^{33} pə^{55} ʂɿ^{33}》

绵纸，52 页，麻布护封，保存完好。彝族民间有老人去世出殡前一日的半夜后，主人家要设餐宴，家人、亲戚、朋友同食，同时要祭献死者，叫做吃离别饭。吃离别饭时毕摩要念诵此经，故可称此书为《离别经》或《离别饭经》。

（13）《洛嗣妲的书额地 · lo^{21}SI^{55}dze^{21}də^{33} ʂɿ^{33}ŋə^{21}ti^{55}》

绵纸，54 页，前半部分有 4 页缺页，书末缺损。彝族民间有老人去世，出殡前，毕摩经师要站在灵柩前诵念此经，表示给死者“踩路”或“指路”，故习惯也称《踩路经》。毕摩站立念诵此经时，左手抬经，右手翻经，故经书左下角左手常握捏处纸面破损成纸绒状。

（14）《着伙书额地 · dʐo^{21}ho^{21} ʂɿ^{33} ŋə^{21} ti^{55}》

绵纸，62 页，麻布护封。全书右侧纸面卷缩残破。彝族民间有老人去世，亲戚朋友要到丧家吊唁，客人来时，主持丧仪的毕摩经师要在家屋门口设供桌念诵此经，表示迎接吊丧者，故此书可称作《迎接祭奠者经》。

（15）《白鲁书 · bər^{21} lu^{33} ʂɿ^{33}》

绵纸，长宽约 40 × 25 厘米，属当地彝族民间毕摩常用的占卜书，即签书或抽签卜书。书内凡左页为文，右页为图，每页上端正中边沿粘一根白麻布短绳，绳头打小布结，每个布结所粘页码算一签（卦），共粘有 72 个布结，即全书有 72 签。占卜时，求卜人任意抽取布绳结，毕摩根据所抽取布结的图画、经文而释卦。全书有粗麻布护封，保存完好。

以上属保存于方正荣家的祖传彝文旧抄本。另据主人讲述，家藏经书目前尚有4本被徒弟×××借去使用，有1本保存于方正荣的大哥方正和家，故方正荣家所藏彝文旧抄本应该共有20本（件）。此外，前述方正荣目前有徒弟数人，这些人都已基本学成出师，并基本学会执掌诸如民间开丧祭祀等法事。但他们都没有祭祀用书旧抄本，平日有事需要诵经时，都到其师方正荣家借用，或根据师傅家的经书作传抄。迄今为止，依据方正荣家的旧抄本所制作的新抄本，共50余本（件），有的是徒弟自抄，有的则属师傅抄送给徒弟，大部分新抄本分别保存于徒弟手中。正荣制作的新抄本，目前存放于家中的共有8本（件），其中4本抄在绵纸上，装订后用白布作护封；4件分别抄在过去农村会记使用的明细账本纸和现代笔记本上。

方正荣家的住房属近年建盖，房屋落成迁居时，他在新屋上楼梯处的墙上，用黑墨直行书有“这间房子是属猪年盖的”古彝文字样。

3. 龙家贵家藏彝文抄件

平甸乡红星村民委员会有罗施底莫自然村，有30多户彝族人家，村中有龙家贵（83岁）、龙家营（72岁），兄弟二人都是毕摩经师。过去家中曾传有彝文经书，但在“文化大革命”期间全部被烧毁。目前龙家营仍在做毕摩事，附近村寨凡有人去世，即由他主持开丧祭祀仪式，但所使用祭祀经书均属近年的新抄本。龙家贵老人因年事已高，不做毕摩事，但尚能背诵毕摩经语，目前手中存有抄在合页笔记本中的彝文抄件1本，内容多属民间歌调、开丧祭祀调的摘抄。

4. 普家学收藏彝文经书情况

普家学，男，彝族，44岁，新化乡人，当过兵，现在新平县民族宗教事务局工作，1995年毕业于西南民族学院彝文古籍整理班，懂古彝文，酷爱彝族文化，是一位热心结交、乐意支持、帮助学界友人研究彝族文化的人。20世纪80年代，他曾参加有关单位对彝族毕摩和彝文古籍文献作普查工作，曾为不少调查研究彝族文化的学者作向导和翻译，到乡间走村串户，对各地民间毕摩和彝文古籍保存、传承情况了如指掌。曾帮助云南省民委民族古籍整理研究机构收集过彝文古籍；在县里组织举办过彝文学习、普及培训班，为保存和传扬彝族古传文化做了大量工作。在上述工作中，他有心收集彝文古籍，并用它作学习、研究的样本。目前，他手中保存彝文旧抄本共有11本（件），一并记录于此。

普家学保存彝文旧抄本原名：

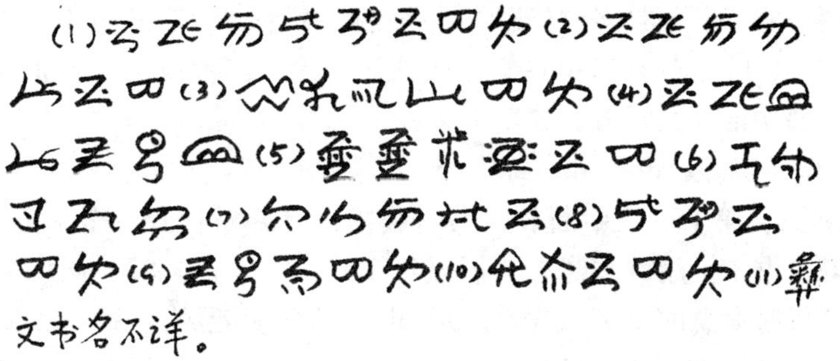

普家学保存彝文旧抄本释读：

（1）《书署能卓哈书额地 · ʂu^{33} ʂu^{21} nɯ^{33} dʐo^{21} ha^{21} ʂu^{33} ŋə^{21} ti^{55}》

绵纸，60 页，麻布护封，保存完好。书名直译为“这本书是开路是的”，意为人死时毕摩经师为死者亡魂送行的《开路经》。

（2）《书署能命庶书额 · ʂu^{33} ʂu^{21} nɯ^{33} mi^{55} ʂu^{55} ʂu^{33} ŋə^{21}》

绵纸，42 页，麻布护封，保存完好。彝族民间遇人死，家人要到山中为死者寻找墓地，称“讨墓地”或“买墓地”，故此书属毕摩念诵的“讨墓地经”或“讨墓地篇”。书分三篇（段），第一篇为人死出殡前到山中为死者寻找墓地时念诵；第二篇为寻好墓地后念诵；第三篇为寻好墓地后在灵柩前念诵，以示通报死者，“已经给你选好了居住的地方”。

（3）《勣鲁麦塔额地 · dzi^{21} lu^{33}mæ^{33} tha^{21} ŋə^{21} ti^{55}》

绵纸，84 页，小横长本，麻布护封完好。属记录山歌调类书。

（4）《书署能波妲卓额布 · ʂu^{33} ʂu^{21} nɯ^{33} bo^{33} dze^{21} dʐo^{21} ŋə^{33} po^{55}》

绵纸，72 页，第 1、2 页朽缺，麻布护封完好。属记录民间唱调类书。

（5）《卓卓依贰书额 · dʐo^{55} dʐo^{55} ʔi^{33} ʔə^{55} ʂu^{33} ŋə^{21}》

绵纸，32 页，麻布护封，护封布尾绳线系拴一枚麂子牙，全书保存完好。属人死时《喊衣禄接福经》。

（6）《姆命哦嫫撮 · mu^{33} mi^{55} ŋo^{21} mo^{21} tsho^{21}》

绵纸，42 页，麻布护封完好。属讲述天地人类及其万物起源的经书。

（7）《肯埂糯尼书 · khɯ^{21} kɯ^{21} no^{55} ȵi^{55} ʂu^{33}》

绵纸，42 页，大 16 开本，封面注有数字，属书名，但字迹模糊难辨。属占择年月时日的经书。

（8）《卓哈书额地 · dʐo^{21} ha^{21} ʂu^{33} ŋə^{21} ti^{55}》

绵纸，42 页，封面页残缺，页面残缺根处有字标明书名；麻布护封完好；全书纸质黑旧，保存基本完好。书末页画有鸡、鸟、狗等图案，并用彝文注有："明朝13年4月18抄写"，"明朝14年与六十二爸（笔者按：即六十二的爸爸）借得一担谷子给抄经的毕摩，才换得此书"；又录有"五十二爸、六十二爸六担谷子，叶一节爸二担谷子"等文。此录，前者说明书主获得此书的经过，后者恐属记录民间借贷之类。

（9）《间嗯哥额地·dʑe^{33} ŋə^{33} gə^{33} ŋə^{21} ti^{55}》

绵纸，26页，第1页正中断裂，书边破损，有麻布护封。全书显古旧，保存基本完好。书末页用彝文注有"属鼠年2月30日写的书"。属毕摩经师为死者举行祭仪时诵念的追忆、歌颂亡人、讲述人类生死的经书。

（10）《吾卡书额地·ʔu^{21} kha^{21} ʂɿ^{33} ŋə^{21} ti^{55}》

绵纸，98页，方形本，第1页缺损，末页破损，有新装订的麻布护封，保存基本完好。属人死《送丧调》。

（11）彝文书名不详。绵纸，共约60余页。全书破损，前半部分基本朽成纸绒条状。从残余页面记录判断，属占择时日类经书。此书属新化乡米尺莫自然村毕摩杨家荣（已逝）的书，"文化大革命"时，他家的100余本经书被藏放于村附近的岩洞里，因洞穴潮湿，全部藏书被水侵蚀，唯此书秘藏时用棕叶包裹，才遗存此"尸骨"。

除上述外，目前保存于普家学手中的彝文经书另有4件：第一件为旧抄本《山歌调·a^{55} li^{55} du^{21} tshI^{33}》复印件；第二、三件均为旧抄本签书的复印件；第四件属旧抄本签书中的一页残页。

［调查地点：新平县平甸乡梭克村民委员会马厂自然村，磨皮村委会取打左自然村，桂山镇等地；调查对象：李家荣，男，59岁，毕摩，邱凤玉，女，53岁，方荣昌，男，74岁，方正和，男，52岁，普文祥，男，59岁，毕摩，方正荣，男，38岁，毕摩，普家学，男，44岁；调查向导、翻译：普家学；调查时间：2007年7月；调查整理：李国文］

三、新平县新化乡彝族毕摩家藏彝文古籍典型户调查

新化乡离新平县城约25公里，全是柏油路，交通便利。明朝时期，新化设州为新化州，是一个有历史名气的地方。现在乡政府驻地附近有古树林，被命名为古州生态野林。目前，新平县有关单位正向省民委和有关机构争取在这里建设民族文化传习馆。

该乡设有新化等村民委员会。新化村民委员会中有小黑达等自然村。小

黑达村坐落于乡政府驻地附近由县通往乡主干公路的左侧，离主干公路约200米。村寨坐落地势为半山坡。全村约有彝族人家75户，300余人。据村中老人介绍，新中国成立以前，该村有毕摩数人，按照毕摩为人作法事祭仪的传统，习惯以几个人组成一队（一个小群体），全村共有两队毕摩，每队约有四五人，其中有普文学、普文亮、普成安等人，都已去世。普家是毕摩世家，村中有众多毕摩都学自普家。现在还在的毕摩有龙开兴（约75岁），家中无彝文经书；柳长荣、普成安家分别藏有部分经书，本调查对这两户人家的藏书情况作重点调查。

1. 柳长荣家藏彝文经书

柳长荣，男，76岁，1994年退休于新平县供销社，稍习汉文，会木匠，其木匠技艺、彝文和毕摩技艺主要传自父亲柳学成，所传承毕摩技艺主要是推算阴阳，占择阴阳宅地，有人起房盖屋、婚丧嫁娶，即为之推求吉日良辰等，但不做红白喜事祭祀仪式诵经之类。其父亲去世后，家中的彝文经书即传到他手里。

柳长荣家的住屋具有当地特点，是一座土木结构的小四合房，正房为楼房，楼上分里外二格，左格为睡房，右格存粮谷等杂物，睡房设木床两张，靠正墙一侧的床头一角设有一古旧小木柜，专门存放家传彝文古籍，这些经书平时不轻易示人。全部经书共有10余本（件），大多数破损，经过认真观察、辨识，记录于此。

柳长荣家藏彝书旧抄本名目：

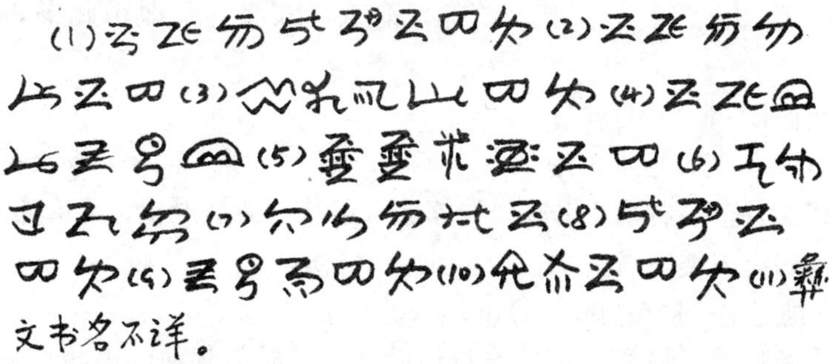

柳长荣家藏彝书旧抄本名称释读：

(1)《本鲁书额底支 · pər^{21} lv^{33} ʂu^{33} ŋə^{21} ti^{33} dʐɯ^{33}》

绵纸，大16开本，页面约40×25厘米，共92页，图文并茂，一般左页为图，右页为文，有麻布护封，书显古旧，抄写年代不详。属彝族民间毕摩经师最重要的占卜签书。每页粘系有细麻绳，占卜时，任意抽取一根细麻绳，占卜者即根据所抽签页看图说文解卦。据柳长荣老人讲，云南民族出版社 2005 年 9 月出版的《彝族原始宗教经画》（下册）一书中的签书影印图片即根据此书而来。

(2)《贺肯尼书 · ho^{55} khɯ^{21} ȵi^{55} ʂu^{33}》

绵纸，横长本，100 余页，麻布护封，全书纸质黑、旧，保存年代久远。前半部分主要记录婚娶占择时日，后半部分附有叫魂经语。

(3)《遮奢姆底书 · tʂə^{33} ʂə^{33} mu^{21} ti^{21} ʂu^{33}》

绵纸，横长本，140 页，粗麻布护封，布尾缺损，书的第 3、第 4 页破损，第 11 至 16 页绘有星象图。属历书类。据说新化乡附近村寨毕摩手中多传有此书。

(4)《梅儒火玛火尼 · mə^{21} ʐu^{21} ho^{21} ma^{21} ho^{21} ȵi^{55}》

绵纸，横长本，49 页，封面书有“柳长荣”字样，标明属柳长荣家的经书。第 8、9、10 页绘有图表，第 14 页绘有二十八星宿图表，每页抄文旁绘有彩色花、草、动物图案。内容属男女合婚书。

(5)《挪尼书 · no^{21} ȵi^{55} ʂu^{33}》

绵纸，42 页，全书古旧，每页正中已断裂，正数第 2、第 3 页残缺，第 13 页朽缺，倒数第 8 页右上角残缺，麻布护封基本完好。属占择人生疾病原因——即占病因书。

(6)《额恒尼书 · ŋi^{21} he^{21} ȵi^{55} ʂu^{33}》

绵纸，174 页，线订样式颇似中国旧式万年历，末页缺损。属占择时日的经书。凡起房盖屋、出行、狩猎、缝制、剃头、农事等，即用此书占卜择吉凶。

(7)《挪尼书 · no^{21} ȵi^{55} ʂu^{33}》

绵纸，54 页，正长形本，用纸大小不一，第 24、第 25、第 26 页页面稍小，封面页残缺，全书右端几乎破损卷缩成纸条状，缺损严重，无麻布护封。属占卜人生疾病原因类经书。

(8)《肯提尼书 · khɯ^{21} thi^{21} ȵi^{55} ŋu^{33}》

绵纸，小横长本，80 页，旧式线订册叶装，纸质与其他经书相比稍显细腻且脆。第 1 页缺损。全书右端页面卷缩。属占卜类经书。

(9)《玛齐书额 · ma^{55} tshi^{33} ʂu^{33} ŋə^{21}》

绵纸，84 页，全书破旧，第 1 页缺失，第 2、第 3、第 4、第 5 页缺损，书右端全部页面卷缩，护封麻布破朽。属毕摩经师于人死净尸、换寿衣、装棺材时诵念的经书，故为《净尸、装棺、入殓经》。

（10）《鹧社底书 · tʂə^{55} ʂə^{55}ti^{21} ʂu^{33}》

绵纸，46 页，全书破损，全部页面拦腰断裂，护封麻布朽缺。属占星类书。

（11）《白勒古书 · pə^{24}lə^{55}gu^{21} ʂu^{33}》

绵纸，全书缺损严重，可见残迹约 15 页。彝语译意属毕摩经师对诵对唱之类经书。

（12）《多唯梅尼书恒额地 · do^{33}vi^{33}mə^{21}ȵi^{33} ʂu^{33}hɯ^{21}ŋə^{21}ti^{55}》

绵纸，15 页，无麻布护封，第 2、第 3 页缺损，全书右端页面卷缩。此书彝语释名，据说大意为《蜜蜂采花调》。

（13）《打克书额地 · ta^{21}khə^{21} ʂu^{33}ŋə^{21}ti^{55}》

绵纸，小横长本，76 页，第 2 页破损，全书页面右端卷缩，护封麻布完好。属历史唱调经书。

（14）《挪尼书 · no^{21} ȵi^{55} ʂu^{33}》

绵纸，60 页，全书非常古旧，页面约三分之一破损、残缺，尚存部分页面卷缩成纸条状，字迹难辨。据说历史最早的彝书护封是用揉制过的麂子皮，此书属本调查中所见到的唯一一本用麂子皮作护封的经书。属占卜疾病类书。

（15）《挪的书额地 · no^{21}də^{33} ʂu^{33}ŋə^{21}ti^{55}》

绵纸，20 页，粗麻线装订，第 2、第 3、第 4 页缺失，全书右侧卷缺。彝族民间人生疾病，要请毕摩翻书占卜生病原因，如占得某种鬼灵作祟使人生病，要驱鬼祭送。此书即属驱鬼送病书。

（16）《时布时儒额地鹧 · ʂʅ^{21}pu^{55} ʂʅ^{21}ʐu^{21}ŋə^{21}ti^{55}dʐə^{55}》

绵纸。此书原为一整本，以后散落残缺，剩余 5 页，重新装订。属讲古调、摆古谱之类书。

（17）《柞季别 · dʐa^{55}tʑi^{55}pe^{21}》

绵纸，共 6 页，第 1、第 2、第 3 页有字，其余属空页。字有彝文、汉文。书名译音应为“账记本”，意译即“记账本”。书中记录有某家向某家、某人向某人借谷、借米、借物等事。时间落款有“民国 34 年 2 月 16 日”。

2. 普朝富家彝文藏书

普朝富的父亲普成安，小黑达自然村人，毕摩传人，2005 年 77 岁时去世。膝下有八个儿女，六女二男，现在家中的祖房即由幼子普朝富居住。成安老人去世后，其祖传彝文经书自然传给朝富。按当地习惯，毕摩老人去世时，其家人要将他生前使用的经书烧弃作陪葬，但朝富得县里有关有识之士的开导，其父去世时未烧弃这些经书，而把它当作文化遗产保存。朝富现年

30岁，虽传承了父亲的彝文经书，但不懂古彝文，问及为何不学，回答是：过去当毕摩的人被人看不起，连毕摩的子女亦被人另眼看待，因此不想学。

朝富家的祖房与当地人家一样，很宽敞，有楼，堂屋正墙下设有长条供桌，供桌左端挡头处供有木制祖先牌位，牌位上书有彝文，牌位一侧供有一木制圆形有底座祭物，据说其中书藏有上辈祖先所生子女的谱系。

当地彝族民间毕摩传统，过去讲究的毕摩世家都有一个精制的篾编竹篓作藏经器具，朝富家保有这个祖传竹篓，经书和其他器物就装在竹篓内，平日存放于楼上一间睡房的床下，一般不轻易示人。朝富手里传承的彝文经书旧抄本共有22本（件），其中有8本被新平县民族宗教事务局普家学先生借去作研习之用，其余14本存于竹篓内。另保存古旧法帽1顶、铜制法铃1个。此将14本经书情况记录于下。

普朝富家传彝书旧抄本彝文书目：

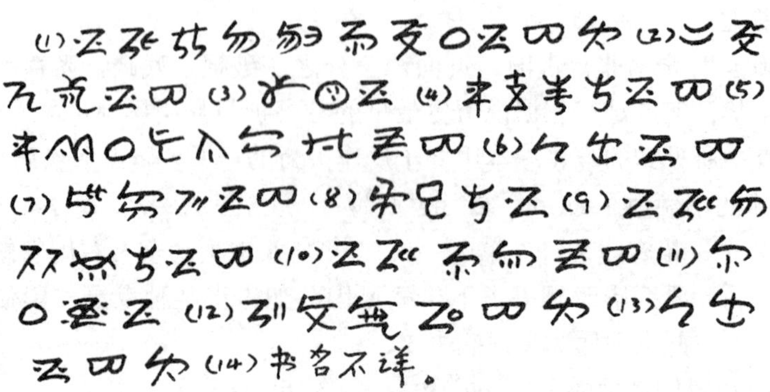

普朝富家传彝书名称释读：

（1）《颇色火书额地 · pho^{21} sə^{21} ho^{21} ʂɿ^{33} ŋə^{21} ti^{55}》

绵纸，17页，小横长形本，书右侧纸面卷缩，无麻布护封。属毕摩举行祭龙仪式祭献山神时诵念的经书。

（2）《者社嫫底书额 · tʂə^{55} ʂə^{55} mo^{21} ti^{21} ʂɿ^{33} ŋə^{21}》

绵纸，40页，大16开本，麻布护封完好，全书保存完整。属占星类书。

（3）《白鲁书 · bər^{21} lu^{33} ʂɿ^{33}》

绵纸，页面约40×25厘米，84页，第1、第2页缺失，第3页缺损，倒数第2页残缺。属毕摩经师常用的占卜签书。

（4）《尼的耆笨书 · ȵi^{21} də^{33} thɯ^{21} pɯ^{55} ʂɿ^{33}》

绵纸，86页，横长本，第1页破损，第3、第4、第5、第6页有虫蛀缺口，护封麻布朽缺。属毕摩二人对唱对答之类经书。

(5)《尼子火波堵的书尼支额 · ȵi^{21} dzɿ^{21} ho^{21} po^{21} du^{33} də^{21} ʂɿ^{33} ȵi^{55} dʐɿ^{33} ŋə^{21}》

绵纸，有封面封底，正页 18 页，其中 10 页有字，8 页空页，无麻布护封。属占择日月出没运转类天文专书。

(6)《阿哩者书 · ʔɑ^{55}li^{55}tʂə^{21} ʂɿ^{33}》

绵纸，20 页，无麻布护封，但系拴有护封麻线。全书右上角有虫蛀缺口。属山歌、情歌对唱本。

(7)《飒查咩书 · ɖɑ^{55}tʂhɑ^{33}me^{33} ʂɿ^{33}》

绵纸，横长本，92 页，第 1、第 2、第 3 页缺损只剩页根，第 43 页和末尾 3 页缺损，无麻布护封。记录人死祭奠经语。

(8)《基唯布书 · dʑi^{33}və^{21}pɯ^{55} ʂɿ^{33}》

绵纸，横长形本，80 页，第 1 页缺损，有麻布护封。属退白虎驱邪经。

(9)《书署努除闪笨书额 · ʂɿ^{33} ʂɿ^{21}nu^{33}tʂhu^{33} ʂæ^{33}pɯ^{55} ʂɿ^{33}ŋə^{21}》

绵纸，60 页，第 13 页缺失，第 2、第 3 页朽缺，全书右上角破损，麻布护封破损。彝族民间有非正常死亡者，三年后为之举行丧仪，毕摩即诵念此经，故属《冷丧调》之类。

(10)《依波几额 · ʔi^{33}bo^{21} dʑi^{21}ŋə^{21}》

绵纸，40 页，深蓝色麻布护封，保存完好。属看鸡卦书。

(11)《依火贰 · ʔi^{33}ho^{21}ʔə^{55}》

绵纸，18 页，有新缝缀的生白麻布护封。属叫魂（招魂）经。

(12)《哦衣社着姆恒额地 · ʔo^{21}ʔi^{21} ʂə^{55}dʐo^{33}mu^{33}hə^{21}ŋə^{21} ti^{55}》

绵纸，横长本，52 页，36 页有文字，16 页空页，有封面、封底，麻布护封。书中记录神话故事。

(13)《阿哩者书 · ʔa^{55}li^{55}tʂə^{21} ʂɿ^{33}》

绵纸，28 页，书显十分古旧，末页破损，无麻布护封。全书有虫蛀现象。属记录民间山歌、情歌调类经书。

(14) 轶名，48 页，无麻布护封。专门记录神话故事。

［调查地点：新化乡小黑达自然；调查对象：柳长荣，男，76 岁，普朝富，男，30 岁，等；调查向导、翻译：普家学，男，彝族，44 岁；调查时间：2007 年 7 月 20 日；调查整理：李国文］

第四节　峨山县彝族彝文古籍

一、峨山县彝族民间流传、保存彝文古籍综合信息

峨山彝族自治县位于东经101°52′～102°37′，北纬24°01′～24°32′之间，县境东北接晋宁县，东南接通海县，南接石屏县，北连易门县，西北与楚雄彝族自治州的双柏县隔江相望。全县总人口共14万多人，其中彝族占总人口的53%强，其余分别为汉、回、哈尼等族。县内设有甸中、岔河、塔甸、富良棚、大龙潭、化念等乡镇，彝族人口主要分布在这些乡镇。自古以来，居住在峨山县境的彝族主要包括“纳苏”、“聂苏”、“勒苏”三个支系，其中，现今“纳苏”支系主要分布在岔河乡、大龙潭乡、富良棚乡、甸中镇以及塔甸镇的部分地区；“聂苏”支系主要分布在双江镇、化念镇以及塔甸镇的部分地区；“勒苏”支系主要分布在塔甸镇大西村民委员会和与之相邻的富良棚乡婀娜、石板两个村委会的部分村寨。时至近代，基督教开始传入彝族地区，有少数彝族人开始信仰基督教。但作为峨山彝族的传统信仰，和其他地区彝族一样，主要信仰具有本民族特点的自然万物有灵的原始宗教“毕摩教”。这种信仰，随着社会的不断发展进步而开始逐渐淡漠，很多信仰的土壤以及与之相应的信仰内容已逐渐被淘汰，但并没有消亡，诸如与原始灵魂崇拜相关的祖先崇拜乃至民间丧仪、占卜等等，仍顽强地保存着，有很多信仰则以本民族的传统文化得以传流。毕摩是彝族民间原始信仰的主持者，也是彝族传统文化的重要传承人，他们使用古彝文书写的各类祭祀经典。社会发展到今天，峨山境内的彝族民间毕摩也没有消亡，不仅如此，有的则为现在社会传承民族优良的传统文化发挥着作用。他们部分人的家里，还零星地保存着部分古彝文经书，只是有的经书属于仍在使用的“活书”，有的可能属于祖传，但后继人不学毕摩、不懂古彝文、也无法使用的“死书”。现据峨山县民族宗教事务局李增华等人掌握的情况，对有关村寨毕摩或毕摩后裔家庭目前所保存彝文古籍的情况作如下记录。

双江镇：该镇坐落在县境南部，离县城约9公里，设有新村等村民委员会，分布有大发克、小发克、新村、大寨、小寨等自然村。其中，大寨村有毕摩经师龚绍仙，男，55岁，懂古彝文，但无彝书旧抄本，目前在村里为人举行开丧祭祀仪式时，由县民族宗教事务局复印给部分丧葬祭祀用书。小寨

村有毕摩龚有长，50多岁，其父龚××属祖传毕摩，去世时遗有彝书手抄本四五本，但龚有长不识古彝文，不懂此书，也不将此书轻易示人。小发克村有毕摩普贵学，56岁，懂彝文，但无旧抄彝书，目前在为人举行丧葬仪式时，由县民宗局根据旧抄本复印给部分祭祀用书。双江自然村有毕摩李春富，去世后有2本丧葬祭祀类经书，遗留给毕摩普春联（55岁），其他经书被县民族宗教事务局收集保存。丁皎村有毕摩普玉宝，2006年去世，去世后约有三四本经书由县里收集保存。

富良棚乡：该乡坐落于县境西部，辖区内设塔冲、翻家等村民委员会。其中，小假佐自然村有毕摩李玉发，69岁，收藏丧葬类彝文旧抄本约5本（件）。此外，该村李氏家族传有彝文写成的家谱旧抄本。清泉村有李树旺，65岁，属民间唢呐手，不懂彝文，本村毕摩去世后，有16本彝文旧抄本遗留给他，2004年，这些经书由县民宗局收集保存。翻家村委员会花椒村××家，藏有彝书2本，但秘不示人。富良棚村有李文英，女，80岁，原属楚雄双柏县人，祖上是毕摩，其孙女××由双柏嫁到该村，以后便将李文英奶奶接到该村。据李文英老人讲述，她约30岁时患过一场重病，以后就会做驱鬼吊丧之类的祭祀法事。为人作丧葬祭仪时，人称她为毕摩，为人驱鬼时，人称她为桑尼。她对彝文经书内容，可识其中几个符号而背诵此经，故彝文对她则起提示性符号。她能背诵很多彝书经语，并主持、参与过很多丧葬仪式。目前，家中藏有彝书6本，据说原为楚雄老家的叔叔抄写，其中，4本用白麻布抄写，2本用早期便笺纸抄写，两种抄本皆显破旧，用便笺纸抄写的经书，页面正中断裂。经书内容均属丧葬祭祀类，其中有《净尸经》、《装棺经》、《哭丧调》、《唤醒死者经》、《挽歌调》、《脱孝经》。

岔河乡：该乡位于县城西部，设河外、云美等村民委员会。其中，河外村委会进宝自然村有祖传毕摩施正朝，77岁，通晓彝文古书，能执掌祭祀仪式，家藏丧葬祭祀用书2本。该村又有普××，女，稍习彝文，其父是毕摩，去世后，传有彝书1本。另外，扎拉黑村民小组的普家传有普氏家谱旧抄本。又，河外村委会过去称为小了菇村的村头山中有一座彝汉合文墓碑，该碑是清朝咸丰年间制，墓石分左、中、右三面（侧），碑心石（中）和碑右镌刻汉文，碑左刻彝文，约有千余字。

甸中镇：在县境东北，其中镜湖村民委员会新富自然村有毕摩普家富，去世后有4本常用丧葬祭祀经书传给其子普文学毕摩。

大龙潭乡：位于县境北部，其中河口自然村普家保存有普氏家族宗谱。

塔甸镇：在县境东南部，其中黑腻村委会左边哨自然村曾有毕摩李家林，去世后有3本彝文经书不知传给何人。蚂依糯村××家中藏有彝文经书2本（件）。

化念镇：在县境南部，其中罗里村委会罗细巴村有毕摩，但无彝书旧抄本，目前有抄写在合页笔记本上的丧葬祭祀经文。

[调查地点：峨山县民族宗教事务局、双江镇等地；调查对象：李增华、龚棋有、李林有等；调查时间：2007年7月；调查整理：李国文、官珏（研究生）]

二、峨山县民族宗教事务局收集保存的彝文古籍

峨山彝族自治县是云南省滇中地区流传彝族古籍文献的一个重点区域，也是开展彝文古籍收集、翻译、整理工作较早的县份之一。该县约于1981年贯彻国家民族事务委员会古籍整理办公室关于“全国少数民族古籍整理出版工作会议”精神后，1983年12月，经县人民政府批准，由县民族事务委员会组织召开了“峨山彝族自治县首次彝文古籍和毕摩座谈会”；同时，在贯彻传达云南省少数民族古籍整理出版工作会议精神后，成立了“峨山彝族自治县彝文翻译领导小组”，提出了收集彝文古籍文献方案，制定了峨山抢救、翻译、整理出版彝文古籍的工作计划。1984年3月，在县民委（现民族宗教事务局）成立了“彝文翻译室”。2003年，又成立“民族语言文字研究室”。从此，全县彝文古籍文献的普查登记、收集、整理、翻译和出版，被列入重要工作。特别是在彝文古籍文献收集方面，1984年，由县民委组织，在全县范围内，从当时的绵屏乡（1998年后并入双江镇）双河村，到高平乡（1998年后并入双江镇）以黑箐村，宝泉乡（1998年后并入小街镇），富良棚乡小黄河村，塔甸镇大寨村等地（村），开展了一次规模较大的古籍文献普查收集工作。继后，直到2004年前后，这项工作仍在陆续进行。

流传于峨山广大彝族民间的彝文古籍文献，通过上述普查收集工作，目前除有少部分分别藏存于民间毕摩经师或毕摩后人家庭外（参见本书“峨山县彝族民间保存彝文古籍综合信息”），绝大部分被县民委所收集。这些已被收集的古籍，共有76本，统一保管在今民族宗教事务局民族语言文字研究室办公室三层板木柜的最高一台中，由李增华先生专人保管。76本彝文经书中，有59本分别属1984—1990年收集，17本属李增华于2004年前后收集。李增华先生，男，43岁，彝族，甸中镇大寨村委会旧寨村人，1986年毕业于西南民族学院民族语言文学系彝族语言文学专业，精通古彝文，他对这批古籍视如珍宝。其中，曾应云南民族事务委员会云南少数民族古籍整理出版规划办公室邀请，对原收的59本彝文旧抄本详细作出《峨山彝族古籍编目》铅印

本，17 本属未编目之书。现据李增华先生所作工作，把两种彝文古籍文献分别以“李增华峨山彝族古籍编目收录文献名目”和“峨山县民宗局保存 17 本未编目彝文古籍名录”列出。对前者，资料录用采取缩减法，只引录其大要；对后者，亦采取对每本书一一观察释读，并记述其基本情况。

1. **李增华《峨山彝族古籍编目》收录彝文旧抄本名录**

彝文旧抄本原名：

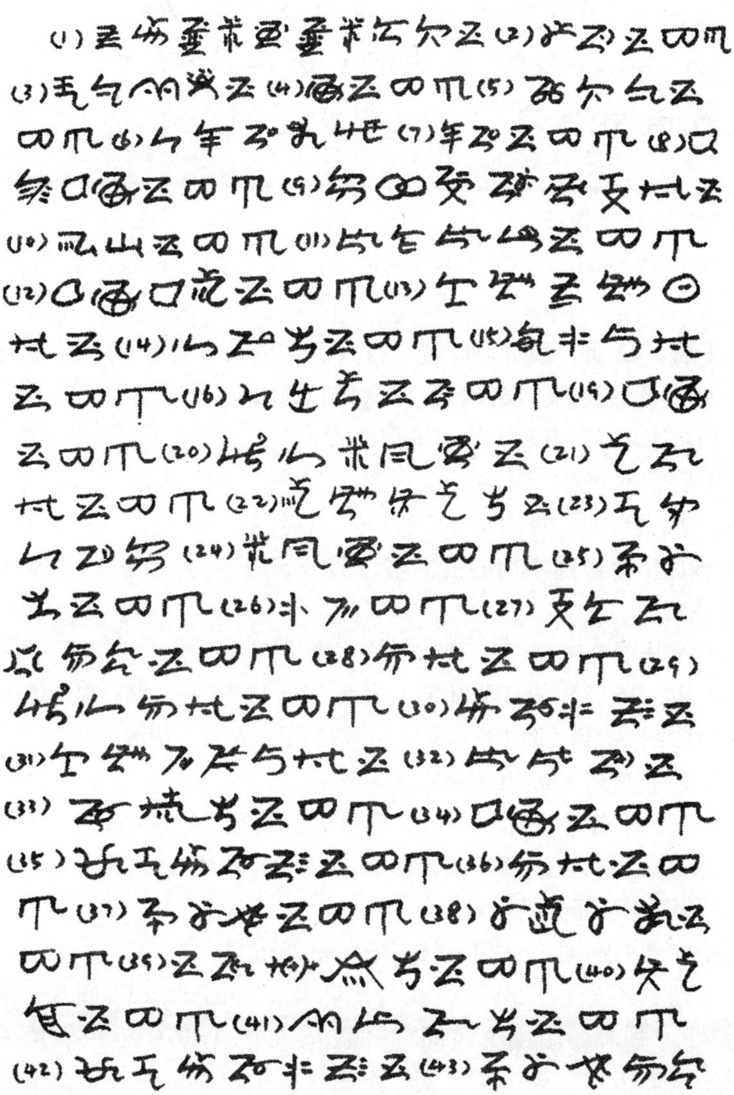

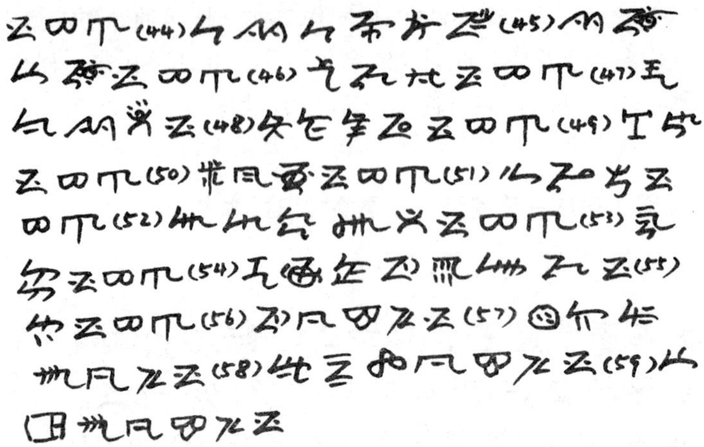

彝文旧抄本名称释读：

（1）《简洛佐尼嗯佐尼分苦书·dʑe^{21} lo^{21} tso^{55} ȵi^{33} ʔɤ^{55} tso^{55} ȵi^{33} fə^{33} khu^{21} su^{33}》

绵纸，1 册，42 页，线订册叶装，行楷体，墨书，页面 27×19 厘米，麻布护封，有两页页面残损。汉译名称即《招粮魂书》。

（2）《白洛书额则·bər^{21} lo^{33} su^{33} ŋə^{21} dzə^{33}》

绵纸，1 册，不分卷，74 页，全书 36 幅插图，文字部分有 34 页彝文和 2 页彝、汉文字成书说明。页面 40×25 厘米，有丝绸布护封，全书页面边角残损。属滇中彝族毕摩经师常用的占卜书，即《签书》，记录有 34 种命相的因果和吉凶梦兆解说。

（3）《左德几恒书·dzo^{21} tə^{55} dʑi^{21} hə^{55} su^{33}》

绵纸，1 册，26 页，线订册叶装，页面 24×19 厘米，保存基本完好。书末注有“民国二十六年（即 1937 年）正月初六”成书，毕摩柏玉璋传抄。

（4）《那勒书额则·na^{55} lɯ^{33} su^{33} ŋə^{21} dzə^{33}》

绵纸，1 册，不分卷，17 页，线订册叶装，页面 50×19 厘米，有麻布护封，首页和末页残缺，佚名撰。汉译名称即《祭天神经》，其中汇集了《祭天神经》、《除邪经》两部分祭祀内容。

（5）《哓咋德书额则·ɕe^{21} dzɑ^{21} tər^{55} su^{33} ŋə^{21} dzə^{33}》

绵纸，1 册，不分卷，50 页，线订册叶装，页面 22×14 厘米，麻布护封，保存完好。书末标注成书时间为“民国九年（1920 年）农历三月初八”，毕摩柏玉璋传抄。属毕摩于丧葬祭祀仪式中出殡前一夜诵念的《献夜宵经》。

（6）《阿梭恒璐米 · ʔɑ^{55}so^{33}hə^{21}lu^{55}mi^{21}》

绵纸，1 册，不分卷，35 页，页面 33 × 13 厘米，麻布护封，保存完好。成书年代为清光绪二十四年（即公元 1898 年）。佚名撰。汉语名称为人死时毕摩念诵人的出生、成长、成家立业、生儿育女艰辛历程的《诉苦情经》。

（7）《梭恒书额则 · so^{33}hə^{21}su^{33}ŋə^{21}dzə^{33}》

绵纸，1 册，不分卷，54 页，页面 24 × 18 厘米，麻布护封。属毕摩经师为死者作祭祀时唱诵的《诉苦情经》，书中叙述人类始祖阿普笃慕历经洪水泛滥，叙述父母生儿育女、创业里程，追忆亡人，表达儿女对死者怀念之情。

（8）《那泽那楞书额则 · nɑ^{55}tshə^{33}ma^{55}lɯ^{33}su^{33}ŋə^{21}dzə^{33}》

绵纸，1 册，不分卷，52 页，线订册叶装，页面 28 × 26 厘米，麻布护封，保存完好。属《祭天神经》。书中汇集《祭天神经》、《祭白虎扫帚星经》、《祭天地姻缘喜福神》、《祭天地门神》、《驱鬼邪经》等内容。

（9）《查吾希色火古楚尼书 · tshɑ^{21}ʔv^{33}çe^{33}sər^{21}ho^{21}gu^{21}tshu^{21}ȵi^{55}su^{33}》

绵纸，1 册，不分卷，38 页，线订册叶装，页面大小不一，有 30 × 18 厘米，有 23 × 14 厘米，麻布护封，保存完好。佚名撰。成书年代不详。属毕摩举行祭祀活动时诵念的《送疯邪经》，书中汇集有《送疯神经》、《送星神经》两大部分内容。

（10）《几妲书额则 · tʑi^{21}tsə^{21}su^{33}ŋə^{21}dzə^{33}》

绵纸，1 册，不分卷，61 页，线订册叶装，页面 25 × 15 厘米，麻布护封，成书年代为“民国三年（1914 年）”，毕摩柏玉璋传抄。属彝族叙事类经书，如《吉咒书》。书中汇集《生死根源篇》、《祭祀起源篇》、《饮毛茹血时代篇》、《祭祀祖先起源篇》、《占择发丧下葬时辰》等内容。

（11）《飒等飒笨书额则 · ɖɑ^{55}dɯ^{21}ɖɑ^{55}pu^{55}su^{33}ŋə^{21}dzə^{33}》

绵纸，1 册，不分卷，69 页，页面大小不一，前半部分 23 × 13.5 厘米，后半部分 30 × 17 厘米，有麻布护封，保存完好。成书年代注有“宣统二年（即 1910 年）”，毕摩柏玉璋传抄。书属《祭祀起源经》，其中讲述宇宙远古洪荒时代到开天辟地、人类起源、先祖阿普笃慕历经洪水泛滥、彝族先民祭祀起源历史，是彝族丧葬活动场合中毕摩经师相互考问学识的一部经书。

（12）《那勒那顶书额则 · na^{55}lɯ^{33}na^{55}te^{21}su^{33}ŋə^{21}dzə^{33}》

绵纸，1 册，不分卷，66 页，线订册叶装，页面 27 × 16 厘米，麻布护封，后半部分页面有残损。属毕摩祭祀仪式中的《送天神书》，其中汇集《送天神书》、《祭白虎神经》、《驱邪除魔经》、《择日书》等内容。

（13）《若如奈如托尼书 · zo^{33}zu^{33}ne^{55}zu^{33}tho^{21}ȵi^{55}su^{33}》

绵纸，1 册，不分卷，42 页，页面 36 × 27.5 厘米，麻布护封。全书页面边角有缺损。属《看生儿育女生辰》类占卜经书。

(14)《筲白笨书额则 · the^{21} bər^{33} pə^{55} su^{33} ŋə^{21} dzə^{33}》

绵纸，1 册，68 页，页面 34×27 厘米，线订册叶装，麻布护封，1 至 16 页页面边角缺损。属《祭白虎星神经》，书中汇集《祭白虎星神经》、《驱邪除秽经》、《占择病因》等内容。

(15)《则你尼书额则 · dzə^{21} ȵi^{21} ȵi^{55} su^{33} ŋə^{21} dzə^{33}》

绵纸，1 册，不分卷，38 页，线订册叶装，页面大小不一，前 2 页页面 21.5×13 厘米，后 36 页页面 25×19.5 厘米，麻布护封。全书页面边角破损残缺。毕摩柏玉璋传抄。属滇中彝族毕摩经师常用的《占卜书》，书中汇集有《占吉凶祸福日》、《占儿女生辰》、《占外出远行吉凶》、《占建房吉日》、《占立房门吉日》、《占立灶台吉日》、《占乔迁新居吉日》等内容。

(16)《几能嫫笨书额则 · ʥi^{21} ne^{21} mo^{21} pə^{55} su^{33} ŋə^{21} dzə^{33}》

绵纸，1 册，不分卷，89 页，页面 34×25 厘米，线订册叶装，麻布护封。页面残缺。译名为《祭吉尼神经书》，其中汇集有《祭吉尼神经》、《送白虎星神经》、《招魂经》、《送天神经》等内容。

(17)《色能左波嫫梭恒 · sə^{55} nɯ^{55} tso^{21} bo^{21} mo^{21} so^{33} hə^{21}》

绵纸，1 册，不分卷，85 页，线订册叶装，页面 23×21.5 厘米，麻布护封，保存完好。滇中彝族毕摩经师于人死开丧祭祀经，可译名为《万物起源经》。书中汇集《万物起源》、《生死根源》、《物种变化》、《祭祀起源》、《祭祖先起源》、《棺葬起源》等内容。成书年代为 1910 年。毕摩柏玉璋传抄。

(18)《阿哩的竖书额则 · ʔɑ^{55} li^{55} de^{21} su^{55} su^{33} ŋə^{21} dzə^{33}》

绵纸，1 册，22 页，页面 28×24 厘米，麻布护封，保存完好。佚名撰。可译为《阿哩书》或《山歌调》、《情歌调》。

(19)《那勒书额则 · nɑ^{55} lɯ^{33} su^{33} ŋə^{21} dzə^{33}》

绵纸，1 册，20 页，线订册叶装，页面 27×25 厘米，麻布护封，保存完好。成书于"民国九年（即 1920 年）"，毕摩柏玉璋传抄。属毕摩经师《祭送天神书》。书中记录迎请东、西、南、北四方天神降临，并杀牲祭供，送神归位等过程。

(20)《丁堂尼火贰书 · de^{33} the^{21} ȵi^{33} ho^{21} ʔə^{55} su^{33}》

绵纸，1 册，不分卷，89 页，页面 26×22.5 厘米，线订册叶装，麻布护封，保存完好。毕摩柏玉璋、谢法荣传抄。属《招粮魂书》，书中除记录招粮食灵魂、杀牲祭献等经语外，绘有招粮魂祭坛图 2 幅，附有《占灵魂所在方位书》和占择灵魂所在方位图。

（21）《赠嫫尼书额则 · tsə^{55}mo^{21}ȵi^{55}su^{33}ŋə^{21}dzə^{33}》

绵纸，1 册，不分卷，50 页，线订册叶装，页面 29.5×26.5 厘米，麻布护封。成书年代为清光绪三十三年（1907 年），毕摩柏玉璋传抄。彝族历算占卜经书《星象占卜书》，其中汇集《占病经书》、《星象占卜书》两部占卜经书。

（22）《梅如间赠笨书 · mə^{21}zu^{21}tʑe^{33}tsə^{55}pə^{55}su^{33}》

绵纸，1 册，不分卷，100 页，线订册叶装，页面 29.5×25.7 厘米，麻布护封。成书年代为清光绪三十年（1904 年），毕摩柏玉璋传抄。彝族毕摩祭祀活动经书《解夫妻冤孽经》，其中汇集《解夫妻冤孽经》、《祭天地姻缘神》、《祭白虎神经》、《驱鬼除邪经》、《祭天地门神经》、《祭疯邪神经》等经书。

（23）《姆命阿洛查 · mu^{33}mi^{55}ʔɑ^{55}lo^{33}tshɑ^{21}》

绵纸，1 册，不分卷，72 页，线订册叶装，页面 35×27 厘米，麻布护封。佚名撰。译名《姆命阿洛查》，又名《天地人类起源经》，其中讲述《天地起源》、《人类起源》、《生死起源》，属丧葬场合毕摩经师相互对答、考问学识的经书。

（24）《尼火贰书额则 · ȵi^{33}ho^{21}ʔə^{55}su^{33}ŋə^{21}dzə^{33}》

绵纸，1 册，不分卷，143 页，页面 23.5×22.5 厘米，线订册叶装。佚名撰。译名《招魂经书》，彝族毕摩祭祀活动中重要经书之一。所招之魂为粮魂。彝族原始宗教观念中，各种粮谷、果蔬和禽畜都有灵魂，凡万物遇狂风、暴雨、霜冻、干旱、洪涝等灾害，粮魂会受到惊吓，故需毕摩设祭坛、献活牲、供佳肴、诵经，为之招魂（喊魂），祈求策格兹、纳木方、吐木铁、天地门神、阿倮神等各种善神保护粮魂。书中还记载了近代峨山、建水、玉溪、通海、华宁、易门、新平、元江等地广大滇中地区各种传统种植的粮食作物、果蔬和家禽家畜饲养等。

（25）《嘬白笨书额则 · dzo^{33}bə^{21}pə^{55}su^{33}ŋə^{21}dzə^{33}》

绵纸，1 册，101 页，页面大小不一，前 91 页页面 26×19.5 厘米，后 20 页 26×24 厘米，麻布护封，保存完好。佚名撰。彝族毕摩祭祀活动使用的《驱邪禳灾书》，书中汇集了《祭午时邪魔经》、《驱鬼除邪经》、《送鬼经》、《占病书》、《占儿女生辰经》、《招病人灵魂经》等篇目。

（26）《嘎期麦额则 · kɑ^{55}tɕhi^{33}mər^{33}ŋə^{21}dzə^{33}》

绵纸，1 册，28 页，线订册叶装，页面 30×25 厘米，麻布护封，1 至 4 页页面残缺。毕摩柏玉璋抄本。书属彝族毕摩经师于丧祭场合相互考问知识的《叙事猜调》，其中以问答形式叙述天地万物产生、众神的司职、妖魔鬼怪的降生、万物生死由来、祭神送神、驱邪禳灾和祭祀活动起源以及祭祀活动规矩等内容。

(27)《杵森嫫丁德书额则·tshu²¹ sə³³ mo²¹ te²¹ də²¹ su³³ ŋə²¹ dzə³³》

绵纸，1册，62页，线订册叶装，页面28×24.5厘米。成书于清光绪二十三年（公元1897年），毕摩龙进抄本。译名《祭初赛莫神书》，记述毕摩经师主持祭仪，布置祭祀道场，准备祭品，洗牲、献活牲、宰牲、献饭奠酒，祭祀初赛莫神的全过程。属滇中彝族毕摩祭祀活动使用的一部重要经书。

(28)《挪尼书额则·no²¹ ȵi⁵⁵ su³³ ŋə²¹ dzə³³》

绵纸，1册，16页，线订册叶装，页面28×24厘米，麻布护封，保存基本完好。佚名撰。译名《占病经书》。

(29)《丁贴挪尼书额则·de³³ the²¹ no²¹ ȵi⁵⁵ su³³ ŋə²¹ dzə³³》

绵纸，1册，102页，线订册叶装，页面25×24厘米，书末有17页边角残缺。佚名撰。属滇中彝族毕摩常用的《占病经书》，根据人的生辰年月，占卜人于某年某月某日某时生病的原因，然后指出应到何方驱送鬼邪。

(30)《倮希啧德书·lo²¹ ɕi⁵⁵ dzə²¹ də³³ su³³》

绵纸，1册，48页，线订册叶装，页面28.5×16厘米，麻布护封。页面有残缺。译名《踩尖刀草经》，滇中彝族丧葬祭祀的重要经书之一，书中汇集了《诉苦情经》、《踩尖刀草经》、《哭丧调》等重要祭祀经语。

(31)《若如麦贺尼书·zo³³ zu³³ mə²¹ ho⁵⁵ ȵi²¹ su³³》

绵纸，1册，26页，线订册叶装，页面25×23厘米。封面页残缺。佚名撰。滇中彝族毕摩经师重要的占卜经书《娶媳嫁女占卜经》，书中汇集有《占夫妻婚配生肖年》、《占生儿娶媳年份》、《占生儿娶媳时辰》、《占生儿生肖年》、《占生肖禁忌》、《占儿女犯扫帚星年月》等篇目。

(32)《飒左哈书·ɖɑ⁵⁵ dzo²¹ ha²¹ su³³》

绵纸，1册，52页，线订册叶装，页面20×12.3厘米，麻布护封。页面有残缺。彝族毕摩为人举行丧葬仪式迎接吊丧者来临时诵念的《候客经》。

(33)《恒歇笨书额则·he²¹ ɕe²¹ pə⁵⁵ su³³ ŋə²¹ dzə³³》

绵纸，1册，30页，页面28×25厘米，线订册叶装，麻布护封，保存完好。清光绪二十三年（公元1897年）成书。佚名撰。译名《祭地神经》，其中汇集《祭天神经》、《祭地神经》两部重要经书。

(34)《那勒书额则·na⁵⁵ lɯ³³ su³³ ŋə²¹ dzə³³》

绵纸，1册，26页，页面36×26厘米，文体书写不规范，页面发黑显古旧，有麻布护封。佚名撰。译名《祭天神书》。

(35)《都姆倮希增德书额则·du²¹ mu³³ lo²¹ ɕi³³ dzə²¹ də³³ su³³ ŋə²¹ dzə³³》

绵纸，1册，41页，线订册叶装，页面大小不一，前34页为29×25.5厘米，后 7 页为 38 ×26 厘米，有麻布护封，保存完好。佚名撰。属毕摩经师举行丧葬祭仪时诵念的《踩尖刀草经》，书中汇集《踩尖刀草经》、《指路经》两篇必诵经文。

（36）《挪尼书额则 · no^{21} ȵi^{55} su^{33} ŋə^{21} dzə^{33}》

绵纸，1 册，84 页，线订册叶装，页面 31 ×26 厘米，麻布护封，部分页面边角残缺。属彝族毕摩历算占卜的《占病经书》。

（37）《佐白补书额则 · dzo^{33} bə^{21} pu^{33} su^{33} ŋə^{21} dzə^{33}》

绵纸，1 册，80 页，线订册叶装，页面 24 ×26 厘米，麻布护封，页面边角和中间残损。清道光二十三年（公元 1843 年）成书。佚名撰。译名《改邪经》，其中汇集《改邪经》、《祭火神经》、《祭天神经》等重要经语。

（38）《白尼白朵书额则 · bə^{21} ȵi^{21} bə^{21} to^{21} su^{33} ŋə^{21} dzə^{33}》

绵纸，1 册，32 页，线订册叶装，页面 33 ×26 厘米，书末有 2 页残缺。清道光十五年（公元 1866 年）成书。佚名撰。译名《白衣白夺书》，属滇中彝族丧葬祭祀必诵经书。

（39）《苏锁搓飒笨书额则 · su^{33} so^{21} tsho^{33} sa^{33} pə^{33} su^{33} ŋə^{21} dzə^{33}》

绵纸，1 册，38 页，线订册叶装，页面 27 ×23 厘米，麻布护封，保存完好。民国三年（1914 年）成书，毕摩柏玉璋抄本。属彝族毕摩为人举行丧葬仪式出殡时刻及以后念诵的经书，可译名为《祭措桑神经》。书中记录着祭祀措福措桑神、生死星君、福禄神的过程。

（40）《喜仄啧书额则 · ɕi^{21} tsə^{55} dzə^{21} su^{33} ŋə^{21} dzə^{33}》

绵纸，1 册，17 页，线订册叶装，页面 23. 5 ×21 厘米，麻布护封，保存完好。佚名撰。彝族毕摩经师举行丧葬祭仪时诵念的《祭死亡星神经》，书中汇集有《送死亡星神书》和《祈福经》两部经书内容。

（41）《几能嫫笨书额则 · ʥi^{21} ne^{21} mo^{21} pə^{55} su^{33} ŋə^{21} dzə^{33}》

绵纸，1 册，89 页，线订册页装，页面 28 ×25 厘米，麻布护封，保存完好，民国十二年（1923 年）八月二十六日成书，毕摩柏玉璋抄本。译名《祭吉妮嫫神经》，其中汇集了《祭吉妮嫫神经》、《祭天地三大神经》、《祭四方天神经》、《祭初哈神经》、《祭福禄星神经》等重要祭祀经语。

（42）《督嫫倮系则德书 · du^{21} mu^{33} lo^{21} ɕi^{55} dzə^{33} də^{33} su^{33}》

绵纸，1 册，33 页，线订册叶装，页面 29 ×12. 5 厘米，麻布护封，保存完好，民国四年（1915 年）正月成书，毕摩柏玉璋抄本。属毕摩经师举行丧葬仪式必诵的讲述远古《洪水泛滥》的经书。

（43）《佐白补诺德书额则 · dzo^{33} bə^{21} pu^{33} no^{21} də^{21} su^{33} ŋə^{21} dzə^{33}》

绵纸，1 册，62 页，佚名撰。线订册叶装，页面 26 ×23 厘米。译名《驱邪除病书》。

(44)《阿纪阿咋结 · $ʔɑ^{21}$ $ʥi^{55}$ $ʥi^{55}$ $dzɑ^{21}$ $dʑe^{21}$》

绵纸，1册，20页，线订册叶装，页面34×12.5厘米，麻布护封，保存完好。译名《阿纪和阿卓的故事》，记录尼杰阿纪和欧银阿卓一对同年同月同日出生的孪生兄弟，在父母双亡后，同住一间房，同睡一张床，吃同一甑饭，穿同色布料衣，穿同一样鞋，骑同一匹马，如同一双筷，相亲相爱的手足之情。成年后，恪守“长兄不成家，小弟不娶媳”的古规，以后长兄找到宝琅妮姑娘，而付不起其父母要求的千两银、骏马七十匹、牛七十头、耳环三十五对、手镯三十五双等聘礼的故事。

(45)《几火能火书额则 · $ʥi^{21}$ ho^{21} ne^{21} ho^{21} su^{33} $ŋə^{21}$ $dzə^{33}$》

绵纸，1册，10页，线订册叶装，页面36×26.5厘米，佚名撰，保存完好。译名《送吉妮神经》，记录吉妮神降临祸害人间，使人间家事不顺，疾病横生，后由毕摩作祭祀、诵经文、献活牲，供饭献酒，送神归位的过程。

(46)《赠嫫尼书额则 · $tsə^{55}$ mo^{21} $ȵi^{55}$ su^{33} $ŋə^{21}$ $dzə^{33}$》

绵纸，1册，98页，线订册叶装，页面28×25.5厘米，保存完好。佚名撰。译名《星象占卜书》，属滇中彝族毕摩经师常用经书，书中汇集《占卜儿女出嫁时辰》、《占儿子娶媳时辰》、《择吉凶日》、《占儿女生辰星相》、《占夫妻相配生辰》、《占生儿娶媳庚年》、《占病因》等篇内容。

(47)《佐代几赫书 · dzo^{21} $tə^{55}$ $ʥi^{21}$ $hə^{55}$ su^{33}》

绵纸，1册，38页，页面26×22厘米，线订册叶装，佚名撰，保存基本完好。译名《献饭敬酒经》，记录毕摩经师主持丧葬仪式时，向天地神、祖先神和亡灵献饭敬酒的过程。

(48)《喜登梭恒书额则 · $ɕi^{21}$ $dɯ^{21}$ so^{33} $hə^{21}$ su^{33} $ŋə^{21}$ $dzə^{33}$》

绵纸，1册，46页，页面37×26厘米，线订册叶装，佚名撰，保存基本完好。译名《丧葬叙事经》，书中汇集了《解梦经》、《赛得妮的故事》、《尼银黑维的故事》、《开天辟地神的故事》等篇章。属彝族毕摩经师在丧葬场合以问答方式考问对方学识的经书。其中讲述了天地万物起源，众神降生，人类生死由来，以及赛得妮的故事，尼银黑维开天辟地神死而尸解，不同部位变成世间万物等内容。

(49)《白飒书额则 · $pə^{21}$ $ɖɑ^{55}$ su^{33} $ŋə^{21}$ $dzə^{33}$》

绵纸，1册，5页，线订册叶装，页面43×21.5厘米，佚名撰，保存基本完好。彝族毕摩举行祭祀仪式时诵念的《祭山神经》。

(50)《尼火贰书额则 · $ȵi^{33}$ ho^{21} $ʔə^{55}$ su^{33} $ŋə^{21}$ $dzə^{33}$》

绵纸，1册，40页，线订册叶装，页面24×23厘米。全书页面残损严重。书中记录毕摩经师为丢失的人、畜、粮食等灵魂招魂的内容，属《招魂经》。

（51）《贴白笨书额则 · the^{21} bə^{33} pə^{55} su^{33} ŋə^{21} dzə^{33}》

绵纸，1 册，26 页，线订册叶装，页面 24 × 18. 5 厘米，清光绪年间成书，佚名撰，保存完好。译名《祭白虎神经》，经文记录毕摩经师作祭祀仪式时设供品，祭祀白虎星神，送白虎星神回天庭归位的内容。

（52）《飒大德嗯腾书额则 · ɖɑ^{55} tɑ^{55} də^{21} ɣɯ^{21} thɯ^{21} su^{33} ŋə^{21} dzə^{33}》

绵纸，1 册，59 页，页面 35. 5 ×26. 5 厘米，线订册叶装，佚名撰，保存基本完好。末页有残缺。属《驱鬼除魔》的经书。

（53）《麦查书额则 · mə^{55} tshɑ^{55} su^{33} ŋə^{21} dzə^{33}》

绵纸，1 册，102 页，线订册页装，页面 26 ×25 厘米，有麻布护封。佚名撰。部分页面有残损。属《门查书》，彝族毕摩经师为人作丧葬祭祀仪式必诵经书之一。书中记录分《开天辟地篇》、《天人起源篇》、《众神降生篇》、《万物产生篇》、《生死起源篇》、《福寿篇》、《命相篇》、《驱邪除魔篇》等篇章。

（54）《姆冷果罗麦能嫫书 · mu^{33} lɯ^{33} go^{21} lo^{21} mə^{55} nɯ^{55} mo^{21} su^{33}》

绵纸，1 册，60 页，线订册叶装，页面 37. 5 ×26 厘米，佚名撰，保存完好。译名《天地起源经》，属彝族毕摩经师为人作丧葬祭仪必诵经典之一，是《门查书》的重要篇章。但在彝族丧葬祭祀活动中，通常用绿、红、黄、黑、白五种颜色划分死者长寿、夭折、正常死亡和非正常死亡等等，凡年龄不满三十周岁和生前作恶多端、屡教不改而死于非命者，毕摩在作祭祀时，不念《天地起源经》。

（55）《门涅书额则 · mə^{55} ȵe^{21} su^{33} ŋə^{21} dzə^{33}》

绵纸，1 册，62 页，线订册叶装，页面 36 ×26 厘米，有麻布护封。首页页面残损。可译名《咩银书》，属彝族毕摩举行丧葬祭仪时诵念的《门查书》的重要篇章，书中汇集有《天门命相篇》、《勒哈篇》、《竜达篇》、《毕额篇》、《俄玛篇》、《俄赛篇》、《驱邪除秽经》、《洗名分经》、《讨名分经》等经文。

（56）《倮间普期书 · lo^{21} tʐe^{33} phu^{33} tɕhi^{33} su^{33}》

绵纸，古彝文旧抄本，1 卷，全书长约 10 米，宽 0. 17 米，字数 3400 余字，属长卷书，保存基本完好。属峨山彝族宗谱书——即《龙氏宗谱书》。书中注有“清朝乾隆二十二年（即公元 1757 年）十一月十六日立”。彝族毕摩赵郎年（化皮冲人氏，属今峨山彝族自治县化念镇罗里村委会）撰。书前半部分记述了彝族起源历史和远古始祖阿普笃慕历经洪水泛滥后，娶妻三仙女，繁衍生息的经历；后半部分记载了龙氏先祖 80 人的姓名。是研究峨山彝族姓氏源流的重要古籍。

(57)《鲁仄登嗣间普期书·lu³³tsə²¹də³³sɪ³³tʑe³³phu³³tɕhi³³su³³》

绵纸，彝文旧抄本，1卷，全书长约11米，宽0.16米，字数约4000字，为长卷书。峨山彝族宗谱书，即《玉壶施氏宗谱书》，属今峨山县岔河乡玉壶村施氏先祖于清咸丰十年（即公元1860年）举行家族祭祖大典时，于当年公历十月请毕摩经师李清撰写的施氏宗谱书，此后，施氏家族定期举行宗族祭祖活动，一直延续到民国年间。家谱前半部分记述彝族起源历史，后半部分记载了施氏先祖386人的姓名。是研究峨山彝族施氏家族源流、分支、分布的重要古籍。

(58)《塔甸鲁家谱期书·thɑ³³te³³lu²¹tʑe³³phu³³tɕhi³³su³³》

绵纸，彝文旧抄本，1卷，长7.5米，宽24厘米，字数3200余字。译名《塔甸鲁氏宗谱书》。今峨山县塔甸村鲁氏家族为举行祭祖大典，于清道光二十七年（公元1847年）十月中旬撰写的宗谱书。全书前半部分追溯彝族历史，上溯至彝族三十六世先祖阿普笃慕时代的洪水泛滥，以及洪水泛滥以后的繁衍史。据宗谱中载，塔甸鲁姓先祖原居窝城（今昆明）黑连地，后迁河西（今属通海县）鲁家营，再迁鲁城新村（地名待考），又迁迭赛迭（地名待考），后落籍塔甸村（今塔甸镇大寨村）。落籍塔甸后分支咪铺莫（今塔甸镇七溪村委会大田村）。宗谱后半部分记录塔甸鲁氏先祖132人的姓名。属考察峨山彝族源流的重要古籍。

(59)《耐达丝间谱期书·ne²¹dɑ²¹sɪ³³tʑe³³phu³³tɕhi³³su³³》

绵纸，彝文旧抄本，1卷，卷长16.3米，宽0.17厘米，全书约4900字。译名《美党施氏宗谱书》，峨山彝族传承家族宗谱之一。是今峨山县富良棚乡美党村施氏家族于清乾隆四十七年（公元1782年）正月二十三日，族人玛腊依村（属今大龙潭乡）施兴荣之父、美党村（属富良棚乡）施安达之父和大吉村（属大龙潭乡）施国德之父三人首倡举行家族祭祖大典，邀请毕摩撰写的宗谱。书前半部分追溯彝族三十六世先祖阿普笃慕历经洪水泛滥和阿普笃慕子孙繁衍分支等历史，后半部分记录施氏先祖509人的姓名。属考察峨山彝族源流的重要古籍。

［调查地点：峨山县民宗局；调查对象和资料提供：李增华；调查时间：2007年7月；调查整理：李国文］

2. 峨山县民宗局保存17本未编目彝文古籍名录

这17本彝文经书，与前述59本经书存放在同一个木柜中，并有未编目的特殊标志。本调查对这些经书逐一作了观察和名称释读，现仍按原抄本彝文名称和彝语名称释读加以列出。

17 本未编目古籍原彝文名称：

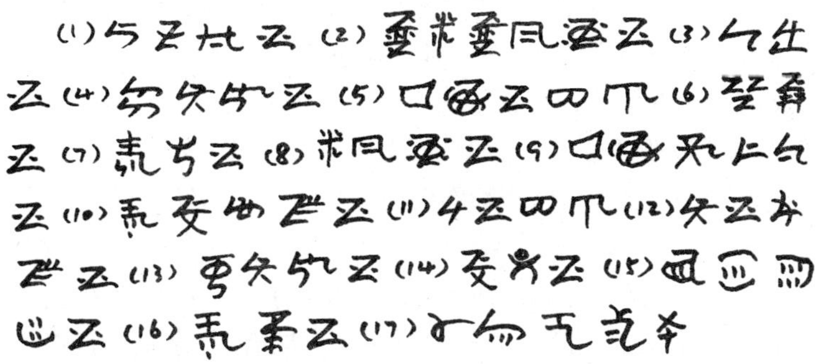

17 本未编目彝文古籍书目释读：

（1）《你火尼书 · ȵi^{21} ho^{21} ȵi^{55} ʂu^{33}》

绵纸，54 页，线订册叶装，页面 28.6×44 厘米，麻布护封朽缺，1 至 10 页右上角破损。属《占卜经书》。

（2）《卓依卓贺贰书 · d ʂo^{55} ʔi^{33} d ʂo^{55} ho^{55} ʔə^{55} ʂu^{33}》

绵纸，52 页，线订册叶装，页面 19×24 厘米，全书页面古旧，右侧纸张碎缺，麻布护封朽缺。译名《招粮魂经》。

（3）《阿哩书 · ʔɑ^{55} li^{55} ʂu^{33}》

绵纸，30 页，有封面封底，线订册叶装，页面 13.5×21 厘米，麻布护封朽缺，并有重新补订状，末页缺损，全书左上角被虫蛀。译名《阿哩调》，属毕摩相互考问学识的对歌调书。

（4）《查尸飒书 · tʂhɑ^{21} ʂʅ^{21} ɖ^{55} ʂu^{55}》

绵纸，34 页，页面大小不一，其中有 27 页的页面为 16.5×32 厘米，7 页的页面为 17×23.5 厘米，无麻布护封。全书页面右侧缺损严重，有虫蛀痕迹。译名《查尸拉书》，属丧葬祭祀类经典。

（5）《那冷书 · nɑ^{55} lɯ^{33} ʂu^{33}》

绵纸，46 页，线订册叶装，页面 18×36 厘米，麻布护封破损，全书页面右侧卷缩，有虫蛀痕迹，缺损严重。属《祭天神经》。

（6）《飒嫫托、玛期间叶书 · ɖɑ^{55} mo^{21} tho^{21}、mɑ^{55} tɕhi^{33} dʑe^{33} ie^{21} ʂu^{33}》

绵纸，46 页，线订册叶装，页面 13×21 厘米，麻布护封，布尾缺损，封面注有 18 个彝文字，书末有 18 页空页。全书有虫蛀现象。属丧葬祭祀类经书，其中录有《开坛经》、《移尸经》、《净身经》等篇。

（7）《妮笨书·ȵə^{21}pə^{55} ʂu^{33}》

绵纸，48 页，有封面封底，页面 14. 5 ×25 厘米，有麻布护封，布尾系拴有一麂子牙。书后半部分有 15 页右上角缺损。第 1 页用汉字注有“道光十九年方造书本”，末页注有“道光十九年己亥七月初一甲午火枇琶方姓名大爷造书白马字与邱名保算命先生读”字样。属《驱鬼经》之类。

（8）《叶火贰书·ie^{33}ho^{21}ʔə^{55} ʂu^{33}》

绵纸，32 页，线订册叶装，页面 15 ×24 厘米，无麻布护封。首页缺损过半。全书有虫蛀现象。译名为毕摩经师作祭祀仪式的《叫魂经》或《招魂经》。

（9）《玛冷玛补德书·nɑ^{55}lɯ^{33}mɑ^{33}pu^{55}tə^{55} ʂu^{33}》

绵纸，32 页，线订册叶装，页面 17. 5 ×23. 5 厘米。有麻布护封，但缺损，缺损处用蓝布补缀。页面第 1 页正中断裂，末尾有 10 余页中间断裂。全书右侧被虫蛀缺。译名为《祭天献牲经》。

（10）《年色如解书·ȵe^{21}sə^{21}ʐu^{33}dʐe^{21} ʂu^{33}》

绵纸，32 页，线订册叶装，页面 14. 5 ×21 厘米。书末有 6 页空页。全书有虫蛀现象。属毕摩祭祀时讲述各种大神来源的《祭神书》。

（11）《妥苔书·tho^{33}thə^{21} ʂu^{33}》

绵纸，10 页，线订册叶装，页面 17 ×32 厘米。彝文经书一般装订线在左，唯此书装订线在右。无麻布护封。全书有虫蛀现象。属毕摩祭祀念诵的《禳灾驱邪经》。

（12）《尸竖咱解书·ʂʅ^{21} ʂu^{55}dzɑ^{21}dʑe^{21} ʂu^{33}》

绵纸，40 页，线订册叶装，页面 15. 5 ×17 厘米，无麻布护封。全书破朽，第 1 页至第 5 页缺失，书末约有 20 页缺损。书末用汉字注有“道光二十年三月写的书”字样。经书译名可为《挽歌》，书中讲述世界万物的来源以及人类死亡的来源和规矩。

（13）《查尸飒书·tʂhɑ^{21} ʂʅ^{21}ɖɑ^{55} ʂu^{33}》

绵纸，92 页，线订册叶装，页面 27 ×34 厘米，麻布护封破损，第 1、第 2 页右下角缺损。书末注有“富良河李树照的书”字样。此书曾有译名《查尸拉书》，属毕摩主持丧葬仪式的祭祀经典。

（14）《妮色赫书·ȵi^{21}sə^{21}hə^{55} ʂu^{33}》

绵纸，24 页，线订册叶装，页面 24. 5 ×29 厘米，无麻布护封。部分页面有虫蛀现象。译名约属《祭天神经》，属毕摩于农历二月举行祭天仪式时诵念的经书。

（15）《卓几麦遮书·dʐo^{33}dʑi^{21}mə^{55}dʐə^{33} ʂu^{33}》

绵纸，108 页，古旧抄本，线订册叶装，页面 24. 5 ×36 厘米，无麻布护封。书后半部分多数页面中间断缺，末页缺失，倒数 1 至 9 页有虫蛀痕迹。译名为《祭祀神灵经》。

(16)《年咩书 · ȵe²¹ me²¹ ʂu³³》

绵纸，64 页，线订册叶装，页面 17.5 × 29 厘米，无麻布护封，书末有 7 页空页。部分页面有虫蛀痕迹。译名为《献鬼经》。

(17)《依德姆拉都 · ʔi²¹ də²¹ mu³³ lɑ³³ du³³》

绵纸，82 页，线订册叶装，页面 18 × 35 厘米，有封面，但脱损。麻布护封破朽。第 19 页残留半页，第 26 页以后有虫蛀孔洞。属毕摩祭祀仪式诵念的《洪水泛滥经》。

[调查地点：峨山县民族宗教事务局；调查对象和材料提供：李增华，男，彝族，43 岁，普建云，等；调查时间：2007 年 7 月；调查整理：李国文]

第六章
丽江市宁蒗县（小凉山地区）彝族文字古籍

前　言
——丽江市宁蒗县（小凉山地区）彝文古籍流传、保存情况综述

肖建华

一、小凉山概念和宁蒗县

云南小凉山是与四川大凉山相对而言的。四川凉山有大小凉山之分，习惯上以黄茅埂为大小凉山的天然分界。一般以黄茅埂以西，安宁河以东的地区称为大凉山，把黄茅埂以东至金沙江畔，北至大渡河，包括雷波、马边、峨边三县以及屏山县的一部分地区称为小凉山。就地势而言，大凉山地区海拔较高，但山势舒缓，多绵延起伏的山峦，河谷两岸多有一些面积不大的坝子，如昭觉坝、布拖坝、越西坝、新市坝、普格坝等。小凉山地区海拔高度虽不及大凉山，但群峰耸峙，山势陡峭险峻，河谷幽深，其山脚到山巅的相对高度比大凉山高，故有“大凉山不大，小凉山不小”之说。广义上的云南小凉山指丽江市所辖的宁蒗、永胜、华坪、玉龙，迪庆藏族自治州的香格里拉、维西，大理白族自治州的云龙、剑川、洱源，楚雄彝族自治州的元谋、永仁，昭通市的永善、巧家等部分地区，亦即云南境内所有操北部方言彝语的彝区。狭义上的云南小凉山则指以宁蒗县为中心及周边的永胜、华坪一带。

宁蒗彝族自治县位于滇西北高原的川、滇两省结合部，其东北部与四川省攀枝花市的盐边县、凉山州的盐源、木里三县毗邻，西与丽江隔江相望，南与永胜、华坪两县接壤，总面积6025平方公里。县境内有12个民族，据第四次人口普查，全县有201 229人，其中，彝族117 861人，占全县总人口58.57%。

宁蒗一名的出现是后来的事，本无其名，民国六年（1917年）设立分县

时取永宁的“宁”字和蒗蕖的“蒗”字合成的，自此，始有其名。宁蒗自西汉起便已纳入封建王朝的版图，时为越嶲郡遂久县地。三国至隋代皆属云南郡。唐初为磨豫县地，属靡州。唐南诏时期，永宁称“楼头赕”，蒗蕖称“罗共赕”，初属铁桥节度，后属剑川节度。宋大理时，属善巨郡。元时，设立永宁、蒗蕖州，属北胜府，统属丽江路。明洪武十五年（1382 年），仍属北胜府；洪武十七年（1384 年），改属鹤庆府；洪武二十九年（1396 年），改属澜沧卫军民指挥使司；永乐四年（1406 年），升永宁土知州为土知府，直属云南布政使司；正统三年（1438 年），永宁土知府设流官同知，寄治澜沧卫城，遥领郡事；天启年间，永宁改属北胜直隶州。从清代康熙年间后期起，两地属永北府和永北直隶厅。民国六年（1917 年），永宁、蒗蕖合并设立宁蒗分县，属永北县；民国二十五年（1936 年）改设宁蒗设治局，直属云南省政府。1950 年 1 月，宁蒗和平解放，成立宁蒗县临时政务委员会，治所在永宁。与此先后本县南部成立凉山彝务办事处，治所在羊坪。1950 年 5 月，宁蒗县临时政务委员会改称宁蒗县人民政府。1956 年 9 月 20 日，南北合并成立宁蒗彝族自治县，治所在大村街（今大兴镇）。

宁蒗县境内的彝族与四川凉山的彝族同属彝族“六祖”中懦、恒亦即古候、曲涅的后代。明末清初，中央王朝加紧推行改土归流，此举本是封建王朝企图使国家高度统一的尝试，然而却成为民族压迫的历史悲剧，导致兹莫（土司）制度的衰落，长期受到中央王朝封禄的彝族兹莫被免去地方土司之后，失去了经济上和政治上的依赖，为了继续巩固自己对彝族内部社会的统治地位，加紧了对统治区人民的剥削压迫，以补偿失去的朝廷封禄。在此种历史背景下，古候系的马、且吉、别嘎和曲涅系的博史等黑彝家支，不堪承受四川大凉山利利兹莫（罗罗司宣慰司）的繁重租税、贡赋和劳役，率其所属百姓被迫迁徙到蒗蕖土司辖区的罗罗关以南、以东一带，与彝族支系的原住民他谷、他留、水田罗罗等杂居下来。

清雍正、乾隆年间，原住今凉山州昭觉县境的曲涅系的大余支黑彝补约吉此阿什支在频繁的冤家械斗中因势单力薄，处于劣势，便率其所属百姓，历尽艰辛，远迁至盐源、盐边及今宁蒗一带，从彝族各姓氏谱牒及口碑材料看，早者已有十代，按每代 25 年计算，约有 250 年的历史。继之补余中余支、小余支及小小余支在大凉山也难以立足，被迫出卖土地率其所属百姓，牵其牛羊尾随大余支迁到了宁蒗。此后，在四川凉山，处境与补余同样艰难的曲涅系的瓦渣、罗洪、倮姆、热柯等黑彝家支也陆续迁居宁蒗，至今有六七代，约 150 年。各家支的迁徙路线有书可据，彝文古籍《指路经》的开头部分即是从四川凉山迁入云南小凉山的具体线路。

曲涅系黑彝家支及所属百姓迁入宁蒗后，人数渐多，形成了一定的势力，不过此时因当地的土司势力尚强盛，构成的威胁不大。随着清咸丰、同治年间回民起义的失败，民国十三年（1924 年）雷云飞事件的爆发，民国十六年（1927 年）罗树昌反唐继尧，民国十八年（1929 年）张汝骥等反龙云失败，尤其是内地禁烟，彝区种植大量的鸦片，彝人用鸦片换取了大量的现代武器，彝族奴隶社会制度特有的掠夺性质便彰显出来，他们对周边的民族，特别是对汉民族的大肆抢掠，致使邻近的部分汉族和彝族支系的他谷、他留、水田罗罗等被迫迁往永胜及华坪县境内。同时，彝族内部也矛盾重重，统治集团黑彝之间为了各自的利益，诸如争夺地盘、财产、奴隶等经常发生冲突，械斗不止。民国十二年（1923 年），曲涅系的黑彝与古候系的马家等黑彝发生冲突，导致械斗。械斗持续了几年，双方均有伤亡，最后因后者的势力不及前者，被迫迁至盐源、盐边、米易、会理一带，部分留下来的百姓便成了曲涅系的人，今阿苏、部点、吉米等姓氏即是。

二、宁蒗县彝文古籍的流传、收集和整理

据调查统计，分布在宁蒗县彝族民间的毕摩经师约有 360 余人，其中年龄在 60 岁以上的有 60 人，40～50 岁年龄段的有 200 人，40 岁以下的（包括学徒）有 100 人，高中毕业的有 1 人，年轻的毕摩中有一部分是初中和小学文化程度（指汉语文）。历史上，流传、保存于宁蒗县境内彝族毕摩经师手中（或家庭中）的古彝文经典古籍究竟有多少，这个问题到目前为止仍是个未知数，其主要原因是散藏在民间毕摩手里，且有些书的内容是重复的，无法统计。有人估计大概有 5000 至 6000 册（卷）左右，但这只是估计。据笔者掌握的情况，20 世纪 80 年代，宁蒗县成立过少数民族语言文字工作委员会，收集了一批毕摩经书，同时邀请了著名毕摩海惹巴恼和阿余盐佳参与工作，将所收集到的经文转写成现行凉山规范彝文，相当于做了注音的工作，因当时语委的工作人员不懂国际音标，只能采用此法。以后机构调整，语委被撤销，人员解散，这些经文也就去向不明。时至 2002 年，在笔者的建议下，宁蒗县成立了民族研究所。研究所成立后，陆续征集到了一些经籍，这些经书共有十个类别，121 册（篇），近 62 万字和 900 多幅图谱。其中毕摩谱牒类经书 1 册，约 24 500 字；安灵祭祖类经书 45 册，共 147 990 字；年算占卜类经书 5 册，共 33 790 字；祈吉纳祥类经书 16 册，共 47 180 字；防灾御病类经书 20 册，共 82 220 字；除害类经书 4 册，18 100 字；毕摩图谱类 1 册；咒语类经书 24 册（分咒人类和咒鬼类），共 24 万多字；丧葬仪式类经书 4 册，19 060

字；其他类经书1册，约1380字。上述经书，目前有些书已翻译出版，如毕摩谱牒《毕补毕茨》已由云南民族出版社于2007年出版，安灵祭祖类的部分经书也已翻译出来，并将公开出版。

对于传流、保存于宁蒗县彝族民间的古彝文古籍，政府和学术界虽已做了上述工作，但对整个小凉山地区彝族民间传流的古籍而言，仍有很多工作有待人们去做。由于经费、人力、时间所限，本研究主要集中对宁蒗县部分乡镇彝族民间所保存的彝文古籍作了实地典型调查，现将调查所得公布于此。

2008年8月

于云南民族大学

第一节　宁蒗县新营盘乡彝文古籍调查

新营盘乡位于宁蒗县城以南20公里处，总面积227.09平方公里。全乡最低海拔2100米，最高海拔3800米，立体气候明显。辖新营盘、东风、毛家乡、药草坪、毛菇坪五个村民委员会，55个村民小组，全乡人口18 000人，居住着彝族、汉族、普米族、纳西族（摩梭人）4个民族，其中彝族人口15 000人，占全乡总人口的83.33%，普米族1500人，占全乡总人口的8.33%，汉族800人，占全乡总人口的4.44%，摩梭人700人，约占全乡总人口的3.9%。彝族遍布全乡的5个村民委员会，聚居，操彝语，主要节日有彝族年和农历六月二十四日的火把节。汉族主要居住在新营盘村民委员会上村、下村和东风村民委员会蜂子岩村民小组，其生活习惯与宁蒗其他地方汉族同，唯语音较独特，近似永胜汉族口音。普米族原来分布在新营盘、东风、毛家乡、毛菇坪4个村民委员会，近20年来，逐渐搬迁到新营盘村民委员会牛窝子村民小组，现在，普米族主要分布在新营盘、东风两个村委会。摩梭人主要居住在东风村民委员会和新营盘村民委员会，多数是蒗蕖土司阿老爷的后代。阿老爷的土司府位于新营盘乡东风村，府第规模宏大，建筑精美，由于没有得到很好的保护，现已严重破损，失去了原貌。当地摩梭人的生活习惯已改变了很多，走婚习俗已不存在。

1. **新营盘乡开发村彝族毕摩阿余双梯家收藏的彝文古籍**

开发村属新营盘村委会，原名岩光村，因该村地理位置及条件较好，紧邻乡政府所在地，近20年来有不少外来人迁入，乡政府重点对该村的民居及发展作了统一规划，建设新农村，故名“开发村”。村寨坐落地势为半山坡，大部分为聚居，有少部分为散居的。村民全部为彝族，有36户，189人。据调查，主要有阿西、金古、贾三、阿余、沙马等几种姓氏，除后两种因源自同一祖先，系同一家支彼此不能通婚外，其余姓氏皆互为婚姻，属姻亲关系。阿余、沙马两姓是毕摩世家，但在该村因沙马人数少而毕摩也少，阿余姓氏则人数多，毕摩也相对多一些，据阿余双梯毕摩介绍，该村有7个毕摩，全出自阿余家。阿余力嘎，82岁，家中有彝文经书，因年纪大，几乎不外出行毕摩事。阿余左光，66岁，有彝文经书。阿余克哈，38岁，有彝文经书。阿余克古，35岁，有彝文经书。阿余拉布，34岁，有彝文经书。阿余天哈，40岁，有彝文经书。阿余双梯，29岁，有彝文经书。因上述毕摩均出自同一系统，且毕摩所行的祭仪都相差无几，所以各自的经书内容也大同小异，通过比较发现，年轻的阿余双梯毕摩手里的经书较多，内容较丰富，因此，我们把此次调查的重点放在阿余双梯毕摩及其所藏经书上。

虽然阿余双梯年轻，但出道较早，在新营盘乃至县城一带颇有名气。12岁时远赴四川凉山昭觉县师从著名的毕摩学习三年，15岁那年学成归来，自此走上了行毕的道路。其爷爷阿余盐加是宁蒗县有名的毕摩，1932年出生，2005年去世，终年72岁，其子有二，老大阿余姆伙（阿余双梯之父），51岁，老二阿余姆京，42岁，由于受到“文化大革命”等政治因素的影响，二人均未学习毕摩。阿余盐加在晚年不但将其知识传授给孙子阿余双梯，而且把所有的经文连其毕摩所用的法具都毫无保留地传给了阿余双梯。

阿余双梯家的住房为小四合院，两个偏房及厨房为土木结构建筑，偏房用来存粮食及堆放杂物，厨房内有火塘，因此又兼有餐厅和客厅的功能。正房为砖木结构，与城里的房屋无异，进门的右侧是客房，中间是客厅，左侧为主人的卧室。卧室的墙壁上设有供台以供奉祖先及各种神灵，供台下放置一木箱，专门用来存放彝文经书，此处被认为是神圣之地，一般外人不得入内。经书有常用经书和不常用经书，常用的经书装在一个包里，以备随时取用。

阿余双梯家藏彝文经书旧抄本名目：

(1) 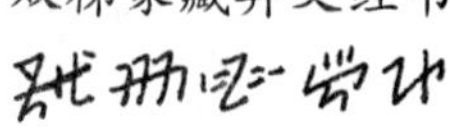

(2) 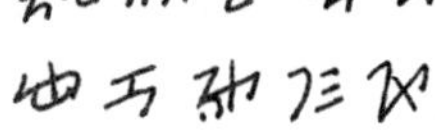

(3) 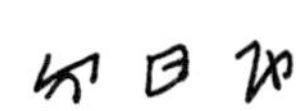

(4) 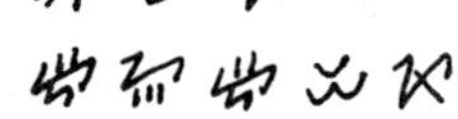

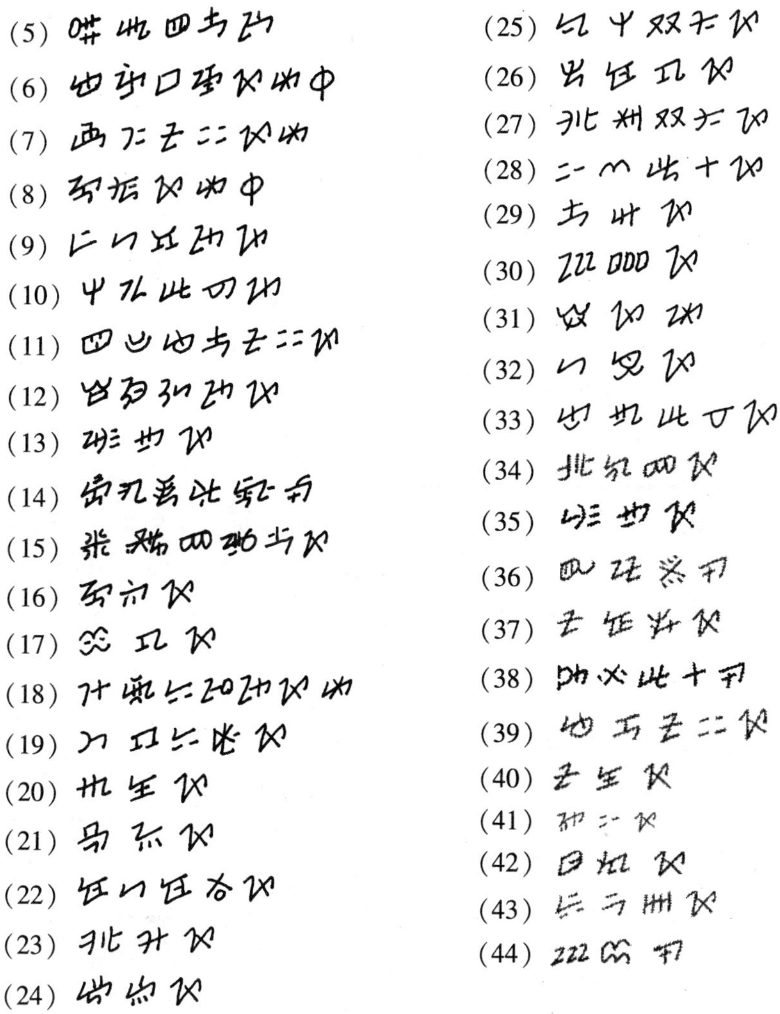

阿余双梯家藏彝文经书旧抄本名称释读：

（1）《库色占目额 · khu̱^{55} si^{33} ʈʂa^{33} mo^{21} ŋɯ^{33}》

新闻纸，线装，页面 37×26 厘米，墨框 31×20 厘米，每页 12 行，每行 20 字，共 120 页，保存完好。本书是用于占卜的，分为公篇、母篇、子篇三册，此为公篇。书中有近 40 个小标题，各个小标题的内容间既相互联系，亦可独立成篇。其内容遍涉家牧、天文、地理、气象、物候、生老病死、婚嫁、命运等。

（2）《业此丁苏额 · ȵi^{21} tshl^{33} ndi^{33} su^{33} ŋɯ^{33}》

绵纸，竹线装订，白布护封，页面 37×26 厘米，墨框 28×22 厘米，67

页，每页10行，每行19字。书显古旧，抄写年代不详。首页和书末有几页边残。本书主要是用来驱鬼的，因之，书名亦可译为《驱鬼经》。内容包括：驱猴鬼、玛补约纳鬼、食指甲鬼、德克鬼（由狗变成的鬼）、溯死源、兴衰经、断邪经、除秽经、驱疯鬼、召唤神灵、消除病魔等。

（3）《阿都厮牟乃额·a^{34} du^{33} sI^{21} mu^{33} ni^{33} $ŋɯ^{33}$》

新闻纸，线装，页面37×26厘米，墨框31×22厘米，共120页，每页12行，每行12字，无残损情况。书属咒经系列，用于咒人（冤家）。咒人仪式是秘密进行的，仪式程序较为复杂，该经用在整个咒仪活动的中间阶段。一般咒牲用牛，活动开始前毕摩先学牛叫九声，以示慓悍强劲，所向披靡。经书的内容涉及牛的起源来历，更多的则是召请各路神灵和神兵神将助其一臂之力以对付敌人。

（4）《尔木斯额·$ɬI^{33}$ mu^{55} $sI̠^{33}$ $ŋɯ^{33}$》

绵纸，竹线装订，横长本，白布护封，共20多页，保存完好。彝区传统的房屋多为木制简易房，一到冬季极易发生火灾，该经书即是用来防火、灭火的。彝人认为，火灾乃是火神和风神所致，须请毕摩举行一定的仪式念诵此经以消除火灾。

（5）《肯颇特格额·$k^{h}ɯ^{33}$ pho^{33} $t^{h}ɯ^{33}$ $kɯ^{21}$ $ŋɯ^{33}$》

绵纸，竹线装订，白布护封，70页，页面27×16厘米，墨框23×14厘米，每页11行，每行11字，保存完好。按其仪式的内容和性质，毕摩经一般分为两种，一种是用于祈福纳祥以求平安的，另一种是用于驱鬼，除祸祟的，本书属前者，书名可译为《生育调和经》或《促育经》。主要用于育龄夫妇不育或有女无子或虽育但多夭折，此种情况被认为是夫妇其中一方的育神已偏离“轨道”所致，需请毕摩念诵此经并辅以一定的仪式招之。

（6）《苏呼江额·su^{34} fu^{33} $tɕɛ^{55}$ $ŋɯ^{33}$》

绵纸，线装，该书纸色与其他书有别，有格子，边角为红色，据书的主人介绍，此书是民国十三年（1924年）雷云飞事件爆发时从盐边县兰桑亭带来的。页面29×22厘米，墨框22×19厘米，共120页，每页12行，每行20字。书的边角稍残损，书末附有图案（插神枝）。彝人认为污分为“白污（轻污）”、“花污（中污）”及“黑污（重污）”三种，此书即是用于严重受污者。其内容包括：①土赏顶（驱贪婪鬼）；②此伟贾（家族鬼）；③伍业贾（也属家族鬼，在彝语中两者有差别，虽属同一家支范围，但“此伟”是近支，“伍业”为远支）。另外，书中还涉及执祭者与主祭者之间、姻亲之间、统治者与被统治者之间及“德谷”与调解人之间等因做错事、说错话或喝错酒、吃错饭而连累于后人，使子女“受污”，此种情况须请毕摩念诵此经为其除污。

（7）《哲尔额 · ndʐɯ^{21} lɿ̠^{55} ŋɯ^{33}》

绵纸，竹线装订，白布护封，页面28×16厘米，墨框24×14厘米，100页，每页11行，每行13字。书的边角稍残，但字迹尚清。该书是用来治病的。彝人认为，疯的来源和途径多种多样：有来自蚂蚁的“哲”（疯），有来自虫豸的“哲”，有来自蝴蝶的“哲”，还有来自蚱蜢的“哲”、腐木“哲”、泥沙“哲”等，这些东西会玷污人并致人发疯。因疯病的来源不同而治法各异。

（8）《那夸额 · na^{34} khɔ^{33} ŋɯ^{33}》

绵纸，竹线装订，白布护封，页面26×18厘米，墨框20×14厘米，共50页，每页11行，每行15字，保存完好。按书名字面的意思及书的内容，可将其译为《防尸污》，这里的“尸”是指猪、鸡、牛、羊、马、猫等动物的死尸，彝人认为，这些死尸是肮脏的，又因其死前是动物，恐死后会变成精灵鬼怪，人见之会使人得病，本经书即是用来防治此的。

（9）《尼母贾尔额 · ni^{21} mu^{33} ndʑɛ^{33} lɿ̠^{55} ŋɯ^{33}》

绵纸，竹线装订，白布护封，横长本，此书比其他书稍薄一些，古旧，但保存尚好，字迹清晰可辨。在已故的老人中，有些人生前是身有残疾的，如缺耳、鼻，豁嘴以及手残、脚残等，而这样的亡灵是不完美的，不能随祖，只有请毕摩举行一定的仪式并念诵此经，使之变得“完美无缺”，方可到祖先那里报到。此即本经书的用途。

（10）《所梯瓦里者 · sɔ^{33} thi^{55} va^{55} li^{33} dʐɯ^{33}》

绵纸，竹线装订，白布护封，共60余页，无残损情况。在所有的毕摩经书中咒经占一定的比重，此书是咒经系列中的著名咒经之一。用毕摩的话说“过去是用来咒人，而今是用来咒鬼”。

（11）《黑补尔施戎苏额 · hi^{33} bu^{34} ɬɿ^{34} ʂɿ̥^{33} zo^{21} su^{33} ŋɯ^{33}》

绵纸，竹线装订，白布护封，页面30×24厘米，墨框23×19厘米，共70页，每页11行，每行16字。保存完好。这是用来卜占屋顶被风掀的。屋顶被旋风掀开属罕见之事，因之认为不吉利，恐灾难降临。遇此，请毕摩查看此书，从中寻找答案及如何应对。例如，事出在鼠日，属山神害人，可能有人会得病，须找一牲羊除去邪秽方可免灾；事出在属牛之日，则有可能瘟疫蔓延，即使不发生，也应驱灾避邪等。

（12）《尼倮苏额 · ni^{21} ɬo^{33} su^{33} ŋɯ^{33}》

绵纸，竹线装订，白布护封，约20页，保存完好。此属祭祖系列的书。“尼倮”仪式是整个安灵祭祖仪式的最后一场仪式，亦即三年后，请毕摩主持，对祖灵做一次祭奠，至此，祭祖送灵仪式才算真正结束。

（13）《威品洛特额 · vi^{55} phɪ^{33} ɬɔ^{33} thɯ^{21} ŋɯ^{33}》

绵纸，竹线装订，白布护封，横长本，页面44×28厘米，墨框33×22厘米。全书有90页，每页14行，每行12字，保存情况完好。这是《猪胛骨卜（公篇）》，“威品”即“猪胛骨”，猪胛骨卜主要用于安灵祭祖仪式上，亦可用于咒鬼仪式，还可用于久病不愈之人。毕摩在取猪胛骨时用一细绳拴住胛骨的一端，边念经边用力抽出胛骨，视其颜色及光滑程度定吉凶，若表面呈光滑且为白色为吉，黄色为中，黑色（实为胛骨上有肉）为凶。

（14）《格宏额 · ŋgɯ^{21} xo^{21} ŋɯ^{33}》

绵纸，竹线装订本，白布护封。页面26×18厘米，墨框20×14厘米，共35页，每页11行，每行15字。无残损情况。据说接近水池、泥塘、沟溪边或牲畜胃中的食物都会得“格”病，会出现眼红、喉哑、皮肤过敏等症状。毕摩在作法除“格”时，念诵此经，同时，用一块烧红的石头（所谓铜石铁石），取少量牲畜胃中的食物置于其上，为病人除“格”。最后用一只白鸡拍打病人的身体，打死后抛于某一方向，意为“格”从何处来已驱到何处去，“格”病即可消除。

（15）《威品格物额 · vi^{55} phɪ^{33} ɬɔ^{33} thɯ^{21} ŋɯ^{33}》

绵纸，竹线装订，白布护封，页面37×26厘米，墨框28×21厘米，103页，每页6行，每行20字，保存完好。这是《猪胛骨卜（母篇）》，其内容与“公篇”大同小异，用途也相同，区别在于经文用语交叉着使用，且不能混乱。一般来说，按公篇朝左方，母篇朝右方行进，到仪式的最后，公母篇便汇合。公母或曰阴阳的结合，一则象征完美，二则象征驱鬼除魔更有力。

（16）《都肯勤额 · du^{55} khɯ^{33} tɕhi^{21} ŋɯ^{33}》

本经书共70页，绵纸，竹线装订，白布护封，页面长32×21厘米，墨框28×19厘米，每页有12行，每行为15字。保存情况完好。按彝俗，父母去世后，子女要为其制作灵牌供奉，待到一定时候举行超度亡灵仪式，将灵牌送至祖灵箐洞，自此亡灵已升级至祖灵。彝人把死分为吉死（正常死亡）和凶死（非正常死亡）两类，其中凶死者（诸如上吊、枪杀、坠崖、跳河、服毒等）的灵魂是不能跟随祖先的，须采取一定的“补救”措施方能制作灵牌和为其超度。本书讲述的是为服毒自尽者举行解毒仪式的内容。

（17）《书非赫苏额 · ʂu^{33} fi^{33} hɯ^{21} su^{33} ŋɯ^{33}》

绵纸，竹线装订，白布护封，页面37×26厘米，墨框28×21厘米，共30页，每页10行，每行18字，保存完好。彝人把一些不正常或怪异的现象视为是不祥之兆，如蛙、蛇、鸟、兽进家，母猪食子或产下独子，母鸡食蛋，牛尾缠树，蛇吞食蛙，屋顶被旋风掀开等等。本经书即是用来卜算并如何应对这些凶兆的。例如，凶兆出现在鼠日，预示着凶光神的到来；凶兆出现在虎日，则预示着兹莫害人（实指由统治者变成的鬼），会有更大的灾难，须及时请毕摩行一定的仪式以避免灾难等。

（18）《诺吐额叶麻 · no^{34} thu^{33} ŋɯ^{33} ʑi^{21} ma^{21}》

绵纸，竹线装订，白布护封，页面 38×26 厘米，墨框 31×22 厘米，共 18 页，每页 12 行，每行 20 字，保存完好。该书直译为《防治麻风病》，因避讳“麻风”二字，一般口语称之为“斯土色土”。凡娶妻嫁女、逢年过节及喝酒吃肉的场合均用此书，意恐麻风病从酒肉中传来。周边有麻风病人的地方，一般老百姓怕染此病，专门请毕摩抄写此书珍藏在家中以避此疾。该经末 3 页是图画，第 1 页的上方为降服雷电、射日射月的英雄支格阿龙像，下方是“斯母都点神马”像；第 2 页为神孔雀像；第 3 页是“巴哈撮多（疑为龙）”像。

（19）《补克切苏 · bu^{33} khɯ^{33} tɕhi^{21} su^{33}》

绵纸，竹线装订，白布护封，页面 27×23 厘米，墨框 22×20 厘米，共 50 页，每页 10 行，每行 17 字，无残损情况。因遇荒年而饿死在荒郊野外或死于战乱而无人收尸安葬，尸体腐烂生虫，这样的人因受到虫污而不能跟随祖先，祖先嫌其不洁而拒绝接纳。遇此种情况，须请毕摩念诵《除虫污经》，举行除虫污仪式才能“随祖擀毡去，跟母织布去”。

（20）《依者额 · ʑi^{55} dʐɯ^{33} ŋɯ^{33}》

本书材质为绵纸，竹线装订，页面 28×22 厘米，墨框 22×20 厘米，共 100 页，每页 12 行，每行 18 字，边角稍残，但字迹尚清。按其字面可译为《咒经》，内容包括以下三个部分：第一部分先将他人咒过的（包括恶语、诽谤、打鸡、打狗等）“引诱”过来，然后用咒经及咒牲通过一定的仪式反咒回去；第二部分纯粹是骂人，用尽所有恶语诅咒对方；第三部分为仪式上所用过的四根神枝和草绳扔向东、西、南、北，以此咒向四面八方。

（21）《苏邛瓦里者额 · su^{33} tɕho^{55} va^{55} li^{33} dʐɯ^{33} ŋɯ^{33}》

绵纸，竹线装订，白布护封，页面 59×27 厘米，墨框 40×22 厘米，共 120 页，每页 17 行，每行 12 字，保存完好。相传为毕摩大师阿苏拉则所作，但只是传说而已，是否真实，有待考证。该书属咒经系列，据说有公篇和母篇两册，母篇被烧毁，今无存，仅存公篇。该书主要用于与他人发生冤仇不解或解而不满或被偷盗而不知何人所为时便行此仪式。因为是咒仇人的，所以参与人员、时间、地点都极为保密。诅咒仪式时间的长短，依据毕摩人数的多寡及经书的多少来确定。规模最大者可达九天九夜，中者咒七天七夜或五天五夜，多数为咒三天三夜。诅咒仪式上，毕摩要请诸多神兵神将参与对敌，还要发动主咒者家庭的所有成员，有的“荷枪实弹”，有的手持棍棒、斧头、镰刀、石头等，俨然处于一种临战、实战的状态，其场景蔚为壮观。

（22）《业此顶牛那顶额·ȵi^{21} tshI^{33} ndi^{33} ȵu^{55} na^{33} ndi^{33} ŋɯ^{33}》

绵纸，竹线装订，白布护封，横长本，60 多页，保存完好。书名可译为《驱猴鬼》。相传，人是由猴子变来的，猴子是人类的祖先，因此，在所有的鬼经中由猴变成的鬼最为凶猛，对人的伤害最大。凉山彝族认为，肝炎、肺结核等传染病和癌症之类的疾病系由猴鬼作怪所致。得了此类病，须请毕摩念诵此经并伴以一定的仪式将猴鬼驱除，方可病愈。

（23）《毕补毕茨额叶·pi^{21} pu^{33} pi^{33} tshI^{55} ŋɯ^{33} ʑi^{21}》

绵纸，线装书，白布护封，页面 26×21 厘米，墨框 23×16 厘米，共 120 页，每页 14 行，每行 16 字，保存完好。咒人和驱鬼时用此书。内容主要讲述毕摩的起源和系谱，还讲到毕摩法具的来源。从远古时期的什叟、格俄、莫靡、女里、邛部（六祖），讲到凉山彝族的直系祖先古候、曲涅乃至什渣、所地、阿都、以诺等。书中提到昊毕施祖和提毕珠牡、阿祖拉迪与目鲁金惹、丹梯拉惹和卓珠什省等远古时代的大毕摩，同时还提到阿都支系的安根希簇、什渣支系的阿苏拉则等。因该书系曲涅后裔海孜忍茸支所藏，故对曲涅一系，尤其是海孜忍茸支的毕摩谱系记载较详细，一直记叙到近现代，其他系、支的记载较略。

（24）《占目额叶麻·ʈʂa^{33} mo^{21} ŋɯ^{33} ʑi^{21} ma^{21}》

绵纸，竹线装订，白布护封，其规格与（1）“库色占目”差不多，约有 100 页，保存完好。此为占卜书之母篇，其内容与公篇、子篇有一定的内在联系，但公篇与母篇的内容侧重点不同，公篇偏重于对人的生辰八字的测算、夫妇命宫的对碰与否、相合与否、每个人的“克克（天赋的命运）”运如何等，母篇则重在“推断”病理，“分析”病因并给出一定的“处方”。

（25）《克孜夺额·khɯ^{33} ndzI^{33} do^{21} ŋɯ^{33}》

绵纸，竹线装订，白布护封，页面 58×21 厘米，墨框 40×16 厘米，共 40 页，每页 23 行，每行 15 字，保存完好。书末附有用于超度亡灵仪式的 4 页神枝图，分别为“除污神枝”、“驱水鬼神枝”、“除祟神枝”、“求育神枝”、“更换灵衣神枝”、“绑脚神枝”、“搭灵屋神枝”、“赎身神枝”及“交媾繁殖神枝”等。此经用于超度亡灵、祈福平安祭、除污解秽及反击咒语等仪式，意在除去邪祟、解除污秽，以减少疾病，求保平安顺利。

（26）《乌撒拉且者·va^{21} sa^{33} la^{55} tɕhɛ^{33} dʐɯ^{33}》

绵纸，竹线装订，白布护封，页面 37×26 厘米，墨框 31×22 厘米，共

40页，每页12行，每行12字，保存完好。据说该经是从古乌撒（今贵州威宁）地区流传下来的，咒语非常灵，因此，毕摩十分珍惜它。此咒经用于整个咒人仪式活动中的中下阶段，一开始就召请日、月、星、辰诸神，而后依次召请云、雨、雾神到地下的山川河流，风火草木神，继而是半人半神的英雄人物，凡是能请的神灵都请到，借助它们的威力战胜敌人。

（27）《斯而杰额 · sI^{33} lI^{21} tɕI^{21} ŋɯ^{33}》

绵纸，竹线装订，白布护封，页面26×19厘米，墨框20×15厘米，每页15行，每行15字，共20页，无残损情况。所谓“斯而”是指统治阶级墨彝死后变成的鬼，人“命弱年”碰上此鬼，就使人头晕目眩，腰酸肝痛，耳鸣，皮上起疙瘩。穿红、黄色等鲜艳服装或看五花十色的东西也会招引此鬼缠身。此鬼更好酒肉，因而，苏尼撵它时，家中忌有肉、油、酒等，否则打撵不走。“斯而”也称“斯而斯里”，毕摩在驱赶此鬼时，需用一株杉树、一个象征此鬼的草像、三个仙女草像，另有两只一大一小的白鸡，大鸡剥其皮毛披挂于草人身上，然后将其打发走，拿到山上挂在柏树或杉树中。

（28）《尔窘额 · lI̠^{55} tɕo^{33} ŋɯ^{33}》

绵纸，竹线装订，白布护封，页面26×19厘米，墨框20×14厘米，每页11行，每行13字，共20页，保存完好。本经书用于治疗风湿病。彝人认为，风湿病有的来自阴水沟池塘溪边，有的来自稀泥或潮湿的地方，其症状表现为腰酸、脚关节或手疼痛，彝语谓之“斯色氏”。“治疗”风湿病仪式勿需祭牲，因民间有“治风湿用不着牺牲”之说，只需理一象征性水沟，两侧插神枝，水沟的下方挖一坑，放置几个事先已塑好的泥像于其内，顺着水沟放些“茨而”草，另备少许爆好的玉米花和米花。毕摩喃喃念经：“你（风湿）来自何方归向何方，来之日无马骑，野草当作跑马骑。”如此，整场仪式便告结束。

（29）《毕尚额 · pi^{21} ʂa^{55} ŋɯ^{33}》

绵纸，竹线装订，白布护封，横长本，较薄，保存完好。毕摩在承毕过程中如果出现中间有两三代人没有作毕，再回头承毕作毕的情况下，毕徒在跟随毕摩学习几年后，学成毕业，就要通过“毕尚”仪式，师傅要把一整套的经书、法器传抄、制作给他，把毕神祭给他，他才能够独立作毕，进行各种仪式。

（30）《旨果额 · ndʐI^{33} ŋgo^{34} ŋɯ^{33}》

绵纸，竹线装订，白布护封，页面38×27厘米，墨框30×21厘米，10多页，每页20行，每行24个字，保存完好。书名可译为《献酒经》，所谓“献酒”，是指在送灵祭祖仪式上，由毕摩念颂献酒经后递给主祭者家庭成员的三杯酒，以示为主祭者家庭祈吉祛灾。此仪式是整个安灵、送灵的开场仪式。

（31）《日库日显额 · $ʐɿ^{33}$ khu^{55} $ʐɿ^{34}$ $ɕɛ^{33}$ $ŋɯ^{33}$》

绵纸，竹线装订，白布护封，页面 38×27 厘米，墨框 30×21 厘米，10 多页，每页 20 行，每行 24 字，无残损情况。这是招魂经，亦即怕生者的魂跟着死者而去。其所谓“日显”，是指某活人的魂已被关在某“监狱”里或被埋（盖）在某处出不来，须“营救”出来。所谓“日库”是指生者的魂由于某种原因，如误跟着死者的魂而去或被鬼神诱骗走等而离开人体，漂泊在“异地他乡”，不知返回的路。本书即是为上述的魂灵指路导引，指点迷津，让其顺利归来。值得一提的是，经文里所指的线路即是历史上祖先迁徙的路线，所指的地名就是祖先迁徙时所经过的地方的名字。《指路经》里的路和《招魂经》里的路虽同为一条线路，但所指方向不一样，前者是针对死者，其线路是从死者所在地指到祖先的发源地，而后者针对的是活人，其线路为从祖先发祥地指回到生者所在地。

（32）《恒伟拉格体额 · $xɯ^{33}$ vi^{33} la^{55} $gɯ^{21}$ thi^{33} $ŋɯ^{33}$》

绵纸，竹线装订，白布护封，页面 38×27 厘米，墨框 30×21 厘米，共 10 页，每页 20 行，每行 24 字，保存完好。本经的主要内容为：送灵过程中，为亡灵备好到祖界去所需食品和日常生活用品，以供亡灵在祖界享用。所需的食品有“梧品一里（祭牲左胛骨和右肋）”、“永黑干补（一小块羊胃）”、“次莫赏吐（一小块牲肺）”、“依井窝拱（水）”等，所需的日常生活用品有“木青陕布（剥下来的麻和羊毛）”、“祖武满金（代表衣物）”、“海青海勒（用竹制成，代表亡灵）”等。

（33）《也轰窝轰额 · $ʐɿ^{33}$ xo^{33} $ŋo^{34}$ xo^{33} $ŋɯ^{33}$》

绵纸，竹线装订，白布护封，页面 42×28 厘米，墨框 33×22 厘米，共 30 页，每页 14 行，每行 12 个字，保存完好。举行超度亡灵仪式犹如父母再死一次，子女痛哭忆悼，随来祭悼之外人，玩戏于外，各有所事。超度亡灵时的哭丧词与死人时的哭丧词不同，并非人人都会“哭”，须找一名会“哭”者在前领“哭”，家人方可痛哭忆悼。毕摩坐在上方诵经作道，毕摩的徒弟坐在下方手拿木勺舀木盔中的水，舀出来又装进去，如此反复，彝语谓之“拉依滩”。本场仪式需设三级毕摩来主持，即毕摩（高级）、毕兹（中级）、毕惹（初级）。本场其他程序的经书则由毕兹念诵，唯《也轰窝轰》（痛苦忆悼经）由毕摩亲自主诵，毕兹配合之。

（34）《也顶普额 · $ʐɿ^{33}$ ti^{33} phu^{34} $ŋɯ^{33}$》

绵纸，竹线装订，白布护封，页面 42×28 厘米，墨框 32×22 厘米，共

30 页，每页 14 行，每行 12 字，保存完好。本经书的用途为祭祖典礼完毕后，恐“祭祖孙魂跟着去，祭父子魂跟着去”，子女们各自回家，以小家为单位举行“安神唤魂”仪式，尽其所能地做到安慰家神，挽留家人的魂莫随之而去。行此仪式需一牲羊，毕摩在念经作道时观察牲羊全身抖动与否，抖动为吉，反之不然。本经的内容与整体风格与（31）《招魂经》相同，都以昊天之艰难——人间之美好——亲人之盼归贯穿始终，但也各有侧重点。文辞变易显见。

（35）《夺体额 · do^{21} thi^{33} ŋɯ^{33}》

绵纸，竹线装订，白布护封，页面 38 × 27 厘米，墨框 30 × 21 厘米，共 20 页，每页 20 行，每行 24 字，保存完好。超度亡灵时不但要为其献祭、除污解秽、指路导行，还要教育他（她）们到另外一个世界后如何生活，如何重新做“人”。在彝人的观念里，亡灵到达彼岸世界后，仍生活在“人”与“人”之间，面临各种各样的矛盾，劝导祖灵弃恶从善。本书的主旨是用来教“人”做“人”的，但内容还涉及施南俄特、昊毕施祖和提毕珠牡的谱系及祭祀的兴起等。

（36）《则肯切额 · dzɯ^{33} khɯ^{33} tɕhi^{34} ŋɯ^{33}》

绵纸，竹线装订，白布护封，页面 42 × 22 厘米，墨框 31 × 17 厘米，共 40 页，每页 15 行，每行 13 字，边角稍残，但字迹清楚。此为咒经的尾声，意为该咒的已通过毕摩的咒经和宗教仪式咒向对方，至此，主咒人方平安无事，万事大吉。即便与仇人同吃一锅饭，同住一间屋，同饮一条水甚或同饮一杯酒，同在一地共事，仇人踩踏你的脚印都用不着提心吊胆了。因为你已有“防御武器”，就算有伤也只会伤着对方而不会伤及自己了。

（37）《死格磁额 · sI^{33} ŋgɯ^{34} tshI^{21} ŋɯ^{33}》

绵纸，竹线装订，白布护封，页面 28 × 22 厘米，墨框 21 × 18 厘米，共 60 页，每页 11 行，每行 18 字，无残损情况。书名直译就是《断死路》。彝人认为，父母亡故时所处命宫的好坏会直接影响到后代。一般而言，父母去世时其所处命宫在东南或西北最佳，在东者次之，在西南者也算可以，因为有“父祭西北，母祭东南”之说，若亡故之年其所处命宫位于南、北和东北不佳，亦即死门敞开，所谓“北方死门开，南方无遮拦，东北鬼玩处”，意味着还将继续死人，因此，须请毕摩行此仪式以断死路。

（38）《吉禄特格额 · dʑI^{21} lI^{21} thɯ^{33} kɯ^{21} ŋɯ^{33}》

绵纸，竹线装订，白布护封，横长本，约 20 页，保存完好。此书与（5）《生育调和经》相仿，属祈吉纳祥一类的经书。“吉禄”即家中的内佑神。此神关照人的时候，家中便一切顺利，万事如意，民间有“家中的吉禄护佑人，外面的鬼怪难害人”的说法。倘若“吉禄”起反作用时，当然对人不利，在这种情况下，须迎请毕摩念诵此经。

(39)《尼木西自额·ni^{21} mu^{33} ɕI^{33} dzI^{55} ŋɯ^{33}》

绵纸，竹线装订，白布护封，页面 39×27 厘米，墨框 30×22 厘米，共 70 页，每页 20 行，每行 24 字，边角稍残。“尼木撮毕”可以说是凉山彝族祭祀中最隆重、最复杂的仪式。其规模之大，用牲之多，耗资之巨，时间之久，为彝事之最。往往是一生之积劳，用于此事而空。举行一次“富者二十一天，中者十四天，贫者七天，最低者是三天”。前来参祭者远近凡血缘亲者带队前来，人数成百上千，上万者也不乏其例。参祭人员所带来的祭品连同主祭者所备牺牲可以达上百头牛，数百只羊。本经书即用于杀牲款待亡灵，汇报祭献亡魂的各种牺牲品，祈求祖灵以成倍的利益来回报后人，庇佑后人幸福安康。

(40)《西沙额·ɕI^{33} ʂa^{55} ŋɯ^{33}》

绵纸，竹线装订，白布护封，页面 38×26 厘米，墨框 28×19 厘米，共 13 页，每页 10 行，每行 20 字，保存完好。属送灵祭祖系列经书之一。书名“西沙”有“捆住脚”之意，行此仪式时需一只捆脚的公鸡，名曰捆缚鸡脚，让其不能动弹，实则是用来“杀鸡给猴看”，限制亡灵的活动范围，让其老老实实做“人”，不能越“轨”，更不能变成鬼怪害人。经云：“贾知依达（四川峨边）的白布棚子来作证，俄卓倮目（四川西昌）的白纸墨字来作证，今日将你捆，从此以后不能变成鬼怪把人害。”

(41)《蚩克额·tʂhI^{55} khɯ^{21} ŋɯ^{33}》

绵纸，竹线装订，白布护封，页面 38×26 厘米，墨框 28×19 厘米，共 30 页，每页 10 行，每行 20 字，无残损情况。本书开头说的是，两位已逝的老人，若生前有过婚外性生活或做错过什么事，从而灵魂受到了污秽，不能跟随祖先，更须为其举行除性污仪式。从仪式的行为来观察，解除性污秽仅仅是一种手段，其目的在于祈求祖妣赋予后人以繁衍能力。有趣的是，毕摩手执一节编制成形似发辫抹上猪油的“依依草”，以象征男根具有极强的繁殖能力，子孙必能兴旺昌盛 。毕摩念的“生呀生子来”即谓此。仪式前，将杀死的一头小猪和一只绵羊（一公一母）相对而卧作交配状，一旁的毕摩弟子和掌理“死”事的曲摸弄伍极力挑逗，促使祖妣亡灵交媾。

(42)《土茨额·thu^{33} tshI^{55} ŋɯ^{33}》

绵纸，竹线装订，白布护封，页面 25×18 厘米，墨框 20×14 厘米，共 10 页，每页 8 行，每行 10 字，保存完好。“土茨”有“弃暗投明”之意，属送灵祭祖类经书之一。如果说未行超度仪式前的亡灵生活在一种黑暗的环境里的话，那么，执祭者所举行的种种仪式则是在做“拯救”工作，而本场仪式就预示着生活在“水深火热”中的亡灵已被拯救出来，清白如玉，纯如金银，准备投向光明，进入金灿灿的祖界，在极乐世界里，保佑子孙后代人丁兴旺，五谷丰登，六畜发展。

（43）《邛布博额 · $tɕho^{55}$ pu^{33} po^{21} $ŋɯ^{33}$》

绵纸，竹线装订，白布护封，页面 28 × 17 厘米，墨框 24 × 14 厘米，10 多页，每页 8 行，每行 10 字，保存完好。属送灵祭祖系列经书之一，本书与前（42）《土茨额》同为一本，但因内容有别，故而分作两条来记述。“博”意为雌雄交合，是凉山彝族送灵祭中祈求祖灵人、物繁衍的巫术行为。本场仪式因涉及性方面的内容，故参与者只限于男性，禁止女性及未成年男性在旁观看。仪式与（41）《蚩克额》相仿，需一只白色公绵羊和一头黑母猪，前者象征男性祖灵，后者象征女性祖灵，助祭者将两牲杀死后作相对而“卧”状，内装祖灵位的祖灵筒置于其间，助手持一长棍从猪腹部下插进，戳在公羊生殖器上，晃动木棍，使羊与猪作交合状。经书中描绘马、狗、獐等动物交配的情状，引诱男女祖灵注意对方的生殖器，随时作好交配的准备，其目的在于诱导男女祖灵交合，进而达到后代生殖繁衍的目的。经中说：“交阿普（祖公）交，接阿妈（祖母）接，阿普滴金水，阿妈接金水，阿普滴银水，阿妈接银水，公獐滴下水，母獐在下接。”

（44）《直左额 · $ʈʂɿ^{21}$ $tsɔ^{33}$ $ŋɯ^{33}$》

绵纸，竹线装订，白布护封，页面 25 × 18 厘米，墨框 20 × 14 厘米，14 页，每页 8 行，每行 11 字，保存完好。本经书的主要目的是为祖灵盖一座灵屋让祖灵居住，使之在祖界居有定所，安居乐业，不致流离失所变成鬼怪害人。所谓“灵屋”是象征性的，用一种彝语称之为“俗俗”的树枝搭成。搭灵屋仪式结束后，灵屋交与手持灵牌的人一直带到放置祖灵的箐洞中，并搭在灵位的旁边。若发现灵屋倒下，要将其放好摆正，他人遇见也要保护，不能毁坏，更不能用石击打。经云：“护灵屋者昌盛，毁灵屋者遭殃。”今彝俗特忌用石击打他人屋顶系源于此。

［调查地点：新营盘乡开发村；调查对象：阿余双梯；调查时间：2007 年 8 月；调查整理：肖建华］

2. 新营盘乡毛家乡行政村常青自然村彝族毕摩沙玛阿基家收藏的彝文古籍

毛家乡并非一个乡级行政单位，是新营盘乡下属的一个行政村，因过去有毛姓人居住于此而得名，后人沿用之。毛家乡行政村下辖 9 个自然村，分别为宁新村、老头村、山背后、巴东湾、小巴东湾、白来村、常青村、穿年村、三锅庄，人口 3300 多人，原住有一部分普米族，已迁到新营盘牛窝子，现为彝族聚居地。因该地气候属温带气候，红壤土质，土层肥厚，物产丰富，尤其是苹果，闻名遐迩，且交通便利，距离县城近，改革开放后，有一部分人从山区迁居于此，有的是来投奔亲戚的，也有的是自己购置土地的。新营盘、跑马坪及战河这一带习惯上称之为“万格来乌”，今烂泥箐及蝉战河两乡称之为“万格来托”，“万格”是山脉名，“来乌”有“之下”的意思，“来托”即“之上”。万格来托山高地贫，云遮雾罩，交通极为落后，“来乌”的各方面条件要比“来托”好一些，因之过去一说“万格来托”便成为“落后”的代名词，许多“来乌”的姑娘都不愿嫁到“来托”去。当然“万格来托”的人也自认为保留传统文化最好而有些轻视“万格来乌”的人。瓦渣、阿的、阿西、阿苦等姓氏是世居“万格来托”的，补余、阿鲁、阿余、金古、杰伙、贾日、沙玛等姓氏则世居“万格来乌”，如今这种格局有所变化。

常青村位于公路主干道边，全村有 84 户，400 多人，全部为彝族。彝姓有沙玛、阿余、诺边、贾三、阿的、海乃、阿苏、景模、阿兹、补余、热柯、马海、依火、娜遮等，其中前十种姓氏是原住民，后四种是外来移民户。补余、热柯两姓氏属新中国成立前的墨彝，亦即统治阶级，其余均为百姓，属被统治阶级。阿余和沙玛为毕摩世家，但在该村当毕摩的只有沙玛，没有阿余。据调查，常青村有毕摩 4 人，他们是：沙玛光史，54 岁，沙玛阿基之兄，有经书；沙玛业干，37 岁，有经书；沙玛万尼，27 岁，有经书；沙玛阿基，36 岁，是本研究项目的重点调查对象。

沙玛阿基出身于毕摩世家，其父沙玛常发是有名的毕摩，其哥沙玛光史是毕摩，沙玛阿基 19 岁开始独立作毕（摩），毕龄已有 17 年，虽然年龄不大，但是他已属“老”毕摩，且手里保存的经籍相对其他几位毕摩较全。沙玛阿基的家谱如下：……亚古——暑部——麻额——玛额——海寺——海拉——阿黑——扁初——毕伙——双尔——阿朋——金紫——热古——贾哈——省业——日琼——常发——布哈（阿基）。亚古暑部是为海兹惹所支的共祖（海兹惹所支今已分离成几种姓氏，但仍视为一个大家支，其内部严禁通婚），是历史上有名的大毕摩。海兹惹所是川滇大小凉山彝族最大的家支之一，人口众多，出自该系的毕摩无数，因此，民间视其为毕摩正宗。

沙玛阿基家藏彝文经书名目：

(1) 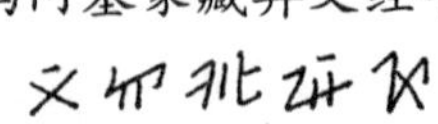

(3) 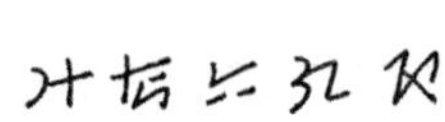

(2) 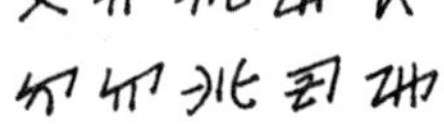

(4) 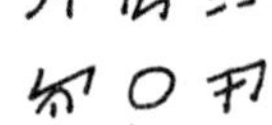

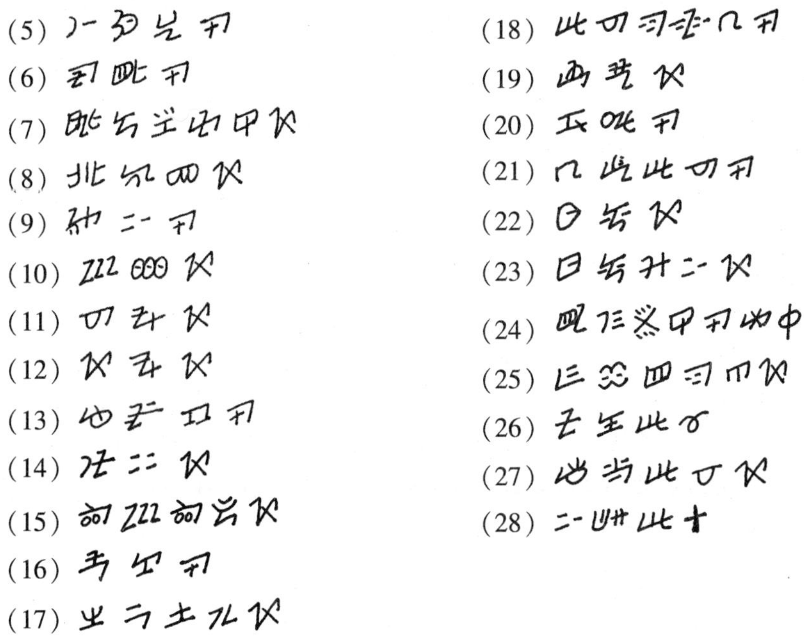

沙玛阿基家藏彝文经书名称释读：

（1）《此乃依显额·tshI^{34} uɯ^{33} ʐI^{33} ɕɛ^{33} ŋɯ^{33}》

绵纸，装式为竹线装订，白布护封，约有500行诗文，沙玛常发毕摩（沙玛阿基之父）传抄于20世纪70年代，现保存完好。按其字面解释，“依显”有“救魂”之意，亦即魂已在某“监牢”或控制在“鬼怪”手里，毕摩要念诵此经文并通过一定的巫术手段将其解救出来。

（2）《诺乃依库明·nɔ^{34} nɯ^{33} ʐI̠^{33} khu^{55} mi^{34}》

本书与（1）“此乃依显额”是同一本书，因有两个书名（标题），且内容相异故而分作两条记述。本书既可用于安灵祭祖仪式上，亦可用于一般的祈吉纳祥或平安祭仪式上。其主要内容是招魂（包括五谷六畜的魂）。

（3）《死耳色觉额·sI^{33} lɪ̠^{55} si^{34} tɕo^{33} ŋɯ^{33}》

绵纸，竹线装订，白布护封，旧抄本，抄写年代不详，约有150行诗文，保存完好。“死耳”即“风湿病”一类，“色觉”系两个动词，有“预防、防治”之意。行此仪式时除念经外，还要捏两个泥人，用少许猪油、马粪、鸡粪和大蒜将象征“死色鬼”的两个泥人送走。

（4）《诺土额·no^{34} thu^{33} ŋɯ^{33}》

绵纸，竹线装订，白布护封，旧抄本，600多行诗文，保存完好。《诺土额》又叫《诺土特依》，前者“额”是“是”的意思，后者的“特依”是

“经书”的意思。此书是用来防治麻风病的，据说麻风病的病源有的来自天上，有的来自地上，也有的来自姻亲和血亲（实指遗传）。对来自不同的病源所念诵的经文内容和仪式也不同。

（5）《斯而结额 · sI̠^{33} lu^{21} tɕI^{21} ŋɯ^{33}》

绵纸，竹线装订，白布护封，约有140行诗文，保存完好。按毕摩的说法：东方有“斯而鬼”，西方有“斯里鬼”。“斯而斯里”害人，使人头晕目眩，腰痛腹痛等，须念诵此经将其打撵出去，方可病愈。

（6）《库色额 · khu^{55} si^{33} ŋɯ^{33}》

绵纸，竹线装订，白布护封。该经书是所有经书中较厚的一本，约有100页。保存完好。该经书为《年算书》，分公、母经两本，此为母经。其内容以一个人各岁出现疾病或出现家庭不顺情况的原因，应该用什么样的仪式来解除及如何解除等。其占算的年龄为1～63岁，64岁后出现疾病者认为是老人，生死乃自然规律，因之，不在占算之列。经书内容包含彝族先民对天文、历法的朴素认识。

（7）《恒薇拉格苏额 · xɯ^{33} vi^{55} la^{55} gɯ^{21} su^{33} ŋɯ^{33}》

材质为绵纸，装式为竹线装订，白布护封。30余页，保存完好。该经用于送灵祭祖仪式，其主要内容为给亡灵祭献食物，在归祖的途中一路走好，护佑子孙后代繁荣昌盛。

（8）《依丁浦额 · ʑI̠^{33} ti^{33} phu^{34} ŋɯ^{33}》

绵纸，竹线装订，白布护封，有336行诗文，保存完好。此为《劝告经》，内容主要是劝告杉、柏、竹等植物不要诱骗、阻碍世人的灵魂。毕摩在招魂时要“牵线搭桥”以引领灵魂。

（9）《赤柯额 · tʂhI^{55} khɯ^{21} ŋɯ^{33}》

绵纸，竹线装订，白布护封，300余行诗文，无残损情况。“赤柯”仪式出现在整个超度亡灵仪式的中间阶段，其主要内容为给死者生前的一切罪过赎罪。如死者生前触犯本族禁忌，做了毁坏人伦、伤天害理的坏事（杀族人、拐族妻、杀狗、杀猫、抢人、乱伦、奸污幼女等）。

（10）《直早额 · tʂI̠^{21} tsɔ^{33} ŋɯ^{33}》

绵纸，竹线装订，白布护封，约30页，保存完好。《直早额》又叫《直早特依》。本书为超度亡灵所用经书之一，主要内容为给死者的灵魂新建一所房屋，使之在祖界有安栖之所，其中也有求育和交媾繁殖的内容，祈求祖灵保佑人丁兴旺，六畜增殖。

（11）《因伙我伙额 · ʑI^{33} xo^{33} ŋo^{34} xo^{33} ŋɯ^{33}》

绵纸，竹线装订，白布护封，约40页，无残损情况。在超度亡灵时，门外搭一灵棚，通过做“哲永”仪式后，将灵牌移至灵棚内，插于灵位上。随即杀一头猪，以猪头连胸带尾的大块生肉和其他食物献祭灵牌。毕摩开始剪纸，剪出太阳、月亮、山村、锄头、镰刀、烟袋、火镰等图形，并扎一个十字架，按每个女儿各一把、儿子们共一把的数量，分帖剪纸于十字架的三个角。毕摩口诵经文一一点出送灵者儿女的名字。点到谁，谁就应声接过十字纸花架，掏一把兰花烟和几元钱放进毕摩的经袋，以示酬谢毕摩的神灵，如此一一将花纸分发完。然后按男性在上位女性在下位的顺序，排插纸旗于灵位下，儿女们便拥至灵台放声哀哭。毕摩念诵哭祭经文（即我伙），追溯死者的功德和养育之恩。与此同时，指定一哭丧妇，按哭祭经文一字不漏哭诉，直至毕摩诵完经文，哭丧妇也结束哭诉。随即毕摩念诵笑祭经文（即因伙），此时所有在场的人都要放声大笑，做到笑声不断。

（12）同（11）。

（13）《业此迪额 · ȵi^{21} tshI^{33} ndi^{33} ŋɯ^{33}》

绵纸，竹线装订，白布护封，约 70 页，保存完好。凉山彝族社会普遍盛行“万物有灵论”的思想，社会生活中充满迷信和禁忌，鬼神观念充斥于人们的头脑，支配着人们的言行。鬼神名目繁多，有细心者曾统计过凉山彝族鬼神的数量，计有 70 多种。若仔细统计，还不止这个数。足见“到处是鬼神”了。本书就是用来驱逐各种各样的鬼怪的。

（14）《希孜额 · ɕI^{33} dzI^{55} ŋɯ^{33}》

绵纸，竹线装订，白布护封，约 900 行诗文，无残损情况。“希孜”又叫“尼木希孜”，为“献祭书”，既可用于超度亡灵，亦可用于一般的死人场合，献祭的食物也基本相同，都取羊的肝、肾、肺、胃、肩胛骨、肋以及荞粑等献祭，毕摩念万物需吃食之经文，劝灵享用儿孙之祭贡，以利于饱食安乐。两者的区别是超度亡灵时需搭建一“献祭棚”，一般的死人则不用搭建。

（15）《稀直稀点额 · ɕi^{33} ʈʂI^{34} ɕi^{34} tɛ^{33} ŋɯ^{33}》

绵纸，竹线装订，约 60 ~ 70 行诗文，有麻布护封，书名已模糊不清，但不影响正文部分，此书名是写在包书的护封上的。毕摩举行超度亡灵时有一场叫“直早”的仪式，“直早”仪式结束便接着举行此场仪式。彝人认为某些东西可使人受污致病甚或丧命。污源种种，如人见到猫、狗、蛇、蛙等死尸即可受污不洁。受污的程度有轻有重，看见和接触猫狗等动物死尸而受污者视为严重受污，这与彝族把猫和狗视作人类的“近亲”有关，认为猫、狗与人在其进化史上有某种血缘关系，同属灵长目动物。受此污的亡灵当然不能跟随祖先，须行除污仪式和念诵“稀直稀点”经文为其除污解秽。

(16)《舒非额·ʂu^{33} fi^{33} ŋɯ^{33}》

绵纸，竹线装订，白布护封，约700行诗文，无残损情况。“舒非额”又叫“舒非恒苏额”，“舒非”有“邪怪”之意，“恒”即“看”、“解释”、“卜算”。本书是用来解释事物的怪异现象的。如鸟粪拉在人身上、某月某日某时蛇蛙进家、蒸饭时甑子“说话”、房顶上用于压瓦板（木板）的石头滚落、母猪食子及母鸡食蛋等等。遇此而惶恐不安，以为有什么灾祸降临，必请毕摩翻阅此书希望能从中找到答案并采取应对的措施。

(17)《毕补毕茨额·pi^{21} pu^{33} pi^{33} sthI^{55} ŋɯ^{33}》

绵纸，竹线装订，白布护封，约250行诗文，无残损情况。驱鬼仪式和咒人仪式都用得着此书，内容主要记述毕摩的系谱源流，从远古至近现代，毕摩谱系有详有略。“毕”有“毕摩”、“诵经”、“祭祀”之意；“补”有“歌颂”、“赞扬”、“祭诵”等含义。“茨”即“代”、“史”或“谱系”、“谱牒”，“毕补毕茨”直译就是“颂毕史”。考察本书，其目的和功用有两方面，一是通过叙述毕摩源流，颂扬毕摩先祖的辉煌历史；二是请历史上有名的毕摩（神）助祭作法，以取得仪式的圆满成功。

(18)《特依里占莫额·thɯ^{21} ʐI^{33} li^{33} tʂa^{33} mo^{21} ŋɯ^{33}》

绵纸，竹线装订，白布护封，约800行诗文，保存完好。“特依里占莫额”直译便是“此书年算经是也”。“年算经”分为公篇和母篇。此书是公篇。本篇主要是通过一个人的出生之年，看该人的福运、禄祚、寿命、灾扼乃至死后亡灵的好坏等。此书内容未及“年算经”（母篇）详细，但经书内容包含着丰富的五行的相生、相克和阴阳互换互补等思想内容。

(19)《尼珞额·ni^{21}ɬo^{33} ŋɯ^{33}》

绵纸，竹线装订，白布护封，约有140行诗文，沙玛常发抄写于20世纪80年代，因抄写年代较晚，无残损情况。整个“尼木撮毕”（超度亡灵）仪式极为复杂，如撤灵牌、献祭、净宅除疾、赞牲、劝善、安神换魂、指路导行、祈求富贵、散场挂灵、送灵等。一般来说送灵至祖灵箐洞即是终点站，仪式已应完毕。然事实并非如此。到了一定的时间后执祭者和主祭人家一同来到祖灵箐洞前作最后一次祭奠，此即所谓“尼木谷举威洛”（超度之后祭奠），至此，整个祭祖大典才告真正结束。

(20)《知果额·ndʐI^{33} ŋgo^{34} ŋɯ^{33}》

(20)、(21)、(22)、(23) 均抄在一个小笔记本上，据说是为了携带方便，字用钢笔或用碳素笔写成。有原本，但笔者调查时未得见，约100行诗文。“知果额”属安灵祭祖类经书之一，可直译为《献酒经》。在制作灵牌时，派人到高山顶上拔回伸展、无虫蛀的“阿金”树一棵和无断头、无虫蛀的完整黄竹一株，交由毕摩亲手制作。树、竹各取根部一节，树节头上剜劈一缝，以示子孙聪明，上部刻上眼、鼻、口，再把竹节削成一节节的竹片，用羊毛线缠捆在一起，代表已亡先人。男性死者缠绕九转，女性死者缠绕七转，分别打结于前、后。捆扎好后插于头顶先劈好的缝中，而后剪下一小块白色新棉布包上，表示裹以衣裤（裙），灵牌即已做好。“献酒”指的是从山上拔竹回来时毕摩代表神灵献给主祭人家的几杯酒，以示子孙聪明，人丁兴旺，五谷丰登。

（21）《摸玛特依额·mo^{33} m̥a^{55} thɯ^{21} ʐI^{33} ŋɯ^{33}》

“摸玛”又叫“谷玛冈玛”，“摸”本义指尸体，在此指代亡灵，“玛”有“教”、“指”、“引导”的意思，“谷冈”为“路”，即为亡灵指路导引，有学者将其汉译为《指路经》，约有100行诗文。该经名为亡灵指路，实则是祖先迁徙的路线，人死归祖，使死者顺利地回归先祖发源地。经中主要说明全程所经的地区、各站。如“站在甲地，看到乙地；站在乙地，看到丙地……”如此一“站”一“看”；又一“站”一“看”……引导亡魂飞渡关山，不断向前驰行。有时教死者“披甲执戟”、“场鞭策马”；有时教他如何通关越隘；有时教他卸鞍歇马；有时教他欣赏途中景色……这些生动的描绘，洋溢着视死如归的情感。该经是研究彝族历史源流、宗教文化的重要经籍。需要说明的是，宁蒗县内的《指路经》笔者曾收集整理翻译过，与其他各地的《指路经》合在一起，于1993年由中央民族学院出版社出版。

（22）《土次苏·thu^{33} tshI̱^{55} su^{33}》

该经约有100行诗文，主要用于作帛（超度祖先亡灵）仪式上。行此仪式前，先杀好一头彝语谓之“贾乌”的猪和一只叫“土次永”的绵羊，据说“贾乌猪”板油多就预示着后人吉祥如意，反之则不吉。此二牲杀法有些特别，为亡灵准备好一块从舌、胸部、腹部到尾相连的肉（尾部留毛），让其带到祖界去享用，尾当扫帚用。其他所有的祭牲都割下一小块耳朵献祭亡灵。仪式完毕，亡灵便可启程，劝魂灵莫回头，愉快前行，到那无忧无虑、无病无痛、轻松愉快的极乐世界中去。

（23）《土次哭克额·thu^{33} tshI̱^{55} khu^{21} k^{h}ɯ^{33} ŋɯ^{33}》

本书较薄，约有50至60行诗文，与（22）同属一个系列，其仪式内容大同小异，所不同者表现在“哭克”上。“哭克”是指解除“土次”过程中的某些束缚的东西，以利亡灵在归祖的路途中轻松前行。

（24）《则克青苏额叶麻·dzɯ^{33} khɯ^{33} tɕhi^{21} su^{33} ŋɯ^{33} ʐi^{21} ma^{21}》

绵纸，竹线装订，白布护封，300余行诗文，旧抄本，保存完好。此为咒经之续篇，凉山彝族所谓的“咒”绝不亚于现代的“核武器”，是为最高级，非用不可才动用的特效“非常规武器”。认为，念过咒经，行过咒人仪式后，对方非死即伤或断根绝种。行此“咒”，一般秘密进行，以防对方“反咒”。

(25)《锁他瓦里者·sɔ³³ tha⁵⁵ va⁵⁵ li³³ dʐɯ³³》

此经与（24）是同为一本，两个内容，300余行经文。“咒”分大咒和小咒，所谓大咒是指与对方结下深仇大恨，敌对双方势不两立，水火不容，如有家支成员被杀或族妻被拐等，本咒经即用于此种仪式。仪式上所用咒牲之多（俗称打鸡、打狗给对方），迎请的毕摩之多（少则几人，多则十余人），可位列咒人仪式之最。毕摩们众口一词，咒声朗朗，打鸡、打狗者鸡飞狗跳，他们相信，通过语言的魔力和举行此种仪式后，对方会像被打的鸡、狗一样死去。

(26)《西纱特依·ɕI³³ ʂa⁵⁵ thɯ²¹ ʐI³³》

此书被其他毕摩借去抄写，因之未见到原文。据毕摩说材质是绵纸，装式为竹线装订，白布护封，约200行诗文，保存完好。“瓦三”本是毕摩苏尼的附身神，无所谓害人，但也有例外，如毕摩苏尼绝嗣无后，无人作毕当苏尼，也无人为其先辈举行祭祖仪式，其亡魂无着落，此时他们附身神就会变成鬼怪害人。得此病时会使人精神失常，疯疯癫癫，胡言乱语等。行此仪式时需用一只“西纱瓦”（捆脚鸡），扎一草偶（象征附身神），另备一供附身神睡觉的“小床”，如此打发了之。

(27)《哲苏特依·ndʐɯ²¹ su³³ thɯ²¹ ʐI³³》

绵纸，竹线装订，白布护封，旧抄本。页面42×28厘米，墨框32×22厘米，共40页，每页14行，每行12字，保存完好。该经属祈福平安经一类，按字面理解，“哲”有“债”的意思，“苏”有“还”的意思，“哲苏”即是“还债”。其意是说死者生前欠下了天、地、日、月、山川、河流等诸神的债，因未还债而受到惩罚致死。毕摩认为，死者虽死，但“债务”尚在，诸神会继续要债，继续纠缠亡灵，使亡灵不得安宁，所以一定行“还债”仪式。主祭人家出一只牲羊用以祭献各路神灵，此牲代表所要债务，通过中介人——毕摩行此仪式以示还清了所有的债务。

(28)《肯颇特格·khɯ³³ pho³³ thɯ³³ kɯ²¹》

绵纸，竹线装订，约60页，旧抄本，白布护封，保存完好。“肯颇”有“运气”之义，但在此处理解为“生育神”更妥一些。“特格”为“调和”之义。彝人认为，在一个家庭里子女多夭折或生女不生男或不孕不育是因为夫妇双方的“育神”相克或不相协调造成的。遇此情况，须请毕摩举行“肯颇特格”仪式，念诵该经文，调和双方的“育神”，从而达到和谐交融阴阳平衡之目的。仪式用一只牲羊、一对木公木母、两杯水公水母、两撮土公土母、两撮粮公粮母（用荞麦和燕麦代之）。公母取自不同方位，象征公母交媾，阴阳结合。另外，还须从人丁兴旺、多子多女的人家索要一只公鸡和一只母鸡，母鸡取自己方，公鸡取自他方。白昼用牲羊招回育神，入夜，用公鸡、母鸡“相合”，待仪式完毕，公鸡交由女方，母鸡交与男方作交叉处理。

［调查地点：新营盘乡常青自然村；调查对象：阿余双体，男，29 岁，沙玛阿基，男，36 岁；调查时间：2007 年 2 月；调查整理：肖建华］

第二节　宁蒗县大兴镇彝文古籍调查

1. 依火乌撒家保存的彝文古籍

依火乌撒出身于毕摩世家，乌撒是其尊名，本名叫以诺（凉山彝族每个人都有尊名或称雅名和本名或称俗名），汉名叫马亮才，41 岁。其父依火日布（马阿牛）现年 69 岁，原碧泉林业局工人，没有学过毕摩，但对有关毕摩的知识颇为了解。依火日布之兄依火比古和依火拉布都是大毕摩，依火比古于 1994 年去世，其子没学过毕摩，但有个孙子是毕摩，名依火以轰，现年 33 岁，住大兴镇白牛（银）厂居委会。依火拉布于 14 年前去世，其子依火卡哈也是毕摩，45 岁，现住依火乌撒家隔壁，卡哈和乌撒同系拉布之弟子。乌撒另一堂兄也是毕摩，名叫依火永哈，现年 37 岁，住大兴镇白牛（银）厂三岔河。乌撒的爷爷叫依火鲁青，是远近闻名的大毕摩，于 1982 年病逝，享年 81 岁。乌撒家祖籍在四川凉山州盐源县卫城镇，约一百年前从盐源辗转迁到宁蒗县白牛（银）厂，因时局动荡，兵荒马乱，没带经书来。依火姓氏本是源自古候系的，有自己的一整套经文和毕摩的“毕”术，多少与曲涅系的毕摩有别，但上文已交待过，依火家迁来宁蒗时经书已毁。没有经书的毕摩当然不行，无法在民间取得老百姓的认可，于是依火拉布拜师求学于宁蒗本地的阿余毕摩家，承继了阿余家的经文和“毕”术，而阿余家是出自于曲涅系统海孜忍所支的毕摩世家。至此，迁来宁蒗的依火这一支就成了曲涅系的毕摩而不再是古候系的毕摩了，他们念的是阿余家的经文，承的是阿余家的“毕”术。

阿余乌撒毕摩现住宁蒗县城南郊宁蒗县民族中学的背后，距城中心约有两公里，距主干公路约 500 米的山坡上，晴天小车可以进入，但雨天坡陡路滑车不能进。住屋具有当地的特点，属小四合院。右房是两个老人的起居室兼客厅，下面一排是厨房和堆放杂物的地方，左面是大门和一堵围墙，上方是主人家的卧室，为当地所特有的木楞子房。经常用的经书装在一经柜里，而不常用的经书则装在经包里。

依火乌撒一家于1998年从白牛（银）厂迁至宁蒗县城定居。据介绍，这些年从各地迁到宁蒗居住的毕摩有好几家。金克毕摩家是数年前从大尔地迁来的，依火毕摩有3户，两户（包括笔者调查的依火乌撒毕摩家）是从白牛（银）厂迁来的，另一户是从烂泥箐乡牦牛坪迁入的。阿余双梯家虽住在宁蒗县城，但属临时居住。

毫无疑问，毕摩来自于民间，毕摩文化植根于民间，其服务对象当然也在广大的农村。然而近年来，随着社会的发展，毕摩开始“进城”，这一“文化移位”的现象颇让人值得关注。一个城市（无论其大小）是该地的政治、经济、文化的中心，毕摩何以能有立足之地？为何会有他们的市场？笔者以为有以下两个方面的原因：

一方面，从毕摩的服务对象来考察，宁蒗县是个彝族自治县，在县城工作的彝族干部和工作人员很多，在这些人中，家属原在农村的几乎已举家迁往县城定居，加之在乡下工作的和经济条件尚可的村民们已都纷纷涌入县城，这个群体估计有三五万人，他们本身就需要有毕摩提供宗教信仰方面的服务，尤其是改革开放后的今天更是如此。

另一方面，从毕摩的角度看，他们原以为城里的人不信毕摩这一套，然而，事实并非如此。实际上，其一，请他们去作“毕”的人越来越多，这些人中有的要举行“平安祭”仪式，有的要举行“西克补”仪式，目的是求得精神上的安慰和心理上的平衡。其二，丰厚的报酬是吸引毕摩的原因之一，假如平均每天做一场“法事”，其报酬最低为100元，若遇上家庭经济条件较好，且主人又大方的人家，所得的报酬远不止这个数。毕摩索取报酬虽然不像菜市场买菜那样讨价还价，但是在现代市场经济的冲击下，在乡下和城市作“毕”，尽管付出同样的劳动，所得报酬却不一样，城市远高于农村，毕摩对此当然是清楚的。其三，在农村作“毕”，交通不便，路程有远有近，风里来雨里去，非常辛苦，在城里就不存在这个问题。其四，据调查，搬迁到县城居住的几个毕摩，他们的年龄都在三四十岁左右，而这个年龄段的人其子女都在上学，为子女方便入学是毕摩迁居县城的又一原因。

依火乌撒毕摩家谱：武哲—什列—兹忍—迪列—苏乃—阿殊—阿俄—施南—俄特—武勒—邛部—笃慕—武武—耿祖—罗倮—波额—阿尼—丁孜—扑火—牛里—恒毕—乃格—敏叶—古候—竹鲁—珠年—迪列—迪俄—阿突—彭

勒—补古—依火—尼惹—吉达—阿业—阿牟—恒倪—仆微—井夫—吉额—拉基—吉忍—阿肯—贾古—克惹—毕冈—阿革—依里—尔青—日布—以诺（即乌撒毕摩本人），共51代。

依火乌撒家藏彝文经书旧抄本名目：

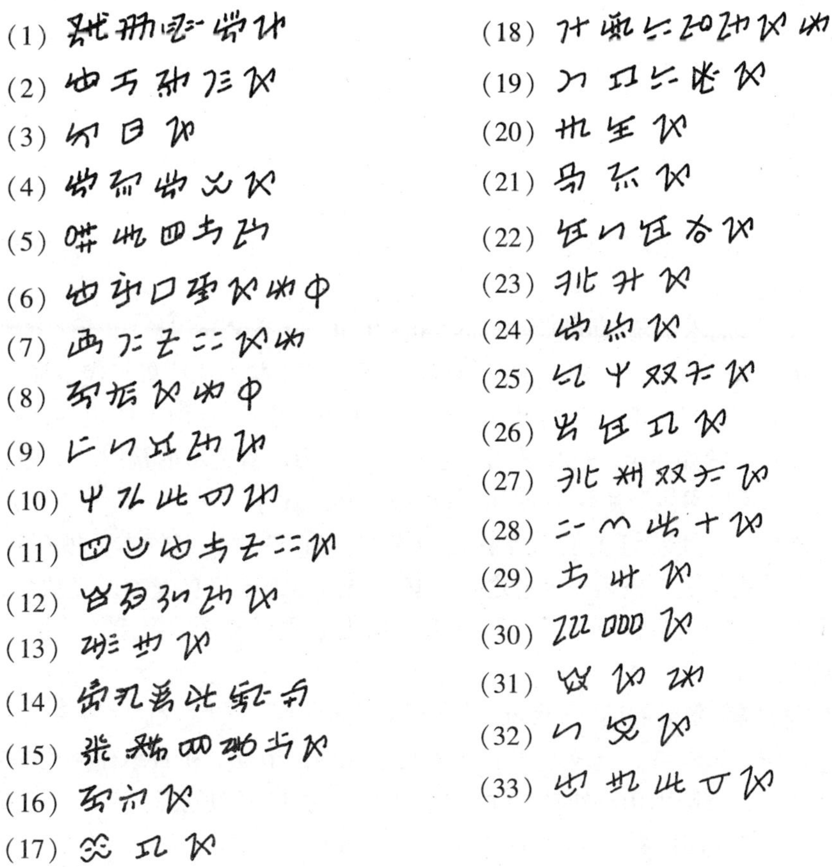

依火乌撒家藏彝文经书旧抄本名称释读：

（1）《特依占莫额·t^{h}ɯ^{21} ʐɿ^{33} tʂa^{33} mo^{21} ŋɯ^{33}》

绵纸，竹线装订，有白布护封，旧抄本，无残损情况，有105页。该书书名字体类似汉字繁体字，笔画较多，常人难以辨识。内容属于年算类经书，毕摩视之为宝。

（2）《尼木蚩克额·ni^{21} mu^{33} tʂhɿ̠^{55} k^{h}ɯ^{21} ŋɯ^{33}》

绵纸，竹线装订，外有白布护封，属旧抄本，保存完好，约有35页。安灵祭祖类经书之一，其内容为在祭祖仪式上向祖灵祈求人丁兴旺、五谷丰登、六畜增殖的巫术行为。在彝人看来，同血缘的祖先不仅是后代的创造者，还决定着后代的繁衍，影响着五谷、六畜的增殖和发展。

（3）《诺土额·no^{34}t^{h}u^{33}ŋɯ^{33}》

绵纸，竹线装订，有白布护封，旧抄本，保存完好，有 29 页。该经文的内容为防治麻风病。

（4）《摸胡摸哈额·mo^{33}fu^{21}mo^{33}xa^{33}ŋɯ^{33}》

绵纸，竹线装订，有白布护封，有 72 页，旧抄本，保存完好。此为一般的驱鬼经。

（5）《必尔瓦目者·pi^{21}lɪ̠^{33}va^{55}mu^{33}dʐɯ^{33}》

绵纸，竹线装订，有白布护封，属旧抄本，抄写年代不详。外写有书名，约 45 页，无残损情况。在毕摩的经书中咒语占一定的比重，此为咒经之一，是用于咒人的。

（6）《尼木土茨额叶麻·ni^{21}mu^{33}thu^{33}tshɪ̠^{55}ŋɯ^{33}ʑi^{21}ma^{21}》

绵纸，竹线装订，白布护封，有 11 页，旧抄本，其抄写年代不详。保存完好。祭祖类经书之一，行此仪式后象征亡灵已进入金灿灿的祖界，祖灵已清如白银，纯如赤金，庇佑着后人繁荣昌盛，展示着无尽的希望。

（7）《尼木西资额叶·ni^{21}mu^{33}ɕɪ^{33}dzɪ^{55}ŋɯ^{33}ʑi^{21}》

绵纸，竹线装订 1 册，外有白布护封，有 50 页，旧抄本，抄写年代不详，无残损情况。祭祖类经书之一，其主要内容为用洁食美餐设宴款待亡灵，汇报祭献亡灵的各种牺牲品，祈求祖灵用成倍的利益来回报后人，护佑后代幸福安康。

（8）《哲尔额叶麻·ndʐɯ^{21}lɪ̠^{55}ŋɯ^{33}ʑi^{21}ma^{21}》

绵纸，横长本，41 页，有白布护封，无残损情况。祈吉纳祥类经书之一，内容主要是解除因山神作怪致使六畜不顺、五谷虫灾的危害。

（9）《业此氏者额·ȵi^{21}ts^{h}ɪ^{33}ndi^{33}dʐɯ^{33}ŋɯ^{33}》

绵纸，竹线装订，白布护封，旧抄本，有 63 页，保存完好。属驱鬼类经书之一。

（10）《毕次特依额·pi^{33}ts^{h}ɪ̠^{55}t^{h}ɯ^{21}ʑɪ^{33}ŋɯ^{33}》

绵纸，竹线装订，旧抄本，抄写年代不详，有 39 页，外有白布护封，保存完好。该书主要讲述毕摩史。

（11）《邛布尼木西资额·tɕ^{h}o^{55}pu^{33}ni^{21}mu^{33}ɕɪ^{33}dzɪ̠^{55}ŋɯ^{33}》

绵纸，竹线装订，白布护封，横长本，有 49 页，无残损情况。“邛布”为彝族古代“六祖”，即武、乍、懦、恒、布、默。书名冠以六祖，说明经书内容的古老。需要说明的是，本经书的内容和仪式大致与（7）“尼木西资额”相同，区别在于它们的用途不相同。（7）是超度亡灵时用，而本经书则用于一般死人场合。

（12）《土鲁究者额·t^{h}u^{33}lu^{33}tɕo^{34}dʐɯ^{33}ŋɯ^{33}》

绵纸，竹线装订，白布护封，旧抄本，25 页，保存完好。防灾御病类经书之一，也叫《土鲁惹黑究者》，其主要内容为防御一切他人（包括自己的亲人等）对自己有意或无意的诽谤、谩骂、诬陷的经文。“究”意为“防御”、“御回”。

（13）《夺体额·do^{21}thi^{33}ŋɯ^{33}》

绵纸，竹线装订，白布护封，横长本，抄写年代不详，有 31 页，保存完好。祭祖类经书之一，说合亡魂夫妇在祖界依然成为一家，和睦相处，庇佑后人。“夺体”有“告知”之意，即告知亡魂夫妇。

（14）《鲁薇鲁阿母额·lu^{33}vi^{55}lu^{33}a^{21}mu^{33}ŋɯ^{33}》

旧抄本，绵纸，竹线装订，白布护封，41 页，保存完好。咒经系列之一。昔日的凉山彝族奴隶社会家支林立，家支与家支间，甚至同一家支内部之间，由于种种原因而相互结怨，这种矛盾纠纷不能通过正常途径解决时，要么诉诸武力，进行战争，要么通过巫术的形式诅咒对方。咒经的用途大同小异，只是咒语、咒辞有别。

（15）《依踏朴毕苏额·ʑ^{33}tha^{21}phu^{21}pi^{33}su^{33}ŋɯ^{33}》

佚名撰，旧抄本，绵纸，竹线装订，有白布护封，30 页，无残损情况。祈吉纳祥类经书之一，其主要内容是招魂。

（16）《哲格额·ndʐɯ^{21}kɯ^{21}ŋɯ^{33}》

绵纸，竹线装订，白布护封，旧抄本，抄写年代不详，39 页，保存完好。“哲”系古彝语，“疯”之意，“格”可理解为“治”，“哲格额”即“治疯病经”。疯源种种，经文的内容因疯源的不同而不同。

（17）《庚氏额·gi^{55}ndi^{33}ŋɯ^{33}》

绵纸，竹线装订，白布护封，书已古旧，比其他本子小，51 页，边角稍残。“庚氏”有“治衰”之意。据说人类早期历经什叟、莫靡、格俄等时代，皆因不会“治衰”而走向衰败，直到“六祖”时代始兴祭祀、立典章，文化初开，礼仪初备，人类因此而变得兴盛强大起来。

（18）《斯顶色车者额叶·s^{33}ndi^{33}si^{33}tʂ^{h}ɯ^{34}dʐɯ^{33}ŋɯ^{33}ʑi^{21}》

佚名撰，旧抄本，绵纸，竹线装订，白布护封，15 页，保存完好。该书可意译为《除风湿病经》，内容是念诵经文与各种药物的蒸疗相结合，为病人祛风湿病。

（19）《斯顶色车额·s^{33}ndi^{33}si^{34}tʂ^{h}ɯ^{33}ŋɯ^{33}》

此与（18）同为一本书，但两个标题，因之分作两条来记述。16 页，内容与（18）大同小异，属“除风湿病”一类。

（20）《祀沙额 · s^{21}ʂa^{55}ŋɯ^{33}》

绵纸，竹线装订，白布护封，旧抄本，有 9 页，无残损情况。祭祖类经书之一，其主要内容是把亡灵招集在一起，为他们祈吉纳祥。

（21）《我火额 · ŋo^{34}xo^{33}ŋɯ^{33}》

绵纸，竹线装订，旧抄本，白布护封，有 17 页，无残损情况。祭祖类经书之一，安灵祭祖的仪式中，因为和亲人再次生离死别，有子孙后代悲伤哭泣的悲痛场面，规劝亡灵更要给他们吉祥如意。

（22）《中慈中宏额 · ʈʂo^{55}tsʰɿ^{21}ʈʂo^{55}xo^{21}ŋɯ^{33}》

佚名撰，绵纸，竹线装订，外有白布护封，旧抄本，29 页，保存完好。防灾御病类经书之一，其内容为大型祛污经。仪式中要用铜丝把一切象征带去污秽的神枝捆好，埋到深沟中，以示一切污秽被祛除。

（23）《依库额 · ʐɿ^{33}khu^{55}ŋɯ^{33}》

绵纸，竹线装订，白布护封，旧抄本，抄写年代不详，21 页，保存完好。招魂经书之一。

（24）《摸玛额 · mo^{33}ma^{55}ŋɯ^{33}》

绵纸，竹线装订，白布护封，有 19 页，保存良好。该书是《指路经》。是指引死者沿着祖先迁来的路线再回到祖先的发源地，一山一水、一草一木、一地一物，不但有真实的记录，而且由近及远，一以贯之。若能联系所指地名路线考证，则可划出彝族先祖的明晰迁徙图，从而可查考彝族发源地。

（25）《格毕古都额 · kɯ^{21}pi^{33}gu^{33}du^{33}ŋɯ^{33}》

绵纸，竹线装订，白布护封，有 31 页，保存完好。祭祖经书之一，在祭祖仪式上由毕摩代表神灵献给主祭人家几杯酒，以示祈吉祛灾。

（26）《黑格丁额 · hɛ^{33}ŋgɯ^{21}ndi^{33}ŋɯ^{33}》

绵纸，竹线装订，白布护封，旧抄本，其抄写年代不详。25 页，保存完好。该书总题目叫“争柯希”，总题目下又细分若干。此为“除鼠害经”，是解除老鼠啮咬人或衣物等引起家里有污秽的经文。

（27）《依博古堵额 · ʐɿ^{33}bo^{21}gu^{33}du^{33}ŋɯ^{33}》

佚名撰，绵纸，竹线装订，白布护封，旧抄本，有 21 页，保存完好。属招魂唤魂一类的经书。

（28）《柯颇特格额 · kʰɯ^{33}pʰo^{33}tʰɯ^{33}kɯ^{21}ŋɯ^{33}》

本书与（27）“依博古堵额”是同一本书，但书名不同，内容不同，有 23 页。此为“合魂经”，主要是在一个家庭中各人的命运、五行、八字等相克或不相协调的情况下举行的仪式，内容是调和他们的命运、五行、八字等都和睦相处。

（29）《牟匿额·mu^{21}n̥i^{21}ŋɯ^{33}》

绵纸，竹线装订，白布护封，旧抄本，有 11 页，保存完好。祭祖类经书之一，主要内容为解除焚烧尸体时亡灵身上的灼痛。

（30）《执佐额·tʂ^{21}tsɔ^{33}ŋɯ^{33}》

本经书与（29）“牟匿额”是同一本书，但书名与内容不一样。有 11 页，祭祖类经书之一，其内容为仪式所用神枝都来源于大自然，劝导人们维持生态，保护自然，与自然和谐相处。

（31）《博额叶·po^{21}ŋɯ^{33}ʑi^{21}》

此书与（29）“牟匿额”为同一本书，但内容是独立的。有 5 页，属祭祖类经书之一。“博”为古彝语，指雌雄交合。仪式的目的在于诱导男女祖灵交合，进而达到后代生息繁衍的目的。“博”仪式不仅旨在人类自身的繁衍，也旨在人们赖以生存的生活资料的增加、丰产。

（32）《此切额·ts^{h}ɪ^{33}tɕ^{h}i^{21}ŋɯ^{33}》

绵纸，竹线装订，外有白布护封，为旧抄本，但抄写年代不详，7 页，保存完好。祭祖类经书之一，可译为《献药经》。在安灵仪式上念诵此经，其主观目的不是为了向活人传授医学知识，而是教祖灵如何与疾病斗争。如果说献药仪式行为本身是为了给祖灵治病除疾以达到药到病除的目的，那么，为祖灵诵《献药经》便是教导祖灵如何采药、制药、配药，以及传授如何对症下药的秘方。

（33）《哈体特依额·ha^{33}t^{h}i^{33}t^{h}ɯ^{34}ʐɪ^{33}ŋɯ^{33}》

绵纸，竹线装订，白布护封，旧抄本，81 页，保存完好。年算类经书之一，书名可译为《解鸦语经》。在彝人看来，乌鸦是一种不吉祥的鸟，多传递不好的信息，本书就是用来解释这种“信息”的。

［调查地点：大兴镇干河子社区第五组；调查对象：依火乌撒，男，41 岁；调查时间：2007 年 8 月；调查整理：肖建华］

第七章
丽江市纳西族东巴古籍

前　言
——纳西族东巴经古籍民间流传、保存、研究综合报告

和力民

纳西族主要聚居在云南省西北部和四川省西南部。此外，川、藏交界地的芒康（西藏）、巴塘（四川）等县也有分布。从地理位置看，纳西族分布在云南、四川和西藏三省区毗邻的澜沧江、金沙江及其支流无量河、雅砻江流域，位于东经98°05′~102°，北纬26°05′~30°之间。从行政区划看，纳西族居住地分布在滇、川、藏三省区的丽江、迪庆、凉山、甘孜、昌都、攀枝花等六个地州市，以及古城、玉龙、永胜、宁蒗、华坪、香格里拉、维西、德钦、木里、盐源、盐边、芒康、巴塘等区县境内，面积约8万平方公里。有一个自治县，即1961年4月10日成立的丽江纳西族自治县，2003年4月12日丽江撤地设市，故该县改为玉龙纳西族自治县；三个民族乡，即香格里拉县三坝纳西族乡、木里县俄亚纳西族乡、芒康盐井纳西族乡。

丽江市位于云南省西北部，位于东经99°23′~101°31′，北纬25°08′~27°56′之间。全市国土面积为20 600平方公里，辖古城区，玉龙纳西族自治县、宁蒗彝族自治县、永胜县、华坪县1区4县。全市境内居住有纳西族、彝族、傈僳族、白族、普米族、藏族、汉族等26个民族，至2006年年底，全市人口共115万多人，其中纳西族23万多人，占全市总人口的20.06%，是全市人口最多的少数民族。全国纳西族人口一般统计为30万人，丽江市纳西族人口占全国纳西族人口的70%以上，是纳西族的主要聚居区。丽江纳西族居住地的东面是四川省盐源、盐边和攀枝花市，南边是云南省鹤庆、剑川县，西边与云南省维西、香格里拉县相邻，北部与四川省木里县俄亚、依吉乡为邻。丽江市纳西族正处在全国纳西族聚居地的中央位置。

纳西族渊源于古羌夷人，是古代羌人和夷人融合发展起来的民族。据研

究，纳西族约在春秋战国时期就在四川省西部海拔 7556 米的贡嘎山区生活，秦汉时期逐渐往西往南迁徙到金沙江流域居住，社会原以狩猎、畜牧业为主要生产方式，后来逐渐以畜牧业和农业为主。

纳西语属汉藏语系藏缅语族彝语支。根据语言、词汇、语法和社会历史情况，纳西语内部又分为东、西两个方言。一般说来，金沙江以东地区的纳西族操东部方言，金沙江以西地区的纳西族操西部方言。每一种方言都因地域、民族支系不同而有不同的土语。如东部方言区有永宁土语、北渠坝土语、瓜别土语等；西部方言区有大研镇土语、丽江坝土语、宝山州土语等。东、西两部方言在语音、词汇上有较大差别，但基本语言和基本词汇具有很多共同性。

在漫长的社会历史中，纳西族先民创造了丰富的口碑文化遗产。纳西族早期的神话故事、格言、谚语、谜语、寓言以及后来创造、传承的纳西族的劳动调、殉情调、欢乐调等民歌，都是以民间口碑形式口耳相传下来的，它是纳西族本语文化的重要源泉和最基本的组成部分。

在两千多年的纳西族历史中，纳西族先民先后创造了东巴文、格巴文、达巴文、玛丽玛莎文四种古文字。东巴文是纳西族最早创造的一种古文字，字形像事物的图形，又像图画，所以，被人们称之为图画象形文字。东巴文字有象形字、指事字、会意字、形声字以及假借字、转注字，还有一些附加符号。格巴文是继东巴文之后创造的一种古文字，它与东巴文最大的区别是比东巴文抽象，用符号化的简约笔画记录纳西族语，部分字则是在东巴文的基础上简化、抽象而成。此外，它还受藏文的影响，在字头、字尾加上附加符号，修饰所用本字。格巴文注重字音，以音表意，所以被称之为标音文字。这种文字主要流传在丽江市古城区和玉龙纳西族自治县的丽江坝、龙山、南山、石鼓、金庄、鲁甸、塔城和与之毗邻的维西县境，也用来书写东巴经书、信件和记事。

历史上，居住在滇川交界的泸沽湖边的纳西族摩梭人，创造和保留、使用一种古文字（符号），叫达巴文，20 世纪 80 年代以来，有学者在泸沽湖边的永宁乡瓦拉比村摩梭人达巴祭司家里发现了用达巴文书写的看日子卜书，之后，在泸沽湖畔的四川省盐源县摩梭人家，又发现了图画文字经书。世纪之交，学者们还在盐源县的多个地方发现了当地纳西族摩梭人达巴祭司家里用达巴文书写的经书。达巴文是一种象形文字体系，字象形，主要由摩梭人的祭司达巴所掌握，但用这种文字书写的经书很少，现在对它尚缺乏系统全面的调查研究。

玛丽玛莎文是纳西族玛丽玛莎人创造和使用的一种文字。玛丽玛莎人原来居住在四川省盐源县左所，后来迁到云南省维西县第五区的拉普地区，据20世纪50年代调查，迁居历史已有七代，即200多年。玛丽玛莎文有105个文字符号，其中一部分借用了纳西族的东巴文，一部分借用阿拉伯字，还有相当一部分是自创的。字属一字一音地记录语言，主要应用于书信、契约和会议笔记中。

历史上，纳西族信仰本民族的本土宗族东巴教和达巴教，亦信仰道教、汉传佛教、藏传佛教。东巴教和达巴教信仰可以追溯到纳西族早期氏族社会时期；而道教、汉传佛教和藏传佛教则由唐、宋、元、明、清逐渐影响到纳西族地区，被纳西族人民所接受。

东巴教和达巴教是从纳西族早期原始宗教逐步演变发展起来的纳西族的后原始宗教。相信万物有灵，崇奉自然，崇拜祖先，以东巴什罗为其创教始祖。相信人死后灵魂不灭。相信得到神灵帮助和保佑，解除鬼怪纠缠，就可以消灾除病、延年益寿。达巴教主要分布在金沙江以东的滇川交界处的泸沽湖地区，信仰达巴教的信众主要是操纳西族语东部方言的纳西族摩梭人。由于地域和方言以及土酋土司制度的分立，宋元以后，达巴教在纳西族东部方言区独立发展。达巴教祭司称“达巴”，历史上以父子、甥舅等形式血缘传承。达巴教祭祀一般不使用文字经典，祭语凭记忆口诵。所以，一个达巴要记住很多祭祀经语，方能担当达巴教祭祀活动重任。但达巴教也有少许的、个别的一些用达巴文书写的占卜和祭祀经典。

东巴教渊源于纳西族早期社会的原始氏族宗教。它主要分布在金沙江流域操纳西语西部方言和部分操东部方言的纳西族中。唐代，金沙江流域的纳西族祭司借用藏族苯波教祖师，把什罗的名称创造成了东巴什罗祖师的形象；称原来的原始氏族宗教祭司“毕补”为“东巴”；对原来的原始氏族宗教崇拜的神灵鬼怪加以充实、完善，对原有的祭祀诵词加以修改、补充，用象形文字书写口诵经文，把原有的宗教祭祀仪式加以调整、充实、完善，把原有的氏族祖先崇拜对象加以筛选、提炼和升华，使之提高到民族祖先神的地位。在神鬼谱系中，增加从原始苯教、佛教、道教中吸收的神灵鬼怪，逐渐增加宗教活动中的法器道具和崇拜偶像。

东巴教是纳西族地区全民信仰的宗教。东巴教反映了古代纳西族社会的思想观念和社会意识，渗透到纳西族社会生产、生活的一切领域。在古代，每个纳西人在取名、成年、结婚、丧事等活动中，须经过民俗礼仪和宗教的洗礼，从小受到传统东巴教文化的熏陶，接受东巴教信仰意识，自然成为本民族东巴教的信徒。

东巴教以东巴什罗为其创教始祖，继承东巴教事业的后世祭司也称为东巴，意为东巴什罗的后世传承人。东巴祭司的传承，历史上主要有世袭、神判、推荐和拜师四种。世袭传承即按血缘系统父子、爷孙或舅甥传承。神判是在几个候选人中，通过占卜选择决定后继东巴祭司。推荐是在原来的东巴祭司无血缘系统继承人时，祭司和信仰群体中的人共同以民主选择的形式认定一个继承人。拜师学习是指没有血缘关系，也没有占卜和推荐程序，直接拜一位老东巴为师，学习东巴文化知识技能而成为东巴祭司。但不管是哪一种形式，都要进行长期的学习和实践，并得到信众的认可，才能成为一名东巴。一个真正的大东巴，不仅懂得东巴教的各种仪规经典，掌握占卜，而且还擅长书画、吟诵、舞蹈、面塑、泥塑、雕刻、编扎以及在婚丧节庆中善于演唱民歌。这样的东巴祭司，实际上是纳西族社区里的知识分子或智者。

历史上，对纳西族东巴教祭司的人数从来没有一个准确的统计。和志武、郭大烈先生认为："据粗略估计，解放前东巴活动最盛时，人数达1000人左右，占当时纳西族总人口的0.8%。"在1983年3月的"东巴达巴座谈会"上，和志武、郭大烈对来参加座谈会的60名东巴进行了采访，据"不太全面的了解"，当时纳西族东巴约有217人，占人口总数的0.08%。1999年10月，在首届国际东巴文化艺术节期间，我们邀请了两省（云南省、四川省）七县（丽江、中甸、维西、永胜、宁蒗、盐源、木里）的100位东巴参加会议。2001年5月，我们参加丽江地区民族文化调研时，仅在丽江县（今天的古城区和玉龙县）统计到在世东巴98人，其中75～92岁者18人，65～74岁者13人，55～64岁者13人，55岁以下者54人。目前，笔者通过近年的田野调查资料，以实名统计，至2008年8月，玉龙纳西族自治县有东巴124人，古城区23人，永胜县3人，宁蒗彝族自治县31人，木里县60人，盐源县1人，香格里拉县15人，维西县2人，总共259人。这当中一定还有未记录到的，所以，我们估计，目前东巴总人数应在300人左右。

由于纳西族内部支系的不同，纳西族文化发展的地域性，纳西族文化在不同人群中的传播与不同文化的交融，使得东巴教在历史上形成了不同的派系。不同派系的东巴教，在各自文化系统中保留着有别于其他派系的文化特征。历史上的纳西族东巴教主要有以下几种派系。

①纳亥纳西派。这是以操西部方言，自称"纳亥"、"纳西"的纳西族传承的东巴教派系。主要分布在香格里拉（中甸）、玉龙、古城、永胜和木里等县，历史上这个派系人数最多，分布最广，影响也最大。

②白函派。这是自称"白函"的纳西族信仰的东巴教。主要分布在丽江玉龙县的金庄、巨甸、塔城及维西县等地，其开丧、超度仪式有别于其他派系的东巴教。

③达巴派。这是自称“纳日”的纳西族信仰的东巴教派系。祭司称达巴。主要凭记忆传承口诵经文。

④阮柯派。这是被称之为阮柯的纳西人信仰的东巴教派系。他们操自己的阮柯方言，主要分布在丽江玉龙县的宝山、鸣音、大东，香格里拉县的白地、东坝，宁蒗县拉伯乡托甸、加泽，四川省木里县依吉乡和俄亚乡等地。其开丧、超度仪式经典有别于其他支系东巴教，文字上亦有一些不同于其他东巴教派系使用的东巴文。

⑤露鲁派。这是自称为“拉洛”、他称为露鲁的纳西族信仰的东巴教派系。主要分布在丽江玉龙县太安、拉市、塔城、鸣音，古城区七河、龙山等地，其祭祖、开丧和超度仪式及经典有别于其他东巴教派系的纳西族。

⑥班西派。这是自称为“班西”的纳西族信仰的东巴教派系，主要分布在班西人居住的玉龙县鸣音乡海罗行政村，洪门口以下的金沙江两岸。

⑦傈僳派。这是与纳西族杂居的一部分傈僳族信仰的东巴教派系。主要分布在丽江玉龙县鸣音乡太和村委会、东联村委会和宁蒗县翠玉乡沿江一带。其特点是，祭祖、开丧、超度仪式均用本民族的仪规和口诵经文。其他仪式及经文与纳亥纳西派东巴教同。

⑧普米派。这是与纳西族杂居的一些普米族信仰的东巴教派系。主要分布在丽江玉龙县宝山乡柱古村委会、鸣音乡鸣音村委会、罗美村委会。该派特点亦是祭祖、开丧和超度仪式均用自己的宗教祭司、仪规和经语。其他仪式则与其他东巴教派系同。

⑨傥僻派。这是自称为傥僻人信仰的东巴教派系。主要分布在玉龙县太安乡红麦村委会。傥僻人现划归彝族。该派东巴使用的东巴经《开路经》用露鲁人语言读音，据说是从玉龙县九河乡白汉场露鲁派东巴东布那里传承下来的。现在，除了纳亥纳西派、阮柯派等东巴教派系在传承并保留自己的文化特点外，其他的东巴教派系文化正处在断代和逐渐消亡之中。

历史上，纳西族用东巴文书写记录的东巴经书类别和册数，至今仍是一个有待努力调查、考究的问题。1934 年春天，纳西族学者方国瑜回丽江考察纳西族东巴经书，与本土纳西族学者周汝诚、杨品超一同向丽江古城之南的祥云本吕村东巴和忠道调查，由和忠道讲述和抄写，记录了一个东巴经书总目。此经书总目后来收入《纳西象形文字谱》附“东巴经书简目”中。其简目分总目和分目两部分，总目共分东巴经为 16 类，分目则在各总目类下列出具体书名“共三百九十四种（册）”。其 16 种类总目为：祭天经（8 册）；解秽经（19 册）；祭龙王经（祭山神龙王 19 册）；祭风经（超度枉死者 56 册）；替生（消灾）经（39 册）；求寿经（55 册）；赶瘟经（19 册）；解死厄经

（13 册）；祭释理经（东巴祖师经 40 册）；燃灯经（11 册）；祭老姆女神经（30 册）；开路径（开丧 29 册）；荐死经（26 册）；祭军将经（7 册）；零杂经（10 册）；“左拉”卜经（13 册）。显然，这是一份个案调查资料，是当时丽江城郊区的一个东巴提供的资料，因此，不能概及整个纳西族东巴教的经书类别和册数，而且，其中零杂经类下的 10 个子日，并非经书册数，而是 10 个类的东巴祭仪名称。

1983 年，和志武先生在《纳西族象形文字东巴经目录》一文中，一是根据方国瑜的分类资料，二是根据他自己“于 1962 年到中甸白地，向大东巴和牛恒先生记录”，“以丽江东巴的传统分法为主，又结合白地的特点，以道场法事作参考，又考虑经书的册数，经书少，不作大类。书目的顺序，也大体上按照道场作法时念经的顺序排列”，共“分为十个大类，六百四十三册”。云南省社会科学院丽江分院、丽江东巴文化研究院用 20 年的时间，编译出版了《纳西东巴古籍译注全集》100 卷，把东巴经分为五个大类排序：①祈神类；②禳鬼类；③丧葬类；④占卜类；⑤其他（包括舞谱、杂言、药书、民歌等），全套书经典按东巴教仪式类别分为 31 个类别，897 本经典。具体是：祭天仪式经典 7 本；祭祖仪式经典 4 本；迎素神仪式经典 11 本；祭村寨神仪式经典 7 本；祭谷神仪式经典 1 本；祭星神仪式经典 1 本；祭猎神仪式经典 2 本；祭胜利神仪式经典 6 本；祭畜神仪式经典 3 本；祭仁神仪式经典 2 本；祭景神崩神仪式经典 1 本；祭暑神仪式经典 51 本；延寿仪式经典 51 本；小祭风仪式经典 48 本；禳垛鬼仪式经典 93 本；退口舌是非鬼仪式经典 41 本；除秽仪式经典 54 本；压呆鬼仪式经典 20 本；祭端鬼仪式经典 17 本；驱抠古鬼仪式经典 23 本；祭猛鬼恩鬼仪式经典 9 本；祭蛇鬼仪式经典 10 本；关死门仪式经典 17 本；驱妥罗能特鬼仪式经典 5 本；开丧和超度仪式经典 155 本。超度东巴什罗亡灵仪式经典 46 本；超度拉姆仪式经典 15 本；祭绝后鬼仪式经典 9 本；大祭风仪式经典 106 本；占卜类经典 72 本；其他类 10 本。

东巴经是古代纳西族用东巴图画象形文字和格巴标音文字书写并应用于东巴教祭祀、占卜的经典文献，所以，东巴经的类别基本分析和统计，都离不开东巴教祭祀仪式和占卜活动这条主线。有了这条主线的纲，东巴经典种类这个目自然就可以张开。方国瑜、和志武的东巴经类别和分类，一部分按仪式类别进行统计，但另一部分又脱离了实际情况。譬如，零杂经一类，就是因为这些经典从属的东巴教仪式规模较小而把它们归为另类。这样，在纲要中未能很好表现出东巴经与仪式的种类关系，而且，许多小仪式的经书也没有得到统计而成为遗漏。丽江东巴文化研究院坚持以仪式统领经典的原则，所以，纲举目张，很好地进行分类和数目统计，比前人有了进步。然而，仍有不足的地方，其一是因局限在所拥有的经书上，所以，其仪式类别并不完全，许多仪式未能表现出来。其二是在以原丽江县图书馆收藏的经书为主，东巴文化研究院收藏的经书为辅的范围里选录，许多经书未收入全集之中。就现在收录的897本中，还有重本。因此，在经书的种类上还不是完全的统计。但是，我们认为，不管以后用什么样的方式，从什么样的角度来分析和归纳东巴经典的类别及其种数，首先要从仪式和活动应用的角度，统计类别和所从属的经典种数；然后再比较分析不同的仪式中共同使用的经书，这样就可以得出东巴经书实际的类别和不雷同的经书种类。目前初步概括估计，东巴教大约有近百种仪式类别，1000册左右的经书种类。

纳西族东巴经古籍的收集和研究，首先始于19世纪下半叶。据美籍奥地利学者约瑟夫·洛克在他的《纳西语英语百科词典》一书中记载，1867年，法国巴黎伊特兰格教会的天主教传教士佩伦·德斯古丁斯（Pere Desgodins）收集了第一本纳西族东巴教手抄经典《祭龙仪式·高勒趣招魂》，全书共11页，其中8页转寄给太伦·拉科佩伦后，由太伦拉科佩伦收入《西藏附近文字的起源》一书中，于1894年在伦敦出版，引起西方人的注意。在法国的佩伦·德斯古丁斯之后，英国的吉尔上尉和梅尼先生来到云南丽江金沙江边巨甸一带，收集了3本东巴象形文字手抄本，其中两本寄到英国泽西岛的梅尼家中，第三本保存在不列颠博物馆中。此后，英、法、俄、美等国学者和传教士先后涉足纳西族地区，收集东巴经书。1907年和1908年，法国巴克（J. Bacot）两次到云南纳西族地区考察和收集东巴象形文字经典。1913年，他出版了第一本研究纳西族东巴文化的专著《麽些研究》（Les Moso）。书中介绍了他两次考察纳西族地区的见闻和他收集到的东巴经书中的370个东巴象形字和格巴字，并逐个记音、释义。此书的出版，正式把东巴文字及其经典介绍给了世界，引起了国内外学术界对东巴文字经典的瞩目。

在国外众多收集、调查纳西族东巴文字经典的人士中，最为努力而且时间最长、成就最大的是美籍奥地利人约瑟夫·洛克，他于1922年首次到中国云南丽江采集植物标本，接触到纳西族东巴文化。1926年，他将注意力转移到纳西族东巴文化的资料收集和研究上。1949年，他离开丽江。他在丽江的20年里，在纳西族东巴的帮助下，对东巴文化进行深入地研究。同时他先后在纳西族地区收集购买了8000多册东巴经典手抄本，这些经书，现收藏在欧美的一些图书馆和个人手中。

国内学者收集和研究东巴经典文字，始于20世纪30年代。据董作宾《麽些象形文字字典序》一书中记载，丽江纳西族学者杨仲鸿在东巴和华亭的帮助下，于1931年写成《麽些文多巴字及哥巴字汉译字典》，现藏于中国国家图书馆。1933 年，纳西族学者方国瑜受刘复所使，回丽江收集研究东巴文字经典，编写成《麽些文字汇》稿。民族学家陶云逵于 1934 年到 1935 年，到云南中甸、丽江等纳西族地区调查和收集东巴文字经典。他收集的东巴经典现藏台湾“中央研究院”历史语言研究所傅斯年图书馆。语言学家傅懋勣于 1940 年春始研究维西和丽江麽些方言，而后到丽江收集和研究东巴经，先后记音、翻译出版了《丽江麽些象形文“古事记”研究》、《纳西族图画文字 <白蝙蝠取经记> 研究》（上下册）。他收藏的东巴经在“文化大革命”期间被抄走。本来从事绘画艺术的李霖灿，于 1939 年来到丽江，见到东巴象形文字经典后，改艺从文，开始收集、研究东巴文字经典。他为国立中央博物院收集了一套完整的东巴经，现藏南京博物院。李霖灿在纳西族东巴和才的帮助下，完成了一系列东巴文字经典研究著作。纳西族学者周汝诚，在 20 世纪上半叶就先后帮助许多中外学者收集、翻译和研究东巴经，20 世纪下半叶，他在北京、丽江做了大量的收集、翻译、编目工作，中国国家图书馆的东巴经是他做的编目，20 世纪 60 年代，他与大东巴和芳翻译东巴经《辛资恒资》、《多格绍 · 本绍》经典等，已拓印成册。20 世纪 60 年代初，在周汝诚的带领下，丽江县文化馆迎请大东巴和芳、和正才，集中纳西族学者周耀华、李即善、赵净修、桑文浩等人，对东巴经进行了系统翻译和研究，当时共译东巴经 200 多本，拓印 21 种 22 册。

和志武先生长期从事纳西族东巴经收集、整理和研究，并取得了较大的成绩。他出生于东巴世家，1951 年到中央民族学院（今为中央民族大学）学习，毕业后留校任语文系纳西语教员。他先后三次到丽江、中甸、宁蒗等纳西族地区调查、收集和研究东巴经。他收集的东巴经主要收藏在中央民族大学图书馆、博物馆和少数民族古籍整理办公室。

师从和志武先生的李国文教授，于 20 世纪 70 年代末、80 年代初开始从事纳西族东巴文、东巴教、东巴、东巴经的调查和研究。他的研究涉及纳西族社会历史、宗教哲学及文字古籍，并出版了《东巴文化与纳西族哲学》、《人神之媒——东巴祭司面面观》、《东巴文化辞典》，参与出版了《中国少数民族古籍总目提要 · 纳西族卷》等重要成果。

云南省社会科学院东巴文化分院、丽江东巴文化研究院，自 20 世纪 80 年代开始，先后聘请老东巴和征、和士兴、和云彩、和云章、和开祥、和即贵、和士成、和学智、和成典、郑乌三等到丽江与研究人员和发源、和力民、和品正、习煜华、李丽芬、王世英、李静生、赵世红、和庆元、和虹、李英等人共同翻译出版《纳西东巴古籍译注全集》100 卷，为纳西族东巴古籍文献的翻译研究作出了巨大贡献。

自19世纪下半叶以来，随着国内外学者对东巴文字经典的研究，东巴经书也陆续流传到国内外各地。国外东巴经书的收藏，目前已知的主要有14个地方。其中：美国国会图书馆自1924年至1945年收藏入库东巴经598册；美国哈佛燕京图书馆于1944至1945年收藏入库东巴经598册；美国康涅狄格州格里威治的赫伦梅勒私人收藏3500册（据悉其中一部分已卖给一个西班牙收藏家）；美国崑亭罗斯福家收藏700册。1961年，西德柏林国家图书馆从约瑟夫·洛克手里买得2031册东巴经，英国曼彻斯特约翰·赖兰图书馆于1922年入藏东巴经135册，英国曼彻斯特大学收藏东巴经1册，英国联邦图书馆收藏108册，英国博物馆于1929至1931年入藏东巴经91册，法国巴黎东方语言学院于1890至1900年入藏东巴经25册，法国林登民俗博物馆收藏东巴经15本，瑞典国立民族学博物馆收藏东巴经14本，荷兰莱顿收藏东巴经20本，日本大阪国立民族学博物馆收藏东巴经150本左右。以上就目前已知而言，国外收藏的东巴经约为10 426册。

国内东巴经藏书收集入库，始自20世纪30年代。目前已知的国内和港台东巴经藏书，主要分布在北京、南京、昆明、重庆、四川、迪庆、香格里拉、丽江、台湾等地。北京的中国国家图书馆收藏东巴经3810册，中央民族大学图书馆收藏17册，中央民族大学博物馆收藏222本，中央民族大学少数民族古籍整理出版规划办公室收藏1522本，中国历史博物馆收藏的东巴经一直未作编目整理，文献介绍中粗略统计为1000册左右，南京博物馆收藏1231册，台湾“中央研究院”历史语言研究所傅斯年图书馆收藏363册，台湾故宫博物院收藏5册，云南省博物馆收藏415册，云南省图书馆收藏670册，云南民族博物馆收藏东巴经数量不详。云南省档案馆、云南民族大学图书馆、云南省民族事务委员会少数民族古籍整理办公室等单位均有一定数量的东巴经藏书。重庆中国三峡博物馆、四川大学博物馆，四川民族大学亦有收藏。迪庆藏族自治州博物馆收藏东巴经书383册。香格里拉县三坝乡文化站，维西县文化馆曾有一些东巴经收藏。丽江市博物馆自1993年以来收集入库东巴经582册，博物馆下属的丽江文物管理所也有一些收藏。丽江市档案馆于1990年8月和11月分两批共收集入库69本东巴经。丽江市东巴文化研究院收藏的东巴经书分为两类：第一类是已经编目翻译出版了的《纳西东巴古籍译注全集》100卷的东巴经原始本897本，其中，一部分是从原丽江县图书馆借用过来的东巴经，一部分是东巴文化研究院自1983年以来从民间收集来的东巴经。这类已翻译出版了的897本东巴经原始本，正是在2003年8月28日至30日经联合国教科文组织世界记忆遗产项目国际顾问委员会第六次会议推荐批准，把“纳西东巴古籍文献”列入世界记忆遗产名录的申报文献。第二类是未收入全集的东巴文化研究院自1983年至1988年从民间收集来的东巴经书，以及从原丽江县图书馆借来的东巴经1000册左右。原丽江县图书馆曾拥有一批东巴经书，这批经书主要是20世纪50年代到60年代初，从原丽江县鲁甸、塔城、太安、七河、黄山、五台等地收集的，1979年到1982年曾作过初步的藏书编目，据称有5000多册。80年代初，一部分经书被当时的云南省社会科学院东巴文化研究室借出，用于东巴经书翻译，另一部分由研究者借出。估计现今收藏余书3000册左右。

自古以来，纳西族的东巴经书就一直在纳西族地区民间制作、收藏、传播和使用。东巴经书一直是纳西族东巴教祭司书写、收藏、应用于民间东巴教占卜和祭祀活动中。由于东巴经频繁地在民间使用，自然就会有损耗，所以，每一代东巴都要不断地传抄这些手抄本。历史上，每个东巴家里都有一套属于自己的东巴经书。有些东巴世家里，历代东巴先祖留存下来的东巴经书都有，有的有几套经书，著名东巴世家的藏书量是十分丰富的。自19世纪末20世纪初以来，国内外文化人、军人、作家、商人、传教士先后涉足纳西族地区，从民间收购了许多东巴经书，其中有的就是以上所说的收藏于国外图书馆、博物馆和私人手中的经书。20世纪下半叶，特别是“文化大革命”时期，东巴被当作“牛鬼蛇神”、封建迷信职业者而被批斗，东巴经书被当作“四旧”、“毒草”、“封建迷信”的东西，被大量地烧毁，东巴受到前所未有的冲击，东巴经书及其文化遭到前所未有的毁灭。直到20世纪80年代初，许多东巴一谈到东巴教就害怕，1983年初，笔者到纳西族村寨邀请东巴参加“东巴达巴座谈会”时，许多东巴还心有余悸。

1983年3月，由云南省社会科学院的丽江东巴文化研究室和丽江县民委组织的东巴达巴座谈会在丽江召开，有60位大东巴到会，有来自北京、昆明、丽江的著名学者、专家参会。会议充分肯定了东巴、东巴文、东巴经、东巴舞蹈、音乐等东巴文化的科学历史价值，在思想上、文化上给老东巴“平反”。会后，一些东巴又开始抄写经书，收徒传教。

1996年，丽江发生七级大地震，国内外许多地方的人都十分关心纳西族文化，纳西族本土学者和有识之士呼吁“东巴文化告急”，纳西族民间掀起了文化“回归”、“复兴”的热潮，在政府的支持下，民间自发地兴起东巴文化传承的文化活动。从1996年到2001年的5年里，纳西族地区民间自发组织的东巴文化传承学校有14个，其后，随着国家教育提倡素质教育、艺术教育，丽江古城区、玉龙县等纳西族地区的中小学校里逐步开办了纳西母语和东巴文化传承班。另外，自1996丽江大地震以来，丽江地区的旅游逐渐升温，丽江逐渐成为国内外旅游的热点。在旅游市场和旅游经济的驱动下，一部分东巴参与旅游事业，东巴文化走入市场，旅游市场里出现了许多以东巴文化为内容的商品。社会、政治以及市场导向，反过来又刺激、影响和鼓动了纳西族民间东巴文化的传承。虽然这些年传统意义上的老东巴相继谢世，但是一部分纳西族地区的纳西族青年投入到了学习东巴文化的热潮中，自觉地拜老东巴为师，积极地传抄东巴经书，带领群众参加和主持东巴教祭祀仪式，成为新时期的新一代东巴。2008 年 2 月 25 日至 5 月 25 日，丽江市政府在丽江师范高等专科学校举办了一个有 30 个民间东巴传承人和 50 个中小学纳西母语和东巴文化传承教学的老师参加的“丽江市东巴文化强化培训班”，其中 30 名民间东巴传承人分别来自四川省木里县和云南省香格里拉县、宁蒗县、古城区以及玉龙县的东巴文化传承和活动村社。强化班学习结束后，民间又再次掀起东巴文化传承的热潮。

现在纳西族民间有东巴和东巴经流传分布的社区是：云南省玉龙纳西族自治县的塔城、鲁甸、巨甸、太安、白沙、奉科、宝山、鸣音、大具、龙蟠、黄山、五台等乡镇；古城区的大东、七河、金山等乡；宁蒗县的拉伯、翠玉等乡；永胜县的桃园、大安等乡；香格里拉县的三坝、洛吉等乡；四川省木里县的俄亚、依吉等乡；盐源县的泸沽湖镇等。现今纳西族民间流传、保存的东巴经书，有如下几个特点。

第一，20 世纪 90 年代初以来，民间形成一股收集东巴经书的风潮，一些文化人在调查纳西族文化同时，收藏了一些东巴教传统经典，一些商贩，把东巴经作为文物古董转卖给有关文化单位或私人。因此，一部分传统经书流传到图书馆、文化馆、博物馆，成为库藏古籍。一部分流入私人手中，成为民间私人收藏的古董。还有一部分尚存于民间，老一辈东巴去世后，由其后代和弟子等保存、学习和使用。这些东巴经书大都是清代至民国时期的抄本，纸质、书写、用字、装帧甚至捆扎都与传统经书相同，其中有些是珍本、善本、独本。

第二，20 世纪 80 年代以来，一些传统意义上老东巴，有的依传统经书，有的凭记忆抄写了一些东巴经书。他们抄写的这些经书，一部分没有使用，成为民间私人手中的收藏品，一部分赠送或流传给年轻的东巴弟子，由东巴弟子保存、学习和使用。这些东巴书写的经书，除了少数用新造的东巴土纸和竹笔书写以外，多数则是因缺东巴土纸而用牛皮纸、道令纸、账簿纸、作业本、笔记本和钢笔书写。书写上仍保持了各地东巴的地域特色。

第三，自 20 世纪八九十年代以来，向老一辈东巴学习东巴经典及其宗教文化的新一代年轻东巴抄写的东巴经书。这些经书有的是直接从老东巴书写经书那里传抄过来的，有的是从别的地方别的老东巴的经书上传抄过来的，他们抄写的这些经书，有的是用牛皮纸、包装纸、白纸抄写下来的，有的是用东巴纸抄写下来的。这些经书均在东巴祭祀活动中反复使用。

第四，自20世纪90年代末以来，通过民间东巴文化传承组织和向在世的东巴学习、抄写的东巴经书。这部分经书，有些从民间流传的东巴经书中传抄过来，有的是从已出版的《纳西东巴古籍译注全集》中传抄过来的。一些经书用竹笔和东巴土纸书写而成，一些经书用钢笔和牛皮纸、厚白纸和包装纸书写而成。这些经书也正在应用于东巴教祭祀活动中。但其中一部分经书手抄本，因仪式的消失或很少举行而很少使用。

综合以上的调查分析，如今，纳西族民间尚有一定的东巴经书保存、流传和使用。大概统计，现今整个纳西族地区尚有6000至8000册东巴经书保存、流传和使用于民间。对于这些民间流传的东巴经书作全面地普查和登记，需要大量的人力、财力、物力才能实现。本项目研究属《云南少数民族古籍文献调查与研究》的子课题。根据人力、财力、时间三个情况，目前不可能去完成这个宠大的工程。但是，我们通过整体分析和长期的考察研究，选择了如今较有代表性的丽江市玉龙纳西族自治县和宁蒗县的几个乡作为典型进行考察和具体记录。其中，玉龙县以鲁甸乡新主村委会、塔城乡陇巴村委会、太安乡天红村委会的几个东巴为对象，调查纳亥纳西派东巴教经典流传情况；宁蒗县以拉伯乡的托甸村委会、加泽村委会的几个村子的东巴为对象，调查阮柯派东巴教经典流传情况。

最后，需要特别说明的是，本项目的调查研究由于人力、财力、物力、时间的局限，所规划的调查重心主要在丽江市的上述地区。但是，纳西族的分布地域和传承东巴教、东巴经的地区还有迪庆藏族自治州和四川省的木里、盐源县等地。因此，本研究项目在规划重点调查的同时，也顾及到其他地域的相关情况。对于其他地区纳西族民间保存、传流东巴古籍的一些情况调查，本项目将以“重要附录”予以列出。

2008年8月25日

于丽江

第一节　玉龙县纳西族民间流传、保存的东巴古籍

玉龙纳西族自治县位于云南省西北部的长江第一湾处，丽江市的西部，东与宁蒗县、永胜县隔江相望，南与大理白族自治州的鹤庆县、剑川县相连，西

与迪庆藏族自治州的维西县、怒江傈僳族自治州兰坪县相连，北隔金沙江与迪庆藏族自治州香格里拉、四川省木里县毗邻。全县面积6392.6平方千米。原为云南省丽江地区丽江纳西族自治县，2003年4月1日，丽江地区设立地级丽江市，同时原丽江纳西族自治县分为玉龙纳西族自治县和古城区。玉龙纳西族自治县辖黄山、石鼓、巨甸三个镇和白沙、大具、拉市、太安、龙蟠、鲁甸、塔城、黎明、宝山、奉科、鸣音、石头、九河13个乡，下有100个村民委员会，1162个村民小组。总人口21万多人，其中，少数民族人口179 284人，占总人口的84.9%；纳西族人口118 200，占全县总人口的56%。

自两汉以来，玉龙纳西族自治县境就是纳西族先民聚居的主要地区。纳西族一直是这里的世居民族和主体民族。纳西族一直信仰本民族的东巴教。自雍正元年改土归流，丽江纳西族东巴教受到儒、佛、道文化影响，还受到周边民族文化的影响，所以，东巴教得以迅速发展。在与多种文化的相互碰撞、相互吸收、共同发展中，丽江东巴教仪式及古籍文献形成了鲜明的多元文化特征。譬如，清代至民国时期丽江纳西族家庭，有东巴和喇嘛出自一家，东巴和和尚出自一家，东巴和道士出自一家，他们都可以在一个纳西族人家共同念经做祭仪，东巴经典中，出现了藏语经书，东巴经语中，有白语、汉语、傈僳语、纳西语、藏语多种民族语言共融现象，还出现了梵文经典。在明末清初，丽江玉龙纳西族自治县境内发现有纳西族东巴象形文字以外的格巴标音文字。如1934年1月，方国瑜在现玉龙县金庄中兴的桥头村古吊桥（铁索桥）北路旁危岩上，发现用藏文横书十一行、直书纳西格巴文两行、直书汉文三行的题铭浅刻，是明万历四十六年（公元1618年）的作品。此后，格巴文一直以玉龙纳西族自治县和古城区为中心的域内传承使用，后来在金沙江对岸的香格里拉县的上江金江以及维西县的纳西族地区传播。所以，可以说，历史至今，丽江市古城区和玉龙县的纳西族的东巴文、东巴经、东巴画、东巴美术、东巴音乐、东巴舞蹈及东巴祭祀仪式，都充满着纳西族吸收外来文化的多元文化色彩和强烈的地域文化特征。

现在，玉龙纳西族自治县共有东巴124人，达巴3人。这些东巴主要分布在塔城、鲁甸、巨甸、太安、龙蟠、白沙、奉科、宝山、鸣音、大具、五台11个乡镇。年纪最大的东巴80岁，最小的20多岁。

玉龙县民间流传的东巴经书，主要分布流传在有纳西族东巴教传承活动的11个乡镇。从目前的调查情况看，全县东巴经书保存得较多的是塔城乡，鲁甸乡和太安乡次之，其他乡保存的数量不多。自1992年开始，玉龙县大具乡首先恢复纳西东巴土纸生产，现在大具、宝山、塔城、鲁甸及丽江古城都有民间东巴土纸生产作坊。由于丽江旅游市场东巴纸走俏，每张24×62厘米的东巴土纸，市场价10～20元。所以，很多年轻东巴多半不用传统的东巴纸来书写经书，而是用较为廉价的包装纸、牛皮纸等来书写东巴经书。从目前玉龙县民间拥有的东巴经书情况看，有少量是清代末年至民国时期的抄本，多数经书是90年代以后传抄的，相当一部分是90年代末传抄的。这些经书，一部分是从民间散存的旧经书中传抄下来的，一部分是从已出版的《纳西东巴古籍译注全集》中传抄下来的。民间流传的东巴经书与经书传抄者所在地区的宗教活动有一定关系。如在塔城乡依陇陇巴村委会的纳西族村寨里，开丧仪式得以恢复和传承，开丧仪式经书在每个东巴手中都有。一些地方的祭天活动得以恢复，这些地区东巴就把祭天经书传抄下来了。当然，有些中年东巴自己传抄下来的东巴经书，不仅种类多，而且数量亦可观。

玉龙县民间流传、保存的东巴经典籍，我们选定塔城乡陇巴村委会、鲁甸乡新主村委会、太安乡天红村委会作为典型调查对象。

一、塔城乡陇巴村委会民间流传、保存的东巴古籍

塔城乡位于玉龙县西北端，东邻香格里拉县，南接巨甸镇、鲁甸乡，西与维西县相连，北与德钦县为界，乡政府所在地老村离县城158公里，辖塔城、堆满、陇巴、依陇、洛固5个村委会，82个村民小组，总面积269.69平方米，海拔1910～3900米。至2007年，全乡有2270户，9188人。有纳西、藏、白、普米、傈僳族等民族。除塔城村委会的13个村民小组外，其余69个村民小组居住在山区、半山区。

塔城乡最大的特色之一是民族民间文化资源丰富，传统文化资源保存得较好。塔城乡历史上就是纳西族与藏族文化交接地，是藏族和纳西族相互交往的地方。塔城乡的纳西族，很多人都会说藏语，到过藏族地区，信仰东巴教亦信仰藏传佛教，所以，东巴教和藏传佛教并存于塔城民间。2005年10月，依陇村委会署明片村被丽江市人民政府命名为“纳西族民族传统（东巴）文化保护区”。2006年8月，塔城乡被中国民间文艺家协会正式命名为“中国勒巴舞之乡”。2005年5月起，玉水寨生态文化旅游公司开始着手依陇村委会署明片村原生态民族文化保护区建设。自20世纪80年代以来，塔城乡依陇村委会片村等就先后多次开展东巴文化传承活动，培养了老中青不同年龄段的东巴队伍。如今，整个塔城乡有42个东巴，其中25人就分布在署明片村，另外17人分布在依陇村委会的巴甸村、陇巴村委会、堆满村委会以及洛固村委会等。东巴所分布的这些村落都恢复了东巴教开丧、祭天、祭祖、烧天香、祭素神、祭诺神等仪式，每个东巴都有自己书写的一部分东巴经书，

并应用于祭祀活动中。目前，塔城乡东巴经书民间流传保存数量在丽江玉龙纳西族自治县的乡镇中应该属最多。而塔城乡各村委会中，依陇村委会署明、巴甸村居首，陇巴村委会次之。在署明片村中，藏书量较多的东巴有和世先、杨玉勋、和秀东、和贵华等人；在巴甸村，藏书量较多的有杨文吉、和旭辉、和学武等人。

陇巴村委会位于塔城乡依陇沟壑之中部地区，之西是依陇乡村委会；海拔渐高；之东是堆满村委会，海拔渐低。陇巴村委会的11个呈“V”字形分布在依陇沟的南北两面，“V”字形南北交汇处是陇巴村委会及陇巴完小所在地，也是公路通往乡县的唯一交通要道。陇巴村委会及当地人习惯从“V”字形的北面一端从上到下到村委会所在地，然后往南从下往上排列自然村社顺序，这样，北面3个自村社，中部2个村社，南面6个村社，共11个村社。陇巴村委会的村落居住属立体气候型，村委会所在地的中部海拔最低，有2200米。1村和11村都居住在较高的山上，11村中罗村海拔2560米。全村委会共337户，1404人。

陇巴村委会的东巴及其东巴经，主要分布在该村委会的北部和南部村落里，中部的4村（陇巴）、5村（初考督）都没有分布。整体上来说，北部的1村、2村、3村的东巴教活动特点与藏传佛教并行不悖。这些村子的纳西族，既信仰东巴教，做祭天、开丧等东巴教祭仪，也信仰藏传佛教，做藏传佛教转经塔，初一、十五烧天香的仪式。有的人家的家里有藏传佛教的经堂。南部地区的6村（保丁）、7村（股根下村）、8村（股根上村）、9村（补妥下村）、10村（补妥上村）、11村（中罗）的纳西族，历史上信仰东巴教，也信仰藏传佛教，现今以东巴教为突出信仰。而且，这当中有一部分纳西族是露鲁支系的纳西族，其开丧、祭祖等习俗与其他纳西族不同，有自己的文化特色。

根据笔者对陇巴村委会11个自然村社的调查，陇巴村委会现在有和圣、陈四才、和俊仁、和国秀、杨俊5位东巴，另外，与陇巴村委会1村仅一山之隔的堆满村委会空笼上村的和文华，常为陇巴村社人家祭祀，我们亦做了调查。整个陇巴村委会现有东巴经书407本，具体情况如下。

1. 和圣收藏的东巴经

和圣，1975年出生，2008年34岁。汉文化程度初中，陇巴村委会1村（俗名拉市落革昌村）人。其祖上是东巴，又是造东巴纸的世家。他家的东巴经书是祖传下来的，原来有很多，后来被别人借去后不还，现在手头有16本经书，平日存放在家屋火塘边的神柜里。这些书的年代应是民国时期的抄本，书写工整、自然，主要用东巴文书写，其间夹杂有少量格巴文字。经书的大小与传统经书无异。每本经书都完整无损，有封面和封底。经书内容主要是开丧仪式，其余的是祭素神、祭畜神、禳垛鬼、祭阿鬼、延寿、除秽、祭署、占卜的仪式。具体书目如下。

(1) 

《祭素神仪式，招取别人家的生育繁衍富余之福禄 · sɪ^{55} k‘v^{21} nɯ^{21} ua^{21} dʐæ^{33} dzər^{55}》

(2) 

《祭素神，鸡鸣时分唤醒死者，祭司施展威力，开路，用面团吸附灾厄，水之来历经 · sɪ^{55} k‘v^{21}，tpy^{21} dzo^{21}，dʐər^{21} t‘v^{55}，ʐʐ^{33} p‘u^{33}，ha^{33} to^{21} dʑi^{21} t‘v^{33} pɯ^{55} o^{21} me^{55}》

(3) 

《超度东巴什罗祭司亡灵，给格巴弟子加威力附体经 · ʂər^{55} lər^{33} ŋv^{55}，gə^{21} ba^{21} dʐər^{21} tʂæ^{55} ua^{21}》

(4) 

《开丧仪式，迎请死者亡灵，在居那若罗山之四方招死者之魂 · ɕi^{33} ʂʐ^{33}，ʐʐ^{21} tʂv^{33}，ʐua^{55} lua^{33} lu^{55} p‘a^{21} ua^{21} ʂər^{55}》

(5) 

《开丧仪式，迎请死者亡灵，给死者棺椁钉古宋 · ɕi^{33} ʂʅ^{33}，ʐɪ^{21} tʂu^{21} kv^{33} ʂu^{55} la^{55} ua^{21}》

(6) 

《祭畜神诸神仪式，许鬼诸神 · 给诸神献饭经 · no^{55} bv^{21}，ku^{55} hy^{55}，ha^{33} ʂʅ^{21} t‘e^{33} ɯ^{33} ua^{21} me^{55}》

(7) 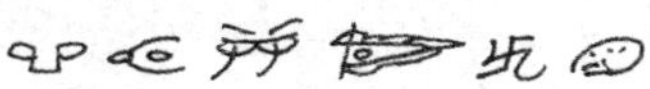

《占卜类经书，查看土皇日子占卜经 · t‘v^{33} dzɪ^{33} ly^{21} t‘e^{33} ɯ^{33} ua^{21}》

(8) 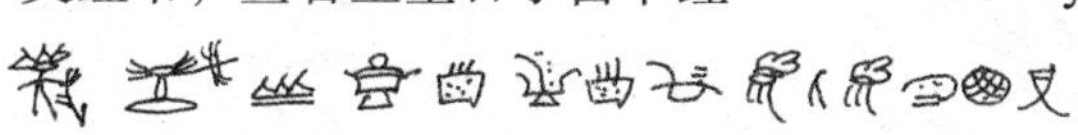

《开丧和超度死者亡灵，粮食之来历，给死者亡灵送去冥界途中的干粮经 · ɕi^{33} k‘æ^{33} ɕi^{33} ŋv^{55}，æ^{33} dzɪ^{33} mi^{55}，ha^{33} ʂv^{55} ʐɪ^{33} ʂv^{55} lo^{55} ku^{55} tɕ‘i^{21} ku^{55} ua^{21} mu^{21} me^{55}》

(9) 

《禳垛鬼仪式，白蝙蝠求取祭祀占卜经 · to^{55} k‘ɯ^{55}, py^{33} p‘æ^{21} kua^{55} ʂɿ^{21} t‘e^{33} ɯ^{33} ua^{21} me^{55}》

(10) 

《祭阿鬼大仪式，请好女子麻登大神驱赶镇压鬼，施面偶经 · ua^{33} dɯ^{21} py^{21}, bɯ^{33} ɯ^{33} ma^{21} de^{33} no^{55}, to^{33} ma^{55} p‘i^{55}》

(11) 

《延续胜利神之寿岁仪式，请署神经 · ga^{33} la^{21} zɪ^{33} tʂu^{55} py^{21}, ʂv^{21} k‘v^{21} ua^{21} me^{55}》

(12) 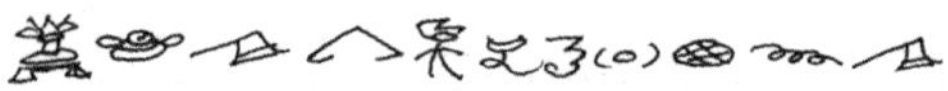

《除秽仪式，给天女娜森本蒙除秽经 · tʂ‘ə^{55} ʂu^{55}, mɯ^{33} mi^{55} na^{55} se^{33} py^{33} mu^{21} tʂ‘ə^{55} ʂu^{55}》

(13) 

《开丧和超度死者亡灵仪式，活者成死者，唱挽歌经 · çi^{33} ʂɿ^{33} çi^{33} ŋv^{55}, sɪ^{55} mu^{55} ʐɪ^{21} kə^{55} p‘v^{33}, mu^{55} dzər^{21} ua^{21} me^{55}》

(14) 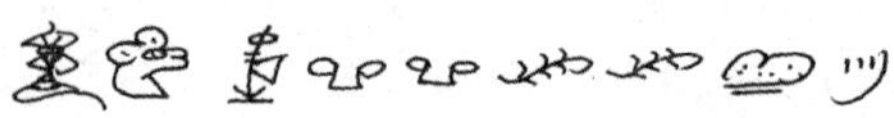

《祭署神仪式，举行祭仪铺陈经叙述出处来历 · ʂv^{21} gv^{21} py^{21} ly^{33} k‘u^{33}, t‘v^{33} t‘v^{33} pɯ^{55} pɯ^{33} ua^{21} me^{55}》

(15) 

《开丧仪式，给死者唱挽歌经 · çi^{33} ʂɿ^{33} mu^{55} dzər^{33} ua^{21} me^{55}》

(16) 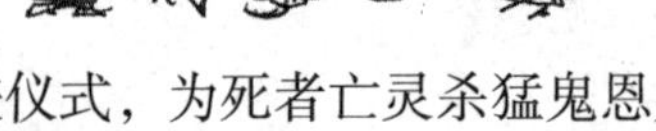

《开丧仪式，为死者亡灵杀猛鬼恩鬼 · çi^{33} ʂɿ^{33}, ʐɪ^{21} tʂv^{33} mu^{33} ɯ^{21} sy^{55}》

［调查地点：塔城乡陇巴村委会 1 村；调查对象：和圣；调查时间：2007 年 10 月；调查整理：和力民］

2. 李文先、陈四才家收藏的东巴经书

李文先，1938 年出生，2008 年 71 岁，陇巴 2 村（拉市洛虑昌）的勒巴舞传人，掌握全套的勒巴歌舞艺术，是云南省文化厅命名的民间舞蹈师。他不仅传承勒巴舞，还掌握东巴造纸技术。他自20世纪90年代学习东巴文和东巴祭仪，有东巴教祭天仪式等仪式经书。近几年，他根据20世纪60年代初所见过的用东巴文书写的《勒巴舞舞语和唱本》（已失传）复原书写了一本《东巴文勒巴舞谱唱本》，复印后散发给塔城乡各个勒巴舞队，作为传承教材。

陈四才，1986年出生，2008年23岁，小学文化程度，陇巴村委会2村人。他从小跟随外公李文先学习勒巴舞艺术，会唱许多塔城民歌。2000年10月，他到丽江东巴文化研究院学习东巴经典至今。参加过东巴教祭天、祭署、祭风、开丧等东巴教祭仪活动。他手抄的东巴经书共15类115本，抄本依据主要是丽江东巴文化研究所编译出版的《纳西东巴古籍译注全集》。

李文先、陈四才家收藏的东巴经书目录如下：

(1) 

《祭天神仪式，迎接迁徙下来的人类祖先・mɯ^{33} py^{21}，ts‘o^{21} bər^{33} sa^{55}》

(2) 

《祭天神仪式，许愿、献饭、献神药・mɯ^{33} py^{21}，ku^{55} hy^{55}、ha^{33} ʂʅ^{21}、k‘a^{33} tʂ‘ər^{33} sa^{55}》

(3) 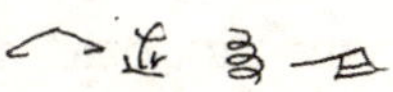

《祭天神仪式，除秽经・mɯ^{33} py^{21}，tʂ‘ə^{55} ʂu^{55}》

(4) 

《祭天神仪式，上香经・mɯ^{33} py^{21}，ɕy^{21} tʂɿ^{55}》

(5) 

《祭天神仪式，祭素神经・sɿ^{55} dɯ^{21} k‘v^{21} t‘e^{33} ɯ^{33}》

(6) 

《祭素神仪式，除秽、献祭粮，燃灯经・sɿ^{55} k‘v^{21}，tʂ‘ə^{55} ʂu^{55}、kua^{55} o^{55}、bæ^{33} mi^{33} tʂɿ^{55}》

(7) 

《祭素神小仪式，献饭经・sɿ^{55} mi^{33} ku^{55}，ha^{33} ʂʅ^{21}》

(8) 

《祭素神仪式，献饭、烧天香经・sɿ^{55}k‘v^{21}，ha^{33} ʂʅ^{21}、tʂ‘u^{55} pa^{33} dʑi^{55}》

(9) 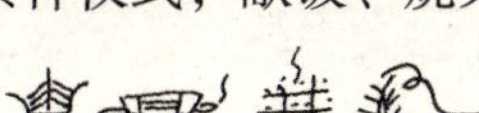

《祭素神仪式，招取别人的福禄财富之魂・sɿ^{55} k‘v^{21}，dʐæ^{33} dzər^{55}》

(10) 

《祭素神仪式，祝婚歌 · sɪ^{55}k‘v^{21}, k‘uə^{55} ʂə^{55}》

(11) 

《祭署神仪式，署神之来历，给署神献药，招署神之魂 · ʂv^{21} gv^{21}，ʂv^{21} t‘v^{33} pɯ^{55}，ʂu^{21} tʂ‘ər^{33} k‘ɯ^{55}，ʂv^{21} ua^{21} ʂər^{55}》

(12) 

《祭署神大仪式，署神之来历 · ʂv^{21} dɯ^{21} gv^{21}，ʂv^{21} t‘v^{33} pɯ^{55}》

(13) 

《祭署神大仪式，迎请署神 · ʂv^{21} dɯ^{21} gv^{21}，ʂv^{21} k‘v^{21} ʂv^{21} sa^{55}》

(14) 

《祭署神大仪式，给署神献祭物，施放漂亮的鸡给署神 · ʂv^{21} dɯ^{21} gv^{21}，ʂv^{21} o^{33} dzi^{33}，æ^{21} zi^{33} k‘ɯ^{55}》

(15) 

《祭署神仪式，迎请聂补劳端神 · ʂv^{21} gv^{21}，ȵi^{55} bv^{33} la^{21} dua^{33} sa^{55}》

(16) 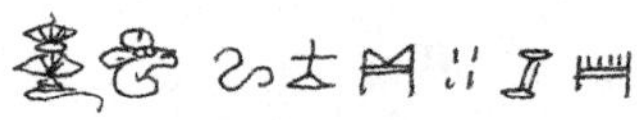

《祭署神仪式，普赤路的故事 · ʂv^{21} gv^{21}，p‘v^{33} tʂ‘ɪ^{33} uə^{33} lu^{55} tʂər^{55} dzo^{21}》

(17) 

《祭署神仪式，都莎敖吐的故事 · ʂv^{21} gv^{21}，dv^{33} sa^{21} ŋa^{33} t‘v^{33} tʂər^{55} do^{21}》

(18) 

《祭署神仪式，大鹏鸟与署神争斗 · ʂv^{21} gv^{21}，ɕə^{33} tɕ‘y^{21} ʂv^{21} æ^{21}》

(19) 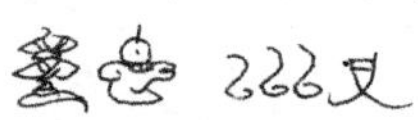

《祭署神仪式，求雨 · ʂv^{21} gv^{21}，hɯ^{21} me^{55}》

(20) 

《祭署神仪式，迎接佐玛祖先之上卷中卷 · ʂv^{21} gv^{21}，tso^{33} ma^{33} y^{21} tʂv^{33} kv^{33} tʂu^{55} ly^{55} tʂu^{55}》

(21) 

《祭署神仪式，迎接佐玛祖先之下卷 · ʂv^{21} gv^{21}，tso^{33} ma^{33} y^{21} tʂv^{33} mæ^{55} tʂu^{55}》

（22）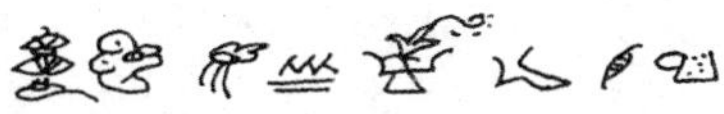

《祭署神仪式，许愿、献药、还债 · ʂv^{21} gv^{21}，ku^{55} hy^{55}、tʂ‘ər^{33} k‘ɯ^{55}、ts‘y^{55} ʐua^{21}》

（23）

《祭署神仪式，崇忍潘迪找药经 · ʂv^{21} gv^{21}，ts‘o^{21} ze^{33} p‘ər^{33} dɯ^{21} tʂ‘ər^{33} ʂu^{21}》

（24）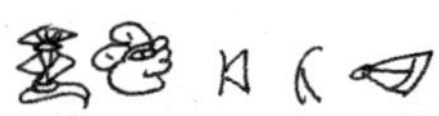

《祭署神仪式，抛丢守门之署兵木牌 · ʂv^{21} gv^{21}，k‘u^{33} tɕ‘i^{33} p‘i^{55}》

（25）

《祭署神仪式，抛丢傻憨痴呆的署神 · ʂv^{21} gv^{21}，ʂv^{21}do^{21} p‘i^{55}》

（26）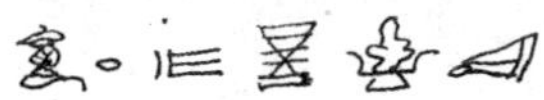

《祭署神仪式，抛丢刹道面偶经 · ʂv^{21} gv^{21}，sa^{21} da^{55} kə^{33} to^{33} p‘i^{55}》

（27）

《祭署神仪式，分清署神与猛鬼经 · ʂv^{21} gv^{21}，ʂv^{21} ne^{21} mu^{33} p‘v^{33} tʂ‘ɪ^{21}》

（28）

《祭署神仪式，堆三兄弟的故事 · ʂv^{21} gv^{21}，tʂ‘əɪ^{33} ty^{21} sɪ^{21} zɪ^{33} tʂər^{55} dzo^{21}》

（29）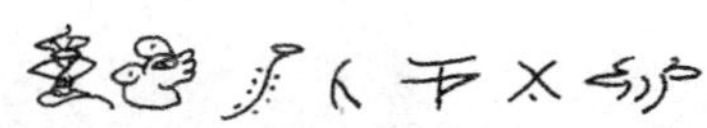

《祭署神仪式，送署神返回住地，送众神灵经 · ʂv^{21} gv^{21}，tʂ‘v^{33} tɕi^{33}，p‘v^{33} la^{21} pv^{55}》

（30）

《祭署神仪式，用白山羊、白绵羊和白鸡偿还署神的债 · ʂv^{21} gv^{21}，ts‘ɪ^{55} p‘ər^{21} y^{21} p‘ər^{21} æ^{21} p‘ər^{21} nɯ^{33} ʂv^{21} dʐu^{33} ʐua^{21}》

（31）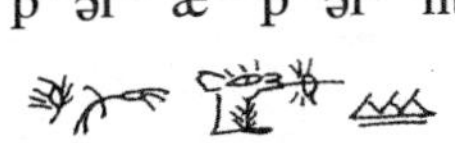

《开丧仪式，播种庄稼给死者亡灵献饭经 · ɕi^{33} ʂɪ^{33}，æ^{33} p‘v^{55} y^{21} dzɪ^{33} mi^{55}》

（32）

《开丧仪式，燃灯经 · ɕi^{33} ʂɪ^{33}，bæ^{33} mi^{33} tʂɪ^{55}》

(33) 

《开丧仪式，唱挽歌，父亲领唱着丧礼歌 · çi^{33} ʂɿ^{33}，mu^{55} dzər^{33}，a^{33} sɿ^{21} da^{21} le^{55} dʐu^{21}》

(34) 

《开丧仪式，唱挽歌，活者变成死者 · çi^{33} ʂɿ^{33}，mu^{55} dzər^{33}，sɿ^{55} mu^{55} ʐɿ^{21} kə^{55} pʻv^{33}》

(35) 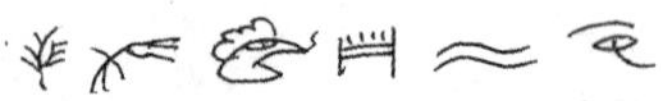

《开丧仪式，鸡鸣时分唤醒死者亡灵，给死者亡灵开路 · çi^{33} ʂɿ^{33}，tçy^{21} dzo^{21}，ʐɿ^{33} pʻu^{33}》

(36) 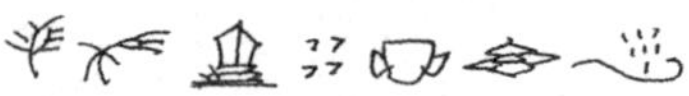

《开丧仪式，从居那若罗神山四方招回死者的魂 · çi^{33} ʂɿ^{33}，ʐua^{55} lua^{33} lu^{55} pʻa^{33} ua^{21} ʂər^{55}》

(37) 

《开丧仪式，窝姆达庚 · çi^{33} ʂɿ^{33}，o^{33} mu^{33} da^{21} gɯ^{33}》

(38) 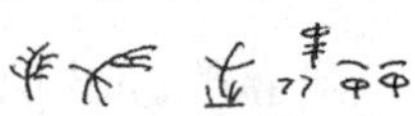

《开丧仪式，毕聂吕董 · çi^{33} ʂɿ^{33}，py^{21} ɲi^{33} ly^{21} du^{33}》

(39) 

《开丧仪式，迎请东巴祭司 · çi^{33} ʂɿ^{33}，py^{21} tʂv^{33}》

(40) 

《开丧仪式，杀猛鬼恩鬼经 · çi^{33} ʂɿ^{33}，mu^{33} ɯ^{21} sy^{55}》

(41) 

《开丧仪式，给死者亡灵送领路猪 · çi^{33} ʂɿ^{33}，ʐɿ^{33} ʂv^{33} bu^{21} iə^{55}》

(42) 

《超度东巴什罗亡灵仪式，建神座经 · ʂər^{55} lər^{33} ŋv^{55}，ʐv^{55} ɯ^{33} kʻu^{33}》

(43) 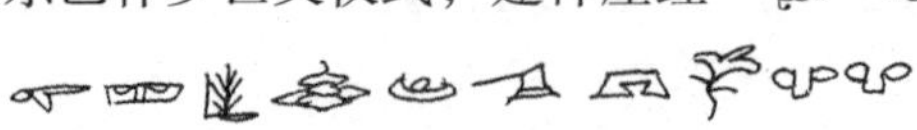

《超度东巴什罗祭司亡灵仪式，弟子们出行是寻找东巴什罗亡魂经 · ʂər^{55} lər^{33} ŋv^{55}，ua^{21} he^{33} ʂu^{21}，gə^{33} ba^{21} tʻv^{33} tʻv^{33}》

(44) 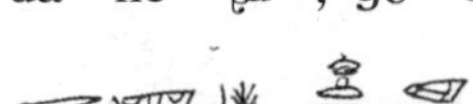

《超度东巴什罗祭司亡灵仪式，给死者亡灵开辟到达神界的道路 · ʂər^{55}

lər^{33} ŋv^{55}，he^{21} ʐɿ^{33} p‘i^{21}》

（45）

《ʂər^{55} lər^{33} ŋv^{55}，tæ^{55} ʂɿ^{33} ʂɯ^{21}，nɯ^{33} ua^{21} sa^{55}》

（46）

《超度东巴什罗祭司亡灵仪式规程 · ʂər^{55} lər^{33} ŋv^{55} du^{33} mu^{21} t‘e^{33} ɯ^{33}》

（47）

《超度东巴什罗祭司亡灵仪式，给卢神沈神除秽经 · ʂər^{55} lər^{33} ŋv^{55}，du^{33} se^{21} tʂ‘ə^{55} dy^{55}》

（48）

《超度东巴什罗祭司亡灵仪式，驱赶冷凑鬼经 · ʂər^{55} lər^{33} ŋv^{55}，le^{21} tʂ‘ə^{55} dʐɿ^{21}》

（49）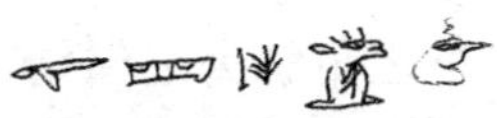

《超度东巴什罗祭司亡灵仪式，迎接祖先经 · ʂər^{55} lər^{33} ŋv^{55}，sɿ^{33} bv^{33} y^{21} tʂv^{33}》

（50）

《超度东巴什罗祭司亡灵仪式，把本丹神之兵将领回住地 · ʂər^{55} lər^{33} ŋv^{55}，be^{33} mu^{21} gə^{21} ʂv^{33}》

（51）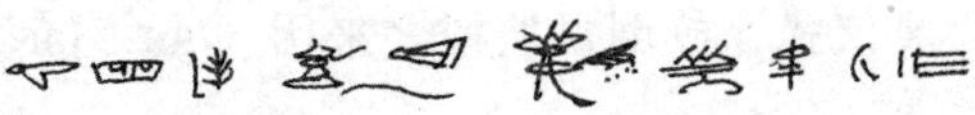

《超度东巴什罗祭司亡灵仪式，洒沥血水 · ʂər^{55} lər^{33} ŋv^{55}，he^{21} ʐɿ^{33} p‘i^{21} ʂæ^{33} dʐi^{21} ly^{55} le^{33} sa^{55}》

（52）

《超度东巴什罗祭司亡灵仪式，打开关魂之门 · ʂər^{55} lər^{33} ŋv^{55}，tsæ^{33} gv^{33} k‘u^{33} p‘u^{33}》

（53）

《超度东巴什罗祭司亡灵仪式，打开罗梭门 · ʂər^{55} lər^{33} ŋv^{55}，lua^{21} so^{33} k‘u^{33} p‘u^{33}》

（54）

《超度东巴什罗祭司亡灵仪式，开避走过九座黑坡到达神界之路 · ʂər^{55} lər^{33} ŋv^{55}，he^{21} ʐɿ^{33} bu^{33} na^{21} gv^{33} bu^{21} p‘i^{21}》

（55）

《开丧超度死者亡灵仪式，献冥马·ɕi^{33} ʂɿ^{33} ɕi^{33} ŋv^{55}，gu^{21} tʂæ^{55}》

（56）

《超度东巴什罗祭司亡灵仪式，勾桑勾丹聘·ʂər^{55} lər^{33} ŋv^{55}，gə^{33} sər^{33} gə^{33} dər^{33} p‘i^{55}》

（57）

《超度东巴什罗祭司亡灵仪式，兵器刀之来历·ʂər^{55} lər^{33} ŋv^{55}，gæ^{21} t‘v^{33} pɯ^{55}》

（58）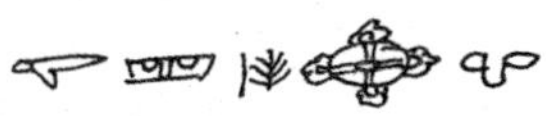

《超度东巴什罗祭司亡灵仪式，法轮之来历·ʂər^{55} lər^{33} ŋv^{55}，k‘a^{33} lv^{55} t‘v^{33}》

（59）

《超度东巴什罗祭司亡灵仪式，用独角岩羊之角解鬼之绳结·ʂər^{55} lər^{33} ŋv^{55}，se^{21} me^{55} k‘a^{33} tɕi^{33} k‘ua^{33} nɯ^{33} k‘ɯ^{21} tər^{55} p‘ər^{21}》

（60）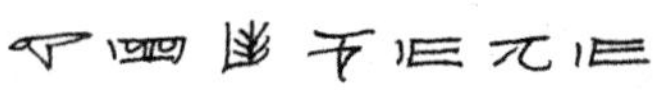

《超度东巴什罗祭司亡灵仪式，迎请盘神闪神等大神·ʂər^{55} lər^{33} ŋv^{55}，pər^{21} sa^{55} ʂæ^{21} sa^{55}》

（61）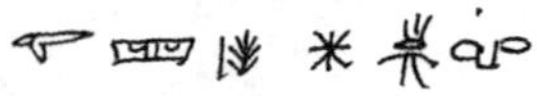

《超度东巴什罗祭司亡灵仪式，放倒督詹树之来历·ʂər^{55} lər^{33} ŋv^{55}，tv^{21} dzər^{21} tsɪ^{55} t‘v^{33} pɯ^{55}》

（62）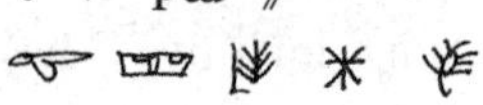

《超度东巴什罗祭司亡灵仪式，放倒督詹树之经·ʂər^{55} lər^{33} ŋv^{55}，tv^{21} ɕi^{55}》

（63）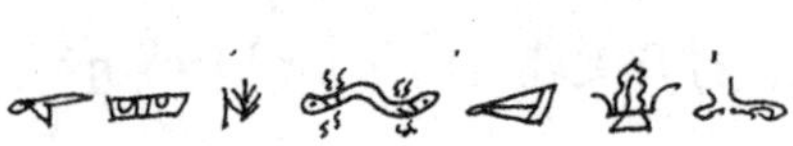

《超度东巴什罗祭司亡灵仪式，在鲜牛皮上点油灯·ʂər^{55} lər^{33} ŋv^{55}，ɯ^{33} dʐər^{33} pi^{21} kv^{33} nɯ^{33} bæ^{33} mi^{33} tʂɪ^{55}》

（64）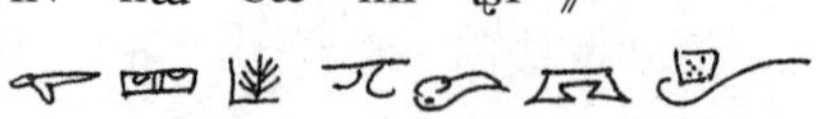

《超度东巴什罗祭司亡灵仪式，从大的血海里把东巴什罗亡灵领上来·ʂər^{55} lər^{33} ŋv^{55}，ʂæ^{33} hɯ^{55} na^{21} me^{33} lo^{21} nɯ^{33} ʂər^{55} lər^{33} ua^{21} gə^{21} ʂv^{33}》

（65）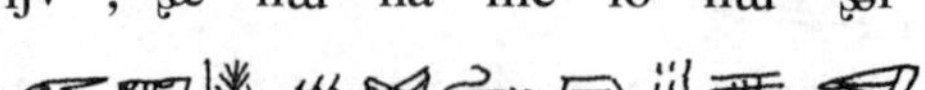

《超度东巴什罗祭司亡灵仪式，推卸祭司罪过责任，抛丢七种过失错误带

来的灾祸 · ʂər^{55} lər^{33} ŋv^{55}，mi^{33} k‘ə^{21} p‘v^{55} gə^{33} dər^{33} ʂər^{33} dər^{33} p‘i^{55}》

（66）

《超度东巴什罗祭司亡灵仪式，迎接祖先，除秽 · ʂər^{55} lər^{33} ŋv^{55}，y^{21} tʂv^{33} tʂ‘ə^{55} ʂɯ^{55}》

（67）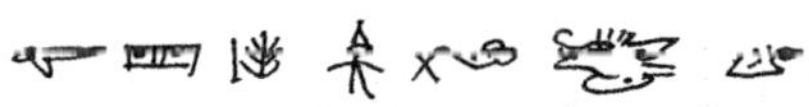

《超度东巴什罗祭司亡灵仪式，用黑猪偿还毒鬼的债 · ʂər^{55} lər^{33} ŋv^{55}，dv^{21} dʐu^{33} bu^{33} na^{21} me^{33} nɯ^{33} ʐua^{21}》

（68）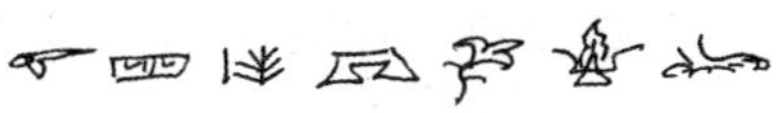

《超度东巴什罗祭司亡灵仪式，格巴弟子给东巴什罗祭司点油灯 · ʂər^{55} lər^{33} ŋv^{55}，gə^{21} ba^{21} bæ^{33} mi^{33} tʂɪ^{55}》

（69）

《超度东巴什罗祭司亡灵仪式，送走期姆朗登女魔 · ʂər^{55} lər^{33} ŋv^{55}，sɪ^{33} mu^{33} lo^{21} te^{33} pv^{55}》

（70）

《超度东巴什罗祭司亡灵仪式，偿还米克鬼冷凑鬼季鬼其鬼空鬼崩鬼的债 · ʂər^{55} lər^{33} ŋv^{55}，mi^{33} kə^{21} le^{21} tʂ‘ə^{55} k‘u^{33} bu^{33} tɕi^{55} tɕi^{21} dʐu^{33} ʐua^{21}》

（71）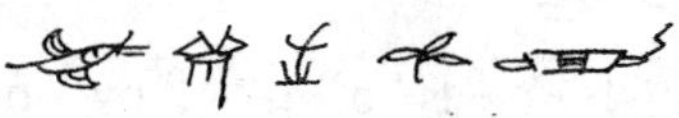

《祭季鬼仪式，喊仇敌魂 · tɕi^{55} ku^{33} py^{21}，ʐv^{21} k‘v^{21}》

（72）

《祭季鬼仪式，季鬼及其口舌是非鬼之来历 · tɕi^{55} ku^{33} py^{21}，t‘v^{33} pɯ^{55} k‘ɯ^{55} dzo^{21}》

（73）

《祭锝鬼仄鬼仪式，驱送锝鬼仄鬼返回其住地，祭祀结尾经 · tər^{33} tse^{21} py^{21}，tər^{33} tse^{21} tʂ‘v^{33} tɕ‘i^{33} py^{21} mæ^{55} tər^{55}》

（74）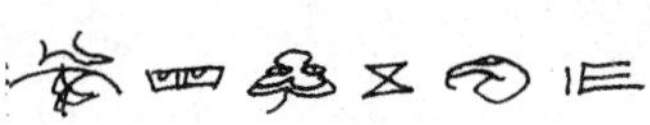

《镇压锝鬼仪式，迎请罗巴涛构神 · tər^{21} zər^{21}，lua^{21} pa^{33} t‘a^{33} kə^{55} sa^{55}》

（75）

《祭祖先仪式，迎请迁徙下来的祖先 · y^{21} py^{21}，y^{21} bər^{33} sa^{55}》

（76）

《祭祖先仪式，给祖先献饭，杀猛鬼恩鬼 · y^{21} py^{21}，y^{21} ha^{33} ʂɿ^{21}，mu^{33}

ɯ^{21} sy^{55}》

（77） 

《祭牲畜神仪式，迎请迁徙下来的人类祖先 · no^{55} bv^{21}，ts‘o^{21} bər^{33} sa^{55}》

（78） 

《祭牲畜神仪式，献饭经 · no^{55} bv^{21}，ha^{33} ʂɿ^{21}》

（79） 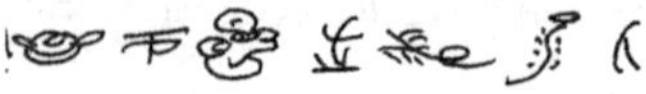

《祭凑鬼小仪式，祭祀结尾经，驱赶凑鬼返回其住地 · tʂ‘ə^{55} p‘ər^{2}1 gv^{21}，py^{21} mæ^{55} tər^{55} tʂ‘v^{33} tɕ‘i^{33}》

（80） 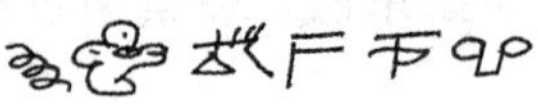

《祭凑鬼仪式，用白梭刷火把除秽之来历 · tʂ‘ə^{55} gv^{21}，so^{33} ʂua^{21} p‘ər^{21} t‘v^{33}》

（81） 

《祭凑鬼仪式，偿还凑鬼之债，驱赶凑鬼 · tʂ‘ə^{55} gv^{21}，tʂ‘ə^{55} dʐu^{33} ʐua^{21}，tʂ‘ə^{55} ts‘i^{21} t‘v^{55}》

（82） 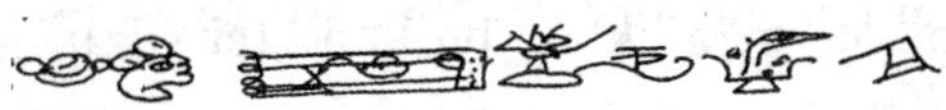

《祭凑鬼仪式，白蝙蝠求取祭祀占卜经 · tʂ‘ə^{55} gv^{21}，py^{33} p‘æ^{21} kua^{55} ʂu^{21}》

（83） 

《东巴舞蹈及舞蹈之来历 · ts‘o^{33} pɯ^{21} ts‘o^{33} lɯ^{55}》

（84） 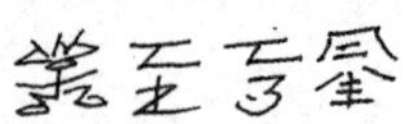

《东巴舞蹈及其来历之书 · ts‘o^{33} pɯ^{21} ts‘o^{33} lɯ^{33} t‘e^{33} ɯ^{33}》

（85） 

《东巴舞谱 · ts‘o^{33} mu^{21}》

（86） 

《东巴舞谱 · ts‘o^{33} mu^{21}》

（87） 

《勒巴舞谱 · lər^{21} pa^{33} ts‘o^{33} mu^{21}》

(88) 

《神的寿岁及东巴舞谱 · he^{21} dɯ^{21} k‘v^{55} bu^{21} ts‘o^{33} mu^{21}》

(89) 

《隆重禳祭风鬼仪式，迎请莫毕汝荣神上卷 · hər^{33} la^{33} lɯ^{21} k‘ɯ^{55}, mə^{33} py^{21} zɪ^{33} ʐu^{21} sa^{55} kv^{33} ʂu^{55}》

(90) 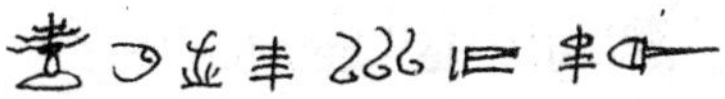

《隆重禳祭风鬼仪式，迎请莫毕汝荣神中卷 · hər^{33} la^{33} lɯ^{21} k‘ɯ^{55}, mə^{33} py^{21} zɪ^{33} ʐu^{21} sa^{55} ly^{55} tʂu^{55}》

(91) 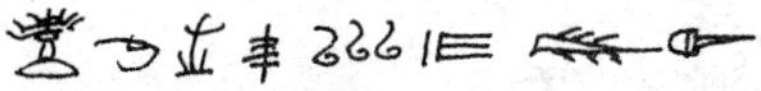

《隆重禳祭风鬼仪式，迎请莫毕汝荣神下卷 · hər^{33} la^{33} lɯ^{21} k‘ɯ^{55}, mə^{33} py^{21} zɪ^{33} ʐu^{21} sa^{55} mæ^{55} tʂu^{55}》

(92) 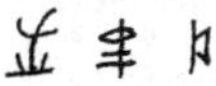

《举行祭祀仪式陈述因由经 · py^{21} ly^{33} k‘u^{33}》

(93) 

《请卢神沈神起驾经 · du^{21} tɯ^{33}》

(94) 

《请神赐威力附体经 · dʐər^{21} tʂæ^{55}》

(95) 

《驱鬼经下卷，驱赶党鬼经 · t‘v^{55} mæ^{55} dæ^{21} k‘a^{33}》

(96) 

《小型烧天香仪式经书 · tʂ‘u^{55} pa^{33} tɕi^{55} dʑi^{55}》

(97) 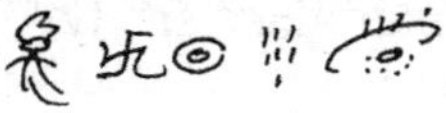

《祭阿鬼大仪式，请好女子麻登大神驱鬼经 · bɯ^{33} ɯ^{33} ma^{21} de^{33} no^{55}》

(98) 

《祭三朵神仪式经书 · ʂæ^{33} do^{33} ʂu^{55}》

(99) 

《大型烧天香仪式，烧天香经 · so^{33} do^{33} tʂ‘u^{55} pa^{33} dɯ^{21} dʑi^{55}》

(100) 

《格巴文字书 · gə^{21} ba^{21} t‘v^{33} t‘v^{21}》

(101) 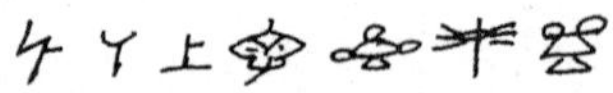

《细说传说故事之出处事历 · ʂə^{55} y^{21} ʂə^{55} pa^{33} dɯ^{33} dze^{21} zo^{33}》

(102) 

《开丧仪式，叙说惊悸之来历 · ɕi^{33} ŋv^{55}，dʐər^{21} dzɪ^{33} mi^{55}》

(103) 

《开丧仪式，孝子挎獐皮口袋经 · ɕi^{33} ʂɿ^{33}，le^{33} he^{21} hæ^{55}》

(104) 

《开丧仪式，人类起源和迁徙的来历 · ɕi^{33} ʂɿ^{33}，ts‘o^{21} bər^{33} t‘v^{33} dzo^{21}》

(105) 

《隆重禳祭风鬼仪式，青年男女迁徙记 · hər^{33} la^{33} lɯ^{21} k‘ɯ^{55}，lv^{33} bər^{33} lv^{33} za^{21}》

(106) 

《禳垛鬼仪式，董术战争 · to^{55} k‘ɯ^{55}，du^{21} æ^{21} ʂv^{21} æ^{21}》

(107) 

《占卜类书，用两个海贝占卜吉凶经 · ȵi^{33} dʐu^{33} bæ^{21} mæ^{33} sɪ^{21}》

(108) 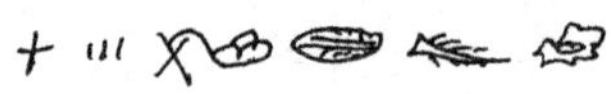

《占卜类书，用十三个海贝占卜吉凶经 · ts‘e^{33} sɪ^{21} dʐu^{33} bæ^{21} mæ^{33} sɪ^{21}》

(109) 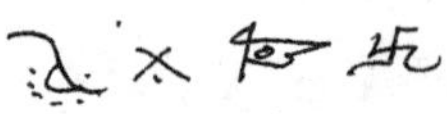

《占卜类书，以时间时刻占卜吉凶经 · dʐɪ^{33} la^{55} t‘e^{33} ɯ^{33}》

(110) 

《占卜类书，以乌鸦的鸣声占卜吉凶经 · le^{55} kæ^{21} lər^{21} sɪ^{21} ly^{21}》

(111) 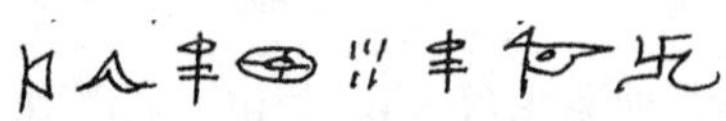

《占卜类书，查看建门之日子及查看以日子占卜吉凶经 · k‘u^{33} ts‘ɪ^{55} ly^{21}，ȵi^{55} ua^{33} ly^{21} t‘e^{33} ɯ^{33}》

(112) 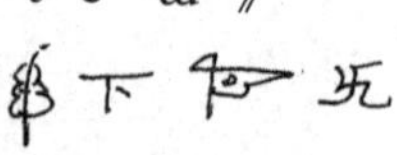

《占卜类书，以香条燃烧情况占卜吉凶经 · ɕy^{21} ɕə^{55} t‘e^{33} ɯ^{33}》

(113) 

《占卜类书，卜算偷东西之情况经 · ɕi^{33} k‘v^{33} sy^{21} ly^{21}》

（114）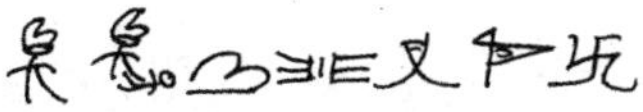

《占卜类书，以母亲生育儿女之年岁方位占卜儿女吉凶经 · a^{21} me^{33} tɕi^{33} hə^{21} lv^{33} bv^{33} tsɿ^{21} me^{33} t‘e^{33} ɯ^{33}》

（115）

《占卜类书，以年、月、日占卜吉凶祸福经 · ȵi^{55} ua^{33} ly^{21} me^{33} t‘e^{33} ɯ^{33}》

［调查地点：塔城乡陇巴村委会2村；调查对象：陈四才、李文先；调查时间：2007年4月；调查整理：和力民］

3. 和俊仁家收藏的东巴书

和俊仁，乳名乌寿，1968年出生，2008年41岁，是陇巴村委会3村（俗名罗考）的东巴世家后裔。他的曾祖父嘎玛、祖父登孜都是大东巴。父亲乌宝，学名和士纯，是东巴，参加过1983年在丽江县城召开的东巴达巴座谈会，1998年农历四月二十七日去世。他说，他是向父亲学习东巴文字经典的。他家自1982年以来，就与其他几家一同祭天，每年春秋两祭，一直坚持到现在，祭天东巴许荪由他家担任。除此之外，还做祭祖仪式，正月十五到水塘边祭署，给署神烧天香、献药、除秽等。正月十五和每月的十五日，要到村头路旁的藏式佛塔处烧香、转塔。显然，和俊仁家信仰东巴教，亦信仰藏传佛教。和俊仁家门楼和另外一幢房子的外层隔板上都绘有很大的东巴文字作为装饰和祈福。和俊仁家现有30本东巴经书，全部属古本经书，平时用木板夹住，用麻绳捆好存放在火塘边的神柜里。古本经书非一家人抄写，所以经书的长宽大小规格不一，主要有27.5×9厘米、39×13厘米、28×9.5厘米、14.5×10厘米等规格，其中以28×9.5厘米规格的居多，大多数经书有封面、封底和题名，仅少数几本占卜经书无封面。

和俊仁家收藏的东巴经书目如下：

（1）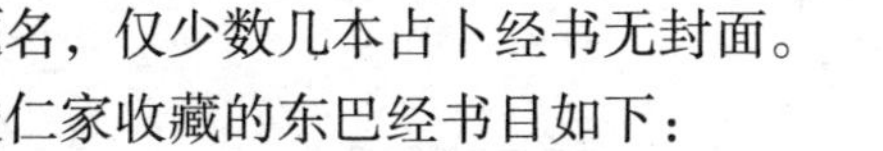

《祭素神大仪式，献牲经 · sɿ^{55} dɯ^{21} k‘v^{21}，mu^{33} dzi^{33} t‘e^{33} ɯ^{33} ua^{21} me^{55}》

（2）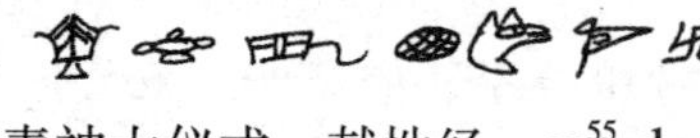

《祭牲畜神诸神仪式，献饭、许愿经 · no^{55} bv^{21}，ha^{33} ʂɿ^{21}、ku^{55} hy^{55}》

（3）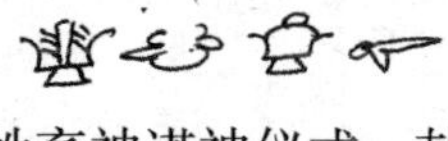

《祭素神小仪式，祭素神小仪式经 · sɿ^{55} mi^{33} ku^{55} ua^{21}》

（4）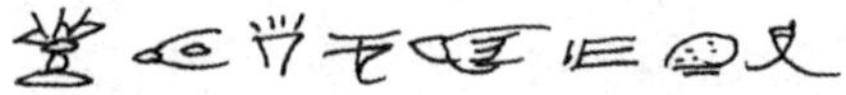

《隆重禳祭风鬼仪式，迎请四头神考冉神经 · hər^{33} la^{33} lɯ^{21} k‘ɯ^{55}，k‘a^{33} ʐər^{33} p‘v^{33} la^{21} sa^{55} ua^{21} me^{55}》

（5）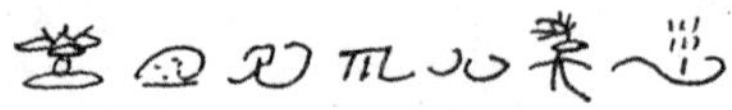

《祭神驱鬼仪式，叙述福泽之来源，招魂经 · py^{21} o^{33} i^{33} ka^{33} i^{33} ɕi^{33} ua^{21} ʂər^{55}》

（6）

《祭阿鬼仪式，用猪、山羊和鸡偿还口舌是非鬼债 · ua^{33} ts‘ɪ^{21} py^{21}，bu^{21}、ts‘ɪ^{55}、æ^{21} nɯ^{33} dʐu^{33} ʐua^{21}》

（7）

《祭阿鬼仪式，驱鬼经下卷，驱党鬼经 · ua^{33} ts‘ɪ^{21} py^{21}，t‘v^{55} mæ^{55} dæ^{21} kua^{33}》

（8）

《祭景鬼阿鬼仪式，在阿鬼寨里驱鬼 · dʑi^{33} ua^{33} py^{21}，ua^{33} hua^{55} lo^{21} no^{55}》

（9）

《禳垛鬼和铎鬼仪式，用木偶和面偶做替身经 · to^{55} ne^{21} do^{21} py^{21}，sər^{33} gɯ^{33} ha^{33} gɯ^{33}》

（10）

《占卜类书，查看土皇日占卜经 · t‘v^{33} dzɪ^{33} ly^{21} t‘e^{33} ɯ^{33} ua^{21} me^{55}》

（11）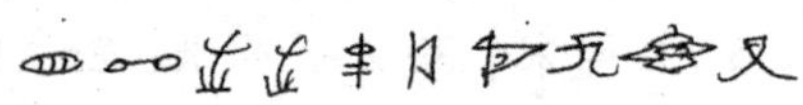

《祭景鬼阿鬼仪式，举行祭仪陈述因由经（和俊仁书）· dʑi^{33} ua^{33} py^{21}，py^{21} ly^{33} k‘u^{33} t‘e^{33} ɯ^{33} ua^{21} me^{55}》

（12）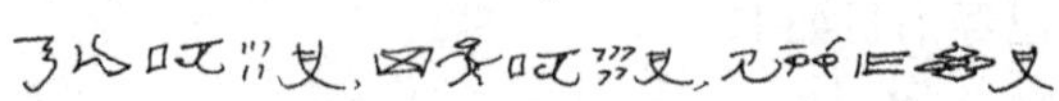

《开丧超度亡灵仪式，色肯朵桑、衬纽朵桑、依朵绍 · se^{21} k‘ɯ^{33} to^{33} ʂæ^{33} ua^{21} me^{55}，ts‘e^{55} ȵy^{33} to^{33} ʂæ^{33} ua^{21} me^{55}、i^{33} do^{33} sa^{55} ua^{21} me^{55}》

（13）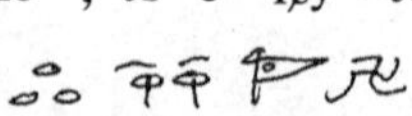

《占卜类书，查看值日星象经 · kɯ^{21} ly^{21} t‘e^{33} ɯ^{33}》

（14）

《迎请大神降临经 · i^{33} do^{33} p‘v^{33} la^{21} sa^{55} ua^{21} me^{55}》

（15）

《祭神禳鬼大仪式，送神返回神地经 · py^{21} dɯ^{21} py^{21}，p‘v^{33} la^{21} pv^{55}》

（16）

《占卜类书，以两个海贝和五个海贝占卜经书 · ly^{21} t‘e^{33} ɯ^{33} ua^{21}》

（17）

《禳鬼仪式，请卢神起驾经 · du^{21} tɯ^{33} py^{21} t‘e^{33} ɯ^{33} ua^{21}》

（18）

《禳鬼仪式，设神座经书 · ʐv^{55} t‘ɯ^{33} k‘u^{33} t‘e^{33} ɯ^{33} ua^{21} me^{55}》

（19）

《祭素神小仪式，小祭素神经 · sɿ^{55} mi^{33} ku^{55} t‘e^{33} ɯ^{33} ua^{21} me^{55}》

（20）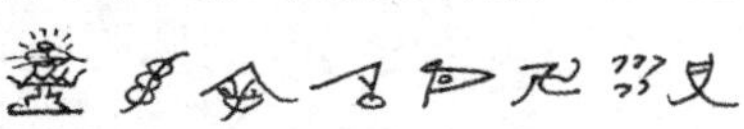

《烧天香仪式，烧天香作供养经 · tʂ‘u^{55} pa^{33} be^{33} t‘e^{33} ɯ^{33} ua^{21} me^{55}》

（21）

《祭牲畜神诸神仪式，献饭、许愿经 · no^{55} bv^{21}，ha^{33} ʂɿ^{21}、ku^{55} hy^{55}》

（22）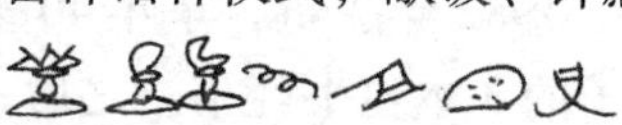

《祭祀禳鬼仪式，给卢神和沈神除秽经 · py^{21} dɯ^{21} py^{21}，du^{33} se^{21} tʂ‘ə^{55} ʂu^{55} ua^{21} me^{55}》

（23）无封面题目

《占卜类书，以星象占卜吉凶经 · kɯ^{21} ly^{21} t‘e^{33} ɯ^{33} ua^{21}》

（24）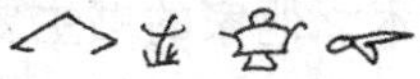

《祭天神仪式，献饭经 · mɯ^{33} py^{21}，ha^{33} ʂɿ^{21}》

（25）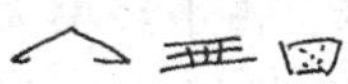

《祭天神仪式，向天神赎罪经 · mɯ^{33} dər^{33} ʂv^{55}》

（26）

《祭天神仪式，献饭经 · mɯ^{33} py^{21}，ha^{33} ʂɿ^{21}》

（27）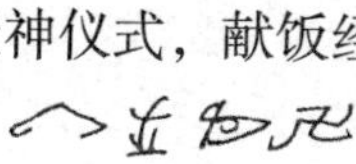

《祭天神仪式经书，迎接迁徙下来的人类祖先 · mɯ^{33} py^{21} t‘e^{33} ɯ^{33} ts‘o^{21} bər^{33} sa^{55}》

(28) 

《烧天香仪式，烧天香经 · tʂ'u^{55} pa^{33} dʐi^{55}》

(29) 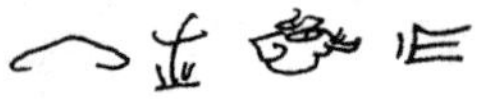

《祭天神仪式，迎接迁徙下来的人类祖先 · mɯ^{33} py^{21}，ts'o^{21} bər^{33} sa^{55}》

(30) 封页无题名

《占卜类书，查看土皇日子占卜，以日期占卜，算巴格方位占卜 · t'v^{33} dzɪ^{33} ly^{21}，ȵi^{55} ua^{33} ly^{21}，pa^{33} kə^{21} tsɪ^{21}》

［调查地点：塔城乡陇巴村委会 3 村；调查对象：和俊仁；调查时间：2007 年 10 月；调查整理：和力民］

4. 和国秀家收藏的东巴经书

和国秀，1964 年出生，2008 年 45 岁，陇巴村委会 9 村（俗名补妥下村）东巴世家后裔。据他介绍，他家属于纳西族露鲁支系人家。其祖上三代以前是占卜东巴，到了祖父和四洋（1951 年去世）时，向巴甸的大东巴和绍文学习祭祀经典。父亲和玉清（亦名和金堂），1982 年去世，享年 40 多岁，也是东巴。和国秀 15 岁始向父亲学习查看日子的 3 本占卜经书。之后，向洛固村委会的东巴和亮军学习《开丧仪式，用绵羊作牺牲祭献死者经》、《开丧仪式 · 开路经》。到目前为止已经先后做了 5 个东巴教丧葬仪式。家中至今仍保存有祖父传抄下来的东巴经书 70 余本，其中在一本祭素神仪式的除秽燃灯经中，篇末注明“皇帝民国十一年的狗年这年写的啊，和四洋我男儿活到 26 岁时的手迹啊，祝愿健康长寿”，这是 1922 年的抄本。他家的书主要是他祖父和四洋时代手抄的，字迹清秀，笔画流畅，经书虽是旧本，但保存完好，没有破缺现象。其中，祭祀经书的规格为 29 × 10 厘米，占卜经书大者 20 × 11 厘米，小者 15 × 10 厘米（5 本），折叠式左拉占卜经为 20.05 × 11 厘米。此外，他还保存有三幅东巴教的神像画幛，即绿脸的东巴什罗画幛、粮食神纳妥森画幛、刹依威德神画幛。据说这三幅神像画幛都是祖父和四洋画的。

和国秀家收藏的东巴经书名目如下：

(1) 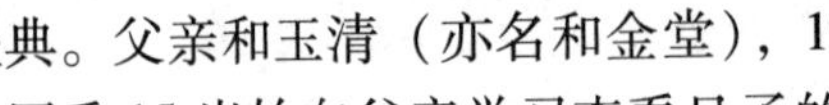

《卜算左拉卦书上卷、中卷、下卷 · tso^{55} la^{33} kv^{21} tʂu^{55}、ly^{55} tʂu^{55}、mæ^{55} tʂu^{55}》

(2) 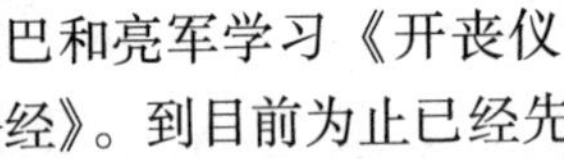

《祭神祭山神经 · he^{21} ʂu^{55} ka^{55} tsɪ^{33} ʂu^{55}》

(3) 

《给神灵建神座经 · p' v^{33} la^{21} ʐv^{55} tɯ^{33} k' u^{33}》

(4) 

《持法杖经下卷，鸡鸣唤醒死者、祭司施展神威 · mɯ^{55} t' v^{33} a^{33} zɪ^{33} mæ^{55} tʂy^{55}、tɕy^{21} dzo^{21} py^{21} dʐər^{21} t' v^{55}》

(5) 

《迎请神灵经 · p' v^{33} la^{21} sa^{55}》

(6) 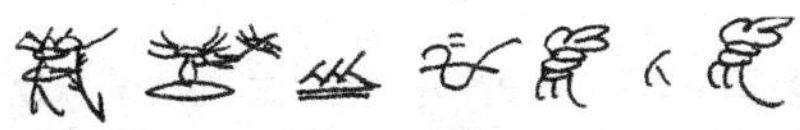

《粮食的来历，给死者送食物口粮 · æ^{33} dzɪ^{33} mi^{55}, lo^{55} ku^{55} tɕ' i^{21} ku^{55}》

(7) 

《丧葬仪式中退口舌是非鬼祭仪，喊仇敌之魂 · tɕi^{55} k' u^{33} py^{21}, ʐv^{21} k' v^{21}》

(8) 

《祭山神、祭三朵神、祭灶神经 · ʂɿ^{55} ʐɪ^{21} ʂu^{55}、ʂæ^{33} do^{33} ʂu^{55}、tso^{33} ʂu^{55}》

(9) 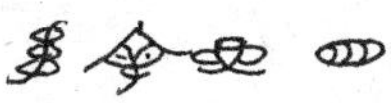

《大型烧天香经 · tʂ' u^{55} pa^{33} dɯ^{21} dʑi^{55}》

(10) 

《小型烧天香经 · tʂ' u^{55} pa^{33} tɕi^{55} dʑi^{55}》

(11) 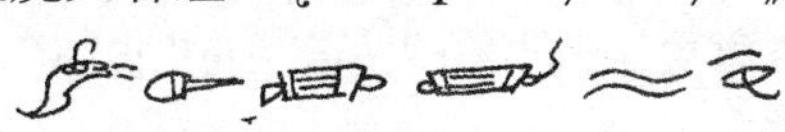

《开丧仪式，开路经 · ʐɪ^{21} tʂu^{21} ʐɪ^{33} p' u^{33}》

(12) 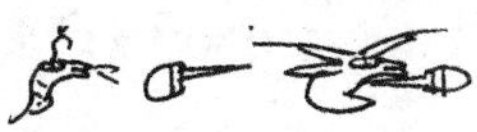

《开丧仪式，给死者献牲经 · ʐɪ^{21} tʂu^{21} mu^{33} k' o^{55}》

(13) 

《开丧仪式，高勒趣招父亲之魂 · ka^{33} le^{21} ts' y^{55} ua^{21} ʂər^{55}》

(14) 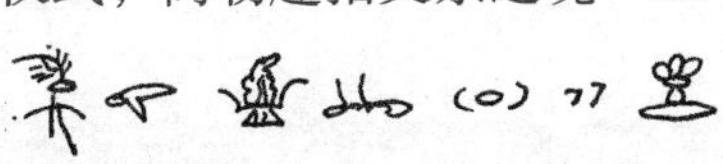

《开丧仪式，燃灯经，毕聂吕董 · ɕi^{33} ʂɿ^{33}, bæ^{33} mi^{33} tʂɪ^{55}, py^{21} ɲi^{33} ly^{21} du^{33}》

(15) 

《开丧仪式，唱挽歌 · çi^{33} ʂɿ^{33}, mu^{55} dzər^{33}》

(16) 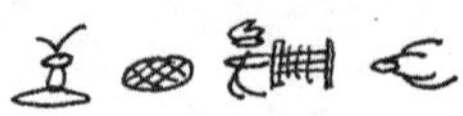

《开丧仪式，窝姆答庚 · o^{33} mu^{33} da^{21} gɯ^{33}》

(17) 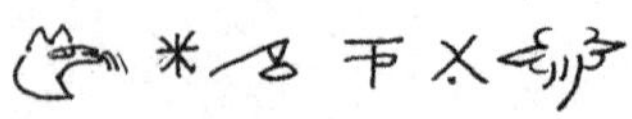

《做祈神祈福消灾仪式，送神经 · fv^{55} tv^{33} be^{33}, p‘v^{33} la^{21} pv^{55}》

(18) 

《超度贤能者亡灵仪式，驱赶冷凑鬼经 · dæ^{21} ŋv^{55}, le^{21} tʂ‘ə^{55} dʐɿ^{21}》

(19) 

《超度贤能者亡灵仪式，迎请优麻神经 · dæ^{21} ŋv^{55}, iə^{33} ma^{21} sa^{55}》

(20) 

《超度贤能的男子亡灵仪式，虎的来历 · tʂua^{21} dæ^{21} ŋv^{55}, la^{33} t‘v^{33} pɯ^{55}》

(21) 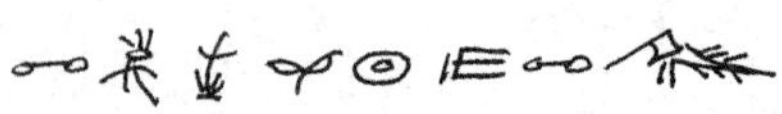

《祭口舌是非鬼阿鬼仪式，迎请优麻神伐阿鬼之树 · ua^{33} ts‘ɿ^{21} py^{21}, iə^{33} ma^{21} sa^{55}, ua^{33} dɪər^{21} ts‘e^{55}》

(22) 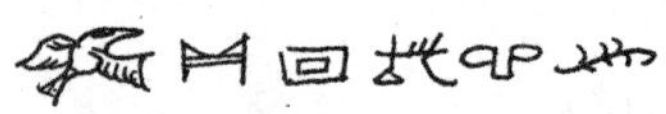

《开丧仪式，精威五行之涤子来历 · dzi^{33} uə^{21} ta^{33} so^{33} t‘v^{33} pɯ^{55}》

(23) 

《超度长寿者亡灵仪式，驱赶冷凑鬼 · zɿ^{33} ʂər^{21} ŋv^{55}, le^{21} tʂ‘ə^{55} dʐɿ^{21}》

(24) 

《森京打京，查看破日破刻经 · si^{33} dʑi^{33} da^{21} dʑi^{33}, p‘o^{55} ʐɿ^{24} k‘ə^{24} ly^{21}》

(25) 

《查看值日星宿经 · kɯ^{33} sɿ^{21} ly^{21}》

(26) 

《查看值日饶星经 · za^{21} sɿ^{21} ly^{21}》

(27) 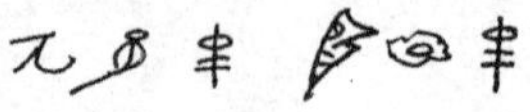

《查看桑京经，查看怪异现象占卜经 · ʂæ^{33} dʑi^{33} ly^{21}, do^{21} sɿ^{21} ly^{21}》

(28) 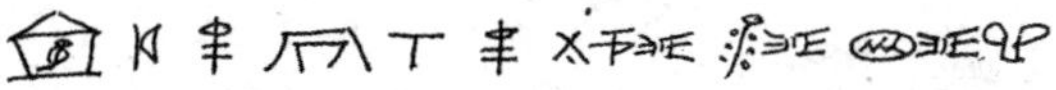

《查看建房房屋朝向，安床，卜时日，以九宫卜冥经 · dʑi^{21} k‘u^{33} ly^{21} tʂua^{33} tso^{55} ly^{21} la^{21} pər^{55} tsɪ^{21} dʐɪ^{21} tsɪ^{21} mi^{33} uə^{21} tsɪ^{21} t‘v^{33}》

(29) 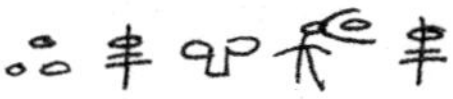

《查看值日星宿经，查看土皇经 · kɯ^{21} ly^{21}，t‘v^{33} dzɪ^{33} ly^{21}》

(30) 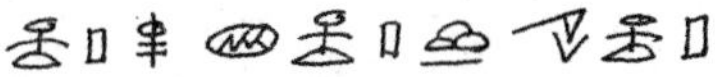

《以米吴九宫、鲁扎占卜男女结合成婚配之吉凶经 · dzɪ^{21} to^{55} ly^{21}，mi^{33} uə^{21} dzɪ^{21} to^{55}，l‘v^{33} sa^{21} dzɪ^{21} to^{55}》

(31) 

《占卜，余理麻董 · la^{21} pər^{55} ɕi^{21}，y^{21} li^{33} ma^{21} lu^{33}》

(32) 

《用十三个海贝占卜经 · ts‘e^{21} sɪ^{55} dʐu^{33} bæ^{21} mæ^{33} sɪ^{21}》

(33) 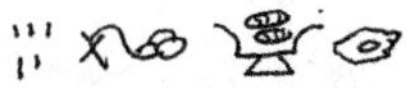

《用五个海贝占卜经 · ua^{33} dʐu^{33} bæ^{21} mæ^{33} sɪ^{21}》

(34) 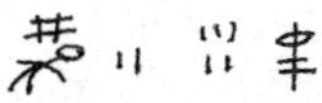

《以得病的日子占卜经 · gu^{21} ȵi^{55} ua^{33} ly^{21}》

(35) 

《以巴格八个方位占卜经 · pa^{33} kə^{21} ho^{55} k‘u^{33} tsɪ^{21}》

(36) 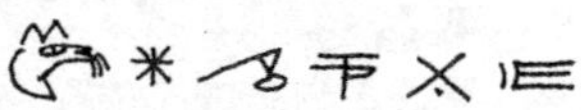

《做祈福消灾仪式，迎请大神经 · fv^{55} tv^{33} be^{33}，p‘v^{33} la^{21} sa^{55}》

(37) 

《祭山神经 · ʂæ^{33} ʂɿ^{21} ʂu^{55}》

(38) 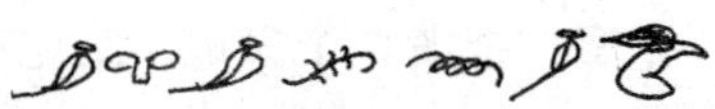

《水的出处来历，念咒以水驱赶凑鬼经 · dʑi^{21} t‘v^{33} dʑi^{21} pɯ^{55}，tʂ‘ə^{55} dʑi^{21} hua^{55}》

(39) 

《丧葬仪式，为死去的父亲唱挽歌 · mu^{55} dɪər^{33} e^{33} sɪ^{21} da^{21} le^{55} dʐu^{21}》

(40) 

《以多玛面偶驱鬼经 · to^{33} ma^{33} no^{55}》

（41）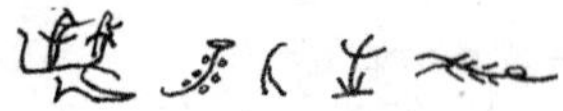

《禳垛鬼仪式，驱送垛鬼铎鬼，祭仪结尾经 · to^{55} k‘ɯ^{55}，tʂ‘v^{33} tɕ‘i^{33} py^{21} mæ^{55} tər^{55}》

（42）

《禳垛鬼仪式，迎请昧史优麻神，捣毁鬼寨经 · to^{55} k‘ɯ^{55}，mɯ^{55} ʂɪ^{21} iə^{33} ma^{21} sa^{55}，py^{21} sər^{33} p‘v^{21}》

《43》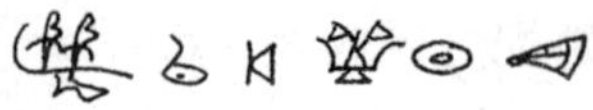

《禳垛鬼仪式，送走格空多玛面偶经 · to^{55} k‘ɯ^{55}，kɯ^{21} k‘u^{55} to^{33} ma^{33} p‘^{55}》

（44）

《退送口舌是非鬼仪式，驱鬼经上卷中卷下卷及驱党鬼经 · ua^{33} ts‘ɪ^{21} py^{21} kv^{33} tʂu^{55} ly^{55} tʂu^{55} t‘v^{55} mæ^{33} dæ^{21} k‘a^{33}》

（45）

《查看死因经 · ʂɪ^{33} sa^{21} ɕə^{55}》

（46）

《开丧仪式，钉“古宋” · ʐɪ^{21} tʂu^{21} kv^{33} ʂu^{55} la^{55}》

（47）

《超度贤能者亡灵仪式中卷，叙述兵器用具和来历，遗留死者生前的福泽 · dæ^{21} ŋv^{55} ly^{55} tʂu^{55} dzər^{33} ʂu^{21} t‘v^{33} no^{33} ua^{21} sa^{55}》

（48）

《超度贤能者亡灵仪式，招贤能者之魂 · dæ^{21} ua^{21} ʂər^{55}》

（49）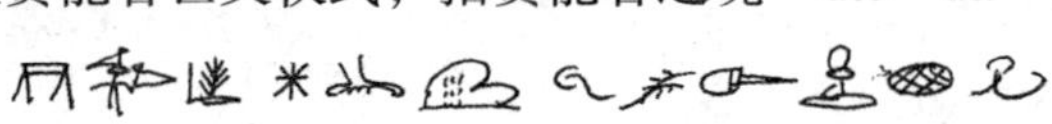

《超度贤能者亡灵仪式，捣毁九个鬼寨，摧毁九个鬼地，结尾有仪式规程 · tʂua^{21} dæ^{21} ŋv^{55}，tv^{33} tʂɪ^{21} gv^{33} bu^{21} p‘v^{21}，mæ^{55} tʂu^{55} bu^{33} me^{21} i^{33}》

（50）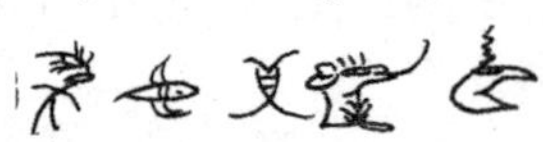

《开丧仪式，迎接祖先经 · ɕi^{33} mu^{55} me^{33} y^{21} tʂv^{33}》

（51）

《超度贤能者亡灵仪式，给贤能者献药 · dæ^{21} ŋv^{55}，tʂ‘ər^{33} k‘ɯ^{55}，dæ^{21} bu^{21}》

(52) 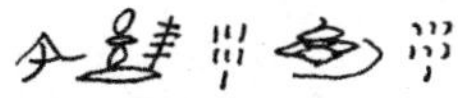

《超度长寿的美利董主仪式，招魂经 · mɯ^{33} lɯ^{55} du^{21} dzɪ^{33} zɪ^{33} ʂər^{21} ŋv^{55}，ua^{21} ʂər^{55}》

(53) 

《开丧仪式，鬼之来历下卷 · ɕi^{33} mu^{55} py^{21} me^{33} k‘ɯ^{55} dzo^{21} mæ^{55} tʂu^{55}》

(54) 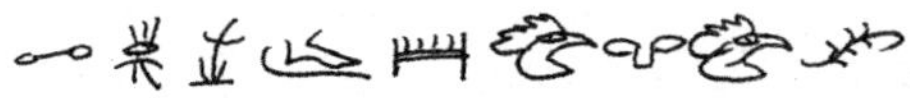

《退送口舌是非鬼仪式，鬼之来历，鸡之来历经 · ua^{33} ts‘i^{21} py^{21} k‘ɯ^{55} dzo^{21} æ^{21} t‘v^{33} æ^{21} pɯ^{55}》

(55) 

《退送口舌是非鬼仪式，煮口舌是非鬼阿鬼经后附仪式规程 · ua^{33} ts‘i^{21} py^{21} k‘ɯ^{55} dzo^{21} æ^{21} t‘v^{33} æ^{21} pɯ^{55}》

(56) 

《禳垛鬼仪式，驱鬼经下卷及驱党鬼经 · to^{55} k‘ɯ^{55}，t‘v^{55} mæ^{55} dæ^{21} k‘a^{33}》

(57) 

《退送口舌是非鬼大小仪式，驱送本恩麻施经 · ua^{33} p‘ər^{21} ua^{33} na^{21} py^{21}，bɯ^{33} ɯ^{33} ma^{21} ʂər^{21} no^{55}》

(58) 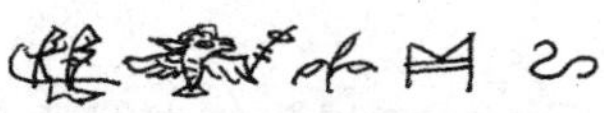

《禳垛鬼仪式，优麻神捣毁仇敌鬼寨经 · to^{55} k‘ɯ^{55}，iə^{33} ma^{21} ʐv^{21} uə^{33} p‘v^{21}》

(59) 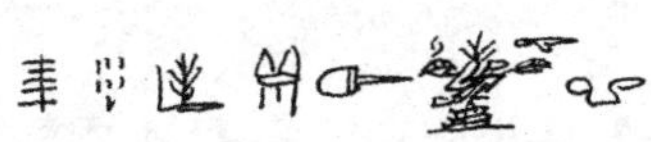

《超度长寿者亡灵上卷，依端构史树之来历经 · zɪ^{33} ʂər^{21} ŋv^{55} kv^{33} tʂu^{55}，i^{33} dua^{33} kə^{55} ʂɿ^{33} dɪər^{21} t‘v^{33} pɯ^{55}》

(60) 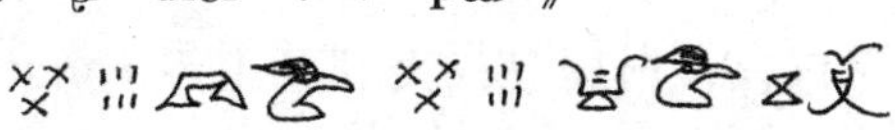

《念咒能解除三百六十种疾病和灾祸的经 · sɪ^{21} ɕi^{33} tʂ‘ua^{55} ts‘ər^{21} gə^{33} hua^{55}，sɪ^{21} ɕi^{33} tʂ‘ua^{55} ts‘ər^{21} tɕər^{21} hua^{55} t‘a^{55} me^{55}》

(61) 

《请卢神沈神起驾经 · du^{21} tɯ^{33}》

(62) 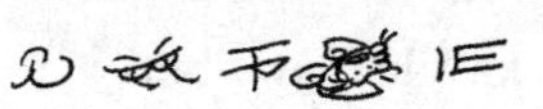

《迎请众多大神经 · i^{33} do^{33} p‘v^{33} la^{21} sa^{55}》

（63）

《迎请优麻神经・iə^{33} ma^{21} sa^{55}》

（64）

《小祭素神经・sɪ^{55} mi^{33} ku^{55}》

（65）

《祭署神仪式，署与人矛盾争斗又和好经・ʂv^{21} gv^{21}，ʂv^{21} æ^{21} ʂv^{21} le^{33} dv^{21}》

（66）

《除秽仪式，素神的农贝宝箭来历经・tʂʻə^{55} gv^{21}，sɪ^{55} gə^{33} no^{21} by^{55} lɯ^{33} sɪ^{33} tʻv^{33}》

（67）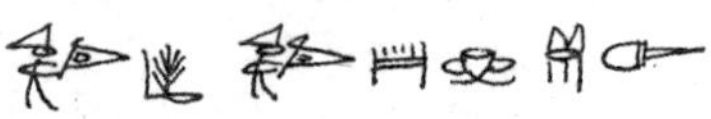

《超度贤能者亡灵仪式，上卷经・dæ^{21} ŋv^{55}，dæ^{21} dzo^{33} dɯ^{21} kv^{33} tʂu^{55}》

（68）

《超度贤能的长寿者亡灵仪式，安米党给梭锅经・zɪ^{33} ʂər^{21} ŋv^{55}，mi^{33} dæ^{21} kɯ^{21} so^{33} bv^{33} tɯ^{21}》

（69）

《给素神除秽点油灯经（书中记录民国十一年属狗年书写的，是和士尤26岁时写的）・sɪ^{55} tʂʻə^{55} ʂu^{55}，bæ^{33} mi^{33} tʂɪ^{55}》

（70）

《大祭素神仪式，给素神献牲经・sɪ^{55} dɯ^{21} kʻv^{21}，mu^{33} dzi^{33}》

（71）

《超度长寿的美利董主亡灵仪式，白鹿寻找美利董主经・mɯ^{33} lɯ^{55} du^{21} dzɪ^{33} zɪ^{33} ʂər^{21} ŋv^{55}，du^{21} pʻi^{55} tʂʻua^{55} nɯ^{33} ʂu^{21}》

（72）

《抽线绳卦一套・kʻɯ^{21} tər^{55} pʻər^{21} dɯ^{33} fv^{55}》

（73）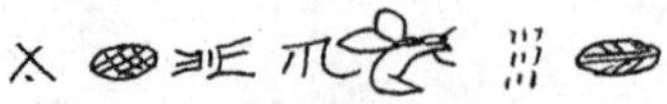

《拉姆女神纸牌画像九张・la^{33} mu^{33} tsɪ^{33} ka^{33} le^{21} gv^{33} biə^{55}》

（74）

《东巴什罗绿脸画像一张（和士尤绘制）·ʂər^{55} lər^{33} p‘a^{33} hər^{21} dɯ^{33} tʂæ^{33}》

（75）

《五谷粮食神诺森画像一张（和士尤给制）·u^{21} me^{33} he^{33} dɯ^{21} no^{55} t‘o^{33} se^{33} dɯ^{33} tʂæ^{33}》

（76）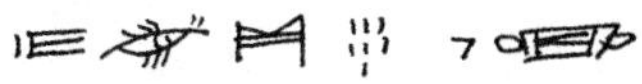

《刹依威德画像一张（和士尤绘制）·sa^{21} lɯ^{55} uə^{33} de^{33} dɯ^{33} tʂæ^{33}》

［调查地点：塔城乡陇巴村委会补妥下村；调查对象：和国秀（露鲁支系东巴）；调查时间：2007 年 10 月；调查整理：和力民］

5. 杨志高、杨理、杨万清、和武、杨志坤、和学清、和世新收藏的东巴经书

杨志高，1953 年生，2008 年 56 岁，陇巴村委会 9 村（补妥下村）人，现保存有 7 本东巴经书，据说是他父亲乌纳向和国秀的爷爷和四洋要来的。经书书写风格与和国秀家经书一样，保存完好。

杨理，陇巴村委会 10 村（补妥上村）人。据杨俊介绍，他家有祭锝鬼仄鬼仪式经书 1 本和用海贝占卜经 2 本。

杨万清，陇巴村委会 10 村（补妥上村）人。据杨俊介绍，他家有祭天神经书一套 4 本。

另外，本村和武家收藏有 6 本东巴经，属于祭天仪式的 4 本，祭暑仪式的 1 本，占卜经 1 本。杨志坤家有 1 本海贝占卜经。和学清家有一套 4 本祭天经。和世新家亦有一套 4 本祭天经。

杨志高、杨理、杨万清、和武、杨志坤收藏的东巴经名目如下。

杨志高家的藏经（7 本）：

（1）

《祭诸神仪式，迎请迁徙下来的人类祖先·no^{55} bv^{21}，ts‘o^{21} bər^{33} sa^{55}》

（2）

《祭诸神仪式，献饭、许愿经·no^{55} bv^{21}，ha^{33} ʂʅ^{21} ku^{55} hy^{55}》

（3）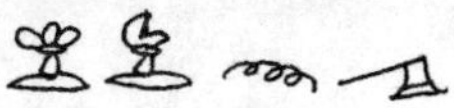

《给卢神沈神除秽经·du^{33} se^{21} tʂ‘ə^{55} ʂu^{55}》

(4) 

《祭素神仪式，争取他人家的福泽经 · sɪ^{55} k‘v^{21} nɯ^{21} dzæ^{33} ua^{21} dzæ^{33} dzər^{55}》

(5) 

《烧天香经 · tʂ‘u^{55} pa^{33} dʑi^{55}》

(6) 

《大祭素神仪式，献牲经 · sɪ^{55} dɯ^{21} k‘v^{21}, mu^{33} dzi^{33}》

(7) 

《祭天神仪式，迎接迁徙下来的人类祖先 · mɯ^{33} py^{21}, ts‘o^{21} bər^{33} sa^{55}》

杨理家的藏经（3 本）：

(1) 

《祭锝鬼仄鬼仪式，鬼之来历，鸡的出处来历 · tər^{21} tse^{21} py^{21}, k‘ɯ^{55} dzo^{21}, æ^{21} t‘v^{33} æ^{21} pɯ^{55}》

(2) 

《以五颗海贝占卜经 · ua^{33} dʐu^{33} bæ^{21} mæ^{33} sɪ^{21}》

(3) 

《以两颗海贝占卜经 · ȵi^{33} dʐu^{33} bæ^{21} mæ^{33} sɪ^{21}》

杨万清家的藏经（4 本）：

(1) 

《祭天神仪式，迎请迁徙下来的人类祖先 · mɯ^{33} py^{21} ts‘o^{21} bər^{33} sa^{55}》

(2) 

《祭天神仪式，许愿经 · mɯ^{33} py^{21} ku^{55} hy^{55}》

(3) 

《祭天神仪式，神药之来历，献神药 · mɯ^{33} py^{21} k‘a^{33} tʂ‘ər^{33} sa^{55}》

(4) 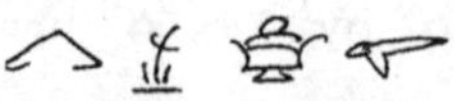

《祭天神仪式，献饭经 · mɯ^{33} py^{21} ha^{33} ʂɪ^{21}》

和武家的藏经（6 本）：

(1) 

《祭天神仪式，迎请迁徙下来的人类祖先 · mɯ^{33} py^{21} ts‘o^{21} bər^{33} sa^{55}》

(2) 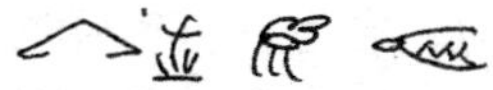

《祭天神仪式，许愿经 · mɯ^{33} py^{21} ku^{55} hy^{55}》

(3) 

《祭天神仪式，神药之来历，献神药 · mɯ^{33} py^{21} k‘a^{33} tʂ‘ər^{33} sa^{55}》

(4) 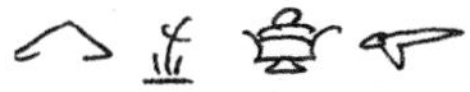

《祭天神仪式，献饭经 · mɯ^{33} py^{21} ha^{33} ʂɿ^{21}》

(5) 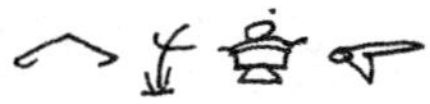

《祭署神仪式，署神之来历，给署神献药经 · ʂv^{21} t‘v^{33} ʂv^{21} tʂ‘ər^{33} k‘ɯ^{55}》

(6) 

《以母亲生育之年龄占卜吉凶经 · a^{33} me^{33} tɕi^{33} hə^{21} ȵi^{55} ua^{33} ly^{21}》

杨志坤家的藏经（4 本）：

(1) 

《以五颗海贝占卜经 · ua^{33} dʐu^{33} bæ^{21} mæ^{33} sɪ^{21}》

(2) 

《祭天神仪式的一套经书 · mɯ^{33} py^{21} dɯ^{33} fv^{55}》

(3) 

《祭天神仪式的一套经书（4 本） · mɯ^{33} py^{21} dɯ^{33} fv^{55}》

(4) 

《祭天神仪式的一套经书（4 本） · mɯ^{33} py^{21} dɯ^{33} fv^{55}》

［调查地点：塔城乡陇巴村委会 9 村、10 村；调查对象：杨志高、杨理、杨万清、和武、杨志坤等；调查时间：2007 年 10 月；调查整理：和力民］

6. 杨俊家收藏的东巴经书

杨俊，1982 年出生，2008 年 27 岁，汉文化初中学历，陇巴村委会 11 村（中罗村）人。他家所在地是陇巴村委会南片区海拔最高的一个自然村，现在从陇巴村委会到中罗村，有一条乡间公路，主要是供手扶拖拉机行驶。据杨俊说，他家祖传东巴有七代人，代代都是祭神许愿类仪式的东巴。

杨俊的奶奶是暑明村大东巴东肃的女儿，受家庭文化的熏陶，她能背诵东巴经《开丧仪式，粮食的来历经》等经典。杨俊从小受奶奶的影响，后来就到丽江玉水寨学习东巴文，参加祭祀仪式活动，成为村里年轻的东巴。他自学东巴文以来，自己抄写了112本东巴经书。杨俊具有汉语文化知识，又在丽江玉水寨等旅游景区学习和工作过，他不仅拥有一批东巴经，而且还会造东巴纸。所以，他的一些经书是用东巴纸和竹笔书写的。他的经书用木板夹住，皮绳捆扎，存放在家屋火塘上方的神柜里，保存比较完好。

杨俊家收藏的东巴经书名目如下：

（1）

《祭天神仪式，迎请迁徙下来的人类祖先 · mɯ^{33} py^{21} ts‘o^{21} bər^{33} sa^{55}》

（2）

《祭天神仪式，神药之来历，献神药 · mɯ^{33} py^{21} k‘a^{33} ʈʂ‘ər^{33} sa^{55}》

（3）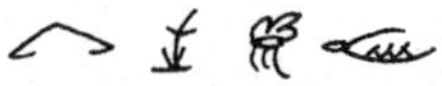

《祭天神仪式许愿经 · mɯ^{33} py^{21} ku^{55} hy^{55}》

（4）

《祭天神仪式，献饭经 · mɯ^{33} py^{21} ha^{33} ʂɿ^{21}》

（5）

《祭天神仪式，除秽、上香经 · mɯ^{33} py^{21} ʈʂ‘ə^{55} ʂu^{55} ɕy^{21} ʈʂɿ^{55}》

（6）

《祭素神大仪式，献牲经 · sɪ^{55} dɯ^{21} k‘v^{21}，mu^{33} dzi^{33}》

（7）

《祭素神大仪式，除秽，建神座，献祭粮经 · sɪ^{55} dɯ^{21} k‘v^{21}，ʈʂ‘ə^{55} ʂu^{55} ʐv^{55} tɯ^{33} k‘u^{33} kua^{55} u^{55}》

（8）

《祭素神仪式，点油灯经 · sɪ^{55} dɯ^{21} k‘v^{21}，bæ^{33} mi^{33} ʈʂɪ^{55}》

（9）

《祭素神小仪式经 · sɪ^{55} mi^{33} ku^{55}》

（10）

《祭素神大仪式，招取富裕之福泽经 · sɪ^{55} dɯ^{21} k‘v^{21}，nɯ^{21} ua^{21} dʐæ^{33} dzər^{55}》

（11）

《祭素神大仪式，祝婚歌 · sɪ^{55} dɯ^{21} k‘v^{21}，k‘uə^{55} ʂə^{55}》

(12) 

《祭牲畜诸神仪式，迎接迁徙下来的人类祖先经 · no^{55} bv^{21}，ts‘o^{21} bər^{33} sa^{55}》

(13) 

《祭牲畜神诸神仪式，献饭，许愿经 · no^{55} bv^{21} ha^{33} ʂɿ^{21} ku^{55} hy^{55}》

(14) 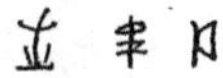

《祭祀禳鬼仪式，举行祭仪铺陈因由经 · py^{21} ly^{33} k‘u^{33}》

(15) 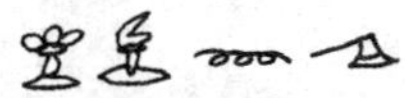

《祭祀禳鬼仪式，给卢神沈神除秽经 · du^{33} se^{21} tʂ‘ə^{55} ʂu^{55}》

(16) 

《禳鬼祈福仪式，请卢神沈神起驾经 · fu^{55} tv^{33} be^{33} du^{21} tɯ^{33}》

(17) 

《禳鬼祈福仪式，小型请神赐威力附体经 · dʐər^{21} tɕi^{55} tʂæ^{55}》

(18) 

《禳鬼祈福仪式，大型请神赐威力附体经 · dʐər^{21} dɯ^{21} tʂə^{55}》

(19) 

《禳鬼祈福仪式，给神灵点油灯经 · p‘v^{33} la^{21} bæ^{33} mi^{33} tʂɪ^{55}》

(20) 

《秽鬼凑鬼之来历经 · tʂ‘ə^{55} t‘v^{33} tʂ‘ə^{55} pɯ^{55}》

(21) 

《占卜类，看土皇日子经 · t‘v^{33} dzɪ^{33} ly^{21}》

(22) 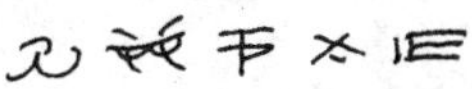

《迎请大神经 · i^{33} do^{33} p‘v^{33} la^{21} sa^{55}》

(23) 

《给刹道神等自然神施放勾多面偶、里多面偶 · sa^{21} da^{55} kə^{33} to^{33} p‘i^{5}5，li^{33} to^{33} p‘i^{55}》

(24) 

《给神烧天香经 · tʂ‘u^{55} pa^{33} dʑi^{55}》

(25) 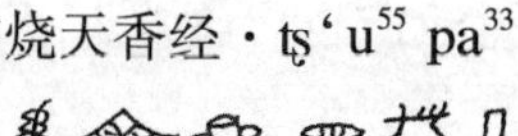

《大型烧天香仪式，梭朵 · tʂ‘u^{55} pa^{33} dɯ^{21} dʑi^{55}，so^{33} do^{33}》

(26) 

《建神座经・ʐv^{55} tɯ^{33} k‘u^{33}》

(27) 

《迎请神灵经・p‘v^{33} la^{21} sa^{55}》

(28) 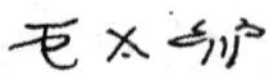

《送神经・p‘v^{33} la^{21} pv^{55}》

(29) 

《送卢神沈神返回神地・du^{21} pv^{55} se^{21} pv^{55}》

(30) 

《祭神经・he^{21} ʂu^{55}》

(31) 

《偿还树神债经・dzər^{21} ts‘y^{55} ʐua^{21}》

(32) 

《祭山神仪式经・ʂæ^{33} ʂɿ^{21} ʂu^{55}》

(33) 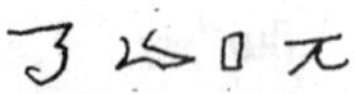

《开丧超度死者亡灵仪式，色肯朵桑・se^{21} k‘ɯ^{33} to^{33} ʂæ^{33}》

(34) 

《开丧超度死者亡灵仪式，玖补朵桑・dʑə^{21} bv^{33} to^{33} ʂæ^{33}》

(35) 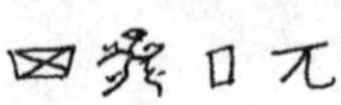

《开丧超度死者亡灵仪式，趁纽朵桑・dʑə^{21} ȵy^{55} to^{33} ʂæ^{33}》

(36) 

《祭署神仪式，署神的出处来历经・ʂv^{21} gv^{21}，ʂv^{21} t‘v^{33} ʂv^{21} pɯ^{55}》

(37) 

《祭署神仪式，用白山羊白绵羊白鸡给署神还债・ʂv^{21} gv^{21}，ts‘ɪ^{55} p‘ər^{21} y^{21} p‘ər^{21} æ^{21} p‘ər^{21} nɯ^{33} ʂv^{21} ts‘y^{55} ʐua^{21}》

(38) 

《祭署神仪式，高勒趣招父魂经・ka^{33} le^{21} ts‘y^{55} ua^{21} ʂər^{55}》

(39) 

《祭署神仪式，镎考景容・ʂv^{21} gv^{21}，na^{21} k‘a^{33} tɕi^{33} k‘u^{33}》

(40) 

《祭署神仪式，许愿署神经 · ʂv^{21} gv^{21}，ku^{55} hy^{55}》

(41) 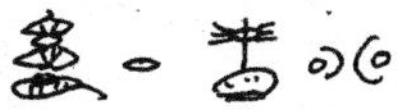

《祭署神仪式，与署神分财物经 · ʂv^{21} gv^{21}，o^{33} dze^{33} by^{33}》

(42) 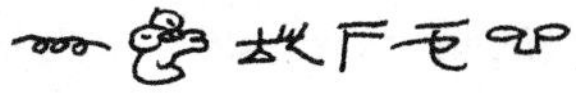

《除秽祭凑鬼仪式，白色梭刷火把之来历经 · tʂ'ə^{55} gv^{21}，so^{33} ʂua^{21} p'ər^{21} t'v^{33}》

(43) 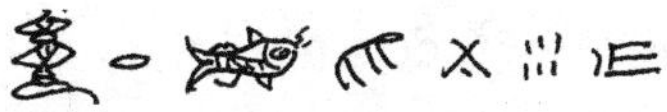

《祭署神仪式，迎请补劳端神 · ʂv^{21} gv^{21}，ȵi^{55} bv^{33} la^{21} dua^{33} sa^{55}》

(44) 

《祭署神仪式，安刷景套姆之故事 · ʂv^{21} gv^{21}，æ^{33} ʂua^{21} dʑi^{33} t'a^{55} mu^{33} tʂər^{55} dzo^{21}》

(45) 

《祭署神仪式，拉朗劳镇的故事 · ʂv^{21} gv^{21}，la^{33} lər^{33} la^{21} tse^{55} tʂər^{55} dzo^{21}》

(46) 

《祭署神仪式，安顿署神入睡，唤醒署神经 · ʂv^{21} gv^{21}，ʂv^{21} na^{55} ʂv^{21} i^{55} ʂv^{33}》

(47) 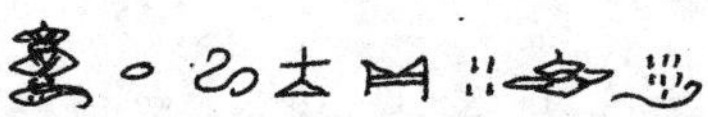

《祭署神仪式，普乌露招魂经 · ʂv^{21} gv^{21}，p'v^{33} tʂ'ɪ^{33} uə^{33} lu^{55} ua^{21} ʂər^{55}》

(48) 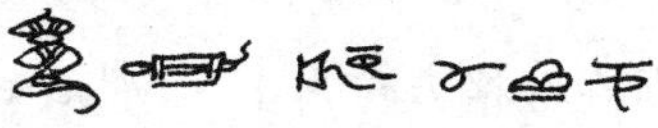

《祭署神仪式，招署神，开署门，解署神放下的绳结 · ʂv^{21} k'v^{21}，k'u^{33} p'u^{33}，lv^{55} p'ər^{21}》

(49) 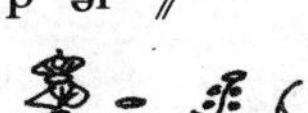

《祭署神仪式，送署神返回住地 · ʂv^{21} gv^{21}，ʂv^{21} tʂ'v^{33} tɕ'i^{33}》

(50) 

《超度东巴什罗亡灵仪式，跳东巴舞舞谱 · ʂər^{55} lər^{33} ts'o^{33} bu^{21}》

（51）

《接续胜利神之延寿之仪式，请署神经 · ga^{33} la^{21} zɪ^{33} tʂu^{55} py^{21}，ʂu^{21} k ʻv^{21}》

（52）

《祭署神仪式，崇忍利恩与仄若缅徐的故事 · ʂv^{21} gv^{21}，tsʻo^{21} ze^{33} lɯ^{55} ɯ^{33} tse^{21} zo^{33} miə^{21} hy^{21} tʂər^{55} dzo^{21}》

（53）

《祭署神仪式，抛丢署铎鬼 · ʂv^{21} gv^{21}，ʂv^{21} do^{21} pʻi^{55}》

（54）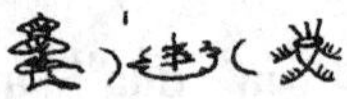

《祭署神仪式，分清署神与猛鬼，把它们送往各自住所 · ʂv^{21} gv^{21}，ʂv^{21} ne^{21} mu^{33} pʻv^{33} tʂʻɪ^{21}》

（55）

《祭战神胜利神仪式，献牲经 · ga^{3}3 py^{21}，mu^{33} dzi^{33}》

（56）

《祭胜利神仪式，迎接迁徙下来的人类祖先 · ga^{33} be^{33}，tsʻo^{21} bər^{33} sa^{55}》

（57）

《祭胜利神仪式，献饭经 · ga^{33} py^{21}，ha^{33} ʂɿ^{21}》

（58）

《祭署神仪式，杀猛鬼恩鬼经 · ʂv^{21} gv^{21}，mu^{33} ɯ^{21} sy^{55}》

（59）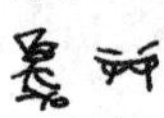

《占卜类书，以母亲生儿女之年龄所在巴格方位占卜 · ly^{21} tʻe^{33} ɯ^{33}，a^{21} me^{33} tɕi^{33} hə^{21} tɯ^{33} ly^{21}》

（60）

《禳垛鬼仪式，董述战争 · to^{55} kʻɯ^{55}，du^{21} æ^{21} ʂv^{21} æ^{21}》

（61）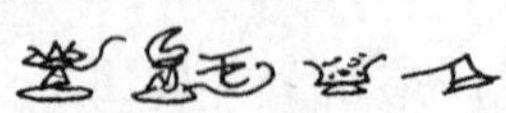

《禳垛鬼仪式，白蝙蝠求取祭祀占卜经 · to^{55} kʻɯ^{55}，py^{33} pʻæ^{21} kua^{55} ʂu^{21}》

（62）

《禳垛鬼仪式，人类的起源和迁徙的来历 · to^{55} kʻɯ^{55}，tsʻo^{21} bər^{33} tʻv^{33}》

(63) 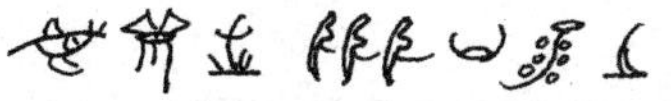

《祭季鬼仪式，驱党鬼、驱送鬼经 · tɕi^{55} kv^{33} py^{21}，dæ^{21} k‘a^{33}、tʂ‘v^{33} tɕ‘i^{33}》

(64) 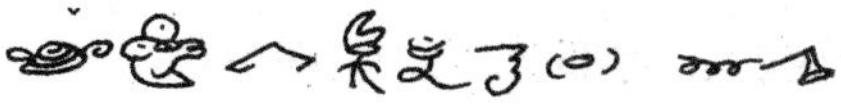

《祭凑鬼仪式，给天女纳森本蒙除秽经 · tʂ‘ə^{55} gv^{21}，mɯ^{33} mi^{55} na^{55} se^{33} py^{33} mu^{21} tʂ‘ə^{55} ʂu^{55}》

(65) 

《祭阿鬼大仪式，请好女子麻登大神来杀鬼驱鬼，施放多玛面偶经 · ua^{33} dɯ^{21} py^{21}，bɯ^{33} ɹu^{33} ma^{21} be^{33} no^{55} to^{33} ma^{33} p‘i^{55}》

(66) 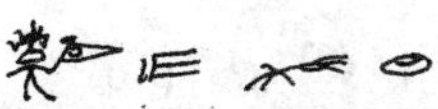

《祭阿鬼大仪式，迎请本丹神，镇鬼经 · a^{33} dɯ^{21} py^{21}，be^{21} æ^{33} sa^{55}，ts‘ɿ^{21} t‘v^{55}》

(67) 

《开丧和超度死者亡灵仪式，鸡鸣时分唤醒死者亡灵经 · ɕi^{33} k‘æ^{33} ɕi^{33} ŋv^{55}，tɕy^{21} dzo^{21}》

(68) 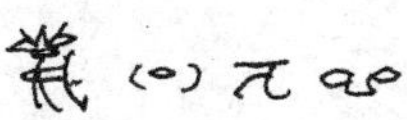

《开丧和超度死者亡灵仪式，祭司施展法力镇鬼经 · ɕi^{33} k‘æ^{33} ɕi^{33} ŋv^{55}，py^{21} dʐər^{21} t‘v^{55}》

(69) 

《开丧和超度死者亡灵仪式，执法杖经上卷 · ɕi^{33} k‘æ^{33} ɕi^{33} ŋv^{55}，mɯ^{55} t‘v^{33} ua^{33} zɿ^{33} kv^{33} tʂu^{55}》

(70) 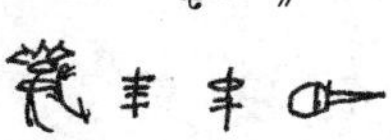

《开丧和超度死者亡灵仪式，执法杖经中卷 · ɕi^{33} k‘æ^{33} ɕi^{33} ŋv^{55}，mɯ^{55} t‘v^{33} ua^{33} zɿ^{33} ly^{55} tʂu^{55}》

(71) 

《开丧和超度死者亡灵仪式，执法杖经下卷 · ɕi^{33} k‘æ^{33} ɕi^{33} ŋv^{55}，mɯ^{55} t‘v^{33} ua^{33} zɿ^{33} mæ^{55} tʂu^{55}》

(72) 

《开丧仪式，为死者亡灵开路经 · ɕi^{33} ʂɿ^{33}，zɿ^{33} p‘u^{33}》

（73）

《开丧仪式，杀猛鬼和恩鬼经 · çi^{33} ʂɿ^{33}，mu^{33} ɯ^{21} sy^{55}》

（74）

《祭村寨神仪式，竖村寨神旗标，后部分用鸡作许愿经 · dzɪ^{33} uə^{33} py^{21}，dzɪ^{33} uə^{33} pa^{55} ts‘ɪ^{55}，mæ^{55} tʂər^{55} ku^{55} hy^{55}》

（75）

《祭村寨神仪式，除秽叙述凑鬼来历经 · dzɪ^{33} uə^{33} py^{21}，tʂ‘ə^{55} ʂu^{55} tʂ‘ə^{55} dzɪ^{33} mi^{55}》

（76）

《祭风仪式，署神之来历经 · hər^{33} be^{33}，ʂv^{21} t‘v^{33} ʂv^{21} pɯ^{55}》

（77）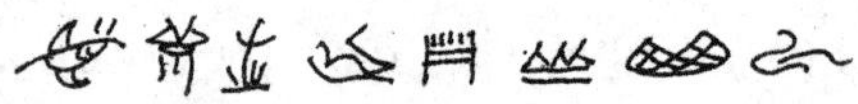

《祭季鬼仪式，季鬼及口舌是非鬼来历经，推卸祭祀责任 · tçi^{55} kv^{33} py^{21}，k‘ɯ^{55} dzo^{21} mi^{33} k‘ə^{21} p‘v^{55}》

（78）

《祭季鬼仪式，请凯冉神经 · tçi^{55} kv^{33} py^{21}，k‘æ^{33} ʐər^{33} k‘v^{21}》

（79）

《开丧仪式，挽歌（安慰死者亡灵歌） · çi^{33} ʂɿ^{33}，mu^{55} dzər^{33}》

（80）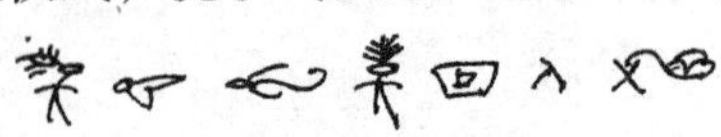

《开丧仪式，父亲们领唱着丧礼歌，母亲们和唱着丧礼歌 · çi^{33} ʂɿ^{33}，a^{33} sɪ^{21} da^{21} le^{55} dʐu^{21}，a^{21} me^{33} kɯ^{55} lɯ^{33} dʐu^{21}》

（81）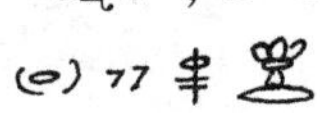

《开丧和超度死者亡灵仪式，毕聂吕董 · çi^{33} ʂɿ^{33} çi^{33} ŋv^{55}，py^{21} ȵi^{33} ly^{21} du^{33}》

（82）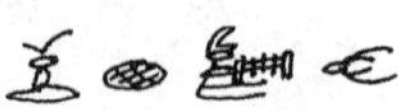

《开丧和超度死者亡灵仪式，窝姆达庚 · çi^{33} ʂɿ^{33} çi^{33} ŋv^{55}，o^{33} mu^{33} da^{21} gɯ^{33}》

（83）

《超度东巴什罗亡灵仪式，送死者亡灵到达神界的指路经上卷 · ʂər^{55} lər^{33} ŋv^{55}，he^{21} ʐɪ^{33} p‘i^{21} kv^{33} tʂu^{55}》

（84）

《超度东巴什罗亡灵仪式，送死者亡灵到达神界的指路经中卷 · ʂər^{55} lər^{33} ŋv^{55}，he^{21} ʐɿ^{33} p‘i^{21} ly^{55} tʂu^{55}》

（85）

《超度东巴什罗亡灵仪式，送死者亡灵到达神界的指路经下卷 · ʂər^{55} lər^{33} ŋv^{55}，he^{21} ʐɿ^{33} p‘i^{21} mæ^{55} tʂu^{55}》

（86）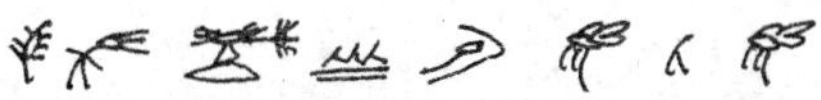

《开丧仪式，叙述粮食的来历，给死者送干粮经 · ɕi^{33} ʂɿ^{33}，æ^{33} dzɿ^{33} mi^{55}，lo^{55} ku^{55}，tɕ‘i^{21} ku^{55}》

（87）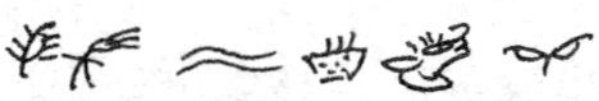

《开丧仪式，给死者亡灵送领路猪 · ɕi^{33} ʂɿ^{33}，ʐɿ^{33} ʂv^{33} bu^{21} iə^{55}》

（88）

《开丧仪式，请祭司洛崇丹恒经 · ɕi^{33} ʂɿ^{33}，da^{33} hɯ^{21} dy^{55}》

（89）

《开丧仪式，给死者棺椁钉古宋经 · ɕi^{33} ʂɿ^{33}，kv^{33} ʂu^{55} la^{55}》

（90）

《超度死者亡灵仪式，送死者亡灵走过九个黑山坡经 · ɕi^{33} ŋv^{55}，bu^{33} na^{21} gv^{33} bu^{21} p‘i^{21}》

（91）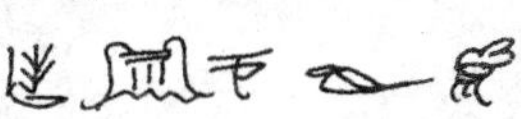

《超度死者亡灵仪式，给死者擀做白羊毛毡衣经 · ɕi^{33} ŋv^{55}，sɿ^{33} p‘ər^{21} dʑi^{33} ku^{55}》

（92）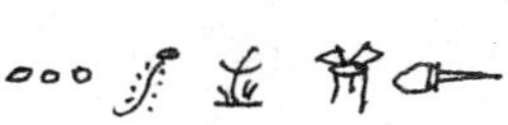

《祭星宿仪式，祭星宿经上卷 · kɯ^{33} tʂ‘v^{21} py^{21}，kv^{33} tʂu^{55}》

（93）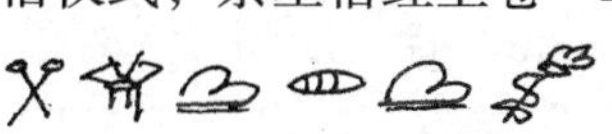

《祭季鬼仪式，驱赶景鬼崩鬼经 · tɕi^{55} kv^{33} py^{21}，dʑi^{33} bu^{33} k‘æ^{55}》

（94）

《祭阿鬼退口舌是非鬼仪式，驱送口舌是非鬼经 · ua^{33} ts‘ɿ^{21} py^{21}，tʂ‘v^{33} tɕi^{33}》

（95）

《祭阿鬼退口舌是非鬼仪式，驱鬼经下卷驱赶党鬼经 · ua^{33} ts‘ɪ^{21} py^{21}，t‘v^{55} mæ^{55} dæ^{21} k‘a^{33}》

（96）

《祭锝鬼仄鬼仪式，送锝鬼仄鬼返回祭仪结尾经 · tər^{33} tse^{21} py^{21}，tʂ‘v^{33} tɕ‘i^{33}，py^{21} mæ^{55} tər^{55}》

（97）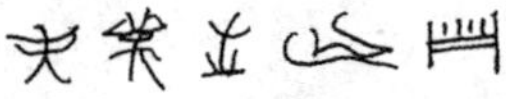

《祭锝鬼仄鬼，锝鬼仄鬼之来历经 · tər^{33} tse^{21} py^{21}，k‘ɯ^{55} dzo^{21}》

（98）

《禳鬼仪式，用面团吸附灾厄，排除疾病灾厄，鸡之出处来历经 · ts‘ɪ^{21} py^{21}，ha^{33} to^{21} gu^{33} ȵi^{33}，æ^{21} t‘v^{33} æ^{21} pɯ^{55}》

（99）

《sa^{21} da^{55} y^{21} tʂv^{33}》

（100）

《祭风鬼仪式，鬼之来历经 · hər^{33} be^{33}，k‘ɯ^{55} dzo^{21}》

（101）

《祭风鬼仪式，木牌之来历，鸡之来历经 · hər^{33} be^{33}，k‘ua^{55} t‘v^{33} pɯ^{55}，æ^{21} t‘v^{33} pɯ^{55}》

（102）

《占卜类书，用两个海贝占卜经 · ȵi^{33} dʐu^{33} bæ^{21} mæ^{33} sɪ^{21}》

（103）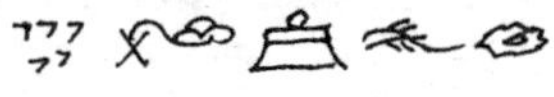

《占卜类书，用五个海贝占卜经 · ua^{33} dʐu^{33} bæ^{21} mæ^{33} sɪ^{21}》

（104）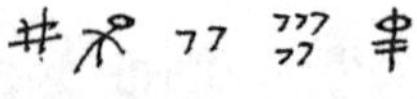

《占卜类书，以生病日子查看吉凶经 · gu^{21} ȵi^{55} ua^{33} ly^{21}》

（105）

《超度东巴什罗祭司亡灵，叙述东巴什罗身世经 · ʂər^{55} lər^{33} ŋv^{55}，ʂər^{55} lər^{33} gv^{33} t‘v^{33}》

（106）

《超度死者亡灵仪式，给死者献冥马经 · ɕi^{33} ŋv^{55}，gu^{21} tʂæ^{55}》

(107) 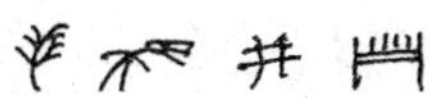

《开丧仪式，决别经 · çi^{33} ʂɿ^{33} gu^{33} dzo^{21}》

(108) 

《祭祖先仪式，迎接迁徙下来的祖先经 · y^{21} py^{21}，y^{21} bər^{33} sa^{55}》

(109) 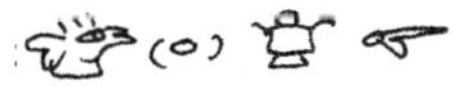

《祭祖先仪式，给祖先献饭经 · y^{21} py^{21}，y^{21} ha^{33} ʂɿ^{21}》

(110) 

《祭祖先仪式，送祖先返回先祖住地 · y^{21} py^{21}，y^{21} tʂ‘v^{33} tɕ‘i^{33}》

(111) 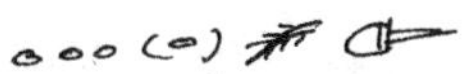

《祭星辰仪式，祭星经下卷 · kɯ^{21} py^{21} mæ^{55} tʂu^{55}》

(112) 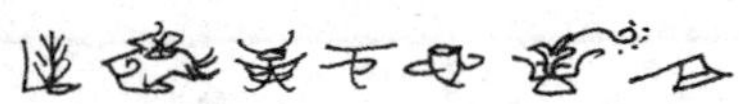

《超度死者亡灵仪式，崇忍潘迪找药经 · çi^{33} ŋv^{55}，ts‘o^{21} ze^{33} p‘ər^{33} dɯ^{21} tʂ‘ər^{33} ʂu^{21}》

［调查地点：塔城乡陇巴村委会 11 村；调查对象：杨俊；调查时间：2007 年 10 月；调查整理：和力民］

7. 和文华家收藏的东巴经书

和文华，1936 年出生，2008 年 73 岁，塔城乡堆满村委会 11 组（俗名空笼上村）人。空笼上村共 8 户人家，和文华家与陇巴村委会的 1 村（拉市落革昌）仅一山之隔，故常受请到陇巴 1 村、2 村、3 村做东巴教祭祀仪式。笔者 1994 年时曾经到过他家调查，2007 年 10 月 17 日，再次到他家调查。他说，他家的东巴是从他父亲一代学起的，他父亲叫登孜，父亲的老师叫东茨里，是因为抽两次壮丁从丽江古城的坞吕股迁来的。东茨里独身。他父亲一直向东茨里学习东巴经典，他是在 7 岁时向他父亲学习东巴文及其经典。14 岁那年新中国成立，新中国成立后两三年内还学做仪式，1956 年合作化运动以后就不做仪式了。1983 年以后又开始恢复做祭祀仪式，主要做祭天、给署神献药等仪式。和文华收藏的东巴经书基本上是祖上传下来的旧抄本，其中的《禳垛鬼仪式，用绵羊做替身，以此施放卢神和沈神及崇忍利恩的替身》等较为特别；另外《施放得仄饶仄的替身经》亦特别，篇末记有“东茨里 34 岁时书写的”字样。属和文华的父亲的老师的手抄本。他共收藏 32 本旧抄本，内容主要有祭署、祭季鬼小仪式等仪式经书。另外还有《每月十五日村里各户烧天香交纳钱财之账本》，是过去遗存下来的一个东巴文账本。这些经书，部分封面破损或缺失，或封面页字迹模糊不清。经书虽用夹板夹装、用绳捆邦，但老人把书放在二楼的一间储藏室里的高台木板板台上，那里还供放着春节和秋季祭天用的祭天米篓、祭天时折回的福泽析枝栎树枝。有一打书的书边刚被老鼠啃咬过一角。

和文华家的东巴经藏书目录如下：

（1）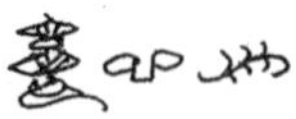

《祭署神仪式，署神的出处来历经 · ʂv^{21} gv^{21}，ʂv^{21} t‘v^{33} pɯ^{55}》

（2）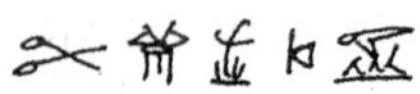

《祭季鬼小仪式，空鬼和崩鬼的来历 · tɕi^{55} ku^{33} py^{21}，k‘u^{33} ne^{21} bu^{33}t‘v^{33}》

（3）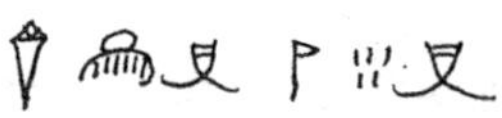

《绘木牌之内容规范 · k‘ua^{55} pər^{55} me^{33} ko^{21} ua^{33} me^{55}》

（4）封面陈旧变黑，字迹不见

《禳垛鬼仪式，举行祭仪陈述因由经 · to^{55} k‘ɯ^{55}，py^{21} ly^{33} k‘u^{33}》

（5）

《祭仄鬼饶鬼经 · tse^{21} py^{21} za^{21} py^{21}》

（6）

《禳垛鬼仪式，烧嘎巴火把驱鬼经 · to^{55} k‘ɯ^{55}，ga^{33} pa^{21} dʑi^{55}》

（7）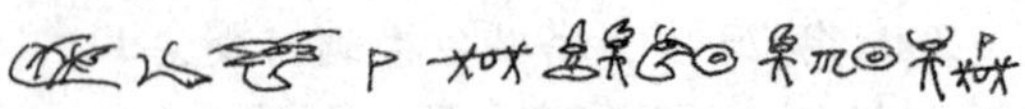

《禳垛鬼仪式，用绵羊做替身，以此施放卢神和沈神及崇忍利恩的替身 · to^{55} k‘ɯ^{55}，y^{21} nɯ^{33} ko^{21} kæ^{33} k‘ɯ^{55}，du^{21} se^{21} kə^{33} ma^{33}，ts‘o^{21} ze^{33} lɯ^{55} ɯ^{33} ko^{21} kæ^{33} ki^{33}》

（8）

《施放铒仄饶仄的替身经 · tər^{33} tse^{21} za^{21} tse^{21} ko^{21} kæ^{33} k‘ɯ^{55}》

（9）无封面，经书残破严重

《请祭司迎接祭司镇铒鬼 · py^{21} k‘v^{21} py^{21} tʂv^{33} tər^{21} zər^{21}》

（10）封面无文字

《祭素神仪式，献饭经 · sɿ^{55} k‘v^{21}，ha^{33} ʂɿ^{21}》

（11）封面无文字

《祭署神仪式之规程，鸡之来历，署神的来历，木牌画稿 · ʂv^{21} gv^{21} du^{33} mu^{21}，æ^{21} t‘v^{33} pɯ^{55}，ʂu^{21} t‘v^{33} pɯ^{55}，k‘ua^{55} ku^{33}》

（12）

《给卢神沈神除秽经 · du^{33} se^{21} tʂʻə^{55} ʂɯ^{55} tʻe^{33} ɯ^{33} me^{55}》

（13）封面字迹不清

《祭风鬼祭毒鬼祭仄鬼结尾经 · hər^{33} be^{33} dv^{33} tse^{21} py^{21} py^{21} mæ^{55} tər^{55}》

（14）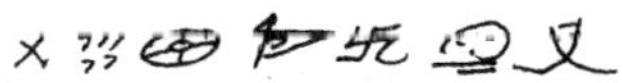

《每月十五日村里各户烧天香交纳钱财账本 · tsʻe^{21} ua^{33} ȵi^{33} tʻe^{33} ɯ^{33} ua^{21} me^{55}》

（15）书名原文省略

《祭牲畜神仪式，迎接迁徙下来的人类祖先 · no^{55} bv^{21}，tsʻo^{21} bər^{33} sa^{55}》

（16）书名原文省略

《祭素神仪式，给素神献饭经 · sɪ^{55} kʻv^{21}，sɪ^{55} ha^{33} ʂɿ^{21}》

（17）书名原文省略

《祭素神仪式，招取福禄财富之魂 · sɪ^{55} kʻv^{21}，dʐæ^{33} dzər^{55}》

（18）书名原文省略

《祭素神仪式，迎接迁徙下来的人类祖先 · sɪ^{55} kʻv^{21}，tsʻo^{21} bər^{33} sa^{55}》

（19）书名原文省略

《祭牲畜神献饭经 · no^{55} bv^{21}，ha^{33} ʂɿ^{21}》

（20）书名原文省略

《祭天神仪式，迎接迁徙下来的人类祖先 · mɯ^{33} py^{21}，tsʻo^{21} bər^{33} sa^{55}》

（21）书名原文省略

《祭天神仪式，献饭经 · mɯ^{33} py^{21}，ha^{33} ʂɿ^{21}》

（22）书名原文省略

《禳鬼仪式，举行祭仪陈述因由经 · py^{21} ly^{33} kʻu^{33}》

（23）书名原文省略

《禳鬼仪式，祭仪结尾经 · py^{21} mæ^{55} tər^{55}》

（24）书名原文省略

《祭阿鬼仪式，招喊仇敌之魂 · ʐv^{21} kʻv^{21}》

（25）书名原文省略

《祭署神仪式，高勒趣招父魂经 · ʂv^{21} gv^{21}，ka^{33} le^{21} tsʻy^{55} ua^{21} ʂər^{55}》

（26）书名原文省略

《祭祀禳鬼仪式，秽鬼之来历，给卢神沈神除秽经 · du^{33} se^{21} tʂʻə^{55} tʻv^{33} tʂʻə^{55} pɯ^{55} tʂʻə^{55} ʂɯ^{55}》

（27）书名原文省略

《禳鬼仪式，请卢神起驾，请神赐威力附体经 · du^{21} tɯ^{33} dʐər^{21} tʂæ^{55}》

（28）书名原文省略

《祭锝鬼仄鬼仪式，祭锝鬼仄鬼经 · tə^{21} tse^{21} py^{21}》

（29）书名原文省略

《烧天香仪式，给神烧天香经 · tʂ‘u^{55} pa^{33} dʑi^{55}》

（30）书名原文省略

《禳鬼仪式，叙述卢神沈神之来历，给卢神沈神除秽经 · du^{21} t‘v^{33} se^{21} t‘v^{33}, du^{33} se^{21} tʂ‘ə^{55} ʂu^{55}》

（31）书名原文省略

《祭署仪式，为普乌路招魂经 · p‘v^{33} tʂ‘ɪ^{33} u^{33} lu^{55} ua^{21} ʂər^{55}》

（32）书名原文省略

《祭季鬼仪式，退去空鬼崩鬼放下的灾厄经 · tɕi^{55} ku^{33} py^{21}, k‘u^{33} p‘v^{55} bu^{33} p‘v^{55}》

［调查地点：塔城乡堆满村委会 11 组；调查对象：和文华；调查时间：2007 年 10 月；调查整理：和力民］

二、鲁甸乡新主村委会民间流传、保存的东巴古籍

鲁甸乡位于玉龙县西北部，东与巨甸镇和黎明接壤，南与兰坪县相连，西接维西县，北与塔城乡毗邻。从玉龙县到鲁甸乡政府所在地甸心村共 145 公里。全乡辖鲁甸、新主、太平、杵峰、安东 5 个村委会，94 个村民小组。至 2007 年全乡有 4414 户，16 936 人。

新主村委会在鲁甸乡的北部，地势东面入口处低，南面、西面和北面的地势高，南、西、北三面的泉水顺着三条不规则的鹿角岔壑聚合于村委会所在地，形成一股称之为新主河的山泉河水，从西往东流去，过巨甸镇界后，入金沙江。新主村委会共 21 个自然村落，散布在这些泉水沟壑周围，分为新字片村、红字片村、金字片村和东字片村 4 个片村。

新主村委会有 21 个自然村社（村民小组），共 894 户，3982 人。其中纳西族 2687 人，普米族 610 人，傈僳族 500 人，汉族 150 人，藏族 26 人，苗族 9 人。村委会所在地东元村海拔 2400 米，属高寒山区，年平均气温 11℃，霜期 180 天左右，年平均降雨量 900 ~ 1100 毫米。农业主要种植玉米、小麦、洋芋、青稞、芸豆，还种植药材等经济作物。

新主村最早居住的纳西族始于何时，如今难以考证。但是，根据和盛典

东巴的介绍，新主村有一部分纳西族是从维西县迁徙来的，有一部分从丽江七河后山和太安迁徙来的。95%的村民为束支系的纳西族，3%左右的村民为尤支系的纳西族，玫支系、禾支系的纳西族很少。

清代末期，新主村的东巴文化闻名于纳西族地区。和世俊是一代著名的东巴大师，1860年出生，1930年逝，享年70岁。他少时曾到塔城乡依陇村崩堆（巴甸）的大东巴和永公（1824—1888）门下学习。他凭自己的智慧掌握许多经文，成为和永公的高徒。他不仅精通东巴文经典，且法事、书画和占卜等也门门精通，而且曾创造过标记藏文的音字，并且用来记录《消灾经》一部。他不仅在鲁甸和塔城有名，还在维西、中甸等纳西族地区做仪式，有很大声誉。他一生在鲁甸新主培养了许多东巴弟子，其中有七大弟子比较出名。这些弟子有：和文质，法名普支祭梭（1907—1951），享年44岁，是和世俊的养子东纳（余登普支）的儿子，也是和世俊的第一大弟子，他的汉文基础较好。东朗，法名庚套乌朗（1880—1953），享年73岁。和建勋，法名曲拖劳梭（1891—1959），享年68岁。和正才，法名东吐（1885—1963），享年78岁。和尚志，法名初吉初补（1888—1960），享年72岁。杨尚志，法名休梭休端（1875—1962），享年87岁。东才，法名嘎乌玖套（1899—1955），享年56岁。

经过清代以来几代东巴大师的努力和传承，到民国年间，新主村委会境内，以红光村（阿时主村妥鲁本村）和世俊为代表，涌现出一大批学识渊博、技能高超的东巴大师。和世俊及其养子和长孙一家，不仅拥有全套东巴经典，还有用东巴文拼写记藏语的《消灾经》等稀有经典。

1942年，著名学者李霖灿先生在中甸白地认识鲁甸东巴杨学才，又经杨学才介绍，认识了新主村东巴和才，后随和才来到新主的阿时主中村（今红光社）和文质家，在这里学习东巴经典文字8个月，并在这里系统地收集整理纳西族东巴教经典。他结合以前在各个纳西族地区调查的经典文献，最后，收集了1200多本东巴经典带回四川李庄，后来收藏在南京博物院里，这批经书中相当一部分是新主村和鲁甸乡的。和才帮助李霖灿释读东巴经书，编撰字书，最后与李霖灿合作完成《麽些象形文字字典》、《麽些标音文字字典》、《麽些经典译注九种》等，成为当代著名的东巴。

1958年9月，中国作家协会昆明分会和云南大学共同组织云南省民族民间文学丽江调查队，到纳西族地区对东巴经进行清理和摸底工作。纳西族青年木丽春来到鲁甸乡新主村调查。据说他当时从新主村收集了8驮东巴经和实物，即1700多本东巴经，2卷神路图，8幅神幢，3件法器。这些经书和文物后来收藏在原丽江纳西族自治县图书馆内，一部分经书由云南社会科学院东巴文化研究所翻译后，被收入《纳西东巴古籍译注全集》100 卷中公开出版。

新主村自清末民初以来，东巴人才辈出。20 世纪 40 年代，以和才、和文质为代表的东巴，帮助李霖灿收集、翻译东巴经。20 世纪 60 年代，和才大东巴又应邀到丽江县文化馆释读翻译东巴经。在 22 种东巴经拓印本中，有 12 种是他释读翻译的。1980 年以来，鲁甸新主东巴和云彩、和成典、和开祥以及鲁甸东巴和云章，到东巴文化研究所翻译释读东巴经，培养了一大批东巴文化研究者，参与出版了《纳西东巴古籍译注全集》100 卷工作。虽然受自 20 世纪 50 年代以来的政治运动的冲击，新主村的东巴文化遭到浩劫，大批东巴经书毁于火中，但是由于一代代东巴的传承，东巴文化仍保存在新主村民间活动中。如丧葬仍请东巴做开丧仪式，诵唱东巴经典。2008 年春节，中断了半个世纪的纳西族祭天习俗得以恢复。自 20 世纪 90 年代始，和盛典开始招收弟子，传承东巴经典仪式文化。2004 年，和桂生等人又筹办新主东巴文化学校，招收学生，传承东巴经典文字。如今，鲁甸乡新主村委会，有老、中、青不同年龄段的东巴 22 名。这当中，无论从主持仪式的多少，还是从传抄掌握东巴经书的多少来说，和盛典都称得上是如今新主村的大东巴。和盛典收藏东巴经书共 263 本。其次是和桂生，他是目前新主村主持东巴教开丧等仪式仅次于和盛典者，他现有东巴经书 31 本。

1. 和盛典收藏的东巴经书

和盛典，又名和圣典，1960 年生，2008 年 49 岁。高中学历，新主村委会红光社人，是有名的东巴大师和世俊、和文质之族裔。其父阿士福是大东巴和文质的徒弟。和盛典小时受父亲的影响，七八岁时就向父亲学习祭祖、祭署献药等仪式经典。1978 年，和盛典高中毕业回乡后，至 1988 年，他在本村完小任民办教师。1983 年，他报名参加丽江东巴文化研究室举办的“纳西族语文培训班”，接受东巴文化知识和用国际音标记录纳西语言及翻译的训练，为东巴文化的学习打下良好的基础。1988 年父亲去世后，他回到家里务农，开始做祭祖等日常祭祀仪式。从 1992 年开始，老一辈东巴相继过世，和盛典开始为村民做东巴教开丧仪式和祭署献药等仪式。从那时起，新主村以及鲁甸乡各地都请他做祭祀仪式。据他回忆，平均每月有三四家来请他做仪式，就这样一直做到 2001 年，10 年间共做了 300 多个开丧仪式。2001 年以后，他到丽江古城打工，在旅游公司的门市里为游客书写东巴文，一直到 2008 年，其间亦常回乡为村民做东巴祭仪。2005 年 4 月 2 日至 4 月 7 日，他参加了在塔城署明片村举行的由丽江古城区玉龙县 40 多个东巴参加祭祀的东巴大型求寿仪式。和盛典汉文化修养好，从小学习和掌握东巴文，又受过国际音标记音及汉译训练，自己勤学好问，从 90 年代初起，他就从民间个人手中借来东巴经书，一本本地手抄，后来又到东巴文化研究所借来复印本传抄。其中少数是他从村子里收集来的前辈东巴的经书，有几本是鲁甸东巴和云章的手抄本，这些抄本是用厚白纸和竹笔书写的。他说是和云章送给他的，这可能是和云章 80 年代在东巴文化研究室里手抄的。其余经书基本上都是和盛典个人的手抄本。据他家人说，和盛典一旦借到一本新的抄本，就会不知疲倦地去抄写。如今，他是鲁甸乡东巴藏书量最多的东巴，也是鲁甸乡能做祭天、祭祖、开丧、祭署、求寿等较多仪式，并能释读较多经书的东巴。他家的经书和东巴法器都放在正房楼上一间储藏室里。

自 1995 年始，和盛典招收弟子传承东巴教经典仪式，一般情况下，他选定在每年冬季农闲时在自己家里教。他平时为人家做开丧等仪式，弟子就跟他在仪式中学习。从 1995 年到 2000 年的 5 年里，他先后招收了 8 名弟子，传授开丧仪式经书 20 本，其中一些优秀者，已经能够独立主持开丧仪式。这 8 名弟子是和春生、和树杰、和秀文、和金康、杨国福、和桂生、和茂俊、和在典。

和盛典家收藏的东巴经书，一是种类较多，共 23 类；二是较为系统；三是书写较为规范美观；四是不断应用于祭祀活动中；五是成为鲁甸乡特别是新主村东巴学习的教材，常被学生们传抄。

和盛典家藏东巴经书目录如下：

（1）

《祭祖先仪式，祭祖先经 · y^{21} py^{21}》

（2）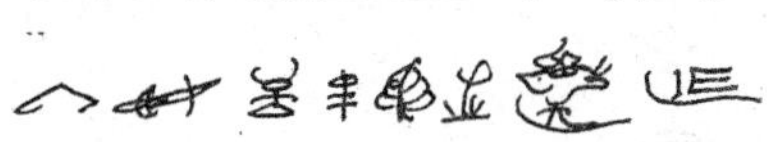

《祭天神地神居中的柏神仪式，迎接迁徙下来的人类祖先 · mɯ^{33} da^{33} k‘a^{33} dzɪ^{21} ly^{55} gv^{33} ɕy^{55} py^{21}，ts‘o^{21} bər^{33} sa^{55}》

（3）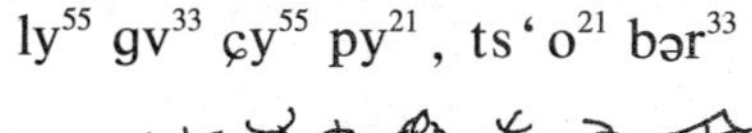

《祭天神地神居中的柏神仪式，除秽经 · mɯ^{33} da^{33} k‘a^{33} dzɪ^{21} ly^{55} gv^{33} ɕy^{55} py^{21}，ʈʂ‘ə^{55} ʂu^{55}》

（4）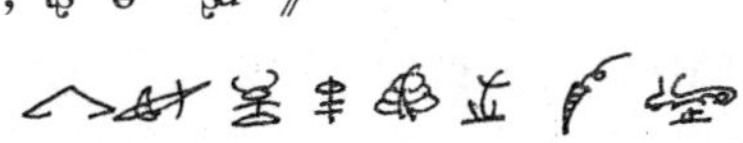

《祭天神地神居中的柏神仪式，上香经 · mɯ^{33} da^{33} k‘a^{33} dzɪ^{21} ly^{55} gv^{33} ɕy^{55} py^{21}，ɕy^{21} ʈʂɪ^{55}》

(5) 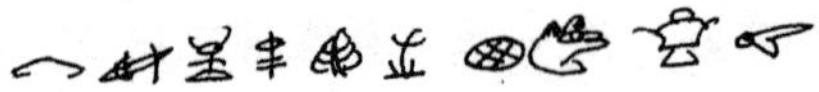

《祭天神地神居中的柏神仪式，献牲经，献饭经 · mɯ^{33} da^{33} k‘a^{33} dzɪ^{21} ly^{55} gv^{33} ɕy^{55} py^{21}，mu^{33} dzi^{33}，ha^{33} ʂɿ^{21}》

(6) 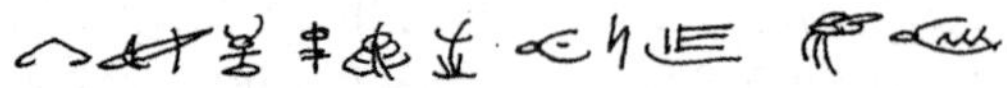

《祭天神地神居中的柏神仪式，献神药，许愿经 · mɯ^{33} da^{33} k‘a^{33} dzɪ^{21} ly^{55} gv^{33} ɕy^{55} py^{21}，k‘a^{33} tʂ‘ər^{33} sa^{55}，ku^{55} by^{55}》

(7) 

《祭牲畜神诸神仪式，迎请迁徙下来的人类祖先，赎罪，许愿 · no^{55} bv^{21}，ts‘o^{21} bər^{33} sa^{55}，dər^{33} ʂv^{55}，ku^{55} hy^{55}》

(8) 

《祭牲畜神诸神仪式，献牲，献饭，强招他人富余之福分 · no^{55} bv^{21}，mu^{33} dzi^{33} ha^{33} ʂɿ^{21} dʐæ^{33} dzər^{55}》

(9) 

《祭素神小仪式，小祭素神献饭经 · sɪ^{55} mi^{33} ku^{55}，ha^{33} ʂɿ^{21}》

(10) 

《神灵之寿岁与东巴舞谱 · p‘v^{33} la^{21} k‘v^{55} bu^{21} ne^{24} ts‘o^{33} bu^{21}》

(11) 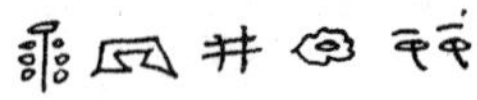

《以生病之时刻占卜病之吉凶经 · dʐɪ^{21} gə^{33} gu^{21} sɪ^{21} ly^{21}》

(12) 

《迎请本丹神，用火、水、念咒语化秽鬼之符 · be^{21} dæ^{33} sa^{55}，mi^{33} hua^{55}，dʑi^{21} hua^{55}，tʂ‘ə^{55} hua^{55} hua^{55} lv^{33}》

(13) 

《请本丹神捕鬼煮鬼及迎请东巴什罗经 · be^{21} y^{21} be^{21} tɕə^{55} ʂər^{55} lər^{33} sa^{55}》

(14) 

《以怪异现象占卜吉凶经 · do^{21} sɪ^{21} ly^{21}》

(15) 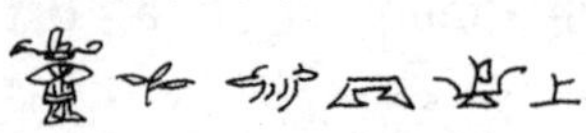

《祭素神仪式，在结婚迎新娘仪式中的祖祝歌 · sɪ^{55} k‘v^{21}，tʂ‘ər^{33} me^{33} mi^{55} ʐv^{21} mi^{55} pv^{55} kv^{33} gə^{33} k‘ue^{55} ʂə^{55}》

(16) 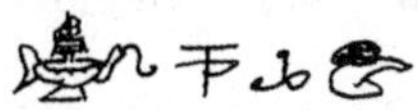

《祭凑鬼仪式，用白净水壶水，黑净水壶水念咒化符经 · tʂ‘ə^{55} gv^{21}，bo^{21}

ba^{33} p‘ər^{21} hua^{55}, bo^{21} ba^{33} na^{21} hua^{55}》

（17）

《给树神还债仪式经 · dzər^{21} ts‘y^{55} ʐua^{21}》

（18）

《开丧仪式，粮食的来历 · ɕi^{33} ʂɿ^{33}, æ^{33} dzɪ^{33} mi^{55}》

（19）

《超度死者亡灵仪式，粮食之来历 · ɕi^{33} ŋv^{55}, æ^{33} dzɪ^{33} mi^{55}》

（20）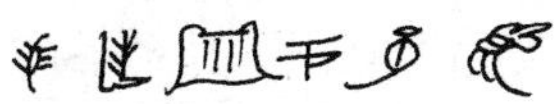

《超度死者亡灵仪式，擀制白羊毛毡衣经 · ɕi^{33} ŋv^{55}, sɪ^{33} p‘ər^{21} dʑi^{33} ku^{55}》

（21）

《超度死者亡灵仪式，禳除死亡之灾祸 · ɕi^{33} ŋv^{55}, tʂɪ^{33} k‘o^{33} tʂə^{55}》

（22）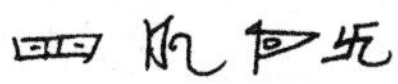

《超度死者亡灵仪式，破土经 · ɕi^{33} ŋv^{55}, tʂɪ^{33} k‘u^{33} p‘u^{33} t‘e^{33} ɯ^{33}》

（23）

《祭星神仪式，献牲、献饭 · kɯ^{21} py^{21}, mu^{33} dzi^{33}、ha^{33} ʂɿ^{21}》

（24）

《开丧仪式，祭祀与死者亡灵作对的季鬼经 · ɕi^{33} ʂɿ^{33}, ʂɿ^{33} tɕi^{55} py^{21}》

（25）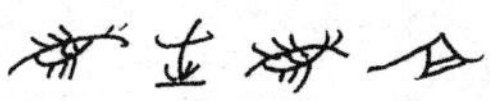

《祭猎神仪式，祭猎神经 · lɯ^{55} py^{21}, lɯ^{55} ʂu^{55}》

（26）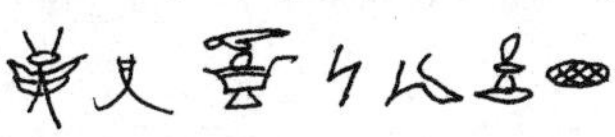

《祭壬神仪式，献饭、献药及仪式规程 · ze^{21} me^{55}, ha^{33} ʂɿ^{21} tʂ‘ər^{33} k‘ɯ^{55} du^{33} mu^{21}》

（27）

《祭壬神仪式，献牲，壬神之出处来历 · ze^{21} me^{55}, mu^{33} dzi^{33}, ze^{21} t‘v^{33} ze^{21} pɯ^{55}》

（28）

《祭壬神仪式，杀猛鬼恩鬼 · ʂv^{21} gv^{21}, mu^{33} ɯ^{21} sy^{55}》

(29) 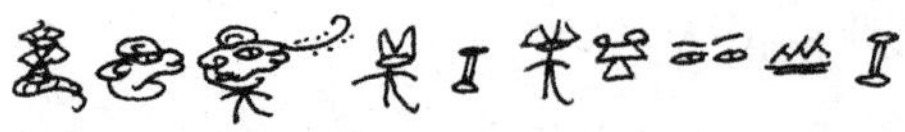

《祭署神仪式，拉朗劳增的故事，仄若缅徐的故事 · ʂv^{21} gv^{21}，la^{33} lər^{33} la^{33} tse^{55} tʂər^{55}，tse^{21} zo^{33} miə^{33} hy^{21} tʂər^{55}》

(30) 

《祭署神仪式，迎请署神经 · ʂv^{21} gv^{21}，ʂv^{21} k‘v^{21} ʂv^{21} sa^{55}》

(31) 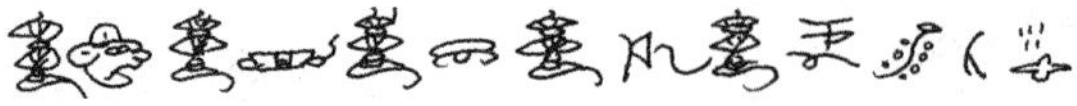

《祭署神仪式，请署神，安署神、给署神开门、解署神之结、送署神五种内容 · ʂv^{21} gv^{21}，ʂv^{21} k‘v^{21}、ʂv^{21} ha^{55}、ʂv^{21} k‘u^{33} p‘u^{33}、ʂv^{21} tər^{55} p‘ər^{21} ʂv^{21} tʂ‘v^{33} tɕi^{33} ua^{33} sy^{21}》

(32) 

《祭署神仪式，沈爪构姆与署之间的矛盾 · ʂv^{21} gv^{21}，se^{21} tʂua^{33} kə^{55} mu^{33} ʂv^{21} æ^{21}》

(33) 

《祭署神仪式，唤醒署神经 · ʂv^{21} gv^{21}，ʂv^{21} i^{55} ʂv^{33}》

(34) 

《祭署神仪式，大鹏鸟神与署神争斗经 · ʂv^{21} gv^{21}，ɕə^{33} tɕ‘y^{21} ʂv^{21} æ^{21}》

(35) 

《祭署神仪式，给署神献药经 · ʂv^{21} gv^{21}，ʂv^{21} tʂ‘ər^{33} k‘ɯ^{55}》

(36) 

《祭署神仪式，给署神献贡品，献活鸡，放五彩鸡 · ʂv^{21} gv^{21}，ʂv^{21} o^{33} dzi^{33} ʂv^{21} ku^{55} iə^{55} æ^{21} zi^{33} k‘ɯ^{55}》

(37) 

《祭署神仪式，许愿署神，偿还署神的债，给署神献药 · ʂv^{21} gv^{21}，ʂv^{21} ku^{55} hy^{55}，ʂv^{21} ts‘y^{55} ʐua^{21}，ʂv^{21} tʂ‘ər^{33} k‘ɯ^{55}》

(38) 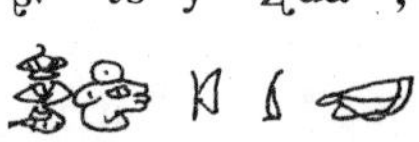

《祭署神仪式，送走守门署神 · ʂ^{21} gv^{21}，k‘u^{33} tɕ‘i^{33} p‘i^{55}》

(39) 

《隆重禳祭风鬼仪式，青年男女迁徙记 · hər^{33} la^{33} lɯ^{21} k‘ɯ^{55}，lv^{33} bər^{33} lv^{33} za^{21}》

（40）

《祭风仪式，分清哈族与桑族，用面偶吸附灾厄，消除疾病灾祸，解出灾祸之绳结 · hər^{33} be^{33}，sər^{33} by^{33} ha^{33} by^{33}，ha^{33} to^{21} gu^{33} ȵi^{33} lv^{55} p‘ər^{21}》

（41）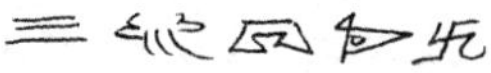

《祭风仪式，送走风鬼的经书 · hər^{33} be^{33}，hər^{33} pv^{55} gə^{33} t‘c^{33} ɯ^{33}》

（42）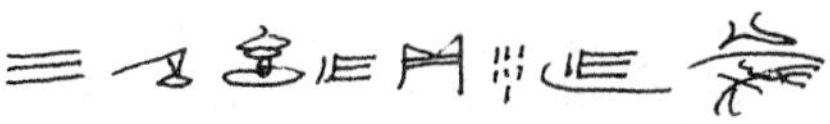

《祭风仪式，迎请刹依威德神，镇压吊死鬼 · hər^{33} be^{33}，sa^{21} lɯ^{55} uə^{33} de^{33} sa^{55}，ts‘i^{33} zər^{21}》

（43）

《祭锝鬼仪式，招锝鬼魂，偿还锝鬼的债 · tər^{21} py^{21}，tər^{21} k‘v^{21}，tər^{21} dʐu^{33} ʐua^{21}》

（44）

《祭风鬼仪式，用十二种牺牲祭祀之来历 · hər^{33} be^{33}，ts‘e^{21} ȵi^{33} mu^{33} t‘v^{33} pɯ^{55}》

（45）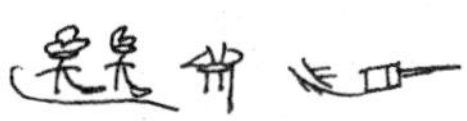

《隆重禳祭风鬼仪式，青年男女迁徙记上卷下卷 · hər^{33} la^{33} lɯ^{21} k‘ɯ^{55}，lv^{33} bər^{33} lv^{33} za^{21} kv^{33} tʂu^{55} mæ^{55} tʂu^{55}》

（46）

《关死亡之门仪式，迎接迁徙下来的人类祖先 · ʂɿ^{33} k‘u^{33} tər^{55} py^{21}，ts‘o^{21} bər^{33} sa^{55}》

（47）

《关死亡之门仪式，招魂、接气 · ʂɿ^{33} k‘u^{33} tər^{55} py^{21}，ua^{21} ʂər^{55}，sa^{55} y^{21}》

（48）

《超度死者亡灵仪式，请卢神起驾经 · ɕi^{33} ŋv^{55}，du^{21} tɯ^{33} t‘e^{33} ɯ^{33}》

（49）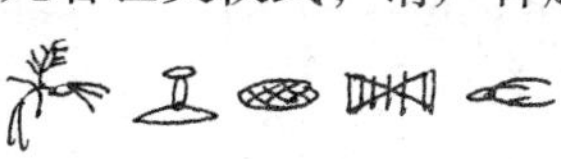

《开丧仪式，窝姆达庚 · ɕi^{33} ʂɿ^{33}，o^{33} mu^{33} da^{21} gɯ^{33}》

（50）

《超度东巴什罗祭司亡灵仪式、燃灯经 · ʂər^{55} lər^{33} ŋv^{55}，bæ^{33} mi^{33} tʂɿ^{55}》

(51) 

《祭山神仪式经书 · ʂæ³³ ʂɿ²¹ ʂu⁵⁵》

(52) 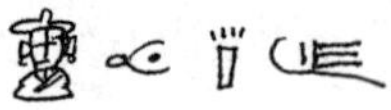

《隆重禳祭风鬼仪式，迎请考冉神 · k‘a³³ ʐər³³ sa⁵⁵》

(53) 

《给卢神沈神除秽经 · lu³³ se²¹ tʂ‘ə⁵⁵ ʂu⁵⁵》

(54) 

《祭饶神仪式，给饶神作许愿经 · za²¹ ku⁵⁵ hy⁵⁵》

(55) 

《祭仄神仪式，给仄神作许愿经 · tse²¹ ku⁵⁵ hy⁵⁵》

(56) 

《查看土皇日子经 · t‘v³³ dzɪ³³ ly²¹》

(57) 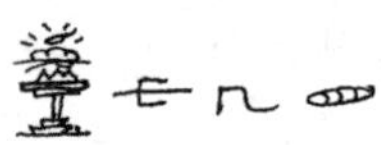

《烧天香经（共四册） · tʂ‘u⁵⁵ pa³³ dʑi⁵⁵》

(58) 

《给神灵点油灯经 · p‘v³³ la²¹ bæ³³ mi³³ tʂɪ⁵⁵》

(59) 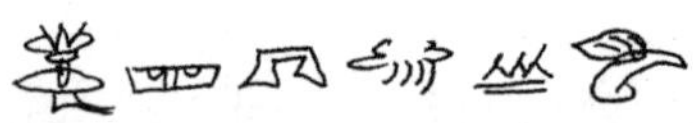

《超度东巴什罗祭司亡灵，送东巴什罗祭司亡灵，念咒化火符 · ʂər⁵⁵ lər³³ ŋv⁵⁵，ʂər⁵⁵ lər³³ gə²¹ pv⁵⁵，mi³³ hua⁵⁵》

(60) 

《禳垛鬼仪式，把柳人偶像儒欣阿巴作为崇忍潘迪的替身施放出去 · to⁵⁵ k‘ɯ⁵⁵，ʐv⁵⁵ ɕi³³ a³³ pa²¹ nɯ³³ ts‘o²¹ ze³³ p‘ər³³ dɯ²¹ ko²¹ kæ³³ k‘ɯ⁵⁵》

(61) 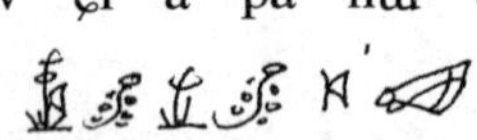

《祭除鬼仪式，举行祭仪陈述因由，抛丢除鬼之门 · tʂ‘v²¹ py²¹ py²¹ ly³³ k‘u³³，tʂ‘v²¹ k‘u³³ p‘i⁵⁵》

(62) 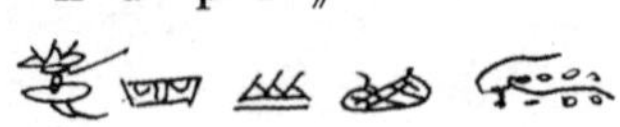

《超度东巴什罗祭司亡灵仪式，推卸东巴什罗祭司之过错罪责经 · ʂər⁵⁵ lər³³ ŋv⁵⁵，ʂər⁵⁵ lər³³ mi³³ k‘ə²¹ p‘v⁵⁵》

(63) 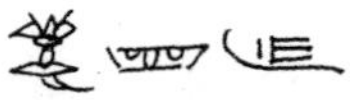

《超度东巴什罗祭司亡灵仪式，迎请东巴什罗祖师经 · ʂər^{55} lər^{33} ŋv^{55}，ʂər^{55} lər^{33} sa^{55}》

(64) 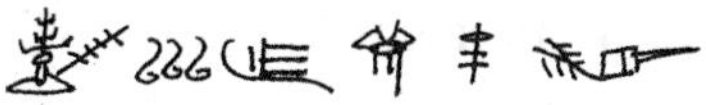

《接续神之寿岁仪式迎请莫毕当荣神上卷中卷下卷（3 本） · zɪ^{33} tʂu^{55} py^{21}，mə^{33} py^{21} zɪ^{33} ʐu^{21} sa^{55} kv^{33} tʂu^{55} ly^{55} tʂu^{55} mæ^{55} tʂu^{55}》

(65) 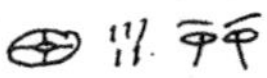

《以日子卜算吉凶经 · ȵi^{55} ua^{33} ly^{21}》

(66) 

《除秽祭秽鬼仪式，迎请十三个依端拉姆女神经 · tʂ‘ə^{55} ʂɿ^{55} tʂ‘ə^{55} kɯ^{55}，i^{33} dua^{33} la^{33} mu^{33} ts‘e^{21} sɪ^{55} kv^{33} sa^{55}》

(67) 

《隆重禳祭风鬼仪式，人类的起源、迁徙和来历 · la^{33} lɯ^{21} k‘ɯ^{55}，ts‘o^{21} bər^{33} ts‘o^{33} dzo^{21}》

(68) 

《禳垛鬼仪式，烧嘎巴火把驱鬼经 · to^{55} k‘ɯ^{55}，ga^{33} pa^{21} dʑi^{55}》

(69) 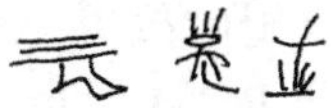

《祭风仪式，祭绝后鬼苯鬼经 · hər^{33} k‘ɯ^{55}，bɯ^{21} py^{21}》

(70) 

《禳垛鬼仪式，抛丢考虑面偶经 · to^{55} k‘ɯ^{55}，k‘a^{33} lɯ^{55} p‘i^{55}》

(71) 

《烧天香仪式，烧天香经 · tʂ‘u^{55} pa^{33} dʑi^{55} tɕi^{55}》

(72) 

《禳垛鬼仪式，董术战争，建豹寨经 · to^{55} k‘ɯ^{55}，du^{21} æ^{21} ʂv^{21} æ^{21}，dʐɪ^{33} uə^{33} ts‘ɪ^{55}》

(73) 

《除秽仪式，高勒趣与景命景珠的故事，景恒景露的故事 · tʂ‘ə^{55} gv^{21}，ka^{33} le^{21} ts‘y^{55} dʑi^{33} mi^{55} dʑi^{33} tʂv^{33} tʂər^{55} dzo^{21} dzi^{33} hɯ^{21} dzi^{33} lv^{55} tʂər^{55} dzo^{21}》

(74) 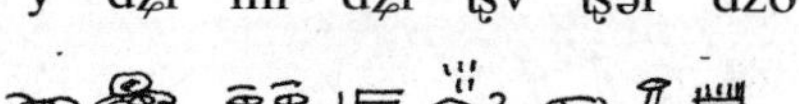

《除秽仪式，都莎昂吐的故事 · tʂ‘ə^{55} gv^{21}，do^{33} sa^{21} ŋa^{33} t‘v^{55} tʂər^{55}

dzo^{21}》

（75）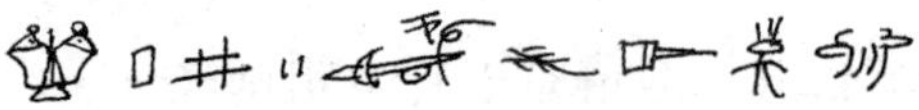

《除秽仪式，用面偶吸附灾祸，解绳结，后卷送秽鬼 · tʂ‘ə^{55} gv^{21}，ha^{33} to^{21}，gu^{33} ȵi^{33}，lv^{55} p‘ər^{21} mæ^{55} tʂu^{21} tʂ‘ə^{55} ts‘ɪ^{21} pv^{55}》

（76）

《除秽小仪式，祭仪结尾送秽鬼经 · tʂ‘ə^{55} p‘ər^{21} gv^{21}，py^{21}mæ^{55} tər^{55}，tʂ‘v^{33} tɕ‘i^{33}》

（77）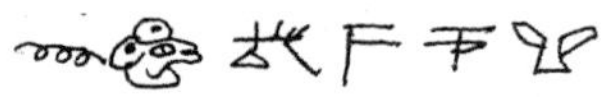

《除秽仪式，用白梭刷火把除秽经 · tʂ‘ə^{55} gv^{21}，so^{33} ʂua^{21} p‘ər^{21} t‘v^{33}》

（78）

《祭阿鬼仪式，施出景洛多玛面偶 · ua^{33} ts‘ɪ^{21} py^{21}，dʑi^{33} lo^{55} to^{33} ma^{33} p‘i^{55}》

（79）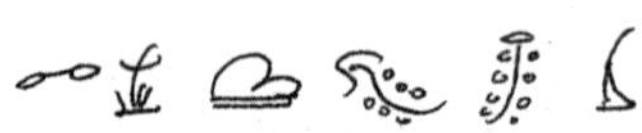

《祭阿鬼仪式，退崩鬼送走口舌是非鬼 · ua^{33} ts‘ɪ^{21} py^{21}，bu^{33} p‘v^{55} tʂ‘v^{33} tɕ‘i^{33}》

（80）

《除秽仪式，美利董主茨爪景姆，尤拉丁端套拉景姆的故事 · tʂ‘ə^{55} gv^{21}，mɯ^{33} lɯ^{55} du^{21} dzɪ^{33}，tʂ‘v^{55} tʂua^{33} dʑi^{33} mu^{33} tʂər^{55}，iə^{21} la^{55} di^{33} dua^{33} t‘a^{55} la^{33} dʑi^{33} mu^{33}》

（81）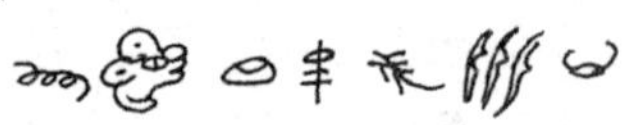

《除秽仪式，驱鬼经中卷、下卷及驱党鬼经 · tʂ‘ə^{55} gv^{21}，t‘v^{55} ly^{55}，t‘v^{55} mæ^{55}，dæ^{21} k‘a^{33}》

（82）

《除秽仪式，偿还凑鬼的债，驱赶凑鬼，最后是除秽仪式规程 · tʂ‘ə^{55} gv^{21}，tʂ‘ə^{55} dʐu^{33} ʐua^{21}，tʂ‘ə^{55} ts‘ɪ^{21} t‘v^{55}，mæ^{55} tʂu^{55} du^{33} mu^{21}》

（83）

《除秽仪式，神灵九兄弟和神女七姊妹用黑梭刷火把驱鬼除秽经 · tʂ‘ə^{55} gv^{21}，p‘v^{33} la^{21} gv^{55} be^{33} gu^{33}，la^{21} mi^{55} ʂər^{33} me^{33} he^{21} gə^{33} so^{33} ʂua^{21} na^{21} dʑi^{55}》

（84）

《除秽仪式，除秽小仪式结尾驱送凑鬼经 · tʂ‘ə^{55} gv^{21}，tʂ‘ə^{55} p‘ər^{21} gv^{21}

py^{21} mæ^{55} tər^{55}, tʂʻv^{33} tɕi^{33}》

（85）

《开丧超度死者亡灵仪式，寻找好地脉经 · ɕi^{33} ʂɿ^{33} ɕi^{33} ŋv^{55}, lɯ^{33} sa^{21} ɕə^{55}》

（86）

《超度死者亡灵仪式，向死者亡灵交代前辈祖先经 · ɕi^{33} ŋv^{55}, tʂʻər^{55} py^{21}》

（87）

《超度死者亡灵仪式，粮食的来历，给死者亡灵送途中的干粮 · ɕi^{33} ŋv^{55}, æ^{33} dzɪ^{33} mi^{55}, lo^{55} ku^{55} tɕʻi^{21} ku^{55}》

（88）

《超度死者亡灵仪式，削制死者亡灵木身 · ɕi^{33} ŋv^{55}, gv^{21} ʂu^{21} gv^{21} tse^{55}》

（89）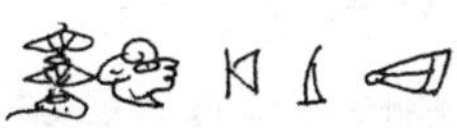

《祭署神仪式，抛丢署神之守门者木牌 · ʂv^{21} gv^{21}, kʻu^{33} tɕʻi^{33} pʻi^{55}》

（90）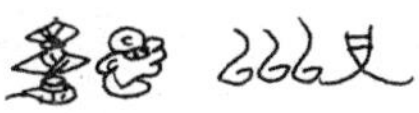

《祭署神仪式，求雨经 · ʂv^{21} gv^{21}, hɯ^{21} me^{55}》

（91）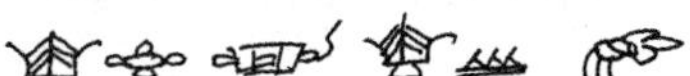

《祭素神大仪式、小祭素神经 · sɪ^{55} dɯ^{21} kʻv^{21}, sɪ^{55} mi^{33} ku^{55}》

（92）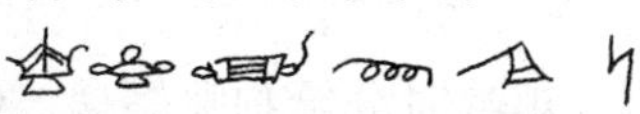

《祭素神大仪式，除秽洗秽经 · sɪ^{55} dɯ^{21} kʻv^{21}, tʂʻə^{55} ʂu^{55} tʂʻə^{55} tʂʻər^{33}》

（93）

《祭素神小仪式，小祭素神经（2 本） · sɪ^{55} mi^{33} ku^{55} tʻe^{33} ɯ^{33}》

（94）

《祭素神仪式，给素神献饭经 · sɪ 55 kʻv^{21} sɪ^{55} ha^{33} ʂɿ^{21}》

（95）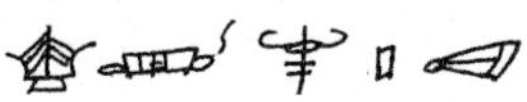

《祭素神仪式，给署神施里朵面偶经 · sɪ^{55} kʻv^{21}, li^{33} to^{33} pʻi^{55}》

（96）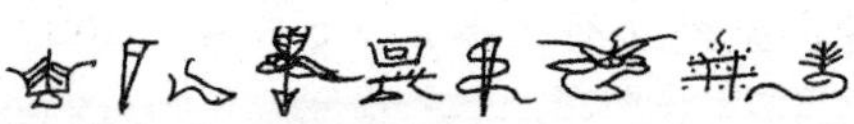

《祭素神仪式，给素神装上木桩，在神箭上拴五色涤子，强招牲畜财物富余之魂 · sɪ^{55} kʻv^{21}, sɪ^{55} kʻua^{21} kʻɯ^{55}, ta^{33} so^{33} pʻæ^{33} nɯ^{21} dʐæ^{33} dɪər^{55}》

(97) 

《祭素神仪式，强招牲畜财物和富余之魂 · sɪ^{55} k‘v^{21}，nɯ^{21} dɪər^{55} dʐæ^{33} dɪər^{55}》

(98) 

《祭素神仪式，强招牲畜财物之魂，放上素神之木桩，强招富余之魂 · sɪ^{55} k‘v^{21}，nɯ^{21} dɪər^{55}，sɪ^{55} k‘ua^{21} k‘ɯ^{55}，dʐæ^{33} dɪər^{55}》

(99) 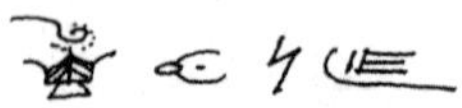

《祭素神仪式，叙述神药的来历，给素神献神药 · sɪ^{55} k‘v^{21}，k‘a^{33} ʈʂ‘ər^{33} sa^{55}，sɪ^{55} ʈʂ‘ər^{33} k‘ɯ^{55}》

(100) 

《祭素神大仪式，燃灯经 · sɪ^{55} dɯ^{21} k‘v^{21}，bæ^{33} mi^{33} ʈʂɪ^{55}》

(101) 

《开丧仪式，赞美死者贤能，给鬼施食，给绝后鬼施食，给死者亡灵献饭（2 本） · ɕi^{33} ʂɿ^{33}，dæ^{21} k‘uə^{55}，ha^{33} na^{21} p‘i^{55}，bɯ^{21} ha^{33} ts‘i^{55}，ha^{33} ʂɿ^{21}》

(102) 

《开丧仪式，在居那若罗神山四方招死者亡魂（有 3 本） · ɕi^{33} ʂɿ^{33}，ʐua^{33} lua^{33} lu^{55} p‘a^{33} ua^{21} ʂər^{55}》

(103) 

《开丧仪式，星座里叙述粮食的来历，鸡鸣时分给狗喂晨食，给死者亡灵献饭经（有 2 本） · ɕi^{33} ʂɿ^{33}，kɯ^{33} ʈʂ‘u^{21} æ^{33} dzɪ^{33} mi^{55}，æ^{21} tɕy^{21} k‘ɯ^{33} ʈʂ‘v^{33} iə^{55}，le^{55} dɯ^{21} ʂv^{55}》

(104) 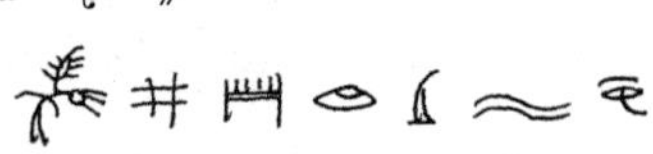

《开丧仪式，离别，送行，开路（有 3 本） · ɕi^{33} ʂɿ^{33}，gu^{33} dɪo^{21}，t‘v^{55} tɕ‘i^{33}，ʐɪ^{33} p‘u^{33}》

(105) 

《开丧仪式，唱挽歌送死者亡灵经（有 2 本） · ɕi^{33} ʂɿ^{33}，mu^{55} pv^{55}》

(106) 

《开丧仪式，毕聂吕董（有 2 本） · ɕi^{33} ʂɿ^{33}，py^{21} ɳi^{33} ly^{21} du^{33}》

(107) 

《开丧仪式，接死者亡灵，杀猛鬼恩鬼 · çi^{33} ʂɿ^{33}，ʐɪ^{21} tʂv^{21} mu^{33} ɯ^{21} sy^{55}》

(108) 

《开丧仪式，给死者亡灵送去冥界途中的干粮经 · çi^{33} ʂɿ^{33}，lo^{55} ku^{55} tɕ'i^{21} ku^{55}》

(109) 

《开丧仪式，送死亡之星鬼，送重丧鬼 · çi^{33} ʂɿ^{33}，ʂɿ^{33} kɯ^{21} ʂɿ^{33} sa^{21} pv^{55}》

(110) 

《开丧仪式，鸡鸣时分唤醒死者，祭司施展法力，开路，用面偶吸附灾厄解绳结，水之来历，用水洗秽 · çi^{33} ʂɿ^{33}，tɕy^{21} dzo^{21}，dʐər^{21} t'v^{55}，ʐɪ^{33} p'u^{33}，ha^{33} to^{21} gu^{33} ȵi^{33} lv^{55} p'ər^{21} dʑi^{21} t'v^{33} pɯ^{55} tʂ'ə^{55} tʂ'ər^{33}》

(111) 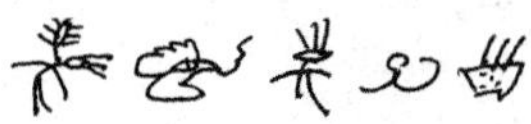

《开丧仪式，鸡鸣时分唤醒死者经 · çi^{33} ʂɿ^{33}，æ^{21} tɕy^{21} ts'ɪ^{21} i^{55} ʂv^{33}》

(112) 

《开丧仪式，鸡鸣时分唤醒死者，祭司施展法力，用面偶吸附灾厄，水之来历，用水洗秽 · çi^{33} ʂɿ^{33}，tɕy^{21} dzo^{21}，dʐər^{21} t'v^{55}，ha^{33} to^{21} dʑi^{21} t'v^{33} dʑi^{21} pɯ^{55} tʂ'ə^{55} tʂ'ər^{33}》

(113) 

《祭阿鬼仪式，以大鹏鸟神的体曲多玛面偶驱鬼经 · ua^{33} py^{21}，çə^{21} tɕ'y^{55} to^{33} ma^{55} no^{55}》

(114) 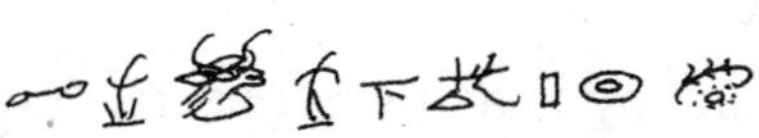

《祭阿鬼仪式，以青龙狮子和大鹏鸟神之面偶来驱鬼经 · ua^{33} py^{21}，bər^{21} tɕ'y^{33} si^{21} so^{33} to^{33} ma^{33} no^{55}》

(115) 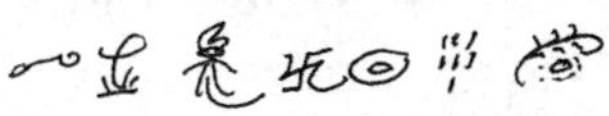

《祭阿鬼仪式，以麻登女神面偶驱鬼经 · ua^{33} py^{21}，bɯ^{33} ɯ^{33} ma^{21} de^{33} no^{55}》

(116) 

《驱赶口当鬼仪式，给口当鬼献牲经 · tər^{33} ts'ɪ^{21} t'v^{55}，mu^{33} ku^{55}》

(117) 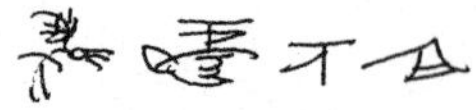

《开丧仪式，求神灵赐威力经 · çi^{33} ʂɹ^{33} p‘v^{33} la^{21} dʐər^{21} ʂu^{21}》

(118) 

《超度东巴什罗亡灵仪式，为东巴什罗祭司亡灵丢弃考利面偶 · ʂər^{55} lər^{33} ŋv^{55}，ʂər^{55} lər^{33} k‘a^{33} lɯ^{55} p‘i^{55}》

(119) 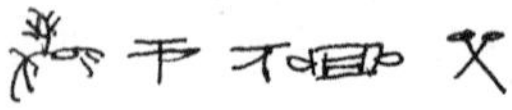

《开丧仪式，小型求神灵赐威力经 · çi^{33} ʂɹ^{33}，p‘v^{33} la^{21} dʐəv^{21} tʂə^{55} tçi^{55}》

(120) 

《开丧仪式，唤醒神灵经 · çi^{33} ʂɹ^{33}，p‘v^{33} la^{21} i^{55} ʂv^{33}》

(121) 

《迎请神灵，送灵，送卢神沈神 · p‘v^{33} la^{21} sa^{55}，p‘v^{33} la^{21} pv^{55}，du^{33} se^{21} pv^{55}》

(122) 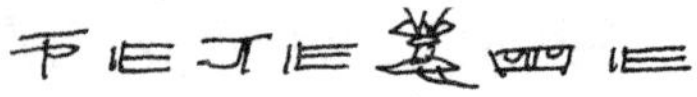

《迎请盘神闪神，迎请东巴什罗神 · p‘ər^{21} sa^{55} ʂæ^{21} sa^{55}，ʂər^{55} lər^{33} sa^{55}》

(123) 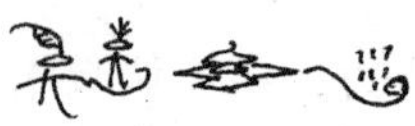

《高勒趣招回父亲敖高勒之魂 · ka^{33} le^{21} ts‘y^{55} nɯ^{33} a^{33} sɪ^{21} a^{21} ka^{33} le^{21} ua^{21} ʂər^{55}》

(124) 

《烧天香仪式，给自然神施里朵面偶 · tʂ‘u^{55} pa^{33} dʑi^{55}，vi^{33} to^{33} p‘i^{55}》

(125) 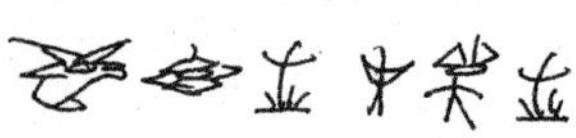

《禳鬼仪式，祭锝鬼仄鬼经 · nɯ^{21} py^{21} ua^{21} py^{21}，tər^{33} tse^{21} py^{21}》

(126) 

《开丧超度死者亡灵，普乌露招魂经 · çi^{33} ʂɹ^{33} çi^{33} ŋv^{55}，p‘v^{55} ts‘ɪ^{21} uə^{33} lu^{55} ua^{21} ʂər^{55} ʂər^{55} dzo^{21}》

(127) 

《开丧超度仪式，给死者亡灵开辟达到神界之路，驱赶冷凑鬼，镇压冷凑鬼 · çi^{33} ʂɹ^{33} çi^{33} ŋv^{55}，he^{21} ʐɪ^{33} p‘i^{21}，le^{21} tʂ‘ə^{55} dʐɪ^{21}，le^{21} tʂ‘ə^{55} zər^{21}》

（128）

《超度死者亡灵仪式，给死者亡灵放陪伴鸡·ɕi^{33} ʂɿ^{33} ɕi^{33} ŋv^{55}，tsi^{55} mi^{33} k‘ɯ^{55}》

（129）

《超度东巴什罗祭司亡灵仪式，驱赶冷凑鬼，打通走过九座黑坡之路·ʂər^{55} lər^{33} ŋv^{55}，le^{21} tʂ‘ə^{55} dʐɿ^{21}，bu^{33} na^{21} gv^{33} bu^{21} p‘i^{21}》

（130）

《超度死者亡灵仪式，给死者亡灵献冥马经·ɕi^{33} ŋv^{55}，gu^{21} tʂæ^{55}》

（131）

《超度拉姆女神亡灵仪式，烧拉姆之灵堂冥房经·la^{33} mu^{33} ŋv^{55}，vi^{33} t‘a^{21} dʑi^{55}》

（132）

《超度拉姆女神亡灵仪式，尼坞地狱里的血湖之来历·la^{33} mu^{33} ŋv^{55}，n̩i^{33} uə^{33} ʂæ^{33} hɯ^{55} t‘v^{33}》

（133）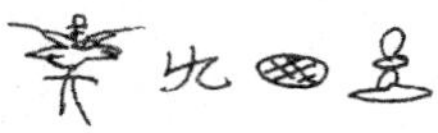

《丧葬超度死者亡灵仪式，孝顺的儿子杀羊砍羊皮祭献死者经·ɕi^{33} ʂɿ^{33} ɕi^{33} ŋv^{55}，lɯ^{33} y^{21} zo^{33} ɯ^{33} mu^{21} du^{33}》

（134）

《丧葬超度死者亡灵仪式，孝顺的儿子挎着獐皮口袋送别死者经·ɕi^{33} ŋv^{55}，le^{33} he^{21} hæ^{55}》

（135）

《超度东巴什罗祭司亡灵仪式，在死者的家门口迎接祭司经·ʂər^{55} lər^{33} ŋv^{55}，ts‘ɪ^{55} py^{21} ly^{55} k‘u^{33} dv^{21} py^{21} tʂv^{33}》

（136）

《祭胜利神仪式，在房屋顶上竖胜利神树·ga^{33} py^{21}，dʑi^{21} kv^{33} ga^{33} ts‘ɪ^{55}》

（137）

《超度贤能者亡灵仪式，虎的来历·tʂua^{21} dæ^{21} ŋv^{55}，la^{33} t‘v^{33} la^{33} pɯ^{55}》

（138）

《超度东巴什罗祭司亡灵，退祭司生前过失带来的口舌是非鬼 · ʂər^{55} lər^{33} ŋv^{55}，k‘ua^{33} p‘v^{55} dʐɿ^{33} p‘v^{55}》

（139）

《超度美利董主亡灵仪式，优麻神伐鬼树 · du^{21} ts‘ɿ^{21} ŋv^{55}，iə^{33} ma^{21} dzər^{21} ts‘e^{55}》

（140）

《超度东巴什罗祭司亡灵仪式，开罗梭鬼门经 · ʂər^{55} lər^{33} ŋv^{55}，lua^{21} so^{33} k‘u^{33} p‘u^{33}》

（141）

《超度东巴什罗祭司亡灵仪式，打开詹古柜之门 · ʂər^{55} lər^{33} ŋv^{55}，tʂæ^{33} gv^{33} k‘u^{33} p‘u^{33}》

（142）

《超度东巴什罗祭司亡灵仪式规程及出处来历 · ʂər^{55} lər^{33} ŋv^{55} du^{33} mu^{21}，pɯ^{21} lɯ^{33} ʂu^{33} mu^{21}》

（143）

《超度新的情死鬼仪式，给吊死情死者献上绵羊和鸡 · iə^{21} ʂɿ^{55} ŋv^{55}，ts‘ɿ^{33} y^{21} ts‘i^{33} æ^{21} la^{21} ta^{33}》

（144）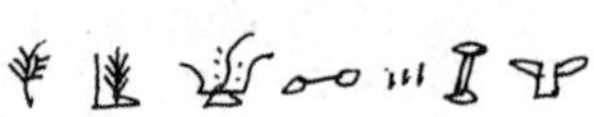

《超度死者亡灵仪式，叙述三样醇酒之来历 · çi^{33} ŋv^{55}，ʐɿ^{33} ua^{33} sɿ^{55} tʂər^{33} t‘v^{33}》

（145）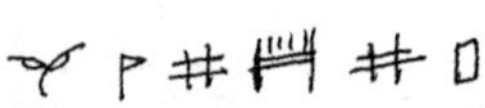

《开丧超度死者亡灵仪式，在家里与家人生死离别、判生死 · çi^{33} ʂɿ^{33} çi^{33} ŋv^{55}，iə^{33} ko^{21} gu^{33} dzo^{21} gu^{21} to^{55}》

（146）

《超度东巴什罗祭司亡灵仪式，色肯朵桑 · ʂər^{55} lər^{33} ŋv^{55}，se^{21} k‘ɯ^{33} tp^{33} ʂæ^{33}》

（147）

《超度死者亡灵仪式，请舅父摧毁玻人的九个村寨 · çi^{33} ŋv^{55}，gv^{21} kɯ^{55} bə^{33} uə^{33} p‘v^{21}》

(148) 

《祭景仄景饶神，祭山神，祭蒙皓嘎劳神，祭土神 · dʑi^{33} tse^{21} dʑi^{33} za^{21} ʂu^{55}, ka^{55} tse^{33} ʂu^{55}, mu^{21} ha^{55} ga^{33} la^{21} ʂu^{55}, t'v^{33} ʂu^{55}》

(149) 

《祭素神仪式，给神木偶面偶除秽，神坛除秽，献祭粮，点油灯作供养 · sɪ^{55} k'v^{21}, se^{33} do^{33} ʂu^{55}, tʂ'ə^{55} ʂu^{55}, kua^{55} o^{55}, bæ^{33} mi^{33} tʂɪ^{55}》

(150) 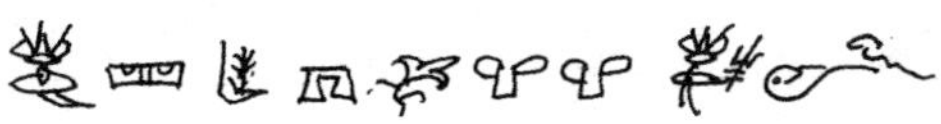

《超度东巴什罗祭司亡灵仪式，格巴弟子们协力掘开毒鬼黑湖 · ʂəɪ^{55} lər^{33} ŋv^{55}, gə^{33} ba^{21} t'v^{33} t'v^{33}, dv^{21} hɯ^{55} ha^{21} p'v^{21}》

(151) 

《超度东巴什罗祭司亡灵仪式，送走女魔斯命麻佐固松麻 · ʂər^{55} lər^{33} ŋr^{55}, sɪ^{33} mi^{55} ma^{21} tso^{33} kv^{55} ʂu^{33} ma^{21} pv^{55}》

(152) 

《超度东巴什罗祭司亡灵仪式，什罗衬仲 · ʂər^{55} lər^{33} ŋv^{55}, ʂər^{55} lər^{33} ts'e^{55} dʐu^{55}》

(153) 

《超度东巴什罗祭司亡灵仪式，厅洛畅中卷 · ʂər^{55} lər^{33} ŋv^{55}, t'i^{55} lo^{55} tʂ'æ^{55} ly^{55} tʂu^{55}》

(154) 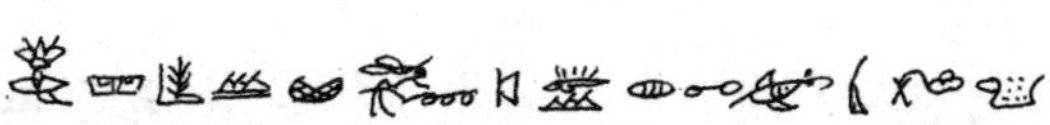

《超度东巴什罗祭司亡灵仪式，偿还米克鬼冷凑鬼空鬼崩鬼季鬼其鬼的债 · ʂər^{55} lər^{33} ŋv^{55}, mi^{33} k'ə^{21} le^{21} tʂ'ə^{55} k'u^{33} bu^{33} dʑi^{33} ua^{33} tɕ'i^{55} tɕ'i^{21} dʐu^{33} ʐua^{21}》

(155) 

《超度东巴什罗祭司亡灵仪式，求神赐威力附体，招死者生前福泽 · ʂər^{55} lər^{33} ŋv^{55}, dʐər^{21} tʂæ^{55}, tæ^{55} ʂɪ^{33} ʂu^{21}, no^{33} ua^{21} sa^{55}》

(156) 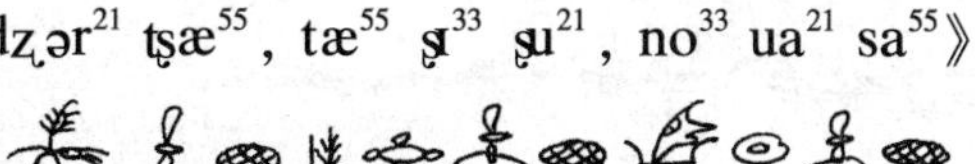

《开丧仪式规程、大型超度死者亡灵仪式规程，制作多玛面偶规程 · ɕi^{33} ʂɪ^{33} du^{33} mu^{21}, ŋv^{55} dɯ^{21} du^{33} mu^{21}, to^{33} ma^{33} du^{33} mu^{21}》

(157) 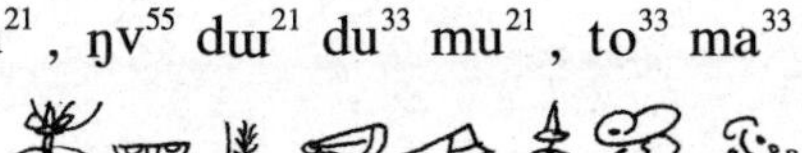

《超度东巴什罗祭司亡灵仪式，东巴什罗失踪，寻找东巴什罗，掘开毒鬼

之黑湖 · ʂər^{55} lər^{33} ŋv^{55}，ʂər^{55} lər^{33} p‘i^{55}，ʂər^{55} lər^{33} ʂɹ^{21}，dv^{21} hɯ^{55} na^{21} p‘v^{21}》

（158）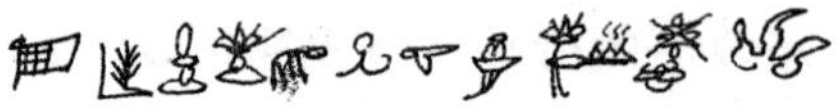

《祭胜利者亡灵仪式，董的祭司益世补佐带着金色银色火把寻找胜利者 · ga^{33} ŋv^{55}，dɯ^{21} gə^{33} py^{33} bv^{21} i^{21} tʂɿ^{55} bu^{21} dzo^{33} nɯ^{33} ŋv^{33} hæ^{21} mi^{33} t‘v^{21} tʂɿ^{55}，ga^{33} p‘i^{55} ga^{33} le^{33} ʂɹ^{21}》

（159）

《超度拉姆亡灵仪式，抛丢给冷凑鬼的多玛面偶 · la^{33} mu^{33} ŋv^{55}，le^{21} tʂ‘ə^{55} to^{33} ma^{33} p‘i^{55}》

（160）

《超度拉姆亡灵仪式，衬依景姆抛丢考利面偶经 · la^{33} mu^{33} ŋv^{55}，ts‘e^{55} i^{33} dʐi^{33} mu^{33} k‘a^{33} lɯ^{55} p‘i^{55}》

（161）

《超度东巴什罗祭司亡灵仪式，东巴什罗身世来历经 · ʂər^{55} lər^{21} ŋv^{55}，ʂər^{55} lər^{33} gv^{21} t‘v^{33}》

（162）

《在墓地里给祖先献饭经 · fe^{21} lo^{21} y^{21} ha^{33} ʂɿ^{21}》

（163）

《美利董主，崇忍利恩解开生者与死者牵手相连绳结 · mɯ^{33} lɯ^{55} du^{21} dzɿ^{33} ts‘o^{21} ze^{33} lɯ^{55} ɯ^{33} ʂɿ^{33} sɿ^{21} la^{21} tʂu^{55} p‘ər^{21}》

（164）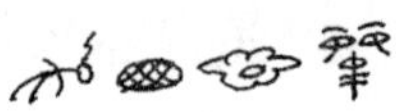

《以梦兆占卜吉凶经 · i^{55} mu^{33} sɿ^{21} ly^{21}》

（165）

《祭三朵神，祭山神，祭灶神经 · ʂæ^{33} do^{33} ʂɹ^{55}，ʂɿ^{55} ʐɿ^{21} ʂɹ^{55}，tso^{33} ʂɹ^{55}》

（166）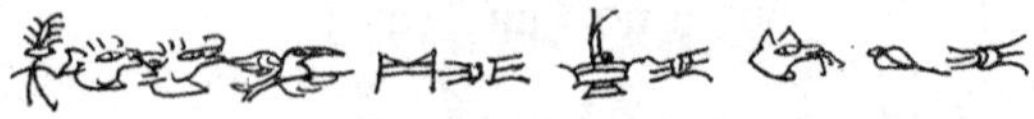

《卜算一生福禄，卜算精吴五行，卜算食禄，卜算厄年经 · ɕi^{33} y^{21} bu^{33}，dzi^{33} ue^{21} tsɿ^{21}，ha^{33} tɕ‘i^{21} tsɿ^{21}，k‘v^{55} dʐi^{33} tsɿ^{21}》

（167）

《超度死者亡灵仪式，超度死者亡灵使之续祖，叙述粮食之来历 · ŋv^{55} dzo^{21} ŋv^{55} tʂu^{33}，æ^{33} dzɿ^{33} mi^{55}》

(168) 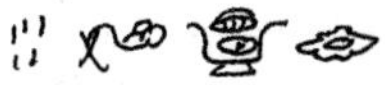

《以五个海贝占卜经 · ua^{33} dʐu^{33} bæ^{21} mæ^{33} sɪ^{21}》

(169) 

《祭天神、地神和居中的柏神仪式，许愿、献神药经 · mɯ^{33} da^{33} k‘a^{33} dzɪ^{21} ly^{55} gv^{33} çy^{55} py^{21} ku^{55} hy^{55}、k‘a^{33} tʂ‘ər^{33} sa^{55}》

(170) 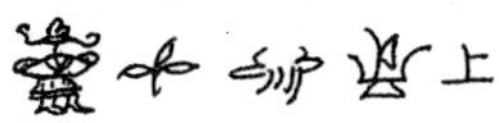

《祭素神仪式，在接新娘送新娘的婚礼上唱的祝婚歌 · tʂ‘ər^{33} me^{33} mi^{55} ʐv^{21} mi^{55} pv^{55} kv^{33} gə^{33} k‘uə^{55} ʂə^{55}》

(171) 

《大型烧天香仪式，大型烧天香经 · tʂ‘u^{55} pa^{33} dʑi^{55} dɯ^{21}》

(172) 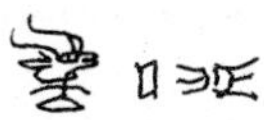

《男女婚配占卜经 · dzɪ^{21} to^{55} tsɪ^{21}》

(173) 

《以鲁扎占卜经 · lv^{33} tsa^{21} tsɪ^{21}》

(174) 

《以两个海贝占卜经 · ȵi^{33} dʐu^{33} bæ^{21} mæ^{33} sɪ^{21} ly^{21}》

(175) 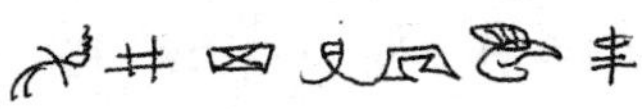

《给病人化符治病的咒语 · çi^{33} gu^{21} çi^{33} ts‘ər^{33} me^{33} gə^{33} hua^{55} ly^{33}》

(176) 

《祭三朵神和山神的经书 · ʂæ^{33} do^{33} ʂu^{55} ʂɪ^{55} ʐɪ^{21} ʂu^{55} t‘e^{33} ɯ^{33}》

(177) 

《开丧指路的规程，超度死者亡灵的规程，制作多玛面偶的规程（有 2 本）· çi^{33} ʂɪ^{33} ʐɪ^{33} me^{55} du^{33} mu^{21}，ŋv^{55} dɯ^{21} du^{33} mu^{21}，to^{33} ma^{33} du^{33} mu^{21} ua^{21} me^{55}》

(178) 

《祭仄神，给仄神许愿 · tse^{21} ku^{55} hy^{55}》

(179) 

《祭饶神，给饶神许愿 · za^{21} ku^{55} hy^{55}》

(180) 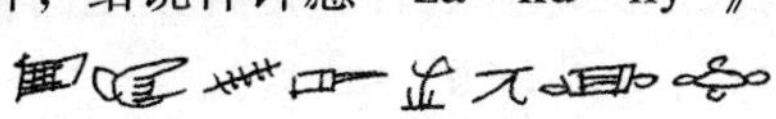

《延续胜利神寿岁仪式，求神赐威力附体经 · ga^{33} la^{21} zɪ^{33} tʂu^{55} py^{21}， dʐər^{21} tʂæ^{55} dɯ^{21}》

(181) 

《延续胜利神寿岁仪式，迎接拉姆女神 · ga^{33} la^{21} zɪ^{33} tʂu^{55} py^{21}, la^{33} mu^{33} sa^{55}》

(182) 

《延续胜利神寿岁仪式，祭罗莎补朗经上卷、中卷、下卷 · zɪ^{33} tʂu^{55} py^{21}, lua^{21} sa^{55} bu^{21} lər^{55} ʂu^{55} kv^{33} tʂu^{55} ly^{55} tʂu^{55} mæ^{55} tʂu^{55}》

(183) 

《延续胜利神寿岁仪式，给神灵献绵羊，在神树神座前叙述献羊意义，招留福泽 · zɪ^{33} tʂu^{55} py^{21}, y^{21} mu^{33} k‘ɯ^{55}, dv^{21} tsɪ^{33} gɯ^{33}, no^{33} ua^{21} sa^{55}》

(184) 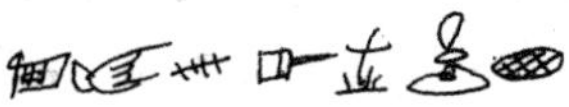

《延续胜利神之寿岁仪式规程 · ga^{33} la^{21} zɪ^{33} tʂu^{55} py^{21} du^{33} mu^{21}》

(185) 

《延续胜利神之寿岁仪式，接续神之年岁和寿岁经下卷 · zɪ^{33} tʂu^{55} py^{21} k‘v^{55} tʂu^{55} zɪ^{33} tʂu^{55} mæ^{55} tʂu^{55}》

(186) 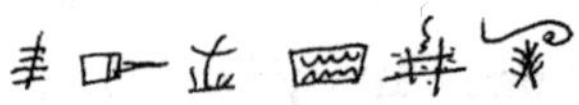

《延续胜利神之寿岁仪式，强招富足之福泽魂 · zɪ^{33} tʂu^{55} py^{21}, hɯ^{21} dʐæ^{33} dzər^{55}》

(187) 

《延续胜利神之寿岁仪式，送龙神经 · zɪ^{33} tʂu^{55} py^{21}, lv^{21} pv^{55}》

(188) 

《求胜利神赐寿岁仪式，在正房屋里迎请华神降临经 · zɪ^{33} tʂu^{55} py^{21}, iə^{33} ko^{21} hua^{21} k‘ɯ^{55}》

(189) 

《求胜利神赐寿岁仪式，迎请天上的玖补大神，请神开天门经 · zɪ^{33} tʂu^{55} py^{21}, dʑə^{21} bv^{33} he^{33} dɯ^{21} ka^{33} tɕ‘i^{33}, mɯ^{33} k‘u^{33} p‘u^{33}》

(190) 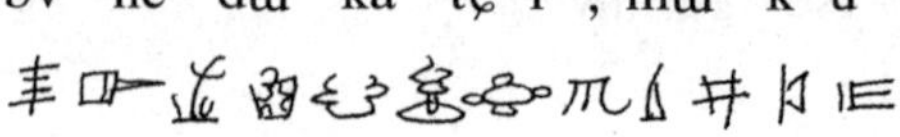

《求胜利神赐寿岁仪式，迎请天上的玖补大神，请神镇厄门经 · zɪ^{33} tʂu^{55} py^{21}, dʑə^{21} bv^{33} he^{33} dɯ^{21} ka^{33} tɕ‘i^{33}, gu^{21} k‘u^{33} sa^{33}》

（191）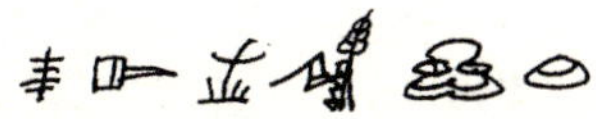

《求胜利神赐寿岁仪式，砍绿色柏树神梯之台阶经·zɪ^{33} tʂu^{55} py^{21}，ɕy^{55} hər^{21} le^{33} dʑi^{21} pa^{55} t‘v^{55}》

（192）

《求胜利神赐寿仪式，建署神之白塔·zɪ^{33} tʂu^{55} py^{21}，ʂv^{24} gə^{33} t‘a^{55} p‘ər^{21} ts‘ɪ^{55}》

（193）

《求胜利神赐寿岁抵灾仪式，抵住天子考欣考罗九兄弟放下来的凄鬼旨鬼之灾祸·mɯ^{33} zɪ^{33} k‘ua^{33} ɕi^{21} k‘ua^{33} lua^{21} gv^{55} zɪ^{33} gv^{55} zɪ^{33} gə^{33} tʂ‘ə^{55} nɯ^{33} dʑɪ^{33} tv^{55}》

（194）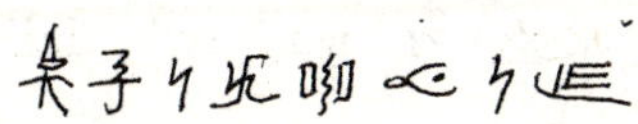

《求胜利神赐寿岁仪式，叙述神药之来历，以神药祭献神灵·zɪ^{33} tʂu^{55} py^{21}，dv^{33} tsɪ^{33} tʂ‘ər^{33} ɯ^{33} gɯ^{33}，k‘a^{33} tʂ‘ər^{33} sa^{55}》

（195）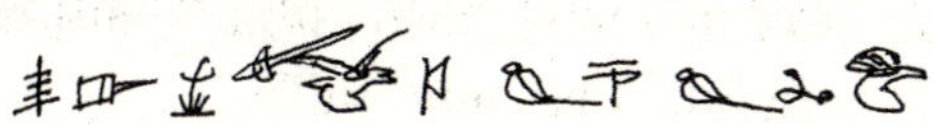

《求胜利神赐寿岁仪式，杀绵羊，念咒语化黑水白水之符·zɪ^{33} tʂu^{55} py^{21}，y^{21} k‘o^{55}，dʑi^{33} p‘ər^{21} dʑi^{33} na^{21} hua^{55}》

（196）

《求胜利神赐寿岁仪式，给胜利祖先神和华神献饭经·zɪ^{33} tʂu^{55} py^{21}，ga^{33} la^{21} y^{21} ha^{33} ʂɿ^{21}，hua^{21} ha^{33} ʂɿ^{21}》

（197）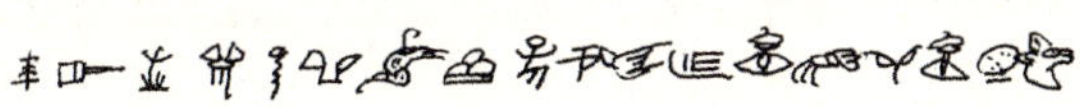

《求胜利神赐寿岁仪式，建神座，迎请大神，给神献供品·zɪ^{33} tʂu^{55} py^{21}，kv^{55} dʑi^{21} t‘v^{21}，ʐɪ^{21} lv^{33} tɯ^{21}，p‘v^{33} la^{21} sa^{55}，he^{21} ku^{55} iə^{55}，he^{21} u^{55} dzi^{33}》

（198）

《求胜利神赐寿岁仪式，搭金色银色的神桥，开松石色宝石色的神路·zɪ^{33} tʂu^{55} py^{21}，ŋv^{21} dzo^{21} hæ^{21} dzo^{21} tso^{55}，ua^{21} ʐɪ^{33} tʂ‘u^{21} ʐɪ^{33} t‘v^{55}》

（199）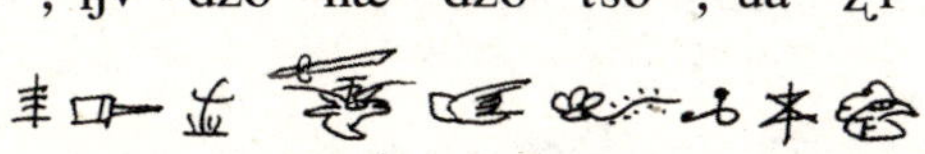

《求胜利神赐寿岁仪式，杀白绵羊祭献胜利神，以祭献给胜利神的白绵羊的神情占卜·zɪ^{33} tʂu^{55} py^{21}，ga^{33} la^{21} y^{21} p‘ər^{21} k‘o^{55}，ga^{33} la^{21} y^{21} p‘ər^{21} la^{55} lər^{33} na^{21} tʂ‘æ^{33} ɕə^{55}》

(200) 

《求胜利神赐寿岁仪式，察看拴白绵羊的绳子占卜 · zɪ^{33} tʂu^{55} py^{21}，y^{21} p‘ər^{21} p‘æ^{33} æ^{21} çə^{55}》

(201) 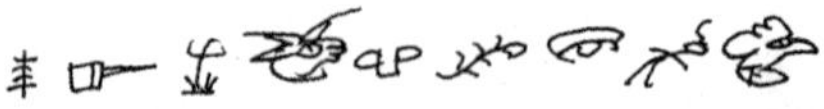

《求胜利神赐寿岁仪式，叙述绵羊之出处来历，解绵羊夜晚所梦之吉凶 · zɪ^{33} tʂu^{55} py^{21}，y^{21} t‘v^{33} y^{21} pɯ^{55}，k‘v^{55} ha^{55} i^{55} mu^{33} çə^{55}》

(202) 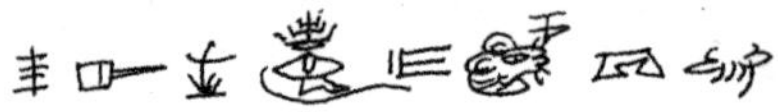

《求胜利神赐寿岁仪式，迎请本丹神，送神灵返回上方神界 · zɪ^{33} tʂu^{55} py^{21}，be^{21} dæ^{33} sa^{55}，p‘v^{33} la^{21} gə^{21} pv^{55}》

(203) 

《求胜利神赐寿岁仪式，接回神之净水经 · zɪ^{33} tʂu^{55} py^{21}，dʑi^{33} sa^{55} tʂv^{33} t‘e^{33} ɯ^{33}》

(204) 

《求胜利神赐寿岁仪式，迎请五方许冉大神、刹道神和哈姆女神 · zɪ^{33} tʂu^{55} py^{21}，çy^{33} ʐər^{33} py^{33} bv^{21}，sa^{21} da^{55} ha^{33} mu^{33} sa^{55}》

(205) 

《求胜利神赐寿岁仪式，十三位拉姆女神念咒语化净水壶里的符水 · zɪ^{33} tʂu^{55} py^{21}，la^{33} mu^{33} po^{21} ba^{21} hua^{55}》

(206) 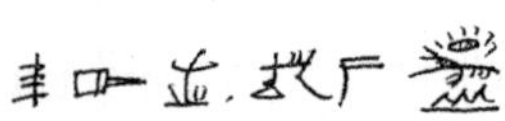

《求胜利神赐寿岁仪式，烧梭刷火把除秽经 · zɪ^{33} tʂu^{55} py^{21}，so^{33} ʂua^{21} dʑi^{55}》

(207) 

《求胜利神赐寿岁仪式，除秽，迎请十三位拉姆女神 · zɪ^{33} tʂu^{55} py^{21}，tʂ‘ə^{55} ʂɯ^{55} tʂ‘ə^{55} kɯ^{55}，la^{33} mu^{33} ts‘e^{21} sɪ^{55} kv^{33} sa^{55}》

(208) 

《求胜利神赐寿岁仪式，给优麻大神烧天香 · zɪ^{33} tʂu^{55} py^{21}，iə^{33} ma^{21} tʂ‘u^{55} pa^{33} dʑi^{55}》

(209) 

《求胜利神赐寿岁仪式，迎请华神，迎请众大神，立龙幡，竖胜利神之督树 · zɪ^{33} tʂu^{55} py^{21}，iə^{33} ma^{21} tʂ‘u^{55} pa^{33} dʑi^{55}》

(210) 

《求胜利神赐寿岁仪式，给胜利神献饭 · zɪ^{33} tʂu^{55} py^{21}，ga^{33} la^{21} ha^{33} ʂʅ^{21}》

(211) 

《求胜利神赐寿岁仪式，除秽，迎请十三位依端拉姆女神 · zɪ^{33} tʂu^{55} py^{21}，tʂ‘ə^{55} ʂu^{55} tʂ‘ə^{55} kɯ^{55}，i^{33} dua^{33} la^{33} mu^{33} ts‘e^{21} sɪ^{55} kv^{33} sa^{55}》

(212) 

《求胜利神赐寿岁仪式，求年岁和寿岁之福泽 · zɪ^{33} tʂu^{55} py^{21}，k‘v^{55} bu^{21} zɪ^{33} bu^{21} me^{55}》

(213) 

《求胜利神赐寿岁仪式，居那若罗山和依端华詹树之来历 · zɪ^{33} tʂu^{55} py^{21}，dʑy^{21} na^{55} ʐua^{55} lua^{33}，i^{33} dua^{33} hua^{21} dzər^{21} t‘v^{33} pɯ^{55}》

(214) 

《求胜利神赐寿岁仪式，胜利神山来历，强招生育和富裕之魂，请素神、嘎神和俄神 · zɪ^{33} tʂu^{55} py^{21}，ga^{33} dʑy^{21} t‘v^{33} pɯ^{55}，nɯ^{21} dzər^{55} dʐæ^{33} dzər^{55}，sɪ^{55} k‘v^{21} ga^{33} k‘v^{21} u^{21} k‘v^{21}》

(215) 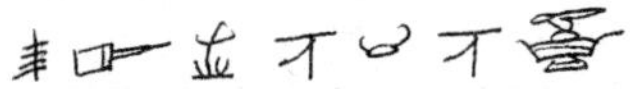

《求胜利神赐寿岁仪式，给威力神的供品除秽，给威力神献饭 · zɪ^{33} tʂu^{55} py^{21}，dʐər^{21} k‘ua^{33} dʐər^{21} ha^{33} ʂʅ^{21}》

(216) 

《求胜利神赐寿岁仪式，向神灵求威力附体 · zɪ^{33} tʂu^{55} py^{21}，p‘v^{33} la^{21} dʐər^{21} ʂu^{21}》

(217) 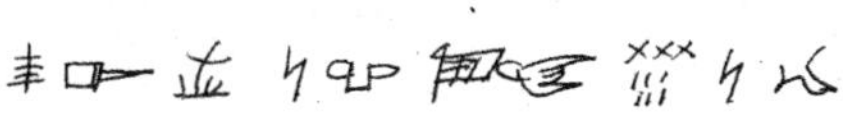

《求胜利神赐寿岁仪式，神药之来历，给三百六十位嘎劳神献药 · zɪ^{33} tʂu^{55} py^{21}，tʂ‘ər^{33} t‘v^{33}，ga^{33} la^{21} sɪ^{21} ɕi^{33} tʂ‘ua^{55} ts‘ər^{21} tʂ‘ər^{33} k‘ɯ^{55}》

(218) 

《为生病的人念咒化符经 · ɕi^{33} gu^{21} ɕi^{33} ts‘ər^{33} me^{33} gə^{33} hua^{55} ly^{33} ua^{21} mu^{33}》

(219) 

《占卜吉凶的经书 · tsɪ^{33} tsɪ^{21} kue^{55} kue^{33} t‘e^{33} ɯ^{33}》

(220) 

《超度死者亡灵仪式，叙说惊悸之来历 · ɕi^{33} ŋv^{55}，dʐər^{21} dzɪ^{33} mi^{55}》

（221）

《占卜经书类，以春雷占卜，以日食月食占卜 · t‘e^{33} ɯɪ^{33} ly^{21} dzɪ^{33} sɪ^{21}；mɯ^{33} gv^{33} sɪ^{21} ly^{21}，ȵi^{33} me^{33} he^{33} me^{33} k‘ue^{55} ly^{21}》

（222）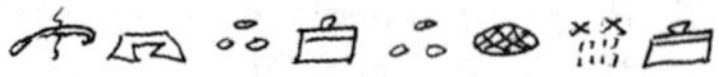

《二十八星宿占卜经 · k‘v^{55} gə^{33} kɯ^{21} bæ^{21}，kɯ^{21} mu^{33} ȵi^{33} tsər^{21} ho^{55} kɯ^{21} bæ^{21}》

（223）

《开丧仪式，生死离别经，驱鬼，为死者亡灵开路 · ɕi^{33} ʂɻ^{33}，gu^{33} dzo^{21} t‘v^{55} tɕ‘i^{33} ʐɪ^{33} p‘u^{33} ua^{21}》

（224）

《禳垛鬼仪式，举行祭仪陈述因由经 · to^{55} k‘ɯ^{55}，py^{21} ly^{33} k‘u^{33}》

（225）

《举行占卜仪式迎请神灵经 · ua^{21} ts‘i^{21} ɕə^{55}，p‘v^{33} la^{21} sa^{55}》

（226）

《隆重禳祭风鬼仪式，青年男女迁徙记 · hər^{33} la^{33} lɯ^{21} k‘ɯ^{55}，lv^{33} bər^{33} lv^{33} za^{21}》

（227）

《祭季鬼仪式，叙述季鬼其鬼等口舌是非鬼之来历 · tɕi^{55} kv^{33} py^{21}，t‘v^{33} pɯ^{55} k‘ɯ^{55} dzo^{21}》

（228）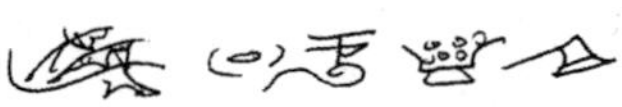

《禳垛鬼仪式，白蝙蝠求取祭祀占卜经 · to^{55} k‘ɯ^{55}，py^{33} p‘a^{21} kua^{55} ʂu^{21}》

（229）

《隆重禳祭风鬼仪式，超度新去世的情死吊死者，叙说贫穷与富贵经 · la^{33} lɯ^{21} k‘ɯ^{55}，ts‘ɪ^{21} ʂɻ^{55} ŋv^{55}，si^{33} dzɪ^{33} hɯ^{21} dzɪ^{33}》

（230）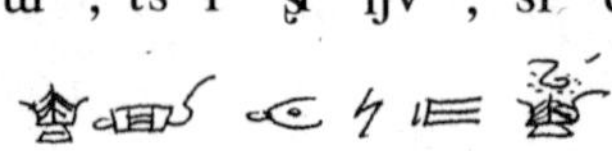

《祭素神仪式，叙述考 神药之来历，给素神献考神药 · sɪ^{55} k‘v^{21}，k‘a^{33} tʂ‘ər^{33} sa^{55}，sɪ^{55} tʂ‘ər^{33} k‘ɯ^{55}》

(231) 

《祭素神仪式，抹酥油，强招富裕之福泽魂 · sɪ^{55} k‘v^{21}，pa^{55} ma^{21} pa^{55}，dʐæ^{33} dzər^{55}》

(232) 

《祭素神大仪式，给素神献上四蹄白的黑猪作牺牲 · sɪ^{55} dɯ^{21} k‘v^{21}，bu^{33} na^{21} lu^{55} k‘ɯ^{33} p‘ər^{21} nɯ^{33} mu^{33} dzi^{33}》

(233) 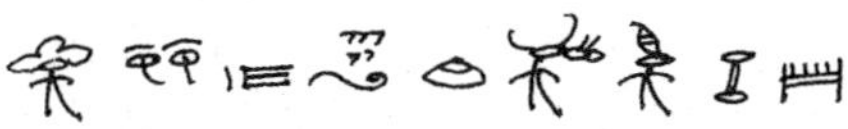

《关死门仪式，都莎昂吐、崇忍利恩，高勒趣的传说故事 · ʂɪ^{33} k‘u^{33} tər^{55} py^{21}，do^{33} sa^{21} ŋa^{33} t‘v^{55}，ts‘o^{21} ze^{33} lɯ^{55} ɯ^{33}，kaa^{33} le^{21} ka^{33} ts‘y^{55} tʂər^{55} dzo^{21}》

(234) 

《祭季鬼仪式，招仇敌之魂 · tɕi^{55} ku^{33} py^{21}，ʐv^{21} k‘v^{21} t‘e^{33} ɯ^{33}》

(235) 

《开丧仪式，唱挽歌劝慰死者亡灵 · ɕi^{33} ʂɪ^{33}，mu^{55} dzər^{33} ua^{21} me^{55}》

(236) 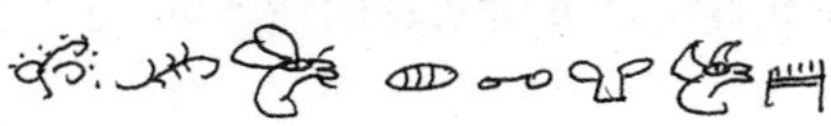

《祭阿鬼仪式，灾祸鬼朱鬼之来历，景鬼阿鬼来历，施放景鬼阿鬼的人 · ua^{33} py^{21}，dʐv^{33} pɯ^{55} dʐv^{33} le^{21}，dʑi^{33} t‘v^{33} ua^{33} t‘v^{33}，k‘ɯ^{55} dzo^{21}》

(237) 

《超度东巴什罗祭司亡灵，什罗趣仲 · ʂər^{55} lər^{33} ŋv^{55}，ʂər^{55} lər^{33} ts‘y^{55} dʐu^{55}》

(238) 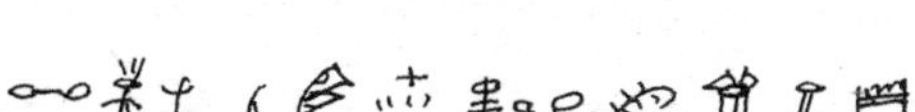

《祭阿鬼仪式，十八个琪木签的出处来历之故事 · ua^{33} ts‘ɪ^{21} py^{21}，tɕ‘i^{21} do^{21} ts‘e^{21} ho^{55} ly^{33} t‘v^{33} kv^{33} pɯ^{55} kv^{33} tʂər^{55} dzo^{21}》

(239) 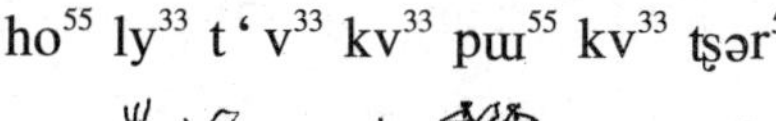

《祭阿鬼仪式，抛丢考利多玛面偶 · ua^{33} ts‘i^{21} py^{21}，k‘a^{33} ly^{55} to^{33} ma^{33} p‘i^{55}》

(240) 

《替罗灿玖经中卷、下卷 · t‘i^{55} lo^{55} tʂ‘æ^{55} dʑə^{21} ly^{55} tʂu^{55} mæ^{55} tʂu^{55}》

(241) 

《祭素神小仪式，小祭素神经 · sɪ^{55} mi^{33} ku^{55} t‘e^{33} ɯ^{33}》

(242) 

《祭署神仪式，举行祭仪陈述因由，署神之出处来历，给署神献药 · sɪ^{55} k ‘v^{21} gə^{33} bæ^{33} mi^{33} ʈʂɪ^{55} t‘e^{33} ɯ^{33} ua^{21}》

(243) 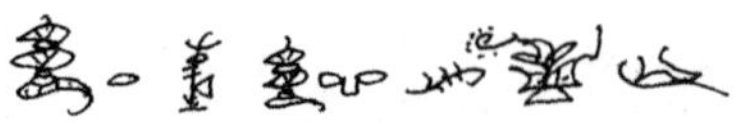

《祭署神仪式，举行祭仪陈述因由，署神之出处来历，给署神献药 · ʂv^{21} gv^{21}，py^{21} ly^{33} k‘u^{33}，ʂv^{21} t‘v^{33} ʂv^{21} pɯ^{55}，ʂv^{21} ʈʂ‘ər^{33} k‘ɯ^{55}》

(244) 

《同时超度夫妻亡灵仪式，驱赶冷凄鬼 · mi^{33} lv^{21} dzɪ^{33} ŋv^{55}，le^{21} ʈʂ‘ə^{55} dʐɪ^{21}》

(245) 

《同时超度夫妻亡灵仪式，给死者亡灵献牲经 · mi^{33} lv^{21} dzɪ^{33} ŋv^{55}，ts‘ɪ^{33} i^{21}》

(246) 

《超度死者亡灵仪式，超度有眼疾亡灵使之复明经 · ɕi^{33} ŋv^{55}，miə^{21} t‘a^{55} ŋv^{55}》

(247) 

《超度死者亡灵仪式，绸布之来历，以五色绸布献药 · ɕi^{33} ŋv^{55}，t‘e^{33} dʑi^{21}，ʈʂ‘ər^{33} k‘ɯ^{55}》

(248) 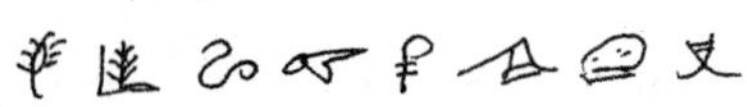

《超度死者亡灵仪式，寻找父逝超度之规矩礼俗 · ɕi^{33} ŋv^{55}，p‘v^{33} ʂɪ^{33} lɯ^{33} ʂu^{21} ua^{21} me^{55}》

(249) 

《超度死者亡灵仪式，俄依九兄弟之故事 · ɕi^{33} ŋv^{55}，o^{21} zɪ^{33} gv^{55} zɪ^{33} ʈʂər^{55}》

(250) 

《超度死者亡灵仪式，竖督柱点长明灯，上龙幡 · ɕi^{33} ŋv^{55}，tv^{21} ts‘ɪ^{55}，lv^{21} ly^{55}》

(251) 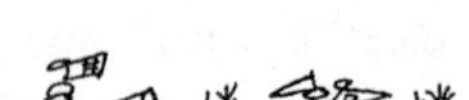

《超度铁匠嘎瓦劳端之亡灵仪式，超度铁匠神嘎瓦劳端和贤能者亡灵 ·

ga^{33} ua^{33} la^{21} dua^{33} ŋv^{55}，dæ^{21} ŋv^{21}》

（252）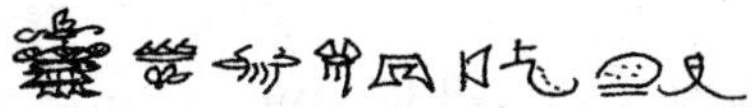

《祭素神仪式，结婚娶妻嫁女中唱的祝婚歌 · **sɪ^{55} k‘v^{21}，tʂ‘ər^{33} me^{33} mi^{55} ʐv^{21} mi^{55} pv^{55} kv^{33} gə^{33} k‘uə^{55} ʂə^{55}**》

（253）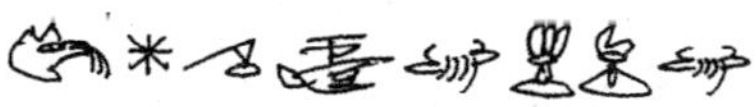

《做祈福仪式，送神灵，送卢神沈神 · **fv^{55} tv^{33} be^{33}，p‘v^{33} la^{21} pv^{55}，lu^{33} se^{21} pv^{55}**》

（254）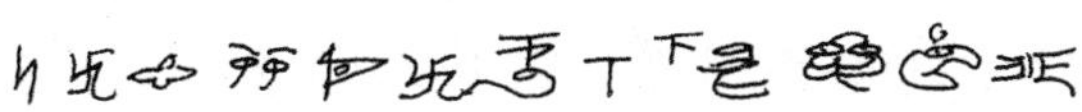

《查看药物书，占卜，巴格占卜经 · **tʂ‘ər^{33} ɯ^{33} sy^{21} ly^{21} t‘e^{33} ɯ^{33}，p‘a^{21} tso^{33} ɕə^{55}，pa^{33} kə^{21} tsɪ^{21}**》

（255）

《以黑白色彩占卜吉凶经 · **p‘ər^{21} sa^{21} na^{21} sa^{21} tsɪ^{21}**》

（256）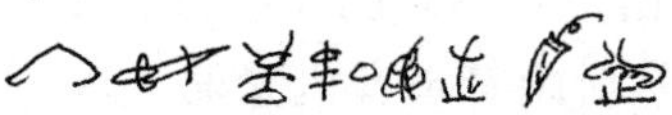

《祭天神、地神和居中的柏神仪式，上香经 · **mɯ^{33} da^{33} k‘a^{33} dzɪ^{21} ly^{55} gv^{33} ɕy^{55} py^{21}，ɕy^{21} tʂɪ^{55}**》

（257）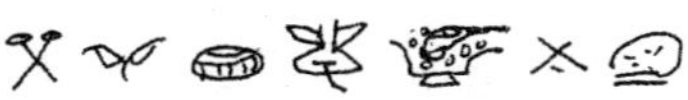

《用钱币来占卜经 · **tɕi^{55} iə^{33} biə^{21} nɯ^{33} kua^{55} la^{55} ua^{21}**》

（258）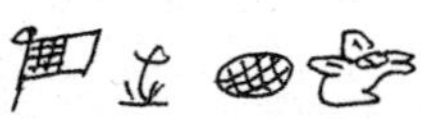

《祭胜利神仪式，献牲 · **ga^{33} py^{21} mu^{33} dzi^{33}**》

（259）

《送喜神，白虎神 · **ɕi^{33} se^{21} pe^{24} ho^{33} pr^{55}**》

（260）

《卜算天狗降临日，看桑景吉凶，卜算食禄经 · **na^{33} ts‘ɪ^{33} za^{21} tsɪ^{21}，ʂæ^{33} dʑi^{33} tsɪ^{21}，dzɪ^{33} sa^{21} sɪ^{21}**》

（261）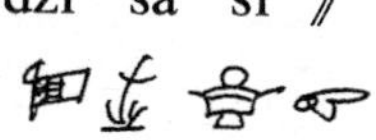

《祭胜利神仪式，献饭经 · **ga^{33} py^{21} ha^{33} ʂɪ^{21}**》

（262）

《祭胜利神，迎接迁徙下来的人类祖先 · **ga^{33} py^{21}，ts‘o^{21} bər^{33} sa^{55}**》

（263） 

《解开生者与死者牵手相连之绳结 · ʂɿ^{33} sɪ^{21} la^{21} tʂu^{55} p‘ər^{21}》

［调查地点：鲁甸乡新主村委会红光社；调查对象：和盛典；调查时间：2007 年 12 月；调查整理：和力民］

2. **和桂生收藏的东巴经书**

和桂生，1957 年生，2008 年 51 岁，初中学历，新主村委会红光社人。其祖上有一名叫阿普林的人，是鲁甸有名的大东巴，善于巫术。阿普林之子为乌嘎，乌嘎之子乌布，是个桑尼（巫师），善巫术，曾与大东巴和世俊结拜为兄弟。乌布之子为阿普茨里，阿普茨里之子为阮补，阮补之子是乌胡，乌胡就是和桂生的父亲。和桂生 5 岁就向祖父阮补学习抵灾仪式经文。当时不看经文，只是听祖父念诵。23 岁时开始正式学东巴文经典。先是与本村的和学典学东巴文，用录音机录下经语，然后跟着录音机念诵。24 岁又拜和盛典为师，系统学东巴文字经典。现在他拥有祭神、开丧仪式的东巴经 30 余本。

和桂生收藏的东巴经书书目如下：

（1） 

《祭天神仪式，迎接迁徙下来的人类祖先 · mɯ^{33} py^{21}，ts‘o^{21} bər^{33} sa^{55}》（30 × 11.2 厘米）

（2） 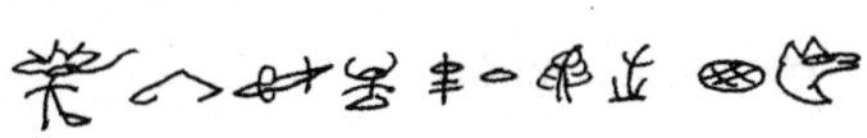

《祭天神、地神和居中的柏神仪式，献牲经 · mɯ^{33} da^{33} k‘a^{33} dzɪ^{21} ly^{55} gv^{33} çy^{55} py^{21}，mu^{33} dzi^{33}》（30 × 11.2 厘米）

（3） 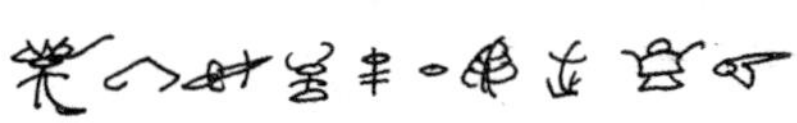

《祭天神、地神和居中的柏神仪式，献饭经 · mɯ^{33} da^{33} k‘a^{33} dzɪ^{21} ly^{55} gv^{33} çy^{55} py^{21}，ha^{33} ʂɿ^{21}》（30 × 11.2 厘米）

（4） 

《祭素神仪式，给素神献神药 · sɪ^{55} k‘v^{21} sɪ^{55} tʂ‘ər^{33} k‘a^{33} tʂ‘ər^{33} sa^{55}》（31.5 × 12 厘米）

（5） 

《祭素神仪式，装素神木桩，拴涤子在素神箭上，强招别人家福禄财富之魂 ·

sɪ^{55} k‘v^{21}, sɪ^{55} k‘ua^{21} k‘ɯ^{55}, lɯ^{33} sɯ^{33} ta^{33} so^{33} p‘æ^{33}, nɯ^{21} dʐæ^{33} dzər^{55}》

（6）

《祭素神仪式，强招福禄富余之魂 · sɪ^{55} k‘v^{21} nɯ^{21} dzər^{55} dʐæ^{33} dzər^{55}》

（7）

《祭素神仪式，燃灯经 · sɪ^{55} dɯ^{21} k‘v^{21}, bæ^{33} mi^{33} tʂɪ^{55}》

（8）

《祭祖仪式，祭祖经 · y^{21} py^{21} t‘e^{33} ɯ^{33}》

（9）

《接续胜利神之寿岁仪式，迎请五方许冉祭司神经 · ga^{33} la^{21} zɪ^{33} tʂu^{55} py^{21}, ɕy^{33} ʐər^{33} py^{33} bv^{21} sa^{55}》

（10）

《接续胜利神之寿岁仪式，迎净水经 · ga^{33} la^{21} zɪ^{33} tʂu^{55} py^{21}, dʑi^{33} sa^{55} tʂv^{33}》

（11）

《开丧仪式，迎请东巴祭司经 · py^{21} tʂv^{33}》

（12）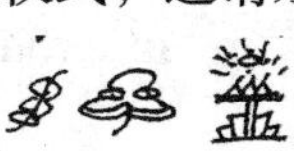

《开丧仪式，烧天香经 · tʂ‘u^{55} pa^{33} dʑi^{55}》

（13）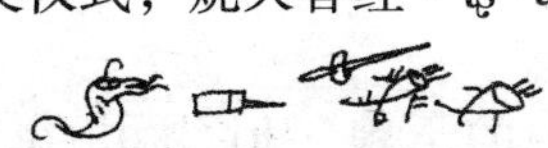

《开丧仪式，为死者亡灵斩杀去往冥界途中的猛鬼恩鬼 · ʐɪ^{21} tʂu^{21} mu^{33} ɯ^{21} sy^{55}》

（14）

《开丧仪式，从居那若罗神山四方招回死者亡灵经 · ʐua^{55} lua^{33} lu^{55} p‘a^{33} ua^{21} ʂər^{55}》

（15）

《开丧仪式，钉五色绦子钉 · kv^{33} ʂɯ^{55} la^{55}》

（16）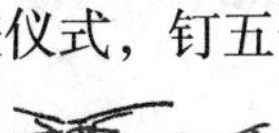

《开丧仪式，给死者献绵羊经 · k‘o^{55} mu^{33} y^{21} iə^{55}》

（17）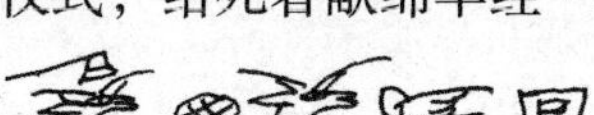

《开丧仪式，给死者献绵羊作牺牲经 · k‘o^{55} mu^{33} y^{21} la^{21} ta^{33}》

(18) 

《开丧仪式，给死者献猪和鸡经（25×12 厘米）·bu^{21} iə^{55}》

(19) 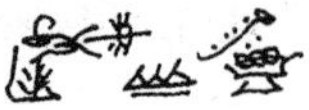

《开丧仪式，杀牲给死者献晚饭时叙述粮食的来历经·kɯ^{33} tʂ‘u^{21} æ^{33} dzɪ^{33} mi^{55}》

(20) 

《开丧仪式，毕聂吕董·py^{21} ȵi^{33} ly^{21} du^{33}》

(21) 

《开丧仪式，窝姆达庚·o^{33} mu^{33} da^{21} gɯ^{33}》

(22) 

《开丧仪式，唱挽歌送死者亡灵经（29×9.6 厘米）·mu^{55} py^{55}》

(23) 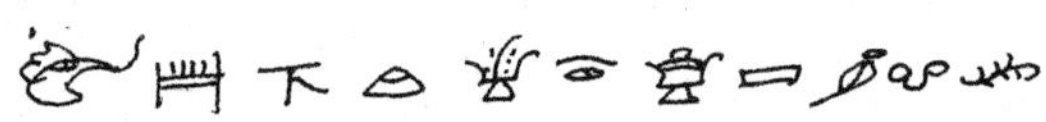

《开丧仪式，鸡鸣时分唤醒死者亡灵，祭司施展神威，为亡灵开路，用面偶吸附灾祸水之来历·tɕy^{21} dzo^{21}，dʐər^{21} t‘v^{55}，ʐɪ^{33} p‘u^{33}，ha^{33} to^{21} gu^{33} ȵi^{33}，dʑi^{21} t‘v^{33} pɯ^{55}》

(24) 

《开丧仪式，给死者亡灵送去冥界途中的干粮·lo^{55} ku^{55} tɕ‘i^{21} ku^{55}》（28×14 厘米）

(25) 

《开丧仪式，鸡鸣时分给狗晨饭，给死者献食物·æ^{21} tɕy^{21} k‘ɯ^{33} tʂ‘v^{33} iə^{55}，le^{55} dɯ^{21} ʂv^{55}》（27×17 厘米）

(26) 

《开丧仪式，给死者亡灵送干粮经·lo^{55} ku^{55} tɕ‘i^{21} ku^{55}》

(27) 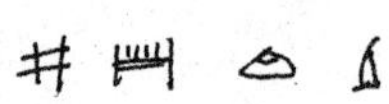

《开丧仪式，离别经，给死者亡灵开路·gu^{33} dzo^{21}，t‘v^{55} t‘ɕi^{33}》

(28) 

《开丧仪式，送死亡之星，送重丧鬼·ʂɿ^{33} kɯ^{21} pv^{55}，tʂ‘u^{21} ʂæ^{33} pv^{55}》

（29）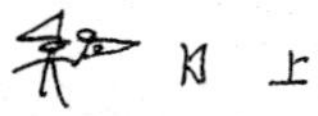

《开丧仪式，赞美贤能的死者经 · dæ^{21} k‘uə^{55} ʂə^{55}》

（30）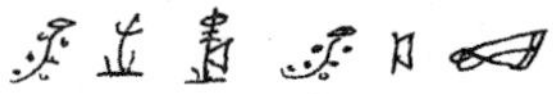

《祭除鬼仪式，举行祭仪陈述因由，毁除鬼之门 · tʂ‘v^{21} py^{21}，py^{21} ly^{33} k‘u^{33}，tʂ‘v^{21} k‘u^{33} ts‘i^{55}》

（31）

《祭署，拉朗劳增的故事 · ʂv^{21} gv^{21}，la^{33} lər^{33} la^{21} tse^{55} tʂər^{55} dzo^{21}》

［调查地点：鲁甸乡新主村委会红光社；调查对象：和桂生；调查时间：2007 年 12 月；调查整理：和力民］

三、太安乡天红村委会民间流传、保存的东巴古籍

太安乡位于玉龙纳西族自治县西南部，东邻黄山镇南溪村委会和古域区七河乡的后山村委会，南接剑川县金黄镇和鹤庆县，西连九河乡和龙蟠乡，北靠拉市乡。全乡面积 294. 3 平方千米，海拔 2700 ~ 3200 米之间，属于典型的高寒山区。乡政府所在地太安村委会距丽江古城 27 公里。全乡辖海西、太安、天红、吉子、汝南、红麦 6 个村委会，33 个自然村，67 个村民小组。乡内有纳西、普米、彝、汉等民族杂居。

历史上，太安乡纳西族的东巴文化比较有名，曾出现过被称之为东巴王的东巴大师。清末至民国时期，今太安乡吉子村委会汝南化村东巴文化崛起，出现了康爸才、青爸严这两位东巴以及大批东巴大师。1947 年曾在汝南化村的什罗洞处举行东巴大法会，四方东巴都赶来参加，美国学者约瑟夫 · 洛克曾亲临此次盛会。这是当代纳西族东巴文化史上一次空前的标志性盛会。民国时期，许多中外学者慕名来到太安乡吉子村委会的吉子村和汝南化村，先后从这里收集了许多东巴经，如今珍藏在国内外各个图书馆、博物馆和私人手中。20 世纪 50 年代以来，受到政治的冲击和运动的影响，许多民间珍藏的东巴经书遭到毁灭。20 世纪 80 年代，东巴文化研究开始受到学术文化界的重视，1983 年，在丽江召开东巴达巴座谈会，太安乡的吉子、汝南、天红等村委会的多位东巴参加了座谈会。1999 年 10 月，首届国际东巴文化艺术节期间，太安乡的多位东巴也参加了这次活动。自 1994 年以来，太安乡天红村委会汝寒坪村多次举行纳西族大规模的禳祭风鬼仪式。2001 年 7 月 24 日，太安

乡天红村委会汝寒坪村，由退休教师杨红章负责，组建“汝寒坪东巴文化传习会”，招收学员10人，请老东巴和国良教授东巴舞，用老东巴和承顺的诵经录音作教学诵经腔，以赵净修编撰《象形文字常用字100字》为东巴文字教材，进行东巴文化传承活动。自1984年成立丽江县博物馆以来，太安乡汝南化村的老东巴和学文就被聘请为东巴教师，在丽江县博物馆举办的多期东巴文化学校的传承班里教授东巴文化。从2002年以后，太安乡民间的一些东巴先后到丽江旅游市场打工，为游客展示纳西东巴文化。天红村的和国良老东巴也到丽江东巴宫工作，为游客展示东巴象形文字。

就整个太安乡东巴分布情况看，目前约有12名东巴，有8人分布在天红村委会的天红村和汝寒坪村，其中天红村有5名，即杨学红（57岁）、杨晓春（31岁）、和卫（25岁）、杨丽新（22岁）、和爱军（30岁）。天红村老一辈东巴和石、和国良都已去世。杨学红自1995年在丽江县博物馆打工时，拜和学文、和国良等为师学习东巴经，近年又培养儿子杨晓春，村民和亚、杨丽新、和爱军等为徒。近几年，东巴教祭天、开丧仪式又在村子里恢复。天红村历史上的东巴经，主要毁于“文化大革命”时期，1983年，老东巴和石把他收藏的几本经书捐赠给云南省社会科学院东巴文化研究室。1998年，老东巴和国良从七河借得一些旧的东巴经进行传抄，这些经书多属东巴教开丧仪式经书。如今，每个东巴都有一些属于自己使用的东巴经抄本，而拥有经书最多的要数杨学红东巴。

1. 杨学红收藏的东巴经书

杨学红，1952年生，2008年56岁，太安乡天红村委会天红自然村人。1995年，他到黑龙潭丽江县博物馆建房子做木匠，后来又做零杂工。其间向受聘在丽江县博物馆工作的太安乡吉子村委会汝南化村东巴和学文学习东巴文字经典，又拜本村的东巴和国良为师，学习象形文字，从和国良那里借来丽江七河后山的东巴开丧仪式经典抄写，后来又参加和力民创建的丽江纳西文化研习馆，学习东巴经文、舞蹈和祭祀仪式规程。2000年，他到丽江玉水寨神龙三叠水生态文化旅游公司做木匠，随后成为该公司属下的东巴文化传承基地员工，在这里进行东巴文字、经典、舞蹈、仪式的学习，并成为玉水寨的骨干东巴。他传抄的东巴经书共分19类209本。

杨学红收藏的东巴经书书目如下：

（1）

《祭天神仪式，除秽经·mɯ^{33} py^{21}，tʂʻə^{55} ʂu^{55} ua^{21} me^{55}》

(2) 

《祭天神仪式，迎请迁徙下来的人类祖先 · mɯ^{33} py^{21}，ts‘o^{21} bər^{33} sa^{55} ua^{21} me^{55}》

(3) 

《祭天神仪式，给天神作许愿经 · mɯ^{33} py^{21}，ku^{55} hy^{55} ua^{21} me^{55}》

(4) 

《祭天神仪式，烧天香经 · mɯ^{33} py^{24}，ʈʂ‘u^{55} pa^{33} dʐi^{55}》

(5) 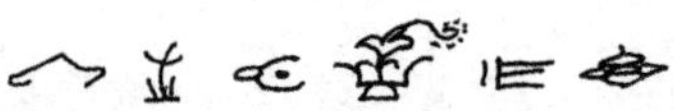

《祭天神仪式，求考神药经 · mɯ^{33} py^{21}，k‘a^{33} ʈʂ‘ər^{33} sa^{55} ua^{21}》

(6) 

《祭天神仪式，献饭经 · mɯ^{33} py^{21} ha^{33} ʂɿ^{21} ua^{21}》

(7) 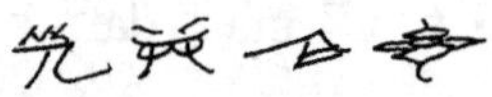

《祭三朵神仪式经 · ʂæ^{33} do^{33} ʂu^{55} ua^{21}》

(8) 

《祭山神仪式经 · ʂɿ^{55} ʐɿ^{21} ʂu^{55} ua^{21}》

(9) 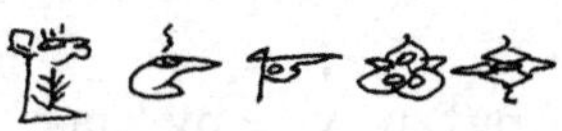

《祭祖先仪式迎接祖先经 · y^{21} ʈʂv^{33} t‘e^{33} ɯ^{33} ua^{21}》

(10) 

《祭祖先仪式，献牲迎接迁徙下来的人类祖先 · y^{21} py^{21}，mu^{33} dzi^{33} y^{21} bər^{33} sa^{55} ua^{21}》

(11) 

《退送崩鬼仪式，举行祭仪陈述因由经 · bu^{33} p‘v^{55}，py^{21} ly^{33} k‘u^{33} ua^{21} me^{55}》

(12) 

《退送崩鬼仪式，给卢神沈神除秽经 · bu^{33} p‘v^{55}，du^{33} se^{21} ʈʂ‘ə^{55} ʂu^{55} ua^{21} me^{55}》

(13) 

《退送崩鬼仪式，烧天香经 · bu^{33} p‘v^{55}，ʈʂ‘u^{55} pa^{33} dʐi^{55}》

(14) 

《退送崩鬼仪式，招仇敌魂 · ʐv^{21} k‘v^{21} ua^{21}》

(15) 

《退送崩鬼仪式，崩鬼及众鬼之来历 · bu^{33} p‘v^{55}，k‘ɯ^{55} dzo^{21} ua^{21} me^{55}》

(16) 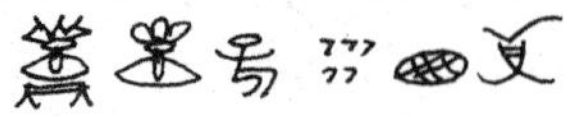

《退送口舌是非鬼崩鬼仪式，请卢神起驾经 · bu^{33} p‘v^{55}，du^{21} tɯ^{33} ua^{21} mu^{21} me^{55}》

(17) 

《退送崩鬼仪式，鬼之来历经 · bu^{33} p‘v^{55}，k‘ɯ^{55} dzo^{21} ua^{21} me^{55}》

(18) 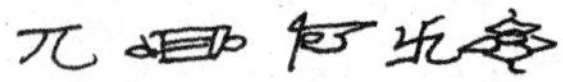

《退送口舌是非鬼仪式，求神赐威力附体经 · bu^{33} p‘v^{55}，dʐər^{21} tʂæ^{55} t‘e^{33} ɯ^{33} ua^{21}》

(19) 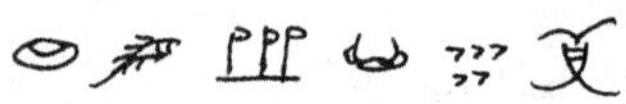

《退送崩鬼仪式，驱鬼经下卷附驱党鬼经 · t‘v^{55} mæ^{55} dæ^{21} k‘a^{33} ua^{21} me^{55}》

(20) 

《退送崩鬼仪式，烧崩鬼射崩鬼经 · bu^{33} dʑi^{55} bu^{33} k‘æ^{55} ua^{21} me^{55}》

(21) 

《退送崩鬼仪式，仪式结尾送走崩鬼经 · bu^{33} p‘v^{55}，py^{21} mæ^{55} tər^{55}，tʂ‘v^{33} tɕ‘i^{33}》

(22) 

《祭署神大仪式，仪式概说经 · ʂv^{21} dɯ^{21} gv^{21}，tʂ‘v^{33} gɯ^{33} mu^{21} gɯ^{33} ua^{21}》

(23) 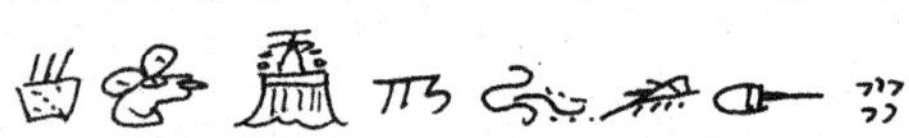

《祭署神仪式，建神座献祭粮经 · ʂv^{21} gv^{21}，ʐɪ^{21} tɯ^{21} ka^{55} o^{55} mæ^{55} tʂu^{55} ua^{21}》

(24) 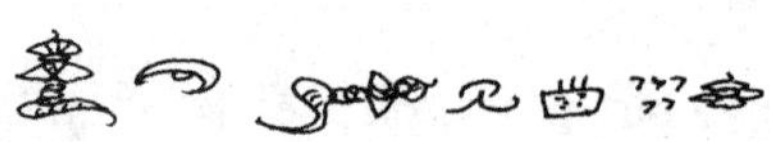

《祭署神仪式，安顿署神，唤醒署神经 · ʂv^{21} gv^{21}，ʂv^{21} ha^{55}，ʂv^{21} i^{55} ʂv^{33} ua^{21}》

(25) 

《祭署神仪式，迎请聂补劳端神 · ʂv^{21} gv^{21}，ȵi^{55} bv^{33} la^{21} dua^{33} sa^{55} ua^{21}》

(26) 

《祭署神仪式，用白绵羊毛毡子铺神座献祭粮经下卷 · ʂv^{21} gv^{21}，sɪ^{33} p‘ər^{21} ʐɪ^{21} tɯ^{21} ka^{55} o^{55} mæ^{55} tʂu^{55} ua^{21} me^{55}》

(27) 

《祭署神仪式，署神之出处来历，请署神经 · ʂv^{21} gv^{21}，ʂv^{21} t‘v^{33} ʂv^{21} pɯ^{55}，ʂv^{21} k‘v^{21} ua^{21}》

(28) 

《祭署神大仪式，迎请署神经 · ʂv^{21} dɯ^{21} k‘v^{21}，ʂv^{21} sa^{55} ua^{21}》

(29) 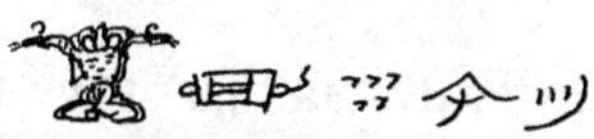

《祭署神仪式，迎请署神经 · ʂv^{21} k‘v^{21} ua^{21} mu^{21} me^{55}》

(30) 

《祭署神仪式，点油灯作供养经 · ʂv^{21} gv^{21}，bæ^{33} mi^{33} tʂɪ^{55} ua^{21}》

(31) 

《祭署仪式，东巴什罗抛丢刹道多玛面偶经 · to^{33} ba^{21} ʂər^{55} lər^{33} sa^{21} ba^{55} to^{33} ma^{33} p‘i^{55} ua^{21} me^{55}》

(32) 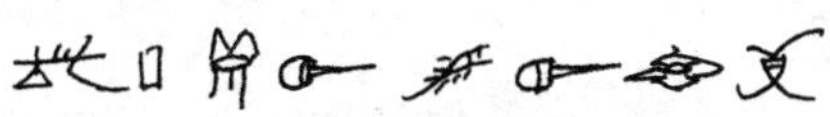

《祭署神仪式，大型烧天香经上卷下卷 · so^{33} to^{33} kv^{33} tʂu^{55} mæ^{55} tʂu^{55} ua^{21} me^{55}》

(33) 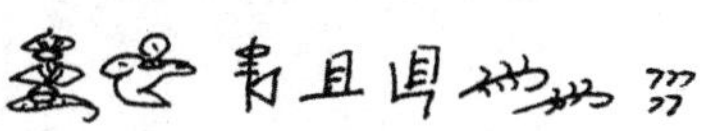

《祭署神仪式，举行祭仪陈述因由，鬼之来历经 · ʂv^{21} gv^{21} py^{21} ly^{33} k‘u^{33}，t‘v^{33} t‘v^{33} pɯ^{55} pɯ^{33} ua^{21}》

(34) 

《祭署神仪式，迎请佐玛祖先经上卷中卷 · ʂv^{21} gv^{21}，tso^{33} ma^{33} y^{21} tʂv^{33} kv^{33} tʂu^{55} ly^{55} tʂu^{55} ua^{21}》

(35) 

《祭署神仪式，迎请佐玛祖先经下卷 · ʂv^{21} gv^{21}，tso^{33} ma^{33} y^{21} tʂv^{33} mæ^{55} tʂu^{55} ua^{21} me^{55}》

(36) 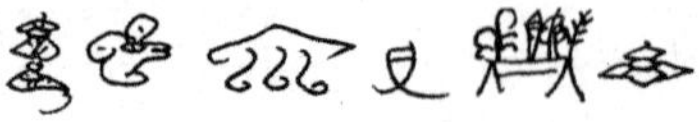

《祭署神仪式，求雨经 · ʂv^{21} gv^{21}，hɯ^{21} me^{55} ua^{21}》

(37) 

《祭署神仪式，用白山羊、绵羊和鸡偿还署的债 · ʂv^{21} gv^{21}，ts'ɪ^{55} p'ər^{21} y^{21} æ^{21} nɯ^{33} ʂv^{21} ts'y^{55} ʐua^{21}》

(38) 

《祭署神大仪式，迎请署神经 · ʂv^{21} dɯ^{21} gv^{21}，ʂv^{21} k'v^{21} ʂv^{21} sa^{55} ua^{21}》

(39) 

《祭署神仪式，都沙敖吐的故事 · ʂv^{21} gv^{21}，dv^{33} sa^{21} ŋa^{33} t'v^{55} tʂər^{55} dzo^{21} ua^{21} me^{55}》

(40) 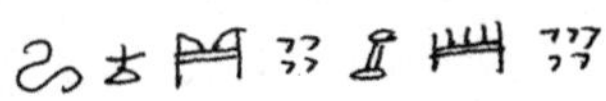

《祭署神仪式，普乌路的故事 · ʂv^{21} gv^{21}，p'v^{33} tʂ'ɪ^{33} uə^{33} lu^{55} tʂər^{55} dzo^{21} ua^{21}》

(41) 

《祭署神仪式，鹏鸟与署神争斗的故事 · ʂv^{21} gv^{21}，ɕə^{33} tɕ'y^{21} ʂv^{21} æ^{21}》

(42) 

《祭署神仪式，分清署神与猛鬼经 · ʂv^{21} gv^{21}，ʂv^{21} ne^{21} mu^{33} p'v^{33} tʂ'ɪ^{21}，tʂ'v^{33} tɕi^{33}》

(43) 

《祭署神仪式，偿还署神的债 · ʂv^{21} gv^{21}，ʂv^{21} dʐu^{33} ʐua^{21} ua^{21} me^{55}》

(44) 

《祭署神仪式，抛丢不好的署铎鬼经 · ʂv^{21} gv^{21}，ʂv^{21} do^{21} p'i^{55} mu^{33} me^{55}》

(45) 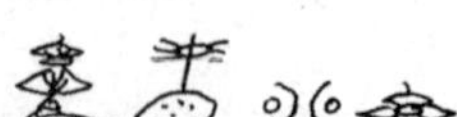

《祭署神仪式，给署神分财物经 · ʂv^{21} gv^{21}，ʂv^{21} o^{33} by^{33} ua^{21}》

(46) 

《祭署神大仪式，给署神献财物作许愿，给署神献漂亮的鸡 · ʂv^{21} dɯ^{21}

gv^{21} me^{33} gə^{33}，ʂv^{21} o^{33} dzi^{33}，ʂv^{21} ku^{55} ku^{55} dɯ^{33} ɯ^{33} iə^{55} æ^{21} zi^{33} k‘ɯ^{55} o^{21}》

(47) 

《祭署神仪式，送走署神的守门者 · ʂv^{21} gv^{21}，ʂv^{21} k‘u^{33} tɕ‘i^{33} p‘i^{55} t‘e^{33} ɯ^{33} ua^{21} me^{55}》

(48) 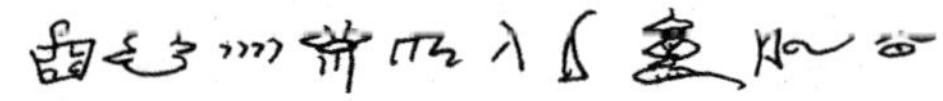

《祭署神仪式，请四位久补大神，打开署神之门 · ʂv^{21} gv^{21}，dʐə^{21} bv^{33} lu^{55} kv^{33} le^{33} ka^{33} tɕ‘i^{33}，ʂv^{21} k‘u^{33} p‘u^{33}》

(49) 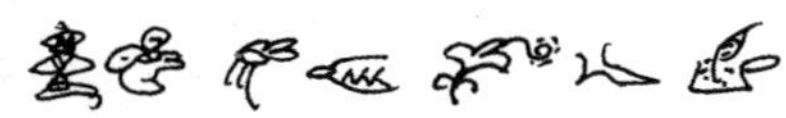

《祭署神仪式，许愿，献药，还债经 · ʂv^{21} gv^{21}，ku^{55} hy^{55}，tʂ‘ər^{33} k‘ɯ^{55}，ts‘y^{55} ʐua^{21}》

(50) 

《祭署神仪式，送神经 · ʂv^{21} gv^{21}，p‘v^{33} la^{21} pv^{55} t‘e^{33} ɯ^{33} tʂ‘u^{33}》

(51) 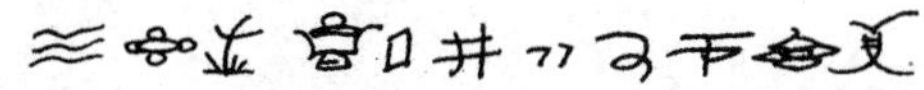

《祭风大仪式，用面团吸附灾祸，排除疾病凶灾，解除鬼怪缠绳经 · hər^{33} dɯ^{21} py^{21}，ha^{33} to^{21}，gu^{33} ȵi^{33} lv^{55} p‘ər^{21} ua^{21} me^{55}》

(52) 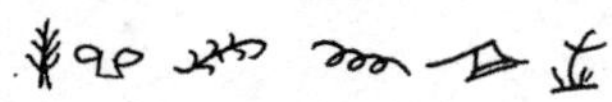

《祭风大仪式，祭木之出处来历，除秽 · hər^{33} dɯ^{21} py^{21}，sər^{33} t‘v^{33} sər^{33} pɯ^{55}，tʂ‘ə^{55} ʂu^{55} py^{21}》

(53) 

《祭风大仪式，举行祭仪陈述因由经 · hər^{33} dɯ^{21} py^{21}，py^{21} ly^{33} k‘u^{33} ua^{21}》

(54) 

《祈福禳鬼祭风仪式，祭风招魂，鬼之来历经上卷 · nɯ^{21} py^{21} ua^{21} py^{21} hər^{33} be^{33} ua^{21} ʂər^{55} k‘ɯ^{55} dzo^{21} kv^{33} tʂu^{55} ua^{21}》

(55) 

《祈福禳鬼祭风仪式，祭风招魂，鬼之来历经下卷 · nɯ^{21} py^{21} ua^{21} py^{21} hər^{33} be^{33} ua^{21} ʂər^{55} k‘ɯ^{55} dzo^{21} mæ^{55} tʂu^{55} ua^{21}》

(56) 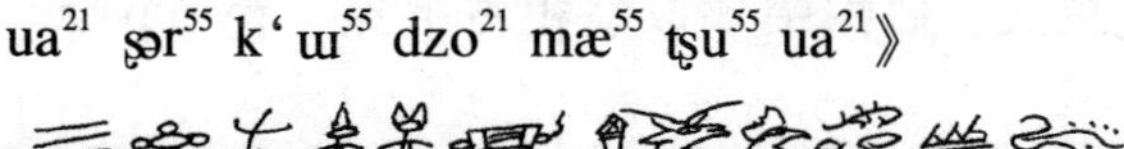

《祭风大仪式，招毒鬼仄鬼魂，叙述木牌、绵羊、鸡之来历、推卸罪责 · hər^{33} dɯ^{21} py^{21}，dv^{21} k‘v^{21} tse^{21} k‘v^{21}，k‘ua^{55} y^{21} æ^{21} t‘v^{33} pɯ^{55} mi^{33} k‘ə^{21} p ‘v^{55}》

（57）

《祭风仪式，署神的出处来历经 · hər^{33} be^{33}，ʂv^{21} t‘v^{33} ʂv^{21} pɯ^{55} ua^{21} me^{55}》

（58）

《隆重禳祭风鬼仪式，招请鬼安顿鬼经 · hər^{33} la^{33} lɯ^{21} k‘ɯ^{55}，ts‘ɿ^{33} k‘v^{21} ts‘ɿ^{21} ha^{55} ua^{21}》

（59）

《隆重禳祭风鬼仪式，给卢神沈神除秽经 · hər^{33} la^{33} lɯ^{21} k‘ɯ^{55}，du^{33} se^{21} tʂ‘ə^{55} ʂu^{55} ua^{21}》

（60）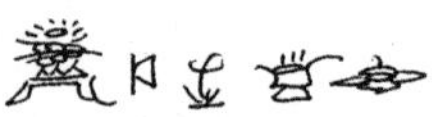

《隆重禳祭风鬼仪式，烧天香祭空鬼经 · tʂ‘u^{55} pa^{33} dʑi^{55}，k‘u^{55} py^{21} ua^{21} me^{55}》

（61）

《祭风仪式，请署神，给署神献药经 · hər^{33} be^{33} ʂu^{21} k‘v^{21}，ʂv^{21} tʂ‘ər^{33} k‘ɯ^{55}》

（62）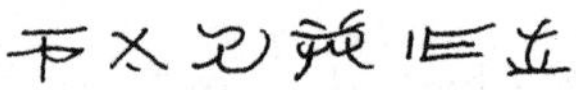

《隆重禳祭风鬼仪式，迎请大神经 · p‘v^{33} la^{21} i^{33} do^{33} sa^{55} py^{21}》

（63）

《隆重禳祭风鬼仪式，威力神琪神之来历，施勾朵面偶经 · hər^{33} be^{33}，tɕ‘i^{21} do^{21} t‘v^{33}，kə^{33} to^{33} p‘i^{55}》

（64）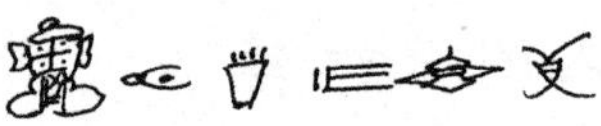

《隆重禳祭风鬼仪式，迎请考冉大神经 · hər^{33} la^{33} lɯ^{21} k‘ɯ^{55}，k‘a^{33} ʐər^{33} sa^{55} ua^{21} me^{55}》

（65）

《隆重禳祭风鬼仪式，白蝙蝠求取祭祀占卜经 · py^{33} p‘æ^{21} kua^{55} ʂu^{21} ua^{21}》

（66）

《隆重禳祭风鬼仪式，请卢神起驾，求神赐威力附体经 · du^{21} tɯ^{33} dʐər^{21}

tʂæ^{55} ua^{21} me^{55}》

（67）

《祭风仪式，大祭仄鬼经 · hər^{33} be^{33}，tse^{21} dɯ^{21} py^{21} ua^{21}》

（68）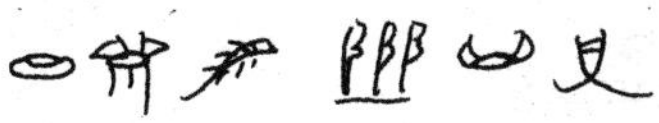

《隆重禳祭风鬼仪式，驱鬼经上卷下卷及驱党鬼经 · t‘v^{55} kv^{33} t‘v^{55} mæ^{55} dæ^{21} k‘a^{33} me^{55}》

（69）

《祭风鬼仪式，高勒趣招父魂经 · ka^{33} le^{21} ts‘y^{55} ua^{21} ʂər^{55} ua^{21} me^{55}》

（70）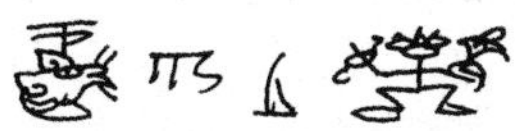

《隆重禳祭风鬼仪式，迎请神灵跳东巴舞 · p‘v^{33} la^{21} ka^{33} tɕ‘i^{33}，to^{33} ba^{21} ts‘o^{33}》

（71）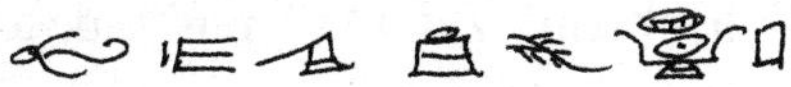

《隆重禳祭风鬼仪式，祭答勒乌莎命用海贝占卜 · a^{55} sa^{21} ʂu^{21}，bæ^{21} mæ^{33} to^{55}》

（72）

《禳祭魂风鬼仪式，献饭经 · tɕi^{21} ne^{21} hər^{33} be^{33}，ha^{33} ʂɿ^{21} t‘e^{33} ɯ^{33} ua^{21}》

（73）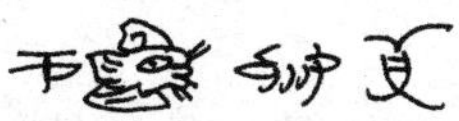

《隆重禳祭风鬼仪式，送神经 · p‘v^{33} la^{21} pv^{55} me^{55}》

（74）

《祭风仪式，送风鬼经 · hər^{33} be^{33} t‘e^{33} ɯ^{33} dɯ^{33} hə^{33} be^{33} t‘e^{21} pər^{55} bɯ^{33}》

（75）

《祭风仪式，送风鬼经 · hər^{33} pv^{55} gə^{33} t‘e^{33} ɯ^{33} ua^{21} me^{55}》

（76）

《隆重禳祭风鬼仪式，东巴教祭锝鬼仄鬼经书 · to^{33} ba^{21} gə^{33} tər^{33} tse^{21} py^{21} ua^{21} me^{55}》

（77）

《隆重禳祭风鬼仪式，迎请本丹大神，烧天香，把本丹神从上天请下来 · be^{21} dæ^{33} sa^{55}，tʂ‘u^{55} pa^{33} be^{33}，gə^{21} nɯ^{21} mɯ^{21} k‘v^{21}》

（78）

《隆重禳祭风鬼仪式，迎请本丹大神经上卷 · hər^{33} la^{33} lɯ^{21} k‘ɯ^{55}，be^{21} dæ^{33} sa^{55} kv^{33} tʂu^{55}》

（79）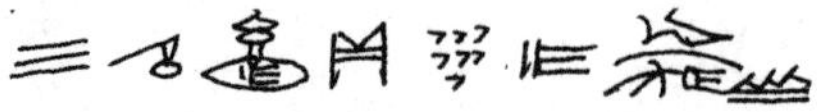

《祭风仪式，迎请刹依威德大神来镇鬼经 · hər^{33} be^{33}，sa^{21} lɯ^{55} uə^{33} de^{21} sa^{55} ts‘ɪ^{21} mɯ^{21} zər^{21}》

（80）

《超度吊死者情死者亡灵仪式，给吊死者情死者放溜索经 · ts‘ɪ^{33} ŋv^{55} iə^{21} ŋv^{55}，lo^{55} k‘ɯ^{55} ua^{21} me^{55}》

（81）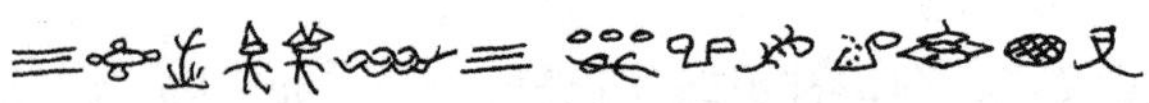

《祭风鬼大仪式，叙述毒鬼仄鬼云鬼恒星鬼饶星鬼来历，且偿还他们的债经 · hər^{33} dɯ^{21} py^{21}，dv^{33} tse^{21} tɕi^{21} hər^{33} kɯ^{33} za^{21} t‘v^{33} pɯ^{55}，dʐu^{33} ʐua^{21} ua^{21} mu^{21} me^{55}》

（82）

《隆重地禳祭风鬼仪式，开死亡之门，叙述木牌之来历经 · hər^{33} la^{33} lɯ^{21} k‘ɯ^{55}，ʂɿ^{33} k‘u^{33} p‘u^{33}，k‘ua^{55} t‘v^{33} pɯ^{55}》

（83）

《祭大规模地祭风仪式，偿还鬼债经 · py^{21} dɯ^{21} py^{21} gə^{33} ts‘ɪ^{21} dʐu^{33} ʐua^{21} ua^{21} me^{55}》

（84）

《祭风仪式的祭祀经典 · hər^{33} be^{33} py^{21} ua^{21} me^{55}》

（85）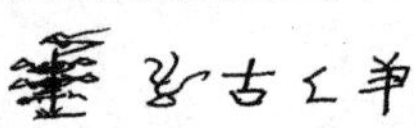

《隆重地禳祭风鬼仪式，给男女死者亡灵配婚 · la^{33} lɯ^{21} k‘ɯ^{55}，mi^{33} lv^{21} dzɪ^{21} to^{55}》

（86）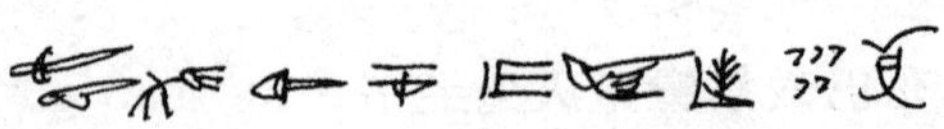

《隆重地禳祭风鬼仪式，解开生者与死者拉着手的绳结，超度沙劳阿巴经 · ʂɿ^{33} sɪ^{21} la^{21} tʂu^{55} p‘ər^{21}，sa^{33} la^{21} a^{33} pa^{21} ŋv^{55} ua^{21} me^{55}》

（87）

《隆重地禳祭风鬼仪式，青年男女迁徙记上卷 · hər^{33} la^{33} lɯ^{21} k‘ɯ^{55}，lv^{33}

bər^{33} lv^{33} za^{21} kv^{33} ʈʂu^{55} ua^{21}》

（88）

《隆重地禳祭风鬼仪式，青年男女迁徙记下卷 · hər^{33} la^{33} lɯ^{21} k‘ɯ^{55}，lv^{33} bər^{33} lv^{33} za^{21}mæ^{55} ʈʂu^{55} ua^{21}》

（89）

《超度吊死者情死者亡灵仪式，给死者木身放溜索经 · ts‘ɪ^{33} iə^{21} ŋv^{55}，lo^{55} k‘ɯ^{55}》

（90）

《祭风仪式，抛丢仄鬼的多玛面偶，送仄鬼经 · hər^{33} be^{33}，tse^{21} to^{33} ma^{33} p‘i^{55}，ʈʂ‘v^{33} tɕ‘i^{33}》

（91）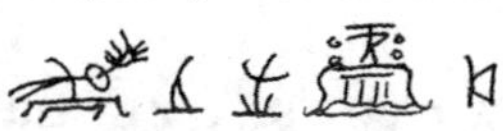

《祭刚去世的死者亡灵仪式，建神座经 · ʂɪ^{33} tɕ‘i^{55} py^{21}，ʐv^{55} tɯ^{33} k‘u^{33}》

（92）

《祭刚去世的死者亡灵仪式，迎请神灵，给卢神沈神除秽经 · p‘v^{33} la^{21} sa^{55}，p‘v^{33} la^{21} ka^{33} tɕ‘i^{33} k‘v^{21}，du^{33} se^{21} ʈʂ‘ə^{55} ʂu^{55}》

（93）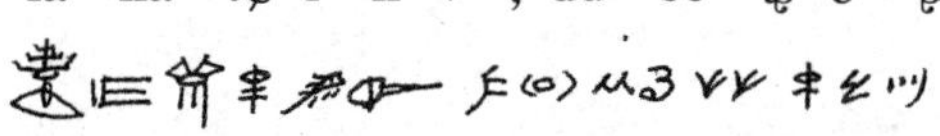

《开丧超度死者亡灵仪式，迎请本丹神经上卷中卷下卷，迎请莫华汝荣神经 · be^{21} dæ^{33} sa^{55} kv^{33} ʈʂu^{55}，ly^{55} ʈʂu^{55} mæ^{55} ʈʂu^{55}，mə^{33} py^{21} zɪ^{33} ʐu^{21} sa^{55} ly^{21} ua^{21} me^{55}》

（94）

《开丧祭季鬼仪式，请卢神起驾给卢神除秽经 · tɕi^{55} kv^{33} py^{21}，du^{21} tɯ^{33}，ʈʂ‘ə^{55} ʂu^{55}》

（95）

《开丧祭季鬼仪式，招仇鬼之魂经 · tɕi^{55} kv^{33} py^{21}，ʐv^{21} k‘v^{21} ua^{21} me^{55}》

（96）

《开丧祭季鬼仪式，叙述鬼之来源经 · tɕi^{55} kv^{33} py^{21}，k‘ɯ^{55} dzo^{21} ua^{21} me^{55}》

（97）

《开丧祭季鬼仪式，摧毁崩鬼寨经 · tɕi^{55} kv^{33} py^{21}，bu^{33} k‘æ^{55} ua^{21} me^{55}》

(98) 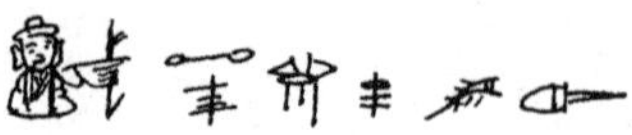

《开丧超度死者亡灵仪式，执法杖经上卷、中卷、下卷·çi^{33} ŋv^{55}, mɯ^{55} t‘v^{33} ua^{33} zɪ^{33} kv^{33} tʂu^{55} ly^{55} tʂu^{55} mæ^{55} tʂu^{55}》

(99) 

《开丧仪式，给死者亡灵送领路猪经，后段为请主祭东巴“丹恒”经·çi^{33} ʂɪ^{33}, ʐɪ^{33} ʂv^{33} bu^{21} iə^{55}, mæ^{55} tʂər^{55} da^{33} hɯ^{21} dy^{55}》

(100) 

《开丧超度死者亡灵仪式，杀牲给死者亡灵经·çi^{33} ŋv^{55}, k‘o^{55} mu^{33} k‘o^{55} ua^{21} me^{55}》

(101) 

《开丧仪式，接死者亡灵，杀猛鬼恩鬼经·çi^{33} ʂɪ^{33}, ʐɪ^{21} tʂu^{33} mu^{33} ɯ^{21} sy^{55} ua^{21} me^{55}》

(102) 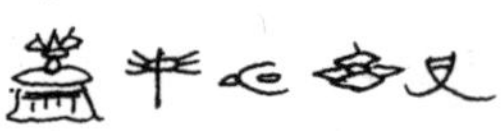

《开丧超度死者亡灵仪式，吟唱粮食的来历经·çi^{33} ʂɪ^{33} çi^{33} ŋv^{55}, æ^{33} dzɪ^{33} mi^{55} ua^{21} me^{55}》

(103) 

《开丧仪式，在棺椁上钉五色绦子经·çi^{33} ʂɪ^{33} ʐɪ^{21} tʂv^{33} kv^{33} ʂu^{55} la^{55} ua^{21} me^{55}》

(104) 

《开丧超度死者亡灵仪式，在神山四方招回死者亡灵经·çi^{33} ʂɪ^{33}, lu^{55} p‘a^{33} ua^{21} ʂər^{55} ua^{21} mu^{33} me^{55}》

(105) 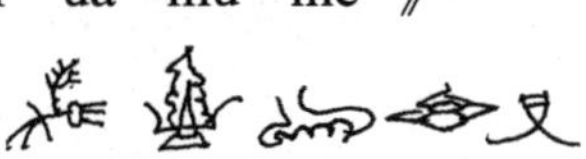

《开丧和超度死者亡灵仪式，点油灯作供养经·çi^{33} ʂɪ^{33}, bæ^{33} mi^{33} tʂɪ^{55} ua^{21} me^{55}》

(106) 

《开丧和超度死者亡灵仪式，点油灯作供养，念诵毕聂吕董经·çi^{33} ʂɪ^{33}, bæ^{33} mi^{33} tʂɪ^{55}, py^{21} ȵi^{33} ly^{21} du^{33} tʂ‘u^{33}》

(107) 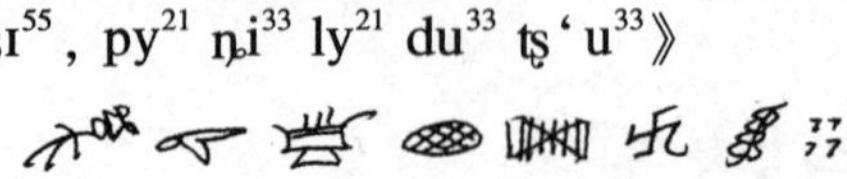

《开丧超度男性死者亡灵仪式，念诵乌孟答恩经·zo^{33} ʂɪ^{33}, u^{33} mu^{33} da^{21}

ɯ^{33} tʂ‘u^{33} ua^{21}》

（108）

《开丧和超度死者亡灵仪式，唱挽歌经 · ɕi^{33} ʂɿ^{33} ɕi^{33} ŋv^{55}，mu^{55} dzər^{33} t‘e^{33} ɯ^{33} ua^{21}》

（109）

《开丧和超度死者亡灵仪式，鸡鸣时分唤醒死者亡灵，向死者交代先辈祖先，给死者献稀饭经 · ɕi^{33} ʂɿ^{33} ɕi^{33} ŋv^{55}，to^{33} ba^{21} tɕy^{21} dzo^{21} tʂ‘u^{33}，tʂ‘ər^{55} p‘v^{33} ʐua^{21}，ba^{33} da^{21} p‘i^{55}》

（110）

《开丧仪式，生死离别经，送死者亡灵上路经 · ɕi^{33} ʂɿ^{33}，gu^{33} dzo^{21}，ʐɿ^{21} pv^{55} ua^{21} me^{55}》

（111）

《开丧和超度死者亡灵仪式，孝子挎獐皮口袋告别死者亡灵经 · ɕi^{33} ʂɿ^{33} ɕi^{33} ŋv^{55}，le^{33} he^{21} hæ^{55} ua^{55}》

（112）

《开丧仪式，为死者亡灵开路经 · ɕi^{33} ʂɿ^{33}，ʐɿ^{33} p‘u^{33} ua^{21} me^{55}》

（113）

《开丧和超度死者亡灵仪式，人类起源和迁徙的来历上卷 · ɕi^{33} ʂɿ^{33} ɕi^{33} ŋv^{55}，ts‘o^{21} bər^{33} t‘v^{33} kv^{33} tʂu^{55}》

（114）

《开丧和超度死者亡灵仪式，人类起源和迁徙的来历下卷 · ɕi^{33} ʂɿ^{33} ɕi^{33} ŋv^{55}，ts‘o^{21} bər^{33} t‘v^{33} mæ^{55} tʂu^{55} mu^{33} me^{55}》

（115）

《超度死者亡灵仪式，为死者亡灵解除考鬼旨鬼的纠缠经 · ɕi^{33} ŋv^{55}，k‘ua^{33} p‘v^{55} dʐɿ^{33} p‘v^{55} ua^{21} me^{55}》

（116）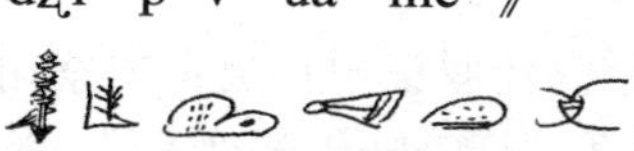

《超度死者亡灵仪式，为死者亡灵开辟通过九座大山坡的道路经 · ɕi^{33} ŋv^{55}，bu^{33} na^{21} gv^{33} bu^{21} p‘i^{21} ua^{21} me^{55}》

(117) 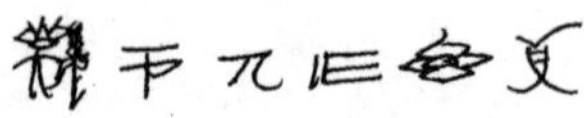

《超度死者亡灵仪式，迎请盘神等威力神经 · çi^{33} ŋv^{55} , p‘ər^{21} sa^{55} dʐər^{21} sa^{55} me^{55}》

(118) 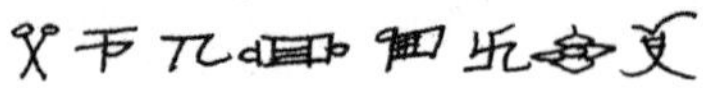

《超度死者亡灵仪式，小规模地求神赐威力附体经 · tɕi^{55} gə^{33} p‘v^{33} la^{21} dʐər^{21} tʂæ^{55} t‘e^{33} ɯ^{33} ua^{21} me^{55}》

(119) 

《超度夫妇亡灵仪式，抛丢“考露”面偶经 · mi^{33} lv^{21} ŋv^{55} gə^{33} k‘a^{33} lv^{55} p‘i^{55}》

(120) 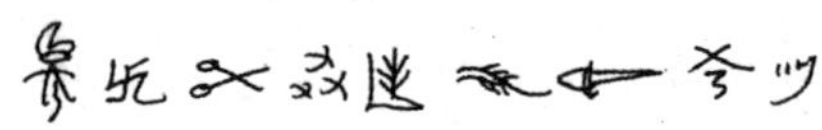

《超度死者亡灵仪式，超度本恩季北经下卷 · bɯ^{33} ɯ^{33} tɕi^{55} be^{21} ŋv^{55} mæ^{55} tʂu^{55} ua^{21} me^{55}》

(121) 

《超度东巴什罗亡灵仪式，设神座、献祭粮经 · ʂər^{55} lər^{33} ŋv^{55} , ʐv^{55} tɯ^{33} k‘u^{33} , ka^{55} o^{55}》

(122) 

《超度东巴什罗祭司亡灵仪式，祭秽鬼除秽，烧天香经 · ʂər^{55} lər^{33} ŋv^{55} , tʂ‘ə^{55} na^{21} gv^{21} , tʂ‘ə^{55} ʂu^{55} , tʂ‘u^{55} pa^{33} dʑi^{55} t‘e^{33} ɯ^{33} mu^{33} me^{55}》

(123) 

《超度东巴什罗祭司亡灵仪式，点油灯，迎请神灵经 · ʂər^{55} lər^{33} ŋv^{55} , p‘v^{33} la^{21} sa^{55} , p‘v^{33} la^{21} k‘v^{21}》

(124) 

《超度东巴什罗祭司亡灵仪式，念诵东巴什罗经，咒色肯多桑经 · ʂər^{55} lər^{33} ŋv^{55} , ʂər^{55} lər^{33} tɕə^{21} tʂ‘u^{33} , se^{21} k‘ɯ^{33} to^{33} ʂæ^{33} tʂ‘u^{33}》

(125) 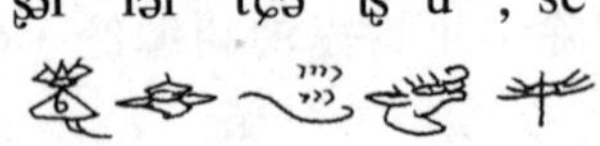

《超度东巴什罗祭司亡灵仪式，招东巴什罗祭司亡灵，向祭司亡灵求取祭祀本领经 · ʂər^{55} lər^{33} ŋv^{55} , ʂər^{55} lər^{33} ua^{21} ʂər^{55} , bu^{21} dze^{21}》

(126) 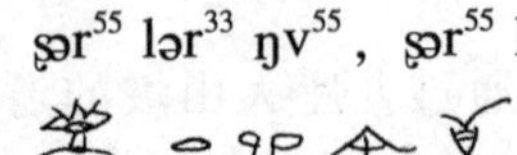

《超度东巴什罗祭司亡灵仪式，东巴什罗身世传经 · ʂər^{55} lər^{33} ŋv^{55} , ʂər^{55}

lər^{33} gv^{33} t‘v^{33} mu^{33} me^{55}》

(127) 

《超度东巴什罗祭司亡灵仪式，在毒鬼黑海边用猪偿还毒鬼的债 · ʂər^{55} lər^{33} ŋv^{55}，dv^{21} hɯ^{55} na^{21} me^{33} k‘u^{33} gə^{33} dv^{21} dʐu^{33} bu^{21} nɯ^{33} ʐua^{21}》

(128) 

《超度东巴什罗祭司亡灵仪式，在鲜牛皮上点油灯作供养经 · ʂər^{55} lər^{33} ŋv^{55}，ɯ^{33} dʐər^{33} p‘i^{21} to^{55} nɯ^{33} bæ^{33} mi^{33} tʂɪ^{55} ua^{21} me^{55}》

(129) 

《超度东巴什罗祭司亡灵仪式，开辟把死者亡灵送到神界的道路，驱冷凑鬼经 · ʂər^{55} lər^{33} ŋv^{55}，he^{21} ʐɪ^{33} p‘i^{21}，le^{21} tʂ‘ə^{55} dʐɪ^{21} mɯ^{33} me^{55}》

(130) 

《超度东巴什罗祭司亡灵仪式，开辟把死者亡灵送到神界的道路经上卷 · ʂər^{55} lər^{33} ŋv^{55}，he^{21} ʐɪ^{33} p‘i^{21} kv^{33} tʂu^{55} ua^{21} me^{55}》

(131) 

《超度东巴什罗祭司亡灵仪式，开辟把死者亡灵送到神界的道路经中卷 · ʂər^{55} lər^{33} ŋv^{55}，he^{21} ʐɪ^{33} p‘i^{21} ly^{55} tʂu^{55} me^{55}》

(132) 

《超度东巴什罗祭司亡灵仪式，给格巴弟子加威力附体经 · ʂər^{55} lər^{33} ŋv^{55}，gə^{21} ba^{21} dʐər^{21} tʂæ^{55} ua^{21}》

(133) 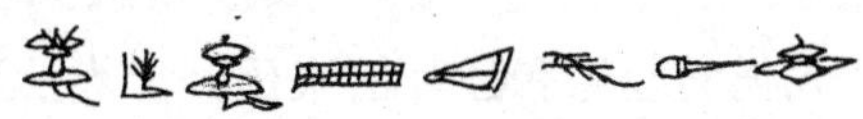

《超度东巴什罗祭司亡灵仪式，开辟把死者亡灵送到神界的道路经下卷 · ʂər^{55} lər^{33} ŋv^{55}，he^{21} ʐɪ^{33} p‘i^{21} mæ^{55} tʂu^{55} ua^{21}》

(134) 

《超度东巴什罗祭司亡灵仪式，开辟把死者亡灵送到神界之道路，开辟通过九座大黑坡之道路 · ʂər^{55} lər^{33} ŋv^{55}，he^{21} ʐɪ^{33} p‘i^{21} bu^{33} na^{21} gv^{33} bu^{21} p‘i^{21} ua^{21} me^{55}》

(135) 

《超度东巴什罗祭司亡灵仪式，向东巴什罗祭司亡灵求祭祀本领经 · ʂər^{55} lər^{33} ŋv^{55}，ʂər^{55} lər^{33} bu^{21} sa^{55} ua^{21} me^{55}》

(136) 

《超度东巴什罗祭司亡灵仪式，为祭司亡灵开罗梭之门经 · ʂər^{55} lər^{33} ŋv^{55}, lo^{21} so^{33} k'u^{33} p'u^{33} t'e^{33} ɯ^{33} ua^{21}》

(137) 

《超度东巴什罗祭司亡灵仪式，打开关魂柜之门经 · ʂər^{55} lər^{33} ŋv^{55}, tʂæ^{33} gv^{33} k'u^{33} p'u^{33} ua^{21}》

(138) 

《超度东巴什罗祭司亡灵仪式，求神赐威力附体，招死者福泽经 · ʂər^{55} lər^{33} ŋv^{55}, dʐər^{21} tʂæ^{55}, tæ^{55} ʂɿ^{33} ʂu^{21} no^{33} ua^{21} sa^{55}》

(139) 

《超度东巴什罗祭司亡灵仪式，用岩羊角解除鬼放下之缠绳经 · ʂər^{55} lər^{33} ŋv^{33}, se^{21} k'a^{33} nɯ^{33} lv^{55} p'ər^{21} ua^{21} mu^{33}》

(140) 

《超度东巴什罗祭司亡灵仪式，烧代表死者偶像的“灵堂”经 · ʂər^{55} lər^{33} ŋv^{55}, li^{33} t'a^{21} tɕər^{55} ua^{21} me^{55}》

(141) 

《超度东巴什罗祭司亡灵，在神山四方招死者之魂经 · ʂər^{55} lər^{33} ŋv^{55}, lu^{55} p'a^{33} ua^{21} ʂər^{55} mu^{33} me^{55}》

(142) 

《超度东巴什罗祭司亡灵，人类的起源和迁徙的来历经上卷、下卷 · ʂər^{55} lər^{33} ŋv^{55}, ts'o^{21} bər^{33} t'v^{33} kv^{33} tʂu^{55} mæ^{55} tʂu^{55}》

(143) 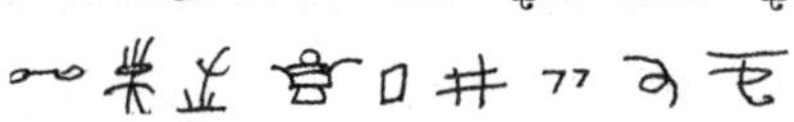

《祭阿鬼仪式，用面团吸附灾祸，排除疾病灾祸，解除鬼之缠绳经 · ua^{33} ts'ɪ^{21} py^{21}, ha^{33} to^{21} gu^{33} ȵi^{33} lv^{55} p'ər^{21}》

(144) 

《祭阿鬼仪式，给阿鬼施猪和鸡等牺牲经 · ua^{33} ts'ɪ^{21} py^{21}, bu^{21} mu^{33} æ^{21} mu^{33} k'ɯ^{55}》

(145) 

《祭阿鬼仪式，驱鬼经下卷及驱丹鬼经 · ua^{33} ts'ɪ^{21} py^{21}, t'v^{55} mæ^{55} dæ^{21}

k‘a^{33} ua^{21} me^{55}》

（146）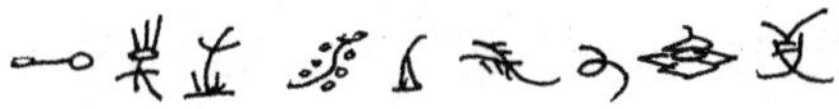

《祭阿鬼仪式，驱送阿鬼等诸鬼返回结束祭仪经 · ua^{33} ts‘ɪ^{21} py^{21}，tʂ‘v^{33} tɕ‘i^{33} py^{21} mæ^{55} tər^{55} ua^{21}》

（147）

《祭村寨神仪式规程 · dzɪ^{33} uə^{33} py^{21} gə^{33} du^{33} mu^{21} ua^{21}》

（148）

《祭村寨神仪式，叙述吟诵秽鬼之来历，除秽经 · dzɪ^{33} uə^{33} py^{21}，tʂ‘ə^{55} ʂu^{55} tʂ‘ə^{55} dzɪ^{33} mi^{55} ua^{21}》

（149）

《祭村寨神仪式，请村寨神经 · dzɪ^{33} uə^{33} py^{21}，dzɪ^{33} uə^{33} k‘v^{21} ua^{21} me^{55}》

（150）

《祭村寨神仪式，请村寨神，给村寨神献牲经 · dzɪ^{33} uə^{33} py^{21}，dzɪ^{33} uə^{33} k‘v^{21}，mu^{33} dzi^{33}》

（151）

《祭村寨仪式，立村寨神标记杆，后段许愿村寨神经 · dzɪ^{33} uə^{33} py^{21}，dzɪ^{33} uə^{33} pa^{55} ts‘ɪ^{55} mæ^{55} tʂər^{55} ku^{55} hy^{55}》

（152）

《祭村寨神仪式，给村寨神献饭经 · dzɪ^{33} uə^{33} py^{21}，ha^{33} ʂɪ^{21} ua^{21}》

（153）

《祭凑鬼仪式，给神献祭粮，点油灯经 · tʂ‘ə gv^{21}，kua^{55} o^{55}，bæ^{33} mi^{33} tʂɪ^{55}》

（154）

《祭凑鬼大仪式概说经 · tʂ‘ə^{55} na^{21} gv^{21}，tʂ‘v^{33} gɯ^{33} mu^{21} gɯ^{33} t‘e^{33} ɯ^{33} ua^{21}》

（155）

《祭凑鬼大仪式，用大型梭刷火把之火除秽经 · tʂ‘ə^{55} na^{21} gv^{21}，so^{33} ʂua^{21} na^{21} gə^{33} mi^{33} nɯ^{33} tʂ‘ə^{55} ʂu^{55}》

(156) 

《祭凑鬼大仪式，请卢神起驾经 · ʈʂʻə^{55} na^{21} gv^{21}，du^{21} tɯ^{33} ua^{21} me^{55}》

(157) 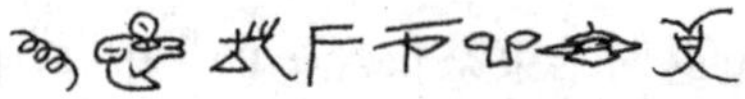

《祭凑鬼仪式，小型的“梭刷”火把的出处来历经 · ʈʂʻə^{55} gv^{21}，so^{33} ʂua^{21} pʻər^{21} tʻv^{33} ua^{21} me^{55}》

(158) 

《祭凑鬼仪式，神灵九兄弟，神女七姊妹烧“梭刷”火把除秽经 · ʈʂʻə^{55} gv^{21}，pʻv^{33} la^{21} gv^{55} be^{33} gu^{33}，la^{21} mi^{55} ʂər^{33} me^{33} he^{21} gə^{33} so^{33} ʂua^{21} dʐi^{55}》

(159) 

《祭凑鬼仪式，给鬼施“多玛”面偶经 · ʈʂʻə^{55} gv^{21}，to^{33} ma^{33} pʻi^{55} ua^{21} me^{55}》

(160) 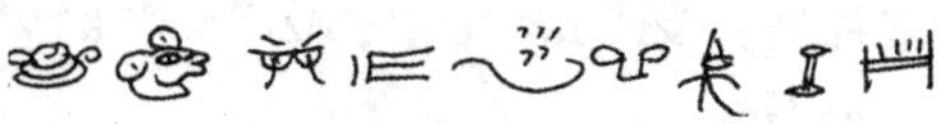

《祭凑鬼仪式，都沙昂吐的故事 · ʈʂʻə^{55} gv^{21}，do^{21} sa^{21} ŋa^{33} tʻv^{33} ʈʂər^{55} dzo^{21}》

(161) 

《祭凑鬼仪式，用“多玛”面偶吸附凶灾、排除疾病凶灾、解除鬼之缠绳，送走凑鬼经 · ʈʂʻə^{55} gv^{21}，to^{33} ma^{33} ha^{33} to^{21} gu^{33} ɳi^{33} lv^{55} pʻər^{21}，mæ^{55} ʈʂu^{55} ʈʂʻə^{55} tsʻɪ^{21} pv^{55} ua^{21} me^{55}》

(162) 

《祭嘎神仪式，除秽经 · ga^{33} be^{33}，ʈʂʻə^{55} ʂu^{55}》

(163) 

《祭嘎神仪式，迎请嘎神，迎请迁徙下来的人类祖先经 · ga^{33} kʻv^{21} ga^{33} tʻv^{33} tsʻo^{21} bər^{33} sa^{55}》

(164) 

《祭嘎神仪式，烧天香经 · ga^{33} py^{21}，ʈʂʻu^{55} pa^{33} dʐi^{55} ua^{21} me^{55}》

(165) 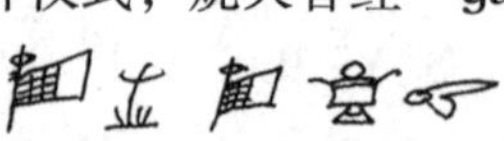

《祭嘎神仪式，给嘎神献饭经 · ga^{33} py^{21}，ga^{33} ha^{33} ʂɿ^{21}》

(166) 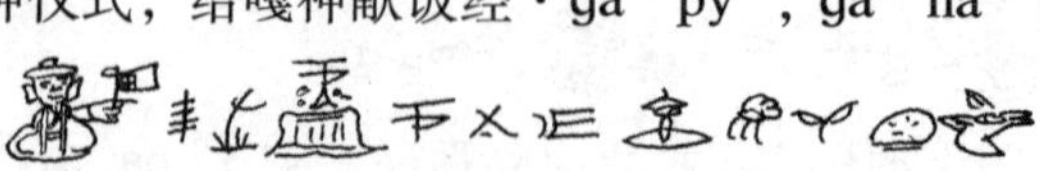

《向胜利神求寿仪式，迎请神灵降临，给神灵献供品经 · ga^{33} la^{21} zɪ^{33} ʈʂu^{55} py^{21}，pʻv^{33} la^{21} sa^{55} he^{21} kua^{55} iə^{55} o^{33} dzi^{33}》

（167）

《向胜利神求寿仪式，求神赐威力附体经 · ga^{33} la^{21} zɪ^{33} tʂu^{55} py^{21}，p‘v^{33} la^{21} dʐ̧ər^{21} sa^{55} dʐ̧ər^{21} ʂu^{21} ua^{21} me^{55}》

（168）

《向胜利神求寿仪式，在绿色柏树木的梯子上迎请神灵降临经 · ga^{33} la^{21} zɪ^{33} tʂu^{55} py^{21}，ɕy^{55} hər^{21} le^{55} dʑi^{21} kv^{33} nɯ^{33} p‘v^{33} la^{21} sa^{55}》

（169）

《向胜利神求寿仪式，迎接神灵，打开久补大神守护的天门经 · ga^{33} la^{21} zɪ^{33} tʂu^{55} py^{21}，p‘v^{33} la^{21} tʂv^{33}，dʑə^{21} bv^{33} mɯ^{33} k‘u^{33} p‘u^{33}》

（170）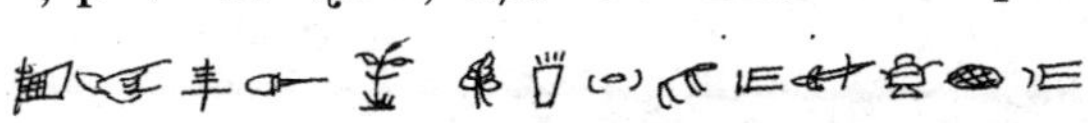

《向胜利神求寿仪式，迎请五方的“许冉”祭司神和刹道哈姆神经 · ga^{33} la^{21} zɪ^{33} tʂu^{55} py^{21}，ɕy^{33} ʐ̧ər^{33} py^{33} bv^{21} sa^{55}，sa^{21} da^{55} ha^{33} mu^{33} sa^{55}》

（171）

《向胜利神求寿仪式，迎请拉姆女神经中卷 · zɪ^{33} tʂu^{55} py^{21}，la^{33} mu^{33} sa^{55} ly^{55} tʂu^{55}》

（172）

《向胜利神求寿仪式，迎接祖先，镇鬼经 · zɪ^{33} tʂu^{55} py^{21}，y^{21} tʂv^{33} ts‘ɪ^{21} zər^{21} me^{33} ua^{21}》

（173）

《向胜利神求寿仪式，迎接三代祖先的胜利神经 · ga^{33} la^{21} zɪ^{33} tʂu^{55} py^{21}，p‘v^{33} sɪ^{55} tʂ‘ər^{33} y^{21} ga^{33} la^{21} tʂv^{33}》

（174）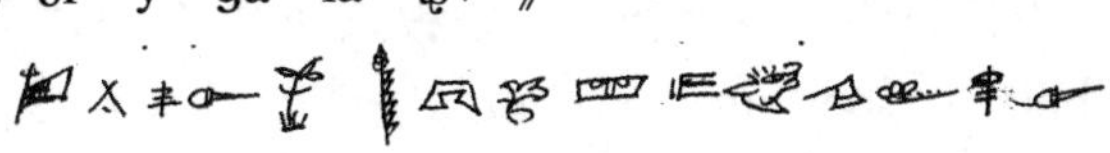

《向胜利神求寿仪式，在绿柏树梯子上向东巴什罗求威力和本领经中卷 · ga^{33} la^{21} zɪ^{33} tʂu^{55} py^{21}，ɕy^{55} hər^{21} le^{55} dʑi^{21} kv^{33} nɯ^{33} ga^{21} ba^{21} ʂər^{55} lər^{55} sa^{55} bu^{21} ʂu^{21} bu^{21} lər^{21} ly^{55} tʂu^{55}》

（175）

《向胜利神求寿仪式，在绿柏树木梯上向东巴什罗求威力和本领经下卷，附赐威力展示威力经 · ga^{33} la^{21} zɪ^{33} tʂu^{55} py^{21}，ɕy^{55} hər^{21} le^{55} dʑi^{21} kv^{33} nɯ^{33} ga^{21} ba^{21} ʂər^{55} lər^{55} sa^{55}，bu^{21} ʂu^{21} bu^{21} lər^{21} mæ^{55} tʂu^{55}，dʐ̧ər^{21} t‘v^{55} mæ^{55} tʂɪ》

（176）

《向胜利神求寿仪式，搭建神之毡房，搭金、银、松石、宝石之桥经 · ga^{33} la^{21} zɪ^{33} ʈʂu^{55} py^{21}，kv^{55} dʑi^{21} t‘v^{21} ŋv^{21} hæ^{21} dzo^{21} ua^{21} dzo^{21} ʈʂ‘u^{21} dzo^{21} tso^{55} ua^{21} me^{55}》

（177）

《向胜利神求寿仪式，迎接净水经 · zɪ^{33} ʈʂu^{55} py^{21}，dʑi^{33} sa^{55} ʈʂv^{33} ua^{21} me^{55}》

（178）

《向胜利神求寿仪式，神座及神箭之来历经 · zɪ^{33} ʈʂu^{55} py^{21}，ʐɪ^{21} lv^{33} lɯ^{33} sɪ^{33} t‘v^{33} pɯ^{55} ua^{21}》

（179）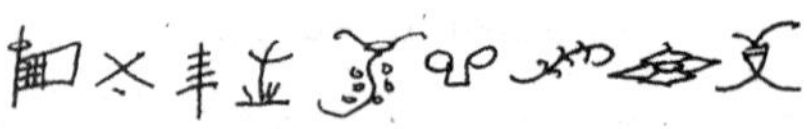

《向胜利神求寿仪式，生育神繁衍神华神之来历经 · ga^{33} la^{21} zɪ^{33} ʈʂu^{55} py^{21}，hua^{21} t‘v^{33} hua^{21} pɯ^{55} ua^{21} me^{55}》

（180）

《向胜利神求寿仪式，迎请华神、构补括寿胜利神、华神从神桥神梯上降临赐福寿经 · zɪ^{33} ʈʂu^{55} py^{21}，hua^{21} k‘v^{21} hua^{21} ʈʂv^{33}，gu^{33} la^{21} kə^{55} bv^{33} k‘uə^{55} ʂə^{55} k‘v^{21}，hua^{21} k‘ɯ^{55} ua^{21} me^{55}》

（181）

《向胜利神求寿仪式，华神的九颗神石之来历经 · zɪ^{33} ʈʂu^{55} py^{21}，hua^{21} lv^{33} gv^{55} lv^{33} t‘v^{33} pɯ^{55}》

（182）

《请素神仪式，立卢神石给神石除秽，献祭粮点油灯经 · sɪ^{55} k‘v^{21}，du^{21} lv^{33} ts‘ɪ^{55} ʈʂ‘ə^{55} ʂu^{55} kua^{55} o^{55} bæ^{33} mi^{33} ʈʂɪ^{55} ua^{21}》

（183）

《请素神仪式，除秽经 · sɪ^{55} k‘v^{21}，ʈʂ‘ə^{55} ʂu^{55} ua^{21} me^{55}》

（184）

《请素神大仪式，给素神献牲经 · sɪ^{55} dɯ^{21} k‘v^{21}，mu^{33} dzi^{33} ua^{21} me^{55}》

（185）

《请素神仪式，大型烧天香经 · sɪ^{55} k‘v^{21}，ʈʂ‘u^{55} pa^{33} dɯ^{21} dʑi^{55}》

(186) 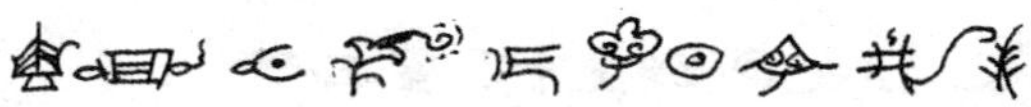

《请素神仪式，求取神药，抹酥油，求神赐威力附体 · sɪ^{55} k‘v^{33} tʂ‘ər^{33} sa^{55}，pa^{55} ma^{21} pa^{55}，dʐæ^{33} dzər^{55}》

(187) 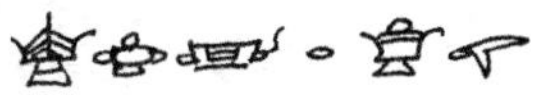

《请素神大仪式，主本献食经 · sɪ^{55} dɯ^{21} k‘v^{21} gv^{33} dɯ^{21} ha^{33} ʂɿ^{21}》

(188) 

《请素神大仪式，祝婚歌 · sɪ^{55} k‘v^{21}，k‘uə^{55} ʂə^{55}》

(189) 

《小型的祭素神仪式经书 · sɪ^{55} mi^{33} ku^{55} t‘e^{33} ɯ^{33} ua^{21} me^{55}》

(190) 

《供养诸神仪式，迎请迁徙下来的人类祖先经 · no^{55} bv^{21}，ts‘o^{21} bər^{33} sa^{55} ua^{21} me^{55}》

(191) 

《开丧仪式中孝子之规矩 · dɯ^{33} le^{21} zo^{33} ɯ^{24} mu^{21} du^{33} ua^{21} me^{55}》

(192) 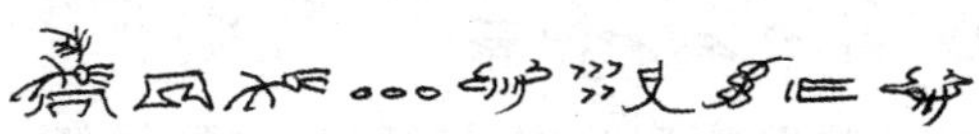

《开丧仪式，送走死亡之星，送走重丧之灾祸鬼 · çi^{33} ʂɿ^{33} gə^{33} ʂɿ^{33} kɯ^{21} pv^{55} ua^{21} me^{55}，tʂ‘u^{21} ʂæ^{33} pv^{55}》

(193) 

《开丧超度仪式，超度失明者亡灵使失明死者亡灵复明的经书 · miə^{21} t‘a^{55} ŋv^{55} t‘e^{33} ɯ^{33} mu^{33} me^{55}》

(194) 

《开丧仪式，破土之经 · p‘o^{55} t‘v^{33} ua^{21} mu^{33} me^{55}》

(195) 

《开丧仪式，在土皇日里死亡，开土地之门破土经 · t‘v^{33} dʐɪ^{33} lo^{21} çi^{33} ʂɿ^{33} tʂɪ^{33} k‘u^{33} p‘u^{33}》

(196) 

《超度长寿者之亡灵仪式，点油灯经 · zɪ^{33} ʂər^{21} ŋv^{55}，bæ^{33} mi^{33} tʂɪ^{55} ua^{21} me^{55}》

（197）

《超度长寿的茨爪景姆死者亡灵，给长寿者点油灯经 · zɪ^{33} ʂər^{21} tʂ‘v^{55} tʂua^{33} dʑi^{33} mu^{33} ŋv^{55}，zɪ^{33} ʂər^{21} bæ^{33} mi^{33} tʂɪ^{55} ua^{21}》

（198）

《超度死者亡灵仪式，崇忍潘迪找药经 · ɕi^{33} ŋv^{55}，ts‘o^{21} ze^{33} p‘ər^{33} dɯ^{21} tʂ‘ər^{33} ʂu^{21} ua^{21} me^{55}》

（199）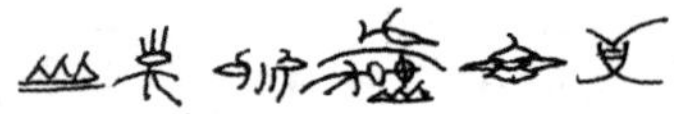

《送火鬼仪式，镇压妥罗鬼和火鬼经 · mi^{33} ts‘ɪ^{21} pv^{55}，t‘a^{33} lua^{33} ts‘ɪ^{21} mi^{21} ts‘ɪ^{21} mɯ^{21} zər^{21} ua^{21} me^{55}》

（200）

《东巴教禳垛鬼仪式，董部族与术部族争战经下卷 · to^{33} ba^{21} to^{55} k‘ɯ^{55} gə^{33} du^{21} æ^{21} ʂv^{21} æ^{21} mæ^{55} tʂu^{55}》

（201）

《禳垛鬼仪式的仪式规程经 · to^{55} k‘ɯ^{55} du^{33} mu^{21} ua^{21} me^{55}》

（202）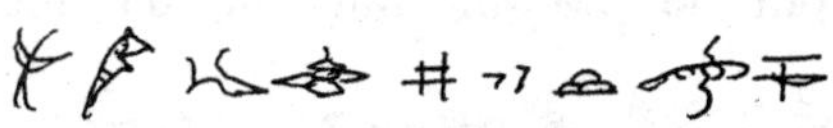

《禳垛鬼附禳锝鬼仪式，排除疾病凶灾，解除鬼之缠绳经 · tər^{21} to^{55} k‘ɯ^{55} ua^{21}，gu^{33} ȵi^{33} lv^{55} p‘ər^{21}》

（203）

《超度贤能者亡灵仪式，在神鬼交界地的九座黑坡处给鬼施黑色的衣服经 · dæ^{21} ŋv^{55}，tv^{33} tʂɪ^{21} gv^{33} dʑi^{33} na^{21} p‘i^{55}》

（204）

《占卜类，以乌鸦的鸣声查看占卜吉凶经 · ləv^{33} kæ^{21} lər^{21} sy^{21} ly^{21}》

（205）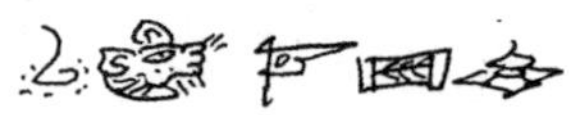

《占卜类，以时刻占卜吉凶经 · dʐɪ^{21} la^{55} t‘e^{33} ɯ^{33} ua^{21}》

（206）

《占卜类，以生病的日子来查看占卜吉凶经 · gu^{21} ȵi^{55} ua^{33} ly^{21} gə^{33} t‘e^{33} ɯ^{33} ua^{21}》

(207) 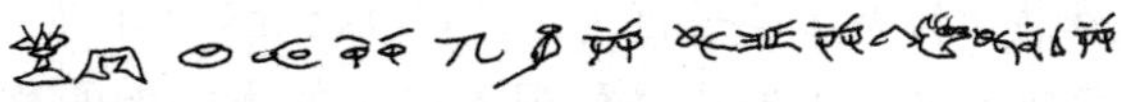

《占卜类，东巴查看土皇日，查看“桑京”日，查看饶星日，查看天狗日和“镎企”日经 · to^{33} ba^{21} gə^{33} t‘v^{33} dzɪ^{33} ly^{21}，ʂæ^{33} dʑi^{33} ly^{21}，za^{21} tsɪ^{21} ly^{21} mɯ^{33} k‘ɯ^{33} za^{21} ha^{33} tɕ‘i^{33} ly^{21}》

(208) 

《占卜类，东巴以海贝占卜吉凶经 · to^{33} ba^{21} gə^{33} bæ^{21} mæ^{33} to^{55} t‘e^{33} ɯ^{33}》

(209) 

《占卜类，东巴抽线绳以占卜吉凶经 · lo^{33} ba^{21} gə^{33} k‘ɯ^{21} tər^{55} p‘ər^{21} t‘e^{33} ɯ^{33}》

［调查地点：太安乡天红村委会天红村；调查对象：杨学红；调查时间：2007 年 7 月；调查整理：和力民］

四、宝山乡民间流传、保存的东巴古籍

宝山乡属玉龙纳西族自治县即原丽江纳西族自治县所辖乡（镇）之一。乡内有吾木村委会吾木村民小组，位于玉龙县的东部，距县城约 100 公里，与著名的宝山石头城隔山相居，交通比较闭塞，自然条件恶劣，与外界交流、沟通较少，是保存传统文化较多的偏远村寨之一。本调查主要选择该乡的吾木村。吾木村现有纳西族居民 150 户。村民至今在每年的农历正月初三、初四都要举行纳西族传统的祭天和祭署仪式。据上辈人讲，过去吾木村有数名主持民间宗教祭仪活动的东巴经师，以后相继去世。目前，该村尚健在，并且仍保存有东巴经古籍的东巴主要有两户。以下是对这两户人家所保存东巴经古籍和相关情况的询访记录。

1. 吾木村和学义家保存的东巴经

和学义，男，纳西族，68 岁，乳名和自山。家住宝山乡吾木村委会吾木村民小组中心村，家有 7 口人。和学义先生不是东巴，但其祖父和明是个大东巴。他家所藏东巴经是从祖父手上传下来的。据说在祖父这一代有很多东巴经书，新中国成立后，随着东巴教祭祀仪式逐渐淘汰，东巴经书被四处丢弃，只收藏了几本重要的经书。在“文化大革命”期间，大部分经书被烧毁。

现仅存的一本东巴经书，名为《突子哥子·t‘v^{33} $tsz^{21}gv^{33}tsɪ^{21}$》，属祖父抄写遗本。此经书平日存放在家中火塘边祭放祖先灵位的木柜上的草盒（山区纳西族的草编织物）中。据先生介绍，此经典是根据纳西族东巴经师传统占卜《巴格图》占法以及占卜起源古籍绘制的占卜图谱，可用来推算历法，占卜人的运程和择吉、取名等。全书共 17 页，第 1 页已经脱落，第 2 页模糊不清，内页有两页脱落，全书泛黄，还有被水浸湿过的痕迹，但象形文字抄文基本清晰。据和学义老人所述，此书是其祖父所写推知，该经典大约有 80 年的历史。至今村子里凡遇嫁娶、建房选址诸事，都用这本经书来占卜凶吉。

2. 吾木村和茂春家保存的东巴经

和茂春，男，纳西族，70 岁，家住吾木村委会吾木村民小组上村。先生一家 6 口人，全家务农。和茂春是祖传东巴，随着年岁的增长，他现在算得上是当地的一名老东巴。由于家庭经济状况较差，在熟人的介绍下，他目前在县城里当了一名商业性质比较浓的“东巴”，这在旅游业发展的丽江，把“东巴”当作一个卖点的情况随处可见。据先生介绍，他祖上好几代人都当过东巴。在他记事开始，就知道父亲是当时有名的大东巴，在本地区范围内，只要有重要的宗教活动和祭仪，其父必须到场。先生当东巴的本领就是跟父亲学来的。据他讲，父亲在世时，在今宝山乡范围内，喜欢学习东巴知识的人都会到他家，来者自带口粮，白天帮助做农活，晚上用松明火照明学习象形文字和东巴本领。

现在，和茂春东巴很忙，村子里凡人家有事，都要请他去帮忙。就在笔者作此次调查时，正值村里举行一年一度的传统祭天仪式，从开始到结束，先生都非常忙碌，因为他是这个祭祀仪式的主祭东巴。他非常愿意把自己所具有的东巴知识传授给村里的年轻人，希望年轻人能继承他的东巴技艺。但遗憾的是，其祖上传承了几代人的东巴，他的儿子却不愿学习东巴，提起此事，老人心里很不是滋味。

和其他纳西族人家一样，老东巴家的火塘设在住屋的正房里，长年的烟熏火燎，火塘周围每一样东西都被熏得黝黑。他家所保存的东巴经典就存放在火塘旁的木柜中。据村里人讲，和茂春老东巴一般情况下不会让外人看这些东巴经典。但他得知笔者意在专门了解民间保存的东巴古籍情况后，他毫无顾忌地从木柜中取出所有的经书。这些经书中有 10 本是从祖上传下来的，书皮显得非常黑旧，其余经籍属近年的新抄本。10 本旧抄本经书情况如下：

（1）《顾呢瓦子 · gu^{55} ȵi^{21} ua^{33} dzɪ^{21}》①

经书大意即为看病、算日子之类。共有 14 页，有 3 页被墨水侵蚀，多页泛黄、脱落，象形文字字迹清楚。收藏历史迄今有 100 多年。

（2）《摆米芝 · bæ^{21} mi^{55} tʂɿ^{33}》

山区纳西族老人去世，家人燃灯祭奠时，东巴经师即诵读此经作祭祀。书有 7 页，其中有一页脱落，两页散失，现用复印纸替代。象形文字字迹清楚，至今仍在使用。原经书抄写者落款为格玛命，生卒年月不详。按东巴经书抄写习惯，一般不落抄写年月，但根据对传承此书的东巴经师的代数推测，此经书抄本的传承历史大约有 180 年。

（3）《木比搓比洒 · mu^{55} py^{21} ts‘o^{33} py^{21} sa^{21}》

经书主要使用于纳西族传统的祭天场合。书共有 10 页，第一页有三分之一脱落，书面泛黄，但字迹基本清楚。抄写年代不详。

（4）《木比浩舍 · mu^{55} py^{21} ha^{55} ʂə^{21}》

经书大意即祭天时给天祭献食物。书共 10 页，前后多页脱落。书面黑旧，但字迹清楚，至今仍在使用。据东巴称，估计此书有约 150 年历史。

（5）《木比顾许 · mu^{55} py^{21} ku^{55} hy^{21}》

经书大意即杀牛祭天。书共 20 页，书面泛黄，前后页破损，部分内页已经脱落，装订线散断，尚存经页，字迹清晰，现在仍然使用。抄写年代不详。

（6）《署酷 · ʂu^{21} k‘u^{21}》

山区纳西族人家有人生病问卜，或家有喜事时，东巴经师即为之诵读此经。书共 14 页，书面多黑点、泛黄，内页大部分已脱落，脱落部分已不成装订本，大都散页。有 1 页散页字迹不清。经书抄写年代无落款。

（7）《杵巴祭 · tʂ‘u^{55} pa^{33} tɕi^{55}》

东巴经师作烧天香祭仪时诵读此经。书共 12 页，第 1 页残缺，其余保存完好，目前仍在使用。书末注明抄写者为和光前。

（8）《署库 · ʂu^{21} k‘u^{33}》

东巴经师作祭署仪式、请署神时诵读此经。书共 10 页，封面模糊不清，内页大部分散落，已不成整装本。抄写年代不详。

（9）《海苦 · hæ^{33} k‘u^{33}》

东巴经师作祭风仪式时诵读此经。书现存 4 页，其余散落。书面泛黄，但残页部分字迹清楚。抄写年代不详。

① 此录纳西语注音，属玉龙县（原丽江县）宝山乡一带纳西语发音，与丽江县城及其周围纳西语发音稍有不同。

(10)《什罗库土·ʂə̥^{55} lo^{33} k‘u^{55} t‘u^{21}》

经书主要讲述东巴教祖东巴什罗的身世。共 14 页，大部分页面残缺。书面泛黄，但字迹清楚。抄写年代不详。

［调查地点：宝山乡吾木村委会吾木村；调查对象：和学义、和茂春、木光、六十胡等；调查时间：2007 年 2 月；调查整理：和丽峰］

第二节　宁蒗县纳西族民间流传、保存的东巴古籍

宁蒗彝族自治县位于云南省西北部、丽江市东部的川滇交界处，地处东经 100°22′～101°16′，北纬 26°27′～27°56′之间，幅员面积 6 025 平方公里，平均海拔 2800 米，山地面积占 98.8%，境内多为横断山脉中段山系分支，主山脉的西部河流为金沙江水系，东部河流为雅砻江水系。主要湖泊泸沽湖在县境北部，属雅砻江水系。县境东与四川省盐源县接壤，南与华坪县、永胜县相接，西与玉龙县和古城区隔江相望，北与四川省木里县俄亚乡、依吉乡相邻。县政府驻地在大兴镇。2006 年 2 月以后，撤销红旗乡，并入大兴镇后，辖大兴镇、永宁乡、拉伯乡、红桥乡、翠玉傈僳族普米族乡、宁利乡、金棉乡、西布河乡、西川乡、战河乡、永宁坪乡、跑马坪乡、蝉战河乡、烂泥箐乡、新营盘乡 1 镇 14 乡，86 个村民委员会，1121 个村民小组，5 个社区居委会，32 个居民小组。至 2006 年年底，全县总人口为 248 178 人，其中少数民族人口 200 837 人，占全县总人口的 80.92%。居住有纳西族、彝族、普米族、傈僳族、汉族等民族，其中纳西族 20 039 人。

宁蒗县纳西族语言属纳西语东部方言区。据 1956 年 6 月中国科学院少数民族语言调查工作队第三工作队的普查，当时操东部方言的纳西族有三万多，主要分布在宁蒗县和四川省的盐源县、木里县。其中，宁蒗县有永宁土语和北渠坝土语，操这两种土语的纳西族自称“纳”或“纳嘿”。还有一种土语是瓜别土语，以四川省盐源县瓜别区话为代表，这部分纳西族自称“纳汝”。此外，在宁蒗县永宁乡皮匠村，还有民国时期从丽江迁来的操西部方言的纳西族。现在，永宁乡皮匠村操西部方言的纳西族称纳西族，操东部方言的纳西族称为纳西族摩梭人。

历史上，居住在宁蒗县境的纳西族信仰本民族的达巴教和东巴教。在永

宁乡等泸沽湖边的纳西族摩梭人信仰达巴教。达巴祭司一般以口碑记忆和背诵祭祀经文为人家举行祈神禳鬼及丧葬仪式。近20多年来，在达巴教流传地区发现了少许用象形文字书写的经文古籍。居住在拉伯乡托甸和加泽村委会的纳西族摩梭人，信仰东巴教。东巴教一般以东巴象形文字书写诵念祭祀和占卜经书为特色。

自元代以来，藏传佛教传入宁蒗泸沽湖纳西族地区。纳西族逐渐信仰藏传佛教，学习藏文经典。有僧侣的摩梭人家都有藏文经典，所以部分摩梭人学习和掌握使用藏文。据了解，历史至今，泸沽湖边纳西族摩梭人中曾有13人得到格西学位。

历史上，泸沽湖边的纳西族摩梭人主要是永宁阿氏土司管辖。阿氏土司及管家，为了统治本地区和对外交往，曾习汉文，掌握汉文化，但百姓学习汉文者很少。20世纪50年代以后，纳西族摩梭人有了自己的汉文学校，汉文教育逐渐得以普及，已培养出一批水平较高的文化人。

宁蒗纳西族摩梭人的达巴教如今只有在永宁、拉伯的部分地区有分布。达巴教处于衰退状况。纳西族摩梭人中的东巴教主要分布在拉伯乡的托甸、加泽村委会和翠玉乡部分地区。纳西族摩梭人东巴教经典东巴经也主要分布流传和保存在拉伯乡托甸和加泽村委会的纳西族村寨里。虽然在20世纪下半叶的政治运动中，东巴文化遭到浩劫，但自20世纪80年代以后，这里东巴教信仰又复苏，一些传统的宗教仪式又开始逐渐恢复。一些年轻人自觉地拜老东巴为师，学习东巴文，传抄东巴经书，新的东巴经抄本又出现在这些纳西族山寨里。其实，信仰东巴教，使用东巴文字和传抄东巴经书的宁蒗县拉伯乡的纳西族摩梭人，他们自称为“纳”，他称为“日柯”，即纳西族语“江边河谷地区”之意，亦他称“日欣”，即纳西语“江边河谷地区之人”的意思。“日欣”纳西族是古代纳西族先民的一个支系，因原来居住在干热河谷地区而得名。“日欣”纳西族语属东部方言。他们有自己的一些风俗习惯和语言习惯，与泸沽湖边的纳西族摩梭人相近，但在文字和宗教上又与泸沽湖边的纳西族摩梭人相异，与操西部方言的纳西族东巴教又相近。但语言和书写经文的一些象形文字又有别于操西部方言的纳西族的东巴教。从而形成了独特的地域和支系文化特色。

据我们调查和粗略统计，宁蒗县现有东巴31人，民间流传的东巴古籍主要保存在拉伯乡的托甸、加泽等村委会部分东巴经师的手里。

拉伯乡位于宁蒗县的最北端，东与永宁接壤，南与翠玉乡相连，西隔金沙江和冲天河与玉龙县奉科乡和四川省木里县俄亚乡相望，北与四川省木里县依吉乡相邻。乡政府所在地托甸村距离县城147公里，海拔2290米，下辖托甸、加泽、田坝、格瓦、拉伯5个村民委员会，63个村民小组。全乡总人口10 800人，居住有纳西、普米、汉等8个民族。

全乡通汽车村5个，通电话村3个。汽车路都是毛石路，每年雨雪季节，交通常常堵塞中断。

拉伯乡加泽和托甸村委会的纳西族摩梭人，主要居住在冲天河（亦叫无量河、水洛河）的东南坡地台地上。他们信仰东巴教，用东巴象形文字书写东巴经，信仰东巴什罗为东巴教之创教始祖，认可中甸白地阿明圣地。拥有丰富的东巴经书和画像。但是，他们的东巴教经典、仪式，有一部分有别于丽江、中甸的纳西族东巴教的经典仪式，早在20世纪40年代，著名学者约瑟夫·洛克和李霖灿等人，先后涉足这一地区，开始注意日柯人的文化现象。李霖灿编著《麽些象形文字字典》一书时，特别把日柯人创造和使用的文字归为一类，称为“若喀”字。

就整个纳西族地区而言，目前仍在使用东巴象形文字书写经书的日柯人，主要分布在宁蒗县拉伯乡加泽村委会、托甸村委会，香格里拉县三坝乡白地村委会、东坝村委会，四川省木里县依吉乡、俄亚乡的日柯人居住的村落里。其中，宁蒗县拉伯乡加泽村委会和托甸村委会是日柯人居住最为集中、居住村落连片、文化保留最为原生态的地方。由于许多村落如今未通公路，他们至今还保留传统的生产方式，传统木楞房建筑，传统的火塘、神龛，传统粪房和利用山溪的水磨房，他们还使用传统的马匹运输，保存传统的溜索和革囊、木船、橡皮般等交通运输形式，这些社会环境都为日柯人保留传统东巴经典、东巴文化提供了客观的社会条件。在这个区域内，目前仍传流有东巴经古籍的主要有加泽村委会油米村、树枝村、瓷瓦村等村，从油米村、树枝村、瓷瓦村到布落村三江口（吉恩施）村，形成相对集中、连成一线的纳西族摩梭人日柯支系的东巴教和东巴经书分布区。这个区域的东巴教仪式经书，其书写语言、文字和具体内容都是一致的。历史上为同一个系统的教派。现有的东巴经书也是可以在这个系统内部互相通用的，油米村和树枝村的经书常被借到瓷瓦布落等村传抄。各村的东巴常在一起诵经做祭仪，也常常拜年长的、知识丰富的东巴为师，学习东巴文字经典。目前，这一带流传的东巴经书，少数是祖上传抄下来的旧本，多数是20世纪80年代以来的重抄本，经书用纸基本上是廉价的牛皮纸。鉴于历史上对纳西族日柯支系东巴经书调查研究一直是个空白，因此，本项目研究特将加泽村委会、托甸村委会列为现今仍流传、保存有东巴古籍的典型区域加以调查，以期引起人们对纳西族日柯支系东巴教、东巴经、东巴文化传承的进一步关注和研究。

1. 油米村石玉吓等东巴收藏的东巴经书

油米村坐落于冲天河（亦名无量河、水洛河）东岸的山坡台地上，是丽江市宁蒗县最靠北的一个山村。村北面与四川省木里县依吉乡的甲保、争伍村接壤。西临冲天河，与俄亚乡相望。全村有71户，353人，是加泽村委会比较大的一个纳西族摩梭人（日柯）村落。全村主要有阿姓、杨姓和石姓三个姓。历史以来信仰东巴教，有传抄、保存和使用东巴象形文字经典的传统。所使用的东巴象形文字中，部分与丽江等地纳西族东巴经不同，称为日柯文。经书全用日柯人的语言记录。目前健在的东巴还比较多，全村共有12人。他们每人手中都保存有或多或少的东巴经书。

12名东巴经师中，现保存有东巴经书的情况依次为：阿哈巴次，2008年73岁，家藏有祭风、禳垛鬼、祭署神、开丧、超度等仪式的东巴经各一套。杨格锅，2008年65岁，家藏有禳垛鬼经书32本，开丧超度经书49本，祭璪神、祭署神13本，祭风22本，祭崩鬼12本，加上其他经书，共128本。杨扎史，2008年57岁，家藏祭署神、祭璪神、禳垛鬼、超度贤能者亡灵、开丧超度仪式及超度东巴什罗祭司亡灵仪式经书各一套。杨波布，2008年35岁，家藏祭璪神、禳垛鬼、祭署神仪式经书各一套。石玛林，2008年35岁，是石玉吓的侄子，会写东巴文。阿公塔，2008年37岁，家藏祭璪神、禳垛鬼、祭崩鬼及开丧超度等仪式经书。石玉吓，62岁，东巴世家后裔，家藏东巴经十分丰富，据不完全统计，所藏经书有禳垛鬼、祭风、祭璪神、祭署神、开丧超度死者亡灵、超度东巴什罗祭司亡灵、超度贤能者亡灵、祭崩鬼等仪式经书各一套，其中单就禳垛鬼大仪式的经书就有100余本。现将他们收藏的部分经书名目列出于下。

石玉吓家收藏的东巴经书名目：

（1）

《撒祭粮经 · kua^{55} gie^{55}》

（2）

《立神石经 · du^{21} ts‘o^{55}》

（3）

《用净水壶的水施神咒经 · po^{21} ba^{33} py^{33}》

（4）

《给神点油灯香火经 · ɕi^{55} mi^{33} ma^{21} mi^{33} be^{33}》

(5) 

《迎神经 · ga^{33} la^{21} sa^{55}》

(6) 

《接普娘面偶架经 · p‘v^{33} ȵiæ^{33} tʂɪ^{21}》

(7) 

《镇压仇鬼经 · ʐv^{21} zər^{21}》

(8) 

《禳去星星和日子里有的凶恶之鬼魂 · kɯ^{21} ts‘a^{21} ha^{55} ts‘a^{21} k‘u^{24}》

(9) 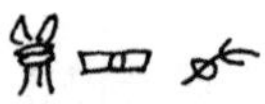

《把主人魂与固鬼饶鬼之魂分开经 · kv^{55} tʂɪ^{21} za^{21} tʂɪ^{21}》

(10) 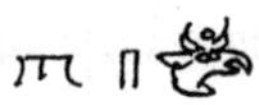

《祭祀山神经 · ka^{33} to^{33} tɕ‘y^{55}》

(11) 

《禳鬼上路给鬼指路 · ʐər^{33} p‘y^{33}》

(12) 

《用祭木做替身之来历经 · py^{21} ɕy^{33} dzo^{21} be^{33}》

(13) 

《在神座上给神献祭粮立卢神石 · ʐɪ^{21} tɯ^{21}kua^{55} ŋv^{55} du^{21} ts‘ɪ^{55}》

(14) 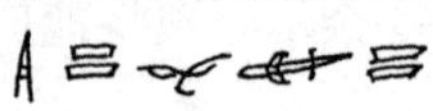

《叙述其木签，刀子的来历经 · tɕ‘i^{21} gie^{55}，iæ^{21} ta^{24} gie^{33}》

(15) 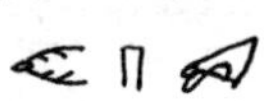

《抛面偶给鬼经 · gɯ^{21} to^{55} tɕ‘y^{33}》

(16) 

《用山羊献牲经 · to^{33} ɕia^{33} be^{33}》

(17) 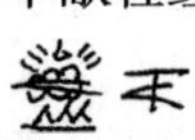

《烧天香经 · so^{33} p‘ər^{21} kæ^{24}》

(18) 

《叙述替身用物来历，施替身物给鬼，把替身施往祖先迁徙路招回主人魂》

(19) 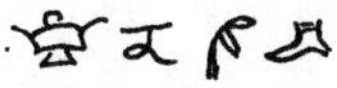

《ha^{33} na^{21} gv^{33} k‘u^{33}》

(20) 

《叙述土鬼来历经 · t‘v^{33} t‘v^{33} tɕy^{55}》

(21) 

《叙述土鬼和革鬼、垛鬼和铎鬼，厉害的锝鬼来历经 · t‘v^{33} ne^{21} gə^{21}，to^{55} ne^{21} do^{21} tər^{21} do^{21} t‘v^{33} tɕy^{55}》

(22) 

《叙述旨鬼、米克鬼之来历经 · tʂɿ^{33}、mi^{33} k‘ə^{21} t‘v^{33} tɕy^{55}》

(23) 

《叙述从火葬场，各地人居处施放来垛鬼铎鬼经 · bar^{33} tʂɿ^{21} dze^{33} o^{33} t‘v^{33} tɕy^{55}》

(24) 

《求神赐威力附体经 · dʐər^{21} tʂæ^{55}》

(25) 

《镇压仇敌鬼经 · ʐv^{21} zər^{21}》

(26) 

《把做噩梦的凶灾禳解出去 · i^{55} mu^{33} k‘ua^{21} hɯ^{55}》

(27) 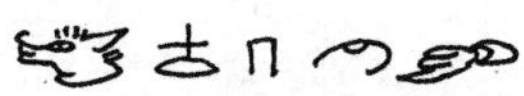

《五方祭司抛多玛面偶经 · bu^{21} bu^{21} to^{33} ma^{33} la^{55}》

(28) 

《索梭酷 · so^{33} so^{33} k‘u^{33}》

(29) 

《伐考鬼之树经 · k‘a^{33} dzɪ^{33} ts‘ər^{21}》

(30) 

《迎请莫毕增汝神 · mə^{33} py^{21} dze^{33} ʐv^{21} sa^{55}》

(31) 

《请卢神起驾，为卢神除秽 · du^{21} tɯ^{33} tʂ‘ua^{55} k‘a^{33}》

(32) 

《在山上给鬼指路、禳鬼 · dʑy^{21} o^{33} ʐə^{21} p‘v^{33}》

(33) 

《三祭木 · py^{21} sɪ^{33} ts‘ɪ^{24}》

(34) 

《请仇鬼 · ʐv^{21} k‘v^{21}》

(35) 

《给乌格神烧天香 · uə^{33} kə^{55} tʂ‘u^{33} se^{55} ia^{24}》

(36) 

《立卢神石，为卢神石除秽 · du^{21} lv^{33} ts‘ɪ^{55} tʂ‘ə^{55} k‘uə^{33}》

(37) 

《在家里解其鬼放下的绳结 · iə^{21} ko^{21} tɕ‘i^{21} bər^{21} p‘ər^{21}》

(38) 

《烧嘎也火把驱鬼 · ga^{33} pa^{21} la^{55}》

(39) 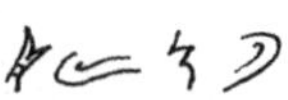

《烧蹄毛和血肉面施鬼食 · k‘uə^{21} lo^{21} se^{33} lo^{21}》

(40) 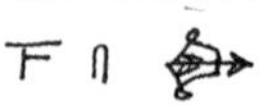

《抛休多面偶 · ɕə^{21} to^{33} k‘æ^{55}》

(41) 

《柳人的来历 · ʐɪ^{33} he^{33} gie^{33}》

(42) 

《把麻绳拴在木偶和面偶上 · sɪ^{33} bər^{21} ha^{33} bər^{21} p‘æ^{33}》

(43) 

《折断灾祸鬼之木节 · dʐɪ^{21} lua^{21} k‘æ^{55}》

(44) 

《关闭厄运灾祸鬼之门 · dʑi^{33} mæ^{33} mæ^{55}》

(45) 

《指路 · ʐua^{33} t‘e^{33}》

(46) 

《驱赶鬼，给鬼施多玛面偶 · to^{33} ma^{33} no^{55}》

（47）

《驱送景鬼，驱赶鬼经 · dʐi^{33} tʂ‘ər^{33} tɕ‘i^{33}，tɕ‘i^{33} tɕ‘i^{33} no^{33} no^{33}》

（48）

《拦阻鬼的回路，关鬼门经 · k‘u^{33} ts‘ɪ^{21} k‘u^{33} tər^{55}》

（49）

《吃午饭之后，给冷凑鬼偿还债 · ʐu^{33} dzɪ^{33} gu^{24}，le^{21} tʂ‘ə^{55} tɕ‘y^{55}，dʐu^{33} ʐua^{21} dər^{33}》

（50）

《给鬼施皮口袋和抛多玛面偶经 · tʂə^{33} dv^{21} tɕ‘y^{55}》

（51）

《董神与术鬼之战争 · du^{21} æ^{21} ʂv^{21} æ^{21}》

（52）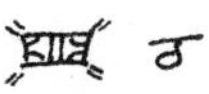

《给若罗神山五方的鬼施替身 · ʐua^{33} lua^{55} tɕ‘i^{55}》

（53）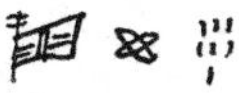

《招回嘎劳神之魂 · ga^{33} o^{21} ʂər^{24}》

（54）

《招仇鬼之魂关仇鬼之魂 · ʐv^{21} k‘v^{21} ʐv^{21} lv^{55}》

（55）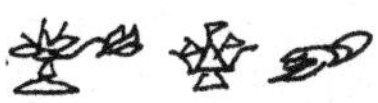

《招仇鬼之魂，给鬼抛多玛面偶 · ʐv^{21} k‘v^{21} to^{33} ma^{33} la^{55}》

（56）

《给神点油灯作供养，给嘎劳神献饭 · ma^{21} mi^{33} tʂɪ^{24}，ma^{21} mi^{55} be^{33} ga^{33} la^{21} ha^{33} iə^{55}》

（57）

《给下方的替身面偶架点油灯 · mi^{21} tʂu^{21} dy^{21} zi^{55} ma^{21} mi^{55} tʂɪ^{24}》

（58）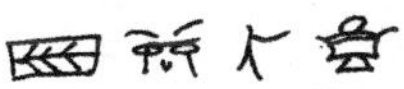

《安普纽鬼住宿 · p‘v^{33} ȵə^{21} le^{33} ha^{24}》

（59）

《镇压普纽鬼 · p‘v^{33} ȵə^{21} le^{33} zər^{21}》

（60）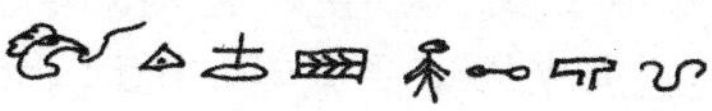

《第二天，鸡鸣时分，叙述把京鬼崩鬼施放到垛鬼者之地的来历 · æ^{21}

tɕy^{21} dʑi^{33} bu^{33} p‘v^{55}, dze^{33} o^{33} tɯ^{33} p‘v^{55}》

(61) 

《给京鬼崩鬼施多玛面偶 · dʑi^{33} bu^{33} to^{33} ma^{33} la^{24}》

(62) 

《立卢神石，为卢神石除秽 · du^{21} tʂ‘v^{55}, tʂ‘ə^{55} kæ^{55} tʂ‘ə^{55} ʂu^{55}》

(63) 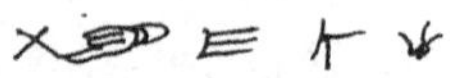

《迎请嘎劳神，镇压鬼 · ga^{33} la^{21} sa^{55}, ts‘ɪ^{21} le^{33} zər^{21}》

(64) 

《禳去星星和日子里有的凶恶之鬼魂 · kɯ^{21} ts‘a^{55} ha^{33} ts‘a^{55} k‘u^{33}》

(65) 

《把主人的魂固鬼饶鬼之魂分开 · kv^{33} tɕi^{21} za^{21} tɕi^{21}》

(66) 

《给鬼指路禳鬼上路，招回主人之魂 · ʐər^{33} p‘y^{21} ua^{21} ʂər^{55}》

(67) 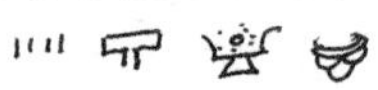

《立神座献祭粮 · ʐɪ^{21} tɯ^{33} kua^{55} ŋv^{55}》

(68) 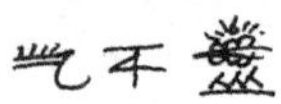

《给神灵献食物烧天香 · so^{33} p‘ər^{21} kæ^{24}》

(69) 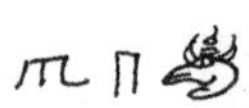

《给鬼抛送面偶 · ka^{33} to^{33} tɕ‘y^{55}》

(70) 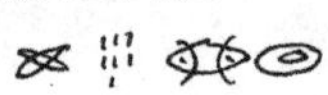

《招回主人之魂为主人抹酥油 · ua^{21} ʂər^{55} pa^{55} ma^{21} pa^{55}》

(71) 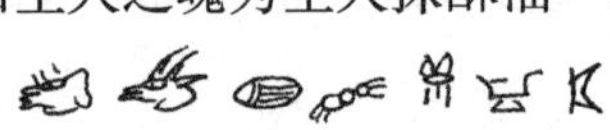

《叙述替身物之来历，施替身物给鬼，把替身施往祖先迁徙路，招回主人魂 · y^{21} y^{33}, mu^{33} ku^{21} ku^{33} kæ^{33} k‘u^{33}》

(72) 

《叙述木偶之来历，施放替身木偶给鬼，把替身木偶施往人类祖先迁徙路上偿还鬼债 · sɪ^{33} i^{33} y^{21} bər^{33} ʐɪ^{33} k‘u^{33}》

(73) 

《叙述火葬场，从多个地方人居处施放来垛鬼铎鬼经 · bər^{33} tsɪ^{33} dze^{33} a^{33} k‘u^{33}》

（74）

《哈镎恭 · ha^{33} na^{33} gv^{33} k‘u^{33}》

（75）

《土鬼之来历经 · t‘v^{33} t‘v^{33} tɕy^{55}》

（76）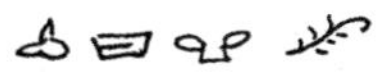

《杀崩鬼叙述崩鬼之来历 · bv^{33} sy^{24} bu^{33} t‘u^{33} tɕy^{55}》

（77）

《烧天香，求神赐威力附体经 · so^{33} kæ^{33}，dʐər^{21} tʂæ^{55}》

（78）

《捕蛙射蛙 · pa^{33} ʐv^{21} pa^{33} k‘æ^{33}》

（79）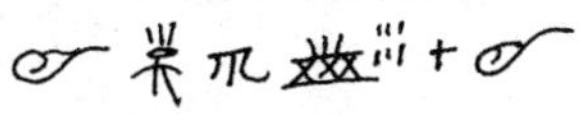

《禳噩梦之灾祸，禳三百六十个鬼兵 · i^{33} mu^{55} k‘ua^{21} hɯ^{21}，ts‘v^{33} ka^{33} ʂv^{21} ɕi^{33} tʂ‘ua^{33} ts‘ər^{21} hɯ^{24}》

（80）

《gə^{33} tɕy^{21} gə^{33} dor^{33} be^{33}》

（81）

《法器法鼓，海螺之来历，刀矛箭之来历 · da^{33} k‘ə^{21}，dv^{33} p‘ə^{21} fv^{55} ze^{33} t‘v^{33} tɕy^{55}，ʂu^{21} t‘a^{55} ly^{33} t‘a^{55} t‘v^{33} tɕy^{55}，lɯ^{33} sɿ^{33} t‘v^{33} tɕy^{55}》

（82）

《给乌格烧天香，给乌格献饭经 · uə^{33} kə^{21} tʂ‘u^{55} pa^{33} be^{33}，uə^{33} kə^{21} tʂ‘ər^{55} iə^{55}》

（83）

《祭司抛多玛面偶经 · bu^{33} bu^{21} to^{33} ma^{33} la^{24}》

（84）

《镇压属相相克的灾祸鬼 · k‘v^{55} ʐv^{21} k‘v^{55} gə^{21}》

（85）

《py^{21} gv^{33} mu^{33} k‘u^{33}》

（86）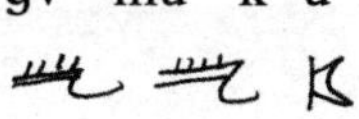

《索梭酷 · so^{33} so^{33} k‘u^{33}》

(87) 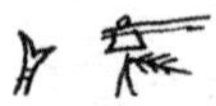

《伐考鬼之树·k‘a^{33} dzər^{21} ts‘ər^{21}》

(88) 

《迎请莫毕增荣神·məʐɯç》

(89) 

《请卢神起驾，为卢神除秽·du^{21} tɯ^{33} tʂ‘ə^{55} k‘a^{24}》

(90) 

《刀箭之来历，招仇敌之魂·da^{21} kv^{55} ʐv^{21} k‘v^{24}》

(91) 

《给鬼抛多玛面偶经·to^{33} ma^{33} la^{55}》

(92) 

《解除鬼之缠绳·tç‘i^{21} bər^{21} p‘ər^{21}》

(93) 

《烧嘎巴火把驱鬼经·ga^{33} pa^{21} la^{55}》

(94) 

《tʂ‘ua^{55} k‘a^{55} gə^{33} dæ^{33} la^{33} sa^{21}》（其意不明）

(95) 

《叙述替身之来历，施放替身经·y^{21} y^{33} ku^{21} kæ^{33} k‘u^{33}》

(96) 

《施放崇忍利恩恩之替身经·le^{55} ɯ^{55} ko^{21} kæ^{33} k‘u^{33}》

(97) 

《施放乌詹阿吾之替身经·ta^{33} tsæ^{33} a^{33} u^{55} ko^{21} kæ^{21} k‘u^{33}》

(98) 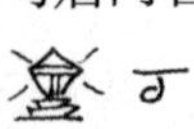

《给若罗神山五方的鬼施牺牲·ʐər^{21} lər^{55} tç‘i^{55}》

(99) 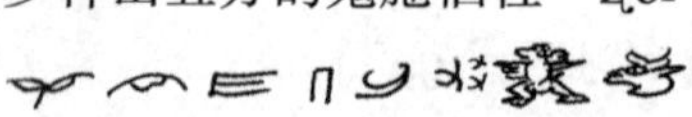

《迎请优麻神镇垛鬼，跳着优麻舞杀牛·ia^{33} ma^{21} sa^{55} to^{33} ʂə^{33} be^{33}，ia^{33} ma^{21} ts‘o^{33} be^{33} ɯ^{33} k‘o^{55}》

(100) 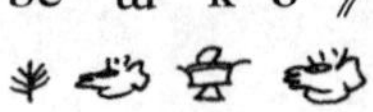

《制作木偶和面偶替身·sər^{33} ha^{33} y^{21} y^{33}》

（101）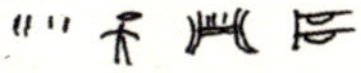

《叙述柳人之来历 · ʐɿ^{33} he^{33} tso^{21} be^{33}》

（102）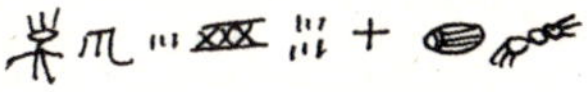

《给三百六十个厉害的鬼施牺牲 · ts‘o^{21} ka^{33} sɪ^{21} ɕi^{33} tʂ‘ua^{55} ts‘ər^{21} mu^{21} mu^{21}》

（103）

《招仇敌之魂 · ʐv^{21} k‘u^{33}》

（104）

《让鬼来接纳施给他们的牺牲 · mu^{33} y^{21} mu^{33} dʐu^{21}》

（105）

《杀牛，迎请优麻神，给优麻神献药 · ɯ^{33} k‘o^{55} be^{33} tsɪ^{33}，iə^{33} ma^{21} sa^{24}，iə^{33} ma^{21} tʂ‘ər^{33} k‘u^{55}》

（106）

《为小孩施放空鸟巢作的替身 · se^{55} mi^{33} k‘ɯ^{33} ȵi^{55} ze^{55} tsɪ^{21}》

（107）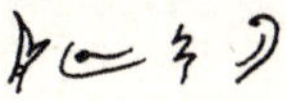

《k‘a^{33} lo^{21} se^{33} lo^{21}》（其意不明）

（108）

《送米纳鬼王 · mi^{21} na^{55} pər^{55}》

（109）

《送土鬼革鬼 · t‘v^{33} gə^{21} pv^{55}》

（110）

《抛送休洛多玛面偶 · ɕə^{21} to^{33} k‘æ^{55}》

（111）

《禳祭主人本命所在巴格方位里的鬼 · pa^{33} kə^{21} by^{33}》

（112）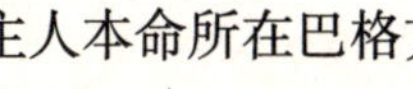

《叙述旨鬼、米克鬼的来历 · tɕi^{33} t‘v^{33} mi^{33} k’ ə^{21} t‘v^{33}》

（113）

《折月民 铸鬼 · tər^{21} k‘æ^{55} t‘ɯ^{33}》

（114）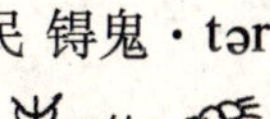

《给锝鬼施烧食 · tər^{21} mi^{33} ku^{55}》

（115）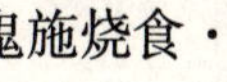

《喊仇敌魂 · ʐɿ^{21} k‘v^{21}》

(116) 

《写镇鬼的白杨木棒 · iə^{33} ga^{33} pər^{21}》

(117) 

《迎请朗久大神 · lər^{21} dʐə^{33} sa^{55}》

(118) 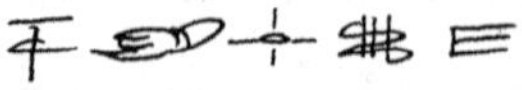

《迎请庚空大神 · p‘v^{33} la^{21} k‘ɯ^{21} k‘u^{55} sa^{55}》

(119) 

《迎请优麻大神 · iə^{33} ma^{21} sa^{55}》

(120) 

《迎请端洛神 · tər^{33} kə^{21} sa^{21}》

(121) 

《撵锝鬼 · tər^{21} t‘ɯ^{55}》

(122) 

《捣毁灾祸鬼之寨 · dʐɹ^{33} o^{33} p‘v^{21}》

(123) 

《送替身木偶 · py^{21} sɹ^{33} k‘a^{33}》

(124) 

《给灾祸鬼作烧祭 · dʐɹ^{33} ts‘e^{33} tɕi^{33} ts‘o^{21} tɕi^{33} tse^{55}》

(125) 

《uə^{33} kə^{21} tʂ‘u^{55}, dʐv^{33} zər^{21}、tər^{21} k‘æ^{55} tər^{21} le^{33} zər^{21}》（其意不明）

(126) 

《埋仇敌之魂 · ʐɹ^{21} a^{21} lv^{55}》

(127) 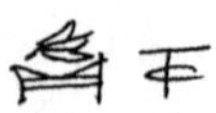

《毁仇敌之寨 · ʐɹ^{21} ua^{55} p‘ər^{21}》

(128) 

《从史支景补鬼王手中招回主人的魂 · to^{55} mæ^{21} kæ^{33} ʂɪ^{21} dʐɹ^{33} a^{21} ʂər^{55}》

(129) 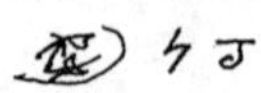

《送走朱鬼之经 · dʐɹ^{33} tʂ‘ər^{55} tʂ‘ɹ^{33}》

(130) 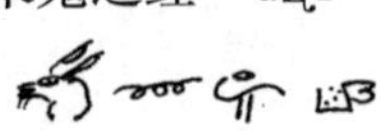

《偿还冷凑鬼之债 · le^{21} tʂ‘ə^{24} dʐu^{33} ʐua^{21}》

（131）

《推卸祭司过失之罪责 · py^{21} mi^{33} k‘ə^{21} p‘v^{24}》

（132）

《y^{21} la^{21} ʂər^{21} ku^{24} k‘u^{21}》（其意不明）

（133）

《用柳人木偶、面偶做替身，解开鬼之缠绳 · ʐɿ^{21} hi^{33} sər^{33} gie^{33} ha^{33} bər^{21} p‘ər^{21}》

（134）

《折断朱鬼之木节 · dʑɿ^{21} lua^{21} k‘æ^{33}》

（135）

《折断五方鬼之祭木 · dʑi^{33} mæ^{55} mæ^{55}》

（136）

《拔松树根做替身经 · t‘o^{33} k‘ɯ^{33} p‘v^{24}》

（137）

《把大面偶架送到外面给鬼 · de^{21} dʐɿ^{24} a^{33} p‘u^{24} le^{33} tʂɿ^{55}》

（138）

《迎请端格神，本丹神 · tər^{33} kə^{21}，be^{21} sa^{55}》

（139）

《镇压鬼 · tʂ‘v^{21} t‘v^{24}》

（140）

《东巴挑送面偶架给鬼舞 · to^{33} ba^{21} be^{21} dʐɿ^{33} ts‘o^{24}》

（141）

《东巴祭司给鬼指路，驱送鬼，招回活人之魂 · to^{33} ba^{21} a^{21} ʂər^{55}，ʐɿ^{33} p‘e^{33}》

（142）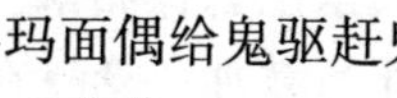

《送多玛面偶给鬼驱赶鬼回其居住地 · ʐɿ^{33} to^{33} ma^{33} nv^{21}》

（143）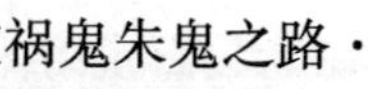

《断灾祸鬼朱鬼之路 · dʐɿ^{33} le^{33} ts‘i^{21}》

（144）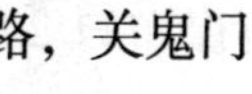

《断鬼路，关鬼门 · k‘u^{33} ts‘i^{33} k‘u^{55} tər^{24}》

(145) 

《招回嘎劳战神之魂，给战神献药 · ga^{33} a^{21} ʂər^{24}, to^{33} ba^{21} t‘e^{33} tʂ‘ər^{33} k‘u^{21}》

(146) 

《给活人献药 · ʂv^{24} tʂ‘ər^{33} k‘v^{24}》

(147) 

《把嘎劳战神领回到上方神住地 · ga^{33} la^{21} gə^{21} le^{33} ʂv^{33}》

(148) 

《镇压鬼 · ts‘ɪ^{21} le^{33} zər^{21}》

(149) 

《送嘎劳神返回神住地 · ga^{33} la^{21}pv^{55}》

(150) 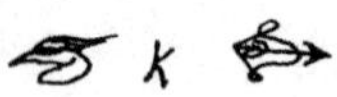

《拆除祭坛设置 · hua^{55} le^{33} k‘æ^{55}》

[调查地点：拉伯乡油米村；调查对象：石玉吓；调查时间：2007 年 10 月；调查整理：和力民]

2. 树枝村石宝寿等东巴收藏的东巴经

树枝村位于冲天河畔，东北面与油米村为邻，南面与瓷瓦村接壤，西面紧临冲天河。全村共 35 户，170 多人，都是纳西族摩梭人（日柯）。村庄虽然不大，但现在有 6 个东巴，情况如下。

石保布，2008 年 73 岁，属油米、树枝村一带有名的东巴。石哈巴若，2008 年 37 岁。石巴布，2008 年 49 岁，擅长东巴绘画，家藏他亲自绘画的神像和神路图等；同时藏有祭署神、超度死者亡灵、超度贤能者亡灵仪式经书。石宝寿，2008 年 37 岁，是石保布的儿子，从小跟父亲学习东巴经书，参加东巴教祭祀活动。阿展拉，又名石林，2008 年 24 岁，是石宝寿的弟子，家里现藏有许愿饶神，小祭风、祭璪神等仪式经书。石独机，2008 年 17 岁。树枝村的东巴经书，以石宝寿家收藏的最多。石宝寿是大东巴石保布的三儿子，弟兄四人。现在，兄弟 4 个分家各立门户，老大在外当教师，老三在村里另立门户，与母亲一起生活，老四与石保布住在一起。如今老四家虽有一些东巴经书，但他不学东巴，所以，石保布的许多经书就在老三石宝寿家里。据石宝寿说，他家有东巴经书 300 多本，有些经书被本村和周围其他村的东巴借去未还。石宝寿家的东巴经书，相当一部分是他父亲石保布自 20 世纪 80 年代以来重抄的，部分是借四川省木里依吉乡甲保村、争伍村东巴家的经书传抄，部分借油米村东巴家的经书传抄，这些经书，平日用夹板夹装并存放在家屋火塘边的神柜里，保存都较完好。

据笔者 2008 年 1 月在石宝寿家调查所见，他家目前保存的经书共有 299 本，内容包括 15 类。各类经书情况如下：

第一类：祭除鬼仪式经书

(1) 

《祭除鬼经书下卷 · tʂʻv^{21} py^{21} me^{33} tʻe^{33} ɯ^{33} mæ^{55} tʂu^{55} ŋv^{21} me^{55}》

(2) 

《祭除鬼仪式，驱鬼经上、下卷及赶党鬼施食经 · tʂʻv^{21} py^{21} me^{55}，tʻv^{55} kv^{33} tʻv^{55} mæ^{55} tʻv^{55} dzo^{21} tʻe^{33} ɯ^{33} mæ^{55} tʂu^{55} ŋv^{21} me^{55} dæ^{21} kʻa^{33} me^{55} ha^{33} iə^{55} ŋv^{21} me^{55}》

(3) 

《给卢神沈神除秽经 · du^{33} se^{21} tʂʻə^{55} ʂu^{55} me^{33} tʻe^{33} ɯ^{33} ŋv^{21} me^{55}》

(4) 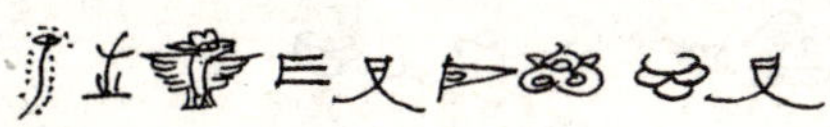

《祭除鬼仪式，迎请优麻大神经 · tʂʻv^{21} py^{21} iə^{33} ma^{21} sa^{55} me^{33} tʻe^{33} ɯ^{33} ŋv^{21} me^{55}》

(5) 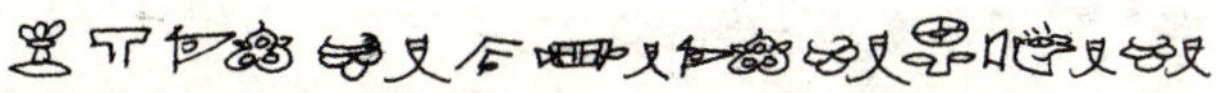

《请神起驾，请神灵赐威力附体，五方仇鬼来历经 · du^{21} tɯ^{33} tʻe^{33} ɯ^{33} ŋv^{21} me^{55}，dʐər^{21} tʂæ^{55} me^{33} tʻe^{33} ɯ^{33} ŋv^{21} me^{55}，ɲi^{33} me^{33} tʻv^{33} kʻu^{55} ʐv^{21} me^{33} ŋv^{21} me^{55}》

第二类：给丹拉神烧天香仪式经书（40 × 13 厘米）

(6) 

《给丹拉神烧天香做供养经，祭丹拉神的主本经 · dæ^{21} la^{33} so^{33} be^{33} me^{33} mu^{21} la^{21} me^{33} ŋv^{21} me^{55}，dæ^{21} la^{33} gv^{33} mu^{33}》

(7) 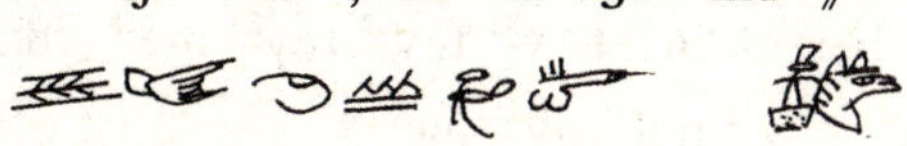

《丹拉冒米巴拉神，日罗拉孜骑白马经 · dæ^{21} la^{33} ma^{55} mi^{33} pa^{33} lər^{33}，ʐər^{55} la^{33} la^{21} tsɪ^{21} ʐua^{33} pʻər^{21} dʐæ^{33}》

(8) 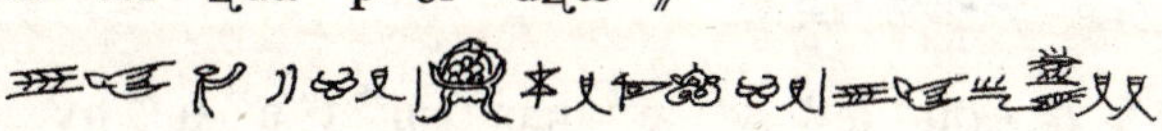

《祭丹拉巴丁神，迎接展巴拉旨神，祭丹拉神烧天香仪式规程 · dæ^{21} la^{33}

pu^{33} ti^{33} ŋv^{21} me^{55}，dʐæ^{21} pa^{33} la^{33} tʂɪ^{21} me^{33} t‘e^{33} ɯ^{33} ŋv^{21} me^{55}，dæ^{21} la^{33} so^{33} to^{33} ku^{33} me^{55} ŋv^{21} me^{55}》

第三类：禳垛鬼大仪式经书（27.5×10 厘米）

（9）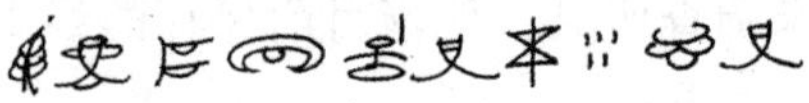

《做大法事，把神鬼留宿在祭祀人家的规程经·ɕy^{33} dɯ^{21} be^{33} ha^{55} dzɪ^{21} me^{33} tʂər^{55} ua^{33} ŋv^{33} me^{55}》

（10）

《镇压凶狠锝鬼仪式的规程经·tər^{21} na^{21} zər^{21} me^{33} ku^{33} ŋv^{21} me^{55}》

（11）

《请神灵给东巴祭司赐威力附体经·py^{21} dʐər^{21} tʂæ^{55} me^{33} ŋv^{21} me^{55}》

（12）《禳垛鬼仪式中使用的纸牌画 12 张·tsɪ^{33} ka^{33} le^{21}》

（13）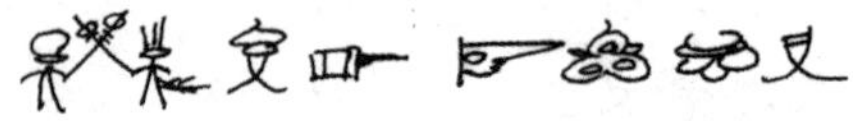

《董与术争战经上卷·du^{21} æ^{21} ʂv^{21} æ^{21} o^{33} tʂu^{55} t‘e^{33} ɯ^{33} ŋv^{21} me^{55}》

（14）

《施放主人这一家的替身，偿还若罗神山中央的鬼债经·ʐər^{55} lər^{33} tɕ‘i^{21} me^{33} ŋv^{21}，tʂɪ^{33} ly^{55} gv^{33} i^{33} da^{21} ko^{21} kæ^{33} k‘ɯ^{55} be^{33} me^{33} ŋv^{21}》

（15）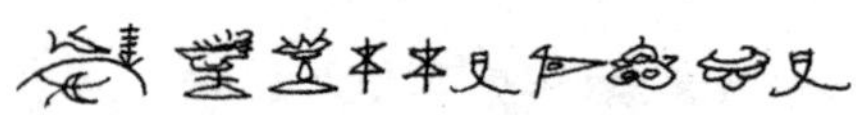

《镇压锝饶补补鬼王的经书·tər^{21} za^{55} bu^{33} bu^{21} tʂər^{33} tʂər^{21} me^{33} t‘e^{33} ɯ^{21} ŋv^{21} me^{55}》

（16）

《用净水壶里的水施神咒经·po^{21} ba^{33} ha^{55} me^{33} ha^{55} t‘e^{33} ɯ^{33} ŋv^{21} me^{55}》

（17）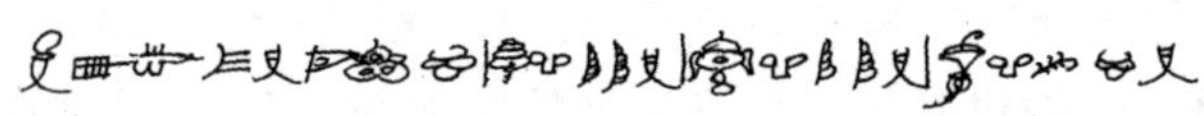

《上卷迎请朗究神，白海螺、法鼓、盘铃的出处来历经·o^{33} tʂu^{55} lər^{21} dʐə^{33} sa^{55} me^{33} t‘e^{33} ɯ^{33} ŋv^{21}，bər^{21} k‘a^{33} t‘v^{33} tɕy^{55} tɕy^{33} me^{55}，da^{33} k‘ə^{21} t‘v^{33} pɯ^{55} tɕy^{55} tɕy^{33}，tsər^{33} lər^{21} t‘v^{33} pɯ^{55} ŋv^{21} me^{55}》

（18）《纸牌画 15 张·tsɪ^{33} ka^{33} le^{21}》

（19）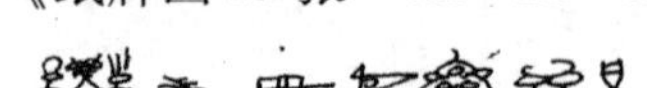

《董与术争战经下卷·du^{21} æ^{21} ʂv^{21} æ^{21} mæ^{55} tʂu^{55} t‘e^{33} ɯ^{33} ŋv^{21} me^{55}》

（20）

《迎请考冉神经 · k‘a^{33} ʐər^{33} sa^{55} me^{33} t‘e^{33} ɯ^{33} ŋv^{21} me^{55}》

（21）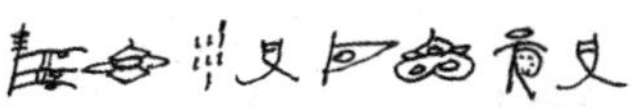

《招胜利神之魂经 · ga^{33} a^{21} ʂər^{55} me^{33} t‘e^{33} ɯ^{33} ŋv^{21} me^{55}》

（22）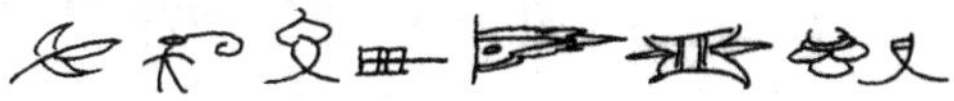

《喊仇鬼之魂经上卷 · ʐv^{21} k‘v^{21} o^{33} tʂu^{55} t‘e^{33} ɯ^{33} ŋv^{21} me^{55}》

（23）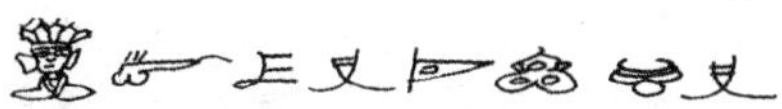

《迎请东巴什罗神经 · to^{33} ba^{21} ʂər^{21} lər^{33} sa^{55} me^{33} t‘e^{33} ɯ^{33} ŋv^{21} me^{55}》

（24）

《迎请上方神灵经 · gə^{21} tɕy^{21} tɕy^{21} me^{33} t‘e^{33} ɯ^{33} ŋv^{21} me^{55}》

（25）

《迎请朗究季究神经 · lər^{21} dʑə^{33} tɕi^{55} dʑə^{33} sa^{55} me^{33} t‘e^{33} ɯ^{33} ŋv^{21} me^{55}》

（26）

《请乌格称尤经 · uə^{33} kə^{21} tʂ‘ər^{55} iə^{33} me^{33} t‘e^{33} ɯ^{33} ŋv^{21} me^{55}》

（27）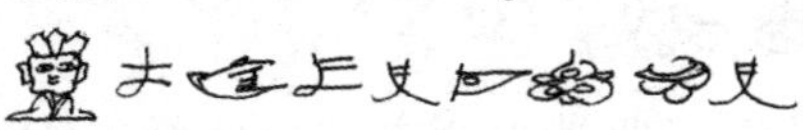

《迎请神灵经 · p‘v^{33} la^{21} sa^{55} me^{33} t‘e^{33} ɯ^{33} ŋv^{21} me^{55}》

（28）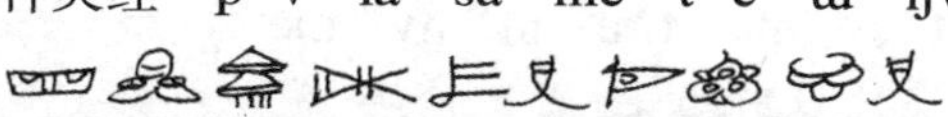

《迎请朗巴涛构神经 · lua^{21} pa^{33} t‘a^{33} kə^{55} sa^{55} me^{33} t‘e^{33} ɯ^{33} ŋv^{21} me^{55}》

（29）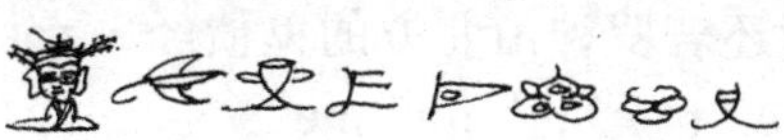

《隆重迎请莫毕精如神经 · m‘ə^{33} py^{21} ʐv^{33} ʐu^{21}dɯ^{21} sa^{55} t‘e^{33} ɯ^{33} ŋv^{21} me^{55}》

（30）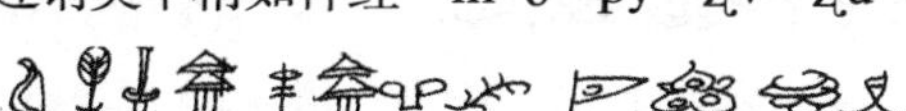

《弓箭、刀、矛的出处来历经 · li^{33} sɿ^{33} li^{33} me^{33} gæ^{21} t‘a^{55} ly^{33} t‘a^{55} t‘v^{33} tɕy^{55} t‘e^{33} ɯ^{33} ŋv^{21} me^{55}》

（31）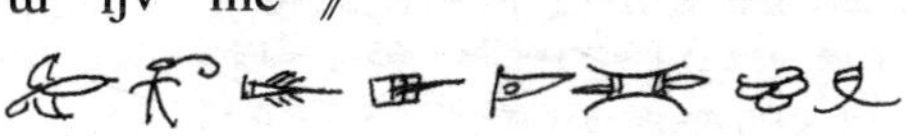

《喊仇鬼之魂经下卷 · ʐ^{21} k‘v^{21} mæ^{55} tʂu^{55} t‘e^{33} ɯ^{33} ŋv^{21} me^{55}》

（32）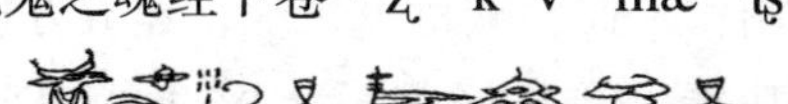

《从史支景补的关魂匣中招回主人的魂魄经 · ʂɿ^{21} dʐɿ^{33} a^{21} ʂər^{55} me^{33} t‘e^{33} ɯ^{33} ŋv^{21} me^{55}》

(33) 

《天下的考窝余登的故事经 · mɯ^{33} bv^{21} k‘a^{33} o^{33} y^{21} ty^{33} t‘e^{33} ɯ^{33} ŋv^{21} me^{55}》

(34) 

《给鬼施盘阿多玛面偶经 · p‘ər^{21} a^{33} to^{33} ma^{33} p‘i^{55} me^{33} t‘e^{33} ɯ^{33} ŋv^{21} me^{55}》

(35) 

《给优麻神献药经 · iə^{33} ma^{21} tʂ‘ər^{33} k‘u^{55} me^{33} t‘e^{33} ɯ^{33} ŋv^{21} me^{55}》

(36) 

《施放主人这一家的替身，偿还若罗神山东方的鬼债经 · ʐər^{55} lər^{33} ȵi^{33} me^{33} t‘v^{33} tʂ‘ɪ^{33} p‘a^{33} nɯ^{33} tɕ‘i^{33} me^{33} t‘e^{33} ɯ^{33} ŋv^{21} me^{55}》

(37) 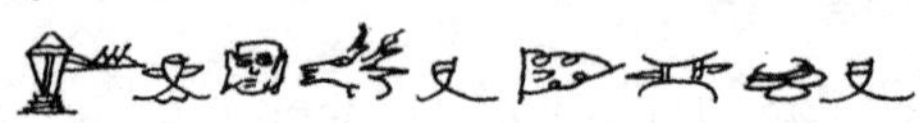

《施放主人这一家的替身，偿还若罗神山南方的鬼债经 · ʐər^{55} lər^{33} i^{33} tʂ‘ɪ^{33} mi^{21} dɯ^{33} p‘a^{33} nɯ^{33} t‘ɕi^{33} me^{33} t‘e^{33} ɯ^{33} ŋv^{21} me^{55}》

(38) 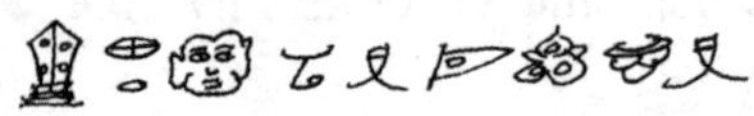

《施放主人这一家的替身，偿还若罗神山西方的鬼债经 · ʐər^{55} lər^{33} ȵi^{33} me^{33} gv^{21} tʂ‘ɪ^{33} p‘a^{33} nɯ^{33} t‘ɕi^{33} me^{33} t‘e^{33} ɯ^{33} ŋv^{21} me^{55}》

(39) 

《施放主人这一家的替身，偿还若罗神山北方的鬼债经 · ʐər^{55} lər^{33} ho^{33} gv^{33} lo^{21} tʂ‘ɪ^{33} p‘a^{33} nɯ^{33} t‘ɕi^{33} me^{33} t‘e^{33} ɯ^{33} ŋv^{21} me^{55}》

(40) 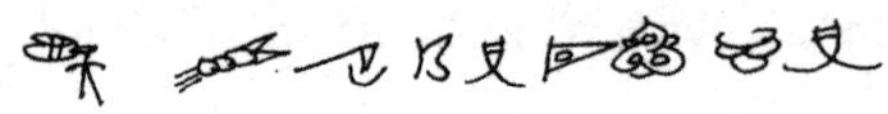

《施放崇增楞恩恩的替身经 · ts‘o^{21} dze^{33} le^{33} ɯ^{33} ko^{21} kæ^{33} k‘u^{55} me^{33} t‘e^{33} ɯ^{33} ŋv^{21} me^{55}》

(41) 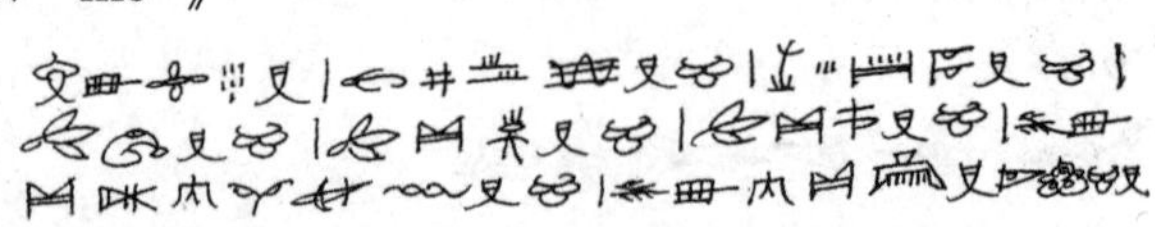

《上卷招魂，之后送鬼上路，制作木偶，喊仇鬼之魂，建五方仇鬼寨，毁五方仇鬼寨，下卷给乌构神献经功钱，送乌格神经 · o^{33} tʂu^{55} a^{21} ʂər^{55} me^{33} ŋv^{24}，t‘ɯ^{33} gu^{21} ʐə^{21} p‘e^{33} me^{33} ŋv^{21}，py^{21} tʂ‘v^{55} dzo^{21} be^{33} me^{33} ŋv^{21}，ʐər^{21} k‘u^{21} me^{33} ŋv^{21}、ʐər^{21} uə^{33} ts‘ɪ^{24} me^{33} ŋv^{21}、ʐər^{21} ua^{33} p‘ər^{21} me^{33} ŋv^{21}，mæ^{33}

tʂu^{55} ua^{33} kə^{21} gie^{33} iə^{21} ta^{55} tɕi^{33} me^{33} ŋv^{21}, mæ^{55} tɕy^{21} uə^{33} kə^{21} gie^{33}, uə^{33} kə^{21} pər^{55} me^{33} ŋv^{21}》

（42）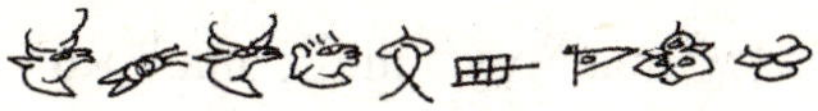

《给鬼施放牺牲经上卷 · mu^{33} ku^{21} mu^{33} y^{21} o^{21} tʂu^{55} t‘e^{33} ɯ^{33} o^{21} me^{55}》

（43）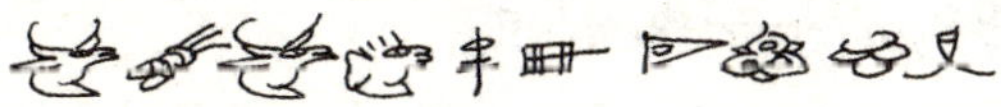

《给鬼施放牺牲经中卷 · mu^{33} ku^{21} mu^{33} y^{21} o^{21} tʂu^{55} t‘e^{33} ɯ^{33} ŋv^{21} me^{55}》

（44）

《给鬼施放牺牲经下卷 · mu^{33} ku^{21} mu^{33} y^{21} me^{33} mæ^{55} tʂu^{55} t‘e^{33} ɯ^{33} ŋv^{21} me^{55}》

（45）

《抛丢休洛多玛面偶经 · ɕi^{21} lo^{55} to^{33} ma^{33} la^{55} me^{33} t‘e^{33} ɯ^{33} ŋv^{21} me^{55}》

（46）

《书写明镩鬼名经 · mi^{21} na^{33} pər^{55} me^{33} t‘e^{33} ɯ^{33} ŋv^{21} me^{55}》

（47）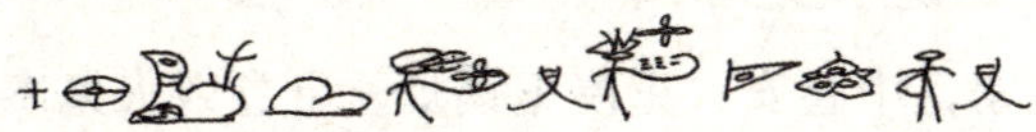

《从层聂昂本补给董神招魂经 · ts‘e^{21} ȵi^{33} æ^{21} py^{33} bu^{21} a^{21} me^{55} a^{21} ʂər^{55} t‘e^{33} ɯ^{33} ŋv^{21} me^{55}, du^{21} a^{21} ʂər^{55} me^{33} ŋv^{21}》

（48）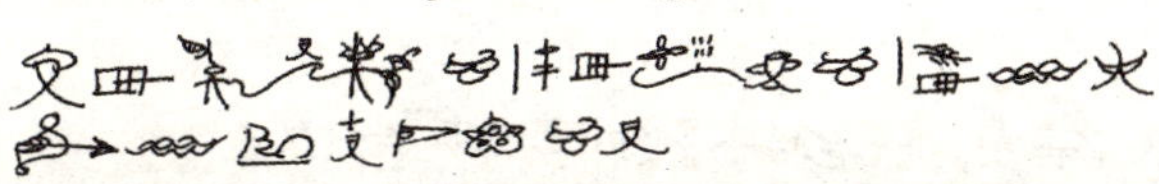

《上卷招高勒趣之魂，中卷招主人之魂，下卷解魂放下的绳结，毁魂之门经 · o^{33} tʂu^{55} ts‘y^{55} a^{21} ʂər^{55} me^{33} ŋv^{21}, ly^{55} tʂu^{55} a^{21} ʂər^{55} dɯ^{21} me^{33} ŋv^{21}, mæ^{55} tʂu^{55} tɕi^{21} tər^{55} k‘æ^{55}》

（49）

《镇锝鬼经 · tər^{21} zər^{21} me^{33}, gə^{21} tʂ‘v^{33} k‘u^{33} me^{33} ŋv^{21} me^{55}》

（50）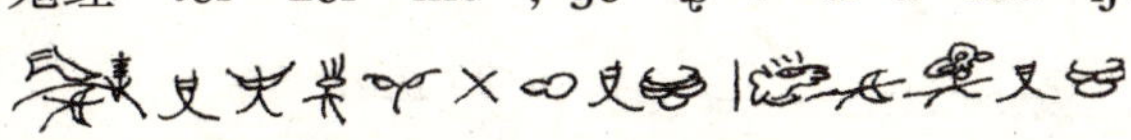

《镇锝鬼经，杀锝鬼，捕锝鬼，拴锝鬼经 · tər^{21} zər^{21} me^{33}, tər^{21} tʂ‘v^{21} iə^{33} gə^{21} sy^{24} me^{33} ŋv^{21} me^{55}, tər^{21} ŋv^{21} tər^{21} p‘æ^{33} me^{33} ŋv^{21}》

第四类：祭阿鬼大小仪式经

（51）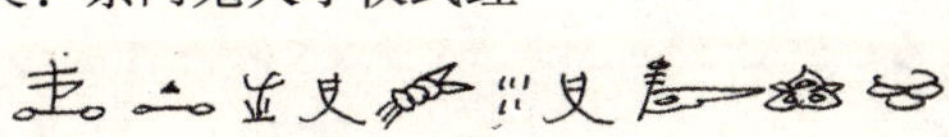

《祭阿鬼大小仪式规程经 · p^{33} p‘ər^{21} a^{33} na^{21} py^{21} me^{33} ku^{33} ua^{21} me^{33} t‘e^{33}

ɯ^{33} ŋv^{21}》

（52）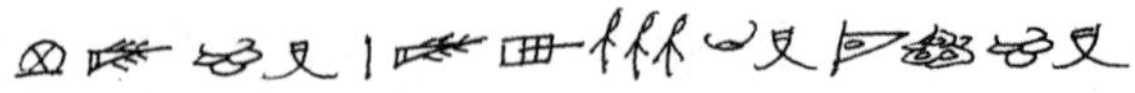

《驱鬼经下卷后续赶丹鬼经 · t‘v^{55} mæ^{55} ŋv^{21} me^{55}，mæ^{55} ʈʂu^{55} dæ^{21} k‘a^{33} me^{33} t‘e^{33} ɯ^{33} ŋv^{21} me^{55}》

（53）

《祭阿鬼大小仪式，阿鬼的来历经 · a^{33} p‘ər^{21} a^{33} na^{21} py^{21}，k‘ɯ^{55} dzo^{21} t‘e^{33} ɯ^{33} ŋv^{21} me^{55}》

（54）

《迎请佐目优麻经，解除鬼之缠绳 · tso^{33} ʐɪ^{21} iə^{33} ma^{21} sa^{55} t‘e^{33} ɯ^{33} ŋv^{21} me^{55}，du^{21} tər^{55} p‘ə^{21} ŋv^{21} me^{55}》

（55）

《驱赶凑鬼经 · ʈʂ‘ua^{21} ʈʂ‘ər^{33} tɕ‘i^{33}，tɕ‘i^{33} tɕ‘i^{33} no^{55} no^{33} be^{33} me^{33} t‘e^{33} ɯ^{23} ŋv^{21}》

（56）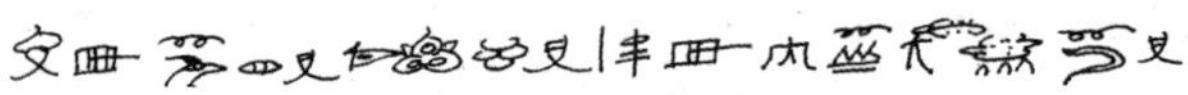

《上卷搭建火鬼凑鬼寨，中卷安火鬼凑鬼锅灶，下卷毁火鬼凑鬼寨 · o^{33} ʈʂu^{55} tɕ‘y^{21} hua^{55} t‘v^{21} me^{33} t‘e^{33} ɯ^{33} ɯv^{21}，ly^{55} ʈʂu^{55} gie^{33} mi^{33} ʈʂ‘ə^{55} bv^{55} tɯ^{21} me^{33} t‘e^{33} ɯ^{33} ŋv^{21} me^{55}，mæ^{55} ʈʂu^{55} gie^{33} mi^{33} tɕ‘y^{55} hua^{55} p‘v^{21} me^{33} t‘e^{33} ɯ^{33} ŋv^{21} me^{55}》

（57）

《聂忍套姆命，聂汝斯汝的故事 · ȵi^{33} ze^{21} t‘a^{55} mu^{33} mi^{55}，ȵi^{55} zɪ^{33} sɪ^{21} zɪ^{21} gə^{33} t‘e^{33} ɯ^{33} ŋv^{21} me^{55}》

（58）

《给岛奏阿余除秽，给东巴什罗除秽经 · ta^{33} ʈʂə^{33} a^{33} y^{55}，tɕ‘y^{21} ʂu^{55} me^{33}，to^{33} ba^{21} ʂæ^{55} lər^{33} tɕ‘y^{21} ʂu^{55} t‘e^{33} ɯ^{33}》

（59）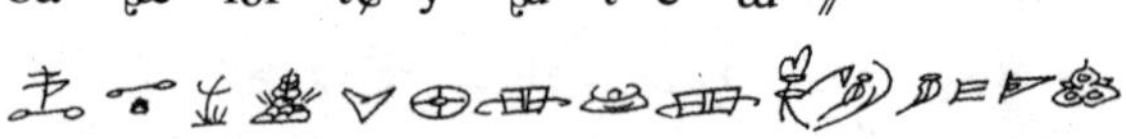

《祭阿鬼大小仪式，建拉札经堆，逐请日月，理渠引水经 · a^{33} p‘ər^{21} a^{33} na^{21} py^{21}，la^{33} tsa^{21} ts‘ɪ^{55}，bi^{33} k‘v^{21} le^{21} k‘v^{21}，dʑi^{21} bər^{33} dʑi^{21} sa^{55} t‘e^{33} ɯ^{33} ua^{21}》

（60）

《凑鬼的出处来历经 · tɕ‘y^{55} dzɪ^{33} mi^{55} t‘e^{33} ɯ^{33} ŋv^{21} me^{55}》

(61) 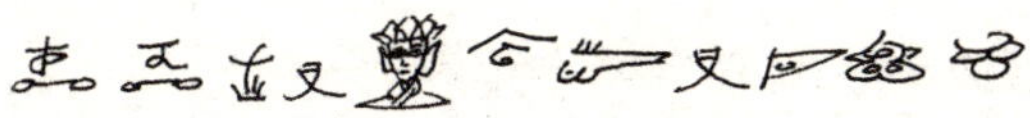

《祭阿鬼大小仪式，迎请东巴什罗经 · a^{33} p‘ər^{21} a^{33} na^{21} py^{21} me^{33} ʂər^{55} lər^{33} sa^{55} me^{33} t‘e^{33} ɯ^{33} ŋv^{21}》

(62) 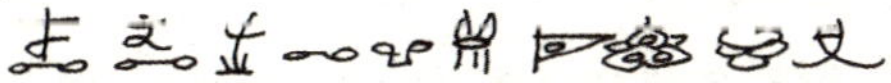

《祭阿鬼大小仪式，叙述阿鬼的出处来历经 · a^{33} p‘ər^{21} a^{33} na^{21} py^{21} me^{33} a^{33} t‘v^{33} kv^{33} t‘e^{33} ɯ^{33} ŋv^{21} me^{55}》

(63) 

《除秽仪式中的神箭之来历经 · 除秽大仪式规程 · tɕ‘y^{55} ʂu^{55} me^{33} da^{33} dər^{33} t‘v^{33} tɕr^{55} t‘e^{33} ɯ^{33} ŋv^{21}，tɕ‘y^{55} na^{21} ʂu^{55} me^{33} mu^{33} iə^{55}》

(64) 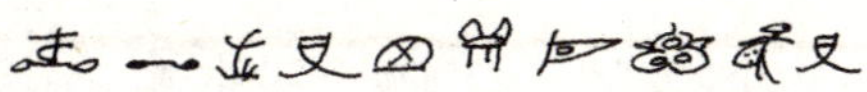

《祭阿鬼大小仪式，驱鬼经上卷 · a^{33} p‘ər^{21} a^{33} na^{21} py^{21} me^{33} t‘v^{55} kv^{33} t‘e^{33} ɯ^{33} o^{21} me^{55}》

(65) 

《祭阿鬼大小仪式，求神赐威力附体经 · a^{33} p‘ər^{21} a^{33} na^{21} py^{21} me^{33} dʐər^{21} tʂæ^{55} me^{33} t‘e^{33} ɯ^{33} ŋv^{21} me^{55}》

(66) 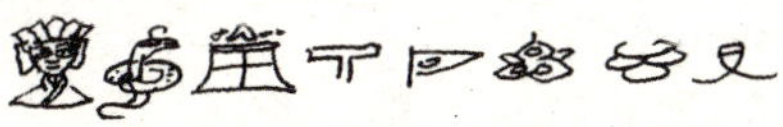

《建神座经 · zɿ^{21} tɯ^{33} t‘e^{33} ɯ^{33} ŋv^{33} me^{55}》

(67) 

《祭阿鬼大小仪式，驮阿鬼的马的来历经 · a^{33} p‘ər^{21} a^{33} na^{21} py^{21} me^{33} a^{33} tɕi^{55} ʐua^{33} gu^{21} t‘v^{33} tɕy^{55} me^{33} t‘e^{33} ɯ^{33} ŋv^{21} me^{55}》

(68) 

《祭阿鬼大小仪式，大施鬼食经 · a^{33} p‘ər^{21} a^{33} na^{21} py^{21}，lo^{21} ha^{33} lo^{21} me^{33} t‘e^{33} ɯ^{33} ŋv^{21} me^{55}》

(69) 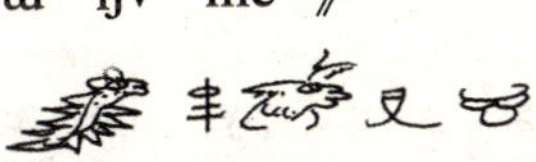

《举行祭仪陈述祭祀因由经 · py^{21} ly^{55} k‘ɯ^{33} me^{33} ŋv^{21}》

(70) 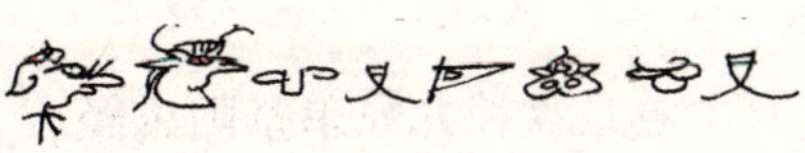

《人类的起源和迁徙的来历经 · ts‘o^{21} bər^{33} t‘v^{33} t‘e^{33} ɯ^{33} ŋv^{21} me^{55}》

(71) 

《白蝙蝠求取祭祀占卜经 · py^{21} p‘æ^{21} ka^{55} ʂv^{21} me^{33} t‘e^{33} ɯ^{33} ŋv^{21} me^{55}》

(72) 

《祭阿鬼大小仪式，迎请莫毕接荣神经 · a^{33} p‘ər^{21} a^{33} na^{21} py^{21}，mə^{33} py^{21} zɪ^{33} ʐu^{21} sa^{55} me^{33} t‘e^{33} ɯ^{33} ŋv^{21} me^{55}》

(73) 

《迎请优麻神，伐凑鬼之树经 · iə^{33} ma^{21} sa^{55} me^{55}，tɕ‘y^{55} dzər^{21} mi^{21} le^{33} tɕ‘y^{55} t‘e^{33} ɯ^{33} ŋv^{21} me^{55}》

(74) 

《东巴什罗念咒除秽经 · ʂər^{55} lər^{33} tɕ‘y^{55} na^{21} ha^{55} me^{33} t‘e^{33} ɯ^{33} ŋv^{21} me^{55}》

(75) 

《除秽经上卷 · tɕ‘y^{55} ʂu^{55} me^{33} kv^{33} tʂu^{55} t‘e^{33} ɯ^{33} ŋv^{21} me^{55}》

(76) 

《除秽经下卷 · tɕ‘y^{55} ʂu^{55} me^{33} mæ^{55} tʂu^{55} ŋv^{21} me^{55}》

(77) 

《给崇赠楞恩恩除秽，给巴乌崇佐除秽经 · ts‘o^{21} dze^{33} lo^{55} ɯ^{33} ɯ^{33} tɕ‘y^{55} ʂu^{55} ŋv^{21}，pa^{33} uə^{33} ts‘o^{33} dzo^{21} tɕ‘y^{55} ʂu^{55} me^{33} t‘e^{33} ɯ^{33} ŋv^{21} me^{55}》

(78) 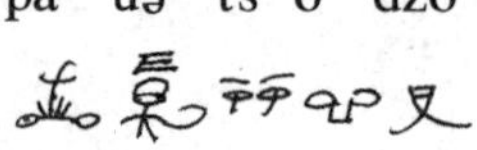

《祭阿鬼大小仪式，朵沙昂吐的故事 · a^{33} p‘ər^{21} a^{33} na^{21} py^{21}，du^{21} sa^{33} ŋa^{33} t‘v^{55} ŋv^{21} me^{55}》

(79) 

《祭阿鬼大小仪式，哈与桑争战经 · a^{33} p‘ər^{21} a^{33} na^{21} py^{21}，ha^{33} æ^{21} sər^{33} æ^{21}》

(80) 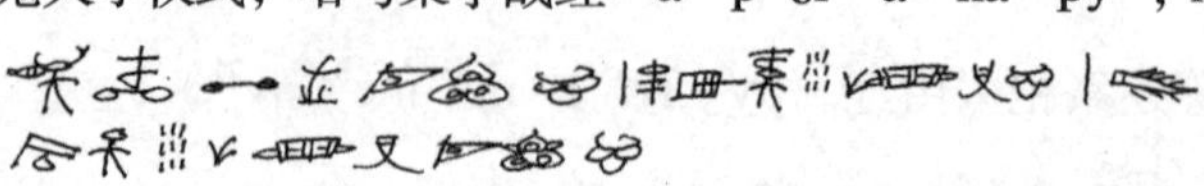

《上卷是崇增楞恩恩祭阿鬼经，中卷是盘神九兄弟祭阿鬼经，下卷是闪神九兄弟祭阿鬼经 · ta‘o^{21} dze^{33} le^{55} ɯ^{33} ɯ^{33} a^{33} p‘ər^{21} a^{33} na^{21} py^{21} me^{33} t‘e^{33} ɯ^{33} ŋv^{21}，ly^{55} tʂu^{55} p‘ər^{21} zɪ^{33} gv^{55} zɪ^{33} tʂæ^{55} ŋv^{21} me^{55} mæ^{55} tʂu^{55} ʂæ^{21} zo^{33} gv^{55}

zɪ^{33} ʈʂæ^{33} me^{33} t‘e^{33} ɯ^{33} ŋv^{21} me^{55}》

（81）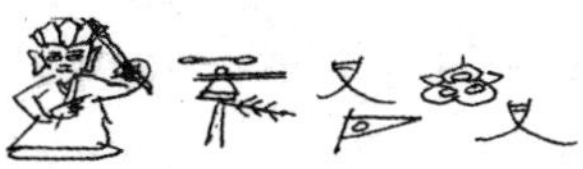

《东巴什罗伐阿鬼之树经（27.5×10 厘米）·ʂər^{55} lər^{33} a^{33} dzər^{21} ts‘ər^{55} me^{33} t‘e^{33} ɯ^{33} ŋv^{21} me^{55}》

（82）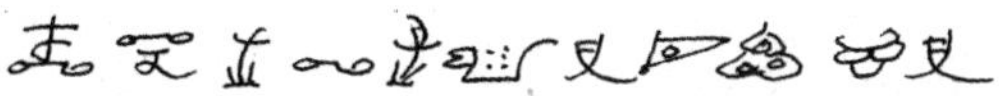

《祭阿鬼大小仪式，偿还阿鬼的债·a^{33} p‘ər^{21} a^{33} na^{21} py^{21}，a^{33} ts‘y^{55} ʐua^{21} me^{33} t‘e^{33} ɯ^{33} ŋv^{21} me^{55}》

（83）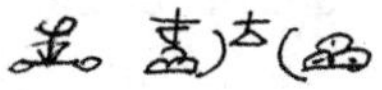

《祭阿鬼仪式，分清白石和黑石·a^{33} py^{21}，lv^{33} p‘ər^{21} lv^{33} na^{21} ʈʂ‘ɪ^{21}》

（84）

《祭阿鬼仪式，美利董主与美利术主争斗经·a^{33} py^{21}，mɯ^{33} lɯ^{55} du^{21} dzɪ^{33} mɯ^{33} lɯ^{55} ʂv^{21} dzɪ^{33} æ^{21}》

（85）

《除秽仪式中，素神之神箭来历的经·tɕ‘y^{55} ʂu^{55}，sɪ^{55} gə^{33} da^{21} dər^{21} t‘v^{33} ɕy^{55} gə^{33} t‘e^{33} ɯ^{33} ŋv^{21} me^{55}》

（86）

《祭阿鬼大小仪式，捕杀阿鬼，下卷祭阿鬼驱赶河鬼经·a^{33} p‘ər^{21} a^{33} na^{21} py^{21}，a^{33} p‘y^{55} a^{33} kuə^{21} gə^{33} t‘e^{33} ɯ^{33} ŋv^{21} me^{55}，mæ^{55} ʈʂu^{55} a^{33} p‘ər^{21} a^{33} na^{21} py^{21} ʈʂ‘ɪ^{33} ʈʂ‘ɪ^{33} no^{55} no^{33} gə^{33} t‘e^{33} ɯ^{33} ŋv^{21} me^{55}》

第五类：祭璪神经书

（87）

《祭璪神仪式，给祖先祭献供品求祖先福泽·tsa^{21} py^{21} y^{21} i^{33} me^{33} ŋv^{21} me^{55}》

（88）

《七百块白木牌的来历经·ʂər^{33} ɕi^{33} k‘ua^{55} p‘ər^{21} t‘v^{33} tɕy^{55}》

（89）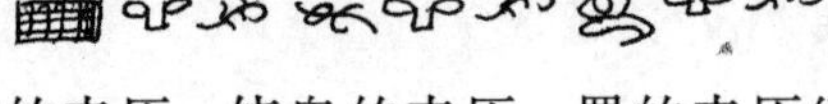

《京鬼的来历，饶鬼的来历，署的来历经·dʑi^{33} t‘v^{33} tɕy^{55}，za^{21} t‘v^{33} tɕy^{55}，ʂv^{21} t‘v^{33} tɕy^{55}》

(90) 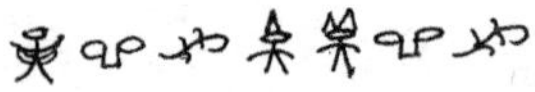

《壬的来历，毒鬼仄鬼的来历经 · ze^{21} t‘v^{33} tɕy^{55}，dv^{33} tse^{21} t‘v^{33} tɕy^{55}》

(91) 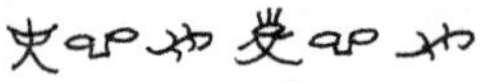

《锝鬼的来历，猛鬼的来历经 · tər^{21} t‘v^{33} tɕy^{55}，mu^{33} t‘v^{33} tɕy^{55}》

(92) 

《铎鬼的来历经 · do^{21} t‘v^{33} tɕy^{55}》

(93) 

《叙述琪木签，刀的来历经 · tɕ‘i^{21} gie^{33} iə^{21} ta^{55} gie^{33} t‘e^{33} ɯ^{33} ŋv^{21} me^{55}》

(94) 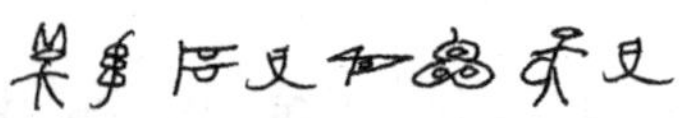

《给璪神作许愿的经书 · za^{21} ku^{21} hi^{33} me^{33} t‘e^{33} ɯ^{33} ŋv^{21} me^{55}》

(95) 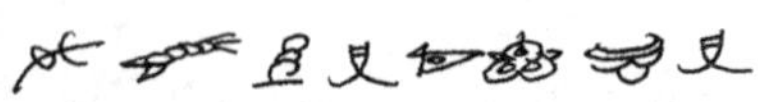

《铎鬼的来历经 · do^{21} t‘v^{33} tɕy^{55}》

(96) 

《建神座、撒祭粮，立神石的经书 · ʐɿ^{21} tɯ^{21} kua^{55} ŋv^{55} du^{21} ts‘ɿ^{55} t‘e^{33} ɯ^{33} ŋv^{21} me^{55}》

(97) 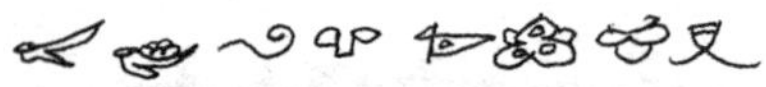

《给璪神献药的来历经 · ʂɿ^{33} tʂ‘ə^{33} li^{21} t‘v^{33} tɕy^{55} t‘e^{33} ɯ^{33} ŋv^{21} me^{55}》

(98) 

《结婚娶妻时祭素神时用的经书 · tʂ‘ər^{33} me^{33} sɿ^{33} k‘v^{33} ȵə^{21} tse^{21} dər^{33} me^{55}》

(99) 

《祭司招魂，抛弃多玛面偶经 · bu^{21} bv^{33} a^{21} ʂər^{21} to^{33} ma^{33} la^{24} me^{33} t‘e^{33} ɯ^{33} ŋv^{21} me^{55}》

(100) 

《抛丢多玛面偶经 · to^{33} ma^{33} no^{24} me^{33} t‘e^{33} ɯ^{33} ŋv^{21} me^{55}》

(101) 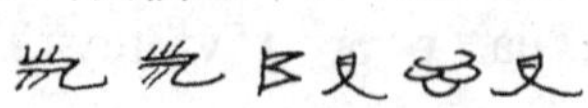

《索梭酷 · so^{21} so^{33} k‘v^{21} me^{33} ŋv^{21} me^{55}》

（102）

《叙述崇增楞恩恩故事经 · ts‘o^{21} dze^{33} le^{55} ɯ^{33} ɯ^{33} k‘u^{33} me^{33} t‘e^{33} ɯ^{33} ŋv^{21} me^{55}》

（103）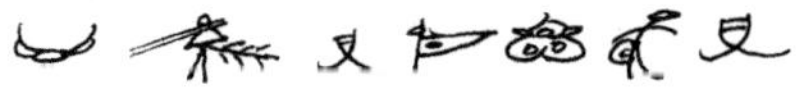

《伐考鬼之树 · k‘a^{33} dzər^{21} ts‘ɪ^{24} me^{33} t‘e^{33} ɯ^{33} ŋv^{21} me^{55}》

（104）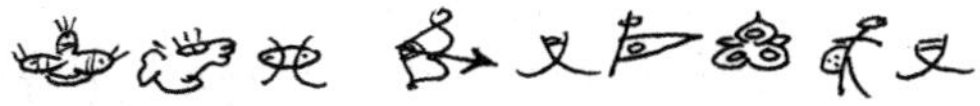

《捕蛙射蛙的故事 · pa^{33} ʐv^{21} pa^{33} k‘æ^{55} me^{33} t‘e^{33} ɯ^{33} ŋv^{21} me^{55}》

（105）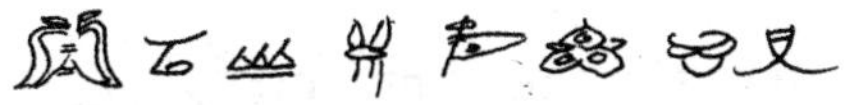

《把鬼驱送回去经 · tʂ‘ər^{33} tɕ‘i^{33} mi^{21} ku^{21} t‘e^{33} ɯ^{33} ŋv^{21} me^{55}》

（106）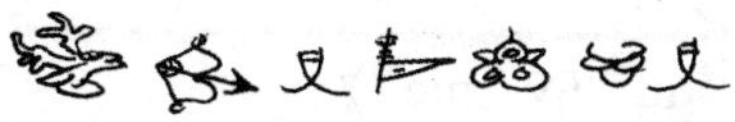

《射鹿，为鹿治病经 · tʂ‘ua^{33} k‘æ^{33} me^{21} t‘e^{33} ɯ^{33} ŋv^{21} me^{55}》

（107）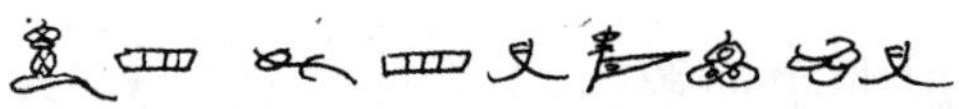

《为固和饶献药，分清固和饶经 · kv^{55} tɕi^{21} za^{21} tɕi^{21} me^{33} t‘e^{33} ɯ^{33} ŋv^{33} me^{55}》

（108）

《庚聂经（藏语经文） · gɯ^{33} ȵi^{33} t‘e^{33} ɯ^{33} me^{55}》

第六类：禳垛鬼小仪式经书（用一天时间禳垛鬼的经书）

（109）

《用一天时间禳垛鬼仪式的规程 · dɯ^{33} ȵi^{33} to^{55} k‘ɯ^{55} gə^{33} tʂər^{55} ua^{21} ŋv^{21} me^{55}》

（110）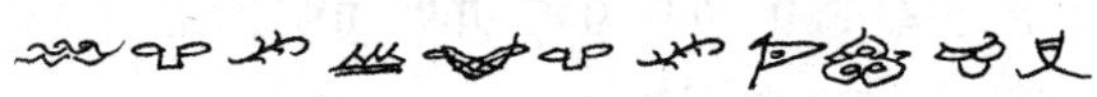

《云鬼，米克鬼之来历经 · tɕi^{21} t‘v^{33} tɕy^{55}，mi^{33} k‘ə^{21} t‘v^{33} tɕy^{55} t‘e^{33} ɯ^{33} ŋv^{21} me^{55}》

（111）

《给什罗祭司加威力附体经 · ʂər^{55} lər^{33} dʐər^{21} tʂæ^{55} me^{33} t‘e^{33} ɯ^{33} ŋv^{21} me^{55}》

（112）

《上卷给垛鬼施食经 · o^{33} tʂu^{55}，to^{55} ɕi^{33} ɕi^{33} me^{33} ŋv^{21} me^{55}》

（113）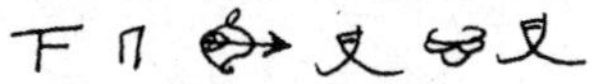

《让休多带走赶走垛鬼铎鬼经 · ɕə^{33} to^{33} k‘æ^{55} me^{33} ŋv^{21} me^{55}》

（114）

《镇压属相相克的灾祸鬼 · k‘v^{55} ʐv^{21} k‘v^{55} gə^{21} be^{33} t‘e^{33} ɯ^{33} ŋv^{21} me^{55}》

（115）

《烧嘎巴火把驱鬼经》

（116）

《迎请莫毕汝荣神经 · mə^{33} pv^{21} zɪ^{33} ʐv^{21} sa^{21} me^{33} t‘e^{33} ɯ^{33} ŋv^{21} me^{55}》

（117）

《火葬场鬼的来历经 · bər^{33} tsɪ^{21} t‘v^{33} tɕy^{55} ŋv^{21} me^{55}》

（118）

《镇压灾祸鬼经 · dʐɪ^{21} zɪ^{55} t‘e^{33} ɯ^{33} ŋv^{21} me^{55}》

（119）

《上卷给祖先祭献供品求祖先福泽》

（120）

《把替身施放给祖先迁徙路上的鬼 · y^{21} bər^{33} ʐə^{33} ku^{21} kæ^{33} k‘u^{24} me^{33} ŋv^{21} me^{55}》

（121）

《施放美称盘洛替身经（美称盘洛亦名盘若盘督） · mu^{21} ts‘e^{55} p‘ər^{21} lua^{33} k‘u^{33} me^{33} t‘e^{33} ɯ^{33} ŋv^{21} me^{55}》

（122）

《烧史支垛纳经 · ʂɪ^{21} dʐɪ^{33} to^{33} na^{55} gər^{55} me^{33} ŋv^{21}》

（123）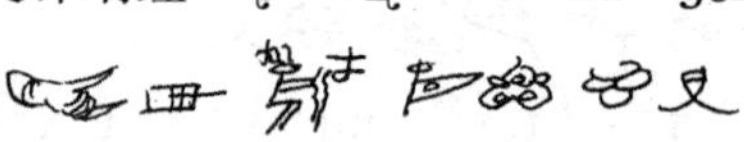

《祭莎劳阿巴，解生死结经 · la^{21} tʂu^{21} p‘ər^{21} t‘e^{33} ɯ^{33} ŋv^{21} me^{55}》

（124）

《用咒语退口舌鬼禳灾经 · dʑi^{33} bu^{33} p‘v^{55} me^{33} t‘e^{33} ɯ^{33} ŋv^{21} me^{55}》

（125）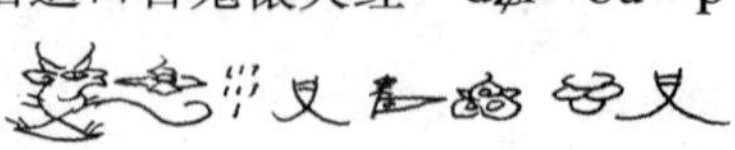

《打开史支景补鬼的柜子招魂经 · ʂɪ^{21} dʐɪ^{33} ua^{21} ʂər^{55} me^{33} t‘e^{33} ɯ^{33} ŋv^{21} me^{55}》

(126) 

《迎请端格神经 · tər^{33} kə^{21} sa^{21} me^{33} t‘e^{33} ɯ^{33} ŋv^{21} me^{55}》

(127) 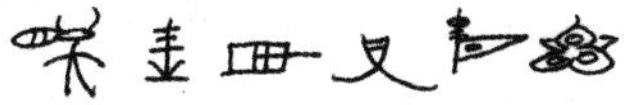

《崇增楞恩求寿经 · ts‘o^{21} dze^{33} le^{55} ɯ^{33} zɪ^{33} tʂu^{55} me^{33} t‘e^{33} ɯ^{33}》

(128) 

《招魂经 · a^{21} ʂər^{55} t‘e^{33} ɯ^{33} ŋv^{21} me^{55}》

(129) 

《喊仇敌魂经 · ʐɪ^{21} k‘u^{33} t‘e^{33} ɯ^{33} ŋv^{21} me^{55}》

(130) 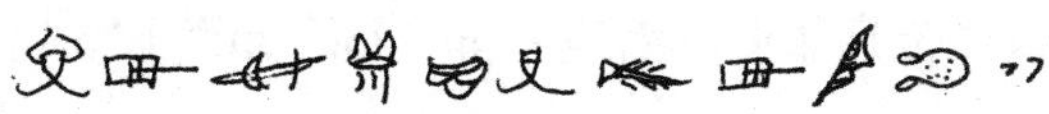

《上卷刀的来历，下卷排除铎鬼放下的疾病凶灾 · o^{33} tʂu^{55} da^{33} kv^{33} ŋv^{21} me^{55}，mæ^{55} tʂu^{55} do^{21} gu^{33} ɳi^{33}》

第七类：祭崩鬼仪式经书

(131) 

《祭崩鬼仪式之规程，下卷是祭崩鬼小仪式之规程 · bu^{33} py^{21} me^{33} tʂər^{55} ua^{33} ŋv^{21} me^{55}，mæ^{55} tʂu^{55} bu^{33} p‘ər^{21} py^{21} me^{33} tʂər^{55} ua^{33} ŋv^{21} me^{55}》

(132) 

《祭崩鬼经，下卷驱坏的崩鬼经 · bu^{21} p‘ər^{21} py^{21} me^{33} ŋv^{21}，mæ^{55} tʂu^{55} bu^{33} k‘ua^{21} hi^{21} t‘v^{33} me^{33} ŋv^{21}》

(133) 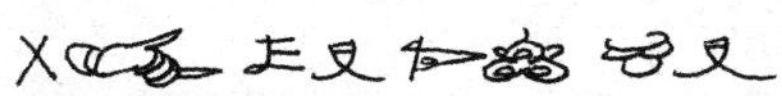

《祭嘎劳神迎请嘎劳神经 · ga^{33} la^{21} sa^{24} me^{33} t‘e^{33} ɯ^{33} ŋv^{21} me^{55}》

(134) 

《迎请本神叙述本神来历经 · be^{21} sa^{24} me^{55}，be^{21} t‘v^{33} tɕy^{55} me^{33} ŋv^{21}》

(135) 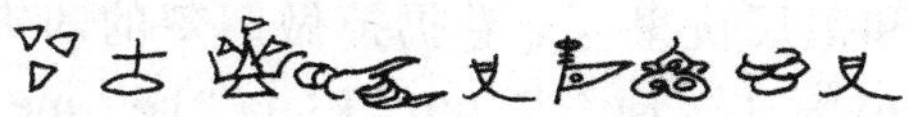

《给京鬼崩鬼抛多玛面偶经 · dʑi^{33} bu^{33} to^{33} ma^{33} la^{55} me^{33} t‘e^{33} ɯ^{33} ŋv^{21} me^{55}》

(136) 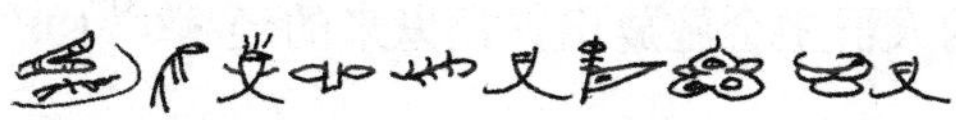

《京鬼来历经 · dʑi^{33} gv^{33} mu^{33} t‘v^{33} tɕy^{55} me^{33} t‘e^{33} ɯ^{33} ŋv^{21} me^{55}》

(137) 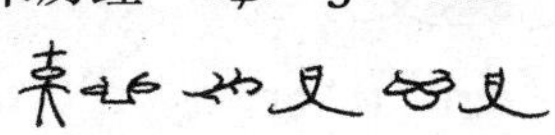

《崩鬼的来历经 · bu^{33} t‘v^{33} tɕy^{55} me^{33} ŋv^{21} me^{55}》

(138) 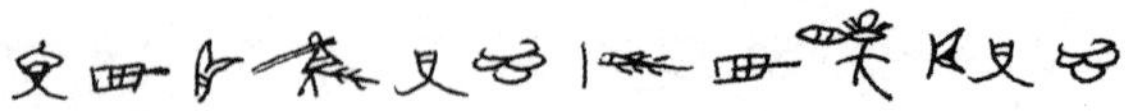

《上卷伐考鬼之树，下卷叙述崇增楞恩恩的故事 · o^{21} ʈʂu^{55} k‘a^{33} dzɪ^{21} ts‘ɪ^{55}，me^{33} ŋv^{21}，mæ^{55} ʈʂu^{55} dzo^{21} dze^{33} le^{24} ɯ^{33} ɯ^{33} k‘u^{33} me^{33} ŋv^{21}》

(139) 

《锝鬼来历，铎鬼来历经 · tər^{21} t‘v^{33} tɕy^{55}，do^{21} t‘v^{33} tɕy^{55} t‘e^{33} ɯ^{33} ŋv^{21} me^{55}》

(140) 

《捕蛙，射蛙经 · pa^{33} ʐv^{21} pa^{33} k‘æ^{55} me^{33} t‘e^{33} ɯ^{33} ŋv^{21} me^{55}》

(141) 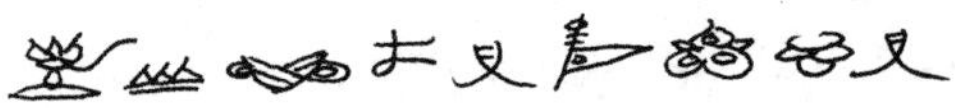

《给东巴什罗祭司退口舌是非鬼灾祸经 · ʂər^{55} lər^{33} mi^{33} k‘ə^{21} p‘v^{55} me^{33} t‘e^{33} ɯ^{33} ŋv^{21} me^{55}》

(142) 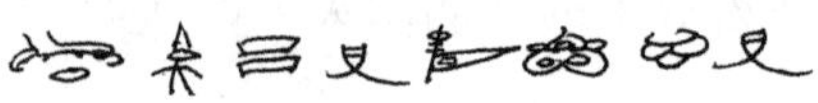

《都沙敖吐抛出施给组格敦乌的皮口袋经 · ʈʂə^{33} dv^{21} gie^{55} me^{33} t‘e^{33} ɯ^{33} ŋv^{21} me^{55}》

(143) 

《施放东巴什罗祭司之替身经 · ʂər^{55} lər^{33} ko^{21} k‘a^{33} tɕ‘y^{33} me^{33} ŋv^{21} me^{55}》

(144) 

《叙述木偶和面偶之来历经 · sər^{33} gie^{33} ha^{33} gie^{33} ŋv^{21} me^{55}，mæ^{55} ʈʂu^{55} dʐɪ^{21} lua^{21} k‘æ^{55} dʐi^{21} mæ^{33} mæ^{55} ŋv^{21}》

(145) 

《给鬼施放和递交牺牲经 · mu^{33} y^{21} mu^{33} dʐu^{33} k‘u^{33} me^{55}》

(146) 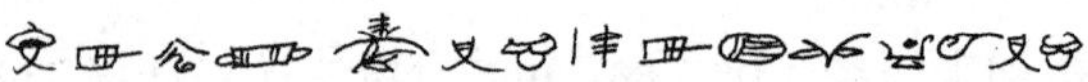

《上卷求神赐威力附体和镇压仇鬼，中卷扔掉做噩梦的凶灾 · o^{33} ʈʂu^{55} dʐər^{21} ʈʂæ^{55}，ʐɪ^{21} zər^{21} me^{33} ŋv^{21}，ly^{55} ʈʂu^{55} i^{55} mu^{33} k‘ua^{21} he^{55} me^{33} ŋv^{21}》

(147) 

《上卷叙述各个地方的人群中会施放出灾祸鬼来的经 · o^{33} ʈʂu^{55}，dzɪ^{33} o^{33} t‘v^{33} tɕy^{55} ŋv^{21} me^{55}》

(148) 

《叙述京鬼阿鬼，驱送京鬼阿鬼回去 · dʐi^{33} ʈʂ‘ər^{33} ʈʂ‘ɪ^{55}，tɕ‘i^{33} tɕ‘i^{33} no^{55} no^{33} me^{33} t‘e^{33} ɯ^{33} me^{55}》

(149) 

《崩鬼的出处来历经，上卷 · o^{33} tʂu^{55}, bu^{33} t‘v^{33} tɕy^{55} me^{33} ŋv^{21}》

(150) 

《米克鬼的来历经，下卷 · mæ^{55} tʂu^{55}, mi^{33} k‘ə^{21} t‘v^{33} tɕy^{55} me^{55}》

(151) 

《关住捕杀和死亡之门 · k‘o^{21} k‘u^{33} ʂɿ^{33} k‘u^{33} təv^{55} me^{33} ŋv^{21}》

(152) 

《ȵə^{21} be^{33} ka^{55} tʂər^{55} ua^{33} ŋv^{21} me^{55}》（其意不明）

(153) 

《许愿，驱送空鬼崩鬼，伐空鬼门，关空鬼门经 · ku^{55} hi^{55} me^{33} tɕ‘i^{33} tə‘i^{33} no^{55} no^{33}, k‘u^{33} ts‘ər^{33} k‘u^{33} tər^{55} me^{33} t‘e^{33} ɯ^{33} ŋv^{21} me^{55}》

(154) 

《给署献药，下卷叙述木牌的出处来历经 · ʂv^{21} tʂ‘ər^{33} k‘ɯ^{55} ŋv^{21}, mæ^{55} tʂu^{55} k‘ua^{55} p‘ər^{21} t‘v^{33} tɕy^{55} me^{33} ŋv^{21}》

第八类：祭战神

(155) 

《祭诵各代战神嘎神的经书 · ga^{33} tʂ‘ər^{55} tsɿ^{21} me^{33} t‘e^{33} ɯ^{33} ŋv^{21} me^{55}》

(156) 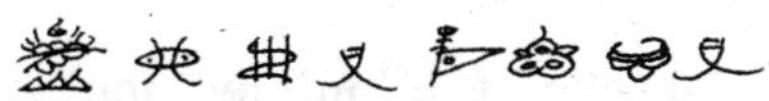

《把诸大神迎请到天香火旁来 · pa^{33} k‘ua^{21} me^{33} t‘e^{33} ɯ^{33} ŋv^{21} me^{55}》

(157) 

《祭嘎神仪式经 · ga^{33} py^{21} gə^{33} t‘ɯ^{33} dɯ^{33} mu^{33} uə^{21} me^{55}》

(158) 

《给十八位神灵点油灯经 · p‘v^{33} la^{21} ts‘e^{21} ho^{55} dʑi^{33} ma^{21} mi^{33} tɕi^{55} me^{33} t‘e^{33} ɯ^{33} ŋv^{21} me^{55}》

第九类：祭祖仪式经书

(159) 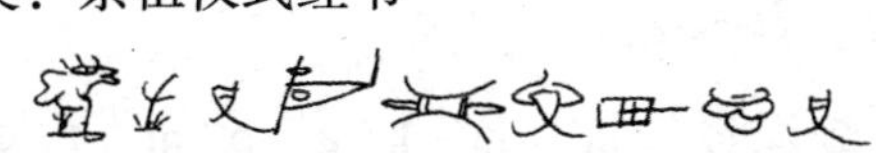

《祭祖经上卷 · y^{21} py^{21} me^{33} t‘e^{33} ɯ^{33} o^{33} tʂu^{55} ŋv^{21} me^{55}》

(160) 

《祭祖经中卷 · y^{21} py^{21} me^{33} t‘e^{33} ɯ^{33} ly^{55} tʂu^{55} ŋv^{21} me^{55}》

（161）

《祭祖经下卷 · y^{21} py^{21} me^{33} t‘e^{33} ɯæ^{55} tʂu^{55} ŋv^{21} me^{55}》

第十类：祭水神经书

（162）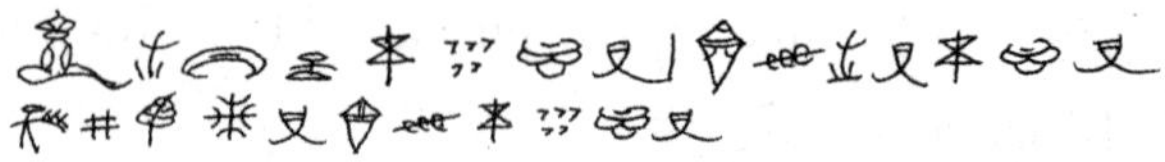

《祭水神大仪式留宿水神之规程，祭水神仪式规程，为病人做法事祭水神仪式规程 · dʑi^{33} k‘a^{33} py^{21}，ha^{55} dzɪ^{21} tʂər^{55} ua^{33} ŋv^{21} me^{55}，k‘ua^{33} tʂ‘ua^{55} py^{21} me^{33} tʂər^{55} ua^{33} ŋv^{21} me^{55}，hi^{33} gu^{21} ʂu^{55} me^{33} me^{33} k‘ua^{33} tʂ‘ua^{55} tʂər^{55} ua^{55} ŋv^{21} me^{55}》

（163）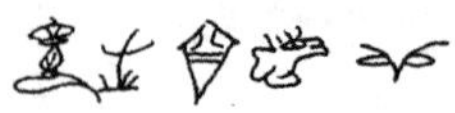

《祭水神仪式木牌之来历经 · dʑi^{33} k‘a^{33} py^{21} k‘ua^{55} y^{55} i^{33}》

（164）

《烧食之来历，药物之来历，粮食之来历 · tv^{33} y^{55} i^{33}、tʂ‘ər^{33} y^{55} i^{33}，tʂɪ^{33} y^{55} i^{33} ŋv^{21} me^{55}》

（165）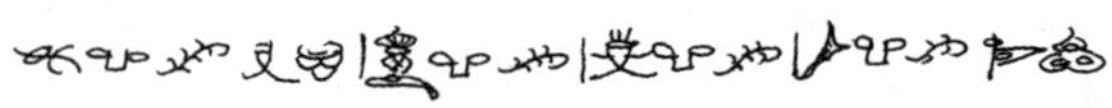

《饶之来历，水神之来历，猛鬼之来历，铎鬼之来历经 · za^{21} t‘v^{33} tɕy^{55} me^{33} ŋv^{21}，dʑi^{33} k‘a^{33} t‘v^{33} tɕy^{55}，mu^{33} t‘v^{33} tɕy^{55}，do^{21} t‘v^{33} tɕy^{55} t‘e^{33} ɯ^{33}》

（166）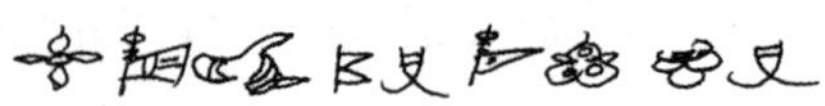

《俄高勒的故事 · a^{21} ga^{33} la^{21} k‘u^{33} me^{33} t‘e^{33} ɯ^{33} ŋv^{21} me^{55}》

（167）

《求生育之福繁衍之泽经 · mɯ^{21} me^{55} a^{21} me^{55} t‘e^{33} ɯ^{33} ŋv^{21} me^{55}》

（168）

《分开猛鬼和饶鬼之经 · mu^{33} za^{21} p‘v^{33} tɕ‘i^{33} t‘e^{33} ɯ^{33} ŋv^{21} me^{55}》

（169）

《许愿署神经 · ʂv^{21} ku^{55} hi^{55} t‘e^{33} ɯ^{33} ŋv^{21} me^{55}》

（170）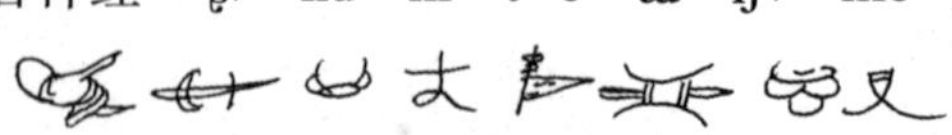

《解开使人生病的疾病之缠绳经 · la^{21} da^{55} k‘a^{33} p‘ər^{21} t‘e^{33} ɯ^{33} ŋv^{21} me^{55}》

（171）

《祭署招魂经 · ʂu^{21} a^{33} ʂər^{55} t‘e^{33} ɯ^{33} ŋv^{21} me^{55}》

(172) 

《唤醒署神经 · ʂu^{21} i^{24} ʂv^{33} me^{33} ŋv^{21}》

(173) 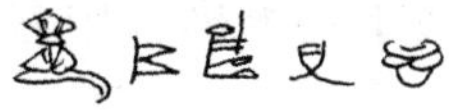

《开署神之门经 · ʂu^{21} k'u^{33} p'u^{33} me^{33} ŋv^{21}》

(174) 

《拆署神寨之经 · ʂu^{21} hua^{55} k'æ^{55} me^{33} t'e^{33} ɯ^{33} ŋv^{21} me^{55}》

(175) 

《dʑi^{33} k'a^{33} py^{21} ha^{55} dzɪ^{21} ʂu^{21} ha^{55} t'e^{33} ɯ^{33} ŋv^{21} me^{55}》（其意不明）

(176) 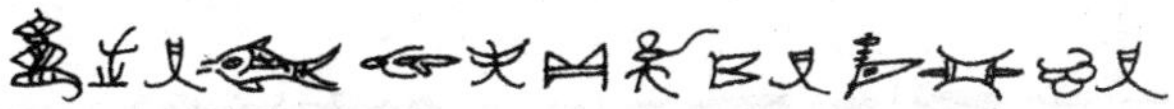

《祭水神，叙述聂孜锝坞的故事 · dʑi^{33} k'a^{33} py^{21} me^{33} ɳi^{33} dzɪ^{33} tər^{21} uə^{21} k'u^{33} me^{33} t'e^{33} ɯ^{33} ŋv^{21} me^{55}》

(177) 

《祭水神，叙述安顿署神住宿，给署神立神座献祭粮经 · dʑi^{33} k'a^{33} py^{21}, ha^{55} dzɪ^{33}, kua^{55} tɕi^{21} me^{33} ŋv^{21}》

(178) 

《在山神祭署神立神座献祭粮经 · dʑv^{21} tɯ^{33} py^{21} me^{33} kua^{55} tɕi^{21} me^{33} ŋv^{21}》

(179) 

《生病做祭水神仪式给署神献祭粮经 · gu^{21} ɕy^{55} py^{21} me^{33} kua^{55} tɕi^{21} me^{33} ŋv^{21} me^{55}》

(180) 

《叙述普世乌冷的故事 · p'v^{33} ʂɿ^{55} uə^{33} le^{33} k'u^{55} me^{33} ŋv^{21}》

(181) 

《祭署经 · ʂu^{21} py^{21} me^{33} t'e^{33} ɯ^{33} ŋv^{21} me^{55}》

第十一类：超度东巴什罗祭司亡灵仪式

(182) 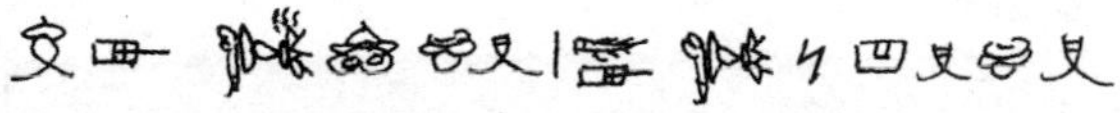

《上卷给东巴什罗祭司接气经，下卷给东巴什罗祭司亡灵交代历代先辈祭司的名字 · o^{33} tʂu^{55} ʂər^{55} lər^{33} sa^{55} ɯ^{21} ŋv^{21} me^{55}, mæ^{55} tʂu^{55} ʂər^{55} lər^{33} tʂ'ɪ^{33} ta^{33}

ŋv^{21} me^{55}》

（183）

《超度东巴什罗祭司亡灵仪式，解除考鬼放下的缠绳经中卷 · ʂər^{55} lər^{33} ŋv^{55}，k'a^{33} tər^{55} p'ər^{21} tʂu^{55} ŋv^{21} me^{55}》

（184）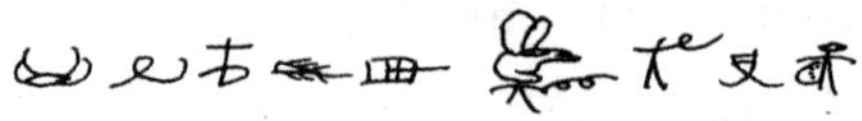

《解开考鬼放下的缠绳，下卷解开冷凑鬼放下的缠绳经 · k'a^{33} tər^{55} p'ər^{21} mæ^{55} tʂu^{55} le^{21} tʂ'ə^{55} bər^{21} p'ər^{21} me^{33} ŋv^{21}》

（185）

《送东巴什罗祭司的妻子拉姆的亡灵经 · ʂər^{55} lər^{33} la^{33} mu^{33} pv^{55} me^{33} t'e^{33} ɯ^{33} ŋv^{21} me^{55}》

（186）

《把东巴什罗祭司亡灵送往神界，下卷超度东巴什罗亡灵寻找柴和火径 · ʂər^{55}lər^{33} gə^{21} ʂv^{33} dər^{33}，mæ^{55} tʂu^{55} ʂər^{55} lər^{33} ŋv^{55} sər^{33} ʂu^{21} mi^{33} ʂvu^{21} me^{33} t'e^{33} ɯ^{33} ŋv^{21} me^{55}》

（187）

《给卢神和沈神除秽经 · du^{33} se^{21} tʂ'ə^{24} ʂu^{33} me^{33} t'e^{33} ɯ^{33} ŋv^{21} me^{55}》

（188）

《超度东巴什罗亡灵仪式开神门经 · ʂər^{55} lər^{33} ŋv^{55} he^{21} k'u^{33} p'u^{33} me^{55}》

（189）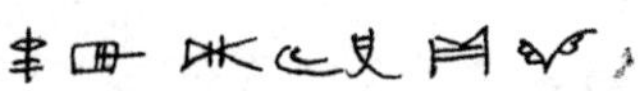

《中卷 · ly^{55} tʂu^{55}，kə^{33} lo^{55} me^{33} ua^{21} i^{33}》

（190）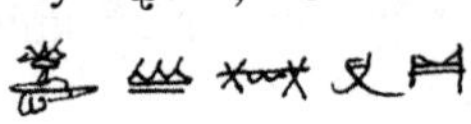

《给东巴什罗祭司亡灵改换名字 · ʂər^{55} lər^{33} mi^{21} kæ^{33} me^{33} ua^{21}》

（191）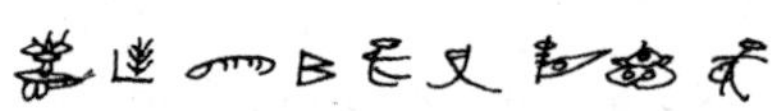

《超度东巴什罗亡灵仪式，开剑树之门 · ʂər^{55} lər^{33} ŋv^{55}，da^{21} k'u^{33} p'u^{33} me^{33} t'e^{33} ɯ^{33} ŋv^{21}》

（192）

（其意不明）

（193）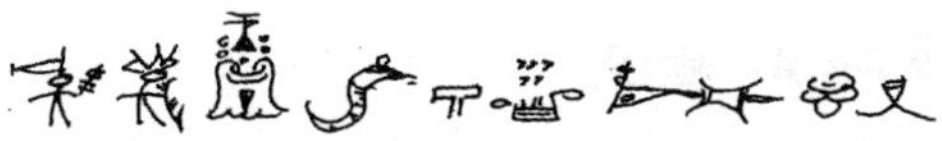

《超度贤能者亡灵仪式，设神座献祭粮经 · dæ^{21} ŋv^{55}，kuə^{55} p‘ər^{21} kua^{55} na^{21} kua^{55} dzo^{33} ʐɿ^{21} tɯ^{21} t‘e^{33} ɯ^{33} ŋv^{21} me^{55}》

（194）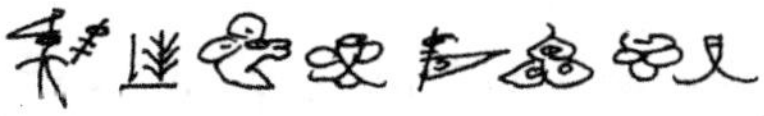

《超度贤能者亡灵仪式之经 · bɯ^{33} dæ^{21} ŋv^{55} t‘e^{33} ɯ^{33} ŋv^{21} me^{55}》

（195）

《超度女贤能者亡灵仪式之经 · dʑi^{33} be^{33} t‘v^{33} tɕy^{55}，a^{21} ho^{55} me^{33} ŋv^{21} me^{55}》

（196）

《衣物之来历 · dʑi^{33} be^{33} t‘v^{33} tɕy^{55}，a^{21} ho^{55} me^{33} ŋv^{21} me^{55}》

（197）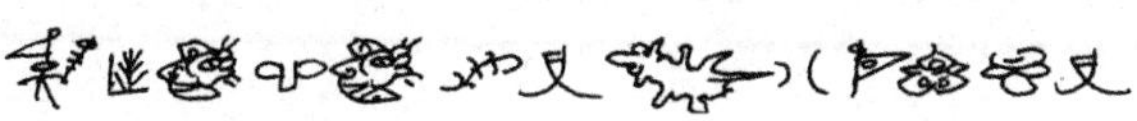

《超度贤能者亡灵仪式，虎的来历，分虎皮经 · dæ^{21} ŋv^{55}，la^{33} t‘v^{33} la^{33} pɯ^{55} me^{55}，la^{33} ɯ^{33} by^{55} t‘e^{33} ɯ^{33} ŋv^{21} me^{55}》

（198）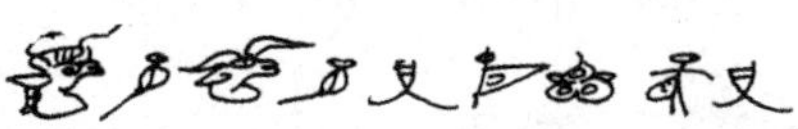

《超度放牧牦牛放牧绵羊者之亡灵经 · bər^{21} dʑi^{33} y^{21} dʑi^{33} me^{33} t‘e^{33} ɯ^{33} ŋv^{21} me^{55}》

（199）

《迎请梭恭优麻神经 · so^{33} gu^{33} iə^{33} mə^{21} sa^{55} gə^{33} t‘e^{33} ɯ^{33} ŋv^{21} me^{55}》

（200）

《超度贤能者亡灵叙述死者生前贤能事迹 · dæ^{21} ŋv^{55} dæ^{21} me^{33} ua^{21} me^{55}》

（201）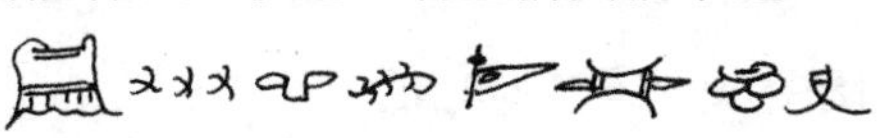

《衣物之来历经 · dʑi^{33} be^{33} t‘v^{33} tɕy^{55} t‘e^{33} ɯ^{33} ŋv^{21} me^{55}》

（202）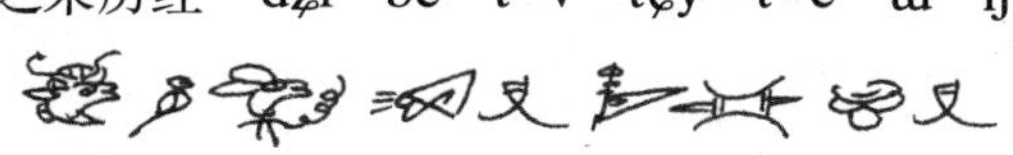

《超度放牧牦牛者亡灵仪式赶冷凑鬼经书 · bər^{21} dʑi^{33} le^{21} tʂ‘ə^{55} tɕ‘y^{55} me^{33} t‘e^{33} ɯ^{33} ŋv^{21} me^{55}》

（203）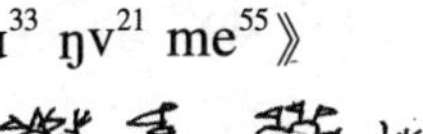

《dæ^{21} ŋv^{55}》（其意不明）

（204）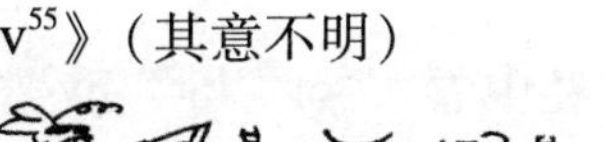

《驱赶冷凑鬼 · le^{21} tʂ‘ə^{55} tɕ‘y^{55} me^{33} t‘e^{33} ɯ^{33} ŋv^{21} me^{55}》

(205) 

《给贤能者招魂经 · dæ^{21} a^{21} ʂər^{24} me^{33} t‘e^{33} ɯ^{33} ŋv^{21} me^{55}》

(206) 

《超度贤能者亡灵仪式，招祖先魂经 · dæ^{21} ŋv^{55}，y^{21} a^{21} ʂər^{55} me^{55}》

(207) 

《超度贤能者亡灵仪式，明智丹益的经典 · dæ^{21} ŋv^{55} me^{33} mi^{21} tʂɿ^{55} dæ^{21} i^{33} t‘e^{33} ɯ^{33} ŋv^{21} me^{55}》

(208) 

《超度贤能者亡灵仪式，分贤能者财物用具经 · dæ^{21} ŋv^{55}，dæ^{21} o^{33} by^{33} ŋv^{21}》

(209) 

《超度贤能者亡灵仪式之规程 · dæ^{21} ŋv^{55} ku^{33} ŋv^{21} me^{55}》

(210) 

《超度东巴什罗亡灵仪式，马的来历经 · ʂər^{55} lər^{33} ŋv^{55}，dæ^{21} ʐua^{33} fv^{33} t‘e^{33} ɯ^{33} ŋv^{21} me^{55}》

(211) 

《超度东巴什罗祭司亡灵仪式，超度死者到神树旁，超度到神鸟处 · ʂər^{55} lər^{33} ŋv^{55}，du^{21} ŋv^{55}，ba^{33} da^{21} dzər^{21} ŋv^{55}，sɪ^{33} bv^{33} ŋv^{55} æ^{21} p‘ər^{21} ŋv^{55}》

(212) 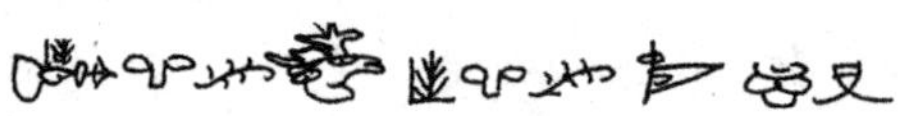

《美利董主的来历，用鹿来超度长寿者之来历经 · du^{21} t‘v^{33} tɕy^{55}，tʂ‘ua^{55} ŋv^{55} t‘v^{33} tɕy^{55} t‘e^{33} ɯ^{33} ŋv^{21} me^{55}》

(213) 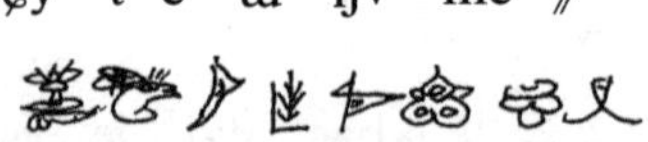

《大型超度东巴什罗亡灵仪式经 · ʂər^{55} lər^{33} lo^{33} do^{33} ŋv^{55} t‘e^{33} ɯ^{33} ŋv^{21} me^{55}》

(214) 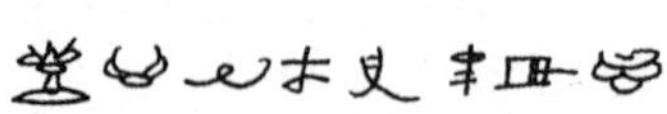

《超度什罗亡灵仪式用岩羊角解结经中卷 · ʂər^{55} lər^{33} ŋv^{55}，ʂər^{55} lər^{33} k‘a^{33} tər^{55}p‘ər^{21} me^{33} ly^{55} tʂu^{55} ŋv^{21}》

（215）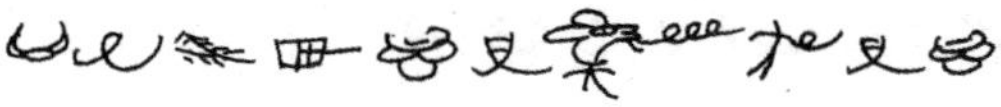

《超度东巴什罗亡灵仪式，用岩羊角解结经下卷，解冷凑鬼放下的结经 · k‘a^{33} tər^{55} p‘ə^{21} mæ^{55} tʂu^{55}，le^{21} tʂ‘ə^{55} bər^{21} p‘ər^{21} me^{33} ŋv^{21} me^{55}》

（216）

《超度东巴什罗亡灵仪式，勾梭勾丹趣 · ʂər^{55} lər^{33} ŋv^{55} gə^{33} so^{33} gə^{33} dər^{33} tɕ‘y^{55} me^{33} t‘e^{33} ɯ^{33} ŋv^{21} me^{55}》

（217）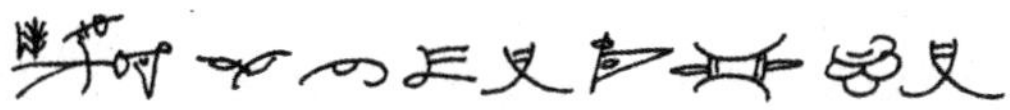

《超度贤能者亡灵仪式，迎请优麻神经 · dæ^{21} ŋv^{55}，iə^{33} ma^{21} sa^{55} me^{33} t‘e^{33} ɯ^{33} ŋv^{21} me^{55}》

（218）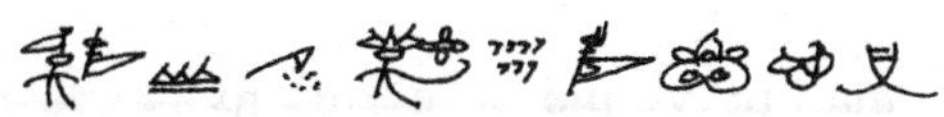

《超度贤能者叙述贤能者生前功绩，招贤能者之魂经 · dæ^{21} mi^{21} be^{33}，dæ^{21} a^{21} ʂər^{55} t‘e^{33} ɯ^{33} ŋv^{21} me^{55}》

（219）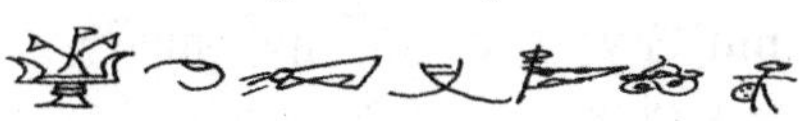

《东巴什罗祭司之弟子点油灯作供养经 · ʂər^{55} lər^{33} gə^{33} ba^{21} ma^{21} mi^{33} tʂɪ^{55} me^{33} t‘e^{33} ɯ^{33} ŋv^{21} me^{55}》

（220）

《把东巴什罗祭司亡灵送往十八层天上经 · to^{33} ba^{21} ʂər^{55} lər^{33} mɯ^{33} tɕər^{21} ts‘e^{21} ho^{55} ty^{33} pv^{55} t‘e^{33} ɯ^{33}》

（221）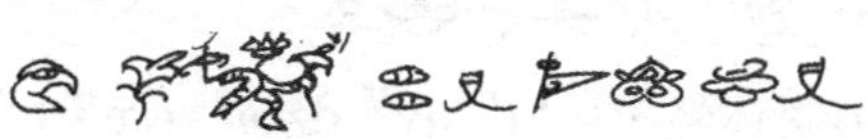

《格巴弟子跳东巴舞镇鬼经 · gə^{33} ba^{21} ts‘o^{33} t‘v^{55} t‘v^{33} me^{33} t‘e^{33} ɯ^{33} ŋv^{21} me^{55}》

（222）

《超度东巴什罗祭司亡灵仪式，建拉扎经堆经 · ʂər^{55} lər^{33} ŋv^{55} me^{33} la^{33} tsa^{21} ts‘ɪ^{55} me^{33} t‘e^{33} ɯ^{33} ŋv^{21} me^{55}》

（223）

《为东巴什罗祭司亡灵推卸罪责经 · ʂər^{55} lər^{33} mi^{33} k‘ə^{21} p‘v^{55} me^{33} ŋv^{21}》

（224）

《超度东巴什罗祭司亡灵，颂扬死者生前事迹给死者亡灵献牲经 · ʂər^{55} lər^{33} ŋv^{33} dæ^{21} i^{21} t‘e^{33} ɯ^{33} ŋv^{21} me^{55}》

（225）

《为死者亡灵开辟尼坞地狱之通路经 · ȵi^{33} uə^{33} bu^{21} na^{55} gv^{33} bu^{21} tɕ‘y^{21} me^{33} t‘e^{33} ɯ^{33} u^{21}》

（226）

《把东巴什罗祭司亡灵从湖边领回经 · ʂər^{55} lər^{55} hɯ^{55} k‘u^{33} gə^{21} ʂu^{33} me^{33} u^{21}》

（227）

《把东巴什罗祭司亡灵从尼坞地狱十八层里超度出来 · ʂər^{55} lər^{33} ȵi^{33} uə^{33} ts‘e^{21} ho^{24} dy^{21} ŋv^{55} ŋv^{21} me^{55}》

（228）

《抛丢多玛面偶经 · to^{33} ma^{33} tɕ‘y^{55} me^{33} t‘e^{33} ɯ^{33} ŋv^{21}》

（229）

《关走斯姆朗登女魔经 · sɪ^{33} mu^{33} pv^{55} t‘e^{33} ɯ^{33} ŋv^{21} me^{55}》

第十二类：开丧超度死者亡灵大仪式

（230）

《超度死者亡灵大仪式规程，超度死者亡灵中仪式规程，超度死者亡灵小仪式规程 · ts‘ɪ^{21} ŋv^{55} ŋv^{55} dɯ^{21} tʂər^{55} ua^{33} ŋv^{21} me^{55} ly^{55} ŋv^{55} tʂər^{55} ua^{33} ŋv^{21} me^{55}, tɕi^{55} ŋv^{55} t ʂər^{55} ua^{33} ŋv^{21} me^{55}》

（231）

《超度死者亡灵求神赐威力附体经 · ts‘ɪ^{21} ŋv^{55} dʐər^{21} tʂæ^{55} t‘e^{33} ɯ^{33} ŋv^{21} me^{55}》

（232）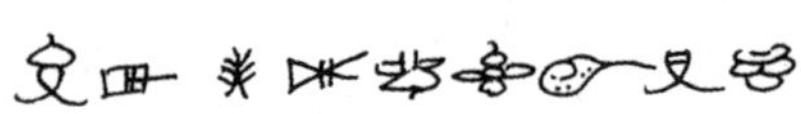

《上卷 · o^{33} tʂu^{55}，sər^{33} kə^{33} nɯ^{33} ua^{21} dər^{21} me^{33} ŋv^{21}》

（233）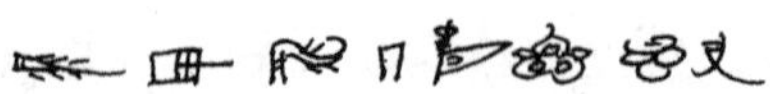

《下卷 · mæ^{55} tʂu^{55}, ŋæ^{33} to^{33} t‘e^{33} ɯ^{33} ŋv^{21} me^{55}》

（234）

《东巴舞蹈规程 · ts‘o^{33} ku^{33} ŋv^{33} me^{55}》

（235）

《超度死者亡灵仪式请开丧超度仪式之主祭司经 · ts‘ɪ^{33} ŋv^{55}，bu^{21} bu^{33} k‘o^{21} me^{33} ŋv^{21}》

(236) 

《下卷，超度死者亡灵经 · mæ^{55} tʂu^{55} ʂɿ^{33} ŋv^{55} me^{33} t'e^{33} ɯ^{33} ŋv^{21}》

(237) 

《送牺牲给死者亡灵，戮杀牺牲经 · p'e^{21} tɕ'i^{33} mu^{33} dɯ^{33} go^{21} me^{33} ŋv^{21}》

(238) 

《把礼物和路费交给死者亡灵经 · k'uə^{55} ʂə^{55}, mu^{21} p'ər^{21} to^{21} me^{33} t'e^{33} ɯ^{33} ŋv^{21} me^{55}》

(239) 

《kv^{33} tɕi^{21} za^{21} tɕi^{21} me^{33} mæ^{55} tʂu^{55} ŋv^{21} me^{55}》（其意不明）

(240) 

《上卷水之来历经，下卷推卸祭司口舌罪责经 · o^{33} tʂu^{55} dʑi^{21} bər^{21} k'a^{55} me^{33} ŋv^{21}, mæ^{55} tʂu^{55} mi^{33} k'ə^{21} p'ər^{21} t'e^{33} ɯ^{33} ŋv^{21} me^{55}》

(241) 

《给死者交代上辈祖先名字，下卷给死者送礼物路途中的干粮送死者亡灵上路 · ʐɿ^{21} tʂ'ər^{33} tɕ'i^{33} me^{33} ŋv^{21} me^{55}, mæ^{55} tʂu^{55} t'v^{55} ly^{33} ʐu^{21} ly^{55} ku^{21} ŋv^{21} me^{55}》

(242) 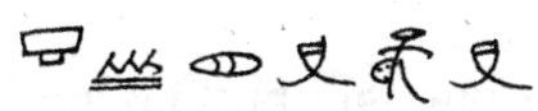

《打火镰，把火种分给死者经 · tse^{21} mi^{33} t'v^{55} me^{33} ŋv^{21} me^{55}》

(243) 

《上卷祭猛鬼恩鬼，下卷杀猛鬼恩鬼 · o^{33} tʂu^{55}, mu^{33} ɯ^{21} py^{21} me^{33}, mæ^{55} tʂu^{55} mu^{33} sy^{55} me^{33} ŋv^{21} me^{55}》

(244) 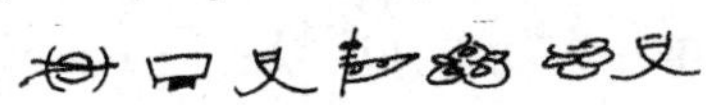

《给死者亡灵献冥马经 · guo^{33} tse^{55} me^{33} t'e^{33} ɯ^{33} ŋv^{21} me^{55}》

(245) 

《刀物之来历，建神山经 · so^{21} so^{55} k'u^{33}, dʑy^{21} ts'ɿ^{55} ŋv^{21} me^{55}》

(246) 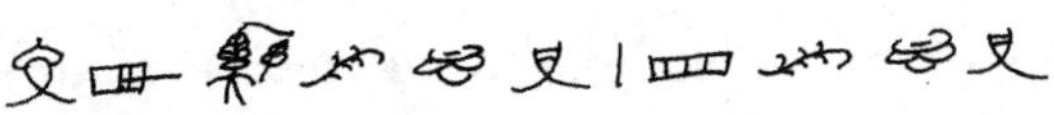

《上卷，舅舅之来历经，下卷是粮食之来历经 · o^{21} tʂu^{55}, o^{21} tɕy^{33} ŋv^{21} me^{55}, tɕi^{33} tɕy^{33} ŋv^{21} me^{55}》

(247) 

《上卷，为死者唱挽歌，下卷给死者交代到先祖处后的行为规矩 · o^{33}

tʂu^{55} mu^{55} ts‘i^{55} dʐər^{21} sɪ^{33} mə^{33} ts‘i^{55} lo^{55} ŋv^{21} me^{55} ts‘i^{33} ts‘i^{33} du^{33} du^{33} ŋv^{21} me^{55}》

（248）

《绸衣的来历经 · t‘e^{33} tɕy^{55} me^{33} ŋv^{21} me^{55}》

（249）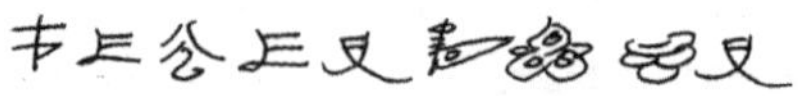

《迎请盘神等威力神经 · p‘ər^{21} sa^{55} dʐər^{21} sa^{55} me^{33} t‘e^{33} ɯ^{33} ŋv^{21} me^{55}》

（250）

《用白铁火镰打火经 · ʂu^{33} p‘ər^{21} tse^{55} me^{33} tse^{55} me^{33} ŋv^{21} me^{55}》

（251）

《立卢神石经 · du^{21} lv^{33} ts‘ɪ^{24} t‘e^{33} ɯ^{33} ŋv^{21} me^{55}》

（252）

《立神座，插木签经 · kua^{55} dzo^{21} be^{33}，tɕ‘i^{21} gie^{33} ia^{24} ta^{55} me^{33} ŋv^{21} t‘v^{33} tɕy^{55} me^{55}》

（253）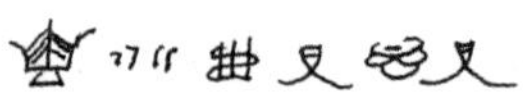

《给活人和死者除秽 · ʂv^{55} ʐɪ^{33} k‘uæ^{21} me^{55} ŋv^{21} me^{55}》

（254）

《向东巴什罗求祭祀和占卜本领威力经 · bu^{21} ʂu^{21} bu^{21} iə^{24} me^{33} ŋv^{21} me^{55}》

（255）

《拆死者冥房经 · kv^{55} bər^{24} k‘æ^{55} me^{33} t‘e^{33} ɯ^{33} ŋv^{21}》

（256）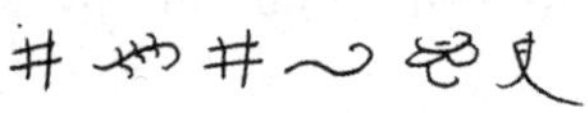

《生死离别之来历经 · gu^{21} tɕy^{21} gu^{21} li^{21} ŋv^{21} me^{55}》

（257）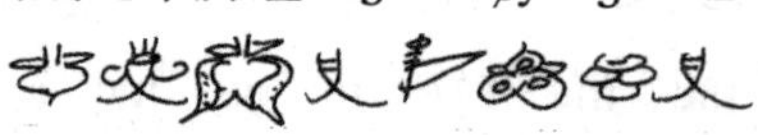

《招留死者福泽经 · nɯ^{33} mu^{33} tʂ‘v^{55} me^{33} t‘e^{33} ɯ^{33} ŋv^{21} me^{55}》

（258）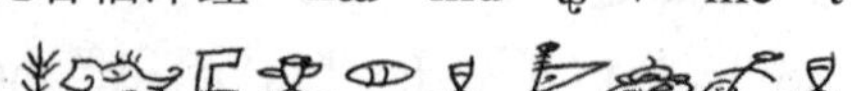

《劝慰死者亡灵经 · sɪ^{33} bu^{33} k‘uə^{55} dɯ^{33} t‘ɯ^{21} me^{33} t‘e^{33} ɯ^{33} ŋv^{21} me^{55}》

（259）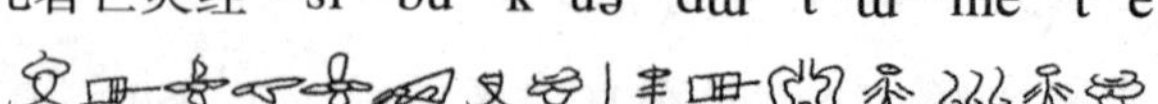

《上卷，烧肉给死者吃，中卷，给死者献早饭午饭和晚饭经 · o^{33} tʂu^{55} a^{21} ʂɪ^{55} a^{21} ts‘ɪ^{55} me^{33} ŋv^{21}，ly^{55} tʂu^{55} tʂ‘ər^{55} dzɪ^{33} ʐu^{33} dzɪ^{33} tʂ‘u^{21} dzɪ^{33} ŋv^{21}》

(260) 

《下卷，早晨鸡鸣时分给死者献稀饭经 · mæ^{55} tʂu^{55}，æ^{21} tɕy^{21} bv^{33} da^{21} ŋv^{21} me^{55}》

(261) 

《上卷为驱赶冷凑鬼经，中卷为死者亡灵开辟到达神界道路经首段 · o^{33} tʂu^{55}，le^{21} tʂ‘ə^{55} tɕ‘y^{24} me^{33} ŋv^{21}，ly^{55} tʂu^{55} he^{21} ʐər^{24} ts‘y^{24} kv^{33} tʂu^{55} ŋv^{21} me^{55}》

(262) 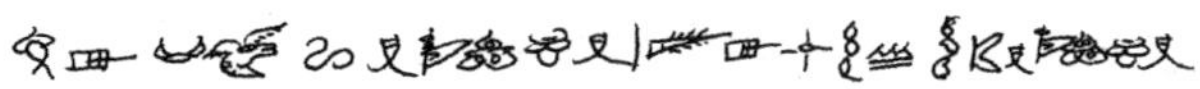

《上卷是驱送口舌是非鬼经，下卷为“庚旨米旨” · o^{33} tʂu^{55}，k‘a^{55} k‘ɯ^{33} p‘v^{55} me^{33} t‘e^{33} ɯ^{33} ŋv^{21} me^{55}，mæ^{55} tʂu^{55} kɯ^{33} dʐər^{33} mi^{33} dʐər^{33} k‘u^{24} me^{33} t‘e^{33} ɯ^{33} ŋv^{21} me^{55}》

(263) 

《为死者亡灵开辟到达神界道路经尾段 · he^{21} ʐər^{21} tɕ‘y^{24} mæ^{33} tʂu^{55} ŋv^{21} me^{55}》

(264) 

《给死者亡灵交代各代先祖，送死者亡灵往各代先祖处 · o^{33} tʂu^{55} ne^{21} tʂ‘ər^{33} tsɪ^{24} me^{33} ŋv^{21} me^{55}，mæ^{55} tʂu^{55} be^{33} tse^{55} mu^{33} li^{21} ŋv^{21} me^{55}》

(265) 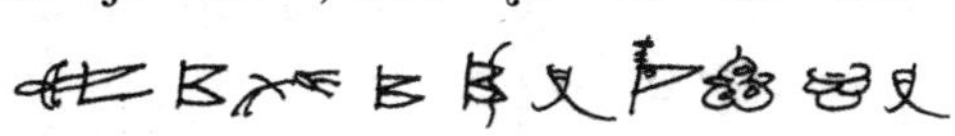

《关住死亡之门经 · k‘o^{21} k‘u^{33} ʂɪ^{33} k‘u^{33} tər^{24} me^{33} t‘e^{33} ɯ^{33} ŋv^{21} me^{55}》

(266) 

《给死者亡灵献牲，报答死者养育之恩 · nɯ^{21} p‘ər^{55} a^{21} t‘e^{33} kuə^{21} me^{33} ŋv^{21} me^{55}》

(267) 

《开丧，上卷施丹鬼的来历经，下卷赶鬼的经书 · o^{33} tʂu^{55}，ʂər^{33} dər^{33} t‘v^{33} tɕy^{55} ŋv^{21} me^{55}，mæ^{55} tʂu^{55} ȵə^{21} be^{33} kə^{21} me^{33} t‘e^{33} ɯ^{33} ŋv^{21} me^{55}》

第十三类：开丧超度死者亡灵中仪式

(268) 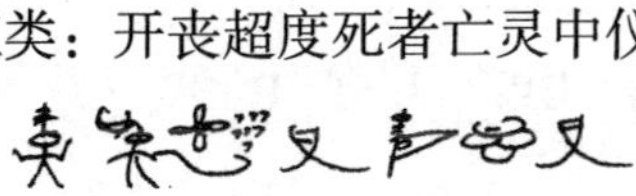

《高勒趣招父亲亡魂经 · ts‘y^{55} a^{21} ʂər^{55} me^{33} t‘e^{33} ɯ^{33} ŋv^{21} me^{55}》

(269) 

《mu^{33} dʐɪ^{33} hɯ^{21} me^{33} t‘e^{33} ɯ^{33} ŋv^{21} me^{55}》（其意不明）

(270) 

《在火葬场招回死者亡灵经 · ʂər^{33} ɕi^{33} bu^{33} tsɪ^{21} tɯ^{33} ʐɪ^{21} a^{21} ʂər^{24} me^{33} t‘e^{33} ɯ^{33} ŋv^{21} me^{55}》

(271) 

《ʐɪ^{33} t‘v^{33} tɕi^{33} ts‘i^{21} me^{33} t‘e^{33} ɯ^{33} ŋv^{21} me^{55}》（其意不明）

(272) 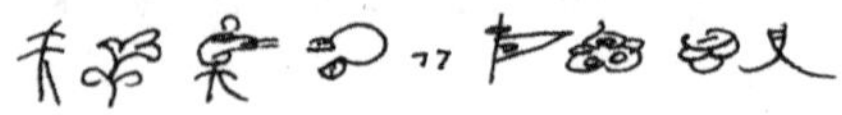

《t‘o^{55} ba^{33} ʐɪ^{21} gu^{33} ȵi^{33} t‘e^{33} ɯ^{33} ŋv^{21} me^{55}》（其意不明）

(273) 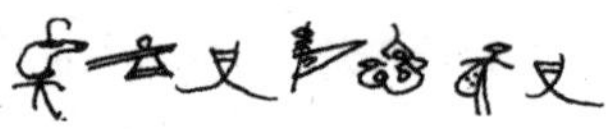

《ʐɪ^{33} ʂu^{33} me^{33} t‘e^{33} ɯ^{33} ŋv^{21} me^{55}》（其意不明）

(274) 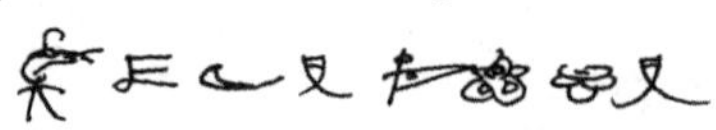

《ʐɪ^{33} sa^{55} k‘v^{21} me^{33} t‘e^{33} ɯ^{33} ŋv^{21} me^{55}》（其意不明）

(275) 

《鸡鸣时分唤醒死者亡灵经 · ts‘i^{21} i^{33} ʂv^{33} me^{33} t‘e^{33} ɯ^{33} ŋv^{21} me^{55}》

(276) 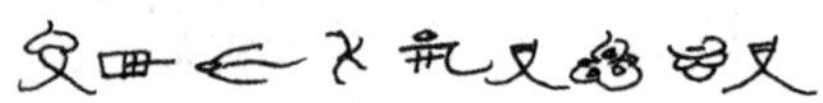

《上卷，阿楞祖经 · o^{33} tʂu^{55}, a^{55} le^{55} dʐu^{33} t‘e^{33} ɯ^{33} ŋv^{21} me^{55}》

(277) 

《mæ^{55} tʂu^{55}, la^{33} me^{33} guo^{21} gə^{33} ŋv^{21} me^{55}》（其意不明）

(278) 

《交给死者亡灵经过尼坞地狱十八层地方的时候点的油灯经 · ȵi^{33} uə^{33} ts‘e^{21} ho^{55} dy^{21} bæ^{33} mi^{33} ta^{24} me^{33} t‘e^{33} ɯ^{33} ŋv^{21} me^{55}》

(279) 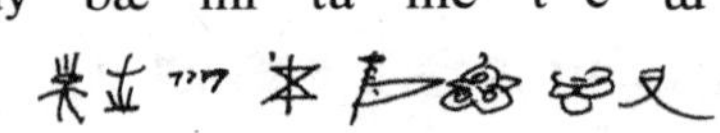

《祭死者亡灵之三部曲经 · tʂ‘v^{55} py^{21} ʂv^{24} tʂər^{33} t‘e^{33} ɯ^{33}》

(280) 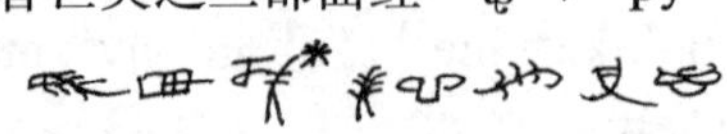

《下卷松树督展天灯之来历经 · mæ^{55} tʂu^{55}, t‘o^{33} p‘ər^{21} tv^{21} dzər^{21} t‘v^{33} tɕy^{33} me^{33} ŋv^{21}》

(281) 

《超度死者亡灵立“督展”天灯之经 · tʂ‘v^{21} ŋv^{55} me^{24} gə^{33} tv^{21} dzər^{21} ts‘ɪ^{55} me^{33} ŋv^{21}》

(282) 

《o^{33} tʂu^{55}，ʐɪ^{33} na^{21} sɪ^{55} tʂər^{55} t‘v^{33} tɕy^{55} ŋv^{21} me^{55}》（其意不明）

(283) 

《kv^{33} tʂɪ^{21} za^{21} tʂɪ^{21} me^{33} o^{33} tʂu^{55} ŋv^{21} me^{55}》（其意不明）

(284) 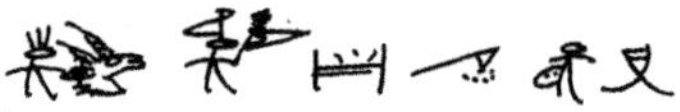

《给死者亡灵献牲，叙述死者生前贤能之事迹 · tʂ‘v^{33} i^{21} dæ^{21} dzo^{21} be^{33} me^{33} ŋv^{21} me^{55}》

(285) 

《上卷给死者亡灵燃油灯经，下卷给死者亡灵送冥衣经 · bæ^{33} mi^{33} ta^{21} me^{33} ŋv^{21} me^{55}，mæ^{55} tʂu^{55} dʑi^{33} lo^{21} me^{33} ŋv^{21} me^{55}》

(286) 

《ʐɪ^{21} kɯ^{21} ʂu^{21} me^{33} ŋv^{21}，ŋv^{21} do^{21} hæ^{21} do^{21} ŋv^{55} me^{33} ŋv^{21}，t‘o^{33} bə^{33} dʑi^{33} ia^{21} me^{33} ŋv^{21}》

(287) 

《连接 · tʂu^{55} ts‘i^{55} me^{33} ŋv^{21} me^{55}》

(288) 

《崇忍潘迪寻找金子和银子般珍贵的药 · ts‘o^{21} ze^{55} p‘ər^{33} dɯ^{21} ŋv^{21} tʂ‘ər^{33} hæ^{21} tʂ‘ər^{33} k‘u^{33} me^{33} ŋv^{21}》

(289) 

《ts‘ɪ^{55} se^{33} du^{21} mæ^{55} t‘e^{33} ɯ^{33} ŋv^{21} me^{55}》（其意不明）

(290) 

《sɪ^{21} gə^{21} nɯ^{33} a^{33} dər^{21} me^{33} ŋv^{21} me^{55}》（其意不明）

(291) 

《mæ^{55} tʂu^{55}，ŋæ^{55} to^{21} me^{33} ŋv^{21}》（其意不明）

(292) 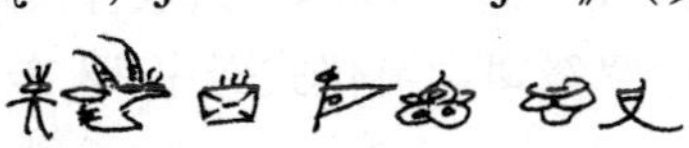

《鸡鸣时分唤醒死者亡灵经 · ts‘i^{21} i^{55} ʂv^{33} me^{33} t‘e^{33} ɯ^{33} ŋv^{21} me^{55}》

(293) 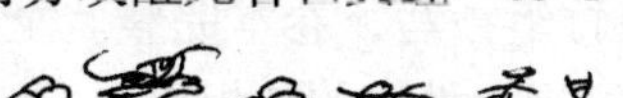

《青年男女迁徙记 · lv^{33} bər^{33} lv^{33} za^{21} me^{33} ŋv^{21} me^{55}》

(294) 

《tsʻi^{33} se^{33} du^{21} mæ^{55} tʻe^{33} ɯ^{33} ŋv^{21} me^{55}》（其意不明）

(295) 

《看死因经 · ʂɿ^{33} kɯ^{21} ly^{21} me^{33} tʻe^{33} ɯ^{33} ŋv^{21} me^{55}》

(296) 

《给死者交代先辈祖先经 · tʂʻər^{33} ta^{55} me^{33} tʻe^{33} ɯ^{33} ŋv^{21} me^{55}》

(297) 

《解生死结经 · la^{21} tʂu^{55} pʻər^{21} tʻe^{33} ɯ^{33} ŋv^{21} me^{55}》

第十四类：祭家神仪式经典

(298) 

《娶妻成婚祭家神经 · tʂʻər^{33} me^{33} sɿ^{55} kʻv^{21} ga^{33} ʐər^{33} me^{33} tʻe^{33} ɯ^{33} ŋv^{21} me^{55}》

第十五类：占卜类经书

(299) 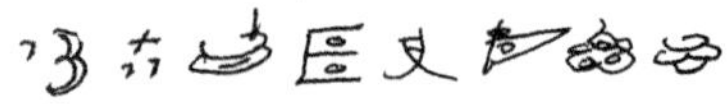

《一年十二月观星象算星之经书 · dɯ^{33} kʻv^{55} tsʻe^{21} ȵi^{33} he^{33} kɯ^{21} ly^{21} kɯ^{21} tsɿ^{21} me^{33} tʻe^{33} ɯ^{33} ŋv^{21}》

［调查地点：拉伯乡加泽村委会树枝村；调查对象：石宝寿；调查时间：2008 年 1 月；调查整理：和力民］

3. 瓷瓦村杨恭补等东巴收藏的经书

瓷瓦村在树枝村以南，属加泽村委会的一个村民小组。全村共 32 户，人数不详。全村现有东巴 4 人，年纪最大、最权威的东巴是杨恭补。具体情况如下：

杨恭补，1931 年生，78 岁，东巴世家。家藏祭璪神经书 20 本；祭崩鬼经书 20 本；祭风经书 27 本；开丧超度仪式经书 35 本；祭水神仪式经书 7 本；禳垛鬼大仪式经书 33 本；超度东巴什罗祭司亡灵仪式经书 12 本；禳垛鬼小仪式经书 30 本。

以上经书中，多数用传统东巴纸和竹笔抄写，卷本完整。全部经书用传统的木板夹装，再用皮绳捆扎，存放于家屋火塘边的神柜里。

杨旭林，乳名补若，2008 年 54 岁，祖传东巴第四代。目前家藏东巴经书有：祭璪神仪式经书 22 本；禳垛鬼大仪式和小仪式 42 本；开丧超度仪式经书 49 本；祭水龙仪式经书 13 本。这些经书均用钢笔抄写，款式为横本横书。

本玛旦史，2008 年 31 岁，祖传东巴第四代，家中藏有少量经书。

［调查地点：瓷瓦村；调查对象：杨恭补等；调查时间：2008 年 1 月；调查整理：和力民］

4. 布落村石佳阿等东巴收藏的经书

布落村属拉伯乡托甸村委会的一个村民小组，位于冲江河畔，其上游是森森罗村和瓷瓦村，下游是三江口村。全村 63 户，300 多人。主要居住纳西族摩梭人（日柯），另有汉族 5 户。主聚区分上村下村。全村有 8 个东巴，每家都保存有多少不一的经书。情况如下：

阿哈巴吉，2008 年 73 岁，是布落村年纪最大的东巴。目前，因年事已高，行动不便，不再行东巴祭仪之事，所传东巴经书现已交给其弟的孙子小构土若使用、保存。督支，2008 年 69 岁，祖传东巴第四代。据老人讲，他家原有禳垛仪式的经书一套，是传统的旧抄本，14 年前被大儿子烧了。现存经书已交给侄子保存。和哈巴，2008 年 38 岁。笔者在该村调查见到他时，他正在为别人家拆房子。据称，他家保存有 4 达东巴经书，其册数不详。督旨茨里，2008 年 33 岁，现藏有经书 36 本。构土若，2008 年 36 岁。和古马基，2008 年 52 岁，阿哈巴吉东巴的弟子。他近年自己抄写了很多东巴经书。石佳阿，2008 年 46 岁，祖传东巴第四代，目前家中保存的东巴经书共分 13 类，有 100 本（册）

石佳阿收藏的东巴经书名目：

（1）

《超度死者亡灵仪式，开辟把死者亡灵送到神界的道路经上卷 · he^{21} ʐɪ^{33} o^{55} tʂu^{21} ŋua^{21} me^{55}》

（2）

《开丧仪式，鸡鸣时分给死者亡灵祭献稀饭经 · bv^{33} dæ^{33} ho^{33} dzɪ^{33} me^{33} ŋua^{21}》

（3）

《超度死者亡灵仪式，请主祭东巴到丧家作超度死者亡灵仪式 · ts‘ɪ^{21} ŋua^{33} da^{33} hɯ^{21} k‘o^{21} me^{33} ŋua^{21}》

(4) 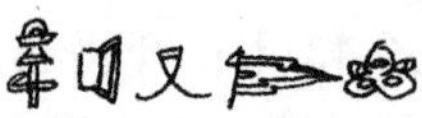

《超度死者亡灵仪式，白铁火镰之来历经 · ʂu^{33} p‘ər^{21} tse^{21} me^{33} t‘e^{33} ɯ^{33} ŋua^{21}》

(5) 

《超度死者亡灵仪式，拆羊毛毡棚子经 · kv^{33} bər^{21} k‘æ^{55}》

(6) 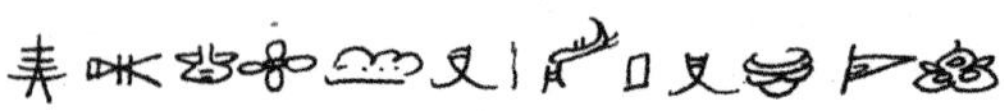

《超度死者亡灵仪式，招死者生前之福泽、配对死后之木偶经 · sɪ^{21} kə^{33} nɯ^{21} o^{21} dər^{33} me^{55}，ŋai^{33} to^{21} me^{33} ŋua^{21} t‘e^{33} ɯ^{33}》

(7) 

《超度死者亡灵仪式，给死者送冥马经下卷 · mæ^{55} ʈʂu^{55} gu^{21} tse^{21} t‘e^{33} ɯ^{33} ŋua^{21}》

(8) 

《超度死者亡灵仪式，给死者献冥马经上卷中卷 · o^{33} ʈʂu^{33} ly^{55} ʈʂu^{33} gu^{21} tse^{55} t‘e^{33} ɯ^{33} ŋua^{21}》

(9) 

《超度死者亡灵仪式，分清生者与死者经 · sɪ^{55} ʐɪ^{21} k‘ua^{55} me^{33} ŋua^{21}》

(10) 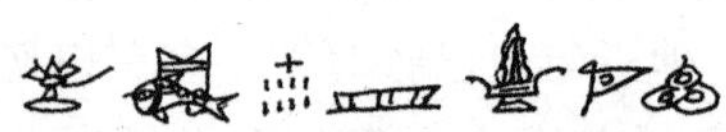

《超度死者亡灵仪式，给死者亡灵点油灯使之点着油灯走过尼坞十八个鬼蜮 · ȵi^{33} uə^{33} ts‘e^{21} ho^{55} dy^{21} bæ^{33} mi^{33} ʈʂɪ^{55} t‘e^{33} ɯ^{33}》

(11) 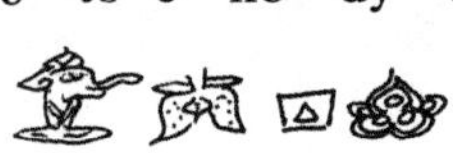

《超度死者亡灵仪式，把死者亡灵归入历代祖先之祖灵行列中 · ts‘o^{21} ʈʂ‘ər^{55} ta^{55} gə^{33} t‘e^{33} i^{33} ŋua^{21}》

(12) 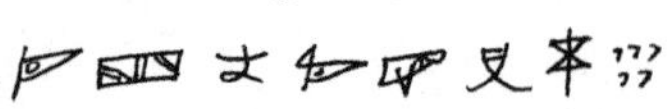

《驱眷罗纳替鬼仪式，抛弃眷罗纳替鬼经 · t‘e^{33} lua^{33} na^{21} t‘i^{55} tɕ‘y^{33} me^{33} ʈʂər^{55} ŋua^{21}》

(13) 

《祭璪神仪式，给木牌上的鸡献药水经上卷 · tsa^{21} py^{21} o^{33} ʈʂu^{55} æ^{21} ʈʂ‘ər^{33} k‘u^{55} me^{33} t‘e^{33} ɯ^{33}》

(14) 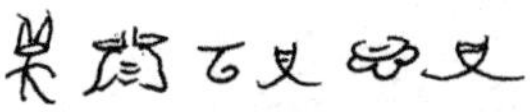

《祭臊神仪式，驱送臊神经 · tsa^{21} ʈʂ‘ər^{33} tɕ‘i^{33} me^{33} ŋua^{21} me^{33}》

(15) 

《祭臊神，给趣鬼尤鬼献马经 · tsa^{21} py^{21}，ts‘y^{55} iə^{55} gu^{21} tse^{21} me^{55}》

(16) 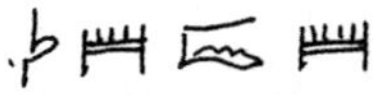

《超度死者亡灵仪式，说贫道富经 · se^{55} dzo^{21} hɯ^{21} dzo^{21}》

(17) 

《禳垛鬼仪式，偿还守护若罗神山南方的史支景补的债 · ʐər^{55} lo^{55} i^{33} ʈʂ‘ɪ^{33} mi^{21}，ʂɪ^{21} dʐɪ^{33} dʐɪ^{33} bv^{33} me^{33} nɯ^{33} t‘ɕi^{33} ŋua^{21} me^{55}》

(18) 

《禳垛鬼仪式，迎请格神、本丹神经 · tua^{33} kə^{21} sa^{55}，be^{21} sa^{55} me^{33} ŋua^{21}》

(19) 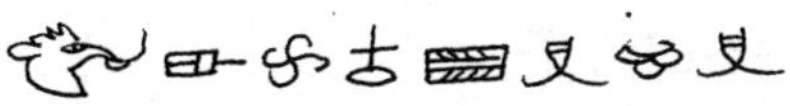

《鸡鸣时分退送景鬼崩鬼等口舌是非鬼之经 · æ^{21} tɕy^{21} dʑi^{33} bu^{33} p‘v^{55} me^{33} t‘e^{33} ɯ^{33} ŋua^{21} me^{55}》

(20) 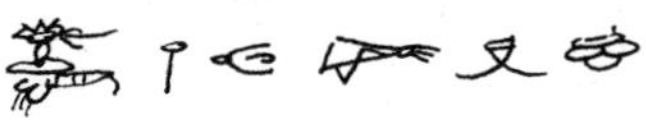

《超度东巴什罗祭司亡灵仪式，以抓野猫和猴头面偶做替身，施放东巴什罗祭司替身经 · ʂər^{55} lər^{33} ko^{21} k‘a^{33} ts‘y^{55} me^{33} t‘e^{33} ɯ^{33} ŋua^{21} me^{55}》

(21) 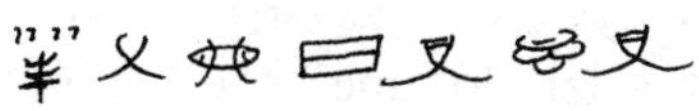

《禳垛鬼仪式，施放柳人嘎巴替身经 · ʐɪ^{21} sər^{33} ga^{33} pa^{21} p‘v^{55} me^{33} t‘e^{33} ɯ^{33} ŋua^{21} me^{55}》

(22) 

《禳垛鬼仪式，召唤孟来盘洛经书 · mu^{21} ts‘e^{55} p‘ər^{21} lua^{33} k‘u^{21} me^{33} t‘e^{33} ɯ^{33} ŋua^{21} me^{55}》

(23) 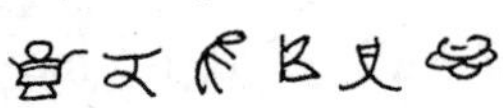

《禳垛鬼仪式，举行祭仪陈述因由经 · ha^{33} na^{33} gu^{33} k‘u^{33} me^{33} ŋua^{21}》

(24) 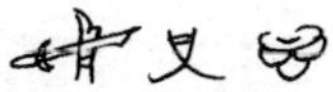

《伐美敖考罗之树经 · k‘a^{33} dzɪ^{21} ts‘ər^{55} me^{33} ŋua^{21} me^{55}》

（25）

《普纽经 · p‘v^{55} ȵə^{55} t‘e^{33} ɯ^{33} ŋua^{21} me^{55}》

（26）

《禳垛鬼仪式，给东巴祭司酬劳经 · iə^{21} ta^{33} be^{33} me^{33} ŋua^{21}》

（27）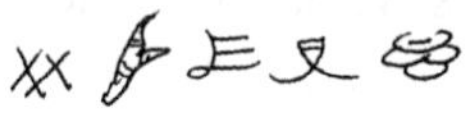

《禳垛鬼仪式，迎请大琪神经 · tɕ‘i^{21} do^{21} sa^{55} me^{33} ŋua^{21}》

（28）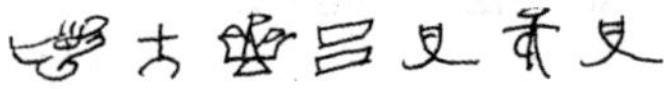

《禳垛鬼仪式，用多玛面偶做东巴祭司的替身经 · bu^{21} bv^{33} to^{33} ma^{33} gɯ^{33} me^{33} t‘e^{33} ɯ^{33} ŋua^{21} me^{55}》

（29）

《禳垛鬼仪式，捕蛙射蛙经 · pa^{33} ʐv^{55} pa^{33} k‘æ^{55}》

（30）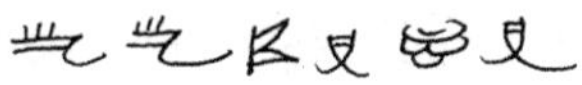

《禳垛鬼仪式，开天辟地经 · so^{33} so^{33} k‘u^{33} me^{33} t‘e^{33} ɯ^{33} ŋua^{21}》

（31）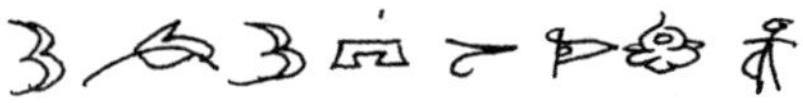

《禳垛鬼仪式，镇压十二属相中属相相克的灾祸鬼 · k‘v^{55} ʐv^{21} k‘v^{55} gə^{21} tʂ‘ɪ^{33} t‘e^{33} ɯ^{33} ŋua^{21} me^{55}》

（32）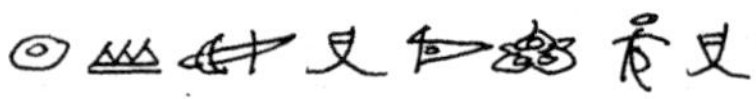

《开丧仪式，给死者亡灵献油灯经 · ma^{21} mi^{33} ta^{33} gə^{33} t‘e^{33} ɯ^{33} ua^{21}》

（33）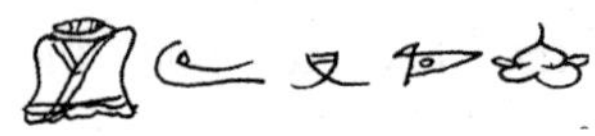

《开丧仪式，给死者亡灵献衣服经 · dʑi^{33} lo^{55} me^{33} t‘e^{33} ɯ^{33}》

（34）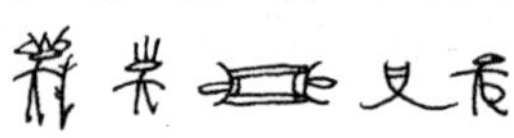

《开丧仪式，开丧仪式主祭东巴驱鬼经 · da^{24} hɯ^{55} tʂ‘v^{21} t‘v^{55} me^{33} ŋua^{21}》

（35）

《开丧和超度死者亡灵仪式，丧礼之来历 · a^{55} ly^{55} dʐu^{21} me^{33} t‘e^{33} ɯ^{33} ŋua^{21} me^{55}》

（36）

《超度死者亡灵仪式，舅父和旗子的来历 · o^{33} tɕy^{55} t‘e^{33} tɕy^{55} me^{33} ŋua^{21}》

(37) 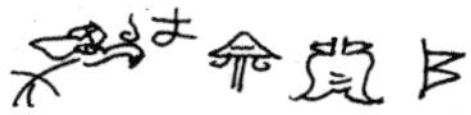

《超度死者亡灵仪式，崇忍潘迪献药经 · t‘so^{21} ze^{33} p‘ər^{33} dɯ^{21} ʈʂ‘ər^{33} k‘u^{21}》

(38) 

《超度死者亡灵仪式，把斯补祖先送到大神界经 · sɪ^{33} bu^{33} k‘uə^{21} dɯ^{33} t‘v^{21} me^{33} t‘e^{33} ɯ^{33} ŋua^{21} me^{55}》

(39) 

《超度死者亡灵仪式，挤牛奶，招死者生前的福泽给活人 · nɯ^{21} mu^{33} ʈʂ‘v^{55} nɯ^{21} a^{21} sa^{55} t‘e^{33} ɯ^{33} ŋua^{21}》

(40) 

《超度东巴什罗祭司亡灵，给东巴什罗祭司接气经 · ʂər^{55} lər^{33} sa^{55} ɯ^{21} gə^{33} t‘e^{33} ɯ^{33} ŋua^{21}》

(41) 

《开丧超度死者亡灵仪式，用水除秽，用三坛浓酒祭神灵经 · dʑi^{21} bər^{21} k‘a^{33}，ʐɪ^{33} na^{21} sɪ^{55} dzo^{21} ʈʂ‘ɪ^{33} me^{33} t‘e^{33} ɯ^{33} ŋua^{21}》

(42) 

《超度东巴什罗祭司亡灵，给已逝的东巴什罗祭司退口舌经 · ʂər^{24} lər^{33} mi^{33} k‘ə^{21} p‘v^{55} me^{33} t‘e^{33} ɯ^{33} ŋua^{21}》

(43) 

《给丹拉神烧天香的仪式规程 · dər^{21} la^{33} so^{33} do^{33} ʈʂər^{55} ŋua^{21}》

(44) 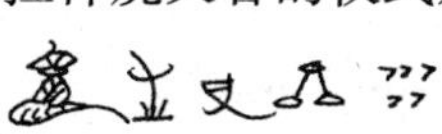

《祭署神仪式的说明书 · ʂv^{21} py^{21} me^{33} ʈʂər^{55} ua^{33}》

(45) 

《禳垛鬼小仪式，祭京鬼经主本 · to^{55} k‘ɯ^{55}，dʑi^{33} gu^{33} mu^{33}》

(46) 

《祭崩鬼仪式，崩鬼的来历经 · bu^{33} t‘v^{33} tɕy^{55}》

(47) 

《除秽仪式，污秽及污秽鬼之来历及除秽经 · ʈʂ‘ə^{55} kæ^{55} ʈʂ‘ə^{55} ʂɯ^{55} me^{33} t‘e^{33} ɯ^{33} ŋua^{21} me^{55}》

(48) 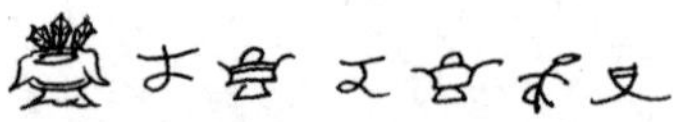

《除秽仪式，用白净水壶和黑净水壶念咒化符除秽经 · po^{21} ba^{33} p‘ər^{21} ha^{55} na^{21} ha^{55} ŋua^{21} me^{55}》

(49) 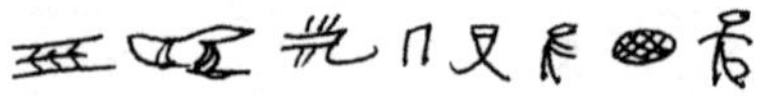

《给丹拉神烧天香经主本 · dər^{21} la^{33} so^{33} to^{33} me^{33} gu^{33} mu^{33} ŋua^{21} me^{55}》

(50) 

《禳鬼大仪式，施色朵面偶经 · kə^{21} to^{33} la^{55}》

(51) 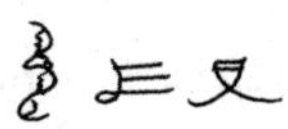

《举行禳鬼大仪式，迎请威力神经 · dʐər^{21} sa^{55} me^{33} t‘e^{33} ɯ^{33} ŋua^{21} me^{55}》

(52) 

《禳鬼仪式，用酒祭粮诅咒仇敌经 · ʐɿ^{33} gie^{33} kua^{55} gie^{33} me^{33} ŋua^{21} me^{55}》

(53) 

《禳垛鬼仪式，从史支景补鬼王的柜子里招出主人魂魄经 · to^{55} k‘ɯ^{55}，ʂɿ^{21} dʐɿ^{33} k‘uə^{55} me^{55} ŋua^{21}》

(54) 

《禳垛鬼仪式，立神座献祭粮，立卢神石经 · ʐɿ^{21} tɯ^{21} kua^{55} ŋua^{55}，du^{21} ts‘ɿ^{55} me^{33} t‘e^{33} ɯ^{33} ŋua^{21} me^{55}》

(55) 

《迎请骑一块磨盘的丹拉神 · dər^{33} la^{33} po^{33} ti^{33} ŋv^{21} me^{55}》

(56) 

《祭璪神仪式的规程经 · tsa^{33} py^{21} tʂər^{55} ua^{33} ŋua^{21} me^{55}》

(57) 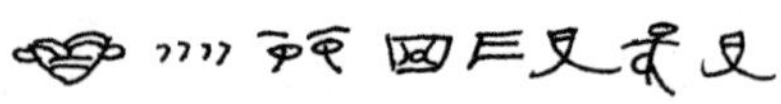

《祭风仪式，迎请考冉诅究神 · k‘a^{33} ʐər^{33} ȵə^{21} dʑə^{33} sa^{55} me^{33} ŋua^{21} me^{55}》

(58) 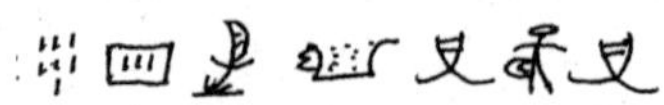

《祭璪神仪式，偿还登久鬼之债 · tsa^{21} py^{21} de^{24} dʑə^{21} ts‘y^{55} ʐua^{21} me^{33} ŋua^{21} me^{55}》

(59) 

《祭璪神仪式，送走尤鬼经 · tsa^{21} py^{21}，iə^{55} tʂ‘v^{33} tɕi^{33} me^{33} t‘e^{33} ɯ^{33}》

(60) 

《祭拉莎督玖经主本 · la^{55} sa^{33} dv^{21} dʐə^{33} gu^{33} nu^{33} ŋua^{21} me^{55}》

(61) 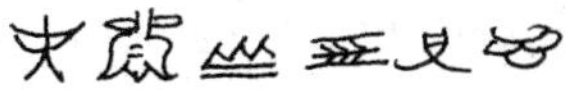

《镇锝鬼仪式，记述锝鬼辈分，诵锝鬼名字经 · tər^{21} tʂ'ər^{55} tsɪ^{21}，tər^{21} mi^{33} dər^{33} me^{33} ŋua^{21} me^{55}》

(62) 

《驱纳替鬼仪式，驱送纳替鬼经 · na^{33} t'e^{33} tɕi^{33} me^{33} t'e^{33} ɯ^{33} ŋua^{21} me^{55}》

(63) 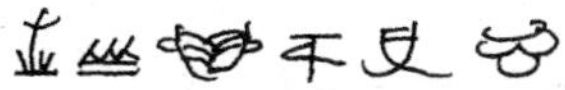

《退送东巴祭司的口舌是非鬼经 · py^{55} mi^{33} k'ə^{21} p'ər^{21} me^{33} ŋua^{21}》

(64) 

《禳垛鬼仪式，偿还史支景补鬼的债 · ʂɪ^{21} dʐɪ^{33} ts'o^{21} lo^{33} k'u^{33} me^{33} ŋua^{21}》

(65) 

《退送口舌是非鬼仪式，镇仇鬼经上卷 · o^{33} tʂu^{55} dʐv^{33} zər^{21} me^{33} ŋua^{21}》

(66) 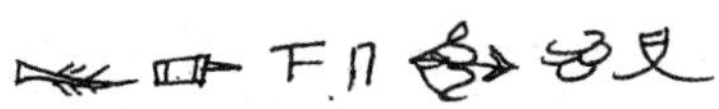

《退送口舌是非鬼仪式，谢休朵经下卷 · mæ^{55} tʂu^{55} ɕə^{21} to^{33} k'æ^{55}》

(67) 

《退送口舌是非鬼仪式，禳垛鬼仪式，分离，削除铎鬼之灾祸经 · do^{21} gu^{33} ȵi^{33} me^{33} o^{21}》

(68) 

《退送口舌是非鬼仪式，火葬场之鬼的来历 · bər^{33} tsɪ^{21} t'v^{33} pɯ^{55} me^{33} ŋua^{21}》

(69) 

《退送口舌是非鬼，云鬼口舌是非鬼之来历 · tɕi^{21} t'v^{33} tɕy^{55}，mi^{33} k'ə^{21} t'v^{33} tɕy^{55}》

(70) 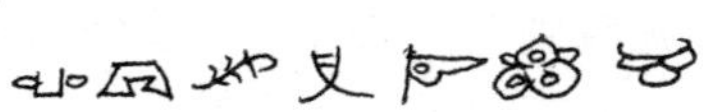

《退送口舌是非鬼仪式，土草鬼来历经 · t'v^{33} gə^{21} t'v^{33} tɕy^{55} me^{33} t'e^{33} ɯ^{33} ŋua^{21} me^{55}》

(71) 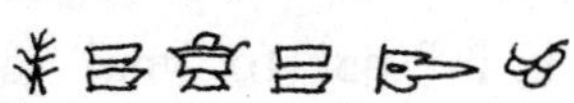

《退送口舌是非鬼仪式，木偶和面偶之来历 · sər^{33} ge^{33} ha^{33} ge^{33} t'e^{33} ɯ^{33}

ŋua^{21}》

（72）

《禳垛鬼仪式，施放主人的替身经 · ko^{21} kæ^{33} k‘u^{55} me^{33} t‘e^{33} ɯ^{33} ŋua^{21}》

（73）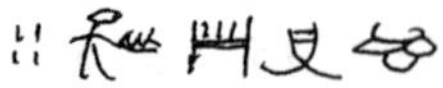

《禳垛鬼仪式，叙述柳人替身的来历 · ʐɪ^{33} he^{33} dzo^{21} be^{33} me^{33} ŋua^{21}》

（74）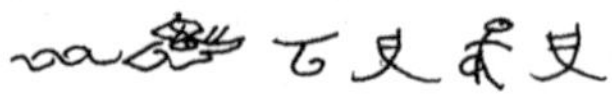

《禳垛鬼仪式，送季鬼之经 · tɕi^{21} ts‘o^{33} ʈʂ‘ɪ^{33} me^{33} ŋua^{21} me^{55}》

（75）

《禳垛鬼仪式，分出仇鬼经 · ʐər^{21} k‘a^{33} me^{33} ŋv^{21}》

（76）

《禳垛鬼大仪式经 · to^{55} la^{21} k‘ɯ^{55} me^{33} ŋua^{21}》

（77）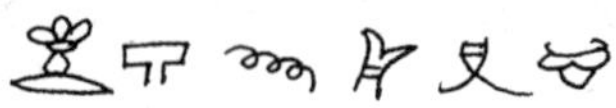

《禳垛鬼大仪式，请卢神起驾，为卢神除秽 · du^{21} tɯ^{33} ʈʂ‘ua^{55} k‘a^{33} me^{33} ŋua^{21}》

（78）

《禳垛鬼大仪式，献祭粮，立卢神石经 · kua^{55} ŋua^{55} du^{21} ʈʂ‘v^{33} me^{33} ŋua^{21}》

（79）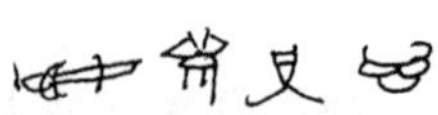

《禳垛鬼大仪式，抛丢毒蛊经 · da^{33} kv^{33} me^{33} ŋua^{21}》

（80）

《禳垛鬼大仪式，把主人家的替身施放到若罗山上去 · ʐər^{21} lər^{33} tɕ‘i^{33}，i^{55} da^{21} ko^{21} kæ^{33} k‘ɯ^{55} me^{33} ŋua^{21}》

（81）

《禳垛鬼大仪式，把主人家的替身施放到若罗神山东方经 · ʐər^{21} lər^{33} tɕ‘i^{33}，ȵi^{33} me^{33} t‘v^{33} ko^{21} kæ^{33} ŋua^{21}》

（82）

《禳垛鬼仪式，抛丢多玛面偶经 · to^{55} k‘ɯ^{55} gə^{33} to^{33} ma^{33} tɕ‘y^{55} ŋua^{21} me^{55}》

(83) 

《禳垛鬼大仪式，董术战争 · du^{21} ər^{33} ʂv^{21} ər^{33}》

(84) 

《禳垛鬼人仪式，把主人家的替身施放给若罗神山北方的鬼王鲁孜景补经 · ʐər^{55} lər^{33} ho^{33} gv^{33} lo^{21} dɯ^{33} p‘a^{33}，lv^{21} dzɪ^{55} dʑi^{33} pv^{55} me^{33} nɯ^{33} tɕ‘i^{33} ŋua^{21} me^{55}》

(85) 

《超度死者亡灵仪式，驱送死者，结束仪式经 · o^{33} tʂu^{55} k‘uə^{21} ʂə^{55} mu^{55} p‘ər^{21} me^{33} t‘e^{33} ɯ^{33}，mæ^{55} tʂu^{55} p‘e^{33} tɕ‘i^{33} mu^{33} dɯ^{21} go^{55} t‘e^{33} ɯ^{21} ŋua^{21}》

(86) 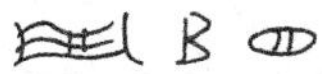

《开丧超度死者亡灵仪式，驱送死者经 · p‘e^{33} k‘u^{55} t‘v^{55} gə^{33} t‘e^{33} ɯ^{33} ŋua^{21}》

(87) 

《开丧超度死者亡灵仪式，在山峰上建神塔之来历 · ɕi^{33} ŋv^{55}，so^{33} k‘u^{33} dʑy^{21} tʂ‘v^{55} tʂɪ^{33} t‘v^{33} pɯ^{55} t‘e^{33} ɯ^{33} ŋua^{21} me^{55}》

(88) 

《超度死者亡灵仪式，立神石，献上酬念经 · ts‘o^{21} ŋv^{55}，du^{21} ts‘ɪ^{55} t‘e^{33} ɯ^{33}，ia^{21} da^{33} tɕi^{33} me^{33} t‘e^{33} ɯ^{33}》

(89) 

《超度死者亡灵仪式，法杖之来历经 · ts‘o^{21} ŋv^{55} me^{33} t‘o^{33} gie^{33}》

(90) 

《超度死者亡灵仪式，抵猛鬼到洞里去 · mɯ^{33} dər^{33} k‘o^{33} lo^{21} to^{55}》

(91) 

《超度死者亡灵仪式，收回死者原来走过的路迹 · t‘v^{55} ly^{55} ʐə^{21} ly^{55} ku^{33} me^{55}》

(92) 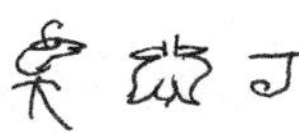

《超度死者亡灵仪式，送死者亡灵上路 · ʐɪ^{21} tʂɪ^{33} tɕ‘i^{33}》

(93) 

《超度死者亡灵仪式，招死者之魂 · ʐɪ^{21} a^{33} t‘v^{55} me^{33} ŋua^{21} me^{55}》

(94) 

《超度死者亡灵仪式，白铁火镰来历经 · ʂu³³ p‘ər²¹ tse⁵⁵ ma²¹》

(95) 

《mu³³ li²¹ me³³ t‘e³³ ɯ³³ ŋua²¹ me⁵⁵》（其意不明）

(96) 

《开丧和超度死者亡灵仪式，给水龙和饶星还债，献药经 · kv⁵⁵ tʂɪ²¹ za²¹ tʂɪ²¹ me³³ t‘e³³ ɯ³³ ŋua²¹》

(97) 

《开丧和超度死者亡灵仪式，给死者叙述生前事迹经 · nɯ²¹ tʂ‘ər³³ tʂɪ⁵⁵ tʂɪ²¹ gə³³ tʂu²¹ t‘e³³ ɯ³³ ŋua²¹ me⁵⁵》

(98) 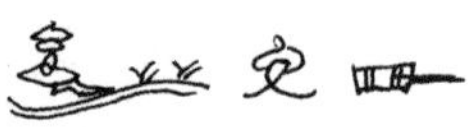

《超度死者亡灵仪式，开辟把死者亡灵送到神界的道路经上卷 · hæ³³ ʐə³³ o³³ tʂu⁵⁵》

(99) 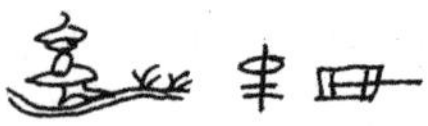

《超度死者亡灵仪式，开辟把死者亡灵送到神界的道路经中卷 · hæ³³ ʐə³³ ly⁵⁵ tʂu⁵⁵》

(100) 

《超度死者亡灵仪式，开辟把死者亡灵送到神界的道路经下卷 · hæ³³ ʐə³³ mæ⁵⁵ tʂu⁵⁵》

[调查地点：托甸村委会布落村；调查对象：石佳阿等；调查时间：2008年1月；调查整理：和力民]

5. 三江口村东巴收藏的东巴经书

三江口村位于冲天河入金沙江的东岸，因洛吉河水在不远处先与冲天河水汇流，然后全流到金沙江中，故名三江口，全村共33户，230多人，有纳西族摩梭人、普米族和1户汉族。村中年长而且有名的东巴是梭诺茨里，80岁左右，是宁蒗县政协委员。据布落村东巴本玛督吉讲，他家东巴经书数量多，种类齐全。笔者到三江口调查时，梭诺茨里到县里参加会议，所以没有采访到东巴经书收藏的具体情况。村里的东巴除了他儿子外，还有石称补吉（汉名又为石春）和和补若。和补若，31 岁，学过一些东巴经文。石称补吉，39 岁，他与布落村的和古马基为同门师兄弟，拜布落村的阿哈巴吉为师。他们两个拥有的经书一样。他说自己的经书有 200 本以上。因为没有东巴土纸，就到城里买来牛皮纸用水笔书写东巴经。基本上是近十年来自己手抄的经书。他家的经书亦同和古马基的经书一样，有横本横书，亦有竖本横书的。经书尺寸为 30×10.2 厘米和 33×11 厘米不等。均用绳子和木板夹住捆好保存在柜子里。

［调查地点：托甸村委会三江口村；调查对象：和国荣等；调查时间：2008 年 1 月；调查整理：和力民］

第三节　重要附录

一、迪庆藏族自治州香格里拉县（原中甸县）和维西县纳西族民间流传、保存东巴古籍有关情况

1. 香格里拉县三坝乡墨干突若等收藏的东巴经书

从 1981 年开始到 2006 年，笔者数次到迪庆藏族自治州中甸县（现香格里拉县）的三坝、金江等地作田野调查。在这一地区，共了解到 107 名在世和过世的东巴经师的情况，同时了解到部分东巴经师所保存的东巴经书。现将有关情况综合如下。

墨干突若东巴，东坝课补村人，其子有墨成章，在迪庆藏族自治州检察院工作。据成章先生回忆，其父生前是有名的大东巴，家中用象形文字抄写的经书很多，东巴法器齐全，但在“文化大革命”中全部被烧毁。“文化大革命”后，祖传东巴经书共遗存 4 本，这 4 本书是被藏在一个蜜蜂桶里保存下来的。4 本经书名称分别如下：

（1）《$\mathrm{kɯ^{21}\,dzɯ^{21}}$ · 更子》，是一本占卜星象的经书。

（2）《$\mathrm{pa^{33}\,kə^{21}\,dzɯ^{21}}$ · 巴格子》，即推算《巴格占卜图》的经书。

（3）《$\mathrm{t^{‘}\,ɯ^{33}\,dzɯ^{33}\,dzɯ^{21}}$ · 滕子仔》，即专门择看起房盖房的经书。

（4）《$\mathrm{hua^{33}\,ly^{33}}$ · 花吕》，即念咒语的经书。

习佑才东巴，日树弯村人，东巴法名“多才 · $\mathrm{do^{33}\,ts^{‘}\,əe^{21}}$”，1987 年去世。先生生前是一位聪明好学的东巴经师，特别善画东巴神画和跳东巴舞。

新中国成立后的一段时间内，他手里还保存有不少东巴画稿、画卷、画幅，这些画稿，以后逐步散失，有的为国家所收存。先生到晚年仍画了很多东巴画稿，白地文化站共收藏了他的画稿 36 张。1987 年，迪庆藏族自治州举办民族民俗展览，其中有他的 9 张东巴画稿参展。据说现在他家里仍遗有画稿。

和志德东巴，日树弯村人，乳名“干突高 · ga^{55} t‘ v^{33} ga^{33}”。其爷爷和爷爷之弟“纠多夏几 · $tɕ^{33}$ do^{33} ga^{55} $dʑi^{21}$” 也是有名的东巴经师。先生精通各类东巴占卜经典。据传，他手里还有不少东巴经书。

杨肯恒东巴，是祖传东巴。据传，他家保存有部分祖传东巴经卷和东巴法器。

威那布若东巴，果堆村人，家中保存有东巴经书数本和东巴法器一套。

甲戛几东巴，白地吾树弯村人，又称吾树弯“别些家”的甲戛几，1989 年去世，享年 82 岁，是白地恩水弯村大东巴鸠干吉的弟子之一。笔者赴该村调查时，曾亲眼得见先生家屋中专设有祭祀“丁巴什罗”祖师的神台，每日起床后必烧香祭祀。同时亲眼得见家中藏有 60 余册东巴经书，其中有用藏语读音的《hua^{33} ly^{33} · 花吕》（即《咒语》和《gu^{21} $ɕy^{21}$ ly^{21} · 古许吕》）（即占卜疾病原因）等经书。这些经书，原装在一竹篮内，并存放于畜厩楼上。当先生得知笔者是一个汉族人，但十分热爱东巴文化，一心一意学习钻研纳西语和象形文字《东巴经》时，非常高兴，并许诺，一定让他的后代在他去世后把这些经书转让、遗留给笔者，以便学习和继承。只可惜，先生去世后，据说，这批经书被他的儿子与人（据说是四川方向的某人）用以物易物的方式换得一头牛。此事是先生的孙子后来到了昆明告诉笔者的。

鸠干吉东巴，白地恩水弯村有名的大东巴，东巴法名“东甲”，1964 年去世。据杨正文、和尚礼先生所作小传记载，先生在世时即 1942 年底，著名学者李霖灿曾在白地与之学习过东巴经，李霖灿先生离去时，曾从先生家带走 200 多册东巴经书。

和年恒东巴，白地水甲村人，是一个有名的大东巴，笔者到水甲村调查时，有缘得见先生最后一面，但当时他已重病在身，8 月便仙逝，享年 84 岁。据杨正文所作《和年恒小传》记录，先生在世时，曾将数十年来亲自书写装订的东巴经书无偿捐赠给国家，其中一次，他把经书驮在马背上，亲自赶着马从白地到了丽江，把经书古籍交到丽江文化人士手中。其经书内容有：和氏祭文一套，杨氏祭文一套，寿经一套，阴魂祭文一套，每套多则 20 多册，少则十五六册，加上零散经书，共计约 160 余册，除此之外，其他还零星捐赠数次。

和志本东巴，白地骨都自然村人。据先生口述，他这个家族中有五代人是东巴，到他是最后一代，时至20世纪90年代，先生根据过去所掌握的东巴知识，为人做一些东巴法事，同时还按照传统方法自己制造抄写东巴经籍的用纸，并传抄了部分东巴经书。至笔者调查时，先生家中共藏存经书约10本（册）。

和占元东巴，是20世纪90年代白地健在的东巴经师之一，他经常在家中抄写东巴经书，但因为条件有限，手里没有东巴用纸（东巴们抄写东巴经古籍，有自制的专用纸，现今称作“东巴纸”），只好把经书抄写在水泥袋子的废纸上，当时共抄有东巴经籍约20余本。

杨木念塔东巴，白地布主弯村人，当地习惯按其家族名称他为“章孟家的东巴杨木念塔”。时至20世纪90年代初，先生家里藏有经书约五六本（册）。

树银甲东巴，白地乡保弯村人，笔者在白地作田野调查时，见到先生保存东巴经书共10本，其中有用象形文字记录的土地、账册经书，还有近年传抄自白地水甲村大东巴和牛恒之手的《bu^{33}t‘o^{21}tʂ‘a^{55}ts‘e^{21}·布托串采》经书一册，意即推算六十甲子的经书。

和本志东巴，哈巴嘎威自然村人，家中藏有东巴经书7本（册），还有部分东巴法器、法物。

2. 香格里拉县金江乡东巴经师和开珍等保存的东巴经

香格里拉县金江乡有车竹、士达、士林、李都、天吉、吾竹等自然村。据金江乡车竹村和开珍东巴和迪庆藏族自治州人大常委会的东巴经师后人和泽先先生介绍，新中国成立前，整个金江地区，东巴经师众多，主要集中在士达、车竹等村，按照东巴经师内部的师承关系和社会活动网络来划分，这一地区的东巴经师与丽江市今玉龙县的红岩四兴、金庄的中兴等村连为一个群体。在上述村寨中，目前我们知道的东巴经师和东巴后人们尚存的东巴经古籍情况如下：

和廷栋东巴，金江乡士达村人，1969年元月去世，终年42岁。先生的父亲是和珍，祖父是和士治，都是有名的大东巴。在先生的手中，曾传有祖辈遗下的不少东巴经书，但几乎全部经书都在“文化大革命”中被烧毁。以后，其孙和泽先发现在家屋墙内藏有两本经书。笔者在当地调查时，和泽先先生便将两本经书示与笔者，其中的一本残缺，封面字迹已无法辨认，但从书中内容来看，属推算星辰的占卜经书。另一本经书封面用象形文字书写，但象形文字下注有格巴文字。这两本经书，前一本已残缺，后一本虽有残缺，但记录的文字和内容还较完整。

和开珍东巴，金江乡车竹村人，属有名的大东巴和典之子。笔者在赴香格里拉县调查时，有缘在县城青稞酒厂见到他，并就先生的家传东巴经书情况作了调查访问。先生可称得上是一个东巴教东巴文化的忠实传人，直到我在访问他时，他在离开车竹村到中甸青稞酒厂与他的儿子同住时，还随身带有一本称作《pa^{33}gə^{21}dzɯ^{21}·巴格仔》的经书，此书专用于占卜，可以随时为人卜问吉凶和其他事情。作为祖传东巴世家，据先生介绍，过去家里收藏东巴经古籍和宗教法器、法物非常丰富，但在1957年和“文化大革命”时，大部分经书和全部法器都被人收走、烧毁。目前还藏有部分经书。可以回忆并读出书名的经书如下：

（1）《pa^{33}kə^{21}t‘e^{33} gə^{33}·巴格苔嗯》，用于占卜的经书。

（2）《gu^{21}ly^{21} t‘e^{33} gə^{33}·古吕苔嗯》（二册），用于看人生疾病原因的经书。

（3）《la^{33} lɯ^{21} k‘ɯ^{55}·拉里肯》，用于举行祭风道场时诵念的经书。

（4）《p‘u^{33} la^{21} tʂu^{33}·铺拉诸》。

（5）《p‘u^{33} la^{21} pu^{55}·铺拉布》

（6）《by^{21} ly^{33} k‘u^{33}·比吕枯》，用于识字学经的经书。

（7）《lv^{21} tɯ^{33}·鲁登》。

（8）《dʐə^{21} tʂa^{55}·者炸》，用于给东巴经师做增加威灵仪式时诵念的经书。

（9）《tɕ‘i^{21} t‘v^{33}·奇突》。

（10）《k‘ɯ^{55} dzo^{21}·肯左》。

（11）《tʂ‘u^{55} pa^{33} tɕi^{55}·处巴纪》，烧天香经。

（12）《du^{21} ts‘u^{55}·堵初》。

（13）《du^{21} ɕi^{55}·堵系》。

（14）《ts‘e^{21}ȵi^{33} mu^{33} t‘v^{33} kv^{33}·采尼姆突箍》。

（15）《k‘v^{55} gə^{21} dzə^{21}·库格子》。

（16）《t‘v^{55} dzo^{21}·吐左》

（17）《dæ^{21} k‘o^{33}·挡棵》。

（18）《bæ^{33} mi^{33} ts‘u^{33} i^{21}·摆米初以》。

（19）《o^{33} mo^{33} da^{24} kɯ^{21}·哦莫达埂》。

（20）《bæ^{33} mi^{33} no^{33} o^{21} sa^{55}·摆米娜哦飒》。

（21）《ʂɯ^{33} ʂu^{33} bu^{21} iə^{55}·日出补又》。

（22）《k‘u^{55} mu^{33} y^{21} iə^{55}·库姆余又》。

（23）《o^{24} i^{23} gv^{55} ʐɯ^{33}·哦衣固日》。

(24)《mu^{55} $dzɯ^{33}$ mi^{55} · 孟资命》。

(25)《$dʑy^{21}$ dzo^{21} · 举左》。

(26)《mu^{55} $t'o^{21}$ ua^{33} zv^{21} · 孟托哇如》(上、中、下册)

(27)《$uə^{33}$ by^{21} · 歪卟》,祭祀村寨神时诵念的经书。

(28)《$ʂu^{21}$ $t'a^{55}$ $ts'i^{55}$ · 暑套齐》。

(29)《$t'v^{33}$ kv^{33} · 突箍》。

(30)《by^{21} $mæ^{33}$ $tə^{55}$ · 卟买登》。

3. 维西县和常理等东巴经师的藏书

和常理东巴,陇士村人,1958 年去世。先生去世后,家中遗存丰富的东巴经藏书。1989 年,其孙和志春将家藏祖传东巴经书全部捐赠给维西县文化馆,据说不下千册。这部分经书捐赠给文化馆后,和志春曾受到当地政府的表扬和嘉奖。

和家祥东巴,攀天阁乡人,属祖传东巴。家中藏有东巴经书 300 册左右,还有东巴画卷《神路图》和其他神画。

和志良东巴,攀天阁乡人,祖传东巴。截止 1990 年,家有东巴经藏书约 300 册。是时,先生仍在继续抄写经书。

[调查地点:香格里拉县三坝乡等地;调查对象:和开珍、树银甲等;调查整理:李国文]

二、四川省木里县俄亚纳西族乡民间流传、保存的东巴古籍

俄亚纳西族乡位于滇川交界的四川省西南部水洛河下游,乡境东隔水洛河与四川省木里县依吉乡和云南省宁蒗县拉伯乡相望,南与云南省玉龙县奉科乡和香格里拉县洛吉乡相邻,西与香格里拉县尼汝乡和德钦县接壤,北与四川省临城县相连,幅员面积 587 平方公里。全乡 813 户,5569 人,其中纳西族 3373 人,藏族 1525 人,白族 5 人,汉族 666 人。全乡以农业为主,兼畜牧业。农业种植玉米、小麦、稻谷、洋芋,畜牧业有牦牛、骡、马、牛、猪、羊等。全乡共辖 6 个村委会,即俄亚村委会、苏达村委会、立碧村委会、俄碧村委会、卡瓦村委会、鲁司村委会,共 28 个村民小组。

俄亚乡的纳西族分为两个支系,一是操纳西族西部方言、自称为"纳西"的纳西族,据历史传说,他们是从丽江等地迁来的。他们的语言与丽江盆地

纳西族语言差异不大，东巴经书文字也基本上相同。他们主要居住在俄亚村委会。二是操纳西族东部“日柯”方言的纳西族，据说他们是从纳西族玫支系中分出的“欣”支系的人，他们的语言与丽江盆地和香格里拉县操西部方言的纳西族的语言有差别，文字上大部分相同，但少数字不同。他们主要居住在苏达、鲁司、卡瓦等村委会。

俄亚乡至今未通公路，马是主要的交通工具，此外就是步行。俄亚乡属四川省木里县瓦厂区，但从俄亚乡到瓦厂区要走 4 天，到木里县要走 7 天。高山河流阻隔，交通极为不便。俄亚乡干部去区、县开会，要先步行到云南省香格里拉县洛吉乡后，乘车经香格里拉、丽江、盐源再到木里县城。

俄亚乡是 1984 年成立的纳西族乡。由于交通、信息闭塞，纳西族的传统习俗和宗教文化得以保存至今而没有太大的变异。东巴教是俄亚纳西族笃信的宗教，他们的生产生活都以东巴教文化作为指南。俄亚纳西族村寨里都有东巴，东巴家里或多或少都有属于自己使用的东巴经书。虽然，20 世纪下半叶由于政治运动，许多经书被毁，但 20 世纪 80 年代以来，东巴们又不断地传抄东巴经书，东巴教仪式一直存活在俄亚纳西族村落里。年老的东巴，只要还能活动就坚持抄写经书。2005 年，我们到俄亚大村调查时，大村里的瓜丹崩迪老东巴 79 岁了，身体很虚弱，但仍在坚持抄写经书。据调查，至 2008 年，俄亚村委会有东巴 20 人，苏达村委会有东巴 12 人，俄碧村委会约有东巴 5 至 10 人，卡瓦村委会有东巴 4 人，鲁司村委会有东巴 3 人。整个俄亚乡有东巴 50 余人。目前，保有新中国成立以前的东巴经书的人家，主要是俄日村的阿嘎东巴家、卡瓦村的铎露东巴家。他们的经书是藏在山洞里而得以保存下来的。如今有一部分东巴经书是根据这些经书传抄的。

至 2005 年 12 月，俄亚村委会共有人户 187 户，其中俄亚大村 174 户，1412 人。另外，住在对面龙达河上段的詹肯村 7 户，托丁村 6 户。俄亚大村有东巴 17 人，托丁村有 3 人。托丁村仅 6 户人家，45 人。但以前有一个大东巴叫冷露，2000 年去世。村里的年轻东巴英丹茨理，2008 年 41 岁。他 20 岁就执掌开丧超度死者亡灵仪式，一直向俄亚大村和本村的大东巴学习，自己又有汉文化知识，所以如今是年富力强的东巴。现在他还带村里的两个学生，一个叫英丹独基，44 岁，另一个是独基，28 岁。英丹茨理现保存有东巴经 13 个类，共 170 本。这些经书中夹杂有日柯支系纳西族东巴用的象形文字。其实，在俄亚，日柯派系的纳西东巴教文化与白地派系的东巴教文化都有相互交融的情况。

附：英丹茨理收藏的东巴经（共13类，170本）

第一类：《开丧和超度仪式·ɕi^{55} ʂɿ^{55} ɕi^{33} ŋv^{55}》（54本）

（1）《给死者亡灵献上未杀的牺牲·sɿ^{21}miə^{33} fv^{33} ua^{21} me^{55}》

（2）《报答历代先祖之恩情经·tʂ‘ər^{55} p‘v^{33} ʐua^{21}》

（3）《祭司展示威力经·py^{21} dʐər^{21} t‘v^{55}》

（4）《给死者亡灵送牛头牛皮·kv^{33} ɯ^{33} ta^{33}》

（5）《送死者亡灵上路经·ʐɿ^{21} pv^{55} zɿ^{21} sa^{55}》

（6）《建达仲经幡·ta^{21} dʐu^{33} ts‘ɿ^{55}，tæ^{55} ʂɿ^{33} dʐu^{33}》

（7）《分享贤能死者之财富·dæ^{21} o^{33} by^{21}》

（8）《超度长寿死者亡灵，飞翔的大鹏鸟·zɿ^{33} ʂər^{21} ŋv^{55}，ɕ^{21} tɕ‘y^{55} dzi^{21}》

（9）《mu^{55} dzɿ^{33} mi^{55}》（其意不明）

（10）《送死者亡灵到祖先聚居地·dzər^{21} k‘ɯ^{33} ȵi^{55}》

（11）《给死者祭献食物供品·ne^{55} ne^{21} ʂu^{55}》

（12）《超度贤能的死者亡灵仪式，给死者亡灵献牲·tʂua^{21} dæ^{21} ŋv^{55} ts‘ɿ^{33} i^{21}》

（13）《给神、祖先、鬼分别祭献三碗酒·zɿ^{33} na^{21} so^{33} tʂər^{55}》

（14）《轻轻移动死者的遗体·sər^{33} dv^{33} dʐu^{33} ʐər^{33}》

（15）《钉五色古宋绦子·kv^{33} ʂu^{55} la^{55}》

（16）《给死者亡灵祭献所杀的牺牲·mu^{21} miə^{33} tv^{33}》

（17）《人类起源和迁徙的来历·ts‘o^{21} bər^{33} t‘v^{33}》

（18）《叙述牺牲的来源，给牺牲除秽·mu^{33} o^{33} i^{33}，mu^{33} tʂ‘ə^{55} k‘a^{33}》

（19）《三十三根法杖之出处来历，禳除各种厄运凶灾·mɯ^{55} t‘v^{33} sɿ^{33} ts‘ər^{21} sɿ^{55} ly^{33} t‘v^{33} pɯ^{55}，sa^{24} tʂɿ^{21} sa^{21} ɕə^{55}》

（20）《送死者亡灵翻越冥界九座大山坡·bu^{21} na^{55} gv^{33} bu^{21} tɕ‘i^{33}》

（21）《开辟把死者亡灵送到神界的道路经第四卷·he^{21} ʐɿ^{33} lu^{55} dze^{21} p‘i^{21}》

（22）《鸡鸣时分唤醒死者亡灵经·ts‘ɿ^{21} i^{55} ʂv^{33}》

（23）《给死者亡灵点油灯经·ma^{21} mi^{33} ta^{33}》

（24）《取出原来作为死者替身的陪伴鸡·tsi^{55} mi^{33} t‘v^{55}》

（25）《崇忍潘迪寻找起死回生药·ts‘o^{21} ze^{33} p‘ər^{33} dɯ^{21} tʂ‘ər^{33} by^{55}》

（26）《超度贤能者亡灵，分虎皮经·la^{33} ɯ^{33} by^{33}》

（27）《三至十三岁小孩死亡之祭仪规程·se^{55} mi^{33} ʂɿ^{33} ku^{33} o^{21} me^{55}》

（28）《超度美利董主长寿者亡灵之主本下卷为饶长寿者之遗体·du^{21} ŋv^{55} gu^{33} mu^{33}，mæ^{55} tʂu^{55} zɿ^{33} ʂər^{21} mu^{21} dʑi^{55}》

（29）《超度贤能的女死者亡灵，给死者亡灵献牲·bu^{33} dæ^{21} i^{21}》

（30）《小小吟唱之挽歌，给死者亡灵交代到冥界先祖处后的规矩 · mu^{55} dzɪ^{33} mi^{55}，ts‘ə^{33} ts‘ər^{33} du^{33} du^{33}》

（31）《开辟把死者亡灵送到神界之道路经第二卷 · he^{21} zɿɪ^{33} ȵi^{33} dze^{21} p‘i^{21}》

（32）《老人逝世时要做的丧礼规程 · ɕi^{33} dɯ^{21} ʂɪ^{33} ku^{33} o^{21} me^{55}》

（33）《超度贤能的女死者亡灵仪式，服饰之来历 · mi^{55} dʐə^{21} dæ^{33} i^{21}，gv^{33} dʑi^{33} t‘v^{33} pɯ^{55}》

（34）《超度贤能者亡灵仪式，烧天香，捣毁仇敌的寨子 · dæ^{21} ŋv^{55}，tʂ‘u^{55} pa^{33} dʑi^{55}，zɿv^{21} uə^{33} p‘v^{21}》

（35）《超度茨纠景姆亡灵仪式经 · tʂ‘v^{55} dʐə^{21} dʑi^{33} mu^{33} ŋv^{55}》

（36）《执法杖经上卷 · mɯ^{55} t‘v^{33} a^{33} zɪ^{33} kv^{33} tʂu^{55}》

（37）《十三支神箭的出处来历 · lɯ^{33} sɪ^{33} ts‘e^{21} sɪ^{55} ly^{33} t‘v^{33} pɯ^{55}》

（38）《超度死者亡灵仪式，大型解厄经 · k‘u^{55} py^{21} dɯ^{21} ua^{21} me^{55}》

（39）《开丧和超度死者亡灵仪式，吟唱粮食之来历 · æ^{33} p‘v^{55} dy^{21} dzɪ^{33} mi^{55}》

（40）《上卷为死者亡灵开路，下卷报答先祖之恩情 · bu^{55} ʂɪ^{21} bu^{21} k‘u^{33} ts‘e^{55}，mæ^{55} tʂu^{55} lo^{55} p‘v^{33} zɿua^{21}》

（41）《开辟把死者亡灵送到神界的道路经第一卷，打开关魂拒之门 · he^{21} zɿɪ^{33} dɯ^{33} dze^{21} p‘i^{21}，tse^{55} gv^{33} k‘u^{33} p‘u^{33}》

（42）《驱赶冷凑鬼 · le^{21} tʂ‘ə^{55} dzɿɪ^{21}》

（43）《培肯次上卷 · p‘e^{21} k‘ɯ^{33} ts‘ɪ^{55}》

（44）《培肯次下卷 · p‘e^{21} k‘ɯ^{33} ts‘ɪ^{55} mæ^{55} tʂu^{55}》

（45）《杀猛鬼和恩鬼 · mu^{33} ɯ^{21} sy^{55}》

（46）《开辟把死者亡灵送到神界的道路经第三卷 · he^{21} zɿɪ^{33} sɪ^{55} dze^{21} p‘i^{21}》

（47）《给死者亡灵献冥马经上卷 · zɿua^{33} fv^{33} kv^{33} tʂu^{55}》

（48）《给死者亡灵献冥马经下卷，请死者亡灵遗留福泽给活者 · zɿua^{33} fv^{33} mæ^{55} tʂu^{55}，no^{33} a^{21} sa^{55}》

（49）《超度东巴什罗祭司亡灵仪式，招留死者亡灵生前之福泽，诵旦史宗经 · ʂr^{55} læ^{33} tæ^{55} ʂɪ^{33} dzɿu^{33}》

（50）《超度贤能者亡灵仪式，招贤能者之魂，下卷给贤能者亡灵献冥马 · dæ^{21} a^{21} ʂər^{55}，mæ^{55} tʂu^{55} dæ^{21} zɿua^{33} fv^{33}》

（51）《超度贤能的男死者，给死者亡灵献牲 · tʂua^{21} dæ^{21} i^{21}》

（52）《给死者亡灵放上作为配偶替身的陪伴鸡 · tsi^{55} mi^{33} k‘ɯ^{55}》

（53）《水之出处来历 · dʑi^{21} t‘v^{33} dʑi^{21} pɯ^{55}》

（54）《超度美利董主长寿者之亡灵仪式，砍神树片招留福泽经 · du^{21} ŋv^{55}, dzər^{21} pa^{55}》

第二类：祭素神仪式经书（3 本）

（55）《祭素神大仪式经 · sɪ^{55} dɯ^{21} k‘v^{21}》

（56）《祭素神中仪式经 · sɪ^{55} ly^{55} k‘v^{21}》

（57）《寻找神药给素神献神药经 · k‘æ^{33} dy^{55} k‘æ^{33} sa^{55}》

第三类：祭崩鬼仪式经书（31 本）

（58）《哲巴四兄弟的故事 · tʂə^{21} pa^{33} ʐɪ^{55} zɪ^{33} ua^{21} me^{55}》

（59）《给抠古鬼施面偶经 · k‘ə^{55} gv^{21} to^{33} me^{33} ts‘ɪ^{55}》

（60）《以牲畜作为主人替身施给七百个火葬场里的鬼 · mɯ^{33} tsɪ^{33} ko^{21} kæ^{33} tər^{55} ua^{21} me^{55}》

（61）《祭沙劳古补经 · sa^{33} la^{21} v^{55}》

（62）《解下口舌是非鬼放下的绳结 · mi^{33} k‘ə^{21} ts‘ɪ^{21} lv^{55} p‘ər^{21}》

（63）《把主人的替身施给七百个火葬场里的鬼 · mɯ^{33} tsɪ^{21} ko^{21} kæ^{33} k‘u^{55}》

（64）《尤腊丁端的故事 · iə^{21} la^{55} di^{33} dua^{33}》

（65）《迎请卢神起驾经 · ɳi^{33} me^{33} t‘v^{33} du^{21} tɯ^{33}》

（66）《驱鬼经 · t‘v^{55} zo^{33}》

（67）《招仇敌之魂 · ʐɪ^{21} k‘v^{21}》

（68）《迎请端格神 · tər^{33} kə^{21} sa^{55}》

（69）《驱鬼赶鬼经 · hɯ^{55} dzo^{21} be^{33}》

（70）《口舌是非鬼米克鬼之来历 · mi^{33} k‘ə^{21} t‘v^{33} pɯ^{55}》

（71）《卢神沈神之来历，施放替身经 · ko^{21} kæ^{33} k‘ɯ^{55}, du^{33} se^{21} t‘v^{33} pɯ^{55}》

（72）《抛丢年、月、日内之灾星灾祸 · kɯ^{21} ts‘a^{55} ha^{55} ts‘a^{21}》

（73）《解除崩鬼放下的绳索 · bu^{33} bər^{21} p‘ər^{21}》

（74）《朱鬼及其灾祸之来历 · dʐv^{33} pɯ^{55} dʐv^{33} le^{21}》

（75）《神箭之来历 · da^{33} te^{33} t‘v^{33} pɯ^{55}》

（76）《祭凑鬼秽鬼镇压米鬼火鬼 · tʂ‘ə^{55} py^{21} mi^{33} zər^{21}》

（77）《驱送崩鬼经 · bu^{33} ʂə^{33} tɕ‘i^{33}》

（78）《木偶和面偶之来历 · sər^{33} gɯ^{33} kha^{33} gɯ^{33}》

（79）《铎鬼及其怪异现象之来历 · do^{21} t‘v^{33} do^{21} pɯ^{55}》

（80）《举行祭仪陈述因由经 · a^{33} na^{33} ɳi^{33}》

（81）《鸡出处来历，祭崩鬼给崩鬼施食经 · bu^{33} py^{21} lo^{21} ha^{33} p‘i^{55}，æ^{21} t‘v^{33} æ^{21} pɯ^{55}》

（82）《 鬼之出处来历 · tʂɪ^{21} t‘v^{33} tʂ‘ɪ^{21} pɯ^{55}》

（83）《高勒趣招父魂经 · ka^{33} le^{21} ts‘y^{55} a^{21} ʂər^{55}》

（84）《上卷凑鬼之来历，中卷念咒化符镇凑鬼，下卷优麻神之来历 · kv^{33} tʂu^{55} tʂ‘ə^{55} dzɪ^{33} mi^{55}，ly^{55} tʂu^{55} tʂ‘ə^{55} hua^{55}，mæ^{55} tʂu^{55} iə^{33} ma^{21} t‘v^{33} pɯ^{55}》

（85）《求神赐威力附体经 · dʐər^{21} tʂæ^{55}》

（86）《偿还阿鬼之债 · a^{33}ts‘y^{55} ʐua^{21}》

（87）《阿鬼来历主本 · a^{33} t‘v^{33} ʐv^{33}》

（88）《祭崩鬼仪式，祭除鬼仪式，祭处鲁鬼仪式，祭风鬼仪式之规程 · bu^{33} bv^{21} ku^{33}，tʂ‘v^{21} bv^{21} ku^{33} me^{55}，tʂ‘v^{55} lv^{55} bv^{21} ku^{33}，hər^{33} bv^{21} ku^{33} me^{55}》

第四类：祭署神仪式经书（5 本）

（89）《署神之出处来历 · ʂv^{21} t‘v^{33} ʂv^{21} pɯ^{55}》

（90）《督莎嘎吐的故事及祭署仪式规程 · dv^{33} sa^{21} ŋa^{33} t‘v^{55}，dʑi^{33} k‘a^{33} py^{21} ku^{33}》

（91）《杀猛鬼恩鬼经 · mu^{33} ɯ^{21} py^{21}》

（92）《普欣乌露及 班 督的故事 · p‘v^{55} ɕi^{33} uə^{33} lv^{21} mæ^{55} tʂu^{55}，tʂ‘ər^{21} bər^{33} tʂ‘ər^{21} tv^{21} zɪ^{33}》

（93）《开署神之门，送署神返回其住地 · ʂɪ^{21} k‘u^{33} p‘u^{33}，ʂɪ^{21} tʂ‘ər^{33} tɕ‘i^{33}》

第五类：祭风仪式经书（4 本）

（94）《给吊死鬼趾鬼献牲，献饭经 · ts‘ɪ^{33} mu^{33} dzɪ^{33}，ts‘ɪ^{33} ha^{33} ʂɪ^{21}》

（95）《给吊死鬼趾鬼献冥马经 · ts‘ɪ^{33} gu^{21} tʂæ^{55}》

（96）《饶星鬼之出处来历 · za^{21} t‘v^{33} za^{21} pɯ^{55}》

（97）《吊死鬼趾鬼之出处来历 · ts‘ɪ^{33} t‘v^{33} ts‘ɪ^{33} pɯ^{55}，k‘æ^{33} ʐər^{33} ɳi^{33} dʑə^{21} sa^{55}》

第六类：施烧食赶鬼仪式（9 本）

（98）《夸恭季查 · k‘ua^{55} gu^{33} tɕ‘i^{55} ts‘a^{21}》

（99）《在野外驱崩鬼，驱赶各种鬼 · by^{21} ty^{55} bu^{21} hɯ^{55}，tɕ‘i^{33} tɕ‘i^{33} no^{55} no^{33}》

（100）《在野外祭鬼，叙述各种鬼的来历，给卢神除秽 · by^{21} ty^{55} by^{21} ua^{21} me^{55}，t‘v^{33} t‘v^{33} pɯ^{55} pɯ^{33}，du^{21} tʂ‘ə^{55} k‘a^{33}》

（101）《上卷为献祭粮，中卷是立卢神石经 · o^{33} tʂu^{55}，ka^{55} tɕi^{33}，ly^{55}

tʂu^{55} du^{21} ts‘ɪ^{55}》

（102）《抛丢风鬼祭物之上卷 · hər^{33} tɕ‘i^{55} kv^{33} tʂu^{55}》

（103）《叙述藤洛鬼，抠古鬼，蒙丹鬼，庚尼鬼之来历经 · t‘a^{33} lua^{33} t‘v^{33} pɯ^{55}，k‘ə^{33} gv^{33} t‘v^{33} pɯ^{55}，mu^{21} dər^{33} t‘v^{33} pɯ^{55}，gɯ^{33} ȵi^{33} t‘v^{33} pɯ^{55}》

（104）《在高地区分并禳饶鬼，念咒化符镇饶鬼经 · ʂua^{21} kv^{33} za^{21} tʂɪ^{21} za^{21} hua^{55}》

（105）《用木牌和旗子偿还鬼债，驱赶饶鬼沿路返回 · k‘a^{55} dʐu^{33} t‘e^{33} dʐu^{33} ʐua^{21}，za^{21} ʐɪ^{33} p‘e^{33} t‘v^{55}》

（106）《在野外祭鬼，切断木牌上的饶鬼放下的缠绳的仪式规程 · by^{21} ty^{55} bv^{21} me^{33}，k‘a^{33} bər^{21} za^{21} bər^{21} ts‘i^{55} ku^{33} me^{55}》

第七类：镇锝鬼大仪式（12 本）

（107）《用黄色粮粒念咒化符镇锝鬼经 · tər^{21} zər^{21} me^{33} gə^{21} hua^{55}》

（108）《锝鬼的出处来历经 · tər^{21} t‘v^{33} tər^{21} pɯ^{55}》

（109）《招锝鬼之魂经 · tər^{21} a^{21} ʂər^{55}》

（110）《十八个琪神木签之来历经 · tɕ‘i^{21} zo^{33} ts‘e^{21} ho^{55} ly^{33} t‘v^{33} pɯ^{55}》

（111）《迎请朗久敬久神 · lər^{21} dʑə^{33} sa^{55}》

（112）《铠甲兵器出处来历，崩鬼之出处来历 · k‘a^{55} gæ^{21} t‘v^{33} pɯ^{55}，bu^{21} t‘v^{33} bu^{21} pɯ^{55}》

（113）《迎请九头神格空神 · gə^{21} k‘o^{55} sa^{55}》

（114）《迎请神灵经 · p‘v^{33} la^{21} sa^{55}》

（115）《建神座经 · ʐɪ^{21} tɯ^{21}》

（116）《把鸡分给神灵经 · to^{55} ɕə^{55} by^{33}》

（117）《用火烧鬼经 · mi^{33} tʂ‘u^{55} dʑi^{55}》

（118）《镇锝鬼大仪式之规程 · tər^{33} na^{21} zər^{21} me^{33} ku^{33}》

第八类：超度东巴什罗祭司亡灵仪式经书（25 本）

（119）《解除东巴什罗生前言行之过失经 · ʂæ^{55} læ^{33} mi^{33} k‘ə^{21} p‘v^{55}》

（120）《送东巴什罗祭司亡灵 · ʂæ^{55} læ^{33} pv^{55}》

（121）《祭东巴什罗祭司亡灵关死亡之门 · ʂæ^{55} læ^{33} ʂɪ^{21} k‘u^{33} p‘u^{33}》

（122）《送东巴什罗祭司之妻拉姆女神经 · ʂæ^{55} læ^{33} la^{33} mu^{33} pv^{55}》

（123）《超度东巴什罗祭司亡灵，地狱里鳌鱼口中长出的剑树之来历，打开关魂柜之门 · ʂæ^{55} læ^{33} v^{55}，tʂ‘ər^{55} sər^{33} da^{21} dzər^{21} t‘v^{33} pɯ^{55}，tse^{33} gv^{33} k‘u^{33} p‘u^{33}》

（124）《驱送斯姆女魔经 · sər^{33} mu^{33} pv^{55}》

（125）《三百六十个格巴弟子协力拯救东巴什罗亡灵经 · gə^{33} ba^{21} sɪ^{21} ɕi^{33}

tʂʻua^{55} tsʻər^{21} tʻv^{55} tʻv^{33}》

（126）《三百六十个格巴弟子点油灯供养东巴什罗亡灵经 · gə^{33} ba^{21} sɪ^{21} ɕi^{33} tʂʻua^{55} tsʻər^{21} ma^{21} mi^{33} ta^{33}》

（127）《送能干的东巴什罗祭司亡灵 · ʂæ^{55} læ^{33} dæ^{21} pv^{55}》

（128）《招贤能的东巴什罗之魂 · ʂæ^{55} læ^{33} dæ^{21} a^{21} ʂər^{55}》

（129）《东巴什罗下凡人间大地经 · lo^{33} do^{33} dy^{21} za^{21}》

（130）《刚去世时把东巴什罗祭司亡灵送往天上经 · ʂæ^{55} læ^{33} mɯ^{33} ȵə^{21} gə^{21} pv^{55} ua^{21} me^{55}》

（131）《在地狱里的九座黑坡上招回东巴什罗的亡灵 · ʂæ^{55} læ^{33} bu^{21} na^{55} gv^{55} bu^{21} a^{21} ʂər^{55}》

（132）《打开到达神界之门 · he^{21} kʻu^{33} pʻu^{33}》

（133）《解开鬼之绳结之下卷，后面是驱赶冷凑鬼经 · kʻa^{33} tər^{55} pʻər^{21}，mæ^{55} tʂu^{55} le^{21} tʂʻə^{55} tɕʻi^{33}》

（134）《叙述东巴什罗祭司生前能干之业绩 · ʂæ^{55} læ^{33} dæ^{21} i^{21}》

（135）《给东巴什罗祭司亡灵除秽洗秽 · ʂæ^{55} læ^{33} tʂʻə^{55} tʂʻər^{33}》

（136）《解开鬼之绳结上卷中卷 · kʻa^{33} tər^{55} pʻər^{21} ly^{55} tʂu^{55}》

（137）《把东巴什罗祭司亡灵从十八层地狱里往神界超度 · ȵi^{33} uə^{33} tsʻe^{21} ho^{55} dy^{21} v^{55}》

（138）《东巴什罗祭司换名经 · 署是 ʂæ^{55} læ^{33} mi^{21} kæ^{33}》

（139）《东巴什罗祭司寻求祭祀镇鬼的本领经 · bu^{21} ʂu^{21} bu^{21} iə^{55}》

（140）《东巴什罗解除生前行为语言之过失 · gə^{33} so^{33} gə^{33} dər^{33} tɕʻi^{33}》

（141）《给牺牲解除身上之结 · sɪ^{21} tər^{55} kʻæ^{55}》

（142）《超度东巴什罗祭司亡灵仪式之规程 · ʂæ^{55} læ^{33} v^{55} me^{33} ku^{33}》

（143）《制作木偶和面偶之规程 · sər^{33} ʐv^{21} ha^{33} ʐv^{21} ku^{33}》

第九类：（4 本）

（144）《关住巴格方位里的土门经 · pa^{33} kə^{21} tʂɪ^{33} kʻu^{33} tər^{55}》

（145）《捕蛙射蛙 · pa^{33} ʐv^{21} pa^{33} kʻæ^{55}》

（146）《鳌鱼鬼桑鬼之来历 · tʂʻər^{55} sər^{55} tʻv^{33} pɯ^{55}》

（147）《施鬼食 · lo^{21} ha^{33} tsʻi^{55}》

第十类：祭凑鬼仪式经书（8 本）

（148）《搭建凑鬼之鬼寨，拆毁凑鬼之鬼寨 · tʂʻə^{55} hua^{55} tʻv^{21}，tʂʻə^{55} hua^{55} kʻæ^{55}》

（149）《美利董主除秽经上卷 · mɯ^{33} lɯ^{55} du^{21} tʂʻə^{55} ʂu^{55} kv^{33} tʂu^{55}》

（150）《崇忍利恩除秽经 · tsʻo^{21} ze^{33} lɯ^{55} ɯ^{33} tʂʻə^{55} ʂu^{55}》

（151）《督涉昂吐解除凑鬼之绳结经 · dv^{33} sa^{21} ŋa^{33} t‘v^{55} ʈʂ‘ə^{55} tər^{55} k‘æ^{55}》

（152）《美利董主除秽经下卷 · du^{24} ʈʂ‘ə^{55} ʂɯ^{55} mæ^{55} ʈʂu^{55}》

（153）《请巴乌优麻帮助经 · pa^{33} u^{33} tɕ‘i^{33} dzo^{21}》

（154）《东巴什罗除秽经 · ʂæ^{55} læ^{33} ʈʂ‘ə^{55} ʂɯ^{55}》

（155）《纽森斯汝除秽经 · ɳə^{55} se^{33} sɪ^{21} zɪ^{33} ʈʂ‘ə^{55} ʂɯ^{55}》

第十一类：祭山神仪式经书（2 本）

（156）《招山神之魂经 · ʐər^{21} tse^{55} a^{21} he^{33} k‘v^{21}》

（157）《给山神烧天香经 · ʐər^{21} tse^{55} ʈʂ‘u^{55} pa^{33} dʑi^{55}》

第十二类：祭灶神仪式经书（2 本）

（158）《祭灶神经 · he^{33} le^{21} pv^{33} ʂɯ^{55} o^{21} me^{55}》

（159）《向天柱说话祭天柱经 · mɯ^{55} tv^{33} ʂə^{55}》

第十三类：占卜经书（11 本）

（160）《以米吴九宫占卜经 · mi^{33} uə^{21} tsɪ^{21}》

（161）《以干支占卜，以鲁扎占卜经 · bu^{33} t‘o^{21} tsɪ^{21}，lv^{33} tsa^{21} tsɪ^{21}》

（162）《以六十甲子占卜经 · tsɪ^{21} kə^{33} dɯ^{21}》

（163）《以鲁扎占卜，招仇人魂，占卜吉凶经 · lv^{33} tsa^{21} to^{55}，ʐv^{21} kv^{21} ko^{21} ku^{21} tsɪ^{21}》

（164）《以饶星以二十八宿占卜经 · za^{21} tsɪ^{21} kɯ^{21} tsɪ^{21}》

（165）《盘沙镎沙孜 · p‘ər^{21} sa^{21} na^{21} sa^{21} tsɪ^{21}》

（166）《查看竖房日子，查看新娘洗头日子，查看第一声春雷吉凶经 · dʑi^{21} dzɪ^{21} sy^{21} ly^{21}，kv^{33} ʈʂ‘ər^{33} sy^{21} ly^{21}，mɯ^{33} gv^{33} sy^{21} ly^{21}》

（167）《查看土皇吃什么和饶星之吉凶经 · t‘v^{33} za^{21} ly^{21}》

（168）《卜算土星和土饶星经 · ʈʂɪ^{33} kɯ^{21} ʈʂɪ^{33} za^{21} tsɪ^{21}》

（169）《以两个海贝占卜吉凶经 · ɳi^{33} dʐu^{33} bæ^{21} mæ^{33} sy^{21} ly^{21}》

（170）《抽线绳以占卜干支六十吉凶经 · bu^{33} t‘o^{21} ʈʂ‘ua^{5} ts‘ər^{21} p‘a^{21}》

［调查地点：四川省木里县俄亚乡拖丁村；调查对象：英丹茨理等；调查时间：2006 年 8 月；调查整理：和力民］

第八章
文山州瑶族文字古籍

前　言
——文山州瑶族（蓝靛瑶）的语言文字和古籍

黄贵权

文山壮族苗族自治州（以下简称文山州）位于云南省东南部，地跨东经103°35′～106°12′，北纬22°40′～24°48′之间。东与广西壮族自治区相连，西与红河哈尼族彝族自治州毗邻，北与曲靖市相连，南与越南接壤，边境线438千米。全州东西横距255千米，南北纵距190千米，土地面积31 456平方千米。其中，山区、半山区、河谷区、石山区占80.3%，坝区占19.7%。自治州首府驻文山县开化镇，距省会昆明356千米。境内山脉属云岭山系余脉，分属红河、珠江两大水系，红河流域面积14 387平方千米，占全州总面积的45.7%；珠江流域面积17 069平方千米，占全州总面积的54.3%。州内有南盘江、清水江、西洋河、盘龙河、普厅河、南利河、酬阳河、八布河、南温河、谷拉河等江河。州内70%的地区属亚热带气候，30%的地区属温带气候。年均气温15.8℃～18.3℃之间，全年无霜期273～353天，年均降雨量29.4～929.4毫米。境内居住有汉、壮、苗、彝、瑶、回、布依、傣、白等11个民族，总人口有3 239 693多人，其中，汉族1 407 725人，壮族968 246人，苗族409 358人，彝族316 511人，瑶族80 818人，回族22 385人，傣族14 600人，布依族6141人，白族6871人，蒙古族4064人，其他民族2974人。汉族人口占全州人口43.5%，少数民族人口占全州人口56.5%（2000年）。新中国成立后，文山先设为文山专区，1958年4月1日成立文山壮族苗族自治州，现辖有文山、马关、麻栗坡、西畴、砚山、广南、富宁、丘北8个县。

据2000年第五次全国人口普查统计，中国有瑶族人口263.74万人，分别分布于广西、湖南、广东、云南、贵州、海南、浙江、湖北、河北、福建、江西、江苏等省（区）。云南省是全国瑶族分布区域之一，共有瑶族人口

190 610人。文山州是瑶族人口分布最多的地区，共有80 826人，其中，富宁县39 646人，麻栗坡县18 926人，广南县15 781人，丘北县3014人，马关县1841人，砚山县1265人，文山县353人。其余主要分布于红河哈尼族彝族自治州的金平、河口、元阳等县；此外，西双版纳州的勐腊、景洪以及曲靖市的师宗等县（市）也有分布。

云南的瑶族有四个支系，即讲瑶语勉金方言金门土语的蓝靛瑶；讲瑶语勉金方言优勉土语，自称“勉”［mien⁴²］的勉瑶；讲布努语布瑙方言东努土语，自称“不咋”［pu⁵⁵ za¹¹］的山瑶；讲当地汉语的景东瑶。在这四个瑶族支系中，文山州就有三种，即蓝靛瑶、勉瑶、山瑶。尽管文山州这三个瑶族支系中，蓝靛瑶、勉瑶人口迄今尚无确切统计数据，但是，蓝靛瑶人口占文山州瑶族人口的绝大多数，估计有5万人左右。勉瑶的人口要少一些，估计有1万多人。至于山瑶，他们主要分布在富宁县皈朝镇、洞波乡、者桑乡，据1990年当地有关部门统计，当时这三个乡镇的山瑶人口有6925人。①

蓝靛瑶（或靛瑶）自称“门”［mun²²］或“金门”［kiim²²mun²²］、“金底门”［kiim²² di³⁴ mun²²］、“黑尤门”［hiiu²² mun²²］（或“尤门”［jiiu²² mun²²］）。被称为“蓝靛瑶”（或“靛瑶”）者，分布于云南麻栗坡、马关、西畴、富宁、广南、砚山、丘北、师宗、屏边、河口、金平、元阳、绿春、红河、墨江、江城、勐腊，广西宁明、西林、百色、凌云、凤山、那坡、上思、田林、巴马、防城，越南老街、宣光、河江等省，② 老挝丰沙里、南塔等省，③ 美国威斯康星州等地也有四户以上蓝靛瑶散户居住。④ 被称为“山子瑶”者，分布于广西金秀、永福、鹿寨，越南河江。⑤ 被称为“平头瑶”者，分布于云南金平县猛桥乡的部分村寨。⑥ 被称为“坝子瑶”者，分布于老挝。⑦ 被称为“沙瑶”者，分布于云南金平、河口。⑧ 被称为“白线瑶”者，

---

① 参见盘金祥、黄贵权：《云南瑶族“布努［pu⁵⁵ za¹¹］”语研究》，载《云南民族语文》（云南省少数民族语文指导工作委员会主办·内刊），1991（2）。

② 参见［越］阮克颂：《论越南瑶族支系的分类》，廖玉凤译，范宏贵校，见张有隽主编：《瑶学研究》，第4辑，491～502页，南宁，广西民族出版社，1997。

③ 参见申旭、马树洪：《当代老挝》，71页，成都，四川人民出版社，1992。

④ 据1995年夏美国蓝靛瑶人李妙福先生等人来云南观光、寻根时的介绍。

⑤ 同②。

⑥ 参见《金平苗族瑶族傣族自治县概况》编写组：《金平苗族瑶族傣族自治县概况》，20页，昆明，云南民族出版社，1990。

⑦ 同③。

⑧ 参见《金平苗族瑶族傣族自治县概况》编写组：《金平苗族瑶族傣族自治县概况》，20页，昆明，云南民族出版社，1990；《河口瑶族自治县概况》编写组：《河口瑶族自治县概况》，10页，昆明，云南民族出版社，1985。

分布于云南河口。① 被称为“马尾瑶”者，分布于云南金平、元阳、绿春、红河。此外，越南安沛、老街有被称为“贺瑶”者，越南安沛有被称为“黑瑶”者，越南宣光、河江有被称为“白裤瑶”者，越南宣光、广宁、河北有被称为“青衣瑶”者，越南安沛、宣光、河江有被称为“长衣瑶”者。②

蓝靛瑶信仰瑶传道教（或瑶族道教），这是一种瑶族化了的道教，它包括道教信仰、佛教信仰、儒家圣贤崇拜、盘王崇拜、祖先崇拜、自然崇拜等内容，持天间、人间、地府的三维宇宙观，主要理论是阴阳五行学说。瑶传道教的名称在清朝就已出现，清姚柬之《连山绥瑶厅志》卷四《风俗》说：“瑶道自为教，亦有科仪，其文不可晓。”瑶传道教是瑶族文化中最具特色、内涵最为丰富的核心部分之一，它辐射到瑶族的思想意识、民族心理、语言文字、文化教育和社会生活的方方面面。这种瑶传道教，大致从唐宋时期，再晚也是元朝时期已经形成并广泛流传。与瑶族支系众多相应，瑶传道教可分为勉瑶道教、蓝靛瑶道教、茶山瑶道教等。

蓝靛瑶有自己的语言和文字。在语言上，蓝靛瑶除了使用瑶语勉金方言金门土语——即日常用语之外，还使用歌谣用语、宗教用语的书面语。歌谣用语指的是专门用于民歌的歌唱的语言；宗教用语是指专门用于宗教经文的诵读、歌唱的语言。由此，在蓝靛瑶的语言里，一个词语有三个读音的现象十分常见。例如，“不”的词语，在宗教用语、歌谣用语、日常用语里分别读为［pat^{44}］、［jam^{44}］、［ma^{11}］，“流”字在宗教用语、歌谣用语、日常用语里分别读为［lau^{22}］、［$giou^{22}$］、［$giou^{44}$］。经笔者研究，蓝靛瑶的书面语，即宗教用语和歌谣用语，是由蓝靛瑶的日常用语与粤语等中国南部汉语方言混合起来而形成的一种“混合语”，与“洋泾浜英语”有些类似。而宗教用语、歌谣用语、日常用语三者的词汇系统之间，是一种“你中有我，我中有你”的关系。其中，宗教用语的词汇系统，以粤语等中国南部汉语方言的词语居多；歌谣用语的词汇系统所含粤语等中国南部汉语方言词语则要少许多。③

在文字上，与蓝靛瑶使用的语言相应，蓝靛瑶使用的文字有两种，一种是蓝靛瑶传统文字——方块瑶文，另一种是20世纪50年代末期之后由一些

---

① 参见河口瑶族自治县概况编写组编写：《河口瑶族自治县概况》，10页，昆明，云南民族出版社，1985。

② 参见［越］阮克颂：《论越南瑶族支系的分类》，廖玉凤译、范宏贵校，见张有隽主编：《瑶学研究》第4辑，491~502页，南宁，广西民族出版社，1997。

③ 参见黄贵权：《瑶族的书面语及其文字初探》，载《民族学》（云南省社会科学院民族学研究所主办，内刊），1990（2）；郭大烈、黄贵权、李清毅编：《瑶文化研究》，193~207页，昆明，云南人民出版社，1994。

瑶族语言研究专家创制的拉丁字母拼音瑶文。蓝靛瑶的拼音瑶文，也可以叫做“新瑶文”，它是基于蓝靛瑶的日常用语——瑶语勉金方言金门土语（又叫“门话”、“门方言”、“门语”等）而创制的，其读物基本上仅限于这种文字本身的学习课本、用这种文字翻译而成的小学低年级语文和数学课本等。总之，迄今为止，拼音瑶文——新瑶文，基本上还只是极少数瑶族知识分子（主要是瑶族语言研究者、农村教师、文山州人民广播电台瑶语组工作人员）、干部，以及富宁县新华镇团堡小学等几所小学校的低年级瑶族学生的专利，它还没有与广大瑶族群众产生更多的直接关系。目前，广大瑶族群众使用的仍然是方块瑶文，也可以叫做“老瑶文”。方块瑶文是记录瑶族书面语的文字。这是一种由“汉字”和“仿汉瑶字”构成的文字，与日本文、越南喃字等文字有些类似。“汉字”可以分为三类，即“音训并读字”、“音读字”和“训读字”。音训并读字就是字音和字义与汉字相同或相近的字。例如，“文化”［$ban^{22}wa^{53}$］、“杨柳”［$jaaŋ^{22}lau^{22}$］、“讲话”［$kooŋ^{34}wa^{44}$］等等。音读字就是取汉字字音来记录瑶语的字。例如，蓝靛瑶歌书里的“端”［$toon^{11}$］为“男子”之意，“眉”［mei^{22}］为“你”之意。训读字就是取汉字字义而读瑶语语音的字。例如，蓝靛瑶歌书里的“知”［pei^{11}］、“是”［$tsei^{42}$］等等。可见，以往人们说起方块瑶文的时候，总以为是“汉字瑶读”，那是不准确的。因为，“汉字瑶读”的说法只包括了音读字和训读字，而没有包括音训并读字。“仿汉瑶字”指的是瑶族用汉字笔画自创的字。总体来看，方块瑶文是以“汉字”为主，“仿汉瑶字”不是很多。

由于瑶族书面语和方块瑶文具有上述特质，一个土生土长的蓝靛瑶人，如果想学会自己的歌谣用语、宗教用语，那么，基本上就等于他想要学会两门外族语言。也就是说，一个蓝靛瑶的人，他无论是学习自己的歌谣用语，还是学习自己的宗教用语，几乎都像人们学习外族语言那么困难。虽然如此，20世纪80年代以前，由于蓝靛瑶社会生活中蓝靛瑶文化的氛围仍十分浓厚，掌握歌谣用语、宗教用语，是蓝靛瑶人的社会生活所需，即一个蓝靛瑶的人，如果学习和掌握自己的书面语，那么，其在婚恋乃至人际交往、经济活动等社会生活领域，就比较容易处于劣势的地位，因此，那个时候，蓝靛瑶的人，不论男女，都比较普遍地掌握蓝靛瑶的歌谣用语。不过，自20世纪80年代以来，随着瑶族传统文化受到外来文化越来越大的冲击，瑶族传统文化的氛围逐渐被冲淡，年轻人一门心思忙着抓经济、忙发财，学习、掌握方块瑶文、瑶族民歌、瑶传道教的人就越来越少了。

自古以来，方块瑶文基本上是一种主要由男性使用的文字。大约70～80%的蓝靛瑶男性或多或少都懂得一些方块瑶文，只是精通的人不很多。男性对方块瑶文的掌握主要是通过宗教典籍、歌书两个渠道，并且男性为了掌握方块瑶文，其儿童时期其父母一般都十分重视其汉文教育，以便于他学习方块瑶文和宗教知识、技能，能够有一个比较好的基础。正因如此，中华人民共和国成立以前，富宁县大湾村、广南县那寒瑶村等瑶族村寨就曾经存在过由村民集资兴办的村办汉文学校，向当地儿童教授《三字经》、《百家姓》等汉文旧学课程。在蓝靛瑶社会里，学好方块瑶文和宗教知识、技能，是比较重要的，因为那些具有精深宗教知识、高超宗教技能的男子，常常能够成为村寨的宗教和社会领袖——“道公”［$taau^{44}$ $koŋ^{11}$］或“师公”［$θai^{53}$ $koŋ^{11}$］。蓝靛瑶道教分道派、师派两个派别，道派的入教仪式即度道仪式，师派的入教仪式即度师仪式。凡接受了度道仪式的男子皆为蓝靛瑶道教的道派道士——道人，道公指的就是道人当中的领袖人物。凡接受了度师仪式的男子皆为蓝靛瑶道教的师派道士——师人，师公指的就是师人当中的领袖人物。当然，也有一些女性通过学习歌书而认识不少方块瑶文。这些掌握方块瑶文的女性，多半出身于“道公”、“师公”家庭，她们往往是因受到家庭中的男性（如父亲和兄弟等）学习方块瑶文的影响，受到方块瑶文所营造的文化氛围的熏陶而学会了方块瑶文。蓝靛瑶女子掌握方块瑶文的管道，之所以基本上都是通过对歌书的学习，那是因为，在蓝靛瑶社会里，女性只能成为宗教的信仰者，而不能成为宗教的操纵者。她们被排斥出宗教的内核之外，而只能在宗教的外围。

汉文史籍较早就对方块瑶文有零星的记载。例如，清乾隆《开化府志》卷九说：“傜人……男女皆知书。”① 民国张自明的《马关县志》卷二记载：“‘傜人’有书，父子自相传习，看其行列笔画似为汉人所著，但流传既久，转抄讹谬，字体文义殊难索解，彼复实而秘之，不轻示人，愈不可纠正矣。”民国凌锡华的《连山县志》中载有瑶族“儿之聪颖者不与读儒书，唯从道士学，亦有科仪，其文不可晓”②。清代姚柬之的《连山绥瑶厅志》卷四《风俗》记载：“瑶道自为教，亦有科仪，其文不可晓，学优者则延诸道为受箓，受箓者服朱衣。”③ 清乾隆《贵州通志》载：“傜人……有书名‘榜簿’，皆圆印篆文，其义不解，珍为秘藏。”④ 西方学者也早就注意到了方块瑶文。例如，乔治·孔多米纳斯（ɢeoges ɕondominas）说：“他（指法国学者勃尼

① 转引自中国少数民族社会历史调查丛刊云南编辑组编：《云南方志民族民俗资料琐编》，116～117页，昆明，云南民族出版社，1982。

② 胡起望：《瑶族》，见张联芳主编：《中国人的姓名》，196页，北京，中国社会科学出版社，1990。

③ 转引自陈斌：《瑶族宗教文化特征述略》，载《云南民族学院学报》，1991（4）。

④ 转引自柏果成等：《贵州瑶族》，2页，贵阳，贵州民族出版社，1990。

法苏——笔者注）列举了大板瑶的冶金术；列举了蓝靛瑶使用古老的汉文，但用广东方言发音的例子。”①

方块瑶文与瑶传道教具有不可分割的关系。我们认为，方块瑶文是因瑶传道教的产生而产生，是汉字与汉传道教传入瑶族社会以后，瑶族对汉传道教和汉字进行改造的结果，其与瑶传道教的形成时间大致在元代或元代以前，更可能是形成于唐宋时期。理由主要有四：其一，如今云南省麻栗坡县猛洞乡戈主村等地的蓝靛瑶举行度戒仪式时仍按经书依葫芦画瓢地把度戒弟子的度戒地址写为“大元国……”；其二，1991 年有报道说，在湖南省江永县源口乡杉木坪村一位瑶族农民家里，发现了一本产生于公元 1265 年（元朝至元元年）的《盘王书》手抄本②；其三，勉瑶和蓝靛瑶用于诵唱方块瑶文的语言与隋唐汉语有很密切的关系，如下表：

例字	勉语日常用语	蓝靛瑶日常用语	勉瑶经书	蓝靛瑶经书	隋唐汉语
盘	$pien^{42}$	$faan^{22}$	bun^{42}	$buun^{22}$	buan
江	dai^{42}	$khooi^{44}$或 $wa\eta^{33}$	$ko\eta^{33}$	$kaa\eta^{11}/koo\eta^{11}$	koŋ
歌	$dzu\eta^{33}$	$dzu\eta^{11}$	ka^{33}		ka
人	$mien^{42}$	mun^{22}	nin 42	ηien^{22}	nien
牙	ηia^{42}	ηia^{22}	ηa^{42}	ηa^{22}	ŋa

其四，从蓝靛瑶的文献看，约半数以上的宗教典籍是用七言诗体写成，歌谣更是全部都使用七言诗体，这可以使人很容易想到七言诗在唐代尤其流行的事实。此外，据笔者的研究，现在仍然普遍流传于各地蓝靛瑶村寨的宗教文本《开山科》是用《苏幕遮》这个词牌的词谱填写的，麻栗坡等地还有一些蓝靛瑶人会唱《开山科》，它很可能就是在汉族地区失传已久的《苏幕遮》曲子在蓝靛瑶文化中的保存。③ 美国学者托尼·瓦特斯也说：“瑶族是中国南部众多的山地民族之中唯一使用汉字书写的民族。这些汉字是瑶族宗教即道教在早期的一个完整部分。”④ 确实，在瑶族的众多支系中，凡是其宗教

① ［法］乔治·孔多米纳斯：《有关瑶族的早期法文著作》，见乔健等编：《瑶族研究论文集》，171～176 页，北京，民族出版社，1988。

② 《民族古籍》，1991（1）。

③ 参见黄贵权：《瑶族<开山歌>与曲子词<苏幕遮>比较研究》，载《广西民族学院学报》，1995（2）。

④ ［美］托尼·瓦特斯：《东南亚瑶族的迁徙与适应》，吴晓东、黄贵权译，载《民族学》（云南省社会科学院民族学研究所主办，内刊）1991（3、4）。

信仰体系属于道教的，基本上都存在着方块瑶文。也就是说勉瑶、蓝靛瑶、排瑶、茶山瑶等信仰瑶传道教的瑶族支系都在使用方块瑶文。只是方块瑶文在不同的支系里，其记录的语言不太相同。这里面除了因为这些不同的瑶族支系，其日常用语有方言甚至语言的差别外，也因为他们所吸收的汉语有方言、土语的差别。例如，蓝靛瑶的方块瑶文所吸收的汉语方言主要是粤语，而广东排瑶的方块瑶文，据说是用“略带湖南方言口音的汉语普通话读出，而非瑶语”①。

瑶族通过“拥抱”汉文化，对汉传道教和汉字进行吸收和改造，形成了独具特色的瑶传道教和方块瑶文，显示出瑶族文化在历史上所具有的包容性和创造性。这种包容性和创造性，使瑶族文化具有比较强的适应力，使瑶族在其漫长的历史发展过程中，保持了自身的文化特点，没有受到外民族文化的同化。然而，近60年来，特别是改革开放30年来，瑶族文化受外来文化的强烈冲击是前所未有的，瑶族语言、文字、宗教等文化诸因素，已经在不知不觉中发生了巨大的变化，有的甚至已经消失或濒临消失。而今，面对不断增强的经济、文化的全球化趋势，外来文化对蓝靛瑶文化的冲击必将进一步增强，如何有效地使蓝靛瑶的语言、古籍文献等文化因素得以保存，如何促进语言、文化多样性的保护，已经成为迫切需要研究并加以落实的重要课题。

2008 年 7 月
于云南省社会科学院

第一节　文山州蓝靛瑶的古籍文献流传和保存

一、蓝靛瑶古籍文献的形成与发展

瑶族古籍文献，习惯上被称为“瑶书”或“瑶人文书”、“瑶族文书”等。它发端于隋唐时期前后的汉传道教及汉传道教经典。瑶族在信仰汉传道教和使用汉传道教经典的漫长历史过程中，为了使汉传道教和汉传道教经典能够适应瑶族广大群众的语言、文化，就不断对汉传道教和汉传道教经典进

① 练铭志、马建钊：《有关排瑶宗教的若干问题》，见广西瑶学会编：《瑶学研究》，第 3 辑，317～328 页，南宁，广西民族出版社，1993。

行瑶族化的改造，从而，形成了有别于汉传道教和汉字书写的汉传道教经典的瑶传道教和用方块瑶文书写的瑶传道教经典。在方块瑶文和瑶传道教形成的同时，瑶族古籍文献也就形成了。从如今蓝靛瑶道教经典的情况来推断，蓝靛瑶道教的形成，应当在明朝以前，也就是蓝靛瑶基本上还集中分布在两广地区的时期。这个情况是，目前各地蓝靛瑶乃至海南岛苗族：一是瑶传道教经典和瑶传道教仪式轨范，都有相当高的一致性；二是其日常用语、歌谣用语、宗教用语都有很高的一致性。

二、蓝靛瑶古籍文献的分类

由于以往瑶族古籍文献的搜集工作都是局部性的，尤其是瑶族古籍文献的整理、研究工作，基本上还没有开展，因此，迄今还没有对瑶族古籍文献进行科学分类的统一意见。但是，也有一些对瑶族古籍进行分类的尝试。例如，专门介绍瑶族经文收藏的德国东方及东方文化部、巴伐利亚州州立图书馆的 Lucia Obi，M. A. 和慕尼黑大学汉学研究所的 Dr. Shing Müller 合撰、德国明斯特大学传播系詹春媚翻译的《瑶族之宗教文献：概述巴伐利亚州立图书馆之馆藏瑶族手本》一文，详尽叙述了巴伐利亚州州立图书馆瑶族经文的收藏状况及其分类整理研究，这是目前世界上较早介绍公共图书馆馆藏瑶族经文的研究文章。《瑶族之宗教文献：概述巴伐利亚州立图书馆之馆藏瑶族手本》，1995 年由慕尼黑瑶族经文研究计划小组所写，经 Lucia Obi，M. A 和 Dr. Shing Müller 修改整理，于 1997 年发表在《东亚自然与民族研究学刊》，从文中何翠萍教授所做编者注中可知，巴伐利亚州州立图书馆所收藏的这批瑶族经文是 1980 年、1990 年从英国古董商处购得，他又买自曼谷的一位泰国古董商，而非民族学者的收藏和捐赠，从手本的外貌、装帧形式和纸张看，大部分较老的手本来自中国、越南，较新的来自泰国和老挝。这批馆藏主要是瑶族手本，共 2776 件，2005 年 9 月前已编目整理 867 件，分为宗教性质和非宗教性质手本，可确认的有 80%，其中约 550 份属宗教性，70 份为非宗教性，在宗教性文本中有 39 册“经文”，约 100 册“密语”，少部分“醮”的经文，300 多册“度戒”，无法列入“正统”道教仪式的小型宗教手本约 30 册，还有一部分无法归类的；非宗教类是道德教化类书、汉语文教科书及辞典类约有 40 本，包括盘王歌本的神话史诗及歌本 20 册，占卜类书籍 26 册，其中包含《评皇券牒》、家谱、医书等，经文的版本年代三分之二源自 19 世纪的云南、广西，其中记录的最早年代是清乾隆五年（公元 1740 年）。他们的分类方法从四个方面进行：（1）

借助文献资料对手本进行分类。将馆藏文本分别归类不同的瑶族支系中，如蓝靛瑶的道公文本（云南及印度支那）——授职仪式的标题：《天师戒度科》、《道范科》，斋醮标题：《三朝科》、《清醮科》等等。(2) 据瑶族不同支系的科仪本分类，不同的瑶族支系强调不同的文本传统，相对的也大多有不同的仪式。(3) 神话史诗类歌谣与纪录文件。(4) 从道公、师公的名号来分类。①

从目前对瑶族古籍文献的了解来看，我们认为，瑶族古籍文献分类，首先应当按支系来分，例如，分为“蓝靛瑶古籍文献”、“勉瑶古籍文献”、“茶山瑶古籍文献”等，接着，再对各个支系的瑶族古籍文献进行分类。而对各个支系瑶族古籍文献的分类，民间的分类法是非常值得重视的。就蓝靛瑶古籍文献的分类而言，民间的分类基本上是：

(1) “神书” [mhaan^{44}（神）θou^{53}（书）] ——度戒、丧葬仪式使用的书

① “道书” [taau^{44}（道）θou^{53}] ——蓝靛瑶道教的道派使用的书

② “师书” [θai^{55}（师）θou^{53}] ——即蓝靛瑶道教的师派使用的书

(2) “法书” [paap^{11}（法）θou^{53}] ——即蓝靛瑶道教秘语（“法”）书

(3) “喃神书” [naam^{34}（喃）mhaanθou^{53}] ——各种祭仪祭词的书

(4) “歌书” [dzuŋ^{11}（歌）θou^{53}] ——记录民歌曲调歌词的书

① “鸳鸯歌书” ——恋爱歌的书

② “歌信书” ——以书信的功能传达寻亲、诉苦等方面信息的歌书

③ “洪恩歌书” ——婚姻仪式里歌唱用的歌书

④ “神歌书” ——蓝靛瑶道教仪式里用民歌曲调来歌唱的歌书（也可归入“神书”的类别里）

(5) “杂书” [θou^{53}ðaap^{44}（杂）] ——合婚书、十良书、汉文书等

三、蓝靛瑶古籍载体材料

蓝靛瑶古籍文献绝大多数是手抄本，只有旧学课本等汉文古籍往往是印刷本。蓝靛瑶古籍文献的材质主要有：

---

① 上述资料参见东方及东方文化部、巴伐利亚州州立图书馆的 Lucia Obi，M. A. 和德国慕尼黑大学汉学研究所的 Dr. Shing Müller 合撰、德国明斯特大学大众传播系的詹春媚翻译的《瑶族之宗教文献：概述巴伐利亚州立图书馆之藏馆瑶族手本》一文，发表于台湾《民俗曲艺》，2005 年 12 月，227～279 页。

（1）绵纸。蓝靛瑶叫“薄白纸”［tsei^{34}（纸）pe^{44}（白）bioŋ^{42}（薄而飘动）］。至今，蓝靛瑶古籍文献，绝大多数都使用这种纸抄写。这种纸韧性非常好，但太薄，并不十分牢固。

（2）学生作业本、笔记本。20 世纪 60 年代以后抄写的蓝靛瑶古籍文献，偶尔可以见到有用学生作业本、笔记本抄写的。这些纸比较脆，较易损坏。

（3）大白纸。20 世纪 60 年代以后新抄写的蓝靛瑶文献，有个别是用这种纸抄录的。这种纸薄脆，很容易损坏。

（4）土纸。本地人造的纸，这种纸主要用做纸钱，但也有个别的蓝靛瑶古籍文献是用这种纸抄录。这种纸的特点是，厚而粗糙，不太着墨。

四、蓝靛瑶古籍文献的版式与装帧

蓝靛瑶古籍文献绝大多数用毛笔抄写，由上到下竖写，从右到左竖读。大多数手抄本会在末页标注抄写者姓名、抄写年月、书主姓名，有的还会在书的首页标注书主姓名；有的则在末页标注所抄写书籍依据的是什么年月抄完的本子来抄写的，有的书名标注在封面和首页，也有只标注在封面的。此外，有的书除了在封面、首页标注书名外，还在末页、封底标注书名。20 世纪 60 年代以后新抄写的文献，有很少的部分是用钢笔抄写，并出现横写，从左到右来读的情况。用钢笔抄写的文献，绝大多数是学生作业本、笔记本、大白纸的纸质，都双面抄文。

蓝靛瑶古籍，绝大多数是线装，只有《书意》、《阴阳牒》等极少的古籍是卷装。线装书的剪裁规格不等，绝大多数书的高度一般为 20 ~ 30 厘米，宽度为 10 ~ 25 厘米。绵纸的线装古籍，所使用的装订材料，大多仍为绵纸搓成的线，这种古籍的封面和封底一般都要加厚，其方法是用新鲜的魔芋粥、糯米粥，把多张绵纸粘贴在一起。

五、蓝靛瑶古籍文献收藏的基本情况

蓝靛瑶古籍文献的印刷本仅限于旧学课本等汉文古籍，方块瑶文的古籍文献至今尚无印刷本。20 世纪 50 年代以前，瑶族古籍文献都收藏在民间，未见有官方机构收藏的信息。20 世纪 50 年代，随着国家组织的民族大调查的进行，中央民族学院博物馆和广西壮族自治区等省、区的一些官方机构有了一些瑶族古籍文献的收藏。这些官方机构所收藏的瑶族古籍文献中，应当也包含有蓝靛瑶古籍文献。但是，就云南来说，直到 20 世纪 90 年代初，云南民族博物馆成立以后，该馆才有了一些蓝靛瑶古籍文献的收藏，在这一时期，河口瑶族自治县民族事务委员会、红河哈尼族彝族自治州民族研究所等单位也有了一些蓝靛瑶古籍文献的收藏。近年来，随着国家对少数民族文献抢救保护的日益重视，2001年前后，云南省少数民族古籍整理规划办公室开始搜集瑶族等少数民族的古籍，这些蓝靛瑶古籍文献，主要从曲靖市师宗县、文山壮族苗族自治州麻栗坡县等地搜集而来，目前，该单位收藏的瑶族经文有50多种，但尚未加以分类整理和研究。与此同时，麻栗坡县民族事务委员会等单位也搜集到了较多的蓝靛瑶古籍文献。

这就是说，在云南，20世纪90年代以前，蓝靛瑶文献古籍基本上都是民间收藏或一些瑶族研究者个人收藏。20世纪90年代以后，收藏蓝靛瑶古籍的，除了一些官方机构外，少数瑶族干部、瑶族研究人员也收藏了数量较多的蓝靛瑶古籍文献。例如，笔者就收藏了主要从文山壮族苗族自治州广南县底圩乡的三个村寨搜集来的70多种蓝靛瑶古籍文献。① 但笔者所收藏蓝靛瑶古籍文献多为复印件、照片，原件很少。总之，迄今为止，蓝靛瑶古籍文献主要仍在民间收藏，有关机构和瑶族干部、瑶族研究人员所收藏的，只不过是浩如烟海的蓝靛瑶古籍文献中很少的一部分。根据笔者在瑶族村寨长期做民族田野工作的了解，如果说，瑶族农户差不多家家户户都有书，这个说法是过了一点的话，那么，瑶族农户差不多半数左右的人家都或多或少的有一些藏书，这个说法应当是比较切合实际的。

从整个文山壮族苗族自治州来看，在“破四旧”、“文化大革命”等“左”的政治运动期间，蓝靛瑶古籍文献的保存、收藏，多少还是受到了一些破坏，但由于文山壮族苗族自治州各个地方的蓝靛瑶，在这些“左”的政治运动期间，基本上都没有真正中断过度戒、丧葬仪式等大型宗教活动以及祭献仪式等小的宗教活动，因而，古籍文献的保存、收藏所受到的破坏，总体来说，还不算特别严重。

据目前所知，广南县、麻栗坡县、富宁县、丘北县等地，都有相当多的蓝靛瑶古籍文献收藏在民间或一些瑶族干部、知识分子手里，据不完全统计，大致可列出如下书目：

1. 广南县蓝靛瑶古籍文献书目

（1）《秀斋解玄》

（2）《招兵科》

---

① 笔者在搜集这些蓝靛瑶古籍文献的过程中，得到了云南省民族学会瑶族研究委员会李清毅同志等有关机构、人士的支持和帮助。

(3)《玄满科》(又名《完满科》)
(4)《一本临时发丧场科》
(5)《绕棺科》
(6)《推灵科》
(7)《拾呈科》
(8)《山头科》
(9)《收灯科》
(10)《末宵丧场科》
(11)《婚姻歌》
(12)《喃相书》
(13)《鸳鸯敬唱用》
(14)《救患科》
(15)《帝母科》(师派用)
(16)《功曹科》
(17)《功曹牒 》
(18)《财马关式》
(19)《解冤科》(又叫《雷府小解冤科》)
(20)《告王科》
(21)《救苦三朝科》
(22)《消灾道场经》
(23)《血湖道场经》
(24)《救苦道场经》
(25)《宿启科》
(26)《杂谢科 诸神目在内》
(27)《书式集》
(28)《赞车科》
(29)《伸斗科》
(30)《告斗科》
(31)《丧场三时科》(又叫《道家入坛陛寂共科》)
(32)《书意》
(33)《水灯科》
(34)《召纸科》
(35)《雷露科》
(36)《水符科》

(37)《谢雷科》
(38)《道师丧场科 三时用》
(39)《庆墓土府三时科》(又叫《庆宅墓三时科》)
(40)《尊典经上卷》
(41)《尊典经中卷》
(42)《尊典经下卷》
(43)《天师度戒科》
(44)《玉枢经》
(45)《庆墓安龙科》
(46)《延生科》
(47)《贡王科》
(48)《延生科》
(49)《土府科》
(50)《大斋科》(又叫《神目科》)
(51)《解冤科》
(52)《交龙科》
(53)《度人经》
(54)《三宫经科》(又叫《三宫经》)
(55)《关告科》
(56)《静坛科》
(57)《安镇科》
(58)《开启科》
(59)《东南斗经科》
(60)《土府三时科》(又叫《雷府三朝科》、《三朝解冤科》)
(61)《解讼科》
(62)《贡王设醮科》
(63)《化衣科》
(64)《二宫枝粮科》(又叫《二宫科》)
(65)《单朝科》
(66)《血湖经》
(67)《金章经》
(68)《炼度科》
(69)《破狱科》
(70)《十方焉科》

(71)《帝母科》(道派用)
(72)《攒聚科》
(73)《玉皇经上卷》
(74)《玉皇经中卷》
(75)《玉皇经下卷》
(76)《救苦盟真设蘸科》
(77)《飞章科》
(78)《南斗表式》
(79)《北斗表式》
(80)《符章式》
(81)《谢墓科仪》
(82)《展笑科》
(83)《道家丧场关告科》
(84)《启幡科》
(85)《诸品经科》
(86) 道派《阴阳牒》
(87)《鸳姑歌》
(88)《阴阳牒》(师派用)

2. 麻栗坡县蓝靛瑶古籍文献书目

(1)《大道科》(祠德三年)
(2)《南宁科》
(3)《贴简科》
(4)《初真度戒科》
(5)《天师戒度科》
(6)《土府宿启科》
(7)《土府三朝科》
(8)《延生三朝科》
(9)《龙童交简科》
(10)《安龙科》
(11)《破狱科》
(12)《贡王科》
(13)《迓王科》
(14)《告斗科》

(15)《赞灯科》
(16)《临时发丧科》
(17)《丧葬科》
(18)《丧事说醮科》
(19)《丧事绕棺科》
(20)《沐浴科》
(21)《送终三夜科》
(22)《朝天百拜科》
(23)《东岳右坛科》
(24)《三时右坛科》
(25)《释服笠幡科》
(26)《大斋宿启科》
(27)《开启大圣科》
(28)《玉皇清醮宿启科》
(29)《延生宿启科》
(30)《度人道场散花》(两本)
(31)《救苦道场科》
(32)《斋醮神目》
(33)《诸品经》
(34)《玉皇经》(上中下卷)
(35)《尊典经》(上中下卷)
(36)《阎罗道场经》
(37)《恩重道场经》
(38)《度人道场经》
(39)《度人经》
(40)《玉枢道场经》
(41)《救苦道场经》
(42)《救苦灯经》
(43)《玉枢经》
(44)《血河经》
(45)《血湖经》
(46)《八良经》
(47)《五斗金章经》
(48)《消灾经》

（49）《灭罪经》
（50）《弥罗经》
（51）《清华经》
（52）《良缘秘》
（53）《安龙秘》
（54）《清灯秘》
（55）《丧家秘》
（56）《颠倒秘》
（57）《救患科》
（58）《开山科》
（59）《招兵科》
（60）《本座科》
（61）《受戒科》
（62）《师公大教》
（63）《师公神目》
（64）《接圣科》
（65）《集川光科》
（66）《大献科》
（67）《长脚科》
（68）《明真科》
（69）《白录敕书》
（70）《集良秘》
（71）《初真秘》
（72）《薄命式书》
（73）《丧家式书》
（74）《师式书》
（75）《道式书》
（76）《消灾道场科》
（77）《飞章科》
（78）《无上解讼科》
（79）《陛堂科》
（80）《初真科》
（81）《延生圣目》
（82）《申斗科》

(83)《小斗关告科》
(84)《解冤科》
(85)《丧家科》
(86)《丧场科》
(87)《三官经》
(88)《三元经》
(89)《炼关秘》
(90)《诸机秘》
(91)《斋堂歌》
(92)《合婚书》
(93)《靛瑶通书》
(94)《小醮科》
(95)《玉皇清醮三时科》
(96)《清水科》
(97)《二宫科》
(98)《三宫科》
(99)《敕坛科》
(100)《鬼脚科》
(101)《斋醮圣神目》
(102)《救苦经》
(103)《功曹科》
(104)《大通书》
(105)《红恩秘》
(106)《婚姻歌》
(107)《信歌》

3. 富宁县蓝靛瑶古籍文献书目

(1)《通书》(历书)
(2)《救患科》
(3)《开光科》
(4)《招兵科》
(5)《坛院科》
(6)《鬼脚科》
(7)《受戒科》

(8)《开山科》
(9)《雷府科》
(10)《合婚书》
(11)《大道科》
(12)《丧场科》
(13)《宿启科》
(14)《咒帅科》
(15)《南宁科》
(16)《天师戒度科》
(17)《山头科》
(18)《绕棺科》
(19)《化依科》
(20)《飞章科》
(21)《持索科》
(22)《炼度科》
(23)《安龙科》
(24)《破狱科》
(25)《山歌集》
(26)《丧场秘语》
(27)《婚姻歌》
(28)《故事书》
(29)《情歌书》
(30)《鲁班书》

4. 丘北县羊街乡革羊村民委员会三家寨李贵忠收藏的古籍文献书目

(1)《开启科》
(2)《安龙科》
(3)《告斗科》
(4)《破狱科》
(5)《启幡科》
(6)《炼度科》
(7)《赞车科》
(8)《临时发丧科》
(9)《推灵科》

(10)《山头科》
(11)《经坛科》
(12)《月内科》
(13)《血湖经》
(14)《尊典经》

六、蓝靛瑶古籍文献得以保存、流传的原因分析

蓝靛瑶古籍文献之所以得到保存、流传，归纳起来，大致有如下原因。

1. 瑶传道教在蓝靛瑶社会中根深蒂固

瑶传道教在蓝靛瑶的社会文化中居于核心的地位，这是所有研究蓝靛瑶文化的学者深有的体会。从村社政治的角度讲，蓝靛瑶的寨老制是以瑶传道教的形式而建构起来的，从宗教的意义上讲，蓝靛瑶的一个村社单位的建立，是基于一个房屋群落内的各个家庭，都一起供奉一个寨神的香碗（香炉）、庙宇。蓝靛瑶的寨神有两个，一个是本山境主灵王——蓝靛瑶一般简称为“境王”，另一个是社王。境王的象征是“村寨的香炉”——境王香炉，社王的象征是“社王庙”。蓝靛瑶村社可以既供奉境王又供奉社王，也可以单独供奉境王而不供奉社王，但不能只供奉社王而不供奉境王。蓝靛瑶的寨老制，其具体的运行是围绕境王香炉来进行的。在宗教的名义下，从世俗的层面看，蓝靛瑶寨老制是一种以家长会议的议会制度作为基石的村社政治制度。与定期祭献寨神相应，家长会议也要定期举行。家长会议订立成文或不成文的村规民约，解决村社一些疑难纠纷，选举村社中德高望重、有能力的老年人作为寨老。寨老主要是在日常生活中排解村社内各种纠纷，在集体行动中作为召集人。传统上，因为蓝靛瑶认为，具有精深宗教知识、高超宗教技能的人是“有文化”的能人，因此，自古以来，蓝靛瑶村社的寨老，绝大多数都由村社内的宗教领袖——道公或师公来担任。从人的个体的角度讲，蓝靛瑶社会要求每个男子在其青少年时期都必须接受度戒的瑶传道教入教仪式，否则，其“族籍”身份就会受到质疑，在社会生活中常常受到排斥。而且，蓝靛瑶男子若不接受度戒，那么，他就没有法名，死后，其灵魂就无法得到超度，就不能投生转世，从而无法实现蓝靛瑶人普遍追求的死后的圆满。此外，从伤病观念来说，蓝靛瑶认为伤病往往是与神灵、鬼怪有关的，伤病的产生可能是鬼怪的危害，也可能是冒犯了神灵而遭到了惩罚。

由于上述原因，蓝靛瑶社会中，度戒、丧葬等大型宗教活动以及祭献祖

宗等诸神灵、镇压鬼怪等小型宗教活动，是他们世俗生活中不可缺少的一个部分。而为了这些大型和小型的宗教活动，就需要有人具有举办这些宗教活动的知识、技能，为此目的，记录这些宗教知识、技能的宗教典籍，就被蓝靛瑶人视为珍宝，世代相传。

2. 歌谣文化在蓝靛瑶社会中沉淀深厚

瑶族尚歌。唐代魏征《隋书·地理志》记载："莫傜传云，盘瓠初死……置尸馆舍，邻里少年，各持弓箭，绕尸而歌。"清代李调元《南粤笔记》说："傜俗尚歌，那女杂沓，一唱百和。"在蓝靛瑶传统的社会生活中，几乎随时随处都有歌。在生产活动中，人们上山要唱歌，下田要唱歌，用歌来表达自己的喜怒哀乐。在青年男女恋爱中，更是要唱歌，他们主要就是以歌为媒，依靠歌来沟通彼此的感情。在婚姻仪式中，整个仪式场所是一个歌的海洋。在度戒仪式中，许多仪式步骤也要用民歌曲调和歌词来歌唱。歌并不只是青年人的专利，蓝靛瑶中年人甚至老年人到别的村寨探亲访友时，当地年龄相仿的异性一般都要前来看望客人，与客人对歌。此外，蓝靛瑶还常常以歌为信，把歌写在本子上，让歌在社会上流传，讲述本民族历史，讲述迁徙的悲欢离合，讲述寻找亲友的急切之情，或讲述个人的人生不幸等。蓝靛瑶歌谣文化这种深厚的历史沉淀，使得许许多多的歌书得以在蓝靛瑶民间世代相传。

3. 蓝靛瑶"拥抱"汉文化的心态①

瑶族文化是一种具有开放性、包容性的文化。许多西方学者认为，瑶族是中国南部最热衷汉文化的山地民族。1984 年汉克斯指出，"这是一个程度问题"，他写道："瑶族'拥抱'了汉文化，而其他民族只是为实用的目的而'选择'了汉文化。"托尼·瓦特斯说："不管这种差异是多么的莫名其妙，在对各种文化来源的保存中，总使瑶族备受注目。"1967 年，莫特（mote）在研究了泰国北部一个靠近瑶族的非瑶族村寨之后，在一篇文章里说道，别人告诉他，瑶族人多数能说云南话，一位瑶族首领的妻子告诉他，瑶族人说云南话，"这是因为我们来自'大王朝'，我们说的是'大朝廷'话"。莫特也发现了瑶族坚持给死人穿汉族旧式鞋子的现象，托尼·瓦特斯对此说道："可以推测，瑶族人想尽可能地装扮，好在帝国的朝廷前出现。"不论瑶族是不是像 1984 年布雷顿（Brittan）和迈纳德（Maynard）所说的不列颠和南部非洲处于服从地位的民族那样，瑶族"拥抱"汉文化是因为自己的民族性而

---

① 参见［美］托尼·瓦特斯：《东南亚瑶族的迁徙与适应》，吴晓东、黄贵权译，载《民族学》（云南省社会科学院民族学研究所主办，内刊），1991（3、4）。

憎恨自己，也不论瑶族“拥抱”汉文化是不是对历史上经常性的武力行为的逃避，皆如托尼·瓦特斯所说：“瑶族在‘拥抱’汉文化的时候自己也得到了很好的发展……这是一种适应性。瑶族人持有这样的态度，即把汉族的文化渗进他们的文化里，直到把它作为一个瑶族的文化客体再度出现。确实，在汉文化对其保持了二千多年‘统治’的情况下，瑶族‘拥抱’汉文化，并没有导致被汉族同化掉的结果。”总之，蓝靛瑶之所以重视男童的汉文教育，除了如前所述，是出于实用的目的——即为了能够更好地学习方块瑶文之外，他们的内心有一种热衷汉文化的心态，也是重要原因。不管怎样，蓝靛瑶重视男童汉文教育的结果是，使得许许多多的蓝靛瑶男子掌握了汉文，使得许许多多的汉文古籍得以在蓝靛瑶民间世代相传。

4. 相对封闭的蓝靛瑶社会

尽管蓝靛瑶社会很早就被置于中国中央王朝的统治之下，但是由于蓝靛瑶人口较少，居住分散，村寨所处地方一般都是比较偏僻的“箐头”（在文山壮族苗族自治州民间，就有“汉族、回族住街头，壮族住水头，瑶族住箐头，彝族住坡头，苗族住山头”的说法，形象地描述了文山壮族苗族自治州各民族的立体分布状况），因此，在中华人民共和国成立以前，官方与蓝靛瑶的接触是相当有限的，在漫长的历史时期里，在政治和经济上，蓝靛瑶社会基本上是处于一种以村社为单位，进行自我管理的相对封闭的状态。

当然，蓝靛瑶社会的这种相对封闭性，可能也因为，瑶族在历史上与官方的冲突比较多，瑶族的历史基本上就是一部瑶族反抗官方压迫的历史，所以，在新中国成立前，瑶族群众在内心深处对官方的态度，基本上是一种惧怕、憎恨或至少是不信任的态度，这种心态促使他们尽可能地与官方保持比较远的距离。这也是中华人民共和国成立初期，较少有瑶族人愿意参加到国家干部队伍中的根本原因之一。

关于瑶族社会的这种相对封闭性，云南一些地方志有零星描述。乾隆年间汤大宾修的《开化府志》卷九记载：“徭人，性犷悍……少入城市……多处深山……不争讼，不喜淫。”民国张自明的《马关县志》卷二说：“徭人……性疑胆怯……种类已微……徭性野而多怯，不轻入城市。”正因为蓝靛瑶社会具有这种封闭性的一面，在各种“左”的政治运动期间，官方形形色色的“左”倾行为，对文山壮族苗族自治州蓝靛瑶的宗教、社会活动影响较小，这才使得文山壮族苗族自治州蓝靛瑶的宗教知识、技能以及古籍文献，得到了比较好的保存并流传至今。

七、蓝靛瑶古籍文献的整理、研究与出版

由于浩如烟海的蓝靛瑶古籍文献基本上是蓝靛瑶民间知识分子的专利，真正精通的人其实不多，因而，对蓝靛瑶古籍文献的整理，其工程之浩大、难度之高是可想而知的。由于这个原因，迄今为止，在云南乃至全世界，还没有相应的财力、人力投入到这项工作中，从而，造成了蓝靛瑶古籍文献整理工作处于进展迟缓的状态。就云南而言，在蓝靛瑶古籍文献整理方面做了比较多工作的是文山壮族苗族自治州麻栗坡县的几个蓝靛瑶干部，如李云章、盘文义、盘国均等。大致从 2001 年开始，他们一直致力于这些古籍文献的搜集和整理工作，目前，已经整理出了不少的成果，但一直苦于没有经费出版。此外，李云章同志等还写了不少蓝靛瑶古籍的内容简介。李云章同志所撰写的蓝靛瑶古籍文献简介，其方法是，对许多蓝靛瑶书籍中的篇章、段落进行单独介绍。这是符合蓝靛瑶古籍实际的，十分有利于蓝靛瑶古籍的介绍和解读，因为，在每本书里的各个篇章、段落，内容上往往可以单独成册。可惜，李云章同志等人所从事的这项工作，由于经费缺乏的原因，难以为继。

至于蓝靛瑶古籍文献的研究、出版，目前还是一个空白。总之，目前几乎尚处于空白状态的蓝靛瑶古籍文献搜集、整理、研究和出版工作，是一项十分浩大而又急迫需要实施的工程，否则，随着精通蓝靛瑶古籍文献的蓝靛瑶民间知识分子——道公、师公的逐渐减少，以后就无法开展这项工作了，进而，在不远的将来，大量的蓝靛瑶古籍文献将成为无人能通的死文献。

第二节　广南县底圩乡蓝靛瑶古籍文献民间收藏调查

广南县位于云南省东南部，文山壮族苗族自治州东北部，滇、桂、黔三省（区）交界处，地处东经 104°31′～105°39′，北纬 23°29′～24°28′之间，是一个山地高原的丘陵地区。地势由西南向东北呈阶梯状倾斜，西南高，东北低。最高海拔 2035 米，最低海拔 420 米。东西长 105 公里，南北相距 103 公里。东连富宁县，南接麻栗坡县、西畴县，西与砚山、丘北县毗邻，北与广

西壮族自治区西林县接壤并与贵州省兴义市相望，是云南省通往广西、广东的交通要道之一。全县现辖莲城、坝美、八宝、南屏、珠街、那洒、珠琳共7个镇和黑支果、曙光、篆角、五珠、者兔、者太、底圩、旧莫、董堡、杨柳井、板蚌共11个乡，共有167个村民委员会，7个社区，2958个自然村，居住着壮、汉、苗、瑶、彝、回、蒙古、仡佬等11个民族。2005年末全县总人口75.7万人，少数民族人口占总人口的62%，壮族占总人口的42.7%。另外，云南省农垦总局管辖的堂上农场、石山农场也在县境内。

底圩乡地处广南县北部，东与坝美镇相邻，南与者兔乡、连城镇接壤，西与者太乡相望，北与坝美镇、广西壮族自治区西林县毗邻。全乡辖底圩、同剪、普盆、普龙、石尧、叮当、者戛、坝庄8个村民委员会，124个村民小组，居住着汉、壮、苗、瑶、彝、回6个民族，共6418户，30 511人，其中，少数民族人口27 829人，占总人口的91%。底圩乡的少数民族人口中，壮族人口约占总人口的83.66%，其余主要为瑶族、苗族、彝族、回族。底圩乡是广南县各个乡镇中瑶族人口较多的乡镇之一，而且广南县北部的瑶族都是蓝靛瑶。

广南县各个乡镇的蓝靛瑶村寨，他们的宗教活动，不论是大型的度戒仪式、丧葬仪式，还是小型的祭献仪式，即使是在“文化大革命”期间也没有停止过，只不过在那些特殊的时期里，村民的宗教活动比较隐蔽，不像之前以及改革开放以后那么张扬而已。正因为如此，广南县蓝靛瑶古籍文献得到了较好的保存和收藏。

1. 石尧村民委员会那学村卢经龙收藏的瑶文古籍

石尧村民委员会位于底圩乡驻地以西11千米处，半山区，辖18个村民小组，居住壮、汉、瑶等民族。1949年前属北藩乡，1950年属者兔区，称石尧乡，1950年为底圩公社石尧管理区，1961年为石尧大队，1962年为小公社，1970年复称石尧大队，1984年复称石尧乡，之后，先后称石尧行政村、石尧村民委员会。那学村民小组（那学村）位于石尧村民委员会驻地以西2.6千米处，半山区，是一个有20多户人家的蓝靛瑶村庄。

卢经龙，男，48岁，瑶族，道公，农民，小学毕业，识汉字较少，方块瑶文水平介于粗通与精通之间，其宗教知识、技能主要传自其父亲，有能力担任度道、丧葬仪式的大师父一职。曾多次到广东打工。其收藏的古籍文献，皆传自其祖父和父亲（两人的法名写为方块瑶文时是不同的，但写为汉字时，都是卢道德），平时不轻易示人，尤其是有关宗教秘语的古籍文献，只有他的个别挚友可以见到。其用于藏书的是一个长方体木箱，摆放在楼上干燥、较隐蔽处，木箱长约80厘米，宽、高约45厘米，向上开启。木箱中的书，摆放得十分整齐，木箱内还放进少许不知名的草籽，据说用以防虫。笔者去看他的书之前，已经知道他的秘语书不轻易示人，所以，笔者为尊重他的意愿，和他预约好了，跟随他到楼上，看到藏书的木箱，并打开木箱之后笔者就先下楼，然后，由他自己把书拿到楼下与笔者一起观察。果然，他拿下楼的书箱里，并没有秘语书。以下就是他公开给笔者看的古籍文献：

（1）《道家丧场关告科》

道教经典，大清同治四年十二月三日羽士卢道德手抄完毕，内杂有《仰启》之经文，页面24×18厘米，每页9行，每行3至13字。线装，绵纸，保存完好。

（2）《展笑科》

道教经典，抄写者、抄写日期不详，临近封底的页面有图符一个，页面25×19厘米，每页9行，每行5至10字。线装，绵纸，保存完好。

（3）《谢墓科仪》

道教经典，嘉庆十九年五月二十五日手抄完毕，抄写者不详。页面25×20厘米，每页7行，每行10至14字。线装，绵纸，保存完好。

（4）《南斗表式》

道教经典，抄写者、抄写日期不详。页面26×19厘米，每页11行，每行9至23字。线装，绵纸，保存完好。

（5）《北斗表式》

道教经典，抄写者、抄写日期不详。页面26×19厘米，每页11行，每行9至23字。线装，绵纸，保存完好。

（6）《符章式》

道教经典，抄写者、抄写日期不详。页面26×19厘米，每页11行，每行9至23字。线装，绵纸，保存完好。

（7）《飞章科》

道教经典，道光十二年九月十九日羽士卢道德集抄完毕。页面26×19厘米，每页9行，每行6至18字。线装，绵纸，保存完好。

（8）《救苦科》

道教经典，抄写者、抄写日期不详。页面26×19厘米，每页9行，每行6至14字。线装，绵纸，保存完好。

（9）《盟真科》

道教经典，抄写者、抄写日期不详。页面26×19厘米，每页9行，每行6至14字。线装，绵纸，保存完好。

（10）《设醮科》

道教经典，抄写者、抄写日期不详。页面 26×19 厘米，每页 9 行，每行 6 至 14 字。线装，绵纸，保存完好。

（11）《玉皇经上卷》

道教经典，原稿落款字样为壬午年正月三十日抄毕，羽士卢道德置用。页面 24×18 厘米，每页 9 行，每行 4 至 18 字。线装，绵纸，保存完好。

（12）《玉皇经中卷》

道教经典，嘉庆十二年丁丑月十九日抄毕，羽士卢道德置用。页面 26×19 厘米，每页 8 行，每行 4 至 16 字。线装，绵纸，保存完好。

（13）《玉皇经下卷》

道教经典，嘉庆十一年丁丑月抄毕，卢道德置用。页面 26×19 厘米，每页 11 行，每行 6 至 19 字。线装，绵纸，保存完好。

（14）《帝目科》（道派用）

道教经典，嘉庆十九年五月初二抄完，卢道德置用。页面 26×20 厘米，每页 7 行，每行 6 至 15 字。线装，绵纸，保存完好。

（15）《诸品经科》

道教经典，大清同治八年六月十二日抄完，羽士卢道德置用。页面 25×17 厘米，每页 9 行，每行 4 至 12 字。线装，绵纸，保存完好。

（16）《启幡科》（《飏幡科》）

道教经典，嘉庆十一年十一月十五日抄完，卢道德置用。页面 25×20 厘米，每页 9 行，每行 10 至 17 字。线装，绵纸，保存完好。

（17）《炼度科》

道教经典，道光十二年六月二十四日抄完，羽士卢道德抄用。页面 26×19 厘米，每页 9 行，每行 8 至 16 字。线装，绵纸，保存完好。

（18）《破狱科》

道教经典，道光十二年六月二十四日抄完，羽士卢道德抄用。页面 26×19 厘米，每页 9 行，每行 8 至 16 字。线装，绵纸，保存完好。

（19）《十方焉科》（《十方忏悔科》）

道教经典，道光十二年六月二十四日抄完，羽士卢道德抄用。页面 26×19 厘米，每页 9 行，每行 8 至 16 字。线装，绵纸，保存完好。

（20）《血湖经》

道教经典，道光一年十一月二十四日抄完，卢道德置用。页面 25×19 厘米，每页 9 行，每行 14 至 18 字。线装，绵纸，保存完好。

(21)《金章经》

道教经典，道光一年十一月二十四日抄完，卢道德置用。页面 25 ×19 厘米，每页 9 行，每行 14 至 18 字。线装，绵纸，保存完好。

(22)《单朝科》

道教经典，道光十三年九月三十日抄完，卢道德置用。页面 25 ×19 厘米，每页 8 行，每行 6 至 15 字。线装，绵纸，保存完好。

(23)《二宫枝粮科》(《二宫科》)

道教经典，天运丙子年七月初七日抄完，卢道德置用。页面 25 ×20 厘米，每页 8 行，每行 10 至 20 字。线装，绵纸，保存完好。

(24)《化衣科》(《化依科》)

道教经典，羽士卢道德抄用，抄完时间不详。页面 25 ×19 厘米，每页 9 行，每行 6 至 13 字。线装，绵纸，保存完好。

(25)《贡王设醮科》

道教经典，道光壬午年正月十七日抄完，卢道德抄用。页面 25 ×19 厘米，每页 9 行，每行 6 至 12 字。线装，绵纸，保存完好。

(26)《解讼科》

道教经典，道光二十九年十二月二十一日卢道德抄用。页面 25 ×20 厘米，每页 11 行，每行 7 至 17 字。线装，绵纸，保存完好。

(27)《土府三时科》(《雷府三朝科》、《三朝解冤科》)

道教经典，大清同治元年五月二十八日羽士卢道德抄用。页面 24 ×19 厘米，每页 9 行，每行 6 至 15 字。线装，绵纸，保存完好。

(28)《玉枢经》

道教经典，羽士卢道德抄用，抄写时间不详。页面 26 ×19 厘米，每页 11 行，每行 6 至 18 字。线装，绵纸，保存完好。

(29)《度人经》

道教经典，嘉庆十二年丁丑月抄完，羽士卢道德置用。页面 23 ×16 厘米，每页 7 行，每行 14 至 17 字。线装，绵纸，保存完好。

(30)《尊典经上卷》

道教经典，道光十三年二月十五日卢道德抄用。页面 26 ×19 厘米，每页 11 行，每行 10 至 21 字。线装，绵纸，保存完好。

(31)《尊典经中卷》

道教经典，道光十三年四月初七日卢道德抄用。页面 25 ×20 厘米，每页 10 行，每行 17 至 22 字。线装，绵纸，保存完好。

(32)《尊典经下卷》

道教经典，道光十三年六月二十三日卢道德抄用。页面 25 ×20 厘米，每页 11 行，每行 6 至 20 字。线装，绵纸，保存完好。

(33)《三宫经》(《三宫经科》)

卢道德抄用，抄写时间不详。页面 25×19 厘米，每页 11 行，每行 8 至 19 字。线装，绵纸，保存完好。

(34)《消灾经》

道教经典，用于度道仪式。道光十八年戊戌岁七月卢道德抄用。页面 25×19 厘米，每页 9 行，每行 6 至 13 字。线装，绵纸，保存完好。

(35)《血湖经》

道教经典，道光十八年戊戌岁七月卢道德抄用。页面 25×19 厘米，每页 9 行，每行 6 至 13 字。线装，绵纸，保存完好。

(36)《救苦道场经》

道教经典，道光十八年戊戌岁七月卢道德抄用。页面 25×19 厘米，每页 9 行，每行 6 至 13 字。线装，绵纸，保存完好。

(37)《东斗经科》

道教经典，抄写者、抄写时间不详。页面 25×19 厘米，每页 11 行，每行 10 至 17 字。线装，绵纸，保存完好。

(38)《南斗经科》

道教经典，抄写者、抄写时间不详。页面 25×19 厘米，每页 11 行，每行 10 至 17 字。线装，绵纸，保存完好。

(39)《关告科》

道教经典，嘉庆二十二年丁丑月（四月）三十日卢道德抄用。页面 26×21 厘米，每页 9 行，每行 8 至 16 字。线装，绵纸，保存完好。

(40)《静坛科》

道教经典，嘉庆二十二年丁丑月（四月）三十日卢道德抄用。页面 26×21 厘米，每页 9 行，每行 8 至 16 字。线装，绵纸，保存完好。

(41)《安镇科》

道教经典，嘉庆二十二年丁丑月（四月）三十日卢道德抄用。页面 26×21 厘米，每页 9 行，每行 8 至 16 字。线装，绵纸，保存完好。

(42)《开启科》

道教经典，嘉庆二十二年丁丑月（四月）三十日卢道德抄用。页面 26×21 厘米，每页 9 行，每行 8 至 16 字。线装，绵纸，保存完好。

(43)《蛟龙科》(《交龙科》)

道教经典，嘉庆二十二年丁丑月羽士卢道德抄用。页面 22×16 厘米，每页 7 行，每行 8 至 19 字。线装，绵纸，保存完好。

（44）《解冤科》

道教经典，嘉庆十九年四月二十二日，惠照玄笔，羽士卢道德置用。页面 25×21 厘米，每页 7 行，每行 4 至 12 字。线装，绵纸，保存完好。

（45）《贡王科》

道教经典，甲申年二月二十九日卢道德抄用。页面 26×20 厘米，每页 9 行，每行 16 字。线装，绵纸，保存完好。

（46）《延生科》

道教经典，甲申年二月二十九日卢道德抄用。页面 26×20 厘米，每页 9 行，每行 16 字。线装，绵纸，保存完好。

（47）《诸神目科》

道教经典，甲申年二月二十九日卢道德抄用。页面 26×20 厘米，每页 9 行，每行 16 字。线装，绵纸，保存完好。

（48）《土府科》

道教经典，甲申年二月二十九日卢道德抄用。页面 26×20 厘米，每页 9 行，每行 16 字。线装，绵纸，保存完好。

（49）《大斋科》

道教经典，甲申年二月二十九日卢道德抄用。页面 26×20 厘米，每页 9 行，每行 16 字。线装，绵纸，保存完好。

（50）《延生科》

道教经典，壬戌年二月初十日抄完，抄写者不详。页面 24×19 厘米，每页 9 行，每行 5 至 14 字。线装，绵纸，保存完好。

（51）《庆墓安龙科》

道教经典，壬戌年正月二十六日羽士卢道德抄用。页面 24×19 厘米，每页 7 行，每行 5 至 11 字。线装，绵纸，保存完好。

（52）《天师戒度科》

道教经典，抄写者、抄写时间不详。页面 24×19 厘米，每页 9 行，每行 6 至 15 字。线装，绵纸，保存完好。

（53）《庆墓土府三时科》（《庆宅墓三时科》）

道教经典，壬戌年正月二十八日卢道德抄用。页面 24×19 厘米，每页 9 行，每行 6 至 13 字。线装，绵纸，保存完好。

（54）《道师丧场科（三时用）》

道教经典，大清同治四年十二月二十一日羽士卢道德抄用。页面 25×19 厘米，每页 9 行，每行 9 至 16 字。线装，绵纸，保存完好。

（55）《水符科》

道教经典，光绪十七年辛卯太岁九月初一壬戌日羽士卢道德抄用。页面26×19厘米，每页9行，每行8至19字。线装，绵纸，保存完好。

（56）《谢雷科》

道教经典，光绪十七年辛卯太岁九月初一壬戌日羽士卢道德抄用。页面26×19厘米，每页9行，每行8至19字。线装，绵纸，保存完好。

（57）《丧场三时科》（《道家入坛陛寂共科》）

同治四年十一月二十日抄，抄写者不详。页面25×19厘米，每页9行，每行4至15字。线装，绵纸，保存完好。

（58）《伸斗科》

道教经典，嘉庆十九年四月十八日，惠照玄抄。页面25×20厘米，每页7行，每行10至12字。线装，绵纸，保存完好。

（59）《告斗科》

道教经典，嘉庆十九年四月十八日，惠照玄抄。页面25×20厘米，每页7行，每行10至12字。线装，绵纸，保存完好。

（60）《赞车科》

道教经典，道光十三年正月二十日卢道德抄用。页面25×20厘米，每页9行，每行11至16字。线装，绵纸，保存完好。

（61）《杂谢科（诸神目在内）》

道教经典，同治九年三月十七日，羽士卢道德抄用。页面25×17厘米，每页9行，每行6至17字。线装，绵纸，保存完好。

（62）《宿启科》

道教经典，道光三十年正月三十日，羽士卢道德抄用。页面25×19厘米，每页11行，每行5至15字。线装，绵纸，保存完好。

（63）《救苦三朝科》

道教经典，道光十一年十一月十三日，卢天真抄，卢道德置用。页面25×20厘米，每页9行，每行6至17字。线装，绵纸，保存完好。

（64）《告王科》

道教经典，道光十一年五月二十日，卢天真抄，卢道德置用。页面25×19厘米，每页9行，每行6至14字。线装，绵纸，保存完好。

（65）《雷府小解冤科》（《解冤科》）

道教经典，卢经龙抄用，抄写时间不详。页面25×19厘米，每页9行，每行6至16字。线装，绵纸，保存完好。

（66）《攒聚科》

道教经典，大清道光壬午年六月二十八日抄毕，羽士卢道德抄用。页面

25×19 厘米，每页 9 行，每行 6 至 15 字。线装，绵纸，保存完好。

（67）《水灯科》

道教经典，道光二十九年十二月二十八日，羽士卢道德抄用。页面 25×19 厘米，每页 11 行，每行 10 至 16 字。线装，绵纸，保存完好。

（68）《召孤科》

道教经典，道光二十九年十二月二十八日，羽士卢道德抄用。页面 25×19 厘米，每页 11 行，每行 10 至 16 字。线装，绵纸，保存完好。

（69）《雷露科》

道教经典，道光二十九年十二月二十八日，羽士卢道德抄用。页面 25×19 厘米，每页 11 行，每行 10 至 16 字。线装，绵纸，保存完好。

（70）《书式集》

道教经典，道光二年二月，羽士卢道德抄用。页面 25×19 厘米，每页 11 行，每行 9 至 18 字。线装，绵纸，保存完好。

（71）《书意》

道教经典，光绪十四年三月初十，羽士卢道德抄用。页面 25×18 厘米，每页 9 行，每行 4 至 15 字。线装，绵纸，保存完好。

［调查地点：广南县底圩乡石尧村民委员会那学村；调查对象：卢经龙；调查时间：2008 年 2 月；调查整理：黄贵权］

2. 同剪村民委员会那洪村盘云明收藏的古籍文献

同剪村民委员会位于底圩乡驻地西南 6.5 千米处，山区、半山区，辖 18 个村民小组（自然村），居住壮、汉、瑶等民族。1949 年前属北藩乡，1950 年属者兔区同剪乡，1958 年为底圩公社同剪管理区，1961 年为同剪大队，1962 年为小公社，1970 年复称同剪大队，1984 年恢复为同剪乡，之后，先后称同剪行政村、同剪村民委员会。“同剪”为当地壮语“急弯的坝子”之意。

那洪村民小组（那洪村）位于同剪村民委员会驻地以北 3 千米处。至 2008 年，那洪村有 20 户，101 人，村民多数是蓝靛瑶，有盘蓝姓（8 户）、盘灰姓（5 户）、邓姓（5 户）、李姓 A（1 户）、李姓 B（1 户）共 5 个家族。目前，如果有必要，在那洪村，度戒、丧葬等大型宗教仪式，本村的人就可以完成，可以完全不请外村人。不过，目前的那洪村，学问高深的宗教人士都已在 40 岁以上，人数也极少。总的来看，那洪村的宗教知识、技能在不断失传，主要表现是，现在那洪村的度戒、丧葬等大型宗教仪式，比 20 世纪 50

年代以前，已经大大简化。就度戒仪式来说，从前往往都是做贡筵红楼（简称“贡筵”）等级的（蓝靛瑶度戒仪式的等级，由高到低依次是“金楼明真”、“贡筵红楼”、“青灯土府”、“日午安龙”），要持续七天七夜，但如今，度戒仪式基本都是“日午安龙”的等级，并掺杂一些“青灯土府”等级的内容，持续时间为三天三夜。由于大型宗教仪式的这种简化，目前，那洪村及其周边蓝靛瑶村寨许多祖传下来的宗教典籍，其用途、用法皆已失传，导致这些已经无法用得上的书，得不到更新和很好保护而严重损毁。例如，笔者四兄从笔者父亲那里继承，然后又转传给笔者的一本典籍，据说是传自笔者曾祖父盘道庆道公，这本用于贡筵等级度师仪式的典籍，比目前村民使用的《救患科》要厚得多，在四兄转传给笔者时，封面、封底和大量页码都已经严重损毁，并且，由于无本可依，要想在那洪村及其周边蓝靛瑶村寨对该书进行修复、补漏，已经不可能了。

蓝靛瑶的宗教知识、技能的传承，具有相当程度的家族性。就那洪村来说，具有丰富宗教知识、高超宗教技能，有较高宗教和社会地位的宗教人士，全部都出自盘灰姓家族和盘蓝姓家族。正因如此，那洪村蓝靛瑶的古籍，绝大多数都集中收藏在这两个家族里。所有 5 户邓姓家庭都没有藏书（一个邓姓家庭有 1 本歌书，那是从盘蓝姓的盘云台家借去而未归还的），李姓的两个家庭中，一个家庭没有书，另一个李姓家庭虽有少量的藏书，但这个家庭收藏的书，在盘灰姓、盘蓝姓家族中都可以找到。因而，对邓姓和李姓家庭的藏书情况，笔者就未作细致调查。

此外，在调查中还了解到，盘灰姓、盘蓝姓的藏书，主要集中收藏在几个家庭里。究其原因，是因为蓝靛瑶古籍的传承，是一种父传子或祖父传孙子、叔父或伯父传侄子、兄传弟等的传承方式，在这种传承方式下，祖父、父亲、叔父或伯父总是要把宗教经典等古籍，传给在宗教知识及技能方面最优秀的儿子、孙子、侄子。在这种情况下，其他儿子、孙子以及相关父系直系亲属多半也没有意见。例如，在那洪村，就有叔父因为自己不能很好地使用宗教经典而主动把父亲传给自己的少量古籍转传给自己侄子的实例。当然，在古籍的这种传承中，有时也存在一些儿子、孙子以及相关的父系直系亲属有意见的情况。这种意见的存在，偶尔还会引起父系直系亲属，如兄弟之间的不和睦。不过，这样的不和睦，一般都能够较快获得平息。在具有宗教知识、技能传统的蓝靛瑶家庭里，不管男子、女子，他们的眼里，宗教典籍等古籍是十分珍贵的无价之宝。曾经有过这样的事例，即 1949 年之前，那洪村盘灰姓家庭嫁到那学村卢姓家庭的一个女子，当她家的房屋失火时，她丈夫不在家，她第一个冒险抢救出的财产，就是她丈夫的一大箱古籍，据说，她在抢救出这箱古籍之后，就再也没有机会抢救出她家的其他财物了。这就是目前那学村她的孙子卢经龙道公那里，至今还保存有一套在底圩乡乃至附近乡镇的蓝靛瑶中最为完整、几乎完好无损的道派经典的原因。当然，卢经龙道公所收藏书籍保存得完整、完好的原因，也在于他与他父亲、祖父一样，都十分珍惜这些书籍，在对这些书籍的运输、使用、保存过程中，特别细心。如前述，笔者到卢经龙道公家拜访时，发现他的书籍整整齐齐地码放在木箱里，把木箱摆放在阴凉、干燥的楼上，还在木箱里放一种笔者不知其汉语名称的草籽，用以防虫。他的这种做法，是笔者在云南各地蓝靛瑶村寨中未曾见过的。此外，那些喜爱学习宗教知识、技能的人，除了从祖父或父亲、兄长、叔父或伯父等那里继承古籍之外，往往也积极地给自己添置没有的古籍，添置的方式就是从亲戚、朋友那里借来书，然后抄写。例如，下面将要介绍到的那洪村盘蓝姓村民盘玄绵道人，他的藏书很大一部分是他父亲在20世纪70年代亲自手抄的。当然，盘玄绵的藏书中，也有其叔父把继承自其祖父的书转传给他的。再有就是，在一些很亲近的亲友之间，也较多存在拿自己的手抄本相互赠送的情况。这种相互赠送的书，往往在封底的页码上，也就是在其他书籍标注抄写完时间、抄写人姓名、书的主人等内容的页码上，标注“某人抄赠某人”的落款。

以下是盘云明道公家里收藏的古籍。

盘云明，男，瑶族，道公，现年54岁，小学毕业，现为同剪村民委员会主任、党支部书记，曾做过农村宣传员、粮库保管员等工作，并在者戛行政村、底圩行政村任职。他的古籍文献、法器、法衣等，是从其父盘妙诵道公那里继承。他用来收藏古籍文献的木箱，摆放在卧室高处，木箱的大小、形状与卢经龙道公所使用的木箱相同。自从其父于1982年去世后，那洪村及相邻的坡来村的丧葬仪式大多都由他来主持，相对而言，他主持度道仪式要少一些。盘云明道公收藏的古籍文献不对笔者保密。现将他的藏书名目列出于下：

（1）《鸳鸯对唱用》

情歌的歌书，毛笔手抄，创作者、抄写者、抄写时间不详。页面21×16厘米，共29页。线装，绵纸，保存完好。

（2）《起斋安排神步用》

道教经典，讲述罗列度道仪式、丧葬仪式各个步骤的先后次序。毛笔手抄。创作者、抄写者、抄写时间不详。页面21×18厘米，共10页。线装，绵纸，保存完好。

（3）《绕棺科》

道教经典，用于丧葬仪式。毛笔手抄。创作者、抄写者、抄写时间不详。

页面 25 × 22 厘米，共 7 页。线装，绵纸，保存完好。

(4)《推灵科》

道教经典，用于丧葬仪式。毛笔手抄。创作者、抄写者、抄写时间不详。页面 25 × 22 厘米，共 9 页。线装，绵纸，保存完好。

(5)《拾呈科》

道教经典，用于丧葬仪式。毛笔手抄。创作者、抄写者、抄写时间不详。页面 25 × 22 厘米，共 6 页。线装，绵纸，保存完好。

(6)《山头科》

道教经典，用于丧葬仪式。毛笔手抄。创作者、抄写者、抄写时间不详。页面 25 × 22 厘米，共 8 页。线装，绵纸，保存完好。

(7)《收灯科》

道教经典，用于丧葬仪式。毛笔手抄。创作者、抄写者、抄写时间不详。页面 25 × 22 厘米，共 7 页。线装，绵纸，保存完好。

(8)《临时发丧场科》

道教经典，用于丧葬仪式。毛笔手抄，民国十八年抄完。页面 25 × 17 厘米，共 50 页。线装，绵纸，保存完好。

(9)《末霄丧场科》

用于丧葬仪式，毛笔手抄。创作者、抄写者、抄写时间不详。页面 25 × 21 厘米，共 42 页。线装，绵纸，保存完好。

(10)《玄满科》(《完满科》)

道教经典，用于度道、丧葬仪式，汇集了度道仪式、丧葬仪式常用的宗教经文。毛笔手抄。创作者、抄写者、抄写时间不详。页面 27 × 25 厘米，共 150 页。线装，绵纸，封面、封底及其相邻页码已破损无存。

(11) 盘云明的《书意》

道教经典，盘云明接受度道仪式时他的师父写给他的书，毛笔手抄。页面宽 25 厘米，共 1 卷。线装，绵纸，保存完好。

(12) 佚名

用于婚姻仪式，记录婚姻仪式中需要歌唱的民歌歌词。毛笔手抄。创作者、抄写者、抄写时间不详。页面 19 × 15 厘米，共 32 页。学生练习本，封面、封底及其相邻页码已损毁无存。

[调查地点：广南县底圩乡同剪村民委员会那洪村；调查对象：盘云明；调查时间：2007 年 2 月；调查整理：黄贵权]

3. 盘应晓师公收藏的古籍文献

盘应晓，男，瑶族，师公，44 岁，初中毕业，现为外县某私营矿厂的矿主，约 2000 年以前，一直在家务农。盘应晓师公的古籍文献、法器、法衣等，有一部分是从其父盘妙诵道公那里继承，大部分为自己抄录，还有一部分是他的妻子的大哥赠送的。他用来存放古籍文献的木柜，是蓝靛瑶传统用于做嫁妆的有 4 个支撑脚的衣柜，柜体呈正方体，长、宽、高约为 70 厘米。约 2000 年以来，因为他在外做生意，很少在家，他的妻子和未成年子女也随他外出生活，因此，他的文献古籍主要由他的女婿保管。那洪村、坡来村、那学村等村寨的度师仪式，大多数都由他主持。他收藏的古籍文献，未对笔者保密。其经目如下：

（1）《救患科》

道教经典，用于度师仪式，汇集了度师仪式常用的宗教经文。毛笔手抄。创作者、抄写者、抄写时间不详。页面 26×21 厘米，共 372 页。线装，绵纸，封面损毁无存。

（2）《川光科》

道教经典，用于度师仪式。毛笔手抄。创作者、抄写者、抄写时间不详。页面 22×13 厘米，共 54 页。线装，绵纸，封面损毁无存。

（3）《帝母科》（师派用）

道教经典，用于度师仪式。毛笔手抄。创作者、抄写者、抄写时间不详。页面 23×22 厘米，共 60 页。线装，绵纸，保存完好。

（4）《功曹科》，道教经典，用于度师仪式。毛笔手抄。创作者、抄写者、抄写时间不详。页面 21×22 厘米，共 18 页。线装，绵纸，保存完好。

（5）《多样式书》

道教经典，属用于择吉日良辰等方面的杂典。毛笔手抄，创作者、抄写者、抄写时间不详。页面 21×14 厘米，共 18 页。线装，绵纸，保存完好。

（6）佚名

道教经典，宗教秘语，用于丧葬仪式、婚姻仪式等。毛笔手抄，创作者、抄写者、抄写时间不详。页面 24×15 厘米，共 44 页。线装，绵纸，封面已毁损无存。

（7）《好日十良》

道教经典，用于择吉日良辰。毛笔手抄。创作者、抄写者、抄写时间不详。页面 21×17 厘米，共 176 页。线装，绵纸，保存基本完好。

（8）《急中救患科》

道教经典，汇集了度师仪式常用的宗教经文。毛笔手抄。创作者、抄写者、抄写时间不详。页面 24 ×21 厘米，共 136 页。线装，绵纸，封底已破损无存。

（9）佚名

道教经典，宗教秘语，用于烧香、求花仪式等。毛笔手抄。创作者、抄写者、抄写时间不详。页面 22 ×13 厘米，共 72 页。线装，绵纸，保存完好。

（10）《起斋坛敬唱用》

歌书，记录度师仪式中用民歌曲调歌唱的歌词。毛笔手抄。创作者、抄写者、抄写时间不详。页面 19 ×12 厘米，共 22 页。线装，绵纸，保存完好。

（11）《榜式》

道教经典，度师仪式使用的《散花榜》等榜文。毛笔手抄。创作者、抄写者、抄写时间不详。页面 23 ×15 厘米，共 22 页。线装，绵纸，保存完好。

（12）佚名

道教经典，祭祀斗神等神灵的祭词（与秘语书一样，这类书一般都不公开）。毛笔手抄。创作者、抄写者、抄写时间不详。页面 27 ×21 厘米，共 50 页。线装，绵纸，封面、封底已损毁无存。

（13）《雜谢科》

道教经典，用于祭献水神的祭献仪式。毛笔手抄。创作者、抄写者不详。光绪二十九年抄毕。页面 24 ×20 厘米，共 106 页。线装，绵纸，保存完好。

（14）《玉皇经下卷》

道教经典，用于度道仪式。毛笔手抄。创作者、抄写者不详。光绪二十四年抄毕。页面 25 ×19 厘米，共 34 页。线装，绵纸，保存基本完好。

（15）《持索科》

道教经典，用于度道仪式。毛笔手抄。创作者、抄写者、抄写时间不详。页面 22 ×13 厘米，共 98 页。线装，绵纸，封底已损毁无存。

（16）《榜集》

道教经典，用于度道、度师仪式，包括度道仪式使用的《门外榜》、度师仪式使用的《散花榜》等榜文。毛笔手抄。创作者、抄写者、抄写时间不详。页面 22 ×16 厘米，共 22 页。线装，绵纸，封面已损毁无存。

（17）《伸斗科》

道教经典，用于度道仪式。毛笔手抄。创作者、抄写者、抄写时间不详。页面 23 ×17 厘米，共 44 页。线装，绵纸，保存基本完好。

（18）佚名

道教经典，用于丧葬仪式。毛笔手抄。创作者、抄写者、抄写时间不详。

页面 25 × 19 厘米，共 32 页。线装，绵纸，保存基本完好。

（19）《蛟龙科》（《交龙科》）

道教经典，用于度道仪式、丧葬仪式。毛笔手抄。创作者、抄写者、抄写时间不详。页面 21 × 15 厘米，共 16 页。线装，绵纸，封面已残损无存。

［调查地点：广南县底圩乡同剪村民委员会那洪村；调查对象：盘应晓；调查时间：2007 年 2 月；调查整理：黄贵权］

4. 盘应舆收藏的古籍文献

盘应舆，男，瑶族，35 岁，师人，小学毕业，一直在家务农。他没有单独主持度师仪式的能力。他是已故其父盘经慈道公所收藏的古籍文献、法器、法衣等的唯一继承者。他的古籍文献被保存在神案抽屉里，不对笔者保密。古籍名目如下：

（1）《飞章科》

道教经典，用于度道、丧葬仪式。毛笔手抄。创作者、抄写者、抄写时间不详。页面 26 × 17 厘米，共 24 页。线装，绵纸，保存基本完好。

（2）《坛院科》

道教经典，用于度道、丧葬仪式。毛笔手抄。创作者、抄写者、抄写时间不详。页面 26 × 17 厘米，共 24 页。线装，绵纸，保存基本完好。

（3）佚名

道教经典，用于度师仪式、择吉日良辰，含度师仪式使用的《喃相科》、《油麻歌》等经文。毛笔手抄。创作者、抄写者、抄写时间不详。页面 27 × 20 厘米，共 14 页。线装，绵纸，保存基本完好。

（4）《临时发丧场科》

道教经典，用于丧葬仪式。毛笔手抄。创作者、抄写者、抄写时间不详。页面 20 × 14 厘米，共 69 页。线装，绵纸，保存基本完好。

（5）佚名

道教经典，用于度道仪式。毛笔手抄。创作者、抄写者、抄写时间不详。页面 20 × 14 厘米，共 35 页。线装，绵纸，封面已残损无存，其他基本完好。

（6）《师道伸奏集》

道教经典，用于度道、度师仪式。毛笔手抄。创作者、抄写者、抄写时间不详。页面 19 × 12 厘米，共 26 页。学生中楷本，封面残损无存，其他完好。

（7）《绕棺科》

道教经典，用于丧葬仪式。笔手抄，创作者、抄写者不详。民国五十年抄经。页面 22×16 厘米，共 40 页。线装，绵纸，保存完好。

（8）《推灵科》

道教经典，用于丧葬仪式。笔手抄，创作者、抄写者不详。民国五十年抄经，页面 22×16 厘米，共 40 页。线装，绵纸，保存完好。

（9）《拾呈科》

道教经典，用于丧葬仪式。手抄本。创作者、抄写者不详。抄写时落款为民国五十年。页面 22×16 厘米，共 40 页。线装，绵纸，保存完好。

（10）《山头科》

道教经典，用于丧葬仪式。手抄本。创作者、抄写者不详。民国五十年抄经。页面 22×16 厘米，共 40 页。线装，绵纸，保存完好。

（11）《收灯科》

道教经典，用于丧葬仪式。手抄本。创作者、抄写者不详。民国五十年抄经。页面 22×16 厘米，共 40 页。线装，绵纸，保存完好。

（12）《四书旁训·告子》

旧学课本，印刷时间不详。页面 24×13 厘米，共 42 页。线装，绵纸，保存完好。

（13）《四书旁训·离娄》

旧学课本，印刷时间不详。页面 23×12 厘米，共 26 页。线装，绵纸，保存完好。

（14）佚名

歌书，包括婚姻仪式、度戒仪式里用民歌曲调歌唱的歌词和讲历史的歌词。毛笔手抄。创作者、抄写者、抄写时间不详。页面 25×22 厘米，共 96 页。线装，绵纸，封面、封底和部分页码都已损毁无存。

（15）《盘家三代祖宗》

道教经典，记录盘应舆道人家三代祖先的法名和每个祖宗的出生时间，用于算命、合婚、度戒、祭祀、丧葬等。毛笔手抄。创作者、抄写者、抄写时间不详。页面 26×15 厘米，共 5 页。线装，绵纸，保存完好。

（16）《神步歌》

歌书，用于度道、度师仪式，记录度道、度师仪式每个步骤需用民歌曲调歌唱的歌。毛笔手抄。创作者、抄写者、抄写时间不详。页面 22×14 厘米，共 10 页。线装，绵纸，保存基本完好。

（17）《六十甲子》

道教经典，用于择吉日良辰。毛笔手抄。创作者、抄写者、抄写时间不详。页面 26×20 厘米，共 4 页。线装，绵纸，保存完好。

（18）《末霄丧场科》

道教经典，用于丧葬仪式。毛笔手抄。创作者、抄写者、抄写时间不详。页面 23×18 厘米，共 24 页。线装，绵纸，保存完好。

（19）《合婚书》

道教经典，用于婚姻算命、记录男女属命与五行的关联、根据五行相生相克原理推理出什么命的男女可婚配等内容。毛笔手抄。创作者、抄写者、抄写时间不详。页面 17×25 厘米，共 110 页。线装，绵纸，保存完好。

（20）《杂谢科》

道教经典，用于祭献水神。毛笔手抄。创作者、抄写者、抄写时间不详。页面 26×20c 厘米，共 58 页。线装，绵纸，保存完好。

（21）《天师戒度科》

道教经典，用于度道仪式。毛笔手抄。创作者、抄写者、抄写时间不详。页面 22×15 厘米，共 76 页。线装，绵纸，保存完好。

（22）《玄满科》（《完满科》）

道教经典，用于度道、丧葬仪式，汇集了度道仪式、丧葬仪式常用的宗教经文。毛笔手抄。创作者、抄写者、抄写时间不详。页面 28×20 厘米，共 76 页。线装，绵纸，保存完好。

［调查地点：广南县底圩乡同剪村民委员会那洪村；调查对象：盘应舆；调查时间：2007 年 8 月；调查整理：黄贵权］

5. 盘玄绵道人收藏的古籍文献

盘玄绵，男，瑶族，31 岁，道人，小学毕业，在家务农。他还不能单独主持度道、丧葬仪式，但他的水平已经接近道公。他收藏的古籍文献，绝大多数从他父亲那里继承，但个别书籍是他叔父转传给他的。他用于装盛古籍文献的木箱，形状、大小，都与盘云明道公装盛古籍文献的木箱相同，但他的木箱是摆放在自己卧室离地 40 厘米左右的高度。所收藏的古籍文献如下：

（1）《一本诸式在内》

道教经典，用于度道仪式。毛笔手抄。创作者、抄写者、抄写时间不详。页面 26×25 厘米，共 54 页。线装，绵纸，保存基本完好。

（2）《天师戒度科》

道教经典，用于度道仪式。毛笔手抄。盘玄绵的父亲抄写于1976年。页面28×18厘米，共22页。线装，绵纸，保存完好。

（3）《披替科》

道教经典，用于度道仪式。毛笔手抄。盘玄绵的父亲抄写于1976年。页面28×18厘米，共22页。线装，绵纸，保存完好。

（4）《开启科》

道教经典，用于度道仪式。毛笔手抄。盘玄绵的父亲抄写于1976年。页面28×18厘米，共22页。线装，绵纸，保存完好。

（5）《二宫科》（《二宫枝粮科》）

道教经典，用于度道仪式。钢笔手抄。盘玄绵的父亲抄写，抄写时间不详。页面28×18厘米，共25页。线装，绵纸，保存基本完好。

（6）《沐浴科》

道教经典，用于丧葬仪式。钢笔手抄。创作者未落名。盘玄绵的父亲抄写，抄写时间不详。页面28×18厘米，共17页。线装，绵纸，保存基本完好。

（7）《化衣科》

道教经典，用于丧葬仪式。钢笔手抄。创作者未落名。盘玄绵的父亲抄写，抄写时间不详。页面28×18厘米，共16页。线装，绵纸，保存基本完好。

（8）《启师科》

道教经典，用于度道、丧葬仪式。毛笔手抄。创作者、抄写者、抄完时间不详。页面28×17厘米，共56页。线装，绵纸，保存完好。

（9）《神目科》

道教经典，用于度道仪式。创作者、抄写者、抄完时间不详。页面28×24厘米，共30页。线装，绵纸，保存完好。

（10）《二宫枝粮科》（《二宫科》）

道教经典，用于度道仪式。毛笔手抄。创作者、抄写者、抄完时间不详。页面27×22厘米，共28页。线装，绵纸，保存基本完好。

（11）《飞章科》

道教经典，用于度道仪式。毛笔手抄。创作者、抄写者不详。1962年依据清道光年抄本抄录。页面22×15厘米，共86页。线装，绵纸，保存完好。

（12）《延生科》

道教经典，用于度道仪式。毛笔手抄。创作者、抄写者不详，癸亥年十二月抄完。页面27×20厘米，共86页。线装，绵纸，保存基本完好。

（13）《告斗科》（《叩斗科》）

道教经典，用于度道仪式。毛笔手抄。创作者、抄写者未落名，但知道是盘玄绵父亲于 1972 年 12 月抄完。页面 29 × 19 厘米，共 28 页。线装，绵纸，保存基本完好。

（14）《丌启科》

道教经典，用于度道、丧葬仪式。毛笔手抄。创作者、抄写者不详，壬子年十二月抄完。页面 29 × 19 厘米，共 58 页。线装，绵纸，保存完好。

（15）《一本诸品经书通用》（《一本诸品通用》）

道教经典，用于度道仪式。毛笔手抄。创作者、抄写者未落名，但知道是盘玄绵父亲于 1976 年 9 月抄完。页面 27 × 24 厘米，共 68 页。线装，绵纸，保存完好。

（16）《一本霄丧科》

道教经典，用于丧葬仪式。毛笔手抄。创作者、抄写者未落名，但知道是盘玄绵父亲抄写，1971 年 11 月抄完。页面 24 × 18 厘米，共 48 页。线装，绵纸，保存完好。

（17）《炼度科》

道教经典，用于丧葬仪式。毛笔手抄。创作者、抄写者未落名，但知道是盘玄绵父亲抄写，1974 年 11 月抄完。页面 25 × 24 厘米，共 26 页。线装，绵纸，保存完好。

（18）佚名

道教经典，用途不详。毛笔手抄。创作者、抄写者、抄完时间不详。页面 26 × 21 厘米，共 28 页。线装，绵纸，封面、封底已损毁无存，其余保存完好。

（19）《玄满科》

道教经典，用于度道、丧葬仪式，汇集了度道仪式、丧葬仪式常用的宗教经文。毛笔手抄，创作者、抄写者、抄完时间不详，页面 24 × 20 厘米，共 144 页。线装，绵纸，封面、封底和部分页码已损毁无存。

（20）《安龙科》（《庆墓安龙科》）

道教经典，用于度道仪式。毛笔手抄。创作者、抄写者未落名，但知道是盘玄绵父亲抄写。1973 年 10 月抄完，页面 24 × 18 厘米，共 62 页。线装，绵纸，保存完好。

（21）《破狱科》

道教经典，用于丧葬仪式。毛笔手抄。创作者、抄写者未落名，但知道是盘玄绵父亲抄写，1973 年 11 月抄完。页面 25 × 17 厘米，共 20 页。线装，绵纸，保存完好。

(22) 佚名

道教经典，秘语书，用于度道仪式。毛笔手抄。创作者、抄写者、抄完时间不详。页面 27×19 厘米，共 18 页。线装，绵纸，保存完好。

(23)《蛟龙科》

道教经典，用于度道、丧葬仪式。毛笔手抄。创作者、抄写者未落名，但知道是盘玄绵父亲抄写，1973 年 10 月抄完。页面 25×18 厘米，共 18 页。线装，绵纸，保存完好。

(24)《起幡科》(《启幡科》)

道教经典，用于丧葬仪式。毛笔手抄。创作者、抄写者、抄完时间不详。页面 26×18 厘米，共 45 页。线装，绵纸，保存完好。

(25)《化依科》(《化衣科》)

道教经典，用于丧葬仪式。毛笔手抄。创作者、抄写者、抄完时间不详。页面 27×23 厘米，共 58 页。线装，绵纸，保存完好。

(26)《炼度科（启请用)》

道教经典，用于丧葬仪式。毛笔手抄。创作者、抄写者未落名，但知道是盘玄绵父亲抄写，1973 年 11 月抄完。页面 25×17 厘米，共 19 页。线装，绵纸，保存完好。

(27)《单朝科》

道教经典，用于丧葬仪式。毛笔手抄。创作者、抄写者未落名，但知道是盘玄绵父亲抄写，1976 年抄完。页面 27×18 厘米，共 36 页。线装，绵纸，保存完好。

(28)《绕棺科》

道教经典，包括《绕棺科》、《推灵科》、《拾呈科》、《山头科》、《收灯科》在内，用于丧葬仪式。毛笔手抄。创作者、抄写者、抄完时间不详。页面 24×17 厘米，共 25 页。线装，绵纸，保存完好。

(29)《一本临时发丧场科》

道教经典，用于丧葬仪式。毛笔手抄。创作者、抄写者、抄完时间不详。页面 24×18 厘米，共 48 页。线装，绵纸，保存完好。

(30)《喃相书式》(《喃相科》)

道教经典，用于度戒仪式。毛笔手抄。创作者、抄写者、抄完时间不详。页面 23×22 厘米，共 17 页。线装，绵纸，保存完好。

(31)《十良书》

道教经典，用于择吉日良辰。毛笔手抄。创作者、抄写者、抄完时间不详。页面25×23厘米，共98页。线装，绵纸，封面、封底和部分页码已损毁无存。

（32）佚名

道教经典，用于择吉日良辰等。毛笔手抄。创作者、抄写者、抄完时间不详。页面30×23厘米，共18页。线装，绵纸，保存完好。

（33）佚名

道教经典，用途不详。毛笔手抄。创作者、抄写者、抄完时间不详。页面22×17厘米，共29页。线装，绵纸，封面和部分页码都已损毁无存。

（34）《一本乙雷用结》

道教经典，用途不详。毛笔手抄。创作者、抄写者、抄完时间不详。页面24×15厘米，共62页。线装，绵纸，封底及其相邻页码已损毁无存。

（35）佚名

道教经典，用途不详。毛笔手抄。创作者、抄写者不详。同治十七年抄完，页面24×17厘米，共64页。线装，绵纸，保存基本完好。

（36）《金书秘法》

道教经典，秘语书。毛笔手抄。创作者、抄写者、抄完时间不详。页面22×17厘米，共10页。线装，绵纸，封底和部分页码已损毁无存。

（37）《表式集》

道教经典，用于度戒、丧葬仪式。毛笔手抄。创作者、抄写者、抄完时间不详。页面23×14厘米，共51页。线装，绵纸，保存基本完好。

（38）佚名

道教经典，用于丧葬仪式。毛笔手抄。创作者、抄写者、抄完时间不详。页面23×18厘米，共54页。线装，绵纸，封底和部分页码已损毁无存。

（39）佚名

道教经典，用途不详。毛笔手抄。创作者、抄写者、抄完时间不详。页面15×22厘米，共14页。线装，绵纸，保存基本完好。

（40）佚名

道教经典，秘语书。用于度道、丧葬仪式。毛笔手抄。创作者、抄写者、抄完时间不详。页面19×12厘米，共94页。线装，大白纸，保存基本完好。

（41）《黄龙》

神像画，用于度道仪式。彩画、毛笔标题。绘完时间不详。页面75×33厘米，共1张。绵纸，保存基本完好。

（42）《青龙》

神像画，用于度道仪式。彩画、毛笔标题。绘完时间不详。页面75×33

厘米，共1张。绵纸，保存基本完好。

（43）《上星》

神像画，用于度道仪式。彩画、毛笔标题。绘完时间不详。页面75×33厘米，共1张。绵纸，保存基本完好。

（44）《送章》

神像画，用于度道仪式。彩画、毛笔标题。绘完时间不详。页面75×33厘米，共1张。绵纸，保存基本完好。

（45）《赵马元帅》

赵元帅、马元帅的神像画，用于度道仪式等。彩画、毛笔标题。绘完时间不详。页面75×33厘米，共1张。绵纸，保存基本完好。

（46）《左师》

神像画，用于度道仪式等。彩画、毛笔标题。绘完时间不详，页面75×33厘米，共1张。绵纸，保存基本完好。

（47）《朱陵度命天尊》

神像画，用于度道、丧葬仪式。彩画、毛笔标题。绘完时间不详。页面75×33厘米，共1张。绵纸，保存基本完好。

（48）《太清宫》

神像画，用于度道、丧葬仪式。彩画、毛笔标题。绘完时间不详。页面75×33厘米，共1张。绵纸，保存基本完好。

（49）《上清宫》

神像画，用于度道、丧葬仪式。彩画、毛笔标题。绘完时间不详。页面75×33厘米，共1张。绵纸，保存基本完好。

（50）《玉清宫》

神像画，用于度道、丧葬仪式。彩画、毛笔标题。绘完时间不详。页面75×33厘米，共1张。绵纸，保存基本完好。

（51）《右圣》

神像画，用于度道仪式等。彩画、毛笔标题。绘完时间不详。页面75×33厘米，共1张。绵纸，保存基本完好。

（52）《邓关元帅》

邓元帅、关元帅的神像画，用于度道仪式等。彩画、毛笔标题。绘完时间不详。页面75×33厘米，共1张。绵纸，保存基本完好。

（53）佚名

神像画，用于度道仪式等。彩画、毛笔标题。绘完时间不详。页面75×33厘米，共1张。绵纸，保存基本完好。

(54)《九迷搜罪天尊》

神像画，用于丧葬仪式。彩画、毛笔标题。绘完时间不详。页面 75 ×33 厘米，共 1 张。绵纸，保存基本完好。

(55)《总士》

神像画，用于度道仪式等。彩画、毛笔标题。绘完时间不详。页面 75 × 33 厘米，共 1 张。绵纸，保存基本完好。

［调查地点：广南县底圩乡同剪村民委员会那洪村；调查对象：盘玄绵；调查时间：2008 年 2 月；调查整理：黄贵权］

6. 盘云台道人收藏的古籍文献

盘云台，男，瑶族，道人，51 岁，小学毕业，在家务农，农闲时常到附近村庄给别人做木工。他是当地比较爱好对唱民歌的歌手，但他没有单独主持度道、丧葬仪式的能力。他收藏的古籍文献，不对笔者保密。书名如下：

(1)《洪恩路用歌》

歌书，用于婚姻仪式。毛笔手抄。创作者、抄写者、抄完时间不详。页面 20 ×16 厘米，共 94 页。线装，绵纸，封面已残损无存。

(2)《玄满科》

道教经典，用于度道、丧葬仪式，汇集了度道仪式、丧葬仪式常用的宗教经文。毛笔手抄。创作者、抄写者、抄完时间不详。页面 23 ×21 厘米，共 218 页。线装，绵纸，封面、封底及部分页码已残损无存。

［调查地点：广南县底圩乡同剪村民委员会那洪村；调查对象：盘云台；调查时间：2007 年 2 月；调查整理：黄贵权］

第九章
红河州瑶族文字古籍

前　言
——红河州瑶文古籍流传、保存综合分析评估报告

盘金祥　罗文福

本研究主要调查的是长期流传、保存在云南省红河哈尼族彝族自治州（以下简称红河州）境内的瑶族民间的瑶文古籍和口承古籍，并对这些古籍的使用、保存、流传等环境作实地考察记录。在对民间熟悉并掌握瑶族古籍的有关道公、师公的调查访谈中，我们发现，瑶族民间尚保存有大量的瑶文古籍，有的古籍不仅保存完好，而且保存的时间还相当长。在红河州境内，州级有关文化单位保存有瑶文古籍的很少，研究和整理瑶文古籍的单位和专业人员更少，可以说基本没有，更多的瑶文古籍主要保存在瑶族村寨的师公和道公家里，部分则被收集、保存在县民族局。

瑶族村寨中师公和道公人数的多少与瑶族村寨的大小没有直接关系，有的村寨虽大，但只有一名师公或道公，甚至没有，有的村寨虽小，但还是有两三名师公和道公，如金平县金河镇石桩村委会的石桩新寨，仅 27 户人家，就有两名师公。师公和道公家里保存的瑶文古籍数量也不一样，但常用的一些瑶文古籍基本上是一致的，不同的只是保存时间的长短，有的古籍保存的时间相当久远，有的则是近年对古籍的新抄本。保存时间的长久与其家庭几代人都是师公和道公有关，保存时间短的古籍，有的是家庭成员分家另立门户后现抄的瑶文古籍，或刚成为师公和道公不久保存的以及恢复宗教活动后抄写的。在瑶族“勉”［$mien^{42}$］支系的社区中只有师公［sai^{42} $o\eta^{33}$］这种叫法，而没有道公之说，而在“门”［mun^{11}］支系的瑶族社区中，则既有师公［$\theta ai^{53}mun^{22}$］的叫法，同时又有道公［$taau^{44}$ mun^{22}］的称呼，且师公和道公的职能范围既有区别，也有联系和配合。

一、红河州瑶族基本情况

红河哈尼族彝族自治州地处滇南边陲，是一个多民族聚居的边疆民族自治地方，也是云南省瑶族的主要聚居地之一。瑶族迁入红河州的时间前后不一，路线也不一样，但大部分是从广东、广西、湖南、贵州等省迁入文山壮族苗族自治州，由文山壮族苗族自治州陆续进入红河州。瑶族先民曾在蒙自、建水、屏边等县居住，现在的分布情况是后来才形成的。有少部分瑶族是从越南进入红河的，一部分又从红河迁往普洱市的江城、西双版纳傣族自治州的景洪市、勐腊县等地。据2000年统计，红河州瑶族人口共有78 183人，占全州总人口数的1.8%。其中，金平苗族瑶族傣族自治县瑶族人口39 942人；河口瑶族自治县瑶族人口21 097人；元阳县瑶族人口7 922人；绿春县瑶族人口6 968人；红河县瑶族人口2 002人；屏边苗族自治县瑶族人口252人。

居住在红河州的瑶族分为两个支系：一是勉［mien^{42}］或优勉［jiu^{42} mien^{42}］支系，这一支系的瑶族主要分布在金平县，仅有少数人口分布在河口和元阳县。他们在不同的地方有不同的称呼。在广西、广东有叫“过山瑶”的，也有叫“盘瑶”或“勉瑶”的；在云南省文山州有“大板瑶”、“板瑶”、“角瑶”之称；在红河州境内主要称呼为“红头瑶”。此外，在金平县、元阳县境内，还有“广东瑶”、“广西瑶”、“贵州瑶”、“开化瑶”、“花瑶”等他称。他们居住非常分散，但自称均为“勉”或“优勉”，语言均属于汉藏语系苗瑶语族瑶语支，一般称为瑶语勉话（勉话或称勉方言、优勉方言、优勉土语）。

二是门［mun^{22}］或金门［kiim^{22} mun^{22}］支系，这一支系的瑶族主要分布在河口、金平、元阳、绿春、红河、屏边。门支系的瑶族也同勉支系一样，在不同的地方有不同的他称，自称“门”、“金门”、“金底门”或“黑尤门”，一般称呼为“蓝靛瑶”。此外还有“沙瑶”、“平头瑶”等他称。蓝靛瑶使用的语言也属于汉藏语系苗瑶语族瑶语支，一般称为瑶语门话（门话或称瑶语金门方言、金门土语、门方言）。

二、红河州瑶族语言文字与瑶文古籍

红河州内有两个瑶族支系，他们的语言分属“勉话”和“门话”两个方言。也就是说，他们不仅保存有自己的语言，而且还保存有自己的传统文字。从多年的调查、研究和接触来看，两个方言的语音、词汇、语法等都非常接近，但总的来说，“门话”的语音和声调要比“勉话”复杂一些。因此，两个方言的人一般不能通话，但历来使用的文字都是同一种文字类型的方块瑶文，民间也保存有大量的瑶文古籍，这些瑶文古籍的历史较长，内容十分丰富，包括宗教典籍、传说故事、歌谣和流传于民间的口碑古籍等。

红河州内的瑶族与其他地区的同一支系的瑶族一样，经父子相传、师徒传授，以瑶音、瑶义、借用汉字、自创文字等来记述本民族的历史、经文、诗歌和书写信件、契约和经济账目等，人们把这种文字俗称为“方块瑶文”。一些专家把这种文字归为“汉字文化圈”国内的汉字式词符文字。这种文字至今仍在这两个支系的瑶族社区中传承使用，是瑶族文化的重要载体。从文字形式和书写方法来看，它们与汉字差别不大。因此，一般认为瑶族自古以来所用文字均为汉字，事实上，它的读音、字义与汉字是有较大差别的，应是一种自成系统的文字，至今仍是这两个支系瑶族社区中重要的文字工具。这种文字何时传入瑶族地区并形成瑶族自己的文字，由于缺乏可靠的资料，今已难以考证。但多数研究民间道教和语言文字的专家认为，这种文字是随道教一起传入瑶族社会的，因此，有人称瑶族所信仰的道教为瑶传道教。

由于道教经典是用汉文书写的，当这些经典传入瑶族社会的时候，“方块瑶文”也就随之传入了。从瑶族民间道教的教派来源、神灵系统等诸多特征来看，道教最迟在宋代已传入瑶族社会中，甚至有人认为在南北朝时即已传入，至今已有一千多年的历史。人们已经注意到，瑶族虽居住分散，但各地师公和道公念诵经文和咒语等都是按一种接近汉语粤方言的语音来念，说明道教主要是经广东或与广东邻近地区的道士传入瑶族地区的。清道光《广南府志》卷二《风俗》载，瑶人“男女皆知书”。民国《马关县志》卷二载，（清）瑶人“有书父子自相传习，看其行列笔画似为汉人所著，但流传既久，转抄讹谬，字体文义殊难索解。彼复实而秘之，不轻示人，愈不可纠正矣”。此“书”应该是指“瑶文经典”，其所记内容除道教经典外，还应包括其他瑶族典籍在内。此“书”的“字体文义殊难索解”，并非汉字的“转抄讹谬”，实乃瑶文是汉文的次生物，两者在构字方式上有承续关系、形体相仿之故。

今天，我们在瑶族村寨所见到的瑶文古籍主要有两类，即经书和歌书，由于经书和歌书使用的是不同的语音系统，因此，其用途和使用范围也不同。经书主要用于记录和诵读道教典籍，歌书则用于抄写歌谣、创作民歌以及记录家谱、历史传说故事、信歌等。在此，我们不妨称瑶族这种语言为瑶族的书面语言，瑶族的书面语言和其日常生活中所用的口语既有交叉，又有不同。经书字音按汉语粤方言来读，歌书字音多数用瑶族语言来读，勉支系的瑶族甚至直接用汉语唱汉语歌谣，以此来抒发感情。大体来说，经书、歌书和口语的词汇均自成系统，相互间有重合的部分，也有不同的部分。经书和歌书、歌书和口语之间各有较多重合的词汇，而经书和口语之间相同的词汇则较少。经书在瑶文文献中所占的比重较大，但多数掌握在师公和道公等宗教人士手中。而歌书主要用于记录人类繁衍、民族源流、农事活动、本民族中的英雄事迹、婚姻丧葬习俗以及历史上被迫迁徙的原因及状况等，以七言句式编写成书。过去几乎每家都有一些歌书，放于家中妥善保存，不轻易示人。不论经书或歌书，一般都用毛笔抄写在绵纸上，装订成册，厚薄不一，从二十多页到数百页不等。有的瑶文古籍在扉页上留有抄写者的名字和抄写完成的日期，有的则只有书名而无其他任何标记。瑶文古籍的抄写年代有清代的、民国的乃至现代的。

在红河州瑶族社区，用方块瑶文记载的瑶族文献，有的已有相当长的历史，内容涉及面也很广，基本上涉及了瑶族的宗教、历史、政治、经济、教育、习俗等各个方面。瑶族很早以前就用“方块瑶文”记录经书、歌谣、家谱等，这从各地不断搜集到的有关瑶书的抄写时间可以得到证实。1985 年 12 月，在河口瑶族自治县的赵金乡家发现落款为景定元年［南宋理宗（赵昀）庚申 1260 年］的《评皇券牒》抄本，这是“方块瑶文”至今所能见到的较早实物依据，已有 700 余年的历史。此外，瑶族的祖先迁居红河地区时，就随身带来了相当数量的书籍，代代相传，沿袭至今。以上这些事实说明，瑶族迁入云南之前，“方块瑶文”和瑶文古籍已经在瑶族社会中普遍传承和存在。云南各地的瑶族均一致认为，其祖先来自广东、广西、贵州，甚至有人认为，在南北朝时“方块瑶文”即已传入瑶族社区，至今已有一千多年的历史。从目前来看，方块瑶文最主要的功能仍在于记录瑶族道教的各种宗教经典和民间歌谣。还有一点可以确定的是，红头瑶和蓝靛瑶虽分布广，信仰的都是瑶传道教，举行的宗教仪式略有差异，所受道教影响的程度也不同，但各地师公和道公做法事时念诵经文和咒语等所有借词都按汉语“粤方言”发音，说明道教主要是经广东或与广东邻近地区的道士传入瑶族地区的。瑶族发源于长江中游的两湖地区，自三苗以来就有向南迁徙的特点，广东北部与湖南相邻的地区很早就有瑶族先民在活动，隋唐以后这些地区才有瑶族见诸文献，并非他们此时才向南迁徙，宋代以后更有大量瑶族向两广迁徙，广东境内已遍布瑶族，成为瑶族分布的中心区之一。瑶族的分布状况与瑶族道教中表现出来的地域特征是相吻合的。

清代和民国时期各地史籍所载表明，方块瑶文不仅记载了瑶族的道教经典，还是瑶族传统教育的重要内容。如《连阳八排风土记》卷七《约束》载：“五排十一冲瑶人，于五经、四书、孝经、小学一字不肯读。平日排师所教者，皆瑶书也。瑶书有数种，如《阎罗科》、《上桥书》、《扶道降神》等。皆鄙俚，诞妄不经。”粤北瑶区瑶书皆为宣扬道教教义的经书，云南的情况也大致相同。如清道光《广南府志》卷二《风俗》载：瑶人“男女皆知书”。这些书籍大致可分为两大类，一类被称为“神书”，其内容主要记录本民族的宗教和传说故事、仪礼习俗等内容，如《大献川光科》、《鬼脚科》、《开山科》、《盘王歌》、《师公和道公书》、《通书》等；另一类是记载歌谣、家谱、碑文、传说故事等。如《盘古》、《伏羲兄妹》、《穷郎与岳父》、《月亮里的砍树人》、《选大王》、《梁山伯与祝英台》、《刘三姐》等。这些瑶文古籍在“文化大革命”前几乎家家户户都有保存，特别是懂“方块瑶文”的民间艺人保存得更多，目前可以见到的大部分抄本都是这类瑶文古籍。瑶文古籍均用毛笔抄写在绵纸上，装订成册，厚的有一两百页，薄的只有20余页，甚至几页。

新中国成立前，各地瑶族村寨还断断续续地办过学堂，聘请懂“方块瑶文”的老师任教。每期约2～3个月，有的4～5个月，学生20人左右，一般都在冬春农闲季节时开办学堂。学生的课本有的是自带，有的由老师手抄成册送给学生阅读。教学时要求每个学生不仅能读会背，还要学会抄录祖传的古典经文，记歌谣、家谱等。学费2～10元不等。此外，开学之前，一个学生要出一只鸡请祭师祭祀孔子，以后方能入学，这说明瑶族受汉族文化的渗透较深。瑶族村寨中的很多男青年，由于没有条件进学堂，就只有靠自学，自动请识字的人教，在家里学，在田间学，互帮互学。因此，在瑶族社区中有很多男青年都懂“方块瑶文”，同时也就识得了很多汉字。后来，由于受到各种政治运动的冲击，这种传统也就逐渐消失。最近几年，在绿春、金平等地的瑶族民间艺人陆续开办了一些类似的培训班，很受当地村民的欢迎。

党的十一届三中全会后，国内外有关瑶族语言文字专家、学者用拉丁字母创制了一套《瑶文方案》（草案），并于1984年与美国瑶族、泰国瑶族统一了文字方案（草案），这种瑶语拼音文字曾在我国的广东、广西、云南等地试行。国外瑶族社区也在推广应用这种文字，编写瑶语教材、歌谣、翻译瑶文古籍、民间传说等。红河州也曾办过相关的瑶文培训班和学习班，但它并没有像方块瑶文那么普及并深深地影响瑶族的文化。

三、红河州瑶文古籍搜集整理情况

红河州的瑶文古籍搜集、整理工作起步较晚，略懂瑶文古籍知识的人员主要在基层，而且人员也很少，至今没有一名瑶文古籍工作人员在州级相关文化单位工作。1989年，红河州民族研究所为了了解瑶文古籍情况，聘用绿春县瑶族民间艺人邓胜华先生，对全州瑶文古籍进行调查并撰写了相应的内容提要，为全州的瑶文古籍编目工作打下了较好基础，也开创了瑶文古籍搜集、整理工作的先河。

1989年7月，“红河民族古籍工作会议”在州民族干部学校召开，与会者主要来自州内的哈尼、彝、瑶、苗、壮、布依等少数民族古籍翻译整理专业人员和业余爱好者以及民委系统的干部。会后成立了红河州少数民族古籍整理编委会。与会者就红河州各民族的古籍工作情况进行了热烈的讨论，并一致认为，瑶族是红河州为数不多的、有自己民族文献古籍的民族之一，但瑶文古籍保存、收藏、传承、整理工作滞后，专业人员奇缺，现有瑶文古籍正在不断地散失和毁坏，有价值的瑶文古籍不断向外流失。如早期的保存得完好无损的全套瑶族神画像，这些神画像不仅具有收藏价值，而且具有较大的商业价值，有些境内外人员相互勾结，低价收购，高价卖出。目前，全州瑶族地区，能够精通瑶族神画像绘画艺术的仅有 1 人，其瑶族神画像先后被卖到泰国等瑶族地区。

1991 年，金平县民委与金平县志办曾组织有关师公搜集、整理瑶族的度戒经文，并首次采用图书缩微技术对瑶文古籍进行缩微，准备由云南省少数民族古籍整理规划办公室资助出版，后因多种原因未能出版。2001 年 11 月，云南省少数民族古籍整理规划办公室在河口瑶族自治县成功地召开“云南省《中国少数民族瑶文古籍总目提要·瑶族卷》编写业务会议”。全省各州市的有关瑶文古籍专家、学者、干部参加了这次会议，会议极大地促进了红河州的瑶文古籍工作。

从此以后，瑶文古籍工作者和当地的瑶族干部走村串寨，共同努力，逐一调查统计，初步掌握了散存于红河州有关单位和瑶族村寨民间艺人家中的古籍约有 800 余卷。其中河口瑶族自治县民族局古籍室就征集到 120 余卷；绿春县民族局征集到 11 卷；红河州民族研究所征集到 29 卷（其中原件 14 卷，复印件 12 卷，新抄本 3 卷）；红河县民族局征集到 8 卷。河口瑶族自治县瑶族民间艺人收藏有瑶文古籍 110 余卷；红河县瑶族民间艺人收藏有瑶文古籍 140 余卷；绿春县瑶族民间艺人收藏有瑶文古籍 80 余卷；金平苗族瑶族傣族自治县瑶族民间艺人收藏有瑶文古籍 150 余卷；元阳县瑶族民间艺人收藏有瑶文古籍 100 余卷。

如上所述，红河州的瑶文古籍主要保存在农村的民间艺人手中，保存在有关民族和文化单位的主要在基层，保存在州级文化单位的不是很多。由于基层缺乏资金和人才，很少有专业人员去对收藏好的瑶文古籍进行研究和整理，若不抓紧时间对这些瑶文古籍进行整理，过不了几年，这些古籍也就成了摆设，成为天书或废纸一堆。总之，以上瑶文古籍工作的开展为红河州瑶文古籍工作奠定了一定的基础。

四、红河州瑶族宗教信仰活动的瑶文古籍传载

瑶族在宗教信仰活动中，无论是念口功、赞词、诵经、悼词等都是有经书

为据的，就是当面不念书本，也是书面语与口头表达。念口功，称“测法”，一般无经籍，主要在“投师学法”时，由师傅传授弟子；占卜使用《天罡时》、《六任时》、《乌鸦时》；赞词、诵经、悼词等均以《师歌书》为主。

瑶族对天、地、人的认识主要以《盘古歌》为源头，以《上呈意者》为依据。因此，红河州瑶族民间共供奉有七甲神，第一甲为供奉祖宗；第二甲为供奉行司；第三甲为供奉三清；第四甲为供奉三庙圣王；第五甲供奉的为上界，包括开天立地、盘古圣王、九天雷州大王、七星丙丁、广福五海龙王、黄曹天子、黄曹地子、伏荣伏羲姊妹、金良娘娘；第六甲供奉的为中界，包括外里本方地主官人、社王父母、社德大王、雷苗使者、五谷大王、禾花姊妹、禾穗小娘、收耗童子、管耗二郎；第七甲供奉的为下界，包括下界养财土地、养畜高婆、飞山童子、打猎圣姑、冷坛地主、管耗二郎、游春童子、把寨龙君、沙林木根土地、把寨老人、置金置宝置粮置料置禾置米神农五谷元宵姊妹、外里一条江水大小灵神。据说，瑶族民间共供奉有22尊（幅）神像，师公和道公对每一尊神像都要一请二拜，烧香供奉神灵，遂认为只有这样才能时时得到尊神护佑。

目前，瑶族普遍举行的宗教仪式有清明节、祭神、报年，其他仪式还有追魂、开财门、扫地、祭天地等。如果没有度过七星灯的人，要想举行更高一级的仪式，“三戒人”（挂十二大罗灯，度师）可以直接推开天门，七星灯的人只能借开天门，三星灯（即初戒，“成丁礼”仪式者）的人是没有资格叫天门的。七星灯的人在一天之内只能叫一次天，而度师的人一天之内可以叫两次天门，三星灯的人一年之内只能叫一次天。挂灯一般有初戒、二戒、三戒三个等级，等级越高神职地位也就越高。度师为“优勉”支瑶族最高度戒仪式，从其“神职”地位本身就具有明显级别差异，度“初戒”、“二戒”者，均取得神灵认可的名字，即“法名”，所从事的神事活动有限；度师者（三戒）所取得法名，称“郎名”。凡“度师”者可获得从事一切神事活动的特权。瑶族民间信奉拾宝、伏江、莲州、行平等四庙神灵，而金平县瑶族大多以信奉拾宝、伏江庙神祀为主，信奉连州、行平庙的瑶族鲜有。

在瑶族众多的宗教仪式中，比较重要的是“度戒”（或称“过法”），“红头瑶”称之为“度师”，“蓝靛瑶”称为“栽奢”。“度戒”有戒师主持，戒师根据“大同书”、二十八宿、六十甲等典籍测算出吉日良辰，届时举行。“度戒”仪式有“大度”、“小度”或“度天戒”、“度地戒”之分。“大度”通常由七个戒师主持，“小度”通常由五个戒师主持。蓝靛瑶“度戒”期间，该男子须在戒师家吃、住，不能出门，不可见天，走路时须戴帽低头，除戒师之外，他人不得与之讲话，不得吃油荤食物。入夜，方由戒师传授各种宗教仪礼和科目，如背诵相关宗教经典和本民族、本家族的历史等。“度戒”仪式在村寨附近的草坪上举行，度时先搭一度台于草坪上，然后由戒师将“度戒”之人引上度台，并由戒师念经请神，诸神和众人既至，戒师便领“度戒”者对天发誓：不杀人放火，不偷盗抢劫，不奸女拐妇，不虐待父母，不陷害好人，不做官欺人等等。誓毕，戒师掇火干水碗内，表示如有违誓，命运将如同火入水而灭。然后，戒师即喊一声“度下！”“度戒”者随即全身卷曲，两手指交叉紧扣膝盖，置头于两膝之中，从度台上一滚而下，台下有 8 人预先设一藤网接应，从度台“度下”时，若两手松脱，四肢朝天，则不仅被人耻笑，且被认为“功德修得不圆满”，没有“过关”，“神鬼不灵”，是一件终身的憾事。“度戒”后，由戒师宣读瑶文度戒牒文上的各种明文规定，加盖“老君印”，由“度戒”者保存至死。“度戒”有瑶族男子重大的成丁礼的意义。经过“度”和“度戒”“过关”者，日后便可继续与师父学习经文礼仪和其他道德训条，并受到社会尊敬，还被认为可以得到神灵保护。反之，则没有社会地位，不能取得姑娘的爱慕，甚至难以找到老婆。年长者如未举行此项仪式，一定时候需要补行，否则被认为“不是瑶家人”。长期以来，“度戒”已成为瑶族人民训诫孩子应该如何做人的教育形式，而且在瑶族社会生活中占有极为重要的地位。

瑶族男子命名有两次，一次为乳名，一次为法名，法名即“度戒”后由师父所取之名，此法名平时他人不得乱喊，唯有师父才能呼喊。瑶族有“拜寄”习惯，即小孩生病时，父母便认为自己命薄，须再拜寄他人为“干爹”、“干妈”为之“保全”，拜寄时先在门前插香，3 日内先来客人为“干爹”、“干妈”，并为小孩另取名，谓“干爹名”，以示解脱病灾。

随着社会的变迁，瑶族的许多宗教仪式也在发生变化，变化较大的是丧葬仪式：过去有复葬习俗，丧葬是分两次完成，现在是一次性完成。一般是家中有事时才去取坟重埋，没有事故发生的就不取，只是每年要上坟、保养坟。过去举行挂灯仪式时禁止外民族的人参加，生怕杂乱，而现在则开放得多了，允许其他民族的人员参加，只要不在仪式上进行扰乱活动即可。

五、红河州瑶文古籍保存中存在的问题

红河州瑶文古籍保存中存在的困难和主要问题有四个：一是思想认识问题。由于历次政治运动的影响，人们把瑶族开展宗教活动和宗教读物视为“封建迷信”、“牛鬼蛇神”的东西，致使瑶文古籍损失严重，有关宗教人士多次受到迫害，人们至今仍心有余悸。

二是瑶文古籍保存工作得不到应有的重视。现存瑶文古籍的保存工作都是民间的个人行为，政府很少参与保护活动，目前的保护行动是一个民族对自己民族传统文化的自觉行为，保存的方法基本上是沿用传统的，极易受损，特别易受虫灾和潮湿的影响。因此，建议有关部门对红河州瑶文古籍保存工作进行认真的调查研究，采取切实有效的保护措施，认真贯彻落实国家和云南省有关文件精神，把抢救整理出版瑶文古籍工作列入各级党委、政府的议事日程。

三是加强对瑶族群众进行宣传教育，切实做好瑶文古籍收集、保护、抢救工作，积极鼓励瑶文古籍掌握者或收藏者捐书献艺，为促进民族文化大省建设服务。对本民族文化作出重要贡献的民间艺人要给予奖励。

四是要培养既懂瑶族语言文字，汉文基础又好的瑶文古籍专业人才。因为，瑶文古籍不同于其他民族的古籍，里面涉及的不仅有古汉语和古汉字，而且涉及很多历史文化。所以，要求瑶文古籍专业人员的汉语功底要深厚。目前，全州乃至全省上下各有关文化单位和研究单位，没有一名受过正规教育或培训的瑶文古籍工作者，对瑶文古籍有所建树的人员基本上是业余爱好者或业余收藏、整理者。况且，瑶族社区如同其他民族社区一样，深受汉文化的影响，整个节假日，瑶族村社基本上充斥着一些都市的文化，通过电视播放的电视剧、电影、卡拉 OK 等基本上都是汉语节目，用本民族语言文字制作的节目非常少，因此，汉文化对瑶族传统文化带来了巨大的冲击，瑶族传统文化在不断的消失。瑶族师公和道公是瑶文古籍和瑶族传统文化传承的关键人物，他们的生存状况值得关注，年纪大的逐渐离开人世，在世的师公和道公正值生产、生活节奏加快的年代，整天为生活奔波、劳累，后继无人，青黄不接的情况非常严重。

现以金平县瑶族村寨的师公和道公现状为例，加以说明。该县瑶族村寨的师公和道公举行的仪式基本一致，各种仪式差别很小，差别主要表现在度戒仪式时的一些细节上的微妙差别和用法上的不一致。为了解决这种地域上的差别，如果一位师公和道公到一个不同的地方去举行仪式，只能以主持主要仪式的师公和道公的仪式为准。金平县金河镇是瑶族人口最多的一个镇，在县境内，师公和道公是有好几个，但大师公和道公没有几个。大师公和道公是精通各种祭祀的人，要成为师公和道公需通过度戒“二戒”，即挂七星灯以上者。黄金祥的哥哥黄金贵也是一名师公和道公，每年的大年初二有 160 余名弟子前来向他拜年，足见其影响力之大。附近的师公和道公主要有黄金贵、黄金祥、盘金华、盘金学、盘金连、盘文保等，他们都面临着不同程度的生活压力，无人接班成为他们共同关心的大事，有的村寨已经没有师公和道公，因此，有的师公和道公要走几十公里的路去帮助他人举行仪式，这种现象令人十分担忧。师公和道公们都不知道有关瑶文古籍保存、传承的有关政策和法律，对他们来说，如何对瑶文古籍进行保护和保存方面的知识还是一片空白。随着师公和道公数量的减少，瑶族传统文化就会不断被蚕食。瑶族师公和道公是没有什么特权的，他们每天也是像常人一样忙于生计，一旦有人求助于他时，他即使再忙，路途再遥远，也会把手中的活计停下来，毫不犹豫地按预定时间前去帮助消灾，如果政府出台有关保护民族传统文化的政策，可能会有更多的人学习，希望政府出台更好、更多的政策，以保护和传承瑶族的传统文化。

六、对红河州瑶文古籍保存和传承工作的建议

1. 红河州州级有关文化单位和研究部门至今没有一个专门研究瑶文古籍的专业人员，瑶文古籍各项工作滞后。建议在红河州有关文化和研究部门配备瑶文古籍专业人员，加强瑶文古籍的搜集、整理和抢救工作。

2. 每年集中对瑶族道公和师公进行培训，促进各地师公和道公之间的沟通和交流，增强他们对发展本民族传统文化和国家有关民族文化政策的认识。充分利用道公和师公的知识、威望为社会主义新农村建设服务。

3. 每年对师公和道公传承情况进行统计，传承得好的，国家应给予一定的物质奖励，平时也要关心师公和道公的工作，并对其生活给予一定的补助。

2008 年 2 月

云南省少数民族语言指导委员会

第一节　金平县瑶文古籍综合调查

一、概述

金平苗族瑶族傣族自治县位于红河哈尼族彝族自治州南部，西接绿春县，北连元阳县并隔红河与个旧市、蒙自县为邻，东隔红河与河口瑶族自治县相望，南与越南老街省及莱州省接壤，县城距边境直线距离 7.5 公里，拥有金水河国家级一类口岸和十里村热水塘、马鞍底地西北、金水河隔界 3 个边民互市点。全县为山高谷深的典型山区地貌，平地面积仅 10.14 平方公里，最高西隆山海拔 3074 米，为全州最高点；最低龙脖河河口海拔 105 米，属南亚

热带季风气候，雨量充沛，年降雨量 2251 毫米，干湿季分明，由于海拔悬殊，立体气候的特点明显。县城年平均气温 17.8℃，可谓“四季如春”；海拔 300 米左右的勐拉等地长夏无冬，海拔 2300 米以上的分水岭等高海拔地区则又长冬无夏。金平县不仅是全省瑶族人口较多的县之一，也是红河州瑶族人口最多的县，同时也是云南瑶族勉支系人口最多最集中的县，瑶族来源也较复杂，故在金平县的瑶族中，特别是在勉支系的瑶族就有“广东瑶”［tcaŋ^{42} toŋ^{33} mien^{42}］、“广西瑶”［tcaŋ^{42} fai^{33} mien^{42}］、“贵州瑶”［kui^{24} tsiu^{33} mien^{42}］、“开化瑶”［khai^{33} hua^{24} mien^{42}］之称。全县有苗族、哈尼族、傣族、彝族、壮族、拉祜族和尚未识别民族的岔芒人等，是一个民族氛围很浓的边疆民族县。

瑶族是自治民族之一，有 5775 户，35 115 人，分布在本县的金河镇、铜厂、金水河、马鞍底、营盘、老集寨、者米、阿得博、勐桥、勐拉等乡镇的 128 个自然村寨，与汉族、哈尼族、傣族、彝族、苗族、壮族、拉祜族等兄弟民族杂居，但保有小聚居和居住在山箐的特点。金平的瑶族分为勉［mien^{42}］和门［mun^{22}］两个支系，人口以勉支系的居多，分布也最广，有盘、赵、冯、李、罗、邓、黄、刘、陈姓，其中以盘姓居多。盘、赵、冯、邓、李 5 姓还分为不同的亚姓，其中，盘姓分为“红盘”［le^{42} pien^{42} si^{53}］、“灰盘”［le^{42} pien^{42} bu^{53}］、“青盘”［le^{42} pien^{42} meŋ^{33}］、“白盘”［le^{42} pien^{42} pe^{21}］；赵姓分为“大赵”［dom^{42} le^{42} tseu^{231}］、“中赵”又叫“岩上赵”［beŋ^{42} tsaŋ^{21} tseu^{231}］、“小赵”又叫“岩底赵”［le^{42} tseu^{231} ton^{33}］；冯姓分为“白冯”［le^{42} puŋ^{42} pe^{21}］、“灰冯”［le^{42} puŋ^{42} bu^{35}］、“红冯”［le^{42} puŋ^{42} si^{55}］；邓姓分为“酸邓”［le^{42} taŋ^{42} sui^{33}］、“炕邓”［le^{42} taŋ^{42} khaŋ^{33}］、干邓［le^{42} taŋ^{42} gai^{33}］，李姓分为“红李”，又称做“大灰李”［le^{42} lei^{42} si^{55}］。这种文化事象反映的不仅是每个姓氏和班辈的不同，而且意味着他们在有些宗教活动中的宗教仪式也有所不同，所选择的祭品也不一样，这些不同据说是由瑶族漂洋过海上岸后举行祭祀时传承下来的。

在金平不同称谓的瑶族群体中，他们的语言、服饰、居住环境均略有差异，居住在海拔高处的，一般称为“高山人”［luŋ^{42} laŋ^{33} mien^{42}］，而居住在海拔低处的被称为“矮山人”［luŋ^{42} ai^{35} mien^{42}］。门支系的瑶族在金平县的分布也很广，在当地也有不同的他称，有的被称为“蓝靛瑶”，有的被称为“沙瑶”和“平头瑶”。实际上，他们的语言、文化基本上是一样的，只是在一些文化上略有差异而已。

瑶族的古籍文献内容主要包括文学、历史、地理、经济、文字、艺术、医学、宗教、历法、文书、谱牒、民俗以及乡规民约等。其文献载体主要为两大类：一类是有文字记载的；其次是无文字记载的。有文字记载类的瑶文古籍主要是：以方块瑶文为载体的各种历史文书、宗教经文和文献典籍；无文字记载类的古籍主要是指历史上口头传承下来的、具有历史和文化价值的各种资料，大多反映本民族的风土人情、生活习俗、民族习惯等，如神话、史诗、传说、故事、歌谣、谚语、谜语等。

我们在本调查研究中，对有的瑶族村子的瑶文古籍只作面上的了解，对有的村子的瑶文古籍则进行了深入的调查、研究。本调查所选的田野点，和谐村、石桩村、白马河村、板板桥村均属金平县的金河镇管辖，但不是同一个村民委员会，其中，和谐村、石桩村、白马河村原属十里村乡，后因乡镇改革、合并，于2005年划归金河镇管辖。和谐村是县政协于2007年春节前才命名的，距县城仅有几公里左右，是由多个村寨的瑶族从山上搬下来组成的新村子，在村子中还居住有苗族和汉族，他们也是从其他村子搬来一起同住的。板板桥村是瑶族和汉族杂居村。石桩村、白马河村等村则是单一的瑶族村子。在本调查中，离金平县驻地最偏远的是营盘乡的牛滚塘村，也是单一的瑶族村。

瑶族村寨与政治、经济、文化中心县城的距离的远近与瑶文古籍保存的数量多少无关。例如，金平县金河镇八一村作为全县距离县城最近的瑶族村寨，按理说，这里的瑶文古籍是消失得最快的，但事实并非如此，有些瑶文古籍还比住在边远的瑶族村寨保存得更完好。云南民族大学民族研究所的宋恩常教授曾于1958年调查过该村寨（当时称作老街，后改为八一村，但瑶族至今仍喜欢称老街）的瑶族宗教文化，并对流传、保存于该村的瑶文古籍进行了较为全面的介绍。时隔近50年，八一村至今仍有师公在传承和保存着完好的瑶文古籍。又如，金河镇石桩村委会和谐村现有60户人家，250人，其中瑶族有55户、苗族有4户、汉族有1户，是一个瑶、苗、汉3个民族从山上不同的村寨新近迁居组合成的杂居新村，其居民主要是由老熊窝（瑶族村）、白马河（瑶族村）、石桩（瑶族村）、余家坪（苗族村）等村子迁来，至今仍有一名师公和两名能从事小型宗教仪式的人员。因此，经济的发展与文化的发展并不矛盾。因为在瑶族村寨中，注重瑶族传统文化继承和发扬的家庭，其经济状况较好。相反，只有经济基础较差的家庭才不会注重本民族文化的建设。现就和谐村、石桩村、白马河村和营盘乡牛滚塘村的瑶文古籍的典型调查，结合其他情况，将金平县瑶族民间传流的古籍文献和相关内容分述如下。

1. 金平县瑶族师公的传承方法

金平县瑶族村寨中保存经书的多少与人们会不会做宗教仪式有重要关系。从我们调查的瑶族村子来看，会做宗教仪式的人都比较好学，且有爱好藏书的习惯。因此，他们无论去到哪个瑶族村寨，只要见到自己没有收藏的瑶文古籍，自己觉得这本书有用时，就要想方设法去把它抄下来收藏。如果说瑶族是个全民信教的民族，这与事实不相符，但从瑶族的诸如《家仙书》中的“家仙”等文化现象中可以清楚地看出，瑶族民间道教对瑶族文化的影响是深远的。随着社会的发展，瑶族年轻人也像大多数现代青年人一样，对传统的文化知之甚少，他们多数人不是不想学习有关瑶族的宗教知识，而是缺少学习这种文化的氛围和环境。但瑶族的民间宗教信仰不会像瑶族民歌那样消失得那么快，因为，即使本村寨没有年轻人来继承学习，其他村寨的人照样会来拜师学艺。瑶族的宗教传承与瑶文古籍传承息息相关，可以自己传授给自己的儿子，也可以传授给外姓人。目前，金平县全县瑶族村寨师公断层相当严重，现有师公不仅人数少，而且年龄均在40岁以上。这种现象主要是受现代文化的冲击所致，师公人数越来越少，尤其是许多瑶族青年，不愿意学习瑶族的传统文化，对传统文化知之者越来越少。

和谐村的黄金祥、石桩村的盘金华、盘金学等师公从其祖辈到现在，每代都有人当师公。黄金祥师公于1966年5月5日生于蒋家坪，小学文化，仅读了一个月的初中，于2005年从蒋家坪迁到现在的和谐村居住，有两个儿子，现全家有5人。黄金祥是本村唯一的师公，虽然住在本村的一盘姓人也会“做师”，但实际上盘姓人为“初戒”人，资格浅，不可能成为“师公”，仅能做一般的宗教仪式活动，如做“叫魂”之类活动。本村中能举行小的宗教仪式的还有两个姓邓的人。和谐村黄金祥师公也像其他村寨的瑶族师公一样，只要有人求助于他，不管是白天黑夜，还是刮风下雨，不管路途有多遥远，都要按预约的时间和地点准时去帮助别人举行仪式，这是在度戒仪式过程中的戒文明确规定的。因此，黄金祥在分家时，无论是祖上留下的瑶文古籍抄本，还是新近的抄本都是留给小儿子，把重新抄的分给二儿子，大儿子因不会从事任何有关瑶族的宗教活动而什么都没有分给他，妇女对瑶文古籍一般都没有继承权。黄金祥本人接受父亲的传授而成为师公。因此，他保存的瑶文古籍大部分落款为其父黄文保的名字。也就是说，黄金祥成为其家庭瑶文古籍的唯一继承人。

一般而言，师公都是瑶族村寨中最有文化、知识的人，因此，在和谐村，保存瑶文古籍最多的也是黄金祥。此外，邓富情、李成旺也保存有几本瑶书。有些人需要用到某些方面的书时就会来向黄金祥借用，借用时一般不收取任何费用和办理任何手续，只需口头承诺用后归还即可。据说，瑶族最常用的瑶文古籍是《通书》、《算命书》、《解吓书》、《送亡书》、《天地书》等，其中最重要的是《通书》，经常有人找上门来要求帮助查看。此外，《师歌书》、《挂灯书》、《解吓书》、《招兵招粮书》等也常常要用到。

在金平县，不仅瑶族农村面临着传统文化断层的问题，而且年轻的瑶族干部对本民族传统文化不仅不懂，而且也不是很感兴趣，这也是影响保护和传承瑶族传统文化的一种因素。在金平县城参加工作的瑶族干部，如盘金亮（已故）、李玉明、李建军、盘成定、盘富进、盘金华、盘文亮、李富珠等都对瑶族传统文化做了大量的调查研究工作，对瑶族文化的传播和传承起到了积极的推动作用。随着这一批瑶族干部的不断离去，不是瑶族干部出现了断层，而是瑶族传统文化在后一辈的瑶族干部中出现了严重的断层，许多年轻的瑶族干部对本民族传统文化缺乏系统的学习和接触。

2. 金平县瑶文古籍的保存方法和保存环境

金平县瑶文古籍的传承、保存、毁坏与瑶族是否举行正常的宗教活动有着密切的关系，瑶族村寨公开并恢复正常的宗教活动始于农村实行土地承包责任制前后，也就是说，是经过“拨乱反正”以后才渐渐恢复的。在此之前，由于当时的政治形势，瑶族村寨的宗教活动都是秘密进行或隐蔽进行的，在举行宗教活动时，有时还要有人放哨，听到狗叫都要看看是谁来了。实际上，从“四清”破“四旧”到“文化大革命”，金平县的瑶文古籍就遭到了不同程度的破坏，直到1982年，金平县公安局的收藏室里还“收缴”有一大堆瑶文古籍，后来，因没人重视和妥善保管，这些古籍也不知去向了。

瑶文古籍是指用方块瑶文为载体的各类文书，这些文书主要保存于瑶族民间的师公家中，师公是瑶族文化的主要传承者、传播者和继承人，瑶族的师公平时与常人一样，每天都要参与正常的劳动，过着常人一样的生活。在“文化大革命”期间，金平县的瑶族师公中被迫害的主要有黄文保、黄文财等。因此，这个时候对瑶族村寨的瑶文古籍毁坏掉的不计其数。过去，瑶族的住房主要是茅草房，低矮潮湿，环境较差，因此，瑶文古籍的保存和收藏主要是防虫、防潮、防鼠、防火。现在，大部分瑶族村寨的住房已经发生了变化，大部分家庭已经住上了砖混结构的房屋，差一点的也是砖瓦房。住房的改善为瑶文古籍保存的环境大为改观，把瑶文古籍放在炕上、装在竹筒、竹篓里的已经很少见到，只是要注意防湿、防火罢了。

目前，瑶族的居住环境和卫生条件普遍有了改善，但对瑶文古籍的保存和传承条件令人担忧，虽然人们的衣食住行有了改善和提高，但是由于瑶族居住地区海拔较高，大量的茅草房变成砖瓦房后，屋内潮湿的现象比较严重，砖瓦房并没有原来的茅草房那样保暖、散热，好多村民的衣物放于木箱内，不久都要拿到户外去晾晒，否则就会发霉。因此，稍不注意，瑶文古籍也会受潮、毁坏。此外，从几位师公的瑶文古籍保存箱内发现，他们对这些瑶文古籍并不很爱护，各种书籍掺杂在一起，比较零乱，许多重要的瑶文古籍也不整理，而是随意摆放。

目前，很多瑶族宗教活动在减少，仪式在消失，一些瑶文古籍也随之消失。特别是随着社会的发展进步，人们的观念在发生变化，师公的思想观念也在发生变化，对瑶文古籍的保存和传承也带来了负面的影响。如按照瑶族礼仪，每年的除夕夜男女老少都要守夜，男的要念诵经文，女的也要很晚才休息，初一还要争挑第一桶水，以示来年更加勤劳，一些爱好民歌、经书的同伴，还会约起来吟唱。值得注意的是，20 世纪 80 年代以后出生的瑶族村民基本上都听不懂瑶族民歌，更谈不上会唱了。过去，人们出门就要唱歌，不会唱歌的人是不敢出远门的，甚至找不到对象，娶不到媳妇，现在，这些习俗已经渐渐离我们远去了。如前所述，现在，人们的居住环境和生活质量都有了较大的改善，但对瑶文古籍的保存并没有形成有效的保护，甚至对瑶文古籍的保存和传承带来不利，可能还会加速瑶文古籍的流失和毁灭。

实践证明，用真墨汁书写的瑶文古籍的保存时间最长久。瑶文古籍一般都是放置于不轻易被人跨过的高处，不能随意放于低处，任何人也不能往上跨过，即使是迁徙时，也是放在最高处。过去为了防潮，主要放在楼上、炕上，现在多数放在封闭较好的木箱内，以防虫害、鼠咬。“四清”和“文化大革命”运动时，人们为了保护瑶文古籍，采取的保护措施是把古籍存放在竹篓内，用竹壳或用布包裹好，置于炕上，再把瑶文古籍密藏在柴堆中，有的藏在岩洞中或埋在家屋的地下，以防遭劫。把瑶文古籍装在木箱内，普遍用木箱存放是包产到户后才大量出现，这与人们的生活质量的提高有关。因为，在过去，木箱对瑶族人来说是非常珍贵的，也是很重要的，婚礼时必送木箱（主要用来给新婚夫妇装衣物），所以是当时的重要生活用品。经常用到的书容易磨损，一旦瑶文古籍书快要损坏时，往往要重新誊抄，自己能书写的，就自己动手抄写，不能亲自动手抄写的就请人代抄，有的还请外民族的人帮抄。目前，抄一本《师歌书》的费用不低于 200 元，过去，抄一本瑶文古籍的费用为 16 ~ 20 元，抄写费与书本的厚度、抄写字数的多少有关。若是自愿给别人抄写，则不收取任何费用。黄金祥家常用的瑶文古籍是放置在大厅的电视机柜里，不常用的则放置在卧室的专用木箱内。

金平瑶族居住环境分为高山地区和矮山地区两大类型，因此，瑶文古籍的保存环境是不一样的，高山地区秋天以后渐渐转凉，伴随潮湿天气、阴雨天气的到来，不仅室内的衣物容易受潮、发霉，而且瑶文古籍也容易受潮腐烂；居住在矮山地区的瑶族村寨则一年四季都相对干燥，过去没有瓦房、水泥房时，主要是防火和防虫。现在很难看到师公将瑶文古籍置于炕上或木板上了，大多数瑶文古籍已装入木箱内保存。

我们此次调查，瑶文古籍大部分是瑶族自己抄的，有的是雇请外民族人来帮助抄写的。一般而言，在每本瑶文古籍的扉页，都附有抄写人的姓名以及抄写的年月，如“置主盘文旺记”或“置主人盘文旺记号”等字样。在调查中，我们曾发现有清代光绪三十四年冬月黄氏抄本和民国十五年冬日抄本以及近年抄写而成的瑶文古籍。

3. 金平县瑶族民歌的传承和消失

瑶族民歌的历史悠久，早在隋唐时期就有瑶族祭祀盘瓠而演唱《盘王歌》的有关记载。民歌以七言四句为一首的居多，偶尔也有三言、五言乃至十二言的杂言句，三言或五言常出现在句首，超过七言的往往用于第三、第四句中。如“回不尽”、“细禀报”、“造不尽”、“称称共个天门各朝在……称称各自久中庭厅里”等。由七言四句组成的民歌，瑶语勉话称之为“短歌”［dzuŋ^{42}naŋ^{33}］，而长达数百言的民歌则称作“长歌”［dzuŋ^{42}dau^{35}］，如流传于云南河口瑶族自治县南溪农场和坝洒农场一带的《黄花姐歌》，就有374行，3822个字。瑶族民歌讲究韵律，无论是长歌还是短歌，其句式都要求排列整齐，逢偶句的末尾字不押韵则押调，吟诵起来朗朗上口，非常便于歌唱。因此，清人陆祚蕃对瑶族民歌给予了很高的评价。他在《粤西偶记》中说：“虽文人提笔，未能过也。”瑶族在学习民歌的同时，很自然就学会了方块瑶文，所以在金平地区有“瑶族读书人少（进学校），识字人多”的说法。在云南，除了金平、元阳、勐腊的部分勉瑶社区外，很多地方的勉瑶民歌已经失传了，这一现象不得不引起高度的重视，后继无人的现象相当严重，现在很多地方的年轻人都已经听不懂，也不会唱了。

瑶族民歌作为瑶族传统文化的重要组成部分，既有以口头形式传承的，又有以书面形式传播的，内容丰富，贴近现实生活，几乎涉及瑶族的历史、社会、宗教、语言文字、音乐、文学等方方面面，是我们了解瑶族社会文化生活变迁的一面镜子，也是瑶文古籍的一种重要表现形式。可以说，瑶族的民歌是多种多样的，他们在书写爱情方面的信歌时，一般用红纸书写，叠成折页，有的虽用白纸或白布书写，但仍要用红纸包封，否则就认为不通情理。追怀歌之类的民歌主要追溯瑶族的历史和迁徙生活，内容有族源、迁徙路线、宗教信仰等，对瑶族的历史和文化具有比较高的参考价值，如《盘王歌》、《漂洋过海歌》等。

过去，瑶族都是生活在远离城市的边远地区，互相往来较少，但随着改革开放的深入，生活在不同地区的瑶族同胞以不同的方式进行了广泛的交流，尤其是金平县的瑶族干部和瑶族知识分子以传统民歌的方式，编写、整理、搜集了大量的瑶族民歌，向国内外展示了金平地区瑶族的风俗习惯，积极宣传我国改革开放的政策，在联络民族感情方面发挥了积极的作用，在国内外瑶族同胞中引起了强烈的反响，促进了各国瑶族同胞的相互了解和友谊。由金平县人大原主任盘金亮（已故）搜集、整理、保存的瑶族传统民歌有《出门情歌》（1909个字）、《俄勒岗州瑶族信歌》（2440个字）、《金平送君歌》（619个字）、《金平县广西村寻亲信歌》（1249个字）、《禁鸦片歌》（1064个字）、《旧年过了甲戌岁》（2849个字）、《梁山伯与祝英台》（1974个字）、《美国加州盘富德信歌》（1688个字）、《美国瑶亲富明友信歌》（1657个字）、《难情歌》（2562个字）、《盘古开天置地歌》（4141个字）、《漂洋过海歌》（2440个字）、《太爷歌》（1603个字）、《越南瑶族信歌》（4235个字）、《云梯歌》（255个字）、《中国下来乙丑岁　泰国步头立纸书》（987个字）、《出门歌》（994个字）、《朝代歌》（39 496个字）、《婚宴敬酒歌》（490个字）、《教人歌》（1158个字）、《金平》（2275个字）、《瑶族音郡歌》（470个字）、《生儿育女歌》（1241个字）、《中国旧朝盘承有》（2435个字）、《阿委苗丹》（753个字）、《坐地歌》（903个字）、《八仙洞歌》（3013个字）、《南流信》（3688个字）、《谜语歌》（955个字）、《越南清河县》（4235个字）、《谜语歌》、《过山唱歌》（2728个字）、《瑶人过海榜图》（3492个字）、《经历歌》（4789个字）。这些瑶族民歌经过搜集、整理后，有的被传抄，有的被制作成录音带或VCD光碟，很快就在不同瑶族地区传播，深受瑶族群众的喜爱。

（1）信歌

信歌又叫寄歌。以歌代信是瑶族最具特色的一种文化事项。信歌内容相当丰富，有反映青年男女谈情说爱，也有寻亲访友以及联谊的。信歌写好后一般都要用红纸封好，然后外书“抛寄歌信”字样。如《给美国瑶族的信歌》。

（2）情歌

情歌的内容也很丰富，语言优美，极富感染力。如《七姐歌》、《上云梯歌》等。

（3）伦理歌

这类民歌用于禁止有亲缘关系的青年男女误对情歌，在对唱情歌前，若对对方的情况不甚了解，就要以这类民歌进行试探，直到弄清楚双方的家门以后才能对唱。如《十二姓氏歌》。

（4）难情歌

难情歌又叫落难歌。这是一种以民歌的形式，苦诉个人的身世以及不幸的遭遇，有的具有积极向上的教育意义，有的让人读后极富同情心，禁不住潸然泪下。一般情况下，父母健在时，是不允许唱这种歌的，若唱了这种歌，则会遭到世人的责骂。如《赵四理落难歌》。

（5）婚俗歌

这类歌数量较少，主要反映瑶族的婚俗及其婚礼仪式。如《亲家理歌》。

（6）酒歌

这种歌的内容有如酒宴中的祝酒词，主要用于婚宴和款待较高贵的宾客等场所，曲调平稳而欢快，是瑶族款待宾客时带有娱乐性质的一种高级别的礼仪。

（7）谜语歌

瑶族的谜语歌具有浓郁的乡土气息，以现实生活中的花草树木等为谜面，歌者双方你来我往，有问有答，斗智、斗勇，是一种启迪人们思想和智慧的娱乐活动。如《何物歌》。

（8）汉语歌

汉语歌又叫客歌，意即汉族的民歌。由于瑶族是受汉文化影响较深的民族，他们不仅用瑶语唱本民族的民歌，而且还用当地的汉语唱当地的汉族民歌，这是一种较为特殊的文化现象。正因为瑶族与汉族的这种特殊关系，有的地方的瑶族已经不会用瑶语演唱本民族的民歌，而只能借助当地的汉语民歌（腔调接近当地的汉语民歌调子）来表达思想和抒发感情。如云南省富宁县操勉语的瑶族就是如此。瑶族把用自己的母语演唱的民歌叫作“勉歌”，即正宗的瑶族民歌，而把用汉语演唱的汉语民歌叫作“客歌”，即外来的汉族民歌。说明瑶族群众对这种民歌的态度是分明的，但没有什么偏见，有的地方的瑶族则两者兼唱，你用什么语言唱，他就用什么语言答。看来，瑶族用汉语唱汉族民歌已有相当长的历史，绝不是一朝一夕的事，它已经成为瑶族抒发感情不可缺少的一种表达方式。目前还坚持唱瑶族传统民歌的瑶族村寨，在金平县，除了平安寨、草果山、广西寨外，其他村寨都很少唱了，甚至没有人会唱了。民歌退出瑶族人的日常生活已有20年的历史，很多瑶族村寨已经难以见到有人在唱瑶族民歌的情景了。近年来，有些地方由于社会、经济、文化的发展，人们意识到了民族文化消失的危害和对本民族文化的需求，有的民间瑶族知识分子开始举办有关瑶族民歌传习班，有些热爱本民族文化的瑶族干部自己出资制作录像带、录音带、VCD光碟等，尽量保存和传播瑶族的传统文化。如由盘金华、李富珠等瑶族干部制作成的VCD光碟有《情游歌》，《漂洋过海歌》，《瑶族信歌》（上、下），《瑶族在世教人歌》等，深受瑶族群众的喜爱。

4. 金平县瑶族民间传说故事

瑶族民间传说故事随着老一辈人的不断离去以及受现代文化的不断冲击，这种口碑古籍与瑶族文化已渐行渐远。目前已经很少有人能说了，也很难找到民间传说故事的访谈对象，但很多瑶族师公本身就是这方面的行家，他们本身也是瑶族文化的传承者、传播者和继承者。因此，很多瑶族民间传说故事也是由瑶族师公传承下来的，只要有瑶族师公的存在，一些与本民族传统文化相关的民间传说故事就会有传承。因为，许多瑶族民间传说故事与瑶族的传统文化紧密联系，如《盘古的传说》等。瑶族民间传说故事有用文字记载的，也有口传心记的，用方块瑶文记载的民间传说故事、民间歌谣等主要有《漂洋过海歌》、《大古歌》、《婚姻习俗歌》、《盘王的故事》、《老虎不敢咬水牛》、《盘王开天地歌》、《伏羲兄妹》、《梁山伯与祝英台》、《评皇券牒》等。流传于民间的口碑古籍就更多了，如《猪狗犁田的传说》、《谷子的传说》、《木鼓舞的传说》、《猴子与乌龟的传说》、《凡人儿子娶仙女的传说》、《瑶族信仰佛像的传说》、《乌鸦与白鹇的传说》、《人的来源传说》、《白蛇与二妹》、《葫芦姑娘》、《盘大和盘二》、《阿米》、《黑头公与喜鹊姑娘》等。只不过，随着社会的不断发展进步，老年人不断的离开人世，会讲故事的人越来越少，喜欢听故事的人也不多了。

5. 金平县瑶文古籍保存、传承面临的问题

金平县作为云南省瑶族人口较多的县份之一，保存有丰富多彩的瑶族文化，但随着社会的进步、经济的发展，人民生活水平的提高，瑶文古籍也像不少民族的文化一样正处于濒危状态，面临着自然或人为的湮没、流失窘境。独特的瑶族文化慢慢被同化且逐渐消失，如不及时对诸如瑶文古籍等文化进行抢救，将会永远失去那些珍贵的历史文化遗产。导致瑶文古籍流失的主要原因有以下三个方面：一是保护意识淡薄，人为的流失严重。金平瑶族人口众多，但生活贫困，交通不便、经济落后、文化教育事业发展滞后，瑶族群众综合素质不高，对本民族的文化缺乏认识，也不懂得何为古籍，更不用说其价值。特别是没有文字记载的口碑古籍，如神话、史诗、传说、故事、歌谣、谚语、谜语等，由于其保存方式的特殊性和脆弱性，导致很多口碑古籍流失严重。另外，古籍文献存放对温度和湿度要求较高，需要恒温恒湿，太潮湿容易生霉和虫蛀，太干燥又易变碎。目前来说，瑶文古籍还谈不上保护，随意性较大，基本上都是由瑶族师公和道公凭借经验进行收藏、保存和保护。由于其保存环境的特殊性，也使得部分瑶文古籍资料由于没有得到合理的保护而逐渐损坏或损毁。二是受汉文化的猛烈冲击。随着现代化、全球化和网络化的发展，在经济、政治、文化、科技等突飞猛进的现代社会中，相对人口众多的汉族而言，瑶族可视为是弱势群体之一，其赖以生存和发展的生态环境和人文环境遭到了不同程度的破坏，使得其民族文化面临了生存和发展的危机。瑶族传统的语言、文字等，随着适用范围的缩小和运用的减少而逐步流失。三是自身价值观念的改变——年轻一代对本民族文化的认同弱化。在偏远的瑶族地区，由于社会经济、文化发展水平相对落后，使得部分瑶族逐渐产生了对本民族文化认同弱化，特别是瑶族的新一代，由于受到现代文化的影响，产生了对其他文化，主要是汉文化的认同强化，即认为其他文化比本民族文化要优越，他们的文化取向发生了根本性的变化，汉文化大量充斥日常的文化生活，而广播、电视、录音机、网络等主流媒体反映本民族文化的节目特别少，误导年轻人对本民族文化的认识。事实上，大多数瑶族民众是很喜欢本民族的文化的，只是我们没有给他们创造条件罢了。随着全球化趋势的加强和现代化进程的加快，金平原本封闭的瑶族文化生态也发生了巨大变化，瑶族的非物质文化遗产受到越来越大的冲击，生存空间渐渐缩小。一些依靠口传身授的文化遗产正在不断散失消亡，许多传统技艺濒临灭绝，传承后继乏人，仅存的有历史、文化价值的珍贵实物与资料遭到毁弃流失或随意滥用，过度开发非物质文化遗产的现象时有发生。加强保护金平瑶族非物质文化遗产，并有效的发掘、整理、研究、利用已刻不容缓。因此，国家每年应对瑶族传统文化传承有贡献的给予适当的物质奖励，表扬他们对瑶族文化所作出的贡献，这样才会有更多的后来者向他们学习。

二、金平县营盘乡瑶族村民保存的瑶文古籍

金平县境内的瑶族村寨保存的瑶文古籍数量是不一样的，有的村寨多一些，丰富、完整一些，而有的村寨保存的瑶文古籍相对要少一些。但如前所述，各个村寨的师公的数量以及保存瑶文古籍数量的多少与瑶族村寨的大少、人口的多少无关。一般说来，瑶文古籍都是本家庭有能力的成员继承和沿袭使用的，具有沿袭性。现据调查，金平县牛滚塘村李有寿、李有禄家保存的瑶文古籍，有如下藏本：

（1）《下禁书》

瑶语书名称之为［dzi^{42} $tcian^{33}$ sou^{33}］，不分卷，1 册，7 页。撰者佚名。瑶族度师仪式经书。本书主要针对仪式活动中为防止各种意外事故发生，借助法术威力，对“度师大坛”下禁时使用的法术咒语。旧抄本。本色绵纸。线装楷体墨书。页面 24.8×13.8 厘米。无边栏。8 行，7 至 10 字。白口。今藏李有寿家。

（2）《过乡歌》

瑶语书名称之为［tci^{213} $hia\eta^{33}$ $dzu\eta^{33}$］，不分卷，1 册，24 页。撰者佚名。

瑶族宗教活动经书。此书以抒发师徒之间从互相不认识到了解，最终结下深厚的友谊，即将各奔“前程”时的真挚情感。旧抄本。本色绵纸。线装楷体墨书。页面23.5×14厘米。无边栏。8行14字。白口。保存完好。今藏李有寿家。

(3)《贺星君书》

瑶语书名称之为［$ho^{21}fi\eta^{33}sou^{33}$］，不分卷，1册，10页。撰者佚名。瑶族度师仪式请神经书。本书叙述焚香拜请天庭、地府、阳间、水府及祖先前来参加度师仪式的全过程。旧抄本。本色绵纸。线装楷体墨书。页面25.2×14.3厘米。无边栏。8行15字。白口。保存完好。今藏李有禄家。

(4)《开光开山点度书》

瑶语书名称之为［$khoi^{33}dza\eta^{33}tiem^{35}tou^{21}sou^{33}$］，不分卷，1册，25页。撰者佚名。瑶族神像开光仪式经书。本书汇集了为新近“请”回家的神像，即三清大道、天府、地府、阳间、水府等众灵神像开光点度经文内容。旧抄本。本色绵纸。线装楷体墨书。页面23.5×14.0厘米。无边栏。8行7至3字。白口。保存完好。今藏李有禄家。

(5)《开山复朝全本》

瑶语书名称之为［$k\varepsilon^{21}da\eta^{42}sou^{33}$］，不分卷，1册。撰者佚名。瑶族度师还愿长诗。全书以歌颂盘古王开天辟地、创造万物、人类繁衍生息为主。用歌唱的形式叙述还愿原因、目的及其重要意义。旧抄本。本色绵纸。线装楷体墨书。白口。保存完好。今藏李有寿家。

(6)《三戒书》

瑶语书名称之为［$fam^{42}tcai^{231}sou^{33}$］，不分卷，1册，40页。撰者佚名。瑶族度师仪式文书说明。本书按照度师仪式要求，就所使用的各种状文种类、纸张颜色、书写格式、冥纸币的制作方法及数量等均作了详细诠释。旧抄本。本色绵纸。线装楷体墨书。页面25.7×14.7厘米。无边栏。8行14.7字。白口。保存完好。今藏李有禄家。

(7)《请圣科文》

瑶语书名称之为［$tsi\eta^{35}si\eta^{24}sou^{33}$］，不分卷，1册，23页。撰者佚名。度师仪式请神经书。全书汇集了《玉明意者》、《圣主意者》、《马头意者》3部请神经文内容。旧抄本。本色绵纸。线装楷体墨书。页面25.7×14.5厘米。无边栏。7行14字。白口。保存完好。今藏李有禄家。

(8)《三戒加职戒民书》

瑶语书名称之为［$fam^{42}tcai^{231}tca^{33}ts\varepsilon55kai^{231}man^{42}sou^{33}$］，不分卷，1册，6页。撰者佚名。瑶族度师仪式加封神职文书。主要说明书写《加职表》、《加

职疏》两份文本书写格式及内容。旧抄本。本色绵纸。线装楷体墨书。页面 24.5×13.8 厘米。无边栏。8 行 14 字。白口。保存完好。今藏李有禄家。

(9)《天下各府州县粮米》

瑶语书名称之为［thin^{42} di^{35} go^{21} fou^{35} ziou^{33} guen^{21} liaŋ^{42} mei^{35}］，不分卷，1 册，7 页。撰者佚名。瑶族宗教神权经书。本书主要列有被授予神权职务者所任神职（地位）档次，从书中所列省府、州、县的疆域及所产粮米数量便知。旧抄本。本色绵纸。线装楷体墨书。页面 25.0×14.0 厘米。无边栏。7 行 13 至 17 字。白口。保存完好。今藏李有禄家。

(10)《三戒表疏伸状牒文》

瑶语书名称之为［fam^{42} tcai^{231} piu^{35} so^{231} tit^{21} wen^{42}］，不分卷，1 册，27 页。撰者佚名。瑶族度师仪式状书。本书汇集 20 余种文书状纸式样，即封齐表、迎神兵表、满散表、传度疏、男人阴阳据、女人阴阳据、传度诛词等。旧抄本。本色绵纸。线装楷体墨书。页面 25.7×14.7 厘米。无边栏。10 行 8 至 20 字。白口。保存完好。今藏李有禄家。

(11)《度曹》

瑶语书名称之为［tu^{21} tsu^{42} sou^{33}］，不分卷，1 册，32 页。撰者佚名。瑶族度师仪式经书。本书主要内容有：引弟子学习“法术”、及弟子度勒床、认识阴间师父和天神认领弟子等。旧抄本。本色绵纸。线装楷体墨书。页面 25.3×15.2 厘米。无边栏。8 行 14 字。白口。保存完好。今藏李有禄家。

(12)《意者书》

瑶语书名称之为［i^{42} tsi^{35} sou^{33}］，不分卷，1 册，24 页。撰者佚名。瑶族宗教经书。本书包括《上呈意者》、《家主意者》和《玉明意者》的内容。旧抄本。本色绵纸。线装楷体墨书。页面 24.8×14.9 厘米。无边栏。8 行 24 字。白口。保存完好。今藏李有禄家。

(13)《仰功曹书》

瑶语书名称之为［naŋ^{21} koŋ^{42} dzu^{42} sou^{33}］，不分卷，1 册。撰者佚名。瑶族度师程序经书。本书叙述度师仪式的三个过程，即初夜，祭献天府、地府、阳间、水府及祖先神灵等；中夜，还“四府”神愿、迎神兵；大夜，绑刀梯、上刀梯、度勒床、戒民等。旧抄本。本色绵纸。线装楷体墨书。页面 25.3×15.2 厘米。无边栏。8 行 14 字。白口。保存完好。今藏李有寿家。

(14)《五谷出世歌》

瑶语书名称之为［n^{231} kut^{55} dzuŋ^{33}］，不分卷，1 册。撰者佚名。瑶族宗教农业生产习俗歌。本书主要讴歌了人类如何认识和了解五谷的生活习性，终将五谷进行驯化、栽培，使粮食生产得到发展，改善食物品种结构等。旧抄本。本色绵纸。线装楷体墨书。页面24.0×14.5厘米。无边栏。8行10至16字。白口。保存完好。今藏李有寿家。

(15)《传度答文戒民》

瑶语书名称之为［tsun^{42}tou^{21}kai^{231}man^{42}sou^{33}］，不分卷，1册，44页。撰者佚名。瑶族度师戒律经文。本书系戒律文集，以度师者（戒民）夫妇同桌吃“太上老君饭”，即共同接受戒约为主要内容。旧抄本。本色绵纸。线装楷体墨书。页面23.7×14.0厘米。无边栏。8行14字。白口。保存完好。今藏李有寿家。

(16)《解意书》

瑶语书名称之为［tcε^{35}ei^{231}sou^{33}］，不分卷，1册，18页。撰者佚名。瑶族度师仪式经书。本书主要内容有度水盆、收幡坛、收孝（实际烧掉孝布）等。旧抄本。本色绵纸。线装楷体墨书。页面23.0×13.8厘米。无边栏。10行9至23字。白口。保存完好。今藏牛滚塘村李有寿家。

(17)《三戒水盆雪山刀梯书》

瑶语书名称之为［fam^{42}tcai^{33}du^{42}thei^{33}sou^{33}］，不分卷，1册，27页。撰者佚名。瑶族度师仪式敕法经书。本书汇集了度师仪式上施行的50余种法术，主要有敕变印法、奏水源童子法、变刀法等。旧抄本。本色绵纸。线装楷体墨书。页面25.0×13.5厘米。无边栏。7行14至19字。白口。保存完好。今藏李有寿家。

(18)《三戒疏牒表文》

瑶语书名称之为［fam^{42}tcai^{33}so^{231}piu^{35}sou^{33}］，不分卷，1册，42页。撰者佚名。瑶族度师仪式文书。本书就度师仪式须知、具体注意事项等相关内容，作了详细介绍说明。旧抄本。本色绵纸。线装楷体墨书。页面24.9×14.7厘米。无边栏。7行12至20字。白口。保存完好。今藏李有禄家。

(19)《传度表疏伸牒用》

瑶语书名称之为［tsun^{42}dou^{21}piu^{35}so^{21}sou^{33}］，不分卷，1册，65页。撰者佚名。瑶族度师仪式应用文。本书介绍《度师表》、《度师疏》两种文本的书写格式及文本、疏筒用纸颜色，封皮折叠方法等。旧抄本。本色绵纸。线装楷体墨书。页面25.5×15.0厘米。无边栏。9行9至17字。白口。保存完好。今藏李有禄家。

(20)《法书》

瑶语书名称之为［fat^{21}sou^{33}］，不分卷，1册，16页。撰者佚名。瑶族度师仪式法书。本书对凡在仪式上所有使用的道具必施以法经咒文，方可防止意外伤害事故的发生，如在刀、棍、斧、锣、鼓等器具上均有经文，从书中便知。旧抄本。本色绵纸。线装楷体墨书。页面 25.9 × 15.0 厘米。无边栏。8 行 14 至 20 字。白口。保存完好。今藏李有禄家。

(21)《传度书》

瑶语书名称之为 [tsun⁴² tou²¹ sou³³]，不分卷，1 册，40 页。撰者佚名。瑶族度师（挂灯）仪式经书。本书系挂十二大罗耀明星灯经书文集。旧抄本。本色绵纸。线装楷体墨书。页面 24.5 × 14.0 厘米。无边栏。8 行 8 至 14 字。白口。保存完好。今藏李有寿家。

[调查地点：营盘乡牛滚塘村；调查对象：李有寿、李有禄；调查时间：2007 年 2 月至 2008 年 2 月；调查整理：盘金祥、罗文福]

三、金河镇瑶族居民保存的瑶文古籍

1. 白马河村邓富情家收藏的古籍

(1)《设元消》

瑶语书名称之为 [set⁵⁵ you⁴² fin³³]，不分卷，1 册，20 页。撰者佚名。瑶族献神经书。本书以拜请东、西、南、北、中五方"元消"大王神灵，歌唱送"元消"大王歌为主要内容。旧抄本。本色绵纸。线装楷体墨书。页面 23.5 × 16.0 厘米。无边栏。8 行 13 至 18 字。白口。行界有朱笔标记。保存完好。

(2)《看凶顺星位下界日》

瑶语书名称之为 [maŋ²¹ fiŋ³³ sou³³]，不分卷，1 册，9 页。撰者佚名。瑶族宗教历书。本书以二十八宿论吉凶日为主要内容。查阅此书即知凶星下界害病日，择期祭星送神。旧抄本。本色绵纸。线装楷体墨书。页面 25.0 × 13.0 厘米。无边栏。5 行 14 至 19 字。白口。保存完好。

(3)《请家先书》

瑶语书名称之为 [tshiŋ³⁵ tca⁴² fin³³ sou³³]，不分卷，1 册，22 页。撰者佚名。瑶族祭祖先经书。本书以诵经请神、娱神为主要内容。清宣统三年仲夏月邓氏抄本。本色绵纸。线装楷体墨书。页面 18.2 × 15.0 厘米。无边栏。9 行 15 字。白口。行界有朱笔标记，保存完好。

[调查地点：白马河村；调查对象：邓富情等；调查时间：2007 年 2 月；调查整理：盘金祥、罗文福]

2. **白马河村邓进学家收藏的古籍**

（1）《上呈意者能用》

瑶语书名称之为［tsɑŋ^{21} tsiŋ^{42} i^{42} tsie^{35} sou^{33}］，不分卷，1 册，29 页。撰者佚名。瑶族神像开光点度经书。全书叙述请神、敬奉神灵、送神灵回“天宫”的过程。旧抄本。本色绵纸。线装楷体墨书。页面 23.5×15.0 厘米。无边栏。9 行 22 字。白口。封面土布，仅存线订部分。民国十五年冬日抄。保存完好。

（2）《洗育解劫》

瑶语书名称之为［fit^{55} nut^{21} tcai^{35} tcit^{55}］，不分卷，1 册，12 页。撰者佚名。瑶族丧葬仪式经书。主要为逝者净身、指路送亡录经书。旧抄本。本色绵纸。线装楷体墨书。页面 23.0×15.0 厘米。无边栏。9 行 14 至于 8 字。白口。行界有朱笔标记。保存完好。

（3）《传度花押疏文伸牒状用》

瑶语书名称之为［tsun^{42} tou^{21} sou^{33}］，不分卷，1 册，13 页。撰者佚名。瑶族度师仪式戒律文集。本书收录戒律文书 8 种，即《一道金轮墨表用》、《一道金轮墨表引》、《男人加职阴阳据》、《女人加职阴阳据》、《火牌用》、《一道关粮牒》、《又一道关粮牒》、《传度大疏》等。旧抄本。本色绵纸。线装楷体墨书。页面 25.2×14.5 厘米。无边栏。7 行 14 至 20 字。白口。保存完好。

（4）《师歌书》，瑶语书名称之为［sai^{42} dzuŋ^{33} sou^{33}］，不分卷，1 册，174 页。撰者佚名。瑶族宗教必读经书。本书使用范围广，几乎概括瑶族经书的内容，为初学做“师公”者必备的经书。清代光绪三十四年冬月黄氏抄本。本色绵纸。线装楷体墨书。页面 25.0×19.0 厘米。无边栏。8 行 18 字。白口。行界有朱笔标记。保存完好。

（5）《通书》

瑶语书名称之为［thoŋ^{42} sou^{33}］，不分卷，1 册，98 页。撰者佚名。瑶族宗教历书。本书主要用于选择日期时辰，书中贯穿有“五行相生相克”学说。旧抄本。本色绵纸。线装楷体墨书。页面 23.0×15.3 厘米。无边栏。8 行 17 至 18 字。白口。行界有朱笔标记。保存完好。

［调查地点：白马河村；调查对象：邓进学等；调查时间：2007 年 2 月；调查整理：盘金祥、罗文福］

3. 板板桥村罗承阳家的藏经

（1）《招魂牒》

瑶语书名称之为［tsiu^{33} wen^{42} sou^{33}］，不分卷，1 册，14.5 页。撰者佚名。瑶族宗教“招魂”仪式经文。主要叙述招回“久已离身”之魂魄归来、附身的过程。旧抄本。本色绵纸。线装楷体墨书。页面 22.5 × 15.0 厘米。无边栏。8 行 13 字。白口。保存完好。

（2）《送瘟吉凶日书》

瑶语书名称之为［fuŋ^{231} cuaŋ^{33} sou^{33}］，不分卷，1 册，15 页。撰者佚名。瑶族宗教（论日）历书。本书以六十甲子论送瘟神吉凶日期为内容。旧抄本。本色绵纸。线装楷体墨书。页面 21.8 × 14.0 厘米。无边栏。8 行 16 字。保存完好。

（3）《看病书》

瑶语书名称之为［maŋ^{21} pɛŋ^{21} sou^{33}］，不分卷，1 册，24 页。撰者佚名。瑶族宗教看病书。本书以六十甲子论病日期和行占卜点卦等经文。旧抄本。本色绵纸。线装楷体墨书。页面 20.5 × 14.2 厘米。无边栏。8 行 20 字。白口。保存完好。

（4）《安坟书》

瑶语书名称之为［on^{33} tsou^{35} sou^{33}］，不分卷，1 册，17 页。撰者佚名。瑶族扫墓安坟经书。主要叙述扫墓安坟的原因及有关请神、送神经文。旧抄本。本色绵纸。线装楷体墨书。页面 21.6 × 15.0 厘米。无边栏。8 行 21 字。白口。保存完好。

（5）《亲家理书》

瑶语书名称之为［tshiŋ^{42} tca^{42} lei^{231} sou^{33}］，不分卷，1 册，12 页。撰者佚名。瑶族谈亲论理书。本书主要表明男方家企盼谈亲论婚事能获得圆满成功的意愿。旧抄本。本色绵纸。线装楷体墨书。页面 20.5 × 14.8 厘米。无边栏。8 行 13 字。白口。保存完好。

（6）《挠星进钱》

瑶语书名称之为［jau^{42} fin^{33} tsan^{231} tsiŋ^{42}］，不分卷，1 册，14 页。撰者佚名。瑶族祭献鬼神仪式经书。本书以请神、祭鬼及给鬼神上贡冥纸币，让鬼神安乐享用为主要内容。旧抄本。本色绵纸。线装楷体墨书。页面 21.0 × 13.0 厘米。无边栏。8 行 16 字。白口。保存完好。

（7）《开财门进财书》

瑶语书名称之为［khoi^{33} tsuai^{42} mun^{42} tsan^{231} tsuai^{42} sou^{33}］，不分卷，1 册，

15 页。撰者佚名。瑶族宗教贺喜经书。本书主要是在起房造宅、年中贺岁、喜庆佳节之际，祈求财神大开财门之经文。旧抄本。本色绵纸。线装楷体墨书。页面 20.0×14.0 厘米。无边栏。8 行 14 字。白口。保存完好。

(8)《解喜书》

瑶语书名称之为［tcai^{35} hei^{35} sou^{33}］，不分卷，1 册，32 页。撰者佚名。瑶族宗教解惊吓仪式经书。主要有架喜桥、祭献喜公喜母和唤魂回转等内容。旧抄本。本色绵纸。线装楷体墨书。页面 22.3×13.5 厘米。无边栏。8 行 20 字。白口。保存完好。

(9)《造船书》

瑶语书名称之为［tsu^{21} dzaŋ^{35} sou^{33}］，不分卷，1 册，5 页。撰者佚名。瑶族宗教叫魂仪式经书。本书主要陈述造（神）船载“魂”归身附体的过程。旧抄本。本色绵纸。线装楷体墨书。页面 22.5×15.0 厘米。无边栏。8 行 14 字。白口。保存完好。

(10)《清水书》

瑶语书名称之为［tshiŋ^{42} sui^{35} sou^{33}］，不分卷，1 册，26 页。撰者佚名。瑶族婚礼仪式经书。本书以婚礼祝词为主要内容。旧抄本。本色绵纸。线装楷体墨书。页面 20.5×14.7 厘米。无边栏。8 行 18 字。白口。保存完好。

［调查地点：板板桥村；调查对象：罗承阳等；调查时间：2007 年 2 月；调查整理：盘金祥、罗文福］

4. 石桩村和谐村民小组黄金祥家藏古籍

(1)《关鬼书》

瑶语书名称之为［kuan^{33} mien^{35} sou^{33}］，不分卷，1 册，31 页。撰者佚名。瑶族宗教献神经书，该书叙述请神、送神回宫的过程。书中载有宜献的鬼神主要有阴童爷、师父见证爷、众王众将、十二八仙姊妹等首神。旧抄本。本色绵纸。线装，楷体墨书。页面 23.0×13.8 厘米。无边栏。7 行 18 字。白口。保存完好。书主落款为黄文保。

(2)《送瘟表》

瑶语书名称之为［fun^{24} wen^{42} piu^{35}］，不分卷，1 册，26 页。撰者佚名。瑶族宗教祭祀自然神灵经书。该书围绕祭祀五谷神、保佑地里庄稼免遭神灵危害，能茁壮生长，把丰收的希望寄托于神灵之上。主要驱禳危害庄稼的自然神有鸟雀、山猪、老鼠、蝗虫、地老虎等。旧抄本。本色绵纸。线装，楷体墨书。页面 25.0×13.5 厘米。无边栏。7 行 18 字。白口。保存完好。书主落款为黄文保。

(3)《天地表》

瑶语书名称之为［thin³³ tei²¹ piu³⁵］，不分卷，1 册，18 页。撰者佚名。瑶族宗教释罪经书。书中列有污秽江河罪、喝风骂雨罪、谩骂尊长罪、放火烧山罪、不孝敬父母罪、恶语伤人罪、奸污他人妻女罪、杀人害命罪等 36 种释罪表文及表文的书写格式、范本内容。旧抄本。本色绵纸。线装楷体墨书。页面 25.0×13.5 厘米。无边栏。8 行 26 字。白口。保存完好。书主落款为黄文保。

(4)《算命杀书》

瑶语书名称之为［fun²⁴ mɛŋ²¹ set⁵⁵ sou³³］，不分卷，1 册，36 页。撰者佚名。瑶族宗教算命经书。该书主要有看男女真花、吉虚花、祈福、结拜天地、前世来生、看命逢桥龙子桥、保平安桥、隔山桥、六害桥、天狗桥和手相桥等，从而推论人的一生祸福。旧抄本。本色绵纸。线装楷体墨书。页面 23.9×14.0 厘米。无边栏。8 行 18 字。白口。保存完好。书主落款为黄文保。

(5)《妹寿歌》

瑶语书名称之为［muei²¹ siou²¹ dzun³³］，不分卷，1 册，18 页。妹寿撰。瑶族民间叙事长诗。该诗创作于 20 世纪 40 年代，作者以亲身经历、耳闻目睹之事，详细记述了当时社会动荡，人民生活困苦不堪之情形，并揭露了当时政府当局派民工前往河口修筑公路，置民工死活于不顾，克扣民工大米和工钱，且残酷镇压逃跑民工等。同时讴歌民工为争取人身自由，不畏强暴而奋勇抗争的精神。旧抄本。本色绵纸。线装楷体墨书。页面 24.2×13.8 厘米。无边栏。8 行 14 字。白口。保存完好。书主落款为黄文保。

(6)《救病表疏》

瑶语书名称之为［dzou²⁴ pɛŋ²¹ piu³⁵ so²⁴］，不分卷，1 册，11 页。撰者佚名。瑶族宗教献神祭鬼状纸文约书。该书叙述求神开恩，免除患者病痛之苦。状纸文约书有救病疏文、救病表文、救苦救病表文、救患赦书、十殿赦书、表书、通连释表意等。旧抄本。本色绵纸。线装楷体墨书。页面 24.7×13.8 厘米。无边栏。7 行 24 字。白口。保存完好。书主落款为黄文保。

(7)《阴赦赎命词》

瑶语书名称之为［jen⁴² si²¹ tsu²¹ mɛŋ²¹ tsei⁴²］，不分卷，1 册，9 页。撰者佚名。瑶族宗教祭祀文牒状纸书。本书主要包括赎命词，谨赎命文，阴赦患文，奏事四府（天府、地府、阳间、水府）功曹文牒及拜请神灵赦免人间罪孽苦难经文等内容。旧抄本。本色绵纸。线装楷体墨书。页面 21.7×14.5 厘米。无边栏。7 行 24 字。白口。保存完好。书主落款为黄文保。

（8）《出外求财家请牒》

瑶语书名称之为［tshuet^{55} ni^{21} tçou^{21} tsoi^{42}sou^{33}］，不分卷，1 册，14 页。撰者佚名。宗教仪式出外求财经文。主要有看行旺、出外求财吉日、送邪师、请祖先牒文、踏安词文状等内容。旧抄本。本色绵纸。线装楷体墨书。页面 21.7×14.5 厘米。无边栏。7 行 24 字。白口。保存完好。书主落款为黄文保。

（9）《金钱卦》

瑶语书名称之为［tçiem^{42}tsin^{42}kua^{24}］，不分卷，1 册，12.5 页。撰者佚名。瑶族宗教算卦书。该书共有求卦签 32 签，主要卦有金钱卦、金钱卦从卦、曲直卦、润下卦、灾散卦、架摘卦、进求卦、获安卦、遂心卦、灾散卦、上进卦等。旧抄本。本色绵纸。线装楷体墨书。页面 22.3×13.4 厘米。无边栏。7 行 16 字。白口。保存完好。书主落款为黄文保。

（10）《哪罗咧（熊撕歌）》

瑶语书名称之为［tçep^{21}mɛ^{55} dzuŋ^{33}］，不分卷，1 册，16 页。撰者佚名。瑶族民间叙事长诗。该诗记述了原始社会、奴隶社会、封建社会等不同历史时期人类文明的过程。叙述作者本人因故流离失所，辗转各地，与亲人、朋友离别的眷恋之情及其坎坷的人生历程。旧抄本。本色绵纸。线装楷体墨书。页面 24.2×13.8 厘米。无边栏。8 行 14 字。白口。保存完好。书主落款为黄文保。

（11）《取坟墓书》

瑶语书名称之为［sui^{35}tsou^{35}sou^{33}］，不分卷，1 册，17 页，撰者佚名。丧葬习俗经书。该书在清明节或平时扫墓、安葬旧坟仪式使用。主要内容有请神过程、原因和请阴间师父挖坟、收尸骨、合尸骨、赎阴魂、送阴间师父返程等经文。旧抄本。本色绵纸。线装楷体墨书。页面 23.8×13.7 厘米。无边栏。8 行 24 字。白口。保存完好。书主落款为黄文保。

（12）《求签点卦书》

瑶语书名称之为［tç ou^{42}tshin^{33}kua^{33}］，不分卷，1 册，56 页。撰者佚名。瑶族民间求签点卦书。该书以六十甲子轮转签卦为主要内容。每一干支签少则 4 签，多则 12 签不等。旧抄本。本色绵纸。线装楷体墨书。页面 21.9×13.7 厘米。无边栏。8 行 22 字。白口。保存完好。书主落款为黄文保。

（13）《招兵招粮许愿书》

瑶语书名称之为［tsiu^{33}pɛŋ^{33}tsiu^{33}lɑŋ^{42}hou^{35}nut^{21}sou^{33}］，不分卷，1 册，

21 页。撰者佚名。瑶族宗教艺人必读经书。该书主要为从教者祈求“五旗兵马”、五谷禾魂及许祖师和本师神之愿，为其所从事的宗教活动保驾护航，反映了瑶族宗教既有自然崇拜，又有道教敬仰的内容。旧抄本。本色绵纸。线装楷体墨书。页面 22.3 × 14.5 厘米。无边栏。8 行 22 字。白口。保存完好。书主落款为黄文保。

（14）《玉明意者》

瑶语书名称之为［$\mathrm{nut^{21}\,m\varepsilon\eta^{42}\,i^{24}\,tsie^{35}}$］，不分卷，1 册，19 页。撰者佚名。瑶族宗教常用书。该书为信仰者向神灵介绍其从事宗教活动的决心，从投师学艺、孝法入门到取得神权地位，最终成为神事活动的支持者或主持人的过程。旧抄本。本色绵纸。线装楷体墨书。页面 21.0 × 12.0 厘米。无边栏。8 行 25 字。白口。保存完好。书主落款为黄文保。

（15）《玩耍歌》

瑶语书名称之为［$\mathrm{ha^{42}\,dziau^{21}\,dzu\eta^{33}}$］，不分卷，1 册，34 页。撰者佚名。瑶族宗教基础经书。本书概括从事宗教活动必修的基础知识以及巫术咒语等相关内容，让学教者掌握宗教知识，从而达到信仰宗教的目的。旧抄本。本色绵纸。线装楷体墨书。页面 25.3 × 13.2 厘米。无边栏。8 行 14 字。白口。保存完好。书主落款为黄文保。

（16）《法书》

瑶语书名称之为［$\mathrm{fat^{21}\,sou^{33}}$］，不分卷，1 册，16 页。撰者佚名。瑶族度师仪式法书。本书对凡在仪式上所有使用的道具必施以法经咒文，方可防止意外伤害事故的发生。即刀、棍、斧、锣、鼓等器具均各有经文，从书中便知。旧抄本。本色绵纸。线装楷体墨书。页面 25.9 × 15.0 厘米。无边栏。8 行 14 至 20 字。白口。保存完好。书主落款为黄文保。

（17）《上呈意者能用》

瑶语书名称之为［$\mathrm{tsa\eta^{21}\,tsi\eta^{42}\,i^{42}\,tsi^{53}\,sou^{33}}$］，不分卷，1 册，29 页。撰者佚名。瑶族神像开光点度经书。全书讲述请神、敬奉神灵、送神灵回“天宫”的过程。旧抄本。本色绵纸。线装楷体墨书。页面 23.5 × 15 厘米。无边栏。9 行 22 字。白口。保存完好。书主落款为黄文保。

（18）《开光开山点度书》

瑶语书名称之为［$\mathrm{khoi^{33}\,dz\alpha\eta^{33}\,tiem^{35}\,tou^{21}\,sou^{33}}$］，不分卷，1 册，25 页。撰者佚名。瑶族神像开光仪式经书。本书汇集了为新近“请”回家的神像，即三清大道、天府、地府、阳间、水府等众灵神像开光点度经文内容。旧抄本。本色绵纸。线装楷体墨书。页面 23.5 × 14.0 厘米。无边栏。8 行 7 至此 3 字。白口。书主落款为黄文保。

（19）《招魂牒》

瑶语书名称之为［tsiu^{33} wen^{42} sou^{33}］，不分卷，1 册，14.5 页。撰者佚名。瑶族宗教“招魂”仪式经文。主要叙述招回“久已离身”之魂魄归来、附身的过程。旧抄本。本色绵纸。线装楷体墨书。页面 22.5×15.0 厘米。无边栏。8 行 13 字。白口。保存完好。书主落款为黄文保。

（20）《看病书》

瑶语书名称之为［mɑŋ^{21} pɛŋ^{21} sou^{33}］，不分卷，1 册，24 页。撰者佚名。瑶族宗教看病书。本书以六十甲子论病日期和行占卜点卦等经文。旧抄本。本色绵纸。线装楷体墨书。页面 20.5×14.2 厘米。无边栏。8 行 20 字。白口。保存完好。书主落款为黄文保。

（21）《安坟书》

瑶语书名称之为［on^{33} tsou^{35} sou^{33}］，不分卷，1 册，17 页。撰者佚名。瑶族扫墓安坟经书。主要叙述扫墓安坟的原因及有关请神、送神经文。旧抄本。本色绵纸。线装楷体墨书。页面 21.6×15.0 厘米。无边栏。8 行 21 字。白口。保存完好。书主落款为黄文保。

（22）《亲家理书》

瑶语书名称之为［tshiŋ^{42} tça^{33} lei^{231} sou^{33}］，不分卷，1 册，12 页。撰者佚名。瑶族谈亲论理书。本书主要表明男方家企盼谈亲论婚事能获得圆满成功的意愿。旧抄本。本色绵纸。线装楷体墨书。页面 20.5×14.8 厘米。无边栏。8 行 13 字。白口。保存完好。书主落款为黄文保。

（23）《开财门进财书》

瑶语书名称之为［koi^{33} tsuai^{42} mun^{42} tsan^{231} tsuai^{42} sou^{33}］，不分卷，1 册，15 页。撰者佚名。瑶族宗教贺喜经书。本书主要是在起房造宅、年中贺岁、喜庆佳节之际，祈求财神大开财门之经文。旧抄本。本色绵纸。线装楷体墨书。页面 20.0×14.0 厘米。无边栏。8 行 14 字。白口。保存完好。书主落款为黄文保。

（24）《解喜书》

瑶语书名称之为［tɕiai^{35} hei^{35} sou^{33}］，不分卷，1 册，32 页。撰者佚名。瑶族宗教解惊吓仪式经书。主要有架喜桥、祭献喜公喜母和唤魂回转等内容。旧抄本。本色绵纸。线装楷体墨书。页面 22.3×13.5 厘米。无边栏。8 行 20 字。白口。保存完好。书主落款为黄文保。

（25）《造船书》

瑶语书名称之为［tsu^{21} dzaŋ^{35} sou^{33}］，不分卷，1 册，5 页。撰者佚名。瑶族宗教“叫魂”仪式经书。本书主要陈述造（神）船载“魂”归身附体的过程。旧抄本。本色绵纸。线装楷体墨书。页面 22.5 × 15.0 厘米。无边栏。8 行 14 字。白口。保存完好。书主落款为黄文保。

(26)《清水书》

瑶语书名称之为［$tsiŋ^{42}$ sui^{35} sou^{33}］，不分卷，1 册，26 页。撰者佚名。瑶族婚礼仪式经书。本书以婚礼祝贺词为主要内容。旧抄本。本色绵纸。线装楷体墨书。页面 20.5 ×14.7 厘米。无边栏。8 行 18 字。白口。保存完好。书主落款为黄文保。

［调查地点：石桩村等村；调查对象：黄金祥等；调查时间：2007 年 2 月至 2008 年 2 月；调查整理：盘金祥、罗文福］

四、金河镇闸门新寨、马鞍底乡石洞村等村瑶族各姓氏《家先书》及班辈用字

1. 金河镇闸门新寨（大坟寨）盘承寿提供“红盘”班辈和家先

A. 班辈：承、文、有、富。

B. 家先：盘聪一郎，赵氏一娘；盘良二郎，冯氏五娘；盘用三郎，黄氏三娘，邓氏一娘；盘周五郎，李氏五娘；盘盖二郎，黄氏三娘；盘连二郎，盘氏四娘；盘传三郎，赵氏二娘。

2. 马鹿塘新寨盘文春提供“红盘”班辈和家先

A. 班辈：承、文、金、富。

B. 家先：盘聪一郎，赵氏一娘；盘良二郎，冯氏五娘；盘秀二郎，盘氏三娘；盘堂一郎，冯氏三娘；盘旺二郎，炉氏者，邓氏二娘；盘念一郎，赵氏一娘；盘有三郎，冯氏五娘；盘进二郎，朱氏者，赵氏四娘。

3. 白马河盘富进提供“红盘”班辈和家先

A. 班辈：承、文、金、富。

B. 家先：盘秀二郎，盘氏三娘；盘堂一郎，冯氏三娘；盘旺二郎，邓氏二娘；盘面一郎，炉氏者，赵氏一娘；盘有三郎，冯氏五娘；盘进二郎，朱氏者，赵氏四娘。

4. 金河镇草果山村盘文亮提供“红盘”班辈和家先

A. 班辈：承、文、有、富。

B. 家先：盘聪一郎，赵氏一娘；盘良二郎，冯氏五娘；盘秀二郎，盘氏三娘；盘堂二郎，冯氏三娘；盘升一郎，李氏二娘；盘应一郎，赵氏一娘，盘氏三娘；盘贵一郎，邓氏三娘；盘保五郎，赵氏二娘。

5. 白马河盘文才提供“红盘”班辈和家先

A. 班辈：承、文、金、富。

B. 家先：盘堂三郎，冯氏五娘；盘升一郎，李氏二娘；盘应一郎，赵氏一娘，盘氏五娘；盘贵一郎，邓氏三娘。

6. 平安寨李富珠提供“红盘”班辈和家先

A. 班辈：承、文、金、富。

B. 家先：盘聪一郎，赵氏一娘；盘良二郎，冯氏五娘；盘绍（秀）二郎，盘氏三娘；盘堂一郎，冯氏三娘；盘旺二郎，炉氏者，邓氏二娘；盘面（念）一郎，赵氏一娘；盘进二郎，朱氏者，赵氏四娘。

7. 马鞍底乡邓文忠老师提供“红盘”班辈和家先

A. 班辈：承、文、有、富。

B. 家先：盘聪一郎，赵氏一娘；盘良二郎，冯氏五娘；盘绍（秀）二郎，冯氏三娘；盘堂三郎，盘氏二娘；盘新一郎，李氏二娘；盘升一郎，赵氏一娘、盘氏五娘；盘贵一郎，邓氏三娘；盘保五郎，赵氏二娘。

8. 金河镇太阳寨盘富刚提供“红盘”班辈和家先

A. 班辈：承、文、有、富。

B. 家先：盘聪一郎，赵氏一娘；盘良二郎，冯氏五娘；盘用三郎，黄氏三娘，邓氏一娘；盘周五郎，李氏五娘；盘盖（怪）二郎，莫氏三娘；盘灵（连）二郎，盘氏四娘；盘传三郎，赵氏二娘。

9. 马鞍底乡石洞村莫有寿提供“红盘”班辈和家先

A. 班辈：承、进、文、富。

B. 家先：盘光一郎，黄氏一娘，盘贵一郎，盘氏二娘；盘圣一郎，盘氏一娘；盘向五郎，盘氏一娘；盘盖一郎，盘氏一娘；盘顺一郎，李氏四娘，盘氏一娘；盘无五郎，李氏一娘；盘行一郎，赵氏二娘、冯氏四娘。

10. 平安寨李富珠提供“白盘”班辈和家先

A. 班辈：富、有、文、承。

B. 家先：盘应三郎，赵氏一娘、邓氏二娘；盘位二郎，邓氏一娘；盘金四郎，赵氏一娘；盘清六郎，赵氏五娘、邓氏六娘；盘旗二郎，邓氏四娘；盘升二郎，赵氏四娘。

11. 蒋家坪村黄文保提供“红盘”班辈和家先

A. 班辈：有、富、承、文。

B. 家先：盘秀二郎，盘氏二娘；盘堂三郎，冯氏三娘；盘升一郎，李氏二娘；盘应一郎，盘氏一娘、赵氏五娘；盘贵一郎，邓氏三娘。

12. 蒋家坪村黄文保提供“红盘”班辈和家先

A. 班辈：有、富、文、承。

B. 家先：盘光一郎，黄氏一娘；盘庄二郎，盘氏三娘；盘贤一郎，邓氏六娘、冯氏六娘；盘行二郎，赵氏一娘；盘胜六郎，邓氏四娘；盘通二郎，盘氏一娘；盘真二郎，盘氏四娘。

13. 板板桥村盘文宝提供“白盘”班辈和家先

A. 班辈：承、进、文、富。

B. 家先：盘法胜，盘氏者；盘法良，赵氏者；盘法海，李五七；盘样一郎，郑氏五娘；盘安二郎，盘氏一娘、黄氏四娘；盘罡二郎，盘氏八娘；盘护二郎，李氏四娘、罗氏四娘；盘怪一郎，邓氏一娘；盘财三郎，邓氏三娘。

14. 石洞村莫有寿提供“红盘”班辈和家先

A. 班辈：承、进、有、富、文。

B. 家先：盘光一郎，黄氏一郎；盘贵一郎，盘氏二娘；盘圣一郎，盘氏一郎；盘向五郎，盘氏一娘；盘盖一郎，盘氏一娘；盘顺一郎，李氏四娘；盘通一郎，盘氏一娘；盘无五郎，李氏一娘；盘行一郎，赵氏四娘、冯氏四娘；盘胜一郎，赵氏一娘、盘氏一娘；盘位二郎，黄氏二娘。

15. 营盘乡李文秀提供“红盘”班辈和家先

A. 班辈：进、有、富、文、承。

B. 家先：盘光一郎，黄氏一娘；盘庄一郎，冯氏一娘；盘太一郎，盘氏一娘、邓氏六娘；盘行一郎，盘氏一娘；盘保一郎，赵氏二娘；盘金一郎，赵氏一娘；盘龙一郎，赵氏二娘；盘约一郎，盘氏一娘；盘灵一郎，莫氏一娘；盘寿三郎，盘氏一娘；盘传一郎，赵氏二娘；盘林三郎，李氏一娘。

16. 板板桥村盘贵强提供“灰盘”班辈和家先

A. 班辈：文、有、贵、富。

B. 家先：盘厌一郎，赵氏一娘、赵氏七娘；盘胜三郎，盘氏二娘；盘印一郎，赵氏二娘；盘连四郎，赵氏四娘；盘贵一郎，赵氏二娘；盘永一郎，盘氏三娘；盘官一郎，盘堂三郎；盘向五郎，盘氏五娘；盘龙一郎，邓氏一娘。

17. 阿得博乡草果山村李如春提供“灰盘”班辈和家先

A. 班辈：文、有、贵、富。

B. 家先：盘颜一郎，赵氏一娘；盘胜三郎，盘氏二娘；盘印一郎，盘氏四娘。

18. 金水河镇普角村委会广西寨盘承思提供“灰盘”班辈和家先

A. 班辈：有、财、承、富。

B. 家先：盘良三郎，盘氏二娘；盘金五郎，赵氏三娘；盘田一郎，李氏三娘；盘位一郎，赵氏一娘、盘氏二娘；盘城三郎，邓氏四娘、赵氏二娘；盘财二郎，赵氏四娘。

19. 板板桥村盘文宝提供“青盘”班辈和家先

A. 班辈：承、进、文、富、金、元。

B. 家先：盘护一郎，邓氏四娘；盘授一郎，盘氏二娘；盘林一郎，赵氏二娘；盘应一郎，赵氏三娘；盘贵三郎，盘氏一娘；盘金三郎，冯氏六娘；盘学一郎，冯氏二娘；盘念一郎，赵氏五娘、邓氏五娘、黄氏一娘；盘法位，祝氏者；盘龙三郎，李氏一娘、赵氏七娘；盘印一郎，赵氏七娘；盘升二郎，盘氏三娘；盘财三郎，邓氏一娘。

20. 金河镇石桩新寨盘承有提供“红盘”班辈和家先

A. 班辈：承、文、金、富。

B. 家先：盘聪一郎，赵氏一娘；盘良二郎，冯氏五娘；盘寿二郎，盘氏三娘；盘堂一郎，冯氏三娘；盘旺二郎，邓氏二娘、炉氏者；盘念一郎，赵氏一娘；盘有三郎，冯氏五娘；盘圣三郎，邓氏六娘。

21. 草果山村李如春提供“大灰李”班辈和家先

A. 班辈：如、进、有、文、承、富。

B. 家先：李有一郎，赵氏一娘；李进一郎，黄氏五娘；李位一郎，赵氏一娘；李向一郎，邓氏一娘；李明一郎，冯氏一娘；李应一郎，引童之人；李太三郎，赵氏二娘。

22. 营盘乡李文秀提供“灰李”班辈和家先

A. 班辈：文、承、明、有、进。

B. 家先：李承五郎，赵氏一娘；李法钱，赵氏者；李法保，邓氏者；李法哨，赵妹仙；李县四郎，冯氏三娘；李法印，邓氏者；李法金；赵大妹、冯妹养；李元一郎，赵氏二娘；李官三郎，邓氏三娘；李周一郎，陈氏一娘；李清一郎，赵氏二娘；李盖一郎，李氏一娘。

23. 平安寨李富珠提供“红李”班辈和家先

A. 班辈：文、承、富、如、进、有。

B. 家先：李法量，杨妹仙；李有一郎，赵氏一娘；李进一郎，黄氏五娘；李位一郎，赵氏二娘；李向一郎，邓氏一娘；李明一郎，冯氏一娘；李应一郎，音童代信之人；李太三郎，赵氏二娘。

24. 金河镇太阳寨李承科提供“红李”班辈和家先

A. 班辈：文、承、富、如、进、有。

B. 家先：李法乐李法良，妹仙；李有一郎，赵二妹；李进一郎，黄氏五娘；李位一郎，赵大妹；李向一郎，邓大妹；李明一郎，冯大妹；李太三郎，赵二妹。

25. 蒋家坪黄文保提供“红李”班辈和家先

A. 班辈：文、承、富、如、进、有。

B. 家先：李法乐李法良，杨妹仙；李有一郎，赵氏二娘；李进一郎，黄氏五娘；李位一郎，赵氏一娘；李向一郎，邓氏一娘；李明一郎，冯氏一娘。

26. 草果山李如春提供“大赵”班辈和家先

A. 班辈：金、富、万、元。

B. 家先：赵胜八郎，邓氏一娘；赵进一郎，邓氏三娘；赵贵二郎，邓氏一娘；赵保五郎，盘氏三娘。

27. 板板桥村赵富禄提供“大赵”班辈和家先

A. 班辈：金、富、万、元。

B. 家先：赵明一郎，赵氏一娘；赵法龙，赵妹称；赵法左，赵姑妹；赵清一郎，李氏一娘；赵念一郎，赵氏二娘；赵位三郎，赵氏二娘；赵坛一郎，邓氏三娘；赵法清，赵法龙；赵行一郎，赵氏二娘、陈氏一娘；赵顺一郎，赵氏五娘；赵案三郎，赵氏一娘。

28. 金河镇八一村赵有明提供“中赵”班辈和家先

A. 班辈：贵、有、进、富、文。

B. 家先：赵旺一郎，赵氏一娘、盘氏三娘；赵财二郎，李氏三娘；赵定六郎，邓氏一娘；赵绍九郎，盘氏三娘；赵金一郎，盘氏一娘；赵当一郎，邓氏一娘。

29. 平安寨李富珠提供“中赵”班辈和家先

A. 班辈：富、文、进、有。

B. 家先：赵左一郎，盘氏一娘；赵堂一郎，邓氏二娘；赵应一郎，赵氏一娘；赵旺五郎，黄氏五娘；赵有三郎，赵氏三娘。

30. 蒋家坪村黄文保提供“中赵”班辈和家先

A. 班辈：有、进、富、文。

B. 家先：赵旺一郎，赵氏一娘、盘氏三娘；赵财二郎，李氏三娘；赵当一郎，邓氏二娘；赵官八郎，邓氏一娘；赵金一郎，邓氏四娘、邓氏一娘。

31. 金河镇河头村赵富强提供“中赵”班辈和家先

A. 班辈：贵、有、进、富、文。

B. 家先：赵旺一郎，赵氏一娘、盘氏三娘；赵财二郎，李氏三娘；赵堂一郎，邓氏一娘；赵当一郎，邓氏一娘；赵官八郎，邓氏一娘；赵金一郎，邓氏四娘、邓氏一娘。

32. 白马河村赵金进提供“小赵”班辈和家先

A. 班辈：承、财、金、进。

B. 家先：赵法印，黄氏者；赵法保，赵氏者；赵法贵，盘氏者；赵法前，盘氏者；赵法龙，邓氏者。

33. 平安寨李富珠提供“抗邓”班辈和家先

A. 班辈：进、文、富、才。

B. 家先：邓正一郎，冯氏一娘；邓前一郎，赵氏一娘；邓才一郎，赵氏一娘、邓氏三娘；邓传五郎，邓氏一娘；邓信三郎，赵氏一娘；邓清二郎，赵氏五娘。

34. 蒋家坪村黄文保提供“干邓”班辈和家先

A. 班辈：承、文、进、有、富。

B. 家先：邓传一郎，邓氏二娘；邓胜三郎，邓定一郎，邓氏一娘；邓禄四郎，盘氏三娘；邓添三郎，邓氏二娘；邓圣二郎，陈氏二娘；邓位二郎，邓氏七娘；邓聪二郎，黄氏一娘；邓情三郎，赵氏二娘。

35. 八一村邓承林提供“酸邓”班辈和家先

A. 班辈：进、富、承、文。

B. 家先：邓庭三郎，盘氏三娘；邓保一郎，赵氏二娘；邓向一郎，盘氏一娘；邓安一郎，黄氏一娘；邓金一郎，盘氏一娘；邓太二郎，莫氏三娘；邓旺一郎，赵氏一娘。

36. 草果山村李如春提供“酸邓”班辈和家先

A. 班辈：文、进、富、承。

B. 家先：邓旺一郎，赵氏一娘；邓太二郎，郑氏三娘；邓官一郎，盘氏一娘；邓安一郎，黄氏一娘；邓案四郎，盘氏二娘；邓真三郎，赵氏三娘。

37. 平安寨李富珠提供“白冯”班辈和家先

A. 班辈：元、春、文、金、承。

B. 家先：冯香四郎，赵氏一娘；冯明三郎，赵氏二娘；冯位二郎，邓氏二娘。

38. 新寨冯文珠提供“灰冯”班辈和家先

A. 班辈：春、文、金、承、元。

B. 家先：冯升四郎，邓氏三娘；冯聪三郎，赵氏二娘；冯顺一郎，盘氏一娘；冯前二郎，赵氏二娘；冯保七郎，邓氏二娘、盘氏三娘。

39. 河头村冯富高提供“红冯”班辈和家先

A. 班辈：有、富、承、文。

B. 家先：冯清五郎，李氏七娘；冯明一郎，赵氏一娘；冯元三郎，黄氏一娘；冯聪四郎，李氏三娘；冯政三郎，赵氏二娘；冯位二郎，邓氏二娘。

40. 金河镇罗文福、李富珠、李如春提供“罗姓”班辈和家先

A. 班辈：文、承、进、富、有。

B. 家先：罗法保，潘氏者；罗法屋，朱氏者；罗行三郎，盘氏二娘；罗清五郎，盘氏二娘、冯氏二娘；罗法金，邓氏者；罗法前，盘氏者。

41. 蒋家坪村黄文保提供“黄姓”班辈和家先

A. 班辈：元、通、进、文、金。

B. 家先：黄良三郎，赵氏六娘；黄法置，赵妹周；黄法志，盘氏一郎；黄安三郎，赵氏五娘；黄道应一郎，赵氏一娘；黄真一郎，赵氏一娘。

42. 板板桥村陈世元提供“陈姓”班辈和家先

A. （四十代才转原辈）。

B. 家先：陈才德，杨氏者；陈贤凤，李氏者、唐氏者；陈文献，刘氏者。

43. 板板桥村陈世元提供“邵姓”班辈和家先

A. （四十代才转原辈）。

B. 家先：邵法旺，赵妹奈；邵法会，邓氏三娘；邵法重，邓氏一娘；邵法贤，邓氏一娘。

44. 石洞村莫有寿提供“莫姓”班辈和家先

A. 班辈：有、富、进、文。

B. 家先：莫法朝，陈氏者；莫法清，吴氏者；莫法荣，越氏者；莫财一郎，黄氏一娘；莫法旺，盘氏者；莫法顺，邓氏者；莫法向，赵氏者；莫法德，邓氏者；莫法行，二位邓氏者。

45. 金河镇对门山盘文林提供“红盘”班辈和家先

A. 班辈：承、文、有、富。

B. 家先：盘聪一郎，赵氏一娘；盘良二郎，李氏五娘；盘用三郎，邓氏一娘、黄氏二娘；盘周五郎，李氏五娘；盘怪二郎，莫氏三娘；盘林二郎，盘氏四娘；盘传三郎，赵氏二娘。

46. 金水河镇普角村委会广西寨刘富兴提供“刘姓”班辈和家先

A. 班辈：德、有、富、文、金。

B. 家先：刘朝兴太翁，炉氏太婆；刘明耀太翁，莫氏太婆；刘周三郎，莫氏一娘；刘金赵宝三郎，炉氏二娘；刘应三郎，韦氏四娘、盘氏二娘；刘元六郎，盘氏三娘、冯氏四娘、赵氏五娘。

［注：本瑶族班辈和家先，由金平县人大原主任盘金亮搜集、整理］

第二节　金平县民族局保存的瑶文古籍情况

金平县民族局保存的瑶文古籍目录如下：

《下禁书》、《上呈意者能用》、《过乡歌》、《贺星君书》、《开光开山点度书》、《开山复朝全本》、《三戒书》、《请圣科文》、《看凶顺星位下界日》、《招魂牒》、《设元消》、《送瘟吉凶日书》、《看病书》、《安坟书》、《亲家理书》、《挠星进钱》、《请家先书》、《开财门进财书》、《解喜书》、《造船书》、《清水书》、《洗育解劫》、《三戒加职戒民书》、《天下各府州县粮米》、《传度花押疏文伸牒状用》、《师歌书》、《通书》、《三戒表疏伸状牒文》、《度曹》、《意者书》、《仰功曹书》、《五谷出世歌》、《传度答文戒民》、《解意书》、《三戒水盆雪山刀梯书》、《三戒疏牒表文》、《传度表疏伸牒用》、《法书》、《传度书》、《关鬼书》、《送瘟表》、《天地表》、《算命杀书》、《妹寿歌》、《救病表疏》、《阴赦赎命词》、《出外求财家请牒》、《金钱卦》、《哪罗咧（熊撕歌）》、《取坟墓书》、《求签点卦书》、《招兵招粮许愿书》、《玉明意者》、《玩耍歌》、《藏身书》等。

［调查地点：金平县民族局；调查对象：罗文福；调查时间：2007 年 11 月；调查整理：盘金祥］

第三节　河口瑶族自治县的瑶文古籍情况

河口县民族局保存的瑶文古籍复印本目录如下：

《瑶族古书》、《灵符中卷》、《道门二部共对联诸完》、《盘皇歌》、《华堂大会秘》、《幼学字》、《全真演教》、《开山科》、《招兵科》、《龙王解秽》、《献拾供》、《送终灯秋》、《丧夜科》、《迓王科》、《释股科》、《斋醮两班神目》、《丧家金语》、《族人送终三时科》、《送终文字》、《炼渡科》、《交筒（简）科》、《破狱科》、《送终三夜天玑》、《良缘秘》、《南灵科》、《伴座科》、《救患科》、《急中救患科》（又名《鬼脚科》）、《完满科》、《开山科》、《架桥科》、《功曹科》、《大会科》、《大会科》、《祝贺楼台（《伴座科》）》、《婆王秘》、《开经科解疏》、《受戒天师科》（《天师受戒科》）、《诸章格》、《新思科》、《丧场科》（《丧葬科》）、《安龙科》、《救患科》、《杂粮科》、《杂粮科》、《杂粮科》、《杂粮科》、《化依科》、《盘古歌》、《三元合婚科》、《十王忏悔卷之上》、《请圣上香》（《上香请圣》）、《经坛关告科》、《天师忏悔》、《度人经》、《救苦经》、《血湖经》、《三官科》、《三官宝忏悔科》、《玉枢经》、《三官经》、《金章经》、《消灾经》、《符吏科》、《斋题筒（简）》、《会圣科》、《净坛科》、《敕坛科》、《送终棺》、《散花解结》、《度人道场经》、《尊典经上卷》、《尊典经中卷》、《尊典经下卷》、《斋宿启》、《腾章科》、《斋说醮》（《设斋醮》）、《阎罗道场科》、《父母恩重道场科》、《诸品经》、《入霄招兵科》、《入霄安坛科》、《玉皇三卷经》（《玉皇经三卷》）、《土府单时科》、《安龙科》、《盘皇像》、《上元像》、《中元像》、《下元像》、《土地神像》、《帝母像》、《社皇像》、《功曹像》、《花林像》、《甘姑像》、《四官像》、《龙凤像》、《六神像》、《鲁班像》、《坛官像》、《无姓无名像》、《临厨火官像》、《令公像》。

［调查地点：河口县民族局；调查对象：李明辉；调查时间：2007 年 11 月；调查整理：盘金祥］

第十章
丽江市普米族韩规古籍

前　言
——普米族及其文字古籍情况综述

胡文明

一、普米族及其文化概述

普米族是一个历史悠久的古老民族，主要分布在云南、四川和西藏三省区毗邻的澜沧江、金沙江及支流无量河与雅砻江流域，位置大约在东经 98°06′～100°08′，北纬 24°04′～27°06′之间。其中，居住在四川境内的普米人，因受藏族文化影响较多而被划归藏族；居住在云南省境内的普米人，根据本民族意愿，经国务院批准，于 1961 年正式定族称为普米族。据 2000 年第五次全国人口普查，普米族总人口为 33 600 人。

学术界一般认为，普米族渊源于远古时期居住在我国西北河（黄河）湟（湟水）地带的西羌，以后向南迁至金沙江和雅砻江流域。根据《后汉书》、《三国志》、《华阳国志》等史籍记载，汉代时居住在这一地区的普米人称为“白狼槃木”或“槃木明”，他们与东汉王朝直接建立了政治关系。[1] 至晋代，《博物志》等史书多称普米人为“西蕃”。元初，《异域志》已将西蕃写成西番。元、明以后，普米族已在今天所在地区分布和繁衍了。

云南省的普米族主要分布在兰坪、维西、永胜等县，其中丽江地区（今丽江市）的宁蒗县是一个重要的分布区域。宁蒗彝族自治县位于云南省西北部的川滇交界处，东北与四川省盐边、盐源、木里三县毗邻。据 2007 年年末人口统计，居住在宁蒗县境内的普米族有 12 227 人，占全县总人口的 4.7%，

① 参见任乃强：《羌族源流探索》，重庆，重庆出版社，1984。

占普米族总人口的三分之一强。主要分布在翠玉、永宁、拉伯、新营盘、红桥、西川、金棉、宁利、战河和大兴等 11 个乡镇的 32 个村委会。与汉族、彝族、纳西族摩梭人、傈僳族等民族交错杂居。

历史上，普米族不断迁徙，但从未断绝其文化，而是将自己的文化较完整地保持并带到四面八方。就宁蒗县而言，及至新中国成立前夕，普米文化总体上完整而系统，其山地农耕、民居建筑、宗教信仰、天文历算、神话传说、道德习俗、婚姻习俗、节日庆典、饮食服饰、歌舞音乐、民间文学、传统工艺、草医草药等，构成了物质和精神相互关联的大系统，而每一文化单元又形成独立的系统，呈现出内容丰富而又层次分明的特征。至今不少普米族聚居社区仍然保留着原生态的普米母语和普米传统文化。以下分别简述。

第一，语言文字方面。普米语是我国西南部特有的一种藏缅语。位于川、滇交界的泸沽湖可以视为现今操普米语者世居地（但非发祥地）的地标。在这片南北略呈矩形区域的上半部分是四川的木里县，而下半部分覆盖的范围则包括四川盐源县西北和云南宁蒗县大部。这片世居地的领域过往很可能比现在要辽阔。从族谱、族宗上来看，上述区域操普米语者无疑是个单一族群。宁蒗普米族与川西南自称“普米”的藏族之间唯一的区别就是隔了一条省界，他们自认为是有共同的历史、文化的同一群体，至今他们还使用着共同的语言。

跟其他历史悠久的民族语言一样，普米语在漫长的自然发展及与其他语言接触过程中，无可避免地衍生出不少方言特点。然而，令人惊叹的是它非凡的语言保留性有效地牵制了方言特点的发展，使得普米语方言未曾超越语言学里指的方言界限。也正因为如此，尽管普米族居住分散、相距较远，但各地的方言区别不大，可以互相通话。①

在这里还要附带提及，尽管自 20 世纪 80 年代以来，国内一些语言学者曾提出，普米族的语言属汉藏语系藏缅语族羌语支，分为南北两个方言②，但由于对普米语的研究相当有限，目前还没有语支、方言划分、归类的确切准则。现今川西南“普米藏族”的语言归属于藏语支，就是证明。

第二，文字方面。过去认为普米族没有文字，然而，20 世纪 80 年代初，严汝娴等知名学者再次深入普米族地区开展调查时，发现普米族纯木结构的

① 普米族民间，一般将普米语分为南、北两个方言，方言间在语言、词汇以至语法上虽然存在一定的差异，但核心语言部分比较接近，加之方言间语言变异有相当整齐的对应性，使得操流利母语的普米人，不论来自何方，都可以用普米语交谈。参见丁思志：《普米语简介》，《普米族》2005 年刊。

② 参见陆绍尊：《普米语简志》，北京，民族出版社，1983。

木垒房子，普遍使用一种刻画符号，这是文字的前身。[①] 同时，他们还认为“宁蒗和木里的普米族曾用过简单的图画文字，字数虽少，已堪称萌芽状态的原始文字。”事实上，这一地带的普米族还曾用藏文字母来拼记了各类韩规教经典。此情况，本文后面将作交代。

第三，宗教文化方面。普米族是非常追求理性的民族，在生存环境异常艰难、物质财富贫乏的条件下，仍创造了奇异而极具精神的文化。这种文化由其民间宗教祭司代代传承，因其宗教祭司称为韩规[②]，该宗教就俗称为韩规教，故该文化也俗称为韩规文化。韩规教具有自然崇拜、祖先崇拜、多神崇拜和重占卜等特点。比之民间文化，它已经有职业性的传承人——韩规；专业性记录符号——韩规文（即藏文），系统性知识积累——韩规经。韩规文化，就是保存于韩规教的文化。它包括韩规经典、韩规仪式及韩规绘画、韩规文学、韩规舞蹈、韩规工艺等。该文化以宗教为载体，集纳了积淀千年的普米古文明及古代苯教文化，为世人呈现了古代文明的完整形态。

二、普米族韩规教及其传承

普米族信奉韩规教。关于它的发展源流和各种文化因素，是迄今为止尚未深入探索过的很有学术价值的课题。这里试图作一些分析。

一般而言，普米族地区的韩规教兼有原始宗教和苯教的两种形态特征。原始宗教的特征是韩规教具有信奉万物有灵和多神崇拜，主要形态是自然崇拜、祖先崇拜、动植物崇拜，同时保有图腾崇拜遗迹，以及鬼魂崇拜和重占卜等氐羌族群原始宗教的内容及特征。此外，韩规教没有严密的宗教组织，也没有固定的宗教活动场所（没有专门的寺院庙宇）；韩规没有等级之分，不脱离生产劳动，没有形成严格的戒律和固定的宗教生活；其传承方式为父子或师徒相承，也就是说，韩规教的活动主要通过祭司韩规来进行，这类祭司的主要社会职能是“下方作镇压鬼怪，上方作供祀天神，中间作兴旺人家的法事”[③]，因而，它反映的是一种人类早期的原始宗教形态。

---

① 参见严汝娴：《普米族的刻画符号》，载《考古》，1982（3）。

② 关于“韩规”一词的含义，目前有多种解释：一是杨学政先生调查分析，“韩”指鹦鹉，“规”为美丽，全意为美丽的鹦鹉。韩规善于辞令，在文道场诵经说唱，恰似鹦鹉学舌；在舞蹈场披红戴绿，宛如羽翼美丽的鹦鹉。二是近年从事韩规文化传承工作的胡镜明、马红升等对“韩规”一名的解读是：“韩为法术，规为高。”于是将“韩规”一词译成“法术高超的祭司或智者”。三是现为木里县藏医院院长的汪扎多吉则认为，韩吉（韩规）应从藏文作解释，“韩为咒，吉为诵，韩吉即诵咒”。故，韩吉为持咒的苯教师。

③ 土观·洛桑却吉尼玛著，刘立千译注：《土观宗派源流》，拉萨，西藏人民出版社，1984。

根据上述特征，韩规教属于原始宗教的范畴。但是，正如一些民族宗教学者所指出："普米族有本民族固有的原始宗教，但深受苯教和藏传佛教的影响，他们的原始宗教中有丰富的苯教和藏传佛教内容。换言之，他们的原始宗教是在苯教的影响下发展形成的。"① 韩规文化脱胎于本民族的巫术信仰，是普米族民间文化升华和提炼的结果。毫无疑问，在其形成过程中，曾受到过藏族苯教的浸润以及藏传佛教的洗礼。

根据我们的初步调查与分析，韩规教不同于一般的原始宗教，它又有本教化的显著特征。云南宁蒗县和四川木里县、盐源县毗邻，这三县是普米族最集中的地区。从这些地区普米韩规的宗教活动来看，无论崇拜的神，还是教义和仪式，基本与藏区早期本教相同。统观整个韩规教的仪式和经书系统，其受藏族苯教的影响极为深刻和广泛，集中体现在：其一，韩规教的教祖为"颠巴辛饶"，是拥仲苯教的祖师"辛饶米沃齐"，即"登巴辛饶"；其二，韩规教和苯教一样奉行多种崇拜，即非常信仰和崇敬天神、地神、山神、战神和龙神等；其三，韩规教直接借用了藏文字母，并通过"社依"（行书）和"杂依"（草书）两种书法，抄写了卷帙浩繁的苯教经典；其四，韩规教的很多神灵源于苯教和藏传佛教；其五，韩规教中有大量的占卜等巫术，其中夹杂着许多苯教的巫术成分；其六，韩规教保存有丰富的绘画、雕塑、舞蹈等艺术，其中融进了大量的苯教及藏传佛教的文化因素；其七，韩规教所用的法衣、法帽及主要法器，也与苯教相同；其八，韩规教有整套繁琐的仪式体系，不论从形式上还是内容上，都与苯教的相同。因此，普米族的韩规教早已不是本来意义上的原始宗教。

对普米族地区来说，本教应属外来宗教，或许苯教从藏地传入普米族地区以后，其本身还具有许多原始宗教的内容，而这些内容又十分接近于普米族地区本土宗教的原始信仰和崇拜以及祭祀方式，逐渐走上了两者融合的道路，即两者融合后的韩规教，其宗教属性已不再是原始宗教，而是一个由原始宗教向人为宗教过渡的宗教。

藏区苯教是由两部分构成，即非佛教的原生形态的早期苯教和受佛教影响后形成的次生形态的晚期苯教。同样，普米韩规教也是由"崩韩规"（苯教韩规）和"启韩规"（佛教韩规）两部分构成。

本韩规与启韩规在经典教义及祭祀仪式等方面，均为世代一脉相承。尽管从表面上很难看出两者之间有何不同，但仔细观察两者的区别还是明显的：一是前者崇尚咒术，呼风唤雨，杀牲献祭；后者已放弃杀牲，用象征性的模

① 杨学政：《藏族、纳西族、普米族的藏传佛教》，昆明，云南人民出版社，1994。

型实物代替活的生命。二是前者转经时从右至左的逆时针方向转动，后者则从左至右的顺时针方向转动；三是前者用“嗡嘛孜牟耶萨来哆”（ao mu dru mu ye sa le vdu）八字真言，后者则用“唵嘛呢叭咪吽”的六字真言；四是两者所用“雍仲”符号方向也相反。

从以上基本的事实中，可以看到普米族古老的原始宗教是怎样和后来传入的苯教与佛教融合成为本韩规及启韩规的，即本韩规与启韩规一起，成为构成古代普米宗教文化面貌的两种势力。这是我们今天研究普米族历史、宗教中不可忽视的一个极为重要的方面。

在普米族民间，韩规被尊称为“毕玛”，意为“导师”（相应地，称学徒为“毕祖”，意为学生）。他们是普米族固定的宗教职业者，也是古老苯教教义的传播者和礼仪的主持者。人们相信韩规是人与神的中间人，引导他们修行的唯一导师，人们无论活着还是死后都需要韩规作他们的向导。此外，韩规还是族人的首领人物，也是诸多大事的最终决断者。普米族谚语说：“普米没有官爷，韩规就是长官。”人们在生活中遇到疑难问题总是请教韩规，因而受到大家的尊敬和崇拜，无论属于哪一个教派的韩规，对于普米百姓来说都是皈依和依靠的对象。也正因为如此，不仅韩规世家的后代在传承，而且一些普通人家出身的儿孙也拜师学韩规。显然，普米人在当时还没有多少世俗正规学校的境况下，学韩规不能不说是学习知识的重要途径。

一般而言，当韩规必须拜师学习，学期无具体年限规定，有的 3 至 5 年，有的长达 10 余年。时间很长的原因在于，此种学习多半属于半工半读，拜师学习的弟子常常出卖劳力，即白天为导师家庭承担一定的体力劳动，早晚攻读经书及从事绘画、雕塑、舞蹈等方面的学习。另外，韩规学习注重从实践中来获取知识和本领，即当导师替人念经祈福消灾或超度亡灵或占卜祸福或求雨防雹等等时，弟子跟随导师，充当助手，有许多知识正是通过这种渠道学到的。经过长期学习各种经典及仪式后，举行特定的仪式和典礼——“层赠”，即坐床出师仪式（相当于毕业典礼），成绩合格，准予毕业，方可从事韩规职业。

在宁蒗普米族地区，由于特殊的地理位置和族群关系，成为苯教传播的重要阵地，因此，韩规教早已成为一种强大势力。韩规教在宁蒗普米族历史中不仅流行时间最长，而且信仰人数也最多。据 20 世纪 50 年代初的统计，全县当时知名韩规就有 60 余人。据称，当时居住在该县境内的普米族，村村有韩规，寨寨有经堂。通常村寨上方有集体活动场地“塔瓦”（煨桑塔），村寨下方有嘛呢堆，家家房前有“松塔”，每天早晨香烟浓浓升空，到处听到念经声。尤其每年正月（春节）间，户户屋顶上各色各样的“甲才此木”（经幡）焕然一新，迎风飘扬。这是全民信仰韩规教的象征，也是普米族村寨的显著标志。人人尊敬韩规，保护经堂、经书和法器，即使是发生械斗，也不会破坏神物和法器等。

在宁蒗等普米族地区，韩规教的影响也最大。由于韩规教得以长期保留，及至新中国成立前夕，在该区域的普米族民间仍有深厚的社会基础和较大的影响，即韩规教在普米族人民的实际生活和精神生活中到处存在：一个人从生到死都离不开韩规的帮助，子女生下来要请韩规命名，子女长大结婚须请韩规择算，平时患病请韩规占卜医治，出门办事也要请韩规占卜预测，人死后更需韩规指路超度。在日常生产中，求雨、防雹、祈祷丰收等更是韩规的神圣职责，至于一年中各种各样的节庆盛典，同样离不开韩规的主持。社会上的各种纠纷无法调解时靠韩规来裁定，韩规由此得到社会的尊敬，他们被奉为神的代言人，他们可以向人们传达神的意志，并代表人向虚幻中的神表示敬畏，传呈愿望和祈求。这样，韩规在普米族广大信徒中具有极大的神圣性和崇高的地位。

新中国成立后，普米族地区政治、经济、社会和教育等领域发生了变革，韩规教对现代普米族社会的影响日趋削弱，尤其是由于民主改革和社会主义改造时对传统文化的否定，韩规教开始受到冲击，停止传承。而在“文化大革命”中，韩规教遭到灭顶之灾。先是进行“破除迷信，移风易俗”，缴毁了大量的经书和宗教文物。韩规经师受到了批判，被管制劳动，经堂无人管理而报废。接着开展“破四旧、立四新”，更把韩规当作“牛鬼蛇神”，成为被“横扫”的对象，毁尽了私人收藏的经书、神具、法器等宝贵文物，全民停止韩规教信仰活动。

不过，令世人欣慰的是，个别韩规世家冒着极大的风险，将部分经书要籍或藏于洞穴之中，或深埋地下，这些经书终于在改革开放之后陆续重见天日。尤其与宁蒗毗邻的木里依吉、宁朗一带，由于地处偏僻，交通闭塞，历史上受外界（包括藏传佛教）的影响相应薄弱，受新中国成立后的历次政治运动的冲击也较小，因此为我们保留了相当一部分韩规经卷，其中包括各种孤本。这是不幸中的万幸。

党的十一届三中全会以来，普米族地区的各级党委、政府认真贯彻落实党的“宗教信仰自由”及“尊重少数民族风俗习惯”等政策，激发了普米人民对自己的传统文化重新投以饱满的热情，各乡村的父老乡亲迫切希望恢复韩规文化活动。鉴于此，2000 年初，在胡文明、胡镜明、马红升等人的倡导下，宁蒗县籍的普米族干部与村民一同创办了普米族韩规文化传习班，并从滇、川交界的木里县依吉乡请来一位知名的韩规，用 6 年的时间在新营盘乡牛窝子村悉心传授韩规文化。这位韩规名叫措皮·迪吉偏初，男，1959年生，据说他的祖上有25代人是韩规，其父亲就是当地一位知名的大韩规，他从小就受到影响和熏陶，十五六岁便从其父习韩规，22岁出师。2000年初，迁入宁蒗县新营盘乡牛窝子村。2006年，被誉为丽江市首批民族民间传统文化传承人（代表人物）。迄今他招收了三期传习班学员，合计22人，年纪最小的15岁，最大的35岁，均为普米族，且祖上多为韩规。措皮·迪吉偏初给每期学员制订了三年的学习计划：第一年为教藏文的识字阶段，学会拼读字母并朗诵经文；第二年学做一般的道场仪式、捏面偶、习诵经书；第三年为跳神、坐经、受戒、出师（通过七七四十九天面壁，不见天日方能出师），主持大的道场，方可毕业。

毋庸讳言，恢复韩规的学习只是为抢救和保护这一古老文化而采取的一种必要的手段。

三、韩规古籍及其收藏

普米族的韩规向来以珍藏丰富的经卷而著称。但是，直至今日，在有关普米族文化的研究文献资料中，几乎没有关于韩规文化的记述与研究。世人对韩规如此丰富的藏书知之甚少，主要有两个原因：一是前人对普米韩规教及其文化鲜有记载；二是正如前述，普米韩规古籍在历次劫难中损失惨重，幸存下来的古籍也缺乏专门机构及人员进行整理编目，提供查阅。

与赫赫有名的纳西东巴及彝族毕摩藏书相比，普米族韩规的藏书几乎鲜为人知。实际上，与东巴、毕摩一样，韩规也有大量的藏书，规模和卷帙与东巴、毕摩相比，似乎也难分伯仲。

1. 韩规古籍分类

韩规古籍是应用于韩规教各种仪式上的典籍。大体上讲，普米韩规古籍由两大部分构成：一是书面经典，即普米人用藏文字母书写而成的苯教典籍。这类经典很可能是最原始型的苯教经典，它的内容宏丰而多彩，我们若拿来详细排比研究，于苯教文化的研究将会由这类经典中得到很好的收获。二是口授经典，即普米韩规口头咏诵的祭辞及咒语。这一类是普米古老原始宗教的典籍，因而，其内中的蓄积无限，为我们提供了一份研究原始文化的珍贵资料。值得注意的是，前者为后期文字典籍，种类多，数目大；后者为早期口传典籍，数量相对较少。目前，这些珍藏、流传在民间的韩规古籍还未作出详细的内容分类，其主题内容亦难以用简单的篇幅加以概括，但可以肯定一点，它包括了普米族整个发展历程的政治、经济、社会、文化等诸方面的内容。可称之为“普米族的百科全书”。

上述古籍从内容到形式和风格，都具有超越一个民族的文化的突出的社会、文化或精神价值。某种意义上讲，它也是全面展示古代社会精神生活的少数民族古籍文献之一。本项目调查研究的重点是韩规书面经籍，至于韩规口授经籍则十分珍罕，需要另立一类以作整理、编目及研究。

2. 韩规古籍形式与风格

我们所接触到的韩规古籍全为手抄本，其特点为古藏文草体书写，即用以书写韩规经书的文字为藏文，通常分为“社依”（行书）和“杂依”（草书）两种书法。多用竹笔从左至右写就，除用墨汁外，也有用朱砂写成的。据说，过去，在木里依吉、宁朗、水洛一带，普米人极其珍贵的韩规经抄本中还有用金、银粉汁等抄写的经卷。每册书的封面由长方形边框和经名两部分组成，正文为双面书写（每页为 6 行左右）。所用纸张一般为本色构皮纸，它质硬而坚韧，一般具有经久耐用的特性。形制长条（一般古籍长约 30 厘米、宽约 10 厘米）。据说，版本的大小是因所抄经书内容多少而定，并没有统一的标准。

韩规古籍形成于何时，即川、滇普米族地区，何时传入藏文书写的苯教典籍并且得到应用，因缺乏翔实的资料而无法考证。不过，韩规的写本典籍，从形制、制作、装帧等各方面均受到藏族的影响。从韩规典籍的装帧形式上看，多为长条型活页装帧，即把抄有文字的活页依次重叠起来，不进行装订，在上下加上两块木板作为前后封面。据称此种横长条散页的装帧形式，是从印度梵文贝叶经形式演化而来的，故称梵夹本形式。梵夹本是过去藏文古籍的主要特征。据专家考证，其时间可追溯到两千多年前的吐蕃王朝时代，迄今在敦煌莫高窟，还保存着用墨写在厚夹纸上的藏文佛经。或许早在吐蕃时代，普米人就已经知道并运用这一类著述。原因很简单，普米人生活的川西南及滇西北地区在地理位置上与藏区毗邻，在文化、民族上有着十分亲密的关系。

在这里还应该补充说明一点：普米韩规素有屈膝盘腿而坐于毯垫之上的习惯，据称，他们诵经时常将长条形散页书平放于膝上，便于翻页阅读，出门远行将书用布包起来横背在后也很便利。根据我们的初步调查与分析，韩规古籍采用梵夹本及线装本两种形式，此类装帧形式无论是阅读还是驮运携带均适宜于特定的普米族地区。

3. 韩规古籍收藏情况

目前幸存的普米韩规古籍主要由三部分组成。

第一部分为中国历史博物馆收藏。

20 世纪 60 年代初，在中国历史博物馆工作的宋兆麟先生等就曾赴泸沽湖地区，搜集了大量民族文物，其中包括相当一部分韩规古籍。对此，他在《世纪之交的民族文物》一文中谈到："我去金沙江边托甸乡，搜集到成驮的东巴经、汉规经（普米族巫师）……最后我们雇了四十三头骡子，才把文物运出泸沽湖。"[①]这里所谓的"汉规经"，即韩规经。历史上，金沙江边托甸乡普米韩规藏书种类丰富，宋先生算是国内学界最早、也是唯一的一位韩规古籍收集者。遗憾的是，迄至今日，不曾闻见有人对这些文献作过分类、编目，更谈不上翻译了。宋先生本人也因种种原因，转向案头工作，虽出版了《女儿国的普米人》等书，却"只好把文物闲置起来"。当年他搜集到的成驮的韩规经，应该还藏在中国历史博物馆，但其内容一直鲜为人知。

第二部分为云南省宁蒗、永胜等县普米族韩规世家私人收藏。

据我们初步调查的结果，历史上，宁蒗、永胜等地区韩规古籍的数目是甚为庞大的，由于遭受新中国成立后的历次劫难而损失惨重，这一地区韩规经典实在所存不多，而且散布在外面的也极少。其中，除宁蒗县新营盘乡东风村白玛（汉名为马金荣）家所珍藏的部分经书外，其他散落在民间的经籍，一部分经由木基元、邱文发等先生收集，现藏于云南省民族博物馆（主要为宁蒗县跑马坪乡二村及永胜县松坪乡一农户收藏的若干册谱牒类旧抄本）；此外，近年由胡镜明、马红升等进行收集、复制并加以收藏了一部分。

第三部分为与宁蒗县毗邻的四川省木里、盐源等县普米韩规所收藏。

与宁蒗县毗邻的木里、盐源高地是普米人的世居地。这一地区至今还分布有不少自称"Prnvmi"的藏族，他们既保留了完整的普米母语，又保留了传统的普米文化，尤其是韩规教还保留在那些偏僻的村寨里。也就是说，今日的云南普米族中已经濒临消失的韩规文化，在四川"普米藏族"中却能找到它的完备存在。难能可贵的是，木里县依吉乡一带的普米韩规家族不仅世传了韩规书面经典文献，而且口授经典也一代一代传承下来，使得我们可以通过这批古籍文献的释读，了解普米韩规文化的概貌。目前，这批经书均藏存于当地民间，即保存在若干普米韩规私人家中。

---

① 宋兆麟：《世纪之交的民族文物》，载《云南民族学院学报》（哲学社会科学版），1995（5）。

4. 韩规经典古籍保护情况评估

（1）背景情况

普米韩规古籍都出自韩规祭司之手，根据多年的调查与分析，我们估计，云南宁蒗、永胜等县境内民间所藏韩规古籍（旧抄本）不超过100册，四川境内，仅木里依吉乡一带民间私藏韩规经典则在3000册以上。此外，20世纪60年代初，宋兆麟等国内学者就有意识地进行收集和保护。宁蒗普米族在21世纪初举办韩规文化传习班，收集复印了300册左右。2004年后，云南民族学会普米族研究委员会及宁蒗县普米文化传习协会相继成立，两会顾问胡镜明等又收集、复制近500册左右。

上述普米韩规古籍，经过初步整理、编目去掉重复本，约有1000余册。目前迫切需要做的是，对这部分韩规古籍进行全面完整的标音翻译和出版，使之真正应用于学术研究和文化交流。

（2）危险评估

作为一个庞大系统，韩规古籍无疑是一份底蕴深厚、内涵深邃的文化遗产，因而也是认识了解普米族社会历史和传统文化的重要资料。然而，各种因素，曾严重威胁这类古籍的长期保存和正常流通与利用。现在各种对韩规古籍的自然威胁和人为损坏等不利因素仍然存在。

首先，对普米韩规古籍的自然威胁有地震和火灾。现收藏韩规古籍的地点为滇、川、藏交界区域。我们所见到的韩规古籍多由乡村韩规私人家庭所收藏，这一特殊地区虽地处地震频繁地带，但普米民居建筑多为木楞房，有较强的抗震性，这一点是完全可以减少威胁的。火灾对其的威胁则很大。韩规古籍属纸制古典文献，大多存放在木屋及木板制作的柜子里，一旦发生火灾，后果不堪设想。

其次，因年代久远而自然损坏的情况非常严重。韩规古籍原件多系旧抄本，书写在自制的构皮纸上，自然老化难以避免，导致许多经典载体残损情况非常严重，如有的经卷已破损，成为残篇；有的局部字迹泯灭，无法辨认等。

再次，因保管不善而残损等情况也非常突出。因韩规大多生活在偏僻山村，尽管在实践中摸索出一些较为有效的经书管护方法，但毕竟环境条件差，防护手段落后，总体上说，对各类经籍还缺乏科学的方法加以保护。从目前民间韩规私藏古籍部分的情况来看，除了火灾、被盗等显性的损坏现象之外，因自身原因而发生变化和环境温湿度不稳定而被微生物、光线、灰尘侵蚀等隐性损害现象也很突出。此外，近年来因学术研究和文化交流的需要，反复的翻阅和复印也将影响到古籍原件的使用寿命。

鉴于此，若再不采取有效的抢救手段与保护措施，各类韩规古籍仍然难于摆脱继续破损和亡佚的危险。

四、普米族韩规古籍文献调查研究的有关情况说明

普米族的韩规古籍是构成云南少数民族文字古籍的一部分。本研究是《云南少数民族古籍文献调查与研究》的内容之一，由丽江市委党校胡文明牵头组织普米族退休干部胡镜明和普米族韩规祭司措皮·迪吉偏初、熊光祖等共同参与完成。

本调查选择的典型区域是宁蒗县普米族地区。其目的旨在摸清流传于宁蒗县普米族民间私人收藏的韩规古籍现状。此前我们已经请人去宁蒗县及周边地区普查韩规经的具体收藏情况，其中措皮·迪吉偏初多次返回他的家乡木里县依吉乡进行韩规古籍的收集和记录。2007 年 4 月 12 日至 6 月 28 日，本研究项目组一行 4 人，又到宁蒗县新营盘乡进行了实地调查。在“宁蒗县普米族传统文化保护协会”的支持下，确定保存有韩规古籍文献的牛窝子、东风等村寨作为考察点，并到点上同当地普米韩规、老人和群众座谈，入户访问和观察。经我们过目的韩规经典，最低的估计亦当在 1000 册以上（这里面自然有不少是新抄本及复印件）。在这里拟就已经发现的韩规古籍（旧抄本）先行整理出一个简目，其中把措皮·迪吉偏初所提供的木里依吉乡韩规们收藏的经典目录也作了初步的分类与介绍。某种意义上，本报告的形成为普米韩规秘籍收藏现状填补了一个空白。至于有关韩规文化专门精微的问题研究，只能有待将来再做。

需补充说明一点，本报告对韩规经籍名称所采用的汉字注音，在其中只起辅助作用，因而一切注音首以国际音标为准。韩规古籍目录的国际音标记音由云南师范大学 2006 级文字学硕士研究生杨俊伟先生完成。此外，在调研及撰写报告的过程中，课题组还得到了云南民族学会普米族研究委员会、民族文化专家和社区居民的大力支持，特此说明并致谢。

2008 年 7 月于丽江市委党校

2008 年 8 月修改于昆明

第一节　宁蒗县普米族韩规古籍调查

一、新营盘乡普米族民间保存的韩规经籍

1. 白玛家所藏部分写本韩规经籍

白玛，汉名马金荣，男，1943 年生，现为宁蒗县供销联社主任科员。其老家在宁蒗县新营盘乡东风行政村东风小组。该家族原姓熊（为普米族白牙支系），是世传启韩规家族。及至其祖父白牙·嘉隔一代，因上门到森依·纳华家后改以“森依”为姓了。纳华的祖辈全是有名的本韩规，嘉隔遂学习和传承了本韩规，即壹冬歪萨派教义，成为该区域较为知名的大韩规。传至其父马光宝，因社会变迁，只做些简单的仪式，学问无甚进展。家传经书除部分于“文化大革命”期间被烧毁外，目前存有两卷 50 余册。

白玛家世传下来的这部分古籍文献，一直保存在新营盘乡东风村老家。近年，因其四子茨里隆布参加了牛窝子村举办的第一期韩规文化传习班，并于 2002 年结业（现能独立举行法事），上述经书便由他保管使用。最近他改用复印件经书，故将这部分旧经书移放在宁蒗县城马金荣的住宅处。本文笔者去调查时，有一卷被人借走，一时无法返还。幸好册数较多的一卷还在，我们便对其进行了初步的整理。

这卷经籍属迎请本尊神·壹冬诸神经，即属于祈祥求福之经典。旧抄本，分 34 册，共 712 页（缺 35 页，实有 677 页）。佚名撰。本色构皮纸，夹板捆装（夹板 37 × 13.5 厘米）。墨书。页面 30 × 11.5 厘米，无边栏。边角略有磨损，保存基本完好。

这卷古籍是近千种普米韩规文献遗产中的一小部分，但其源甚古，且为普米本韩规举行仪式时的常用典籍，是我们了解宁蒗县普米本韩规藏书内容的重要窗口。因此，我们根据封面、首页、末页和中间散页中关于经名的确切记载，为该卷写本整理出如下简目。

（1）《壹冬松雄 · $ji^{31}tuŋ^{55}suŋ^{55}ɕio^{53}$》

旧抄本，佚名撰。本色构皮纸，墨书。长 30 厘米，宽 11.5 厘米，自制构皮纸，1 册，10 页。封面由长方形边框和经名两部分组成，边缘饰有莲珠纹。正文行书六行，保存完整。

（2）《阿忍麻布达巴 · ŋɑ^{33}zɛn^{3}ma^{31}pu^{33}ta^{31}pa^{31}》

1 册，14 页。旧抄本，佚名撰。本色构皮纸，墨书。长 30 厘米，宽 11.5 厘米，自制构皮纸，1 册，10 页。封面由梯形边框和经名两部分组成。正文行书六行，保存完整。

（3）《弄萨弄金 · nuŋ^{55}sɑ^{53}nuŋ^{31tɕ}n^{33}》

旧抄本，佚名撰。墨书。长 30 厘米，宽 11.5 厘米，自制构皮纸，1 册，8 页。封面由梯形边框和经名两部分组成。正文行书六行，保存完整。

（4）《香罗恰果 · nuŋ^{55}sɑ^{53}nuŋ^{31}tɕin^{33}》

旧抄本，佚名撰。墨书。长 30 厘米，宽 11.5 厘米，自制构皮纸，1 册，18 页。封面由梯形边框和经名两部分组成。正文行书六行，保存完整。

（5）《滚宗温端 · kuɛ^{55}zuŋ^{55}uɛin^{55}tuə^{31}》

旧抄本，墨书。长 30 厘米，宽 11.5 厘米，自制构皮纸，1 册，18 页。封面由长方形边框和经名两部分组成。正文行书六行，保存完整。

（6）《滚宗兴拉歪嘎尔 · kuɛ^{55}zuŋ^{55}ɕin^{55}lɑ^{55}uɛin^{31}kɤ^{55}》

旧抄本，佚名撰。墨书。长 30 厘米，宽 11.5 厘米，自制构皮纸，1 册，20 页。封面为白底经名组成。正文行书六行，保存完整。

（7）《忍窄措公瓦 · zɛn^{31}tsɛ^{53}ts‘o^{53}kuŋ^{55}uɑ^{31}》

旧抄本，佚名撰。墨书。长 30 厘米，宽 11.5 厘米，自制构皮纸，1 册，20 页。封面为经名墨框，上方绘有一幅宝顶图。正文行书五行，保存完整。

（8）《壹冬歪塞兴蒸 · ji^{31}tuŋ^{51}uɛi^{55}sɛ^{55}ɕn^{33}tzɛn^{53}》

旧抄本，墨书。长 30 厘米，宽 11.5 厘米，自制构皮纸，1 册，50 页。封面由长方形边框和经名两部分组成，边缘饰有莲珠纹。正文行书六行，保存完整。

（9）《秋以综几 · tɕ‘iu^{55}ji^{53}tsuŋ^{31}tɕi^{53}》

旧抄本，墨书。长 30 厘米，宽 11.5 厘米，自制构皮纸，1 册，8 页。封面为经名墨框，中间插有一幅宝剑图。正文行书六行，保存完整。

（10）《层注峨良 · ts‘ɛ^{53}tʂuŋ^{55}yɑ^{31}》

旧抄本，墨书。长 30 厘米，宽 11.5 厘米，自制构皮纸，1 册，12 页。封面由长方形边框和经名两部分组成。正文行书六行，保存完整。

（11）《昆损 · kuɛn^{55}suɛn^{53}》

旧抄本，墨书。长 30 厘米，宽 11.5 厘米，自制构皮纸，1 册，10 页。封面由梯形边框和经名两部分组成。正文行书五行，保存完整。

（12）《打拉米布供瓦 · tɑ^{53}lɑ^{33}min^{31}pɤ^{31}kuŋ^{55}uɑ^{31}》

旧抄本，墨书。长 30 厘米，宽 11.5 厘米，自制构皮纸，1 册，28 页。封面由长方形边框和经名两部分组成。正文行书五行，保存完整。

（13）《思巴甲木中肯 · sɤ^{55}pɑ^{55}tɕɛ^{31}mu^{31}tʂuŋ^{21}kjɛ^{53}》

旧抄本，墨书。长 30 厘米，宽 11.5 厘米，自制构皮纸，1 册，22 页。封面由梯形边框和经名两部分组成。正文行书五行，保存完整。

（14）《壹冬歪塞阿巴 · ji^{31}tuŋ^{55}uɛi^{33}sɛ^{53}ŋɑ^{33}pɑ^{53}》

旧抄本，墨书。长 30 厘米，宽 11.5 厘米，自制构皮纸，1 册，10 页。封面由红色长方形边框和经名两部分组成。正文行书六行，保存完整。

（15）《壹冬歪塞浑端 · ji^{31}tuŋ^{55}uɛi^{33}sɛ^{53}uɛin^{33}tuə^{31}》

旧抄本，墨书。长 30 厘米，宽 11.5 厘米，自制构皮纸，1 册，72 页。封面由长方形边框和经名两部分组成。正文行书五行，保存完整。

（16）《壹冬松给捞滚脱巴 · ji^{31}tuŋ^{55}suŋ^{33}kjɛ^{31}lɑ^{31}kuɛi^{33}t‘o^{31}pɑ^{31}》

旧抄本，墨书。长 30 厘米，宽 11.5 厘米，自制构皮纸，1 册，40 页。封面由梯形边框和经名两部分组成。边缘饰有莲珠纹。正文行书六行，保存完整。

（17）《壹冬供围 · ji^{31}tuŋ^{55}kuŋ^{33}uɛi^{53}》

旧抄本，墨书。长 30 厘米，宽 11.5 厘米，自制构皮纸，1 册，62 页。封面由长方形边框和经名两部分组成。边缘饰有“雍仲”符号及莲纹。正文行书六行，保存完整。

（18）佚名旧抄本，墨书。长 30 厘米，宽 11.5 厘米，自制构皮纸，1 册，8 页。该册原封面、封底散失。正文行书六行。

（19）《迟甲希都极宗顶 · tʂ‘ə^{31}tɕɛ^{31}ɕi^{33}tu^{31}tɕi^{31} tsuŋ^{31}tiɛn^{33}》

旧抄本，墨书。长 30 厘米，宽 11.5 厘米，自制构皮纸，1 册，10 页（缺 6 页，实有 4 页）。封面由梯形边框和经名两部分组成。正文行书六行。

（20）《扎拉供瓦 · tʂɑ^{21}lɑ^{55}kuŋ^{55}uɑ^{31}》

旧抄本，墨书。长 30 厘米，宽 11.5 厘米，自制构皮纸，1 册，16 页。封面由长方形边框和经名两部分组成。边缘饰有宝瓶、海螺及莲纹。正文行书或四行或六行，基本保存完好。

（21）《嘎玛松居油布 · kɑ^{33}mɑ^{33}suŋ^{31}tɕy^{31}iu^{31}pro^{53}》

旧抄本，墨书。长 30 厘米，宽 11.5 厘米，自制构皮纸，1 册，3 页。封面由长方形边框和经名两部分组成。正文行书六行，保存完整。

（22）《希冲拉松供瓦 · ɕi^{33} tʂ‘o^{33} lɑ^{33}suŋ^{33}kuŋ^{55}uɑ^{31}》

旧抄本，墨书。长 30 厘米，宽 11.5 厘米，自制构皮纸，1 册，32 页。封面为白底经名。正文行书六行，保存完整。

(23)《真介热夏崩及 · tʂɛn^{31}tɕiɛ^{53}zɛ^{31}ɕiɑ^{53}puŋ^{21}tɕi^{31}》

旧抄本，墨书。长 30 厘米，宽 11.5 厘米，自制构皮纸，1 册，29 页（缺第 3 ~28 页，实存 3 页）。封面由长方形边框和经名两部分组成。正文行书六行。

(24)《迟五希都及见思尔 · tʂ‘ə^{31}u^{53}ɕi^{33}tu^{33}tɕi^{31} tʂin^{31}sɤ^{31}rə^{53}》

旧抄本，墨书。长 30 厘米，宽 11.5 厘米，自制构皮纸，1 册，10 页（缺第 5 ~6 页，实有 8 页）。封面由长方形边框和经名两部分组成。正文行书六行。

(25)《迟甲尔消哦崩 · tʂ‘ə^{31}tɕiɛ^{53}zɛ^{31}ɕiɑ^{53}uŋ^{33}pu^{33}》

旧抄本，墨书。长 30 厘米，宽 11.5 厘米，自制构皮纸，1 册，14 页（缺第 11 ~12 页，实有 12 页）。封面由长方形边框和经名两部分组成。正文行书六行。

(26)《颠编居极 · tiɛn^{33}pən^{33}tɕy^{31}tɕi^{31}》

旧抄本，墨书。长 30 厘米，宽 11.5 厘米，自制构皮纸，1 册，10 页。封面由长方形法杖边框和经名两部分组成。正文行书六行，保存完整。

(27)《朴喃崃肯 · pu^{31}niɛ^{31}yɛ^{31}kin^{53}》

旧抄本，墨书。长 30 厘米，宽 11.5 厘米，自制构皮纸，1 册，6 页。封面由长方形法杖边框和经名两部分组成。正文行书六行，保存完整。

(28)《委把那补 · uɛi^{33}pɤ^{33}nɑ^{31}pu^{53}》

旧抄本，墨书。长 30 厘米，宽 11.5 厘米，自制构皮纸，1 册，52 页。封面为白底经名。正文行书六行，保存完整。

(29)《松雄拉达 · suŋ^{33}ɕio^{33}lɑ^{31}tɑ^{53}》

旧抄本，墨书。长 30 厘米，宽 11.5 厘米，自制构皮纸，1 册，18 页。封面由长方形边框和经名两部分组成，正中绘一宝剑花絮。内文行书六行，保存完整。

(30)《思儿巴供瓦 · sɤ^{33}rə^{53}pɑ^{33}kuŋ^{33}uɑ^{31}》

旧抄本，墨书。长 30 厘米，宽 11.5 厘米，自制构皮纸，1 册，8 页。封面由长方形边框和经名两部分组成，正中绘一大鹏金翅神鸟图装饰。内文行书六行，保存完整。

(31)《思巴崃依 · sɤ^{33}pɑ^{33}yɛ^{31}ji^{53}》

旧抄本，墨书。长 30 厘米，宽 11.5 厘米，自制构皮纸，1 册，40 页。封面由梯形边框和经名两部分组成。封底绘有彩色法轮一幅装饰。正文行书六行，保存完整。

(32)《供得尔同江伴妞极 · kuŋ^{33}tɤ^{33}rə^{53}tux^{31}pæi^{31}niu^{53} tɕi^{31}》

旧抄本，墨书。长 30 厘米，宽 11.5 厘米，自制构皮纸，1 册，10 页。封面由梯形边框和经名两部分组成。正文行书六行，保存完整。

（33）《贡消窄围端杜 · kuŋ^{33}ɕiɛ^{31}tsə^{53}uɛi^{53}tuãtu^{53}》

旧抄本，墨书。长30厘米，宽11.5厘米，自制构皮纸，1册，26页。封面由梯形边框和经名两部分组成。正文行书六行，保存完整。

（34）《歪塞夏巴 · uɛi^{33}sɑ^{33}ɕiɛ^{31}pɑ^{53}》

旧抄本，墨书。长30厘米，宽11.5厘米，自制构皮纸，1册，20页。封面由长方形边框和经名两部分组成，左、右边缘各饰有一浅红色莲花纹。正文行书五行，边角略有破损。

[调查地点：宁蒗县新营盘乡东风村；调查对象：白玛、茨里隆布；调查时间：2008年4月20日至26日；调查整理：胡文明、胡镜明、熊光祖]

二、宁蒗县私人所藏韩规古籍

宁蒗县退休干部胡镜明，男，1931年12月出生于宁蒗县新营盘村，幼时出入于村中韩规教的活动，耳濡目染，知道韩规教仪式及经典的概貌。1946年，他被父亲（系宁蒗县普米族头人，1956年当选为宁蒗彝族自治县第一届副县长）送至白蕖坝汉族先生处念私孰。1950年3月参加工作，任本村副村长，1951年10月到云南民院干训部参训，1952年10月分配到丽江地区凉山彝务办事处工作，1956年4月到宁蒗县工委组织部工作，1981年以来先后任宁蒗县商业局副局长、粮食局长、县政协副主席。因时过境迁，无缘涉足本民族文化的学习与研究。及至1989年退休后方才关注普米文化的保护与发展问题。2000年始致力于普米韩规文化传承与保护工作（现任云南民族学会普米族研究委员会及宁蒗县普米族传统文化保护协会顾问）。此间，收集了不少韩规文物，其中有一批韩规古籍文献。本次调查中，我们便发现胡镜明在宁蒗县城家宅中珍藏有如下三卷旧抄本韩规经籍：

A. 壹冬（本尊神）经

《壹冬 · ji^{31}tuŋ^{53}》，1卷，26册。佚名撰。本色构皮纸，夹板捆装（夹板37×13.5厘米）。墨书。页面28×10厘米，无边栏。部分残损，其余保存完好。

B. 丧葬经

《给瓦 · kji^{31}uɑ^{31}》，1卷，16册。佚名撰。本色构皮纸，夹板捆装（夹板46×13厘米）。墨书。页面33×10厘米，无边栏。边角有缺损，基本保存完好。

C. 祭风经

《督处甘南插松 · tu^{31} tʂʻu^{53}ka^{55}nɛ^{55} tʂʻa^{31}suŋ^{31}》，1 卷，69 册。佚名撰。本色构皮纸，夹板捆装（夹板 37×13.5 厘米）。墨书。页面 30×10 厘米，无边栏。边角略有磨损，保存基本完好。

本次调查中，先行整理了 A、B 两卷，以下按实际观察所得列出简目。

A 卷：《壹冬 · ji^{31}tuŋ^{53}》（本尊神 · 壹冬经）

（1）《朵穷 · tɔ^{31}tɕʻiuŋ^{53}》（洁净经）。1 册，5 页。

（2）《色雄 · sɤ^{33}ɕiŋ^{53}》（迎松玛护法神经）。1 册，4 页。

（3）《壹捞 · ji^{31rɔ53}》（迎请都、赠、赞诸神降坛经）。1 册，6 页。

（4）《嘎多 · kɤ^{33}tɔ^{53}》（祭日达天神经）。1 册，5 页。

（5）《色笼 · sə^{33}luŋ^{53}》（迎请萨达希龙王神经）。1 册，5 页。

（6）《希注 · ɕi^{33}tʂɯ^{53}》（迎请壹冬本尊神经）。1 册，26 页。

（7）《给得尔 · kji^{31}tɤ^{53}rə^{53}》（驱邪经）。1 册，4 页。

（8）《葱决 · tsuŋ^{33}tɕy^{31}》（镇鬼怪）。1 册，8 页。

（9）《崩巴 · puŋ^{31}pɑ^{53}》（灌顶经）。1 册，10 页。

（10）《松阴 · suŋ^{33}jin^{53}》（向日赠、日达等自然神煨桑经）。1 册，18 页。

（11）《滚宗 · kuɛin^{33}zuŋ^{53}》（迎请滚宗本尊神经）。1 册，10 页。

（12）《镇巴隆克 · tʂen^{21}pɑ^{55}nuŋ^{31}kɛ^{31}》（迎请镇巴隆克本尊神经）。1 册，8 页。

（13）《拉玛茨翁崃窄 · lɑ^{33}mɑ^{33}tsɪ^{33}uŋ^{33}zən^{31}tsɛ^{53}》（迎请拉玛茨翁崃窄本尊神经）。1 册，9 页。

（14）《古鲁白玛炯年 · gu^{53} – u^{31}pin^{33}ma^{33}tɕiuŋ^{31}niɛ^{31}》（迎请莲花生大师经）。1 册，8 页。

（15）《壹东歪萨 · ji^{31}tuŋ^{55}uɛi^{33}sa^{33}》（迎请壹东歪萨本尊神经）。1 册，18 页。

（16）《公浑 · kuŋ^{31}huɛi^{53}》（迎请壹东公浑本尊神经）。1 册，19 页。

（17）《歪萨措 · uɛi^{33}sa^{33}tsʻo^{53}》。1 册，17 页。

（18）《丁蒸 · tin^{33}tsɛn^{53}》（求请壹东歪萨镇鬼经）。1 册，16 页。

（19）《扎拉甲木 · tʂɑ^{33}lɑ^{33}tɕiɑ^{31}mu^{31}》（迎请扎拉甲木本尊神经）。1 册，18 页。

（20）《给块 · kjɛ^{31}kʻuə^{53}》（迎请给块本尊神经）。1 册，8 页。

（21）《思巴甲木 · sɤ^{31}pɑ^{33}tɕiɛ^{31}mu^{31}》（迎请思巴甲木本尊神经）。1 册，

7 页。

（22）《依稀穷亲 · ji^{31} ɕi^{53} tɕ‘iuŋ^{553} tɕ‘in^{42}》（祭献金翅大鹏神鸟经）。1 册，8 页。

（23）《斑雄打叠 · pən^{31} ɕiu^{553} tɑ^{55} tuɛi^{55}》（祭献斑雄护法神经）。1 册，11 页。

（24）《公娃翁各儿 · kuŋ^{55}uɑ^{31}uŋ^{55}kɤ^{55}rə^{53}》（出师受戒经）。1 册，4 页。

（25）《阴班颂 · jin^{55}pɛn^{55}suŋ^{31}》（祷告阴班颂护法神经）。1 册，8 页。

（26）《秘约明杰儿 · min^{31}iu^{55}min^{31}tɕiɤ^{31}rə^{53}》（祭毕经）。1 册，4 页。

B 卷：《给瓦 · kji^{31}uɑ^{31}》（丧葬经）

（1）《恰打 · tɕiɛn^{33}tɑ^{53}》（向亡灵献贡品经）。1 册，6 页。

（2）《米没尔别 · mɤ^{55}mi^{55}pi^{31}》（为亡灵点燃神灯经）。1 册，5 页。

（3）《给瓦乘点 · kji^{31} uɑ^{35} kuɤ^{55} tin^{53}》（向亡灵诵六字真言经）。1 册，8 页。

（4）《冲萨 · tʂ‘uŋ^{33}sɑ^{53}》（亡灵遗留福泽经）。1 册，7 页。

（5）《给瓦米龙 · kji^{31} uɑ^{35} mi^{53}luŋ^{53}》（安慰亡灵经）。1 册，12 页。

（6）《所瓦答八 · so^{33}uɑ^{33}tɑ^{31}pɑ^{31}》（祭献指引亡灵之神经）。1 册，6 页。

（7）《哦见白玛炯尼 · uo^{51} tɕin^{55} pin^{55} mɒ^{5} tɕiuŋ^{31} niɛ^{31}》（祭献莲花生大师经）。1 册，15 页。

（8）《冬虾 · tuŋ^{33}ɕiɛ^{31}》（超度亡灵经）。1 册，8 页。

（9）《香忍赠 · ɕin^{33}zɛn^{33}tsɛ^{31}》（祭献观音女神经）。1 册，7 页。

（10）《西古甲巴 · ɕi^{55}ku^{55}tɕiɤ^{31}pɑ^{31}》（给亡灵开路经）。1 册，8 页。

（11）《西孤甲巴兴蒸 · ɕi^{55}ku^{55}tɕiɤ^{31}pɑ^{31}ɕin^{55}tʂɛn^{55}》（给亡灵开路经）。1 册，35 页。

（12）《颠巴曾注 · tin^{55}pɑ^{55}ts‘i^{31}tʂuə^{31}》（企求颠巴教祖神赐给长寿经）。1 册，14 页。

（13）《歪萨曾注 · uɛi^{31} sɑ^{55} ts‘i^{31} tʂuə^{31}》（求壹冬方歪萨本尊神赐给长寿经）。1 册，16 页。

（14）《正巴曾注 · tʂɛn^{31} pɑ^{33} ts‘i^{31} tʂuə^{31}》（求正巴神赐寿经）。1 册，13 页。

（15）《甲瓦忍阿神 · ʒɛn^{31} ŋɑ^{55} ts‘i^{31}tʂuə^{31}》（求甲瓦忍阿神赐寿经）。1 册，14 页。

（16）《松及茨巴缅 · ts‘i^{55} pɑ^{55}》（求松及茨巴缅神赐寿经）。1 册，16 页。

（17）《茨巴宗 · ts‘i^{55}pɑ^{55} zuŋ^{31}》（求茨巴宗神赐寿经）。1 册，12 页。

（18）《香罗曾注 · ɕn⁵⁵ zɛn⁵⁵ ts‘i³¹ tʂuə³¹》（求香罗神赐寿经）。1 册，11 页。

（19）《宗叠 · zuŋ³¹ tuɛi⁵³》（求得平安如意经）。1 册，18 页。

［调查地点：宁蒗县大兴镇朝阳路 28 号；调查对象：胡镜明；调查时间：2008 年 5 月 20 日—6 月 2 日；调查整理：胡文明、迪基偏初］

第二节　普米族韩规古籍重要附件

普米族分布区域为川、滇、藏交错而居，作为民族和共同创造、传承的文化，她们是一个整体。因此，本调查研究在重点调查云南省宁蒗县的部分典型户时，同时也注意到川、滇、藏交界区域的宁蒗、木里、盐源等地普米族民间藏存的韩规经籍情况。现特将此交界区域流传的经籍当作“重要附件”附录于此。

据有关信息分析，前述区域民间藏存、流传的韩规经籍是卷帙浩繁的。但由于这一带特殊的地理位置（滇、川、藏交界区域的万山丛中，交通闭塞，人迹罕至），不曾闻见有关机构及人员到那里作过任何形式的普查与记录，因此，这一带流传的韩规古籍的情况一直是个秘。近年来，曾有深悉韩规经典内容的措皮 · 迪吉偏初在他的家乡木里县依吉乡一带做调查。由于当地的普米韩规对于祖上世传下来的古籍，不肯轻易示人、与人，措皮 · 迪吉偏初遂首先将自己常用或重要的经典重新加以疏理和记录，再尽可能利用熟人和亲朋好友的关系先后深入到机素、达杜、后所、花依、朴助等村寨，找到一些祖上有名的韩规家寻访。难能可贵的是，他以一个韩规经师的眼光特别汇集了邀基扎拉、边玛极呷、达杜 · 折使、南卡、东龙 · 阿巴等世传韩规家族的经书，尽管记录还不甚详尽（只是相当少的一部分），但这些摘抄，已经蔚为大观，足以给我们提供了进一步调查思考的线索。

根据韩规祭司措皮 · 迪吉偏初所提供的统计表，使我们大体上知道了上述区域韩规及其藏书情况，即该区域韩规私人家庭收藏有数千卷韩规经籍，除复本外，有 100 多种，1000 余册。显然，这个统计，只是大概。因为我们现在看到的经书，只是极通常而又极常用的经典。至于古老而冷僻不常用的经籍，所收来的恐怕只有原来的二分之一还不到。

现将措皮·迪吉偏初所作的韩规经籍名目公布于此。

(1)《壹冬·ji^{31}tu^{33}》(祭献壹冬神经);

(2)《公苏·kuŋ^{3}su^{53}》(祭献壹冬、松玛、日赠、鲁移甲布诸神经);

(3)《供角·kuŋ^{33}tɕio^{31}》(祭献龙王经);

(4)《隆思儿席娃·nuŋ^{33}ɘɤ^{53}rə^{53}ɕio^{21}uɑ^{53}》(求山神消灾经);

(5)《宝空明南·prɚ^{55}k‘uŋ^{55}mi^{31}nɛ^{53}》(替身经);

(6)《得甲打甲·tə^{31}tɕiɛ^{33}tɑ^{31}tɕiɛ^{33}》(祭献都、赠、赞诸神经);

(7)《永销·juŋ^{33}ɕio^{53}》(求福经);

(8)《希洛年达·ɕin^{33}lo^{53}niɛ^{33}tɑ^{31}》(祭献年神经);

(9)《扎拉用尼·tʂɑ^{21}lɑ^{33}juŋ^{21}ni^{53}》(祭献扎拉神经);

(10)《介布鉴叠·tɕiɛ^{21}pu^{53}tɕiɛ^{21}tuɛi^{53}》(去病除邪经);

(11)《占布鉴思尔·tʂɑ^{21}pu^{53}tɕin^{21}sɤ^{33}rə^{53}》(镇妖除魔经);

(12)《公瓦·kuŋ^{55}uɑ^{31}》(祭献壹冬松玛诸神经);

(13)《扎拉热崩·tʂɑ^{21}lɑ^{55}jɤ^{31}puŋ^{33}》(祭献祖灵经);

(14)《赞测踏尔·zɑ^{55}ts‘ɛ^{55}t‘ɤ^{31}rə^{53}》(向赞神放生经);

(15)《赠乔·tsɛn^{33}iu^{31}》(祭献日赠神经);

(16)《斯歪·sɤ^{53}uɛi^{5}》(祈祥经);

(17)《浓提嘎布·nuŋ^{33}t‘i^{33}kɤ^{31}pu^{31}》(给孕妇祈祷经);

(18)《鲁松·luɛi^{53} suŋ^{33}》(小祭龙王经);

(19)《萨达夏崩·sã^{21}tɑ^{53}ɕiɛ^{31}puŋ^{31}》(祭献龙王经);

(20)《噜崩·lu^{31}puŋ^{53}》(大祭龙王经);

(21)《日达忍销·ji^{31}tɑ^{33}zɛi^{31}ɕiu^{53}》(祭献日达神经);

(22)《茨忍忍销·ts‘ə^{31}zɛi^{31} zɛi^{31}ɕiu^{53}》(延寿经);

(23)《思瓦打甲·sɪ^{33}uɑ^{33}tɑ^{31}tɕiɛ^{31}》(消灾经);

(24)《扎拉松·tʂɑ^{21}lɑ^{33}suŋ^{31}》(给扎拉神煨桑经);

(25)《贡嘎松阴·gɔ^{21}ka^{33}suŋ^{31}yiɳ^{22}》(向贡嘎岭煨桑经);

(26)《呀罗忍松·ya^{55}lo^{31}rzi^{31}suŋ^{31}》(牦牛、山羊、绵羊放生经);

(27)《驱米塞龙·tʂ‘u^{53}mi^{53}se^{1}luŋ^{31}》(求子嗣经·甲);

(28)《松巴措·suŋ^{21}pɑ^{33}tso^{53}》(求子嗣经·乙);

(29)《忍则措·zɛn^{31}tsɛ^{33}tso^{53}》(向松玛等诸神献贡品经);

(30)《扎拉增损·tʂɑ^{21}lɑ^{33}tsɛn^{33}suɛi^{31}》(出行顺利经);

(31)《毕体佐松·piɛ^{31}ti^{31} tso^{31}suŋ^{55}》(禳祭鬼魔经);

(32)《赞吨·zɑ^{31}tuɛi^{53}》(祭献赞神经);

(33)《直吨·tʂɿ^{31}tuɛi^{53}》(祭风经);

（34）《乔干 · tɕiu^{31}kɑ^{212}》（送冲犯经）；

（35）《米思尔 · mi^{31}sɤ^{55}rə^{53}》（驱祖灵作怪经）；

（36）《木真端 · mɛn^{31}tɕi^{35}tuɛi^{53}》（驱难产亡灵经）；

（37）《格尼贡巴 · kə^{31}ni^{53}ku^{33}pɑ^{31}》（送喇嘛、韩规之亡灵经）；

（38）《给瓦 · kji^{31}uɑ^{35}》（安灵经）；

（39）《释肯 · ɕiɛ^{31}kin^{35}》（祭羊超度经）；

（40）《读处 · to^{31} tʂ‘u^{53}》（大祭风经）；

（41）《普巴 · prɤ^{55}pɑ^{31}》（祭风经）；

（42）《仲肯 · tʂuŋ^{21}kin^{53}》（驱鬼经）；

（43）《茨注茨考 · tsɛ^{33} tʂu^{33}tsɛ^{31}ko^{31}》（延寿经）；

（44）《木开都多 · mi^{31}kɛ^{33}tu^{31}tu^{53}》（小退口舌是非经）；

（45）《折确 · tʂɛ^{31}tɕiu^{53}》（祭风经）；

（46）《歪萨 · uɛi^{33}sɛ^{53}》（小祭风经）；

（47）《给块 · kjɛ^{31}k‘uə^{53}》（大退口舌是非经）；

（48）《得甲叠注 · ti^{31}tɕiɛ^{33}ti^{31} tʂu^{53}》（诅咒仇敌经）；

（49）《夏赞赠 · ɕiɛ^{21}tsã^{33}tsi^{53}》（占星宿及赞神经）；

（50）《滚玛赠 · kuɛ^{21}mɑ^{33}tsɛi^{31}》（卜盗窃经）；

（51）《突紫赠 · t‘o^{33}tsɯ^{33}tsɛi^{31}》（算牵引家畜日子的经）；

（52）《噜提赠 · lɯ^{53}t‘i^{53}tsɛi^{31}》（算祭龙王日子的经）；

（53）《哈千赠 · xɑ^{33}tɕin^{33}tsɛi^{31}》（测方位神经）；

（54）《添赠 · tiɛn^{33}tsɛi^{31}》（测不祥之兆经）；

（55）《捞喃赠 · lɑ^{33} niɛ^{33}tsɛi^{31}》（测人体放血日子的经）；

（56）《茨罗崃赠 · tsɛi^{55}lo^{55}yɑ^{31}tsɛi^{31}》（测一生命运的经）；

（57）《罗更注居 · lu^{31}kin^{55} tʂu^{31}tɕy^{55}》（占五行的经）；

（58）《哦通赠 · uŋ^{55}t‘uŋ^{55}tsɛi^{31}》（测官运之书的经）；

（59）《呜瓦古依赠 · mi^{55}uɑ^{55}kɯ^{53}ji^{31}tsɛi^{31}》（算婚嫁日子的经）；

（60）《抱隆赠 · pɑ^{31}luŋ^{55} tsɛi^{31}》（算娶女日子的经）；

（61）《穷赠 · tɕiuŋ^{33}tsɛi^{53}》（测婴儿寿命长短的经）；

（62）《拉姆接甲尔争 · lɑ^{31}muŋ^{33}tɕiɛ^{33} kɑ̣^{33}rə^{53} tsɛi^{31}》（测一日患病之因经）；

（63）《摆空赠 · prɑ^{33}k‘uŋ^{33}tsɛi^{31}》（测一年患病之因经）；

（64）《读初哥尼争 · tuə^{31}ts‘uə^{53}kuo^{33}ni^{33}tsɛi^{31}》（测十二时辰患病之因经）；

（65）《希龙赠 · ɕi^{33}luŋ^{31} tsɛi^{31}》（测死亡之因经）；

（66）《希隆赠 · çi^{55}luŋ^{31}tsεi^{31}》（测亡灵之路的书）；
（67）《左拉赠 · tso^{21}lɑ^{33}tsεi^{31}》（测五行相生相克经）；
（68）《左拉鲜 · tso^{21}lɑ^{33}çyε^{31}》（释左拉卜经）；
（69）《见忍赠 · çin^{55}zεn^{55}tsεi^{31}》（观音卜 · 用 23 颗粒占书）；
（70）《左拉姆拉 · tso^{21}lɑ^{33}mu^{31}lɑ^{33}》（迎请左拉占卜神经）；
（71）《懂层巴捞 · tuŋ^{21}tsεi^{33}pɑ^{33}lɯ^{31}》（懂层卜 · 用 13 粒占书）；
（72）《隆布松阴 · nə̢^{31}pu^{55}suŋ^{31}jin^{31}》（招福煨桑经）；
（73）《注玛算 · tʂu^{31}mɑ^{55}θuɑ^{31}》（讽诵日增 · 注玛神经）；
（74）《宝站赠 · pro^{33}tsε^{33}tsεi^{31}》（测雷鸣经）；
（75）《伴得尔赠 · prε^{21}tɤ^{55}rə^{53} tsεi^{31}》（测耕种日子经）；
（76）《折夏别赠 · tʂa^{33}jε^{33}piε^{31}tsεi^{31}》（测剃头日子经）；
（77）《状龙赠 · tʂuã^{21}luŋ^{55} tsεi^{31}》（测出行日子经）；
（78）《启仪准米赠 · qə^{53}ji^{31} tʂuεn^{21}mi^{55}tsεi^{31}》（测点神灯日子经）；
（79）《见巴踏涌 · tɕiuŋ^{21}pɑ^{55}tə̢^{31}jɔ^{31}》（求婴儿吉祥经）；
（80）《穷鲁 · tɕiuŋ^{55}lu^{53}》（给婴儿除邪经）；
（81）《隆拉松 · luŋ^{31}lɑ^{33}suŋ^{53}》（为出行顺利煨桑经）；
（82）《抗注捞公 · kãŋ^{21} tʂu^{55}lɔ^{31}ku^{31}》（招魂经）；
（83）《直鲁 · tʂʅ^{55}ly^{31}》（送凶死鬼经）；
（84）《吉巴穷叠 · tɕiuŋ^{21}pɑ^{55}tɕiu^{31}tuεi^{31}》（给婴儿驱鬼经）；
（85）《硬多 · nεn^{31}tu^{53}》（送瘟神经）；
（86）《米端 · mi^{53}tuεi^{53}》（殉情祭风经）；
（87）《喃木宗鲁 · niε^{55}mi^{31}zuŋ^{55}ly^{53}》（小替身经）；
（88）《鲁见冬 · ly^{31}tɕin^{55}tuŋ^{53}》（大替身经）；
（89）《打鲁 · tɑ^{31}ly^{31}》（给坐马做替生的经）；
（90）《得甲嘎布 · tɑ^{31}tɕiε^{55}kə^{31}po^{31}》（送冲犯“乔干”的经）。
……

以上经书均系旧抄本，佚名撰。多为墨书，间有墨、朱混书。本色构皮纸。页面宽为 10 ~ 12 厘米。分长、中、短不同的规格。最长的有 33 厘米左右。现在最常见的是中等长的书，即长 28 ~ 30 厘米的书。这部分经典均以夹板捆装。最后一种是短的，长约 20 厘米。多为线订册页装。除部分经卷略有残损（其中一小部分经页受损，已残缺不全）外，其余基本保存完整。

第三节　韩规经籍初步编目

上述秘籍是韩规世代相传下来的，到现在还分别应用于韩规教各种仪式，其真实性毋庸置疑。值得注意的是，目前唯有少数几位大韩规能释读，然而韩规的汉文水平较低，甚至根本不识汉字，汉语表达普遍困难，所以要把这批文献更为具体的内容搞清楚，并编制成一套细密可用的目录是需要些时日的。目前为便于学术界对整个普米韩规藏书的大致情况有一个了解，我们根据本调查研究结果及迪吉偏初多年的走访及记录情况，对韩规古籍初步整理出一个简目。

在这里应该补充说明一点：本报告把各类韩规经典都汇集在一起。为方便计，根据接触的资料与现存可见书目，按韩规修行及其仪式类别，我们将韩规古籍相应分作八类，即密法修持类、坐床出师类、供祀神灵类、兴旺人家类、镇压鬼怪类、送葬安魂类、祛病除邪类、占卜类。值得注意的是，各类经典名称的统计，只录欠缺的，不记重复的。因此，删除了许多重复的本子。从文献的角度看，重复的本子不但不是废物，而且是非常有用的资料。某种意义上说，重复的本子越多，便越能使我们知道经典原文的完整形式。另外，经典册数的统计也因实地作法应用时多寡不一而记录不全。我们相信，若时间从容，浏览仔细的话，这项工作的质量还可以提高。

一、密法修持类经籍：《克颠 · k‘ɤ^{31}tyn^{55}》

1. 常诵经

（1）《开算 · k‘ɛ^{55}suɑ^{21}》（修持习诵经），1 卷，5 册，55 页。

（2）《公苏冬 · kuŋ^{55}su^{55}tuŋ^{31}》（礼祀壹冬、松玛、日赠、鲁移甲布诸神经），1 卷，14 册，141 页。

2. 通用经

（1）《多穷 · tɔ^{31}ʨ‘iuŋ^{53}》（洁净经），1 册，5 页。

（2）《萨雄 · sə^{31}ɕiuŋ^{53}》（迎请松玛护法神经），1 册，5 页。

（3）《日罗 · ji^{31}ɪɔ^{53}》（向都、增、赞诸神点灯经），1 册，4 页。

（4）《嘎朵 · kɤ^{55}tɔ^{31}》（迎请日增、日达诸神经），1 册，5 页。

（5）《萨隆 · sə^{31}luŋ^{53}》（迎请萨达希龙王神经），1 册，5 页。

（6）《消松卓瓦 · ɕio^{55} suŋ^{31} tsɯ^{31} uɑ^{31}》（迎请本尊神降坛经），1 册，26 页。

（7）《给得尔 · kji^{31}tɤ^{53}》（祭送退口舌是非经），1 册，4 页。

（8）《葱诀 · ts‘uŋ^{55} tɕyɛ^{31}》（驱鬼遂魔经），1 册，8 页。

（9）《综里松 · tsuŋ^{31}li^{55}suŋ^{31}》（向大地诸神煨桑经），1 册，18 页。

以上各册属于吉祥经典一类，故置于其他各经之首。

二、坐床出师类经籍：《层宗 · ts‘ɛn^{31}tsuŋ^{53}》

（1）《层普宗 · ts‘ɛn^{31}p‘rin^{55}tsuŋ^{53}》（小坐床经），为七日坐床诵经，7 册，65 页。

（2）《层代宗 · ts‘ɛn^{31}tɛi^{55}tsuŋ^{53}》（大坐床经），为 49 日坐床诵经，23 册，304 页。

（3）《层喃宗 · ts‘ɛn^{31}niɛ^{31}tsu^{53}》（黑坐床经），为半年或一年左右坐床诵经，33 册，页码不详。

三、供祀神灵类经籍：《亚脚 · jɑ^{31}tɕio^{53}》

1.《亚脚消 · jɑ^{31}tɕio^{53}ɕio^{53}》

（1）《日达崃消 · ji^{31}tɑ^{53}ʒɛn^{31}ɕiəu^{53}》（祭日达神经），3 册，其中 1 册页数不详，余 2 册，20 页。

（2）《兴罗年达 · ɕin^{55}lo^{53}niɛ^{55} tɑ^{31}》（祭献年神经），13 册，125 页。

（3）《空角 · kuŋ^{55}tɕio^{31}》（小祭龙神经），30 册，311 页。

（4）《弄斯尔席瓦千布 · luŋ^{55}sɤ^{55}ɕio^{55}uɑ^{55}tɕ‘iɛn^{55}pu^{31}》（消灾经），16 册，174 页。

（5）《日达层塔尔 · ji^{31}tɑ^{53} ts‘ɛ^{55} t‘ɤ^{53}rə^{31}》（向日达神放生公鸡经），2 册，页数不详。

（6）《崃层特尔 · rɑ^{55}ts‘ɛ^{53} t‘ɤ^{53}rə^{31}》（山羊放生经），1 册，5 页。

（7）《呀罗层特尔 · ya^{55}lo^{31}ts‘ɛ^{53}t‘ɤ^{53}rə^{31}》（牦牛、绵羊放生经），1 册，5 页。

（8）《甲译层特尔 · tɕiɑ^{21}ji^{31} ts‘ɛ^{55} t‘ɤ^{53}rə^{31}》（鸡放生经），1 册，7 页。

（9）《斯打赠 · sɪ^{55}tɑ^{55}tsɛi^{31}》（祭献龙神经），34 册，页数不详。

（10）《鲁移层特尔 · lu^{53}ji^{31} ts‘ɛ^{55} t‘ɤ^{53}》（向龙神放生母鸡经），5 册，页数不详。

（11）《松瓦得甲 · soŋ^{55}wa^{31}ti^{21}tɕiɛ^{53}》（祭献都、赞、增、直、尔紧等诸神经），29 册，页数不详。

2. **《块消 · kuɛ^{21}ɕio^{53}》**

（1）《得甲打甲 · ti^{21}tɕiɛ^{53}tɑ^{53}tɕiɛ^{53}》（祭献增、赞、都诸神经），39 册，其中 6 册页数不详，余 33 册，209 页。

（2）《赞层特尔 · zɪ^{31}ŋɑ^{55}ts‘ɛ^{53}t‘ɤ^{53}》（向赞神放生经），4 册，其中 1 册页数不详，余 3 册，19 页。

（3）《增确 · tsɛn^{55}tɕio^{31}》（祭献增神经），13 册，其中 7 册页数不详，余 6 册，19 页。

（4）《撑注得觉 · ts‘u^{55} tʂɯ^{55}tɑ^{31}tɕio^{31}》（延寿经），5 册，其中 2 册页数不详，余 3 册，25 页。

（5）《宗巴拉松冬 · tsuŋ^{21}pɑ^{55}lɑ^{31} suŋ^{55}tuŋ^{31}》（向宗巴拉神煨桑经），4 册，30 页。

（6）《撑注 · ts‘ɛn^{33} tʂɯ^{31}》（长寿经），7 册，页数不详。

（7）《永岭宗叠 · jiuŋ^{53}lin^{53}zuŋ^{31}ty^{33}》（祈福经），4 册，60 页。

（8）《隆提嘎布 · nuŋ^{55}t‘i^{55}kɤ^{31}pu^{31}》（为孕妇祈祷经），5 册，其中 2 册页数不详，余 3 册，17 页。

（9）《吉巴穷鲁 · tɕin^{21}pɑ^{55}tɕ‘iuŋ^{31}lɯ^{31}》（为婴孩祈祷经），3 册，21 页。

（10）《吉巴太约 · tɕin^{21}pɑ^{55}t‘ɑ^{31}ju^{31}》（祈求婴孩延寿经），7 册，其中 3 册页数不详，余 4 册，19 页。

（11）《绿崩 · lɯ^{55}puŋ^{53}》，（祭献龙王神经），8 册十 3 册。11 册，其中 8 册页数不详，余 3 册，30 页。

（12）《萨达夏崩 · sãŋ^{21}tɑ^{55}ɕi^{31}puŋ^{31}》（祭献龙王神经），3 册，其中 2 册页数不详，余 1 册，14 页。

（13）《森克拉咱 · sɛn^{55}k‘ɤ^{53}lɑ^{31}tsɪ^{33}》（迎请增神降坛经），3 册，其中 2 册页数不详，余 1 册，6 页。

四、兴旺人家类经籍：《颠罗 · tiɛn^{55}ɪɔ^{53}》

（1）《扎拉松冬 · t‘ɑ^{21}lɑ^{55}suŋ^{55}tuŋ^{31}》（向扎拉神煨桑经），5 册，51 页。

（2）《踏赠 · t‘ɑ^{21}tsɛi^{53}》（求子嗣经），6 册，41 页。

（3）《忍载措 · zεi^{31}tsεi^{55}ts‘o^{53}》（祭献韩规神灵经），6 册，页数不详。

（4）《折史永利 · tʂɑ^{55}ɕi^{55}juŋ^{31}lin^{31}》（祈祥求福经），7 册，32 页。

（5）《扎拉雍尼 · tʂɑ^{31}lɑ^{55}juŋD^{31}ni^{53}》（祭献祖灵经），51 册，其中 10 册页数不详，余 41 册，467 页。

（6）《哦鉴措 · uŋ^{55}tʂin^{55}ts‘o^{31}》（祭献莲花生大师经），2 册，页数不详。

（7）《扎拉增损 · tʂɑ^{21}lɑ^{55}tsεn^{55}suεi^{53}》（祭献扎拉、增神经），9 册，33 页。

（8）《扎拉撑特尔 · tʂɑ^{21}lɑ^{55}ts‘εn^{55}t‘ɤ^{53}》（向扎拉神放生公鸡经），4 册，页数不详。

（9）《斯打赠 · sɪ^{55}tɑ^{55}tsε^{31}》（大祭龙王经），28 册，页数不详。

（10）《扎拉热崩 · tʂɑ^{21}lɑ^{55}jε^{31}puŋ^{53}》（祭祖灵经），28 册，页数不详。

（11）《崃消匹 · lei^{31}ɕio^{53}pi^{53}》（祭献山神经），5 册，页数不详。

（12）《空脚 · k‘uŋ^{55}tɕio^{31}》（祭龙王经），20 册，页数不详。

（13）《崃消踏赠 · lei^{31}ɕio^{53}t‘ɑ^{31}tsεi^{53}》（向山神求子嗣经），8 册，页数不详。

五、镇压鬼怪类经籍：《牛日消 · nju^{31}ji^{21}ɕio^{31}》

（1）《督处甘南插松 · tu^{31}tʂ‘u^{53}ka^{55}nε^{55}tʂa^{31}suŋ^{31}》（大祭风经），69 册，其中 29 册页数不详，余 30 册，269 页。

（2）《普巴 · prɤ^{55}pa^{31}》（祭凶死者之魂经），51 册，408 页。

（3）《扎布鉴思尔 · tʂε^{31}pu^{55}tɕin^{21}sɤ^{55}》（诅咒妖魔鬼怪经），17 册，其中 8 册页数不详，余 9 册，42 页。

（4）《宝空明南 · prʅ^{55}k‘uŋ^{55}mi^{31}nε^{53}》（大放替身经），66 册，其中 7 册页数不详，余 59 册，358 页。

（5）《木开都多 · mi^{31}t‘iε^{55}tu^{53}to^{31}》（退口舌是非经），10 册，页数不详。

（6）《仲肯 · tʂuŋ^{21}k‘in^{55}》（迎请仲肯神镇妖经），19 册，122 页。

（7）《折求 · tʂε^{31}tɕ‘iu^{53}》（小祭风经），22 册，其中 5 册页数不详，余 17 册，142 页。

（8）《歪萨 · uεi^{55}sε^{55}》（迎请壹冬歪萨神镇妖经），39 册，其中 10 册页数不详，余 29 册，216 页。

（9）《给块 · kjε^{31}k‘uε^{55}》（驱逐鬼魔经），19 册，其中 10 册页数不详，

余9册，112页。

（10）《得甲叠注 · ti^{31} tʂiɛ^{55}ti^{53} tʂu^{53}》（诅咒鬼怪经），44册，其中10册页数不详，余34册，309页。

六、送葬安魂类经籍：《给瓦肯 · kjɛ^{31}ua^{31} k‘in^{53}》

（1）《给瓦 · kjɛ^{31}ua^{31}》（安灵经），12册，其中5册页数不详，余7册，48页。

（2）《释肯 · ɕi^{31}k‘in^{21}》（大超度经），84册，其中12册页数不详，余72册，379页。

（3）《鲁久 · lɯ^{31}tɕiu^{53}》（寄骨经），7册，页数不详。

（4）《释帕肯 · ɕiɛ^{31}p‘ɑ^{31}k‘ɛn^{55}》（小超度经），51册，页数不详。

（5）《嘛呢得脚 · ma^{31}ni^{55}tɑ^{31} tɕio^{55}》（向亡者献插嘛呢经幡经），8册，58页。

（6）《嘛呢冬布 · ma^{31}ni^{55}tuŋ^{21}pu^{53}》（向亡者献嘛呢堆经），9册，页数不详。

（7）《木释肯 · mu^{213}ɕi^{31}k‘ɛn^{55}》（向亡者尸体献帛经），30册，页数不详。

（8）《嘛呢冬古布 · ma^{31}ni^{55}tuŋ^{21}ku^{55}pu^{53}》（向祖灵献经文经）6册，页数不详。

七、祛病除邪类经籍：《拈消 · niɛ^{55}ɕiu^{53}》

（1）《甲布降叠 · tɕia^{31}pu^{53} tʂin^{55}tuɛi^{53}》（祭魔王经），32册，其中9册页数不详，余23册，161页。

（2）《别提作松 · piɛ^{31}t‘i^{55}tso^{31}suŋ^{31}》（祭女妖水魔经），17册，其中6册页数不详，余11册，67页。

（3）《米吨 · mi^{31}tuɛi^{31}》（给患疯病者送鬼经），6册，页数不详。

（4）《赞吨 · zɑ^{31}tuɛi^{31}》（给病痛者送赞神经），4册，页数不详。

（5）《持损 · tʂ‘ɤ^{53}suɛi^{53}》（给食不净之物致病者洗礼经），2册10页。

（6）《萨达夏崩 · sãŋ^{53}tɑ^{53}ɕiɛ^{31}puŋ^{31}》（为病痛者祭祀龙王经），6册，页数不详。

（7）《拉果 · lɑ^{53}ku^{53}》（招魂经），2册，11页。

（8）《直端 · tʂə^{31}tuɛi^{53}》（送凶死鬼经），3册，13页。

（9）《乔干 · tɕ‘iu^{31}kjɛ^{53}》（送走冲犯经），2 册，6 页。

（10）《喃木宗鲁 · niɛ^{55}mɯ^{31}tsuɛl^{53}》（小替身经），2 册，8 页。

（11）《迷思尔冬 · min^{31}sɤ^{55}tuŋ^{31}》（送走野鬼孤魂经），2 册，页数不详。

（12）《木蒸端 · mu^{31} tʂɛn^{55}tuŋ^{55}tuɛi^{53}》（送难产鬼经），7 册，页数不详。

（13）《更尼贡巴 · kɤ^{31}ni^{55}kuŋ^{55}pɑ^{31}》（送韩规、喇嘛之鬼魂经），7 册，页数不详。

（14）《打甲嘎布 · tɑ^{31}tɕiɛ^{55} kuŋ^{55}pu^{31}》（小祭增神经），15 册，其中 7 册页数不详，余 9 册，28 页。

（15）《鲁松冬 · lɯ^{55} suŋ^{55}tuŋ^{31}》（小祭龙王经），5 册，页数不详。

（16）《达嘉甲布鉴叠 · tɑ^{31}tɕiɛ^{55}tɕiɑ^{31}pu^{53} tʂin^{55}tuɛi^{53}》（祭都赠赞米神及祖灵经），60 册，页数不详。

（17）《申依丛罗 · ʂən^{55}ji^{55}ts‘uŋ^{31}lu^{31}》（给老者求延年益寿经），50 册，页数不详。

（18）《得甲 · tɑ^{31}tɕiɛ^{55}》（祭赞、都、增、直、仁、给尼、米、牙阴、摆阴等诸神祇经），38 册，页数不详。

（19）《直叠消 · ʂ^{31}tuɛi^{55}ɕio^{53}》（镇压凶死鬼经），6 册，页数不详。

（20）《思都布 · sɯ^{55}tɯ^{55}pɯ^{31}》（小祭龙神），19 册，页数不详。

（21）《伴注恰没尔 · prɛ^{31}pu^{55}tɕiɛ^{31}mɤ^{55}》（送瘟神经），2 册，12 页。

（22）《公嘎尔 · kuŋ^{55}kɑ^{53}》（驱瘟疫经），1 册，12 页。

（23）《呀罗崃松 · jɛ^{55}lo^{55}lɛ^{31}suŋ^{55}》（牦牛、绵羊、山羊放生经），5 册，页数不详。

（24）《抗注老果 · k‘ãŋ^{21} tʂɯ^{55}lɑ^{53}ko^{53}》（招魂经），1 册，5 页。

八、占卜类经籍：《巴捞 · pɑ^{55}lɔ^{31}》

1. 星占：《夏赞赠 · ɕiɛn^{31}zɛ^{55}tsɛi^{31}》

（1）《直夏、赞、吾、摆空、打确龙瓦多 · tʂ^{31}ɕiɛ^{21}zɛ^{55}u^{31} prɑ^{55} k‘uŋ^{53} tɑ^{55}tɕ‘io^{5} luŋ^{31} uɑ^{31} tɔ^{53}》（占二十八星宿、赞、十二属相及牵引牲畜之书），1 册，20 页。

（2）《标占标得尔拉损 · pro^{31} tʂɛ^{53}pro^{31}tɑ^{55}lɑ^{55}suɛi^{55}》（择雷鸣与庄稼收割时辰及礼祀神灵的日子的书），1 册，7 页。

（3）《尼赠 · niɛ^{31}tsɛi^{31}》（择日月食之书），1 册，2 页。

（4）《站热赠 · t ʂɑ^{55}jɤ^{55}tsɛi^{31}》（算剃头日子的书），1 册，2 页。

（5）《滚玛赠 · k‘uɛn^{55}mɑ^{55}tsɛi^{31}》（占盗贼之书），1 册，2 页。

（6）《突紫赠 · tuɛn^{55} tsɪ^{55} tsɛi^{31}》（占精灵附物的书），1 册，6 页。

（7）《鲁体赠 · lɯ^{55}ti^{55}tsɛi^{31}》（算祭龙神日子之书），1 册，2 页。

（8）《壮隆赠 · t ʂuã^{21}luŋ^{55} tsɛi^{31}》（占出行之书）。

（9）《哈千赠 · xɑ^{55}tɕ‘iɛn^{55}tsɛi^{31}》（择方位神的书），1 册，3 页。

（10）《鸣隆赠 · mi^{53}luŋ^{53}tsɛi^{31}》（占梦之书）。

（11）《天多赠 · tuɛn^{55}tɔ^{55}tsɛi^{31}》（择不祥之兆的书），1 册，5 页。

（12）《捞喃赠 · lɑ^{55}niɛ^{55}tsɛi^{31}》（择人体放血日子的书），1 册，2 页。

（13）《弄打赠 · luŋ^{55}tɑ^{55}tsɛi^{31}》（占财运之书），1 册，2 页。

2. 择运：《茨罗崃赠 · tsɛi^{55}lo^{55}yɑ^{31}tsɛi^{31}》

（1）《茨罗崃赠 · tsɛi^{55}lo^{55}yɑ^{31}tsɛi^{31}》（择一生命运的书），1 册，10 页。

（2）《罗更注居 · lu^{31}kin^{55} t ʂu^{31} tɕy^{55}》（占五行之书），1 册，12 页。

（3）《哦通赠 · uŋ^{55}t‘uŋ^{55}tsɛi^{31}》（择官运之书），1 册，8 页。

（4）《鸣瓦古依赠 · mi^{55}uɑ^{55}kɯ^{53}ji^{31}tsɛi^{31}》（算婚嫁之书），1 册，12 页。

（5）《抱隆赠 · pɑ^{31}luŋ^{55}tsɛi^{31}》（算嫁女日子的书），1 册，8 页。

（6）《穷赠 · tɕ‘iuŋ^{55} tsɛi^{31}》（择婴孩诞生后前程命运的书），1 册，12 页。

（7）《拉姆接嘎尔赠 · lɑ^{31} mɯ^{55} tɕin^{55} kɤ^{55} tsɛi^{31}》（择病期之书），1 册，4 页。

（8）《宝空端宗赠 · prɑ^{55}k‘uŋ^{55}tuã^{21}zuŋ^{55}tsɛi^{31}》（占致病方位及原因的书），1 册，4 页。

（9）《督楚居你端宗赠 · tɯ^{31}ts‘ɯ^{55}ko^{55}nɤ^{55} tsɛi^{31}》（占得病时辰及原因的书），1 册，4 页。

（10）《希隆赠 · ɕi^{55}luŋ^{31}tsɛi^{31}》（择亡灵之路的书），1 册，12 页。

（11）《左拉茨伴良都 · tso^{21}lɑ^{55}tsɛi^{31} prɛ^{53} yɛi 31tɯ^{53}》（择风调雨顺的书），1 册，8 页。

（12）《左拉赠浓鉴塞鉴赠 · tso^{21}lɑ^{55}tsɛi^{31}nuŋ^{55}tɕin^{55}sɑ^{31}tɕin^{55} tsɛi^{31}》（择山崩地裂否的书），1 册，16 页。1 册，8 页。

（13）《见崃赠巴拐 · ɕin^{55}lɛn^{55}tsɛi^{31} pɑ^{31} lɯ^{31}》（观音卜 · 用 23 颗粒占书），1 册，16 页。

（14）《左拉木拉 · tso^{21} lɑ^{55} mɯ^{31} lɑ^{55}》（迎请佐拉占卜神经），1 册，

5页。

（15）《左拉鲜 · $tso^{21}la^{55}çyɛ^{55}$》（释左拉卦书），1册，18页。

（16）《懂层巴捞 · $tuŋ^{21}tsɛi^{55}pa^{55}lɯ^{31}$》（懂层卜 · 用13粒占书），1册，6页。

［调查地点：木里县依吉乡机素村、达都村、后所村；调查对象：麦色偏初、邀基扎拉、扎西、南卡、东龙 · 阿巴；调查时间：2004年2月、2006年9月；调查整理：胡文明、胡镜明、措皮 · 迪吉偏初］

第十一章 临沧市彝族俐侎人口承古籍

前 言
——临沧市彝族俐侎人及民间口承古籍传人

李国文

云南省临沧市（原临沧地区）辖有永德县、云县、耿马、双江、镇康、沧源等县。俐侎人属彝族的一个支系，主要分布在临沧市的永德、凤庆、云县等县。此外，普洱市的景东、景谷以及保山市附近的龙陵等县也有少数分布。但由于各种原因，历史以来，人们对俐侎人的调查、研究、关注较少。尤其像永德这样的边县山区的俐侎人，调查研究更少。本项目调查研究主要涉及永德县，并专题调查至今流传、保存在俐侎人社会中的口承古籍。

永德县地处云贵高原西部，滇西纵谷及怒山山脉南端。县域地理坐标为东经99°05′~99°50′，北纬23°45′~24°27′。行政方位为云南省东南边陲，临沧市的西部；县境交通方位地近东南亚，为澜沧江、怒江两江之间的峡谷走廊，现代则为滇缅公路交通近边一站。县城辐射四周交通里程为：东至昆明787公里，东南到临沧市府驻地226公里，北至保山市的施甸县172公里，至保山市255公里，东至云县222公里，东北至凤庆228公里，至昌宁216公里，南至孟定190公里，至耿马265公里，至沧源269公里，西南至镇康57公里，至缅甸果敢106公里，至腊戌346公里，西至龙陵238公里，至芒市265公里。永德县就处在龙陵、凤庆、云县、耿马、镇康之间这样一个位置。

永德县有乌木龙乡，地处县城东部自然保护区——大雪山东北段偏僻山区，大致位于东经99°42′~北纬24°12′之间，东部、东南部与云县接壤，南部与大雪山相连，北部与凤庆县相连。全乡居住有汉、彝、苗等民族，总人口26 064人（2000年），其中彝族人口共17 251人，占总人口的66%，故为“乌木龙彝族乡”，属政府公布过的“云南省民族乡”之一。居住在这里的彝族，按当地习惯区分为两种支系，一种即“俐侎人”，有9020人；其余为“倮人”（当地习惯称“倮族”）。在乌木龙，属邻近云县、凤庆县等地彝族俐侎人分布、居住较为集中的一个区域。

彝族在中国西南是分布范围较大、地域较广的民族。其语言属汉藏语系藏缅语族彝语支。云南的彝语内部又分东部、东南部、南部、西部、中部、北部六大方言区。乌木龙的彝族俐侎人周围分布有汉、傣、白、苗、佤、布朗等族，在当地范围内各民族社会交往的语言工具，主要是汉语。但在这个狭小的地域空间内，俐侎人则顽强地保留着自己的语言，属云南彝语的西部方言，但内部保留着自己的方言、土语。

在普遍的范围内，彝族社会传承着自己的古文字，即史称“爨文”、“韪书”，近人称“倮文”、“夷书”或“毕摩文”等，专供民间组织、主持原始宗教生活的“毕摩”经师使用，故称用这种文字书写记录的经典文献为“毕摩经”、“彝经”或“彝文经典”。在乌木龙彝族俐侎人中，也有组织、主持民间宗教、民俗生活的人，但当地不称“毕摩”，而称“朵希”（音），这应是彝语对“毕摩”古称法的延称。此外，俐侎语对这种人物还称“a^{21}pi^{55}p‘o^{21}·阿毕颇”，又简称“a^{55}pi^{21}·阿毕”、“pi^{55}p‘o^{21}·毕颇”，还称“nɯ^{21}pi^{55}p‘o^{21}·能毕颇”。据乌木龙二道桥村张廷良解释，俐侎语nɯ^{21}pi^{55}p‘o^{21}的nɯ^{21}有“鬼”之意，pi^{55}有“念”或“诵”之意，p‘o^{21}意即为“人”，如现今俐侎语自称li^{55}mi^{55}p‘o^{21}，即为“俐侎人”。故a^{21}pi^{55}p‘o^{21}可译为“念鬼的人”或“祭鬼诵经的人”。如单称pi^{55}p‘o^{21}，意译可作“祭祀之人”。又据解释，如称a^{21}pi^{55}p‘o^{21}，是敬称，显得这种人社会地位较高。但称nɯ^{21}pi^{55}p‘o^{21}则隐含有贬义。而简称“a^{21}pi^{55}·阿毕”或pi^{55}p‘o^{21}，一般多出现在人死请“哭婆”为之哭诉的经语中，没有贬义。彝族社会有原始宗教“毕摩教”，主持这种宗教生活的人物，各地彝族民间和史籍记录各不相同，如有耆老、鬼主、鬼师、大鬼主、小鬼主、奚婆、希皤、兮婆、西婆、希婆、朵兮薄、布慕、呗耄、呗马、阿毕、阿闭、毕摩等，其记法、称法、记字不下百种。但现今较常用的记法是“毕摩”。因此，俐侎人称这种人物为do^{21}ɕi^{33}、pi^{55}p‘o^{21}、a^{55}pi^{21}、a^{21}pi^{55}p‘o^{21}、nɯ^{21}pi^{55}p‘o^{21}，这从语言深处反映了历史的继承性。实际上，它就是居住在云南省其他地区彝族所称的“毕摩”。俐侎人虽然有主持原始宗教和民俗生活的“朵希”或“毕颇”、“阿毕颇”之类，但与其他地区彝族又有一个区别，即他们没有文字，民间无古彝文传承。此事，俐侎人民间传有与其他古代民族相类似的传说。相传，俐侎人祖先曾与汉人（有说是僧人、和尚）扎筏渡海取经，在途中突遇海风四起，被困海中，于是俐侎人祖先只好用文字书写的经典与汉人换饭吃，便把经文记在肚子里，以后“朵希”们凡遇念经，就只好靠口传、心记、口诵。今天我们所说的“少数民族古籍文献”，在俐侎人中主要指的就是世代传承于“朵希”们口中的那些“口诵经”，即“口承文献”。

与俐侎人民间宗教、民俗信仰以及“口承文献”相关的，在俐侎人中还有一种人，当地汉语称她们为“哭婆”，俐侎语称为“ɣɯ^{33} gə^{21} p‘o^{21} · 嗯格婆”，意即专门给死人哭诉的人。按照当地俐侎人的传统，如家遇老人亡故，从停灵到出殡的全过程，除子女、家属、亲戚要向死者哭诉以示祭奠之外，丧家还要专门派人到邻近村寨邀请一名有在丧场哭诉经验的女子帮助哭诉，这就是“哭婆”。“哭婆”哭诉有专门的哭诉经调，这种哭诉经调是构成俐侎人口承古籍文献的内容之一。

俐侎人民间还有一种人，即习惯称的民间歌手，他们掌握民间文化诸如各种古歌、唱调、故事等知识，这部分内容也是构成口承古籍的一个重要方面。

本调查将根据俐侎人的社会生活，并结合最能反映俐侎人口承古籍文献的丧葬习俗以及其他方面加以调查和叙述。

2008 年 1 月

于云南民族大学

第一节　永德县乌市龙乡彝族俐侎人传统葬俗中保存的口承古籍

俐侎人遇人正常死亡，特别是老人寿终正寝，丧家要请“朵希”为死者举行隆重的诵经仪式，当地习惯称之为“开吊”，俐侎语称之为“çi^{33} nɯ^{21} gu^{33} · 希能姑”，是举行丧葬仪式而诵经的总称。开吊又分开“热吊”和开“冷吊”，人死即举行诵经送丧仪式即是“热吊”，人死后若干年再举行治丧、诵经等仪式即为“冷吊”。“热吊”中，朵希诵经一般从人死当晚即开始。据说从治丧开始到结尾，要诵的经共有 94 调。所有丧葬经调的内容，都用俐侎语念唱，所以称为俐侎人“口诵经”。在本调查中所访问的朵希中，他们对大部分经调都能说出具体名称，并能完整地唱诵；而对那些不能说出具体名称的经调，亦即在开吊过程中并非需要一一念诵的经调，他们只有一句话作为托词，称“七十二调一把抓”。对所有能说出名称的经调，按传统，分为《正经》和《副经》，或称《正调》、《副调》。《正经》、《副经》的诵念，依据不同的治丧过程分不同次数而进行。

1. 乌木龙二道桥村朵希张廷良讲述的丧葬口诵经名目

俐侎人的传统，人死当晚，朵希即开始诵经。本次诵经为《正经》，所包含的名称如下：

《正经》名目：

（1）《bi^{33}vɯ^{55} · 毕璺》

俐侎人治丧的某些环节中，经师和孝子孝女以及治丧者要围着灵柩踏步顺走三圈、倒走三圈，称作“绕棺”。本经主要在绕棺时诵念。

（2）《pə^{33}gə^{21} · 伯格》

本经主要向死者讲述：你活着的时候，有吃的、用的，现在你已经死了，但该属于你的东西，我们已经分给你了，所有的东西，死者活者各分一半。

（3）《tʂ‘a^{55}le^{21} · 权烈》

本经内容主要向死者讲述，死者死后，应该有哪些内亲外戚来吊丧、祭奠并且发送他。

（4）《ɕi^{33}gə^{21} · 希格》

主要向死者讲述人生必有死，并叙述人的生死来由。

（5）《no^{55}gə^{21} · 糯格》

主要向死者讲述：你生重病，病既不能治愈，这是你的定数，是到该死的时候了。我们求问天神，天神是这样回答的，求问地神，地神也是这样回答的。

（6）《mo^{55}t‘i^{21} · 默提》

主要向死者讲述：现在你已经死了，我们邀请隔壁邻居亲朋好友来向你治丧，并发送你。

（7）《ia^{33}gə^{21} · 押格》

主要讲述，世界万物有生必有死，世上没有不会死的人，是人都有死的这一天。

（8）《k‘a^{33}za^{21} · 康冉》

“朵希”向死者讲述，并暗喻丧家人：我们念经的人来到你家，你要准备好我们念经所需要的东西。同时又通过“朵希”的讲述，喻指死者：你的后人内亲内戚，明天要来看你，要给你“绕棺”，他们来时，你有什么需要就告诉他们。

(9)《ne^{33}ɕi^{33} · 能希》

本经主要讲述人间非正常死亡之事。

(10)《p‘u^{33}hɯ^{21} · 铺恒》

主要讲述人间正常死亡之事。

(11)《ȵe^{33}si^{33} · 涅西》

主要向死者讲述：你死之后，家庭的财物，属于你的那一份，已经分给你了。

(12)《ɕi^{33}so^{24} · 希索》

大致内容主要讲述：世界上天会老会垮，地会老会陷，万物会老会死，没有不老不死之物，万物有生必有死。

(13)《Pə^{33}ʐu^{33} · 崩儒》

讲述治丧时所用芦笙的发明、制造。

(14)《Pə^{33}gə^{21} · 伯格》

讲述芦笙的起源。

(15)《Pə^{33}tsa^{33} · 伯匝》

主要讲述芦笙调及其来源。

(16)《Pə^{33}tso^{33} · 伯嘬》(骂鬼赶鬼调)

(17)《tʂɯ^{55}tʂ‘æ^{21} · 治柴》

主要向死者讲述：现在你已经死了，家人分给你布匹、针、线，希望你以后自己缝制衣物等，自己料理生活。

(18)《mu^{55}hɯ^{21} · 慕恒》

讲述寻找经师“朵希”之事。

(19)《mu^{55} tʂo^{21} · 慕卓》

向死者讲述阴间之事。

(20)《lv^{21}gəe^{33} · 卢陔》

唱述活者祈求死者的经语，请死者保佑活者，使活人生活安康，有牛有羊，有吃有穿。

(21)《tɕia^{33}ho^{24} · 家合》

主要讲述：父母养儿，所欠儿女的是儿女长大后要给他们娶亲婚嫁；儿女所欠父母的，要为父母养老送终；父母、儿女各有分工和义务，要各尽职守。

以上即为《正经》。按规矩，朵希凡于治丧场合诵经，《正经》必须诵完。诵完《正经》，时间大约已至是日深夜两三点。接着诵《副经》。诵《副经》时间可分为若干段，第一段诵经即从诵完《正经》开始。

《副经》分为两类，各类名目如下。

第一类：

（1）《$bo^{55}io^{33}$·擘哟》

主要讲述自然万物都有生死轮回，人有轮回转世。

（2）《$ts'v^{21}gə^{21}$·楚格》

向死者讲述祖先姓名、历史，并嘱咐死者，到阴间要去寻找自己的祖先，与自己的祖先团聚。

（3）《$ʂə^{33}tse^{55}$·奢济》

讲一年的时间主要分为两段，分上半年、下半年，并讲述上、下半年中各需要做之事。

（4）《$ts'v^{21}tse^{55}$·楚济》

讲下半年所要做之事。

（5）《$mə^{33}mɯ^{21}$·墨美》

此经，“朵希”不明其意。

（6）《$mɯ^{33}tʂa^{33}$·美揸》

讲述天神分给人类万物以及人类向自然界获取食物等传说。

（7）《$ɣə^{33}tse^{55}$·呃济》

其意不明。

（8）《$za^{55}bi^{33}$·禳毕》

其意不明。

（9）《$za^{55}ʂə^{33}$·禳奢》

其意不明。

（10）《$ʂo^{33}k'o^{55}$·勺阔》

主要讲述传说人物黄张三的生活经历和娶媳妇的故事。俐侎语称传说人物黄张三为“$a^{21}pa^{33}$·阿爸”，也称“$a^{33}pa^{33}a^{21}io^{55}$·阿爸阿约”。

（11）《$po^{24}io^{33}$·帛哟》

其意不明。

（12）《$pə^{33}gu^{55}$·般固》

其意不明。

（13）《$po^{21}ho^{55}$·簸贺》

主要讲述蜜蜂如何采花酿蜜，并教人学习蜜蜂勤劳。

（14）《$bo^{21}k'o^{55}$·簸阔》

其意不明。

（15）《ȵi^{55}hɯ^{33}·尼恒》

其意不明。

（16）《dzo^{21}k‘o^{33}·昨廊》

主要讲述远古洪水滔天，世界只有兄妹二人存活，后由兄妹婚配繁衍人类的传说。

（17）《mə^{33}tʂa^{33}·墨揸》

其意不明。

（18）《ɕi^{33}i^{21}·希以》

主要告诉死者：今晚我们“朵希”念经即到此为止，你（死者）可以休息了。

（19）《ɕi^{33}ȵi^{55}·希昵》

“朵希”告诉死者：今晚我们诵经到此为止，你（死者）可以睡上一觉，明日天亮再喊你起床听经。

“朵希”诵经从人死当晚开始，念完上述经典，时间约至次日凌晨五六点，稍事休息后，约天亮后八九点，再次诵经。所念经典如下：

第二类：

（20）《ɕi^{33}i^{21}go^{24}du^{33}·希以国督》

经语讲唤醒死者，天已亮，并请死者起床。

（21）《le^{21}kə^{33}·烈格》

经语大意即讲：请死者起床，穿好衣服，整理衣冠。

（22）《fv^{33}kə^{21}·夫埂》

经语大意即告诉死者：你将有新家了，就像新娘将出嫁，你要收拾好自己的衣物、器具。同时告诉死者，家人分给你的东西，到了阴间，可以用来换物、置田产。

（23）《za^{33}ti^{33}·然底》

嘱咐死者：该是你的东西，家人该分给你的东西，都已经分给你了，以后的生活，由你自己去计划、安排。

（24）《za^{33}ʂɿ^{33}·然施》

向死者讲述：天下的动物怎样生活，以后你就学着动物生活。

（25）《lo^{21}ti^{33}·罗底》

主要向孝子孝女讲述：上祭、吊唁的客人即将到来，你们要做好迎客的准备，把饭煮好，招待好亲人和上祭客人。

（26）《lo^{21}to^{33}·罗多》

向死者讲述：祭奠你的客人已经到来，他们已经在吃饭了，喜欢也要吃一碗，不喜欢也要吃一碗。

(27)《lo^{21}tse^{55} · 罗济》

主要讲给活者听：你们要认真办理治丧事宜，丧事办得顺利，会保佑以后生活顺利，凡做事都会有收获。

(28)《ɕa^{33}pɯ^{55} · 香笨》

主要祝告死者和活者：今天你们要相互关照，你（死者）在阴间要保佑活者，活者在阳间也要祭献你。

(29)《lv^{33}va^{33} · 噜汪》（亦称《tɕi^{33}ʐʐ^{33} · 纪日》）

本经译意大约相当于“怪异”。专讲诸如牛在山间，牛尾巴会绕吊在树枝上；到山中会遇蛇交尾；狗上房头，母鸡学着公鸡叫。此类皆属怪异现象。人遇怪异，会有凶，需要驱邪解除，并讲解除法。

(30)《ts‘i^{21}kə^{33} · 齐格》

本经讲述如何寻找“隔音水”。主要叙述：老人死了，孝子、孝女、亲友思念情长。如何隔断这种思念，只有用“隔音水”才能隔断思念，才能洗尽思念。山中的清水做不了“隔音水”，水潭中的水做不了“隔音水”，……只有找到牛脚印凹陷处所积的水，用牛角盛上牛脚印凹陷处的积水，把水倒在房头上，使它成为从房头上流下来之水，用此水才能洗尽思念。以此比喻消除家人对死者的思念，就像寻找“隔音水”一样难。

(31)《pɯ^{55}kə^{21} · 策埂》

主要讲述：后人（内亲内戚）找到“隔音水”，要配上木梳和杨梅树叶枝才能使用，才能隔断思念，使阴阳分离。

(32)《pi^{21}zo^{33} · 毕若》

主要向死者讲述：你可以争田、争地、争吃，但不能争住房，你有你的住房，不能与人争。“朵希”给你做开吊法事，哪个“朵希”都一样，不能争“朵希”。

(33)《si^{21}zo^{33} · 洗若》

主要告诫死者：不能去争官、争位。但如你有这个福分，仍可以做高官，骑骏马。

(34)《tʂo^{33}k‘u^{21} · 卓苦》

主要向死者讲述：明日将送你上路（即指出殡），你要做好上路的准备。

(35)《tʂo^{33}si^{33} · 卓西》

主要讲述发丧送葬程序以及发丧、送葬、埋葬、发丧者在中途的有关事宜。

(36)《za^{33}ga^{21} · 然敢》

主要讲撵凶煞，驱邪恶。“朵希”诵念此经时，丧家孝子孝孙要手握尖刀、大刀、黄泡刺树、棍棒，棍上拴白布条，一人吹响牛角号，于屋内至院落四周作追杀状，表示镇杀邪恶，以免野鬼、污秽不洁之物侵扰治丧道场。

(37)《o^{24}ʐu^{33}·哦儒》

本经主要向死者一一禀明亲人之名，意即告诉死者：你的后人就是这些人了。因此，“朵希”为人开吊，首先必须全面掌握丧家人员姓名。

(38)《go^{33}zo^{21}go^{33}mo^{33}p‘e^{33}·国若国嫫瞥》

向死者讲述：所分给你的家什用具，可以到山中用于狩猎生活。到山中狩猎时，假如迷路，可以用锅煮饭占择，饭锅倒朝哪方，便可向哪方走。

(39)《k‘o^{21}si^{55}·考细》

主要向死者讲述：你去世了，现在后人来祭奠你，你应该分给他们什么东西。“朵希”为你开吊诵经，你应该分给他们什么东西。

(40)《ho^{21}pɯ^{24}·伙本》

主要讲死者与活者如何分酒、分肉。

(41)《tʂɿ^{21}pɯ^{24}·祉本》

向死者讲述：如何与活者分牲畜。告诉死者，你该得到的牲畜，已经分给你；活人该得到的牲畜，已经分下。

“朵希”第二次诵经即到此为止，时间约至中午十一二点。

“朵希”第三次诵经时间为是日下午五六点。此次所诵主要经调称《a^{33}vɯ^{33}dzi^{33}k‘u^{33}·阿汶精枯》，大意即“舅家来献饭”，向死者讲述，后人已经来上祭、吊唁，并向死者通报上祭人名和祭品。接着诵念《mo^{24}tʂ‘a^{21}tɕa^{33}ho^{24}·嫫查加合》调，主要讲述，后人上祭仪式已经结束，准备起棺出殡，故可称为《起棺出山调》。

朵希诵念完上述经典后，丧葬仪式即进入起棺出殡过程，抬棺人以及送丧队伍将灵柩抬至山中掩埋前，按照传统，要在坟地举行祭奠仪式，仪式设有祭坛，朵希要做最后一次诵经，所诵之经即为开吊经《正经》中的《tʂ‘a^{55}le^{21}·权烈》、《ɕi^{33}gə^{21}·希格》、《no^{55}gə^{21}·糯格》、《mo^{55}t‘i^{21}·默提》、《ia^{24}gə^{21}·押格》五部经。念毕即为死者亡魂“指路”。“指路”是藏彝语族很多民族的传统，意即由朵希念诵祭词，为死者亡魂指引返回历史上原始祖先居住的地方，让死者亡魂与祖先们团聚，祭司所指道路，即是俐侎人历史上迁徙路线的地名（乌木龙俐侎人人死“指路”路线略）。

[调查地点：乌木龙天生桥二道桥村；调查对象：张廷良、张理政等；调查时间：2001 年 7 月调查，2006 年 8 月补充调查；调查整理：李国文]

2. **“哭婆”哭诉经调**

前述彝族俐侎人人死停灵期间，丧家要请一名有哭诉经验的女子于灵前为死者哭诉，以示悼念。这种人物被称为“ɣɯ^{33} gə^{21} pó^{21}·嗯格婆”，意即“哭婆”。“哭婆”哭诉有专门的“哭诉调”，常哭诉的经调如下：

（1）《se^{21}tse^{55}ʐz^{21}·色借日》

汉名意为《接气调》。按照俐侎人传统，老人病重，亲人要在旁边守护；老人去世，亲人必须看着老人咽气，观念认为“接着气”；反之，如老人咽气当刻无亲人在身旁守护，观念认为“接不着气”；因此，“接着气”与“接不着气”，在俐侎人社会观念中，是议论、判断一个人对去世老人是否有孝心的标准之一。此经即专门唱述如何为老人死者“接气”。

（2）《dzo^{21}tʂa^{55}lo^{33}tʐa^{55}·左诈洛诈》（献鸡看饭调）

（3）《gu^{21}tɕi^{33}dʐɿ^{33}·古基支》（装棺调）

（4）《mo^{33}dʐo^{21}dʐ^{133}·莫卓支》（盖阴房调）

（5）《vi^{33}lo^{33}dʐ^{133}·维洛支》（姑娘献饭调）

（6）《hɯ^{21}dzi^{21}dʐ^{133}·恒精支》（挂祭衣调）

俐侎人社会传统，每个家庭都制办有一套具有民族特点的新衣服，平日存放在家里，凡遇亲戚老人亡故时，即带上这套新衣服到丧家吊唁，吊唁时各家将这套新衣服挂在停放死者灵柩处的墙上或柱上，表示祭奠，所以称“挂祭衣”，这个传统，有专门的唱调，故称“挂祭衣调”。祭毕，各家待治丧过程完成后，即可取回祭衣，存放在家中，以备再用。

（7）《ɕi^{21} ʂ^{155}·喜示》（安灵调）

（8）《go^{21}du^{33}dʐ^{133}·果都支》（唤醒死者调）

（9）《ɕi^{21}tʂʻə^{55}dʐ^{133}·喜车支》（敬客调）

（10）《gu^{21}tʂʻəe^{21}dʐ^{133}·古查支》（起棺调）

（11）《mo^{33}do^{33}dʐ^{133}·莫哆支》（出山调）。

（12）《mo^{33}ȵi^{33}ne^{33}dʐ^{155}dʐ^{133}·嫫尼能志支》（隔娘调）

此唱调在结婚场合也可以唱诵，但调词不同。

［调查地点：乌木龙上红木树村等村；调查对象：李玉中等；调查时间：2007 年 7 月，2008 年 8 月补充调查；调查整理：李国文］

第二节　彝族俐侎人民间传统歌调

前述“朵希”、“哭婆”所诵（唱、哭）经调属民间信仰、祭祀范畴，而民间歌调可划分在民间文化艺术范畴。俐侎人民间歌调涉及范围极广，有青年男女结婚时唱诵的婚嫁调，有青年男女在野外、山间谈情说爱、借歌助兴的山歌调，有节日喜庆或丧场举行传统“打歌”（踏歌）的打歌调，就连人们平日弹奏（拨）的各种器乐，都各有调。民间流传的各种调式大体如下：

1. 婚嫁调

（1）《ts‘o^{33}mu^{21}ȵi^{33}gu^{33}tʂ^{133} · 蹉姆尼古支》（开场调）
（2）《fv^{33}pə^{33} · 夫般》（养儿调）
（3）《mæ^{21}mu^{33}fv^{33}mu^{33}tʂ^{133} · 买姆夫姆支》（请媒说亲调）
（4）《ȵi^{33}hæ^{21}ti^{33}gu^{33}ts^{133} · 尼海丁古支》（定亲调）
（5）《fv^{33}mu^{33}dʐə^{24}tv^{21} · 夫姆结土》（筹办婚礼调）
（6）《fv^{33}mi^{21}lu^{21}mi^{21} · 夫米鲁米》（制嫁妆调）
（7）《fv^{33}tu^{33}lu^{21}tu^{33} · 夫都鲁都》（接亲调）
（8）《ne^{33}tʂo^{33}dʂ^{121}gə^{33}tʂ^{133} · 奶着指格支》（隔娘调）
（9）《fv^{33}ze^{21}lu^{21}ze^{21} · 夫忍鲁忍》（迎亲调）
（10）《i^{21} tʂ‘ə^{24}næ^{21}tʂ‘ə^{24} · 喜彻奶彻》（迎宾调）
（11）《ts‘o^{33}mu^{21}u^{33}tʂ^{133} · 蹉姆吾支》（恭请老人调）
（12）《p‘o^{21}ts‘i^{33}i^{55}tʂ‘a^{21} · 颇七宴查》（认亲调）
（13）《fv^{33}tʂə^{55}lu^{21}tʂə^{55} · 夫者鲁者》（回门调）
（14）《ɕi^{21}tʂə^{55}næ^{21}tʂə^{55} · 喜者奶者》（敬客调）

2. 山歌调

俐侎语称山歌调为“go^{21}me^{21}æ^{33}gu^{33}tʂ^{133} · 果咩埃咕支”，有各种各样的调谱，其调谱亦可与婚嫁调混用，但歌词不一样，有固定的调词，也有即景生情随编随唱的，内容多属男女青年谈情说爱，唱法主要为男女对唱。故，“俐侎的山歌只能在山上唱，而绝不能在家中唱”。山歌调诸如有：

（1）《ti^{21}lu^{21}ti^{21}p‘u^{33}tʂ^{133} · 底鲁底铺支》（难舍难分）
（2）《dʐu^{21}ti^{33}gu^{55}ti^{33} · 酌底因底》（相思调）
（3）《mæ^{21}so^{21}i^{33}pu^{33}dʐ^{133} · 芒锁英布支》（诉衷肠）

（4）《tʂ^{133}ga^{21}tʂ^{133} · 支嘎支》（赶街调）

（5）《ɕi^{21}dzu^{33}næ^{21}dzu^{33}tʂo^{33} · 喜租奶租卓》（寻情调）

（6）《tse^{33}tsv^{33}tʂ^{133} · 姐租支》（雀鸟做窝）

此外，尚有男女青年即兴而作的“花花调”，调词根据男女双方交友目的、心情、感情发展，一问一答，有试探、询问对方，有向对方倾诉衷情，也有讥讽、挖苦对方等等，随编随唱。如：

男：遍地是花朵，不采太可惜，
　　看见这朵花，心里想着你。

女：遍地都是花，不采真可惜？
　　满山遍野都是花，你只是嘴说心不想。

男：路边来献花，你怕是我来哄你？
　　我为何来献花，心里咋想就咋说。

女：我是一棵嫩竹笋，是苦是甜还无人尝，
　　我从来无人问过信，也从来未曾跟过人。

3. 打歌和打歌调

俐侎人凡遇婚丧喜庆都要在院子里“打歌”，称“u^{33}tʂ‘i^{33} · 乌尺”。传统打歌由吹笙、笛或弹奏弦子者为先导，众人尾随于后踏舞步而歌，故有的地方又叫“踏歌”。打歌舞步、唱调依各种打歌场合而定，花样繁多。打法是边唱边踏舞，有一人领唱、众人齐声回应，也有一人唱调、众人踏舞。歌调分“大歌”、“小歌”，大歌叫“gu^{33}tsa^{21} · 箍匝”，小歌叫“gu^{33}dzo^{21} tɕ‘i^{33} · 箍左期”。大歌主要是男人打的歌，小歌是男女混合打的歌。大歌、小歌打时可分各种调，如打大歌则有《大直歌》、《跺三脚》。《跺三脚》又分两种打法，一种舞步多，一种舞步少，动作有模仿人的，也有模仿动物的。此外有《锁来锁》、《扫地歌》、《喜鹊做窝》、《猴子歌》、《老母猪吃食歌》、《打转身》、《小半翻》、《狗撒尿》。在丧葬场合打的歌又有《绕棺调》。打小歌则有《咕啦咧》（转半身）、《乌颇坡》（大转身）、《箍卓嫫》（小直歌，打时不转身）等。除上述歌调和打法外，平时或婚庆中讲唱的一些龙门调词、创世调词也可以用于打歌，只是打时要更换调谱。这方面的打歌调如有《创世调》（《k‘o^{21}tʂɿ^{33} · 可支》）、《年节调》（《k‘o^{21}mu^{33}ȵi^{33}mu^{33}tʂɿ^{33} · 可嫫尼姆支》）、《串亲搭桥调》（《(i^{21}se^{21}ze^{25}kə^{33}tʂɿ^{33} · 喜色忍格支》）、《万物生长调》（《o^{21}lu^{33}p‘u^{21}tʂ^{133} · 哦鲁铺支》）、《布谷调》（《o^{21}ɣa^{33}tʂ^{133} · 哦阿支》）、《出门赶马调》（《dʐ^{133}pæ^{33}hə^{33}pæ^{33}tʂ^{133} · 支摆恒摆支》）等。

4. 生产生活调

俐侎人生产生活中，有很多用于抒发感情或描述生产过程的歌调，统称“no^{55}mo^{33}t ʂ^{133} ·糯嫫支”。其中如有《接粮调》(《dzo^{33}ho^{33} ɣu^{33}gu^{33}t ʂ^{133} ·作伙乌箍支》)、《种棉花调》(《so^{55}lu^{55}go^{21}t ʂɿ^{33} ·索洛果支》)、《栽秧调》(《t ʂ‘ə^{33}dæ^{33}t ʂɿ^{33} ·车丹支》)、《犁田、犁地调》(《a^{33}ȵi^{21}lo^{21}hə^{24}mo^{33} ·阿尼洛墨嫫》)、《撒种调》(《mæ^{21}mo^{33}t ʂɿ^{33} ·忙嫫支》）等。此外，小孩到山中放猪、放牛、放羊也有吆唱、召集畜群调，有随口唱诵的《月亮歌》、《星星调》。母亲领小孩也有专门的《哄睡调》、《逗儿调》。

5. 乐器和乐调

俐侎人民间器乐有芦笙，俐侎语称“bə^{24} ·白”，用葫芦和竹管制成，分大葫芦笙和小葫芦笙，大笙称“bə^{24} dʐə^{21} mo^{33} ·白者嫫”，小笙称“bə^{24} dʐə^{21}zo^{33} ·白者若”。大、小笙吹奏都各有调，如大笙调有《过年调》（《k‘o^{21}dʐɪ^{33} ·可支》)、《赶街调》(《dʐɪ^{33}ga^{21} ·支嘎》)、《请老人调》(《ts‘o^{33}mo^{21}ɣv^{33} ·蹉嫫乌》)、《起歌调》（《ku^{33}t ʂ‘ə^{33} ·咕车》)、《起歌调》（《v^{33}tse^{55}dʐɪ^{33} ·乌借支》)。小笙调有《布谷调》、《生产调》、《爱情调》等等。

平日男人弹拨的三弦（当地汉语称“弦子”）音律中也包含有很多调，常弹的调有《串亲调》、《爱情调》、《生产调》。还有很多民间的歌调，调中本来有词，会听弦子调的人可动人心弦。

唢呐也有调。俐侎人凡婚丧喜庆都要吹唢呐。有的唢呐手能依据各种场合吹各种调门。民间传承的唢呐调有《青棚调》(分大调和小调)、《压棚调》(分大调和小调)、《待客上席调》、《下席调》、《火烧调》、《过山调》（分《大过山》和《小过山》)、《过桥调》、《蜜蜂过江调》、《十姊妹过街调》、《上马调》、《下马调》、《隔娘调》、《绕山调》、《小开门调》、《大开门调》、《小引火调》、《磊引火调》、《起床调》、《洗脸调》、《上付调》、《安灵调》、《拆棚调》、《起材调》、《绕棺调》、《出山调》等等。

6. 民间故事和传说

俐侎人民间流传有很多神话、传说故事，人物故事，自然事物和节日故事，动植物以及人与动植物的故事，地名故事等，它记录着俐侎人很多有趣的历史和对社会、对事物的认识。民间经常被传讲的故事版本，如创世神话故事有《兄妹成婚》、《九兄弟的故事》。反映历史和人物的故事有《梁山伯与祝英台》（俐侎语称《a^{55}mɯ^{21} ʂɿ^{33}i^{33}do^{33} ·阿门施依多》)、《张春荣和张春华的故事》、《黄张三的故事》、《孤儿的故事》。反映自然事物的故事有《月亮和太阳的故事》（说太阳是小姑娘，月亮是小伙子）等。记录、反映地方历史沿革、地名由来、节日由来的故事有《曹李弯的故事》、《班卖的由来》、《黑龙和白龙》、《乌木龙的传说》、《班卖的火把节》等。反映宗教与民俗信仰的故事如有《砍杜鹃木做祖先神灵木偶》、《人死献鸡分作两半》、《祭衣的由来》等。动植物故事有《荞与麦子骂架》、《黄鼠狼掏蜂蜜》、《蚂蚱与猴子争田地》、《虎与猫学拳》、《狗咬月亮》。人与动物的故事有《父子猎猴子》、《母狗换骡子》、《绵羊换骡子》、《女人变小土狗》、《女人变猴子》、《女人变阳雀》、《鸡冠换龙冠》等等。

［调查地点：乌木龙乡班卖、大寨、二道桥、天生桥、上红木树等村；调查对象：张廷良、曹福昌、李学书、张玉如等；调查时间：2001 年 7 月调查，2006 年 8 月补充调查；调查整理：李国文］

第十二章
佤族口承古籍

前　言
——佤族及临沧佤族口承古籍概述

赵岩社

一、佤族概述

佤族是居住在我国云南省西南部边疆地区的一个少数民族，1958 年、1977 年、1982 年、1990 年、2000 年中国佤族人口数分别为 17.5 万、26.7 万、29.9 万、35.2 万、39.6 万，主要分布在云南省西盟、沧源、孟连、澜沧、双江、耿马、镇康、永德等县，以及西双版纳傣族自治州和腾冲、昌宁、景东等县。西盟、沧源两县是佤族主要聚居县，两县佤族人口约占我国佤族总人口的 52%，约占两县总人口的 80%。孟连、澜沧、双江、耿马、镇康、永德等县是佤族分布的边缘区，主要与汉族、拉祜族、傣族等交错居住。从佤族主要分布的地区来看，其周围各民族分布的特点大体上是：傣族居于坝区，汉族居于集镇和交通线上，佤族和其他民族居于广大山区。国外，在缅甸、泰国等地也有佤族分布。

佤族的主要分布区，在澜沧江和萨尔温江之间、怒山山脉南段地带。这里山峦重叠，平坝极少，称阿佤山区。阿佤山区由于气候温和，雨量充沛，加之土壤肥沃，很适宜稻谷（包括水稻、旱稻）、玉米、荞麦和豆类等作物生长。佤族以种稻谷为主，经济作物有甘蔗、茶叶、木棉、麻、烟草和其他药材等。这里林木茂盛，翠竹成林，四季葱绿。在森林和灌木丛中，栖息着象、虎、豹、熊、鹿、麂子、野猪等各种动物。阿佤山区的矿藏丰富，特别是银矿久闻于世，明末清初就已大量开采。除了银矿，尚蕴藏着锡、铁、铅、铜、金等金属矿和煤、云母、石膏等非金属矿。

佤族社会保有父子连名制，即以其第一个孩子名字的最后一个音作为父亲名字的起头字。如艾太的第一个孩子的名字叫艾社，那么，艾太便自然为社太了。父子连名制的存在，说明佤族经历了漫长的父权制阶段，这对研究佤族社会历史、婚姻家庭有着一定的价值。

佤族广泛信仰自然宗教，他们对山川、河流、生物和不能理解的现象，都认为有“灵魂”。佤族最崇拜的是“木依吉”。他们认为“木依吉”是创造万物的神灵。佤族所进行拉木鼓、砍牛尾巴等较大的宗教活动，都是为了祭祀它而举行的。除了“木依吉”外，佤族供奉的鬼神还很多，而且有大小之分，大小鬼神各有分工，所以他们说，发生什么事就祭什么鬼，才能消灾得福，祭其他鬼神是没有用的。佤族信仰的佛教，有汉传佛教和南传上座部佛教两派。汉传佛教是一百多年前由大理人传入沧源县岩帅等寨的；南传上座部佛教是由傣族传入佤族地区的，约有一百年左右。基督教是 1912 年由“美国浸信会”派永伟里（Vincent Young）等人传入我国拉祜族、佤族地区的。

关于族源，在佤族人中普遍流传着“司岗里”的传说。认为人是从石洞或葫芦里出来的，阿佤山是人类的发祥地，这说明佤族就是当地最早的居民。在我国先秦时期的《山海经》、《竹书纪年》和《国语》中，都有僬侥这个族称，并说“僬侥西南蛮别也”。《后汉书》也记有“永初元年（公元 107 年）三月，永昌徼外僬侥夷种贡献内附”。后汉永昌郡治在今云南保山县境，它的辖区南部和西部正是佤德昂语支各族的分布区。由此看来，居于“永昌徼外”的僬侥人很可能就是佤德昂语支各族的先民。

在唐代，云南澜沧江和怒江流域是各民族的杂居区，族称很多。见于记载的有望、望苴子、望外喻、朴子蛮、黑齿、金齿等。“望”与“佤”的读音相近，而且至今有的佤族还自称“望”。因此，“望”很可能就是佤—德昂语支各族的古称。

元朝的所谓“蒲蛮”或“蒲人”，又分“生蒲”和“熟蒲”。蒲指佤—德昂语支各族，“生蒲”分布在镇康及其以南地区，主要指的是佤族。明朝时，在澜沧江和怒江流域有大百夷、小百夷、蒲人、阿昌、缥、古喇、缅人、哈喇等族称。这时的蒲人主要是指布朗族。古喇和哈喇则指的是佤族。清朝初期，“嘎喇、哈瓦和卡瓦”等族称，指的都是佤族。

佤族与傣、汉、拉祜等民族的关系比较密切，许多地区的佤族与这些民族交错居住，在各方面相互影响，形成了密不可分的关系。特别是分布在镇康、永德、孟连、耿马、双江、沧源等地的佤族，在经济、文化方面受傣族和汉族的影响更深一些，这种密切的民族关系，在一定程度上制约了佤族的发展。1949 年前，当地汉族对居住在沧源、耿马、双江、澜沧等地区的佤族，称作“小卡瓦”、“卡瓦”、“熟卡”以及“腊家”；对居住在西盟、孟连等地区的佤族，称作“大卡瓦”、“生卡”、“野卡”等；对居住在永德、镇康的佤族，称为“本人”。德宏一带的傣族对居住在永德、镇康以及沧源南腊的佤族，称为“腊”；对西盟、孟连等地区的佤族，称为“卡瓦”；对沧源、耿马、双江等地区的佤族，称为“瓦”、“卡瓦来”。西双版纳一带的傣族，通称佤族为“佤”。历史上，关于佤族的称呼，因没有文字记载而无从得知。但在佤族诗歌中，至今还唱“ai vax nyi ven”，可见，佤族在很早以前自称应是“佤”。不同地区的佤族对外统一使用“佤族”这一族称，是1962年根据本民族意愿决定的。

佤族的自称，各地有所不同，主要有布饶、巴敖克、阿佤、阿卧、阿佤来、勒佤、佤等。自称“布饶”或“巴敖克”的主要分布在沧源、澜沧、双江、耿马等县；自称“阿佤、阿卧、阿佤来、勒佤”的分布在西盟、孟连等县；自称“佤”的分布在镇康、永德等县。佤族内部语言存在方言、土语的差异，自称“布饶”的佤族地区为“布饶方言”，方言内又分为岩帅土语和班洪土语两种；自称“阿佤”等的佤族地区为“阿佤方言”，方言内又分马散土语、阿佤来土语、大芒糯土语和细允土语四种；自称“佤”的佤族地区为“佤方言”，只有佤土语一种。

佤族多以本族语言为主要交际工具。但各地都有不少人（特别是青少年）兼通汉语、傣语。在长期的历史发展过程中，佤语不断地从傣、汉等民族语言里吸收所需要的养分来丰富自己，特别是在一些词汇系统里吸收了不少傣语、汉语、缅语借词。历史上，佤族没有代表自己语言的文字，有不少佤族人学习、掌握了傣文或汉文，成为有学识的知识分子。昌宁、腾冲等地的佤族，由于长期与汉族杂居，已不使用本族语言而转用了汉语。

佤族有丰富多彩的口头文学，包括神话、传说、史诗、民歌、故事、谚语、谜语等。如讲述人类起源的《司岗里》、叙述物种起源的《古中的来历》、反映机智人物故事的《达太的故事》、抒情长诗《串姑娘之歌》等。诗歌主要有讲究韵律和不太讲究韵律的两类，内容丰富生动。故事、谚语、谜语等更是数之不尽。佤族口头文学是研究佤族社会、历史、文化、语言取之不尽的源泉。研究佤语，除了研究口头语言外，还必须研究其文学语言，因为两者存在密切的关系。

二、临沧佤族概要

临沧的行政建置原为地区，现改设为地级市，它是中国佤文化的荟萃之地。全区现有佤族人口35万人，占全国佤族总人口的三分之二。沧源佤族自治县是佤族最集中的地区，耿马县、双江县、永德县、镇康县均有佤族分布，使用佤语布饶方言的佤族主要居住在沧源县、耿马县、双江县，使用佤语佤方言的佤族主要居住在永德县、镇康县。神奇美丽的阿佤山有闻名海内外距今3500多年历史的中国八大古崖画之一的沧源崖画，有与缅甸山水相连的南滚河国家级自然保护区；有建于清代道光年间集建筑、雕刻、绘画为一体的云南民族地区南传上座部佛教代表建筑之一的广允佛寺；有保留较完整的从奴隶社会直接跨入现代文明的佤族原始群居村落；有丰富的佤族民间文学艺术和独特的饮食文化，其中木鼓舞、甩发舞享誉中外，集中展现了中国佤族文化的内涵。

佤族口承古籍因佤族方言差别也稍有差异，本项目研究主要调查、介述佤语布饶方言区的佤族口承古籍。

三、临沧佤族口承古籍情况综述

既然佤族古籍是口承古籍，那么，它跟其他民族的口承古籍一样，也具有口承古籍的一些共性特征。就作品表现形式而言，大体上也可分为韵文体和散文体两大类。韵文体的作品如歌谣、史诗、抒情诗、叙事诗、劳动歌、风俗歌、情歌、儿歌等等；散文体的作品如神话、传说、故事、童话、寓言、笑话等等。另外，还有音乐、舞蹈、绘画和戏剧等艺术门类。可以说，口承古籍的各个门类，几乎应有尽有。这里只能择其主要，把佤族口承古籍发展过程中比较特殊的一些内容加以介绍。

（一）韵文体

佤族的韵文体口承古籍，主要以歌谣的形式出现。

临沧地区的佤族民歌，从音乐的角度来看，可以分为以下种类：

1. lo̲ʔ ŋɯ̲i̲“洛崖”（吟唱调）

lo̲ʔ 意为“歌”或“调子”，ŋɯ̲i̲ 意为“吟唱”，loʔŋɯ̲i̲ 即吟唱或吟唱调，是佤族口承古籍中最基本的一种形式。它通常是一个人唱，也可以对唱或轮唱。唱词内容可以抒情，也可以叙事；可以在野外唱，也可以在家里唱；谈情、结婚、死人、盖房、过节，都可以唱。

2. kla̲u̲“格共”（共乐调）

kla̲u̲ 一词，可能与 si̲ 1 a̲u̲“兴奋、激动”一词有关。它通常是在人多的场合，大家都比较兴奋、激动时，一起唱的。举凡共同劳动、结婚、过节等高兴的场合，都可以唱，所以，我们将它译为“共乐调”。它通常有领唱，有和声，也可以分为两组轮唱。

3. prɛ“不来”（欢呼调）

prɛ 意为“欢呼”，通常是在庆祝狩猎，伐木（伐木鼓、砍木桥等比较隆重的伐木活动），战争等活动胜利时大家一起唱的，唱中通常夹杂着欢呼声，故译为“欢呼调”。它通常采取一人领唱，众人和声的形式。

4. ghrɤ̱h“格惹”（踏歌调）

ghrɤ̱h 意为“跺脚”、“踏歌”，是在重大庆祝活动或新房盖好后，大家在一起踏歌时唱的歌，故叫踏歌调。

5. lo̱ʔ klɛ̱h“洛格雷”（玩调）

lo̱ʔ 意为“歌”或“调子”，klɛ̱h 意为“玩耍”，lo̱ʔ klɛ̱h 即“玩耍歌”或“玩调”。它是妇女们在一起玩耍时唱的歌，其中有一些是边唱边舞的，有一些是只唱不舞的。可以独唱，也可以分组轮唱。

6. lo̱ʔ ʔa̱h“洛阿”（唱调）；

lo̱ʔ 意为“歌”或“调子”，ʔa̱h 意为“说”、“唱”，即“清唱的歌”或“唱调”。前面提到，在玩调中有一类是只唱不舞的，它原是只有妇女才唱的，新中国成立后，由于受汉族唱歌的影响，在这种只有妇女才唱的只唱不舞的玩调中，发展产生出了青年男女都唱的（中年以上男子仍不见有唱的）歌，我们只好另为之取名 lo̱ʔ ʔa̱h 即“唱调”，这个名词现在亦已慢慢为本民族群众所接受。它可以独唱，也可以一起唱。

7. lo̱ʔ klɛ̱h kɔ̱n ɲ̥ɔ̱m“洛格雷官鸟”（儿歌）

lo̱ʔ klɛ̱h 意为“玩耍的歌”，koɔn ɲ̥ɔ̱m 意为“小孩”，lo̱ʔ klɛ̱h kɔ̱n ɲ̥ɔ̱m 即“小孩玩耍歌”或“儿歌”。可独唱，也可一起唱。

8. lo̱ʔ glaik kɔ̱n ɲ̥ɔm“洛格来官鸟”（摇篮曲）

lo̱ʔ 意为“歌”、“曲调”，gla̱ik 为“使入睡”，kɔ̱n ɲ̥ɔ̱m 为“小孩”，lo̱ʔ gla̱ik kɔ̱n ɲ̥ɔm 即“哄小孩入睡的歌”或“摇篮曲”。

但是，就歌词而言，实际上只有两类，即：

a. 讲究格律的，包括吟唱调、共乐调、欢呼调、踏歌调等，佤语叫 dʑhɔ̱m ka̱p。dʑhɔ̱m 意为“性”、“味”，ka̱p 意为“格律”，即有格律性、格律味的歌，我们称之为“格律体”。同样的歌词，根据其内容及活动性质的需要，可以以吟唱调的形式来唱，也可以以共乐调、欢呼调或踏歌调的形式来唱。

b. 不太讲究格律的，包括玩调、唱调、儿歌、摇篮曲等，佤语没有专门的名词，我们称之为“自由体”。

（二）散文体

佤族的散文体口承古籍，主要以歌谣的形式出现。

临沧地区的佤族神话传说主要有关于天地开辟的神话，关于人类起源的神话，关于宇宙变化的日月神话、物种起源神话，火的起源和文字来历的神话传说，地方风物传说等；歌谣主要有劳动歌谣、祭祀歌谣、风俗歌、儿歌、谚语和调子等；诗歌分为抒情长诗和叙事诗；故事主要有孤儿的故事、爱情故事、生活故事、动物故事、机智人物故事和反帝斗争故事及其他历史故事、笑话等。

2008 年 10 月 2 日
于云南民族大学

第一节　沧源县佤族民间流传的口承古籍

一、岩帅镇佤族民间流传的口承古籍

佤族是沧源县的主体民族，县内佤族近 13 万人，占全国佤族总人口的 36%，占全县总人口的 83.8%，分布于全县。岩帅镇是佤族人口分布较集中的乡镇之一。

岩帅镇有岩帅寨，是佤族村寨，有 443 户，共 1446 人。民间流传的口承古籍，大体上也可分为韵文体和散文体两大类。韵文体的作品如歌谣、史诗、抒情诗、叙事诗、劳动歌、风俗歌、情歌、儿歌等等；散文体的作品如神话、传说、故事、童话、寓言、笑话等等。可以说，口承古籍的各个门类，几乎应有尽有。

1. 岩帅寨尼门·赛梭讲述的口承古籍

（1）《tɔ̱ʔ lu̱ah rɔ̱m lɔ̱k lu̱ah ka̱h raŋ̱·崖上跌水响哗哗》

这是一首讲究韵律的歌谣，共 4 句。原文意译为：如果水响，则响于石（激）；如果寨美，则美于玩耍。它使（木头）凳脚（都）开出了花，哥哎；它使人心（都）热乎起来了，哥哎！按照汉语的习惯，也可以译为：崖上跌水响哗哗，山村美景是玩耍。莫说人心能唱热，木头凳脚也开花。

在这首歌里，第一、第二句为上片，第三、第四句为下片。上片第一句即原第一句与下片第一句即原第二句，是一个骈骊句。原文直译为：如果水响，则响于石（激）；如果寨美，则美于玩耍。在这个骈骊句中，上句是比兴，下句是语意所在。上片第二句即原第二句与下片第二句即原第四句，是一个骈骊句。原文直译为：它使（木头）凳脚（都）开出了花，哥哎；它使人心（都）热乎起来了，哥哎！在这个骈骊句中，上句同样是比兴，下句亦是语意所在。因为这样，上片各句之间，在意思上往往缺乏内在的联系，它会使不懂得这种歌体结构的人感到莫名其妙。只有从下片各句之间，才能看出它们在意思上的有机联系。

（2）《jam tɕuaŋ ʔe̱ʔ bɯn kɔ̱ʔ mi̱ŋ taŋ · 国民党统治太黑暗》

这是一首讲究韵律的歌谣，共 8 句。意译为：国民党统治太黑暗，慢慢寻思鼻子酸，人家圈里牲口满，咱扛铁铲满山转，蒋介石做官太荒唐，细细想来泪汪汪，人家仓里谷生虫，咱搭破裤去帮工！

（3）《ʔa̱ŋ si jauʔ sa̱ʔ tai tiak si msuʔ · 盐酸石山不开花》

这是一首讲究韵律的歌谣，共 4 句。意译为：盐酸石山不开花，如果开花是谎花，甥女不嫁舅父家，如果嫁了是命乖。

在这首歌中，第一句和第三句是骈骊句，第二句和第四句是骈骊句。

（4）《lo̱ʔ kɯ̱i̱ŋ khɔ̱ ti̱ʔ ʔɯ̱n piaŋ grɛʔ · 父教应该知珍惜》

这是一首讲究韵律的歌谣，共 4 句。意译为：旧火已经慢慢灭，父教应该知珍惜；老人已渐渐亡，母训应该记心上。

在这首歌中，第一句和第三句是骈骊句，第二句和第四句是骈骊句。

（5）《mɔh rɔ̱m mu̱i̱h ʔɤ̱ʔ kha̱u̱ʔ ba̱n kɯt · 心爱是棵相思树》

意译为：冤家是棵相思树，长在天上云深处；鱼儿躲在苇荫下，阿妹白嫩似傣家。

这是一首流行的唱调，共 4 句。在这首歌中，前两句是散句，虽然每句也是七个字，但不讲究格律。后两句是骈骊句，讲究格律。

（6）《khiʔ hauʔ liuŋ liuŋ · 月亮升起来》

内容讲述：月亮升起来，月亮高高升起来；我想跟你借镰刀，你的镰刀钢火好；我想跟你借包包，你的包包多好瞧！

这是一首儿歌，共 6 句。在这首歌中，前面两句为散句，两句字数不等，也不讲究格律。后面四句为骈骊句，第二句与第五句为一组，第四句与第六句是一组，讲究格律。

（7）《ʔi̱t，ʔi̱t，kɔ̱n ʔa̱ nɔ̱ʔ · 睡吧，我的小乖乖》

内容讲述：睡，睡，我的儿，小乖乖，我的宝贝吊兰花。我的青菜长得鲜，我的吊兰开得艳！

这是一首摇篮曲，共5句。在这首歌中，前面三句是散句，每句字数不等，也不讲究格律。虽然，其中有些字之间的声韵也是和谐的，但这是出于天然，而非人为的。后面两句是骈骊句，讲究格律。

（8）《bɔk jam ʔi̱n bɔk tɯm lha̱ʔ dʑhe̱·山上蒲葵正成熟》

内容讲述：山上蒲葵正成熟，田里稻浪翻新绿；玊铲生来薅旱谷，姑娘生来爱欢乐！

这是一首流行的玩调，共4句。第一、第二句为骈骊句，第三、第四句为骈骊句，与格律体唯一不同之处是：按格律体的要求，第二句应放在第三句的位置上，而第三句则应放在第二句的位置上。

有些自由体虽然全是骈骊句，句数、字数、对仗、押韵、和声、乎应等都跟格律体一样，但句序上并不像格律体那样要求严格；全歌整齐地分为两片，两片中相应的句子成为骈骊句。所以，仍应认为是自由体。这首玩调属于这一类。

（9）《lo̱ʔ si git pla̱i ma̱i vɔ·春节酹酒辞》

内容讲述：春节到了，花儿争艳，人们尊重礼俗，备好年货，相互拜年。我们用最高礼节，酹酒祝福：来年，庄稼丰收，猪牛肥壮，人们幸福安康！

《春节酹酒辞》共146句。vɔ“卧”即春节。节日前几个月，佤族家家户户都要备好肉食、柴火、节日新装等，要维修房屋。临近节日，妇女割草准备马料，男子修水沟迎新水。腊月二十九日，村寨中的舞场上要栽一棵松树，装饰打歌场。

腊月三十晚，每家都舂糯米粑粑、滤水酒，请德高望重的老人来家里酹酒祝词。大年初一清早，大家都起来放枪鸣炮，宣布新的一年到来了，这时妇女、小孩也都起来抬起竹筒接新年吉祥的“新水”。大年初一是戒忌日，佤语叫“近”。这天全寨人不出寨门，外寨人也不宜入寨进屋，大家只能在家里安闲。大年初二清早，照例响起隆隆的枪炮，告示大家今天是拜年日。佤族拜年通常逐家逐户拜一下，备有家宴的吃上一点，未备家宴的喝上两杯水酒就行了。佤族通常在初二这天开始打歌，下午四点左右老年人就到舞场开始打歌。当夜幕降临时年轻人就陆续走入打歌场，老年人也陆续退出舞场。舞场气氛热烈，人们把一年中的激情和快乐尽情释放出来，一直到半夜才渐渐散去。过年一般为5至7天，打歌也要打3个晚上。过年期间，中老年人喜欢聚在一起唱“宗呷”（唱调），用歌来抒怀，年轻人则聚在舞场上打陀螺、到野外踏青娱乐。班洪、班老地方信仰佛教的佤族和傣族一样，过泼水节、关门节和开门节，信仰基督教的永和等地佤族除了过便克节、新米节外，还过圣诞节。

（10）《lo̲ʔ si git pla̲i ma̲i va̲n · 播种酹酒辞》

内容讲述：辞旧年，迎新年，花儿开了，这是播种的佳节。我们酹酒祝福，庄稼不让虫吃，粮仓被挤满，谷箩被挤裂，房子被挤破，来年获得丰收。

《播种酹酒辞》，共116句，是佤族“播种节”须举行的仪式。“播种节”，是佤族民间的传统节日，时间在每年佤历气艾日（公历三月）。相传，人类从葫芦里出来，居住在“司岗”（山洞）。老鼠和小米雀先后衔来小米种和谷种交给叶柳奶奶及其女儿们保存。经过数代人后，人们离开“司岗”，才得以学会种庄稼，故每年播种时都要由妇女播下第一粒种子，后沿至成俗。这一天，全寨男子聚集于一块地上，先由寨中长者唱撒谷调，唱罢由男子打坑，妇女主播，作象征性劳动。返寨后杀牛一头，各户分得一块肉以祭祀祖先。然后各户开始正式播种。

（11）《lo̲ʔ si git pla̲i ma̲i ga̲h · 婚礼酹酒辞》

内容讲述：天神开天，佤族劈地，男大当婚，女大当嫁，这是结婚的吉日，我们成全他们结婚，按照古代传下的习俗，我们为他们举行婚礼。祝福他们白头偕老，儿女满堂，幸福美满！

《婚礼酹酒辞》，共142句，是佤族举行婚礼时须举行的仪式。佤族结婚办喜事，先由男方到女方家，以酒、肉款待宾客两三天，歌舞贺喜。其间，新郎、新娘在父母身边接受父母有关婚后要互敬互爱、勤俭持家，过好日子等等教诲。三天过后新郎与男伙伴一群，新娘与女伙伴一群，双方老人与亲戚朋友一群成行回男方家。又以酒内宴宾，歌舞娱乐数日方休。佤族以良好的婚恋传统，把一对对 男女有情人结成眷属，编织美好的生活。

（12）《bɯn sa̲m khai̲ŋ ma̲i gɔ̲ʔ · 尖嘴老鼠和啄木鸟》

内容讲述：尖嘴老鼠和啄木鸟原是邻居，他们的家紧挨着。一天，啄木鸟发现林中有一棵黄果树，就来问尖嘴老鼠想吃黄果否？尖嘴老鼠馋得直流口水，急忙问哪里有黄果，啄木鸟让他带着篮子跟着自己，走不了多久就见到了黄果。尖嘴老鼠见到黄果就拼命飞跑，看到树下有黄果，不管三七二十一就捡着吃。啄木鸟见到尖嘴老鼠这般动作，就跳到树上摘黄果，不一会儿，黄果摘满了篮子。返回的路上，尖嘴老鼠肚子开始疼，啄木鸟把他背了回去。到家了，啄木鸟把尖嘴老鼠放了下来，尖嘴老鼠把篮子一扔就跑了。原来尖嘴老鼠在啄木鸟的背上把黄果吃光了。有一天，啄木鸟在集市上把尖嘴老鼠逮到，紧紧地夹住他的嘴不放，至今，他的嘴就这样尖尖的。

（13）《bɯn si vai ma̲i mɔi kɛ̲ʔ pui · 老虎、牛和人》

内容讲述：有一天，老虎来到山脚，看到有人用牛犁地，心想牛太笨了。

等休息时，牛来到山上吃草，老虎悄悄地来到牛的旁边，说他太傻了，为什么要帮人犁地。牛告诉老虎，人很聪明，你跑了，他们也同样能把你抓回来，老虎不相信。牛把老虎说的话告诉了主人，主人表扬了他，并让他把老虎带来见他。老虎很看不起人，有一天来见了人，人让他进备好的口袋，他觉得无所谓，进了口袋。老虎进了口袋后，人挥起木棒用力打，只听见口袋里的老虎喊救命，牛看到这样精彩的场景，笑掉了门牙，所以至今牛没有门牙。

（14）《bɯn si vai mai kaŋ kɔi · 老虎和兔子》

内容讲述：老虎在山里横行霸道，它想欺侮哪个就欺侮哪个。小兔子决定好好教训他。一天，小兔子见大老虎出门觅食去了，就跑到老虎家门前，冲着老虎门让小老虎出来。小兔子明知道大老虎出门了，故意让小老虎叫他出来，小老虎说它妈不在家，小兔子就说是大老虎怕了它。大老虎回来后，小老虎就把小兔子说的话告诉了妈妈，大老虎听后非常气愤，决定找兔子算账。小兔子并没有走远，躲进了草堆里，等大老虎要出门找它时，就从草堆里钻出来，一溜烟跑了。老虎拔腿就追，小兔子进了竹林，大老虎就跟着进去，老虎见了兔子，兔子说它不是老虎要找的那只；老虎又去找，见到了兔子，兔子又说自己不是老虎要找的那只。其实兔子只有一个，只是他在戏弄老虎。最后，牛、鹌鹑等动物都加入到戏弄老虎的队伍中，老虎为什么很少吃黄牛，鹌鹑为什么不能站到树上，原因来自于这个故事。

（15）《si vai kɛʔ luh · 老虎和地鼠》

内容讲述：一天，老虎在山上闲逛，碰见了地鼠，就和他开起了玩笑。说地鼠长得那么小，还好意思在人家面前露面。地鼠听了他的话，知道是老虎有意戏弄自己，也想与他调遣调遣。地鼠说地里干活的人能给自己下跪，老虎不信，地鼠飞快地溜到地里，在那里窜来窜去。干活的人见了，便都一齐过来捉他。地鼠从东跑到西，从西跑到北，又从北跑到南。人们这样一追一扑的，从远处看来，好像真的跟地鼠下跪一样。老虎不服气，也学着地鼠朝人群里跑，人们见老虎来了，便一齐举起锄头、钉耙，没头没脑地朝老虎打来。老虎好不容易从人群里跑出来，但至今见了地鼠就避开了，因为他没脸见地鼠。

（16）《si vai koʔ tam · 老虎和螃蟹》

内容讲述：一天，老虎在江边遇上螃蟹，讥笑螃蟹又小走路又难看，要螃蟹与自己比赛过河。螃蟹答应了老虎的邀请。螃蟹在钻进水里之前，要求老虎到了河中间把尾巴甩一甩，老虎便答应了。开始过河了，螃蟹悄悄地夹住老虎的尾巴，跟在老虎后面。老虎拼命往前游，游到河的中心，把尾巴一甩，把螃蟹甩到河的对岸。螃蟹高兴地喊着自己赢了老虎，老虎只好慢慢地游向对岸。

(17)《peʔ kɛ̱ʔ so̱ʔ · 山羊和狗》

内容讲述：很久以前，山羊和狗都和人住在一起。据说狗的头上也有一对角，而山羊却没有。由于狗头上有角，就显得很威武、英俊，山羊非常羡慕。山羊多次与狗借这对角，狗就是不同意。所以，山羊心里就一直打着主意。过年了，人给山羊和狗各一份糯米粑粑吃。狗嘴比较馋，拿起粑粑就吃了。山羊却想起狗的角，在舂臼边吃粑粑时，就把狗叫了过来。狗看到山羊拿着粑粑蘸着舂臼里的芝麻吃，直淌着口水，山羊就假装客气让他吃。狗头上有角，不便吃舂臼里芝麻，只好把角取下来放在一边。在狗把头钻进舂臼里舔芝麻时，山羊乘机把狗脱下来的角抓起，戴在了自己的头上，飞快地跑了。从此，山羊就有了一对角，由于脚上有糯米粑粑，也能在悬崖陡壁上跑。

(18)《bɯʔ ta̱ʔ rai kam · 达惹嘎姆的故事》

内容讲述：很久以前，不单人会说话，树木和鸟兽都会说话，大家就像一家人，你帮我，我帮你，生活得很好。达惹嘎姆是人类的头领，有一天，在赶街的半路上，遇到了青蛙王。青蛙王让他顺便带些芭蕉回来吃，由于没有钱，达惹嘎姆按照青蛙王的要求去了卖牛的地方，人们果然给他分了一份芭蕉。由于达惹嘎姆老实、忠厚，说话算数，青蛙王告诉他地球要被洪水淹的秘密。洪水果然淹没了大地，只剩下达惹嘎姆和一头小母牛。根据老人的指点，达惹嘎姆与小母牛成了伴侣，后生了葫芦籽。天神让达惹嘎姆把葫芦籽种下，没多久，葫芦藤上结了小山大的葫芦。青蛙王让达惹嘎姆用长刀劈开葫芦，葫芦被打开了，从大葫芦里走出很多人和动物。不管是人还是动物，都是母牛的后代。

［调查地点：沧源县岩帅寨；讲述人：尼门·赛梭；调查整理：艾色］

2. 岩帅寨三道·杨更讲述的古籍

(1)《pui duk kɛ̱ʔ pui grɔn · 瞎子与瘸子》

内容讲述：在一个村子里，住着一个瞎子和一个瘸子，瞎子叫艾板，瘸子名叫尼软。他俩从来就闲不住，只要是适合他俩做的活都做，如编篾笆、编竹筐、养猪、养鸡等，村里人还比不上他俩。他俩从来就没有做对不起别人的事，全村人都称赞他们，痛惜他们有残疾。他俩一同长大，虽不是一家人，却似亲兄弟，脏活累活抢着干，一起玩耍时，瞎子背着瘸子，而瘸子指着路。他俩就是这样一辈子相互帮助的。

（2）《bɯn ta̱ʔ kam · 达甘的故事》

内容讲述：地球开始形成，植物有语言，动物会说话，达甘带领人类劳动，指引人类走路。正因为这样，人类、动植物都非常喜欢他。有一天，达甘突然从地球上消失，人们感到惋惜，所有的动植物都哭喊他的名字。为了纪念达甘，至今人们都还举行杀猪、杀鸡仪式祭拜他。

（3）《si vai ma̱i kaŋ kɔi · 老虎与兔子》

内容讲述：整个动物里，算老虎的兽性最强。老虎只要到任何地方，其他动物就无法生活下去。有一天，老虎来到山顶上，其他动物都跑开了，只剩下带着小兔子的母兔不能离开。老虎饥饿难忍，四处找吃的，找得筋疲力尽。兔子妈妈也正在为小兔子找吃的，突然碰到老虎，老虎笑着对他说，我现在终于有吃的了。兔子看到老虎迫不及待地要吃自己，就赶紧说："你要吃我可以，我先进去给我的孩子们说一下。"老虎听到兔子这样的话，信以为真，就同意了，兔子终于逃出了虎口。

（4）《rau ka̱u̱ʔ kɛ̱ʔ si do · 达甘的故事》

内容讲述：一天早晨，一只猴子顺着河来到田边，碰到了一只在稻秆上的蚂蚱，蚂蚱因寒冷无法动身。猴子见到蚂蚱动身不得，就说他是不是已经死了，为什么不动。蚂蚱听到猴子在说自己，把他话顶了回去，让他少管闲事。猴子回到树林里，把蚂蚱的话告诉了同伴。次日，他们结伴带着木棍来找蚂蚱，要找蚂蚱理论。一只猴子未等蚂蚱说话，就抬起木棍打了过去，蚂蚱眼快，跳到另一只猴子的胸脯上。其他猴子看到蚂蚱在自己同伴的胸脯上，轮着木棍打了过去，结果把同伴活活打死。蚂蚱获胜了，可猴子却死去了伙伴。

（5）《mun jʔ ʥhu̱ɯ̱ih · 能说会道》（笑话）

内容讲述：有一天，有个叫孟的人家，他先从锅里打饭给同伴吃。他的同伴看到米饭，就说："啊，这米饭真香！我肯定可以吃五碗。"孟赶紧说："是我煮的。"过一会儿，他的同伴又吃了一口，吃到了小石子，就说："饭里小石子真多！"孟赶紧说："是祖母淘的米！"再过一会儿，他母亲加饭，锅底都是锅巴，孟又赶紧说是老二煮的米饭。孟的伙伴听到这样的话，就问到底是谁煮的饭。

（6）《bɯn n̥i thai mai taŋ tuiʔ · 尼太和当諿的故事》

内容讲述：尼太是个身强力壮的小伙子，做什么事都很实在，人人都夸他。尼太是牧童，到了鸟筑巢下蛋的季节，他都要下扣子捉鸟，但从来无所获，不知是被什么给偷走了，尼太决定追查到底。尼太终于查到原来是当諿偷的，就与他进行较量，最终获胜了。尼太把自己与当諿斗争的事告诉了村子里的人，人们既觉得好笑又觉得他很勇敢。

（7）《bɯn diap kɛ brɯiŋ · 跳蚤和虱子的故事》

内容讲述：很久以前，动物没有什么要吃的了，跳蚤和虱子成了好朋友。虱子因个子小，经常偷偷爬到人的身上吸血，吃饱后又很得意地回来告诉跳蚤。虱子常如此做，使跳蚤很生气，就对他说："你是最无耻的！你不配吃人的血，只配吸狗血！"两个好朋友为这件事吵架，决定以背柴进行比赛。跳蚤跳得快，只以为自己动作快，就让虱子先走，自己睡大觉慢慢来，等他醒来，虱子已经把柴背回家了。根据他俩的协议，跳蚤只能在狗的身上生活，虱子可以进家里与人一起生活。

［调查地点：沧源县岩帅寨；讲述人：三道·杨更；调查整理：艾色］

3. **团结大寨达嘎讲述的古籍**

沧源县岩帅镇有团结大寨，住有佤族440户，1814人。民间流传的口承古籍，大体上也可分为韵文体和散文体两大类。

（1）《ʔoʔ juh kah mɔʔ lai gɔk rau · 竹子尖为什么垂下》

内容讲述：竹子不知天高地厚，一向目中无人，昂头望天，吹嘘自己是世界上最高的东西。他的话被太阳听见了，太阳决定教训教训他，和他比比高低，他脸红了，从此不敢望着太阳，至今只能低着头。

（2）《bɯn ʔai rai · 艾惹的故事》

内容讲述：艾惹是个孤儿。有一天，大家都到河里捕鱼，艾惹也跟着去。艾惹从小就在富贵人家做工，从来就不知道怎样打猎捕鱼，看到大家捕鱼用竹笼，就回去问主人，主人戏弄了他，让他这样做那样做，他也做不好。他最终还是做好了，可是，他不知道怎样捕鱼，主人却让他把竹笼挂到河边的树上，说来也巧，晚上下了一场大雨，河水涨了，有一条小鱼进了竹笼里。第二天，艾惹把小鱼带回家放进水缸里养，舍不得吃掉。每天，艾惹在富人家干活回来，发现有人帮他煮了白生生的米饭，还有肉吃，他感到很吃惊，就大声问是谁帮了他，整个村子的人都笑他。终于有一天，艾惹决定躲在家里看个究竟。到了煮饭的时间，只见从养小鱼的水缸里出来一个漂亮的女子，帮着他烧火煮饭，连续几日都是这样。艾惹实在忍不住了，一天，在美人鱼煮饭时就把他逮住了。以后，美人鱼嫁给了艾惹，他俩过起了美满的生活。

（3）《bɯn thɔi · 达太的故事》

内容讲述：有一个村官，听说达太非常聪明，决定与他较量，限他三天时间骗自己一次。第二天，有人杀猪，他要了尿泡，把尿泡吹得胀胀的晒干。第三天晚上，他来到了村官家，把吹火筒换成箫。夜深了，村官上楼睡觉，达太就把楼梯搬走。然后在楼下放了一个碓窝，碓窝里放着晒干的尿泡。半夜，达太去打猪，猪叫了起来，他便喊豹子吃猪了，村官醒来要走下楼梯，就一头栽进备好的尿泡上，尿泡顶炸了，像帽子套在村官的头上。村官一摸自己的头，光溜溜的，以为自己的头炸开了，让自己老婆点火看看。他老婆用吹火筒吹火，却发出箫的声音，便把老婆骂了一顿。

（4）《proi mhai̱k · 沙子着火》

内容讲述：有一个村官，很想得到一个孤儿的一条壮牛，说这条牛是自家的骡子生的。孤儿知道牛既不是村官的，也不是骡子生的，但也没办法说服村官，只好让村民来评理。村里所有人都来了，也知道牛不是村官的，就是不知道该如何处理，只能盼达太来解决。达太终于来了，大家责怪他为什么才来，他对着大家说："沙子着火了，他去灭火。"村官听说沙子着火，觉得不可思议，就对达太说沙子不会着火。达太听村官这么一说，就对他说，骡子怎么能生牛呢？村官傻了眼，什么话也说不出来，再也不敢要孤儿的牛了。

（5）《riaŋ praiʔ · 天亮了》

内容讲述：达太住在富贵人家。有一天，富人吩咐他，第二天早一些叫他起来，他要去收租。半夜，月亮很亮照进了屋里，达太便叫富人起来收租。富人起来对达太说，自己出去后，要是有人来喊门，不要开门。富人到村里一看，家家都还关着门睡觉，原来是月亮很亮，像白天，于是又决定回去睡觉。回到家，他怎么叫开门，达太也不开门，他只好在门口睡了一夜。

（6）《riam tai · 锄棉田》

内容讲述：春季到了，人们开始种庄稼。转眼到了夏锄季节，尼惹家的棉田草很多，就靠他家几个人除草是完成不了的，决定请达太帮忙。他们一起下地除草，达太一开始还算比较认真，之后，就与尼惹拉开了距离。达太看到拉开了距离，就偷偷地把棉花根刨断，尼惹也没有注意。第二天，尼惹到地里一看，傻了眼，达太除草的地方，棉花全死了。尼惹回来问达太，达太装着很无辜的样子，他说是山神造成的，要供他吃。尼惹信以为真，照着去做，供着山神吃，结果被达太给吃了。达太看到尼惹这样做了数日，被感动了，悄悄地把自家的棉花移栽到尼惹的棉田里。

［调查地点：沧源县团结大寨；调查对象：达嘎；调查整理：艾色］

二、勐省农场三队佤族中流传的口承古籍

沧源县勐省农场三队住有佤族 80 余户，300 余人。该队佤族主要从和平村、团结寨、岩帅寨等地迁来，使用佤语布饶方言，流传的口承古籍，大体上也可分为韵文体和散文体两大类。

1. 达门·杨更讲述的古籍

（1）《pih ʔi̱h vɔ·春节祝词》

内容讲述：辞旧年，迎新年。这是花桃树开花的季节，这是松叶茂盛的季节，我们春糯米粑粑，这是祖先留下的礼节，自从我们从司岗里出来，我们就随理。松树栽在院子里，糯米粑粑叠放在神桌上。一年只有一次，这以后，新一年里，我们点蜡烛，我们烧香，我们有艾色、小红，我们有叶惹、依门，我们有艾六、建华，我们有叶块、郭彦，有艾嘎、艾改。我们团圆，家里人满，我们与糯米粑粑在一起，我们喝好酒饮冷水，不把同伴放在地上，不把同伴弃于野外，我们新春同在，新春快乐，来年，让我们有好日子过，看不见病，无论做任何事情都能发展，都能成功！

（2）《pih ma̱i̱ ka pauʔ·婚礼祝词》

内容讲述：男儿有父亲一般大就要剥甘蔗吃，女儿有母亲一般大就要吃芭蕉。司岗里讲鸟儿成对人要成双，蜜蜂双飞，人办婚礼。今天是吉日，我们泡好了酒，请来了亲朋好友，举办艾和安的婚礼。从今以后，你俩跟着祖辈们的理走，有好日子过。难听的话耳旁飞，苦日子绕着走。让人们把你们抬上马，让人们把你们抬到毡子上；让你们做官，让你们富裕；让你们健康，让你们白头到老！

（3）《lo̱ʔ no̱p ma̱i̱ ka pauʔ·婚姻祝词》

内容讲述：哎——，这已经是他俩砍的树，已经是他俩的心愿。一根竹子不成棚，多根竹子才是棚，一人不能成为家，两人才会成一家，孩子把头发梳两边，倾诉暖昧心相印。会有肉会有花果，会有子女会有后代，这是祖辈们留下的理。往后，他俩会有篾盒会相爱，干活不在头和尾，要站就是成一排，要看就是一处看，不在由我们来指点。戴好雨帽拴住心，成为夫妻这是理，斑鸠当官也如此。现在，伙头、老人都到齐，中介已吃茶也喝，祝福你俩成一家。你俩成双为一家，不要再有动摇心，雨帽戴好心拴牢。干活要干到犁头碎，长筒袜子才有得穿；劳动用上好技术，漂亮布料有得穿。滤酒的日子是结婚日，心变念头不能有。

（4）《pih mɔ̱h nɔ̱ŋ · 做亲家祝词》

内容讲述：举办了婚礼，成了亲家，我们要使花松鼠洞光滑，我们要吃做亲家的饭，我们要用手脚吃，这是垫底的叶子，这就是亲家。在这之前，我们不能丢染色的布，我们不能反对他们成对，我们只能疏通道路，我们只能跟着后面走，我们为他们铺垫道路。爷爷、奶奶、爸爸、妈妈，不踩染色的布，不反对他们的心愿，这是白鹇的路，是孔雀的路，这是祖辈留下的理，不能让他动摇，不能让念头产生，这是我们的心愿。站着要成排，赶街不顶篾合，女人瞎眼仍是妻，男人断腿还是夫，我们不是畜生，不是集市上卖的菜。现在，我们要多串门，一月一期，一年一次，过年过节，心愿所定。

（5）《pih ma̱i̱ ko̱k khu̱a̱n · 招魂辞》

内容讲述：哎——，已倒好酒，已选好吉日，今日把您魂招来。您已从各条路回来，我们迎接您，我们安慰您，我们用芭蕉迎接您。我们把您领来养好，我们用绳索把您捆住，是怕您跑掉。魂呀，我们用鸡迎接您，鸡是白脚鸡，是磕头鸡。我们看鸡卦，鸡卦极佳，我们用竹签牢固。从今以后，让您幸福，让您温暖，我们用长长的魂线绕住您，把您拴牢。今天，祖辈们、小辈们都到齐，让他们健康长寿！呸，呸，呸！

（6）《pih ha̱u̱k ȵiɛʔ khra̱u̱ʔ · 进新房祝辞》

内容讲述：哎——，我们砍的树平齐，做的工作结束。祖辈们以及爸爸妈妈，你们给留下了理，我们用盖房的树是蚂蚁咬过的树，是蜜蜂螫过的树，于是就把你们聚集在一起，让你们一起进新房。你们帮我们赶走土神，赶走疾病。走的路再没有荆棘，没有阻碍。养猪让它出好苗，养牛让它毛色好，种葵花让它开花，有饭吃，有酒喝。……呸，呸，呸！

（7）《pih ka̱i̱ŋ ŋho̱ʔ · 新米节祝辞》

内容讲述：哎——，司岗里。儿女们睡不好，吃不进，白天睡觉心在想，晚上睡觉也做梦。他们念着早熟的玉米露芽的菜，于是要撒小米种子，点播谷种。现在，已经撒了种子播了种，让它们出土，让它们成长，让风调雨顺。丰收了，颗粒饱满，吃不尽，卖不完，仓库装不下，院子被挤满，缅甸大象运不完，妇女箩背伤着腰，留着发霉，放着发芽，希望明年也如此。……呸，呸，呸！

（8）《pih ku̱a̱n ʔɯ̱p · 迎饭魂》

内容讲述：哎——，饭成长于石头，生长于土地。从野外把你收回，从田里把你买回。带着洗脸的水，带着饮用的酒。盐井里的饭，傣族家里的饭，双江的饭，勐省的饭，上允饭下允饭，统统把你们拿来，我们选好了祭日，选好了吉日。是大好日子，是叶子茂盛的日子；是弓强硬的日子，是箭锐利的日子。拿你直到来，抽你直到出现。不再使动摇，不再使散乱，让你与柱子同在，让你在置锅的柱子旁，使你与杂草分离，使你离开篱笆脚，使你躲开树阴。于是，拿你来抽你出，让你在锅里、罐里、篾箩里。不让你站在洪水里，不让你立在院子里。糯米让它在神台，干饭让它在瓦上。让你熟悉炊具，让你熟悉餐具。现在，从泥潭里把你拿来，把你置于火塘边，一土锅够全家吃，一簸箕够全寨吃，一锅还强，一簸箕还剩，这就是我们的嘱咐，这就是祖辈们留下的理！呸，呸，呸！

(9)《pih kaiŋ dʑɔ̱ · 劳作祝词》

内容讲述：哎——，播种小米，撒稻谷种，要告知，要报理。我们已经泡好了酒，已经备好了蜡烛。儿女们，自己要种地，自己要除草，自己要施肥，这就是祖辈们留下的理。你们要办大事，要过好日子，要使弓箭强硬，不缺买酒钱。哎——，司岗里，儿女们，你们要冲坎子，要劳作，撒下种子，今天是个好日子。我们已经吃了一篾桌饭，喝了罐子茶，已经吸了烈烟，喝了烈酒。如果长在坡上懒于劳动，你们将站不稳，成流浪汉，没有楼台高的稻谷。如果冲过坎子，定会有长筒袜子，如果勤于劳作，定会有上街的皮鞋。儿女们，种菜才会有韭菜吃，种地才会有白米饭吃；糯谷才有楼台高，稻谷才会顶住瓦片，别人才会讨吃，邻居才来找午饭吃，你们家的白米饭才满甑子。儿女们，种地要施肥，要除草，这样，一锄头会出一拽棉花，一犁头会出一亢谷子，一篾饭全家够吃，一筐谷子全寨够吃。种地要用技术，我们给你们饭魂、水魂、银魂和金子魂，让你们不断地吃着长尾巴的老鼠肉，不断地吃着鸡肉，祖辈的话定拴在雨帽上留在心里，跟着理走。……呸，呸，呸！

(10)《pih ŋho̱ʔ kɔ̱i · 祭稻谷》

内容讲述：哎——，我们已经撒了小米播了种，现在已经成熟饱满，我们要把它请回家，使它来到火塘边的柱子上，来到熏黑的屋子里，来到干燥的仓库里，来到大大小小的锅里，来到盛饭的篾器里，一锅全家吃，一簸箕全寨吃。你是头谷，我们呵护你，不让你吓着，不让你恐惧，请你到家，是不让你在野外，不让你与杂草同在。因此，不能让你在路上停留，不能让你在河边歇脚，不能让你在玩耍的场合休息。我们已经备好了水酒，是主妇酿的酒，是官员们饮的酒，尾酒往你嘴里灌；我们已经杀鸡给你吃，是刚从鸡窝里抓来的，是从鸡群里挑选的，是官人阉割的鸡，是未领儿的母鸡，给你吃内脏，给你吃新血，挤眼珠子给你吃；让你在锅里，让你在篾器里，让你永远新鲜。……呸，呸，呸！

(11)《pih pui jum · 追悼词》

内容讲述：哎——，你，这既然是你的心愿，这是用竹筒煮的旱谷米饭，既然你喜欢太阳西下的方向，喜欢滤好的酒，我们留不住你，你喜欢住在阴间，信他人的花言巧语。尽管如此，我们不用锤子捶你，希望你像丝绸不朽，你安心去吧。我们杀鸡献于你，杀猪供你吃，你去的路是虫子爬的洞，这是命运所需，谁叫你得脱不了身的病……现在，你已经选择阴间，但要关照活着的人，我们把你放在棺材里，杀陪葬猪，给你带银子，让我们幸福，病得不着，阴间不能去，养猪有好苗，养牛毛色好，种面瓜会开花，种作物长势好，让我们活力如牛马，让我们健康长寿！呸，呸，呸！

（12）《pih si ŋɛ · 驱鬼词》

内容讲述：哎——，呸，呸，呸！你们丑鬼，是疼痛、苦难的主！你们专门行走在黑暗，出没在黑夜，吸黄红色的血，喝黄白的浓；你们是翻箱倒柜的鬼，是吃人饭的鬼。我们撵你们出来，赶你们走，让你们同洪涝一起冲走，同烫过的扫把叶一起走。你们是疾病的主！我们把你们赶走，让你们饿着肚子走，向海水翻白的方向去，向拉勐河发泡沫的地方走，你们见到大鱼，就是你们住的河谷；你们见到漩涡，就是你去的地方；你们见到发泡沫的拉勐河，就是你们住的河流。不要再粘住脊梁，不要再粘住草排，不要再粘住篾笆，不要再粘住床垫，请你们从篱笆上离开，请你们从墙缝里离走。呸，呸，呸！

（13）《pih khu̠n · 祭鬼词》

内容讲述：哎——，呸，呸，呸！你们丑鬼，你们烂鬼！是你们让人生病，你们从何处来请从何处回去；你们是妖怪是吓跑猪的鬼。你们从邪路来，也请往邪路回去；你们从阴暗处来，就请从阴暗处回去；你们从大路来，也请从大路回去；你们顺着小黑江来，也请你们顺着小黑江回去；你们沿着篱笆来，也请沿着篱笆走回尽头；请你们与黄泡刺同走，与带刺的藤子同走！呸，呸，呸！

（14）《si ga̠ŋ lih · 西岗里》

内容讲述：在很久很久以前，在人类远古的洪荒时期，只剩下一个佤族女人，这个女人受精于日月，生下一男一女。一天，阿妈正坐在岩石上采用天上的彩云织布，突然一头牛跑来报信，说她的儿女双双掉进海里去了。那时候司岗群山的周围是苍茫的大海。阿妈焦急万分，就请牛去救。牛会浮水，下到海里把兄妹俩送到了岸上。阿妈感激不尽，便立下规矩，把牛作为佤族永远的崇拜。

（15）《pauʔ ke̠ ʔa̠ŋ mho̠m rho̠m · 坏心肠哥哥》

内容讲述：从前，有兄弟俩，父母亲都死了，留下兄弟二人相依为命，苦度时光。过了几年，老大长大了，产生了分家的念头。老二年幼无知，一切听从哥哥安排，哥哥提出分家，他就答应了。家里财产不多，只有一头牛和一只母鸡。怎么分呢？哥哥自己养牛，分给弟弟养鸡。野猫又给老二一批骡子，老二有了骡子，日子开始好过起来。哥哥把野猫打死，埋野猫的地方有棵树长得很好，很适合做猪槽，老二砍树准备做猪槽，可是树上掉下了钱。老二在哥哥百般刁难的情况下，娶了媳妇，富了起来，过上了幸福的生活。

（16）《kra̱ʔ yuh plai̱ num·水酒的来历》

内容讲述：很早以前，佤族就懂得酿水酒。相传，一个老妇人，每天下地劳动都带上一包用芭蕉叶包的冷饭当晌午饭，到了地里，就把冷饭挂在树枝上。山里野果成熟的季节，她只顾摘野果子吃，忘了自己带来的冷饭。一次，那包冷饭在树上足足挂了四天，第五天中午，她想起了挂在树上的冷饭，就到树上去取，只见有两只小鸟在树枝上呆呆地站着，她就把两只鸟儿捉来放在筒帕里，回家后，就让小孩拿来烧吃；结果小孩刚打开筒帕两只小鸟就飞走了。原来刚才小鸟是因为吃了挂在树上的冷饭醉了。她想，既然小鸟吃了不死，那么人也一定能吃，她尝了一口冷饭，那冷饭有一股甜辣滋味。从此，这老妇人就知道用发酵的米饭做酒了。

（17）《khe̱t si̱ la̱ih to̱ ma̱i si vai·青蛙与老虎赛跑》

内容讲述：一天早晨，一只小青蛙蹲在一片芭蕉叶上，呱呱地叫着。这时候，老虎从树林里走了出来，看见小青蛙那高兴的样子，就很不耐烦。骂小青蛙吵它一夜没睡好觉。青蛙瞪着亮晶晶的眼睛，望着老虎那副神气的样子，理直气壮地顶了他的话。说这块土地自古以来就是它阿公阿祖居住的地方，你凭什么要赶我走。老虎一听哈哈大笑，就约青蛙和自己第二天比赛跑步。青蛙回到家里，就把周围所有的伙伴找来一起商量，大家你一言我一语，共同商定了战胜老虎的办法。比赛开始了。老虎倒在大青树下睡起觉来。小青蛙就抓紧时间，按照大伙商量好的办法，在沿途安排伙伴们等在路上接应。老虎一觉醒来，太阳已经当顶了，它才开始去追青蛙。它一开始就大跨两步，然后停下脚来喊青蛙，等在前边的青蛙大声回答。老虎一听青蛙已经跑到自己的前边了，拔腿就跑。跑了一段后，以为早把青蛙甩在后面了，又喊青蛙，等在前面的另一只青蛙回答。老虎更加着急了，就拼命往前跑，跑得汗水淋淋，这下它认为跑在青蛙前边了，就站住，前面的青蛙就喊老虎已经落后了，这下可吓坏了。老虎听到青蛙的喊声，害怕被青蛙揪住不放，头也不回地朝另一座山逃跑了。

［调查地点：勐省农场三队；调查对象：达门·杨更；调查时间：2007 年 2 月，2008 年 2 月；调查整理：艾色］

第二节　双江县佤族民间流传的口承古籍调查

双江县佤族人口有1万余人，占全县总人口的7.7%，占少数民族人口的17.6%。主要分布在县境西部和南部江边河谷地带。境内沙河镇的勐峨、邦丙乡的南协两个村，是佤族最为集中的地方。邦丙乡南协村佤族近万人，使用佤语布饶方言，口承古籍记录内容与其他布饶方言区的基本相同。

南协村佤族中流传的口承古籍有：

（1）《bɯn tɕoih kɯ̱iŋ · 卖父的故事》

内容讲述：很久以前，有一家三口，有父亲、艾和尼。艾和尼是好吃懒做的人，母亲因病离世，家里所有的事情都是父亲一人承担。父亲年老体弱，再也不能承担家务劳动，于是，艾和尼决定把父亲卖掉。在背父亲的路上，他俩看到鸟巢里有小鸟，小鸟在叽叽喳喳地叫个不停，父亲见状，就告诉他俩，你们小时候就是这样要东西吃的。兄弟俩听了父亲的话后，感到很懊悔，就把父亲背回去，好好赡养老人，他们的日子后来过得很幸福。

（2）《bɯn tɕoih ʔa̱iŋ · 卖屎的故事》

内容讲述：很久以前，有一家三口，有父亲及兄弟俩艾和尼。父亲年老体弱，再也不能承担家务劳动。有一天，尼看到父亲满身污垢，和哥哥商量，决定带父亲到河边洗澡，一不留神，父亲不见了。他俩四处找父亲，哭喊着也不见父亲的踪影。有一位老者听见他们哭声，了解了他们的情况后，就让他俩去找叫声为“丁丁当当”的东西。他俩来到一个村子，就是没有人能帮助他俩，他俩决定卖父亲的屎。他俩在别人熟睡时，用屎喂人家的猪、狗，第二天，等人家再喂猪、狗时，猪、狗也不吃食。以后，人们便从兄弟俩那里买屎来喂猪、狗，他俩就用父亲在缸里留下的屎卖给别人。他俩爱父之心感动了所有人，也感动了龙女，龙女嫁给了尼，艾非常羡慕。

（3）《bɯn pu̱iŋ mhɯ̱m prɛh · 猎野猪巢》

内容讲述：有一天，艾去狩猎，见到野猪巢，回来告诉了尼，约一起猎野猪。尼要求由自己亲自射击，艾不同意，尼只好带着矛与艾一起去。艾告诉尼，听到弩声后，你就把矛标出去。到了野猪巢边，尼听到了艾的弩声，就把矛标了出去。尼到野猪巢边一看，原来是风口，艾把猪尾巴插在风口上，以欺骗尼。尼再次上了艾的当。

（4）《bɯn ʔo̱t n̥i ma̱i ko̱n mo̱ik · 尼和小人国在一起的故事》

内容讲述：尼来到了小人国，帮助小人国做了很多好事，小人们称他为大哥。有一天，小人们带着尼一起下地劳动，小人们都开始劳动，可尼却开始睡觉。小人们觉得尼是个大懒虫，决定送他回去。太阳即将落山，小人们急了，活还没有做完，怎么办呢？他们叫醒了尼，尼从他们手中拿起刀，三两下就把地里的草弄得干干净净。以后，尼帮助小人国做了很多事，他是小人国的英雄。

（5）《bɯn to̱ʔ n̥i · 送尼回去的故事》

内容讲述：尼来到了小人国后，小人国的小人们决定送他回去。可是，任何人都不愿意送他回去，最后只好以送葫芦笙为条件才有人愿意送尼回去。首先是白头鸟送，刚送到半路，大家笑他是一只红尾巴鸟，白头鸟气得又飞回。蚂蚁接着送，大家笑蚂蚁的腰弯弯的，他也气得飞回来。然后，由土蜂送回，由于拴在腰上的绳子要断，土蜂也只好返回。最后由"bɯn"送尼回去，他便获得了葫芦笙。

［调查地点：邦丙乡南协村；调查对象：尼考·赛梭；调查时间：2006年8月；调查整理：艾色］

第十三章

丽江市纳西族摩梭人的口承古籍

前 言

——纳西族摩梭人的达巴教和达巴口诵经籍传人

石高峰 刘镜净

一、摩梭人和达巴教

摩梭人居住在云南、四川两省交界处的泸沽湖畔，有 4 万多人。据史料记载，摩梭人在这一地域居住已有 1600 多年的历史。云南省境内的摩梭人分布在丽江市（原丽江地区）宁蒗县一带，归属纳西族；四川省境内的摩梭人有的归属蒙古族，有的（木里境内的）归属藏族。摩梭人有语言，属汉藏语系藏缅语族彝语支，但没有文字。所有的历史传说、宗教信仰、风俗礼仪、丧葬婚礼都由达巴口诵经传承。所以，达巴经又被誉为摩梭人的“口头百科全书”。

摩梭人的居住区域以泸沽湖为中心，云南省宁蒗县的永宁乡和拉伯乡是聚居区，还有县城附近的大兴镇、宁利乡、金绵乡、新营盘乡有部分散居；四川省的盐源县以泸沽湖镇为聚居区，还有前所、右所、中所、后所、瓜别有部分散居；木里县的屋角乡为聚居区。

泸沽湖位于云南省西北部的滇、川交界处，海拔 2690 米，总面积 50.3 平方公里，最深处 90 米，平均水深 40 米，被列为云南省省级旅游区，距丽江市 191 公里。

达巴口诵经典据传有 117 部，但由于没有文字记录，大多口传心记，在岁月的流逝和时代的更替中，流失比较严重，特别是进入新的社会转型时期，冲击更大。据不完全统计，目前能基本主持摩梭人原始宗教活动道场的不足 10 人，能诵、能主持并能解释清楚经文内容的仅剩 2 人，并且年事已高，抢救和保护的工作刻不容缓。

摩梭人的达巴教是典型的原始宗教，以祖先崇拜、自然崇拜、图腾崇拜为主。"达巴"的含义为："达"，即"砍"之意；"巴"，是砍后留在木头上的痕迹。其意为：达巴像铁器砍木头一般，一刀一刀地砍，犹如一节一节的经文念诵，把鬼与神的体例一节一节弄清楚。

达巴内部分为三种：一是哈达巴，即骨卜、猜测及想像而成的祭祀天地山水及祖先灵魂、为死者指路和讲述族谱的达巴。"哈"摩梭语原意指的是祭祀、祈祷；二是补达巴，即专门从事念诵的达巴，这类达巴会念经，会主持仪式，但不会卜卦；三是盘达巴，这种达巴不会念诵，不会主持道场，只会卜卦。但在现实生活中，人们统称他们为达巴。

达巴教没有寺庙，没有书籍（现存的仅有32个用来卜卦的象形文字符号，摩梭语称之为"格里木"，其意为"看星相"），没有宗教节日，他们也不脱离生产劳动，有自己独立的家庭。其信仰中有约定俗成的规定，他们从业人员不能计较报酬，不能盘剥被帮助的人，要有慈悲怜悯之心，要乐善好施、体恤弱者。达巴在摩梭人中很受尊重，因为人们日常生活中的生老病死、婚丧嫁娶都离不了他们。在过去，摩梭人每个"嗯"或"嗯咪"（部落）有一个达巴，最后衍生出若干个"斯日"（氏族）之后，每个斯日至少要有一个达巴，多则四五人。达巴既可以培养自己的亲儿孙，也可以培养自己斯日内聪明的男性子孙。在自己斯日的达巴，外出或因病不能进行法事活动时，可以请其他斯日的达巴，但要由本斯日的长者告诉所请达巴本斯日的祖谱，除了祖谱，其他教义一样。所以，在摩梭达巴中，为适应本地所需，就学会本斯日以外其他几个斯日的祖谱或家谱。

达巴带徒弟习经，一般在早晚学习，完全凭记忆，没有任何辅助工具。白天，老达巴参加劳动，小达巴在放牛、放马时温习所学内容，经过多年的学习，当老达巴出外做法事时，也带着徒弟，让他们在现场学习，一方面，加强记忆，学习道场布置及所需祭品；另一方面，也让他们适应现场的场面。等到所有口诵经学完，老达巴觉得他们可以毕业单独去做法事了，就约请周边有威望的众达巴，对毕业生主持"给殛补"。因这个经共有54节，涉及19种经的内容，整个念经过程，如何承前启后以及在念的同时，焚香、净香、祭品、弃物等礼仪都十分复杂。杀一头黑牯牛，所有达巴分两边静坐，毕业生主持，要举行三天三夜，如果得到众达巴的首肯，那么，毕业生就可以在以后的日子里，不用再跟着师父，可以独自操持；如果通不过，那还得再学习。这个仪式叫"山尔给那阔"，可以译为"杀黑牛的毕业礼"。毕业礼过后，他的师父还要选择一个良辰吉日，为他举行一个"占沾"，即嫁威灵仪式，即把所有达巴世系的威灵、威风、神威嫁接到他身上，从此，他可以是正式的达巴法师了。

达巴教的创始人，据传是母鲁阿巴笃，又称阿衣阿嘎拉。嘎拉，即神；阿衣，乃始祖，这是与后来永宁土司世袭姓阿有关系。母鲁阿巴笃，简称为阿巴笃，后来达巴教义中出现了塞嘎拉，即阿巴笃的配偶，这大概是摩梭人中出现了父系制家庭时创造的。达巴在念经时，往往念“都嘎拉请降临，塞嘎拉请降临”，这两位被公认为是始祖。

达巴教中有三大神，即阿依让巴拉，这是保佑家庭平安、幸福之神；尼鲁诺嘎拉，保佑牲畜兴旺的神；吉汝瓦嘎拉，保佑土地庄稼丰收的神。这三大神之后，又衍生出了各司其职的神，如镇鬼的神：戛子生巴，那赛出尔，赛汝母古，瓦赛肯干，出衣增公；降鬼的神：巴衣吴玛，斯巴抓肯，旦补普乌里，穿那读知，玛补子汝；斩鬼之神：阿戛·艾咱，艾作直作，炸它庄马，梭梭母瓦卡，压巴各直若。在这之后，又分出更细的管理者，司输赢的神：嘎拉色支；司诅咒报应之神：亚巴各各若；司江河湖海之神：汁迟嘎尔米；司天上地下之鬼：穿那独支；司五官病痛之神：拉巴米卡擦；司阴间鬼之神：马补子汝；司灵魂之神：巴衣亚玛；司善恶之神：斯巴抓卡；司聪明与愚笨之神：压玛泽泽若。

摩梭达巴认为有鬼才有神，创立了神位以后，又把鬼分成了16家：害家庭破产绝嗣的鬼：答基；害家庭不睦的鬼：戛；害人病死鬼：扰；害人厄运鬼：克；害人相互争斗鬼：殛；害人乱闹乱世鬼：珠；害人死亡鬼：史支阿米；害人吃毒、吊死鬼：夺那；害人猜忌翻脸鬼：嘎巴；害人生毒疮的鬼：怖；害人两面三刀的鬼：姆卡；害人互相辱骂的鬼：蛰；害人庄稼生虫的鬼：匕；害人互相诅咒的鬼：杰；害孕育难产的鬼：那梯；害人搞阴谋的鬼：图。

达巴教把人的十二生肖演绎成四组属相相合的与六组属相相克的顺序。即卯兔、亥猪、未羊相合；辰龙、申猴、子鼠相合；巳蛇、丑牛、酉鸡相合；戌狗、寅虎、午马相合。子鼠与午马相克；丑牛与未羊相克；卯兔与酉鸡相克；辰龙与戌狗相克；巳蛇与亥猪相克；申猴与寅虎相克。

达巴教把十二生肖的人按出生年月，分成五属，即金、木、水、火、土五行，但摩梭人不说金而说铁。五行又配五方，即东、南、西、北、中，东为木，南为火，西为铁，北为水，中为土；五行五方又为五个神掌管，东为嘎子生巴，南为那采除尔，西为玛布子汝，北为瓦赛肯巴，中为冲窝生古。

达巴教还将五行五方之神的面孔附以五种颜色：东为白，南为黄，西为蓝，北为红，中为黑。

二、达巴教和达巴口诵经籍传人现状

随着时代的变迁，特别是近年来经济发展的冲击，达巴教、达巴文化这种纯自然经济条件下生存、并口口相传、一脉单传的文化受到了极大的挑战，已濒于即将消失的状态。

在摩梭人的核心聚居区的宁蒗县永宁乡，已没有大师级的达巴在世。目前仅有 2 人能勉强主持一些简单的道场。其一是永宁乡温泉行政村瓦拉别村的益西·托丁，现年 46 岁，年少时跟随爷爷学过一段时间的达巴，还未毕业，爷爷便去世，学业中断，目前能主持一些简单的道场。其二是永宁乡忠实行政村忠实村的阿洪生，现年 56 岁，曾当过中学老师，中途学过一段时间的达巴口诵经，现在能主持一些基本的道场。

地处金沙江边的拉伯乡，由于环境相对闭塞，达巴文化的传承比核心区好一些，目前能主持道场，能口诵全部经典的有 3 人，他们是：阿布·高若，70 岁；高梯·奴布，48 岁；班尔·佳初，46 岁。其他能主持一般道场，但尚未完全学成、毕业的有 4 人：公玛萨·次尔，45 岁；约咪·萨达，42 岁；公玛·日萨，43 岁；甲布·甲阿，45 岁。以上达巴中，阿布·高若是大师级达巴，他除了精通全部达巴经典内容，能主持所有道场外，还可以为达巴学徒主持毕业仪式，并有降威灵的资格。他的简历如下：

阿布·高若，男，摩梭人，属虎，1938 年生，现年 70 岁。祖居宁蒗县拉伯乡拉伯行政村金江村（摩梭语称“汉肯里村”）。他从 9 岁开始学习达巴经，其师是独支品丛，是他的姨父。在达巴口诵经的继承和传播方面，他具有常人不及的智慧。他跟姨父学习，大部分时间是晚上学，白天去放牧牛羊，按大人的吩咐去做活计。不幸的是，独支品丛英年早逝，年仅 39 岁便离开了人间。阿布·高若 12 岁那年，母亲去世，对他的心灵造成很大的创伤，在他心中更坚定了学好达巴经的愿望，总希望在冥冥之中，能为母亲超度安魂布道。他的姨父去世后，他又跟着爷爷学。他爷爷叫阿古达史，在达巴经学问方面不及姨父，所以先前他选择了姨父。另外，对于爷爷，他总有敬畏感，而姨父与他年龄相差不大，可以随便一些，没有那么多的师道尊严。姨父去世后，他跟爷爷学，爷爷阿古达史是一个很严肃、认真的人，不允许有半点差错，在念经时不允许有片刻杂念，这一段时间的学习，对于他从事宗教活动，从形式到身心的素养是一次严格的训练。不幸的是，1958 年，爷爷病故。他虽然接受了爷爷的全部经文，但学业尚未完成，还不能举行仪式。他只好再次拜同村、同氏族一个叫泽翁旦史的达巴为师，完成了最后的学业，并按习俗举行了传统的毕业典礼。

阿布·高若的氏族属于高夫斯日，到他这一代，他只知道传了七代达巴，即甲阿若——萨达旦史——斯更独支——独支泽尔——阿古旦史——独支品从——高若。新中国成立后，他曾到楚雄地区禄丰县铜矿厂工作过3年，以后回家务农，不再回厂。在“文化大革命”中，他从事过赶马、碾米等活计，宗教活动中断了十余年。党的十一届三中全会以后，他重操旧业，重新担当起当地民间达巴教信仰主持者的角色。他原想带徒弟，但他的孩子们进入学校后，学习成绩都很好，女儿和儿子都出外工作去了。而本氏族中没有人愿意来学习，故至今未带徒弟。外氏族中，曾有几个人想来拜师，但他没有接收，因为这几个年轻人没有学完就要求他举行毕业典礼，他很不满意，于是就不再带徒弟。他始终认为，既然要学习达巴经，就要学好，绝不能敷衍了事。

阿布·高若在当地当达巴，无论教人或主持宗教仪式，是一个十分认真、严肃的人。在宁蒗县摩梭人中，目前只有他掌握的达巴口诵经典最为系统和完整，故本调查研究项目主要以他为调查对象来完成。

2008年7月

于云南省社会科学院

第一节　宁蒗县纳西族摩梭人中传承的达巴教口诵经籍

宁蒗县拉伯乡拉伯行政村阿布·高若讲述的达巴口诵经分礼俗类、史诗类、祭祀类、驱鬼类四类。

1. 礼俗类口诵经籍

（1）《斯布土·$\text{sɪ}^{33}\text{bu}^{33}\text{thu}^{55}$》

“斯布土”有多种不同的念法和内容，这里是有关春节时为孩子举行成丁仪式的经，其他还有送葬时的“斯布土”，节日中的“斯布土”，祭祖时的“斯布土”等。这本经意译为祝福经，但因经典不同而有差异。经典主要讲述：祖先给我们留下做人的规矩，先辈给我们留下养育的恩情，所以我们祭祀要先祭祖先，感谢他们，也希望后世子孙们能成长得健康漂亮，聪明繁盛。

(2)《斯宽 · $sɪ^{33}khuæ^{33}$》(古规)

这是一本祝福经，但更大的意义是借孩子成年的仪式，长辈对后代进行传统教育，让孩子们懂得尊老爱幼，懂得做人的规矩。因摩梭人没有文字，过去不可能进行学校教育，往往通过传统仪式，言传身教，并借助于歌舞等艺术形式耳濡目染，使很多孩子在庄重的仪式中，用轻松活泼的方式接受传统文化，不失为一种独特的教育方式。

经典主要讲述了人间有禁忌，后人应依据祖先留下的古规行事。世上万物都有缘起，而我们也因祖先传承下来的礼仪和古规才与他们骨血相连，因此，这些礼仪和古规应当成为我们行为的规矩，成为我们做人的准则。

(3)《艾次哼 · $wæ^{31}tshɪ^{31}hen^{33}$》(卜卦经)

艾次，本意为“影子”，意译为“灵”。这是一本卜卦前念的经。念过经后，用石子卜，卜出什么结果，就举行相应的道场。

经典中说，人最初是没有卜书的，是从鬼那里得到书，才开始学会卜卦。有人病重时，达巴布道之前，念这个经。经典上半部讲述一种生活现象，即人们为种种欲望努力，但由于其中不可把握的内在因由，使人常常留下缺憾。似乎有鬼在其中作祟，使人有难言之隐。下半部讲述卜卦的来历，只有卜师才能卜出平凡人不能发现的秘密，找出其原因，也就找到解决问题的方法。在这部经中，可以看出，远古先民欲知事物的内在规律，但因处于蒙昧状态，未能看清事实的本质，又流向一种更朦胧的认识，只能借冥冥之中的神鬼，解释人们心中的疑团。

(4)《恰得 · $tɕie^{21}tʂɪ^{33}$》

这是孕妇分娩前举行的仪式，若有“恰”这种东西，必须用清水和香火清除，不然生下的孩子会有缺陷。摩梭人对蛇有一种沿袭的恐惧，认为这种动物是一种怪物，“恰”就是蛇的化身。经典讲述了“恰”的来历：从德鲁依依打死的跟随着天母的三条小蛇，还教人们以净身和香熏的方式来驱除秽气，使孕育过程顺利而不出问题。

(5)《木次部 · $mu^{33}tshu^{33}pu^{55}$》

木：即天；次：天子；部：即念经。经典主要内容是请天神保佑，别让出生的孩子生病，保佑母子平安，孩子健康、聪明。

这部经是孩子出生后第三天举行的仪式，生男孩念此经，生女孩不举行仪式。这个经是在半夜时念诵，达巴念经时要小声念诵。这个仪式与《创世纪》有关。创世之初，天女下嫁人间，天母不满，施用法术，让三个儿子不会说话，后来，人间派了燕子偷听，举行了“木次部”仪式，孩子方能言语。人们始终对那个古老的寓言怀有亘古的恐惧，唯恐孩子不会说话，所以坚持举行这一仪式。

(6)《日木夸 · ʐʅ^{21}mu^{21}khua^{55}》(梦经)

这是葬礼经典中的一部重要经典，日木，即梦；夸，即坏。大意为：做噩梦，或不吉之梦。这是一部反映人们对死亡这一特殊现象的预兆的经典。整部经典讲述了很多离奇的梦境，这些梦境都是平日不可能发生或是发生了就被认为不吉的，如梦见天塌地陷、人随风飘，梦见吃葱蒜、吃花椒等等。经典的最后，说明了如果做了这些梦便要请达巴布道场，以清除缠身的鬼魔。

梦经是达巴经典中很重要的一本经典，表面看来荒诞不稽，离奇怪异，似有许多迷信的成分，但透过表面看本质，却不难发现许多有趣的现象。整本经罗列许多违背常理的事项，说明对死亡这种生命现象的不可思议，觉得是在做梦一样，借梦喻事。实际上，充分反映了远古先民对生老病死这一生命规律还未获得清醒的认识，一个活生生的人，与大家一起共生产、共娱乐，突然之间，由于一种看不见摸不着的病痛，口不能言，耳不能听，眼不能看，并悠然消失，继而使活着的人们产生了某种恐惧之后又联想，在一个人离去前，似乎有冥冥中的神鬼出来左右，一切他们不能理解的自然现象都成为死亡的原因。在远古的时候，人们在大自然中生活，不是凭理性、经验和认识，他们只能凭某种直觉和感悟。比如，一个人上山打猎被野兽所伤，便认为此人得罪了某种神灵，并把伤人的野兽拟人化，扩大许多惊人的事实，借以产生某种敬畏，这就产生崇拜，并且认为崇敬它，便能得到保护，借此达到心理的平衡。又如人生病，原始先民还认识不了，想像是灵魂的失落，产生某种幻觉，认为任何东西都是灵的化身，便产生万物有灵的观念，这一观念深深地烙印在心中。祖先的去世不过是肉体的消失，他们的灵魂仍在某处生活，只是活人的肉眼看不见而已，这是祖先崇拜的缘起。总之，通过这本梦经，我们可以对远古先民天真幼稚的心理、意识、想像及对死亡的观念作一些深刻的探讨，对于我们认识那个遥远时代人们的心理状态无疑是有意义的。

(7)《玛眯祝 · ma^{33}mi^{21}tʂu^{55}》

玛眯，即酥油灯；祝，点上或点燃。这是葬礼中为死者点酥油灯时念的经。经典从牯牛、骡子、老虎、老鹰说起，说到万物都会有病痛之时，儿孙已经千方百计地为亡者找药做法事了，但仍然挽回不了亡者的生命。接下来劝慰亡者：万物均有一死，你是寿终正寝，不是凶死，且儿孙们会好好替你送终，你可以安心回到祖先故地了。

亡者刚刚过世，在点酥油灯时念这个经，这是劝慰死者别留有遗憾，世间生命均有一死，万事万物都是有开头就有结束，人到了定数，是难逃劫日的，让死者安心到祖先故地去。

（8）《日柱 · ʐʅ^{33}dzu^{33}》

日，房屋；柱，住新房或坐之意。这是死亡者要装入灵柩时念的经，这里的房屋指的是死者棺材。亡者要入棺时，达巴念此经，让亡者住进去。经典以房屋喻棺材，讲述了为亡者买棺材板的过程，找过了藏族人、汉族人、摩梭人的居住地都没买到，最后在木里人那里买到了最漂亮、最迷人的“房屋”，而后劝慰亡者不要害怕死亡，死亡是无法躲避的事情，要好好回到故地去和祖先相聚。

人将死时，据说会特别害怕，所以在将死的人身边有亲人不停地叫唤“不要怕，不要怕”，达巴开念这个经，借以安魂。等待尸体洗净，要放入棺材时，达巴再次诵经，把新房（即棺材）交代给他，让他别留恋旧屋。

（9）《亚达克 · ja^{33}ta^{33}khɤ^{35}》（哭灵）

此经典是以女儿的身份哭别母亲的，哭诉没有了母亲，女儿就像没有巢的鸟，没有太阳的植物，生活失去了希望和光明。母亲为了养育儿女，付出了无法言说的辛苦，儿女永远都报答不了这份恩情，能做的只有好好料理母亲的身后事，让母亲安心回到祖先故地。

（10）《来哈 · le^{31}ha^{33}》

葬礼期间，达巴一直要在灵堂念经，也睡在灵堂一侧；每到夜晚入睡时要念此经，让死者也安静入睡，到第二天鸡叫头遍时，炮声一响，达巴又得起床为死者念诵。经典大意是：天空上，森林里，山箐中，雪山下，坝子里，鸡架上，牛圈内，堂屋里，所有的飞禽走兽和家禽家畜都安睡了，先祖们也入眠了，已经到入睡之时了。听一听没有声息，看一看没有动静，亡者也该安静入睡，沉入梦乡了。

（11）《劝转 · tɕhue^{33}t ʂuan^{33}》

经典讲述的是谁也无法改变死期，亡者将要回到路途遥远的祖先故地，儿女们已经为他精心准备好了美味佳肴，达巴也赶来为亡者超度。希望亡者尝了离别饭后能安心离去，并在今后多多保佑儿女子孙。

在葬礼中，即将把死者的尸体火化前，要送一顿离别饭，由孝子、孝女敬献，说明子女感激父或母的养育之恩。达巴在灵柩前念诵这部经语，道出一种生离死别的哀怨，同时，也希望死者不死的魂灵在祖先的居住地，保佑家中的儿女子孙。

（12）《品开 · phi^{33}khæ^{35}》

品开，即撒麻布。当父或母亡故时，出嫁在外或分居出去的女儿回家奔丧，称之为“品开”。届时要点油灯，敬孝酒，由姑娘向亲人及来宾撒麻布。经典是以一个哥哥的角色所演唱的，他代表妹妹给亡故的母亲演唱。经典开头说，妹妹给哥哥磕头感谢他照顾母亲，借妹妹的口表明了自己的孝顺和对丧礼的重视。接着以藏族的牦牛和汉族的水牛都还办不了这次丧礼说明自己办的礼仪重，而后唱到母亲养育儿女有多么艰辛，办那么重的礼只是为了报答母亲的养育之恩。之后，唱述了酿制孝酒的艰难历程，请母亲一定要尝一口酒，喝一口茶，这样，在回故地的路上才不会再生病，才能走得比风快。

（13）《斯克 · $\mathrm{s}\text{ɪ}^{33}\mathrm{kh}\text{ɤ}^{31}$》

斯克，其本意是加一根柴，有的地方又叫“送毛毯的舅父”，姐妹去世时，死者的兄或弟要送一床毛毯去奔丧，并在火葬场加一根柴。这个仪式，在整个葬礼中是最隆重的。因此，这个经典也是丧葬中最重要的经典。姐妹过世，首先由儿女通报给舅父，请求舅父来奔丧。舅父知道姐（妹）去世的消息，先要斥责甥男和甥女，外甥们要向舅父赔礼道歉。舅父选定好奔丧日子后，甥男、甥女就回家准备，备好马匹又来迎接舅父。届时，前呼后拥着舅父，跟着舅父的人，有鸣枪的，有牵牛牵羊的，有吹唢呐的，奔丧队伍到村边时，所有的甥男、甥女到村边迎接，站在路下方磕头跪谢。舅父身披毛毯，背着弩弓和箭袋，肩扛牛腿，来到大门口，在门槛上挥刀砍三下，以示愤怒，然后就唱挽歌。挽歌一般由达巴代唱，如果舅父自己会唱，就不请达巴。

整部经典共分为六章，加上序歌，总共有七个部分。经典是以舅父的口吻唱述的。首先，在序歌中，他唱到昨晚做了一串怪梦，一定有不祥的事发生，然后提到远古的时候，阿波瓦若和阿妮永珠两姐弟互不相识，付出了血泪的代价，今天姐姐不在了，他来披麻戴孝加上一根柴，送上一床毛毯，希望姐姐的灵魂能平安升天。接下来，在第一章“出世”里，唱述了阿波瓦若和阿妮永珠姐弟俩出世的过程以及感情的深厚；第二章“远嫁”说阿妮永珠长大成人被嫁到了远方的舅父家，只剩下弟弟孤单一人留在家里，整日思念姐姐；第三章“流浪”，说的是寒冬腊月时父亲出外打猎未归，而母亲却在家病重而逝，年幼的弟弟变成了孤儿流浪在世上，在吃尽了苦头后，弟弟终于长到了 18 岁，长成了一个美男子，一个好猎手；第四章“出猎”，唱述猎人进山狩猎，为了撵一头野牛，勇猛的猎狗不见了踪迹的过程；第五章“寻狗”，唱到猎人百般寻找自己的猎狗，到了一户正在为女儿举行成丁礼的人家，席间他认出了那个主妇正是自己多年未曾谋面的姐姐，可姐姐并不知情，对他十分冷淡，他一怒之下起身离去了。当他唱出的身世被众宾客听到时，姐姐仿佛如梦初醒，拼命追赶他。他最终还是没有回头，姐姐怀抱着从他身上割下的衣片和毯角，饮恨而亡，尸体一直烧不化，姐姐的儿女请来达巴卜出了原因：母亲仍然心念舅父，要请他来奔丧，并送上一件衣和一床毯；第六章说的是姐弟俩赶去请舅父来奔丧，舅父斥责了他们，他们跪下哀求后，舅父指点他们备办葬品，自己则带着深深的悔意织好毛毯备好柴，跟随来迎接他的甥男、甥女来到姐姐家，为灵柩盖上毛毯，为焚尸添上一根柴，姐姐的灵魂才安然归天。经典借阿波瓦若和阿妮永珠姐弟俩喻唱述人和自己的姐姐，在表达哀思的同时也说明了舅父送毛毯和加柴这个习俗的由来。

据达巴老人说，因为这个故事中唱到的阿波瓦若和阿妮永珠，姐弟俩不相识造成悲剧，所以，人们不再分家，不再把女儿嫁出去，兄弟姐妹共同生活在母亲身边。从那时开始实行母系家庭和走婚形式。通篇经典围绕亲戚之间的生离死别而展开，从中可以看出摩梭人生活中舅父及母亲的崇高地位。这个经典以唱为主，曲调悠远悲凉，并自始至终以“我”的身份来演唱，感染力很强，其场面庄严而又动人。

(14)《晓迟拉·$\text{çiɛ}^{31}\text{ʈʂhɪ}^{33}\text{la}^{31}$》

舅父来奔丧时，所有孝男、孝女跪在舅父面前，在孝子面前摆上长桌，桌上摆酒、肉、茶等礼物，舅父坐在长桌上方。此经典为舅父与孝子间的对话录。首先是孝子感谢舅父跋山涉水来奔丧，舅父质问孝子其母亲的死因，孝子向舅父道歉，说明自己为医治母亲做了种种努力，但终究还是没能留住母亲的生命。舅父问母亲的陪嫁品，孝子辩解还完好无缺；舅父要检查母亲的遗体是否是意外身亡，孝子表明可以检查，并列出了要送给舅父的礼品；舅父谢绝了，问孝子日后是否会忘恩，孝子回答永远都会记得舅父的恩情，永远都不会断了与舅父的亲缘。

在拉伯一带，由于杂居在其他民族之中，摩梭人实行婚配，不再实行母系大家庭，但由于从大家庭到一夫一妻的时间不长，所以，崇母敬舅的意识十分强烈，在女性的葬礼中，最高级别的仪式就是舅父奔丧。从这个仪式中的唱词可以看出，舅父拥有崇高的地位，也透露出某种亲人分开居住后的痛苦离情。另一方面，很担心姐妹去世后，外甥与舅舅之间的亲缘断了，一种执著的确认血缘观念，始终围绕整个场面，是一种很难描述的情结，走出了母系家庭中的人对往昔生活的眷恋，对姐妹哥弟亲情的追认。

在整个仪式过程中，舅父可以发脾气，而外甥们只能赔礼道歉，绝不能反驳。有些人家，舅父与外甥平时有矛盾的，那天更会借题发挥，只有族中长者出面圆场，方能平息事态。

(15)《赳靠·$\text{tçiou}^{33}\text{khɤ}^{31}$》

这一仪式为葬礼中的一场，当自己姐姐或妹妹的公公或婆婆病故时，兄或弟要履行这一仪式。在这里所唱的经就是在仪式中唱诵的，一般请达巴举行。

经典的前半部分应为妹妹所唱，后半部分则由哥哥所唱，但一般两部分都由达巴代唱。前半部分唱述了两家结亲是喜事，但如今却传来了噩耗。哥哥走遍了所有地方，想给妹妹送一件羊毛衣服，最后才花巨资在昆明买到了。然后唱到老人亡后，两家的后代仍要认亲人，亲戚关系是不能断的。后半部分唱的是妹妹嫁出去为两家日后的联姻结成了桥，以往妹妹在家时辛苦劳作为哥哥干活，现在哥哥送件衣服给妹妹，感谢她付出的辛劳，并祝愿亡者一路走好，生者健康长寿。

这部经是表达兄妹之情的，作为妹妹，未出嫁时，在兄弟家中辛勤劳作，然后，嫁出去，才开始为自己的家庭奔忙。在她的婆或公去世时，其兄或弟牵一头牛或羊，支持妹妹，以表明有难同当。由此也可以看出，摩梭人十分看重兄妹之情，无论是母系大家庭中的兄妹，还是父系家庭中的兄妹，这种天然的感情永远保持纯真，这也许与家庭中从小的教育有关。

(16)《日迟 · ʐʅ^{33}tʂhʅ^{35}》（寄酒）

这部经典为葬礼经典中的一部，是本氏族的亲人为死者奠酒时念的，唱词多抒情，寓意深远，缠绵悱恻，凄婉动人。经典以一个女人去世的事例念诵，讲人死了，病痛也就消失了，她的魂灵将回到祖先故地，再难返回故乡。生者见到死者生前的遗物，睹物思情，悲伤难抑，挽留她最少也要在家里安憩三个晚上。儿女感激母亲的养育之恩，如今供上丰盛的物品来祭奠母亲，让母亲将嘱托和情意捎给遥远故地的先辈。接着，抒发了逝者如斯，生者无依无靠的感觉，最后，经典说到母亲虽然已逝，但家庭并未垮掉，在死者魂灵的护佑下，后辈将健康成长。

(17)《软昌 · ʐue^{33}tʂhe^{33}》（洗马）

在葬礼中，有一个重要仪式是洗马，同一氏族的各户人家，每家一人一骑，聚集在亡者家中。让那匹驮死者灵魂的马先行，之后，众人骑马出去。先是马绕行山边地角，死者曾经踏足过、劳动过的地方，都要去绕一绕。然后，在三条溪流汇集处洗那匹驮灵的马，这是对古时游牧生活的怀念，因为摩梭先民在远古时候，是以游牧为生的。洗完马，回到死者灵堂，就要唱“含摆”，并跳舞，达巴在灵堂前通报洗马的过程。

在本经中，洗马和“含摆”集中在一起译，以便经文有连贯性。经典开头介绍了亡者将要骑的马匹的造型和装饰物，而后唱到已经帮亡者巡视过其所要经过的路线，让其不用担心顾虑，骑上坐骑放心上路。之后的含摆舞唱词说的是亡者去世后，所有的病痛都痊愈了，而死亡是无法逃避的事情，既然离去的时辰已到，就别再留恋，生者会依祖训唱起歌为其送别。这次的丧事办得有声有色，十分成功，亡者可以听从祖先的召唤放心地回到他们身边了。

（18）《圈子 · $t\c{c}he^{33}dz\text{ɪ}^{33}$》（晚宴）

这是葬礼中的一部经，是唱词；葬礼最后一晚，即出殡前一夜，儿女为感母亲或父亲的养育之恩，特意准备一桌饭，孝敬亡灵。届时，所有儿女或扛牛头，或扛猪头，或背粮，或扛酒罐，列队跪在灵柩前，达巴站在棺材旁代儿女唱。

经典主要内容是亡者逝去了，儿女们都扛着食物敬献给他（她），以报答养育之恩。母亲去世后，家中冷清，心情难过，跨进门都感到艰难；母亲去世后，田地无人料理，原本好像很小的地都感觉荒芜宽广。送母亲上路的骏马已经备好，请她骑上去绕一绕自己生平到过的所有地方，保佑后人劳动生活时都平安顺利。

（19）《木卡部 · $mu^{33}kh\text{ɤ}^{33}pu^{55}$》

木卡，汉语中没有对应的词，本意是当事人无法出面，由其他人代其受过；简单译为口舌也可以。也可以理解为某种东西有难言之隐，用其他东西来指代。在言语上，有暗号或暗语之意，在行为上是借物言事，或借人喻事，有许多虚幻的成分。

这部经是葬礼后进行，即送亡者焚尸后念经驱邪。其内容较为繁杂，虚虚实实，天上人间，构成魔幻的氛围，重点仍是驱鬼。但这种鬼是专门哄人骗人，制造矛盾的鬼，而举行这个仪式，主要是清除口舌造成的粗言秽语，不吉利的议论。因为葬礼是一个隆重的仪式，宰牛杀猪的场面，据说会有许多凶鬼恶鬼光临，必须予以清除。另外，周围的人也会有许多说长道短的议论，有各种偏离事实的谣言和诽谤，要用经文清除，让家庭中的人心灵恢复平静和洁净，使身心得到平安，所以举行这一仪式，请达巴布道场诵此经。

经书内容分为两大部分，前半部分是罗列历史上曾有过的互相欺骗，有过的冤枉和刁难，如富家女冤枉穷家女，两个喇嘛的误会，最后是卡衣布巴的刁难，说明这类人生中的误解由来已久。之后，用木、石、水、刀等的来源出处，说明事物总有自己的规律，总会理出头绪，之后，又议及人间的纠纷也会有了结。后半部就进入了实质，达巴的现场布道，就是要分清人和鬼的界线，把好和坏、美和丑分辨清楚。

（20）《鲁衣衣 · $lu^{31}ji^{33}ji^{33}$》

鲁衣衣是创世纪中开天辟地的人，但这里仅只是葬礼中的一段，并不是“创世纪”。有些经典又称“丛德鲁衣衣”。

死者如果是女性，送葬时要陪葬一只公鸡，代表她的丈夫，但是，在她之前，丈夫已故，就不用再送鸡，也就略去这个经。达巴认为，死者一个人上路，路途遥遥，孤独无依，就会回来寻找亲人，魂灵回不到祖先故地，所以送一只鸡陪伴，让她们途中不寂寞。此经典便以亡者为女性为例，说到亡者在回远方故地的路上并不是孤独无依的，有公鸡和她一起，劝慰亡者要和公鸡结成恩爱的一对，不要再到人间来寻找她活着的丈夫。

2. 史诗类口诵经籍

（21）《子土从土 · $dzɪ^{33}thu^{33}tsho^{55}thu^{33}$》（创世纪）

子，即生命；土，即出生或诞生；从，即人类。可译为人类生命诞生记。这部创世史诗中包含多个神话母题：洪水母题、仙女沐浴母题、仙女和凡人婚配母题等等。首先，远古时天地日月产生，两位始祖生下三个儿子，某日三兄弟劳作时得到神喻，说人类要遭遇洪灾，三弟丛德鲁衣衣在神蛙的指示下躲过了这一劫难，成为世间唯一存活的人类。之后，他又在神鹰的帮助下消除了旱灾。他想找一个伴侣，一头被他帮助过的白牦牛告诉他有三个仙女将会在除夕之夜到圣水湖边沐浴，他守候在湖岸，见到了天女，并得到了大姐的戒指。接着，地神帮他飞到了天上，在大姐的暗中帮助下，他通过了天母的重重考验，终于可以挑选一个天女做媳妇。没想到三姐妹化身为走兽，他未认出大姐，错选了三妹，只好与她结为夫妻。大姐心有妒意，处处为难他俩，但都被他们一一化解。几年后，夫妻俩生了三个儿子，但都不会说话，鹰和燕子飞到天上偷听后知道是因为没有祭祖先的缘故，他们照做后，儿子们都开口说话了，可由于祭得太迟，三个儿子说的话各不相同：老大说汉语，老二说藏语，老三讲摩梭语，他们成了三个民族，从此人类开始繁衍。

这部创世史诗流传很广泛，几乎所有摩梭人居住地区均有流传，在不同的地域有些章节有变异，但大部分内容是相同的。不同处是结尾，有的地方流传：丛德鲁衣衣被目米吉增咪蛊惑不醒，目米吉增咪变成一只公猴与测夫支支咪同居，生下三个猴子。等丛德鲁衣衣醒来回家，看见三个猴子，不忍杀害，但他们十分难看，他就烧水烫去他们的毛。由于猴子怕烫，当开水倒下来时，他们就用双手抱住头，所以，至今人身只有头发和腋毛，而身上的毛被烫掉了。如今，摩梭人称汗毛为“入夫”，即猴毛。

这部史诗中的主人公被认为是创始人，各地称呼不一，有的地方称“曹德鲁若”，有的地方称“鲁衣衣”，大多数称“丛德鲁衣衣”，在此采用了利用率最高的一种。

这部经典没有专门的念诵仪式和时间，但每一个道场中或长或短都要念一念其中的章节。这部史诗，摩梭人称“子土从土”，有的地方直接叫“丛德鲁衣衣”；在达巴的口述中，有念诵的，也可以演唱，但口诵的比较完整全面。通过这部史诗，我们可以了解许多远古社会的生活，诸如家庭、灾害、狩猎、种植、拓荒等，从侧面了解古代先民的观念意识，从这些方面考虑，仍是很有意义的。

（22）《哈那古 · ha^{31}na^{33}gu^{33}》

哈那古，有三层意思：其一为根源，其二为盘算，其三，本意“哈”睡眠之夜，“那”黎明，“古”好极了。经典借出门布道的达巴开头，讲到达巴在路上找睡处，听到乌鸦叫声感受到了神的启示，之后的内容就讲人若不听神的话便会受到惩罚，不论做什么事都要遵从神定的规矩，要符合自然规律，这样才能成功。

（23）《柔咪 · ʐɤ^{31}mi^{33}》（之一）

柔，路；咪，指。意为指路，指路经。人死后，达巴为死者亡魂送行，指给他回归祖先故里的路线，让他顺利回到祖先生活的地方。摩梭人在远古时，经过长途跋涉走到现在的居住地，人死后必须送回原来先民居住的地方。达巴在举行这一仪式时，先从祖先地往回念，说是祖先来招人，一直念到死者的村。最后送魂时又从本村念到终点。此版本是以送魂为标准进行翻译的。

（24）《柔咪 · ʐɤ^{31}mi^{33}》（之二）

此经是史、胡两支氏族的送魂路线。

（25）《柔咪 · ʐɤ^{31}mi^{33}》（之三）

此经讲述的是宁蒗县者波一带摩梭人丫姓族人的送魂路线。

（26）《柔咪 · ʐɤ^{31}mi^{33}》（之四）

人死刚刚断气时，达巴念送魂路线，从祖先故地往下念，是从上到下，等到送的时候，又倒过来从下到上。迁徙路线是从远古先民的地点一直往下念，直到死者的村落，每念一个地名，还要加上一句“那里的祖先来找你”。

（27）《普若普独鲁和鲁西汁纳哈 · phu^{33}ʐo^{33}phu^{33}tu^{33}lu^{31}，lu^{33}ɕi^{33}dʐɪ^{31}na^{35}ha^{55}》

这个故事告诉人们，战乱往往由很小的事情引起，例如，为一滴血，苍蝇争夺不已，结果死了一只；为争苍蝇，两只小鸡相啄；为争小鸡的输赢，两个孩子吵架——直至发生两个部落的混战。在所有达巴经中，没有战争史诗，这是唯一一部稍具战争场面的经籍，很明显，这是部落社会时期，两个部落的纠纷，带有很浓厚的神话传奇色彩。

（28）《古部 · ku^{33}pu^{33}》

这部经是祭山泉的，一般在每年的二月念诵，如有人因砍伐山泉边的树木而得病，就要念此经。“古”是指山神族系“日木古”，而人类称作“比次若”。这是神和人之间纷争的故事，主要讲述了远古时候，神和人还未分家，后来分家时，山神日木古偏心，把好的东西都留给了自己，不好的分给人类。

人类觉得不公平，要跟日木古比高低。其中的争尔普独制作了猎具，和儿子在深山猎到了大野猪。在回家的路上，父子俩发现长刀忘在了山泉边，父亲返回取刀时被日木古家人捉住做劳力。儿子回来救父亲，扰乱日木古家族，击败了日木古的卫士，不放回他父亲不罢休。日木古无法治他，请来调解神，调解神作出了调解：放回争尔普独，儿子不要捣乱，日后若能狩到猎，猎物归人类。从此便有了狩猎的规矩，山神和人类也不再起争端。

这部经文淳朴地反映了原始人类的狩猎故事，从猎具的发明到人类的狩猎初期，作了一些幻想式的描述，并且，从人类驯养的动物到山中的野物作了一番揣想，充满了童稚的情趣。对于那些还处于蒙昧中的人类，这样大胆的设想不能不使人惊奇。与我们今天看动物的目光，完全是两种境界，两种心态。

(29)《子娟 · tsɪ^{33}tɕio^{35}》

子，生命或寿命之意；娟，其音为 juāo，是嫁接或重续之意。这部经是在为 13 岁的孩子举行成丁仪式时念诵，喻意为人满 13 岁以后，要重续新的生命。在达巴的观念中，13 岁、25 岁、37 岁、49 岁、61 岁都是生命的关口，又称为危险年，必须布道重续，或称嫁接新生命，使人能得到长寿。

经典讲述了远古人类什么也不会做，后来他们向蚂蚁学劳动，向蝴蝶学采集，向麂子学制鞋，向马鹿学制作和使用工具，并学会了驯马，衣食都不愁了，可人到了年槛就会有危险，他们就请来木里的两个达巴，接起生命的延长线，从此代代幸福又安康。

(30)《汁布汁都 · ʈʂə^{33}pu^{33}ʈʂə^{33}du^{33}》

这部经是讲述人类还处在蒙昧状态时的情景，那时的人，分不清日月和星辰，分不出酸甜苦辣，还未学会种粮和豢养家畜。人鬼混杂，处在朦胧生活之中。经过了多少苦难和折磨，历经许多迁徙、失败，最后找到了生存之路。

3. 祭祀类口诵经籍

(31)《目鲁阿巴笃 · mu^{33}lu^{55}A^{31}pa^{33}du^{21}》

“目鲁”是天界之意，“阿巴笃”为达巴神灵中最大的神，有说是达巴教的创始人。几乎每一部达巴口诵经中都要念到“阿巴笃”的名字。

摩梭达巴认为，达巴经是目鲁阿巴笃创造的，自从有了口诵经典，才有了民族精神的依托，也才产生了信仰尊崇。达巴无论念什么经，都要赞颂目鲁阿巴笃，对他顶礼膜拜。在仪式中，每个道场开始时，都要先请“阿巴笃”神光临，称为“笃住”。此经典的主要内容便是讲事物之间的沟通需要契机，人与神靠达巴联络，而达巴的创立人又是阿巴笃，因此恭请阿巴笃神降临，帮助布道。达巴还有一件“笃”的替代物，有的用木雕，有的用泥塑。把代替阿巴笃神的替代物放置在“光莫”上，即把各种粮食放在一个簸箕内，周围插上大青叶枝，把“笃”神放在“光莫”内，再在“笃”的顶上抹些酥油，仪式方能开始。

(32)《玛布子儒 · $ma^{33}pu^{33}dz\imath^{33}ʐu^{33}$》

玛布子儒，达巴崇拜的一位大神，地位仅次于阿巴笃神。其名字的本意是：不用念经就能驱除鬼邪。此经大意是：远古时，先民们天地不分，山水不分，日月暗淡，大地开裂。人类祈求天神赐福人间，请到了玛布子儒。玛布子儒神力无边，驱除鬼邪全靠他，学经施法依托他，有了他以后，人类念什么经都吉祥，做什么事都如意。

玛布子儒是达巴口诵经中一位掌管人类生死命运之神，在民间传颂较广，其主要的神迹，是镇住所有危害人们的魔鬼。达巴念经时，特别是为病人的康复而进行的道场中，首先要念玛布子儒经，请求它助威，把那些让人生病的鬼斩除。他是一位具有无私奉献精神的神灵，人们对他的尊崇，源自于它的无私和公平。

(33)《啊嘎拉 · $A^{31}ga^{33}la^{33}$》

啊，神名；嘎拉，即神或菩萨之意。经典讲述啊嘎拉神灵的三个儿子在处理长辈后事上意见有所分歧，长子欲实行天葬，次子要使用土葬，三子想进行火葬。但是，谁也不忍将父母的尸体像铁铜一样烧，因此人类便分别派小蛇、麻烧子、细腰蜂到笃神和塞神那里去学烧尸法。细腰蜂最后取得了成功，学到了火葬的方法。

这部经要在火葬之前念诵，这是追溯火葬源流的。据达巴解释，在很远的古时候，人类不懂得葬礼，一般情况是死了就丢在野外；后来有天葬、土葬、火葬，摩梭人选择了火葬，一直沿用至今。火葬亦有规矩，不能随便焚烧，当然，凶死者例外。这本经，原先内容很丰富，但流传过程中遗失部分较多，据达巴说，到如今，留下的只有枝干了。

(34)《松干 · $so^{33}ke^{31}$》

这个仪式一般在秋收后举行。祭山神的同时，也祭畜神、天神和土地神。祭词中念到的山神名因居住地方不同而有变异，其他内容则完全相同。祭山神没有固定场所，庆丰收、家里生了小孩、大牲畜下崽等都可念此经。经典内容认为人们生活得幸福安康，都是各类神灵护佑的缘故，要虔诚地祭献神灵。祖先们经历了种种艰难险阻才来到如今居住的地方，也正是因为这里的山神接纳了他们，保佑他们。因此，要祭献山神，让他保佑人们永远平安，保佑后代繁荣昌盛。

仪式开始前，在屋内摆一长桌，上面点油灯，放酥油茶、猪膘肉、粮食等，在油灯后放两束花，在达巴面前摆一盆拌和牛奶的净水，边念边祭洒。

祭词内容一般是口诵经，赞美词较多，口气多为祈求，甚至谦卑至极。有的地方是唱词，有的地方为经文格式。并伴有海螺、鼓、锣等乐器声。家中辈分小的则向达巴和祖先牌位磕头以表谢意。

(35)《恰干 · $tɕhiə^{35}ke^{33}$》（抽干）

这是除秽经，家中有人生病，病情时好时坏，又说不出病的原因和症状时，认为有“恰”在作怪，要清除不洁。病人被达巴带到一个三条河水（或水沟）汇流之地，烧香念经，之后，让病人洗头净身，仿佛把病痛洗去。若家中牲畜不旺，牛马生病，夜晚，牛马等牲口发惊怪叫，也被认为是圈中有秽气，必须请达巴念此经，驱除“恰”这种不洁之气的扰乱。

(36)《恰修 · $tɕhiə^{35}$ɕiu33》

这是为病人诵念的除秽经，旨在为病人除去不洁之气，像洗澡一样，洗去他身上的病痛。在古人的想像中，病痛也像污垢一样粘附在人身上，通过经文和净水清洁后，人就会恢复健康。

(37)《占沾 · $ʈʂe^{33}ʈʂe^{35}$》

占沾，即嫁接神威。每一个达巴师从于大达巴，等他毕业时，要举行一个道场，邀请族内外的所有达巴参加，由小达巴主持道场，其他达巴做评委，近似于如今的论文答辩会。如果考试合格，就给予毕业，宰一头黑牯牛，由达巴师会为之举行占沾仪式；如果成绩不理想，牛不能宰，他还得再学。

这部经是“打发 · 鲁若”达巴世袭的占沾经。经中讲，“打发 · 鲁若”没有利用自己的技能去占他人的便宜，没有违反达巴的禁忌，希望他之前的历代达巴都来帮助他，赐神威予他。经中所列的 19 代，都是打发 · 鲁若的长辈，是他过世了的亲人。占沾这部经，因所传代族不同而有所区别，因此本调查中收入了两种版本。

(38)《占日 · $ʈʂe^{33}ʐʅ^{35}$》

占，即威风，或神威；日，即拥有。意为：把神的威灵嫁接在自己身上，使自己拥有神勇。达巴在做道场时都要念这本经，尤其小达巴毕业时，要举行“占沾”仪式，意思是把神威降在自己身上，方能驱邪撵鬼，不然念经布道都不灵。在某种程度上，达巴只是众神的使者，把自己作为神的替身，借神的名义进行道仪，所以，要请求神灵赐给神威。

此经是拉伯地方高夫氏族的达巴占沾经。

(39)《匝嘎拉·dza^{35}ga^{33}la^{33}》

匝，神名；嘎拉，即神。这是一个狩猎神。经典开头讲了匝神的神勇，说人们能获得猎物是因为匝神的帮助，所以要隆重祭祀匝神，祭祀它的列祖列宗，让匝神吃饱喝足后一定帮助人们去狩猎。

猎人上山打猎前，要请达巴做一个仪式，即祭匝神的道场，请求匝神帮助人收获野物。据说，匝神是一个豁嘴，所以在念经做法事时，切忌在场人发笑，若有笑声，匝神误以为人们笑它的嘴，不予帮忙，所以，整个仪式非常庄重肃穆。

(40)《日增劝·ʐʅ^{35}tse^{33}tɕhio^{31}》

这部经中试图说明家畜与野兽分开的缘由，天真地想像那部分未被人类驯服的野兽是山神掠走的，并继而解释狩猎的由来。经中内容与前面祭山泉的“古部”中人神纷争部分大致相同。

(41)《达拉松干·da^{31}la^{33}suŋ^{33}ke^{31}》(泽塔克)

当一个人的寿岁到劫数时，要请达巴做一个道场，请祖先神保佑他，别让他有不吉之运。届时要选一只公鸡作为祭品，做完道场，把鸡放掉，或卖掉，自家人不能吃。这叫泽塔克。

经典中夸赞了用来祭献的公鸡的雄伟、漂亮和洁净，讲述了买鸡的过程和祭献的方法。

(42)《笃的·du^{33}tʂʅ^{35}》

恭请阿巴笃神降临仪式的念词。大意为阿巴笃没来之前不能忙着布道场、做仪式，要使仪式做得好，要使卜算能够灵验，就一定要请到阿巴笃，供奉好神灵。

(43)《秋多·tɕhio^{33}do^{31}》

“秋多”，一种译为“我看见”；另一种说法是没有确切的含义，近似于“阿门”之类的叹词，有的地方又叫“恰多”，还有的地方称“冲多”。这是祭锅庄神，达巴在念诵经文、布道之前，先要祭锅庄念这本经。每一个摩梭家庭，一日三餐就餐前，都要放一点食物在锅庄上，并念“秋多”经，然后念已逝先祖的名字。一般家庭，只念几句经文，表示祭祀之心即可。而达巴则不同，不念则已，一念就要念完整部经。这里所翻译的不是民间“秋多”经，而是达巴在做道场前，邀天地间五方神灵的“秋多”经。

(44)《秋巴哩·tɕhio^{33}ba^{35}li^{31}》

秋巴哩，即“清洁了”之意，也就是烧香除秽，心灵洁净无邪。这部经没有专门的道场，一般是有喜气之事时念诵，诸如家中牲畜下崽，庄稼丰收之时。还有出门人，每走到山丫口有玛尼堆的地方，除了达巴外，一般人只要念几句“秋巴哩”也可，相当于念“六字真言”。秋巴哩，相当于“南无阿弥陀佛”或“唵嘛呢叭咪吽”之类。

（45）《阿土纳佳若·$A^{33}thu^{33}na^{35}dʑia^{33}zuo^{33}$》

经典主要讲述天生聪慧的阿土纳佳若看到人群中有鬼，骑马去找神，走过许多地方后，在乌鸦的帮助下从神那里学会了念经，学会了施法术，借神的威力打败了鬼。说明人和鬼相遇必有纷争，而因为有了神灵的帮助，所以人类总是能取得胜利。

（46）《里昂·$li^{31}ŋɤ^{35}$》

祭祀所有的神灵，希望它们能除去大地上的秽气，保佑人们幸福安康。

（47）《劝巴干·$tɕhie^{33}ba^{33}ke^{31}$》（成丁经）

经典内容是祭祀各式各样的神灵，而在神灵降临之前，要先洁净大地，清除秽气。家族兴旺发达，子孙聪明能干，全靠神灵护佑，有了这些神灵的护佑，人类才可以吃穿不愁，丰衣足食，香火不断，代代相传。

4. 驱鬼类口诵经籍

（48）《格冉那姆咪·$gɤ^{33}za^{33}na^{33}mu^{33}mi^{55}$》

经典讲述的是天神软窝卡日和人类格冉那姆咪结成了一家，软窝卡日生病了，提出种种要求，要格冉那姆咪给他治病，格冉那姆咪最后答应去给他砍树。软窝卡日其实是装病的，待格冉那姆咪走后，他便设计驱逐她。这部经典，从侧面反映了男权和女权观念，开始，男性代表软窝卡日是一个又懒又装病的东西，形象不美，到后来，格冉那姆咪变成了一个鬼，遭到软窝卡日的驱逐，这似乎反映了摩梭人从母系制进入父系制的一种进程。

（49）《卡公楚·$khɤ^{33}gu^{33}tshu^{31}$》

卡公，坏意念，即坏的想法或不正确的、不公道的念头；楚，即鬼。在摩梭人的观念中，不正确的想法也是由鬼作祟的，认为冤枉别人，或作伪都是罪过，是“卡公”这种鬼作祟的结果。在古摩梭人的心目中，非正常的事物都来自鬼和神的左右。由神点拨，变成好事，由鬼支使变成恶果。人们无论做什么事，都根据意念中的神判体系来裁定。这部经文，专门为不好的意念或不怀好意的念头诵念，以便在人们的预感和意念中，清除不洁之念，保持清醒的人生态度。

（50）《楚垮敌·$tshu^{33}khua^{33}di^{35}$》

楚，鬼的总称；垮，凶或坏，即凶鬼；敌，撵或驱，全意为驱除凶鬼。在摩梭人的观念中，鬼分内外，氏族内已逝的长者都是“库初”，即内鬼，他们作祟于某人，只是对某人的想念。而氏族外已逝的人都是“别初”，即外鬼，若他们作祟于人，就是欲加害于某人，必须驱除之。而这部经中所说的“楚垮”就是凶鬼，所谓凶鬼，是那些非正常死亡的人所变的鬼，诸如上吊、跳水、刀枪所伤而死。还有出门去远方死在途中，成了野鬼的，均视为凶鬼。对于这类鬼，达巴在念经布道时，不是像对待族内鬼一样，供上好吃的东西，哄走他们，而是用严厉的威胁或诅咒方式驱赶。

这部经，是通过对几位大神的赞颂，以神威驱赶凶鬼，让他们赶快离开，若不然，等这几位神灵降临时，凶鬼将无处躲藏。

（51）《那梯楚 · $na^{33}thi^{33}tshu^{33}$》

“那梯”，女鬼名，此鬼专门作祟于孕妇，让孕妇生病或难产。这部经专讲那梯鬼想到人间惹邪事，人们邀请专镇那梯鬼的神来压制它们，通过念经驱除那梯鬼，让孕妇顺利生育。

达巴教念那梯鬼道场一般为孕妇举行。在道场中，有一尊面偶象征那梯那姆咪鬼，用面揉制，在肚子部位装进一个鸡蛋，象征怀孕，据说那梯那姆咪是由一个身怀六甲的妇女所变的鬼。

（52）《那梯布 · $na^{33}thi^{33}pu^{33}$》

这部经是驱那梯鬼并给孕妇叫魂的。经中讲那梯鬼带着冲斯鬼等鬼群来到人世作乱，人们要用念经布道驱除它们，并给孕妇叫魂，不让孕妇的魂灵被那梯鬼带走。

（53）《羔若部 · $gɤ^{33}zo^{31}pu^{33}$》

羔若，一种小鬼的名字，这种鬼是年幼时死去的孩子变成的鬼。这部经专为年幼的孩子生病时念诵。当孩子被某种东西所惊吓，发烧生病，说胡话、发梦颠时，要请达巴举行这一仪式。经文大意是孩子生病了，卜卦算出是羔若鬼作的祟，人们给它吃喝让他离去，好让孩子痊愈，如果羔若不领情，人们就要用水火驱逐它，它必定会失败。

（54）《笃比 · $du^{33}pi^{35}$》

鬼能引起世间许多违背常理的事，父子俩商定要去给土地划界，可因为鬼作祟而无法保住土地，达巴撵走了鬼魂，人鬼才分出了界限。在人鬼的纷争中，人请来了神灵，最后用武力打败鬼，取得了胜利。

普若普独鲁寻父，乌鸦知道他父亲的下落，在苍蝇头脚四方去寻找父亲。“用石击不中，用箭射不到”等有三四节，这是他去偷人的细节。这个道场在成丁礼中也念。

（55）《答基 · $da^{31}tɕi^{55}$》

答基，是一种使家庭破产消亡的鬼族，由许多大鬼小鬼构成。这部经是“杰部”仪式中的一个重要章节。

在摩梭人达巴文化体系中，“答基”是一个庞大的鬼氏族，所有驱鬼仪式中，首先要驱除答基鬼。这种鬼有专门住处，即“落书”鬼庄。就从神诞生的那天起，鬼要灭神族，结果，神没能被灭，渐渐壮大，鬼就四处躲藏，专门作祟于人类。在“杰部”仪式中，这部经是最重要的经。“杰部”又分“额杰部”和“次杰部”两种，这要视病人的病情来定。

（56）《嘎 · ga^{35}》

嘎，鬼名。这种鬼专门作祟于家庭，挑拨离间，让家庭不和睦、不团结，闹分家，争财产。经典讲述了嘎鬼成天挑拨离间、惹是生非，用酒来害人，使人家庭不和。为了找出嘎鬼并将其驱除，人走遍了千山万水，最后受到神的启示，射死了河边火堆旁的癞蛤蟆，才发现那就是嘎鬼的化身。

达巴经中认为，嘎鬼是一种阴影似的东西，在本经文中也可以看出，癞蛤蟆就是嘎鬼的替代物。摩梭人的观念中，一些很神秘的生物都是鬼的化身，如蛇、蛤蟆、蜈蚣、牛角蜂之类，人们既怕它又恨它。

（57）《冉 · za^{33}》

冉，其本意为一种鬼名。据达巴说，这是一种动物，类似龙，又不是龙，每遇灾难或乱世，这种动物会在夜空中飞行，浑身散发着火光。当它飞起来时，会有火星四处飞溅。它歇在雪山顶上，飞的距离不会太遥远，一般从一座雪山飞到对面的雪山顶上。

摩梭人民间有习俗，未成年的孩子，夜间不能带出门，认为会遇到冉鬼。据达巴说，这是一种动物变成的鬼，具体是何物，仍说不清。在举行这一仪式时，有一个道具，代表冉的化身，形似蟒。念完经后，把这一道具掩埋到山谷里，意味着把冉鬼镇在了山脚下。

（58）《克 · khə̢^{33}》

克，鬼名，这种鬼专门让人遭厄运，让人做什么事都遇到麻烦。此经主要讲述克鬼作恶多端，可是人无法打赢他，于是，人得到五方神灵的帮助，五方神灵用各自的神器杀死了克鬼。

（59）《劫 · tɕi^{35}》

达巴经中，认为人们的生活，凡属于非正常的伤害、纷争口角等，都是鬼在作祟。简单地说，世上没有无缘无故的事情，都是有根有源的，必须找出错误的原因，根除其隐患。在经中，借鬼喻事，畅述观点。

（60）《哆 · duo^{33}》

这部经是专门为家中动物即牲口驱邪布道的。家中牲口有不吉之象，诸如母猪生独崽、母羊生无脚羊、母鸡学公鸡叫鸣、麻蛇进堂屋、猫头鹰在屋外叫、狐狸在路上叫、马蜂窝安在屋檐下等，都认为是违背常理的事项，说明哆鬼已来到这个家中作祟，必须请达巴念诵此经以驱鬼。

（61）《哆那 · $duo^{33}na^{33}$》

“哆那”鬼是一种不吉之鬼，它躲在各种阴暗处，专门对独行人作祟。若是走夜路的人遇上这种鬼，人会昏迷不辨方向，但这种鬼不算很凶，它只是来索取一点钱物，所以，达巴在念经时，尽量用舒缓的语气，哄这种鬼回家去，让它不再留恋人间的生活。

（62）《嘎巴 · $gɤ^{35}pa^{33}$》

家庭不和睦，亲人翻脸吵闹，被认为是不吉之兆。原因源于猜疑、误解、争夺财物，这些都是不正常的，是暗中受了嘎巴鬼的左右。在出门走路时，踏上了嘎巴走的路，造成心态的混乱，应该设法坛驱之。摩梭人很注意家庭的和睦与团结，若有家庭不和，便认为鬼进了家门，造成一系列的误会。在这部经典中，劝诫人们别上鬼的当，在家庭中要互相帮助，团结友爱。

（63）《蛛 · $ʈʂu^{35}$》

村中若有不安宁的事，诸如打斗、吵嘴、偷盗、抢劫等，认为是劫鬼和蛛鬼到村中作祟。达巴诵念此经，意在借驱鬼之仪，用经文告诉人们，任何纷争皆源于言语，因语言惹祸，需用语言合事。

（64）《除 · $ʈʂhu^{35}$》

除，是一种鬼名，这种鬼专门让人受惊失魂，作祟地方多在阴暗处，或办丧、婚宴的场所。当人被某种意外的情景所惊吓而得病，达巴就举行仪式，念此经以驱除鬼魂。让人受惊，被认为是“除”鬼所惑。仪式十分简单，准备一个铁铲，在上面放一些火炭，撒上五谷粮食焚烧，又在粮食上烧几根猪颌骨，让病人闻嗅。达巴念完经，砸烂一个旧葫芦，含一口清水，喷在病人身上，之后，把火炭放在屋外的路下方。让病人安静入睡。如果病人是被别人所吓，必须讨几撮那个人的头发，在仪式中焚烧。

（65）《兜 · $dʐʅ^{33}$》

兜鬼，在达巴经中被认为是一种十分凶恶的鬼。人若被这种鬼所吓，必须立即叫魂，做道场，请神灵镇兜鬼。若是被它慑去魂，那么，人的生命就无救了。如果一个家庭或一个人的生活中，接连发生不幸的事故，就认为是兜鬼在作祟，必然要设祭场，驱除之。变成这种鬼的人，往往是凶死者，如被别人所杀，或掉崖、勒颈而亡，并且是死亡前经受饥饿的人，所以，变成鬼后很凶残。达巴在道场中不是用语言哄它走，而是用刀枪、水火赶跑它。

（66）《补 · pu^{33}》

这是清除污言秽语的口舌经，即背后被人冤枉，造谣、诽谤，认为是补鬼作祟，必须用经文驱赶，人才能不听信流言，不混淆是非，恢复平常的心态。

（67）《姆卡 · mu^{33}kha^{33}》

在这部经中，先描述了姆卡的迹象。它来临时，发生种种不祥之兆，然后，家中会有奇异的事发生，最后，归结到一点：人要有好名声，还需助人为乐。如果剥削别人，如借钱租地给别人多收息，或在称粮时缺斤少两，都是缺德的事，这是姆卡鬼作祟于人，使人变坏。在摩梭人的道德观念中，获得不义之财会受到鄙视。人要通过自己的劳动所得，才是心安理得的。达巴通过对鬼的诅咒，实际是教育后人，若要心中无鬼，自己先要一身正气。

（68）《蜘 · ʈʂʅ^{33}》

蜘鬼是一种专事作祟于家庭和建设性工程的鬼。在家中，老人一般会告诫孩子，不能在火塘边赌咒，或互相指责，这样会招引蜘鬼进家屋。更不能在火塘边互相吐口水，或撒灶灰，这是不良的行为。如引来蜘鬼，家中诸事不顺，起房盖屋有险事，修田造地遇到麻烦，所以要在家中布道场，念此经驱除蜘鬼。

（69）《饵 · nr^{33}》

这部经是劝诫人们，生活要有规矩，要勤劳，不要靠骗取别人的财物过日子，若违背常理就会招来饵鬼，所以要人们遵循家规族法。

（70）《蛭 · ʂɹ^{33}》

在达巴经中，蛭鬼是一种让人昏头昏脑，做事颠倒的鬼。如果一个人做事糊涂，头绪不分，长幼不清，被认为是蛭鬼所缠，要举行仪式驱除扰乱人心的鬼。此经就讲了蛭鬼作祟导致人们做出糊涂事，而后人们将他赶出自己的地方，压在桥下，永世不得翻身。

（71）《孰 · ʂhu^{35}》

本经是畅述大事与小事的辩证关系，小事不能纠缠，诸如鸡毛蒜皮的事。但有些小事又不能不注意，小事不留心会酿出大事来。并通过种种事例教育人，为人处事不可计较太多，但又不能粗心大意。达巴经典往往把人生哲理放入祭神驱鬼中加以宣扬，以借宗教的神秘性和道场进行布道。

［调查地点：宁蒗县拉伯乡拉伯行政村金江村等地；调查对象：阿布 · 高若达巴等；调查时间：2005 年 8 月，2007 年 11 月补充调查；调查整理：石高峰］

第十四章
拉祜族口承古籍

前　言
——拉祜族及拉祜族口承古籍概述

王正华

中国拉祜族总人口为453 705人，其中云南447 631人（2000年第五次全国人口普查），分布在云南省普洱市、临沧市、玉溪市、西双版纳傣族自治州、红河哈尼族彝族自治州、大理白族自治州。拉祜族人口在1000人以上的有思茅、宁洱、墨江、景东、景谷、镇沅、江城、澜沧、孟连、西盟、景洪、勐海、勐腊、临翔、云县、永德、镇康、双江、耿马、沧源、绿春、金平、新平、元江24个县（区），处于澜沧江、元江之间的云岭支脉哀牢、无量两山系和怒山支脉山地。这一地区处于高原型气候区，介于大陆性气候和海洋性气候之间，雨热同季，冬无严寒，夏无酷暑，雨量充沛，形成明显的干冷、湿热季节，适宜多种生物的生长和人类的繁衍生息。

拉祜族属于古氐羌遗裔之一。楚、汉时期属“西南夷”族群。秦、汉以后，西南夷后裔中的叟族和昆明族等在不断分化和重组过程中逐渐形成单一的民族。唐代始，拉祜族先民的称谓见于史书。《新唐书·南蛮传下》称拉祜族先民为“锅锉蛮”。明代刘文征《滇志》中称“喇乌[①]，菓葱[②]”。清康熙《楚雄府志》，雍正《云南通志》，嘉庆《云南种人图说》、《滇海虞衡志》，光绪《续云南通志稿·南蛮志·种人》，道光《普洱府志》等文献中称今拉祜族各支系先民为“倮黑、大倮黑、小倮黑、黄倮、黄倮黑、苦葱、苦聪、黄

① 中华人民共和国成立后，一部分“喇乌”归属彝族，一部分归属拉祜族。今玉溪市新平县水塘一带的汉族、彝族习惯上仍然称周边拉祜族为“喇乌”或“拉乌”，沿明代称谓。

② “菓葱”即后来的“苦聪”。

苦聪、小古宗、野古宗、老缅”[1] 等。19 世纪初的傣文献中称拉祜族先民为“卡缅龙”、“木色”。1953 年，根据本民族意愿统称为拉祜族。拉祜族按自称主要有拉祜纳（$lA^{55}xo^{11}ʀA^{54}$）、拉祜西（$lA^{55}xo^{11}ɕɯ^{33}$）、拉祜普（$ʟA^{55}XO^{11}phu^{33}$）和“古跋（$gu^{31}bA^{31}$）”支系。由于拉祜族分布广，分布地区自然环境特殊，自清代以来本民族内部社会经济发展不平衡。20 世纪 20 年代，今普洱市澜沧县东北部、景谷县、镇沅县、墨江县和临沧市双江县、临翔区以及玉溪市元江县等拉祜族地区先后形成了封建地主经济，但还保存着若干封建领主经济残余。直至 20 世纪 50 年代初，今普洱市澜沧县南部、孟连县、西盟县和西双版纳傣族自治州勐海县、景洪市、勐腊县以及临沧市的耿马县等拉祜族地区，历史上虽与傣族土司形成封建隶属关系，但仍然带有相当浓厚的原始社会残余。

拉祜族普遍信仰原始宗教，鬼神观念和原始神话，以及种种祭祀神灵、祈福、叫魂、送鬼等活动等根植于农村拉祜族社会。明末清初，汉传佛教在澜沧江流域的拉祜族山区传播开来，由于佛教传播者将佛教与早就根植于拉祜族社会的原始宗教相结合，受到拉祜族的接受，曾在拉祜族地区形成了若干佛教活动中心，出现了以厄莎佛祖为领袖的“政教合一”的卡些（寨主）制度。但从清朝中叶开始，由于拉祜族借佛教活动之名组织军事力量反抗地方官吏，遭到朝廷的镇压，以烧毁佛寺、杀戮信徒等方式取缔拉祜族地区的佛教活动，使各地拉祜族失去了佛教活动中心，他们的信仰又回到原始宗教。20 世纪初叶，西方基督教、天主教相继传入澜沧、西盟、孟连、双江、沧源、耿马等拉祜族地区，迄今这些地方的部分拉祜族仍然信仰基督教。

拉祜语属汉藏语系藏缅语族，其中的拉祜纳方言和拉祜西方言属彝语支，老缅语属毕索分支（Bisoid）[2]。目前，云南拉祜族在不同的领域使用两种拉丁字母形式的拉祜语拼音文字，即基督教传教士文字方案和云南拉祜族文字试行方案。这两种文字都是方言文字，还没有成为云南拉祜族通用的文字。近现代以来，拉祜族与周边民族之间的交往中，大多以汉语方言为交际语言，以汉文为习用文字。

长期以来，拉祜族和周边的汉族、彝族、傣族、佤族、布朗族、瑶族、景颇族、回族等各民族人民友好往来，和睦相处，共同开发和守卫祖国西南边疆，共同创造了祖国丰富多彩的文化。口承古籍是拉祜族珍贵的非物质文

---

① 中华人民共和国成立后的一段时间里，明清以来分布在今普洱、元江等地的“苦葱、苦聪、黄苦聪、小古宗、野古宗”统称为“苦聪人”。

② 徐世璇：《毕苏语》，3 页，上海，上海远东出版社，1998。

化遗产，是拉祜族文化研究不可缺少的“活化石”，目前已经整理出版的《牡帕密帕》（开天辟地）、《根古》、《拉祜民间诗歌集成》、《SHAWRTIET》（诗歌总干）等便是其中的代表。拉祜族口承古籍的内容涉及历史、哲学、风俗习惯、典章制度、伦理道德、婚姻家庭、丧葬、人际关系、民族关系、价值观念、音乐舞蹈、生产生活、宗教信仰等等，成为研究拉祜族物质文化、精神文化和制度文化的起源、发展、变化不可缺少的素材。

拉祜族口承古籍大致可以分为“嘎门可 · qA^{3}mɯ^{31}khɔ^{55}”，意译则是“唱出来的故事”，相当于“诗歌”或“民歌”；“嘎洛可 · KA^{55}Lɔ^{33}khɔ^{55}”，意译则是“耳闻过的事情”，相当于“故事、传说”；“搓莫可 · tshɔ^{33}mɔ^{55}khɔ^{55}”，意译则是“老人留下的话语”，相当于“熟语”；“朵巴可 · tɔ^{55}PA^{33}khɔ^{55}”，意译则是“用比喻或教训教育人的话”，相当于“寓言”；“朵估可 · tɔ^{55}ku^{5}khɔ^{55}”，意译则是“用来猜测的话”，相当于“谜语”。口承古籍的传承方式，主要靠唱述和讲述。唱述的歌，按内容大致可以分为古歌、叙事歌、山歌、情歌、风俗歌、儿歌、劳动歌、求亲歌、哄娃娃歌、思念歌 10 类。唱述方法有清唱和混合唱。清唱过程中不用乐器伴奏，一般为单乐句（单句体结构）的反复变化。也有混合节拍演唱。演唱形式有独唱和轮唱两种，一人先唱，另一个或几个接着唱，中间相隔一拍到两拍，开头相隔几拍，结束时也相差几拍，形成了拉祜族民歌特有的轮唱形式和卡农曲，这是拉祜民歌传承的有效方法。拉祜族民间宗教师（如摩八、悉八、色目八、竜头等）和民间艺人在祭祀、叫魂、节庆、婚丧嫁娶等活动中，往往念诵和演唱与活动内容相关的歌，使民间口承古籍得以传承。随着民间老宗教师和艺人的离世，加之社会的快速转型等因素，拉祜族口承古籍的传承将面临严峻的挑战。

本研究根据拉祜族的分布，在分析以往的研究情况后，选择了普洱市、临沧市、玉溪市有关县、乡拉祜族民间的口承古籍作了调查，现将调查、搜集所得公布于下。

2008 年 10 月 14 日

于云南民族大学

第一节　普洱市澜沧县拉祜族口承古籍调查

一、糯福乡拉祜西民间流传的口承古籍

拉祜西是云南拉祜族的一个支系。清康熙年间至中华人民共和国成立初期的汉文献中称今拉祜西支系为“黄倮”、“黄脚倮”或“黄倮黑”等。清朝光绪年间，在“倮黑山”设置的镇边厅民族人口以裸黑（拉祜族）为最，“而裸黑之中复有黄裸黑一种，其头目十之七八皆有李、赵、石、张等姓者，自言本江西人，其祖辈到此，已安家数世矣。此种黄裸黑几占厅属人口之半”①。澜沧县境内许多乡镇都分布有拉祜西支系，其中糯福乡南段一带是拉祜西支系的主要聚居区。

20 世纪 50 年代，南段一带较大的拉祜西村寨有 15 个，即坝卡乃、芒糯、南段、南波滴、橄榄坝、南段新寨、龙竹棚、龙竹棚新寨、南沟、孔面谷、完卡、八索多、那列马、糯克地、哈谷别，外有班靠（附属于大寨分散的山坡小寨）18 个②。2007 年底，南段地区的拉祜西村寨有 21 个，即南段老寨、南段新寨、南段班、李四班、大班考、龙竹棚、龙竹棚新寨、孔面谷、莫谷、芒糯、坝卡乃、南波滴、南波滴新寨、库龙、完卡、八索多、糯克地、南弄、洛勐、洛三勐、贺派上寨，分别隶属于糯福乡的阿里、宛卡、南段、坝卡乃、洛勐 5 个村委会。至今，这些寨子之间仍保持着密切的关系，保持着共同的语言（拉祜西方言）、宗教信仰、年庆、服饰、杆栏式民居、婚丧嫁娶、音乐舞蹈、生活习俗等文化传统。由于南段一带拉祜西支系较多的保留着拉祜族传统文化，2005 年，云南省人民政府公布的第一批非物质文化保护名录中将南段一带列为“拉祜族传统文化保护区”。

拉祜西地区口承古籍内容比较丰富，但有些有价值的口承古籍不容易收集，这一方面主要是拉祜西传统文化心理所限制，例如与信仰习俗中的叫魂歌、丧葬习俗中的隔魂歌等，没有遇上人生病或丧葬活动时，人们忌讳唱类似的歌，忌讳讲述类似的故事，因而为调查、收集类似的口承古籍工作带来了困难。另一方面，近年来随着电视的普及和电话的开通等，拉祜西人的生

① 《新纂云南通志·土司考四》。

② 中国少数民族社会历史调查资料丛刊云南省编辑组：《拉祜族社会历史调查》（二），14 页，昆明，云南人民出版社，1981。

活方式发生了巨大变化，过去在节日、休闲、年轻人谈恋爱时存在着讲本民族故事、唱民歌形式，现在家家户户都有了电视，年轻人有了电话，他们通过一起看电视、打电话等方式加强相互之间的了解，大大减少了本民族口承古籍的传承活动，许多年轻人会唱流行歌曲，但不会唱传统民歌，甚至听不懂。拉祜族口承古籍的抢救和保护成为新时期面临的重要课题。

1. 南段莫谷寨扎倮娜波八讲述的口承古籍

（1）《扎迪娜迪 · $tsa^{31}ti^{11}na^{33}ti^{11}$》，译名《扎迪娜迪》

讲述人类始祖扎迪娜迪诞生的故事。传说，厄莎种葫芦，葫芦成熟，人类始祖扎迪娜迪从葫芦里诞生。

（2）《牡叠密叠 · $my^{55}te^{33}mi^{31}te^{33}$》，译名《造天造地》

讲述扎迪娜迪造天造地的故事。传说，厄莎让扎迪娜迪造天造地。扎迪造地，由于马虎，造出的地凸凹交错；娜迪一心一意造天，造出的天平坦无垠。

（3）《雅祝佘列厄萨 · $za^{55}ʧy^{31}ʃɯ^{33}lɛ^{33}ɣɯ^{31}ʃa^{33}$》，译名《孤儿与厄萨》

讲述厄莎拒绝男孩敬献的芭蕉的故事。传说，每年春节，人们都用糯米粑粑敬献厄莎。有一个与母亲相依为命的男孩，从山上砍一团芭蕉。母亲想吃，儿子不让。春节到了，男孩扛上芭蕉果敬献厄莎。厄莎告诉男孩，坐在火塘边的那个人才是厄莎，叫男孩把芭蕉带回去敬献她。

（4）《搓真腊革 · $tshɔ^{33}ʧɤ^{33}la^{31}kɯ^{31}$》，译名《人名的由来》

讲述扎迪娜迪的13对孩子名字由来的故事。其中讲述，扎迪娜迪造好天地后，厄莎觉得地上空荡荡，无声无息，于是通过合磨、合簸箕等方式，暗示兄妹结婚育人，但兄妹不同意。最后厄莎造相思水给兄妹喝下后，他们互相思念、恋爱、怀孕，生了13对小孩。厄莎请12种动物喂养前12对小孩，谁喂养谁取名。发（鼠）、努（牛）、拉（虎）、妥（兔）、倮（龙）、斯（蛇）、姆（马）、约（羊）、莫（猴）、阿（鸡）、丕（狗）、袜（猪）12种动物领养并用12种动物的名称为他们取了名。最后一对小孩由扎迪娜迪抚养，男的取名扎列，女的取名娜列。

（5）《那不落结 · $na^{11}py^{31}lɔ^{51}ʧɛ^{31}$》，译名《长生不死树》

讲述长生不死树离开人间的故事。世上有人的同时，有了长生不死树，人吃了长生不死。后来人越来越多。地上都住满了人，地都快踩通了。长生不死树为了救地球，跑到月亮上去了。从此，人会生老病死，地球就得救了。地上老人太多时，长生不死树自己折断一个枝，老人走一个；年轻人太多时，自己落下一片叶，年轻人走一个。用这种办法防止地球被人踩通、受伤。长生不死树掌管人的寿命。

(6)《扎别 · tsa^{31}pɛ^{33}》，译名《扎别》

拉祜西支系民间流传最广的机智人物故事。目前收集到的有以下 14 个单独故事：

①《兹户牙歌 · tsɿ^{33}xo^{35}za^{21}qɔ^{33}》，译名《赶集路上》

讲述扎别在赶集路上发生的一件事。故事中说，赶集路上，一个妇女背着一篮芭蕉走在扎别前。扎别名为帮人理芭蕉，实为偷吃。妇人回到家后，发现芭蕉果少了许多。

②《扎别扎着 · tsa^{31}pɛ^{33}tsa^{31}ʤɔ^{21}》，译名《扎别打谷子》

讲述扎别参加收谷子的故事。一家人打完谷子，卷起篾笆，背起谷子回家。扎别趁大家不注意钻进篾笆中，抬篾笆的人觉得很沉，回到家后打开篾笆，发现扎别在里面酣睡。

③《苏打匝科佘 · ʃo^{33}pɛ^{33}tshɔ^{323}qhɔ^{55}》，译名《铁管穿绳子》

讲述扎别动脑筋用绳子穿弯曲的铁管的故事。扎别请众人用绳子穿过弯曲的铁管。没有人能做到。扎别抓一只蚂蚁，将线拴住蚂蚁的腰放进铁管，穿线成功，众人佩服。

④《扎别列搓可 · tsa^{31}pɛ^{33}tshɔ^{33}》qhɔ^{55}，译名《扎别和盗贼》

讲述扎别智斗强盗的故事。一群强盗，个个贪心，无恶不作。扎别守在路边，见强盗来，告诉他们在一个水塘里有许多金银财宝，叫他们背上水缸，用牛皮绳绑紧身子，入水塘中取财宝。强盗们照办，结果全部淹死在水塘中，从此人间少了盗患。

⑤《阿麻给那巴 · a^{11}ma^{11}gɛ^{55}na^{54}pa^{33}》，译名《盐酸果树矛换真枪》

讲述扎别用树矛换真枪的故事。扎别包几包糯米饭和猪肉藏在路边。一个奸商扛着精制火枪过来了。扎别上前搭话，说奸商的枪不如自己的树矛。奸商与扎别打赌说，若树矛能打到糯米饭和猪肉就交换。扎别答应，用树矛往路下一刺，取出一包糯米饭，往路上一刺，取出一包猪肉。奸商觉得有利可图，就用真枪换取了扎别的盐酸果树矛。

⑥《沛门悉骡巴 · phɯ^{35}mɯ^{35}ɕi^{11}lɔ^{11}pa》，译名《冬瓜换骡子》

讲述扎别用冬瓜换骡子的故事。扎别抱一个冬瓜坐在商人往来的路上。商人来向扎别买冬瓜，扎别不给，说不是冬瓜是骡子蛋，非骡子不换。扎别用冬瓜换取骡子。商人驮着冬瓜东走西奔，不见生小骡子，一捏烂了，感觉上当，抱起冬瓜扔向路边，正好吓跑了一只兔子。商人以为小骡子跑了，后悔莫及。

⑦《阿保结阿诺阿玻·a^{33}pɔ^{55}ʧɛ^{31}a^{11}nɔ^{11}ɣa^{33}po^{31}》（芭蕉树上逃生）

讲述扎别从仇家手中脱险的故事。仇人追杀扎别到石崖底，扎别无路可退，急忙爬上一棵高过石崖的芭蕉树。石崖下是万丈深渊。仇人砍芭蕉树，听见扎别在吹口哨。见仇家停止砍树，扎别告诉他们：如果你们把我推下石崖，我就从沙滩上跑掉，如果你们把芭蕉树推向上方，我就会压死在石崖上。仇人听罢，把芭蕉树推向石崖上方，扎别趁机跳上崖顶，轻松脱险。

⑧《阿保扎·a^{33}pɔ^{55}ʧa^{11}》，译名《芭蕉心》

讲述扎别砍芭蕉诱敌的故事。扎别与族人战败于仇人，败退到一片芭蕉林时，扎别让族人躲入芭蕉林，自己拔刀砍芭蕉。仇人追到芭蕉林，见芭蕉桩上抽出了一截芭蕉心，认为追不上了，于是退兵，扎别和族人死里逃生。

⑨《扎别米阿跌·tsa^{31}p^{33}mi^{55}ɣa^{33}te^{33}》，译名《做扎别婆娘》

讲述打仗时扎别与有夫之妇的故事。仇人攻打寨子，所有男人参战，头人命扎别留寨关照老弱病残。当扎别把小孩和他们的母亲召集在一起时，小孩哭声连成一片。扎别对所有孩子的母亲说，谁家的小孩哭了，谁就要做我的老婆。话说出后，全寨就静悄悄。仇人以为有埋伏，全部撤军。寨子又恢复了正常的生活。

⑩《密谷科它科·mi^{31}qo^{11}qhɔ^{33}a^{33}tha^{55}khɔ^{55}》，译名《岩洞里传来响篾声》

讲述扎别弹响篾脱险的故事。扎别被仇家逼入岩洞，想让他困死在其中。夜间，从岩洞中传来悦耳动听的响篾声，仇家妇女们听到后都情不自禁地跑到洞口，取掉安在洞口的机关。扎别趁机逃出岩洞。

⑪《咱珠咱袜·tsa^{33}ʧy^{33}tsa^{33}va^{21}》，译名《躲迷藏》

讲述扎别与扎努比赛躲迷藏的故事。扎别和弟弟扎努躲迷藏。扎努是巨人，躲不过扎别。扎别变成一只蚊子躲在扎努眼皮底，扎努怎么找也找不到，扎努服输。

⑫《看玻依达·kha^{54}bɔ^{54}i^{11}da^{21}》，译名《赛弩》

讲述扎别与人射弩比赛的故事。扎别与众人比赛射弩。扎别提出射石头。所有人的弩箭都打光了，但没有一箭射在石头上。扎别用蜂蜡粘住箭头射出去，一箭打在石头上，众人皆服。

⑬《哈给依达·xa^{33}gɛ^{54}da^{21}》，译名《比赛挖地》

讲述扎别以比赛挖地为名发动大家挖地的故事。扎别把大家召集在一块旱地上，自己在地头挖三锄后宣布，谁先挖到地头，谁取胜。大家埋头用劲挖地，太阳落山前，所有人的锄头都挖到了地头，地挖完了，扎别却在林阴下睡了一整天。

⑭《日依达·zɿ^{21} i^{11} da^{21}》，译名《比赛睡觉》，又名《悉八悉拉科斯·çi^{11} pa^{11} ç^{11} la^{21} qhɔ^{33} sɿ^{33}》，译名《聪明一世，糊涂一时》

讲述扎别与扎努比赛睡觉而死的故事。扎别没有败给过任何人，没有被任何事困住。他想戏弄扎努，约扎努到大岩洞比赛睡觉。扎别让扎努睡在洞口，自己睡在洞中。扎努是巨人，睡在洞口把洞口都堵住了。扎努鼾声如雷，三年后醒来时，见洞里扎别的骨架，还认为扎别跑掉了，怨恨扎别。

（7）《扎努·tsa^{31} ɲ̥u^{55}》，译名《扎努》

拉祜西民间流传的巨人故事。传说扎努与扎别为同母所生，扎别为兄，扎努为弟。今收集到的《扎努》有以下 7 个单独故事：

①《哦国上亢咂本·ɔ^{11} qɔ^{31} ʃa^{35} qha^{33} tsa^{55} pɤ^{31}》，译名《一顿吃九甑子饭》

讲述扎努诞生后成为巨人的故事。扎努一生下来，一顿饭吃完九甑饭。越长越高，最后头顶着天。

②《牡干都·my^{55} ka^{31} tu^{33}》，译名《撑天》

讲述扎努用杵杆把天撑高的故事。天地造好后，天和地很近。巨人扎努舂米时，杵杆总是碰着天，有力无处使。扎努用杵杆把天撑高，从此天地相隔无边。

③《阿给都列哈铁·a^{33} kkɯ^{35} to^{35} lɛ^{33} xa^{33} thɛ^{35}》，译名《点着松明犁田地》

讲述扎努战胜黑暗的故事。没有太阳、月亮的年代，大地一片漆黑，人们无法种庄稼。扎努点亮松明，在水牛角上点上蜜蜂蜡烛，耕田犁地种庄稼。人类因此度过了没有太阳和月亮的年代。

④《贺切拾排可·xɔ^{54} ʧh^{33} sɿ^{11} phɛ^{21} qhɔ^{54}》，译名《戴七口铁锅》

讲述扎努战胜烈日的故事。有九个太阳的年代，大地一片炎热，人们无法下地种庄稼。扎努头戴七口七层铁锅，顶住炎热的阳光，依旧种田种地。不久九个太阳只剩下一个。人类度过了烈日当顶的年代。

⑤《可哦哦耶勃·qhɔ^{55} o^{21} ɔ^{31} ʑɛ^{11} po^{11}》，译名《屙屎淹母》

讲述扎努忤逆的故事。扎努吃那么多饭，到哪里屙屎。扎努出门了，母亲跟到山脚下，一股洪水般的粪便淹没了她。扎努误将粪便中挣扎的母亲当作牛屎虫踩死，母亲的骨头戳入脚底。扎努的死期即将临近。

⑥《些屋科哪给体·çɛ^{33} u^{33} khɯ^{33} na^{31} na^{31} hi^{54}》，译名《蝇蛋包伤口》

讲述扎努遭报应的故事。扎努踩死母亲，伤天害理。扎努疼痛难忍，求天神厄莎医治。厄莎告诉他，用九箩苍蝇蛋包扎伤口，九天后打开。九天后伤口恶化，蛆咬心脏，扎努死于江边。

⑦《科美列不发 · $qɔ^{33}mɯ^{55}lɛ^{33}bo^{31}fa^{11}$》，译名《山坝和飞蚂蚁》

讲述山坝与飞蚂蚁来历的故事。扎努死后，手指骨变成了群山，胃变成了坝子，骨粉变成了飞蚂蚁。每年夏天，成群的飞蚂蚁向天空飞去，寻找厄莎报仇。

［调查地点：澜沧县糯福乡南段莫谷寨；调查时间：2007 年 2 月；调查对象：扎倮娜波八；调查整理：王正华］

2. 南段老寨协妹娜迫耶讲述的民间口承古籍

《哦尾巴哦酿巴 · $ɔ^{31}vi^{35}pa^{11}ɔ^{31}ɳa^{35}pa^{11}$》，译名《兄弟》。

讲述兄弟俩从相依为命到反目成仇的故事。这是拉祜西地区流行最广、篇幅最长的口承古籍。目前收集到的有如下 24 个单独故事和一个“故事尾巴”（结束语）。以下依序列出：

（1）《哦尾巴哦酿巴哦八咱达伙 · $ɔ^{31}vi^{35}pa^{11}ɔ^{31}ɳa^{35}pa^{11}ɔ^{31}pa^{11}tsa^{33}ta^{54}xɔ^{55}$》，译名《兄弟卖父亲》

讲述兄弟俩卖父亲的故事。父亲与两个儿子相依为命。父亲老了，兄弟俩就商量卖掉父亲。父亲就找来一只雏鸟，兄弟俩醒悟，将父亲沿路抬回家，精心照顾。

（2）《哦八兹握 · $ɔ^{31}pa^{11}ʥ^{55}ɣɔ^{31}$》，译名《龙王拉走父亲》

讲述父亲去河里洗澡时遇难的故事。兄弟俩天天用热水为父亲洗澡，父亲觉得不舒服。兄弟俩就将父亲抬到河边，让父亲洗冷水澡，不幸被龙王拉走了。

（3）《哦八可杂达伙 · $ɔ^{31}pa^{11}qhɔ^{55}tsa^{33}ta^{54}xɔ^{55}$》，译名《卖父亲粪便》，又名《$ti^{33}ti^{33}zu^{31}a^{31}$. 叮叮如啊》，译名《要铁锤和火钳》

讲述兄弟俩为买工具卖父亲粪便的故事。要与龙王争斗，必须有铁锤和火钳。为了买铁锤和火钳，兄弟俩去卖父亲粪便。兄弟俩去卖粪便的途中，在一个村寨留宿。父亲粪便被寨人的猪吃掉了。兄弟俩要求寨人赔偿，他们从寨人那里得到了铁锤和火钳。

（4）《阿干古 · $a^{33}ka^{553}ku^{35}$》，译名《螃蟹》

讲述教训螃蟹的故事。兄弟俩到父亲被龙王拉走的河边，用铁锤和火钳撞出烦躁的声音。龙王就派螃蟹出来阻止，兄弟俩用火钳把螃蟹夹住扔入河中，螃蟹从此只能斜着走路。

（5）《啊普 · $ŋa^{55}phu^{33}$》，译名《鲤鱼》

讲述教训鲤鱼的故事。兄弟俩不停地用铁锤和火钳撞击，龙王派鲤鱼出来阻止。兄弟俩用火钳夹住鲤鱼扔入河里，从此鲤鱼的身子变成扁形。

(6)《紫 · ʥʅ^{55}》，译名《龙》

讲述兄弟与龙王较量的故事。兄弟俩教训了螃蟹和鲤鱼，龙王大怒，到水面向人问罪时，胆小的哥哥跑掉了，弟弟一人迎战龙王。铁锤和火钳无法对付凶猛的龙工。

(7)《哦怒自自 · ɔ^{11}nu^{35}tsʅ^{54}tsʅ^{54}》，译名《拴龙草》

讲述弟弟降伏龙王的故事。弟弟被龙尾巴打出河岸时，河边小鸟让他用拴龙草拴龙王。弟弟按照小鸟的提示，拴住龙王并拖到岸上。

(8)《克己列自 · khɯ^{33}ʨi^{55}lɛ^{33}tsʅ^{55}》，译名《斧子和凿子》

讲述得到龙刀龙弩的故事。龙王向弟弟求饶，要什么给什么。弟弟不要龙王的金银财宝，只看中了龙王的刀和弩。

(9)《是图别妥 · sʅ^{54}thu^{33}pɛ^{55}thɔ^{54}》，译名《砍树凿舟》

讲述兄弟俩砍树凿舟的故事。为了到河下游寻找新地方，兄弟俩砍树凿舟。每天砍到树心时，天就黑了，第二天大树又恢复原样。

(10)《尾尼列阿糯嘎 · vɤ^{31}nʅ^{33}lɛ^{33}nɔ^{54}qa^{11}》，译名《青竹标和乌鸦》

讲述青竹标医治大树的故事。人走后，青竹标将树屑抬入刀口，将大树恢复原样。兄弟俩在树下用铁锅烧水，青竹标落入滚烫的水中时，变成一只乌鸦顺河下游飞走。大树砍倒凿舟。

(11)《哦尾巴哦酿巴着各咱 · ɔ^{31}vi^{35}pa^{11}ɔ^{31}ȵa^{35}pa^{11}tsɔ^{31}kɯ^{31}tsa^{33}》，译名《兄弟分头寻找新地方》

讲述寻找新生活地的故事。凿完舟，兄弟俩商量寻找生活的好地方。哥哥徒步走上游，弟弟划舟走下游。

(12)《卡莫搓阿莫 · qha^{54}mɔ^{31}tshɔ^{33}a^{55}mɔ^{31}》，译名《见寨不见人》

讲述发现空寨的故事。弟弟在河岸看见一个很大的寨子。进入村寨，只有房子没有人，只有牛厩不见牛，只见鸡屎不见鸡。

(13)《搓古苯 · tshɔ^{55}qo^{31}pɤ^{11}》，译名《老妖婆》

讲述人与老妖婆斗智斗勇的故事。弟弟坐在空寨中，见到一个老妖婆。老妖婆与弟弟决斗。决斗前妖婆提出三个条件：不准用竹条打她，不准用鸡屎打她，她若输了不准破开她的拐杖。妖婆把弟弟逼到篱笆边，弟弟抽竹条打倒了妖婆，竹条沾上鸡屎打死妖婆。破丌妖婆的拐杖时，人和鸡、猪、牛、马从拐杖里出来，回到各自的家。

(14)《莫篾 · mɔ^{21}mɛ^{11}》，译名《猴嫂》

讲述哥哥向弟弟报喜的故事。哥哥沿河上游寻找生活之地时，在林中认识母猴并与之成婚后，放一把竹屑到河中，向河下游的弟弟报喜。弟弟见到竹屑，沿河上游寻找哥哥。打死了在箐边捞螃蟹的母猴，见到哥哥后知道错杀了嫂子，后悔莫及。

（15）《搓莫瓦达 · tshɔ^{33}mɔ^{21}da^{21}》，译名《人猴大战》

讲述弟弟错杀猴嫂引起人猴大战的故事。猴王得知后人杀猴子，下令九山九箐的猴子复仇。人在神的帮助下，用九盒蚂蚱踢瞎猴眼，让它们自相残杀，兄弟俩趁机逃回河下游的寨子。

（16）《阿糯嘎玻牡尼阿那 · a^{33} nɔ^{54} qa^{11} bɔ^{54} my^{55} ni^{33} ɣa^{33} na^{31}》，译名《射乌鸦伤太阳》

讲述太阳负伤的故事。兄弟俩离开猴山回到河下游的村寨时，被打死的妖婆变成乌鸦飞向天空。弟弟用从龙王那里得来的弩射乌鸦，弩箭带着乌鸦射在太阳上，顿时天昏地暗，人心惶惶。

（17）《些玛 · ɕɛ^{33}ma^{33}》，译名《绿头苍蝇》

讲述苍蝇救太阳的故事。绿头苍蝇飞到太阳上，将蛋下在乌鸦身上。乌鸦被蛆吃掉，弩箭从天而降。天地又明亮起来。

（18）《阿尾阿酿页着嘎着 · ɔ^{31} vi^{35} pa^{11} ɔi 31 ȵa^{35} pa^{11} ʑɛ^{31} tsɔ^{31} qa^{33} tsɔ^{31}》，译名《兄弟有了家》

讲述兄弟成亲的故事。兄弟俩离开猴山到河下游村寨时，村寨人为感谢弟弟救命之恩，让他俩在村寨中挑选姑娘成亲。兄弟俩选中一对孤儿姐妹。兄长娶姐姐，弟弟娶妹妹。兄弟有了稳定的家。

（19）《哈木余达 · xa^{33}my^{21}i^{11}da^{21}》，译名《比赛薅地》

讲述妯娌比赛薅地的故事。姐妹嫁兄弟，姐妹成妯娌。姐妹比赛薅地，遇上荨麻林。姐姐束手无策，妹妹用布裹手，薅除荨麻。

（20）《曼阿悉上 · ma^{35}a^{33}ɕi^{11}ʃa^{35}》，译名《摘干天果》

讲述姐姐害死妹妹的故事。姐姐嫉妒妹妹，约她上山摘干天果。妹妹上树摘果时，姐姐叫她脱下衣服、包头、手镯，之后将树砍倒。妹妹变成一只小绿鸟飞进竹林。

（21）《瓦落谷科斯 · va^{21}lɔ^{55}qo^{11}qhɔ^{33}sɿ^{33}》，译名《死于猪槽》

讲述姐姐遭报应的故事。姐姐脸上长出了麻子而苦恼，妹妹亡魂托梦给她，叫她脱掉衣服，让人捆绑放入猪槽，请人将烧开的水倒入猪槽，脸上的麻子就会消失，人就会变美。姐姐照办，结果丧命。

（22）《嘿瓦沛科玻 · xɛ^{33}va^{21}phɯ^{33}qhɔ^{55}bɔ^{54}》，译名《偷袭野猪窝》

讲述兄长想害死弟弟的故事。兄长在一个无底洞上铺上草，砍一猪尾巴放进草堆，假装野猪窝，诱骗弟弟去偷袭。弟弟见到猪尾巴，认为野猪在窝里，一梭镖刺过去，结果落进无底洞。

（23）《哦酿八密阿耐牡密普 · ɔ^{31} ȵa^{35} pa^{11} mi^{31} ɣa^{54} nɛ^{35} my^{55} mi^{31}》，译名《弟弟掉入小人国》

讲述小人国蒙难的故事。小人国人用木糯米巴巴盖房子，指老鼠为大象，指蕨蕨为大树，人只有蚂蚁大。弟弟求竹鼠帮助出无底洞，竹鼠讲条件，出洞后让它住在扫把林。弟弟答应后拉着竹鼠尾巴出了无底洞。

（24）《那尼本科哦片拉 · na^{54} i^{33} pɯ^{33} qhɔ^{35} bɔ^{35} phɛ^{55} la^{33}》，译名《朝我的心口开枪》

讲述兄长遭报应的故事。弟弟出洞见兄长，兄长以为弟弟不敢动手，递枪给弟弟，打自己的心口。弟弟接过枪，一枪打中哥哥的心。

（25）《本革科 · pɤ^{31} kɯ^{31} khɔ^{55}》，译名《故事尾巴》

讲述因果报应的根源。主要内容：讲善有善报，恶有恶报。

［调查地点：澜沧县糯福乡南段老寨；调查时间：2007 年 3 月；调查对象：协妹娜迫耶；调查整理：王正华］

3. 南段老寨扎努扎四八讲述的口承古籍

（1）《货卡扩列雅米扩 · xɔ^{33} qa^{54} qhɔ^{2133} za^{33} mi^{55} qhɔ^{21}》，译名《男人年和女人年》

讲述春节来源的故事。古时拉祜年不分“扩路”（大年）和“扩雅”（小年），一年只过一次。有一年临近“扩”（春节）时，外敌入侵，男人们都上前线，直到过年时战争还未结束，于是妇女们主持“扩”的仪式，与老人和儿童共度拉祜春节。“扩”结束两天后，男子们凯旋而归，为弥补超期的年，人们补过了一个年。自那以后，拉祜人将“扩”分为“扩路”和“扩雅”，并把前者叫做女人年，把后者叫做男人年。“扩路”和“扩雅”延续至今，有关男人年和女人年的故事也世代相传。

（2）《可玻玻 · qhɔ^{55} po^{33} po^{3}》，译名《松明节或火把节》

讲述松明节或火把节的来历。很久以前，拉祜族攻下了官府的城。住在松明楼里的拉祜族首领被假装投降的官府放火烧。为纪念这位首领而过松明节或火把节。拉祜西人把火把节称之为“阿革杜”（点松明）、“可布布”（悄悄发出信号）、“麻事麻礼”（战事），火把节与战争有关系。

（3）《期列阿 · tɕh^{33} lɛ^{33} ŋa^{55}》，译名《麂子与鱼》

讲述麂子头长皱纹、鱼死不瞑目的故事。麂子吃了橄榄时感到苦涩难受，发誓若再吃橄榄就让自己的头上长皱纹。之后它跑到河边喝水，又感到甘甜无比，就大笑起来。鱼见状问其原因，麂子告诉它橄榄很好吃，并答应带回来给鱼吃。麂子又跑去吃橄榄，头上就长出了皱纹，忘了对鱼的承诺。鱼老等不见麂子，到死也不瞑目。

(4)《阿我列屋乜 · a^{33}ɣɔ^{1}lɛ^{33}u^{33}mɛ^{55}》，译名《孔雀与鹌鹑》

讲述孔雀偷走鹌鹑尾巴的故事。百鸟会上，鹌鹑展开美丽翅膀起舞，众鸟推之为王。孔雀身大丑陋，向鹌鹑借尾巴，善良的鹌鹑答应了孔雀。这时，孔雀变得高大美丽，众鸟欢呼。孔雀飞入深山，鹌鹑从此只好躲在草丛中，再也飞不上树。

(5)《沛列娃 · phɯ^{55}lɛ^{33}va^{21}》，译名《狗和猪》

讲述猪和狗争主人欢心的故事。主人叫猪和狗去挖地。猪到地里埋头干活，狗跑到树下睡觉，醒来时猪把地挖完了。狗在地里跑了一圈，留下脚印，飞快地跑回家，告诉主人猪太懒。主人到地里查看，只见狗脚印不见猪脚印，就很生气。. 从此狗住家里，猪住家外。

(6)《沛列扎日 · phɯ^{55}lɛ^{33}tsa^{31}zɿ^{55}》，译名《狗和谷种》

讲述狗从天上找回谷种的故事。天神将谷种收回天庭，人间绝谷种。狗跑到天庭，趁守谷神不备，在谷种场打了滚后跑回人间。到家时在尾巴里掏出三颗谷种，从此人间又有饭吃。

(7)《搓莫排 · tsɔ^{33}mɔ^{21}phɛ^{21}》，译名《人变猴》

讲述男孩变成猴子的故事。父亲为教训顽皮的男孩，用烧红的铁锅片烫伤男孩的屁股。男孩发现屁股无毛，不敢见人而居山野，最后变成了猴子。

(8)《扎乜努喔嘎 · tsa^{31}mɛ^{33}ȵu^{55}ɔ^{35}qa^{11}》，译名《老虎、黄牛和水牛》

讲述朋友和仇家的故事。老虎想吃人，人想害死老虎。老虎背草时人放了一把火。老虎问黄牛怎么办，黄牛告诉它往山上跑，结果火越来越大了。老虎又问水牛，水牛告诉它跳进水塘，火就熄灭了。老虎脱险后，发誓世世代代吃人，吃黄牛，不吃水牛。

(9)《期列沛 · tɕhi^{33}lɛ^{33}phɯ^{55}》，译名《麂子和狗》

讲述仇家的故事。狗头上有角吃不了碓底下的米糠，麂子就叫它脱掉角。狗忙于吃米糠，角被麂子偷走了。从此，狗见麂子就撵。

(10)《阿妈那佘 · a^{33}m^{33}na^{3}ʃɯ^{33}》，译名《彩虹》

讲述彩虹的来历。一对恩爱恋人被父母拆散，双双奔向天空变成彩虹。女的变成亮彩虹，永远站在男人前面；男的变成暗彩虹永远陪伴着女人。

(11)《搓古卡 · tshɔ^{55}qo^{3} qha^{54}》，译名《鬼寨》

讲述男青年误入鬼寨的故事。男青年夜宿他寨，夜间听见磨刀声。鬼在商量做人肉菜的事，男青年听到后连夜脱走。天刚亮时鬼即将追上男青年。

男青年在野鸡的帮助下藏于枯树叶下，躲过了鬼的追杀。

（12）《喜喜寒冬 · çi^{55}çi^{55}xa^{11}do^{33}》，译名《七眼妖怪》

讲述除妖怪的故事。有七只眼睛的妖怪吃掉了小男孩的父母和兄弟姐妹，男孩在刺蓬、锥票、杵棒、南瓜、针、公鸡等帮助下斩除了妖怪。

（13）《阿尾阿酿列排唢 · ɔ^{31}vi^{35}ɔ^{31}ȵa^{35}lɛ^{33}phɛ^{21}ʃɔ^{35}》，译名《两姐妹与老长奶》

讲述两姐妹与老长奶相遇的故事。姐妹进山采野菜，遇上老长奶。老长奶专吃人腿，见到姐妹很高兴。老长奶用蜂蜜引诱姐妹，愚笨的姐姐上当了，被老长奶挖走了眼珠。聪明的妹妹借口找叶子包蜂蜜，从老长奶身边逃走了。

（14）《美尼列耻干 · mɯ^{33}ni^{55}lɛ^{33}tshɿ^{55}ka^{54}》，译名《游鬼和吸血鬼》

讲述游鬼和吸血鬼的故事。流血、溺水、雷击而死于非命的人变成游鬼和吸血鬼。游鬼不会害人，在半晴半雨时会呻吟。吸血鬼专门躲在阴暗的地方，见人、牛、马等从旁边路过时发出惊叫，并变成石头等绊倒路人、畜。吸血鬼吸食人、畜受伤流出的血。

（15）《搓列扎乜 · tshɔ^{33}lɛ^{33}tsa^{31}mɛ^{33}》，译名《人和虎》

讲述相依为命变成相互为敌的故事。人和老虎煮牛肉吃，人想占便宜，叫老虎用通底的竹筒打水。老虎回来时，好牛肉都被人吃完了。人拿一点好牛肉给老虎吃，老虎觉得很好吃。人骗老虎说，那块肉是自己的小腿肉。从此，老虎就开始吃人了。

（16）《搓列哦噶 · tshɔ^{33}lɛ^{33}ɔ^{35}qa^{11}》，译名《人和水牛》

讲述人和水牛打赌的故事。人和水牛打赌，谁的毛多，谁就当主人。打赌那天请来天神，结果人和水牛的毛一样多。天神说人鼻子多了三根毛，最后水牛成为仆，为人耕田犁地。

［调查地点：澜沧县糯福乡南段老寨；调查时间：2007 年 3 月；调查对象：扎努扎四八；调查整理：王正华］

4. 南段老寨阿当岩细八讲述的口承古籍

（1）《阿布路列阿爸姑 · a^{11}py^{11}lu^{35}lɛ^{33}a^{33}pa^{33}qu^{33}》，译名《阿布路和阿爸姑》

讲述阿布路和阿爸姑在南段拉祜族地区传播佛教的传奇故事。阿布路和阿爸姑是同胞兄弟。阿布路一家有七兄弟，阿布路是老大，阿爸姑是老幺。

兄弟七人在南段山区选地址建盖佛房，传佛教。一时间，南段一带佛教兴盛，族人兴旺。后来阿布路成佛升天，阿爸姑因喜新厌成人。

［调查地点：澜沧县糯福乡南段老寨；调查时间：2007 年 3 月；调查对象：阿当岩细八；调查整理：王正华］

二、竹塘乡老缅大寨古跋（老缅人）民间流传的口承古籍

1. 口承神话故事

（1）《人类起源》

讲述人类起源的神话。古代没有人类，只有扎倮、娜倮和他俩的儿子扎迪、姑娘娜迪。为了人类繁衍，扎倮、娜倮就叫扎迪兄妹俩结婚。开初，兄妹俩很害羞，不愿结成夫妻，但经过父母的再三劝说只得依允了。结婚三年后，娜迪生下一个肉团，扎迪感到耻辱，就把肉团丢到野外的大岩子脚下，后来肉团自然发芽、生根、伸藤，藤子长得一百庹长，每庹上生一个节，每节上结一个葫芦。后来葫芦成熟了，从葫芦里出来一百个人，他们就发展成今天的各个民族。

（2）《人和水獭》

讲述人与水獭关系的故事。人类从一百个大葫芦里出来后，老缅人的祖先是由水獭哺乳长大，为报答水獭的恩德，所以不吃水獭肉就成为本民族的一个标志。

（3）《羊和种子》

讲述羊从天上找回谷种的故事。老缅人原来没有谷种，经常受到饥饿的威胁。有一只羊很同情人的困境，想从天王的谷种场上偷一些谷种给人类，但是看守谷种的神随时都守护在那里，很难得手，于是它就在自己身上擦上松树脂和酸蜂蜡后才进谷种场去偷，看见了守谷神，就边笑边奔过去，守谷神见羊露着利齿以为是去咬他的，急忙回避，羊顺势在谷种场上打了两个滚，把身上沾着的谷种带回到人间，从此，老缅人有了种子。为了感恩，老缅人发誓子子孙孙都不吃羊肉。

2. 民间歌舞、歌曲和调子

老缅人传统歌调有芦笙调和芦笙舞。老缅人喜欢唱调、吹芦笙、跳舞。

芦笙调子和舞蹈的动作是协调的，跳舞的人可随着芦笙的调子变换自己的动作。据初步收集，老缅人的调子和舞蹈形式有以下几种。

(1)《出门调》

过春节时从寨主家里跳出门外时吹的葫芦笙调，内容大意是来年吃不完穿不完。

(2)《芟地调》

模拟芟地开荒时的动作。

(3)《摸乳房调》

模拟妇女给孩子哺乳，内容大意是希望结婚的人个个生得胖娃娃。

(4)《挑刺调》

形容劳动生产时被荆棘刺了手脚而挑刺的动作。

(5)《谷倒调》

形容庄稼长得好，风吹谷棵倒伏。

(6)《绑谷调》

把倒伏的谷棵扶起来，让它成熟得更好。

(7)《薅草调》

模拟中耕薅草，薅草结束后高高兴兴回家的样子。

(8)《庆丰收调》

形容年好粮丰，内心很高兴。

(9)《进门调》

形容把谷米收进家的欢乐场面。

［调查地点：澜沧县竹塘乡东主办事处老缅大寨；调查时间：2006年12月；调查对象：李扎依、石富文、李劲松、李明清等；调查整理：王正华］

第二节　临沧市双江县拉祜族口传古籍调查

双江县是临沧市唯一的拉祜族和其他民族联合组成的自治县，全县各乡、镇都有拉祜族分布，总人口33 863人，占全县总人口的21%。

双江拉祜族每逢传统节庆、祭祀都吹芦笙跳舞，当地人称为“跳歌”，拉祜族称之为“打歌”。打歌时男人背挎包、吹芦笙，妇女背挎包，随葫芦笙调打出许多生产生活和模拟动物的情景，人数最多时达1000～1500人。打歌以集体性为主，传承方式主要靠言传身教、耳濡目染。打歌动作从《大路歌》开头，《三脚歌》收尾。打歌节拍随葫芦笙调的旋律有快有慢，有张有弛，节奏十分鲜明，动作古朴生动，民族特点明显，具有较强的艺术感染力和观赏性。

打歌是拉祜族重要的舞蹈形式，内容十分丰富。但随着各族文化的相互交融，一些传统舞蹈动作已受到外民族文化的影响，加之一些老艺人年事已高，无法将完整的动作传承下来，很多古老传统的舞蹈来源传说面临失传。勐库镇迁红组李光荣，勐勐镇解放新村二组张老四、李小石和千福二组毕玉德是目前双江有名的歌头，他们掌握拉祜族七十二路拉祜族打歌动作，并能口述其来源，现将七十二路打歌来源内容分述如下。

（1）《叶锅鸡嘎 · $za^{21}qɔ^{33}tɕi^{54}qa^{11}$》，译名《大路歌》

相传很久以前，世界没有日月星辰，没有人类，是天神厄莎用手撑开了天，用脚蹬开了地，在大地上种下一棵葫芦，不久葫芦就开花结出了一个大葫芦，拉祜族的祖先扎迪、娜迪就从葫芦里出来。扎迪、娜迪出来后大地没有路，天神厄莎用石头捶打成一付磨，并告诫扎迪、娜迪，“磨盘里的磨牙齿是人世间的路，有长有短，有曲有折，我们拉祜族人要走最长最大的一条”。从此，路就离不开拉祜族的游猎生活，拉祜族的生产生活与道路息息相关。因此，讨亲嫁娶要走大路，以示后人，要走光明正道，不做虚伪小人。大路歌寓意深长，体现拉祜民族的坦诚与正直。

（2）《些笔嘎 · $ɕɛ^{54}pi^{31}qa^{31}$》，译名《三脚歌》

在远古时代，拉祜族没有固定的生产生活方式，以游猎为生，在捕到猎物后，用两个白石头与火草打火，用柴烧起火塘，烧猎物肉吃，为了便于烧烤就用三块石头支成“三脚”，后来随着生活的变迁，拉祜人用泥土捏成的土锅在三角上煮食物吃，拉祜人认为是三脚撑起拉祜族的一片蓝天。所以三脚离不开拉祜族的生活，拉祜人就编创出“三角歌”，以示后人，在生活的道路上，做人做事要一步一个脚印，像三脚那样，稳重如山。

（3）《叶细嘎 · $ʑɛ^{31}ɕi^{54}qa^{31}$》，译名《扫地歌》

拉祜人长期过着游猎生活，居无定所，但是，勤劳的拉祜人非常注重卫生，不管走到哪里，都特别注重居住地的环境卫生，因此，每天清晨都要扫地，以示迎接新的一天，并形成了日常生活程序，扫地歌由此而来。

（4）《配罗嘎 · $phɯ^{33}lɔ^{55}qa^{11}$》，译名《桌子歌》

传说拉祜族人在娶儿媳妇时都会召来很多的亲戚朋友，为使婚礼有热烈、祥和的气氛。晚上亲朋好友点燃篝火，支上一张桌子，桌上摆上酒菜，客人们围着篝火、桌子打歌，喝酒吃菜助兴，是亲朋好友团结、友好的象征，并告诫人们，不论做什么事，要围绕一个中心，并要齐心协力。

（5）《嘎几嘎 · qa^{11} tɕi^{55} qa^{11}》，译名《缓脚歌》

拉祜人在庆祝喜庆丰收、猎物丰盛、老人高寿、男女婚嫁时，为表达心中的喜悦和幸福，以舒畅或明快的舞步，展现欢乐祥和的气氛，打歌时，随着芦笙的旋律，上身一摇一摆，脚下一缓一合。

（6）《锅靠嘎 · qhɔ^{33} khau^{35} qa^{11}》，译名《靠山歌》

拉祜族的祖先扎迪、娜迪生下了 7 个孩子，7 个孩子长大后，都已经成家立业，为报答父母的养育之恩，7 个孩子都和父母在一起，扎迪、娜迪为使孩子和睦相处，以山连山互相依靠，教育孩子一定要团结和睦，相互依靠，相互帮助。为此，后来拉祜人以此事为据，编创了靠山歌。

（7）《嘎叠嘎 · qa^{11} tɛ^{54} qa^{11}》，译名《比脚歌》

比脚歌又叫半节歌，顾名思义，半节歌只跳一半，另一半是故意藏下不跳。是在打歌时歌头们相互比赛，考验对方是否是真正的歌头，是否真的精通歌艺。这是拉祜族先祖们为比赛分出胜负而创造出的舞蹈。

（8）《嘎四嘎 · qa^{11} sɿ^{35} qa^{11}》，译名《小摆歌》

拉祜人在辛苦生产与劳作之余，不忘吹起芦笙跳起歌，把一天的劳作动作，展示在朋友的面前，一摇摆，一转身，一个微笑，不相识的人都成为了朋友，用娱乐增进朋友之间的感情。

（9）《地笔怕嘎 · ti^{55} pi^{31} pha^{54} qa^{11}》，译名《一脚半歌》

从前，有一位年轻的拉祜族小伙，他出门后想走遍四面八方，想看看地球有多大，需走多长时间，由于没有文化知识，出门后不知道方向如何走，又想起自己家中的亲人，对家人特别的思念，结果路走了一半就返回自己的家中，从此得名“一脚半歌”。

（10）《泥笔怕嘎 · ȵi^{55} pi^{31} pha^{54} qa^{11}》，译名《二脚半歌》

传说，有一个男孩，因为父亲过早离开人世，母亲为了维持生计，远离故乡做工，由于家中的男孩十分想念母亲，他寻找母亲走了两天半时，突然在路上遇到了一位好心人说：“你母亲已经回到了家。”结果小男孩就返回家，母子终于相见。从此得名“二脚半歌”。

（11）《窝落些笔卡挪些笔嘎 · ɣɔ^{55} lɔ^{35} ɕɛ^{54} pi^{31} qhɒa^{55} nʌɔ^{35} ɕɛ^{54} pi^{31}》，译名《前三脚后三脚歌》

从前，拉祜人上山狩猎，猎得两头鹿，一大一小，全村人非常高兴。为此，打歌庆祝，大人围着大鹿跳，小娃围着小鹿跳。大人前头跳三脚，小娃朝后跳三脚，以此形成了前三脚后三脚。

（12）《啊科或嘎 · a^{33}khɯ^{33}xɔ^{11}qa^{11}》，译名《绕脚歌》

拉祜人的祖先上山打猎，看到古藤绕着大树，感觉到古藤的神奇，并拉下藤子观看，由此而学会了麻绳的编织，麻绳为拉祜人的生产生活带来了许多便利，为感谢发现古藤缠绕古树而学会编织的祖先，因此而诞生了绕脚歌。

（13）《啊人北锈嘎 · a^{33}zu^{33}pɤ^{33}ʃo^{54}qa^{11}》，译名《打秋歌》

拉祜人经历了长期的迁徙，安定下来后生活逐步改善，在衣食充足的幸福生活时期，为了不使人们懒惰，每年春节拉祜村寨都要进行打秋比赛，告诫人们在安定的生活环境中也要加强锻炼身体，只有健壮的体魄才能战胜大自然，才能生存，故编创出此歌。

（14）《司查嘎 · sɿ^{54}tsa^{33}qa^{11}》，译名《找树歌》

拉祜族的祖先大多时间在高寒山区打猎为生，都要建盖牢固的棚子（房子），才能遮风挡雨，所用木料比较讲究，要用坚硬笔直的梨树或树龄足的松树。曾有一位拉祜人因为用木质差的木料盖棚子，被暴风雨吹打坏了，过了一个寒冷的冬天。他告诫后人，盖棚子一定要找好树，因此，他就编创了此歌。

（15）《司图嘎 · sɿ^{54}thu^{33}qa^{11}》，译名《砍树歌》

有一个拉祜人前辈在砍树时，只顾低头砍树，不看高处，被绕在树上的藤子挂着了斧头，斧子划断藤子砍伤了脚。回家后告诉其父亲，其父告之："不看砍处要看挂处，你不想想看，肯定要吃亏的。"他为了吸取这一深刻的教训，特意编创了此歌，来时刻提醒自己，做什么事都要上下左右，三思而后行。

（16）《和迫嘎 · xɔ^{33}phɔ^{55}qa^{11}》，译名《芟地歌》

相传，拉祜族人开始把种子撒在深山老林，结果被鸟、老鼠等野生动物吃光，生活无法维持，后来在捕猎中意外发现被火烧光的一块地，人们把种子撒在这片地上，结果长出来的庄稼比较好，有了收获。从此以后人们就慢慢地把深山老林砍光后，种上自己所需的农作物，从此而编创出"芟地歌"。

（17）《和蔑嘎 · xɔ^{33}mɛ^{55}qa^{11}》，译名《犁地歌》

随着社会的进步，拉祜人告别了游猎迁徙的生活，逐渐在水草旺盛、土地肥沃的地方定居下来，开始了农耕生活，男人驾牛耕地，女人播种，在耕作之余，大家在田间地头，像牛犁地的样子跳歌，男女互相唱和，交流感情，由此编创犁地歌。

（18）《和国嘎 · xɔ^{33}qɔ^{55}qa^{11}》，译名《挖地歌》

据说，拉祜人开始在火烧光的土地上用木棒耕种，但承受不了大风大雨的自然灾害，且收获很小，经过多年的实践，随着人类社会的不断进步，人类自制工具耕作土地，后来用这种方式种植粮食大丰收。挖地歌由此得名，一直流传至今。

（19）《沙吗第嘎 · ʃa^{33}ma^{33}ti^{33}qa^{11}》，译名《点玉米歌》

曾经有一位拉祜族妇女学种玉米，开始种子点得过密，收成不好。第二年点得稀，收成也不好，第三年按照一定的株距、行距打塘下种，收成很好，产量倍增。从此以后，逐年总结，用最适当的株距、行距点种，产量都很高。这位妇女根据点玉米的动作编创出点玉米歌。

（20）《第米嘎嘎 · ti^{33}mi^{33}ga^{54}qa^{11}》，译名《耙田歌》

很久以前，拉祜人在猎鹌鹑时，一个鹌鹑也没打到，却看到螃蟹在田里的水中爬来爬去，动作很是奇妙，拉祜人模拟螃蟹动作，做出耙子来耙田，来栽种农作物。后人把这种动作编成了芦笙舞蹈——耙田歌。

（21）《地米摊嘎 · ti^{33}mi^{33}tha^{33}qa^{11}》，译名《摊田歌》

有一位拉祜族先祖栽了秧之后，第二天去看田水，发现秧苗浮起了很多，觉得奇怪，就去问一位老人，老人问明情况后，笑着说："你不摊田，土不平，水位不平，水深的地方就会浮起秧苗。"听了之后，羞愧极了，回去后摊田重新栽种。从此，拉祜人民知道在栽秧前，只有摊平水田，就好栽种，农作物长得更好，为记住这一规律，特创出此歌。

（22）《地迷步捏嘎 · tiɪ 33mi^{33}py^{31}nɛ^{35}qa^{11}》，译名《搭埂歌》

传说，古历二月初八，有一家拉祜人家上山祭祖坟，路过其他民族田边，见正在搭埂，便问为何搭埂，回答说搭好埂管理方便，保水养田，农作物长得好长得快，觉得此办法好，回去广为传授。为记住这一事特创出此歌。

（23）《哦若色嘎 · ɔ^{31}zɔ^{55}sɤ^{21}qa^{11}》，译名《撒种歌》

从前，拉祜人都以狩猎为生，后来，慢慢掌握了一年 24 个节令，根据节令播种粮食作物，为了记往什么季节撒什么种，为此，创出了此歌。

（24）《或哦嘎 · xɔ^{35}ɣɔ^{31}qa^{11}》，译名《拔秧歌》

远古时候，有一家拉祜族夫妇狩猎归来，路过一片沼泽地，遇见一塘野稻秧苗，妻子非常高兴，便卷起裤角，走到沼泽地中去拔。因野稻根挂泥土多，便把野稻泡水中，并用自己的腿当柱，打掉了泥土。这时，丈夫见妻子动作优美，自己情不自禁地跳了起来，为记住这对夫妻，拉祜族人创出了此歌。

（25）《其地嘎 · ʧhi^{21}ti^{33}qa^{11}》，译名《栽秧歌》

从前拉祜族妇女栽秧是边走边栽，栽完后回头看看，秧苗大都被踩倒了，于是，她们想出了用倒退的方法栽秧苗，结果秧苗整齐，男人们觉得新奇，于是编创了栽秧歌。

(26)《地米母嘎·$ti^{33}mi^{33}my^{21}qa^{11}$》，译名《薅秧歌》

秧栽后不久，拉祜族妇女看到田里杂草和秧苗一样高，就邀妇女们一起到田里，褥除杂草，结果使秧苗长得好，稻谷丰收，由此用薅秧除草动作编创出此歌。

(27)《扎尔嘎·$tsa^{31}ɣɤ^{21}qa^{11}$》，译名《割谷子歌》

以前有一户拉祜人家上山狩猎去了，归来时，自家的谷子变成金黄色的一片，就邀寨子男女老少到田里割谷了，男人割谷子左边摆，女人割谷子摆右边，当时割谷子的动作十分熟练优美。于是就把割谷子的动作编成了割谷子歌。

(28)《扎约嘎·$tsa^{31}ʤɔ^{21}qa^{11}$》，译名《打谷子歌》

以前有一户拉祜人家晒谷子，鸟雀多，为了不使鸟雀再来吃谷子，就抬上篾笆到田里，在田边砍下一棵弯树做成弯棍，把谷子摆在篾笆中间，用脚踩在谷棵上把谷子打落，一边打一边跳，流露出丰收后的喜悦。于是创出打谷子歌。

(29)《扎第嘎·$tsa^{31}te^{11}qa^{11}$》，译名《舂碓歌》

从前聪明的拉祜前辈们，每年收回谷子后，为把谷子变成米，就用大树凿成杆臼，再用碗大的木头做成棒头，你一棒头，我一棒头舂谷子，样子十分灵巧，从此便编创出了此歌。

(30)《扎哈嘎·$tsa^{31}xa^{33}qa^{11}$》，译名《簸米歌》

古时没有簸箕，拉祜族妇女把舂好的米放在自制的麻布里，两个妇女上下簸动，把糠皮簸除，此时，簸米动作十分优美，由此编创了簸米歌。

(31)《扎给嘎·$tsa^{31}gɛ^{54}qa^{11}$》，译名《筛米歌》

古时，没有筛子，拉祜族妇女为把簸好的米中杂物筛除，男人们把竹子破细，固定在织布架上，前后左右推拉，把米中的杂物筛除，当时场景动作十分优美，因而编创了筛米歌。

(32)《扎卡扎嘎·$tsa^{31}qha^{33}tsa^{35}qa^{11}$》，译名《煮米歌》

有一位拉祜男人打猎归来太阳已偏西，妻子由于忙做针线活，忘了煮饭，丈夫肚饿难耐，吃了很多生玉米，结果生病卧床数十天而亡。妻子十分伤心，为告诫拉祜族妇女们，时间到了不要忘记给家人煮饭的教训，特编创此歌。此歌是拉祜族妇女所创。

(33)《哦左嘎·$ɔ^{11}tsɔ^{33}qa^{11}$》，译名《转饭歌》

有一对夫妇上山狩猎，叫小儿子在家煮饭，小儿子把煮好的饭烘在火塘边上，饭锅边烘边转，夫妇俩回到家后，吃到了香喷喷的饭。认为，饭锅不转饭不香。为记住那个小孩子，后人就编出此歌。

(34)《哦炕嘎·$ɔ^{11}kha^{35}qa^{11}$》，译名《炕饭歌》

有一户拉祜人家十分好客，很多朋友喜欢到他家玩。平时自家都在火塘边吃饭，有朋友来时，他家就把菜饭摆在堂窝（客厅）中间和朋友一起吃饭，表示对朋友客人的尊敬，从而得出炕饭歌。

(35)《啊培地嘎·$a^{3}phe^{21}te^{11}qa^{11}$》，译名《舂辣子歌》

古时候，拉祜族先民不会种菜，以狩猎为生，有一天，在狩猎的时候看到很多野菜，拿回家煮吃，觉得味道很淡，就用柞白舂一碗辣子拌野菜吃，味道鲜美，饭菜可口，从此，辣子就成了拉祜族饮食的佐料之一。由此而得出舂辣子歌。

(36)《哈列嘎·$xa^{33}lɛ^{31}qa^{11}$》，译名《喜欢歌》

从前，拉祜族聚居的村寨，有一年，风调雨顺，到古历八月各种粮食归仓入库，喜得丰收，非常高兴，就邀请左邻右寨的人，欢聚一堂共庆丰收，男人们吹起芦笙，女人们换上亮丽的衣装，共同跳起了欢乐的芦笙舞蹈，由此得名为喜欢歌。

(37)《哦么嘎·$ɔ^{31}mɯ^{33}qa^{11}$》，译名《磨面歌》

传说有一个拉祜族妇女，在火烧过的地上种玉米和荞麦，成熟后收回家煮吃，时间长了难以适应，后来她想出一个办法：拿两块石头合在一起，把食物压在两块石头中间不断的辗转，辗出来的食物煮吃就相当可口，为记住这一技术，拉祜族妇女就编创了此歌。

(38)《哦么或嘎·$ɔ^{31}mɯ^{33}xɔ^{11}qa^{11}$》，译名《搅面歌》

很久以前，一户拉祜族人家，有10口人，只有一碗玉米，很难把玉米平均分配给10个人，结果把玉米磨成面，把它放在锅里，再加上水，用木棒搅了又搅，煮熟后把搅面分给了每一个人。为了记住此事，拉祜族妇女编创了此歌。

(39)《呀挪嘎·$za^{55}nɔ^{33}qa^{11}$》，译名《摇娃娃歌》

从前，有一对拉祜族夫妇生得一子，把孩子放在背篓里，孩子特别爱哭，由于夫妇俩劳动十分繁忙，只能把小孩放在背篓里边摇边劳动，孩子就不哭了，因此就根据这种动作编创出了此歌。

(40)《莎啊嘎·$ʃa^{11}ɣa^{21}qa^{11}$》，译名《追山歌》

很早以前，拉祜族男女分工比较明确，男的主要以打猎为主，女的主要在家喂猪、鸡，到每年的古历六月二十四，拉祜男人有追山的习俗，从此得名“追山歌”。

(41)《追自闭嘎·$phɯ^{55}dʐʅ^{55}pi^{35}qa^{11}$》，译名《狗拉尿歌》

从前，有一条狗跟着主人到上山，那天雨下得很大，时间很长，天晴时已是傍晚。在回家的路土，狗脚沾上了泥巴，撒尿时怕泥土沾上自己，就把脚抬起一只撒尿，拉祜人觉得滑稽好玩，便学这种姿势编出了此歌。

（42）《发普嘎 · fa^{54}phu^{54}qa^{11}》，译名《老鼠翻身歌》

拉祜族祖先上山狩猎时，看到树上的松鼠、貂鼠不但不怕人，还在树上轻松自如地左顾右盼，在树上翻转身子舞来舞去，那快乐的姿态让祖先们很是着迷，于是，把松鼠的动作融入拉祜族的舞蹈中，编创了此歌。

（43）《拔叠捏嘎 · pa^{11}tɛ^{35}nɛ^{54}qa^{11}》，译名《青蛙歌》

拉祜人在每年初一清早都要到水井取来年的第一桶水表示吉祥，看见青蛙跳跃捉虫吃，动作十分敏捷可爱，年长日久，便学青蛙编创出此歌。

（44）《坝吉灭佳嘎 · pa^{35}ʧe^{21}m^{21}tsa^{33}qa^{11}》，译名《蚂蚱歌》

拉祜族祖先在打猎途中看见蚂蚱闭着眼睛，奋力一跳，跳得又高又远，祖先们就模仿着蚂蚱的模样，编出了蚂蚱歌，并代代相传。

（45）《阿托嘎 · ɣa^{54}thɔ^{54}qa^{11}》，译名《斗鸡歌》

拉祜族猎手上山捕猎时，看到野鸡在树丛中打斗，两只野鸡优美的动作、互不服输的精神，让猎手过目不忘。于是，回家后配着芦笙的声音，看着野鸡争斗轻快的脚步，模仿着野鸡争斗的动作，编创出斗鸡歌。

（46）《啊伯哦我嘎 · a^{33}pɯ^{33}ɔ^{31}ɣɔ^{54}qa^{11}》，译名《斑鸠捡食歌》

拉祜族先民们到山上砍柴时，看见斑鸠成双成对地在树林、草丛之间寻觅食物，为了觅到食物，它们千辛万苦四处奔波，就像族人们四处迁徙，艰难度日一样。于是先民们就把斑鸠捡食的动作，融入拉祜族芦笙舞蹈之中，并编创出此歌。

（47）《国吗嘎 · kɔ^{31}ma^{33}qa^{11}》，译名《东弄秧鸡歌》

秧鸡生活在稻田中，拉祜族祖先们看到秧鸡在稻田中艰难的生活，经受着风吹雨打，就像祖先长期漂泊、历尽磨难。但是，小秧鸡刚刚出蛋壳，就勇敢地在稻田里迅速地游泳、觅食，象征着拉祜族顽强的生命力，感动于此，特编创出此歌。

（48）《棚子达嘎 · pho^{21}tsɿ^{33}ta^{21}qa^{11}》，译名《搭棚子歌》

拉祜族祖先在青年男女婚庆时，亲戚朋友们砍来竹子、木青叶搭起棚子，在棚子底下庆祝新人们婚姻幸福美满。后人们为了纪念老前辈的传统风俗，不要忘记搭棚。由于搭棚象征婚姻长青、朋友团结互助，特编创此歌。

（49）《周嘎 · tsɔ^{33}qa^{11}》，译名《转圆歌》

在打歌时，以桌子为中央，看左右、前后，不能相互碰撞。人多时要打简单的、大众化的歌，人少时要打复杂多变的歌，比喻人们做什么事都要学会先易后难，要前思后想，要考虑与外界的关系。在生活中要处理好人与人之间的关系，由此而编出此歌。

(50)《些拨读些拨哪嘎 · $ɕɛ^{54}pɔ^{54}tu^{33}ɕɛ^{54}pɔ^{54}na^{55}qa^{11}$》，译名《三起三落歌》

一方面，打歌套路多，一口气无法打完，需要多次反复打才能打完；另一方面，提醒人们一生当中不可能一帆风顺，有福有祸，三起三落，要正确面对人生，要反复思考努力做好才能成功，于是编创此歌。

(51)《哦蔑嘎 · $u^{35}mɛ^{55}qa^{11}$》，译名《鹌鹑歌》

传说中，鹌鹑长得十分漂亮，性格憨厚温和，头上长着一撮又长又弯的粉红色的羽冠，蓝白相间的翅膀，有一束绿色嵌有铜钱花斑长长的尾羽，飞起来像仙女下凡，缥缈无暇，堪称百鸟之冠。逢年过节时，各种庆典都离不开鹌鹑。孔雀十分嫉妒，在跳歌时，竟把鹌鹑漂亮的羽毛插到自己的身上，从此鹌鹑就失去了漂亮的羽毛和长长的尾巴。鹌鹑十分伤心，就独自到一户人家觅食。主人家看到鹌鹑孤独忧伤觅食的样子，就编创出了《鹌鹑歌》。

(52)《禾那灭围嘎 · $xɔ^{31}na^{54}mɛ^{11}ɣɔ^{31}qa^{11}$》，译名《等鸡摆尾歌》

拉祜族人收获结束后，到大等（深山）上狩猎看见篙鸡长长的尾巴，十分漂亮。跳出各种优美的舞姿，于是就把这种姿势融入拉祜芦笙歌舞中，并创出了此歌。

(53)《撤保妈啊嘎 · $ʧhɤ^{321}pɔ^{55}ma^{33}ŋa^{54}qa^{11}$》，译名《追画眉鸟歌》

从前，拉祜族妇女在家养猪、鸡，男人到山上打猎。过年时，妇女养的猪、鸡杀吃完后，就叫男人到山上打猎来吃，上山后，看见画眉鸟叫得很好听，于是便拿回家来养起，画眉鸟与人和平相处，所以拉祜人就没有猎杀画眉鸟的习惯，鉴于此，特创出此歌。

(54)《诺余嘎 · $nɔ^{54}ʑi^{31}qa^{11}$》，译名《豆芽歌》

拉祜族妇女在一次偶然的机会，吃到豆芽。觉得弯弯的豆芽好吃又好看，决心回家后做豆芽吃。为了不忘记做豆芽的技术，拉祜族妇女编创此歌。

(55)《发哦扎嘎 · $va^{21}ɔ^{11}tsa^{11}qa^{11}$》，译名《喂猪歌》

从前，有一位拉祜族妇女喂了很多的猪，由于猪个个抢着吃食，猪长的很壮，丈夫打猎归来时，看到妻子喂猪的动作便编成了《喂猪歌》。

(56)《努古嘎 · $nu^{55}gu^{54}qa^{11}$》，译名《斗牛歌》

有牛的人家是拉祜人富裕的象征，有许多人家有肥壮的牛，主要是用来耕作农田。在农闲时，找一个空闲地比试谁家的牛更厉害，采用两条牛斗牛的方式，分出胜负。以牛打架的姿态，编创斗牛歌。

(57)《拉灭嘎 · $la^{21}mɛ^{31}qa^{11}$》，译名《左脚歌》

从前，拉祜老人死后，为了祭祀老人愉快安详的死去，拉祜妇女为牵挂老人，左脚跪地，在左侧石头上为此编出左脚歌，此歌只能在办丧事时打。

（58）《嘎嘿嘎 · la^{21}mɛ^{31}qa^{11}》，译名《哄脚歌》

《哄脚歌》是只在娱乐、打歌活动、艺人与艺人之间相互比试歌技的一种喜剧歌舞。青年男女在相互交往中，把自己的技艺藏一半，把各自的一些优点藏起，考验对方，是否真心相爱，真心追求对方。为教育人们任何时候说话、做事都要留有余地，从而编创此歌。

（59）《母体嘎 · my^{55}thi^{55}qa^{11}》，译名《天亮歌》

天亮时打的歌，主要是通过一晚上的打歌，一些朋友休息睡觉了。坚持打歌的人吹跳此歌，告诉朋友们天已经快亮了，打歌的时间不多了，要求朋友们快来打，以示迎接新的一天，是起床的醒眠曲。

（60）《木你朵嘎 · my^{55}ni^{33}tɔ^{54}qa^{11}》，译名《日出歌》

太阳是拉祜族天神厄莎右眼做成的，为感谢厄莎给大地带来温暖，给拉祜人民带来生命。拉祜头人上山狩猎下扣子，到第二天日出时，获得很多猎物，便高兴地回到家中，与全村男女老少共同分享共同欢庆，感谢天神的恩惠，表明拉祜人民团结和睦、同舟共济，特编创此歌。

（61）《各尺嘎 · kɔ^{31}tshɿ^{55}qa^{11}》，译名《洗脸歌》

打歌到天亮以后，主人家要给老人及打歌者倒水洗脸，以便解除疲劳，也表示感谢。为记住这一好传统，就把洗脸的动作编创成此歌。

（62）《棚子握拔嘎 · po^{21}tsɿ^{33}ɣɔ^{31}ba^{31}qa^{11}》，译名《拆棚子歌》

从前，有一户拉祜人家嫁姑娘，头天搭好棚子请客吃饭，表示吉祥幸福。第二天姑娘出嫁后，亲朋好友吃完饭，要拆去棚子，以示婚宴结束。拉祜人就把拆棚子时的动作编成了此歌。

（63）《河朵嘎 · xɔ^{33}tɔ^{54}qa^{11}》，译名《出门歌》

拉祜人在劳动生产结束之后，组织男人到大等（深山）上狩猎，出家之前还要杀鸡看卦，有的还举行重要的仪式，如口念祈祷语，向先祖磕头，向山神磕头，祝愿狩猎成功，获大的猎物。为此，后人根据此事，编创出此歌。

（64）《克古嘎 · khɯ^{33}qo^{35}qa^{11}》，译名《挂脚歌》

朋友之间在交往中，关系很好，在朋友即将离去时都要打挂脚歌相送，表示对朋友的挂念。此歌起源于神话故事《扎迪娜迪》。

（65）《列卢每嘎 · lɛ^{35}lu^{33}mɯ^{54}qa^{11}》，译名《吹葫芦歌》

拉祜族青年男女用吹葫芦来传递恋爱信号，用葫芦声来表达爱慕之情，达到求爱的目的，故编创出此歌。

（66）《啊克沃嘎 · a^{35}khɛ^{33}ɣɔ^{31}qa^{11}》，译名《拉藤子歌》

拉祜族的祖先大多生活在深山中，以猎虎、鹿、兔子为生，由于当时生产工具很落后，就用藤子编织狩猎工具来获取猎物，为了把这一技术代代相传，并编创出《拉藤子歌》。

(67)《阔北嘎·qhɔ²¹ quɯ³³ qa¹¹》，译名《拜年歌》

从前，有一户人家女儿嫁到男方家以后，因平时农忙，很少回家看老人。等到过年时，提一块肉，带一对糯米粑粑来拜见父母，父母也祝她一生幸福平安，编创此歌表达儿女对父母的孝敬之心。

(68)《嘎甫嘎·qa¹¹ phu⁵⁴ qa¹¹》，译名《后脚歌》

从前，头人的父亲上山狩猎去了，好长时间不见归来，头人和母亲心中十分想念。头人就朝父亲去的方向在路上寻找，前看后看，左寻右找，一直找了三天三夜，来到山脚下，才看到父亲正在收拾猎物，头人走上前背起猎物，跟在父亲的后面一起回到了家，由此编创了此歌。

(69)《哦笔嘎·ɔ⁵⁵ pi³¹ qa¹¹》，译名《四脚歌》

四脚歌是在三脚歌的基础上编创出来的，在打完三脚歌之后，左脚往左边跺两下，右脚往右边跺两下，又回到三脚歌的起步和落脚上。曾有个拉祜英雄，在反抗暴政斗争取得胜利后，就跳四脚歌来庆祝胜利，特编创了此歌。

(70)《啊挪吗蔑围嘎·ɒ³³ ŋɔ³¹ ma³³ mɛ¹¹ fɯ³³ qa¹¹》，译名《孔雀摆尾舞蹈歌》

孔雀也是拉祜人民的崇拜之物，因孔雀非常漂亮美丽，它开屏时摇动的尾巴更是十分吸引人。于是拉祜人就把孔雀开屏的动作引用到芦笙舞蹈中，用漂亮的拉祜布包当作孔雀尾巴，打芦笙舞蹈时把挎包背在身上，学孔雀开屏的动作打芦笙舞，一跳一飘，一飘一跳，十分好看，久而久之，便把这种舞蹈取名为《孔雀摆尾歌》。

(71)《科捏嘎·khɔ²¹ nɛ³⁵ qa¹¹》，译名《合脚歌》

从前，每年火把节，拉祜村寨男女老少吹起芦笙，弹起响篾，打起歌，载歌载舞，欢聚一堂，共同庆祝火把节。在热闹祥和的气氛中，长辈们在悠扬的芦笙打歌中相互合脚，以示团结，青年男女在芦笙中与响篾声合脚，表示爱慕，以至心合意合、心心相印，为此编撰出此歌。

(72)《挪塔哈嘎·nɔ³¹ tha²¹ xa²¹ qa¹¹》，译名《敬您歌》

有一个拉祜小伙非常勤劳，娶了一个美若天仙的媳妇，夫妻恩爱，住在阿基山（神仙居住的地方）脚下，每逢上山打猎拿回的猎物肉都要请朋友一起分享，所以人缘好。夫妇俩对朋友非常尊重，欢迎朋友一般都要以打歌的方式来迎接，年长日久，并编创了步伐轻快、优美的拉祜族舞蹈《敬您歌》，也是《大路歌》的结尾。

[调查地点：双江县勐库镇迁红组、勐勐镇解放新村二组、千福二组；调查对象：李光荣、张老四、李小石、毕玉德；调查时间：2008 年 5 月；调查整理：王正华]

第三节　玉溪市拉祜族口承古籍调查

玉溪市拉祜族主要分布在元江南岸哀牢山原始森林自然保护区边缘地带。北起新平彝族傣族自治县水塘镇，南至元江哈尼族彝族傣族自治县羊街乡。在南北长达200公里的哀牢山东侧，拉祜族寨子呈散点分布状态，每隔十几公里或数十公里有一寨或几个寨子。拉祜族村寨大多处于海拔1500～2000米之间的高寒山区。据2000年第五次全国人口普查数据，玉溪市拉祜族总人口为6979人，其中新平县5432人，元江县1002人，其余分布在其他县市。玉溪市拉祜族他称"苦聪人"，1987年8月，根据本民族自称，恢复拉祜族族称。

玉溪市拉祜语属于汉藏语系藏缅语族彝语支拉祜西方言，无文字。目前，汉语已成为拉祜族与周边民族交往的交际语言，掌握本民族语言的人逐渐减少。

新平、元江拉祜族把本民族民间流传的神话、故事等民间口承古籍称之为"古典"（古人传下来的典故、经典），讲述民间神话、故事等为"款（口述）古典"。目前民间流传的"古典"日益减少，处于濒危状态。

一、新平县拉祜族口承古籍

1. 水塘镇旧哈村大包包寨普灿口述的拉祜族调子

（1）《三弦调》

用民间弹奏乐器三弦配调的调子，主要有《蜜蜂过街调》、《香袋荷包调》、《三跺脚调》、《阿桥西调》、《蚊子搓脚调》、《开竜调》、《关龙调》

（2）《问婚调》，又名《讨白菜调》

青年男女相爱（也有父母包办）后，男方家派媒人到女方家问婚时唱的调。

（3）《出嫁调》

女儿出嫁时唱的调。歌词大意：孩子长大，要过人家，我们吹巴拉（当地人对唢呐的称谓）嫁人。

（4）《离婚调》

离婚时唱的调。离婚仪式上用一只鸡，夫拉头，妻拉脚，拉完鸡后各自回家，之后不能复婚。

2. 水塘镇旧哈村大包包寨普灿、罗保面口述的拉祜族“古典”

(1)《三年老母猪》

讲述歹毒的父母亲与女儿的故事。一对夫妇有一男一女。女儿长大后，父母在女儿头上钉钉子，关在猪圈里，想杀她吃。善良的哥哥放走了她。一个仙人将她救下，并赐予金银财宝，使其生活富裕，并回报了兄嫂。父母原来是三年老母猪所生，后被大黑蜂叮死而变成了蚊子咬人。

(2)《通洞葫芦》

讲述父母抛弃子女的故事。父母因贫穷养不起兄妹，让他们带上通洞的葫芦去打水，水打不满就不许回家。兄妹俩回到家时，门前已长草，父母踪影全无。他们只好无奈地离开了家，后来在山脚见到了父母，但是父母不认他们。兄妹俩只好以讨饭为生。有一天，在讨饭的路上被一个老人挽留，并给他们俩一根拐杖，这根拐杖碰到之处就长出金子、银子，从此兄妹俩就过上了幸福的日子。

(3)《叫花子》

讲述房主与叫花子的故事。一个叫花子在一户人家死去。房主用绳套住他的脖子，想把他拉到山上扔掉，但怎么也拉不动。房主人就选了一块好坟地将其埋葬了。此后房主家就财源滚滚。

(4)《两个孤儿的故事》

讲述兄长欺负弟弟的故事。一对孤儿上街买东西，兄长总是把好东西占为己有。这样，兄弟不和就只好分家。

(5)《两口子的故事》

讲述丈夫喜新厌旧害死妻子的故事。丈夫嫌弃原配妻子，将其推入井中，然后在井口压上石板，石板上填土种上三棵白菜。女儿托梦给父母，说她在三棵白菜下面。父母派人前去，不见其女。于是拔掉三棵白菜，撬开石板，发现了井中的尸体。歹毒的丈夫赔了命。

(6)《徐贵平》

讲述大力士的故事。徐贵平是孤儿，靠乞讨长大，力大无穷。有一状元家，原来养着 30 个人为他砍伐木头，后来只需要养徐贵平一个人了。有一天，徐贵平去海里游泳升了天，状元家从此就衰落了。

(7)《徐平贵》

讲述的是徐平贵与富家哑巴姑娘的故事。有个员外家生了一个哑巴姑娘，天天骂婆娘不争气。哑巴姑娘偷看了叫花子徐平贵，就一见钟情，但无法表达，不久就长出两根白头发。徐平贵拔掉了哑巴姑娘的白发后，哑巴就能说话了。徐平贵帮人叫魂时，一只黑黄狗把叫魂鸡拖进了石洞，徐平贵跟着狗到石洞里，发现里面堆满了金子银子，但他不知为何物。员外不同意哑巴姑娘与徐平贵相恋，他们就私奔了。在路上，哑巴姑娘取出金钗换食物，徐平贵就想起了在洞里见到的金子。于是，他带着哑巴姑娘去石洞驮回金子银子。过年时，哑巴姑娘请父母过年，父亲觉得无脸见姑娘而上吊了。

(8)《小凤凰》

讲述凤凰与人的故事。两兄弟靠砍柴出卖为生。一只小凤凰见兄弟俩砍柴辛苦，想帮助他们。一天，带着弟弟飞到太阳山上，那里有无尽的财宝，任凭见者取。弟弟只拿了一点就回家了。哥哥得知后，让小凤凰带着他飞到太阳山上，但他贪得无厌，拿的金银财宝太多，小凤凰飞不动了。结果哥哥与小凤凰都晒死在太阳山。

(9)《龙女变狗到人间》

讲述的是龙女和人的故事。龙王的小女儿变成小狗坐在路边时，遭到两群猎人的虐待，将它踢下了路边。有位没枪的撵山人见到小狗后，抱在怀里撵山。撵山人将小狗抚养大后发现其是小龙女变的。于是他就与小龙女成了亲，过上了富裕的生活。

(10)《绿蛤蟆》

讲述人与动物的故事。一对穷夫妻婚后三年不育，种的面瓜也只结一个小疙瘩瓜，他们就让面瓜睡在他们中间。三年后面瓜会说话了，叫夫妻俩为爹妈，求他们三年后给它娶个婆娘，并且非官家小姐不要。夫妻向官员提亲遭拒绝，绿蛤蟆再请父母去问。官员说若能给太阳，就把女儿嫁给绿蛤蟆。绿蛤蟆把太阳给了官家，结果天崩地裂，官员只好求绿蛤蟆收回太阳，并答应把姑娘嫁给他。官家小姐看到绿蛤蟆难过得哭了，绿蛤蟆就脱掉皮变成小伙子。官家小姐善待老人，穷夫妻一生过着美满的生活。

(11)《狂张三》

讲述足智多谋的狂张三与官员、父母、岳父母、妻子、大力士之间发生的关系，以及捕鱼、偷牛、烧粑粑的传奇故事。当地汉族、彝族中也传有类似的故事。

(12)《白蛇公子》

讲述动物与人的故事。有位姑娘割了三背草，背最后一背草的时候怎么也背不动了，打开一看，里面有一条白蛇。白蛇求姑娘嫁给他。姑娘同意了，跟着白蛇到箐沟时，白蛇叫她闭上眼。当姑娘睁开眼睛时，箐沟边盖了一栋房子，白蛇变成了小伙子。他还有父母，其父叫肖政权，其母叫肖美珍。白蛇带着姑娘回家，蛇母很高兴，一笑就露出了蛇牙。

（13）《卖田卖地讨哑巴》

讲述的是夫妻的故事。一条大路长又长，路上路下做活忙。有个姑娘叫蔡凤英，爱上外出归来的陈家小伙子。小伙子把蔡凤英带回家给父母看。父母很满意，有情人结了婚。结婚时，丈夫带了二百两银子和一只烤鸡到丈人家。蔡凤英婚后三年不说一句话，丈夫叹气唱了一首歌：攀棵树来攀枝花，卖田卖地讨哑巴。攀只鸡来攀只鸭，你卖田卖地我不急。

（14）《三姐妹》

讲述人与动物的故事。大姐嫁毛毛虫，二妹嫁人，三妹嫁狗。有一天，二妹到大姐家，发现床上有一窝毛毛虫，就用开水将其烫死了。大姐告诉二妹："你害死了你的姐夫，我的孩子。"后来，大姐到三妹家，见狗用尾巴涮锅，嫌脏。狗生气了，想咬大姐。妹妹告诉姐姐，带上一捆筷子，见狗追来时扔下，狗就不咬人了。姐姐想照办，但见狗不追来就躲进一个枯树洞里，露出一只耳朵。狗追到树洞前，以为是木耳，添了一口，说了声："恶心！"就回家去了。

（15）《被猴子抢走的姑娘》

讲述兄嫂虐待妹妹的故事。兄嫂对妹妹不好，半夜三更叫妹妹舂碓。猴子见状可怜妹妹，半夜帮她舂碓，之后把她抱进石洞，生了孩子。有一天，趁大公猴出去摘果子之机，妹妹跑回家了。大公猴天天坐在妹妹家旁边一块石头上，求她回去。兄嫂听见后，用柴烧红了头，猴子坐上去时烫红了屁股，至今仍留着伤疤。

（16）《洪水漫天》

讲述人与洪水的故事。有个员外告诉众人，木匠盖木房、铁匠盖铁房、石匠盖石房。有一对孤兄妹不会盖房子，在炕巴（烤物工具）上找到一颗葫芦籽种下，葫芦发芽开花结果成熟了。后来，闪电三个月，打雷一个月，暴雨涟涟，洪水漫天。钻进葫芦里的兄妹醒来时，葫芦不动了。老鼠啃通葫芦，兄妹俩从葫芦里出来。天师用合簸箕、石磨、种树烧灰等方式暗示他们成婚传人种，但兄妹不同意。天师就盖了一间楼房，让兄住上，妹住下。兄撒尿不慎泼在妹身上，结果怀孕了。后来生下一团肉，被剁碎一百片撒在荒山野地，突然处处冒烟，人类就繁衍开了。

（17）《马蛋》

讲述夫妻将鹅卵石当马蛋的故事。有对夫妻刮马粪时发现一块鹅卵石。妻子将其扔下路边时跑出来一只麂子，丈夫以为是马。他跑到路下边将鹅卵石带回家，等待着马出生。

（18）《饿罗瓢》

讲述人与恶鬼的故事。饿罗瓢吃掉了一个上山挖山药的母亲，然后换上其衣、手镯、耳环，来到这位母亲的家，饿罗瓢不知道母亲的床，带最小的妈妈去睡觉时就把她害死吃掉。另两姐妹听见吃人肉、啃骨头的声音，就准备逃跑。饿罗瓢将她俩捆住，不让出门。两姐妹要出门解便，让饿罗瓢拉住拴住她们手上的绳子。到门外，她们就把绳解下来拴在两只小狗的脚上。姐姐爬上一棵柿子树，让妹妹去叫饿罗瓢用一块红铁杆来捅。等饿罗瓢来的时候，姐姐就用计，让他张口闭眼抬头，妹妹趁机夺过红铁块扔入饿罗瓢的嘴，将其杀死了。饿罗瓢流出来的血变成了一片荨麻。姐姐下不了地，就叫妹妹让赶马哥、赶猪哥、赶羊哥、赶狗哥来赶掉荨麻。赶狗哥就使狗赶走了荨麻，姐姐下树后就嫁给了狗。妹妹在寻找汉子时见一老妇人，就是吃掉母亲的饿罗瓢。妹妹就假装帮她看头虱时，把其发拴在树根上之后就迅速逃走了。妹妹在路上见一老头变成小伙子，有新房子，于是就嫁给了他。

（19）《两兄弟》

讲述两兄弟不和的故事。兄弟分家时，兄要牛，弟要狗。兄用牛耕地，不久牛死了，日子一天不如一天。狗长大后帮弟弟耕田犁地，日子一天天好起来。兄借狗犁田，狗不听使唤。兄一气之下就把狗打死踩入泥里。弟去捞狗的尸体到一节竹子，就拿回家编了鸟笼。东方、西方的鸟雀都来鸟笼下蛋，弟靠卖蛋富裕起来了。兄长见了，就把鸟笼借来放在自己家里，但东西方的鸟雀来了只屙屎不下蛋。兄一气之下就把鸟笼烧了。弟弟非常伤心，在火塘中刨出三颗蚕豆，到街上放了三响香屁。众人就都围拢来，买牛肉给他吃，有的人还给他钱。兄长见了，就吃下三碗蚕豆，到街上放了三响臭屁，结果被人抓住将屁股缝住，灌牛肉又让他肚子胀，他只能爬着回家。到家后，他剪开线，屎尿喷出来淹没了他的婆娘，他以为是牛屎当唧虫，就将其打死后用竹篾笆裹严。他在埋妻子尸体的路上，尸体掉在地上也没有看见，坟墓里就只埋下了竹篾笆。

（20）《太阳和月亮》

讲述太阳和月亮的故事。太阳与月亮是兄妹，月亮是哥哥，太阳是妹妹。晚上黑，妹妹怕，哥哥就让她白天走，自己晚上走。

（21）《董永和七仙女》

讲述人和仙的故事。董永父亲去世了，向员外借了三百两银子葬父，卖身三年。七仙女游玩人间时，见董永在梅子树下哭泣，她就悄悄留下来帮助董永。七妹请地公（土地公公）做媒，三拜梅子树后与董永成亲。夫妻双双到员外家帮工，夜间董永劈柴，七妹织布。在六姐妹的帮助下，100 天就还了员外的三百两银。员外想让七妹嫁给自己的儿子，就让董永到白虎山砍黄杨梅树，想让老虎咬死董永。董永在土地公公的暗中保护下，安全地回到了员外家。员外就找借口打董永，结果打着了自己。七妹和董永变成了一对鸭子，一只在天，一只在地。

(22)《两姊妹》

讲述姐妹的故事。姊妹俩长大出嫁了。姐姐嫁给了穷人，妹妹嫁给了富人。姐姐叫妹妹带孩子来家里玩，在妹妹返回夫家的路上，看见一棵挂满果实的多依树。姐姐就让妹妹上树摘果实，并让她把手镯、衣裳脱掉扔下来。这时就谎称老爷来了，叫妹妹闭上眼睛从树上跳下来，结果摔死了。姐姐就戴上妹妹的手镯，穿上妹妹的衣裳，带着妹妹的孩子来到妹夫家。丈夫觉得不对，自己的婆娘一不长麻子，二不会开坛子。妹妹死后变成一只小鸟，每当丈夫出现时，不停地叫："你婆娘你认不得，你婆娘你认不得。"

(23)《鬼谷子》

讲述鬼谷子的身世。有一对夫妻，妻子聪明，丈夫愚笨。丈夫想整死妻子，最后死于妻子之手。丈夫坟头长出一颗谷子，妻子嚼谷子怀孕，生了鬼谷子先生。

[调查地点：玉溪市新平县水塘镇旧哈村大包包寨；调查对象：普灿、罗保面；调查时间：2007年8月；调查整理：王正华]

二、元江县东峨镇高脊梁寨竜头周朝贵口述的拉祜族《开路经》

东峨一带拉祜族若出殡之日来得及则念《开路经》，为死者灵魂开路，若来不及则在安葬之日开路。念《开路经》时要念死者三代祖先的名字，告诉死者祖先居住的地方。高脊梁村"竜头"（祭竜）周朝贵口述的《开路径》中有阎王、阎王殿等内容，这是拉祜族吸收汉文化的见证。其《开路经》有如下经调。

(1)《回到三代祖》

告诉死者要回到祖宗三代居住的地方。

(2)《红路》

告诉死者红路是后人走的路，不能走这条路。

(3)《黑路》

告诉死者黑路是黑鬼走的路，不能走这条路。

（4）《白路》

告诉死者白路是阎王大路，可以走这条路。

（5）《瓦房》

告诉死者瓦房是别人的，不能住。

（6）《草房》

告诉死者草房是别人的，不能住。

（7）《土掌房》

告诉死者土掌房是别人的，不能住。

（8）《羊头窝铺》

告诉死者羊头窝铺是寡妇的房子，不能住。

（9）《闪片房》

告诉死者有四块木板盖的闪片房就是自己的房子。

（10）《苦水》

告诉死者苦水是后人喝的，不能喝。

（11）《脏水》

告诉死者脏水是洗澡水，不能喝。

（12）《甜水》

告诉死者甜水可以喝。

（13）《正月虎日》

告诉死者正月属虎日，虎皮挂在虎山上，虎皮上过不得。

（14）《二月兔日》

告诉死者二月属兔日，兔皮挂在兔山上，兔皮上过不得。

（15）《三月龙日》

告诉死者三月属龙日，龙皮挂在海边，龙皮上可以走，不能走海里，走在龙皮上可以升上天。

（16）《四月蛇日》

告诉死者四月属蛇日，蛇皮挂在蛇山上，蛇皮上过不得。

（17）《五月马日》

告诉死者五月属马日，马皮挂在马厩上，马皮上过不得。

（18）《六月羊日》

告诉死者六月属羊日，羊皮挂在羊厩上，羊皮上过不得。

（19）《七月马日》

告诉死者七月属猴日，猴皮挂在猴山上，猴皮上过不得，不能去猴山。

(20)《八月鸡日》

告诉死者八月属鸡日，鸡皮挂在鸡圈门，鸡皮上面不能踩。

(21)《九月狗日》

告诉死者九月属狗日，狗皮挂在门槛角，踩着狗皮会变成黑鬼，狗皮上面走不得。

(22)《十月猪日》

告诉死者十月属猪日，猪皮挂在猪厩上，猪皮上不能走。

(23)《冬月鼠日》

告诉死者冬月属鼠日，鼠皮挂在鼠山上，鼠皮上过不得。

(24)《腊月牛日》

告诉死者腊月属牛日，牛皮挂在牛厩门，牛皮上过不得。

(25)《云梯》

告诉死者天上有十二道云梯，叫死者左手扶银栏杆，左脚踏银塔山，右手扶金栏杆，右脚踏金塔山，去到吃米不见糠、烧柴不见山的天堂。

(26)《三代祖先居地》

告诉死者阎王居住的地方就是三代祖先居住的地方。

(27)《三迎门》

告诉死者阎王殿有三道门，阎王大小姐守第一道门，二小姐守第二道门，阎王守第三道门。

(28)《名字》

告诉死者听好，阎王不念名字不能进第三道门，念到名字才能进去。

(29)《交代》

告诉死者不到年节不叫时莫回家，不要回家害家人。念《开路经》的人哭，开路结束。

[调查地点：玉溪市元江县东峨镇红旗村高脊梁寨；调查对象：周朝贵；调查时间：2007 年 8 月 25 日 ~29 日；调查整理：王正华]

图　　版

1．沧源佤族自治县勐角乡金弄傣族寨金龙寺大殿内的木质漆金藏经柜（李国文　摄）

2．潞西市芒市镇团结大街傣族岳三模家的佛教神龛和藏经柜（李国文　摄）

3．潞西市芒市镇清水巷傣族亮晃相家中堂屋设置的神龛和藏经柜（李国文　摄）

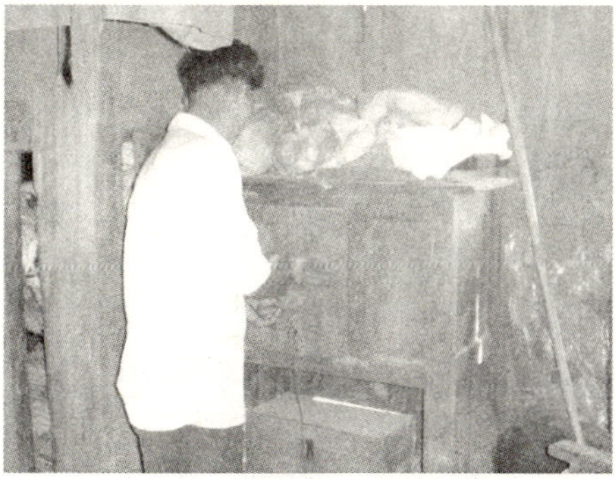

4. 潞西市轩岗乡拉卡傣族村奘房后屋存放的“文化大革命”时期遗留下的旧藏经柜（李国文　摄）

5. 潞西市轩岗乡拉卡村傣族李呀家镶嵌在家屋正墙上的神龛和藏经柜（厨）（李国文　摄）

6. 潞西市轩岗乡拉卡傣族村拉卡奘房（佛寺）内设置的木质藏经柜（李国文　摄）

7. 潞西市风平镇芒蚌傣族村佛教奘房内设置的木质藏经柜（李国文　摄）

8. 盈江县平原镇兴和村委会户允寨傣族装房（佛寺）内的木质藏经柜（克原秀　摄）

9. 勐腊县曼贺村傣族佛寺里的藏经柜（玉　康　摄）

10. 永德县永康镇送吐寨傣族万成荣家设置在住屋楼上神龛一侧的木质藏经柜之一（李国文　摄）

11. 永德县永康镇送吐寨傣族万成荣家设置在住屋楼上的神龛和藏经处之二（李国文　摄）

12．永德县永康镇送吐寨傣族佛寺内设置的铁质藏经柜（李国文　摄）

13．永德县德党镇勐汞佤族寨勐汞佛寺内设置的藏经柜（李国文　摄）

14．永德县青树寨村佤族佛寺内用水泥砌制的简陋藏经柜（李国文　摄）

15. 沧源佤族自治县勐董镇广允佛寺保存的木质旧藏经柜（李国文 摄）

16. 景洪市勐罕镇曼嘎俭村傣族艾诺用于存放佛教经书的竹箩（玉 康 摄）

17. 保存于潞西市轩岗乡拉卡村佛教奘房里的傣文经书旧抄本（方 萍 摄）

18．潞西市轩岗乡拉卡村傣族佛教奘房内保存的傣文经书旧抄本（方　萍　摄）

19．李国文（图左一）在潞西市轩岗乡拉卡傣族村调查佛教奘房内保存的傣文古籍情况（左二、左三、左四为该村傣族居民）（方　萍　摄）

20．潞西市排茂村傣族帕嘎真瑟家收藏的傣文佛教经书（蔡小晃　摄）

21. 盈江县平原镇兴和村委会允哏寨傣族奘房——银泉寺内由佛教信众赕（供）的经书（克原秀　摄）

22. 潞西市芒市镇大湾寨奘房（佛寺）收藏的傣文经书（蔡小晃　摄）

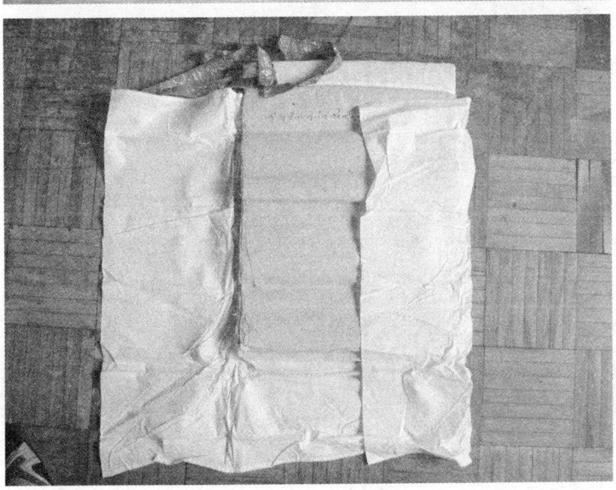

23. 德宏傣族用绸布包裹收藏的佛教经籍（蔡小晃　摄）

24．德宏傣族用傣锦“经书衣”包裹保存珍贵的傣文经籍（蔡小晃　摄）

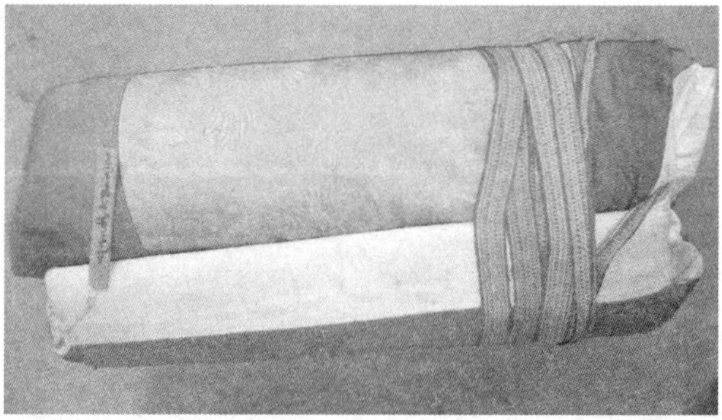

25．德宏傣族用彩绸制作的“经书衣”包裹保存经书（蔡小晃　摄）

26．德宏傣族古籍文献标题格式（蔡小晃　摄）

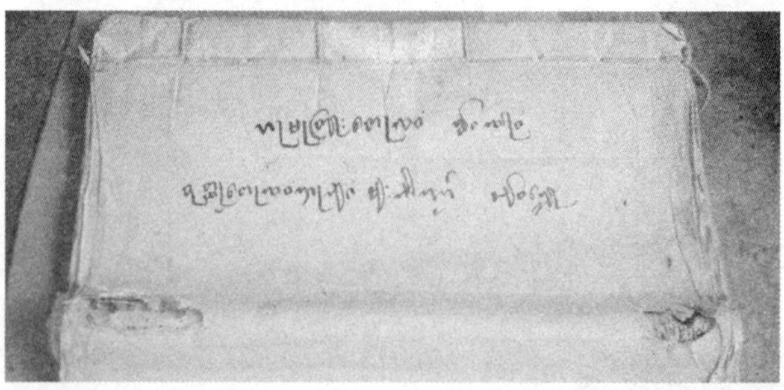

27．德宏傣文古籍文献《佛本生经》（蔡小晃　摄）

28．盈江县平原镇兴和村委会壮丁寨傣族奘房内保存的经书（克原秀　摄）

29．盈江县允哏寨傣族奘房保存的傣文经书《述西拉罕》（克原秀　摄）

30．盈江县允哏寨傣族奘房保存的傣文经书残页（克原秀　摄）

31. 盈江县允哏寨傣族思洪秀老人保存的傣文经书（克原秀 摄）

32. 勐腊县勐满镇上景龙村傣族康郎社保存的贝叶经书（玉 康 摄）

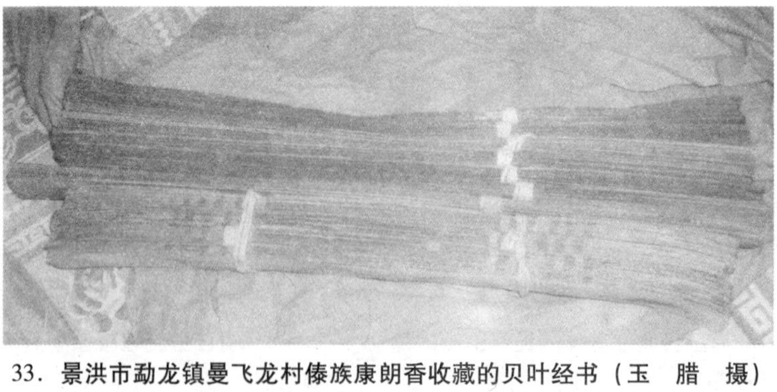

33. 景洪市勐龙镇曼飞龙村傣族康朗香收藏的贝叶经书（玉 腊 摄）

34．景洪市景哈乡景哈村沙湾佛寺傣族僧人在整理寺内保存的贝叶经（玉康龙　摄）

35．勐腊县勐腊镇曼贺村傣族佛寺保存的傣文纸本经书（玉　康　摄）

36．景洪市景哈乡景哈村傣族波香温家保存的佛教经籍旧抄本（玉康龙　摄）

37．景洪市景哈乡景哈村傣族波柏康朗家保存的佛教经籍旧抄本（玉康龙　摄）

38．沧源佤族自治县芒勐寨芒勐佛寺保存的折页装长本（卷）傣文佛教古籍（李国文　摄）

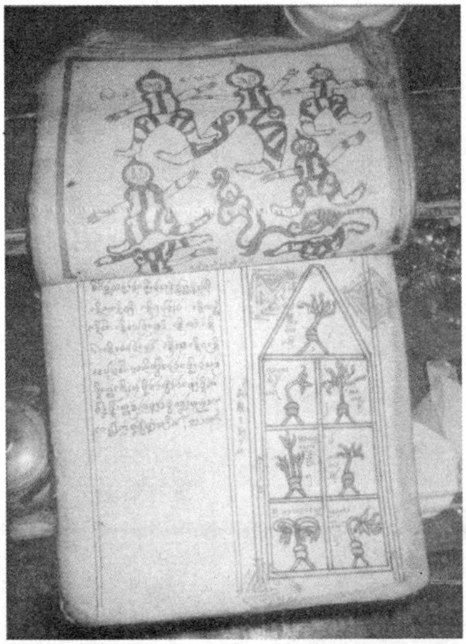

39．沧源佤族自治县芒勐寨芒勐佛寺保存的傣文占择类古籍（李国文　摄）

40．沧源佤族自治县勐角乡金龙寺保存的傣文佛教古籍（李国文　摄）

41．沧源佤族自治县勐董镇芒那村傣族汗牙家保存的佛教古籍（李国文　摄）

42．沧源佤族自治县勐角乡金龙寺保存的傣文佛教咒语咒术经书（李国文　摄）

43．永德县德党镇青树寨佤族佛寺里保存的佛教纸本经籍（李国文　摄）

44．永德县勐汞佤族寨勐汞佛寺里保存的佛教纸本经籍（李国文　摄）

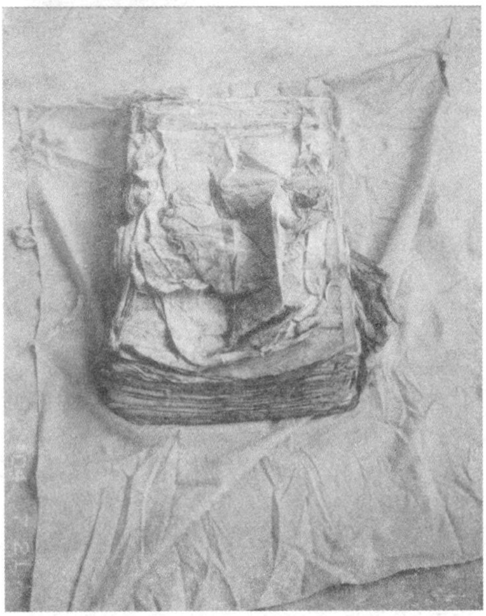

45．永德县永康镇送吐寨傣族万成荣家保存的佛教书籍旧抄本（李国文　摄）

46．沧源佤族自治县勐董镇芒那村傣族汗牙家保存的佛教书籍旧抄本（李国文　摄）

47．保存于峨山彝族自治县民族宗教事务局木柜里的彝文古籍（李国文　摄）

48．新平彝族傣族自治县平甸乡磨皮村委会取打左保存彝自然村彝族方正荣家文经书的祖传竹篓（李国文　摄）

49．新平彝族傣族自治县平甸乡马厂村彝族李家荣毕摩家保存彝文经书的塑皮木箱和塑皮编制的竹篓（李国文　摄）

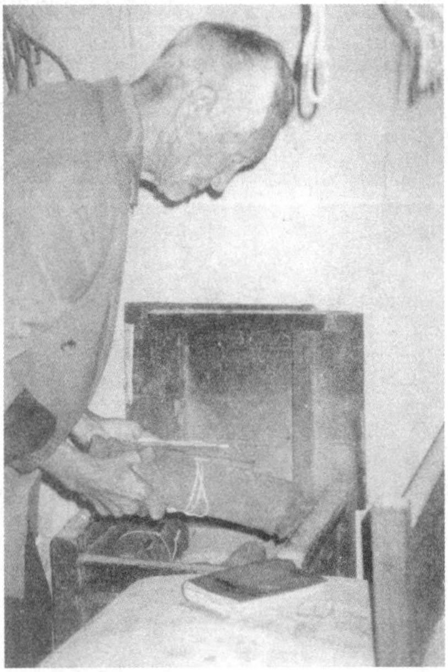

50．新平彝族傣族自治县新化乡小黑达自然村彝族柳长荣毕摩家设置在住屋楼上卧室一侧专用于存放彝文经书的木柜（李国文　摄）

51．宁蒗彝族自治县新营盘乡彝族阿余双梯毕摩经师使用的藏经箱（肖建华　摄）

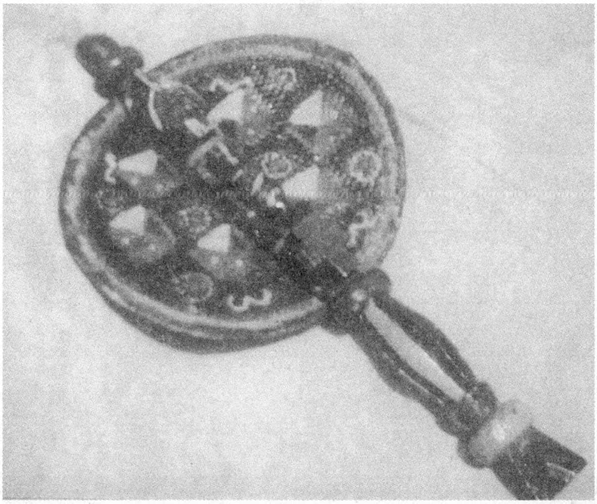

52. 宁蒗彝族自治县大兴镇干河子社彝族依火乌撒毕摩经师使用的画有不同符号的法扇（肖建华　摄）

53. 新平彝族傣族自治县新化乡小黑达自然村普朝富家保存的祖传彝文经书（李国文　摄）

54. 新平彝族傣族自治县平甸乡取打左自然村方正荣家保存的彝文古籍（李国文　摄）

55. 新平彝族傣族自治县平甸乡马厂自然村彝族李家荣毕摩（右）向调查者李国文（左）讲述家藏彝文古籍情况（普家学　摄）

56. 新平彝族傣族自治县平甸乡马厂自然村彝族李家荣毕摩家收藏的彝文古籍（李国文　摄）

57. 新平彝族傣族自治县新化乡小黑达自然村彝族柳长荣毕摩家收藏的彝文抽签占卜经书（李国文　摄）

58．新平彝族傣族自治县新化乡小黑达自然村彝族普朝富家堂屋供台供奉的祖先牌位（左）和内藏有彝文书写子孙谱系的供物（中）（李国文　摄）

59．新平彝族傣族自治县小黑达村彝族柳长荣毕摩家保存的部分彝文经书残本（李国文　摄）

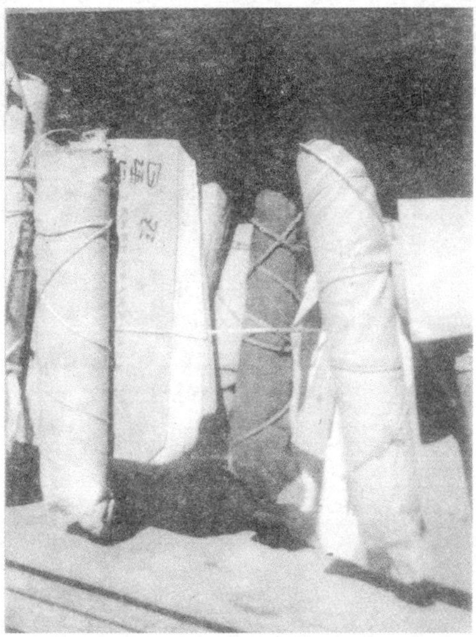

60．宁蒗彝族自治县新营盘乡彝族阿余双梯毕摩经师保存的、用白布包裹的彝文经卷（肖建华　摄）

61．玉龙纳西族自治县塔城乡陇巴村纳西族东巴经师和圣家平日存放东巴经书的木柜——家屋火塘边的神柜（和力民　摄）

62．玉龙纳西族自治县塔城乡补妥下村纳西族东巴经师和国秀家存放东巴经书的箱子（和力民　摄）

63．玉龙纳西族自治县塔城乡补妥下村纳西族东巴经师和国秀家平日存放东巴经书的竹箩和经书（和力民　摄）

64．宁蒗彝族自治县拉伯乡布落村纳西族东巴经师和古马基家平日存放东巴经书的地方——家屋火塘边的神龛和木柜（和力民　摄）

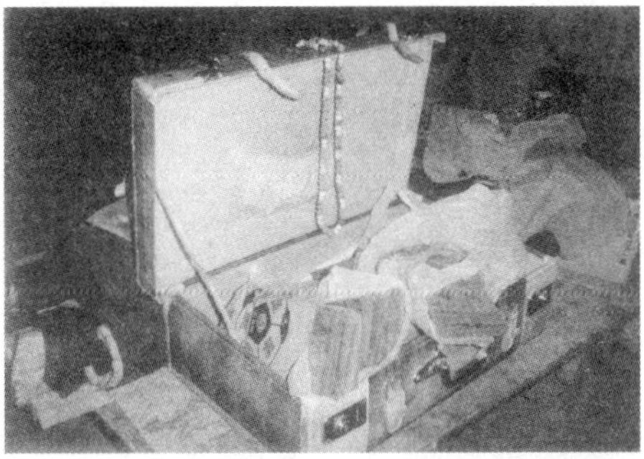

65．玉龙纳西族自治县鲁甸乡新主村委会红光社纳西族东巴经师和盛典平日存放东巴经书的纸箱和他收藏的经书（和力民　摄）

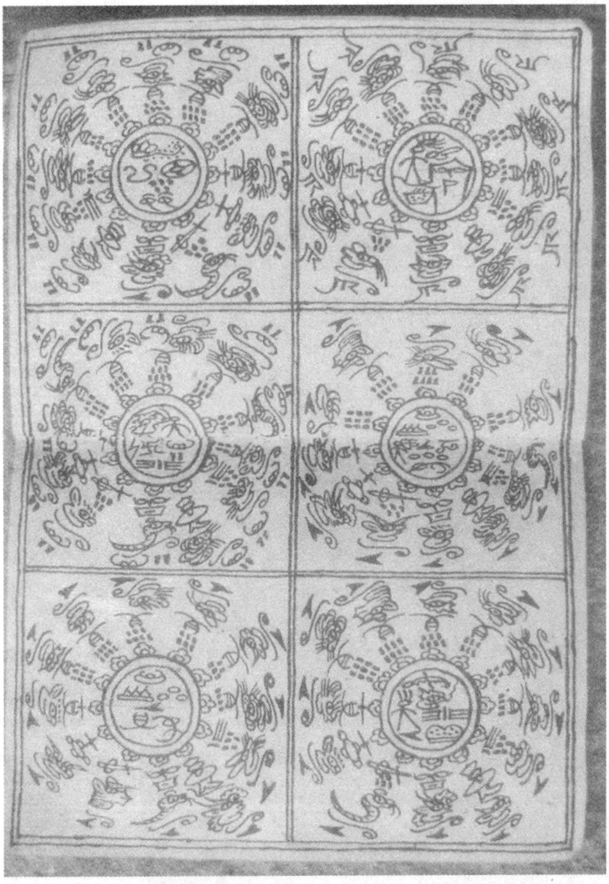

66．玉龙纳西族自治县鲁甸乡红光社纳西族东巴经师和盛典传抄的东巴占卜经书（和力民　摄）

67. 玉龙纳西族自治县塔城乡空笼上村纳西族东巴经师和文华家存放在家屋楼上木板台中的祖传东巴经书（和力民　摄）

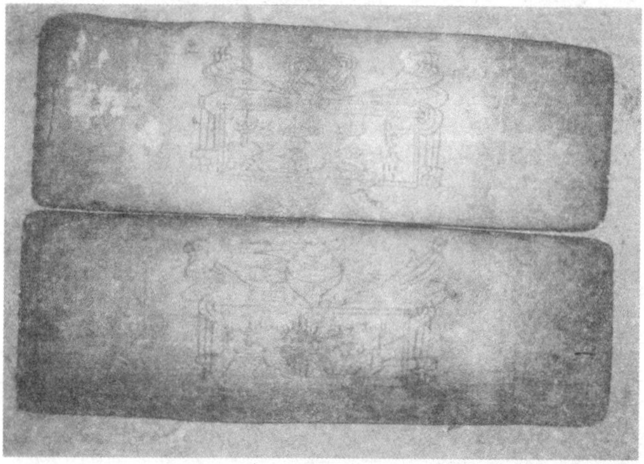

68. 玉龙纳西族自治县塔城乡补妥下村纳西族东巴经师杨志高家收藏和使用的东巴经书旧抄本（和力民　摄）

69. 玉龙纳西族自治县塔城乡罗考村纳西族东巴经师和俊仁家收藏和使用的东巴经书旧抄本（和力民　摄）

70．玉龙纳西族自治县塔城乡补妥下村纳西族东巴经师杨志高家收藏的东巴经书旧抄本内页（和力民　摄）

71．玉龙纳西族自治县塔城乡中罗村纳西族东巴经师杨俊家收藏的东巴经书和东巴教法器（和力民　摄）

72．宁蒗彝族自治县拉伯乡树枝村纳西族东巴经师石宝寿家用木板夹装、捆扎保存的东巴经古籍（和力民　摄）

73. 宁蒗彝族自治县拉伯乡瓷瓦村纳西族东巴经师杨恭补家保存的东巴经古籍（和力民　摄）

74. 宁蒗彝族自治县拉伯乡布落村纳西族东巴经师和古马基和他收藏的东巴经书（和力民　摄）

75. 宁蒗彝族自治县拉伯乡树枝村纳西族东巴经师石巴布和他绘制、保存、使用的东巴教长幅画卷《神路图》（和力民　摄）

76. 宁蒗彝族自治县拉伯乡树枝村东巴经师石巴布家中供奉、使用的雕刻祭祀木偶（和力民　摄）

77. 丽江东巴文化研究院和力民先生（右一）在宁蒗彝族自治县拉伯乡布落村对和古马基东巴家收藏的东巴经古籍做调查、记录（和力民　提供）

78. 宁蒗彝族自治县拉伯乡布落村纳西族东巴经师石佳阿和他收藏、使用的祖传东巴经书（和力民　摄）

79．宁蒗彝族自治县拉伯乡油米、树枝村等村仍在传承、使用着东巴经书的纳西族东巴经师们（第二排右一为宁蒗彝族自治县拉伯乡纳西族东巴古籍调查者和力民先生）（和力民　提供）

80．广南县那洪村瑶族道教师公盘应晓存放经书的木箱（黄贵权　摄）

81．金平苗族瑶族傣族自治县营盘乡和谐村瑶族道教师公黄金祥的藏经箱（盘金祥　摄）

82. 广南县底圩乡那洪村瑶族道教师公盘云明放置于卧室高处的藏经箱（黄贵权　摄）

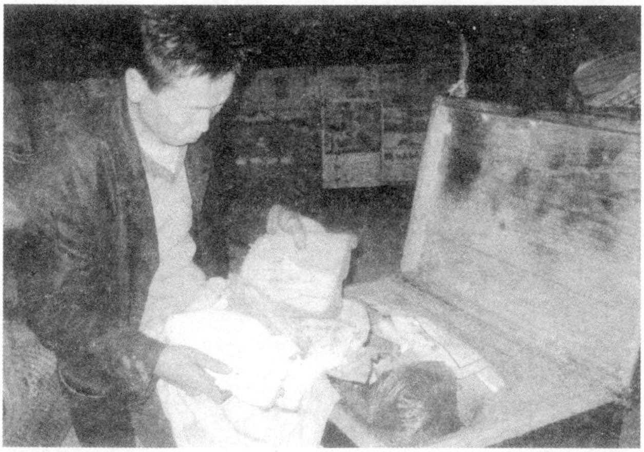

83. 广南县那洪村瑶族道人盘云台存放经书的木箱（黄贵权　摄）

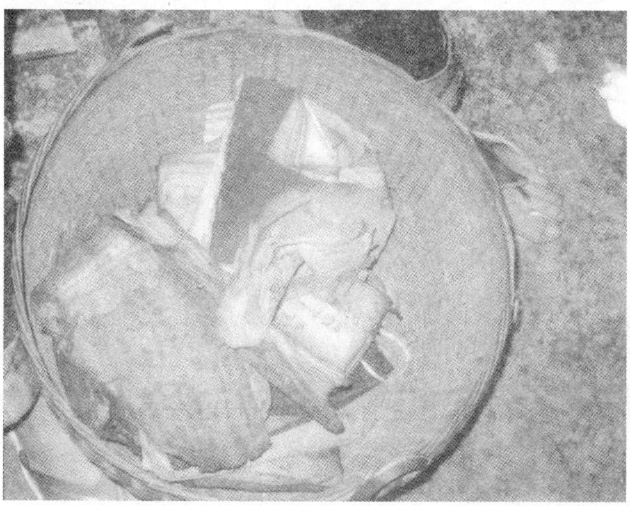

84. 广南县那洪村瑶族道教师公盘应晓存放经书的竹箩筐（黄贵权　摄）

85. 金平苗族瑶族傣族自治县金河镇和谐村瑶族道教师公黄金祥家保存的古籍（盘金祥　摄）

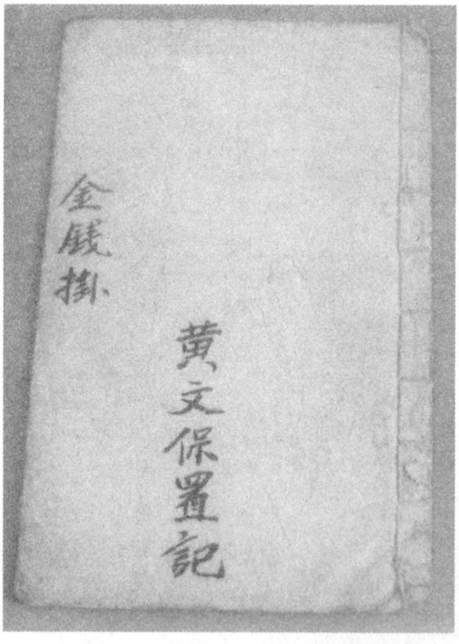

86. 金平县金河镇和谐村瑶族道教师公黄金祥传承黄文保的经书抄本之一（盘金祥　摄）

87. 金平县金河镇和谐村黄金祥传承黄文保的经书抄本之二（盘金祥　摄）

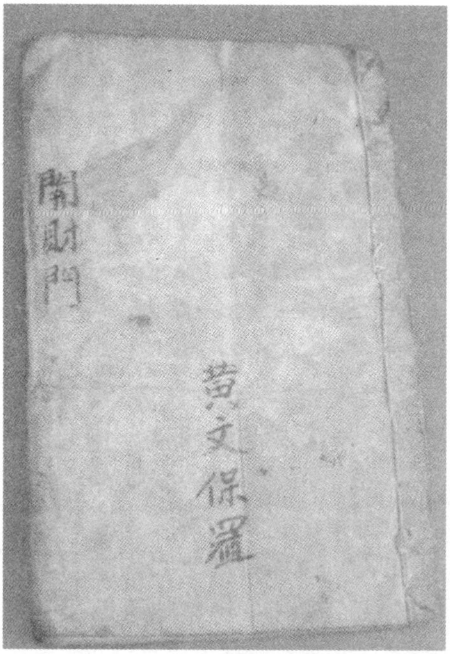

88．金平苗族瑶族傣族自治县金河镇和谐村黄金祥传承黄文保的经书抄本之三（盘金祥　摄）

89．广南县底圩乡那洪村瑶族盘玄绵道人收藏的道教神画像之一——道派《上星》神画像（黄贵权　摄）

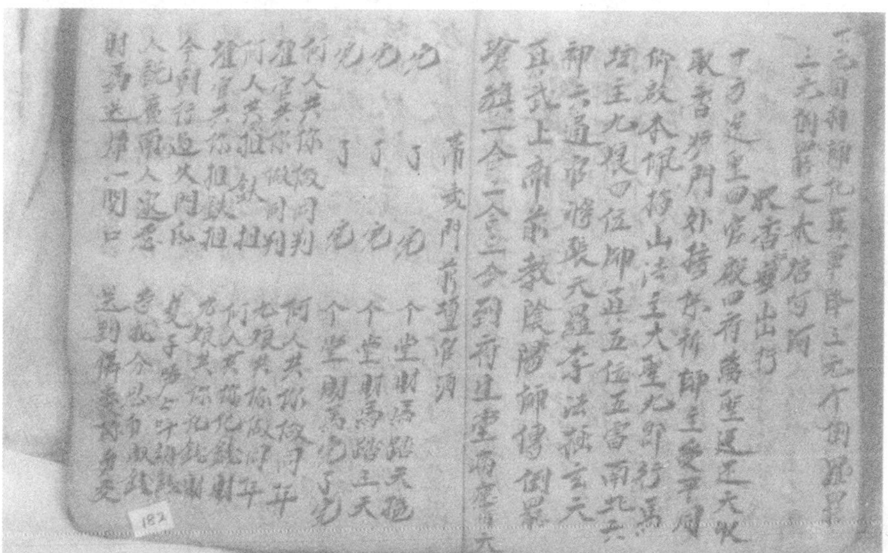

90．广南县底圩乡瑶族道教经书《救患科》抄文样式（黄贵权　摄）

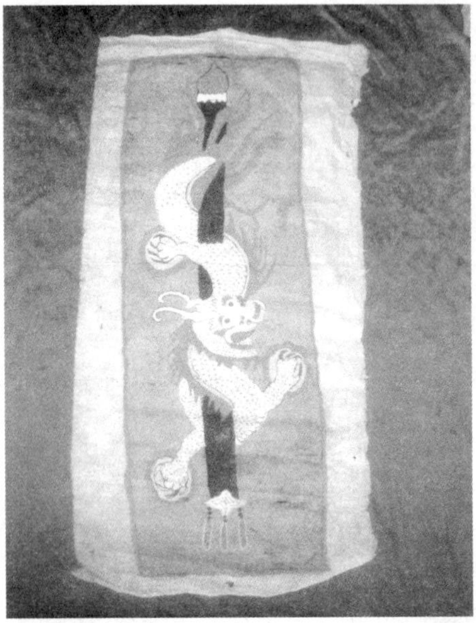

91．广南县底圩乡那洪村盘玄绵收藏的道教神物画像之一——道派《青龙》神画像（黄贵权　摄）

92．普米族韩规教使用的藏文韩规古籍（胡文明　摄）

93．普米族韩规古籍夹板装样式（胡文明　摄）

94．普米族韩规古籍封面样式之一（胡文明　摄）

95．普米族韩规古籍封面样式之二（胡文明　摄）

96．普米族韩规古籍封面样式之三（胡文明　摄）

97. 普米族韩规古籍封面样式之四（胡文明　摄）

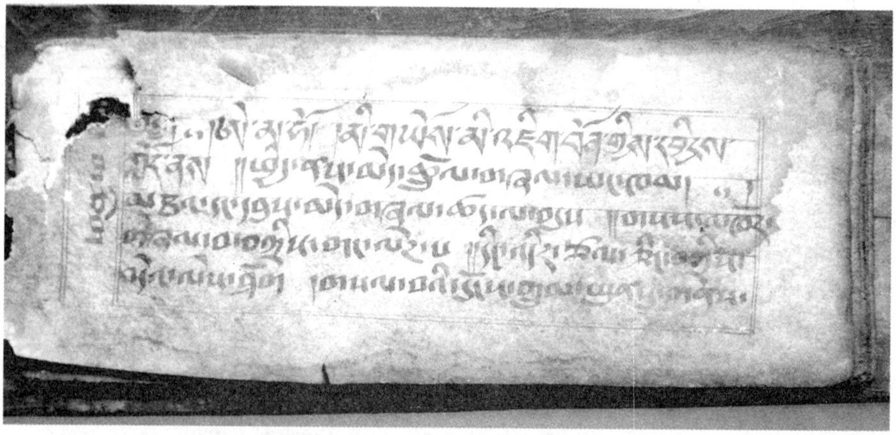

98. 普米族韩规古籍书写样式（胡文明　摄）

后　记

《云南少数民族古籍文献调查与研究》项目分工：

李国文：主持完成本研究项目，负责项目调查研究的总框架设计，调查细纲的编写以及稿件的修改、编辑、统稿。完成：《云南少数民族古籍文献调查与研究》（前言）；第二章《德宏州傣族文字古籍》部分调查；第三章《临沧市傣族文字古籍》；第五章《玉溪市彝文古籍》第三节、第四节；第七章《丽江市纳西族东巴古籍》单篇调查；第十一章《临沧市彝族俐侎人口承古籍》；图版；后记。

玉　康：完成第一章《西双版纳州傣族文字古籍》的组织、调查、编写。

蔡小晃：完成第二章《德宏州傣族文字古籍》"前言"和第一节调查、编写。

克原秀：完成第二章《德宏州傣族文字古籍》第二节调查、编写。

昂自明：完成第四章《昆明市彝文古籍》调查、编写。

普开福：完成第五章《玉溪市彝文古籍》"前言"和第一节、第二节调查、编写。

肖建华：完成第六章《丽江市宁蒗县（小凉山地区）彝族文字古籍》调查、编写。

和力民：完成第七章《丽江市纳西族东巴古籍》调查、编写。

黄贵权：完成第八章《文山州瑶族文字古籍》调查、编写。

盘金祥、罗文福：完成第九章《红河州瑶族文字古籍》调查、编写。

胡文明：完成第十章《丽江市普米族韩规古籍》调查、编写。

赵岩社：完成第十二章《佤族口承古籍》调查、编写。

石高峰、刘镜净：完成第十三章《丽江市纳西族摩梭人的口承古籍》调查、编写。

王正华：完成第十四章《拉祜族口承古籍》调查、编写。

《云南少数民族古籍文献调查与研究》，是全国哲学社会科学规划领导小组于 2006 年 6 月 26 日批准立项并下达的"2006 年度国家社会科学基金项目——西部项目"，批准号为 06XTQ005 号。此课题从批准、下达到 2006 年 9

月30日正式开题实施，再到2008年9月完成初稿，历时两年零三个月。现在这个项目终于按预先设定的计划完成了。回顾该项目的完成过程，有几个基本情况需要记录于此。

首先，我们在完成该项目的研究中，是非常严肃、认真的。在接到项目通知书后，我们立即成立了项目领导小组，调整、组建了项目队伍，并分别于2006年7月10日、7月19日两次深入讨论、规划项目的研究内容、方法、方案、分工和时间步骤，同时要求项目组成员分别写出项目的完成计划方案。与此同时，我们还写出了《云南少数民族古籍文献调查与研究》开题报告书和《实施方案》。《实施方案》涉及的内容有："项目来源"，"项目负责人"，"项目实施程序"，"项目领导小组及职责"，"课题组成员分工及联系方式"，"课题实施计划、进度和调研要求"（包括调查研究重点，调查研究范围，调查计划的成立和实施，调查研究要素，调查研究报告要求，调查研究进度要求，调研经费的使用和报销办法，调查研究报告样式参考举例等）。根据上述准备工作，课题组于2006年9月得到科研经费通知（学校通知时间）后，于2006年9月26日正式组织专家组，向专家组提交"开题报告书"，申述"课题前期工作"，"项目的主要研究内容和研究方法"，"项目研究计划"，"项目人员分工"，"项目预期研究成果设定"，"项目研究的特别规定"，进行开题论证。为做到有序、有效地开展本项目调查研究，项目开题论证之后，我们于2006年9月30日组织课题组成员对完成课题的全部要求作了系统的培训。培训完毕，课题组成员正式与课题领导小组签订"项目协议书"。从这个时候起，整个课题调查研究的实际操作工作才算正式启动。为了按时、按质、按量地完成工作，调查研究期间，课题组不断地跟踪每个成员的工作，其间，分别进行了5次工作进度检查和所遇问题的研究、讨论会，先后出了两期《工作简报》，向课题主管部门如期汇报整个工作进度。同时向课题组成员发出6次《工作通知》，根据工作的时间和进度提出不同阶段的要求。现在可以作出这样的总结：该项目研究从正式立项到调查、写作、完稿，整个工作过程做到了：严密组织、认真规划、细密分工、艰苦调查、讲求信誉、按时完成。

当我们对云南少数民族社会各民族所保存的语言、文字，各民族所信仰的宗教，各民族在漫长的社会发展历史中所创造的文化，各民族所分布、居住的地域、村寨，以及各民族的各种古籍文化传承人等进行全面分析后，就会知道，这个项目研究涉及一个非常庞大的范围，仅靠课题组的十几个人，当然不可能跑遍云南省各民族村寨，也不可能完全地把握各民族民间保存、使用并有上千年或几百年流传、积淀历史的古籍文献。但即便如此，就目前我们所做的工作而言，还是发现了不少有价值、有规律和值得概括总结的东西。

1. 通过实地调查发现：在云南少数民族社会中，在乡村民间，单就民族文字书面古籍文献而言，各民族民间都有相当数量的流传、保存。这个现象的重要性，不仅在于民族文字古籍文献调查研究的本身，而且给我们提供了民族传统文化存在、保存、传承乃至民间各种信仰传承的土壤、条件、背景等系统研究的重要信息参考。

2. 通过调查研究发现：各民族民间对民族文字古籍文献的传承，依不同地域、不同民族，或同一民族不同的地域、村寨而存在着很多差别。比如傣族全民信仰南传上座部佛教，傣文经典文献在佛寺（奘房）供奉、保存到家庭保存、供奉，家庭供奉再到佛寺赕（供）保存的循环传承和循环传抄、保存，是普遍而有规律的事。但在其他较边远、偏辟的山村，诸如信仰原始宗教等宗教的民族中则不同，文字经典的传抄、使用、保存，纯属民间掌握文字并主持宗教和民俗信仰生活的经师或祭司们的事（诸如纳西族的东巴经师、祭司，彝族的毕摩经师、祭司）。由此规律所决定，文字古籍的传承基本上是以个体家庭为单位的传承。这种传承模式中存在的情况纷繁复杂，如父亲去世，儿孙不识文字，很难子承父业，文字经典或随便弃置，或成“死书”；或父亲去世，按民俗传统要将经籍烧与父亲，以作陪葬物；或父亲去世，祖传经籍转移到他人之手，逐渐自然地损毁、消失。这些现象都较普遍。凡此情况，本研究项目有关调查中已有所揭示。

3. 通过调查发现：文字古籍以及与之相并存的诸如宗教信仰、民俗信仰文化，在有的民族、有的地方产生着一种移位或文化生态转移的现象。简单地讲，就是文字经典和信仰文化环境原在甲地，以后逐渐转移到乙地。本项目研究《丽江市宁蒗县（小凉山地区）彝族文字古籍》第二节第一项第 1 点中提到：近年有的地区民间毕摩经师开始带着自己的经书和信仰从乡村“进城”；《昆明市彝文古籍》第二节中提到的“彝族古籍的原生态生存场已发生了质的变化”，说的就是这类现象。事实上，这种现象在诸如瑶族山村的道教信仰中和在纳西族的东巴教信仰中也普遍存在。产生这种现象的基本原因，大多是由旅游文化的影响，或原山村居民居住的村、乡、寨发生变革，或山村居民原居住地点的转移、迁徙，或山村居民从业意识的变化等综合要素带来的。

4. 通过调查发现：除傣族民间保存传统的抄写佛经、在家庭和佛寺赕（供）佛经的循环传抄、保存、流传古籍文献外，在其他民族民间、其他宗教、民俗信仰中，同样存在世代转抄、传抄文字经典的传统。只是其他民族诸如纳西族、彝族、瑶族对经典的传抄，一般仅限于民间宗教生活组织者、主持者。从调查中得知，纳西族、彝族、瑶族民间，普遍存在着古老经籍的新抄本、转抄本、传抄本。这种现象既揭示了民族文字古籍内部流传、传承的规律，也为我们研究少数民族古籍和相关文化复苏的背景、条件提供了重要参考。

5. 通过调查发现：各民族民间保存文字古籍文献的原生态环境不一样。这里讲的原生态环境的重要内容之一是古籍的保存条件。从调查报告对各民族民间古籍保存环境、条件的观察、描述以及所展示的照片资料中，我们已经看到这些情况。总体来讲，各民族民间保存文字古籍文献的环境、水平有差别，其同一种民族内部不同地区、不同村寨、不同人家的保存条件和方式方法都有所差异，这种差别更多地是由各地各民族社会生产生活环境和经济发展水平所决定的。比如，从调查和图片中就可以发现，在傣族社会，无论在佛寺（奘房）或个体家庭中，一般来讲，保存佛教经籍的条件较好，藏经柜都较讲究，刷漆鎏金，置放严整，管理细心、认真。当然也有例外，在经济发展水平显得滞后的地区和山村居民或佛寺中，保存条件明显简陋。再就是其他居于山区的民族，保存经籍的条件一般较差，保存工具简陋，较讲究的一般可能会用购置的塑皮箱子藏经，有的用自制木箱，有的用竹箩、竹篮，有的用纸盒，有的用家屋里的供台、木柜。存放位置或于楼，于床下，于墙台、于楼台，很少讲究通风、光线、卫生、防虫、防鼠、防潮、防火、防烟等条件，这些古籍保存方法既与当地社会经济文化发展水平有关，也与当地生活环境条件有关，还与人们对古籍及其古籍文化综合性认识有关。很明显，这些古籍保存习惯和条件对古籍的损毁性是最重的。

6. 通过调查发现：在对云南少数民族古籍文献的调查研究中，有的地方民间所流传、保存的古籍，在过去是很少被人们重视的。比如本项目研究第七章《丽江市纳西族东巴古籍》中所列宁蒗县拉伯乡托甸村委会、加泽村委会的树枝村、布落村直到四川省木里县俄亚等地东巴教“日柯派系”民间所流传的东巴古籍，过去由于这一地区交通不便，条件艰苦，很少有人去作深入调查和掌握。丽江市宁蒗县部分山村直到与宁蒗县相邻的四川省木里、盐源县部分山区普米族民间流传的韩规古籍，过去除有人作部分收集外，也很少有人去作系统调查和掌握。应该说，上述情况在本项目研究中都得到了填补。

7. 在本项目研究规划中，对云南少数民族民间口承古籍的调查研究不是重点，但也作了兼顾。其中公布了诸如“佤族口承古籍”、“纳西族摩梭人口承古籍”、“彝族俐侎人口承古籍”等。尤其值得一提的是彝族俐侎人，他们居住在临沧偏远山区，由于交通闭塞，很少有人对他们进行深入调查研究。本项目研究中专门对他们的口承古籍作了调查公布，这不仅对该项目研究是一个补足，而且对该地区进一步发掘研究俐侎人口承古籍及其文化都是一种启发。

8. 云南少数民族古籍文献调查研究所起到的社会、学术作用是多方面的，现在抛开其他作用不讨论，而仅就古籍文献研究本身而言，本研究成果至少让我们对目前云南少数民族社会民间流传、保存古籍文献的情况有一个大概了解，同时也为我们进一步研究本领域和相关领域的民族文化奠定了扎实的信息基础。

最后：衷心感谢全国哲学社会科学规划领导小组将此研究列为“2006 年度国家社会科学基金项目”，并予以资助！衷心感谢云南省社会科学规划领导小组对本项目研究予以管理和指导！还要感谢对该项目研究提出建议、帮助以及审读该项目研究成果而付出辛劳的专家们！同时要感谢在完成本项目研究过程中，为调查者无私提供资料、讲述情况的山村乡亲们！

《云南少数民族古籍文献调查与研究》课题组

李国文

2008 年 9 月 12 日